제7판

인지심리학

Robert J. Sternberg
Karin Sternberg
지음

신현정 옮김

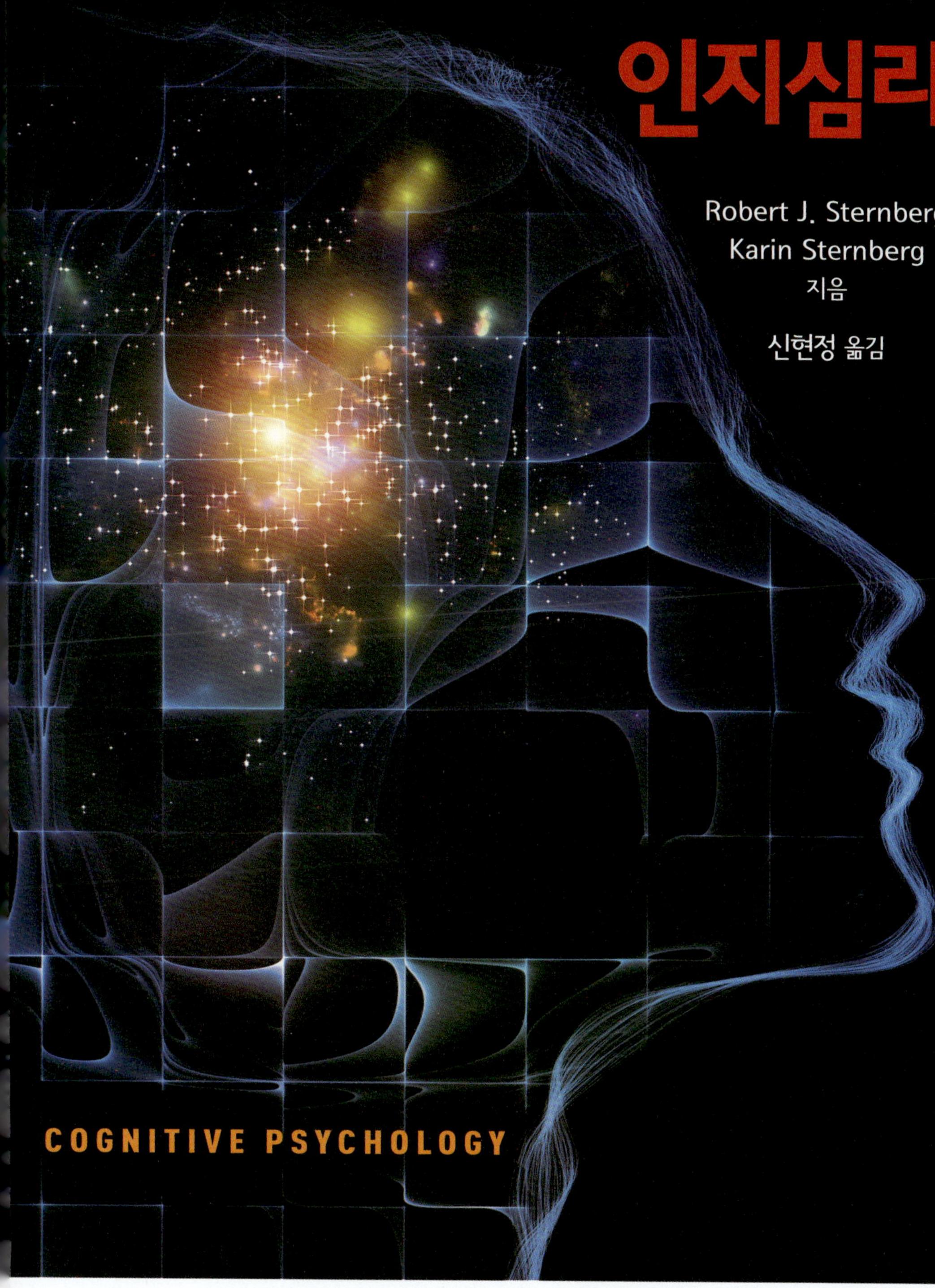

COGNITIVE PSYCHOLOGY

CENGAGE Learning® 박학사

Andover • Melbourne • Mexico City • Stamford, CT • Toronto • Hong Kong • New Delhi • Seoul • Singapore • Tokyo

CENGAGE Learning

Cognitive Psychology

7th Edition

Robert J. Sternberg
Karin Sternberg

Original edition © 2017 Wadsworth, a part of Cengage Learning.
Cognitive Psychology 7th Edition by Robert J. Sternberg and Karin Sternberg
ISBN: 9781305644656

This edition is translated by license from Wadsworth, a part of Cengage Learning, for sale in Korea only.

ISBN-13: 978-89-98521-50-9

Cengage Learning Korea Ltd.
14F, YTN Newsquare,
76 Sangamsan-ro, Mapo-gu,
Seoul, 121-904, Korea
Tel: (82) 2 330 7000
Fax: (82) 2 330 7001

Cengage Learning is a leading provider of customized learning solutions with office locations around the globe, including Singapore, the United Kingdom, Australia, Mexico, Brazil, and Japan. Locate your local office at:
www.cengage.com/global

Cengage Learning products are represented in Canada by Nelson Education, Ltd.

For product information, visit **www.cengageasia.com**

Printed in Korea
1 2 3 4 20 19 18 17

역자 서문

2002년 한국 축구대표팀을 월드컵 4강에 올려놓은 거스 히딩크 감독은 "나는 아직도 배가 고프다."는 일성을 발하였다. 주변에서도 흔히 들을 수 있는 표현이건만, 그 당시 한국 축구 수준을 감안할 때 기적에 가까운 성과를 거둔 히딩크 감독이 그렇게 말하니 가슴에 더욱 와 닿았다.

공식적으로는 2017년에 출판되는 이 책, 스턴버그의 『인지심리학』 제7판을 번역하고 있는 역자의 심정도 이에 못지않다. 심리학 내에서든 아니면 외에서든, 다른 어떤 분야보다도 많은 새로운 연구 결과와 연구 패러다임을 하루가 다르게 쏟아내고 있는 분야가 바로 인지심리학이기 때문이다. 이 번역판이 출판되어 학생들 손에 들어갈 때쯤이면, 이미 이 책이 다루지 못한 수많은 새로운 연구와 주장들이 등장하였을 것이 확실하다. 그렇지만 한 그루의 사과나무를 심겠다는 스피노자의 심정으로, 인지심리학을 공부하는 우리 학생들을 위하여 이 책을 번역하였다.

인지심리학은 심리학 내에서뿐만 아니라 인지신경과학과 인지과학을 비롯한 거의 모든 학문 분야에서 핵심적인 역할을 수행하고 있다. 나아가서는 우리의 일상생활, 교육 장면, 임상 장면, 기업 장면 등에서도 인지심리학의 연구 결과, 모형과 원리 등을 적용하려는 움직임이 활발하게 진행되고 있다. 지나친 표현일 수도 있겠으나, 역자는 인지심리학 공부가 인간의 지적 능력을 포함하여 우주를 이해하는 근본이 된다고 생각하고 있다. 그러하기에 대단한 학자는 아닐지언정 인지심리학을 전공하고 있다는 사실만으로도 일말의 자부심을 가지고 있기도 하다.

이미 2005년에 연세대학교 심리학과 김민식 교수를 비롯한 세 분의 저명 인지심리학자들이 스턴버그의 『인지심리학』 제3판을 번역하여 출판한 바 있다. 세월이 흘러 원저는 7판에 이르렀는데, 우여곡절 끝에 이번에는 내가 이 책을 번역하는 임무를 맡게 되었다. 행여 세 분의 노력과 명성에 먹칠하는 졸작이 되지나 않을까 심히 우려된다. 아무튼 이 책을 번역하면서 몇 가지 도전을 시도해보았다. 우선 영어 표현에 흔하게 나타나는 수동문장을 특별한 경우가 아닌 한, 모두 능동문장으로 바꾸었다. 그렇게 변환하는 과정에서 어색한 표현이 없지 않겠으나, 그것이 보편적인 한국어 표현이라고 생각하기에 용감하게(무모하게) 도전해보았다. 그리고 가능한 한 간명하게 표현하고자 시도하는 과정에서 조사 '의'와 접미사 '적(的)'의 사용을 최소화하고자 노력하였다. 이미 굳어져서 '의'나 '적'을 생략하면 표현이 너무나 어색한 경우가 아니라고 판단한 경우에는 과감하게 생략해보았다. 오역이나 미진한 한국어 표현이 있다면, 그것은 전적으로 역자의 책임이다. 잘못된 점들을 피드백 하여 주시기를 간절히 소망한다.

이 책의 출판을 맡아준 박학사 구본하 사장과 깔끔하게 편집하기 위하여 무진 애를 쓴 편집진 여러분들께 감사의 말씀을 전한다. 저자들도 표현하고 있듯이, 심리학도들이 이 책을 즐기기를 기대하며, 역자와 저자 모두가 인지심리학에 열광하는 이유 그리고 인지심리학자임을 자랑스럽게 생각하는 이유를 이해하게 되기를 희망한다.

2016년 여름, 아직도 금정산 기슭 한 귀퉁이에서 무엇인가를 끄적거리고 있는 역자
신현정(hjshin@pusan.ac.kr)

저자 서문

인지심리학을 가르치는 교수와 강사들에게

『인지심리학』 제7판에 오신 것을 환영합니다. 보는 바와 같이, 제7판은 컬러 인쇄로 출판하였다. 컬러 인쇄는 책의 외모를 크게 개선하였으며 책에 들어있는 그림과 사진을 비롯한 영상물의 세부사항들을 완전히 새로운 수준으로 끌어올렸다. 학습 보조도구로 보다 잘 기능하도록 대부분의 영상물을 대치하거나 수정하였다.

이번 개정 작업은 핵심적으로 글의 가독성과 이해용이성에 초점을 맞추었다. 많은 절의 내용을 다시 쓰고 수정하였으며, 길기만 하였던 많은 표들을 삭제하거나 축소하였다. 후속 절에서는 새로운 판을 개관할 수 있도록 우리가 수행한 변화의 개요를 제시한다.

이 책의 목표

인지심리학자는 지각, 학습, 기억, 사고와 같은 광범위한 심리 현상을 연구한다. 이에 덧붙여서, 정서와 동기와 같이 외형적으로 보기에 인지 지향적인 것처럼 보이지 않는 현상들도 연구한다. 실제로 거의 모든 심리학 주제를 인지적 관점에서 연구할 수 있다. 이 책에서는 인지심리학 핵심 영역들에서 연구자들이 던지는 물음에 대한 잠정적 답들을 소개한다. 이 책의 목표는 다음과 같은 것들을 달성하려는 것이다.

- 인지심리학 분야를 종합적이면서도 매력적인 방식으로 소개한다.
- 인지심리학의 소개를 인간 지능이라는 보편 기치 아래 통합한다.
- 책 전반에 걸쳐서 인지심리학에 퍼져있는 핵심 주제와 핵심 아이디어들을 상호 조화시킨다.

책 개정 과정에서의 임무

이 책을 개정하면서 우리는 다음과 같은 여러 목표를 가지고 있었다.

- 책을 보다 다가가기 쉽고 이해하기 쉽게 만든다.
- 인지심리학을 보다 매력적이고 덜 위협적인 것으로 만든다.
- 각 장에서 인지신경과학의 내용을 보다 잘 통합한다.
- 흥미진진한 사진, 삽화, 표를 개발한다.

체계적이고 특별한 교육적 주요 자질들

제7판을 특징짓는 자질들은 다음과 같다.

- 인지심리학 세계에서 믿기 어렵고 흥미진진한 정보와 사실들을 제시하는 "믿거나 말거나."
- 학생들이 자신의 삶에 인지심리학을 적용하는 것에 관하여 생각하는 데 도움을 주는 "인지심리학의 실제 응용."
- 학생들이 스스로 수행해볼 수 있는 소규모 실험과 과제를 제시하는 "인지심리학 연구하기."
- 신경과학 연구내용을 조명하기 위하여 각 장마다 적어도 하나의 절에 포함시킨 "신경과학과 ⋯."
- 학생들이 자신의 내용 이해를 간단하게 확인해보는 것을 도와주기 위해서 각 주요 절 말미에 제시한 "개념 확인."

제7판에서 새로워진 것

이 판에서 여러분이 일반적으로 기대할 수 있는 변화는 다음과 같다.

- 모든 실험실 소개를 개정하였으며, 제7장 더글라스 메딘의 실험실과 제13장 이언 디어리의 실험실 소개는 완전히 새로운 것이다.
- 독자들의 요구에 따라서, 각 장에 분산되어있던 인간 지능과 인공지능에 관한 내용을 종합하여 책 말미에서 별도의 장(제13장 인간 지능)에 제시하였다.
- 이 책은 4도 인쇄를 하였다.
- 거의 모든 그림과 영상물을 대치, 수정, 또는 조정하였다.
- 내용 이해를 촉진시키기 위하여 언어표현을 개관하고 많은 절을 수정하거나 재집필하였다.
- 책 전체를 철저하게 최신 정보로 갱신하였다.

각 장의 세부적인 변화는 다음과 같다.

제1장

- 이해를 돕기 위하여 발견법의 정의와 인지심리학의 정의를 개정하였다.
- 인지심리학의 뿌리에 관한 그림을 첨가하였다.
- 인지심리학의 초기 변증법적 전개과정에 관한 절에서 구조주의, 연합주의, 행동주의의 내용을 갱신하였다.
- 연구의 순환과정에 관한 새로운 그림을 첨가하였다.
- 이해를 돕기 위해서 실험에 관한 절을 개정하였다.
- 인지심리학의 핵심 주제 절을 개정하였다.

제2장

- 두뇌의 해부학적 구조: 전뇌, 중뇌, 후뇌 절을 갱신하였다.

- 이해를 돕기 위하여 대뇌피질 절을 갱신하였으며 네 엽에 관한 정보를 재조직하였다.
- 동물 연구, 신진대사 영상법, 뇌손상에 관한 절들을 갱신하였다.
- 기능적 자기 공명 영상법(fMRI)과 뇌자도(MEG)의 결합, 기능성 경두개 도플러 초음파 검사법(fTCD), 근적외분광 분석법(NIRS) 등을 포함하여 새로운 영상 기법에 관한 기술을 첨가하였다.

제3장
- 감각과 지각 간의 차이를 명확하게 나타내도록 도입부 내용을 갱신하였다.
- 어디 경로(where pathway)와 무엇 경로(what pathway)에 관한 절을 갱신하였다.
- 이해를 돕기 위하여 셀프리지의 자질 대응 모형에 관한 설명을 확장하였다.
- 이해를 돕기 위하여 눈의 생리적 구조에 관한 절을 갱신하였다.
- 자질 대응 이론들에 관한 절을 갱신하였다.
- 형판 이론을 예증하기 위하여 CAPTCHA(Completely Automated Public Turing Test to Tell Computers and Humans Apart)에 관한 새로운 절을 첨가하였다.
- 지온, 관찰자 중심 표상 대 대상 중심 표상, 얼굴 실인증, 크기 항등성, 모양 항등성, 운동 실조증에 관한 절을 갱신하였다.
- 얼굴 지각 절에 조현병 환자의 얼굴 정서 재인에 관한 새로운 절을 첨가하였다.
- 지각 훈련에 관한 절을 갱신하였다.

제4장
- 주의와 의식의 본질에 관한 절을 갱신하였다.
- 주의의 네 가지 핵심 기능에 관한 표 4.1을 재조직하고 간소화하였다.
- 이해를 돕기 위하여 탐색에 관한 절을 갱신하고 축소하였으며 재집필하였다.
- 선택 주의에 관한 절을 개정하였다.
- 분할 주의에 관한 절을 재조직하고 개정하였다.
- 휴대전화 사용이나 문자 메시지 주고받기와 운전에 관한 새로운 연구를 분할 주의 절에 첨가하였다.
- 공간 무시에 관한 절을 갱신하였다.
- 주의 결핍 과잉행동 장애(ADHD)에 관한 절을 갱신하였다.
- 이해를 돕기 위하여 트리스먼 모형과 브로드벤트 모형의 그림 설명을 확장하였다.

제5장
- 기억을 측정하는 과제에 관한 표 5.1을 재구조화하였다.
- 작업기억 내용을 확대하였다.
- 단기기억과 장기기억을 명확하게 구분하기 위하여 작업기억의 대안 모형, 작업기억의 신경과학, 기억상실증에 관한 새로운 절들을 첨가하였다.
- 중앙 집행기에 관한 절, 기억 저장 방법에 관한 절, 새로운 시냅스 형성이나 시냅스 상실 그리고 두뇌 진동에 관한 절에 이중언어 연구를 첨가하였다.

제6장
- 단기저장 논의를 개정하였다.

- 기억술 도구에 관한 뢰디거 연구의 논의를 개정하였다.
- 기억술 도구에 관한 절을 개정하였다.
- 단기기억 인출에 관한 논의를 갱신하였다.
- 부호화 명세성과 처리수준 접근 간의 연계에 관한 새로운 논의 그리고 기억 응고화에 관한 절에 두뇌 연구를 첨가하였다.
- 부호화 명세성, 현실 감시와 자전기억, 수면과 기억 응고화, 기억술 도구, 간섭 이론, 섬광기억 등에 관한 새로운 연구를 첨가하였다.

제7장

- 이해를 돕기 위하여 명제 표상에 관한 표 7.1을 재설계하였다.
- 인지도 절에 새로운 내용을 첨가하였다.
- 신경과학과 기능 등가성의 완전히 새로운 논의를 첨가하였다.
- 신경과학과 심적 회전, 심적 회전에서의 성차, 심상 주사에 관한 절들을 갱신하고 확장하였다.
- 인지도에 관한 절에 경계 편향 연구의 논의를 첨가하였다.

제8장

- 개념과 범주 간의 차이를 명확하게 하였다.
- 원형과 본보기 간의 차이를 명확하게 하였다.
- 범주화에 관한 절에 친족 유사성을 첨가하였다.
- 개념 설명을 확장하였다.
- 본질주의, 망모형, 스키마와 스크립트, 전형성 효과, ACT-R(Adaptive Control of Thought-Rational), 병렬 분산 처리(PDP)에 관한 절들을 갱신하였다.
- 스키마에 관한 절에 경계 확장을 첨가하였다.
- 연결주의 표상과 망 표상 간의 차이 그리고 학습의 측면에서의 차이에 관한 논의를 개선하였다.

제9장

- 언어의 특성, 세상에 존재하는 구술언어의 수, 새롭게 만든 단어의 사례 등에 관한 절들을 갱신하였다.
- 단어의 기본 성분, 특수한 지각으로서의 말지각과 일반적인 지각으로서의 말지각에 관한 절들을 정리하고 갱신하였다.
- 이해를 돕기 위하여 변형문법에 관한 절을 재집필하였다.
- 읽기 교육의 기본적 접근방법에 관한 절을 첨가하였다.
- 읽기에 관한 절을 재조직하였다.
- 심성 모형에서 글 표상에 관한 즈완(R. A. Zwaan)의 시뮬레이션 모형을 첨가하였다.

제10장

- 언어 뒤덮기 효과와 이중언어에 관한 절을 갱신하였다.
- 사피어-워프 가설, 언어 상대성과 보편성, 은유, 두뇌와 언어, 자폐 스펙트럼 장애와 언어에 관한 절들을 정리하고 갱신하였다.
- 말행위에 관한 절을 제거하였다.

제11장

- 장의 첫머리에서 약물 문제를 보다 잘 나타내기 위하여 새로운 표를 첨가하였으며, 문제를 상세하게 기술하였다.
- 초기 상태, 목표 상태, 장애물 등과 같은 핵심 용어의 정의와 설명을 첨가하였다.
- 문제해결 주기에 관한 절을 갱신하였다.
- 하노이탑에 관한 설명과 그림을 확장하였다.
- 문제 공간 개념을 예증하는 새로운 그림을 첨가하였다.
- 문제 유형에 관한 절을 갱신하였다.
- 던커의 촛불 문제 그리고 이 문제를 예증하는 두 그림을 첨가하였다.
- 마음갖춤새, 매몰, 고착에 관한 절에 고정관념 위협을 첨가하였다.
- 체화 인지와 문제해결에 관한 새로운 절을 첨가하였다.
- 유추 전이에 관한 절을 재집필하였다.
- 방사능 문제와 군대 문제의 대응성에 관한 표 11.2를 재설계하였다.
- 유추 문제해결과 부화에 관한 연구를 갱신하였다.
- 이해를 돕기 위하여 전문성에 관한 절을 개정하였다.
- 전문성과 장기 작업기억에 관한 새로운 절을 첨가하였다.
- 창의성에 관한 절을 갱신하였다.

제12장

- 가용성, 최소 만족, 기점화 발견법과 틀만들기 효과에 관한 절들에서 일상생활과 관련된 정보를 확장하고 갱신하였다.
- 틀만들기 효과의 백신 사례 설명을 확장하였다.
- 편향에 관한 절에 확증 편향에 관한 새로운 절을 첨가하였다.
- 최대 만족자와 최소 만족자 그리고 웰빙에 대한 이들의 전략 효과에 관한 새로운 절을 첨가하였다.
- 후견 편향, 노름꾼 오류, 교접 오류에 관한 절들을 갱신하였다.
- 일상생활에서의 조건추리에 관한 절을 확장하고 갱신하였다.

제13장

- 인간 지능과 인공지능을 논의하는 별도의 장을 첨가하였다.

이 책을 가지고 인지심리학을 공부하는 학생들에게

어째서 사람들은 수년 전에 만났던 사람을 기억해내면서도, 수업시간에 배운 내용은 때때로 기말시험을 치자마자(심지어는 시험을 치기도 전에) 망각한 것처럼 보이는 것인가? 어떻게 파티에서 어떤 한 사람과 대화를 계속하면서도 동시에 옆에서 들려오는 흥미진진한 다른 대화를 엿들을 수 있는 것인가? 어째서 사람들은 질문에 대한 자신의 답이 실제로는 틀렸음에도 정확하다고 확신하는 경우가 그토록 많은 것인가? 이 질문들은 인지심리학 분야가 다루는 많은 물음 중의 단 세 가지에 불과한 것이다.

인지심리학자는 사람들이 지각하고 학습하며 기억하고 생각하는 방식을 연구한다. 인지심리학이 통합적인 단일 분야이기는 하지만, 신경과학, 컴퓨터과학, 언어학, 인류학, 철학 등과 같은 여러 분야와 밀접한 관계를 맺고 있다. 따라서 여러분은 이 책에서 제시하는 여러 분야의 생각들을 접하게 된다. 이에 덧붙여서 인지심리학은 인지신경과학, 발달심리학, 사회심리학, 임상심리학 등과 같이 심리학 내의 다른 분야들과도 상호작용한다.

예컨대, 인지심리학의 발전에 관한 탄탄한 지식이 없이는 21세기 임상심리학자가 되기 어렵다. 진단과 치료 모두에서 임상 분야의 많은 생각들이 인지심리학 아이디어에 바탕을 두고 있기 때문이다. 또한 인지심리학자는 무의식적 사고의 개념과 같이 임상 이론과 실제에서 출현한 흥미진진한 아이디어들을 실험을 통해 연구할 수 있는 수단을 여타 심리학자들에게 제공해왔다.

인지심리학은 자체적으로도 중요할 뿐만 아니라 여러분의 모든 공부를 도와준다는 점에서도 중요하다. 예컨대, 인지심리학 지식은 여러분이 시험공부를 위한 최선의 방법, 효과적인 독서 방법, 학습하기 어려운 내용을 기억해내는 방법 등을 보다 잘 이해할 수 있도록 도와줄 수 있다.

인지심리학자는 지각, 학습, 기억, 사고 등과 같은 광범위한 심리 현상을 연구한다. 이에 덧붙여서 정서와 동기와 같이 인지 지향적이지 않은 것처럼 보이는 현상들도 연구한다. 실제로 거의 모든 심리학 주제를 인지적 관점에서 연구할 수 있다. 이 책에서는 인지심리학 핵심 영역들에서 연구자들이 던지는 물음에 대한 잠정적 답들을 소개한다.

- 제1장. 인지심리학 입문: 인지심리학의 기원은 무엇이며, 이 분야에서는 어떻게 연구를 수행하는가?
- 제2장. 인지신경과학: 두뇌의 어떤 구조와 처리과정이 인간 인지의 구조와 처리과정의 기저를 이루고 있는가?
- 제3장. 시지각: 인간 마음은 감각기관이 받아들이는 것을 어떻게 지각하는가? 인간 마음은 어떻게 형태와 패턴을 지각하는가?
- 제4장. 주의와 의식: 마음의 어떤 기본 처리과정들이 정보가 마음에 들어오고 그 정보를 자각하며 고급 수준의 정보처리를 해내는 방식을 주도하는가?
- 제5장. 기억: 모형과 연구방법: 상이한 유형의 정보(예컨대, 외상 사건과 관련된 경험, 미국 대통령의 이름, 자전거 타는 절차 정보 등)를 어떻게 기억에 표상하는가?
- 제6장. 기억과정: 어떻게 정보를 기억으로 이동시키고 그곳에 유지하며 필요할 때 인출하는 것인가?
- 제7장. 심상과 명제: 어떻게 정보를 마음에 표상하는 것인가? 단어, 그림, 아니면 의미를 표상하는 또 다른 형태로 표상하는가? 다양한 형태의 표상을 가지고 있는 것인가?
- 제8장. 지식 체제화: 알고 있는 것을 어떻게 마음에서 체제화하는 것인가?
- 제9장. 언어: 언어를 통해서 어떻게 의미를 도출하고 생성하는 것인가? 모국어로서 그리고 외국어로서 어떻게 언어를 획득하는 것인가?
- 제10장. 맥락에서의 언어: 언어 사용은 어떻게 사고방식과 상호작용하는 것인가? 사회세상은 어떻게 언어 사용과 상호작용하는 것인가?
- 제11장. 문제해결과 창의성: 어떻게 문제를 해결하는 것인가? 어떤 처리과정들이 문제에 대한 해결책에 도달하는 것을 도와주거나 방해하는 것인가? 어떤 사람이 다른 사람보다 더 창의적인 이유는 무엇인가? 어떻게 창의적이 될 수 있는가?
- 제12장. 의사결정과 추리: 어떻게 중요한 결정에 도달하는 것인가? 가용한 정보로부터 어떻게 합리적인 결론을 도출하는 것인가? 어째서 그리고 어떻게 그토록 자주 부적절한 결정을 하고 부정확한 결론에 도달하는 것인가?
- 제13장. 인간 지능: 지능이란 무엇인가? 지능을 어떻게 측정할 수 있는가? 지능은 개선시킬 수 있는 것인가?

위의 목록에서 개관한 지식을 획득하기 위하여, 여러분이 이 책의 다음과 같은 교육적 자질들을 활용할 것을 제안한다.

1. 장의 개요는 각 장의 첫머리에 나와 있으며, 다루는 주요 주제를 요약하고 있다. 따라서 그 장에서 다루고 있는 내용을 미리 개관할 수 있게 해준다.
2. 장 서두의 물음은 각 장에서 다루고 있는 주요 물음을 강조하고 있다.
3. **굵은 활자 용어**는 각 장 말미에 핵심 용어 목록으로 제시하고 책 말미의 용어 설명에서 정의하고 있으며, 여러분이 인지심리학 어휘를 획득하는 것을 도와준다.
4. 각 장 말미의 요약은 서두의 물음에 대한 답이며 그 물음에 대해 현재까지 밝

혀낸 지식을 보여준다.

5. 각 장 말미의 물음은 여러분이 그 장에서 기본 내용을 학습하였는지 그리고 그 내용을 가지고 다양한 방식(사실적, 분석적, 창의적, 현실적 방식)으로 생각할 수 있는지를 확인하도록 도와준다.
6. "인지심리학 연구하기" 시범은 책 전반에 걸쳐서 나오고 있으며, 여러분이 다양한 심리 현상을 입증하기 위해서 인지심리학을 어떻게 활용할 수 있는지를 이해하는 데 도움을 준다.
7. "인지심리학의 실제 응용" 시범은 인지심리학을 일상생활에 적용할 수 있는 방법을 보여준다.
8. "…의 실험실에서는"은 인지심리학에서 연구를 한다는 것이 어떤 것인지를 보여준다. 저명한 연구자들이 자신의 연구를 직접 설명하면서, 어떤 연구 문제가 자신에게 가장 흥미로운 것인지 그리고 그 문제를 해결하기 위해서 무엇을 하고 있는지 등을 이야기하고 있다.
9. "믿거나 말거나"는 인지심리학 세계에서 믿기 어렵고 흥미진진한 정보와 사실들을 제시하고 있다.
10. 핵심 주제 절은 각 장 말미에 나와 있으며, 그 장의 내용을 제1장에서 제시한 핵심 주제들과 관련시키고 있다. 이 절은 여러분이 다양한 하위분야에 걸쳐서 인지심리학의 핵심 생각들이 계속해서 그 바탕을 이루고 있다는 사실을 이해하는 데 도움을 준다.

이 책은 여러 장에서 다루고 있는 모든 다양한 주제를 하나로 묶어주는 통합 주제를 담고 있다. 즉, 인간 인지는 환경에 적응하는 수단으로서 오랜 세월에 걸쳐 진화하였으며, 환경에 적응하는 이러한 능력을 지능이라고 부를 수 있다는 것이다. 지능을 통해서 사람들은 환경이 제기하는 수많은 도전거리에 통합적이면서도 적응적인 방식으로 대처한다.

인지심리학자들이 많은 논제에 대해 견해를 달리하고 있지만, 거의 모든 인지심리학자들이 동의하고 있는 한 가지 논제가 있다. 즉, 인지가 사람들이 처한 환경에 성공적으로 적응할 수 있게 해준다는 것이다. 따라서 적응 기술의 근본적인 통합을 간단하게 표현하는 수단으로서 인간 지능과 같은 구성체가 필요하다. 인지심리학 연구의 모든 수준에서 이러한 통합적 단일성을 볼 수 있다. 예컨대, 인간 두뇌의 심리생리적 기능에 대한 다양한 측정치는 다양한 지능검사 점수와 상관을 나타내고 있다. 선택주의, 즉 특정 자극에 조율하고 다른 자극은 걸러내는 능력도 지능과 관련되어있으며, 지능적인 사람이란 어느 정보에 주의를 기울이고 어느 정보를 무시할 것인지를 아는 사람이라는 제안도 있다. 다양한 언어 기술과 문제해결 기술도 지능과 관련이 있으며, 그 기술을 측정하는 방법과는 무관하다. 요컨대, 인간 지능은 인간 인지시스템의 작동을 통합하며 그 작동 방향을 제공하는 구성체로 간주할 수 있다.

우리는 여러분이 이 책을 즐기기를 기대하며, 우리가 인지심리학에 열광하는 이유 그리고 인지심리학자임을 자랑스럽게 생각하는 이유를 이해하게 되기를 희망하고 있다.

저자 소개

로버트 스턴버그(Robert J. Sternberg)는 미국 코넬대학교 인간 발달학 교수이며, 독일 하이델베르크대학교 명예교수이다. 과거 미국 예일대학교 심리학 및 교육학 IBM 교수이기도 하였다.

스턴버그 교수는 예일대학교를 우등생으로 졸업하였으며, 스탠포드대학교에서 심리학으로 박사학위를 받았다. 또한 13개의 명예박사학위도 가지고 있다.

그는 미국심리학협회(APS)의 제임스 맥킨 카텔 상, 미국심리학회(APA)의 소장학자 상과 맥캔들리스 상, 미국교육연구학회의 걸출한 저서, 연구 개관, 실비아 스크리브너, 파머 존슨 상 등을 비롯하여 수많은 상을 수상하였다.

스턴버그 교수는 미국심리학회(APA), 동부 심리학회, 행동과학과 뇌과학 연맹의 회장을 역임하였다. 현재는 *Perspectives on Psychological Science* 의 편집장이며, *Psychological Bulletin* 과 *APA Review of Books: Contemporary Psychology* 의 편집장을 역임하였다. 미국 예술 과학 아카데미, 국립 교육 아카데미, 실험심리학자 협회의 회원이다. 미국심리학회(APA), 심리과학회(APS), 미국 고등과학회의 선임 회원이기도 하다. 예일대학교에서는 능력과 전문성 심리학 센터의 장도 역임하였다.

카린 스턴버그(Karin Sternberg)는 코넬대학교 전임연구원이다. 독일 칼스루에에 있는 협동교육대학교에서 은행 업무를 전공하여 MBA 학위를 받았을 뿐만 아니라 독일 하이델베르크대학교에서 심리학으로 박사학위를 받았다. 그녀는 예일대학교에서 박사학위 논문을 마무리하였으며 코네티컷대학교에서 심리학 박사후 연구과정을 거쳤다. 그 이후 하버드대학교 케네디 행정대학원과 공중보건대학원에서 전임연구원으로 활동하였다. 현재는 코넬대학교에서 인지심리학 이론에 근거하여 학부, 대학원, 전문대학원의 입학허가와 관련된 프로젝트를 수행하고 있다.

차 례

제2장

인지신경과학 … 39

제3장

시지각 79

제5장

기억: 모형과 연구방법 175

제6장

제8장

지식의 심적 체제화 321

제9장

제 10 장

맥락에서의 언어 407

제11장

제12장

의사결정과 추리 489

제13장

인간 지능 537

1

인지심리학 입문

✻ 이 장의 개요

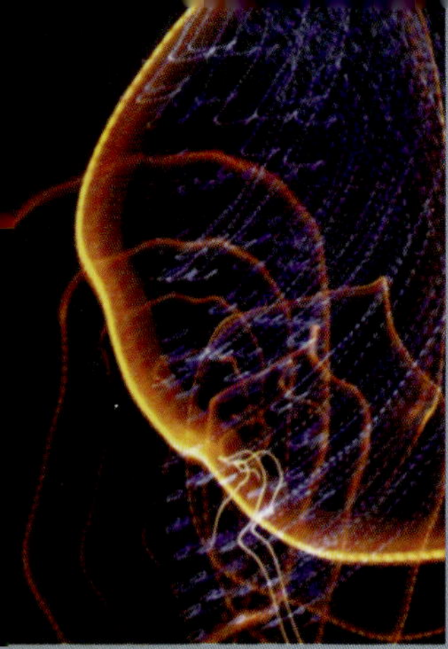

❋ 이 장에서 탐구할 물음들

1. 인지심리학이란 무엇인가?
2. 심리학은 어떻게 과학으로 발전하였는가?
3. 인지심리학은 어떻게 심리학에서 발전하였는가?
4. 다른 분야들은 어떻게 인지심리학 이론과 연구의 발전에 공헌하였는가?
5. 인지심리학자는 사람들이 생각하는 방식을 연구하기 위하여 어떤 방법을 사용하는가?
6. 인지심리학의 현재 논제와 다양한 분야에는 어떤 것이 있는가?

믿거나 말거나 | 이제는 보이다가, 이제는 보이지 않네!

주의: 비디오를 보기 전에는 읽지 말 것.

인지심리학은 온갖 유형의 놀라운 사실들을 내놓는다. 미국 일리노이대학교의 댄 시몬스는 놀라움을 보여주는 대가이다(Simons, 2007; Simons & Ambinder, 2005; Simons & Rensink, 2005). 다음을 스스로 시도해보라. 다음 비디오를 시청하고 나서 언급할 것이 있는지 알아보라.

viscog.beckman.illinois.edu/flashmovie/23.php

전화에 응답하는 사람이 책상 앞에 있던 사람과 동일한 인물이 아니라는 사실을 알아차렸는가? 두 사람이 전혀 다른 옷을 입고 있다는 점에 주목하라. 여러분은 방금 변화맹, 즉 때로는 변화를 알아차리지 못하는 현상의 사례를 보았다. 제3장에서 이 개념에 관한 것을 더 많이 공부하게 된다.

이제 다음 비디오를 시청하라. 여러분의 과제는 **흰 셔츠**를 입은 학생들이 농구공을 주고받은 회수를 알아맞히는 것이다. 검은 셔츠 학생들의 패스를 계산해서는 안 된다.

viscog.beckman.illinois.edu/flashmovie/15.php

이제 패스를 몇 번이나 했는지는 실제로 중요한 것이 아니다. 학생들이 공놀이를 할 때 고릴라 복장의 사람이 걸어서 지나가는 것을 목격하였는가? 대부분의 사람은 알아차리지 못한다. 이 비디오는 **부주의적 맹시**라고 부르는 현상을 시범보이고 있다. 제4장에서 이 개념에 관하여 더 많이 공부하게 된다. 이 책 전반에 걸쳐서 이와 같은 많은 다른 현상들을 탐구하게 된다.

가장 최근에 파티나 사교모임에 갔던 때를 생각해보라. 아마도 비교적 작은 공간에 수도 없이 많은 학생들이 있었을 것이다. 음악이 배경에 깔리고, 여러분은 주변에서 잡담하는 것을 들을 수 있었다. 그런데 여러분이 친구들과 이야기를 나누고 있을 때는 그들이 말하는 것을 이해하고 그 말에 집중할 수 있었으며, 주변에서 일어나고 있는 다른 모든 대화를 걸러낼 수 있었다. 그런데 다른 대화에서 누군가 여러분 이름을 들먹였기 때문에 갑자기 주의를 돌리게 되었다. 이 상황에서는 어떤 처리과정이 작동하였겠는가? 어떻게 무관한 소리들을 마음에서 걸러내고 듣고 있는 많은 소리 중

여러분이 파티에 참가하고 있을 때, 일반적으로 여러분이 주도하고 있는 대화에 집중하기 위하여 많은 무관한 말소리들을 걸러낼 수 있다. 그렇지만 다른 대화를 의도적으로 경청하고 있지 않더라도 그 대화에서 누군가 여러분의 이름을 들먹이는 것을 알아차릴 가능성이 높다.

에서 오직 하나에만 주의를 집중할 수 있었는가? 그리고 주변 대화를 의도적으로 듣고 있지도 않았는데 어떻게 여러분 이름을 언급한 것을 알아차렸는가? 많은 목소리 중에서 하나에만 집중할 수 있는 능력은 인지심리학에서 가장 현저한 현상 중의 하나이며, 이 현상을 "칵테일파티 효과"라고 부른다.

인지과정은 여러분 마음에서 그리고 주변사람들 마음에서 끊임없이 일어나고 있다. 대화에 주의를 기울이고 있든, 길을 건널 때 다가오는 차의 속도를 추정하든, 시험에 필요한 정보를 암기하고 있든, 여러분은 정보를 지각하고 처리하며 그 정보를 기억해내고 생각하고 있는 것이다. 이 책은 눈에는 보이지 않기 십상이며 지극히 자동적인 것처럼 보이기 때문에 당연한 것으로 받아들이고 있는 인지과정에 관한 것이다. 이 장에서는 인지심리학 분야를 형성하고 오늘날과 같은 것이 되도록 만드는 데 일조하였던 인물들을 소개한다. 또한 인지심리학 연구에서 사용하는 방법들도 논의한다.

❁ 인지심리학의 정의

여러분은 인지심리학 교과서에서 무엇을 공부할 것인가?

인지심리학(cognitive psychology)은 사람들이 정보를 지각하고 학습하며 기억해내고 생각하는 방식에 관한 학문이다. 인지심리학자는 사람들이 어떻게 다양한 형태를 지각하며, 왜 어떤 사실은 기억해내지만 다른 것들은 망각하는지, 어떻게 언어를 학습하는지 등을 연구한다. 몇 가지 사례를 살펴보자.

- 안개 낀 날에는 사물이 실제보다 더 멀게 보이는 이유가 무엇인가?
- 많은 사람들이 특정 경험(예컨대, 아동기에 매우 행복했던 순간이나 당황스러웠던 순간)은 기억해내면서도 여러 해 동안 알고 지내온 사람의 이름을 망각하는 이유는 무엇인가?
- 많은 사람들이 자동차보다 비행기로 여행하는 것을 더 두려워하는 이유는 무엇인가?
- 어렸을 때 만났던 사람을 쉽게 기억해내면서도 1주일 전에 만났던 사람을 기억해내지 못하기 십상인 이유는 무엇인가?
- 대기업 마케팅 담당 이사가 광고에 그토록 많은 예산을 투입하는 이유는 무엇인가?

이 물음들은 인지심리학 공부를 통해서 답할 수 있는 종류의 것이다.

마지막 물음을 생각해보자. 예컨대, 애플사는 어째서 아이폰 광고에 그토록 많은 예산을 지출하는가? 얼마나 많은 사람들이 아이폰의 기능적 세부사항 아니면 이러한 기능들이 다른 전화기의 기능과 얼마나 차별적인지를 기억하겠는가? 애플사가 그토록 많은 광고비를 지출하는 까닭은 **가용성 발견법**(availability heuristic) 때문인데, 제12장에서 공부하게 된다. **발견법**(heuristic)은 우리가 정보를 처리하는 데 사용하는 심적 지름길이다. 하나의 논제를 생각하는데 특정 사례가 즉각 마음에 떠오를 때, "가용성 발견법"을 사용하고 있는 것이다(Tversky & Kahneman, 1973). 예컨대, 새로운 휴대전화 구입을 생각하고 있을 때, 친숙한 전화기 브랜드와 모델을 구입할 가능성이 매우 높다. 마찬가지로 마이크로소프트가 윈도우즈 8.1 버전의 출시를 선전하는 데 엄청난 돈을 지출하는 것은 그 제품이 잠재 고객에게 인지적으로 가용하게 만들어서 그 잠재 고객이 실제 고객이 될 가능성을 증가시키려는 것이다. 핵심요소는 인지심리학을 이해하는 것이 일상 삶에서 일어나는 많은 것들을 이해하는 데 도움을 줄 수 있다는 점이다.

인지심리학 역사를 공부하는 이유는 무엇인가? 우리가 어디에서 왔는지를 안다면, 어디를 향해 가고 있는지를 보다 잘 이해할 수 있다. 이에 덧붙여서 과거 실수로부터 배울 수도 있다. 예컨대, 어떻게 한 교육 프로그램이 학생들의 성취에 도움을 주었는지에 관한 수많은 신문기사들이 존재한다. 그렇지만 통제집단을 사용하였다는 기사를 읽을 가능성은 상대적으로 희박하다. 통제집단은 그 교육 프로그램에 참여하지 않았거나 다른 프로그램에 참여한 학생들의 성취에 관하여 알려주는 것이 있다. 이 학생들도 이득을 보여줄 수 있다. 실험집단 학생들의 이득이 통제집단 학생들의 것보다 큰지를 결정하려면 실험집단 학생들을 통제집단 학생들과 비교할 필요가 있다. 심리학 분야의 역사를 통해서 통제집단을 포함시키는 것의 중요성을 배울 수 있지만, 모든 사람들이 이 사실을 알고 있는 것은 아니다.

인지심리학의 근본 물음은 동일하게 남아있지만, 그 물음을 다루는 방식은 변모해왔다. 궁극적으로 인지심리학자는 사람들이 사고에 관하여 어떻게 생각해왔는지를 연구함으로써 사람들이 생각하는 방식을 알게 되기를 희망한다.

인지심리학의 논제를 밝히기 위하여 과학자들이 사용하는 접근방법과 방식은 시대에 따라 변한다. 이 변화는 변증법의 결과이기 십상이다. **변증법**(dialectic)은 아이디어의 반복적인 상호교환을 통해서 그 아이디어가 시대에 따라 진화하는 발전과정이다. 어떤 면에서 변증법은 오랜 시간에 걸쳐 전개되는 토론과 같은 것이다. 변증법 과정은 다음과 같다.

1. **하나의 논지를 제안한다.** 논지(thesis)는 신념 진술이다. 예컨대, 혹자는 인간 본성(즉, 유전자 효과)이 인간 행동(예컨대, 지능이나 성격; Sternberg, 1999)의 많은 측면에 영향을 미친다고 믿는다. 그러나 얼마 후에는 다른 사람들이 이 논지에서 명백한 결함을 포착한다.
2. **반대논지가 출현한다.** 조만간이든 궁극적이든 반대논지가 출현한다. 반대논지(antithesis)란 말 그대로 한 논지에 반대하는 진술이다. 예컨대, 대안 견해는 환경(그 효과를 "후천성"이라고 부른다)이 인간 행동의 많은 측면들을 거의 전적으로 결정한다는 것이다.
3. **종합이 견해를 통합한다.** 조만간 한 논지와 반대논지 간의 논쟁은 종합으로 수렴해 가는데, 종합은 둘 또는 그 이상의 견해 각각에서 가장 믿을 만한 자질들을 통합한다. 예컨대, 선천성 대 후천성 논쟁에서, 생득적 선천성과 환경적 후천성 간의 상호작용이 인간 본성을 지배하게 된다.

변증법이 중요한 까닭은 하나의 견해가 옳다면 대립하는 다른 견해는 틀릴 수밖에 없다고 생각하려는 유혹 때문이다. 예컨대, **지능**(intelligence) 분야에서 많은 사람들은 지능을 거의 전적으로 유전이 결정하거나 환경이 결정한다고 믿는 경향이 있다. 유사한 논쟁이 언어 획득 분야에서도 들끓어왔다. 이러한 논제를 흑백 논쟁으로 간주하기보다는 상이한 힘이 상호작용하여 서로에게 영향을 미치는 것으로 접근하는 것이 더 좋다. 실제로 가장 널리 용인하고 있는 오늘날의 주장은 "선천성 아니면 후천성" 견해가 불충분하다는 것이다. 선천성과 후천성은 발달에서 함께 작동한다.

후천성은 상이한 문화에서 상이하게 작동할 수 있다. 어떤 문화, 특히 아시아 문화는 사고가 더욱 변증법적인 반면, 유럽과 북미 문화와 같은 문화는 보다 직선적인 경향이 있다(Nisbett, 2003). 다시 말해서 아시아인은 대립하는 신념들을 견지하는 데 더 관용적이며, 언젠가는 해결책이 신념에서의 갈등을 해소할 것이라고 기대한다. 유럽과 북미인은 자신의 신념체계가 일관성을 유지하기를 기대한다.

마찬가지로 아시아 문화 사람들은 새로운 것(예컨대, 바닷물고기에 관한 영화; Nisbett & Masuda, 2003)을 보거나 들을 때 서양인과는 다른 견지를 취하는 경향이 있다. 따라서 바다를 돌아다니는 물고기에 관한 영화를 볼 때, 유럽인이나 북미인은 물고기에 주의를 더 많이 기울이는 경향이 있으며, 아시아인은 물고기들이 돌아다니는 바다라는 주변맥락에 더 많은 주의를 기울이기도 한다. 즉, 서양 사람들은 일반적으로 대상들을 맥락과 독립적으로 처리하는 경향이 있는 반면, 많은 동아시아 사람들은 주변 맥락에 내포된 사물을 본다(Nisbett & Miyamoto, 2005). 아시아인은 맥락에 내포된 대상보다는 맥락 자체를 강조한다. 증거들은 문화가 지능을 포함한 많은 인지과정에 영향을 미친다는 사실을 시사한다(Lehman, Chiu, & Schaller, 2004).

만일 종합이 한 주제에 관한 이해를 발전시키게 되면, 새로운 논지로 작용하게 된다. 그렇게 되면 새로운 반대논지가 뒤따르고 다시 새로운 종합을 이루는 과정을 반복한다. 여러분은 이 장에서 심리학도 변증법의 결과로 진화하였다는 사실을 보게 될 것이다. 심리학자들은 마음의 작동방식에 관한 아이디어를 가지고 있었고 일련의 연구를 수행하였다. 그런 다음에 다른 심리학자들이 문제점을 지적하고는 초기 아이디어에 대한 반작용으로 대안을 발전시켰다. 결국 상이한 접근법들의 특징들을 새롭고도 포괄적인 접근으로 통합하기 십상이다.

심리학의 철학적 기원: 합리주의 대 경험주의

인지심리학 연구는 언제 어디서 시작하였는가? 심리학사가들은 일반적으로 심리학의 초기 뿌리를 인간 마음을 이해하려는 다음 두 가지 접근에서 찾는다.

- 부분적으로 마음에 들어있는 아이디어와 경험을 드러내는 **내성법**(introspection)을 통해서 세상의 많은 측면이 나타내는 보편적 본성을 이해하고자 추구하는 **철학**(philosophy).
- 일차적으로 관찰에 근거한 **경험적**(empirical) 방법을 통해서 생명체의 생명 유지 기능에 관한 과학 연구를 추구하는 **생리학**(physiology)

두 명의 그리스 철학자, 즉 플라톤(428~348 B.C.)과 그의 제자인 아리스토텔레스(384~322 B.C.)는 오늘날 심리학을 비롯한 다른 많은 분야의 생각에 지대한 영향을 미쳤다. 플라톤과 아리스토텔레스는 아이디어를 연구하는 방식에 관하여 의견을 달리하였다.

플라톤은 합리주의자이었다. **합리주의자**(rationalist)는 지식으로 가는 길이 사고와 논리적 분석을 통하는 것이라고 믿는다. 즉, 새로운 지식을 개발하기 위해 어떤 실험도 필요로 하지 않는다. 인지과정에 관심을 가지고 있는 합리주의자라면 지식이나 정당화의 출처로 추리에 매달린다.

반면에 아리스토텔레스(철학자이자 박물학자이며 동시에 생물학자)는 경험주의자이었다. **경험주의자**(empiricist)는 경험 증거를 통해서 지식을 획득한다고 믿는다. 즉, 경험과 관찰을 통해서 증거를 획득한다고 믿는다(그림 1.1). 인간 마음이 작동하는 방식을 탐구하기 위하여 경험주의자는 실험을 설계하고 자신이 관심을 갖는 행동과 처리과정을 관찰할 수 있는 연구를 수행한다. 따라서 경험주의는 심리학의 경험적 연구로 이끌어간다. 이 장의 뒷부분에서 인지심리학에서 사용하는 경험적 연구방법들을 논의한다.

반면에 합리주의는 이론 발달에서 중요하다. 경험적 방법을 통해서 얻는 관찰결과와 아무런 연계도 없는 합리주의자의 이론은 타당하지 않을 수 있다. 그렇지만 결과를 체제화하는 이론 틀이 없는 산적한 관찰 데이터는 무의미한 것일 수 있다. 우리는 세상에 대한 합리주의 견해를 하나의 논지로 그리고 경험주의 견해를 반대논지로 간주할 수 있다. 대부분의 21세기 심리학자는 둘 간의 종합을 추구한다. 이론에 근거하

그림 1.1 합리주의와 경험주의. (a) 합리주의자에 따르면, 진리에 이르는 유일한 길은 추리하고 사고하는 것이다. (b) 경험주의자에 따르면, 진리에 이르는 유일한 길은 꼼꼼한 관찰이다. 인지심리학은 다른 과학과 마찬가지로 합리주의자와 경험주의자 모두의 연구에 의존한다.

여 실험에서 경험적으로 관찰한 것을 설명한다. 뒤이어서 이론이 실제 관찰을 설명할 수 없다는 사실을 발견하면, 그 관찰을 사용하여 이론을 개정한다.

합리주의와 경험주의라는 대립적 아이디어는 프랑스 합리주의자인 르네 데카르트(1596~1650) 그리고 영국 경험주의자인 존 로크(1632~1704)로 인해서 두드러지게 되었다. 데카르트는 진리를 탐구하는 데 있어서 내성법과 반성법이 경험적 방법보다 수월하다고 보았다. 유명한 표현 *cogito*, *ergo sum*(생각한다, 고로 존재한다)은 데카르트에서 나온 것이다. 그는 존재의 유일한 증명은 자신이 생각하고 의심한다는 것이라고 주장하였다. 데카르트는 감각에 의존할 수 없다고 생각하였는데, 그 까닭은 바로 그 감각이 자주 현혹적인 것으로 판명나기 때문이라는 것이었다(예컨대, 착시를 생각해보라). 반면에 로크는 경험적 관찰에 더욱 열광하였다(Leahey, 2003). 로크는 인간이 아무런 지식도 없이 태어나기 때문에 경험적 관찰을 통해서 지식을 추구해야만 한다고 생각하였다. 이 견해를 반영하는 로크의 용어가 *tabula rasa*(백짓장)이다. 기본 생각은 삶과 경험이 우리 마음에 지식을 "적어놓는다"는 것이다. 로크에게 있어서는 학습 연구가 인간 마음을 이해하는 열쇠이었다. 그는 생득적 아이디어란 없다고 믿었다.

18세기에 독일 철학자 이마뉴엘 칸트(1724~1804)는 데카르트와 로크의 견해를 종합하면서, 합리주의와 경험주의는 모두 자신의 직분을 가지고 있다고 주장하였다. 진리 추구에서 둘이 함께 작동해야만 한다는 것이다. 대부분의 21세기 심리학자는 칸트의 종합을 받아들인다. 이 절과 후속 절들에서 논의하는 인지심리학의 기원을 그림 1.2에 요약하였다.

❁ 인지심리학의 심리학적 기원

인지심리학은 다양한 아이디어와 접근방법에 뿌리를 두고 있다(예컨대, King,

입장	지식 획득 방법
합리주의	추리와 논리적 분석을 통해서
경험주의	관찰을 통해서
종합	추리와 논리적 분석뿐만 아니라 관찰의 사용을 통해서

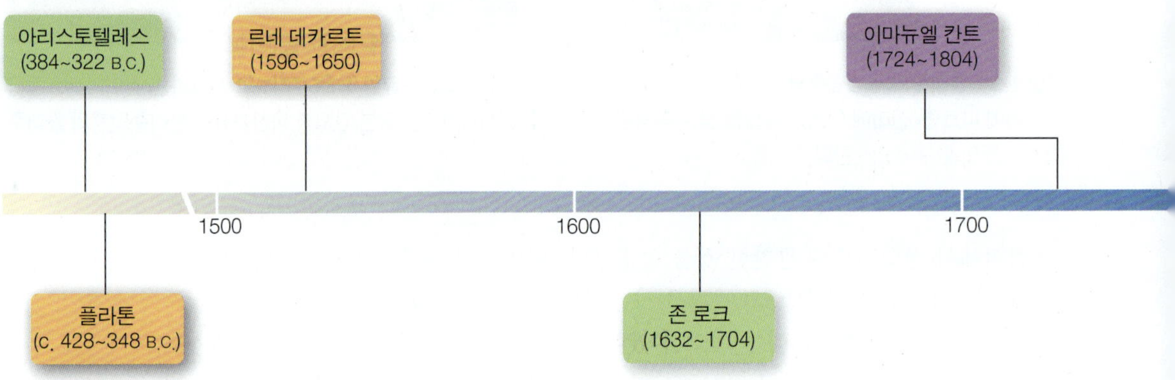

마음을 연구하는 접근 방법	연구 방법	연구 내용
구조주의	내성법	마음의 내용/구조
기능주의	던지는 질문에 따라 다양	마음이 작동하는 과정
실용주의	다양	실세계에 적용할 수 있는 연구
종합: 연합주의	실험: 에빙하우스는 자신을 실험 참가자로 사용. 손다이크는 사람뿐만 아니라 고양이를 사용.	대상들을 서로 연합하여 학습이 일어나는 방식
행동주의 (극단적 형태의 연합주의)	• 연구에 인간과 동물을 사용 • 정량적 분석	관찰가능한 행동과 환경 사건/자극 간의 관계
게슈탈트심리학	내성, 실험	체제화된 전체로서의 심리현상
종합: 인지주의	실험, 컴퓨터시뮬레이션, 프로토콜 분석	사람들이 사고하는 방식을 통해 행동을 연구

그림 1.2 인지심리학의 뿌리

Woody, & Viney, 2013; Leahey, 2012 참조). 여기서 살펴볼 접근방법에는 구조주의와 기능주의와 같은 초기 접근방법을 포함하며, 연합주의, 행동주의, 게슈탈트심리학의 논의가 뒤따른다.

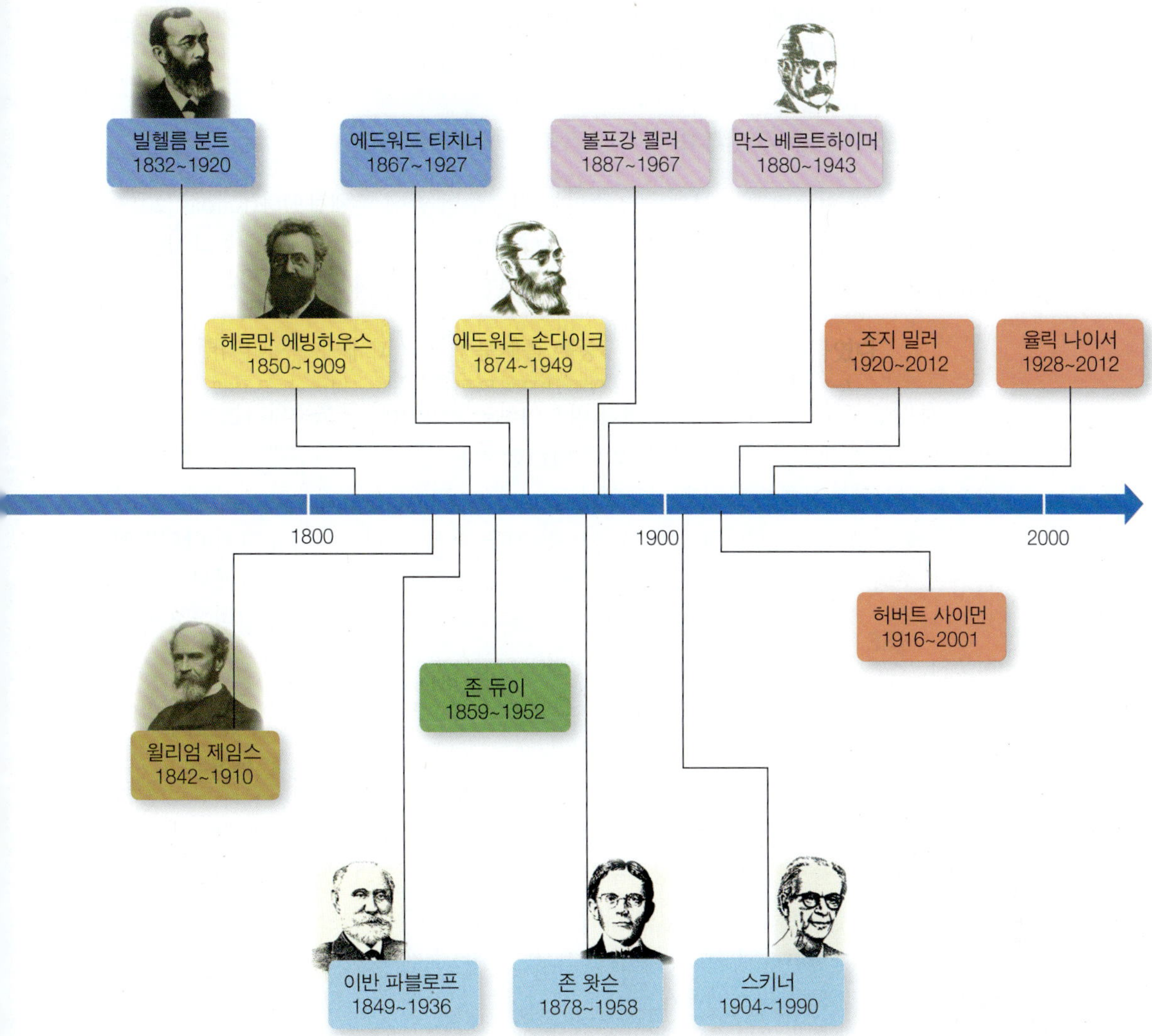

인지심리학의 초기 변증법적 전개과정

심리학은 최근에야 비로소 새롭고도 독립적인 연구 분야로 출현하게 되었다(Hergenhahn & Henley, 2013). 심리학은 변증법적 방식으로 발전하였다. 전형적으로 마음을 연구하는 한 접근방법이 발전하고, 그 접근방법을 사용하여 인간의 정신을 연구하고자 한다. 그렇지만 어느 시점이 되면 연구자들은 자신이 사용한 접근방법이 여러 약점을 가지고 있다는 사실을 발견하게 되거나, 아니면 그 접근방법의 몇몇 근본 가정에 동의하지 않게 된다. 그렇게 되면 새로운 접근방법을 개발하게 된다. 후속 접근방법은 과거 접근방법이 가지고 있는 최선의 자질들을 통합하거나 그 자질들의 일부분이나 심지어는 대부분을 폐기처분한다. 다음 절에서는 초기 심리학자들이 채택한 사고방식들을 다루고, 다양한 학파를 통한 심리학의 발전을 추적해본다. 인지심리학을 연구하는 데 있어서 오직 하나의 올바른 접근방법이 있지도 않으며 결코 있었던 적도 없었다는 사실을 유념하기 바란다. 오히려 연구자들은 하나 이상의 접근방법을 자기 연구의 토대로 사용해왔지만, 다른 접근방법들의 가치도 인정해왔다.

마음 구조의 이해: 구조주의

심리학의 초기 변증법적 역사는 구조주의와 기능주의 간에 존재하였다(Kardas, 2013; Leahey, 2012; Morawski, 2000). 구조주의는 심리학에서 최초의 중심적 학파이었다. **구조주의**(structuralism)는 지각 내용을 구성성분들(감정, 주의, 기억, 감각 등)로 분석함으로써 마음의 구조(요소들의 배열)와 마음의 지각을 이해하고자 추구한다.

예컨대, 한 송이 꽃의 지각을 생각해보자. 구조주의자는 이 지각을 색깔, 형태, 크기 관계 등으로 분석하고자 한다. 인간 마음이라는 측면에서 구조주의자는 마음을 기본 성분들로 쪼개고자 추구하였다. 또한 이러한 기본 성분들이 어떻게 함께 작동하여 마음을 생성하는지에도 관심을 기울였다(Benjamin, 2014).

빌헬름 분트(Wilhelm Wundt, 1832~1920)는 독일 심리학자로서 그의 아이디어는 구조주의 발전에 기여하였다(Wertheimer, 2011). 분트는 흔히 심리학에서 구조주의 창시자로 간주한다(Structuralism, 2009). 그는 자신의 연구에 다양한 방법들을 사용하였다. 한 가지 방법이 내성법이다. **내성법**(introspection)은 자신의 사고과정을 의식적으로 관찰하는 방법이다. 내성법의 목표는 한 사물이나 처리과정의 기본 성분들을 들여다보려는 것이다.

실험법으로서 내성법의 도입이 심리학 분야에서 중요한 변화이었던 까닭은 연구 주제에 관한 결론을 도출하려는 마음 연구에서 주요 강조점이 합리주의 접근에서 행동을 관찰하는 경험주의 접근으로 이동하였기 때문이다. 내성법을 사용하는 실험에서 참가자는 주어진 과제를 수행하면서 자신의 생각을 보고하였다(Goodwin, 2011). 문제해결에 관심을 가지고 있는 연구자들은 참가자에게 문제를 해결하는 동안에 큰 소리로 생각하도록 요구함으로써, 참가자의 마음에서 일어나고 있는 생각에 관한 통찰을 얻을 수 있었다. 내성법을 통해서 우리 자신의 지각을 분석할 수 있다.

Archives of the History of American Psychology—University of Akron

빌헬름 분트는 성공적인 학창시절을 보내지 못하였다. 반복적인 실패를 경험하고 다른 사람의 조롱거리가 되어있는 것을 발견하기 십상이었다. 그렇지만 나중에 분트는 학업성취가 항상 경력의 성공을 예측하는 것은 아니라는 사실을 보여주었다. 그는 심리학 역사에서 가장 영향력 있는 심리학자의 한 사람으로 추앙받고 있다.

내성법은 자체적으로 몇 가지 도전거리를 가지고 있다. 첫째, 사람들이 마음에서 일어나고 있는 것을 항상 정확하게 말할 수 있는 것이 아니며, 적절한 언어표현으로 나타낼 수 있는 것도 아니다. 둘째, 참가자의 말은 정확한 것이 아닐 수 있다. 셋째, 참가자에게 자신의 생각에 주의를 기울이거나 과제를 수행하는 동안 큰 소리로 말하도록 요구하는 것 자체가 진행 중인 과정을 변화시킬 수 있다.

분트에게는 많은 후계자들이 있었다. 그중 한 명이 미국의 에드워드 티치너(Edward Titchener, 1867~1927)이었다. 티치너(1910)는 때때로 충분한 자격을 갖춘 구조주의자로 인정받았다. 아무튼 그는 구조주의를 미국에 전파하는 데 일조하였다. 그의 실험은 전적으로 내성법에만 의존하였으며, 경험하는 개인의 입장에서 심리학을 탐구하였다. 다른 초기 심리학자들은 구조주의의 방법(내성법)과 초점(감각의 기본 구조) 모두에 비판을 가하였다. 이러한 비판은 새로운 운동, 즉 기능주의를 촉발하였다.

마음 과정의 이해: 기능주의

기능주의는 구조주의의 대안으로 발전하였으며, 심리학자는 사고 내용보다는 그 과정에 초점을 맞추어야 한다고 제안하였다. **기능주의**(functionalism)는 사람들이 무엇을 하며 그렇게 하는 이유를 이해하고자 추구하였다. 심적 과정에 관한 일차 물음은 마음의 근본 내용(구조)이 무엇인지를 물었던 구조주의와 대비되었다. 기능주의자는 인간 마음을 이해하는 열쇠는 마음의 구조적 내용과 요소를 연구하는 것보다는 마음의 작동방식과 그렇게 작동하는 이유에 관한 과정을 연구하는 것이라는 견지를 피력하였다. 이들은 특히 연구 결과의 현실적 적용에 관심을 가졌다.

기능주의자들은 찾아낸 답이나 그 답을 찾기 위하여 사용한 방법이 아니라 스스로 던진 물음의 유형이 무엇인지에 따라서 하나의 집단을 형성한 것이다. 연구자가 던지는 물음에 최선의 답을 내줄 수 있는 방법이라면 어느 것이든 사용할 수 있다고 생각하였기 때문에, 기능주의를 실용주의로 이끌어간 것은 자연스러운 것으로 보인다. **실용주의자**(pragmatist)는 지식을 유용성, 즉 그 지식으로 무엇을 할 수 있는가의 문제로 정당화할 수 있다고 믿는다. 실용주의자는 사람이 나타내는 행위를 아는 것에만 관심을 기울이는 것이 아니다. 사람들 행위에 관한 지식을 가지고 무엇을 할 수 있는지도 알고자 원한다. 예컨대, 실용주의자는 학습과 기억심리학의 중요성을 신봉한다. 왜 일까? 아동의 학업성취를 증진시키는 데 도움을 줄 수 있기 때문이다. 또한 만나는 사람들의 이름을 기억하는 데도 도움을 줄 수 있기 때문이다.

기능주의를 실용주의로 이끌어간 지도자가 윌리엄 제임스(William James, 1842~1910)이었다. 심리학 분야에 대한 그의 핵심적 공헌은 두드러진 작품인『심리학 원리(Principles of Psychology)』(1890/1970)이었다. 한 세기 이상이 지난 지금도 인지심리학자들은 주의, 의식, 지각 등의 분야에서 핵심 주제를 논의할 때 제임스의 책을 언급하기 십상이다. 존 듀이(John Dewey, 1859~1952)는 오늘날의 인지심리학에 지대한 영향을 미친 또 다른 초기 실용주의자이었다. 무엇보다도 듀이는 사고와 학교교육에 대한 실용주의 접근으로 우리의 뇌리에 남아있다.

Archives of the History of American Psychology—University of Akron

많은 인지심리학자들은 의사이자 철학자이며 작가 헨리 제임스의 형인 윌리엄 제임스를 지금까지 가장 위대한 심리학자의 한 사람으로 간주한다. 비록 제임스 자신은 말년에 심리학을 배척한 것처럼 보이지만 말이다.

기능주의자가 사람들이 학습하는 방법에 관심을 가졌다고는 하지만, 실제로 학습이 일어나는 기제를 밝힌 것은 아니다. 이 과제는 또 다른 학파인 연합주의자들의 몫이었다.

통합적 종합: 연합주의

연합주의는 기능주의와 마찬가지로 엄격한 심리학파이기보다는 영향력 있는 사고방식이라고 보는 것이 타당하다. **연합주의**(associationism)는 사건이나 아이디어와 같은 마음 요소들이 어떻게 마음에서 상호간에 연합하여 일종의 학습을 초래하는 것인지를 밝히고자 한다.

인지심리학의 실제 적용

실용주의

이제 실용주의라는 아이디어를 쓸모 있는 것으로 만들고자 잠시 시간을 내보자. 어떻게 하면 이 과목에서 여러분이 학습하고 있는 정보를 더욱 유용한 것으로 만들 수 있겠는가?

1. 이 장은 정보를 더욱 응집적이고 유용한 것으로 만들기 위해서 동일한 질문으로 시작하고 끝을 맺는다. 여러분 자신의 질문을 내놓고 여러분의 필기를 그 질문에 대한 답의 형태로 체제화하라.
2. 이 장의 내용을 다른 교과목이나 활동과 연결시켜라.

예컨대, 새로운 앱을 친구에게 설명해주도록 요청받는다면, 좋은 출발점은 그 친구에게 "질문이 있니?"라고 물어보는 것이겠다. 그렇게 하면, 지루한 일방적인 강의를 들음으로써 친구가 정보를 찾도록 강제하는 것보다 여러분이 제공하는 정보는 친구에게 직접적으로 더 유용하게 된다.

실용주의는 (대학 수업을 제외한) 여러분의 삶에서 얼마나 유용할 수 있겠는가?

예컨대, 연합은 다음과 같은 요인들이 초래한다.

- **근접**(contiguity, 대략 동시에 함께 발생하는 경향이 있는 대상들을 연합한다).
- **유사**(similarity, 유사한 자질이나 특성을 가지고 있는 대상들을 연합한다).
- **대비**(contrast, 뜨겁다/차갑다, 밝다/어둡다, 낮/밤 등과 같이 양극성을 보이는 대상들을 연합한다).

1800년대 후반에 헤르만 에빙하우스(Hermann Ebbinghaus, 1850~1909)는 연합주의 원리를 체계적으로 적용한 최초 실험자이었다(Benjamin, 2014). 특히 에빙하우스는 자신의 심적 과정을 연구하였다. 그는 자음-모음-자음(예컨대, zax)으로 구성한 무의미철자 목록을 만들었다. 그런 다음에 그 목록을 기억하는 데 얼마나 오랜 시간이 걸리는지를 신중하게 기록하였다. 오류와 반응시간을 기록하였다. 에빙하우스는 자기관찰을 통하여 사람들이 어떻게 **되뇌기**(rehearsal), 즉 학습할 자료의 의식적 반복을 통해서 자료를 학습하고 기억해내는지를 연구하였다(그림 1.3). 무엇보다도 그는 빈번한 반복이 심적 연합을 보다 견고하게 기억에 고정시킬 수 있다는 사실을 발견하였다. 따라서 반복이 학습을 돕는다(제6장 참조).

Bettmann/CORBIS

독일 실험심리학자 헤르만 에빙하우스

또 다른 영향력 있는 연합주의자인 에드워드 리 손다이크(Edward Lee Thorndike, 1874~1949)는 "만족"의 역할이 연합을 형성하는 열쇠라는 입장을 견지하였다. 손다이크(1905)는 이 원리를 **효과의 법칙**(law of effect)이라고 명명하였다. 만일 유기체가 특정 반응으로 보상받는다면, 반응을 보였던 자극은 특정 반응을 초래하는 경향이 있다는 것이다. 손다이크는 만일 유기체가 특정 방식으로 반응함으로써 반복적으로 보상받는다면(미래 행위에 대한 자극으로 기능하는 **만족**), 주어진 상황에서 특정 방식으로 반응하는 것(**효과**)을 학습한다고

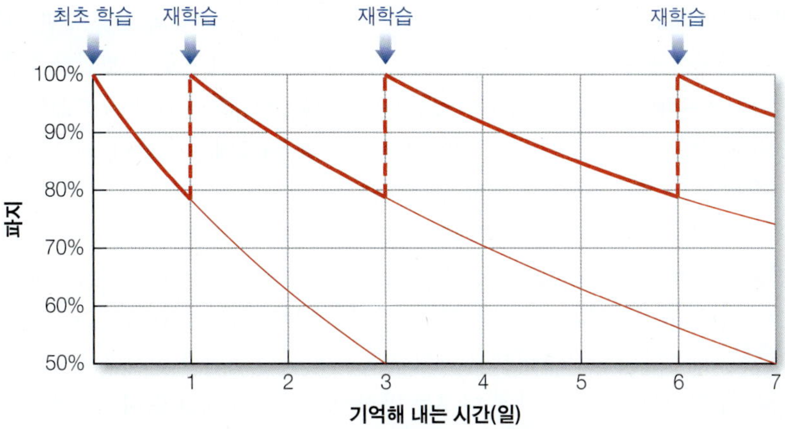

그림 1.3 에빙하우스 망각곡선. 에빙하우스 망각곡선을 보면, 초기 반복이 가파른 학습곡선을 초래한다는 사실을 보여준다. 뒤따르는 반복들은 기억한 단어의 점진적 증가를 초래한다.

믿었다. 따라서 산수 문제를 풀어서 간식거리를 받은 아동이 산수 문제를 정확하게 푸는 것을 학습하는 까닭은 올바른 풀이와 간식거리 간의 연합을 형성하기 때문이다. 이러한 아이디어가 행동주의 발전의 선구자 역할을 수행하였다.

중요한 것은 오직 관찰할 수 있는 것: 연합주의에서 행동주의로

손다이크와 동시대의 다른 연구자들은 손다이크를 비롯한 연합주의자들과는 다른 방식으로 동물실험을 사용하여 자극-반응 관계를 탐구하였다. 이 연구자들은 연합주의와 막 출현하고 있는 행동주의에 양다리를 걸치고 있었다. **행동주의**(behaviorism)는 관찰 가능한 행동과 환경 사건 또는 자극 간의 관계에만 초점을 맞춘다. 기본 아이디어는 다른 사람들이 "심성적"이라고 부를 수 있는 것들을 모두 물리적인 것으로 만들려는 것이었다(Lycan, 2003). 몇몇 연구자들은 손다이크를 비롯한 연합주의자들과 마찬가지로 자발적인 반응을 연구하였다(비록 손다이크 연구에서와 마찬가지로 의식적 사고는 결여하고 있었지만 말이다). 다른 연구자들은 무관한 외부 사건에 대해 비자발적으로 촉발되는 반응을 연구하였다.

러시아에서는 노벨상 수상자인 생리학자 이반 파블로프(Ivan P. Pavlov, 1849~1936)가 이러한 유형의 비자발적 학습 행동을 연구하였다. 그는 먹이를 주는 실험실 조수가 나타나면 개가 침을 흘린다는 관찰로부터 출발하였다. 이러한 침흘리기 반응은 조수가 먹이를 가져다주기 전에 일어났다. 파블로프에게 있어서 이 반응은 일종의 학습(고전적으로 조건형성된 학습)을 나타내는 것이었는데, 개는 이 반응을 의식적으로 제어할 수 없었다. 개의 마음에서 어떤 유형의 비자발적 학습이 조수와 먹이를 연계시켰던 것이다(Pavlov, 1955). 파블로프의 기념비적 연구는 행동주의 발달의 초석을 놓았다. 그의 아이디어는 특히 존 왓슨의 연구를 통해서 미국에 알려졌다(다음 절을 참조). 고전적 조건형성은 단순히 시간 근접성(예컨대, 먹이와 조건자극이 거의 동시에 발생한다; Ginns, 2006; Rescorla, 1967)에 근거한 연합 이상의 것을 수반한다. 효과적인 조건형성은 **수반성**(유관성 contingency, 예컨대, 먹이 출현이 조건자극 출현에 수반적, 즉 의존적이다; Rescorla & Wagner, 1972; Wagner & Rescorla, 1972)을 요구한다. 보상과 처벌 유형의 수반성은, 예컨대 약물 남용 치료에서와 같이 21세기에도 여전히 사용하고 있다(Cameron & Ritter, 2007).

행동주의는 연합주의의 극단적인 버전으로 간주할 수 있다. 환경과 관찰 가능한 행동 간의 연합에만 초점을 맞춘다. 엄격하고 극단적인 행동주의에 따르면, 내적 사고와 사고방식에 관한 가설은 어느 것이든 사변적인 것에 불과하다(Benjamin, 2014). 극단적 행동주의는 자녀 양육에서부터 학교 교육 심지어는 친밀한 인간관계에 이르기까지 사람들이 일상생활에서 문제를 다루는 방식에 영향을 미치고자 시도해왔다(Benjamin & Baker, 2014).

행동주의 주창자

극단적 행동주의 효시는 존 왓슨(John Watson, 1878~1958)이다. 왓슨은 심적 내용(사고)이나 기제를 무시하였다. 그는 심리학자들이 오직 관찰 가능한 행동 연구에만 집중해야 한다고 믿었다(Doyle, 2000). 사고를 발성하지 않는 말 정도로 치부하였다. 행동주의는 실험연구의 대상을 사람이 아니라 동물 참가자로 전환하였다는 점에서도 이전 심리학파와는 차이를 보였다. 역사적으로 볼 때, 대부분의 행동주의 연구를 쥐나 비둘기와 같은 실험실 동물을 대상으로 수행해온(지금도 그렇다) 까닭은 동물이 환경과 그 환경에 대한 반동으로 방출하는 반응 간의 관계를 훨씬 더 잘 제어할 수 있게 해주기 때문이었다(그렇지만 행동주의자들은 인간을 대상으로도 실험을 수행해왔다). 그런데 동물을 사용할 때의 한 가지 문제는 동물 연구를 인간에게 **일반화**(generalization)할 수 있는지를 결정하는 것이다(즉, 연구한 동물에게만 적용하는 것이 아니라 보편적으로 인간에게도 적용할 수 있는지 여부).

극단적 행동주의자인 스키너(B. F. Skinner, 1904~1990)는 학습뿐만 아니라 거의 모든 형태의 인간 행동을 환경에 대한 반응으로 설명할 수 있다고 믿었다. 스키너는 주로 동물을 대상으로 연구를 수행하였으며, 심적 기제를 배격하였다. 오히려 **조작적 조건형성**(operant conditioning), 즉 강화(보상)나 처벌의 존재 또는 부재에 수반하여 행동이 강력해지거나 약화되는 현상이 모든 형태의 인간 행동을 설명할 수 있다고 믿었다. 스키너는 행동에 대한 자신의 실험 분석을 학습, 언어 획득, 문제 해결 등과 같은 많은 심리현상에 적용하였다. 대체로 스키너가 태산과 같이 우뚝 서있음으로 인해서, 행동주의는 수십 년 간 심리학을 주도하였다.

행동주의 비판

행동주의는 언어 획득, 언어 산출과 이해 등과 같은 다양한 전선에서 도전거리에 직면하였다. 첫째, 특정 유형의 학습을 설명하는 데는 잘 작동하는 듯이 보였지만, 언어 학습과 문제 해결과 같은 복잡한 심적 활동을 제대로 설명하지 못하였다. 둘째, 몇몇 심리학자는 사람들의 행동을 이해하는 것보다는 마음에서 일어나는 현상들을 알고자 원하였다. 셋째, 행동주의 기법을 사용하여 동물을 연구하는 것은 인간을 연구하는 것보다 훨씬 용이하였다. 아무튼 행동주의는 사람들이 학습하고 기억하며 사고하고 추리하는 방식을 이해하고자 사람들의 머릿속을 은유적으로 그리고 때로는 직설적으로 들여다보는 방식을 취하는 인지적 접근에 특별히 동조하지 않으면서도, 하나의 학파로서 명맥을 꾸준하게 유지하였다. 다음 절에서 논의하는 바와 같이, 다른 비판들도 출현하였다.

블랙박스를 들여다보고자 시도한 행동주의자들

몇몇 심리학자는 극단적 행동주의를 배격하였다. 이들은 신비로운 블랙박스의 내용에 관심을 가졌다. 행동주의자는 마음을 입력과 출력에 근거해서 가장 잘 이해할 수 있는 블랙박스로 간주하였다. 블랙박스에서 일어나는 내부 과정을 정확하게 기술할 수 없는 까닭은 관찰할 수 없기 때문이라는 것이다. 예컨대, 극단적 행동주의 비판자인 에드워드 톨만(Edward Tolman, 1886~1959)은 행동을 이해하기 위해서는 그 행동의 목적과 계획을 고려하는 것이 필요하다고 생각하였다. 톨만(1932)은 모든 행동이 목표를 향한 것이라고 믿었다. 예컨대, 미로에 들어있는 쥐의 목표는 그 미로에서 먹이를 찾는 것일 수 있다. 때때로 톨만을 현대 인지심리학의 효시로 간주한다.

앨버트 반두라(Albert Bandura, 1977)는 행동에 대한 직접 보상이 학습을 초래할

믿거나 말거나 | 과학적 진보!?

과학의 진보는 때때로 믿기 어려운 전환점을 갖는다. 1930년대 초부터 1960년대까지 전두엽 절개술은 심리장애를 치료하는 보편적이고 용인된 방법이었다. 절개술은 두뇌 전두엽과 시상 간의 연결을 절단하는 것을 수반한다. 정신과의사인 월터 프리먼은 1946년 경안와뇌엽절개술 또는 "아이스픽" 절개술이라고 부르는 특정 유형의 절개술을 개발하였다. 이 시술법에서 프리먼은 앞뒤로 움직일 수 있는 얼음 집게같이 생긴 도구를 안구 궤적을 통해 전두엽에 삽입하였다. 삽입에 앞서 환자는 강력한 전기충격을 사용하여 의식을 잃게 만들었다. 1950년대 후반까지는 수만 명의 미국인들이 이러한 정신외과술의 대상이 되었다. 몇가지 기록에 따르면, 사람들은 수술을 받은 후에 긴장과 불안이 감소하는 것을 느꼈다. 그렇지만 많은 사람들이 절개술 후에 사망하거나 영원히 식물인간이 되고 말았다. 유명한 절개술 환자 중에는 미국 케네디 대통령의 여동생인 로즈마리도 포함되어 있었다. 믿을 수 없는 사실은 자신이 수술을 받고 있다는 것을 자각하지 못한 환자에게도 시행하였다는 점이다. 하워드 덜리는 12세에 절개술을 받았는데 말년이 될 때까지 그 시술을 받았다는 사실을 알지 못하였다.

(Helmes & Velamoor, 2009; MSNBC, 2005).

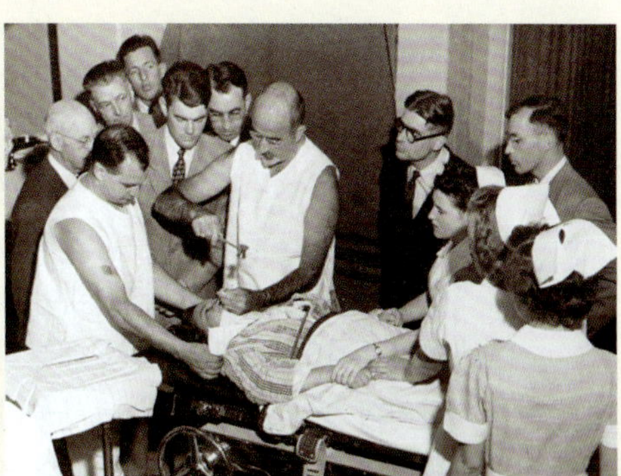

Bettmann/Corbis

전두엽 절개술에서는 전두엽과 시상 간의 연결을 절단한다.

뿐만 아니라, 학습이 사회적이기도 하여서 다른 사람에게 주는 보상이나 처벌을 관찰함으로써 일어날 수도 있다는 사실을 지적하였다. 관찰을 통한 학습은 인간, 원숭이, 개, 새, 심지어는 물고기에서도 찾아볼 수 있다(Brown & Laland, 2001; Laland, 2004). 인간의 경우에는 이 능력이 모든 연령대에 걸쳐 나타난다. 즉 유아와 성인 모두에서 관찰할 수 있다(MejiaArauz, Rogoff, & Paradise, 2005). 이 견해는 우리가 다른 사람의 행동을 관찰하고 우리 자신의 행동을 만들어가는 방식을 강조한다. 사례를 통해서 학습하는 것이다. 사회학습에 관한 이러한 관심은 개인의 마음에서 일어나는 일에 접근하는 방법을 열어준다.

전체는 부분의 합보다 크다: 게슈탈트심리학

행동주의에 대한 많은 비판자 중에서는 게슈탈트심리학자들이 가장 적극적이었다. **게슈탈트심리학**(Gestalt psychology)은 심리현상을 체계적이고 구조화된 전체로 바라다볼 때 가장 잘 이해할 수 있다고 주장한다. 이 견해에 따르면, 행동을 작은 단위들로 쪼개버리면 그 행동을 제대로 이해할 수 없다. 예컨대, 행동주의자는 발성하지 않는 말행위(자기에게 웅얼거리는 것)를 들여다봄으로써 문제 해결을 연구하는 경향이 있었다. 행동주의자는 문제해결을 이해할 수 있는 관찰 가능한 행동을 통해 들여다보고 있었다. 반면에 게슈탈트심리학자는 관찰할 수 없는 심적 사건을 이해하기 위하여 통찰을 연구하였는데, 사람들은 통찰을 통해 문제해결 방법에 대해서 아무런 아이디어도 없는 상태에서 순간적으로 그 문제를 완벽하게 이해하는 순간으로 전환한다는 것이었다.

"전체는 부분의 합보다 크다."는 금언은 게슈탈트 조망을 멋지게 요약하고 있다. 예컨대, 한 송이 꽃의 지각을 이해하려면, 경험 전체를 고려해야만 한다. 형태, 색깔, 크기 등의 기술만을 통해서는 그러한 지각을 이해할 수 없다. 마찬가지로 앞 문단에서 지적한 바와 같이, 관찰 가능한 행동의 세부 요소들을 들여다보는 것만으로는 문제해결을 이해할 수 없다(Köhler, 1927, 1940; Wertheimer, 1945/1959). 제3장에서 게슈탈트 원리들을 자세하고 살펴볼 것이다.

❀ 인지심리학의 출현

1950년대 초반, "인지혁명"이라고 부른 운동이 행동주의에 대한 반동으로 일어났다. **인지주의**(cognitivism)란 대부분의 인간 행동이 사고방식을 설명해준다는 믿음이다. 심리학자는 단지 관찰 불가능하다는 이유 때문에 심적 과정 연구를 기피해야만 한다는 행동주의 입장을 배격한다. 인지주의는 부분적으로 행동주의와 게슈탈트심리학의 종합이다. 행동주의와 마찬가지로, 사람들이 학습하고 사고하는 방식을 연구하는 데 엄격한 정량적 분석을 채택한다. 게슈탈트심리학과 마찬가지로, 내적인 심적 과정을 강조한다.

인지신경과학의 초기 역할

역설적이게도 왓슨의 제자 중 한 명이었던 칼 스펜서 래슐리(Karl Spencer Lashley, 1890~1958)는 인간 두뇌는 단지 개인 바깥에서 환경 수반성에 반응하는 수동적 기관이라는 행동주의 견해에 과감한 도전장을 내밀었다(Gardner, 1985). 오히려 래슐리는 두뇌를 행동의 적극적이고 역동적인 체제자로 간주하였다. 그는 인간 두뇌의 대규모 체제화가 어떻게 악기 연주, 게임 놀이, 언어 사용 등과 같이 복잡하고도 계획적인 행위를 가능하게 만드는 것인지를 이해하고자 시도하였다. 그의 견해에 따르면 이러한 행위는 어떤 것도 단순한 조건형성으로 쉽게 설명할 수 없었다.

도널드 헵(Donald Hebb, 1948)은 동일한 맥락이지만 상이한 분석 수준에서, 두뇌에서 학습의 토대로 세포군(cell assembly) 개념을 제안하였다. 세포군이란 빈번한 자극을 통해서 발달한 협응적 신경구조를 말한다. 세포군은 한 뉴런(신경세포)이 연결된 다른 뉴런을 흥분시키도록 자극하는 능력이 증가함에 따라서 점진적으로 발달한다. 행동주의자는 래슐리와 헵과 같은 이론가들에 덥석 동의하지 않았다. 실제로 스키너(1967)는 언어 획득과 사용을 순전히 환경 수반성을 가지고 어떻게 설명할 수 있는지를 기술하는 두툼한 책을 집필하였다. 이 책은 스키너의 개념틀을 너무 멀리까지 확장하여 공격대상이 되는 빌미를 제공하였다. 실제로 공격이 다가오고 있었다. 언어학자인 노엄 촘스키(Noam Chomsky, 1959)는 스키너의 아이디어에 관한 준열한 개관을 집필하였다. 논문에서 촘스키는 언어의 생물학적 토대와 창의적 잠재성 모두를 강조하였다. 그는 우리가 손쉽게 생성할 수 있는 무한 개수의 문장을 지적하였다. 그는 강화를 통해서 언어를 학습한다는 행동주의 견해를 반박하였다. 어린 아이조차도 과거에 결코 강화받지 않았던 새로운 문장을 끊임없이 생성하고 있다.

테크놀로지의 개입: 공학, 계산, 응용인지심리학

1950년대가 끝나갈 무렵에 몇몇 심리학자들은 기계에 프로그램을 집어넣어 정보의 지능적 처리과정을 시범보일 수 있다는 흥미를 돋우는 생각에 호기심을 가졌다(Rychlak & Struckman, 2000). 알란 튜링(Alan Turing, 1950)은 머지않아 기계의 소통을 인간의 소통과 구분하기 어렵게 될 것이라고 제안하였다. 그는 오늘날 "튜링검사"라고 부르는 검사를 제안하였는데, 이 검사는 컴퓨터 프로그램의 출력을 인간의 출력과 구분할 수 없는지를 판단하는 것이다(Cummins & Cummins, 2000). 다시 말해서 여러분이 컴퓨터와 소통하는데 그것이 컴퓨터인지 분간할 수 없다고 가정해보자. 그렇다면 컴퓨터는 튜링검사를 통과한 것이다(Schonbein & Bechtel, 2003). (그림 1.4 참조.)

1956년에 새로운 용어를 우리 어휘집에 첨가하였다. **인공지능**(artificial intelligence, AI)은 지능, 특히 지능적 정보처리를 보이는 시스템을 구축하려는 인간의 시도로 정의한다(*Merriam Webster's Collegiate Dictionary*, 2003). 오늘날 대부분의 사람을 이길 수 있는 체스 프로그램이 AI의 한 사례이다. 그렇지만 전문가들은 인간처럼 생각할 수 있는 컴퓨터를 개발하는 것이 얼마나 어려운 것인지를 심각하게 평가절하 하였

그림 1.4 **튜링검사.** 질문자가 컴퓨터 화면과 키보드를 통해 실제 사람 그리고 컴퓨터와 소통한다. 질문자의 과제는 가능한 많이 다양한 질문을 던짐으로써 누가 컴퓨터이고 누가 사람인지 찾아내는 것이다.

다. 21세기에 들어서서조차 컴퓨터는 인간이 하는 것처럼 손쉽게 손으로 쓴 글을 읽어내고 구술언어를 이해하고 그에 반응하는 데 어려움을 겪고 있다. 예컨대, 시리(Siri)는 아이폰과 같은 모바일 애플 기기에서 사용하는 프로그램이다. 애플사는 시리를 "개인 비서"라고 부르며, 여러분은 시리에게 전화를 걸거나 달력에 약속을 기입하거나 특정 지역의 날씨 예보를 말해주도록 요청할 수 있다. 비록 프로그램을 계속해서 개선하고 있으며 많은 질문이나 명령을 이해할 수 있지만, 여전히 여러분을 인간 아니면 인간과 닮은 어떤 것으로도 이해하지는 못한다.

초기의 많은 인지심리학자는 응용문제를 통해서 인지심리학에 관심을 갖게 되었다. 예컨대, 도널드 브로드벤트(Donald Broadbent, 1926~1993)는 AT6 항공기[1]와 관련된 문제를 통해서 인지심리학에 대한 관심을 갖게 되었다고 주장하였다. 이 비행기는 좌석 밑에 거의 똑같이 생긴 두 개의 레버를 장착하고 있는데, 하나는 바퀴를 들어 올리는 것이고 다른 하나는 상하로 움직이는 뒷날개를 들어 올리는 것이었다. 조종사는 빈번하게 하나를 다른 하나로 착각해서는 이륙할 때 값비싼 비행기가 추락하곤 하였다. 제2차 세계대전 중에, 제1저자의 지도교수이었던 웬델 가너(Wendell Garner)를 비롯한 많은 인지심리학자들이 비행을 포함한 여러 분야에서 적군과 교전 중에 발생하는 실제 문제를 해결하려는 군대의 자문역할을 맡았다. 컴퓨터가 처리하는 비트

[1] 역주: AT6 항공기는 20세기 전반에 사용하던 전투기로, 1950년 국민 성금으로 구입한 우리나라 최초의 항공기이기에 우리나라에서는 건국기(建國機)라고도 부른다.

(bit) 단위의 정보와 동일한 유형의 정보를 사람들이 처리하는 방식에 근거하여 인간 행동을 이해하고자 시도하는 정보이론(Shannon & Weaver, 1963)도 공학과 정보학의 문제로부터 출발하였다.

광고는 응용인지심리학을 광범위하게 사용해왔다. 존 왓슨은 존스홉킨스 대학의 교수직을 떠난 후에 광고회사에서 지극히 성공적인 경영자가 되었으며, 자신의 심리학 지식을 사용하여 성공하게 되었다. 실제로 많은 광고는 인지심리학 원리들을 적용하여 고객들을 끌어들인다(Benjamin & Baker, 2004).

1960년대 초반까지 발전은 신속하게 진행되어 그 당시 "생물심리학"이라고 부르는 분야로 나아갔으나, 지금은 더욱 확장되어 인지신경과학, 인지언어학, 인지인류학, 인지인공지능 등으로 부르고 있다. 이러한 발전은 많은 중추적 심리학자들이 행동주의에 반기를 든 것과 함께, 혁명이 일어나기에 충분한 분위기를 만들어냈다. 초기 인지주의자들(예컨대, Miller, Galanter, & Pribram, 1960; Newell, Shaw, & Simon, 1957)은 행동에 대한 전통적인 행동주의 설명이 부적절한 까닭은 사람들이 생각하는 방식에 관하여 아무것도 알려주지 못하기 때문이라고 주장하였다. 인지심리학에서 가장 유명한 초기 논문 중의 하나는 역설적이게도 "마법의 수 7"에 관한 것이었다. 조지 밀러(George Miller, 1956)는 숫자 7이 지각과 기억 문헌과 같이 인지심리학의 다양한 곳에서 나타나는 사실에 주목하고, 반복적인 등장에 어떤 숨어있는 의미가 있는지 궁금하게 생각하였다. 예컨대, 그는 대부분의 사람들이 대략 7개의 항목을 기억해낼 수 있다는 사실을 발견하였다. 밀러는 이 논문에서 **채널 용량**(channel capacity)이라는 개념도 도입하였는데, 관찰자가 자신에게 주어진 정보에 반응을 대응시킬 수 있는 상한을 의미한다. 예컨대, 여러분이 연속적으로 제시한 7개의 숫자를 기억해낼 수 있다면, 숫자 기억에 대한 여러분의 채널 용량은 7이다. 율릭 나이서의 책『인지심리학(Cognitive Psychology)』(Neisser, 1967)은 학부생, 대학원생, 그리고 심리학계에 새롭게 발전하고 있는 분야를 알려줌으로써 인지주의가 전면에 등장하는 데 특히 결정적인 역할을 하였다.

나이서는 **인지심리학**을 사람들이 지식을 학습하고 구조화하며 저장하고 사용하는 방법에 관한 연구로 정의하였다. 뒤이어서 알렌 뉴웰과 허버트 사이먼(Allen Newell & Herbert Simon, 1972)은 가장 기본적인 수준에서부터 가장 복잡한 수준에 이르기까지 인간 사고와 문제해결에 관한 상세한 모형들을 제안하였다. 1970년대에 들어서서 인지심리학을 독특한 연구방법들로 무장한 주요 심리학 분야로 널리 인식하게 되었다.

1970년대에 제리 포더(Jerry Fodor)는 마음의 모듈성이라는 개념을 널리 알렸다. 그는 마음이 언어 정보 그리고 가능하다면 다른 유형의 정보들을 다루기 위한 독특한 모듈, 또는 특수목적 시스템을 가지고 있다고 주장하였다. 모듈성이란 언어 영역(Fodor, 1973)이나 지각 영역(Marr, 1982)과 같이 한 영역에서 사용하는 처리과정은 다른 영역에서 사용하는 처리과정과는 독립적으로 작동한다는 점을 함축하고 있다. 이와 대립하는 입장은 영역 보편적 처리과정 견해이며, 이 견해에 따르면 지각이나 언어와 같은 영역에서 작동하는 처리과정은 다른 많은 영역에서도 작동한다. 모듈 접근은 언어와 같은 몇몇 인지현상을 연구하는 데 유용하지만, 지능과 같은 다른 현상을 연구하는 데는 유용성이 낮은 것으로 나타나고 있다. 지능은 복잡하게 상호 연결되어있는 다양한 두뇌영역에 걸치는 것으로 보인다.

흥미로운 사실은 모듈로서의 마음이라는 아이디어는 적어도 골상학자 프란즈 조셉 갈(Franz Joseph Gall)까지 거슬러 올라가는데(Boring, 1950 참조), 18세기 인물인 그는 두개골의 튀어나온 부분과 움푹 들어간 부분이 개인의 인지능력 패턴과 직접 관계를 가지고 있다고 믿었다. 골상학 자체는 과학적으로 타당한 기법이 아니었지만, 심적 뇌지도 작성의 관행이 사라지지 않고 결국에는 현대 과학 기법에 근거한 모듈성이라는 아이디어를 내놓게 만들었다.

개념 확인

1. 실용주의란 무엇인가? 기능주의와는 어떻게 관련되는가?
2. 연합주의와 행동주의는 어떻게 유사하면서 동시에 다른가?
3. 게슈탈트심리학 이면의 기본 아이디어는 무엇인가?
4. 마음 모듈성의 의미는 무엇인가?
5. 인지주의는 선행 심리학파의 요소들을 어떻게 받아들이고 있는가?

인지심리학의 연구방법

연구자들은 다양한 연구방법을 채택한다. 이 방법들은 실험실 실험이나 다른 통제 실험, 신경과학 연구, 자기보고, 사례연구, 자연관찰, 컴퓨터 시뮬레이션과 AI 등을 포함한다. 이 방법들 각각을 이 절에서 상세하게 논의한다. 연구자가 어느 방법을 사용할 것인지는 그 목표에 달려있다. 따라서 이러한 목표를 달성하기 위하여 사용하는 방법들을 다루기에 앞서 우선 인지심리학의 연구목표를 살펴보자.

연구 목표

간략하게 말해서 연구 목표는 데이터 수집과 분석, 이론 개발, 가설 형성과 검증, 그리고 심지어는 연구 환경을 넘어서는 바깥 장면에의 적용 등을 포함한다. 연구자는 단순히 특정 현상에 관하여 가능한 많은 정보를 수집하고자 추구하기 십상이다. 데이터를 수집하는 동안 자신이 발견할 것에 대하여 사전에 염두에 둔 생각이 있을 수도 있고 없을 수도 있다. 연구는 사람들이 얼굴을 재인하는 방식이나 전문성을 발달시키는 방식과 같은 특정 인지 현상에 초점을 맞춘다.

데이터 수집은 과학 행위의 경험적 측면을 반영한다. 일단 관심을 가지고 있는 인지 현상에 대하여 충분한 데이터를 마련하게 되면, 데이터로부터 추론을 할 수 있는 다양한 방법들을 사용한다. 이상적으로는 자신의 가설을 지지하기 위하여 수렴적인 다양한 증거를 사용한다. 때로는 데이터를 얼핏 훑어보는 것이 데이터가 가지고 있는 패턴에 관한 직관적 추론으로 이끌어가기도 한다. 그렇지만 데이터를 분석하는 다양한 통계방법들을 사용하는 것이 일반적이다.

데이터 수집과 통계 분석이 연구자로 하여금 인지 현상을 기술하는 데 도움을 준다. 이러한 기술(description)이 없이는 어떤 과학 추구도 많은 것을 달성할 수 없다. 그렇지만 대부분의 인지심리학자는 인지란 무엇인지 이상의 것을 이해하고자 원한다. 또한 사고 방식과 이유도 이해하고자 시도한다. 즉, 연구자는 인지를 기술하는 것뿐만 아니라 설명하는 방식을 찾는다. 기술을 넘어서기 위해서 인지심리학자는 직접 관찰한 것으로부터 관찰에 관하여 추론할 수 있는 것으로 뛰어넘어가야만 한다.

인지의 특정 측면 하나를 연구하고자 원한다고 가정해보자. 교과서 정보를 사람들이 이해하는 방식이 한 사례가 될 수 있겠다. 일반적으로 하나의 이론으로부터 출발한다. **이론**(theory)이란 일반적으로 관찰에 토대를 두고, 한 현상에 관한 보편적 설명 원리의 체계적 집합체이다. 한 이론이 다루고 있는 현상의 특정 측면들을 예측하는 힘을 가지고 있는지 알아보기 위하여 그 이론을 검증한다. 다시 말해서 생각은 다음과 같이 진행한다. "만일 이론이 옳다면, x가 발생할 때마다 결과 y가 나와야 한다." 이 과정은 **가설**(hypothesis), 즉 연구의 결과와 같이 이론이 기대하는 경험적 결과에 관한 잠정적 제안을 생성한다.

다음으로 실험을 통해서 가설을 검증한다. 특정 결과가 가설을 확증하는 것처럼 보일지라도, 통계 유의성을 결정하기 위하여 통계분석을 실시해야만 한다. **통계 유의성**(statistical significance)이란 단순히 우연 요인만이 작동하였을 때 그러한 결과를 얻게 될 가능성을 나타낸다. 예컨대, 0.05의 통계 유의성 수준은 오직 우연 요인만 작동하였을 때 그 결과를 얻게 될 가능성이 단지 5%에 불과하다는 것을 의미한다. 따라서 그 결과는 단순히 우연에 의한 것이 아닐 가능성이 크다. 이 방법을 통해서 가설을 유지할 것인지 아니면 기각할 것인지 결정할 수 있다.

일단 실험을 통해서 가설을 검증하고 통계 분석을 실시하였다면, 그 실험 결과는 후속 연구로 이끌어갈 수 있다. 예컨대, 심리학자는 후속 데이터 수집과 분석, 이론 개발, 가설 형성과 검증을 수행하기도 한다. 유지하거나 기각한 가설에 근거하여 이론을 개정해야만 할 수도 있다(그림 1.5 참조). 이에 덧붙여서 많은 인지심리학자는 연구에서 얻은 통찰을 사용하여 사람들이 실생활 상황에서 인지를 사용하는 것을 도와주고자 희망한다. 인지심리학의 몇몇 연구는 출발부터 응용적인 것이다. 사람들의 삶 그리고 삶을 살아가는 조건을 개선하도록 도와주고자 시도한다. 따라서 기초연구는 일상생활에의 응용으로 이끌어가기도 한다. 이러한 목표 각각을 위하여 상이한 연구방법은 상이한 장점과 단점을 제공한다.

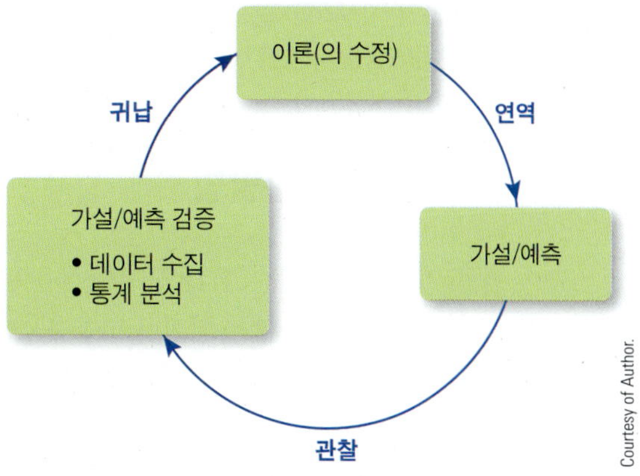

그림 1.5 연구의 수레바퀴. 이론은 검증할 수 있는 가설을 생성하며, 흔히 이론의 개정으로 이끌어간다.

방법	실험실 실험	신경과학 연구	언어 프로토콜, 자기평가, 일기 등과 같은 자기보고
참가자의 무선할당	대부분 그렇다.	대부분 그렇지 않다.	해당 없음.
독립변인의 실험적 제어	대부분 그렇다.	특정 기법에 따라 매우 다르다.	대부분 아니다.
표본 크기	어떤 크기도 가능.	대체로 작다.	작을 가능성이 크다.
표본 대표성	대표적일 수 있다.	대표적이지 않기 십상이다.	대표적일 수 있다.
생태 타당성	가능성이 낮지 않음. 적용하는 과제와 맥락에 달려있음.	몇몇 상황에서는 가능성이 낮음.	가능함. 강점과 약점 참조.
개인차 정보	일반적으로 강조하지 않음.	있음.	있음.
강점	• 실시와 수치화 그리고 통계 분석이 용이. • 타당한 인과 추론을 도출할 가능성이 높음.	• 인지 기능에 대한 강력한 증거를 제공함. • 인지 결손의 치료방안을 개발할 가능성.	• 참가자의 견지에서 내성적 통찰을 얻음.
약점	• 특정 장소, 시간, 과제 상황을 넘어서서 결과를 일반화하기 어려움. • 실생활과 실험실에서의 행동 간의 괴리.	• (대부분의 연구자에게 있어) 적절한 참가자와 값비싼 장비를 구하기 어려움. • 작은 표본. • 비정상 두뇌나 동물 두뇌를 연구할 때 일반화 가능성이 감소.	• 의식적 자각 밖에서 일어나는 처리과정을 보고할 수 없음. • 언어 프로토콜과 자기평가는 보고하는 인지과정에 영향을 미칠 수 있음. • 실제 인지와 회고한 인지과정과 산물 간 괴리.
사례	카피크(2009)는 참가자가 스와힐리어-영어 단어쌍을 학습하고 회상하는 실험실 과제를 개발하였다. 참가자가 처음으로 한 단어의 의미를 회상한 후에, 그 쌍을 제외시키거나, 학습 단계에서 두 번 더 제시하거나 글속에서 두 번 더 제시하였다. 1주일 후에 최종 회상검사를 실시하였다.	뉴 등(2009)은 간헐적 폭발 장애 경계선 환자가 정상 참가자보다 도발 자극에 더 공격적으로 반응한다는 결과를 얻었다. 특히 편도체와 같은 정서 관련 영역에서 글루코스 소비가 증가하고 공격성을 제어하는 배측 영역의 활동이 감소하였다.	스트레스 호르몬인 코티솔 수준과 수면, 자기보고 건강, 스트레스 간의 관계에 관한 연구에서 참가자가 4주에 걸쳐서 일기를 쓰고 타액 표본을 수집하였다(Dahigren 등, 2009).

그림 1.6 연구방법. 인지심리학자는 인지현상을 연구할 때 통제 실험, 신경과학 연구, 자기보고, 사례연구, 자연관찰, 컴퓨터 시뮬레이션과 인공지능을 사용한다.

특징적 연구방법

인지심리학자는 인간 사고방식을 탐구하기 위하여 다양한 방법을 사용한다. 이 방법들은 (1) 실험실 실험이나 다른 통제 실험, (2) 신경과학 연구, (3) 자기보고, (4) 사례연구, (5) 자연관찰, (6) 컴퓨터 시뮬레이션과 인공지능(AI) 등을 포함한다. 각 방법의 기술과 사례를 보려면 그림 1.6을 참조하라. 그림이 보여주는 바와 같이, 각 방법은 특징적인 장점과 단점을 제공한다.

사례연구	자연 관찰	컴퓨터 시뮬레이션과 인공지능
가능성 없음.	해당 없음.	해당 없음.
가능성 없음.	전혀 아니다.	관심 변인의 완벽한 제어.
작을 것이 확실.	작을 가능성이 크다.	해당 없음.
대표적일 가능성이 낮다.	대표적일 수 있다.	해당 없음.
개인의 생태 타당도가 높음. 다른사람들에게 일반화 가능성은 낮음.	있음.	해당 없음.
있음. 개인에 관한 풍부하고 상세한 정보가 있음	있음.	해당 없음.
• 개인에 관한 과거와 현재 맥락을 포함한 상세한 정보를 얻음.	• 풍부한 맥락 정보를 얻음.	• 인지과정을 모형화할 가능성의 탐색. • 명확한 가설 검증. • 광범위한 현실 적용(예컨대, 위험한 과제를 수행하는 로봇공학).
• 다른 사람들에게 적용가능성. • 작은 표본 크기와 표본의 비대표성으로 인한 제한적인 일반화 가능성.	• 실험 제어의 결여. • 관찰자 존재가 행동에 영향을 미칠 수 있음.	• 하드웨어(즉, 컴퓨터)와 소프트웨어(즉, 연구자가 작성한 프로그램)가 부과하는 제한점. • 시뮬레이션은 인간 두뇌가 사고하는 방식을 불완전하게 모형화할 수 있음.
유방암 환자의 사례연구를 보면, 새로운 기법(문제해결 치료)이 암환자의 불안과 우울증을 완화시킬 수 있다(Carvalho & Hopko, 2009).	질문지와 관찰을 사용한 연구는 멕시코인들이 평균적으로 미국인들보다 자신을 더 사회적인 사람으로 간주한다. 그렇지만 멕시코인은 일상생활에서 미국인보다 훨씬 더 사회적으로 행동한다(Ramirez-Esparza 등, 2009).	**시뮬레이션**: 데이비드 마(1982)는 상세한 계산을 사용하여 인간 시지각의 시뮬레이션을 시도하였으며, 자신의 컴퓨터 모형에 근거한 시지각 이론을 제안하였다. **인공지능**: 전문성을 시범보이는 다양한 AI 프로그램을 개발하였으나, 인간 전문가가 사용하는 과정과는 다른 과정을 통해서 그렇게 한다.

인간 행동에 대한 실험

일반적으로 실험자는 실험실 장면에서 연구를 수행한다. 실험자는 실험 상황의 가능한 많은 측면들을 제어한다. 기본적으로 실험에서 두 가지 유형의 변인은 독립변인과 종속변인이다. **독립변인**(independent variable)은 실험자가 개별적으로 처치(manipulation)를 가하거나 신중하게 조율하면서 연구의 다른 측면들(즉, 처치를 통한 변화의 대상이 아닌 측면들)을 일정하게 유지하는 연구 측면들이다. **종속변인**(dependent variable)은 결과로 나타나는 반응, 즉 하나 이상의 독립변인이 실험참가자에게 얼마나 영향을 미치는지에 달려있는 값이다. 여러분이 어떤 실험참가자에게는 과제를 잘 해낼 것이라고 말해주면서 다른 참가자에게는 아무 말도 하지 않는다면, 독립변인은 기대하는 과제 수행에 관하여 참가자에게 준 정보의 양이 된다. 종속변인은 두 집단이 실제로 과제를 잘 수행한 정도, 예컨대 수학 검사에서의 점수가 된다.

실험자가 독립변인에 처치를 가할 때 관련이 없는 변인들을 제어하고는 종속변인(결과)에 대한 효과를 관찰한다. 일정하게 유지하는 무관련 변인들을 통제변인(control variable)이라고 부른다. 예컨대, 상이한 유형의 배경 음악을 들으면서 집중하는 능력에 관한 실험을 수행하다면, 실험실 조명이 때로는 매우 밝고 때로는 어둡지 않고 항상 일정하도록 만들어야 한다. 조명이라는 변인을 일정하게 유지할 필요가 있는 것이다.

또 다른 유형의 변인이 혼입변인이다. **혼입변인**(confounding variable)은 연구에서 제어하지 않은 채 내버려둔 무관련 변인이다. 예컨대, 여러분이 두 가지 문제해결 기법의 효과를 살펴보고자 한다고 상상해보라. 한 집단은 오전 6시에 첫 번째 기법을 사용하여 검증하고 두 번째 집단은 오후 6시에 두 번째 기법을 사용하여 검증한다. 이 실험에서는 하루 시간대가 혼입변인이 된다. 다시 말해서 하루 시간대가 문제해결 기법과는 아무 관계도 없는 수행 차이를 초래할 수 있다. 연구를 수행할 때는 혼입변인의 영향을 제거하도록 신중을 기해야만 한다.

실험법을 적용할 때 실험자는 관심 집단을 대표하는 무선 표본을 사용하여야만 한다. 실험자는 관찰한 효과가 오직 독립변인에서의 차이에 따른 것임을 알기 위하여 실험조건을 엄격하게 제어해야만 한다. 예컨대, 앞에서 언급한 실험에서 실험회기를 진행하는 동안 햇빛이 참가자의 눈을 찔러서 시야에 문제를 일으켰다면, 사람들이 집중하는 능력은 실험실의 전반적인 조명 조건 자체에 의한 것이 아니다.

또한 실험자는 참가자들을 처치조건과 통제조건에 무선 할당해야 한다. 예컨대, 여러분은 실험집단에 주의결핍 과잉행동 장애(ADHD)가 있는 사람이 많이 포함되고 통제집단에는 그런 사람이 없는 상황에서 집중에 관한 실험을 종료하고 싶지 않을 것이다. 실험법의 이러한 요구조건을 만족시키게 되면, 실험자는 가능한 인과관계를 추론할 수 있다. 즉, 연구자는 적어도 주어진 전집에 있어서 종속변인에 대한 독립변인의 효과가 단순히 우연한 결과가 아닐 가능성이 얼마나 되는지를 추론할 수 있다.

인지심리학 연구에서는 많은 상이한 종속변인들을 사용한다. 두 가지 보편적 변인이 정확률(아니면 오류율)과 반응시간이다. 즉, 연구자는 참가자가 얼마나 많은 항목에 정확하게 답할 수 있거나 아니면 특정 상황에서 자극에 반응하는데 시간이 얼마나 걸리는지를 측정한다. 이 측정치가 보편적인 까닭은 각 측정치가 심적 처리의 정확성과 속도를 알려주기 때문이다. 독립변인과 종속변인은 신중을 기해서 선택해야만 한다. 어떤 처리과정을 관찰하든지 간에, 실험에서 얻을 수 있는 것은 관찰하고 있는 복잡하기 십상인 행동으로부터 분리해내기 위하여 선택한 변인에 거의 전적으로 의존하기 때문이다.

반응시간을 가지고 인지과정을 연구하는 심리학자는 흔히 **빼기 방법**(subtraction method)을 사용하기 십상인데, 이 방법은 한 인지과정을 수행하는 데 필요한 시간을 그 과정을 포함한 정보처리에 걸린 시간에서 그 과정을 포함하지 않는 정보처리에 걸린 시간을 빼서 추정하게 된다(Donders, 1868/1869). 만일 여러분에게 '개, 고양이, 쥐, 햄스터, 다람쥐'라는 다섯 단어를 훑어보고 '다람쥐'가 그 속에 있는지 말하도록 요구한 다음에, '개, 고양이, 쥐, 햄스터, 다람쥐, 사자'라는 여섯 단어를 훑어보고 '사자'가

헨리 뢰디거 3세(Henry L. Roediger, III)의 실험실에서는

마음의 과학

1620년 프랜시스 베이컨은 이렇게 적었다. "만일 여러분이 동일한 글을 그저 20번 반복해서 읽는다면, 10번만 읽으면서 때때로 되뇌기 하고자 시도하고 기억해낼 수 없을 때 글을 다시 참조할 때만큼 쉽게 암송하지 못할 것이다." 그는 이 사실을 어떻게 알았는가? 베이컨이 알지 못하였던 것은 확실하지만, 자신의 개인 경험에 근거하여 판단하였을 것이다. 이 사례가 흥미로운 것은 베이컨이 과학 방법 창시자 중 한 사람이며, 실험과학의 초석을 놓았기 때문이다.

베이컨 시대에는 과학을 자연계에 적용하였으며, 오늘날 물리과학(주로 물리학과 화학)이라고 부르는 것이었다. 과학 방법을 사람에게 적용할 수 있다는 아이디어는 꿈도 꿀 수 없는 것이었으며, 그러한 생각을 제기하였다면, 비웃음의 대상이 되었을 것이다. 인간은 단순한 물체가 아니었다. 영혼과 자유의지를 가지고 있었다. 인간은 과학으로 연구할 수 없는 것이 명명백백하였다! 선구자들이 이러한 가정에 의문을 제기하고 마음 연구인 심리학이라는 과학을 창설하고자 용감한 발걸음을 내딛는 데는 250년이라는 또 다른 세월이 걸렸다. 그 시점은 일반적으로 빌헬름 분트가 독일 라이프치히에 최초의 심리학 실험실을 설립한 1879년이다.

Courtesy of the author

헨리 뢰디거 3세

위대한 심리학사가인 에드윈 보링(Edwin G. Boring)은 이렇게 적고 있다. "마음의 문제에 실험법을 적용한 것은 마음 연구에서 혁혁한 사건이며, 어느 것과도 비견할 수 없는 사건이었다."(1929, 659쪽). 보링은 옳았으며, 여러분이 보고 있는 교과서는 마음에 관한 실험연구인 인지심리학의 매혹적인 이야기와 연관되어 있다.

그렇다면 베이컨의 주장은 어떤가? 되뇌기를 하는 것이 정말로 공부만 하는 것보다 학습에 더 많은 도움을 주는가? 이 아이디어가 이상해 보이는 까닭은 교육 장면에서 공부는 학습하는 방식으로 그리고 시험은 학습한 것을 단지 측정하는 것으로 생각하기 때문이다.

나는 대학원생들과 함께 베이컨 주장의 타당성을 다양한 실험 맥락에서 검증해왔으며 지금도 검증하고 있다(고백하건대, 우리는 연구를 한참 진행한 후에야 비로소 베이컨의 인용문을 발견하였지만 말이다). 우리 실험에서 참가자들은 자료(단순한 단어 집합이든 복잡한 교과서 글이든, 자료는 문제가 되지 않는다)를 공부하고 검증하는 다양한 조합을 통해 학습한다. 일관성 있는 결과는 검증할 때 인출(또는 베이컨이 말하는 되뇌기)이 나중의 정보 파지에 상당한 도움을 주며, 반복적으로 공부하는 것보다 훨씬 효과가 있다는 것이다(Roediger & Karpicke, 2006; 개관을 위해서는 Roediger & Butler, 2011을 참조).

여기서는 요점을 보기 위해서 한 가지 실험만을 살펴보도록 하자. 자롬과 뢰디거(Zaromb & Roediger, 2010)는 학생들에게 이틀 후에 실시할 시험에 대비하여 단어 목록을 기억하도록 요구하였다. 한 조건의 학생들은 짧은 휴식을 가지면서 여덟 차례 자료를 공부한 반면, 다른 두 조건의 학생들은 공부시행 중에서 둘 또는 네 시행을 검증 시행으로 대치하였다. S가 공부시행을 그리고 T가 검증 시행을 나타낸다면, 세 조건은 *SSSSSSSS*, *STSSSTSS*, *STSTSTST*로 표현할 수 있다. 공부하기가 나중의 회상을 결정한다면, 앞 문장에서 나열한 세 조건은 효과가 감소하는 순서가 된다(공부시행이 8, 6, 4로 줄어든다). 그러나 만일 베이컨이 옳다면, 조건들은 나중의 파지를 위하여 효과가 증가하는 순서가 되어야 한다(0, 2, 4 검증 시행). 결과를 보면, 이틀 후에 회상한 비율은 세 조건 각각에 대해서 0.17, 0.25, 0.39이었다.

프랜시스 베이컨은 옳았다. 되뇌기가 공부하기보다 더 효과적이다(물론 어느 정도의 공부하기는 필수적이다). 내가 아는 한에 있어서, 어느 누구도 베이컨이 제안한 실제 실험(20시행)을 수행하지 않았지만, 한 조건에서는 20회의 학습시행을 그리고 다른 조건에서는 10회의 학습 시행과 10회의 검증 시행을 실시해보는 것을 학생들에게 과제로 내주는 것도 좋을 것이다. 아무튼 자료에 대한 자기검증이 강의내용을 공부하는 좋은 방법이다. 우리는 저서 *Make it Stick: The Science of Successful Learning*에서 학습을 증진시키는 다른 많은 전략들을 제안하고 있다(Brown, Roediger, & McDaniel, 2014).

있었는지 말하도록 요구한다면, 반응시간에서의 차이는 개략적으로 각 자극을 처리하는 데 걸리는 시간의 양을 나타내는 것으로 받아들일 수 있다. 물론 심적 처리과정에 관한 특정 모형에 근거했을 때 말이다.

처치조건의 결과가 통제조건의 결과와 통계적으로 유의한 차이를 보인다고 가정해보자. 실험자는 독립변인과 종속변인 간 인과관계의 가능성을 추론할 수 있다. 연구자가 독립변인과 종속변인 간에 가능한 인과 연계를 형성할 수 있기 때문에, 통제된 실험실 연구는 가설을 검증하는 훌륭한 수단을 제공해주는 것이다.

크고 혼란스러운 소음이 특정한 인지과제(예컨대, 교과서를 읽고 질문에 답하는 과제)를 수행하는 능력에 영향을 미치는지를 알아보고자 한다고 가정해보자. 이상적으로는 우선 관심을 갖는 전집에서 참가자의 무선표본을 선택하게 된다. 그런 다음에 각 참가자를 처치조건이나 통제조건에 무선 할당하고, 처치조건의 참가자들에게 혼란스러운 큰 소음을 제시한다. 통제조건 참가자는 이러한 처치를 받지 않는다. 처치조건과 통제조건 모두의 참가자들에게 인지과제를 제시하고는 이들의 수행을 측정한다(예컨대, 이해 질문에 대한 반응속도와 정확도). 마지막으로 결과를 통계적으로 분석한다. 두 집단 간 차이가 통계 유의도에 도달하는지를 확인한다.

처치조건 참가자가 통제조건 참가자보다 통계적으로 유의한 수준에서 열등한 수행을 보였다고 가정해보자. 만일 그렇다면, 크고 혼란스러운 소음은 특정 인지과제를 수행하는 능력에 영향을 미친다고 추론하게 된다.

인지심리학 연구에서 종속변인은 다양할 수 있지만, 여러 가지 정확도 측정치(예컨대, 오류 빈도)나 반응시간, 또는 둘 모두를 수반하기 십상이다. 상황, 과제, 또는 참가자의 특성이 수많은 독립변인 중에서 대표적인 것들이다. 예컨대, 상황 특성은 문제해결 과제에서 특정 자극이나 힌트의 존재나 부재일 수 있다. 과제 특성은 일련의 단어를 읽거나 들은 후에 이해 질문에 답하는 것일 수 있다. 참가자 특성은 연령 차이, 교육수준 차이, 검사 점수에 근거한 차이 등일 수 있다.

상황이나 과제 특성은 참가자들을 처치조건이나 통제조건에 무선 할당함으로써 처치할 수 있다. 반면에 참가자 특성은 실험적으로 쉽게 처치를 가할 수 없다. 예컨대, 실험자가 문제해결 속도와 정확도에 대한 연령 효과를 연구한다고 가정해보자. 연구자가 참가자들을 다양한 연령 집단에 무선 할당할 수는 없다. 사람들의 연령은 처치를 가할 수 있는 것이 아니기 때문이다(물론 다양한 연령집단의 참가자들을 다양한 실험집단에 무선 할당할 수는 있다). 이러한 상황에서 연구자는 다른 유형의 연구, 예컨대 **상관**(correlation; 참가자나 상황 특성과 같은 둘 이상의 속성들 간의 통계적 관계)을 수반하는 연구를 사용하기 십상이다. 일반적으로 상관은 피어슨 r로 알려진 상관계수로 표현한다. 피어슨 r은 −1.00(부적 상관)에서부터 0(무관계)을 거쳐 1.00(정적 상관)에 걸친 수치이다. 사례를 보려면 그림 1.7을 참조하라.

상관은 관계를 기술하는 것이다. 상관계수는 관계의 강도를 기술한다. 계수가 ±1에 가까울수록 변인 간 관계는 강력한 것이다. 계수의 음양기호는 관계의 방향을 기술한다. 정적 상관은 한 변인(예컨대, 어휘 크기)이 증가하면 다른 변인(언어 이해도)도 증가한다는 것을 나타낸다. 부적 상관은 한 변인(예컨대, 피로)의 측정치가 증가하면, 다른 변인(예컨대, 각성)의 측정치는 감소한다는 것을 나타낸다. 상관이 없다는 것, 즉

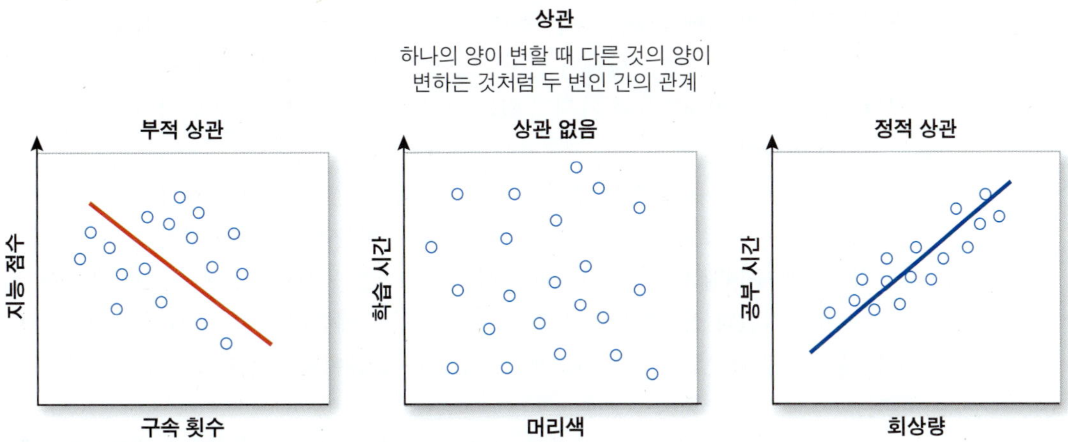

그림 1.7 **상관 차트.** 상관계수는 −1에서 +1 사이의 값을 갖는다.

계수가 0인 것은 두 변인(예컨대, 지능과 귀의 길이)의 변화에서 어떤 패턴이나 관계가 없다는 것을 나타낸다. 상관계수가 0인 경우, 두 변인이 변하기는 하지만 어떤 일관성 있는 패턴을 가지고 함께 변하지 않는다.

상관연구는 연구자가 실험처치를 사용하여 참가자들을 속이는 것을 원치 않거나 윤리적으로 처치를 가할 수 없는 요인(예컨대, 두뇌 특정 부위의 손상)에 관심을 가지고 있을 때, 선택하는 방법이기 십상이다. 그렇지만 연구자는 실험조건에 대해서 아무런 제어도 가하지 않기 때문에, 상관연구에서 인과성을 추론할 수는 없다.

통계적 관계의 발견은 상당한 정보를 제공해준다. 그 가치를 과소평가해서는 안 된다. 또한 상관연구는 참가자를 처치조건과 통제조건에 무선 할당하는 것을 요구하지 않기 때문에, 이 방법은 융통성 있게 적용할 수 있다. 그렇지만 상관연구는 일반적으로 인과성에 관하여 명확한 추론을 허용하지 않는다. 따라서 많은 인지심리학자는 상관 데이터보다는 실험 데이터를 강력하게 선호한다.

신경과학 연구

신경과학 연구를 통해서 연구자는 인지 수행과 두뇌 사건이나 구조 간의 관계를 연구한다. 제2장은 신경과학 연구에서 사용하는 다양한 기법들을 기술하고 있다. 일반적으로 이 기법들을 다음과 같은 세 범주로 나눈다.

- 죽은 후에 부검을 통해서 뇌를 연구하는 기법으로, 생전의 인지기능을 관찰 가능한 두뇌 자질과 연관 짓는다.
- 특정 인지 결손을 가지고 있는 개인 두뇌의 구조나 활동을 보여주는 뇌영상을 연구하는 기법.
- 정상적으로 인지활동을 수행하는 동안 두뇌처리에 관한 정보를 얻는 기법.

부검 연구는 어떻게 특정 손상(망가진 두뇌영역)이 특정 인지 결손과 연관되는 것 인지에 관한 통찰을 제공한다. 이러한 연구는 계속해서 두뇌가 어떻게 인지기능에 영향을 미치는 것인지에 관한 유용한 통찰을 제공한다. 최근 공학 발달은 점차적으로 연구자들로 하여금 살아있는 사람의 인지 결손을 연구할 수 있게 해준다. 두뇌 손상과 연계된 비정상적인 인지기능을 가지고 있는 사람의 연구는 정상적인 인지기능의 이해를 부추기기 십상이다.

또한 연구자는 동물의 두뇌 활동을 들여다봄으로써 정상적인 인지기능을 연구한다. 사람을 대상으로는 신경외과 시술이 어렵거나 비윤리적이거나 비현실적이기 때문에, 사람에게 수행할 수 없는 신경외과 시술을 수반한 동물실험을 사용하는 경우가 많다. 예컨대, 피질의 신경활동 지도를 작성하는 연구(예컨대, 두뇌가 시각 자극에 반응하는 방식에 관한 신경과학 연구; 제3장 참조)는 고양이와 원숭이를 대상으로 실시해왔다.

인지 장애가 있는 동물과 사람의 인지기능과 두뇌기능을 정상인의 인지기능과 두뇌기능에 적용하도록 일반화할 수 있는가? 신경과학자는 이 물음에 다양한 방식으로 대응해왔다. 공학 발달은 특정 유형의 인지행위를 위한 인지처리를 하는 동안 정상적인 인간 참가자의 역동적인 두뇌활동을 연구할 수 있게 해준다(제2장에서 기술한 두뇌 영상 기법들을 참조하라).

자기보고, 사례연구, 자연관찰

개별 실험과 신경과학 연구는 사람 일반에 걸쳐 나타나는 인지 측면들을 정확하게 명세하는 것에 초점을 맞추기 십상이다. 특정인들이 광범위한 상황에서 어떻게 사고하는지에 관하여 풍부한 정보를 얻기 위해서 연구자는 다른 방법을 사용하기도 한다. 이러한 방법에는 다음과 같은 것들이 포함된다.

- 자기보고(인지과정에 대한 자신의 설명)
- 사례연구(개인의 심층 연구)
- 자연관찰(일상 장면과 비실험실 맥락에서 나타내는 인지수행에 관한 상세한 연구)

가설을 검증하는 데는 실험연구가 가장 유용하다. 그렇지만 자기보고, 사례연구, 자연관찰에 근거한 연구는 가설을 형성하는 데 특히 유용하기 십상이다. 이 방법들은 다른 방법으로는 측정하기 어려운 진귀한 사건이나 과정에 대한 기술을 생성하는 데도 유용하다.

특정 상황에서는 이 방법들만이 정보를 수집하는 유일한 방법이기도 하다. 한 사례가 지니의 경우인데, 이 소녀는 13세가 될 때까지 독방에 갇혀있었기 때문에 심각하게 제한된 사회경험과 감각경험만을 갖게 되었다. 지니는 갇혀있음으로 인해서 심각한 신체 손상을 입었으며, 언어능력도 없었다. 사례연구방법을 통해서 어떻게 지니가 언어를 학습하기 시작하였는지에 관한 정보를 수집하였다(Fromkin 등, 1974; Jones, 1995; LaPointe, 2005). 생의 첫 13년 동안 언어 경험을 하지 못하도록 실험적으로 차단하였더라면 지극히 비윤리적인 것이겠다. 따라서 언어 경험과 사회적 노출을 거부당한 사람의 결과를 고찰하는 데는 사례연구방법만이 합리적인 방법이다.

외상에 따른 두뇌손상은 실험실에서 사람에게 처치를 가할 수 없는 또 다른 조건이다. 따라서 두뇌손상이 일어날 때는, 사례연구만이 정보를 수집하는 유일한 방법이 된다. 피니아 게이지의 사례를 보자. 그는 철도 노동자이었는데, 1848년 불행한 사건으로 인해서 커다란 쇠막대가 그의 전두엽을 관통하고 말았다(Torregrossa, Quinn, & Taylor, 2008; 그림 1.8도 참조). 놀랍게도 게이지는 살아남았다. 그렇지만 사고로 인해서 그의 행동과 심적 과정은 극단적으로 변하였다. 우리는 실험참가자 두뇌에 큰 쇠막대를 결코 삽입할 수 없다. 따라서 외상에 따른 두뇌손상 사례의 경우, 정보를 얻기 위하여 사례연구방법에 의존할 수밖에 없다.

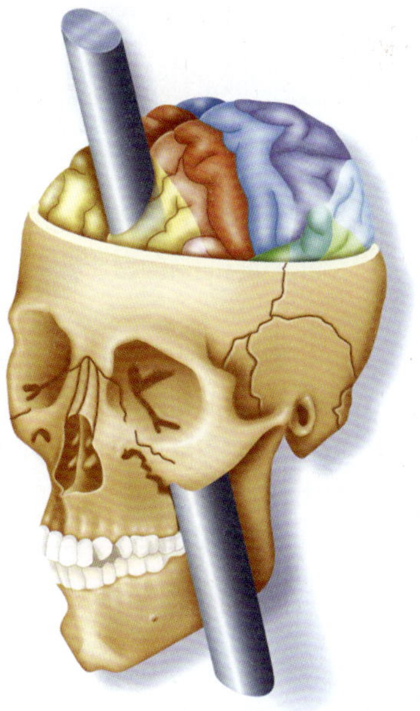
BSIP/Universal Images Group/Getty Images

그림 1.8 피니아 게이지. 화약 폭발로 쇠막대가 그의 머리를 관통하였을 때, 피니아 게이지는 전두엽 손상을 입었다. 게이지는 살아있는 동안은 물론 사후에도 사례연구의 대상이 되었다.

자기보고에 근거한 데이터 신뢰도는 참가자의 솔직함에 달려있다. 참가자는 다양한 이유로 자신의 인지과정에 관하여 엉터리 정보를 보고하기도 한다. 그 이유는 의도적이거나 비의도적인 것일 수 있다. 의도적 엉터리 보고는 자신에게 호의적이지 않은 정보를 배제하려는 시도를 포함할 수 있다. 비의도적 엉터리 보고는 질문을 이해하지 못하거나 정보를 정확하게 기억해내지 못하는 것을 포함할 수 있다. 예컨대, 고등학교 시절에 사용하던 문제해결 전략에 관하여 물을 때, 기억해내지 못하기도 한다. 참가자는 자신의 보고에 철저하게 충실하고자 시도할 수 있지만, 회상하는 정보에 근거하는 보고(예컨대, 일기, 회고적 설명, 질문지, 사회조사 등)는 인지처리를 수행하면서 제공하는 보고에 비해서 신뢰도가 현저하게 떨어진다. 그 이유는 참가자가 때때로 자신이 수행한 것을 망각하기 때문이다.

문제해결이나 의사결정과 같은 복잡한 인지과정을 연구할 때 연구자는 언어 프로토콜을 사용하기 십상이다. 언어 **프로토콜**(verbal protocol)에서는 참가자가 인지과제를 수행하는 동안 자신의 생각과 아이디어를 큰 소리로 말한다(예컨대, "수영장이 딸린 아파트를 더 좋아하지만, 그런 집을 살 능력이 없기 때문에 수영장이 없는 아파트를 살 수밖에 없지요.").

언어 프로토콜의 대안은 참가자로 하여금 인지과정의 특정 측면에 관한 특정 정보를 보고하도록 하는 것이다. 예컨대, 통찰 문제해결 연구(제11장 참조)를 보자. 참가자에게 15초 간격으로 주어진 문제에 대한 해결책에 얼마나 가까이 접근하였다고 느끼는지를 나타내는 수치를 보고하도록 요구하였다. 불행하게도 이러한 자기보고 방법조차도 제약을 가지고 있다. 어떤 유형의 제약인가? 인지과정은 보고를 하는 행위로 인해서 변할 수 있으며(예컨대, 짧은 형태의 기억을 수반하는 과정; 제5장 참조), 의식적 자각 없이 일어날 수도 있다(예컨대, 의식적 주의를 요구하지 않는 과정 또는 신속하게 일어나서 알아차리지 못하는 과정; 제4장 참조). 자기보고의 어려움을 알아보려면, 다음에 제시하는 '인지심리학 연구하기: 자기보고' 과제를 수행해보라. 자기보고에 따른 여러분의 경험을 돌이켜 생각해보라.

인지심리학 연구하기

자기보고

1. 여러분의 구두를 쳐다보지 않은 채, 구두끈 매는 것에 수반된 여러 단계를 큰 소리로 보고하도록 시도해보라.
2. 마지막 생일날 했던 일을 큰 소리로 회상해보라.
3. 이제 여러분이 수행하는 단계들을 큰 소리로 보고하면서 실제로 구두끈을 매보라. 과제 1과 과제 3은 어떤 차이가 있는가?
4. 구두끈 매는 것에 수반된 단계들 또는 마지막 생일에 관한 기억을 어떻게 의식으로 끌어들였는지를 큰 소리로 보고해보라. 정보를 어떻게 의식적 자각으로 끌어들였는지를 정확하게 보고할 수 있는가? 각 과제를 수행하는 동안 두뇌 어느 부분이 가장 활동적이었는지를 보고할 수 있는가?

사례연구(예컨대, 이례적 재능을 가지고 있는 사람의 심층 연구)와 자연관찰(예컨대, 원자력발전소에서 근무하는 오퍼레이터의 수행을 상세하게 관찰하는 것)을 실험실 실험의 결과를 보완하는 데 사용하기도 한다. 인지심리학 연구에서 이 두 방법은 높은 **생태 타당도**(ecological validity), 즉 한 환경맥락에서 얻은 특정 결과가 그 맥락을 넘어서도 적절하다고 간주할 수 있는 정도를 제공해준다. 이미 알고 있겠지만 생태학(ecology)이란 유기체와 환경 간의 상호작용 관계에 관한 연구이다. 많은 인지심리학자는 인간의 사고과정과 그 사고과정을 수행하는 환경 간의 상호작용 관계를 이해하고자 한다. 때때로 한 장면(예컨대, 실험실)에서 보편적으로 관찰하는 인지과정이 다른 장면(예컨대, 공항 관제탑이나 강의실)에서 관찰하는 것과 동일하지 않을 수 있다.

컴퓨터 시뮬레이션과 인공지능

디지털 컴퓨터는 인지심리학 연구의 출현에서 근원적인 역할을 담당하였다. 한 유형의 영향은 컴퓨터가 정보를 처리하는 방식에 근거한 인간 인지 모형을 통한 간접적인 것이다. 다른 유형의 영향은 컴퓨터 시뮬레이션과 AI를 통한 직접적인 것이다.

컴퓨터 시뮬레이션(computer simulation)에서는 연구자가 인간의 기능이나 처리과정을 모사하는 프로그램을 작성한다. 특정 인지과제(예컨대, 삼차원 공간에서 대상을 조작하는 과제)의 수행 그리고 특정 인지과정(예컨대, 패턴 재인)의 수행이 그 사례들이다. 몇몇 연구자는 인간 마음의 전체 인지구조물에 대한 컴퓨터 모형을 만들고자 시도해왔다. 이들의 모형은 전체로서의 인간 마음이 작동하는 방식에 관하여 뜨거운 논쟁을 촉발해왔다(제8장 참조). 때때로 시뮬레이션과 AI 간의 구분은 명확하지 않다. 예컨대, 특정 프로그램은 인간 수행을 시뮬레이션하며 동시에 기능을 극대화하기 위하여 설계한다.

체스를 두는 컴퓨터 프로그램을 생각해보자. 그러한 프로그램을 작성하는 방식을 개념화하는 데는 완전히 다른 두 가지 방법이 존재한다. 하나는 무차별적(brute force) 방법이다. 즉, 연구자가 짧은 시간에 엄청나게 많은 행마를 고려하는 알고리즘을 작성하여, 그 알고리즘이 고려하는 행마 그리고 그러한 행마의 잠재적 결과에만 의존하여 상대방을 이기려는 방법이다. 그 프로그램은 최고의 사람 대국자를 물리칠 수 있는 한에 있어서 성공적이라고 간주할 수 있다. 이러한 유형의 AI는 인간이 어떻게 기능하는지를 표상하고자 하지 않지만, 잘 작성한다면 매우 높은 수준의 체스를 둘 수 있는 프로그램을 작성할 수 있다.

대안적 접근인 시뮬레이션은 체스 명인이 체스 문제를 해결하는 방식을 살펴본 후에 명인이 수행하는 방식을 모사하고자 시도한다. 만일 체스 명인이 선택하는 것과 동일한 연속적인 행마를 프로그램도 선택한다면, 그 프로그램은 성공적인 것이다. 두 가지 접근법을 결합하여 전반적으로는 인간 수행을 시뮬레이션 하지만, 경기에서 이기는 데 필요한 무차별적 방법도 사용하는 프로그램을 작성할 수도 있다.

종합적 적용

인지심리학자는 인지과학 연구를 통해서 인지에 대한 이해를 확장하고 깊이를 더하기 십상이다. **인지과학**(cognitive science)은 인지심리학, 인지신경과학, 인공지능, 철학, 언어학, 인류학의 아이디어와 방법들을 사용하는 학제적 분야이다(Nickerson, 2005; Von Eckardt, 2005). 인지과학자는 이러한 아이디어와 방법들을 사용하여 인간이 지식을 획득하고 사용하는 방식에 관한 연구에 초점을 맞춘다.

인지심리학자는 다른 분야의 심리학자들과 협력을 통해서도 도움을 받는다. 여기에는 사회심리학자(예컨대, 사회인지라는 학제적 분야에서 활동하는 심리학자), 동기와 정서를 연구하는 심리학자, 공학심리학자(즉, 인간-기계 상호작용을 연구하는 심리학자)뿐만 아니라 심리장애에 관심을 갖는 임상심리학자들도 포함된다. 수많은 관련 분야들과의 밀접한 교류와 협력도 존재한다. 정신과의사는 두뇌가 작동하는 방식 그리고 두뇌가 우리의 사고와 감정 그리고 추리에 영향을 미치는 방식에 관심을 갖는다. 인류학자는 추리와 지각과정이 문화에 따라서 어떻게 다른지를 탐구한다. 컴퓨터 전문가는 인간이 정보를 지각하고 처리하는 방식에 근거할 때 매우 효율적인 컴퓨터 인터페이스를 개발하고자 시도한다. 교통계획 전문가는 인지심리학 정보를 사용하여 원활한 교통흐름을 초래함으로써, 희망컨대 사고를 줄이는 교통 상황을 계획하고 구축할 수 있다.

개념 확인

1. "통계적 유의성"의 의미는 무엇인가?
2. 독립변인과 종속변인은 어떻게 다른가?
3. 실험법만이 독특하게 인과 추론에 적합한 이유는 무엇인가?
4. 사례연구법의 장점과 단점은 무엇인가?
5. 이론은 가설과 어떻게 다른가?

❁ 인지심리학의 기본 아이디어

인지심리학에서는 특정 현상에 관계없이 특정한 근본 아이디어들이 계속해서 출현하고 있다. 다음은 다섯 가지 근본 아이디어로 간주할 수 있는 것들이다. 이 아이디어들은 이 장 말미에 기술한 핵심 주제들을 관통하고 있다.

1. **경험 데이터와 이론은 모두 중요하다. 인지심리학 데이터는 설명이론이라는 맥락에서만 충분히 이해할 수 있으며, 경험 데이터가 없는 이론은 공허한 것이다.**

   이론은 데이터에 의미를 부여한다. 보았던 정보를 재인하는 능력이 그 정보를 회상하는 능력보다 우수하다는 사실을 알고 있다고 가정해보자. 예컨대, 사람들은 목록에 있었던 단어를 제시하지 않은 채 그 단어를 회상하는 것보다 목록에 있었던 단어를 더 잘 재인한다. 이것은 흥미진진한 경험적 일반화이지만, 기저 이론이 존재하지 않는 한에 있어서 **설명**(explanation)을 제공하지는 못한다. 과학의 또 다른 중요한 목적은 **예측**(prediction)이다. 이론은 어떤 상황에서 일반화의 한계가 일어날 수밖에 없는지를 제안할 수 있다. 따라서 이론은 설명과 예측 모두를 지원한다.

   동시에 데이터가 없는 이론은 공허하다. 거의 모든 사람은 안락의자에 파묻혀 이론을 제안할 수 있다. 꽤나 그럴듯하게 들리는 이론을 말이다. 그렇지만 과학은 그러한 이론의 경험적 검증을 요구한다. 따라서 이론과 데이터는 상호의존적이다. 이론은 데이터 수집을 촉발하고, 데이터는 이론을 수정하는 데 도움을 주며, 다시 이론은 후속 데이터 수집으로 이끌어가는 식이다.

2. **인지는 전반적으로 적응적이지만, 모든 구체적 사례에서 그런 것은 아니다.**

   우리는 매우 정확하게 지각하고 학습하며 기억해내고 추리하며 문제를 해결할 수 있다. 수많은 자극이 끊임없이 방해하는 상황에서도 그렇게 한다. 그렇지만 대부분의 상황에서 정확하게 지각하고 기억해내며 추리하도록 이끌어가는 바로 그 처리과정이 우리를 혼란에 빠지게 할 수도 있다. 예컨대, 기억과 추리과정은 특정한 체계적 오류에 취약하다. 사람들은 쉽게 가용한 정보에 과대한 가치를 부여하는 경향이 있다. 일반적으로 이 경향성은 인지과정을 보다 효율적이게 만드는 데 도움을 주지만, 그 정보가 주어진 문제에 적절하지 않을 때조차 그렇게 한다.

3. **인지과정들은 상호간에 상호작용하며 비인지적 과정과도 상호작용한다.**

   인지심리학자는 특정 인지과정의 기능을 연구하고 분리해내고자 시도하지만, 인지과정들은 함께 작동한다는 사실도 알고 있다. 예컨대, 기억과정은 지각과정에 의존한다. 여러분이 기억해내는 것은 부분적으로 지각한 것에 달려 있다. 그런데 비인지적 과정도 인지과정과 상호작용한다. 예컨대, 여러분은 학습하려는 동기가 높을 때 더 잘 학습한다. 따라서 인지심리학자는 인지과정들을 분리하여 연구하고자 시도할 뿐만 아니라 인지과정들 간의 상호작용 그리고 비인지적 과정들과의 상호작용도 연구하고자 시도한다.

21세기 인지심리학에서 가장 흥미진진한 영역 중의 하나가 인지 수준 분석과 생물 수준 분석 간의 인터페이스이다. 최근에는 다양한 유형의 인지과정과 연합된 두뇌에서의 국재적 활동을 확인해낼 수 있게 되었다. 그렇지만 생물 활동이 인지 활동의 원인이라고 가정하는 데는 주의를 기하여야 한다. 연구들을 보면, 학습이 두뇌 변화를 초래한다는 사실을 알 수 있다. 다시 말해서 생물 구조가 인지과정에 영향을 미칠 수 있는 것과 마찬가지로, 인지과정도 생물 구조에 영향을 미칠 수 있다. 인지시스템은 고립해서 작동하지 않는다. 다른 시스템과의 상호작용을 통해서 작동하는 것이다.

4. 인지는 다양한 과학적 방법을 통해서 연구할 필요가 있다.

인지를 연구하는 데 오직 하나의 올바른 방법이 있는 것은 아니다. 모든 인지과정은 다양한 방법을 통해서 연구할 필요가 있다. 동일한 결론으로 이끌어가는 다양한 유형의 기법들이 존재할수록, 그 결론에 더 높은 확신도를 부여할 수 있다. 예컨대, 반응시간, 오류율, 그리고 개인차 패턴 연구들이 모두 동일한 결론으로 이끌어간다고 가정해보자. 그렇다면 오직 한 가지 방법만이 그 결론으로 이끌어갈 때보다 그 결론에 더 큰 확신도를 가질 수 있다.

그렇지만 모든 방법은 **과학적**(scientific)이어야만 한다. 과학적 방법은 우리 기대가 틀린 것일 때 그 기대를 부정할 수 있게 해준다. 비과학적 방법은 이러한 자질을 가지고 있지 않다. 예컨대, 진리를 결정하기 위하여 신념이나 권위에만 의존하는 방법은 우리 삶에서 가치를 가지고 있을 수는 있지만, 과학적이지는 않다.

5. 인지심리학의 모든 기초연구는 응용으로 이끌어갈 수 있으며, 모든 응용연구는 근본 이해로 이끌어갈 수 있다.

사실, 기초연구와 응용연구의 구분은 전혀 명확하지 않기 십상이다. 기초연구인 것처럼 보이는 연구가 즉각적인 응용으로 이끌어가기 십상이다. 마찬가지로 응용연구인 것처럼 보이는 연구가 때로는 즉각적으로 근본 이해로 이끌어간다. 예컨대, 기억연구에서 얻은 기본 결과는 학습을 집중적으로 몰아서 하는 것보다 시간적으로 분산할 때 더 우수하다는 것이다. 이 기본 결과는 공부 전략으로 즉각 응용할 수 있다. 겉으로 보기

그런데 너는 오리처럼 걷고 오리처럼 꽥꽥거리네. … 도대체 너는 누가 키운 거니?

선천성 대 후천성: 유전자와 환경은 모두 우리의 모습, 우리가 행동하고 생각하는 방식에 영향을 미친다.

에 매우 응용적인 것처럼 보이는 목격자 증언 연구도 기억시스템 그리고 사람들이 자신의 기억을 구성하는 정도에 관한 기본 이해를 증진시켜왔다.

이 책에서 우리는 인지심리학과 관련된 사실들만을 단순히 나열하기보다는 기저에 깔려있는 보편적 아이디어와 주제들을 강조한다. 인지심리학 영역 내에서 여러분이 장대하고 의미 있는 패턴을 지각하는 것을 돕고자 이러한 입장을 취하는 것이다. 또한 인지심리학자가 생각하는 방식 그리고 일상의 연구에서 자신의 분야를 구조화하는 방식에 관한 아이디어를 제공하고자 시도한다. 이러한 접근법이 인지심리학 논제들을 더욱 깊이 있게 추구할 수 있도록 도와주게 되기를 희망한다. 궁극적으로 인지심리학의 목표는 사람들이 실험실에 사고하는 방식뿐만 아니라 일상생활에서 사고하는 방식도 이해하려는 것이다.

인지심리학의 핵심 주제

이 장의 중요 아이디어들을 개관하면, 선천성 대 후천성 그리고 합리주의 대 경험주의와 같이 인지심리학에 기저하는 몇 가지 핵심 주제를 발견하게 된다. 이러한 주제 그리고 여기서 기술하는 다른 핵심 주제들은 인간 마음 본성의 핵심을 다루는 것이다. 이 주제들은 인지심리학 연구에서 반복해서 출현한다.

후속 장들을 읽을 때, 그 내용이 인지심리학의 핵심 주제들과 어떻게 연관되는 것인지에 근거하여 생각하기 바란다. 여러분은 이 책 전반에 걸쳐 이러한 주제들을 접하게 되며, 각 장의 "핵심 주제" 절에서 그 주제들을 개관할 수 있다.

이 물음들은 "이것 아니면 저것"이라는 변증법 정반(thesis/antithesis)의 형태로 제시할 수도 있으며, "이것과 저것 모두"라는 종합(synthesis)의 형태로 제시할 수도 있다는 사실에 주목하라. 그렇지만 종합이 하나의 극단적인 입장보다 유용한 것이기 십상이다. 예컨대, 우리의 본성은 생각하고 행동하는 데 있어서 차별적인 특성과 패턴에 관한 생득적 틀을 제공해준다. 그렇지만 본성은 그 틀을 구체화하는 특정 방식을 제공해주는 것뿐이다.

데이터를 수집하고 가설을 검증하는 데 경험적 방법을 사용한다. 그렇지만 데이터를 해석하고 이론을 구성하며 이론에 근거한 가설을 형성할 때 합리주의적 방법을 사용하기도 한다. 근본적인 인지과정에 대한 기초연구와 실생활 장면에서 인지의 효율적 사용에 관한 응용연구 모두를 고려할 때 인지에 대한 우리의 이해는 깊어지게 된다. 종합은 끊임없이 진화한다. 오늘 종합으로 간주하던 것이 내일이면 극단적인 입장이 될 수 있으며, 그 역도 마찬가지다.

이 책의 각 주제(지각, 기억 등)는 이러한 일곱 가지 인지심리학 핵심 주제를 사용하여 고찰할 수 있다는 사실을 명심하라.

1. 선천성 대 후천성

환경(예컨대, 황폐한 환경)에서의 공변(covariation)과 상호작용이 다른 환경이었더라면 다양한 과제에서 성공으로 이끌어갈 수도 있었던 유전자를 가진 사람에게 어떻게 악영향을 미칠 수 있는지를 탐구할 수 있다.

2. 합리주의 대 경험주의

이론을 경험적 방법과 결합하여 인지현상에 관하여 가장 잘 알 수 있게 된다.

3. 구조 대 처리과정

마음의 내용이나 처리과정 연구에만 초점을 맞추는 대신에, 심적 과정이 심적 구조에서 작동하는 방식을 탐구할 수 있다.

4. 영역 보편성 대 영역 특수성

처리과정을 연구할 때, 우리는 어느 것이 영역 보편적이고 어느 것이 영역 특수적 인지를 탐구할 수 있다.

5. 인과추론 타당성 대 생태 타당성

연구방법에 관계없이 하나의 결론으로 수렴하도록, 실험실 방법 그리고 보다 자연스러운 방법들을 포함하여 다양한 방법들을 결합할 수 있다.

6. 응용연구 대 기초연구

기초연구가 응용연구로 이끌어가고, 응용연구가 다시 후속 기초연구로 이끌어가는 식으로, 두 유형의 연구를 결합할 수 있다.

7. 생물학 연구방법 대 행동 연구방법

생물학 연구방법과 행동 연구방법을 종합함으로써 인지현상을 다양한 분석수준에서 이해하고자 시도할 수 있다.

요 약

1. **인지심리학이란 무엇인가**? 인지심리학은 사람들이 정보를 지각하고 학습하며 기억하고 사고하는 방식의 연구이다.
2. **심리학은 어떻게 과학으로 발전하였는가**? 플라톤과 아리스토텔레스로부터 출발하여 사람들은 진리를 이해하는 방법을 숙고해왔다. 플라톤은 합리주의가 진리에 이르는 명료한 길을 제공한다고 주장한 반면, 아리스토텔레스는 경험주의가 지식에 이르는 길이라고 주장하였다. 수 세기가 지난 후에 데카르트는 플라톤의 합리주의를 확장한 반면, 로크는 아리스토텔레스의 경험주의를 정교화 시켰다. 칸트는 이렇게 대립하는 논지의 종합을 제안하였다. 칸트가 자신의 종합을 제안하고 수십 년이 지난 후에 헤겔은 아이디어의 역사가 어떻게 변증법적 과정을 통해서 진보하는 것인지를 보여주었다.
3. **인지심리학은 어떻게 심리학에서 발전하였는가**? 20세기에 접어들 무렵 심리학은 독자적인 연구 분야로 출현하였다. 분트는 마음의 구조에 초점을 맞춘 반면(구조주의), 제임스와 듀이는 마음의 작동에 초점을 맞추었다(기능주의).

   이러한 대립으로부터 출현한 것이 연합주의이며, 에빙하우스와 손다이크 등이 주창하였다. 연합주의는 심적 연합의 중요성을 폄하함으로써 행동주의를 향한 길을 닦았다. 행동주의를 향한 또 다른 족적은 파블로프의 고전적 조건형성 원리이었다. 왓슨과 스키너가 행동주의의 핵심 주창자이었다. 행동주의는 유기체 행동과 특정 행동을 반복할 가능성을 강화하거나 약화하는 환경 수반성 간의 관찰 가능한 연계에만 전적으로 초점을 맞추었다. 대부분의 행동주의자는 행동하고 있는 개인의 마음에서 일어나고 있는 사건을 이해하고자 시도하는 심리학자도 가치가 있다는 생각을 완전히 폐기처분하였다. 톨만 그리고 뒤이은 행동주의 연구자들은 행동에 영향을 미치는 인지과정의 역할에 주목하였다. 많은 분야에 걸친 수렴적 발전은 차별적 분야로서 인지심리학의 출현으로 이끌어갔으며, 울릭 나이서와 같은 저명한 심리학자들이 기치를 내걸었다.

4. **다른 분야들은 인지심리학에서의 이론 발달과 연구에 어떤 공헌을 하였나?** 인지심리학은 철학과 생리학에 뿌리를 두고 있으며, 이 둘이 수렴하여 심리학의 주류를 형성하였다. 인지심리학은 차별적인 심리학 분야로서 다른 분야의 연구로부터도 도움을 받았다.

   인지심리학과 연관된 분야에는 언어학(예컨대, 언어와 사고는 어떻게 상호작용하는가?), 생물심리학(예컨대, 인지의 생리적 토대는 무엇인가?), 인류학(예컨대, 인지에서 문화 맥락의 중요성은 무엇인가?), 인공지능과 같은 기술적 진보(예컨대, 컴퓨터는 어떻게 정보를 처리하는가?) 등이 포함된다.
5. **인지심리학자는 사람들이 생각하는 방식을 연구하기 위하여 어떤 방법들을 사용하는가?** 인지심리학자는 실험, 신경과학 기법, 자기보고, 사례연구, 자연관찰, 그리고 컴퓨터 시뮬레이션과 인공지능과 같이 광범위한 영역의 방법들을 사용한다.
6. **인지심리학 내에서 오늘날의 논제와 연구 분야에는 어떤 것이 있는가?** 주요 논제들은 지식을 추구하는 방식에 초점을 맞춘다. 심리학 연구는 다음과 같이 수행할 수 있다.

   - 합리주의(이론 발달의 토대가 된다)와 경험주의(데이터 수집의 토대가 된다) 모두를 사용한다.
   - 인지구조와 인지과정의 중요성을 강조한다.
   - 영역 보편적 처리와 영역 특수적 처리 연구를 강조한다.
   - 높은 수준의 실험 제어(보다 우수한 인과추론을 가능하게 해준다) 그리고 높은 수준의 생태 타당성(실험실을 벗어난 장면에 결과를 일반화할 수 있게 해준다)을 추구한다.
   - 인지에 관한 근본 통찰을 추구하는 기초연구와 실세계 장면에서 인지의 효과적 사용을 추구하는 응용연구를 수행한다.

   이러한 논제에 대한 입장이 정반대인 것처럼 보이기도 하지만, 대립적으로 보이는 견해들은 대립적 견지 각각이 최선의 것을 제공하는 형태로 종합할 수 있다.

   인지심리학자는 주의, 의식, 지각, 기억, 심상, 언어, 문제해결, 창의성, 의사결정, 추리, 일생에 걸친 인지 발달, 인간지능, 인공지능, 그리고 인간 사고의 다양한 다른 측면들뿐만 아니라 인지의 생물학적 토대도 연구한다.

생각에 관한 생각: 분석적, 창의적, 현실적 물음

1. 인지심리학의 발전으로 이끌어간 역사적으로 중요한 심리학파들을 기술하라.
2. 철학, 언어학, 인공지능이 인지심리학 발전에 공헌한 방법들을 기술하라.
3. 심리학에 대한 플라톤과 아리스토텔레스의 영향을 비교하고 대비시켜보라.
4. 인지심리학의 다양한 연구방법들이 지식을 획득하기 위한 경험주의 접근과 합리주의 접근을 어떻게 반영하고 있는지를 분석하라.
5. 이 장에서 기술한 연구방법 하나를 수반하는 인지심리학 연구의 개요를 설계하라. 여러분 연구에서 특정 방법을 사용하는 것의 장점과 단점 모두를 지적하라.
6. 이 장은 현재까지 한 분야로서 인지심리학을 기술하고 있다. 향후 50년 동안 이 분야가 어떤 변화를 겪을 것인지를 생각해보라.
7. 기초연구에서 얻은 통찰은 어떻게 일상 장면에서의 현실적 용도로 이끌어 가는가?
8. 응용연구에서 얻은 통찰은 어떻게 인지의 근본 자질에 대한 심도 있는 이해로 이끌어 가

는가?

핵심 용어

가설(hypothesis)
경험주의자(empiricist)
게슈탈트심리학(gestalt psychology)
구조주의(structuralism)
기능주의(functionalism)
내성법(introspection)
독립변인(independent variable)
발견법(heuristic)
변증법(dialectic)
생태 타당성(ecological validity)
실용주의(pragmatism)
연합(association)
이론(theory)
인공지능(artificial intelligence, AI)
인지과학(cognitive science)
인지심리학(cognitive psychology)
인지주의(cognitivism)
종속변인(dependent variable)
지능(intelligence)
통계 유의성(statistical significance)
합리주의자(rationalist)
행동주의(behaviorism)

인지신경과학 2

*** 이 장의 개요**

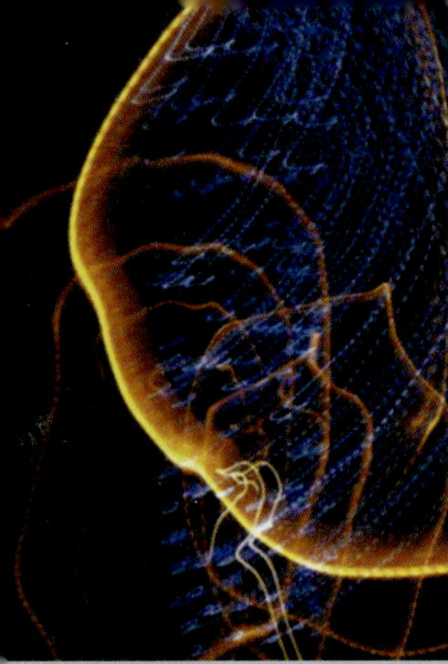

※ 이 장에서 탐구할 물음들

1. 두뇌에서 기본적인 구조와 과정은 무엇인가?
2. 연구자는 어떻게 두뇌의 주요 구조와 과정을 연구하는가?
3. 연구자는 두뇌 연구의 결과로 무엇을 밝혀냈는가?

믿거나 말거나 | 여러분의 두뇌는 책상 스탠드보다 적은 전력을 사용하는가?

두뇌는 인간 신체에서 대표적인 에너지 사용자 중의 하나이다. 신체 에너지의 20% 가량을 두뇌가 소비한다. 덩치는 체중의 단지 2%에 불과함에도 말이다. 걷기 위해서 다리를 움직이는 것에서부터 이 책을 읽고 전화로 친구와 대화하는 것에 이르기까지 여러분이 하는 거의 모든 일에 두뇌가 필요하다는 사실을 감안할 때, 이것이 놀랍지 않을 수도 있다. 제3장에서 보게 되겠지만, 여러분 시야 오른쪽에 무엇이 있는지를 보는 것조차도 두뇌에서 엄청난 양의 처리를 요구한다. 달성하는 모든 놀라운 사실들에도 불구하고, 두뇌가 여러분의 컴퓨터와 모니터가 아무 작업도 하지 않고 있을 때보다 훨씬 많은 에너지를 사용하는 것은 아니다. 두뇌는 대략 12 내지 20와트의 전력을 사용하는 것으로 추정한다. 잠자고 있는 컴퓨터는 전원을 연결할 때 대략 10와트를 소비하며, 작업을 하고 있을 때는 모니터와 함께 150와트 이상의 전력을 사용한다. 책상위에 있는 전기스탠드조차도 두뇌보다 더 많은 전력을 사용한다. 두뇌는 전기스탠드나 컴퓨터보다 훨씬 많은 과제를 수행한다. 만일 두뇌가 이러한 장치들만큼 에너지를 소비한다면 얼마나 먹어야할지 생각해보라(Drubach, 1999). 여러분은 이 장에서 두뇌가 작동하는 방식에 관해서 많은 것을 학습하게 된다.

두뇌는 우리가 하는 모든 일의 중앙처리장치이다. 그렇다면 두뇌는 신체와 어떻게 관련되는가? 연결되어있는가 아니면 분리되어있는가? 두뇌가 우리를 정의하는가? 인도의 고대 전설에는 시타의 이야기가 전해온다(Rosenzweig & Leiman, 1989). 그녀는 한 남자와 혼인하였지만 다른 남자에게 매력을 느낀다. 좌절을 맛본 두 남자는 스스로 목을 자른다. 두 남자를 모두 잃은 시타는 여신 칼리에게 두 남자를 다시 살려달라고 간절하게 기도한다. 칼리는 시타의 소망을 들어준다. 몸에다 머리를 다시 붙이도록 허락을 받은 것이다. 그런데 두 남자에게 생명을 다시 불어넣으려고 서두르는 바람에, 시타는 머리를 바꿔치기 하는 실수를 범한다. 엉뚱한 몸통에 머리를 붙인 것이다. 이제 그녀는 누구와 혼인하겠는가? 누가 누구인가?

마음-신체 문제는 오랫동안 철학자와 과학자들의 흥미를 불러일으켜왔다. 도대체 마음이 있다면 신체 어디에 위치하는 것인가? 마음과 신체는 어떻게 상호작용하는가? 우리는 어떻게 생각하고 말하며 계획하고 추리하며 학습하고 기억하는 것인가? 인지능력의 신체적 토대는 무엇인가? 이러한 물음들은 모두 인지심리학과 신경생물학 간의 관계를 캐묻는다. 몇몇 인지심리학자는 인지의 생물학적 토대를 연구함으로써 이 물음에 답하고자 한다. 특히 신경계의 해부학(신체의 물리적 구조)과 생리학(신체의 기능과 처리과정)이 어떻게 인지에 영향을 미치고 인지의 영향을 받는지에 관심을 갖는다.

인지신경과학(cognitive neuroscience)은 두뇌와 신경계의 다른 측면들이 어떻게 인지 기능과 연결되며 궁극적으로 행동과 연결되는 것인지를 연구한다. **두뇌**(brain)는 사고, 정서, 동기를 가장 직접적으로 제어하는 신체 기관이다(Gloor, 1997; Rockland, 2000; Shepherd, 1998). 그림 2.1은 두뇌의 실제 모습이다. 우리는 일반적으로 두뇌를 신체 위계에서 최상에 존재하는 것으로 생각한다. 즉, 다양한 기관들이 복종하는 상사와 같은 것으로 생각한다. 그렇지만 훌륭한 상사와 마찬가지로 부하들, 즉 신체의 다른 기관들의 이야기를 청취하고 그들의 영향을 받는다. 따라서 두뇌는 지시적일 뿐만 아니라 반작용적이기도 하다.

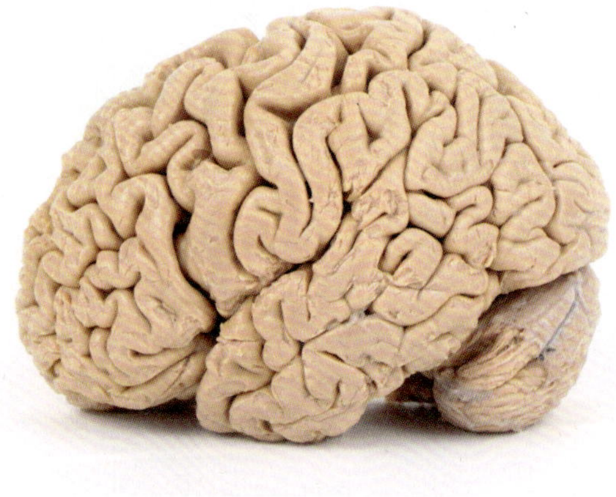

그림 2.1 두뇌. 실제 두뇌는 어떤 모습인가? 여기서는 인간 두뇌의 측면 모습을 볼 수 있다. 후속 그림들은 두뇌의 주요 자질들을 상세하게 보여준다.

두뇌 연구는 일차적으로 기능 국재화에 초점을 맞춘다. **기능 국재화**(localization of function)란 특정 기술이나 행동을 제어하는 두뇌의 특정 영역을 지칭한다. 특정 두뇌 영역 그리고 그 영역의 기능에 관한 사실들이 이 장 전반에 걸쳐 산재하고 있으며, 이 책 전반에 걸쳐서도 반복해서 나타나고 있다.

두뇌에 대한 설명은 두뇌 해부학으로부터 출발한다. 우리는 뉴런 그리고 두뇌에서 정보를 전달하는 방식뿐만 아니라 두뇌의 전반적인 해부학적 구조를 살펴본다. 그런 다음에 과학자들이 두뇌 구조와 기능을 밝히기 위해서 사용하는 방법들을 살펴본다. 마지막으로 두뇌 장애 그리고 그 장애가 인지심리학에 알려주는 것들을 공부하게 된다.

❁ 두뇌에서의 인지: 두뇌 해부학과 그 기제

신경계(nervous system)는 우리를 둘러싸고 있는 세상을 지각하고 그 세상에 적응하며 세상과 상호작용하는 능력의 토대이다(Gazzaniga, 1995b, 2000; Gazzaniga, Ivry, & Mangun, 2014). 두뇌는 신경계에서 최상 기관이다. 많은 사고과정을 제어하는 두뇌 부위는 대뇌피질이다. 두뇌 구조를 살펴보도록 하자.

두뇌의 육안 해부학: 전뇌, 중뇌, 후뇌

과학자들이 인간 두뇌에 관하여 발견해온 것은 무엇인가? 두뇌는 전뇌, 중뇌, 후뇌의

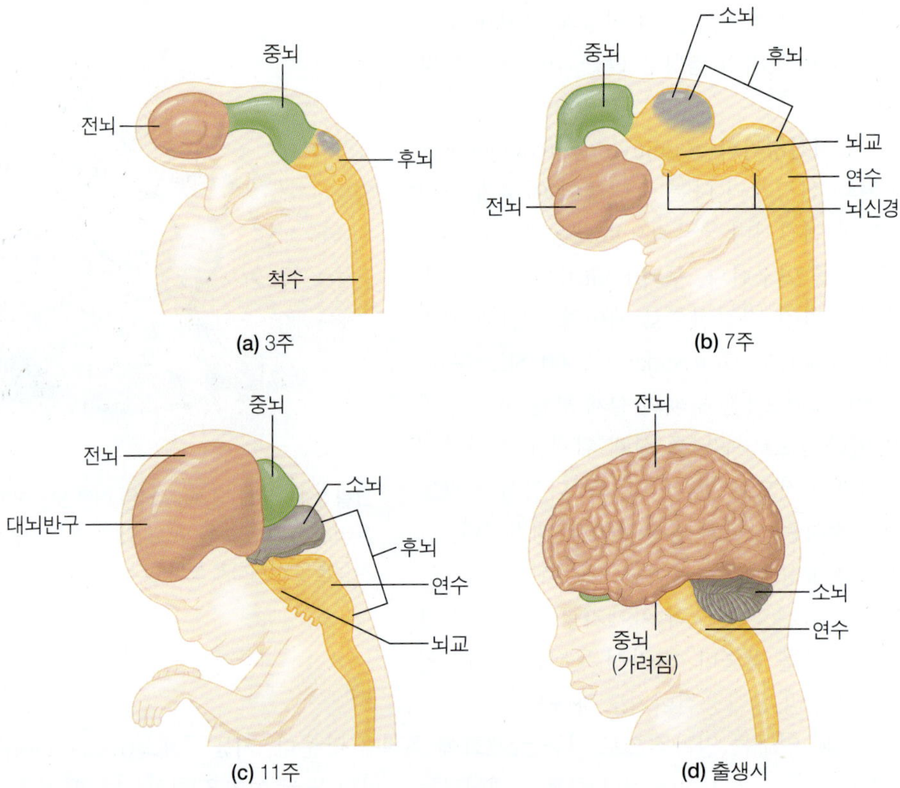

그림 2.2 태아 두뇌 발달. 배아와 태아의 발달과정에서 두뇌는 고도로 전문화되며, 전뇌, 중뇌, 후뇌의 위치와 상대적 배열은 임신부터 출생할 때까지 변한다.

출처: Sternberg, R. J. (1995). *In Search of the Human Mind*. Harcourt Brace & Company.

세 가지 주요 영역을 가지고 있다. 이 이름은 어른 심지어 아동 두뇌의 영역 위치와 정확하게 대응하지는 않는다. 오히려 발달하고 있는 태아 신경계에서 이 영역들의 앞뒤 물리적 배열에서 나온 것이다. 우선 **전뇌**(forebrain)는 일반적으로 얼굴이 되는 부위 방향으로 가장 멀리 앞으로 나간 영역이다. **중뇌**(midbrain)는 그 안쪽 배열이다. 그리고 **후뇌**(hindbrain)는 일반적으로 전뇌로부터 가장 멀리 있으며, 목의 뒷부분에 가깝다[(그림 2.2(a)]. 태아가 발달함에 따라서 상대적인 방향이 변하여서 전뇌는 중뇌와 후뇌 꼭대기의 모자를 씌운 것과 같이 된다. 그림 2.2(b), 2.2(c), 2.2(d)는 두뇌의 발달 과정에 걸쳐 전뇌, 중뇌, 후뇌의 변화하는 위치와 관계를 보여준다. 임신 후 몇 주가 지난 후부터 출생까지, 태아에서 세 영역이 발달하는 방식을 볼 수 있다.

전뇌

전뇌는 두뇌 꼭대기와 앞에 위치한 두뇌 영역이다. 대뇌피질, 기저신경절, 변연계, 시상, 그리고 시상하부를 포함한다(그림 2.3). 대뇌피질은 대뇌반구의 바깥층이다. 사고를 비롯한 심적 과정에서 결정적 역할을 담당한다. 따라서 이 장에서는 피질에 별도의 절을 할애하며, 두뇌의 주요 구조와 기능에 관한 논의의 뒤를 잇는다. **기저신경절**(bas-

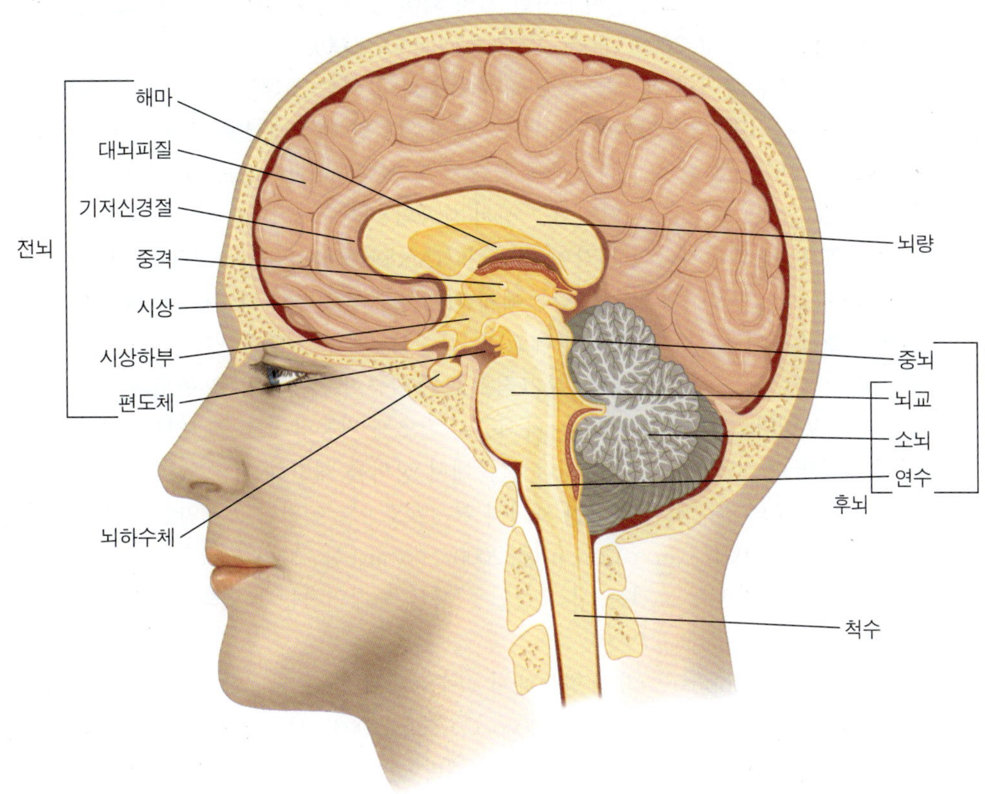

그림 2.3 두뇌 구조. 전뇌, 중뇌, 후뇌는 생존과 고급의 사고와 감정에 필수적인 기능을 수행하는 구조들을 포함하고 있다.

출처: Sternberg, R. J. (2000). Psychology: In Search of the Human Mind. Harcourt Brace & Company.

al ganglia)은 운동 기능이 핵심인 뉴런 집단이다. 기저신경절의 기능장애는 운동 결손을 초래할 수 있다. 이러한 결손에는 떨림, 불수의적 운동, 자세와 근긴장도의 변화, 운동속도 저하 등이 포함된다. 결손은 파킨슨병과 헌팅턴병에서 나타난다. 두 질병은 심각한 운동 장애 증상을 수반한다(Gutierrez-Garralda 등, 2013; Lerner & Riley, 2008; Lewis & Barker, 2009; Rockland, 2000).

변연계(limbic system)는 정서, 동기, 기억, 학습에 중요하다. 상대적으로 덜 발달한 변연계를 가지고 있는 어류와 파충류와 같은 동물은 거의 전적으로 본능에 따라 환경에 반응한다. 포유류, 특히 인간은 한결 발달한 변연계를 가지고 있다. 인간의 변연계는 본능 반응(예컨대, 우발적으로 고통을 초래한 사람을 때리려는 충동)을 억제하도록 해준다. 변연계는 중격, 편도체, 해마라는 세 가지 상호 연결된 대뇌구조로 구성되어있다.

중격(septum)은 분노와 공포에 관여한다(Breedlove & Watson, 2013). **편도체**(amygdala)는 정서, 특히 분노와 공격성에서 중요한 역할을 담당한다(Adolphs, 2013; Derntl 등, 2009). 편도체에 가하는 자극은 일반적으로 공포를 초래한다. 이 사실은 심장 항진, 무서운 환각, 또는 무시무시한 기억 회상 등과 같이 다양한 방법으로 입증할 수 있다(Engin & Treit, 2008; Gloor, 1997; Rockland, 2000).

편도체의 손상이나 제거는 공포의 부적응적 결여를 초래할 수 있다. 동물의 편도체를 손상시키면, 망설임이나 두려움도 없이 위험한 대상에 접근하거나, 위험 상황에 직면할 때도 공포 반응을 적절하게 학습할 수 없다(Adolphs 등, 1994; Frackowiak 등, 1997; Kazama 등, 2012). 편도체는 정서 자극의 지각도 고양시킨다. 만일 편도체에 손상이 있으면, 정서 자극의 지각이 저하된다(Anderson & Phelps, 2001; Tottenham, Hare, & Casey, 2009). 예컨대, 사람들에게 기억하도록 일련의 단어를 제시하면, 일반적으로 중립 단어보다는 부정 단어(예컨대, '살인')를 더 잘 기억해낸다. 편도체가 손상된 사람의 경우에는 그렇지 않다. 부가적으로 자폐증이 있는 사람은 편도체의 제한적 활성화를 보인다. 잘 알려진 이론은 자폐증이 편도체 기능장애를 수반하며, 이것이 예컨대, 상대방의 신뢰성을 평가하거나 얼굴에서 정서를 재인하는 데 있어서의 어려움과 같은 자폐증의 전형적인 특성인 사회적 결손으로 이끌어간다고 제안한다(Adolphs, Sears, & Piven, 2001; Baron-Cohen 등, 2000; Howard 등, 2000; Kleinhans 등, 2009). 편도체 손상의 다른 두 효과는 시각 실인증(사물을 재인하는 능력의 결손)과 과도한 성욕일 수 있다(Steffanaci, 1999).

해마(hippocampus)는 기억 형성에서 필수적이다(Eichenbaum, 1999, 2002, 2011; Gluck, 1996; Manns & Eichenbaum, 2006; O'Keefe, 2003). 모양이 바다에 사는 해마를 닮았기 때문에 이러한 이름을 얻게 되었다. 해마는 학습한 항목들 간의 관계를 이해하는 융통성 있는 학습 그리고 공간기억에 필수적이다(Eichenbaum, 1997; Forcelli 등, 2014; Kaku, 2014; Squire, 1992). 또한 사물들이 위치하는 곳 그리고 그 사물들이 공간적으로 관련되는 방식을 추적할 수 있는 것으로 보인다. 다시 말해서 어디에 무엇이 있는지를 감시한다(Cain, Boon, & Corcoran, 2006; Howland 등, 2008; McClelland 등, 1995; Tulving and Schacter, 1994). 제5장에서 해마의 역할을 다시 보게 된다.

해마에 손상을 입었거나 제거된 사람도 여전히 기존 기억을 회상할 수 있다. 예컨대, 옛 친구와 장소를 재인할 수 있다. 그렇지만 두뇌 손상을 입은 후에는 새로운 기억을 형성할 수 없다. 새로운 상황, 사람, 장소와 같은 정보는 영원히 새로운 것으로 남아있다. 기억 기능의 손상을 초래하는 질병이 **코르사코프 증후군**(Korsakoff's syndrome)이다. 다른 증상에는 냉담함, 눈을 제어하는 근육의 마비, 몸떨림 등이 포함된다. 이러한 손상은 해마의 와해와 연관되어 있으며, 티아민(비타민 B-1) 결핍이 초래하는 것으로 생각하고 있다. 이 증후군은 지나친 음주, 영양결핍 또는 섭식장애가 초래할 수 있다.

H.M.(실제 이름은 헨리 몰레이슨이다)으로 알려져 있으며 지금은 사망한 유명한 사례가 있는데, 두뇌 수술을 받은 후에 수술 전의 사건에 대한 기억은 파지하고 있지만 수술 후의 사건에 대한 기억이 없었다. 이 사례는 해마 손상이 초래한 기억 문제의 또 다른 예증이다(H.M.에 대한 보다 상세한 내용은 제5장을 참조하라). 해마의 붕괴는 선언기억(즉, 정보에 대한 기억)의 장애를 초래하지만, 절차기억(즉, 행위 과정에 대한 기억)의 장애는 초래하지 않는 것으로 보인다.

시상(thalamus)은 피질의 관련 영역으로 투사하는 뉴런 집단을 통해서 입력 감각정보를 해당 피질 영역에 전달한다. 두뇌로 들어가는 대부분의 감각입력은 시상을 통해서 전달되는데, 시상은 대략 눈높이에 위치한 두뇌 중앙 영역에 위치한다. 구분해야 하는 모든 유형의 정보에 대처하기 위하여 시상은 여러 개의 핵(유사 기능의 뉴런 집단)으로 나누어져있다. 각 핵은 특정 감각으로부터 정보를 받아들인다. 그런 다음에 대응하는 대뇌피질 영역에 정보를 연결한다. 시상은 수면과 각성의 제어에도 도움을 준다. 시상이 제대로 기능하지 않을 때 통증, 떨림, 기억상실, 언어 손상, 그리고 각성과 수면의 와해를 초래할 수 있다(Cipolotti 등, 2008; Rockland, 2000; Steriade, Jones, & McCormick, 1997). 조현병(정신분열병)의 경우에 두뇌영상 연구와 생체 연구는 시상에서의 비정상적 변화를 보여준다(Clinton & Meador-Woodruff, 2004). 이러한 비정상은 자극을 걸러내고 주의의 초점을 맞추는 데 어려움을 초래하며, 이것은 다시 조현병으로 고통 받는 사람들이 환각과 망상과 같은 증상을 경험하는 이유를 설명할 수 있다.

시상하부(hypothalamus)는 싸우기, 먹기, 도망가기, 짝짓기 등과 같이 종의 생존과 관련된 행동을 조절한다. 정서를 조절하고 스트레스에 대처하는 데도 도움을 준다(Malsbury, 2003). 시상하부는 변연계와 상호작용한다. 시상하부의 작은 크기는 많은 신체 기능을 제어하는 데 있어서 그 중요성과 모순된다(표 2.1). 시상하부는 수면에서도 역할을 담당한다. 시상하부의 기능 이상과 신경 손상은 기면발작증 사례에서 특징적으로 나타나는데, 이 증상에서는 예측 불가능한 시점에 자주 잠에 빠져든다(Lodi 등, 2004; Mignot, Taheri, & Nishino, 2002). 또한 시상하부는 내분비선 시스템의 기능에서도 중요하다. 뇌하수체를 자극하는 데 관여하며, 뇌하수체는 다양한 호르몬을 생성하여 방출한다(Gazzaniga, Ivry, & Mangun, 2013).

전뇌, 중뇌, 후뇌의 구조는 상위수준 사고와 감정뿐만 아니라 생존에 필수적인 기능을 수행한다. 이 절에서 논의한 두뇌의 중요 구조와 기능에 대한 요약을 보려면, 표 2.1을 참조하라.

중뇌

중뇌는 안구운동과 협응을 제어하는 데 도움을 준다. 표 2.1은 중뇌의 여러 구조와 해당 기능을 나열하고 있다. 지금까지 가장 필수불가결한 구조는 **망상 활성화 시스템**(reticular activating system; RAS)이며, "망상체"라고도 부른다. RAS는 수면, 각성, 어느 정도의 주의를 포함하는 의식 그리고 심장박동과 호흡과 같은 생명 기능을 조절하는 데 필수적인 신경망이다(Sarter, Bruno, & Berntson, 2003).

RAS는 후뇌까지 확장된다. RAS와 시상은 모두 존재에 대한 의식적 자각 또는 제어에서 필수적이다. 시상, 중뇌, 그리고 시상하부와 함께 이어지는 후뇌가 **뇌간**(brainstem)을 구성하는데, 뇌간은 전뇌를 척수로 연결한다.

의사는 뇌간의 기능에 근거하여 뇌사를 판정한다. 구체적으로 의사는 뇌간이 심각하게 손상되어 머리의 다양한 반사(예컨대, 동공반사)가 12시간 이상 나타나지 않거나 두뇌가 전기활동이나 혈액순환을 보이지 않는다는 사실을 확인하여야만 한다(Berkow, 1992; Shappell 등, 2013).

표 2.1 두뇌의 중요 구조와 기능

두뇌 영역	주요 구조	기능
전뇌	대뇌피질(대뇌반구의 바깥층)	• 감각정보의 수용과 처리 • 사고를 비롯한 인지과정 • 운동 정보의 계획과 전달 등에 관여.
	기저신경절(핵과 신경섬유의 집합)	운동시스템 기능에 필수
	변연계(해마, 편도체, 중격)	학습, 정서, 동기에 관여
	시상	대뇌피질로 들어오는 감각정보를 전달. 시각, 청각, 압각과 통각, 그리고 신체 균형과 평형감각을 도와주는 정보의 지각에 전문화된 여러 핵(뉴런집단)
	시상하부	• 내분비시스템 • 자율신경계 • 생존행동(예컨대, 싸우기, 먹기, 도망가기, 짝짓기) • 의식 • 정서, 쾌, 통증, 스트레스 반응 등에 관여.
중뇌	상구	시각(특히 시각 반사)에 관여
	하구	청각에 관여
	망상체(후뇌까지 확산)	의식(수면과 각성) 주의 심폐 기능과 운동을 제어하는 데 중요.
	회백질, 적핵, 흑질, 복측 영역	운동을 제어하는 데 중요
후뇌	소뇌	균형, 협응, 근긴장도에 필수
	뇌교(망상체의 일부분도 포함)	• 의식 • 안면 신경 • 두뇌 한 부분에서 다른 부분으로 신경전달을 연결하는 데 관여
	연수	신체 좌우 한 쪽에서 들어오는 신경이 여기서 교차하여 뇌의 반대편으로 전달된다. 심폐기능, 소화, 삼키기에 관여.

후뇌

후뇌는 연수, 뇌교, 소뇌로 구성된다.

연수(medulla oblongata)는 심장활동을 제어하며, 대체로 호흡, 삼키기, 소화를 제어한다. 또한 신체 오른쪽 부위로부터 올라오는 신경은 두뇌 왼쪽으로 그리고 왼쪽 부위로부터 올라오는 신경은 두뇌 오른쪽으로 교차하는 지점이기도 하다. 연수는 척수가 두개골로 접어들면서 두뇌와 합류하는 지점에 위치한 기다란 내부 구조이다. RAS

마사 파라(Martha Farah)의 실험실에서는

인지신경과학과 아동기 가난

딸아이를 갖게 될 무렵에 나는 발달 인지신경과학으로 연구의 관심을 돌렸다. 사람들은 이러한 두 가지 삶의 변화가 관련되어있을 것이라고 자연스럽게 생각하였고 실제로도 그러하였지만, 사람들이 생각한 방식에서의 변화는 아니었다. 두뇌 발달에서 나의 관심을 끌어당긴 것은, 딸의 성장과정이 아무리 경이로운 것이었다고 할지라도 일차적으로 딸의 성장을 지켜보는 것은 아니었다. 오히려 우리 삶에 비집고 들어온 보모들을 알게 되고 그들의 삶을 배우게 된 것이었다.

보모들은 사회경제적 지위(SES)가 낮은 젊은 여성들로, 사회복지에 의존하는 가정에서 성장하였으며, 보모일과 함께 주정부의 지원을 받아 자신의 어린 자식들도 키우고 있었다. 내 아이의 보모로서, 그들은 단순히 고용된 것만은 아니었다. 내가 좋아하고 신뢰하며 관심을 갖게 된 사람들이었다. 그리고 우리가 친밀해지고 그들의 가족과 더 많은 시간을 보냄에 따라서, 나는 내 자신의 삶과는 무척 다른 세상에 대해서 알게 되었다.

Courtesy of the author

마사 파라

이러한 도시 가족의 아이들은 내 자신의 아이와 마찬가지로 동일한 잠재력을 가지고 삶을 시작하였으며, 말을 배우고, 게임을 즐기며, 질문을 던지고, 협동과 훈육 그리고 자기 제어라는 도전거리와 씨름하였다. 그렇지만 그 아이들은 곧 제한된 기량과 선택권과 희망을 가지고 자신의 부모와 동일한 절망적인 삶의 궤적을 밟아갔다. 어머니로서 나는 그 사실을 가슴 아프게 생각하였으며, 과학자로서 이해하고자 원하였다.

이 사실은 동료들과 함께 우선 마음에 대한 인지신경과학의 발견이라는 측면에서 아동기 가난의 효과를 기록한 다음에, 보다 구체적 원인이라는 측면에서 가난의 효과를 설명하려는 일련의 연구로 이끌어갔다. 당시 내 실험실 대학원생이었던 킴 노블과 함께 SES가 낮거나 중간층인 가정의 유치원생들을 대상으로 다섯 가지 상이한 신경인지시스템의 기능을 평가하였다. 우리는 언어와 집행기능 시스템에서 가장 두드러진 효과를 발견하였다. 노블과의 후속 연구 그리고 소아과 의사인 할람 허트와의 후속 연구는 이 결과를 반복하였고 확장하였다. 초등학교 1학년생과 중학생에서도 언어와 집행기능뿐만 아니라 선언기억에서도 놀랄만한 SES 괴리를 발견하였다. 이러한 괴리가 상이한 아동 초기 경험의 결과라고 가정할 때, 이렇게 특정 시스템의 발달을 방해할 만큼 가난하게 성장한다면 어떤 일이 일어나겠는가?

한 연구에서는 방금 언급한 중학생에게서 수집한 데이터를 사용하였다. 우리는 중학생의 언어 능력은 읽기 시작하고 여행을 다니기도 하는 4세 아동이 경험하는 인지적 자극의 양으로 예측할 수 있다는 사실을 발견하였다. 반면에 우리는 중학생의 선언기억 능력은 관심을 받고 주의를 받아야 하는 어린 아동으로서 부모들로부터 받은 양육의 자질이 예측할 수 있다는 사실을 발견하였다. 후자의 발견은 다소 엉뚱한 연계인 것처럼 보이기도 한다. 어째서 애정 어린 양육이 기억과 관련된단 말인가? 아무튼 동물 연구를 보면, 어린 동물이 스트레스를 받을 때 그에 따른 스트레스호르몬이 스트레스 조절과 기억 모두에서 중요한 역할을 하는 해마를 손상시킬 수 있다는 사실을 알 수 있다. 또한 이 연구는 보호적인 어미 행동이 어린 동물의 해마에 대한 스트레스 효과를 완화시킬 수 있다는 사실도 보여주었다. 이 결과는 가난이라는 스트레스 환경이 해마 발달에 영향을 미친다는 가설과 일치하며, 양육의 부가적 도움이나 방해와도 일치한다.

내 딸은 이제 19살이 되었으며, 가난 신경과학 분야도 함께 성장하고 있다. 오늘날 많은 연구 집단들이 신경과학이라는 렌즈를 통해서 SES와 아동 발달을 연구하고 있다. 두뇌 영상은 두뇌에서 구조적 차이와 기능적 차이를 보여준다. 아동의 해마 크기에 관한 최근 연구는 SES 차이를 발견하였으며, 이러한 차이를 스트레스와 부모의 행동 탓으로 돌릴 수 있다는 사실도 발견하였는데, 이것은 우리의 초기 가설과 일치하는 것이다. 다행스럽게도 발달하는 두뇌는 가난의 효과에 취약하지만, 신경과학은 두뇌가 어느 연령대에서든 풍요로운 환경에 대한 반응으로 변할 수 있다는 사실도 알려주고 있다.

의 일부분을 포함하고 있는 연수는 우리를 살아있게 도와준다.

뇌교(pons)는 두뇌 한 부분의 신호를 다른 부분으로 전달하는 신경섬유들을 포함한다. 일종의 교량 역할을 담당하기 때문에 뇌교(腦橋)라는 이름을 갖게 되었다. RAS의 일부분 그리고 머리와 얼굴 부분을 관장하는 신경도 포함한다. **소뇌**(cerebellum)는 신체 협응, 균형, 근긴장도뿐만 아니라 절차와 관련된 움직임을 수반하는 기억 측면들을 제어한다(제7장과 8장 참조)(Middleton & Helms Tillery, 2003). 인간 두뇌의 태내 발달은 동물종 전체에서 두뇌의 진화적 발달과 대체로 대응한다. 구체적으로 후뇌는 진화에서 가장 오래되고 원초적인 부분이다. 태내에서 가장 먼저 발달하는 두뇌 부위이기도 하다. 진화 측면에서 볼 때, 중뇌는 상대적으로 최근에 첨가된 것이다. 태내에서 두 번째로 발달하는 두뇌 부위이다. 마지막으로 전뇌는 진화에서 가장 최근에 첨가된 영역이다. 태내에서 세 영역 중 가장 늦게 발달한다.

인지심리학자에게 있어서, 이러한 진화적 추세에서 가장 중요한 것은 두뇌의 증가하는 신경 복잡성이다. 인간 두뇌의 진화는 행동에 대한 수의적 제어를 구사하는 능력을 고양시켜왔다. 또한 행위를 계획하고 대안 과정을 생각할 수 있는 능력도 강화시켜왔다. 이러한 아이디어는 다음 절에서 대뇌피질에 비추어 논의한다.

대뇌피질과 기능 국재화

대뇌피질(cerebral cortex)은 인간 인지에서 극히 중요한 역할을 담당한다. 우리가 사고할 수 있게 해준다. 대뇌피질이 있음으로 인해서 계획을 세우고, 사고와 행위를 협응시키며, 시각 자극과 소리 패턴을 지각하고, 언어를 사용할 수 있다. 대뇌피질이 없다면, 우리는 결코 인간이 아니다. 대뇌피질은 1~3mm의 얇은 막을 형성하며 나무줄기의 껍질처럼 두뇌 표면을 감싸고 있다. 인간의 경우에 대뇌피질의 많은 굴곡은 세 가지 요소를 포함하고 있다. **구**(溝; sulcus)는 작은 홈(고랑)이다. **열**(裂; fissure)은 큰 홈(고랑)이다. 그리고 **회**(回; gyrus)는 인접 구나 열 사이의 융기(이랑)이다. 이러한 굴곡은 피질의 표면넓이를 크게 증가시킨다. 주름 잡힌 인간의 피질을 펼친다면, 대략 60×60 cm^2 정도의 크기가 된다. 피질은 인간 두뇌의 80%를 차지한다(Kolb & Whishaw, 1990).

인간 두개골의 크기는 지난 200만 년 동안에 2배 이상 커짐으로써 두뇌의 확장, 특히 피질의 확장을 가능하게 만들었다(Toro 등, 2008). 대뇌피질의 표면은 회색이다(그림 2.1 참조). 때때로 **회백질**(gray matter)이라고 부르는 까닭은 두뇌가 받아들이고 전달하는 정보를 처리하는 회색의 세포체를 주로 포함하고 있기 때문이다. 반면에 두뇌 내부의 **백질**(white matter)은 대부분 흰색의 수초가 덮여있는 축색을 포함하고 있다.

대뇌피질은 두뇌의 두 절반, 즉 좌우측 대뇌반구의 바깥층을 형성한다(Davidson & Hugdahl, 1995; Galaburda & Rosen, 2003; Gazzaniga & Hutsler, 1999; Levy, 2000). 두 반구는 유사하게 보이지만, 상이하게 기능한다. 좌반구는 특정 유형의 활동에 전문화된 반면에 우반구는 다른 유형의 활동에 전문화되어있다. 예컨대, 우측 신체 피부의 수용기는 일반적으로 연수를 통해서 두뇌 좌반구 영역으로 정보를 전달한다. 좌측 수용기는 일반적으로 우반구에 정보를 전달한다. 마찬가지로 두뇌 좌반구는 우측 신체의 운동 반응을 지시한다. 우반구는 좌측 신체의 운동반응을 지시한다.

모든 정보 전달이 **대측성**(contralateral)인 것은 아니다. 어떤 정보 전달은 **동측성**(ipsilateral)이다. 예컨대, 오른쪽 콧구멍으로 들어오는 냄새 정보는 일차적으로 두뇌의 오른쪽으로 들어간다. 오른쪽 눈으로 들어오는 정보의 대략 절반은 뇌의 오른쪽으로 들어가며, 나머지 절반은 왼쪽으로 들어간다. 대측적 전문화라는 일반적 경향성에 덧붙여서, 두 반구는 상호간에 직접적으로 소통한다. **뇌량**(corpus callosum)은 두 대뇌반구를 연결하는 두꺼운 신경섬유 군집이다(Witelson, Kigar, & Walter, 2003). 둘은 서로 정보를 전달한다. 일단 정보가 한 반구에 도달하면, 뇌량이 그 정보를 다른 반구로 전이한다. 만일 뇌량이 끊어지면, 두 **대뇌반구**(cerebral hemisphere), 즉 두뇌의 두 절반은 상호 소통할 수 없다(Glickstein & Berlucchi, 2008). 비록 언어와 같은 몇몇 기능은 상당히 편재화 되어있다고 하더라도, 대부분의 기능은 대체로 두 반구의 통합에 의존적이다. 심지어 언어조차도 마찬가지다.

반구 전문화

심리학자는 어떻게 두 반구가 상이한 역할을 담당한다는 사실을 발견하였는가? 인간 두뇌에서 반구 전문화에 관한 연구는 프랑스 시골 의사였던 마크 닥스에게까지 거슬러 올라간다. 닥스는 1836년까지 두뇌 손상으로 인한 실어증(aphasia), 즉 말의 상실로 고통 받던 40명 이상의 환자를 치료하였다. 닥스는 말의 상실과 손상이 일어난 두뇌 간의 관계에 주목하였다. 닥스는 모든 경우에 두뇌 좌반구에 손상이 있었다는 사실을 보았다. 우반구만이 손상됨으로써 말의 상실이 일어난 사례를 하나도 찾아낼 수 없었었다.

1861년에 프랑스 과학자 폴 브로카(Paul Broca, 1824~1880)는 부검 결과가 뇌졸중 실어증 환자는 두뇌 좌반구의 손상이 있음을 보여주었다고 주장하였다. 1864년 브로카는 두뇌 좌반구가 말하기에 필수적이라고 확신하였다. 오늘날 브로카 영역(Broca's area)이라고 부르는 특정 영역이 말하기에 관여한다(그림 2.4).

또 다른 중요한 초기 연구자인 독일 신경학자 카를 베르니케(Carl Wernicke)는 말을 할 수는 있지만 의미 없는 말만 지껄이는 언어장애 환자를 연구하였다. 브로카와 마찬가지로 그도 좌반구에서 언어능력을 추적하였다. 그는 오늘날 베르니케 영역(Wernicke's area)이라고 부르는 상이한 세부 영역을 연구하였는데, 이 영역은 언어 이해에 기여한다(그림 2.4).

흔히 신경심리학의 아버지라고 부르는 칼 스펜서 래슐리(Karl Spencer Lashley)는 1915년에 국재화 연구를 시작하였다. 그는 두뇌에서 동일한 위치처럼 보이는 곳에 조잡하게 만든 전극을 삽입하는 것이 상이한 결과를 초래한다는 사실을 발견하였다. 상이한 위치가 때로는 역설적으로 동일한 결과를 내놓았다(예컨대, Lashley, 1950 참조). 보다 정교한 전극과 측정절차를 사용한 후속 연구자들은 많은 검사 시행에 걸쳐 특정 위치가 특정 운동반응과 상관되어 있다는 사실을 발견하였다. 래슐리 연구는 그 당시

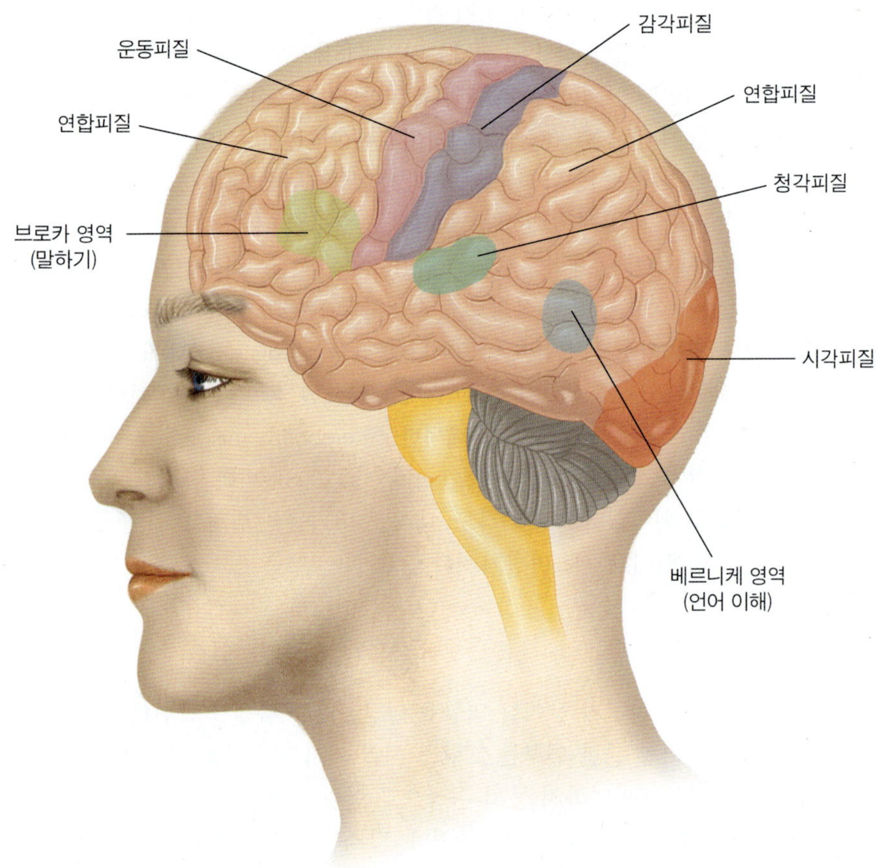

그림 2.4 피질의 기능 영역. 이상하게도 브로카 영역이 손상된 사람들이 말을 유창하게 할 수는 없지만, 노래를 부르거나 고함을 칠 수는 있다.

출처: Sternberg, R. J. (2000). *Psychology: In Search of the Human Mind*. Harcourt Brace & Company.

가용하였던 테크놀로지로 인해서 제약을 받았던 것으로 보인다.

브로카와 베르니케 등의 중차대한 초기 공헌에도 불구하고, 대뇌 전문화에 관한 현대 이론과 연구에 가장 핵심적인 역할을 수행한 인물은 노벨상 수상자인 심리학자 로저 스페리(Roger Sperry)이었다. 스페리(1964)는 각 반구가 많은 측면에서 독립적 두뇌처럼 작동한다고 주장하였다. 이러한 주장을 지지하는 고전 연구에서 스페리와 동료들은 고양이 두뇌의 두 반구를 연결하는 뇌량을 절단하였다. 그런 다음에 고양이의 한쪽 반구에 시각적으로 제시한 정보를 다른 반구는 재인할 수 없다는 사실을 증명하였다. 원숭이를 대상으로 수행한 유사 연구도 각 반구의 독립적 수행을 나타냈다(Sperry, 1964).

인간 두뇌가 작동하는 방식, 특히 각 반구의 역할에 관한 가장 흥미진진한 정보는 뇌량을 절단한 간질 환자 연구에서 나타났다. 이 신경 다리를 외과적으로 절단함으로써 간질 발작이 한 반구에서 다른 반구로 확산되는 것을 차단하게 된다. 이 시술은 발작의 심각성을 상당히 감소시킨다. 그렇지만 두 반구 간 소통의 상실도 초래한다. 마치 상이한 정보를 처리하고 별도의 기능을 수행하는 두 개의 독립적인 전문 두뇌를 가지고 있는 것처럼 말이다. 뇌량을 절단하는 수술을 받은 환자를 **분할뇌 환자**(split-brain patient)라고 부른다.

분할뇌 연구는 우리가 생각하는 방식에 관하여 매혹적인 가능성들을 보여준다. 이 분야의 많은 연구자들은 언어가 좌반구에 국재화 되어있다고 주장해왔다. 공간 시각화 능력(즉, 마음에서 2차원이나 3차원 대상을 조작하는 능력)은 주로 우반구에 국재화 되어있는 것으로 보인다(Farah, 1988a, 1988b; Gazzaniga, 1985). 공간 정향 과제도 우반구에 국재화 되어있는 것으로 보인다(Vogel, Bowers, & Vogel, 2003). 개략적으로 성인의 90%는 좌반구에 국재화 되어있는 언어기능을 가지고 있는 것으로 나타난다. 그렇지만 왼손잡이의 편재화는 오른손잡이와 다르며, 여성에게 있어서는 편재화가 남성만큼 현저하지 않을 수도 있다는 사실을 시사하는 결과들이 있다(Vogel, Bowers, & Vogel, 2003). 오른손잡이의 95% 이상 그리고 왼손잡이의 70% 정도가 언어의 좌반구 주도성을 나타낸다. 좌반구 처리를 하지 않는 사람에게 있어서는 우반구에서의 언어발달이 음운 능력과 의미 능력을 유지하지만 통사 능력에서는 결손을 보인다(Gazzaniga & Hutsler, 1999).

좌반구는 언어뿐만 아니라 움직임에서도 중요하다. **실행증**(apraxia) 환자, 즉 정교한 움직임에 장애가 있는 사람은 좌반구에 손상이 있기 십상이다. 이 사람은 필기할 때 문자 쓰기와 같이 친숙하고도 의도적인 움직임을 수행하는 능력을 상실한다(Gazzaniga & Hutsler, 1999; Heilman, Coenen, & Kluger, 2008). 좌반구의 또 다른 역할은 패턴을 발견하기 위하여 과거 경험을 살펴보는 것이다. 패턴 찾아내기는 가설 생성에서 중요한 단계이다(Wolford, Miller, & Gazzaniga, 2000).

우반구는 대체로 벙어리와 같다(Levy, 2000). 문법이나 음운 이해를 거의 하지 못한다. 그렇지만 상당히 우수한 의미지식을 가지고 있다. 또한 실제적인 언어 사용에도 관여한다. 우반구 손상 환자는 대화나 이야기를 따라가지 못하는 결손을 보이는 경향이 있다. 맥락으로부터 추론하고 은유나 유머 표현을 이해하는 데 있어서 어려움을 보인다(Levy, 2000). 우반구는 자기 재인에서도 일차적인 역할을 담당한다. 특히 우반구는 자신의 얼굴을 알아보는 데 있어서 주도적인 것으로 보인다(Platek 등, 2004).

분할뇌 환자 연구에서는 두 명의 서로 다른 사람 얼굴의 좌우 절반씩으로 만든 합성사진을 제시한다(그림 2.5). 이들은 두 절반의 사진에서 갈등적인 정보를 보았다는 사실을 자각하지 못하기 십상이다. 보았던 것에 대해서 말로 답하도록 요구하면, 사진에서 오른쪽 절반의 이미지를 보았다고 보고한다. 왼손(우반구와 대측적으로 정보를 주고받는다)을 사용하여 보았던 것을 가리켜보도록 요구하면, 왼쪽 절반의 이미지를 선택한다. 반구와 신체 측면 간의 대측적 연결을 회상하기 바란다. 이러한 연결로 인해서 좌반구가 시각 정보의 언어처리(말하기)를 제어하고 있는 것으로 보인다. 우반구는 시각 정보의 공간처리(가리키기)를 제어하는 것으로 보인다. 따라서 참가자가 보았다고 생각하는 이미지를 결정하는 데 있어서는 수행하도록 요구하는 과제가 중요하다.

가자니가(Gazzaniga & LeDoux, 1978)는 두 반구가 완전히 독립적으로 기능하면서 상보적 역할을 담당하는 것이라고 생각하지 않는다. 예컨대, (생애 초기에 좌반구가 손상된 드문 사례를 제외하고) 우반구에서는 언어처리가 일어나지 않는다. 우반

그림 2.5 분할뇌 환자 연구. 한 연구에서 참가자에게 화면 중앙에 초점을 맞추도록 요구하였다. 그런 다음 키메라 얼굴(한 사람 얼굴의 왼쪽 절반과 다른 사람 얼굴의 오른쪽 절반을 합친 얼굴)을 순간적으로 제시한다. 참가자에게 자신이 보았던 것을 말로 답하거나 여러 정상적인 얼굴 중에서 하나를 손가락으로 가리키는 방식으로 답하도록 요구한다.

구에서는 오직 시공간처리만 일어난다는 것이다. 가자니가는 분할뇌 수술을 받기 전에 사람들은 각 손으로 정육면체의 3차원 표상을 그릴 수 있다(Gazzaniga & LeDoux, 1978). 그러나 수술 후에는 오직 왼손만이 그럴 듯하게 보이는 정육면체를 그릴 수 있다. 모든 환자에게 있어서 오른손은 정육면체나 3차원 대상으로 재인할 수 없는 그림을 그린다. 이 결과가 중요한 까닭은 신체 각 측면과 반대편의 대뇌반구 간의 대측적 연결 때문이다. 우반구는 왼손을 제어한다는 사실을 기억하기 바란다. 왼손만이 분할 뇌 환자가 재인 가능한 그림을 그리는 데 사용할 수 있는 유일한 손이다. 따라서 이 실험은 우반구는 공간 관계를 이해하고 탐색하는 것을 주도한다는 주장을 지지한다.

가자니가(1985, 2011)는 두뇌, 특히 우반구는 병렬적으로 작동하는 비교적 독립적인 기능 단위로 체제화 되어있다고 주장해왔다. 가자니가에 따르면, 마음의 많은 분절적 단위 각각은 비교적 다른 단위들과 독립적으로 작동한다. 이러한 작동은 의식적 자각을 벗어난 것이기 십상이다. 독립적이고 의식 이하이기 십상인 다양한 작동이 일어나고 있지만, 좌반구는 이러한 작동에 해석을 부여하고자 시도한다. 예컨대, 밤에 이해할 수 없는 방식으로 길을 따라서 비틀거리고 있는 사람을 본다면, 여러분은 그가 술에 취했거나 아니면 감각을 완전히 제어할 수 없는 것이라고 결론내릴 수 있다. 따라서 두뇌는 그 행동에 어떤 의미를 부여하는 방식을 찾게 된다.

언어와 공간관계에서 반구 차이를 연구하는 것에 덧붙여서, 연구자들은 두 반구가 상호 차이나는 방식으로 사고하는지를 결정하고자 시도해왔다. 레비(J. Levy, 1974)는 좌반구가 정보를 분석적으로(일반적으로 부분들을 순차적으로) 처리하는 경향이 있다는 증거를 찾아냈다. 레비는 우반구가 총체적으로(전체적으로) 정보를 처리하는 경향이 있다고 주장한다.

대뇌반구 엽

대뇌반구와 피질은 네 부분으로 분할할 수 있다. 네 부분은 차별적인 단위가 아니다. 오히려 열(fissure)을 기준으로 나눈 대체로 임의적인 해부학적 영역이다. 각 엽에서 특정 기능들을 확인해왔지만, **엽**(lobe)들은 상호작용한다. 두뇌를 덮고 있는 두개골의 뼈 이름을 딴 네 엽(그림 2.6)은 전두엽, 두정엽, 측두엽, 그리고 후두엽이다. 엽은 다양한 기능을 담당한다. 여기서의 논의는 그 기능 중의 일부분만을 기술한다.

두뇌 앞쪽에 위치한 **전두엽**(frontal lobe)은 운동처리 그리고 추상적 추리, 문제해결, 계획 세우기, 판단 등과 같은 고등 정신과정과 연합되어있다(Stuss & Floden, 2003). 연속적인 사고나 행위가 필요할 때 관여하는 경향이 있다. 말을 하는 데도 필수적이다. 전두엽 중에서도 가장 앞쪽 영역인 **전전두피질**(prefrontal cortex)은 복잡한 운동 제어 그리고 시간에 걸쳐 정보의 통합을 요구하는 과제에 관여한다(Gazzaniga, Ivry, & Mangun, 2013).

전두엽은 **일차 운동피질**(primary motor cortex)을 포함하는데, 이 영역은 운동, 특히 지연된 반응을 수반하는 운동의 계획세우기와 제어 그리고 집행에 전문화되어있다. 운동피질을 전기적으로 자극하면, 해당 신체부위를 움직이는 반응을 보이게 된다. 운동의 본질은 운동피질의 어느 곳이 자극받는지에 달려있다. 다양한 유형의 신체 운동을 제어하는 부위는 일차 운동피질에 대측적으로 위치한다. 위에서부터 아래로도 마찬가지로 상반된 대응관계가 존재한다. 운동피질의 상단(머리 꼭대기 방향)이 신체 하단을 표상하며, 신체 상단은 운동피질의 하단이 표상한다.

신체 인접부위로 전달하는 정보도 운동피질 인접 부위에서 온다. 따라서 여러 신체부위들이 두뇌에서 어디에 그리고 어떤 비율로 표상되는지를 보여주도록 운동피질

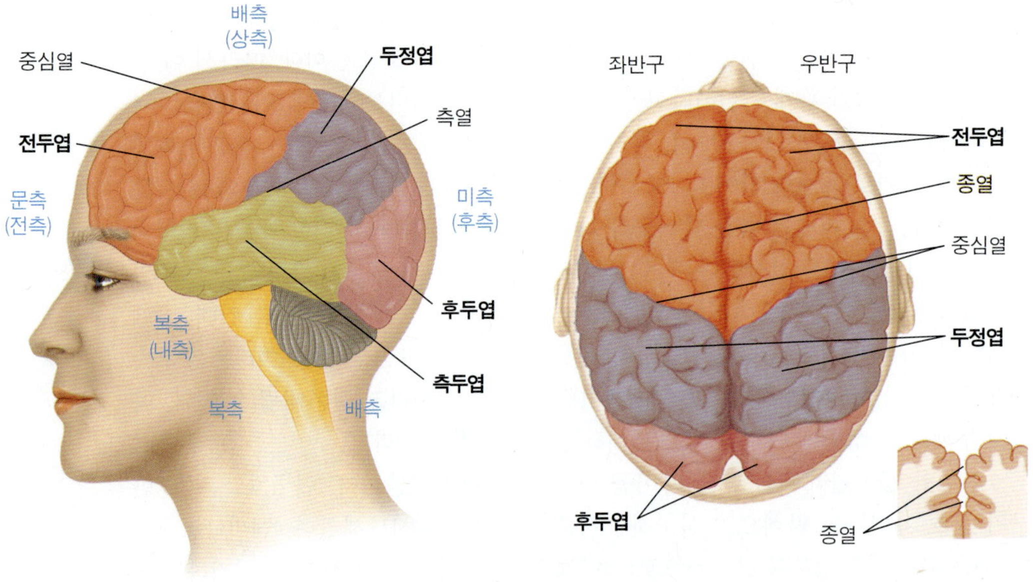

(a) 해부학적 영역(좌측면도) (b) 해부학적 영역(상면도)

그림 2.6 두뇌의 네 엽. 피질은 전두엽, 두정엽, 측두엽, 후두엽으로 분할된다. 엽들은 특정 기능을 가지고 있으면서 동시에 복잡한 처리를 수행하기 위하여 상호작용한다.

출처: Sternberg, R. J. (2000). *Psychology: In Search of the Human Mind*. Harcourt Brace & Company.

지도를 작성할 수 있다(그림 2.7). 이런 유형의 지도는 한 개인의 두뇌와 대응되는 신체부위를 나타내기 때문에 호문쿨루스(homunculus; 뇌 난쟁이)라고 부른다.

다른 세 엽은 머리 앞부분에서 멀리 떨어져 위치한다. 이 엽들은 감각과 지각 활동에 전문화 되어있다.

두뇌 윗부분에 위치한 **두정엽**(parietal lobe)은 신체감각 처리와 연합되어있다. **일차 체감각피질**(primary somatosensory cortex)은 압력, 표면결, 온도, 통증 감각으로부터 정보를 받아들인다. 이 영역은 전두엽의 일차 운동피질 바로 뒤에 위치한다. 체감각피질을 전기적으로 자극하면, 피부에 무엇이 와 닿는 느낌을 보고하게 된다. 두정엽은 공간을 지각하고 공간과 지각자 간의 관계, 즉 차지하고 있는 공간에 상대적으로 위치하고 있는 방식을 지각하는 데도 도움을 준다(Culham, 2003; Gazzaniga, Ivry, & Mangun, 2013). 의식과 주의집중에도 관여한다. 여러분이 읽고 있는 것에 주의를 기울이고 있으면, 두정엽이 활동한다.

호문쿨루스를 살펴보면(그림 2.7 참조), 기능과 형태 간의 관계가 운동피질 발달에 적용된다는 사실을 알 수 있다. 체감각피질 영역에서도 마찬가지다. 특정 신체부위의 사용과 민감도 그리고 정교한 제어가 더 많이 필요할수록, 일반적으로 피질의 더 넓은 영역을 그 부위에 할당한다. 예컨대, 인간은 세상과의 상호작용에서 손과 얼굴에 극도로 의존적이다. 그렇기 때문에 손과 얼굴의 감각과 운동에 할애하는 대뇌피질의 영역 비율도 큰 것을 보게 된다. 역으로 운동과 정보 수집 모두에서 발가락에는 비교적 적게 의존한다. 따라서 발가락은 일차 운동피질과 체감각피질 모두에서 비교적 작

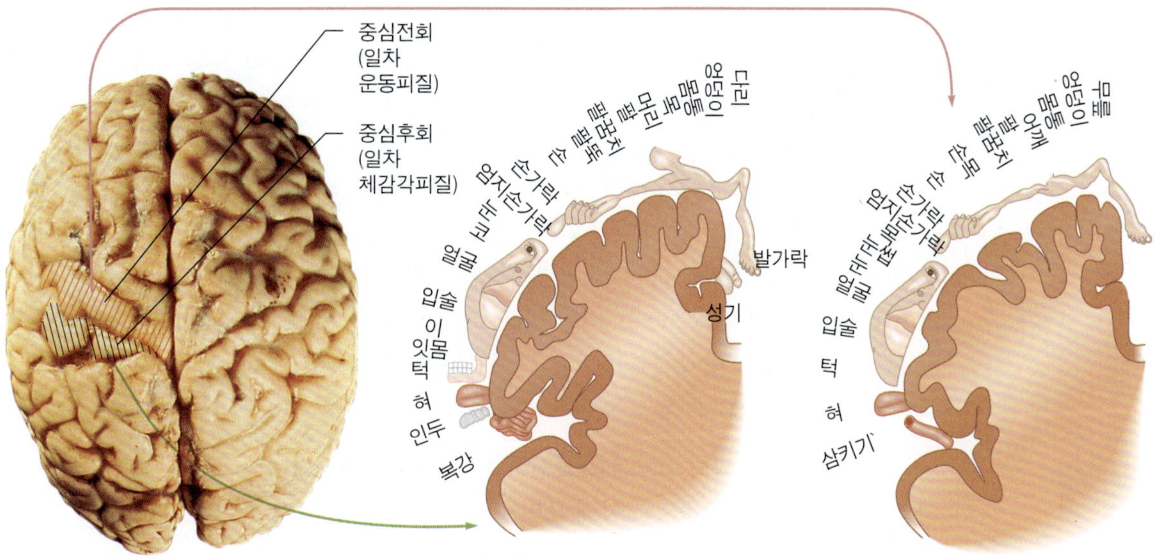

(a) 체감각피질 (b) 운동피질

그림 2.7 일차 운동피질의 호문쿨루스. 일차 운동피질의 지도를 흔히 호문쿨루스라고 부르는 까닭은 신체부위가 피질 영역과 비율적으로 대응하는 물구나무서기를 하고 있는 작은 사람의 모습이 둘러싸고 있는 피질의 단면도를 나타내기 때문이다.

출처: Kalat, J. W. (2012). *Biological Psychology*, 11th Ed., Figure 4.24, p. 1093. Cengage Learning.

은 영역을 차지하고 있다.

측두엽(temporal lobe)은 두정엽 아래쪽으로 관자놀이 바로 아래에 위치한다. 측두엽은 청각처리(Han 등, 2011; Murray, 2003) 그리고 언어 이해와 연합되어있다. 어떤 부위는 고음에 민감하고 다른 부위는 저음에 민감하다. 청각 영역은 일차적으로 대측적이지만, 양쪽 청각영역 모두 각 귀로부터 들어오는 표상을 조금씩은 받아들인다. 청각피질을 전기적으로 자극하면, 어떤 소리를 들었다고 보고하게 된다.

측두엽은 시각기억을 파지하는 데도 관여한다. 예컨대, 그림 2.6을 기억에 저장하고자 시도하고 있다면, 측두엽이 관여한다. 보고 있는 새로운 대상을 시각기억에 파지하고 있는 것과 대응시키기도 한다.

후두엽(occipital lobe)은 시각처리와 연합되어있다(De Weerd, 2003b). 후두엽은 색깔, 운동, 위치, 형태 등을 포함하여 장면의 특정 측면들을 분석하는 데 전문화된 다양한 시각영역들을 포함하고 있다(Gazzaniga, Ivry, & Mangun, 2013). 딸기를 집으려고 할 때, 후두엽은 녹색 잎 사이에 위치한 빨간 딸기를 찾아내는 데 도움을 준다.

투사영역(projection area)은 엽에서 감각처리가 일어나는 영역이다. 이 영역을 투사영역이라고 부르는 까닭은 신경이 시상으로 들어가는(투사하는) 감각정보를 담고 있기 때문이다. 감각정보를 관련 엽의 대응 영역과 소통하는 곳이 바로 시상이다. 마찬가지로 투사영역은 척수를 통하고 말초신경계(PNS)를 경유하여 운동정보를 아래쪽으로 소통한다.

시각피질(visual cortex)은 일차적으로 후두엽에 있다. 시각 정보를 담고 있는 신경섬유는 왼쪽 눈으로부터 좌반구로 그리고 오른쪽 눈으로부터 우반구로 동측적으로 연결되어있다. 다른 신경섬유는 **시교차**(optic chiasma)에서 교차하여 반대편 반구로 대측적으로 연결되어있다(그림 2.8). 특히 신경섬유는 각 눈의 좌측 시야로부터 우반구 시각피질로 연결되어있다. 상보적으로 신경섬유는 각 눈의 우측 시야로부터 좌반구 시각피질로 정보를 전달한다.

두뇌는 복잡한 구조이며, 연구자는 두뇌의 어느 부분을 언급하고 있는지를 기술하기 위하여 다양한 표현을 사용하고 있다. 그림 2.6은 상이한 두뇌 영역을 기술하기 위하여 빈번하게 사용하는 다른 단어들을 설명하고 있다. 그 단어들이란 **문측**(門側, rostral), **복측**(腹側, ventral), **미측**(尾側, caudal), **배측**(背側, dorsal)이다. 이 단어들은 모두 라틴어에서 유래하는 것으로 다른 신체부위의 측면에서 두뇌 부위의 위치를 나타낸다.

- **문측**은 두뇌의 앞부분을 지칭한다(직어적으로는 "코 영역").
- **복측**은 신체/두뇌의 아래 표면을 지칭한다(위의 측면).
- **미측**은 "꼬리"를 의미하며, 신체/두뇌의 뒷부분을 지칭한다.
- **배측**은 두뇌의 윗부분을 지칭한다(직어적으로는 "등"을 의미하며, 동물의 경우에는 등이 신체의 윗부분이 된다.

전형적으로 두뇌는 성인 체중의 단지 1/40만을 차지한다. 그럼에도 불구하고 혈류의 1/5, 가용한 포도당의 1/5, 그리고 가용한 산소의 1/4을 사용한다. 두뇌는 인지의 최상 기관이다. 뉴런 수준에서부터 대뇌 수준의 체제화에 이르기까지, 두뇌의 구조와 기능을 이해하는 것은 인지심리학을 이해하는 데 필수적이다. 기능 국재화에 초점을 맞추고 있는 인지신경과학 분야의 최근 발전은 이 장의 첫머리에서 논의한 마음-신체 문제를 재개념화 하고 있다. 물음은 "마음은 신체 어느 곳에 위치하는가?"에서부터 "특

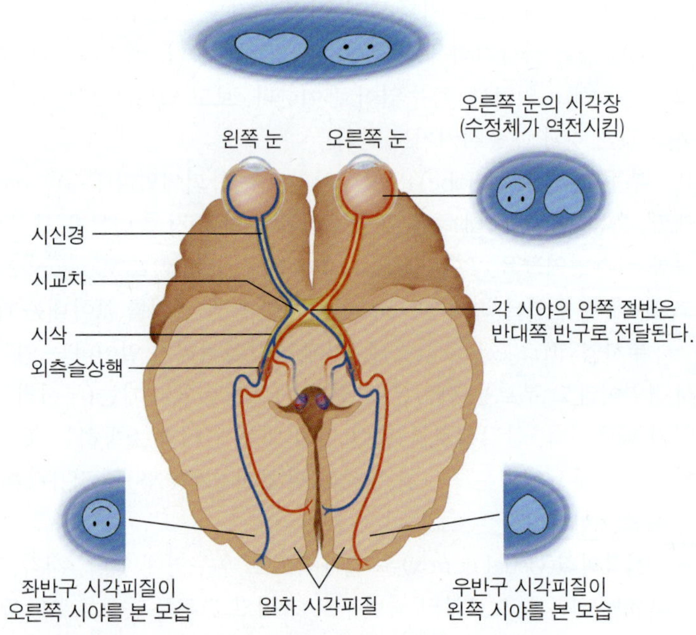

그림 2.8 일차 시각피질에 이르는 시각경로. 어떤 신경섬유는 시각 정보를 각 눈으로부터 각 반구로 동측적으로 전달한다. 다른 신경섬유는 반대편 반구로 대측적으로 전달한다.

출처: Sternberg, R. J. (2000). *Psychology: In Search of the Human Mind.* Harcourt Brace & Company.

정 인지기능은 신경계 어디에 위치하는가?"로 변해왔다. 이 책 전반에 걸쳐서 우리는 특정 인지기능을 참조하면서 이 문제로 다시 돌아올 것이며 그 인지기능을 보다 상세하게 논의하게 된다.

신경 구조와 기능

전체 신경계가 정보를 처리하는 방식을 이해하려면, 신경계를 구성하는 신경세포의 구조와 기능을 살펴볼 필요가 있다. **뉴런**(neuron)이라고 부르는 개별 신경세포는 신경계에서 전기신호를 한 위치에서 다른 위치로 전달한다(Carlson, 2006; Shepherd, 2004). 뉴런은 두뇌 신피질에 가장 밀집되어있다. 신피질은 복잡한 인지와 연합된 두뇌영역이다. 또한 가장 최근에 진화한 대뇌피질의 영역이기도 하다. 이 조직은 입방밀리미터 당 100,000개의 뉴런을 포함할 수 있다(Churchland & Sejnowski, 2004). 뉴런은 망 형태로 배열되어있는 경향이 있는데, 신경망은 다양한 유형의 정보처리에서 상호간에 정보를 제공하고 피드백을 보낸다(Vogel, Rajan, & Abbott, 2005).

뉴런은 그 구조가 다양하지만, 거의 모든 뉴런은 그림 2.9에서 예시하는 바와 같이, 네 가지 기본 구조를 가지고 있다. 여기에는 세포체, 수상돌기, 축색, 그리고 종말단추가 포함된다.

세포체(soma)는 세포의 핵(세포의 신진대사 기능과 재생 기능을 수행하는 중앙부위)을 포함하고 있다. 뉴런의 삶을 책임지며 수상돌기를 축색으로 연결한다. **수상돌기**(dendrite)는 다른 뉴런으로부터 정보를 받아들이는 나뭇가지 모양의 구조이며, 세포체가 정보를 통합한다. 학습은 새로운 신경 연결의 형성과 관련되어있다. **축색**(axon)은 세포체로부터 뻗어 나온 가늘고 긴 관으로 전기화학 신호를 전달함으로써 정보에 반응하는데, 신호를 다른 뉴런으로 전달하는 종말단추로 그 신호를 보낸다.

축색에는 수초의 존재 여부로 구분하는 대체로 동일한 두 가지 형태가 있다. **수초**(myelin)는 축색을 둘러싸고 있는 흰색의 지방질로, 두뇌 백질이 흰색인 이유가 바로

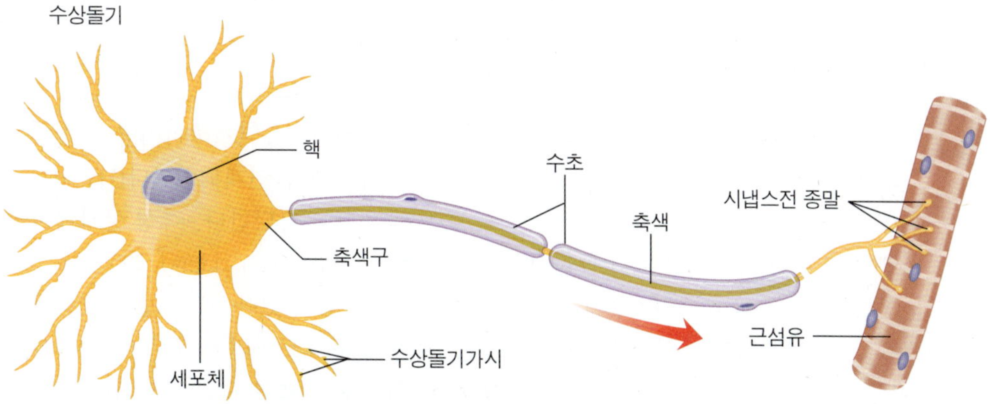

그림 2.9 뉴런의 구성. 그림은 다양한 성분을 가지고 있는 뉴런을 보여주고 있다. 정보는 수상돌기에 도달한 다음에 축색을 통해서 종말단추로 전달된다.

수초 때문이다. 수초가 축색을 많이 덮고 있을수록 신호를 빠르게 전달한다. 그 속도는 초당 100m에 달할 수 있다(대략 시간당 360km의 속도에 해당한다). 수초는 랜비어절이 분절하고 있는 방식으로 축색을 덮고 있다. **랜비어절**(node of Ranvier)은 축색을 덮고 있는 수초의 작은 간극으로, **활동전위**(action potential)라고 부르는 전기신호를 만들어서 축색을 따라 전달되도록 도와줌으로써 전달속도를 더욱 높여준다. 특정 신경에서 수초의 퇴화는 자가면역 질환인 다발성 경화증과 관련되어있다. 이 질환은 협응과 균형의 손상을 초래한다. 심각한 경우에는 치명적일 수도 있다.

종말단추(terminal button)는 축색 끝부분에 존재하는 작은 손잡이 같은 마디인데, 다음 뉴런의 수상돌기와 직접 맞닿아 있지는 않다. 오히려 시냅스라 부르는 미세한 간극이 존재한다. **시냅스**(synapse)는 하나 이상의 뉴런 종말단추와 하나 이상의 뉴런 수상돌기(또는 세포체) 간의 접합부 역할을 담당한다(Carlson, 2006). 시냅스는 인지에서 중요하다. 쥐는 학습의 결과로 두뇌에서 시냅스 크기와 숫자 모두가 증가함을 보여준다(Federmeier, Kleim, & Greenough, 2006). 알츠하이머병에서와 같이, 인지기능의 저하는 신경흥분을 시냅스에서 전달하는 효율성이 저하하는 것과 관련이 있다(Selkoe, 2002). 뉴런들 간의 신호 전달은 종말단추가 시냅스에 하나 이상의 신경전달물질을 방출할 때 일어난다. **신경전달물질**(neurotransmitter)은 시냅스 틈을 거쳐서 다음 뉴런의 수상돌기에 정보를 전달하는 화학 메신저이다(von Bohlen und Halbach & Dermietzel, 2006).

과학자들은 100가지 이상의 신경전달물질을 확인해왔지만, 아직도 밝혀내야 할 것이 많은 것으로 보인다. 의학자와 심리학자들은 신경전달물질을 발견하고 이해하고자 연구를 진행하고 있다. 특히 신경전달물질이 약물, 기분, 능력, 지각 등과 상호작용하는 방식을 이해하고자 애쓰고 있다. 신경에서 신경흥분의 전달기제에 관해서는 많은 것을 알고 있지만, 신경계의 화학 활동이 어떻게 심리상태와 관련되는 것인지에 관해서는 거의 알지 못하고 있다. 현재 지식의 한계가 있지만, 몇몇 신경전달물질이 어떻게 심리적 기능에 영향을 미치는지에 대한 어느 정도의 통찰을 획득해오고 있다.

세 가지 유형의 화학물질이 신경전달에 관여하는 것으로 보인다.

- 모노아민 신경전달물질
- 아미노산 신경전달물질
- 신경펩타이드

아세틸콜린(acetylcholine)은 기억 기능과 관련이 있으며, 알츠하이머병에 의한 아세틸콜린 손실은 알츠하이머병 환자의 손상된 기억 기능과 연계되어왔다(Hasselmo, 2006). 아세틸콜린은 수면과 각성에서도 중요한 역할을 담당한다. 각성 상태에서는 기저신경절과 뇌간에서 소위 콜린성 뉴런의 활동이 증가한다(Rockland, 2000).

도파민(dopamine)은 주의, 학습, 운동 협응과 관련이 있다. 또한 보상과 강화와 같은 동기과정에도 관여한다. 조현병 환자는 높은 수준의 도파민을 나타낸다. 이 사실은 "조현병의 도파민 이론"으로 이끌어왔는데, 이 이론은 높은 수준의 도파민이 부분적으로 조현병의 원인일 수 있다고 제안한다. 조현병 치료제는 도파민 활동을 억제하기 십상이다(von Bohlen und Halbach & Dermietzel, 2006).

반면에 파킨슨병 환자는 도파민의 낮은 수준을 보이는데, 이것은 파킨슨병과 관련된 전형적인 떨림과 운동 장애로 이끌어간다. 도파민 수준을 높이는 약물을 복용하면, (도파민을 복용한 정상인뿐만 아니라) 환자들이 때때로 병적인 도박행동의 증가를 나타낸다. 도박은 손상된 충동 제어가 초래하는 강박장애이다. 도파민 치료를 중지하면, 그 환자들이 더 이상 충동적 도박행동을 보이지 않는다(Abler 등, 2009; Drapier 등, 2006; Voon 등, 2007). 이 결과는 동기 과정과 충동 제어에서 도파민의 역할을 지지한다.

세로토닌(serotonin)은 섭식 행동과 체중 조절에서 중요한 역할을 담당한다. 세로토닌의 높은 수준은 몇몇 유형의 식욕 부진증에 관여한다. 구체적으로 질병 또는 질병 치료가 초래하는 유형의 식욕 부진증에서 어떤 역할을 담당하는 것으로 보인다. 예컨대, 암으로 고통 받고 있거나 투석 치료를 받고 있는 환자는 심각한 식욕부진을 경험하기 십상이다(Agulera 등, 2000; Davis 등, 2004). 두 경우 모두, 식욕부진은 높은 수준의 세로토닌과 관련되어있다. 세로토닌은 공격성과 충동성 조절에도 관여한다(Rockland, 2000). 세로토닌을 차단하는 약물은 공격행동의 증가를 초래하는 경향이 있다.

위의 기술은 끊임없는 신경소통의 복잡성을 극단적으로 과잉단순화한 것이다. 그러한 복잡성은 우리가 생각하고 느끼며 환경과 상호작용할 때 정상 두뇌에서 어떤 일이 일어나고 있는지 이해하는 것을 어렵게 만든다. 많은 연구자는 신경장애와 심리장애를 겪고 있는 사람의 두뇌에서 무엇이 잘못된 것인지를 연구함으로써 두뇌의 정상적인 정보처리를 이해하고자 시도한다. 예컨대, 우울증의 경우에 1950년대 초기에는 폐결핵을 치료하고자 의도한 약물(모노아민 산화 효소 억제제인 이프로니아지드)이 기분을 고양시키는 효과가 있는 것으로 나타났다. 이 발견은 우울증의 화학적 요인에 관한 초기 연구로 이끌어갔다. 아마도 무엇이 잘못된 것인지, 즉 어떤 화학물질의 균형이 깨진 것인지를 이해할 수 있다면, 정상적인 과정은 어떻게 작동하는 것인지 그리고 어떻게 균형 상태로 되돌릴 수 있는지를 찾아낼 수 있겠다. 그렇게 하는 한 가지 방법은 필요한 신경전달물질을 제공하거나 과잉 신경전달물질의 효과를 억제하는 것이 되겠다.

정상적으로 신경전달물질이 작동하고 있는 두뇌 수용기를 합법적인 것이든 불법적인 것이든 관계없이 정신약학 약물이 장악할 수 있다. 이러한 경우에 약물 분자는 정상적이라면 신체가 스스로 만들어내는 신경전달물질이 작동할 수용기 안으로 들어가게 된다.

개념 확인

1. 두뇌 각 부분(전뇌, 중뇌, 후뇌)에서 주요 구조들과 그 기능을 말해보라.
2. 기능 국재화가 의미하는 것은 무엇인가?
3. 연구자들이 두뇌는 어느 정도 반구 전문화를 나타낸다고 믿는 까닭은 무엇인가?
4. 두뇌의 네 엽은 무엇이며 각 엽과 관련된 기능은 무엇인가?
5. 뉴런은 어떻게 정보를 전달하는가?

두뇌 구조와 기능 들여다보기

과학자는 인간 두뇌를 관찰하고 그 기능을 이론화하는 데 많은 방법들을 사용할 수 있다. 이 방법들은 **사후 부검** 연구와 **생체** 기법 모두를 포함한다. 각 기법은 인간 두뇌의 구조와 기능에 관하여 중요한 정보를 제공한다. 가장 초기에 수행한 부검 연구조차도 두뇌가 특정 기능을 수행하는 방식에 관한 생각에 여전히 영향을 미치고 있다. 그렇지만 최근 추세는 인간의 심적 기능이 발현하고 있는 상태에서 그 기능에 관한 정보를 제공해주는 기법에 초점을 맞추고 있다. 이러한 추세는 장애가 있는 사람을 찾아내서는 사망한 후에 두뇌를 연구하였던 초기의 추세와 대비된다. 부검 연구는 후속 연구의 초석이 되기 때문에, 부검 연구를 먼저 논의한다. 그런 다음에 오늘날의 생체 기법으로 넘어간다.

사후 부검 연구

부검 연구와 두뇌 해부는 여러 세기에 걸쳐 수행하여왔다. 21세기에서조차 연구자들은 두뇌와 행동 간의 관계를 연구하기 위하여 해부를 자주 사용한다. 이상적인 사례에서는 한 사람의 생애에 걸쳐 연구를 진행한다. 살아있는 동안 두뇌 손상의 징후를 나타내는 행동을 관찰하고 기록한다(Wilson, 2003). 환자가 사망한 후에, 연구자는 환자 두뇌의 **손상** 영역, 즉 상해나 질병 등으로 인해서 손상된 조직이 있는 영역을 조사한다. 그런 다음에 연구자는 손상 영역이 장애를 나타낸 행동과 관련될는지도 모른다고 추론한다. 제1장에서 논의한 피니아 게이지의 사례는 이 방법을 통해서 연구한 것이다.

이러한 연구를 통해서 연구자는 관찰한 행동유형과 두뇌 특정 영역의 비정상성 간의 연계를 추적할 수 있다. 초기 사례 중의 하나가 브로카의 유명한 환자 탄(발성할 수 있는 유일한 음절이 '탄'이었기에 이렇게 부른다)이다. 탄은 심각한 발성 문제를 가지고 있었다. 이 문제는 전두엽 영역(브로카 영역)의 손상과 연관되었다. 이 영역은 말 산출이라는 특정 기능에 관여한다. 보다 최근에는 알츠하이머병(기억의 황폐를 초래하는 질병이다; 제5장 참조) 환자의 사후 부검 연구가 연구자들로 하여금 기억에 관여하는 몇몇 두뇌 구조(예컨대, 이 장의 앞부분에서 기술하였던 해마)를 찾아내도록 이끌어왔다. 부검 연구는 질병의 과정(예컨대, 두뇌 조직에서 특징적으로 뒤얽힌 신경섬유)과 관련된 몇몇 미세 변이들도 찾아냈다. 손상 기법이 두뇌와 행동 간의 관계를 이해하는 근본 초석을 제공한다고 하더라도, 살아있는 두뇌에는 적용할 수 없다는 한계점을 가지고 있다. 따라서 두뇌의 보다 세부적인 생리과정에 관한 통찰을 제공해주지는 못한다. 이러한 유형의 정보를 위해서는 살아있는 유기체를 연구할 필요가 있다.

살아있는 동물 연구하기

과학자들은 살아있는 두뇌의 생리과정과 기능을 이해하고자 원한다. 살아있는 두뇌의 활동 변화를 연구하기 위해서는 생체 연구를 수행하여야만 한다. 초기의 많은 생체 기법은 전적으로 동물에게 적용하였다. 예컨대, 노벨상을 수상한 시지각 연구는 동물 두뇌의 특정 영역에서 개별 뉴런의 전기활동을 기록한 생체 연구에서 나왔다(Hubel & Wiesel, 1963, 1968, 1979; 제3장 참조).

단일세포 기록(single-cell recording)을 얻어내기 위하여 연구자는 동물(일반적으로 원숭이나 고양이) 두뇌의 단일 세포 바로 바깥에 가느다란 전극을 삽입한다. 그런 다음에 동물에게 자극을 제시할 때, 그 세포에서 일어나는 전기활동의 변화를 기록한다. 과학자들은 이러한 방식으로 시각적으로 제시한 (선분과 같은) 특정 유형의 자극이 개별 뉴런의 활동에 미치는 효과를 측정할 수 있다. 뉴런은 자극이 없는 경우에도 끊임없이 흥분하기 때문에, 연구자는 뉴런 활동에서 일관성 있게 변화를 초래하는 자극을 찾아야만 한다. 이 기법은 인간이 아닌 오직 실험실 동물에게서만 사용할 수 있다. 인간을 대상으로 그러한 기록법을 수행할 수 있는 안전한 방법을 아직 고안하지 못하였기 때문이다.

두 번째 유형의 동물 연구는 선택적 **손상**(lesioning), 즉 두뇌 일부분을 외과적으로 제거하거나 파괴하여 그 결과로 나타나는 기능 결손을 관찰하는 방법을 포함한다(Al'bertin, Mulder, & Wiener, 2003; Lee, Rajkumar, & Dawe, 2014; Mohammed, Jonsson, & Archer, 1986). 최근에 연구자들은 특정 신경전달물질을 사용하는 뉴런만을 파괴하는 약물을 주입함으로써 동물 두뇌의 손상을 유도하는 신경화학적 방법을 찾아냈다. 몇몇 약물의 효과는 가역적이기 때문에 제한된 시간만큼만 두뇌 전도성을 와해시킨다(Gazzaniga, Ivry, & Mangun, 2013).

동물 연구를 수행하는 세 번째 방법은 유전적 녹아웃 절차를 채택하는 것이다. 유전자 조작을 사용함으로써 특정 유형의 두뇌 뉴런이나 수용기가 없는 동물을 만들어 낼 수 있다. 정상 동물과의 비교는 탈락한 수용기나 뉴런의 기능이 어떤 것일 가능성이 있는지를 나타낸다.

살아있는 인간 연구하기

살아있는 동물을 연구하는 데 사용하는 많은 기법들을 인간 참가자에게 사용할 수 없음은 명백하다. 따라서 이러한 연구에 기초하여 인간에게 일반화하는 것은 어느 정도 한계가 있다. 그렇지만 인간에게 덜 침투적인 영상기법을 개발해왔다. 이 절에서는 전기 기록법, 정지 영상 기법, 신진대사 영상 기법을 기술한다.

전기 기록법

두뇌는 전위를 통해 신호를 전달한다. 기록을 해보면 이 활동은 다양한 주파수(너비)와 강도(높이)의 파형으로 나타난다. **뇌전도**(electroencephalogram; EEG)는 살아있는 두뇌의 전기적 주파수와 강도를 비교적 오랜 시간에 걸쳐 기록한 것이다(Picton & Mazaheri, 2003). EEG를 통해서 깊은 수면이나 꿈과 같이 변화하는 심적 상태를 나타내는 뇌파 활동을 연구할 수 있다. EEG 기록을 얻기 위해서 두개골 표면의 여러 위치

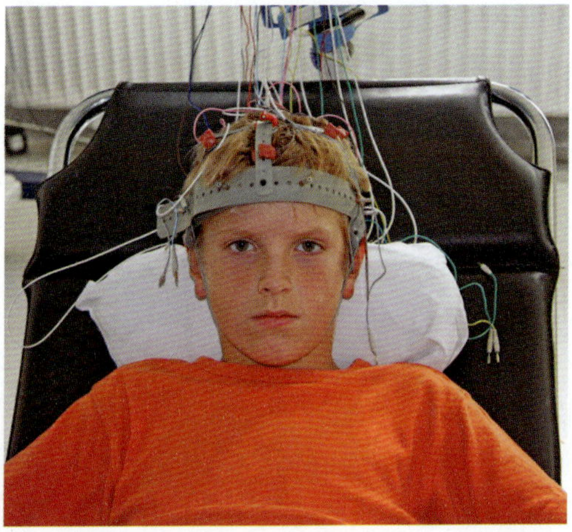
Marcus Scholz/Fotolia

뇌전도(EEG)

에 전극을 부착한다. 그런 다음에 전극 아래쪽 두뇌 영역의 전기활동을 기록한다. 따라서 정보는 특정 세포에 국한된 것이 아니다. EEG는 시간에 따른 변화에 민감하다. 예컨대, 잠을 자는 동안 수집한 EEG 기록은 전체 두뇌를 수반한 전기활동의 변화 패턴을 나타낸다. 꿈을 꾸거나 깊은 수면에 빠졌을 때 상이한 패턴이 나타난다. 간질을 진단하는 데도 EEG를 사용한다. 발작이 두뇌 양측에서 동시에 발생하는지 아니면 한쪽에서 발현하여 퍼져나가는 것인지를 나타내기 때문이다.

전기활동을 특정 사건이나 과제(예컨대, 불빛을 보거나 문장을 듣는 것)와 연관시키기 위하여 참가자에게 특정 자극을 제시할 때 뇌파를 측정할 수 있다. **사건관련 전위**(event-related potential; ERP)는 자극 사건에 대한 반응으로 두뇌 전기활동의 미약한 변화를 기록하는 것이다. 전형적으로 변화는 1초 이내의 짧은 시간동안만 지속된다. ERP는 과제와 관련된 두뇌 활동의 시간경과에 관하여 좋은 정보를 제공한다. 어떤 EEG 기록이든지, 상당한 "소음", 즉 두뇌에서 진행되는 무관련 전기활동이 존재한다. ERP는 과제와 평균값을 이용하여 관련되지 않은 활동을 상쇄함으로써 소음의 효과를 제거한다. 따라서 ERP를 얻기 위해서는 수많은 시행(예컨대, 100회)에 걸친 EEG의 평균을 구한다. 그 결과로 남는 파형은 전기활동의 타이밍과 관련된 특징적인 변화를 보여주지만, 그 활동의 위치에 관하여 오직 개략적인 정보만을 보여준다. 두피 전극의 위치로 인하여 공간해상도가 낮기 때문이다.

ERP 기법은 광범위한 연구에서 사용해왔다. 선택 주의와 같은 심적 능력에 관한 몇몇 연구는 ERP를 사용하여 개인차를 연구해왔다(예컨대, Troche 등, 2009). 언어 처리를 밝히는 데도 사용하여 왔다. 한 연구는 언어 손상으로 고통 받는 아동들을 연구하고 정상 아동의 결과와 비교하였다. 아동에게 그림과 소리 또는 단어를 제시하고는 그림과 소리 또는 단어가 대응하는지를 결정하도록 요구하였다. 예컨대, 대응하는 짝에서는 수탉 그림을 "꼬끼요" 소리나 "닭울음소리"와 같은 구술단어와 함께 제시하였다. 대응하지 않는 짝은 수탉 그림을 "딩동" 소리나 "부저"와 같은 구술단어와 함께 제시하는 것이었다. 그림과 소리가 대응될 때는 두 집단 간에 차이가 없었다. 언어 손상 아동은 그림과 구술단어를 대응시키는 데 상당한 어려움이 있었다. 이 결과는 언어 손상 아동이 약한 언어망을 가지고 있다는 가설을 확증하였다(Cummings & Ceponiene, 2010).

ERP는 인지능력의 발달적 변화를 밝히는 데 사용할 수 있다. 이러한 실험은 두뇌 발달과 인지 발달 간의 관계에 관하여 보다 완벽한 이해를 제공한다(Taylor & Baldeweg, 2002).

ERP가 제공하는 높은 시간 해상도는 다른 기법들을 보완하도록 사용할 수 있다. 예컨대, ERP와 **양전자 단층촬영법**(positron emission tomography; PET)을 단어 연상에 관여하는 세부 영역을 확인하는 데 사용하였다(Posner & Raichle, 1994). 연구자들은 ERP를 사용하여 주어진 단어에 대하여 신속한 연상을 할 때 참가자들이 두뇌 특정 부위(좌반구 외측 전두피질과 후측 피질, 그리고 우반구 뇌섬 피질)에서 증가된 활동을 나타냈다는 사실을 발견하였다. 다른 기법들과 마찬가지로, EEG와 ERP는 두뇌 활동에 관하여 오직 짧은 단면만을 제공해준다. 이 기법들은 인지에 관여하는 특정 두뇌영역을 확인해내기 위하여 다른 기법들과 병행해서 사용할 때 가장 도움이 된다.

정지 영상 기법

심리학자는 두뇌 구조를 밝히기 위하여 정지 영상을 사용한다(그림 2.10과 표 2.2 참조). 이 기법은 컴퓨터 단층촬영법(CT 또는 CAT), 혈관촬영법, **자기공명 영상법**(magnetic resonance imaging; MRI)을 포함한다. X선에 기반한 기법(혈관촬영법과 CT)은 뇌졸중이나 종양이 초래하는 손상과 같이 상당한 크기의 두뇌 이상을 관찰할 수 있게 해준다. 그렇지만 해상도가 제한적이며, 보다 작은 손상이나 변이에 관해서는 많은 정보를 제공해줄 수 없다.

대상의 2차원 모습만을 제공하는 관례적인 X선 방법과는 달리, CT 영상은 다양한 조망에서 찍은 두뇌 X선 영상을 결합하여 3차원 영상을 만들어낸다.

혈관촬영법(angiography)의 목적은 두뇌 구조를 들여다보려는 것이 아니라 혈류의 흐름을 살펴보려는 것이다. 두뇌가 활동할 때는 에너지가 필요하며, 혈액을 통하여

(a) **두뇌 혈관촬영법**: 두뇌 혈관촬영법은 두뇌의 혈관들을 집중 조명한다.

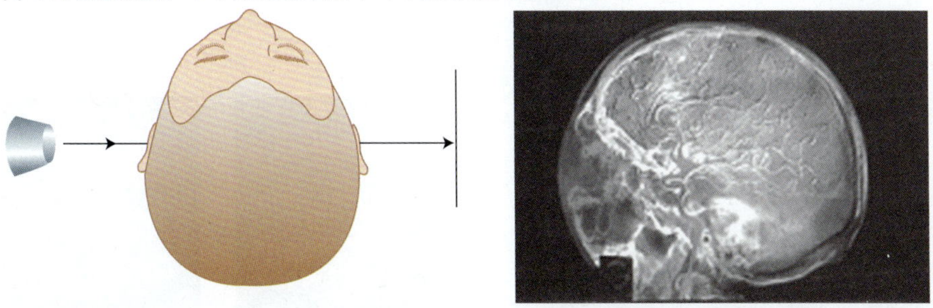

(b) **CT 주사법**: 두뇌의 CT 영상은 회전하는 일련의 주사를 사용하여 두뇌 구조의 삼차원 영상을 생성한다.

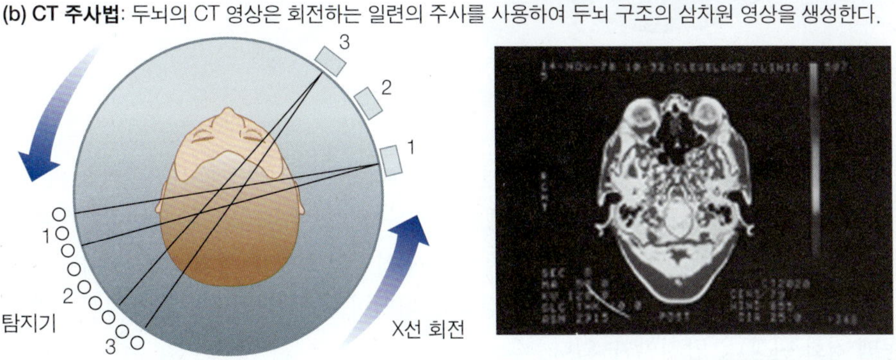

Angiogram © CNRI/SPL/Photo Researchers, Inc. CT scan © Ohio Nuclear/SPL/Photo Researchers, Inc.

그림 2.10 두뇌 영상기법. 두뇌 구조, 그리고 때로는 처리과정의 영상을 얻을 수 있는 다양한 기법들을 개발해왔다.

(c) MRI 주사법: 일련의 회전하는 MRI 주사법이 CT 주사가 보여주는 것보다 더욱 선명한 삼차원 두뇌 구조를 보여준다.

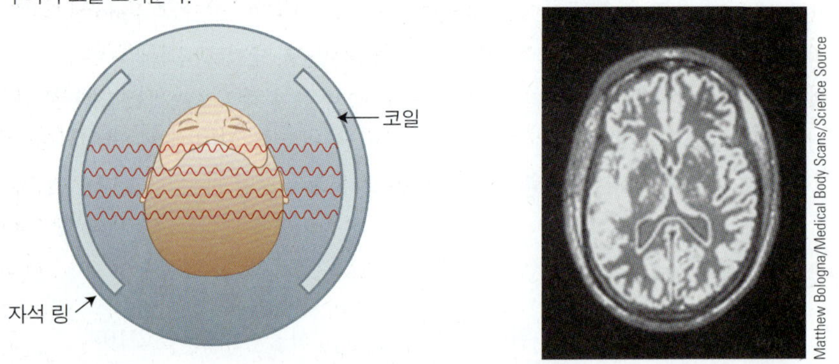

(d) PET 주사법: PET 주사의 정지 영상은 상이한 활동을 하는 동안의 신진대사 과정을 보여준다. PET 주사법은 두뇌의 생리적 활동을 연구할 수 있게 해준다.

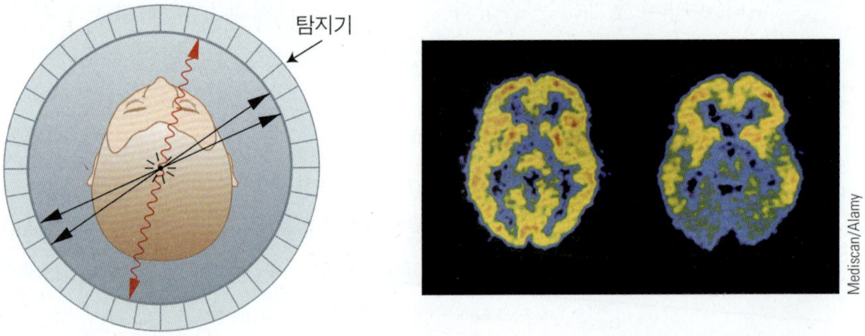

(e) TMS(경두개 자기자극법): TMS는 특정 영역이 와해되었을 때의 인지기능을 연구하기 위하여 정상적인 두뇌 활동을 일시적으로 와해시킨다.

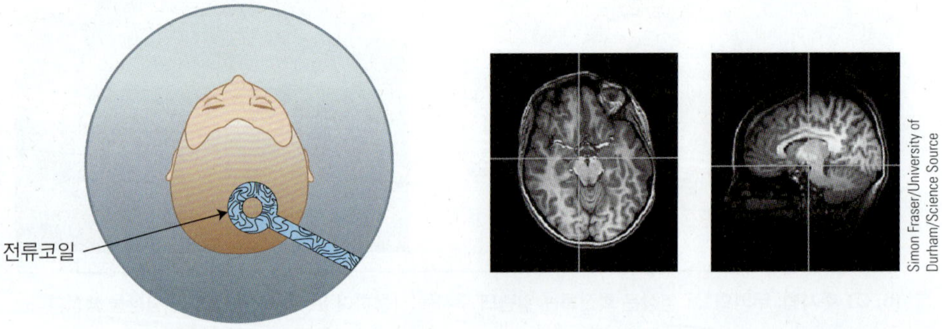

그림 2.10 (계속)

산소와 포도당의 형태로 에너지를 두뇌로 전달한다. 혈관촬영법에서는 두뇌로 이어지는 동맥에 색소를 주입한 다음에 X선 사진을 찍는다. 그 사진은 순환계를 보여주며, 뇌졸중(이물질로 인한 뇌동맥의 차단이 초래하기 십상인 혈류 흐름의 와해)이나 동맥류(동맥의 비정상적인 팽창) 또는 동맥 경화증(동맥이 탄력성을 잃고 좁아지게 만드는 동맥 경화 현상)을 탐지할 수 있다.

인지심리학자에게는 MRI 영상이 상당한 관심거리이다(그림 2.11). MRI는 신체 분자에서 핵입자 궤적 에너지의 자기장 변화를 계산하고 분석함으로써 살아있는 두

표 2.2 두뇌 기능을 연구하기 위한 인지신경심리 방법

방법	절차	인간에게 적합?	장점	단점
단일세포 기록법	미세전극을 단일 뉴런 인근에 삽입한다. 뉴런에서 발생하는 전기활동의 변화를 기록한다.	아니오	전기활동의 비교적 정확한 기록	인간에게 사용할 수 없다.
뇌전도(EEG)	전위 변화를 두피에 부착한 전극을 통해 기록한다.	예	비교적 비침습적이다.	부정확하다.
사건관련 전위(ERP)	전위 변화를 두피에 부착한 전극을 통해 기록한다.	예	비교적 비침습적이다.	실제 두뇌 영상을 보여주지 못한다.
양전자 방출 촬영법(PET)	참가자에게 신진대사 과정에서 양전자를 방출하는 약한 산소 동위원소를 주사한다. 두뇌 표적 영역에서 양전자의 밀도 변화를 측정한다.	예	활동 중인 두뇌의 영상을 보여준다.	빠른 처리과정에서는 유용성이 떨어진다.
기능 자기공명 영상법(fMRI)	산소 원자의 변화를 유도하는 자기장을 형성한다. 보다 활동적인 영역은 덜 활동적인 영역보다 산소를 품은 혈액을 더 많이 끌어들인다. 소비한 산소 양에서의 차이가 fMRI 측정의 토대를 이룬다.	예	활동 중인 두뇌의 영상을 보여준다. PET보다 정확하다.	참가자들을 상당한 시간 동안 불편한 스캐너에 집어넣어야 한다.
경두개 자기 자극법(TMS)	머리에 코일을 대고는 전류를 흘린다. 전류는 자기장을 형성한다. 이 자기장이 그 밑의 작은 영역(일반적으로 1cm^3 이하)의 활동을 방해한다. 연구자는 특정 영역이 방해받을 때 인지기능을 살펴볼 수 있다.	예	연구자로 하여금 두뇌 특정 영역의 일시적 와해가 어떻게 인지기능에 영향을 미치는지를 알 수 있게 해준다.	오용하면 위험할 가능성이 있다.
뇌자도(MEG)	머리 위에 장치를 놓음으로써 자기장의 탐지를 통해 두뇌 활동을 측정한다.	예	지극히 정밀한 공간 해상도와 시간 해상도를 갖는다.	연구자에게 쉽게 가용하지 않은 값비싼 기계가 필요하다.
기능성 경두개 도플러 초음파 검사법(fTCD)	초음파가 두뇌 혈류의 흐름 속도를 측정한다.	예	시간 해상도가 뛰어나며, 아동에게 적합하다.	공간 해상도가 높지 않다.
근적외분광 분석법(NIRS)	이마에 부착한 센서가 전전두피질의 혈류와 두뇌에 있는 산소량을 측정한다.	예	휴대할 수 있고 값이 싸며, 아동에게 적합하다.	기기를 정밀하게 조정할 필요가 있으며, 기기가 예민하다.

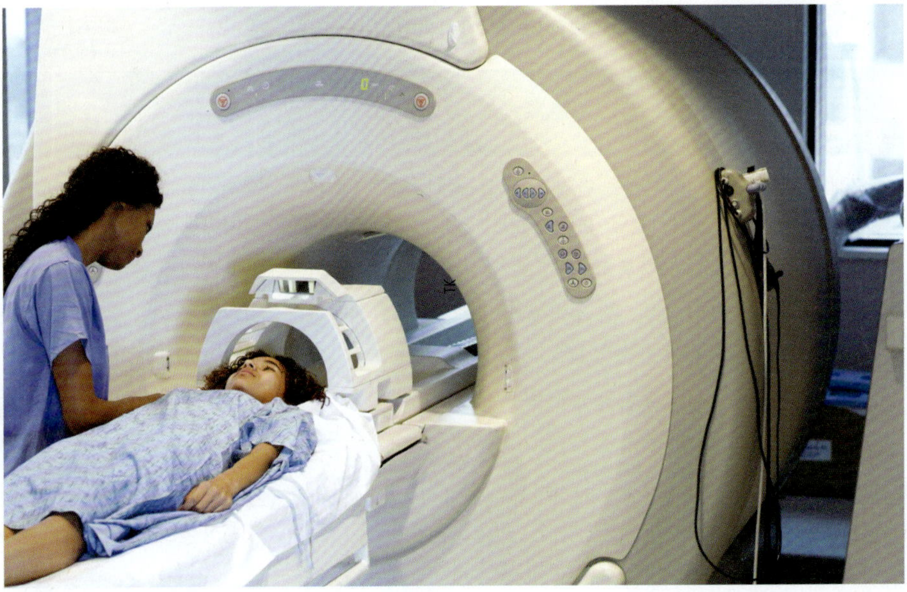

ERproductions Ltd/Blend Images/Getty Images

그림 2.11 자기공명 영상법(MRI). MRI 기계는 상이한 유형의 인지 처리과정에 관여하는 두뇌 영역을 보여주는 데이터를 제공해줄 수 있다.

뇌 구조에 대한 고해상도 영상을 보여준다. 구조 MRI와 기능 MRI라는 두 가지 유형의 MRI가 있다. 구조 MRI는 두뇌 크기와 모양에 관한 영상을 제공하는 반면, 기능 MRI는 참가자가 특정 과제를 수행할 때 활동하는 두뇌 영역을 시각화한다. MRI는 CT 영상에 비해서 훨씬 선명한 두뇌 사진을 제공한다. 강력한 자기장을 환자 두뇌에 형성한다. 스캐너는 두뇌 원자에서의 다양한 전자기 변화 패턴을 탐지한다. 이러한 분자 변화를 컴퓨터로 분석하여 두뇌의 3차원 영상을 만들어낸다. 이 영상은 두뇌 구조에 관한 상세한 정보를 포함한다. 예컨대, 바이올린이나 첼로와 같은 현악기를 연주하는 음악가가 왼손 움직임을 제어하는 우반구 영역이 확장되는 경향이 있다는 사실을 보여주는 데 MRI를 사용해왔다. 손의 제어는 대측적이어서 우반구가 왼손을 제어하고 그 반대도 마찬가지다(Münte, Altenmüller, & Jäncke, 2002). 우리는 할 수 있는 것을 두뇌가 제어하는 것으로 간주하는 경향이 있다. 이 연구는 우리가 할 수 있는 것, 즉 경험이 두뇌 발달에 영향을 미칠 수 있다는 좋은 사례이다.

MRI는 특정 언어 사용 장애와 관련된 손상과 같은 손상의 탐지를 촉진하지만, 생리적 과정에 관한 정보는 많이 제공하지 못한다. 다음 절에서 논의하는 두 기법은 그러한 정보를 제공한다.

신진대사 영상

신진대사 영상 기법은 두뇌에서 활동하고 있는 영역에서 포도당과 산소의 소비가 증가함으로써 두뇌에서 발생하는 변화에 의존한다(Baars & Gage, 2012). 기본 아이디어는 특정 과제를 수행하는 동안 두뇌에서 활동하고 있는 영역은 그렇지 않은 영역보다 더 많은 포도당과 산소를 소비한다는 것이다. 한 과제에서 특별히 필요한 영역은 일반적인 처리과정을 수행할 때보다 그 과제를 수행할 때 더 활동하게 되며, 따라서 더 많은 포도당과 산소를 필요로 할 수밖에 없다(Purves 등, 2012). 과학자들은 **빼기 방법**(subtraction method)을 사용하여 특정 과제를 위한 특정 영역을 세밀하게 찾아내고자 시도한다. 이 방법은 두 가지 상이한 측정을 사용한다. 하나는 참가자가 일반적이거나 통제조건의 활동을 할 때 측정하며, 다른 하나는 관심 과제를 수행할 때 측정한다. 두 측정치 간의 차이는 통제 과제와 대비하여 표적 과제를 수행하는 동안 발생하는 부가적 활동에 해당한다. 따라서 빼기 방법은 통제 과제 중의 활동을 표적 과제 중의 활동에서 빼는 작업을 수반한다. 활동에서의 차이를 통계적으로 분석한다. 이 분석은 어느 영역이 일반적인 활동을 넘어서서 특정 과제 수행을 책임지고 있는지를 결정한다. 예컨대, 실험자는 단어의미 인출에서 어느 영역이 가장 중요한지를 결정하고자 원한다고 가정해보자. 실험자는 단어를 구성하고 있는 자모의 재인을 수반하는 과제 동안의 활동을 그 단어 읽기를 수반하는 과제를 수행하는 동안의 활동에서 빼게 된다. 활동의 차이는 의미 인출에 사용하는 부가적 자원을 반영한다고 가정하게 된다.

이 기법에 관하여 명심해야 할 한 가지 중요한 사항이 있다. 연구자는 활동에서 나타나는 이 차이의 순수한 효과가 흥분적인지 아니면 억제적인지를 결정할 방법을 가지고 있지 못하다. 어떤 뉴런들은 이웃 뉴런의 신경전달물질로 인해서 활성화되기도 하고 억제되기도 하기 때문이다. 따라서 빼기 방법은 특정 영역에서 차이나는 두뇌 활동만을 나타낸다. 그 영역의 효과가 정적인 것인지 부적인 것인지를 알려줄 수는 없다. 이에 덧붙여서 활성화가 순전히 가산적이라고 가정한다. 즉, 빼기 방법을 통해서 요소들 간의 상호작용을 고려하지 않은 채 활성화의 증감을 찾아낼 수 있다고 가정한다.

이 설명은 빼기 방법을 지나치게 과잉단순화한 것이다. 그렇지만 일반적인 수준에서 연구자들이 영상 기법을 사용하여 특정 영역의 생리적 기능을 어떻게 평가하고 있는지를 보여준다.

PET 영상은 특정 유형의 정보처리를 수행하는 동안 활동적인 두뇌영역에서 산소 소비량의 증가를 측정한다(O'Leary 등, 2007; Raichle, 1998, 1999). 산소 소비량을 추적하기 위하여 참가자에게는 신진대사 중에 양전자를 방출하는 약한 방사능 산소 동위원소를 주사한다(양전자는 전자와 거의 동일한 크기와 질량을 가지고 있는 입자이지만 음전하가 아니라 양전하를 띠고 있다). 그런 다음에 양전자를 탐지하기 위하여 두뇌를 주사한다. 컴퓨터는 데이터를 분석하여 활동하고 있는 두뇌의 생리적 기능을 보여주는 영상을 만들어낸다.

PET 영상은 두뇌의 비정상성을 탐색함으로써 알츠하이머병과 같은 인지저하 장애를 진단하는 데 도움을 줄 수 있다(Jack, Barrio, & Kepe, 2013; Patterson 등, 2009). PET 영상은 시각처리를 하는 동안 후두엽에 혈류가 증가한다는 사실을 보여주는 데 사용해왔다(Nakamura 등, 2000; Posner 등, 1988). 또한 지능검사에서 높은 점수를 받는 사람과 낮은 점수를 받는 사람의 두뇌를 상대적으로 연구하는 데도 사용한다. 고득점자가 인지적으로 어려운 과제를 수행할 때, 이들의 두뇌는 포도당을 보다 효율적으로 사용하는 것으로 보인다. 즉, 매우 과제 특수적 영역에서 사용한다. 저득점자의 두뇌는 두뇌의 많은 영역에 걸쳐서 산만하게 포도당을 사용하는 것으로 나타난다(Haier 등, 1992). 마찬가지로 연구들은 좌반구 전측 측두엽과 소뇌뿐만 아니라 브로카 영역이 새로운 단어를 학습하는 데 관여한다는 사실을 보여주어 왔다(Groenholm 등, 2005).

PET 영상은 다양한 피질 부위의 정보 통합을 예시하는 데 사용해왔다(Castelli 등, 2005; Posner 등, 1988). 구체적으로 단일 단어 읽기를 포함한 다양한 인지행위를 수행하는 동안 대뇌 혈류 흐름을 연구하는 데 사용하였다. 참가자가 화면에 제시한 단어를 볼 때는 시각 피질 영역들이 높은 수준의 활동을 보였다. 단어를 말할 때는 운동피질의 활동이 높았다. 단어를 들을 때는 청각피질이 활동한다. 보았던 단어와 관련된 단어를 말할 때는(시각, 청각, 운동 정보의 상당한 통합을 요구하는 과제다), 피질의 관련 영역들이 상당한 양의 활동을 나타냈다.

PET 영상이 명확하지 않은 까닭은 포도당 소비와 관련된 데이터를 만드는 데는 최소한 30초가량의 시간이 필요하기 때문이다. 시간 측정 과정에서 한 두뇌 영역이 상이한 양의 활동을 보인다면, 활동 수준을 평균함으로써 명확하지 않은 결론으로 이끌어갈 가능성이 있다.

기능성 자기공명 영상(functional magnetic resonance imaging; fMRI)은 특정 시점에서 다양한 두뇌 부위의 활동 수준을 3차원으로 상세하게 표상하기 위하여 자기장을 사용하는 신경영상 기법이다. 이 기법은 MRI에 근거한 것이지만, 두뇌 활동 영상을 생성하기 위하여 산소 소비의 증가를 사용한다. 기본 아이디어는 PET 영상과 동일하지만, 방사능 입자의 사용을 필요로 하지 않는다. 참가자는 MRI 기계 속에 들어있는 동안 과제를 수행한다. 이 기계는 터널처럼 보이기 십상이다. 전체적으로든 부분적으로든 터널에 들어간다는 것은 도넛 모양의 자기장 속으로 들어가는 것이다. fMRI는 산소 원자의 변화를 유도하는 자기장을 만들어낸다. 두뇌에서 활동적인 부위일수록 산소를 함유한 혈액을 더 많이 필요로 한다. 따라서 두뇌 특정 영역이 활동한 직후에, 그 영역에서 줄어든 산소량을 탐지하게 된다. 이러한 관찰이 fMRI 측정의 토대를 이룬다. 그런 다음에 컴퓨터가 그 측정결과를 분석하여 과제를 수행하는 동안 두뇌 활동의 생리적 기능에 관하여 현재로서는 가장 명확한 정보를 제공한다.

이 기법은 PET보다 덜 침습적이다. 또한 높은 시간 해상도도 가지고 있다. 즉, 분이나 시간 단위로 진행되는 활동뿐만 아니라 1초 이내의 짧은 시간 지속하는 활동도 측정할 수 있다. 한 가지 심각한 문제점은 fMRI의 비용이다. 비교적 소수 연구자들만이 필요한 기계를 사용하며 참가자 검증은 상당한 시간을 요한다.

fMRI 기법은 시각(Engel 등, 1994; Kitada 등, 2010), 주의(Cohen 등, 1994; Samanez-Larkin 등, 2009), 언어(Gaillard 등, 2003; Stein 등, 2009), 기억(Gabrieli 등, 1996; Wolf, 2009) 등과 같은 많은 연구영역에서 활동하는 두뇌 영역들을 확인해낼 수 있다. 예컨대, fMRI는 외측 전전두피질이 작업기억에 필수적임을 보여주었다. 작업기억은 특정 시간에 적극적으로 사용하고 있는 정보를 처리하는 기억이다(McCarthy 등, 1994). fMRI는 조현병이나 간질 환자를 포함하여 특정 환자 집단에서의 두뇌 변화를 밝히는 데도 사용한다(Detre, 2004; Weinberger 등, 1996).

fMRI와 연관된 기법이 약학 MRI(pharmacological MRI; phMRI)이다. phMRI는 fMRI 기법을 심리약학 물질에 관한 연구와 결합한다. 이 연구는 특정 심리약학 물질이 두뇌에 미치는 영향과 역할을 밝히려는 것이다. 동일한 수용기 세포에 대한 효능

제(반응을 강화시키는 물질)와 길항제(반응을 약화시키는 물질)의 역할을 밝히는 데 phMRI를 사용해왔다. 이 연구들은 치료에 사용하는 약물의 효과를 검증하도록 해주었다. 연구자는 환자의 두뇌 구조를 살펴봄으로써 신경화학 치료에 대한 환자의 반응을 예측할 수 있다. 전반적으로 이 방법은 두뇌 영역 그리고 두뇌 기능에 대한 심리약학 물질의 효과를 이해하는 데 도움을 준다(Baliki 등, 2005; Easton 등, 2007; Honey & Bullmore, 2004; Kalisch 등, 2004).

fMRI와 관련된 또 다른 기법이 **확산 텐서 영상**(diffusion tensor imaging; DTI)이다. DTI는 조직에서 수분의 제한적 확산을 밝히려는 것인데, 특별히 관심을 기울이는 조직이 축색이다. 두뇌에서 수분은 자유롭게 이동할 수 없으며, 축색과 수초의 제약을 받는다. DTI는 특정 시간 동안 양성자가 특정 방향으로 얼마나 멀리 이동하였는지를 측정한다. 두뇌 백질의 분포 지도를 작성하고 신경회로를 밝히는 데 이 기법을 유용하게 사용해왔다. 외상성 두뇌 손상, 조현병, 두뇌 성숙, 다발성 경화증 등을 밝히는 데 이 기법을 적용해왔다(Ardekani 등, 2003; Beyer, Ranga, & Krishnan, 2002; Cookey, Bernier, & Tibbo, 2014; Ramachandran 등, 2003; Sotak, 2002; Sundgren 등, 2004).

두뇌 활동을 연구하기 위하여 최근에 개발한 기법은 다른 기법들이 가지고 있는 문제들을 우회한다(Walsh & Pascual-Leone, 2005). **경두개 자기 자극법**(transcranial magnetic stimulation; TMS)은 제한된 두뇌 영역의 정상적 활동을 일시적으로 와해시킨다. 따라서 두뇌 손상을 흉내 내거나 두뇌 영역을 자극할 수 있다. TMS는 두개골 위에 코일을 대고 전류가 흐르게 한다(그림 2.10). 전류는 자기장을 생성한다. 자기장은 두개골 바로 밑의 작은 영역(일반적으로 1cm^{3}를 넘지 않는다)의 활동을 방해한다. 그렇게 되면 연구자는 특정 영역이 방해받을 때의 인지기능을 살펴볼 수 있다. 이 방법은 두개골에 가깝게 위치한 영역에만 제한적으로 사용한다. TMS의 장점은 인과관계를 살펴볼 수 있다는 것인데, 특정 두뇌영역의 활동을 방해함으로써 과제 수행에 대한 영향을 관찰할 수 있기 때문이다. 대부분의 다른 방법들은 두뇌 기능을 관찰함으로써 단지 상관만을 살펴볼 수 있게 해준다(Gazzaniga, Ivry, & Mangun, 2013; Gazzaniga & Mangun, 2014). 예컨대, "가상 손상"을 만들어서는 특정 사물에 접근하거나 그 사물을 쥘 때 관여하는 두뇌영역을 살펴보는 데 TMS를 사용해 왔다(Koch & Rothwell, 2009). 심지어 반복 TMS(rTMS)가 우울증이나 불안장애와 같은 신경심리 장애를 치료하는 방법이 될 수 있다는 가설도 제기하고 있다(Pallanti & Bernardi, 2009).

뇌자도(magnetoencephalography; MEG)는 뇌전도와 마찬가지로 두개골 바깥에서 두뇌활동 변화가 방출하는 자기장을 포착함으로써 두뇌활동을 측정한다. 이 기법은 두뇌 신호의 국재화를 가능하게 만들어줌으로써 상이한 시점에 두뇌의 상이한 영역들이 무슨 일을 하고 있는지를 알 수 있게 해준다. MEG는 외과 의사들이 두뇌에서 병리 구조의 위치를 파악하는 데 도움을 준다(Baumgartner, 2000). 최근에는 MEG를 환각지 통증을 호소하는 환자에게 적용하였다. 환각지 통증의 경우에, 환자는 제거한 신체부위, 예컨대 절단한 다리에서 통증을 호소한다. 특정 두뇌영역을 전기자극하면, 환각지 통증이 줄어든다. 전기자극을 가하기 전과 후 그리고 가하는 동안에 두뇌활동 변화를 살펴보는 데 MEG를 사용해왔다. 두뇌활동의 이러한 변화는 환각지 통증 경험에서의 변화에 대응된다(Kringelbach 등, 2007).

기능성 경두개 도플러 초음파검사(functional transcranial Doppler sonography; fTCD)

최근에 수많은 다른 기법들을 개발해왔다. fMRI를 사용하여 과제를 수행하는 동안 활동하고 있는 두뇌영역의 위치를 파악하고, MEG를 사용하여 두뇌 작용의 정확한 시간을 파악할 수 있었지만, 과거에 연구자들이 가지고 있던 문제는 두 기법의 장점을 결합한 기법을 만들어내기 어렵다는 것이었다. 2014년 MIT 연구자들은 특별한 계산 기법을 사용하여 결과를 통합함으로써 두 기법을 사용하여 얻은 시간과 위치 정보를 결합하게 되었다. 따라서 미래에는 두뇌가 언제 어디에서 시각정보를 처리하느냐는 문제를 보다 상세하게 다루게 될 것이다(Cichy, Pantazis, & Oliva, 2014).

최근에 개발한 또 다른 기법은 기능성 경두개 도플러 초음파검사(functional transcranial Doppler sonography; fTCD)이다. 이 기법은 두뇌 혈류의 속도를 추적하는 데 초음파 기법을 사용한다. 혈류를 연속적으로 추적할 수 있기 때문에 fTCD의 해상도는 PET과 같은 기법보다 우수하다. 비침습적이고 사용하기 쉽기 때문에, 아동이나 지시를 따르는 데 어려움을 겪는 사람에게 사용하기 좋은 기법이다(Lohmann, Ringelstein, & Knecht, 2006).

최근에 개발한 또 다른 기법인 근적외선 분광법(near infrared spectroscopy; NIRS)은 전전두엽에서 혈류를 추적할 수 있다. 또한 혈액에 들어있는 산소량도 추적할 수 있다. 이마에 센서를 부착하고 과제를 수행하는 동안과 전후에 측정한다. 이마에 센서를 부착하는 것은 비교적 용이하고, 참가자는 제한적이나마 여전히 움직일 수 있기 때문에, 아동에게 특히 적합한 기법이다. 또한 휴대용이기에 다양한 상황에서 사용할 수 있다.

근적외선 분광법(near infrared spectroscopy; NIRS)

현재 기법들은 여전히 특정 기능과 두뇌 구조, 영역, 심지어는 처리과정 간의 명확한 대응관계를 제공하지 못하고 있다. 두뇌의 여러 구조, 영역,

또는 처리과정이 특정 인지기능에 관여하는 것으로 보인다. 특정 인지기능이 특정 두뇌 구조나 처리과정과 연계되어있는 방식에 대한 현재의 이해는 몇몇 유형의 관계를 추론할 수 있게 해줄 뿐이다. 정교한 분석을 통해서 점차적으로 정확한 관계를 추론할 수 있다. 그렇지만 아직은 특정 인지구조나 처리과정과 특정 인지기능 간의 인과관계를 결정할 수 있는 위치에 있지 못하다. 특정 인지기능은 다양한 두뇌 구조, 영역, 또는 처리과정의 영향을 받을 수 있기 때문이다. 마지막으로 이 기법들을 다른 실험기법들과 결합할 때에만 비로소 인지기능의 복잡성을 이해하기 위한 최선의 정보를 제공한다. 비록 몇몇 연구자들이 진작부터 동물을 대상으로 수행하는 생체 연구를 두뇌영상 기법과 결합해왔지만, 이러한 결합은 일반적으로 인간 참가자를 대상으로 하는 실험 연구로 이루어지고 있다(Dedeogle 등, 2004; Kornblum 등, 2000; Logothetis, 2004).

개념 확인

1. 두뇌 구조와 기능을 연구할 때, 동물을 대상으로 어떤 연구방법들을 사용할 수 있으며, 인간을 대상으로는 어떤 방법들을 사용할 수 있는가?
2. EEG, PET, fMRI를 가지고 연구하는 전형적인 물음은 어떤 것인가?
3. 두뇌 신진대사를 보여주는 영상 기법이 유용한 까닭은 무엇인가?
4. 사후 부검 연구와 비교할 때 생체 기법의 장점과 단점은 무엇인가?

두뇌 장애

수많은 두뇌 장애가 인지 기능을 손상시킬 수 있다. 두뇌 장애는 두뇌 기능에 관하여 중요한 통찰을 제공해줄 수 있다. 앞서 언급한 바와 같이, 연구자들은 환자 상태에 관한 상세한 기록을 작성하고, 환자가 사망하게 되면 그 환자가 경험하였던 증상을 초래하였을 수 있는 영역들을 살펴보기 위하여 두뇌를 분석하기 십상이다. 나아가서 지난 수십 년에 걸쳐 개발해온 생체 기법들을 가지고, 환자의 증상을 완화시키고 두뇌 작동 방식에 관한 새로운 통찰을 얻기 위하여 환자 생애에 걸쳐 다양한 검사와 진단절차를 적용할 수 있다.

뇌졸중

혈관 질환(vascular disorder)은 뇌졸중이 초래하는 두뇌 장애이다. 두뇌로 향하는 혈류가 갑작스럽게 차단될 때 뇌졸중이 발생한다. 뇌졸중을 경험하는 사람은 전형적으로 현격한 인지기능 손상을 보여준다. 손상의 본질은 뇌졸중이 발생하는 두뇌영역에 달려있다. 마비, 통증, 무감각, 말 상실, 언어이해 상실, 사고과정 손상, 신체부위 움직임 상실 등과 같은 증상을 나타낼 수 있다.

믿거나 말거나 | 뇌수술은 여러분이 깨어있는 동안 시행할 수 있다.

여러분이 자각하고 있는 동안 심각한 외과수술 받는 것을 상상해볼 수 있는가? 가능한 일이며, 실제로 그렇게 수술하기도 한다. 두뇌 종양이 있거나 간질로 고통 받는 환자가 뇌수술을 받을 때, 의사가 두개골을 열고 뇌를 노출시킨 후에 환자가 마취에서 깨어나는 경우가 많다. 외과의사는 이러한 방식으로 환자와 대화를 나누면서 시각이나 기억과 같이 중요한 기능을 제어하는 다양한 두뇌영역의 지도를 작성하기 위하여 환자 두뇌를 자극함으로써 실험을 수행할 수 있다. 두뇌 자체는 통각 수용기를 가지고 있지 않으며, 환자가 깨어있으면서 수술을 진행하는 동안 두뇌를 자극하여도 그 환자는 통증을 느끼지 않는다. 두통을 경험할 수는 있지만, 두뇌를 둘러싸고 있는 조직과 신경이 통증에 민감하기 때문이지, 두뇌 자체가 통각을 경험하기 때문은 아니다. 이 장에서 논의한 두뇌영상 기법에만 근거하여 수행하는 뇌수술과 비교할 때, 환자와의 소통은 수술의 안전성과 정확성을 높여준다.

두 가지 유형의 뇌졸중이 일어날 수 있다(NINDS Stroke Information, 2009). 일반적으로 **허혈성 뇌졸중**(ischemic stroke)은 여러 해에 걸쳐 혈관에 지방조직이 쌓이고 이 조직의 일부가 떨어져 나와 뇌동맥을 막아버림으로써 발생한다. 허혈성 뇌졸중은 혈전 용해제로 치료할 수 있다. 두 번째 유형의 뇌졸중인 **출혈성 뇌졸중**(hemorrhagic stroke)은 두뇌에서 혈관이 갑자기 터져버릴 때 발생한다. 그렇게 되면 혈액이 주변 조직으로 흘러나오게 된다. 혈액이 흘러나옴에 따라서 주변 영역의 뇌세포들이 죽어나가기 시작한다. 산소와 영양분의 결핍 또는 혈관 파손과 혈액의 급작스러운 분출로 인한 것이다. 뇌졸중 환자의 예후는 손상 유형과 그 심각성에 달려있다. 증상은 뇌졸중 발생 직후에 곧바로 나타난다.

전형적인 증상에는 다음과 같은 것들이 있다(NINDS Stroke Information, 2009).

- 얼굴, 팔다리의 마비나 약화(특히 신체 한쪽 측면에서 나타난다)
- 말 생성이나 이해에서의 혼란과 어려움
- 한 눈 또는 두 눈 모두에서의 시각 장애
- 어지러움, 걷기 장애, 또는 균형이나 협응의 손상
- 이유를 알 수 없는 심각한 두통

뇌종양

뇌종양은 인지 기능을 심각하게 손상시킬 수 있다. 종양은 두뇌 백질이나 회백질 모두에서 발생할 수 있다. 백질의 종양이 더 일반적이다(Gazzaniga, Ivry, & Mangun, 2009).

두 가지 유형의 뇌종양이 발생할 수 있다. 일차 뇌종양은 두뇌에서 시작한다. 대부분의 아동 뇌종양이 이 유형이다. 이차 뇌종양은 폐와 같이 신체 다른 부위에서의 종양으로부터 시작한다. 뇌종양은 양성이거나 악성일 수 있다. 양성 뇌종양은 암세포를 가지고 있지 않다. 일반적으로 제거하면 재생하지 않는다. 양성 종양 세포는 주변

세포를 침투하거나 신체 다른 부위로 확산되지 않는다. 그렇지만 두뇌에서 민감한 부위를 압박하게 되면, 심각한 인지 손상을 초래할 수 있다. 또한 신체 다른 부위에서 나타나는 양성 종양과 달리 생명을 위협할 수도 있다. 양성 뇌종양과 달리 악성 뇌종양은 암세포를 포함하고 있다. 더 심각하며, 일반적으로 환자 생명을 위협한다. 악성 뇌종양은 빠르게 성장하기 십상이다. 주변에 있는 건강한 뇌조직에 침투하는 경향이 있다. 드문 경우이기는 하지만, 악성 뇌종양 세포가 두뇌를 벗어나 신체 다른 부위에서 암을 초래하기도 한다. 다음은 뇌종양의 가장 보편적인 증상이다(What You Need to Know about Brain Tumors, 2009).

- 두통(일반적으로 아침에 더 심하다)
- 구역질이나 구토
- 말하기, 시각, 또는 청각의 저하
- 균형 잡기나 걷기의 문제
- 기분, 성격, 집중 능력의 저하
- 기억 문제
- 근육 당김이나 비틀림(마비 또는 경련)
- 팔다리의 무감각이나 얼얼함

뇌종양의 진단은 전형적으로 신경검사, CT 촬영, 또는 MRI를 통해서 진행한다. 가장 보편적인 형태의 치료는 외과수술, 방사능치료, 화학치료를 조합한 것이다.

머리 부상

머리 부상은 교통사고, 단단한 물체와의 충돌, 총기 사고 등 많은 원인이 초래한다. 머리 부상에는 두 가지 유형이 있다. **폐쇄형 머리 부상**(closed-head injury)에서는 두개골은 멀쩡하지만 두뇌 손상이 있으며, 전형적으로 머리를 강타하는 물리적 힘이 초래한다. 교통사고로 자동차 앞유리에 머리를 강하게 부딪치는 것이 그러한 부상을 초래하기도 한다. **개방형 머리 부상**(open-head injury)에서는 두개골이 멀쩡하기보다는 총탄과 같은 것으로 인해 뚫려버리는 것이다.

머리 부상은 놀라우리만치 흔하다. 개략적으로 140만 명의 미국인들이 매년 머리 부상을 당한다. 대략 5만 명이 사망하며, 23만 명 이상이 입원 치료를 요한다. 미국인의 대략 2%가 머리 부상으로 인해 일상 삶에서 장기적 지원을 필요로 한다(National Center for Injury Prevention and Control, 2009b). 스노보드 선수이었던 케빈 피어스는 캐나다 밴쿠버에서 개최된 2010년 동계 올림픽 출전을 위해 훈련하던 중에 두뇌 부상을 당하였다. 중환자실에서 거의 한 달을 보낸 다음 병원 재활로 3개월을 보내면서 걷고 말하는 것을 다시 학습할 필요가 있었다. 그의 회복은 사고 후 여러 해에 걸쳐 계속되었다. 그는 스노보드 선수생활을 청산하고, 일반인에게 두뇌 부상을 교육하고 부상당한 사람의 삶을 개선하는 데 필요한 기금을 모금하는 일을 하고 있다.

의식 상실은 부상으로 인해 두뇌에 어느 정도 손상이 있었다는 신호이다. 두뇌 부상으로 인한 손상에는 무엇보다도 강직성 움직임, 삼키기 장애, 말더듬 등의 인지 문제가 포함된다. 두뇌 부상의 즉각적 증상에는 다음과 같은 것들이 있다(National Center for Injury Prevention and Control, 2009a).

- 비정상적 호흡
- 말이나 시각의 와해
- 상이한 크기의 동공
- 근력 약화나 마비
- 어지러움
- 목의 통증이나 경직성

인지 증상은 부상당한 두뇌 영역에 따라서 상당히 가변적일 수 있다. 부상자는 집중력 문제를 경험할 수도 있고, 상대방의 말을 이해하거나 자신의 생각을 말로 표현하는 데 어려움이 있을 수도 있고, 추상개념을 이해하는 것이 어려워질 수도 있으며, 무엇인가를 기억해내는 데도 어려움이 있을 수 있다.

개념 확인

1. 두뇌 장애 연구가 인지심리학자에게 유용한 까닭은 무엇인가?
2. 뇌종양이란 무엇이며, 어떻게 진단하는가?
3. 뇌졸중의 원인은 무엇인가?
4. 머리 부상의 증상은 어떤 것들인가?

핵심 주제

제1장에서 인지심리학을 지배하고 있는 7가지 핵심 주제를 개관하였다. 그중 몇 가지는 이 장에도 적용된다.

생물학 연구방법 대 행동 연구방법. 이 장에서 기술한 기제와 방법들은 우선적으로 생물학적인 것이다. 생물학 연구자의 일차 목표는 인지와 행동이 어떻게 생물학적 기제들과 관련되는 것인지를 찾아내는 것이다. 예컨대, 해마가 학습을 가능하게 만들어주는 방법을 연구한다. 따라서 생물학과 인지 그리고 행동은 함께 작동한다. 어떤 방식으로든지 상호배타적인 것이 결코 아니다. 이들은 모두 동일하지는 않더라도 관련된 물음에 답한다(Uttal, 2014).

선천성 대 후천성. 사람은 많은 생물학적 구조와 기제를 가지고 태어난다. 그렇지만 후천성이 작동하여 그 구조와 기제를 발달시키고 잠재력을 발휘할 수 있게 해준다. 대뇌피질의 존재는 선천성의 결과이지만, 그 속에 저장된 기억은 후천성에서 유래한다. 제1장에서 언급한 바와 같이, 선천성은 독자적으로 작동하지 않는다. 오히려 후천성의 개입을 통해서 그 놀라운 능력을 발휘하는 것이다.

응용연구 대 기초연구. 인지에 관한 생물학적 접근에서 수행하는 대부분의 연구는 기초적인 것이다. 그렇지만 기초연구는 나중에 인지심리학자들이 응용할 수 있게 해준다. 예컨대, 두뇌 손상 환자를 치료하고 도와줄 수 있는 방법을 이해하기 위하여 인지신경심리학자들은 우선 그 손상의 본질과 심각한 정도를 이해하여야만 한다. 예컨대, 오늘날 사용하고 있는 많은 항우울제는 신경계에서 세로토닌 재흡수에 영향을 미친다. 재흡수를 억제함으로써 세로토닌 농도를 증가시키고 궁극적으로는 안녕감을 증진시킨다. 흥미로운 사실은 기초연구가 응용연구에 도움을 주는 것 못지않게 응용연구도 기초연구를 지원할 수 있다는 점이다. 항우울제의 경우에 과학자들은 작동방식을 정확하게 알아내기 전부터 그 약물의 효과를 알고 있었다. 신약을 개발하려는 응용연구는 과학자들이 우울 증상을 완화시키는 약물에 기저하는 생물학적 기제를 이해하는 데 도움을 주었다.

요 약

1. **두뇌에서 근본적인 구조와 처리과정은 무엇인가?** 두뇌가 주도하는 신경계는 두 가지 주요 부분으로 분할된다. 즉, 두뇌와 척수로 구성된 중추신경계 그리고 나머지 신경계(예컨대, 얼굴, 다리, 팔, 내장의 신경)로 구성되는 말초신경계.
2. **연구자들은 두뇌의 주요 구조와 처리과정을 어떻게 연구하는가?** 수백 년에 걸쳐 과학자들은 두뇌를 해부해보는 방식으로 연구해왔다. 오늘날의 해부기법에는 두뇌 개별 세포의 신비를 탐구하기 위하여 전자현미경 그리고 정교한 화학분석의 사용을 포함하고 있다. 이에 덧붙여서 동물을 대상으로 하는 외과 기법(예컨대, 선택적 손상과 단일세포 기록법의 사용)을 사용하기 십상이다. 인간을 대상으로 하여서는 전기적 분석(뇌전도와 사건관련전위), X레이 기법의 사용에 근거한 연구(예컨대, 혈관 조영검사와 CT 촬영), 두뇌 자기장의 컴퓨터 분석에 근거한 연구(MRI), 두뇌 혈류와 신진대사의 컴퓨터 분석에 근거한 연구(PET와 fMRI) 등을 사용해왔다(Sousa, 2011).
3. **두뇌 연구를 통해서 연구자들이 찾아낸 것은 무엇인가?** 두뇌의 주요 구조는 전뇌 구조(예컨대, 모든 것에서 중요한 역할을 담당하는 대뇌피질 그리고 시상, 시상하부, 해마를 포함한 변연계), 중뇌 구조(뇌간의 일부분을 포함), 그리고 후뇌 구조(연수, 뇌교, 소뇌를 포함)이다. 상당한 굴곡이 있는 대뇌피질은 뇌의 내부를 둘러싸고 있으며, 대부분 인간 인지의 토대를 이룬다. 피질은 두뇌 좌반구와 우반구를 덮고 있다. 뇌량이 양 반구를 연결하고 있다. 일반적으로 각 반구는 대측적으로 신체 반대편을 제어한다. 집중적인 분할뇌 연구에 기초해서 많은 연구자들은 두 반구가 전문화되어있다고 믿는다. 대부분 사람에게 있어서 좌반구가 일차적으로 언어를 제어한다. 우반구는 일차적으로 시공간 처리를 제어한다. 또한 두 반구는 정보를 다르게 처리한다.

   피질을 조망하는 또 다른 방법은 네 엽 간의 차이점을 찾아보는 것이다. 개략적으로 말해서 높은 수준의 사고와 운동처리는 전두엽에서 일어난다. 체감각 처리는 두정엽에서 일어난다. 청각 처리는 측두엽에서 일어나며, 시각 처리는 후두엽에서 일어난다. 전두엽 내에서 일차 운동영역은 운동의 계획 세우기, 제어하기 그리고 집행하기를 제어한다. 두정엽 내에서 일차 체감각피질은 근육과 피부의 감각을 관장한다. 두 피질의 세부 영역들을 신체 특정 영역과 대응시킬 수 있다.

생각에 관한 생각: 분석적, 창의적, 현실적 물음

1. 두뇌와 인지 간 관계의 본질에 관한 견해는 시대에 따라서 어떻게 변해왔는가?
2. 두뇌의 주요 구조와 기능을 간략하게 요약하라.
3. 연구자들이 인간 두뇌에서 기능 국재화를 찾아내는 데 관심을 갖는 이유는 무엇인가?
4. 여러분이 생각하기에 후뇌, 중뇌, 전뇌가 이 장에서 언급한 순서대로 진화하고 발달한 이유는 무엇인가? 여러분의 답에서 각 이유의 일차 기능을 포함시켜보라.
5. 연구자들은 이미 해마에서 신경전달물질 아세틸콜린의 결핍이 알츠하이머병과 연관되어있다는 사실을 자각하고 있다. 다른 유형의 두뇌 손상을 초래하지 않은 채 해마에 접근하는 것이 어렵다는 사실을 전제로 할 때, 연구자들은 어떻게 알츠하이머병을 치료하고자 시도할 수 있겠는가?
6. 여러분이 생각하기에 마크 닥스의 발견과 같은 어떤 발견들이 주목받지 못하는 이유는 무엇이겠는가? 핵심 발견이 주목받게 될 가능성을 극대화하기 위해서 무슨 일을 할 수 있겠는가?
7. 피질에서 각 엽의 기능을 전제할 때, 한 엽의 손상을 어떻게 찾아낼 수 있겠는가?
8. 인간 두뇌의 구조나 기능을 살펴봄으로써 효과적으로 연구할 수 있는 인지 영역은 무엇인가? 연구자들이 인지 영역을 연구하기 위하여 어떻게 이 장에서 언급한 기법을 사용할 수 있는지를 기술해보라.

핵심 용어

경두개 자기 자극법(transcranial magnetic stimulation; TMS)
기능 국재화(localization of function)
기능성 자기공명 영상(functional magnetic resonance imaging; fMRI)
뇌간(brainstem)
뇌교(pons)
뇌량(corpus callosum)
뉴런(신경세포, neuron)
뇌자도(magnetoencephalogram; MEG)
뇌전도(electroencephalogram; EEG)
대뇌반구(cerebral hemisphere)
대뇌피질(cerebral cortex)
대측적(contralateral)
동측적(ipsilateral)
두뇌(brain)
두정엽(parietal lobe)
랜비어절(node of Ranvier)
망상 활성화 시스템(reticular activating system; RAS)
변연계(limbic system)
분할뇌 환자(split-brain patient)
사건관련 전위(event-related potential)
세포체(soma)
소뇌(cerebellum)
수상돌기(dendrite)
수초(myelin)
시각피질(visual cortex)
시냅스(synapse)
시상(thalamus)
시상하부(hypothalamus)
신경계(nervous system)
신경전달물질(neurotransmitter)
양전자 방출 단층촬영(positron emission tomography; PET)
연수(medulla oblongata)

엽(lobe)
인지신경과학(cognitive neuroscience)
일차 운동피질(primary motor cortex)
일차 체감각피질(primary somatosensory cortex)
자기 공명 영상(magnetic resonance imaging)
전두엽(frontal lobe)
종말단추(terminal button)
중격(septum)
축색(axon)
측두엽(temporal lobe)
코르사코프 증후군(Korsakoff's syndrome)
편도체(amygdala)
해마(hippocampus)
후두엽(occipital lobe)

시지각

3

✻ 이 장의 개요

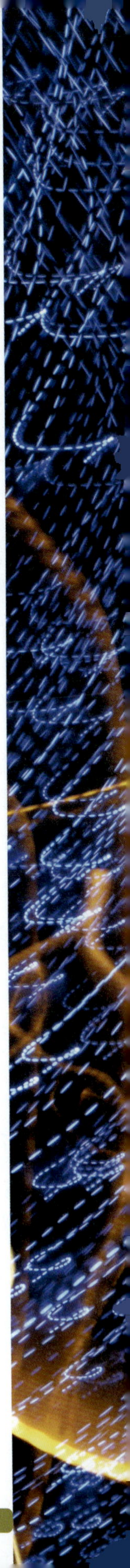

❋ 이 장에서 탐구할 물음들

1. 의자와 같은 대상의 망막상은 다른 방향에서 볼 때마다 변한다는 사실을 전제할 때, 어떻게 우리는 그 대상이 안정된 형태를 가지고 있는 것으로 지각할 수 있는 것인가?
2. 지각을 설명하는 두 가지 근본적인 접근방법은 무엇인가?
3. 정상적인 시감각을 가지고 있는 사람이 시각 자극을 지각할 수 없을 때 어떤 일이 일어나는가?

믿거나 말거나

만일 여러분이 공룡의 제왕인 티라노소로스 렉스와 직면할 때, 움직이지 않고 가만히 있는 것이 생명을 구해주겠는가?

영화 ≪쥐라기공원≫을 보았는가? 이 영화에서 한 주인공이 다른 사람에게 티라노소로스 렉스와 맞부딪쳤을 때, 움직이지만 않으면 안전할 것이라고 말한다. 이 공룡은 먹잇감이 움직일 때만 포착할 수 있기 때문이라는 것이다. 그런데 이 말은 틀려도 너무 틀린 것이다. 오늘날 알고 있는 바와 같이, 티라노소로스 렉스는 뛰어난 양안 시각(즉, 두 눈의 시야가 결합하여 깊이지각을 나타낸다)을 가지고 있었다. 연구자들은 재구성한 여러 공룡 종의 머리를 가지고 있으며, 티라노소로스 렉스는 인간보다 13배나 우수한 시각을 가지고 있다는 사실을 발견하였다(독수리가 인간보다 3.6배 우수한 시각을 가지고 있다는 사실과 비교해보라). 이 녀석의 뛰어난 시각은 큰 양안 범위에 의한 것인데, 양안 범위란 두 눈이 동시에 볼 수 있는 영역을 말한다. 덧붙여서 세대를 거침에 따라 이 녀석의 주둥이는 길어지고 볼은 좁아지면서 시야를 방해하지 않게 되었으며, 안구는 점점 커졌다. 이러한 변화가 모두 뛰어난 3차원 시각을 갖는 데 도움을 주었다(Jaffe, 2006; Stevens, 2006). 이 장에서는 인간 시지각의 기초를 소개하며, 때로는 다른 동물종의 시지각도 소개한다.

이 장을 집필하면서 우리는 창문을 통해서 보스턴 시내를 내다볼 수 있다. 1.5km 가량 떨어져있는 고층건물이 컴퓨터 화면 정도의 크기로 보인다. 그렇지만 우리는 그 건물이 실제로 화면보다 훨씬 크다는 사실을 알고 있다. 단지 작게 보일 뿐이다. 여러분도 스스로 시도해보라. 창문 밖을 내다보라. 멀리 있는 대상이 어떻게 여러분이 알고 있는 것보다 훨씬 작은 것처럼 보이는지 이해할 수 있는가? 이것은 단지 복잡한 지각과정의 한 사례일 뿐이다.

여러분은 코 바로 밑에 있는 것을 볼 수 없다는 이야기를 들어본 적이 있는가? 나무를 보면 숲을 볼 수 없다는 말은 어떤가? 가사의 뜻을 해독하고자 노력하면서 좋아하는 음악을 반복해서 들어본 적은 있는가? 각각의 상황에서 우리는 지각이라는 복잡한 구성체에 의존한다. **지각**(perception)은 환경 자극에서 받아들이는 감각을 재인하고 체제화하며 이해하는 일련의 처리과정이다(Goodale, 2000a, 2000b; Kosslyn & Osherson, 1995; Marr, 1982; Pomerantz, 2003). 이 책을 들여다볼 때, 망막의 감각 수

인지심리학 연구하기

지각

방의 한쪽 구석에 서서 엄지손가락이 반대편에 있는 문의 크기와 동일하도록 눈높이에 맞추어 들어보아라. 여러분은 엄지가 정말로 방문과 크기가 같다고 생각하는가? 결코 아니다. 엄지는 눈 가까이 있기 때문에 문처럼 크게 보인다는 사실을 알고 있다. 방에는 문이 엄지보다 멀리 있다는 사실을 알려주는 수많은 단서가 존재한다. 여러분의 마음에서는 거리를 보상하여 문을 훨씬 큰 것으로 만든다. 지식이 지각의 열쇠다. 여러분은 엄지와 문의 크기가 동일하지 않다는 사실을 알고 있기 때문에, 이 지식을 사용하여 알고 있는 것처럼 보이지 않는 것을 교정할 수 있는 것이다.

용기들이 자극을 받아들이고 감각은 신경충격을 통해서 두뇌로 전달된다. 두뇌는 감각을 해석하고 체제화하며 응집적인 이미지의 지각으로 변환시킨다. 지각은 많은 심리현상들을 포괄한다. 이 장에서는 우선적으로 시지각에 초점을 맞춘다. 시각은 가장 널리 연구하고 이해하고 있는 지각 양상이다. 첫째, 지각의 몇 가지 기본 용어와 개념들을 보게 될 것이다. 그런 다음에 시지각의 복잡 미묘함을 예증하는 착시를 살펴보게 된다. 뒤이어서 시각시스템의 생물학적 특징을 살펴본다. 지각을 설명하려는 몇 가지 접근방법을 살펴본 후에 지각 과정의 몇몇 세부사항들, 즉 사물과 형태의 지각 그리고 환경이 어떻게 우리의 지각을 도와주도록 단서들을 제공하는 것인지를 상세하게 살펴본다. 또한 사람들이 지각의 어려움을 겪을 때 어떤 일이 일어나는지도 살펴본다.

감각에서 지각까지

우리는 눈이 보는 것처럼 세상을 지각하지 않는다. 오히려 두뇌는 눈으로 들어와서 망막에 상을 맺는 많은 자극을 이해하고자 적극적으로 시도한다. 그림 3.1을 보라. 보스턴의 커다란 두 건물을 볼 수 있다. (저자들은 이 건물 하나에 살고 있단다!) 오른쪽 사진에서 오른쪽 건물이 왼쪽 건물보다 상당히 높은 것처럼 보인다. 그렇지만 왼쪽 사진은 두 건물이 실제로는 정확하게 같은 높이라는 사실을 보여준다. 조망에 따라서 대상은 다르게 보이고 상이한 세부사항들을 나타낼 수 있다. 따라서 지각은 단지 망막에 투사되는 것을 보는 것으로만 구성되는 것이 아니다. 그 처리과정은 훨씬 복잡하다. 두뇌는 시각 자극을 처리하여 그 자극에 의미를 부여하고 해석하는 것이다.

최근에 연구자들은 컴퓨터가 “볼 수 있도록” 가르치고자 시도해왔다. 대상 재인에 있어서 컴퓨터는 여전히 인간에 미치지 못하고 있지만, 연구들은 시각 자극 또는 우리가 보는 것을 해석하는 것이 얼마나 어려운 일인지를 보여주었다. 여러분은 그림 3.2에서 보는 것을 재인할 수 있는가? 사진은 높은 빌딩에 비친 교회의 모습을 보여주고 있다. 사진 내용을 이해하는 데는 약간의 시간이 필요하겠지만, 컴퓨터에게 있어서는 지극히 어려운 과제이다. 이 사진에서 무엇이 반사된 것이고, 무엇이 빌딩이며, 무엇이

(a) (b)

Courtesy of the author

그림 3.1 대상은 조망에 따라서 상이하게 보인다. 두 사진은 두 가지 상이한 조망에서 바라다본 보스턴의 높이가 같은 두 건물을 보여준다. (a)에서는 실제와 마찬가지로 동일한 크기로 보인다. (b)에서는 망막상이 상이한 높이인 것처럼 보이게 만들고 있으며, 후속하는 처리를 통해서만이 우리는 그 건물들을 동일한 크기로 이해할 수 있다.

Courtesy of the author

그림 3.2 실제인가 투사된 것인가? 사진은 고층건물에 투사된 교회의 모습을 보여주고 있다. 우리가 지각하기 용이한 것이 컴퓨터에게는 엄청난 문제를 제기한다. 어디에서 한 건물이 끝나고 다음 건물이 시작하는가? 지각체의 어느 부분이 어느 대상에 속하는 것인가? 거리의 실제 사람들을 건물에 투사된 모습과 구분해주는 것은 무엇이기에 컴퓨터가 투사된 것을 재인할 수 있을까?

주변 환경인지가 즉각적으로 명확하지는 않다. 나아가서 교회의 가장자리는 모호해서 어디에서 대상이 끝나며 그 대상은 실제로 무엇인지를 보는 것은 도전거리가 된다. 여러분이 사진에서 대상들을 확인하는 데 엄청난 노력을 들이지는 않겠지만, 자극이 모호해짐에 따라서 그것들을 지각하기 위해서는 엄청난 처리과정을 수행하게 된다.

이 절은 시지각 과정 그리고 망막에 상을 맺은 시각 자극을 이해하기 위해서 우리가 사용하는 처리과정에 초점을 맞춘다. 기본 개념들에 친숙해지는 것으로부터 출발한다. 지각의 복잡성을 예증하기 위하여 몇 가지 착시를 살펴본다. 마지막으로 눈이 자극을 어떻게 받아들이고 두뇌로 신호를 보내는 것인지를 살펴본다.

지각의 기본 개념들

제임스 깁슨(James Gibson, 1966, 1979)은 자신의 기념비적 연구에서 지각을 연구하는 유용한 틀을 제공하였다. 그는 원격 대상, 정보 매체, 근접 자극, 지각 대상 등의 개념을 소개하였다. 이것들 각각을 살펴보도록 하자.

원격 대상(distal object)은 외부 세계의 대상이다(예컨대, 쓰러지는 나무). 쓰러지는 나무는 **정보 매체**(informational medium)에 패턴을 생성한다. 정보 매체는 쓰러지는 나무의 소리에서와 같이 음파이거나, 반사된 빛, 화학 분자, 또는 환경에서 오는 촉각 정보일 수 있다. 예컨대, 광파에서 오는 정보가 눈의 적절한 감각수용기와 접촉하게 되면, **근접 자극**(proximal stimulus)이 발생한다(즉, 망막에 있는 세포가 광파를 흡수한다). 외부 세계의 특성들을 반영하는 **지각 대상**(perceptual object, 즉 여러분이 보는 것)이 만들어질 때 지각이 발생한다. 즉, 여러분 앞에 있는 쓰러지는 나무를 투사하는 이미지가 망막에 만들어진다.

표 3.1은 5가지 상이한 감각(시각, 청각, 후각, 미각, 촉각)에서 원격 대상, 정보 매체, 근접 자극, 지각 대상의 다양한 특성들을 기술하고 있다. 지각과정은 감각에 따라서 현저한 차이를 보인다.

그렇다면 숲에서 나무 한 그루가 쓰러지고 주변에 그 소리를 듣는 사람이 아무도 없다면, 소리는 존재하는 것인가? 지각된 소리는 없다. 그렇지만 음파를 만들어냄으로써 소리는 만들어낸다. 따라서 물음의 답은 그 물음을 어떻게 바라다보는지에 따라서 '예'일 수도 있고 '아니오'일 수도 있다. 음파의 존재가 소리의 존재를 확증하는 데 필요한 충분조건이라고 믿는다면 '예'가 될 것이지만, 소리를 지각할 필요가 있다고 믿는다면 '아니오'가 될 것이다.

어디에서 지각이 끝나고 인지가 시작하는가? 이에 덧붙여서 어디에서 감각이 끝나고 지각이 시작하는가? 두 물음에 대한 답은 논란거리이다. 우리는 이 처리과정을 연속적인 것으로 보아야 한다. 정보는 시스템에서 연속적으로 흘러간다. 상이한 처리과정이 상이한 물음에 대처한다. **감각**(sensation)의 물음은 자극의 질에 초점을 맞춘다. 이 빨강은 저 빨간 사과의 빨강보다 밝은가? 이 쓰러지는 나무의 소리는 천둥소리보다 큰가? 여러분의 색깔이나 소리 감각은 친구의 감각과 얼마나 잘 맞아떨어지는가?

표 3.1 감각에서 지각까지

정보 매체가 원격 대상에 관한 정보를 지각자에게 전달할 때 지각이 발생한다. 지각자의 감각 수용기가 정보를 받아들일 때 근접 자극이 발생하며 지각자는 대상을 지각한다.

양상	원격 대상	정보 매체	근접 자극	지각 대상
시각-빛	할머니 얼굴	할머니 얼굴에서 반사된 빛	망막 원추체와 간상체의 광자 흡수	할머니 얼굴
청각-소리	쓰러지는 나무	쓰러짐이 생성하는 음파	내이 와우각의 기저막에 전달된 음파	쓰러지는 나무
후각-냄새	굽는 베이컨	베이컨이 방출하는 분자	후상피 세포에서 분자 흡수	베이컨
미각-맛	아이스크림	공기에 방출하고 물에 녹은 아이스크림 분자	혀와 연구개의 수용기 세포인 미뢰와 분자의 접촉	아이스크림
촉각	컴퓨터 키보드	피부와 키보드의 접촉점에서 물리적 압력과 진동	피부 진피의 다양한 수용기 세포의 자극	컴퓨터 키보드

지각(perception)의 물음은 전형적으로 대상과 형태, 패턴, 움직임과 관련된다. 저 빨간 것은 사과인가? 방금 나는 쓰러지는 나무 소리를 들었는가? **인지**(cognition)는 후속 목표를 결정하는 데 이 정보를 사용할 때 발생한다. 저 사과는 먹을 수 있는가? 나는 이 숲에서 나가야 하는가?

우리는 과거에 경험하였던 것과 완벽하게 동일한 자극 특성들을 보거나 듣거나 맛보거나 냄새 맡거나 느낄 수는 결코 없다. 모든 사과는 망막에 조금씩은 다른 상을 투사하고, 쓰러지는 나무 소리가 항상 똑같을 수 없으며, 친척이나 친구의 얼굴조차도 웃고 있는지, 화를 내는지, 슬픈지에 따라서 다르게 보인다. 한 사람의 목소리조차도 아픈지, 헐떡거리는지, 피곤한지, 행복한지, 슬픈지에 따라서 어느 정도 다르다. 따라서 지각의 한 가지 근본적인 물음은 "감각 수용기 수준에서 그토록 큰 불안정성이 존재할 때 어떻게 지각 안정성을 달성할 수 있는가?"가 된다. 감각 수용기의 본질을 전제로 할 때, 지각을 위해서는 변화가 필요하다! **감각 순응**(sensory adaptation)에서 보면, 수용기 세포는 자극에 변화가 있지 않은 한 흥분하지 않는 방식으로 일정한 자극에 순응한다. 감각 순응을 통해서 우리는 자극 존재를 탐지하는 과정을 중지한다.

과학자들은 시지각을 연구하기 위하여 정지상, 즉 고정된 상을 만들어내는 방법을 개발하였다. 정지상이 망막에서 움직이지 않는 까닭은 그 상이 눈의 움직임을 따르기 때문이다. 이 기법의 사용은 망막 세포들을 일정하게 자극하면 상이 사라지는 것과 같은 느낌을 갖게 된다는 가설을 확증해주었다(Ditchburn, 1980; Martinez-Conde, Macknik, & Hybel, 2004; Riggs 등, 1953).

눈을 일정한 자극장에 노출시키면(예컨대, 일정한 빨간 표면, 맑은 파란 하늘, 짙은 안개 등), 몇 분 지나지 않아서 그 자극의 지각이 중지되고, 대신에 회색 장막만을 보게 된다. 눈이 자극에 순응하였기 때문이다. 그렇게 일정한 시야를 **전체장**(Ganzfeld)

인지심리학 연구하기

전체장 효과

탁구공을 절반으로 자르거나 두 개의 플라스틱 숟가락을 사용한다. 그것들을 빨갛게 칠하고, 일정한 색깔이 되었는지 확인한다. 두 눈을 완벽하게 덮도록 절반의 공이나 두 숟가락을 눈 위에 놓는다. 그런 다음에 전구와 같은 광원을 잠시 바라다본다. 어느 시점이 되면 광수용기들이 일정한 자극(공이나 숟가락의 빨간색)에 순응하였기 때문에 지각은 빨간색에서 회색으로 변하게 된다. 이것이 전체장이다. 어떤 사람은 전체장에 노출시키면 환각과 변화된 의식 상태를 경험하기도 한다 (Wackermann, Puetz, & Allefeld, 2008).

이라고 부른다. Ganzfeld란 독일어 단어로 바로 "전체장"을 의미한다(Metzger, 1930).

감각 순응은 감각 정보가 끊임없이 변화하고 있다는 사실을 확신시켜준다. 망막에서 감각 순응 효과가 일어나기 때문에, 우리 눈은 끊임없이 미약한 빠른 움직임을 만들어내고 있다. 이러한 움직임이 눈에 투사된 상의 위치를 계속해서 변화시킨다. 따라서 자극 변화는 지각을 위해 필수적인 속성이다. 역설적으로 이 사실이 지각의 설명을 더욱 어렵게 만든다. 감각 순응은 다른 감각에서도 작동한다. 처음 들어갈 때 연기 냄새가 강하게 나던 호텔 방에 들어가 본 적이 있는가? 잠시 후에는 냄새에 순응하여 더 이상 냄새가 나지 않거나 최소한 심하게 나지는 않는다.

존재하지 않는 대상을 보기, 아니 거기 있었던가?

심리학자들은 지각에 대한 지식을 확장하기 위하여 감각을 이해하는 문제를 제기하는 상황을 연구하기 십상이다. 그림 3.3에 제시한 이미지를 보자. 대부분의 사람에게 있어서 이 그림이 처음에는 의미 없는 명암처럼 보인다. 재인할 수 있는 어떤 대상이 뚫어지게 바라다보고 있음에도, 그것을 보지 못할 수 있다. 드디어 그림에 들어있는 것을 깨닫게 될 때, 주눅이 든 느낌을 갖게 된다. 그림을 구성하는 연속적인 명암 속에 소의 모습이 숨어있다. 그림을 소로 재인하기 전에도 여러분은 그림의 모든 측면들을 정확하게 감각하였다. 그렇지만 그 감각들을 심적 **지각체**(percept), 즉 지각한 자극의 심적 표상을 형성하도록 체제화하지 못하였던 것이다. 소의 지각체를 형성하지 못하면, 이전에 감각하였던 것들을 의미 있는

그림 3.3 달렌바크의 소. 그림에서 여러분을 응시하고 있는 대상을 확인하고자 시도함으로써 여러분 자신의 지각에 대해서 무엇을 알게 되었는가?

출처: Dallenbach, K. M. (1951). A puzzle-picture with a new principle of concealment. *American Journal of Psychology, 54*, 431-433.

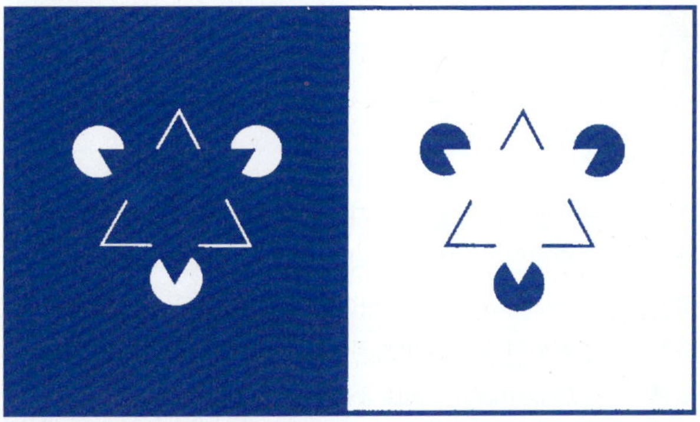

그림 3.4 삼각형: 실제인가 착시인가? 여러분은 이 그림에서 삼각형들을 볼 수 있다. 그런데 그 삼각형들은 착시인가?

출처: Sternberg, R. J. (1995). *In Search of the Human Mind*. Harcourt Brace & Company.

것으로 포착할 수 없다.

앞의 사례는 우리가 때때로 존재하는 대상을 지각할 수 없다는 사실을 보여준다. 그런데 때로는 우리가 존재하지도 않는 대상을 지각하기도 한다. 예컨대, 그림 3.4의 왼쪽 그림 중앙에 있는 파란 삼각형에 주목하라. 그리고 오른쪽 그림에서는 흰 삼각형에 주목하라. 둘은 돌출되어있는 것처럼 보인다. 이제 각 그림을 자세하게 들여다보라. 실제로는 그 삼각형들이 그곳에 없다는 사실을 보게 될 것이다. 왼쪽 그림에서 중앙 삼각형을 구성하고 있는 파란색은 주변의 파란색보다 더 진한 파란색으로 보인다. 그렇지만 실제로는 그렇지 않다. 오른쪽 그림의 흰 삼각형도 주변 흰색보다 더 밝은 것은 결코 아니다. 중앙의 두 삼각형은 착시이다. 이것은 감각자극에 물리적으로 존재하지 않는 시각 정보의 지각을 수반한다.

따라서 우리는 때때로 존재하지 않는 것을 지각한다. 다른 경우에는 존재하는 것을 지각하지 못한다. 또 다른 경우에는 존재할 수 없는 것을 지각한다.

착시의 존재는 우리가 감각하는 것이 반드시 우리가 지각하는 것은 아니라는 사실을 시사한다. 환경에서 대상, 특성, 공간관계 등의 심적 표상을 만들어내기 위해서는 마음이 가용한 감각 정보를 받아들여서는 그 정보에 처치를 가해야만 한다(Peterson, 1999). 그 대상을 표상하는 방법은 부분적으로 그 대상을 지각하는 조망에 달려있다(Edelman & Weinshall, 1991; Poggio & Edelman, 1990; Tarr, 1995; Tarr & Bülthoff, 1998). 건축에서 한 가지 사례는 파르테논 신전을 건축할 때 착시를 사용한 것이다(그림 3.5). 만일 파르테논 신전을 지각적으로 우리에게 보이는 방식(완벽한 직사각형 형태)으로 건축하였더라면, 괴상망측하게 보였을 것이다.

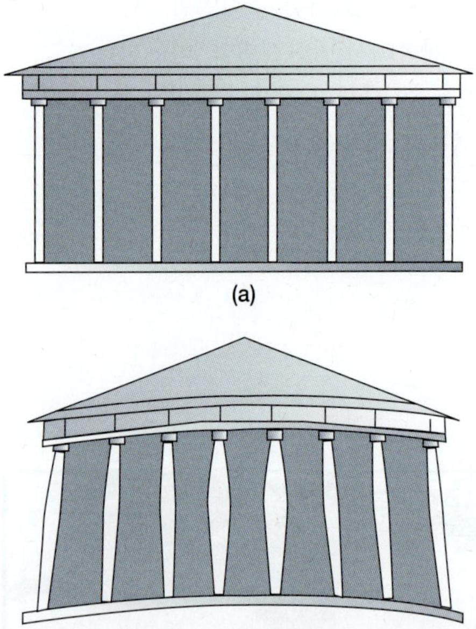

그림 3.5 파르테논 신전. 그리스 파르테논 신전의 기둥은 실제로 가운데 부분이 불룩하다(b). 이것은 똑바르게 평행한 선들을 안쪽으로 휘어져있는 것처럼 지각하는 경향성을 상쇄하기 위한 것이다. 마찬가지로 기둥 상층부를 가로지르는 수평선과 지붕 상층부도 약간 위로 불거져있는데, 이것은 약간 아래쪽으로 휘어져있는 것처럼 지각하는 경향성을 상쇄하기 위한 것이다. 이에 덧붙여서 기둥들은 약간 안쪽으로 기울어져 있는데, 이것은 기둥들을 올려다볼 때 바깥쪽으로 퍼진 것처럼 지각하는 경향성을 상쇄하기 위한 것이다. 오늘날 건축가들은 설계할 때 이러한 시지각의 왜곡을 고려한다.

건축가만이 지각의 기본 원리를 깨달은 사람들은 아니다. 여러 세기 전부터 화가들은 2차원 이미지를 볼 때 어떻게 3차원 지각체를 지각하도록 유도할 수 있는지를 알고 있었다. 실제 지각체와 착시적 지각체 모두의 지각으로 이끌어가는 원리는 무엇인가? 이 장을 진행하면서 이 물음에 대한 답을 탐색하게 된다. 시각시스템을 살펴보는 것으로 시작한다.

시각 시스템은 어떻게 작동하는가?

시각의 전제조건은 빛의 존재이다. 빛은 파장으로 기술할 수 있는 전자기 방사선이다. 인간은 존재하는 파장의 지극히 작은 영역만을 지각할 수 있다. 볼 수 있는 파장은 380~750나노미터이다(그림 3.6; Starr, Evers, & Starr, 2007).

시각은 빛이 눈의 보호막을 통과하는 것으로 시작한다(그림 3.7). 이 보호막, 즉 **각막**(cornea)은 눈을 보호하는 투명한 돔 형태의 막이다. 그 다음에 빛은 **동공**(pupil)을 통과하는데, **홍채**(iris) 중앙의 열린 부분이다. 계속해서 빛은 투명한 **수정체**(lens)와 **유리액**(vitreous humor)을 통과한다. 유리액은 눈의 대부분을 차지하고 있는 젤과 같은 물질이다.

최종적으로 빛은 전자기 에너지를 신경 전기화학 충격으로 전환하는 **망막**(retina)에 초점을 맞춘다(Blake, 2000). 시각은 **중심와**(fovea)에서 가장 예민한데, 중심와는 가느다란 핀의 머리 크기로 망막의 작고 좁은 영역이다. 한 사물을 똑바로 쳐다볼 때, 그 사물의 상은 중심와에 위치하게 된다. 망막은 **광수용기**(photoreceptor)를 보유하고 있으며, 이 수용기는 빛에너지를 신경이 두뇌로 전달하는 전기화학 에너지로 전환시킨다. 두 종류의 광수용기, 즉 간상체와 원추체가 존재한다. 각 눈은 대략 1억 2,000만 개의 간상체와 800만 개의 원추체를 가지고 있다. 간상체와 원추체는 모양뿐만 아니라 구성과 위치 그리고 빛에 대한 반응에서도 차이를 보인다. 간상체와 원추체 속에는

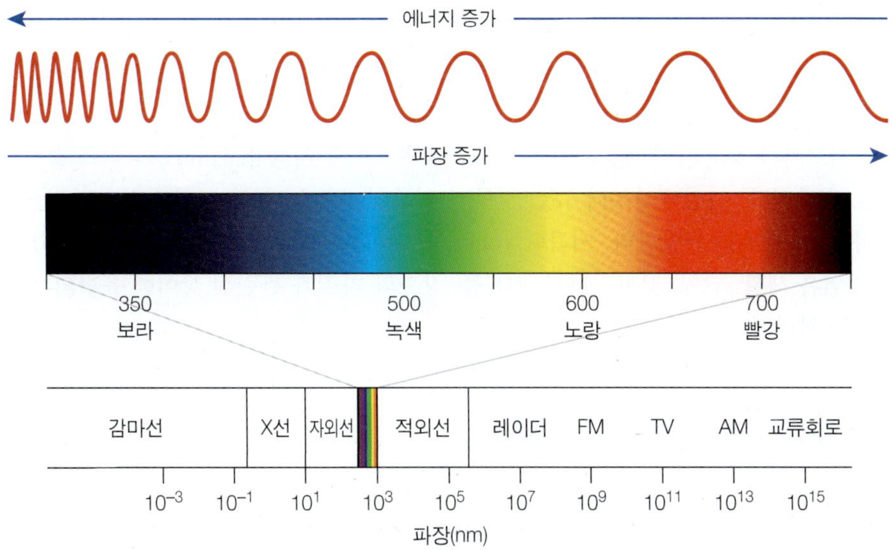

그림 3.6 전자기 스펙트럼. 이 그림은 빛이 가지고 있는 상이한 파장들 그리고 인간이 실제로 볼 수 있는 파장의 작은 영역을 보여주고 있다.

출처: Kalat, J. W. (2012). *Biological Psychology*, 11th Ed., Figure 6.8. Cengage Learning.

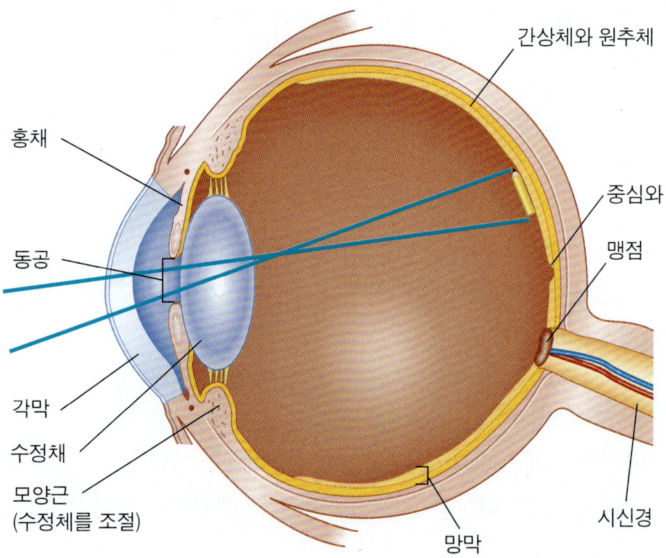

그림 3.7 **인간의 눈.** 눈의 구성

광색소(photopigment)가 있으며, 이 색소는 빛에 반응하여 물리적 전자기 에너지를 두뇌가 이해할 수 있는 전기화학 신경충격으로 변환시키는 화학물질이다. **간상체**(rod)는 길고 가는 광수용기이다. 중심와 영역보다는 망막의 주변영역에 밀집되어있다. 간상체는 야간시를 책임지고 어두운 자극에 더 민감하다. **원추체**(cone)는 짧고 두꺼운 광수용기로 색채지각을 가능하게 해준다. 망막의 주변영역보다는 중심와 영역에 밀집되어있다(Durgin, 2000).

간상체와 원추체는 뇌와 연결되어있다. 간상체와 원추체가 처리한 신경화학 메시지는 **양극세포**(bipolar cell)를 경유하여 **신경절세포**(ganglion cell)로 전달된다(Goodale, 2000a, 2000b 참조). 신경절세포의 축색들은 집단적으로 눈의 **시신경**(optic nerve)을 구성한다. 두 눈의 시신경은 두뇌 입구에서 만나 시교차(optic chiasma)를 구성한다(제2장 그림 2.8 참조). 이 지점에서 망막의 안쪽, 즉 코에 가까운 부분에서 출발한 신경절세포는 시교차를 건너가서 반대편 대뇌반구로 퍼져나간다. 망막의 바깥쪽, 즉 관자놀이에 가까운 영역에서 출발한 신경절세포는 신체와 동일한 측면의 반구로 연결된다. 각 눈의 수정체는 상을 망막에 투사할 때 상하좌우를 점대칭으로 역전시킨다. 이러한 방식으로 두뇌에 전달하는 메시지는 문자 그대로 아래위가 뒤집히고 좌우가 역전되어 있다.

시교차를 경유한 후에, 신경절세포의 대략 90%는 시상(thalamus)의 외측 슬상핵으로 연결된다. 시상에서부터 뉴런은 두뇌 후두엽에 있는 일차 시각피질(V1 또는 선조피질)로 정보를 전달한다. 시각피질(visual cortex)은 여러 처리영역을 가지고 있다. 각 영역은 색깔, 위치, 깊이, 패턴, 형태 등, 강도와 자질과 관련된 상이한 유형의 시각 정보를 처리한다.

대상과 위치를 지각하는 신경통로

두뇌에서 시각경로란 무엇인가? 경로란 일반적으로 시각 정보가 눈을 통해 인간의 지각시스템에 들어온 다음에 완벽하게 처리할 때까지 취하는 길을 말한다. 일반적으로 연구자들은 두 가지 경로가 있다는 데 동의한다. 시지각 연구는 대뇌피질에서 동일한 자극의 상이한 측면을 처리하는 분리된 신경통로를 확인해왔다(De Haan & Coway,

2011; De Yoe & Van Essen, 1988; Köhler 등, 1995). 운동실조와 실인증과 같은 지각 결손은 상이한 경로의 존재를 나타낸다. 두 가지 지각 결손은 이 장의 뒷부분에서 다룬다.

두 가지 경로가 존재하는 까닭은 무엇인가? 후두엽 일차 시각피질 정보는 두 개의 섬유속(신경섬유 다발)을 통해서 다른 영역으로 전달된다. 하나는 (배측 경로를 따라서) 두정엽으로 올라가고, 다른 하나는 (복측 경로를 따라서) 측두엽으로 내려간다. 배측 경로는 **어디 경로**(where pathway)라고도 부르며 위치와 운동 정보를 처리하는 책임을 맡고 있다. 복측 경로를 **무엇 경로**(what pathway)라고 부르는 까닭은 일차적으로 시각 자극의 색깔, 모양, 정체 등을 책임지고 있기 때문이다(Patel, Lin, & Khaderi, 2014; Ungerleider & Haxby, 1994; Ungerleider & Mishkin, 1982).

이것이 **무엇-어디 가설**(what-where hypothesis)이다. 이 분야 대부분의 연구는 원숭이를 대상으로 수행해왔다. 특히 측두엽 손상이 있는 원숭이 집단은 대상 위치를 확인할 수는 있지만 그것이 무엇인지를 재인할 수는 없는 것으로 보였다. 반면에 두정엽 손상이 있는 원숭이 집단은 대상이 무엇인지는 재인할 수 있지만, 어디에 있는지를 알지는 못하였다.

무엇-어떻게 가설(what-how hypothesis)은 시각경로의 대안적 해석이다(Goodale, 2011; Goodale & Milner, 2004; Goodale & Westwood, 2004). 이 가설은 두 경로가 무엇과 어디를 지칭하는 것이라기보다는 그것이 무엇인지 그리고 어떻게 기능하는 것인지를 지칭하는 것임을 시사한다. 무엇-어떻게 가설에 따르면, 대상이 공간 어디에 위치하는 것인지에 관한 공간 정보는 시각정보처리에서 항상 존재한다. 두 경로 간 차이는 강조점이 대상을 확인하는 것에 있는지 아니면 그 사물을 집기 위하여 우리를 어떻게 위치시킬 수 있는지에 있다.

무엇 경로는 복측 연결로에서 찾을 수 있으며, 사물의 확인을 책임진다. **어떻게 경로**는 배측 연결로에 위치하며, **무엇 경로**를 통해서 확인한 대상과 관련한 움직임을 제어한다. 복측 연결로와 배측 연결로는 모두 동일한 시각 영역에서 유래한다(Milner & Goodale, 2008).

정보처리 결손에 관한 정보가 무엇-어떻게 가설을 잘 지지하고 있다. 자신이 본 것을 재인하는 능력을 손상시키는 결손이 있으며, 본 것에 접근하는 능력을 손상시키는 차별적인 결손이 존재한다.

개념 확인

1. 감각과 지각의 차이는 무엇인가?
2. 원격 대상과 지각 대상 간의 차이는 무엇인가?
3. 간상체와 원추체는 상호간에 어떻게 유사하며 차이가 있는가?
4. 눈의 주요 구조에는 어떤 것이 있으며, 그 기능은 무엇인가?
5. 무엇-어디 가설이란 무엇인가?

❁ 지각의 접근방법: 우리는 보는 것을 어떻게 이해하는가?

이제 눈으로 들어온 빛 자극을 어떻게 처리하여 두뇌로 전달하는지를 알았지만, 실제로 보는 것을 어떻게 지각하는지에 관한 물음이 여전히 남아있다. 망막에 투사된 것이면 무엇이든지 그저 지각하는 것인가, 아니면 지각에는 그 이상의 무엇이 있는 것인가? 삶을 통하여 학습한 지식과 여러 규칙들이 세상 지각에 영향을 미치는가? 창문을 통해서 밖을 내다보는 이야기로 되돌아가서 볼 때, 망막상은 멀리 있는 빌딩이 작다는 사실은 시사한다. 그렇지만 그 빌딩이 실제로는 크며 멀리 떨어져있기 때문에 작게 보일 뿐이라는 사실을 시사하는 다른 건물, 나무, 거리 등도 본다. 이 경우에 세상과의 경험 그리고 지각에 관한 지식은 비록 책상 위에 있는 손보다 커 보이지 않는다 하더라도 그 건물을 훨씬 큰 것으로 지각할 수 있게 해준다.

우리가 세상을 지각하는 방식에 관하여 상이한 견해들이 존재한다. 그 견해는 상향처리 이론과 하향처리 이론으로 요약할 수 있다. **상향처리 이론**(bottom-up theory)은 지각이 눈을 통해서 받아들이는 자극의 모습으로부터 출발한다는 입장을 기술한다. 도시 경관을 내다보고, 빛 정보가 두뇌로 전달될 때 지각이 일어난다. 따라서 이 이론은 자료주도적(즉, 자극주도적) 이론이다.

모든 이론이 지각 자극의 감각 데이터에 초점을 맞추는 것은 아니다. 많은 이론가는 **하향처리 이론**(top-down theory)을 선호하는데, 이 이론에 따르면 지각에 영향을 미치는 높은 수준의 인지과정, 기존 지식, 그리고 사전 기대가 지각을 주도한다(Clark, 2003). 그런 다음에 지각 자극과 같은 감각 데이터를 고려하게 된다. 도시 장면의 배경 속에서 빌딩을 크게 지각하는 까닭은 그 건물이 멀리 떨어져있기 때문에 보이는 것보다 클 수밖에 없다는 사실을 알고 있기 때문이다. 이 견해에 따르면 기대가 중요하다. 무엇인가를 볼 것이라고 기대할 때, 사람들은 그것이 거기 없거나 더 이상 존재하지 않을 때조차 그것을 보기도 한다. 예컨대, 특정 위치에서 특정 인물을 볼 것이라고 기대하고 있다고 가정해보자. 그렇게 되면 실제로는 약간만 유사하게 보이는 다른 사람을 보고 있는 경우조차도 그 사람을 보고 있다고 생각하기도 한다(Simons, 1996).

하향처리 접근과 상향처리 접근을 인지의 거의 모든 측면에 적용해왔다. 상향처리 접근과 하향처리 접근을 상호 대치하는 것으로 제시하는 것이 일반적이다. 그러나 어느 정도는 두 접근이 동일 현상의 상이한 측면을 다루고 있는 것이다. 궁극적으로 완벽한 지각 이론은 상향처리와 하향처리 모두를 포괄할 필요가 있다.

상향처리 이론

형태와 패턴에 관한 네 가지 주요 상향처리 이론은 직접 지각, 형판 이론, 자질 이론, 그리고 성분 재인 이론이다.

그림 3.8 여러분은 이 두 단어를 읽을 수 있는가? 이 단어들을 읽을 때 여러분은 *A*와 *H*를 구분하는 데 어려움이 없을 것이다. 두 문자 각각을 자세하게 들여다보라. 어떤 자질이 두 문자를 구분해주고 있는가?

직접 지각

문자 *A*를 볼 때, 그것을 어떻게 아는 것인가? 묻기는 쉽지만 답하기는 어렵다. 물론 *A*처럼 생겼기에 *A*이다. 그렇지만 이것을 *H* 대신에 *A*처럼 생기게 만들어주는 것은 무엇인가? 이 물음에 답하는 것이 얼마나 어려운 것인지는 그림 3.8을 보면 명확해진다. 아마도 여러분은 그림 3.8의 이미지를 *THE CAT*로 볼 것이다. 그런데 물리적으로는 *THE*의 *H*가 *CAT*의 *A*와 동일하다. 주관적으로 간단한 과정처럼 느껴지는 패턴 재인은 복잡한 과정임이 거의 확실하다.

제임스 깁슨의 직접 지각 이론 우리는 지각하는 것을 어떻게 마음에 저장하고 있는 것과 연결하는가? 깁슨의 **직접 지각**(direct perception) 이론에 따르면, 감각 맥락을 포함하여 감각 수용기에 들어있는 정보가 지각에 필요한 전부이다. 환경이 지각에 필요한 모든 정보를 제공하기 때문에 이 견해를 때로는 **생태적 지각**(ecological perception)이라고도 부른다. 다시 말해서 감각 경험과 지각 간을 매개하는 높은 수준의 인지과정과 같은 것이 필요하지 않다. 기존 신념이나 높은 수준의 추론적 사고과정은 지각에 필요하지 않다는 것이다.

제임스 깁슨(James Gibson, 1979)은 일반적으로 실세계에 지각 판단을 위한 충분한 맥락 정보가 존재한다고 믿었다. 지각을 설명하기 위하여 높은 수준의 지적 과정에 의존할 필요가 없으며, 오히려 맥락 정보를 직접 사용하면 된다. 요컨대, 사람들은 맥락 정보에 반응하도록 생물학적으로 조율되어있다는 것이다. 깁슨에 따르면, 사람들은 결기울기를 깊이와 거리를 위한 단서로 사용한다. 이 단서는 사물 또는 사물 부분의 상대적인 근접이나 거리를 직접적으로 지각할 수 있도록 도와준다.

그림 3.9에서 여러분은 바닷가에 있는 상이한 바위 구조들을 볼 수 있다. 가장 가까운 바위에서는 표식, 구멍, 색깔의 변화 등과 같은 많은 세부사항들을 볼 수 있지만, 사물이 멀리 있을수록 세부사항들을 보기 어렵다. 여러분은 결기울기를 바위가 얼마나 멀리 있는지에 관한 지표로 사용하고 있는 것이다. 그리고 몇몇 바위는 다른 바위를 부분적으로 가리고 있기 때문에, 그 정보로부터 가려진 바위가 가리고 있는 바위보다 멀리 있을 수밖에 없다고 추론하게 된다. 대상 자질들 간 그리고 실세계 장면들 간의 안정적 관계에 관한 분석에 근거하여, 환경을 직접적으로 지각한다(Gibson, 1950, 1954/1994; Mace, 1986). 복잡한 사고과정의 도움이 필요 없는 것이다.

이러한 맥락 정보를 실험실 실험에서는 쉽게 제어할 수 없을 수 있다. 그렇지만 실세계 장면에서는 그러한 정보가 가용하기 십상이다. 따라서 앞서 언급한 바와 같이, 깁슨 모형을 때때로 생태적 모형이라고 지칭한다(Turvey, 2003). 이렇게 지칭하는 것

그림 3.9 깊이지각에 사용하는 단서들. 사물이 멀리 있을수록 세부사항들을 볼 수 없게 된다. 앞쪽에 있는 바위의 작은 구멍과 거친 표면을 볼 수 있는 반면, 뒤쪽 바위는 훨씬 부드러운 것처럼 보인다. 부분적으로 가려진 바위는 가리고 있는 바위 뒤에 위치한다. 우리는 깊이지각을 위해서 이러한 단서들을 사용한다.

은 깁슨이 맥락 정보가 별로 가용하지 않은 실험실 상황보다는 실세계(생태적 환경)에서 발생하는 지각에 관심을 보인 결과이다.

생태적 제약은 초기 지각뿐만 아니라 지각의 결과로 형성하는 내적 표상(예컨대, 개념)에도 적용된다(de Wit, van der Kamp, & Withagen, 2015; Hubbard, 1995; Shepard, 1984). 깁슨 계열의 기치를 계속해서 이어받은 사람은 남편인 제임스 깁슨에 못지않게 뛰어난 학자인 그의 부인 엘리노 깁슨(Eleanor Gibson, 1991, 1992)이었다. 그녀는 유아 지각에서 한 시대를 풍미하는 연구를 수행하였다. 그녀는 (많은 사전 지식과 경험을 가지고 있지 않은 것이 확실한) 유아가 깊이지각을 포함하여 많은 측면의 지각적 자각을 신속하게 발달시킨다는 사실을 관찰하였다.

직접 지각은 상대방의 정서와 의도를 이해하고자 하는 대인지각 상황에서도 역할을 담당할 수 있다(Gallagher, 2008). 우리는 얼굴 표정을 온전한 정서로 거의 즉각적으로 재인할 수 있다. 얼굴 표정의 다양한 측면들을 별도로 본 다음에 그것들을 정서지각으로 함께 묶으려고 시도하는 것이 아니다(Wittgenstein, 1980).

신경과학과 직접 지각 신경과학도 직접 지각이 대인지각에 관여한다는 사실을 지적하고 있다. 시각 자극을 제시하고 대략 30~100밀리초 사이에 거울뉴런이 흥분하기 시작한다. 거울뉴런은 자신이 행위를 나타내거나 다른 사람이 동일한 행위를 나타내는 것을 관찰할 때 모두 활동한다. 따라서 우리가 지각하고 있는 것에 관한 가설을 형성하기 전에 이미 관찰하는 사람의 표정과 정서 그리고 움직임을 이해할 수 있는 것이다(Gallagher, 2008).

이에 덧붙여서 연구들은 외측 후두엽 영역에 존재하는 별도의 신경통로(무엇 경로)가 대상의 형태, 색깔, 표면결을 처리한다는 사실을 보여준다. 예컨대, 대상 길이를 판단하도록 요구하면, 사람들은 너비를 무시할 수 없다. 그렇지만 대상의 색깔, 형태, 표면결은 다른 자질과는 독립적으로 판단할 수 있다(Cant & Goodale, 2007; Cant 등, 2008).

형판 이론

형판 이론은 마음이 수많은 형판의 집합을 저장하고 있다고 제안한다. **형판**(template)은 사람들이 재인하는 패턴에 대한 매우 상세한 모형이다. 사람들은 저장하고 있는 일련의 형판과 비교함으로써 패턴을 재인한다. 관찰하고 있는 것과 완벽하게 대응하는 정확한 형판을 선택한다는 것이다(Selfridge & Neisser, 1960). 일상생활에는 형판 맞추기의 사례들이 많이 있다. 지문을 이러한 방식으로 지문 형판과 대응시킨다. 기계는 수표에 인쇄한 숫자들을 형판과 비교함으로써 신속하게 처리한다. 모든 유형의 상품들을 바코드로 확인한다. 구입하는 순간에 컴퓨터를 통해서 주사하고 확인한다. 많은 시합에 관한 지식을 가지고 있는 체스 경기자는 과거 시합을 회상하기 위하여 형판 이론과 일치하는 대응 전략을 사용한다(Gobet & Jackson, 2002). 형판 맞추기 이론은 청크 기반 이론 집단에 속한다. 청크 기반 이론은 나중에 신속한 재인을 위하여 접속할 수 있는 지식의 덩어리를 장기기억에 획득함으로써 전문성을 갖게 된다고 제안한다. 체스 경기자를 대상으로 수행한 연구들은 경기자가 장기기억에 저장한 청크를 접속할 때 측두엽이 실제로 활동한다는 사실을 보여주어 왔다(Campitelli 등, 2007).

이 모든 사례에서 목표는 하나의 완벽한 대응을 찾고 불완전한 대응을 무시하는 것이다. 만일 여러분이 거래하는 은행의 숫자 인식 시스템이 여러분 계좌에 예금 내용을 기록하는 데 실패했다는 사실을 알게 되면 놀라자빠질 것이다. 그러한 실패가 일어날 수 있는 까닭은 모호한 문자나 숫자를 최선의 추측에 따라서 받아들이도록 프로그램 되어있기 때문이다. 형판 맞추기에서는 오직 딱 들어맞는 대응만이 가능하다. 여러분이 은행 컴퓨터에게 원하는 것이 바로 이것이다. 그런데 일상 상황에서 작동하는 여러분의 지각시스템을 생각해보자. 재인하려는 모든 자극에 정확한 대응을 요구한다면 그 지각시스템은 거의 작동하지 않을 것이다. 예컨대, 여러분이 사랑하는 사람의 가능한 모든 지각체에 대한 형판이 필요하다고 상상해보라. 각각의 얼굴 표정, 각각의 조망 각도, 각각의 화장 방식, 각각의 머리스타일 등에 맞는 형판을 상상해보라.

형판 맞추기 이론은 문자 지각의 몇몇 측면들을 설명하지 못한다. 이 이론은 그림 3.8의 문자와 단어 지각(THE CAT)을 쉽게 설명하지 못한다. 사람들은 단지 하나의 물리적 형태로부터 두 개의 상이한 문자(*A*와 ***H***)을 확인한다. 호프딩(H. Hoffding, 1891)은 다른 문제점들을 지적하였다. 사람들은 문자 *A*의 크기, 방향, 서체에서의 가변성에도 불구하고 *A*로 재인할 수 있다. 가능한 모든 크기, 방향, 서체 각각에 맞는 형판을 가지고 있다고 믿을 수 있겠는가? 기억에 그토록 많은 형판을 저장하고 체제화하며 인출

그림 3.10 바코드와 문자에서 형판 맞추기. 특정 바코드는 항상 똑같이 보이며, 컴퓨터가 읽기내기 쉽게 만들어준다. 반면에 문자는 동일한 문자를 표현한 것임에도 상이하게 보일 수 있다. 형판 맞추기는 상이한 바코드들을 구분하겠지만 다른 서체로 적은 문자 A의 상이한 버전을 모두 A라고 재인하지 못한다.

한다는 것은 지극히 불편하고 불가능한 일이겠다. 모든 지각 가능한 대상에 대해서 그토록 많은 형판을 어떻게 예상하고 만들어내겠는가(그림 3.10)?

신경과학과 형판 이론 알파벳 문자는 얼굴이나 다른 복잡한 자극보다 단순하다. 그렇다면 우리는 어떻게 문자를 재인하는가? 우리가 문자나 숫자를 지각하는 것이 두뇌에 차이를 초래하는가? 실험 결과는 문자와 숫자 간에 차이가 있다는 사실을 시사한다. 숫자가 아니라 문자를 제시할 때 좌반구 방추상회(후두엽과 측두엽의 부분)가 유의하게 더 많이 활동한다. 이 "문자 영역"이 문자만을 처리하는 것인지 아니면 숫자 처리에서도 어떤 역할을 담당하는 것인지는 명확하지 않다(Polk 등, 2002). 상이한 자극에 전문화되어있는 시각피질이라는 생각은 새로운 것이 아니다. 예컨대, 얼굴에 전문화되어있는 다른 영역도 발견되었다(Kanwisher, McDermott, & Chun, 1997; McCarthy 등, 1997 참조). 이 장 뒷부분에서 얼굴을 재인할 수 있게 해주는 두뇌 구조를 보다 상세하게 살펴본다.

컴퓨터가 필체를 읽어내는 데 어려움을 겪는 이유 어떤 사람의 필체를 지각하고 이해하는 것이 얼마나 용이한 일인지를 생각해보라. 사람들이 직접 쓴 숫자와 문자는 약간씩 다르게 보인다. 그렇지만 (적어도 많은 경우에는) 별 어려움 없이 알아볼 수 있다. 컴퓨터가 제대로 해내지 못하는 것이 이것이다. 컴퓨터에게 있어서 필체를 읽는 것은 믿을 수 없을 만큼 어렵고 실수를 범하기 십상인 과제이다. 현금인출기에서 수표를 입금할 때, 기계는 수표를 자동적으로 읽어낸다. 실제로 수표 하단에 낯선 모양의 활자체로 적어놓은 숫자들은 매우 독특해서 기계가 혼동할 가능성이 없다. 그렇지만 필체를 해독하는 것은 기계에게 훨씬 어렵다. 마찬가지로 기계가 그림 3.10 오른쪽의 모든 문자를 A로 알아보는 데는 어려움을 보인다. 따라서 몇몇 컴퓨터는 단어를 제시하는 맥락, 쓴 문자의 각도 위치(예컨대, 수직인지 기울어져 있는지) 등 많은 요인들을 고려하는 알고리듬에 따라서 작동한다.

아마도 여러분은 CAPTCHA(Completely Automated Public Turing Test to Tell Computers and Humans Apart; 그림 3.11 참조)에 친숙할 것이다. CAPTCHA는 인간과 컴퓨터 프로그램을 구분함으로써 스팸 기계가 웹사이트에 스팸을 올려놓거나 이메일 계정을 신청하여 그 계정을 통해 스팸을 보낼 수 없도록 하는 데 사용한다. CAPTCHA는 기계 시각에 대한 대부분의 접근이 형판 맞추기를 사용한다는 사실에 초점을 맞춘 것이다(Hannagan 등, 2012). 그렇지만 여러분도 상상할 수 있듯이, 기계의 읽기 능력을 개선하려는 새로운 접근들을 계속해서 개발하고 있기 때문에, 어느 시점이 되면 보다 복잡하고 정교한 CAPTCHA를 개발해야만 할 것이다.

그림 3.11 CAPTCHA는 인간 사용자와 컴퓨터 프로그램을 구분하는 데 사용한다.

자질 대응 이론

패턴과 형태 지각에 대한 또 다른 대안적 설명은 **자질 대응 이론**(feature-matching theory)에서 찾아볼 수 있다. 이 이론에 따르면, 전체 패턴을 형판이나 원형에 대응시키기보다는 패턴의 자질들을 기억에 저장하고 있는 자질들과 대응시킨다(Stankiewicz, 2003).

복마전 모형 그러한 자질 대응 이론의 하나가 복마전 모형(pandemonium model)이다. 이 모형에서는 특정 임무를 맡고 있는 은유적인 "도깨비"들이 자극 자질을 받아들이고 분석한다(Selfridge, 1959).

올리버 셀프리지가 구상한 복마전 모형에는 네 가지 종류의 도깨비, 즉 이미지 도깨비, 자질 도깨비, 인지 도깨비, 결정 도깨비들이 존재한다. 그림 3.12가 이 모형을 보여주고 있다. "이미지 도깨비"는 망막상을 받아들여서 "자질 도깨비"에게 보낸다. 각 자질 도깨비는 자극과 자신의 자질이 대응하면 소리를 지른다. 이 대응은 위계의 다음 수준에 존재하는 도깨비, 즉 "인지(사고) 도깨비"가 소리치도록 만든다. 다시 인지 도깨비는 자질 도깨비들이 포착한 하나 이상의 자질을 확인해주는 기억에 저장된 가능한 패턴들을 외친다. "결정 도깨비"는 인지 도깨비들의 외침을 듣고 있다. 어느 인지 도깨비가 가장 빈번하게 외치고 있는지(즉, 어느 인지 도깨비가 가장 많은 대응 자질을 가지고 있는지)에 근거하여 무엇을 보았는지 결정한다.

다른 자질 모형들도 제안해왔지만(Grainger, Rey, & Dufau, 2008), 셀프리지의 복마전 모형이 가장 널리 알려진 모형이다. 대부분의 다른 자질 모형은 상이한 자질뿐만 아니라 전역(global) 자질과 국소(local) 자질 등과 같이 상이한 유형의 자질들도 구분한다. 국소 자질은 주어진 패턴의 소규모 또는 상세한 측면을 구성한다. 정확하게 무엇이 국소 자질을 구성하는 것인지에 관해서는 합의된 것이 없다. 그렇지만 일반적으로 그러한 자질을 전역 자질, 즉 전반적 모양에 해당하는 자질과 구분할 수는 있다. 예컨대 그림 3.13의 (a)와 (b)에 나와 있는 자극을 보자. 이 자극들은 패턴 지각 연구에서 사용하는 유형의 것이다(예컨대, Navon, 1977 또는 Olesen 등, 2007 참조). 총체적으로 (a)와 (b)의 자극은 알파벳 *H*를 나타낸다. (a)에서 국소 자질(작은 *H*)은 전역 자질

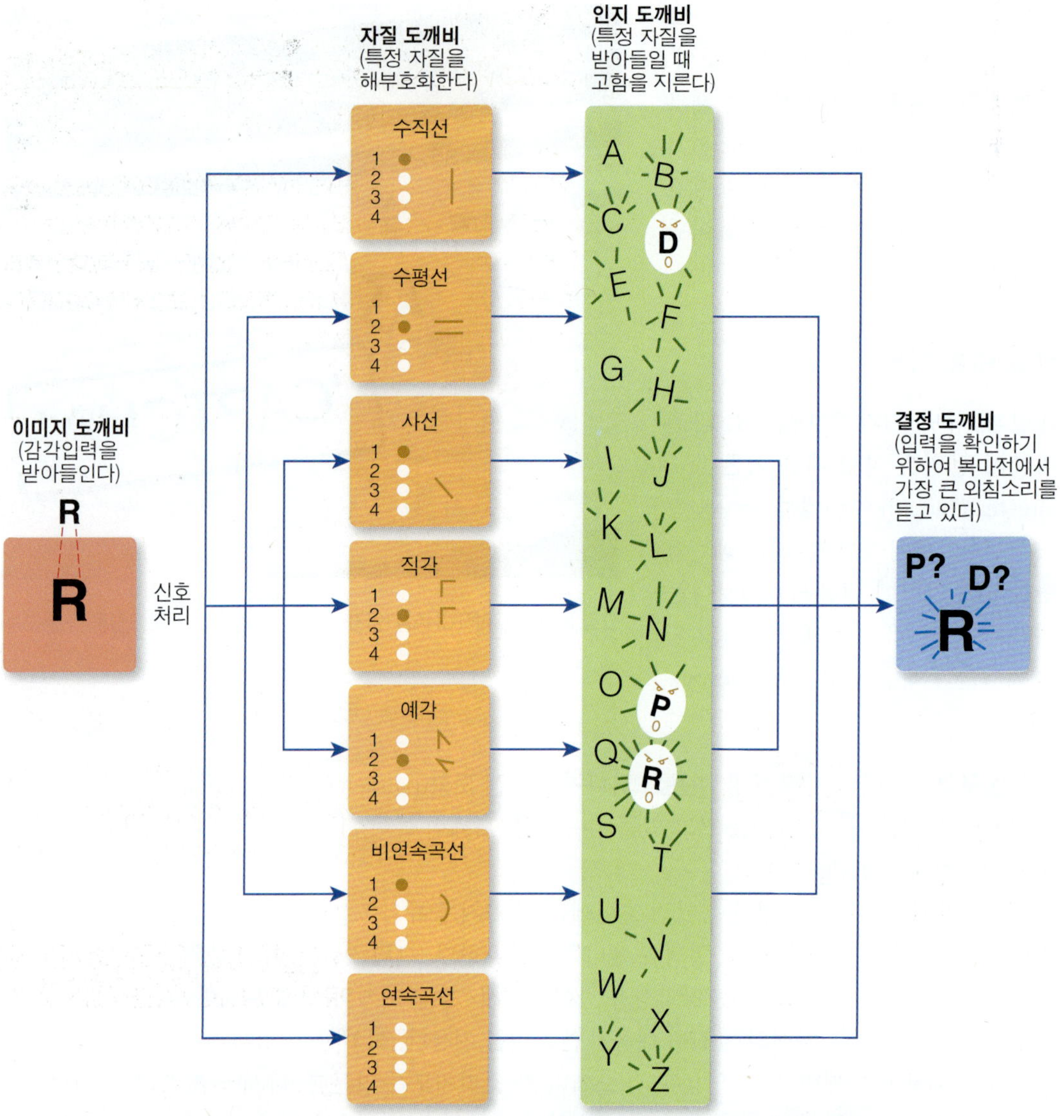

그림 3.12 셀프리지의 자질 대응 모형. 올리버 셀프리지의 자질 대응 모형에 따르면, 관찰한 자질을 기억에 이미 저장하고 있는 자질과 대응시킴으로써 패턴을 재인한다. 가장 많은 수의 대응을 찾아낸 패턴으로 재인한다. 위의 사례에서 자질 도깨비는 감각입력(문자 *R*)이 하나의 수직선, 두 개의 수평선, 하나의 사선, 두 개의 직각, 두 개의 예각, 하나의 비연속 곡선을 가지고 있다는 사실을 나타내고 있다. 이 자질들은 인지 도깨비로 하여금 문제의 문자는 D, P, R 중의 하나일 것이라고 결론짓게 해준다. 그렇게 되면 결정 도깨비가 어떤 문자를 지각하였는지 결정한다.

과 대응한다. 작은 *S*들을 포함하고 있는 (b)에서는 그렇지 않다.

한 연구에서는 참가자들에게 전역 수준이나 국소 수준에서 자극을 확인하도록 요구하였다(Navon, 1977). 국소 문자들이 작고 촘촘하게 위치하고 있을 때는 참가자들이 국소 수준보다는 전역 수준에서(즉, 큰 문자) 보다 빠르게 자극을 확인할 수 있었다. 전역 수준에서 자극을 확인하라고 요구할 때는 국소 자질(작은 문자)이 전역 자질(큰 문자)과 대응하는지가 중요하지 않았다. 전역 *H*를 국소 *H*로 구성하든 아니면

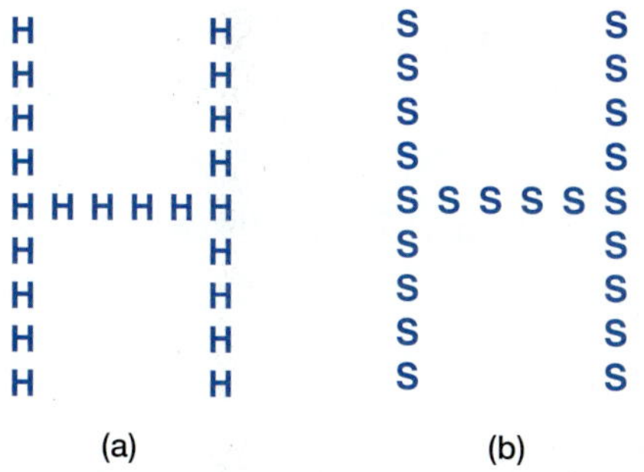

그림 3.13 전역 선행성 효과. 전역 *H*를 국소 *H*로 구성한 (a)와 전역 *H*를 국소 *S*로 구성한 (b)를 비교해보라. 모든 국소 문자들을 촘촘하게 배열하였다.

출처: Navon, D. (1977). Forest before Trees: The Precedence to Global Features in Visual Perception, *Cognitive Psychology*, *9*(3), 353-382.

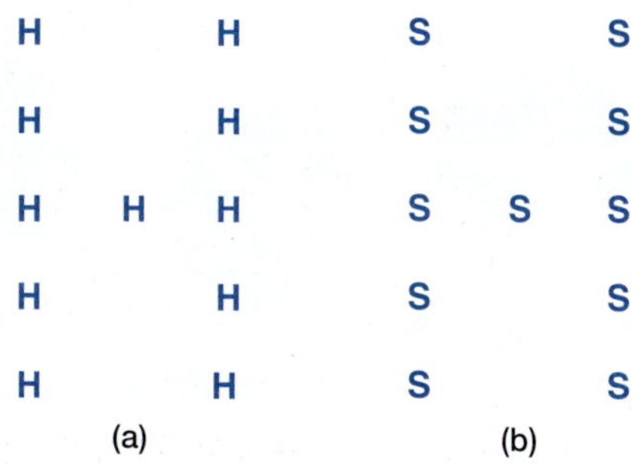

그림 3.14 국소 선행성 효과. 국소 문자들을 성기게 배열한 (a)와 (b)를 비교해보라. 어째서 그림 3.13은 전역 선행성 효과를 나타내고, 그림 3.14는 국소 선행성 효과를 나타내는 것인가?

출처: Navon, D. (1977). Forest before Trees: The Precedence to Global Features in Visual Perception, *Cognitive Psychology*, *9*(3), 353-382.

국소 *S*로 구성하든, 똑같이 신속하게 반응하였다. 그렇지만 "작은" 국소 문자를 확인하도록 요구하였을 때는 전역 자질이 국소 자질과 대응할 때에만 신속하게 반응하였다. 다시 말해서 전역 *H*를 구성하는 국소 *H*를 확인할 때보다 전역 *H*를 구성하는 국소 S를 확인할 때 반응속도가 늦어지게 된다. 이러한 패턴의 결과를 **전역 선행성 효과**(global precedence effect)라고 부른다(Kimchi, 1992도 참조). 실험 결과를 보면, 유아에게서조차 전역 정보가 국소 정보를 압도한다(Cassia 등, 2002).

반면에 그림 3.14의 (a)와 (b)에서 보는 바와 같이, 문자들 간의 간격이 넓을 때는 그 효과가 역전된다. **국소 선행성 효과**(local precedence effect)가 나타난다. 즉, 참가자들이 개별 문자라는 국소 자질을 전역 자질보다 더 빠르게 확인하며, 두 자질이 모순되는 자극의 경우에는 국소 자질이 전역 자질의 재인을 방해한다(Martin, 1979). 따라서 문자들을 국소 수준에서 촘촘하게 배치할 때는 전역 자극과 일치하지 않는 국소 자극을 확인하는 데 어려움이 있다. 국소 수준에서 문자들이 상대적으로 멀리 떨어져있을 때는 국소 자극과 일치하지 않는 전역 자극을 확인하는 데 어려움이 있다. 국소 자극의 공간 근접성 이외의 다른 제약(예컨대, 자극의 크기)도 작동하며, 다른 유형의 자질들도 지각에 영향을 미친다.

신경과학과 자질 대응 이론 자질 대응 이론을 지지하는 몇몇 증거는 신경학 연구와 생리학 연구에서 나온다. 연구자들은 동물을 대상으로 단일세포 기록법을 사용하였다(Hubel & Wiesel, 1963, 1968, 1979). 이들은 시각피질에서 시각 자극에 대한 개별 뉴런의 반응을 신중하게 측정하였다. 그런 다음에 이 뉴런을 시야의 특정 위치에 있는 시각 자극과 대응시켰다(제2장 참조). 이들의 연구를 보면, 시각피질은 특정 유형의 자극(예컨대, 수평선)에만 반응하며 그 자극을 망막의 특정 위치에 제시할 때에만 반응하는 특수 뉴런들을 가지고 있다는 사실을 알 수 있다. 따라서 개별 피질 뉴런을 망막의 특정 수용장과 대응시킬 수 있다. 이례적으로 넓은 시각피질 영역이 망막에서 가

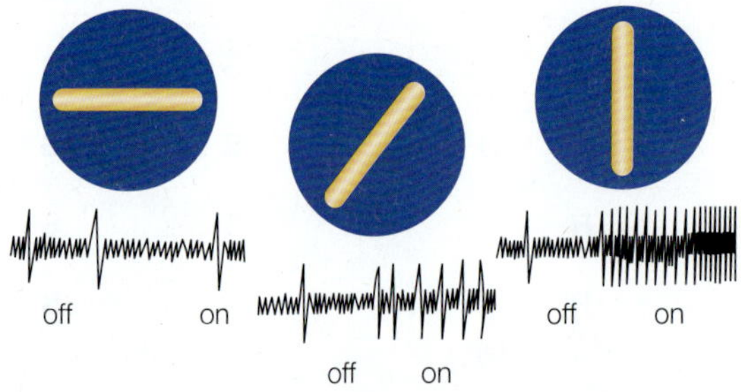

그림 3.15 선분 방향과 뉴런 활동. 데이비드 후벨과 토스텐 위젤은 시각피질 뉴런이 특정 방향의 선분에 대한 감각을 탐지할 때에만 활동한다는 사실을 발견하였다. 보는 바와 같이, 수평 선분을 제시할 때는 뉴런의 활동이 거의 없다. 선분이 대각선 방향을 나타낼 때 활동이 증가하며, 수직선일 때 더욱 많은 활동을 보인다.

출처: Sternberg, R. J. (1995). *In Search of the Human Mind*. Harcourt Brace & Company.

장 예민한 시각 영역인 중심와에 있는 수용장과 대응하는 뉴런들을 가지고 있다.

피질에 있는 대부분의 뉴런은 단순히 빛에 반응하는 것이 아니다. 오히려 "특정 방향을 나타내는 선분"에 반응한다(Hubel & Wiesel, 1979, 9쪽). 나아가서 이 뉴런들은 반응을 보이는 자극의 복잡성 정도에서 위계 구조를 나타내는 것으로 보이는데, 이것은 복마전 모형의 생각과 어느 정도 일치하는 것이다. 이 말이 의미하는 바는 뉴런들의 출력을 결합하여 점차적으로 더욱 복잡한 자질을 확인할 수 있는 상위수준 탐지기를 만들어낸다는 것이다. 가장 낮은 수준의 뉴런은 선분에 반응한다. 한 단계 높은 수준의 뉴런은 모서리와 가장자리에 반응하고 다음 수준에서는 모양에 반응하는 식이다. 복잡한 대상을 재인할 수 있는 뉴런을 **지식 단위**(gnostic unit) 또는 "할머니 세포"라고 부르는데, 할머니를 재인할 수 있는 뉴런이 있다는 사실을 함축하기 때문이다. 그렇지만 어떤 뉴런도 한 사람의 얼굴에만 반응할 만큼 특수한 것은 아니다. 그토록 높은 수준에서조차, 어느 정도의 선택성은 뉴런으로 하여금 인간 얼굴이 시야에 나타날 때 활동하도록 해준다.

자극이 시각시스템을 통해서 피질의 높은 수준으로 진행할 때 어떤 일이 일어나는지 생각해보자. 일반적으로 반응을 촉발하는 데 필요한 자극의 복잡성이 증가할수록 수용장의 크기가 증가한다. 이러한 위계의 증거로, 한 때는 시각피질 뉴런에는 단지 두 가지 종류, 즉 **단순세포**(simple cell)와 **복합세포**(complex cell)만이 있다고 믿었다(그림 3.15)(Hubel & Wiesel, 1979). 두 세포는 처리하는 자극이 가지고 있는 정보의 복잡성에서 차이가 있는 것으로 생각하였다. 이 견해는 지나치게 단순한 것으로 판명되었다.

후벨과 위젤 연구에 토대를 두고, 다른 연구자들은 귀퉁이, 각도, 별표, 삼각형 등에 반응하는 자질 탐색기를 발견하였다(DeValois & DeValois, 1980; Shapley & Lennie, 1985; Tanaka, 1993). 피질의 몇몇 영역에서는 매우 정교한 복합세포가 자극 크기에 관계없이 특정 모양에만 최대 반응을 나타낸다. 손과 얼굴이 그 사례들이다. 자극이 최적 모양에서 벗어날수록, 이 세포들이 흥분할 가능성도 낮아진다.

오늘날 우리는 후벨과 위젤이 상상하였던 것보다 사태가 훨씬 복잡하다는 사실을 알고 있다. 뉴런은 다중 기능을 담당할 수 있다. 이 뉴런들은 부분적으로는 병렬적으로 작동한다. 비록 그 작동을 자각할 수는 없지만 말이다. 예컨대, 지각한 대상의 위치에 관한 공간 정보는 그 대상 윤곽에 관한 정보와 동시에 처리하는 것으로 밝혀졌다. 지각한 것에 대한 복잡한 판단은 정보처리 초기에 병렬적으로 이루어진다(Dakin & Hess, 1999).

그렇다면 일단 자질들을 방향에 근거하여 분석한 후에는 어떻게 특정 대상으로 재인할 수 있는 형태로 통합하는 것인가? 다음에 살펴볼 성분 재인 이론은 이 물음에 서광을 비추어준다.

성분 재인 이론

어떻게 우리는 대상의 안정적인 3차원 표상을 형성하는가? 성분 재인 이론은 단순한 기하 도형을 사용하여 이 문제를 설명한다.

지온을 통한 지각 어빙 비더만(Irving Biederman, 1987)은 지온(geon, geometric ion)이라고 부르는 단순한 기하 도형을 조작함으로써 3차원 대상을 재인한다고 제안하였다. 이러한 도형에는 직육면체, 원통, 쐐기, 원뿔 그리고 이것들의 축이 휘어진 모양 등이 포함된다(Biederman, 1990/1993b). 비더만의 **성분 재인 이론**(recognition- by-component theory; RBC 이론)에 따르면, 대상의 윤곽을 관찰한 다음에 지온으로 분해함으로써 대상을 신속하게 재인한다. 또한 지온들을 여러 가지 배열로 재구성할 수도 있다. 문자의 작은 집합을 조작하여 수많은 단어와 문장을 구성할 수 있지 않은가! 마찬가지로 소수의 지온을 사용하여 많은 기본 형태 그리고 수많은 사물을 구성할 수 있다(그림 3.16).

지온은 단순하며 조망에 관계없이 기능한다. 즉 조망 불변적이다. 따라서 지온으로 구성한 대상은 시각적 소음에도 불구하고 많은 조망에서 손쉽게 재인할 수 있다. 비더만(1993a, 2001)에 따르면, RBC 이론은 신속하고 자동적이며 정확하게 수많은 대상들의 보편 범주를 재인하는 방식을 경제적으로 설명한다. 재인은 조망의 변화에도 불구하고 일어난다. 자극 대상의 질이 어떤 방식으로든지 저하될 때도 재인은 일어난다. 예컨대, 자동차를 볼 때 수많은 상이한 지온으로 구성된 것으로 지각한다. 다른 사물이 자동차를 부분적으로 가리고 있어서 모든 지온을 볼 수 없는 경우에도 자동차를 재인할 수 있다. 여전히 다른 지온의 존재를 추론할 수 있기 때문이다. 하측두피질(즉, 측두피질의 아래쪽 부분)의 뉴런은 다른 기하학적 특성의 변화(예컨대, 원통의 크기나 지름의 변화)보다 지온의 변화에 더욱

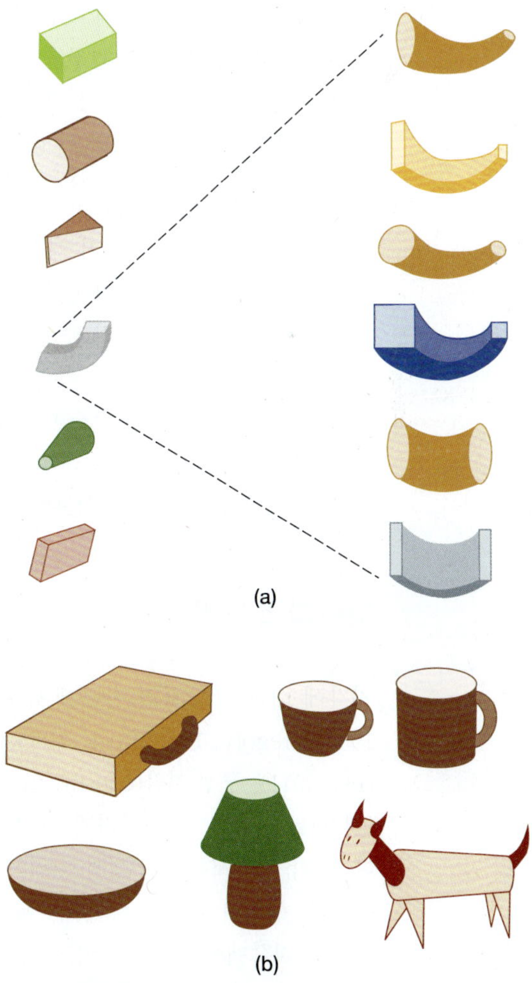

그림 3.16 지온. 어빙 비더만은 패턴의 기본 성분 집합(a)을 제안함으로써 자질 대응 이론을 보다 상세하게 기술하였는데, (b)의 사물들은 대체로 하나의 원뿔에서 유도한 3차원 모양의 변화된 모습에 근거한 것이다.

강하게 반응한다(Vogels 등, 2001). 조망 불변성은 얼굴에서도 관찰할 수 있다. 아동과 어른은 모두 상이한 조망에서의 얼굴을 재인할 수 있다(비록 얼굴을 처음 제시할 때와는 상이한 조망에서 제시한 얼굴에 대한 재인이 다소 떨어지기는 하더라도 말이다). 실제로 한 연구는 성인과 8세 아동의 얼굴 재인 성과 간에 유의한 차이가 없다는 결과를 보여주었는데, 이 결과는 상이한 조망에서 얼굴을 재인하는 능력이 생애 초기에 발달한다는 사실을 시사한다(Crookes & Robbins, 2014).

비더만의 RBC 이론은 우리가 어떻게 의자, 램프, 얼굴 등의 보편 사례들을 재인하는지를 설명해주지만, 특정 의자나 특정 얼굴을 어떻게 재인하는 것인지는 제대로 설명하지 못한다. 여러분 자신의 얼굴이나 절친의 얼굴이 한 사례가 되겠다. 두 얼굴은 모두 입, 눈, 코, 눈썹 등을 구성하는 지온들로 구성된다. 그런데 이 지온들은 여러분 얼굴과 친구 얼굴에서 동일하다. 따라서 RBC 이론은 어떻게 한 얼굴을 다른 얼굴과 구분하는 것인지를 설명할 수 없다.

비더만은 RBC 이론의 여러 측면들, 예컨대 사물 부분들 간의 관계를 어떻게 기술할 것인지 등은 후속 연구를 필요로 한다는 사실을 인식하고 있다(Biederman, 1990/1993b). 비더만식 접근 그리고 상향처리 접근 일반의 또 다른 문제점은 패턴 지각 현상에 대한 사전 기대와 환경 맥락의 효과를 어떻게 설명하느냐는 것이다.

신경과학과 성분 재인 이론 비더만 이론을 확증하려면 어떤 결과를 기대해야 하겠는가? 지온은 조망 불변적이기 때문에, 대상을 정면에서 보든 측면에서 보든, 동일한 것으로 남아있는 대상 특성에 반응하는 뉴런이 존재한다는 사실을 보여주어야 한다. 실제로 연구들은 조망 불변적 특성에 민감한 뉴런을 하측두피질에서 발견하였다(Vogels 등, 2001). 그렇지만 많은 뉴런은 주로 한 가지 조망에만 반응하며 대상이 회전함에 따라서 반응이 점진적으로 감소한다(Logothetis, Pauls, Poggio, 1995). 이 결과는 우리가 조망 불변적 지온을 통해서 대상을 재인한다는 비더만 이론의 생각과 상충한다. 따라서 현 시점에서는 비더만 이론이 올바른 것인지가 명확하지 않다.

하향처리 이론

지각에 대한 상향처리 접근에 대비되는 것인 하향처리, 즉 구성 접근이다(Bruner, 1957; Gregory, 1980; Rock, 1983; von Helmholtz, 1909/1962; Wolfe, Kluender, & Levi, 2011). **구성 지각**(constructive perception)에서는 지각자가 자극의 인지적 이해(지각)를 구성한다. 지각자가 가지고 있는 개념과 인지과정이 보는 것에 영향을 미친다. 지각자는 지각을 구성하기 위하여 감각정보를 사용하지만 다른 출처의 정보도 사용한다. 이러한 견해를 지적 지각(intelligent perception)이라고도 부르는데, 상위 수준 사고가 지각에서 중요한 역할을 담당한다고 주장하기 때문이다. 구성 지각은 지각에서 학습의 역할도 강조한다(Fahle, 2003). 몇몇 연구자는 세상이 지각에 영향을 미칠 뿐만 아니라 지각이 우리가 경험하는 세상을 형성한다는 점을 지적해왔다(Goldstone, 2003). 다시 말해서 지각은 우리가 경험하는 세상과 상보적이다. 지각이 경험하는 세상에 영향을 미치기도 하며 동시에 세상의 영향을 받는다.

구성 지각 이론의 흥미로운 자질은 인간 지능을 꽤나 기본적인 지각과정과도 연결시킨다는 점이다. 이 이론에 따르면, 지각은 낮은 수준의 인지과정 집합뿐만 아니라 인간 지능과 주도적으로 상호작용하는 일련의 정교한 처리과정도 포함한다. 여러분이 창문을 내다보면 많은 것을 보게 되겠지만, 스스로 재인한 대상은 지능이 상당한 처리를 한 것이다. 흥미롭게도 티치너의 구조주의 접근(제1장에서 기술하였다)이 결국 실패한 까닭은 사전 지식과는 독립적으로 내성을 하고자 시도한 티치너와 동료들의 노력에도 불구하고, 결국에는 그것이 불가능하다는 사실을 발견하였기 때문이다. 우리가 알고 있고 생각하는 것이 어느 수준에서는 지각하는 것을 조성하는 것이다.

예컨대, 예전에 한 번도 가본 적이 없는 길을 따라서 차를 몰고 가는 장면을 머리에 그려보라. 좌우가 보이지 않는 교차로에 접근하면서 빨간 바탕에 흰 글씨로 쓴 팔각형 신호를 본다. 신호에는 *ST_P*가 적혀있다. 마구 자란 나무줄기가 *T*와 *P* 사이를 지나고 있다. 여러분은 감각으로부터 정지 신호의 지각을 구성할 가능성이 크다. 따라서 적절하게 반응한다. 지각 항등성이 또 다른 사례이다. 거리에서 여러분에게 접근하는 차를 볼 때, 그 차의 망막상은 차가 접근함에 따라서 커진다. 그렇지만 그 차를 동일한 크기로 지각한다. 이것은 상위수준의 구성과정이 지각하는 동안 작동한다는 사실을 시사한다. 색채 항등성에서는 색상을 변화시키는 조명의 변화에도 불구하고 한 사물의 색을 일정한 것으로 지각한다. 조명이 너무 어두워서 색채 감각이 거의 존재하지 않을 때조차도 우리는 여전히 바나나를 노랗게 자두를 보라색으로 지각한다.

구성주의자에 따르면, 지각할 때 지각체에 관한 다양한 가설을 신속하게 형성하여 검증한다. 지각체는 다음과 같은 것에 근거한다.

- 감각한 것(감각 데이터)
- 알고 있는 것(기억에 저장한 지식)
- 추론할 수 있는 것(상위수준의 인지과정을 사용하여)

지각할 때 우리는 사전 기대를 고려한다. 만나기로 약속하였을 때 약속장소에서 멀리 떨어져있는 친구를 신속하게 재인한다. 맥락에 관하여 알고 있는 것도 사용한다. 기차선로를 따라 접근하는 물체를 보면, 기차일 수밖에 없다고 추론한다. 데이터가 무엇인지 그리고 데이터에 관하여 알고 있는 것 모두에 근거하여 합리적으로 추론할 수 있는 것도 사용할 수 있다. 구성주의자에 따르면, 우리는 일반적으로 시감각에 관하여 올바른 귀인을 한다. 그 이유는 우리가 무의식적 추론을 행하기 때문인데, 무의식적 추론이란 다양한 출처의 정보를 무의식적으로 동화하여 지각을 만들어내는 과정이다 (Snow & Mattingly, 2003). 다시 말해서 우리는 둘 이상의 정보를 사용하여 자각하지도 못하는 판단을 하는 것이다.

정지 신호 사례에서 감각정보는 그 신호가 이상하게 배열된 자음의 무의미한 연속임을 함축한다. 그렇지만 사전 학습은 여러분에게 무엇인가 중요한 정보, 즉 교차로에 세워놓은 이런 모양과 색깔의 신호에다가 이러한 순서로 세 문자를 포함하고 있는 것은 괴상한 문자 배열에 관한 생각을 중지해야만 한다는 정보를 알려준다. 오히려 여러분은 브레이크를 급히 밟아야만 한다. 성공적인 구성 지각은 감각정보를 과거 경험에서 얻은 지식과 결합하는 데 있어서 지능과 사고를 필요로 한다.

구성적 접근을 선호하는 한 가지 이유는 상향처리(데이터 주도적) 이론이 맥락 효과를 충분히 설명하지 못하기 때문이다. **맥락 효과**(context effect)란 지각에 대한 주변 환경의 영향을 말한다(예컨대, 그림 3.8에서 "THE CAT" 지각을 참조). 실험실에서도 꽤나 극적인 맥락 효과를 시범보일 수 있다(Biederman, 1972; Biederman 등, 1974; Biederman, Glass, & Stacy, 1973; Davenport, 2007). 한 연구에서는 사람들에게 적절하거나 적절하지 않은 맥락에서 대상들을 본 후에 그 대상들을 확인하도록 요구하였다(Palmer, 1975). 예컨대, 참가자가 주방 장면을 본 후에 빵, 우체통, 드럼 등과 같은 자극이 뒤따랐다. 참가자는 빵과 같이 선행 맥락에 적절한 대상을 적절하지 않은 대상보다 빠르게 재인하였다. 맥락의 강도도 사물 재인에서 일익을 담당한다(Bar, 2004).

아마도 **형태 우월성 효과**(configural superiority effect)로 알려진 맥락 효과가 더욱 현저한 것이겠다(Bar, 2004; Pomerantz, 1981, 2003). 이 효과는 독자적으로 제시한 대상보다 특정 형태 속에 제시한 대상이 더 복잡함에도 불구하고, 전자보다 후자를 재인하기가 더 쉬운 경우를 일컫는다. 참가자에게 모두 대각선인 4개의 자극을 보여준다고 생각해보자[그림 3.17(a)]. 세 선분은 한 방향으로, 한 선분은 다른 방향으로 기울어진 대각선이다. 참가자의 과제는 어느 선분이 다른 선분들과 다른지를 확인하는 것이다. 이제 참가자에게 각각 세 선분으로 구성한 4개의 자극을 보여준다고 생각해보자[그림 3.17(c)]. 세 개는 삼각형이고 하나는 그렇지 않다. 각 경우에 자극은 대각선[그림 3.17(a)]에다가 다른 두 선분[그림 3.17(b)]을 첨가한 것이다. 따라서 두 번째 조건의 자극이 첫 번째 조건의 자극보다 복잡하다. 그렇지만 참가자는 다른 선분을 찾아내는 것보다 더 빠르게 다른 도형을 찾아낼 수 있다.

마찬가지로 **대상 우월성 효과**(object superiority effect)도 있는데, 3차원 대상의 일부를 구성하는 표적 선분을 연결되지 않은 2차원 패턴의 일부를 구성하는 표적 선분보다 더 정확하게 확인해내는 것이다(Lanze, Weisstein, & Harris, 1982; Weisstein & Harris, 1974). 이 결과는 문자와 단어 재인연구 결과와 맥을 같이 한다. 즉, **단어 우월성 효과**(word superiority effect)는 사람들에게 문자열을 제시할 때 그 문자열이 무의미한 배열일 때보다 의미 있는 단어일 때 그 속에 들어있는 단일 문자를 더 쉽게 확인

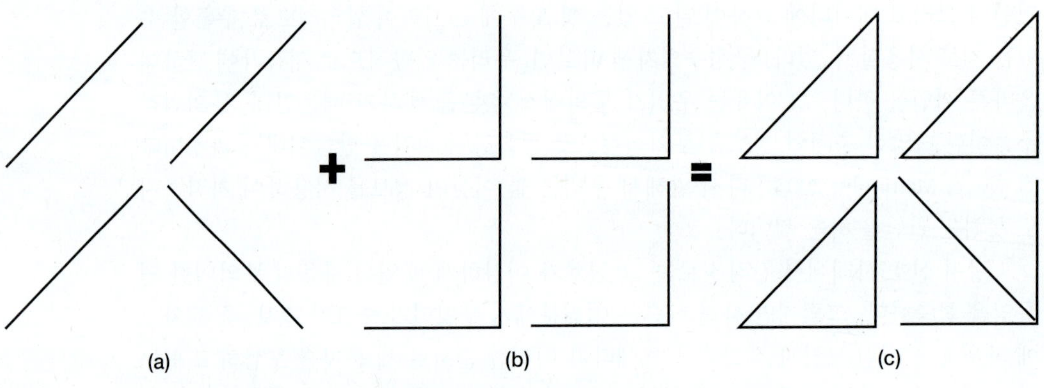

그림 3.17 형태 우월성 효과. 참가자들은 (a)에 나와 있는 단일 선분들 간의 차이보다 (c)에서 보는 것과 같이 여러 선분으로 구성한 통합적 형태 간의 차이를 보다 쉽게 지각한다. 이 그림에서는 (a)에 있는 선분에 (b)에 있는 선분을 덧붙여서 (c)에 있는 도형을 만들었기 때문에, (c)의 도형이 (a)의 선분보다 복잡한 것이다.

해내는 것이다. 예컨대, *huseo*보다는 *house*에서 문자 *o*를 더 쉽게 재인한다(Reicher, 1969).

구성 지각 또는 지적 지각의 견해는 지각과 지능 간의 핵심 관계를 보여준다. 이 견해에 따르면, 지능은 지각처리의 통합적 부분이다. 우리는 그저 "세상에 존재하는" 것에 따라서 지각하는 것이 아니다. 오히려 세상과의 상호작용이 초래하는 기대를 비롯한 여러 인지과정에 따라서 지각한다. 이 견해에서는 세상과의 일상 접촉에서 직면하고 있는 것에 관한 신념을 형성할 때 지능과 지각과정이 상호작용한다.

극단적인 하향처리 입장은 감각 데이터의 중요성을 지나치게 과소평가하게 된다. 그렇게 되면 부정확한 지각을 초래하기 쉽다. 가용한 감각 데이터를 부적절하게 평가하는 가설과 기대를 형성하기도 한다. 예컨대, 친구를 볼 것이라고 기대하는데 누군가 나타나면, 친구와 낯선 사람 간의 지각적 차이를 부적절하게 고려하여 낯선 사람을 친구로 착각하게 된다. 따라서 극단적인 구성 견해는 오류에 매우 취약하고 비효율적인 것이 되고 만다. 그렇지만 극단적인 상향처리 입장은 지각에 대한 과거 경험이나 지식의 영향을 허용하지 않게 된다. 지각자에게 아무 소용도 없는 지식을 왜 저장하겠는가? 어떤 극단도 지각을 설명하는 데 이상적이지 못하다. 의미 있는 지각체를 구성하기 위하여 상향처리와 하향처리가 상호작용하는 방식을 고려하는 것이 더욱 생산적이다.

상향처리 이론과 하향처리 이론을 어떻게 조화시킬 것인가?

두 이론적 접근은 모두 경험적 지지 증거를 누적해왔다(Cutting & Kozlowski, 1977; Palmer, 1975 참조). 그렇다면 둘 사이에서 어떤 결정을 내려야 하는가? 한 수준에서 보면 하향처리 입장인 구성 지각 이론이 상향처리 입장인 직접 지각 이론과 상충하는 것으로 보인다. 구성주의자는 감각수용기의 비교적 단순하고 모호한 정보와 결합하는 사전 지식의 중요성을 강조한다. 반면에서 직접 지각 이론가는 수용기 정보 자체의 완벽성을 강조한다. 지각은 단순하고도 직접적으로 이루어진다고 제안한다. 따라서 복잡한 정보처리가 필요 없다는 것이다.

이러한 이론적 접근을 상충하는 것으로 간주하는 대신에 상보적인 것으로 간주함으로써 지각에 대하여 보다 깊은 통찰을 얻을 수 있다. 감각 정보는 경험을 해석하는 데 있어서 구성주의자가 제안하는 것보다 훨씬 정보적이고 덜 모호한 것이다. 그렇지만 직접 지각 이론가가 주장하는 것보다는 덜 정보적이다. 마찬가지로 지각과정은 깁슨 계열의 이론가들이 가정하는 것보다 더 복잡하다. 감각 자극이 순간적으로만 출현하거나 질이 떨어지는 조건에서 특히 그렇다. 질이 떨어지는 자극은 여러 가지 이유로 덜 정보적이다. 예컨대, 자극이 부분적으로 가려져 있거나 열악한 조명으로 약할 수 있다. 아니면 불완전하거나 착시 단서나 다른 시각 "소음"(청각 소음에 유추한 시각적 방해자극)으로 인해서 왜곡되기도 한다. 사람들은 지각하는 것에 의미를 부여하기 위하여 감각수용기 정보와 과거 지식을 조합할 가능성이 높다. 몇몇 실험 증거는 이러한 통합 견해를 지지한다(Treue, 2003; van Zoest & Donk, 2004; Wolfe 등, 2003).

마빈 천(Marvin Chun)의 실험실에서는

주의를 기울이지 않은 정보에는 어떤 일이 일어나는가?

신사의 외모를 갖추고 있는 소매치기 아폴로 로빈스는 여러분이 알아차리지 못한 채 여러분의 지갑을 빼낼 수 있다. 그가 지갑을 빼낼 것이라고 알려주는 경우 또는 경호원의 보호를 받고 있는 경우조차도 마찬가지다. 마술사와 요술쟁이는 손재주만 능란한 것이 아니라 여러분의 주의를 제어하는 마술적 능력을 더 많이 가지고 있다. 지각은 마음이 구성하는 것이기 때문에, 여러분의 주의를 제어할 수 있는 사람이라면 누구나 여러분이 지각하는 것을 주도할 수 있다. 우리가 보고 들으며 냄새 맡고 맛보며 심지어 기억해내는 것의 대부분이 우리가 선택하여 주의를 기울이는 것에 달려있다. 주의를 기울이지 않은 정보는 알아보지 못한 채 지나쳐버린다. 고릴라가 지나가는 것을 알아채지 못하거나, 지갑을 소매치기 당하거나, 다른 곳에 주의를 기울이고 있는 산만한 운전자는 교통신호를 놓치고 만다. 끊임없이 우리 옆을 스치고 지나가는 주의를 기울이지 않은 정보에는 어떤 일이 일어나는가? 우리 실험실은 주의를 기울이지 않은 무시된 사건의 운명을 연구하기 위하여 행동연구방법과 기능성 자기공명 영상법(fMRI)을 모두 사용하고 있다.

Marvin Chun

마빈 천

MTV 스타일로 초당 10개의 빠른 속도로 연속적으로 제시하는 숫자 속에서 두 개의 문자를 탐색하는 실험실 과제를 생각해보자. 사람들은 자극들이 스쳐지나간다는 느낌을 가지면서 첫 번째 문자를 90% 정도 찾아낼 수 있다. 그렇지만 만일 두 번째 문자가 첫 번째 문자 이후 대략 200~300밀리초 시점에 나타나게 되면, 70% 정도를 놓치고 만다. 주의 깜빡임(Raymond 등, 1992)으로 알려진 이 현상은 우리가 주의를 기울일 수 있는 정도에 있어서 근본적인 제약을 명확하게 보여주는 부주의적 맹시의 한 형태이다.

그렇다면 놓친 표적에는 어떤 일이 일어나는가? 우리는 놓친 표적을 확인하였지만 첫 번째 표적을 부호화하는 동안 상실하거나 망각하는 것이라고 제안하였다(Chun & Potter, 1995). 그렇지만 행동연구방법만을 가지고는 무의식적 확인을 입증하기 어려웠다. 그렇기에 주의 깜빡임 동안 역치하 처리를 연구하기 위하여 fMRI를 사용하였다. fMRI는 참가자가 보고할 수 없는 경우에도 여러 두뇌영역들이 정보를 처리하는 방식을 직접 들여다볼 수 있다. **해마방회**(parahippocampal gyrus)라고 부르는 두뇌영역은 장면 처리를 맡고 있다. 이 "장소 영역"은 장면을 볼 때 더 많이 활동한다.

우리 실험에서는 주의 깜빡임 동안 놓치게 되는 두 번째 표적으로 장면을 제시하였다. 첫째, 제시하였을 때 참가자가 의식적으로 탐지한 장면에 대하여 장소 영역의 fMRI 신호를 측정하였다(확률적으로 볼 때, 절반 정도를 탐지할 수 있도록 실험을 설계하였다). 또한 장면을 제시하지 않은 시행에서 장소 영역 활동의 하한계도 측정하였다.

연구의 초점은 놓친 장면에 대해서 장소 영역이 어떻게 반응하는지를 묻는 것이었다. 참가자가 장면을 볼 수 없었다고 말할 때, 장소 영역은 무의식적으로 장면을 보았는가? 만일 그렇다면, 보지 못한 장면에 대한 장소 영역의 fMRI 신호는 장면을 제시하지 않았을 때의 하한계보다 높아야만 한다. 실제로 장소 영역은 유의하게 높은 fMRI 신호를 내놓았으며, 이 사실은 역치하 지각이 상당한 수준으로(장면 탐지 수준) 나타나며 그러한 무의식적 처리를 측정하는 데 fMRI를 사용할 수 있다는 사실을 시사하는 것이다(Marois 등, 2004).

주의는 진행 중인 지각뿐만 아니라 기억해내는 능력도 조절한다(Chun & Johnson, 2011; Chun & Turk-Browne, 2007). 시험공부를 할 때 여러분도 잘 알고 있는 것처럼, 단순히 들여다보거나 읽는 것은 부호화를 보장해주지 않는다. 학습하고자 시도하고 있는 정보에 주의를 기울여야 하며, 그렇지 않으면 정보의 기억 흔적을 두뇌 회로에 신뢰롭게 형성할 수 없다. 실제로 우리는 fMRI를 사용하여 주의가 정보를 부호화할 때 그리고 인출하고자 할 때 모두 중요하다는 사실을 입증하였다(Kuhl, Bainbridge, & Chun, 2012; Yi & Chun, 2005). 불행한 일이지만 주의를 기울이지 않은 학습은 불가능한 것으로 보이니, 학생들이여, 어떻게 하겠는가!

최근 연구는 시각경로의 첫 번째 단계는 망막상에 들어있는 것만을 표상하지만, 곧 이어서 색깔, 방향, 운동, 깊이, 공간빈도, 시간빈도 등을 표상한다는 사실을 시사한다. 후기 단계 표상은 관찰자의 현재 관심이나 주의를 강조한다. 다시 말해서 후기 단계 표상은 주의 초점과 무관하지 않다. 그 표상은 주의의 영향을 직접적으로 받는다(Maunsell, 1995). 이에 덧붙여서, 상이한 대상의 시각은 상이한 형태를 취한다. 행위의 시각 제어는 지각의 시각 제어에 수반된 피질 통로와는 다른 통로가 매개한다(Ganel & Goodale, 2003). 다시 말해서 휴대전화기와 같은 사물을 단순히 보기만 할 때는 그 사물을 집어 들려는 의도가 있을 때와는 다르게 처리한다. 일반적으로 우리는 대상을 총체적으로 지각한다. 그렇지만 그 대상에 어떤 행위를 하고자 계획할 때는 효과적인 행위를 할 수 있도록 보다 분석적으로 지각한다(Ganel & Goodale, 2003).

요컨대, 사람들이 패턴을 지각하는 방식에 관한 현재 이론들은 형태와 패턴 지각 연구에서 접하는 현상들을 어느 정도는 설명하고 있지만, 모든 현상을 설명하지는 못한다. 그렇지만 처리과정의 복잡성을 전제로 할 때, 우리의 이해는 상당한 것이다. 종합 이론이 조만간에 대두할 것이다. 그러한 이론은 이 절에서 기술한 형태 우월성 효과와 같은 다양한 유형의 맥락 효과를 충분히 설명할 필요가 있겠다.

❁ 사물지각과 형태지각

사람들은 대상을 관찰자 중심 방식으로 지각하는가, 아니면 대상 중심 방식으로 지각하는가? 주변 공간에서 어떤 대상을 응시할 때, 실제 구조보다 자신과의 관계에서 그 대상을 지각하는가, 아니면 응시 시점에 보이는 방식과는 무관한 보다 객관적인 방식으로 그 대상을 지각하는가? 다음 절에서 이 물음을 살펴본다. 그런 다음에 지각의 게슈탈트 원리를 다루는데, 이 원리는 어째서 우리가 어떤 대상들은 집단으로 지각하지만 다른 대상들은 그렇게 지각하지 않는지를 설명해준다(저녁 하늘을 날아가는 새때는 하나의 집단으로 보이는 반면, 다른 새들은 그렇지 않게 만들어주는 것은 무엇인가?). 마지막으로 패턴, 예컨대 얼굴을 지각하는 방식에 관한 물음을 살펴본다.

관찰자 중심 지각 대 대상 중심 지각

바로 지금 저자 중의 한 사람은 이 글을 타이핑하고 있는 컴퓨터를 들여다보고 있다. 그는 심적 표상에서 보고 있는 것을 타이핑하고 있다. 무엇이 심적 표상을 형성하는가? 이 물음에 대한 답에 관해서 두 가지 보편적인 입장이 존재한다.

관찰자 중심 표상(viewer-centered representation)에서는 대상을 자신에게 보이는 방식으로 저장한다. 따라서 중요한 것은 대상의 실제 구조가 아니라 관찰자에게 보이는 모습이다(이 경우에는 저자에게 보이는 컴퓨터의 모습). 대상의 모습은 쳐다보는 각도에 따라서 변한다. 대상의 수많은 모습들을 저장하고, 한 대상을 재인하고자 할 때는 마음속에서 저장한 이미지와 맞아떨어질 때까지 그 대상을 회전해야 한다.

두 번째 입장인 **대상 중심 표상**(object-centered representation)에서는 관찰자에게 보이는 모습과는 독립적으로 대상의 표상을 저장한다. 이 경우에는 대상의 모습이 상이한 방향에 걸쳐 일정하게 안정된 모습을 취한다(McMullen & Farah, 1991). 대상의 장축과 단축을 형성함으로써 이러한 안정성을 획득할 수 있는데, 이 축은 대상의 또 다른 특성들을 정의하는 토대로 작용한다.

두 입장은 모두 사람들이 주어진 대상과 그 부분들을 표상하는 방식을 설명할 수 있다. 핵심 차이는 대상을 자신과의 관계에서 표상하는지(관찰자 중심) 아니면 자신의 위치와는 무관하게 대상 자체의 전체성과의 관계에서 표상하는지(대상 중심) 여부이다.

예컨대, 글을 적고 있는 컴퓨터를 생각해보자. 스크린, 키보드, 마우스 등 여러 가지 부분들을 가지고 있다. 저자가 관찰자 중심 표상에 따라서 컴퓨터를 표상한다고 가정해보자. 그러면 다양한 부분들을 자신과의 관계에 따라서 저장한다. 대략 20도 각도로 자신을 마주하고 있는 스크린을 보고 있다. 수평적으로 마주하고 있는 키보드를 보고 있다. 오른쪽 정면에 자리 잡은 마우스를 보고 있다. 반면 저자가 대상 중심 표상을 사용하고 있다고 가정해보자. 그러면 키보드와 상대적으로 70도 각도를 유지하고 있는 스크린을 보고 있을 것이다. 그리고 마우스는 키보드의 앞이나 뒤쪽이 아니라 오른쪽 바로 옆에 있게 된다.

최근 연구는 우리가 대상 중심 표상보다는 관찰자 중심 표상을 할 가능성이 더 크다는 사실을 시사한다(Hayward, 2012). 한 대상을 상이한 조망에서 바라다볼 때 발생하는 다양한 변이들을 생각해보라. 이 정보로부터 불변적인 형태를 계산하는 것이 불가능하지는 않더라도 엄청난 노력을 요하게 된다. 신경과학도 이 방향을 지지하고 있다. 만일 뉴런이 대상 중심 표상에 반응한다면, 보이는 모습의 변화에 많은 반응을 보이지 않을 것이다. 동일한 대상의 상이한 모습이 동일한 신경망을 활성화시키기 때문이다. 그렇지만 뉴런이 실제로 모습의 변화에 반응한다는 사실을 계속해서 찾아왔다(Davies-Thompson, 2009).

세 번째 입장은 **랜드마크 중심**(landmark-centered) 표상이다. 랜드마크 표상에서는 정보를 잘 알고 있거나 현저한 대상과의 관계를 통해서 특징짓는다. 새로운 도시를 방문한다고 상상해보라. 매일 호텔을 나와 짧은 여정을 밟는다. 여러분이 돌아다니는 지역을 호텔과의 관계로 표상하는 것이 용이하다.

실험실에서 참가자는 세 가지 전략을 이동할 수 있다는 증거가 있다. 그렇지만 이러한 전략 간에 두뇌 활동에서는 차이가 있다(Committeri 등, 2004).

집단 지각: 게슈탈트 법칙

지각은 우리가 세상에서 지각하는 혼란스러운 자극들을 이해할 수 있게 도와준다. 지각에 질서와 응집성을 부여하는 한 가지 방법이 유사한 것들을 집단으로 묶는 능력이다. 이렇게 함으로써 처리할 필요가 있는 대상의 수를 줄일 수 있다. 우리는 어느 대상들이 함께 묶이는 것인지 아니면 동일한 대상에 해당하는 것인지를 결정할 수 있다.

다시 말해서 우리는 시야의 대상들을 응집적인 집단으로 체제화한다.

20세기 초 독일에서 발전한 **형태 지각의 게슈탈트 접근**(Gestalt approach to form perception)은 우리가 대상 집단을 지각하거나 통합적 전체를 형성하도록 대상의 부분들을 지각하는 방식을 이해하는 데 특히 유용하다(Palmer, 1999a, 1999b, 2000; Palmer & Rock, 1994; Prinzmetal, 1995). 이 접근법은 쿠르트 코프카(Kurt Koffka, 1886~1941), 볼프강 쾰러(Wolfgang Köhler, 1887~1968), 막스 베르트하이머(Max Wertheimer, 1880~1943)가 구축하였으며, 전체는 부분의 합과는 다르다는 생각에 토대를 두고 있다(제1장 참조).

게슈탈트 접근을 주도하는 법칙이 **좋은 형태 법칙**(law of Prägnanz)이다. 우리는 시각 배열을 가장 단순하게 체제화 하는 방식으로, 즉 여러 요소들을 안정적이고 응집적인 형태로 지각하려는 경향이 있다. 따라서 단순히 지적이지 못하고 체계적이지 못한 감각을 경험하는 것이 아니다. 예컨대, 우리는 중심 전경 그리고 초점을 맞추고 있는 그 전경의 배경을 이루는 나머지 감각들을 지각하는 경향이 있다.

다른 게슈탈트 원리로는 **전경-배경 지각**(figure-ground perception), **근접성**(proximity), **유사성**(similarity), **연속성**(continuity), **폐쇄성**(closure), **대칭성**(symmetry) 등이 있다(그림 3.18; 표 3.2도 참조). 이 원리 각각은 주도적인 좋은 형태 법칙을 지원한다. 각 원리는 우리가 어떻게 산발적 요소들을 안정적이고 응집적인 형태로 가장 단순하게 체제화하는 방식으로 시각 배열을 지각하는지를 예증한다. 잠시 하던 일을 중지하고 주변을 둘러보라. 응집적이고 온전하며 연속적인 전경과 배경을 지각하게 될 것이다. 여러분의 책이 가리고 있는 책상에서 구멍을 지각하지는 않을 것이다. 책이 책상

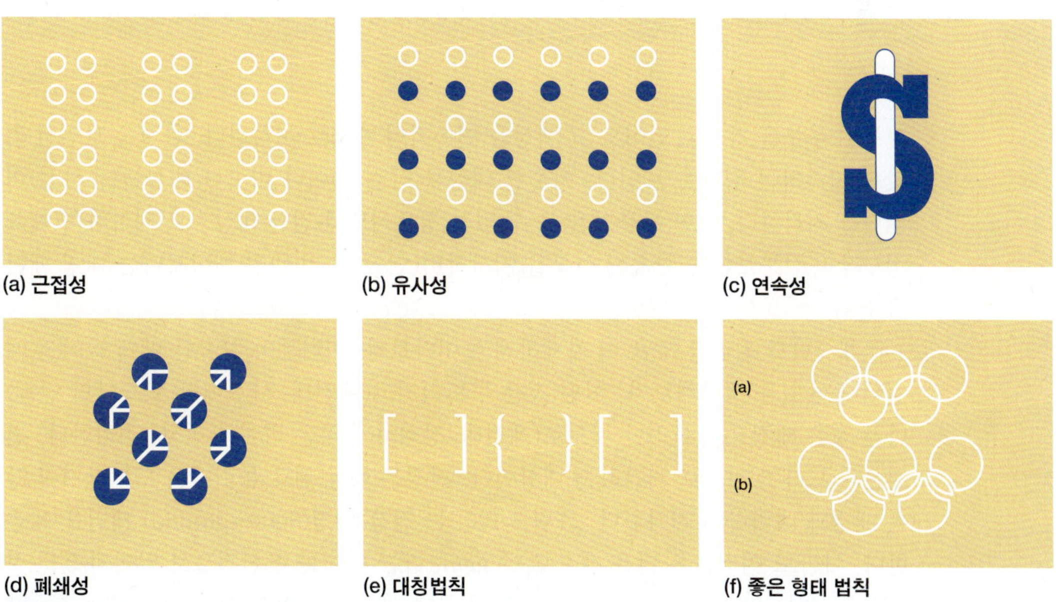

그림 3.18 형태 지각의 게슈탈트 원리. 형태 지각의 게슈탈트 원리에는 전경-배경 지각, (a) 근접성, (b) 유사성, (c) 연속성, (d) 폐쇄성, (e) 대칭성, (f) 좋은 형태 법칙 등이 있다. 각 원리는 근본 법칙인 좋은 형태 법칙을 시범보이고 있는데, 좋은 형태 법칙은 우리가 지각을 통해서 산발적인 시각 자극들을 응집적이고 안정된 전체로 묶는다는 사실을 시사한다.

표 3.2 시지각의 게슈탈트 원리

근접성, 유사성, 연속성, 폐쇄성, 대칭성이라는 게슈탈트 원리는 형태지각을 돕는다.

게슈탈트 원리	원리	원리를 예증하는 그림
전경-배경	시야를 지각할 때 어떤 대상(전경)은 도드라지고, 시야의 다른 부분들은 배경으로 물러난다.	그림 3.19는 전경-배경 꽃병을 보여주는데, 이 그림을 지각하는 한 가지 방법은 하나의 조망이나 대상을 전면에 등장시키는 것이고, 다른 방법은 다른 조망이나 대상을 전면에 등장시킴으로써, 앞선 방법의 전경을 배경으로 만들어버리는 것이다.
근접성	여러 대상을 지각할 때, 가까이 위치한 대상들이 집단을 형성하는 것으로 보는 경향이 있다.	그림 3.18(a)에서 작은 원으로 구성한 두 개의 기둥이 만들어낸 세 개의 기둥 쌍을 보는 경향이 있다.
유사성	유사성에 근거하여 대상을 집단화하는 경향이 있다.	그림 3.18(b)에서 작은 원으로 구성한 여섯 개의 수직 줄이 아니라 수평 줄을 보는 경향이 있다.
연속성	단절되거나 비연속적인 형태보다는 부드럽게 진행하는 연속적인 형태로 지각하는 경향이 있다.	그림 3.18(c)에서 온전한 S를 지각하는데, 막대가 중앙을 가리고 있음에도 그렇다.
폐쇄성	실제로 온전하지 않은 대상도 닫혀있거나 연속적인 대상으로 지각하는 경향이 있다.	그림 3.18(d)는 연결되지 않은 뒤죽박죽의 선분들만을 보여주는데, 이것들을 닫힌 모습으로 연결하여 정육면체를 보게 된다.
대칭성	대상이 중심을 축으로 거울상을 형성하는 것으로 지각하는 경향이 있다.	예컨대, 다양한 괄호의 그림 3.18(e)를 볼 때, 6개의 개별 괄호보다는 세 집합의 괄호를 형성하는 것으로 본다. 대칭적 성분들을 응집적인 대상으로 통합하기 때문이다.

모퉁이 부분을 가리고 있어도 그 책상을 연속적인 개체로 지각한다. 환경을 보면서 집단을 지각하는 경향을 보인다. 이웃한 대상들(근접성)이나 비슷한 대상들(유사성)의 집단을 지각한다. 또한 부분만을 볼 수 있는 경우에도 온전한 대상으로 지각하며(폐쇄성), 잘린 선분보다는 연속된 선분을 지각하며(연속성), 비대칭 패턴보다는 대칭 패턴을 본다.

게슈탈트 원리를 조금 더 자세하게 들여다보자. 여러분이 친숙한 방에 들어설 때 일어나는 일을 생각해보자. 어떤 것은 두드러지고(예컨대, 사진이나 포스터의 얼굴) 다른 것은 배경으로 물러난 것으로(예컨대, 장식하지 않은 벽이나 바닥) 지각한다. 전경은 도드라진 것으로 지각하는 대상이다. 전경은 항상 뒤로 물러나는 도드라지지 않은 배경과 대비하여 지각한다. 그림 3.19(a)는 **전경-배경**(figure-ground) 개념을 예증한다. 아마도 여러분은 밝은 색으로 쓴 *figure*라는 단어를 우선적으로 알아차렸을 것이다. 우리는 밝은 색의 글자를 어두운 배경에 대비하여 지각한다. 그렇지만 조금만 자세하게 살펴보면, 어두운 주변도 실제 *ground*라는 단어를 표현하고 있다는 사실을 볼 수 있다.

마찬가지로 그림 3.19(b)에서는 검은 배경의 흰 꽃병 또는 흰 배경을 바탕으로 서로 마주 보는 두 개의 실루엣 얼굴을 볼 수 있다. 두 대상 집합을 동시에 보는 것은 불가능하다. 꽃병과 얼굴 사이를 빠르게 교대할 수는 있지만, 동시에 둘을 모두 볼 수는 없다. 각 전경이 의미 있는 이유 중의 하나는 두 전경에 **대칭성**이라는 게슈탈트 원리를 모두 적용할 수 있기 때문이다. 대칭성은 자질들이 중심축 또는 중심점을 기준으로 균형을 유지하는 것을 필요로 한다.

(a)

(b)

Courtesy of Kaiser Porcelain, Ltd.

그림 3.19 전경-배경 효과. (a)와 (b)의 두 게슈탈트 그림에서 어느 것이 전경이고 어느 것이 배경인지 찾아보라.

사람들은 새로운 자극에 직면할 때도 게슈탈트 원리를 사용하는 경향이 있다. 파머(S. E. Palmer, 1977)는 참가자에게 표적으로 기능하는 새로운 기하도형을 보여주었다. 그런 다음에 그 도형의 일부분을 보여주었다. 참가자는 각 부분에 대해서 원래 보여주었던 기하도형의 부분인지를 답해야 하였다. 참가자는 그 부분이 게슈탈트 원리와 일치할 때 더욱 신속하게 재인하였다. 예컨대, 삼각형은 세 변이 완벽하게 닫힌 대상을 형성하는 폐쇄성을 나타낸다. 삼각형이 원래의 기하도형에 포함되어 있었을 때, 참가자는 닫혀있지 않다는 점을 제외하고는 삼각형에 상응하는 세 선분보다 삼각형 자체를 원래 도형에 포함되어있었던 것으로 더 신속하게 재인하였다. 닫혀있지 않은 세 선분에는 게슈탈트 원리가 적용되지 않았던 것이다. 요컨대, 우리는 일상지각에서 게슈탈트 원리를 사용하는 것으로 보인다. 대상이 친숙한 것인지에 관계없이 그 원리를 사용하는 것이다.

형태 지각의 게슈탈트 원리는 참으로 간단하다. 그렇지만 지각 체제화의 많은 것들을 특징짓고 있다(Palmer, 1992). 어린 유아들조차도 근접성의 게슈탈트 원리에 따라서 시각 자극을 체제화한다(Quinn, Bhatt, & Hayden, 2008). 흥미롭게도 게슈탈트 원리는 인간에게만 적용되며, 다른 영장류에게는 적용되지 않는다. 패론과 파곳(Parron & Fagot, 2007)의 실험은 인간만이 에빙하우스 착시(그림 3.20)에서 가운데 원의 크기를 잘못 판단하며, 비비원숭이는 그렇지 않다는 사실을 보여주었다. 아마도 이 차이는 인간이 주변 자극에 더 많은 주의를 기울이는 반면, 비비원숭이는 가운데 원에만

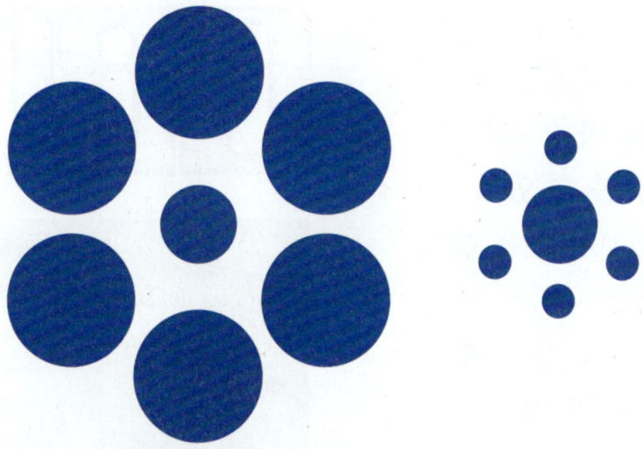

그림 3.20 에빙하우스 착시. (a)와 (b) 중에서 어느 가운데 원이 더 큰지를 추측해보고 각 원의 지름을 측정해보라.

주의를 집중하기 때문이겠다.

게슈탈트 원리는 형태지각과 패턴지각에 대한 중요한 통찰을 제공해준다. 그렇지만 이 현상에 대한 설명은 거의 제공하지 못하고 있다. 우리가 어떻게 그리고 왜 형태와 패턴을 지각하는지를 이해하려면 지각에 관한 설명 이론을 살펴볼 필요가 있다.

패턴 재인과 얼굴 재인

대상을 바라볼 때 어떻게 패턴을 재인하는가? 얼굴은 특수한 형태의 패턴인가, 아니면 얼굴만을 위한 특별 기제가 존재하는 것인가? 다음 절에서는 이 물음을 살펴본다.

두 가지 상이한 패턴 재인 시스템

마사 파라(Farah, 1992, 1995; Farah 등, 1998)에 따르면, 인간은 두 가지 패턴 재인 시스템을 가지고 있다. 첫 번째 시스템인 **자질 분석 시스템**(feature analysis system)은 대상의 부분들을 재인하고 그 부분들을 독특한 전체로 조합하는 데 전문화되어 있다. 예컨대, 생물학 수업시간에 튤립의 요소들, 예컨대 꽃의 수술과 암술 등을 공부할 때, 이 시스템을 통해서 꽃을 바라다본다. 두 번째 시스템인 **형태 시스템**(configurational system)은 대상의 부분들을 분석한 후 그 대상을 구성하는 것이 아니라, 보다 큰 형태를 재인하는 데 전문화되어 있다. 예컨대, 정원에서 튤립을 보면서 그 아름다움에 경탄을 금하지 못하고 있다면, 이 두 번째 시스템을 통해서 꽃을 보고 있는 것이다.

두 번째 시스템이 얼굴을 재인하는 데 더 적합하다. 매일 만나는 친구를 찾아볼 때, 형태 시스템을 사용하여 그/그녀를 알아보는 것이다. 일상생활에서는 이 시스템에 의존적이기 때문에 길어진 머리스타일이나 새로운 안경과 같이 친구 외모의 상당한 변화조차도 알아차리지 못할 수 있다.

자질 분석 시스템도 얼굴 재인에서 사용할 수 있다. 얼굴이 막연하게 친숙한데 누구인지를 확신하지 못하는 사람을 본다고 가정해보자. 얼굴 자질들을 분석하기 시작한 다음에야 10년 동안 만나지 못하였던 친구임을 깨닫는다. 이 경우에는 얼굴을 자질들로 분석한 후에야 비로소 얼굴을 재인할 수 있다. 두 시스템은 모두 어려운 재인과 변별을 할 수 있도록 도움을 준다.

얼굴 재인은 적어도 부분적으로는 측두엽 **방추상회**(fusiform gyrus)에서 일어난다(Gauthier 등, 2003; Kanwisher, McDermott, & Chun, 1997; Liu, Kanwisher, & Harris, 2010; Tarr & Cheng, 2003). 이 두뇌영역은 얼굴을 볼 때 강력하게 반응하지만 다른 대상을 볼 때는 그렇지 않다. 아주 어린 시기부터 얼굴 재인에는 무엇인가 특별한 것이 있다는 좋은 증거가 있다. 예컨대, 유아는 복잡성에서는 유사하지만 얼굴이 아닌 자극의 움직임보다는 얼굴 사진의 움직임을 보다 신속하게 눈으로 추적한다(Farah, 2000a). 한 연구에서는 참가자에게 얼굴과 집이라는 두 종류 대상의 스케치를 보여주었다(Farah 등, 1998). 각 경우에 얼굴은 그 사람 이름과 짝지었고, 집은 소유자의 이름과 짝지었다. 시행 당 6개의 쌍이 있었다. 6쌍을 학습한 후에, 참가자에게 얼굴이나 집의 부분을 재인하거나 전체로서의 얼굴이나 집을 재인하도록 요구하였다. 예컨대, 단지 코나 눈 또는 창문이나 대문만을 보았다. 아니면 전체 얼굴이나 집을 보았다.

만일 얼굴 재인이 특별한 것이고 형태 시스템에 특히 의존적이라면, 집의 부분보다는 얼굴의 부분을 재인하는 데 더 어려움을 나타내야 한다. 데이터가 보여주는 것이 바로 이것이다(그림 3.21). 일반적으로 사람들은 부분으로 제시하든 전체로 제시하든 집을 재인하는 데 더 우수하다. 그렇지만 보다 중요한 사실은 사람들이 얼굴 전체를 재인하는 것보다 얼굴의 부분을 재인하는 데 더 큰 어려움을 나타냈다는 점이다. 반면에 집의 부분은 집 전체 못지않게 잘 재인하였다. 따라서 얼굴 재인은 특별한 것으로 보인다. 아마도 형태 시스템에 특히 의존적인 것으로 보인다.

얼굴 재인에서 형태 효과에 관하여 흥미로운 사례는 왜곡된 얼굴을 응시할 때 나타난다. 왜곡된 얼굴을 잠시 응시한 후에 정상 얼굴을 응시하게 되면, 정상 얼굴이 반대 방향으로 왜곡된 것으로 보인다.

그림 3.22의 얼굴을 보면, 중앙 얼굴은 정상인 반면, 좌우 얼굴들은 점차적으로 더

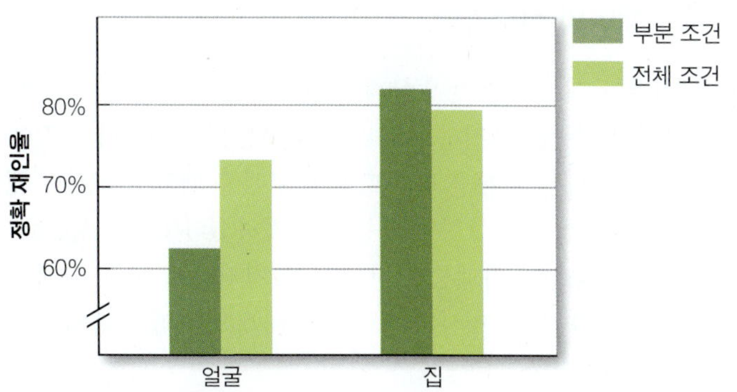

그림 3.21 얼굴과 집의 재인. 사람들은 전체 얼굴보다 얼굴의 부분을 재인하는 데 더욱 어려움을 겪는다. 그렇지만 집의 부분은 집 전체 못지않게 잘 재인한다.

출처: Tanaka, J. W., & Farah, M. J. (1993). Parts and wholes in face recognition. *Quarterly Journal of Experimental Psychology, 46A*, 225-245, Figure 6.

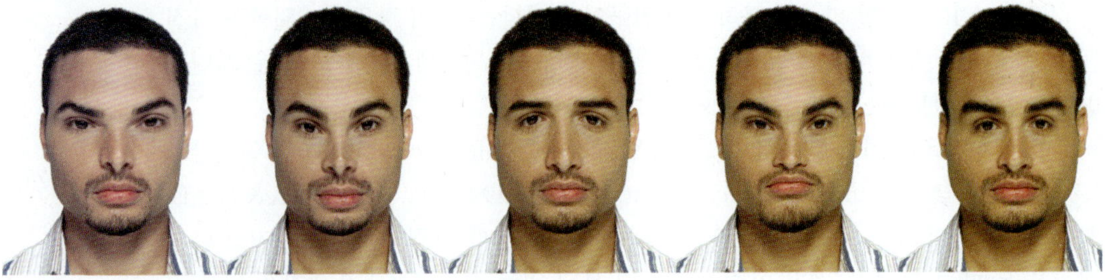

그림 3.22 정상 얼굴과 왜곡된 얼굴. 중앙의 정상얼굴과 좌우의 왜곡된 얼굴.

욱 왜곡되어있다는 사실을 알아차리게 된다. 예컨대, 두 눈이 지나치게 몰려 있는 오른쪽 얼굴을 응시한 다음에 중앙의 정상 얼굴을 보게 되면, 이 얼굴의 두 눈이 지나치게 벌어져있는 것으로 보이게 된다(Leopold 등, 2001; Webster 등, 2004; Zhao & Chubb, 2001). 정상적으로는 어느 것이 정상 얼굴이고 어느 것이 왜곡된 얼굴인지를 얼굴 지식이 알려주지만, 이 경우에는 왜곡된 얼굴에 익숙해짐에 따라서 잠시나마 그 지식이 억압된다.

얼굴 모습의 인지처리와 얼굴 정서의 인지처리는 상호작용할 수 있다. 몇몇 증거는 연령과 관련된 "얼굴 긍정성" 효과를 시사한다. 한 연구에서 보면, 나이가 들어갈수록 사람들은 행복한 얼굴을 선호하고 슬프거나 화난 얼굴을 기피한다(Issacowitz 등, 2006a, 2006b). 나아가서 행복한 얼굴을 중립적이거나 부정적 얼굴보다 더욱 친숙한 것으로 평가한다(Lander & Metcalfe, 2007). 그렇다면 여러분은 다른 사람이 표현하고 있는 정서를 무시할 수 있겠는가? 연구들은 적어도 다른 것에 많은 주의를 기울일 필요가 없는 상황에서 편도체가 공포와 같은 몇몇 부정 정서를 자동적으로 처리한다는 사실을 보여준다. 불안이 높은 사람과 낮은 사람 간에 차이가 있을 가능성도 있다. 불안이 높은 사람의 편도체는 공포를 항상 자동적으로 처리하지만, 불안이 낮은 사람은 그렇지 않다(Palermo & Rhodes, 2007).

얼굴 재인과 패턴 재인의 신경과학

사람들이 얼굴을 처리할 때 정서가 방추상회의 활동을 증가시킨다는 증거가 있다. 한 연구에서는 참가자에게 얼굴을 제시하고 사람에게 이름을 붙이거나 표정에 이름을 붙이도록 요구하였다. 사람에게 이름을 붙이도록 요구했을 때와 비교하여 표정에 이름을 붙이도록 요구하였을 때, 방추상회의 활동이 증가하였다(Ganel 등, 2005). 방추상회에서 정서를 처리할 가능성은 자폐증 환자 연구도 지지하고 있다. 자폐증 환자는 손상된 정서 재인을 나타낸다. 두뇌 영상은 정상인에 비해서 자폐증 환자 방추상회가 덜 활동한다는 사실을 보여준다.

자폐증 환자도 애를 쓰면 정서를 확인하도록 학습할 수 있다. 그렇지만 이러한 훈련이 정서 확인을 자동처리로 촉진시키지 못하며, 방추상회의 활동을 증가시키지도 못한다(Bolte 등, 2006; Hall, Szechtman, & Nahmias, 2003).

모든 연구자들이 방추상회가 얼굴 지각에 전문화되어있다는 데 동의하는 것은 아니다. 혹자는 방추상회가 얼굴 지각에서 가장 큰 활동을 보이는 영역이며 다른 영역들도 낮은 수준이지만 활동을 나타낸다고 믿고 있다. 마찬가지로 얼굴이나 어떤 것에 최대 반응을 보이는 두뇌영역들도 다른 대상을 지각할 때 여전히 어느 정도의 활동을 보일 수 있다. 이 견해에 따르면, 두뇌영역은 지각하는 데 있어서 실무율적이지 않으며, 오히려 지각하는 것에 따라서 차별적으로 활동하는 것이다(Haxby 등, 2001; Haxby, Gobbini, & Montgomery, 2004; O'Toole 등, 2005).

방추상회의 역할에 관한 또 다른 이론은 **전문성-개별화 가설**(expert-individuation hypothesis)이라고 부른다. 이 이론에 따르면, 시각 전문성을 가지고 있는 대상을 지각할 때 방추상회가 활동한다. 여러분이 조류 전문가이고 새를 연구하는 데 많은 시간을 소비한다고 상상해보자. 유사한 새들을 변별할 수 있고, 그러한 변별에 많은 훈련을 하였다고 예상할 수 있다. 따라서 여러분에게 다섯 마리의 개똥지빠귀를 보여주면, 새들을 구분해서 말할 가능성이 높다. 이러한 전문성이 없는 사람이 새들을 구분할 가능성은 낮다. 여러분 두뇌를 영상으로 찍어보면, 방추상회, 특히 우반구 방추상회의 활동을 보게 될 것이다. 그러한 두뇌활동은 자동차와 조류 전문가에게서 나타난다. 심지어는 유사한 추상 도형들을 구분하도록 가르쳤을 때도 방추상회 활동을 관찰할 수 있다(Gauthier 등, 1999, 2000; Rhodes 등, 2004; Xu, 2005). 이 이론은 사람들이 얼굴을 볼 때 방추상회의 활동도 설명할 수 있다. 우리들은 사실상 얼굴을 확인하고 살펴보는 데 전문가들이기 때문이다.

얼굴실인증(prosopagnosia), 즉 얼굴을 재인하지 못하는 장애는 형태 시스템의 손상을 함축한다(Damasio, Tranel, & Damasio, 1990; De Renzi Faglioni, Grossi, & Nichelli, 1991; Farah, 2004). 얼굴실인증 환자는 다른 사람의 얼굴을 보고 심지어는 그 사람이 슬픈지 행복한지 화가 났는지 등을 재인할 수 있다. 그렇지만 관찰하는 사람이 낯선 사람인지, 친구인지 자신의 어머니인지를 재인할 수 없다. 한쪽 반구만이든 양쪽

믿거나 말거나 | 두 개의 상이한 얼굴이 여러분에게 동일하게 보이기도 하는가?

여러분 자신과 동일한 인종에 속하는 사람의 얼굴을 재인하는 것이 더 쉽다는 사실을 알아차린 적이 있는가? 예컨대, 여러분이 아프리카계 미국인이라면, 백인이나 아시아인 얼굴보다는 검은 얼굴들을 재인하고 구분하는 것이 더 쉽다. 여러분은 주변에서 마주치는 얼굴들에 더 친숙하며 자신과 유사한 얼굴을 변별하기 쉽게 해주는 것이 바로 친숙성이기 때문이라고 생각할는지 모르겠다. 그런데 이제 여러분이 "빨강" 성격을 가지고 있다는 말을 듣는다고 상상해보자. 이 사실을 아는 것이 "파랑" 성격과 대비하여 빨강 성격을 가진 사람을 재인하는 것을 더 쉽게 만들어줄 것이라고 생각하는가? 그들이 모두 동일한 인종이라고 하더라도 말이다. (피부 색깔이든, 성격 유형이든, 아니면 다른 어떤 특성이든지 간에) 자신의 집단과 다른 집단에 속한 사람들을 구분하는 것은 일종의 사회 범주화이다. 연구들은 실제로 사회 범주화가 얼굴을 쉽게 재인하는 정도에서 어떤 역할을 담당한다는 사실을 보여주어 왔다. 누군가를 외집단 구성원으로 지각하는 순간, 그 사람의 얼굴을 재인하는 것이 어려워진다. 이 효과는 상당히 안정적이어서 빨강 또는 파랑 성격 아니면 흰 얼굴에 아프리카계 미국인 헤어스타일을 첨가하는 것과 같이 상상적인 차이도 이 효과를 유발할 수 있다(Bernstein, Young, & Hugenberg, 2007; Ge 등, 2009; MacLin & Malpass, 2001, 2003).

반구 모두이든, 얼굴을 재인하는 능력은 특히 우반구 방추상회 손상의 영향을 많이 받는다. 양쪽 반구 모두의 손상이 우반구 전측 측두엽을 포함할 때 특히 얼굴 기억이 저하된다(Barton, 2008). 얼굴실인증 환자는 얼굴을 재인하는 데 너무나 어려움을 겪기 때문에 삶의 다른 영역도 곤란해지게 된다. 예컨대, 영화에 등장하는 여러 배우들의 행적을 좇아갈 수 없으며, 그 배우들이 다른 장면에 등장할 때 재인할 수 없기 때문에 영화를 제대로 볼 수 없다.

조현병 환자는 얼굴 정서를 재인하는 데 어려움이 있기 십상이다. 이러한 어려움은 조현병 환자가 상대방 얼굴을 바라다보는 방식에 의한 것일 가능성이 있다. 건강한 사람은 상대방의 코와 입 영역뿐만 아니라 두 눈에 주의를 기울이면서 역삼각형의 형태로 얼굴을 주사한다. 조현병 환자는 얼굴의 현저한 자질들을 잘 살피지 않으며 소수의 지점만을 오랫동안 응시하는 경향이 있다(Drusch 등, 2014; Lee 등, 2011).

읽기 초보자가 특정 단어를 구성하는 자질을 재인하는 데 어려움을 겪는 초기 읽기 장애와 같은 다른 장애들은 첫 번째 자질 분석 시스템의 손상에서 유래한 것일 수 있다. 처리과정은 한 시스템에서 다른 시스템으로 이동할 수 있다. 정상인은 첫 번째 시스템을 통해서 요소 단위로 단어 모양을 학습한 다음에 전체로서의 단어를 재인하게 된다. 실제로 몇몇 형태의 읽기 장애는 두 번째 시스템이 첫 번째 시스템의 역할을 대신하지 못하는 데서 유래한다.

개념 확인

1. 주요 게슈탈트 원리에는 어떤 것이 있는가?
2. "성분 재인" 이론이란 무엇인가?
3. 지각의 하향처리 이론과 상향처리 이론 간의 차이는 무엇인가?
4. 관찰자 중심 지각과 대상 중심 지각 간의 차이는 무엇인가?
5. 얼굴실인증이란 무엇인가?

환경이 보는 것을 도와준다

지금까지 본 바와 같이, 망막상을 후속해서 해석하지 않은 채 받아들인다면 지각과정을 결코 완료할 수 없다. 두뇌는 받아들이는 자극을 해석하고 의미를 부여할 필요가 있다. 환경은 망막상을 분석하고 외부 세계에 존재하는 것과 가능한 한 일치하는 지각을 구성하는 것을 도와주는 단서를 제공해준다. 적어도 외부 세계에 있는 것을 확신할 수 있는 정도로 말이다. 이 장의 후속 부분은 세상을 지각하기 위하여 환경 단서들을 사용하는 방식을 설명한다.

지각 항등성

인지심리학 강의실로 걸어가고 있는 모습을 상상해보라. 두 학생이 강의실 문 밖에 서 있다. 여러분이 접근하는 동안 잡담을 나누고 있다. 문에 가까워짐에 따라서 그 학생들의 모습에 할애하는 망막의 영역도 점차 증가한다. 한편으로 이러한 근접 감각 증거는 학생들이 점차 커지고 있다는 사실을 시사한다. 다른 한편으로는 학생들의 크기가 동일하다고 지각한다. 그 이유는 무엇인가?

지각시스템은 지각장에서 대상을 분석함으로써 변화에 대처한다. 두 학생을 일정한 크기로 지각한 것이 지각 항등성의 한 사례이다. **지각 항등성**(perceptual constancy)은 원격 대상에 대한 근접 감각이 변할 때조차도 지각은 동일하게 남아있을 때 발생한다(Gillam, 2000). 원격 대상의 물리적 특징은 아마도 변하지 않을 것이다. 사람들은 외부 세계에 효과적으로 대처할 수 있어야하기 때문에, 지각시스템은 근접자극의 지각을 조절하는 기제를 가지고 있는 것이 확실하다. 따라서 근접 감각이 변하더라도 지각은 일정하게 남아있는 것이다. 여기서는 두 가지 핵심 항등성, 즉 크기 항등성과 모양 항등성을 살펴본다.

크기 항등성(size constancy)은 근접자극의 크기가 변함에도 불구하고 대상 크기를 일정하게 유지하는 지각이다. 망막상의 크기는 대상과 눈 간의 거리에 직접적으로 달려있다. 동일한 대상이 상이한 거리에 있을 때 상이한 크기의 망막상을 투사한다. 일반적으로 크기 항등성을 달성하는 데 도움을 주던 바로 그 정보가 감각시스템과 지각시스템을 잘못 유도할 때 몇 가지 놀라운 착시가 발생한다. 대상 크기를 정확하게 판단하는 것은 대체로 학습해야만 하는 것이다. 완벽하게 생득적이지 않다. 한 연구는 다양한 연령대의 아동과 성인에게 6m 또는 61m 떨어진 거리에 제시한 동전의 크기를 판단하도록 한 결과, 50세 이상의 성인뿐만 아니라 7~10세의 아동이 멀리 있는 동전 크기를 가장 정확하게 판단하였다. 5~6세 아동은 동전 크기를 과소평가하였으며, 젊은 성인은 과대평가하였다. 가까이 있는 동전 크기는 연령에 관계없이 모든 참가자들이 과소평가하였다(Kavšek & Granrud, 2012).

크기 항등성의 한 사례가 뮐러-라이어 착시이다(그림 3.23). 동일한 길이의 두 선분이 다른 길이로 보인다. 우리는 일상 경험을 통한 모양과 각도를 사용하여 대상의 상대적 크기에 관한 결론을 도출한다. 상이한 깊이에 있으면서 망막상의 크기가 동일한 것은 일반적으로 상이한 크기의 대상을 나타낸다.

연구들을 보면, 사람들에게 뮐러-라이어 착시에서 선분 길이를 판단하도록 요구할 때, 우반구 후측 두정피질(심상 조작에 관여한다)과 측두후두피질이 활동한다. 착시의 강도는 선분의 경계를 한정짓는 화살(또는 깃털)의 각도를 조절함으로써 변할 수 있다. 즉, 각도가 예리할수록 착시가 현저하게 나타난다. 착시의 강도는 양반구 모두의 외측 후두피질과 우반구 상측 두정피질의 활동과 관련되어있다. 두정내구도 활동하는 것을 볼 때, 착시 정보는 시공간 판단을 책임지고 있는 우반구 두정피질에서 일어나는 하향처리와 상호작용하는 것으로 보인다(Weidner & Fink, 2007).

마지막으로 그림 3.20의 원 패턴 쌍에서 두 개의 가운데 원을 비교해보라. 두 원은 실제로 동일한 크기이다. 그렇지만 주변 원들과의 상대적인 크기가 가운데 원의 크기

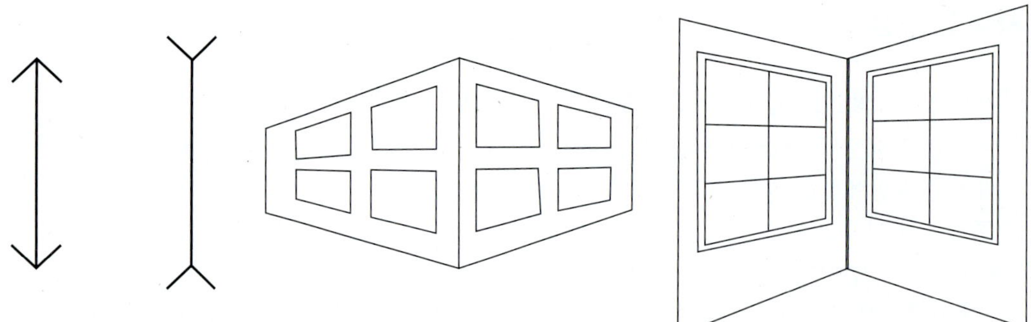

그림 3.23 뮐러-라이어 착시. 이 착시에서 사람들은 동일한 길이의 선분을 다른 길이로 보는 경향이 있다. (a)와 (c)의 수직 선분이 (b)와 (d)의 수직 선분보다 짧은 것처럼 보인다. 모두 동일한 길이임에도 말이다. 이상한 일이지만 우리는 어째서 이렇게 단순한 착시가 일어나는 것인지 확신하지 못하고 있다. 때때로 (a)와 (b)의 추상적 선분에서 보는 착시를 수직 선분 끝에 붙어있는 대각선을 가지고 설명하는데, 이것은 건물 외부(c)와 내부(d)를 지각할 때 보는 것과 유사한 암묵적 깊이단서일 수 있다(Coren & Girgus, 1978)

출처: Coren, S., & Girgus, J. S. (1978). Visual Illusions. In R. Held, H. Leibowitz, & H. Teuber (Eds.), *Handbook of sensory physiology: Vol. VIII. Perception*. Berlin: Springer Verlag.

지각에 영향을 미친다.

모양 항등성도 크기 항등성과 마찬가지로 거리 지각과 관련되어있지만, 상이한 방식으로 관련된다. **모양 항등성**(shape constancy)은 근접자극의 모양이 변함에도 불구하고 대상은 동일한 모양을 유지하는 지각이다(그림 3.24). 방향이 변함으로써 망막상 모양이 변함에도 대상의 지각한 모양은 동일하게 남아있다. 문이 열림에 따라서 문의 몇몇 부분은 관찰자와의 거리가 변하면서 상이하게 변하는 것처럼 보인다. 이러한 모양 분석에 관여하는 두뇌영역을 확인하기 위하여 신경심리 영상을 사용할 수 있다. 그 영역은 선조체외피질에 들어있다(Kanwisher 등, 1996, 1997). 문의 바깥쪽 모서리는 안쪽 모서리보다 빠르게 관찰자 쪽으로 운동하는 것처럼 보인다. 그럼에도 불구하고 우리는 문이 동일한 모양으로 남아있는 것으로 지각한다. 대상이 비대칭적일 때보다 대칭적일 때 지각에서 모양 항등성을 달성하기 용이하다. 대칭성이 대상의 방향에 관한 단서를 제공하기 때문이다(Lee & Saunders, 2013).

그림 3.24 모양 항등성. 여기서 문이 닫혀있거나, 약간 열렸거나, 조금 더 열렸거나, 완전히 열린 모습을 보여주는 문과 문틀을 볼 수 있다. 물론 각 경우에 문이 다른 모양을 하고 있는 것으로 보지는 않는다. 실제로 만일 문을 열 때마다 모양이 변하는 것으로 지각한다면 정말 이상할 것이다. 그런데 망막이 감각하는 문의 모양은 그 문을 열 때 변한다. 그림을 들여다보면, 열린 정도에 따라 문의 모양이 다르다는 사실을 보게 된다.

깊이지각

찻잔에 손을 뻗거나 야구공을 던질 때 어떤 일이 일어나는지 생각해보자. 깊이에 관한 정보를 사용해야만 한다. **깊이**(depth)는 참조면으로부터의 거리이며, 일반적으로 깊이지각을 말할 때는 자신의 신체를 참조면으로 사용한다. 깊이 정보의 사용은 신체가 닿을 수 있는 범위를 넘어서 확장된다. 운전할 때, 여러분은 다가오는 자동차의 거리를 평가하는 데 깊이를 사용한다. 길거리를 걸어가고 있는 친구를 불러 세우려고 할 때, 얼마나 큰 소리로 부를 것인지를 결정한다. 여러분의 결정은 친구가 얼마나 멀리 떨어져있다고 지각하는지에 달려있다. 망막의 근접자극은 보고 있는 것의 단지 2차원 표상만을 제공함에도 어떻게 3차원 공간을 지각하는 것인가? 깊이단서에 의존할 수밖에 없다. 이 절은 깊이단서란 무엇이며 어떻게 사용하는 것인지를 다룬다.

깊이단서

그림 3.25의 불가능한 도형을 살펴보자. 이 그림이 혼란스러운 까닭은 장면의 여러 곳에서 깊이정보가 상충하고 있기 때문이다. 이러한 불가능한 장면의 작은 부분들이 정상적인 것처럼 보이는 까닭은 부분적으로는 깊이단서들이 일관성을 유지하기 때문이다(Hochberg, 1978). 그렇지만 그림을 전체로서 이해하기는 어렵다. 그림의 다양한 부분에서 깊이 정보를 제공하는 단서들이 갈등을 일으키기 때문이다.

일반적으로 깊이단서는 단안적이거나 양안적이다. **단안 깊이단서**(monocular depth cue)는 2차원에서도 나타낼 수 있으며, 하나의 눈만 가지고 관찰할 수 있다. 그림 3.26은 표 3.3에서 정의한 단안 깊이단서들을 예시하고 있다. 여기에는 결기울기, 상대적 크기, 중첩, 선형 조망, 공간 조망, 그림 평면에서의 위치, 운동시차 등이 포함된다. 표나 그림 설명에서 단서들에 관한 내용을 읽기에 앞서, 그림부터 들여다보라. 그림을 그저 주의 깊게 살펴봄으로써 얼마나 많은 깊이단서를 찾아볼 수 있는지를 보라.

표 3.3은 그림에 나와 있지 않은 유일한 단안 깊이단서인 운동시차를 기술하고 있다. 운동시차는 움직임을 필요로 한다. 따라서 그림과 같이 정지 영상에서는 깊이를 판단하는 데 사용할 수 없다. 깊이를 판단하는 또 다른 수단은 **양안 깊이단서**(binocular depth cue)를 수반하는데, 두 눈 모두로부터 3차원에 관한 감각정보를 받아들이는 것에 기초한다(Parker, Cumming, & Dodd, 2000). 표 3.3은 깊이 지각에 사용하는 양안

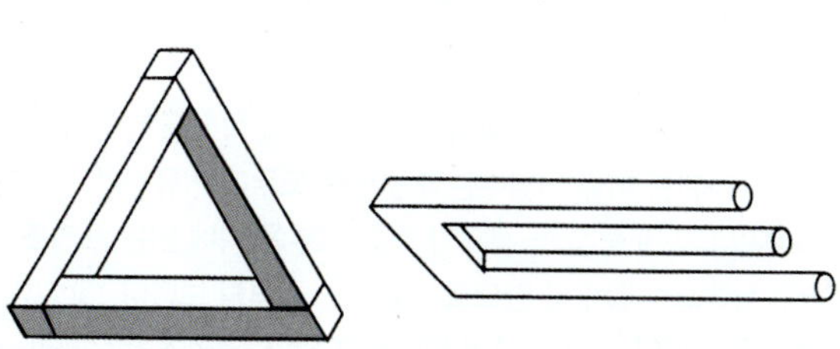

그림 3.25 불가능한 도형. 어떤 단서들이 이렇게 불가능한 도형을 완벽하게 그럴 듯한 도형으로 지각하도록 이끌어 가는가?

인지심리학의 실제 적용

사진에서 깊이단서

모델과 배우들은 사진을 찍을 때 멋지게 보이려고 지각의 깊이단서를 활용하는 경우가 많다. 예컨대, 어떤 모델들은 사진 찍는 특정 각도나 방향만을 허용한다. 얼굴 정중선 약간 아래에서 사진을 찍으면 긴 코가 짧아 보일 수 있다(코가 긴 바브라 스트레이전드를 여러 각도에서 찍은 사진들을 자세하게 살펴보라). 그렇게 찍으면 콧날이 약간 뒤로 물러나기 때문이다. 또한 몸을 약간 앞으로 기울이면 상체가 하체보다 약간 크게 보일 수 있으며, 뒤로 기울이면 반대 효과가 나타난다. 단체 사진에서 다른 사람 뒤에 서게 되면 약간 작아 보인다. 앞줄에 서면 조금 크게 보인다. 여성 수영복 디자이너들은 다리가 더 길어 보인다거나 허리가 가늘어 보인다거나 가슴을 크거나 작게 보이게 만드는 등, 신체의 상이한 자질을 돋보이게 하기 위하여 착시를 일으키는 수영복을 만든다. 지각을 변화시키는 이러한 몇몇 처리과정은 기본적인 것이어서 많은 동물종은 자신을 크게 보이게 하거나(예컨대, 날개를 활짝 펴는 수컷 공작새), 포식자로부터 자신의 존재를 위장하기 위한 특수 적응기제를 가지고 있다.

여러분은 사진을 찍을 때나 파티복을 입을 때 멋지게 보이기 위해 지각과정을 어떻게 활용할 수 있겠는가?

(a)

(b)

그림 3.26 깊이단서. 카를로 크리벨리는 왼쪽의 ≪수태고지≫ 작품에서 거장답게 적어도 다섯 개의 단안 깊이단서를 예시하고 있다. (1, 2) 결기울기와 상대적 크기: 바닥 타일은 회랑의 앞부분과 뒷부분 모두에서 유사하게 보이지만, 회랑 앞부분의 타일이 뒷부분의 것보다 더 크고 더 넓게 펴져있다. (3) 중첩: 공작새가 회랑 오른쪽 벽에 있는 프리즈의 시야를 부분적으로 가리고 있다. (4) 선형 조망: 회랑 벽의 측면은 뒤쪽으로 갈수록 안으로 수렴하는 것처럼 보인다. (5) 그림 평면에서의 위치: 회랑 뒤쪽에 있는 사람들을 회랑 앞쪽에 있는 사람들보다 그림 위쪽에 묘사하고 있다. 모리츠 코르넬리스 에셔는 오른쪽 ≪폭포≫ 작품에서 역설적 장면을 묘사하기 위해서 시지각에 관한 지식을 사용하였다. ≪폭포≫ 작품에서 우리로 하여금 불가능한 것을 지각하도록 이끌고 있는 다양한 단안 깊이단서들의 목록을 만들어보라.

표 3.3 깊이지각의 단안 단서와 양안 단서

다양한 지각단서들이 3차원 지각을 도와준다. 몇몇 단서는 하나의 눈으로도 사용할 수 있으며, 다른 단서는 두 눈의 사용을 필요로 한다.

깊이지각 단서	가깝게 보일 때	멀게 보일 때
단안 깊이단서		
결기울기	단위가 커지고 단위 간격이 성기다.	단위가 작아지고 촘촘하다.
상대적 크기	커 보인다.	작아 보인다.
중첩	부분적으로 다른 대상을 가린다.	부분적으로 가려져 있다.
선형 조망	평행선이 수평선으로부터 멀리 있을수록 확산하는 것으로 보인다.	평행선이 수평선에 접근할수록 수렴하는 것으로 보인다.
공간 조망	이미지가 확실하고 더 선명하게 나타난다.	이미지가 모호하고 덜 선명하게 나타난다.
그림 평면에서의 위치	수평선 위로는 대상이 높은 곳에 위치한다. 수평선 아래로는 낮은 곳에 위치한다.	수평선 위로는 대상이 낮은 곳에 위치한다. 수평선 아래로는 높은 곳에 위치한다.
운동시차	접근하는 대상이 점점 빠른 속도로 커진다. (즉, 가까울수록 크고 빠르게 운동한다.)	멀어지는 대상이 점점 느린 속도로 작아진다. (즉, 멀수록 작고 느리게 운동한다.)
양안 깊이단서		
양안 수렴	두 눈이 코 쪽으로 몰린다.	두 눈이 코 바깥쪽으로 벌어진다.
양안 부등	두 망막상 간의 차이가 크다.	두 망막상 간의 차이가 작아진다.

단서들도 요약하고 있다.

양안 깊이단서는 두 눈의 상대적 위치를 이용한다. 두 눈은 두뇌에 전달하는 두 가지 종류의 정보, 즉 양안 부등과 양안 수렴을 제공하기에 충분한 정도로 떨어져있다. **양안 부등**(binocular disparity)에서는 사물이 접근함에 따라서 두 눈은 점차적으로 차이가 더 큰 이미지를 두뇌에 전달한다. 두뇌는 차이나는 정도를 거리 지표로 해석한다. 이에 덧붙여서 비교적 가까운 위치의 대상의 경우에는 양안 수렴에 기초한 깊이단서를 사용한다. **양안 수렴**(binocular convergence)에서는 대상이 가까워짐에 따라서 두 눈이 점차적으로 안쪽으로 몰린다. 두뇌는 이러한 근육 운동을 거리 지표로 해석한다.

두 눈이 적절하게 정렬되지 못한 대략 8%의 사람들(사시)의 경우에는, 깊이지각이 오직 한 눈으로만 가능하다. 일반적으로 사시를 가지고 있는 사람은 만일 눈이 적절하게 정렬되었더라면 중심와가 포착했었을 공간 영역을 포착하는 다른 예민한 망막 영역을 가지고 있다. 이 문제는 중심와에서 나오는 신호를 부분적으로 억제하는 것과 맞물려있다. 만일 중심와도 민감한 채로 남아있게 되면, 이중상을 만들게 되는데, 그 이중상을 결합하여 단지 한 눈만을 가지고도 입체 시각을 초래하게 된다(Rychkova & Ninio, 2009).

인지심리학 연구하기

양안 깊이단서

손가락을 코끝에서 조금 떨어진 위치에 놓아봄으로써 양안 부등을 검증해볼 수 있다. 우선 한 눈을 가린 채 손가락을 본 다음에, 반대로 해보라. 손가락이 좌우로 점프하는 것처럼 보일 것이다. 이제 60cm 떨어진 대상을 가지고 시도해본 다음, 100m 떨어진 대상에 대해서 시도해보라. 양안 부등의 정도를 나타내는 점프하는 것처럼 보이는 현상이 거리가 증가함에 따라 감소하게 된다. 두뇌는 부등에 관한 정보를 깊이단서로 해석한다.

깊이지각은 대상이 관찰자와 상대적으로 위치하는 거리나 깊이 이상의 것에 의존하기도 한다. 표적까지의 거리 지각은 표적 위치로 걸어가는 데 필요한 노력의 영향을 받는다(Proffitt 등, 2003, 2006). 무거운 배낭을 지고 있는 사람은 표적 위치까지의 거리를 배낭을 지고 있지 않은 사람보다 멀게 지각한다. 다시 말해서 지각한 결과와 지각한 대상에 도달하는 데 필요하다고 지각한 노력 간에 상호작용이 있을 수 있다(Wilt, Proffitt, & Epstein, 2004). 무엇엔가 도달하는 데 더 많은 노력이 필요할수록, 더 멀게 지각하는 것이다.

깊이지각은 단서가 지각을 촉진시키는 방식에 관한 좋은 사례이다. 작게 보이는 대상을 볼 때는 그것이 멀리 있다고 믿을 자동적인 이유가 없다. 두뇌가 이러한 맥락 정보를 사용하여 작아 보이는 대상은 멀리 있다고 결론짓는 것이다.

깊이지각의 신경과학

그림 3.27은 양안 부등과 양안 수렴이 작동하는 방식을 예증하고 있다. 두뇌는 깊이지각에 전문화된 뉴런을 가지고 있다. 예상하는 바와 같이, 이 뉴런을 **양안 뉴런**(binocular neuron)이라고 부르며, 두 눈에서 들어오는 정보를 통합하여 깊이에 관한 정보를 형성한다. 양안 뉴런은 시각피질에서 볼 수 있다(Parker, 2007).

동물과 인간 모두를 대상으로 수행한 연구를 보면, 외측 후두피질과 복측 측두피질과 같은 중요한 시각 영역뿐만 아니라 복측 시각 영역에서도 시각 자극을 처리한다는 사실을 알 수 있다. 움직이는 3차원 모양은 일차 시각피질에서 우선적인 처리를 마친 후에, 운동처리에 관여하는 영역인 중앙 측두엽(MT)이 처리한다. 다음으로 처리할 것이 깊이 정보와 모양 정보이다. 이 처리는 주로 시각피질의 V5 영역에서 일어난다. 중앙 두정엽도 어느 정도는 이 처리에 관여한다. 다음 단계에서는 외측 후두피질에서 자극의 상이한 자질들을 분석하여 움직이는 대상으로부터 모양을 추론한다. 그런 다음에 추론한 모양을 복측 후두피질과 복측 측두피질에 있는 모양 표상과 비교한다. 처리과정은 두정피질과 일차 시각피질의 활동으로 종료되는데, 이것은 처음에 시각 자극을 처리하는 일차 시각피질 영역에 영향을 미치는 하향처리에 두정피질이 관여한다는 사실을 시사한다(Jiang 등, 2008; Orban 등, 2003).

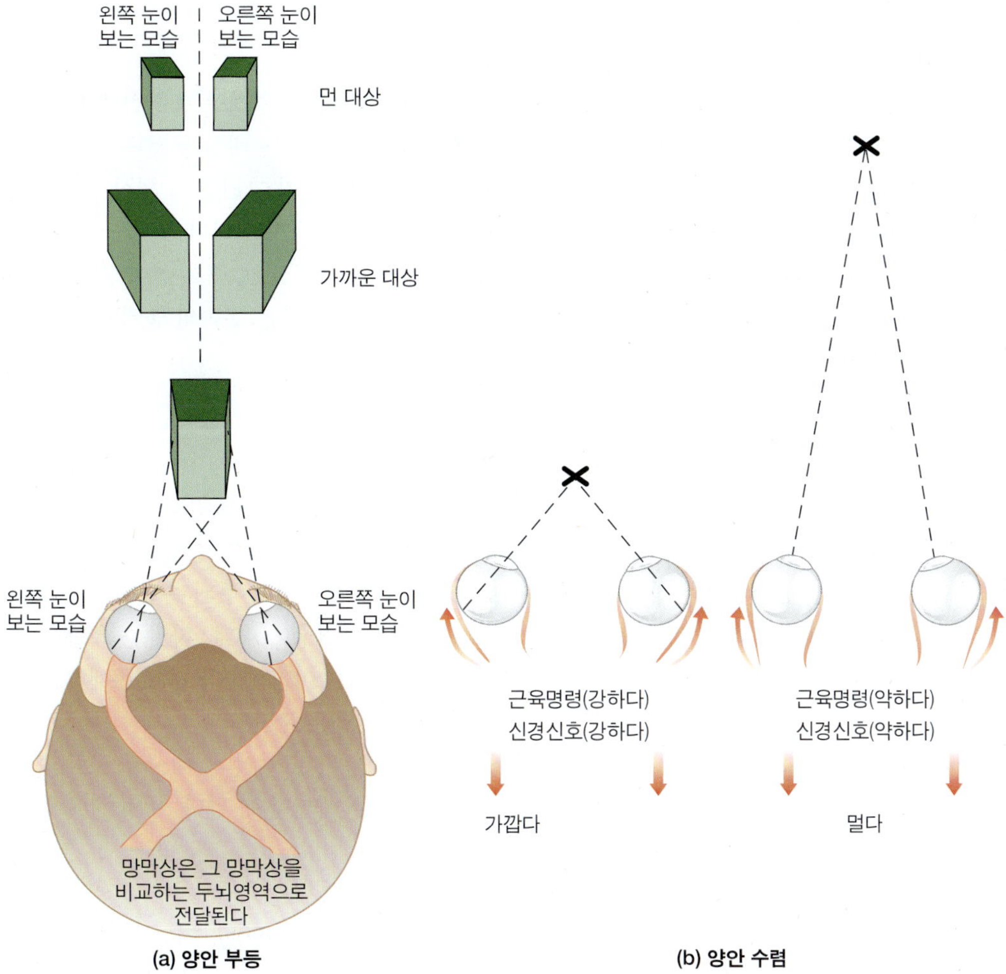

그림 3.27 양안 부등과 수렴. (a) 양안 부등: 대상이 가까울수록, 각 눈이 감각하는 모양 간의 차이가 커진다. (b) 양안 수렴: 두 눈은 머리에서 약간 다른 곳에 위치하기 때문에, 시력이 가장 뛰어난 중심와에 상이 맺히도록 눈을 움직일 때, 각 눈이 동일한 상을 받아들이기 위해서 안쪽으로 모아질 수밖에 없다. 보려는 대상이 가까울수록, 두 눈은 더욱 안쪽으로 수렴해야 한다. 눈근육은 두 눈이 안쪽으로 수렴한 정도에 관한 메시지를 두뇌에 보내고, 두뇌는 그 메시지를 깊이 단서로 해석한다.

❁ 지각 결손

인지심리학자들은 정상인의 지각을 연구함으로써 정상적인 지각과정에 관하여 많은 사실을 알고 있다. 그렇지만 부차적으로는 지각과정이 정상에서 벗어난 사람들을 연구함으로써 지각에 관한 이해를 얻기 십상이다(Farah, 1990; Weiskrantz, 1994).

실인증과 운동실조증

지각 결손은 지각시스템이 작동하는 방식에 관한 가설을 검증하는 훌륭한 방법을 제공해준다. 두 개의 차별적인 시각경로가 존재하는데, 하나는 대상(무엇)을 확인하기 위한 경로이고, 다른 하나는 대상이 공간 어디에 위치하는지 그리고 그 대상을 어떻게 다루는지(어디 또는 어떻게)를 알아내려는 경로라는 사실을 명심하라.

무엇-어떻게 가설(what-how hypothesis)은 처리능력 결손, 즉 자신이 본 것을 재인하는 능력을 상실하고 그 대상에 접근하는 능력을 상실하는 결손의 증거가 가장 잘 지지해준다.

"무엇" 지각의 어려움

우선 "무엇"을 생각해보자. **실인증**(agnosia)으로 고생하는 사람은 감각정보를 지각하는 데 어려움이 있다(Moscovitch, Winocur, & Behrmann, 1997). 실인증은 측두엽과 후두엽 경계 영역이 손상을 입거나(Farah, 1990, 1999), 외상성 두뇌 손상으로 인하여 여러 부위의 혈류가 막힘으로써(Zoltan, 1996) 나타나기 십상이다. 다양한 유형의 실인증이 존재한다. 모든 실인증이 시각적인 것은 아니다. 여기서는 공간에 존재하는 형태와 패턴을 보지 못하는 몇 가지 특별한 장애에 초점을 맞춘다.

일반적으로 실인증 환자는 정상적인 감각능력을 가지고 있다. 대상과 사람의 색깔과 모양을 지각할 수 있지만, 그 대상이 무엇인지를 재인할 수 없다. 무엇 경로에 문제가 있는 것이다.

시각 대상 실인증으로 고생하는 사람은 시야의 모든 부분들을 볼 수 있지만, 보고 있는 대상이 아무런 의미도 갖지 못한다(Kolb & Whishaw, 1985). 예컨대, 한 실인증 환자는 안경을 보면서, 처음에는 원이 하나 있다는 사실을 지적한 다음에 또 다른 원과 가로대를 지적하고는 마침내 자전거를 보고 있었다고 추측하였다. 실제로 자전거가 두 개의 원과 하나의 가로대를 가지고 있기는 하다(Luria, 1973).

피질 측두엽의 와해는 **동시실인증**(simultagnosia)을 초래할 수 있다. 동시실인증 환자는 한 번에 둘 이상의 대상에 주의를 기울일 수 없다. 한 동시실인증 환자는 그림 3.28에 묘사한 대상들을 볼 수 없었다. 이 사람은 망치를 보았다고 보고할 수는 있었지만, 다른 대상들은 보고할 수 없었다(Williams, 1970).

그림 3.28 동시실인증. 이 그림을 보면, 중첩된 여러 사물들이 있다. 동시실인증 환자는 동시에 둘 이상의 대상을 볼 수 없다.

출처: Coren, S., & Ward, L. M. (1989). *Sensation and Perception*. Harcourt Brace & Company.

얼굴실인증은 사람 얼굴을 재인하는 능력의 심각한 손상을 초래한다(Farah 등, 1995; Feinberg 등, 1994; McNeil & Warrington, 1993; Young, 2003). 얼굴실인증 환자는 거울에 비친 자신의 얼굴도 재인하지 못할 수 있다. 이렇게 흥미로운 장애는 시지각에서 인기 있는 주제인 얼굴 재인에 관한 많은 연구를 촉발하였다(Damasio, 1985; Farah 등, 1995; Farah, Levinson, & Klein, 1995; Haxby 등, 1996). 얼굴실인증은 우반구 방추상회의 기능을 강력하게 함축한다. 특히 우반구 측두엽 손상과 연관되어있다. 얼굴실인증을 포함하여 실인증 일반은 오랜 시간 지속되는 장애이다. 예컨대, 한 여인은 일산화탄소에 중독되어 얼굴실인증을 포함한 여러 가지 실인증으로 고통 받기 시작하였다. 40년이 경과한 후에 재평가를 받았으나, 여전히 결손을 나타냈다. 이러한 결과는 실인증이 오랫동안 지속한다는 사실을 보여주는 것이다(Sparr 등, 1991).

"어떻게"를 알아내는 데 어려움

다른 유형의 지각 결손은 어떻게 경로의 손상과 관련되어있다. 이 결손이 **시각성 운동실조**(optic ataxia)이며, 움직임을 이끌어가도록 시각시스템을 사용하는 능력이 손상된 것이다(Borchers 등, 2013). 이 환자는 대상에 접근하는 데 어려움이 있다. 우리는 모두 밤늦게 집에 오면서 현관 열쇠구멍을 찾느라 애를 먹었던 경험을 가지고 있다. 너무 어두워 잘 보이지 않아서 열쇠를 가지고 열쇠구멍을 찾느라 많은 시간을 허비하게 된다. 운동실조 환자는 밝은 시야에서조차 이러한 문제를 갖는다. 어떻게 경로가 손상된 것이다.

운동실조는 감각운동 정보를 처리하는 후측 두정엽의 처리 실패가 초래한다. 높은 수준의 처리과정이 관여하는 것으로 가정하고 있는데, 대부분의 장애가 복잡하며 특정 상황에서는 대상을 포착할 수 있기 때문이다(Jackson 등, 2009). 운동실조 환자는 움직임을 몇 초 동안 유보할 때 목표 대상을 향한 운동을 개선시킬 수 있다. 즉각적인 움직임은 배측 시스템 처리를 통해서 수행하는 반면, 지연된 움직임은 후두측두 영역과 측두두정 영역을 포함한 복측 시스템을 사용한다(Himmelbach 등, 2009; Milner 등, 2003; Milner & Goodale, 2008).

지각과정들은 상호 독립적인가?

상이한 유형의 지각 결손을 살펴보면서, 각 결손이 매우 세부적이라는 사실에 놀라고 말았다. 혹자는 색깔 이름을 말할 수 없고, 다른 사람은 움직임이나 얼굴을 재인할 수 없다. 또 다른 사람은 탁자 위에 있는 머그잔을 볼 수는 있지만, 집을 수는 없다. 극단적이라고 할 만큼 세부적인 유형의 결손은 전문화(모듈 처리)에 관한 물음으로 이끌어간다. 색채 재인이나 얼굴 재인과 같은 특정 지각과제를 위한 차별적인 처리 중추나 모듈이 존재하는 것인가? 이 물음은 상이한 감각 양상(예컨대, 시지각과 청지각 간의 차이)에 따른 지각 처리의 분리를 넘어서는 것이다. 모듈 처리는 특정 과제에 전문화된 처리다. (색채 지각에서처럼) 시각처리만을 수반할 수도 있으며, (제10장에서 논의할 말지각의 몇몇 측면들처럼) 시각처리와 청각처리의 통합을 수반할 수도 있다. 얼굴지각(아니면 어떤 지각 처리이든지 간에)을 진정한 모듈 처리로 간주하기 위해서는 그

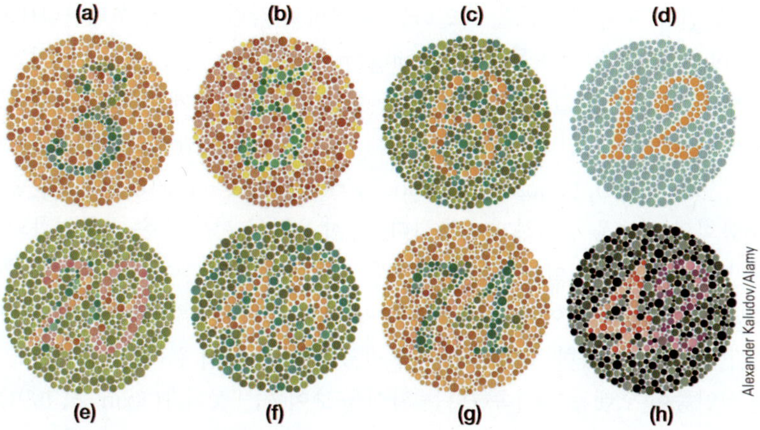

그림 3.29 색채지각 이상을 탐지하기 위하여 이시하라 검사판을 자주 사용한다. 정상 시각을 가지고 있는 사람은 a) 3, b) 5, c) 6, d) 12, e) 29, f) 45, g) 74, h) 42를 볼 수 있다. 적록색맹은 a) 5, b) 숫자 없음, c) 숫자 없음, d) 12, e) 70, f) 숫자 없음, g) 21, h) 2 또는 4를 본다.

처리과정이 영역 특수적이기에 특정 유형의 정보만을 사용하며, 정보가 상이한 모듈 간에 자유롭게 이동하지 못한다는 더 많은 증거를 수집할 필요가 있다. 즉, 다른 지각 과정이 얼굴지각에 공헌하지도, 방해하지도, 정보를 공유하지도 않아야 한다.

색채지각의 비정상

색채지각 결손은 여자보다 남자에게서 더 보편적이며, 유전과 관련되어있다. 그렇지만 복내측 후두엽과 측두엽의 손상이 초래할 수도 있다.

다양한 유형의 색채 결손이 존재하며, 때때로 "색맹"의 유형이라고 부르기도 한다. 가장 흔하지 않은 유형이 **간상체 단색지각**(rod monochromacy)이며, 무색상지각(achromacy)이라고도 부른다. 이 장애를 가지고 있는 사람은 색채지각이 전혀 없다. 진정한 의미의 색맹이다. 이 상태에서는 원추체가 기능하지 않는다. 간상체를 통해서만 시각이 기능하기 때문에 회색 배열만을 본다.

색채지각 결손으로 고통 받는 대부분의 사람들은 색맹이란 이름에도 불구하고 여전히 몇몇 색깔을 지각할 수 있다. **이색지각**(dichromacy)에서는 세 가지 색채지각 기제 중에서 두 가지만 작동하고 한 가지는 제대로 작동하지 않는다. 이러한 오작동의 결과는 세 가지 유형의 색맹(색채지각 결손) 중 하나를 초래한다. 가장 보편적인 것이 적록 색맹이다. 이러한 형태의 색맹은 비록 검은 빨강과 밝은 녹색은 구분할 수 있을지라도 빨강을 녹색과 구분하는 데 어려움이 있다(*Visual disabilities: Color-blindness*, 2004). 극단적인 형태의 적록 색맹을 **적색맹**(protanopia, 제1색맹)이라고 부른다. 다른 유형의 색맹은 **녹색맹**(deuteranopia, 제2색맹; 적색맹과 유사한 증상을 보이면서 녹색을 보는 데 어려움이 있다)과 **청황색맹**(tritanopia, 제3색맹; 파란색과 녹색을 혼동하며, 노란색을 밝은 빨간색으로 혼동한다)이다. 그림 3.29은 색채지각의 이상을 탐지하기 위해서 보편적으로 사용하는 검사판을 보여주고 있다.

개념 확인

1. 모양 항등성이란 무엇인가?
2. 깊이지각의 주요 단서에는 어떤 것이 있는가?
3. 시각 실인증이란 무엇인가?
4. 단색지각과 이색지각 간의 차이는 무엇인가?

❀ 지각이 중요한 까닭은 무엇인가? 지각 훈련

지각과정과 변화맹은 교통사고 그리고 사고 예방 노력 모두에서 중차대한 역할을 담당한다. 대략 50%의 추돌 사고는 지각 실패나 지연의 결과이다(Nakayama, 1978). 특히 "보고는 있었지만 지각에 실패한" 사고에는 이륜차, 즉 오토바이가 수반되기 십상인데, 이 사고에서 차량 운전자는 오토바이 운전자의 진행방향을 실제로 보고 있었지만 달려오는 오토바이를 보지 못하였다고 진술한다(Clabaux 등, 2012). 운전자는 교차로와 같이 복잡한 상황에서 사용하는 특정한 "훑어보기" 전략을 개발할 가능성이 있다. 훑어보기 전략은 가장 보편적이고 위험한 대상에 집중하지만, 오토바이와 같이 약간 변형되거나 보편적이지 않은 대상을 재인하는 데 실패한다. 이에 덧붙여서 사람들은 눈을 깜빡이거나 안구도약운동(두 눈을 한 방향으로 빠르게 움직이는 것) 후에 새로운 대상을 재인하지 못하는 경향이 있다.

일반적으로 사람들은 변화맹의 위험을 자각하지 못하며, 특정 방향을 바라보고 있을 때는 모든 장애물을 볼 수 있다고 믿는다(Davis 등, 2008; Simons & Rensink, 2005). 제4장에서 변화맹을 보다 자세하게 논의한다. 이 경향성은 지각능력과 관련하여 운전자를 교육하는 데 있어서의 함의를 가지고 있다. 교통 환경을 설계하는 데에도 함의가 있다. 복잡한 교통흐름을 촉진하고 운전자로 하여금 자전거와 같이 예상하지 못한 장애물을 자각하도록 교통 환경을 설계하여야 한다(Galpin, Underwood, & Crundall, 2009; Koustanai 등, 2008).

핵심 주제

제1장에서 개관하였던 몇 가지 핵심주제가 지각 연구에서 출현한다.

합리주의 대 경험주의. 사람들이 지각하는 방식 중에서 얼마나 많은 것들을 지각 기제와는 비교적 독립적인 환경 질서를 가지고 이해할 수 있겠는가? 깁슨의 견해에 따르면, 지각하는 것의 대부분은 경험과는 독립적으로 자극 구조에서 유래한다. 반면에 구성 지각의 견해에 따르면 사람들이 지각을 구축한다. 환경과의 경험에 근거하여 지각을 위한 기제를 만들어낸다. 따라서 지각은 지각하는 자극의 구조(경험주의) 못지않게 지능의 영향을 받는다(합리주의).

기초연구 대 응용연구. 지각 연구는 지각하는 기계를 만들어내는 방법에 대한 이해와 같이 많은 응용력을 가지고 있다. 우체국은 우편번호를 읽어내는 기계에 크게 의존하고 있다. 기계가 부정확할수록, 우편물을 엉뚱한 곳으로 배달할 위험이 커진다. 이 기계는 엄격한 형판 맞추기에만 의존할 수 없다. 사람들이 우편번호를 다른 모양으로 쓰기 때문이다. 따라서 기계는 적어도 자질 분석도 수행하여야만 한다.

지각 연구의 또 다른 응용이 인간요인이다. 인간요인 연구자는 기계와 사용자 인터페이스를 사용하기 쉽게 설계한다. 자동차 운전자와 비행기 조종사는 때때로 순간적인 판단을 해야 할 필요가 있다. 따라서 조종석은 조명이 적절하고, 읽기 쉬우며, 신속한 행위를 위해 접속할 수 있는 계기판을 가지고 있어야만 한다. 인간 지각에 관한 기초연구는 개발자에게 사용 용이성의 의미를 알려줄 수 있다.

영역 보편성 대 영역 특수성. 아마도 얼굴 재인 연구보다 이 주제를 보다 잘 예증할 수 있는 주제는 없을 것이다. 얼굴 재인에 특별한 무엇이 있는가? 그런 것처럼 보인다. 그렇지만 얼굴 재인에 사용하는 많은 기제들은 다른 유형의 지각에도 관여한다. 따라서 지각 기제는 혼합적인 것으로 보인다. 즉, 어떤 기제는 영역 보편적이고, 다른 기제는 얼굴 재인과 같이 영역 특수적인 것으로 보인다.

요 약

1. **대상을 상이한 방향에서 바라다봄에 따라서 망막상이 변한다는 사실을 전제로 할 때 어떻게 우리는 의자와 같은 대상을 안정된 형태로 지각할 수 있는 것인가?** 지각 경험은 원격 대상, 정보 매체, 근접 자극, 그리고 지각 대상이라는 네 가지 요소를 수반한다. 근접 자극은 환경의 가변적 본질 그리고 감각 순응을 극복하도록 설계된 생리과정으로 인해서 끊임없이 변한다. 따라서 지각은 항등성이라는 근본적인 물음을 다룰 수 있어야만 한다.

   지각 항등성(예컨대, 크기와 모양 항등성)은 대상 지각을 일정하게 유지하는 경향성이다. 즉, 감각에 등록하는 자극이 변함에도 불구하고 우리는 항등성을 지각한다. 몇몇 지각 항등성은 우리가 세상에 대해 알고 있는 것이 주도한다. 예컨대, 우리는 직사각형 구조가 일반적으로 어떻게 나타나는지에 관한 기대를 가지고 있다. 그렇지만 항등성은 환경 맥락에서 대상들 간의 불변 관계의 영향도 받는다.

   우리가 3차원 공간을 지각할 수 있는 한 가지 이유는 양안 깊이단서를 사용하기 때문이다. 두 가지 양안 단서가 양안 부등과 양안 수렴이다. 양안 부등은 두 눈 각각이 동일한 대상을 볼 때 약간 차이나는 이미지를 받아들인다는 사실에 근거한다. 양안 수렴은 대상이 가까이 다가옴에 따라서 두 눈이 안쪽으로 수렴하는 정도에 달려있다. 단안 깊이 단서도 깊이를 지각하는 데 도움을 준다. 이 단서에는 결기울기, 상대적 크기, 중첩, 선형 조망, 공간 조망, 평면에서의 높이, 운동시차 등이 포함된다. 형태와 패턴 지각에 대한 초기 접근 중의 하나가 형태 지각에 대한 게슈탈트 접근이다. 좋은 형태 법칙은 형태 지각의 여러 원리에 대한 설명을 이끌어왔다. 이 원리들에는 전경-배경, 근접성, 유사성, 폐쇄성, 연속성, 그리고 대칭성 등이 포함된다. 이 원리들은 다양한 대상들 그리고 대상의 부분들을 어떻게 지각적으로 함께 묶게 되는 것인지를 특징짓는다.

2. **지각을 설명하는 두 가지 근본적인 접근은 무엇인가?** 지각은 우리가 환경 자극들을 재인하고 체제화하며 의미를 부여하는 일련의 처리과정이다. 지각은 두 가지 이론적 접근, 즉 구성 지각과 직접 지각에서 조망할 수 있다. 구성(또는 지적) 지각 견지는 본질적으로 지각자가 지각하는 자극을 구성한다고 주장한다. 사전 지식, 맥락 정보 그리고 감각 정보를 사용하여 그렇게 한다는 것이다. 반면에 직접 지각의 견지는 지각하는 데 필요한 모든 정보는 우리가 받아들이는 감각 입력에 들어있다고 주장한다.

   두 접근에 대한 대안은 각 접근의 자질을 통합하는 것이다. 통합 접근은 지각이 직접 지각 이론가들이 제안하는 것보다 더 복잡하지만, 구성 지각 이론가들이 제안하는 것보다 더 효과적으로 감각 데이터를 사용한다고 주장한다. 특히 계산적 접근은 두뇌가 망막의 감각 수용기로부터 들어오는 2차원 정보에 근거하여 환경에 대한 3차원 지각 모형을 계산한다고 제안한다.

   패턴 재인에 대한 주요 상향처리 접근은 형판 맞추기 이론과 자질 대응 이론을 포함한다. 자질 대응 이론에 대한 몇몇 지지증거는 자질 탐지기(feature detector)를 찾아낸 신경생리학 연구에서 나온다. 다양한 피질 뉴런은 망막의 특정 수용장에 대응시킬 수 있다. 상이한 피질 뉴런은 상이한 자질에 반응한다. 그러한 자질의 사례는 다양한 방향의 선분이나 모서리이다. 시지각은 피질 뉴런의 세 가지 복잡성 수준에 달려있는 것으로 보인다. 각 복잡성 수준은 감각 수용기에서 들어오는 정보로부터 점차 멀어질수록 증가하는 것으로 보인다. 또 다른 상향처리 접근인 성분 재인 이론(RBC)은 형태와 패턴 지각에 수반된 일련의 자질들을 보다 세부적으로 기술하고 있다.

   상향처리 접근은 형태와 패턴 지각의 몇몇 측면들을 설명한다. 다른 측면들은 어느 정도는 지각 정보에 대한 하향처리를 제안하는 접근을 필요로 한다. 예컨대, 하향처리 접근은 대상 우월성 효과와 단어 우월성 효과를 포함한 맥락 효과와 같은 현상을 완벽하지는 않지만 나름 잘 설명해준다.

3. **정상적인 시감각을 가지고 있는 사람이 시각 자극을 지각할 수 없을 때 어떤 일이 일어나는가?** 일반적으로 두뇌 손상과 관련된 실인증은 형태와 패턴 지각의 결손이다. 실인증은 감각 능력이 정상임에도 불구하고, 시야에 존재하는 대상을 제대로 재인할 수 없게 만든다. 대상 실인증으로 고통 받는 사람은 시야의 모든 부분들을 감각할 수 있다. 그렇지만 보고 있는 대상이 아무런 의미를 갖지 못한다. 동시실인증 환자는 동시에 둘 이상의 대상에 주의를 기울일 수 없다. 공간실인증 환자는 자신의 신체와 주변세계의 공간 배열 간의 관계를 이해하고 대처하는 데 심각한 어려움을 겪는다. 얼굴실인증 환자는 자신의 얼굴을 포함하여 사람의 얼굴을 재인하는 능력이 심각하게 손상되어있다. 이러한 결손은 특정 지각 과정이 모듈인지, 즉 특정 과제에 전문화되어있는지에 관한 물음으로 이끌어간다. 색맹은 또 다른 유형의 지각 결손이다.

생각에 관한 생각: 분석적, 창의적, 현실적 물음

1. 이 장에서 기술한 단안 깊이단서와 양안 깊이단서들을 간략하게 기술하라.
2. 지각에 대한 상향처리 접근과 하향처리 접근을 기술하라.
3. 실인증과 같은 지각 결손은 어떻게 정상 지각과정에 대한 통찰을 제공하는가?
4. 형태 지각에 대한 게슈탈트 접근과 직접 지각 이론을 비교하고 대비시켜보라.
5. 지각 항등성 현상을 예증하는 시범을 설계해보라.
6. 자질 대응 이론을 검증하는 실험을 설계해보라.
7. 지각은 어느 정도나 학습을 수반하는가? 그 이유는 무엇인가?

핵심 용어

간상체(rod)
관찰자 중심 표상(viewer-centered representation)
광색소(photopigment)
광수용기(photoreceptor)
구성 지각(constructive perception)
깊이(depth)
단안 깊이단서(monocular depth cue)
대상 중심 표상(object-centered representation)
랜드마크 중심 표상(landmark-centered representation)
맥락 효과(context effect)
망막(retina)
상향처리 이론(bottom-up theory)
성분 재인 이론(recognition-by-component theory; RBC)
시각 운동실조(optic ataxia)
시신경(optic nerve)
신경절 세포(ganglion cell)
실인증(agnosia)
양극세포(bipolar cell)
양안 깊이단서(binocular depth cue)
원추체(cone)
자질 대응 이론(feature-matching theory)
전경-배경(figure-ground)
좋은 형태 법칙(law of Prägnanz)
중심와(fovea)
지각(perception)
지각체(percept)
지각 항등성(perceptual constancy)
직접 지각(direct perception)
하향처리 이론(top-down theory)
형태지각의 게슈탈트 접근(Gestalt approach to form perception)
형판(template)

주의와 의식

4

✻ 이 장의 개요

❋ 이 장에서 탐구할 물음들

1. 우리가 자각하지 못하는 경우에도 정보를 적극적으로 처리할 수 있는가? 만일 그렇다면, 무엇을 어떻게 처리하는 것인가?
2. 주의의 기능은 무엇인가?
3. 주의과정을 설명하기 위하여 인지심리학자들이 개발해온 이론에는 어떤 것이 있는가?
4. 인간 두뇌를 연구함으로써 인지심리학자들은 주의에 관하여 무엇을 알아냈는가?

믿거나 말거나 | 주의를 기울이는 것이 보다 우수한 결정을 하도록 만들어주는가?

중요한 결정을 해야만 하였던 적이 있었는가? 우리는 일반적으로 삶에서 보다 복잡한 결정일수록 신중하게 따져보아야 한다고 배워왔다. 그렇지만 때로는 무의식적인 결정이 신중하게 따져서 내린 결정보다 우수할 수 있다.

딕스터휴이스 등(A. Dijksterhuis et al., 2006)은 참가자가 4대의 자동차 그리고 치약과 같은 물건 중에서 최선의 것을 선택해야 하는 실험을 실시하였다. 결정의 복잡성은 대상을 기술하는 중요한 속성의 수에 달려있다. 참가자가 (두 가지 속성에 근거한) 치약 중에서 하나를 선택하는 단순한 경우에는 신중하게 결정할 때 최선의 결정을 할 수 있었다. 그렇지만 (12가지 속성을 가지고 있는) 4대의 자동차 중에서 최선의 것을 선택해야 하는 경우에는, 의식적으로 선택에 대해서 생각할 겨를을 주지 않았을 때 더 좋은 결정을 하였다.

의식적 선택이 열등할 수 있는 까닭은 우리가 무한한 심적 능력을 가지고 있지 않기 때문이다. 어느 시점에서 우리는 따져볼 정보의 양을 줄여야만 한다. 또한 대안들에 관하여 의식적으로 생각할 때는 때때로 부적절한 속성에 많은 중요성을 부여하여 최적이지 않은 선택을 할 수 있다. 따라서 여러분이 다음에 복잡한 결정을 해야 할 때는, 편안하게 앉아서 결정이 머리에 스스로 떠오르도록 하는 것이 최선일 수 있다. 이 장은 주의와 의식 그리고 인지심리학자들이 이 문제에 접근하는 방식을 소개한다(제12장에 나와 있는 빠르고 단순한 발견법에 관한 거르트 기거렌저의 연구도 참조하라).

일상 장면에서 주의를 기울인다는 것의 의미를 따져보자. 러시아워에 시합을 막 시작하려는 거대 스포츠 경기장 근처에서 운전을 하고 있다고 상상해보라. 거리는 자동차로 넘쳐나고 여기저기서 경적을 울려댄다. 몇몇 교차로에서는 경찰이 교통흐름을 조절하고 있는데, 신호등과 조화를 이루지 못하고 있다. 이러한 불일치, 즉 신호등과 경찰의 신호가 일치하지 않는 것은 여러분의 주의를 분산시킨다. 또한 수천 명의 사람들이 경기장에 가기 위해서 거리를 몰려다니고 있다. 여러분은 교통경찰뿐만 아니라 신호등, 스쳐지나가는 자동차, 그리고 예상치 않게 길을 건너다니는 보행자들에게도 세심한 주의를 기울일 필요가 있다. 그토록 많은 움직이는 대상들에 주의를 기울이게 해주는 것은 무엇인가? 보행자가 갑자기 도로 중앙으로 뛰어들 때 주의를 변경하게 해주는 것은 무엇인가? 그리고 때때로 주의가 실패해서는 자동차 사고와 같은 끔찍한 사태를 초래하게 되는 이유는 무엇인가? 이 장은 주의를 기울이고, 주의를 분할하며, 주의를 기울여야 하는 대상을 세부적으로 선택하는 우리의 놀라운 능력을 탐구한다.

주의와 의식의 본질

> [주의는] 동시에 가능한 여러 사고 대상이나 사고 대열 중에서 정신이 하나만 뚜렷하게 생생한 형태로 소유하는 것이다. … 주의는 어떤 것을 효과적으로 다루기 위해 다른 모든 것들로부터는 후퇴하는 것을 의미한다.
>
> 윌리엄 제임스, 『심리학원리(Principles of Psychology)』

주의(attention)는 감각이 포착한 모든 정보, 저장하고 있는 기억, 그리고 다른 인지과정으로부터 제한된 양의 정보를 적극적으로 선택하고 처리하는 수단이다(De Weerd, 2003a; Rao, 2003). 주의는 의식 처리와 무의식 처리를 모두 포함한다(Nobre & Kastner, 2014). 많은 경우에 의식 처리는 연구하기가 상대적으로 용이하다. 무의식 처리는 우리가 의식하지 못하기 때문에 연구하기가 어렵다(Jacoby, Lindsay, & Toth, 1992; Merikle, 2000). 예컨대, 여러분에게는 기억에서 특정 정보를 인출하거나 그 정보로 주의를 돌릴 때까지는 자각조차 하지 못하는 엄청난 양의 정보가 가용하다. 아마도 여러분은 10세일 때 잠을 잤던 장소 또는 12세일 때 아침식사를 하였던 장소를 기억해낼 수도 있을 것이다. 어느 시점이든 여러분에게는 상당한 감각정보도 가용하지만, 그것에 주의를 기울이지 않고 있다. 만일 환경의 모든 세부사항들에 주의를 기울인다면, 곧바로 압도당하는 느낌을 갖게 될 것이다(그림 4.1). 또한 여러분은 잠을 자는 동안 일어난 일에 대해서 신뢰할 만한 정보도 거의 가지고 있지 않다. 따라서 무의식 어디엔가 숨어있으며 자각하지 못하는 처리과정을 연구하기는 어렵다.

주의는 제한된 심적 자원을 현명하게 사용하도록 해준다(Goleman, 2013). 관심거리가 아닌 외부 자극(감각)과 내부 자극(사고와 기억)에는 초점을 덜 맞춤으로써 관심을 끄는 자극에 더 초점을 맞출 수 있다. 이렇게 초점을 맞추는 것은 관심자극에 빠르고 정확하게 반응할 가능성을 높여준다. 또한 주의집중은 기억 과정에서도 일익을 담당한다. 무시한 정보보다는 주의를 기울인 정보를 기억해낼 가능성이 더 높다.

한때는 심리학자들이 주의가 의식과 동일한 것이라고 생각하였다. 오늘날에는 사람들이 의식적 자각 없이 감각정보와 기억에 주의를 기울이고 처리한다는 사실을 인정하고 있다(Bahrami 등, 2008; Shear, 1997). **의식**(consciousness)은 자각의 느낌과 내용 모두를 포함하는데, 그 내용의 일부분이 주의의 초점 하에 있게 된다(Bourguignon, 2000; Farthing, 1992, 2000; Taylor, 2002). 따라서 주의와 의식은 부분적으로 중첩하는 두 집합을 형성한다(Srinivasan, 2008; DiGirolamo & Griffin, 2003). 예컨대, 자신의 이름을 적는 것은 의식적 자각을 거의 요구하지 않는다. 의식적으로는 다른 행위에 집중

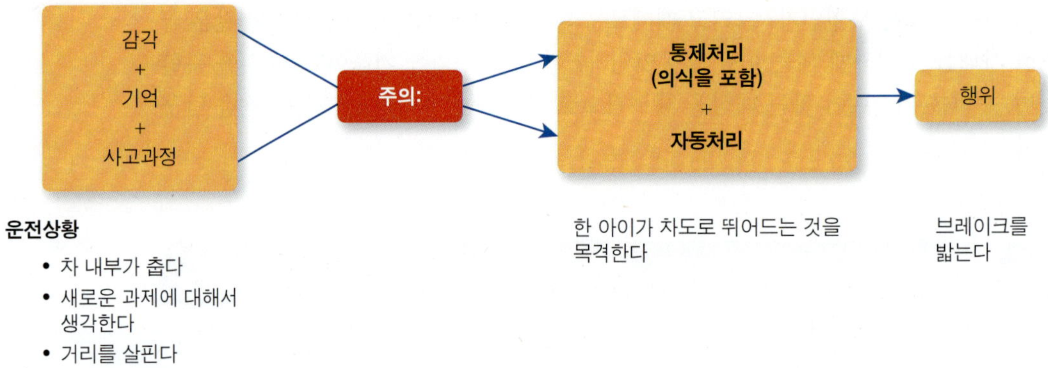

그림 4.1 **주의는 어떻게 작동하는가?** 어느 시점에서든 우리는 상당한 감각정보를 지각한다. 주의과정(자동적이거나 통제적일 수 있다)을 통해서 우리에게 부합하고 주의를 기울이고자 원하는 정보를 걸러낸다. 이러한 걸러내기는 주의를 기울인 정보에 근거하여 행위를 취하도록 이끌어간다.

하면서도 이름을 적을 수 있다. 반면에 한 번도 접해보지 않았던 이름을 적으려면 문자 순서에 주의를 기울여야만 한다.

의식적 주의는 인지에서 인과적 역할을 수행하며 세 가지 목표를 수행한다. 첫째, 환경과의 상호작용을 감시하는 데 도움을 준다. 사람들은 상황에 얼마나 잘 적응하고 있는지를 자각한다. 둘째, 과거(기억)와 현재(감각)를 연결해줌으로써 경험의 연속성이라는 느낌을 갖는 데 도움을 준다. 이러한 연속성은 개인 정체성의 토대로도 기능한다. 셋째, 감시 그리고 과거 기억과 현재 감각 간의 연결을 통한 정보에 근거하여 미래 행위의 계획과 제어에 도움을 준다(Posner, 2011).

이 장에서는 우선 경계, 탐색, 선택 주의, 분할 주의 등과 같은 상이한 유형의 주의를 살펴본다. 그 후에 주의가 적절하게 작동하지 않을 때 일어나는 일 그리고 감각자극으로 충만한 세상에서 압도당하지 않기 위하여 사용하는 전략들을 살펴본다. 그런 후에 주의 자원을 가장 효과적으로 사용하도록 도와주는 자동처리의 본질을 살펴본다. 마지막으로 의식이라는 주제를 보다 상세하게 다룬다.

주의

이 절에서는 주의의 네 가지 중요 기능, 즉 신호 탐지와 경계, 탐색, 선택 주의, 분할 주의를 살펴보고, 그 기능들을 설명하는 이론들도 다룬다(표 4.1도 참조). 또한 여러 가지 신경과학 연구와 설명 모형들도 살펴본다. 마지막으로 주의가 실패하도록 만드는 상황과 조건들을 다룬다.

단기 신호와 장기 신호에 대한 주의

사람들로 북적이는 해변에서 뜨거운 여름날을 보낸 적이 있는가? 사람들이 백사장에

표 4.1	주의의 네 가지 중요 기능	
기능	기술	사례
신호 탐지와 경계	특정 자극의 출현을 탐지한다.	• 잠수함에서 이례적 수중 음파를 탐지한다. • 어두운 거리에서 반갑지 않은 장면이나 소리를 탐지한다. • 지진 후에, 가스가 새는 냄새나 연기를 조심한다.
탐색	특정 자극을 적극적으로 탐색한다.	• (경계의 결과로) 연기를 탐지하게 되면 연기의 발원지를 적극적으로 탐색한다. • 어디에 두었는지 모르겠는 열쇠, 선글래스 등을 탐색한다.
선택 주의	어떤 자극에는 주의를 기울이고 다른 자극은 무시한다. 주의의 초점을 맞추는 것은 언어이해나 문제해결과 같은 다른 인지과정의 수행을 도와준다.	• 우리는 옆에서 들리는 라디오 소리나 강의실에 늦게 들어오는 학생과 같은 자극을 무시하면서, 교과서를 읽거나 강의를 듣는 데 주의를 기울인다.
분할 주의	동시에 둘 이상의 과제를 수행하면서 필요할 때 주의자원을 그 과제에 할당한다.	• 숙련된 운전자는 대부분의 상황에서 운전하면서 쉽게 대화를 나눌 수 있지만, 다른 차량이 자신의 차를 향해서 방향을 바꾸면, 순간적으로 모든 주의를 운전하는 데로 전환하게 된다.

통조림마냥 줄줄이 누워있다. 물에 뛰어드는 것이 어느 정도 열기를 가셔주기는 하겠지만, 해변의 인산인해로부터 벗어날 수는 없다. 수많은 인파가 물속에 서있기에 바다 깊은 곳으로 꽤나 멀리 나가지 않는 한, 움직일 공간조차 없다. 근무 중인 안전요원은 이례적인 것으로 보이는 상황을 탐지하고는 긴급 상황의 경우에 신속하게 대처하기 위하여 물속 인파들을 끊임없이 감시해야 한다. 단기적으로는 해변의 무수한 자극들 중에서 결정적인 자극, 예컨대 물에 빠져 허우적대는 사람을 신속하게 탐지해야만 한다(**신호 탐지**). 반면에 장기적으로는 자신들이 근무하고 있는 동안 잘못된 것이 없다는 사실을 확인하기 위하여 오랫동안 주의를 유지해야만 한다(**경계**). 어떤 요인이 긴급 상황일 수도 있는 사건을 탐지하는 능력에 기여하는가? 중요한 자극을 탐지하기 위하여 백사장과 해변을 어떻게 탐색하는가? 주의의 이러한 기능을 이해하는 것은 현실적인 중요성을 갖는다. 경계를 요구하는 직업에는 경찰관과 의사뿐만 아니라 소통, 경고시스템, 품질관리 등을 수반하는 직업이 포함된다. 이 직업들은 지속적인 주의를 요구한다(Nobre & Koull, 2010). 또한 기초심리학자들도 다양한 자극 배열 속에서 보다 중요한 것을 찾아내야만 한다. 이러한 상황에서 사람들은 자극 출현을 탐지하기 위하여 각성 상태를 유지해야만 한다. 그런데 각 상황에는 자극이 존재하지 않는 지루한 기간뿐만 아니라 방해자극들도 존재한다. 후속 절에서 우리는 우선 사람들이 수많은 자극 속에서 어떻게 표적자극을 탐지하는지(즉, 어떻게 신호를 탐지하는지)를 살펴본다. 일단 사람들이 표적 신호와 방해자극을 구분하는 방법을 이해한 후에는, 중요한 자극을 탐지하기 위하여 장시간에 걸쳐 주의를 유지하는 문제(경계)를 살펴본다.

신호 탐지: 자극 무리 속에서 중요한 자극의 발견

신호 탐지 이론(signal-detection theory; SDT)은 사람들이 무관한 방해자극들 속에 숨어있는 중요한 자극을 탐지하는 방식을 설명하는 틀이다. SDT는 흔히 표적 존재에 대한 민감도를 측정하는 데 사용한다. 표적 자극, 즉 **신호**(signal)를 탐지하고자 시도할 때, 네 가지 가능한 결과가 있다(표 4.2). 안전요원의 사례를 다시 보자. 첫째, **적중**(hit; "긍정 참, true positive"이라고도 부른다)에서, 안전요원은 표적(즉, 물에 빠진 사람)의 존재를 정확하게 확인한다. 둘째, **헛경보**(false alarm; "긍정 오류, false positive"라고도 부른다)에서는 실제로 존재하지 않는 표적의 존재를 잘못 확인한다(즉, 안전요원은 물에 빠지지 않은 누군가 물에 빠졌다고 생각한다). 셋째, **누락**(miss; "부정 오류 false negative"라고도 부른다)에서는 표적의 존재를 관찰하는 데 실패한다(즉, 안전요원이 물에 빠진 사람을 보지 못한다). 넷째, **정기각**(correct rejection; "부정 참, true negative" 이라고도 부른다)에서는 표적의 부재를 정확하게 확인한다(즉, 물에 빠진 사람이 없으며, 어느 누구도 위험에 처하지 않았다는 사실을 알고 있다).

일반적으로 표적의 존재는 탐지하기 어렵다. 따라서 표적 탐지에 관한 어떤 기준을 가지고 불확실한 정보에 근거하여 탐지 판단을 내린다. 적중의 수는 적중이라고 간주하는 기준을 설정한 위치의 영향을 받는다. 다시 말해서 여러분은 얼마나 기꺼이 헛경보를 하겠는가? 예컨대, 안전요원의 경우에 누락의 결과는 심각한 것이기 때문에 적중으로 간주하는 기준을 낮게 잡는다. 안전요원은 이러한 방식으로 적중(정확한 탐지)을 최대화시키기 위하여 헛경보의 수를 늘리게 된다.

이러한 상보성은 의료 진단에서도 자주 일어난다. 예컨대, 양성 진단 결과가 후속 검사로 이끌어가는 매우 민감한 선별검사를 사용할 때 발생한다. 따라서 표적에 대한 전반적인 민감도는 신호 탐지에 대한 유연한 기준을 반영할 수밖에 없다. 탐지 기준이 지나치게 높으면, 의사는 질병을 누락시키게 된다. 기준이 너무 낮으면, 존재하지 않는 질병을 잘못 탐지하게 된다. 민감도는 적중에서 헛경보를 뺀 값으로 계산한다.

SDT는 주의, 지각, 또는 기억이라는 맥락에서 논의할 수 있다.

- 주의: 존재하는 대상을 지각하도록 충분한 주의를 기울인다.
- 지각: (고주파음과 같이) 지각 범위를 넘어서거나 넘어서지 않는 희미한 신호를

(a) (b) (c)

일상생활에서 신호 탐지, 경계, 그리고 탐색. (a) 신호 탐지. 의사는 "적중"과 "정기각"을 최대화하고 "헛경보"와 "누락"을 최소화할 수 있도록 X선 사진을 판독하는 기법을 학습한다. (b) 경계. 항공 교통 관제사에게 있어서는 경계가 삶과 죽음의 문제이다. (c) 탐색. 훈련받은 경찰견이 폭탄이나 마약과 같은 표적을 찾고 있다.

표 4.2 신호 탐지 이론에서 사용하는 신호 탐지 행렬

신호 탐지 이론은 자극의 감각과 의사결정 같은 인지 과정 간의 상호작용을 제안하는 최초 이론의 하나이었다. 공항 검색대 근무자의 임무를 생각해보자. 이들은 여행객이 휴대하는 가방에서 커터칼과 같은 물체를 탐색할 수 있어야 한다.

신호	탐지	미탐지
존재	적중: 탐색자가 가방에서 커터칼을 확인해낸다.	누락: 탐색자가 가방에서 커터칼을 발견하는 데 실패한다.
부재	헛경보: 탐색자가 가방에 존재하지 않는 커터칼이 있다고 생각한다.	정기각: 탐색자가 가방에 커터칼이 없다고 확인하며, 실제로 칼은 없다.

지각한다.

- 기억: '샴페인'이라는 단어가 기억해야 할 목록에 있었는지 여부와 같이, 이전에 그 자극을 경험하였었는지를 판단한다.

불행하게도 2001년 9월 11일 두 대의 항공기가 뉴욕 세계무역센터 쌍둥이 빌딩과 충돌하였을 때, 테러범들은 비행기 탑승에 앞서 공항 검색대에서 조사를 받았다. 몇몇 테러범은 금속 탐지기가 울리는 바람에 탑승이 거부되었다. 후속 검사를 받은 후에, 커터칼을 소지하고 있었음에도 불구하고 아무튼 그들의 탑승을 허용하였다. 검사자의 "누락" 결과는 재앙이었다. 이렇게 낭패스러운 결과로 인하여, 검색 규칙이 상당히 엄격해졌다. 그렇지만 새로운 규칙은 많은 헛경보를 초래하였다. 갓난아기, 할머니 등 비교적 위험성이 낮은 승객들을 두 번씩 검색하게 되었고, 때로는 세 번씩이나 검색하게 되었다. 따라서 컴퓨터를 이용해 승객들을 검색하는 방식으로 규칙을 수정하였다. 예컨대, 편도 여행을 하거나 마지막 순간에 여행 계획을 수정한 사람들이 가외 검색을 받을 가능성이 높아졌다. 이 절차는 다시 업무상 여행 계획을 자주 수정할 필요가 있는 승객들에게 불편을 초래하였다. 여행객들을 검색하는 시스템은 누락과 헛경보 모두를 최소화하도록 계속해서 진화하고 있다.

경계: 신호를 탐지하고자 대기

장기간에 걸쳐 어느 시점엔가 출현할 수 있는 자극을 탐지하기 위하여 주의를 기울여야만 할 때, 경계 상태에 있을 필요가 있다.

경계란 무엇인가? **경계**(vigilance)는 오랜 시간에 걸쳐 자극장에 주의를 기울이는 능력을 지칭하며, 그 시간동안 특정 표적 자극의 출현을 탐지하고자 시도하게 된다. 부지불식간에 나타날 수 있는 신호 자극을 탐지하고자 주의를 기울이면서 대기하고 있는 사람은 경계 상태에 있는 것이다. 전형적으로 표적 자극이 지극히 드물게 나타나지만 출현하는 순간 즉각적인 주의를 필요로 하는 장면에서 경계가 필요하다. 기습공격을 감시하고 있는 군인은 높은 수준의 경계 과제를 수행하고 있는 것이다.

초기 연구에서 참가자는 시계 모습의 시각 배열을 보았다(Mackworth, 1948). 시계바늘이 계속해서 움직이면서 때로는 한 단계를 뛰어넘게 되는데, 참가자는 이것을 탐지해야 하였다. 참가자의 수행은 단지 30분이 지난 후에 급격하게 와해되기 시작하였다(보다 최근 연구를 보려면 MacLean 등, 2009를 참조하라). 이 결과를 SDT와 연관시키면, 시간이 지나면서 참가자는 헛경보를 보고하는 위험을 덜 감수하게 되는 것으로 보인다. 오히려 신호를 탐지하였는지 확신할 수 없을 때 그 신호의 존재를 보고하지 않음으로써 실수를 범하게 되는데, 이것은 높은 비율의 누락을 나타내는 것이다. 훈련이 경계를 증가시키는 데 도움을 줄 수 있지만, 피로를 극복하려면 휴식을 취하는 것 이외에는 실제로 큰 도움이 되지 않는다(Fisk & Schneider, 1981).

경계 과제에서 자극 위치에 관한 기대가 반응 효율성에 강력한 영향을 미친다(LaBerge, Carter, & Brown, 1992; Motter, 1999). 따라서 임무가 막중한 안전요원이나 항공 교통 통제사는 신호가 나타날 것이라고 기대하는 좁은 범위 내에서 신호에 신속하게 반응할 수 있다. 그렇지만 경계 범위를 벗어나서 나타나는 신호는 신속하거나 정확하게 탐지하지 못한다. 그렇지만 자극의 급작스러운 출현은 주의를 끌어당긴다(Yantis, 1993). 따라서 사람들은 시야에 갑자기 출현하는 자극을 알아차리는 성향을 가지고 있는 것으로 보인다. 이러한 주의 자질이 수렵채취 시대의 조상들에게 제공하였던 적응적 이점을 생각해볼 수 있다. 생각컨대, 조상들은 포식자를 피하고 먹잇감을 사냥할 필요가 있었을 것이다.

긴 시간 강의를 들을 때, 여러분은 그 강의를 따라가기 위하여 가능한 오랫동안 경계 상태를 유지하고자 시도한다. 또한 밤에 어둡고 황량한 공원이나 도시구역을 걸어갔던 적이 있다면, 여러분은 누군가 근처에 존재한다는 사실을 나타내는 소리에 대해서 경계심을 가지고 있었을 것이다. 공항에서 안전을 위협하는 버려진 가방이나 의심스러운 물건을 탐지할 때 경계는 지극히 중요하게 된다. MRI 영상이나 X선 사진 결과를 해석하는 의료종사자들도 경계 상태를 유지하면서 아무리 사소한 것일지라도 해석하고 있는 결과에서 비정상적인 것을 찾아낼 필요가 있다. 21세기에 경계 실패가 초래하는 대가는 재산뿐만 아니라 엄청난 생명의 손실이 될 수 있다.

신경과학과 경계 편도체와 시상이 모두 경계에 관여한다. 특히 편도체는 정서 자극의 탐지에서(예컨대, 위협자극에 직면하였을 때) 핵심 역할을 담당한다(Phelps, 2004, 2006; van Marle 등, 2009). 뇌전도(EEG)는 보다 높은 경계 상태에 있을 때 저빈도 활동을 적게 나타내고 보다 큰 사건관련 전위(ERP)를 나타낸다(Llinas & Steriade, 2006; Oken, Salinsky, & Elsas, 2006).

탐색: 적극적 찾기

복잡한 공항 터미널을 나서고 있는 인파 속에서 부모나 친구를 찾으려고 시도한 적이 있는가? 탐색은 표적을 적극적이면서도 효율적으로 찾기 위한 주의자원의 사용을 수반한다(Cisler, Bacon, & Williams, 2007; Posner & DiGirolamo, 1998). 구체적으로 **탐색**(search)은 특정 자질을 찾기 위하여 즉, 표적이 어디에서 나타날지 확신하지 못한 채 그 표적을 적극적으로 찾기 위하여 환경을 훑어보는 것을 지칭한다(Mangun,

2012). 경계에서와 마찬가지로, 무엇인가를 탐색할 때 헛경보를 발령하기도 한다. **방해자극**(distracter), 즉 주의를 표적 자극으로부터 다른 곳으로 돌리게 만드는 비표적 자극은 탐색을 더욱 어렵게 만든다. 표적을 탐색하는 동안 그러한 방해자극을 접하게 되면 일반적으로 헛경보가 발생한다. 예컨대, 식료품점에서 어떤 제품을 찾는다고 생각해보자. 우리는 흔히 찾고자 하는 제품과 닮은 여러 방해자극을 보게 된다. 포장 디자이너는 제품 포장을 설계할 때 방해자극의 효율성을 교묘하게 이용한다. 예컨대, 찾고 있는 제품의 포장이 유사하면, 실제로는 다른 제품이라는 사실을 깨닫지 못한 채 그 제품을 집어들 수 있다.

두 가지 상이한 유형의 탐색, 즉 자질 탐색과 접속 탐색이 존재한다. **자질 탐색**(feature search)에서는 찾고 있는 대상을 다른 모든 대상들과 차별화시키는 단지 하나의 자질(예컨대, 색깔, 모양, 또는 크기)만을 찾는다(Treisman, 1993; Weidner & Mueller, 2009). 따라서 방해자극의 수는 탐색시간을 늦추는 데 실제로 영향을 미치지 않는다. **접속 탐색**(conjunction search)에서는 찾고 있는 자극을 찾기 위하여 둘 이상의 자질을 결합시켜야만 한다. 접속 탐색에서는 자질 조합을 찾아야하기 때문에 단지 하나의 자질만을 찾는 자질 탐색보다 어렵다. 그림 4.2(b)를 보면서 *O*를 찾아보라. 이 탐색은 비교적 쉽다. 독특한 모양만을 찾으면 되기 때문이다(자질 탐색). 그런 다음에 그림 4.2(a)를 보면서 T를 찾아보라. T와 L이 모두 수평선과 수직선을 가지고 있으며 T를 구성하는 특정 선분 조합을 찾고 있기 때문에, 이것은 접속 탐색의 사례이다. 이 탐색은 O를 찾는 것보다 어렵고 시간이 걸릴 수밖에 없다.

표적과 방해자극의 수는 접속 탐색의 어려움에 영향을 미친다. 연구자는 흔히 **배열 크기**(display size, 시각 배열에서 항목의 수)에 처치를 가하고 어느 요인이 탐색에 영향을 미치는지를 관찰한다. 전측 시각피질과 후측 두정피질뿐만 아니라 배외측 전전두피질이 접속 탐색에서 일익을 담당하고 있다(그렇지만 자질 탐색에서는 그렇지 않다; Kalla 등, 2009).

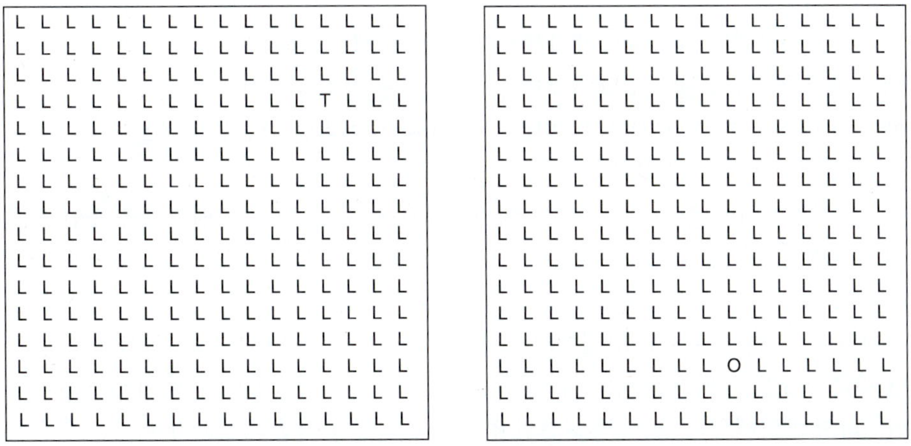

(a) (b)

그림 4.2 배열 크기. (a)와 (b)에서 각각 T와 O를 찾아내는 상대적 어려움을 비교해보라. 배열 크기는 이 과제를 수행하는 난이도에 영향을 미친다.

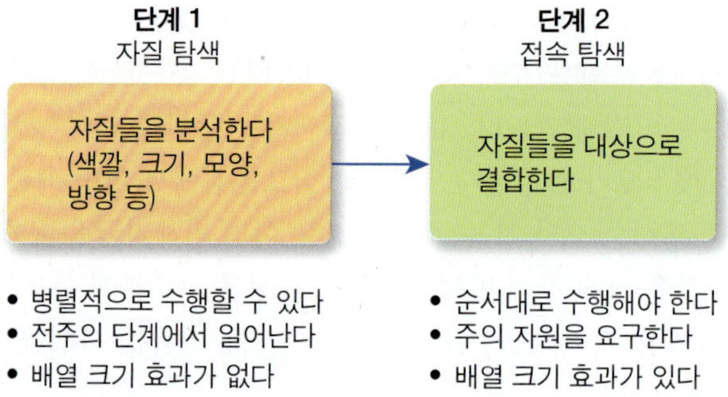

그림 4.3 트리스먼의 자질 통합 이론. 트리스먼(1986)에 따르면 우리는 우선 대상의 개별 자질들을 분석한 후에 그 자질들을 대상으로 통합한다.

다음 절에서는 탐색과정을 설명하고자 시도하는 두 가지 이론, 즉 자질 통합 이론과 유사성 이론을 살펴본다. 이 이론들은 상호간의 반응으로 변증법적 방식으로 발전해왔다.

자질 통합 이론

자질 통합 이론(feature-integration theory)은 자질 탐색이 상대적으로 용이하고 접속 탐색이 상대적으로 어려운 이유를 설명해준다. 앤 트리스먼(Anne Treisman, 1986)은 시각 탐색을 수행하는 방식에 관한 모형을 개발하였다. 그녀는 대상을 지각할 때 두 단계가 관여한다고 제안하였다. 첫 번째 단계에서는 색깔과 크기를 포함하여 대상의 자질들을 지각한다(그림 4.3 참조). 이 처리과정은 자동적이며 의식적 주의를 필요로 하지 않는다. 자질 탐색은 이러한 첫 번째 단계에서 나타난다. 자극을 즉각적으로 재인할 수 있으며 인지처리를 위한 부가 시간이 필요하지 않다. 대상 지각의 두 번째 단계는 일종의 심적 접착제를 사용하여 둘 이상의 자질을 연결하는 것을 수반한다. 이 단계는 의식적 주의를 요구한다. 그림 4.2(a)에서 여러분이 어떻게 두 선분을 결합하여 T를 구성하였는지를 다시 생각해보라. 아니면 색뿐만 아니라 문자도 변하는 상황에서 파란색 T를 찾는다고 생각해보라. 찾고 있는 자질들을 하나씩 결합시켜야 하기 때문에, 배열 크기 효과가 나타난다(즉, 탐색 배열 속에 항목의 수가 많을수록 표적을 찾는 데 시간이 더 오래 걸린다).

트리스먼 모형은 신경심리학의 지지를 받아왔다. 예컨대, 노벨상 수상자인 데이비드 후벨과 토스텐 위젤(1979)은 두뇌에서 특정한 자질 탐지기들을 밝혀냈다. 특정 방향(예컨대, 수직, 수평, 대각 등)의 시각 자극에 차별적으로 반응하는 피질 뉴런들이 존재하며, 이 자질은 자질 탐색에서 사용할 수 있는 자질에 대응하는 것이다. 그렇지만 최근 연구는 두뇌가 표적 자극에 반응하는 뉴런의 활동을 반드시 증가시키는 것은 아니라고 제안해왔다. 오히려 최선의 전략은 표적에만 직접적으로 가장 많은 반응을 보이는 뉴런들을 무시한 채, 표적과 방해자극 간을 구분해줄 수 있는 뉴런을 활성화시키는 것이다(Navalpakkam & Itti, 2007; Pouget & Bavelier, 2007).

유사성 이론

모든 사람이 트리스먼 모형에 동의하는 것은 아니다. **유사성 이론**(similarity theory)에 따르면, 표적과 방해자극이 유사할수록, 표적을 찾기 힘들어진다(Duncan & Humphreys, 1992; Watson 등, 2007). 이에 덧붙여서 탐색과제의 어려움은 방해자극들이 상호간에 얼마나 차이나는지에 달려있다. 그렇지만 통합할 자질의 수는 영향을 미치지 않는다. 예컨대, 영어 대문자로 쓴 글보다는 소문자로 쓴 글을 읽기 쉬운 까닭은 대문자들이 상호간에 더 유사하기 때문이다. 반면에 소문자는 보다 차별적인 자질들을 가지고 있다.

신경과학: 노화와 시각 탐색

시각 탐색 능력에 미치는 노화의 효과를 다룬 흥미진진한 연구가 있다(Madden, 2007; Madden 등, 2002). 연구자들은 두 집단의 참가자, 즉 20대 집단과 60~77세 집단에게 검은색으로 바르게 쓴 L을 탐색하는 데 있어서 난이도가 다른 다양한 시각탐색 과제를 수행하도록 하였다. (1) 자질 탐색에서 참가자는 흰색이고 부분적으로 회전한 L들 속에서 검은색의 바른 L을 찾아야 하였다. (2) 지침 탐색에서는 흰색의 L들뿐만 아니라 여러 각도로 회전된 세 개의 검은 색 L들 속에서 표적을 찾아야 하였다. (3) 접속 탐색에서는 흰색이거나 검은색으로 여러 각도로 회전된 L들 속에서 표적을 찾아야 하였다(그림 4.4).

젊은이의 탐색이 노인의 탐색보다 정확하고 빨랐다(그림 4.5 참조). 또한 자질 탐색과 비교할 때, 지침 탐색에서 대략 300밀리초 정도 늦어졌다. 노인의 피질 크기는 젊은이의 것보다 작은데(Mueller-Oehring 등, 2013도 참조), 이것은 10년 당 피질 크기가 대략 2%씩 감소하는 것이다. 보다 어려운 접속 탐색은 젊은이와 노인 모두에서 전전두피질 뿐만 아니라 배측 시각경로와 복측 시각경로의 활동으로 이끌어갔다. 노인 집단에서 우반구 후두피질의 활동이 낮았지만, 전전두피질과 상측 두정피질에서는 두 연령 집단의 활동이 거의 동일하였다. 탐색과제가 어려울수록 젊은이 집단에서는 후두측두피질이 더 많은 활동을 한 반면, 노인 집단에서는 그렇지 않았다. 노인들은 쉬

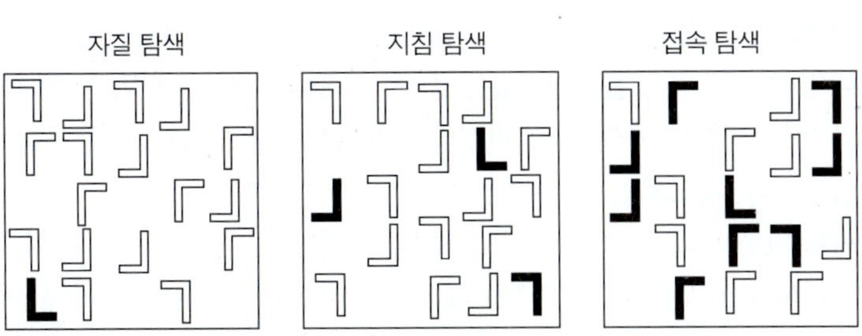

그림 4.4 탐색 과제. 자질 탐색, 지침 탐색, 접속 탐색의 사례. 세 가지 경우 모두에서 참가자에게 제대로 쓴 검은 L을 찾도록 지시하였다.

출처: Madden, D. J., Turkington, T. G., Provenzale, J. M., Denny, L. L., Langley, L. K., Hawk, T. C., et al. (2002). Aging and attentional guidance during visual search: Functional neuroanatomy by positron emission tomography. *Psychology and Aging*, *17*(1), 24-43.

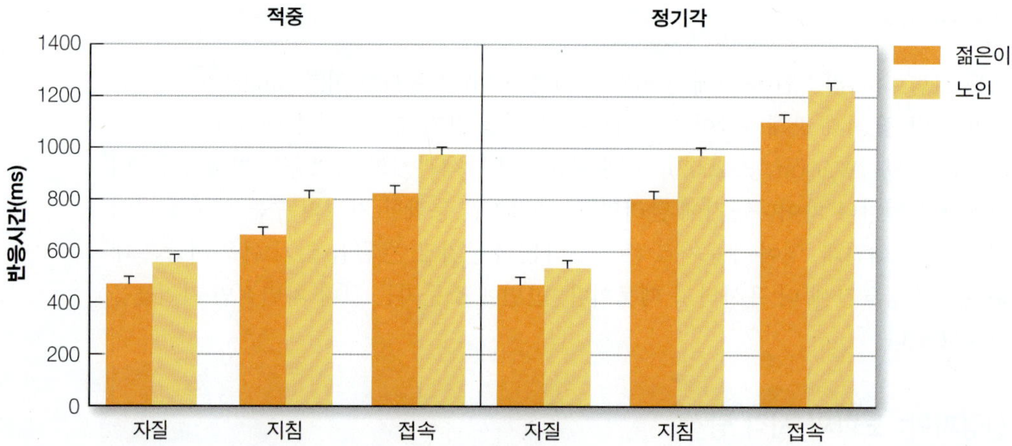

그림 4.5 노화와 시각 탐색에 관한 매든(Madden)의 실험에서 반응시간. 젊은이와 비교할 때 노인의 정확 응답(적중: 참가자가 정확하게 '예' 반응을 내놓는다. 정기각: 참가자가 정확하게 '아니오' 반응을 내놓는다) 반응시간이 길다.

운 탐색과제를 수행하는 동안에도 이 영역의 활동을 높은 수준으로 유지하는 것으로 보이는데, 연령에 따른 저하를 보상하려는 것처럼 보인다. 그렇지만 연령에 따른 저하를 보상하기 위하여 시각경로를 벗어난 다른 두뇌영역을 동원하지는 않았다.

선택 주의

주의의 두 가지 기능, 즉 신호 탐지와 탐색을 살펴보았다. 이제 주의의 또 다른 기능인 **선택 주의**(selective attention)를 보도록 하자.

선택 주의란 무엇인가?

만찬 파티에 참석하고 있다고 생각해보라. 영업사원 옆자리에 앉게 된 것은 그저 불운일 뿐이다. 그는 110가지 브랜드의 진공청소기를 판매하고 있다. 여러분에게 각 브랜드의 상대적 장점을 고통스러울 정도로 상세하게 설명한다. 여러분의 오른쪽 옆에서 지껄이는 이렇게 허튼 소리를 듣고 있는 중에, 왼쪽에 앉아있는 두 사람의 대화를 자각하게 된다. 이들의 대화가 훨씬 재미있다. 여러분이 알고 있는 어떤 사람에 관한 흥미진진한 정보이다. 겉으로는 오른쪽 허풍쟁이와의 대화도 유지하고자 애쓰면서 왼쪽 대화에도 귀를 기울이고 있는 자신의 모습을 발견하게 된다.

콜린 체리(Colin Cherry, 1953; Bee & Micheyl, 2008도 참조)는 이 현상을 **칵테일 파티 문제**(cocktail party problem)라고 불렀는데, 하나의 대화로 방해받으면서 다른 대화를 추적하는 과정을 말한다. 그는 칵테일파티가 흔히 선택 주의가 현저하게 나타나는 장면이라는 사실을 알게 되었다. 그렇다고 해서 대화를 연구하기 위해 수많은 칵테일파티를 실제로 열었던 것은 아니다. 보다 신중하게 제어한 실험 장면에서 선택 주의를 연구하였다. 그는 따라 말하기라고 알려진 과제를 고안하였다. 따라 말하기(shad-

그림 4.6 두 귀 따로 제시. 두 귀 따로 제시에서는 각 귀에 상이한 메시지를 제시한다. 따라 말하는 귀는 표적 메시지를 제시한 귀이다.

owing)에서는 두 가지 상이한 메시지를 듣는다. 체리는 각 귀에 상이한 메시지를 제시하였는데, **두 귀 따로 제시**(dichotic presentation)라고 알려진 방법이다. 그림 4.6은 이러한 듣기 과제를 제시하는 방법을 예시하고 있다. 참가자는 메시지를 들은 직후 가능한 빨리 두 메시지 중 하나만을 따라 말해야만 한다. 다시 말해서 다른 메시지를 무시하면서 한 메시지를 따라 말해야 한다(혐의자의 진술을 "따라 말하는" 취조 형사를 생각해보라).

체리의 참가자들은 두 귀 따로 듣기 과제에서 특정 메시지를 성공적으로 따라 말하였다. 물론 그렇게 따라 말하기는 상당한 집중을 요하였지만 말이다. 또한 참가자들은 주의를 기울이지 않은 메시지에서 물리적인 변화를 알아차릴 수 있었다. 예컨대, 메시지 톤이 바뀌거나 목소리가 남성에서 여성으로 바뀐 것을 알아차렸다. 그렇지만 의미 변화는 알아차리지 못하였다. 심지어는 영어에서 독일어로 바뀌거나 녹음 내용을 거꾸로 제시한 사실도 알아차리지 못하였다. 반면 대략 1/3 가량의 참가자는 주의를 기울이지 않은 메시지에서 자신의 이름을 들먹였을 때, 주의를 이동시켰다. 몇몇 연구자는 주의를 기울이지 않은 메시지에서 자신의 이름을 들은 참가자는 제한된 작업기억 용량을 가지고 있는 경향이 있다는 사실을 지적해왔다. 따라서 쉽게 방해를 받는다는 것이다(Conway, Cowan, & Bunting, 2001). 두 메시지를 듣는 유아도 자신의 이름을 들먹이는 메시지로 주의를 돌린다(Newman, 2005).

그렇다면 듣고자 원하는 표적 화자의 메시지에만 주의를 기울이도록 도와주는 것은 무엇인가?

1. 표적 메시지의 독특한 감각 특징(예컨대, 고음이나 저음, 말하는 속도, 리듬 등)
2. 소리 강도(크기)
3. 음원 위치(Brungard & Simpson, 2007)

표적 메시지의 감각 특성에 주의를 기울이는 것이 이점을 갖는 까닭은 주의를 기울이지 않는 메시지의 내용에 대처하지 않아도 되기 때문이다. 표적 메시지의 소리 크기도 물론 도움을 준다. 이에 덧붙여서 표적 메시지 방향으로 한쪽 귀를 기울이고 다른 쪽 귀는 멀리 할 수도 있다. 이 방법이 전체 소리 크기를 증폭시키는 것은 아니지만, 한쪽 귀는 메시지에 가깝고 다른 쪽 귀는 멀기 때문에 볼륨의 차이를 설명해준다는 사실에 주목하라. 그렇지만 최근 정신물리학 연구는 표적 소리가 얼마나 조화롭고 리드미컬한 것인지가 다른 단서들보다 더 중요할 수 있다는 사실을 발견해왔다(Darwin, 2008; Muente 등, 2010).

선택 주의 이론

이 절에서는 선택 주의(주의의 네 가지 주요 기능 중의 하나이다)에 관한 여러 이론들을 논의한다. 변증법적 과정이 어떻게 후속 이론의 발전에 영향을 미친 것인지에 주목하라. 여기서 기술하는 이론은 여과기 이론과 병목 이론 집단에 속하는 것들이다. 여과기는 들어오는 몇몇 정보를 차단함으로써 전체 정보 중에서 일부분만이 다음 단계로 건너가도록 선택하는 것이다. 병목은 정보가 흘러가는 것을 느리게 만든다. 이론들은 (1) 들어오는 정보에 대하여 독특한 여과기를 가지고 있는지 여부, 그리고 (2) 정보처리에서 여과기가 일찍 나타나는지 아니면 늦게 나타나는지 여부라는 두 가지 점에서 차이를 보인다.

초기 여과기 모형 가장 처음에 제시된 주의 이론 중의 하나에 따르면, 감각 수준에서 정보를 받아들인 바로 직후에 정보를 걸러낸다(Broadbent, 1958; 그림 4.7). 즉, 모든 입력 정보를 지각하고 감각기억에 저장한다. 감각기억은 단지 1초도 되지 않는 짧은 시간동안 정보를 저장한 다음에, 오직 한 메시지만 통과하여 상세하게 처리할 수 있도록 허용하는 여과기로 전달한다. 그 메시지는 크기, 음조, 억양 등과 같은 특징에서 차이를 보인다. 감각 수준에서 걸러진 자극은 지각 수준에 결코 도달하지 못한다. 계속해서 처리하는 하나의 메시지를 제외하고, 다른 모든 정보는 여기서 처리가 종료된다. 이제 단기기억이 그 메시지에 반응하고 필요한 정보를 나중에 사용하기 위하여 장기기억에 저장할 수 있게 해준다. 콜린 체리의 결과, 즉 감각정보를 정교하게 처리할 필요가 없을 때 주의를 기울이지 않은 귀에 제시한 정보를 때때로 자각할 수도 있다는 결과는 도널드 브로드벤트 이론을 지지하였다(예컨대, 주의를 기울이지 않은 귀의 목소리가 단조음으로 바뀌었다는 사실을 깨달을 수 있다). 그렇지만 높은 수준의 지각 처리를 요하는 정보는 주의를 기울이지 않는 한 알아차리지 못한다(예컨대, 주의를 기울이지 않은 귀의 언어가 영어에서 독일어로 바뀌었다는 사실을 알아차리지 못할 가능성이 크다).

선택적 여과기 모형 브로드벤트가 자신의 이론을 제안한 직후부터 증거들은 그의 모형이 틀렸음을 시사하기 시작하였다(예컨대, Gray & Wedderburn, 1960). 모레이(N. Moray, 1959)는 참가자가 주의를 기울이지 않은 메시지의 상위수준(예컨대 의미 수준) 측면들 대부분을 무시할 때조차도 자신의 이름은 여전히 재인하는 경우가 많다는 사실을 발견하였다(Wood & Cowan, 1995). 모레이는 이 효과가 나타나는 이유가 청

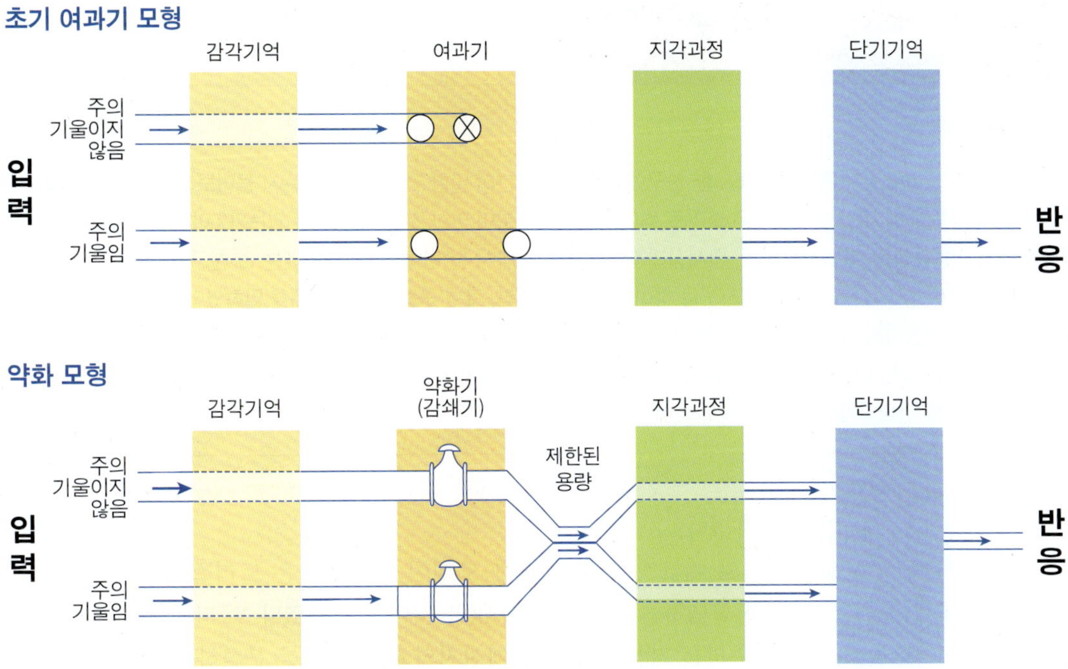

그림 4.7 브로드밴트와 트리스먼의 주의 모형. 들어오는 감각정보가 주의시스템을 통과하여 높은 수준의 지각과정에 도달하는 수단을 제안하는 다양한 기제들을 제안해왔다. 브로드벤트 모형에서는 여과기가 주의를 기울이지 않은 정보를 완벽하게 차단하며, 주의를 기울인 메시지만이 후속 처리를 위하여 통과한다. 트리스먼 모형에서는 감쇄기가 주의를 기울이지 않은 메시지를 약화시킨다. 그렇지만 약화된 형태로 여전히 통과함으로써 듣는 사람은 의미심장한 정보를 포착하고 계속해서 처리할 수 있다.

자에게 매우 중요한 메시지는 선택 주의 여과기를 통과하지만 다른 메시지는 그렇지 못하기 때문이라고 제안하였다(예컨대, Koivisto & Revonsuo, 2007; Marsh 등, 2007). 모레이에 따르면, 브로드벤트의 은유를 수정하기 위하여 여과기가 감각수준에서 대부분의 정보를 차단한다고 말할 수 있다. 그런데 개인적으로 중요한 메시지는 매우 강력하여서 여과기를 통과할 수 있다는 것이다.

약화 모형 주의를 기울이지 않은 몇몇 메시지가 여과기를 통과하는 까닭을 설명하기 위하여 앤 트리스먼은 몇 가지 실험을 수행하였다. 그녀는 참가자에게 응집적인 메시지를 따라 말하게 하면서 어느 시점에서는 그 메시지의 나머지 부분을 주의를 기울이고 있는 귀에서 기울이고 있지 않은 귀로 바꾸어버렸다. 참가자는 따라 말하고 있었던 메시지의 처음 몇 단어를 주의를 기울이지 않은 귀에서 선택하였다(Treisman, 1960). 따라서 참가자는 주의를 기울이지 않은 메시지의 내용을 어느 정도는 처리하고 있었던 것이 확실하다. 이에 덧붙여서 주의를 기울이지 않은 메시지가 주의를 기울인 메시지와 동일할 때, 모든 참가자는 그 사실을 알아차렸다. 심지어는 한 메시지가 시간적으로 다른 메시지와 일치하지 않을 때도 그 사실을 알아차렸다(Treisman, 1964a, 1964b). 또한 두 언어에 모두 능숙한 이중언어 사용자는 주의를 기울이지 않은 메시지가 주의를 기울인 메시지를 번역한 것일 때, 그 메시지들이 동일한 것임을 알아차린다

인지심리학 연구하기

약화 모형

이 실험을 도와줄 두 친구를 구하라. 한 친구에게 다른 친구의 한쪽 귀에 무엇인가를 작은 소리로 읽어주도록 요청하고(농담이든, 축하카드이든, 인지심리학 교과서이든, 무엇이든지 상관없다), 듣는 친구로 하여금 "따라 말하도록" 요청하라. (따라 말하기는 듣는 모든 단어를 반복하는 것이다.) 다른 쪽 귀에는 여러분이 아주 작은 소리로 "동물"이라고 말하라. 나중에 그 친구에게 여러분이 말한 것이 무엇이었는지 물어보라. 그 친구는 여러분이 말한 것을 확인할 수 있는가? 아마도 아닐 것이다. 다시 한 번 해보라. 이번에는 그 친구의 이름을 말해보라. 그 친구는 자신의 이름을 말하였다는 사실을 회상할 가능성이 매우 높다. 이 결과는 트리스먼의 약화 모형을 시범보이는 것이다.

는 사실도 관찰하였다.

브로드벤트의 여과기 기제에 대한 모레이의 수정안은 트리스먼의 결과(1960, 1964a, 1964b)를 설명하는 데 충분하지 않은 것이 확실하였다. 트리스먼의 결과는 사람들이 적어도 주의를 기울이지 않은 메시지의 몇몇 정보를 분석하고 있다는 사실을 시사하였다. 트리스먼은 약화 기제를 수반하는 선택 주의 이론을 제안하였다(그림 4.7). 여과기(감쇄기)는 자극을 차단하는 것이 아니라, 표적 자극 이외의 다른 모든 자극의 강도를 약화시킬 뿐이라는 것이다. 따라서 자극을 받아들일 때, 낮은 수준에서 크기와 음조와 같은 특성들을 분석한다. 예컨대, 시끄러운 술집에서 이야기하고 있는 사람의 목소리를 들을 수 있다. 만일 자극이 표적 특성을 지니고 있다면, 그 신호를 다음 단계로 전달한다. 그러한 표적 특성을 지니고 있지 않다면, 약화된 자극을 전달한다. 다음 단계에서 자극의 의미와 적절성을 지각적으로 분석한다. 주의를 기울이지 않은 귀의 메시지가 자신의 이름과 같이 중요한 정보를 포함하고 있으면, 비록 감쇄기가 약화시켰더라도 그 정보를 포착하게 된다. 즉, 주의를 기울인 메시지를 처리하기 쉽게 만들어주기 위해서 감쇄기가 몇몇 정보의 흐름을 약화시킨다고 하더라도, 여전히 그 정보를 약화된 신호로 받아들이기 때문에 관련성이 큰 정보를 포착할 수 있다. 주의를 기울이지 않은 메시지는 약화되었기 때문에, 중요한 정보만을 포착하며, 나머지는 깨닫지 못한 채 사라지게 된다.

후기 여과기 모형 도이치와 도이치(Deutsch & Deutsch, 1963; Norman, 1968)는 여과기 위치가 처리 후기에 존재한다는 모형을 개발하였다(그림 4.8). 이들은 자극의 물리적 특성과 의미 모두를 분석한 후에 비로소 그 자극을 걸러낸다고 제안하였다. 이러한 후기 여과기는 주의를 기울이지 않은 귀로 들어오는 정보를 재인할 수 있게 해준다. 예컨대, 자신의 이름이나 (이중언어자의 경우에) 주의를 기울인 입력의 번역내용을 재인할 수 있다. 초기 여과기 기제와 후기 여과기 기제의 주창자는 모두 단일 출처 정보만이 통과할 수 있는 주의 병목이 존재한다고 제안한다. 두 모형은 단지 병목이 어디에 위치하느냐는 측면에서만 차이를 보인다.

초기 여과기 모형과 후기 여과기 모형의 종합 초기 선택 이론과 후기 선택 이론은 모

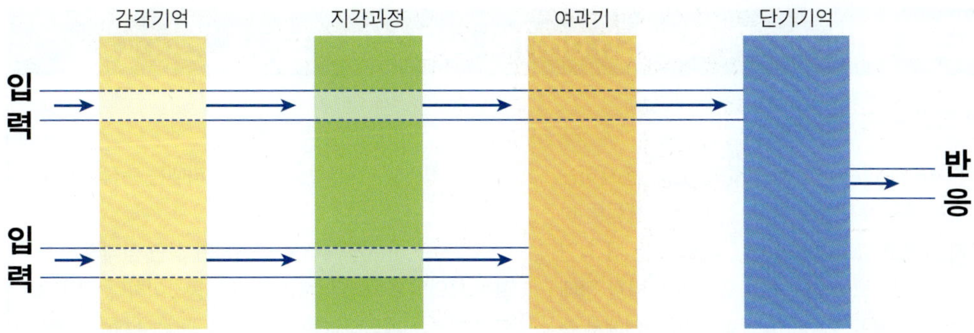

그림 4.8 도이치와 도이치의 후기 여과기 모형. 몇몇 인지심리학자에 따르면, 여과기 기제가 지각과정을 선행하기보다는 뒤따른다.

두 자신을 지지하는 데이터를 가지고 있다. 그렇다면 연구자는 어떻게 해야 하는가? 1967년 율릭 나이서는 두 모형을 종합하여 다음과 같은 두 처리과정이 주의를 주도한다고 제안하였다.

- 전주의 처리과정: 이러한 자동 처리과정은 신속하게 병렬적으로 일어난다. 이 처리과정은 주의를 기울이지 않은 메시지의 감각 특성만을 알아차리는 데 사용할 수 있다. 그렇지만 의미나 관계는 구분하지 못한다.
- 주의를 요하는 통제 처리과정: 이 과정은 후기에 일어난다. 계열적으로 수행하며 시간을 요하고 작업기억과 같은 주의 자원을 사용한다. 정보를 훨씬 세부적으로 처리한다.

두 단계 모형은 체리, 모레이, 트리스먼의 데이터를 설명할 수 있다. 또한 트리스먼의 약화 모형과 뒤이은 자질 통합 이론의 측면들을 멋지게 통합해준다. 트리스먼이 탐색하는 동안 두 가지 상이한 처리과정, 즉 자질 탐색과 자질 통합 과정을 사용할 수 있다는 사실을 어떻게 제안하였는지를 기억하기 바란다. 자질 탐색 과정은 전주의적 자동처리와 연결할 수 있다. 자질 통합 과정은 주의를 요하는 통제 처리와 연결할 수 있다. 그런데 불행하게도 두 단계 모형은 완전히 자동적인 처리과정에서부터 완전히 통제적인 처리과정에 이르는 연속성을 설명하는 데 있어서는 문제점을 노출하고 있다. 예컨대, 완전히 통제적인 처리과정도 적어도 부분적으로는 자동화될 수 있다는 사실을 회상하기 바란다(Spelke, Hirst, & Neisser, 1976). 두 단계 모형은 분할 주의 현상에서 처리과정의 자동화를 어떻게 설명하는가? 예컨대, 어떻게 단어 받아쓰기를 하면서 동시에 글을 읽을 수 있는가? 분할 주의 절에서 이 문제를 논의한다.

신경과학과 선택 주의

1970년대 초기에 연구자들은 주의를 연구하기 위하여 ERP를 채택하였다. 힐랴드 등(Hillyard et al., 1973)은 참가자 각 귀에 음고에서 차이를 보이는 단순음의 연속을 제시하는 획기적인 연구를 수행하였다. 참가자는 때때로 들리는 표적 자극을 탐지해야 하였다. 표적 자극이 주의를 기울인 귀에 나타날 때, ERP의 첫 번째 부적 성분이 주의

존 킬스트롬(John F. Kihlstrom)의 실험실에서는

최면과 최면후 기억상실

최면은 존재하지 않는 대상을 볼 수도 있고, 존재하는 대상을 보지 못할 수도 있으며, 자신이 무슨 행동을 하고 있는지 그리고 그 이유가 무엇인지도 모른 채 최면후 암시에 반응을 보이기도 하는 의식의 특별한 상태이다(Kihlstrom, 2007, 2008). 나중에 최면 상태에서 행한 것을 기억해내지 못할 수도 있는데, 이 현상을 **최면후 기억상실**(posthypnotic amnesia)이라 부르며 우리 연구의 초점이 되어왔다.

존 킬스트롬

그런데 최면후 기억상실을 검증하려면 우선 적절한 대상자를 찾아야만 한다. 불행하게도 누가 최면을 경험하고 누가 경험할 수 없는지를 사전에 예측할 수 있는 방법은 없다. 유일한 방법은 최면을 시도하고 작동하는지를 알아보는 것이다. 이 목적을 위해서 우리는 일련의 표준화시킨 최면 감수성 척도에 의존하고 있다. 이 척도는 지능검사와 매우 유사하게 구조화시킨 수행 기반 검사이다. 각 척도는 최면 유도로 시작하며, 다양한 최면 경험을 위한 일련의 암시가 뒤따른다. 각 암시에 대한 반응은 객관적인 행동 기준에 따라서 평가하며, 최면을 경험하는 능력을 나타내는 총점을 내놓는다.

그렇지만 이 시점부터는 참가자가 최면 상태라는 사실을 제외하고 다른 인지 실험과 대동소이하다. 전통적인 언어학습 패러다임을 사용한 연구(Kihlstrom, 1980)에서 참가자는 '소녀'나 '의자'와 같이 친숙한 15개 단어 목록을 기억한 다음에, "당신은 최면 상태에 있는 동안 학습한 어떤 단어도 기억해낼 수 없습니다. … '이제 모든 것을 기억해낼 수 있습니다'라고 내가 말할 때까지는 말입니다."라는 암시를 받았다. 최면에서 깨어난 후에, 최면 감수성이 매우 높은 참가자는 학습 목록의 거의 아무것도 기억해낼 수 없는 반면, 감수성이 매우 낮은 참가자는 동일한 절차를 거쳤음에도 불구하고 거의 완벽하게 기억해냈다. 이 결과는 최면후 기억상실이 최면 감수성과 높은 상관을 보인다는 사실을 보여준다.

최면 후에 참가자는 단어 연상 검사를 받았는데, 이 검사는 마음에 떠오르는 첫 번째 단어를 보고하는 것이

를 기울이지 않은 귀에 나타날 때보다 컸다. N1은 표적 자극 출현 후 대략 90밀리초 후에 나타나는 부적 뇌파이다. 연구자들은 N1 뇌파가 표적 자극을 고양시키고 다른 자극을 억압한 결과라는 가설을 세웠다. 이 결과는 여과기 이론과 일치하는 것이다. 후속 연구(Woldorff & Hillyard, 1991)는 표적 자극 출현 후 대략 20~50밀리초 후에 발생하는 정적 뇌파의 형태로 나타나는 표적 자극에 대한 초기 반응도 발견하였다. 뇌파는 헤슬구에서 유래하는데, 이 영역은 청각피질에 위치한다(Woldorff 등, 1993). 21세기 연구들도 여전히 아동의 선택 주의에 대한 어머니의 사회경제적 지위의 영향과 같이 다양한 주제를 탐구하는 데 이 방법을 사용하고 있다(Stevens, Lauinger, & Neville, 2009). 이들은 낮은 교육 수준의 어머니를 가지고 있는 아동은 신경처리에서 선택 주의의 저하된 효과를 나타낸다는 사실을 밝혀왔다.

시각 주의에서도 유사한 효과를 밝혀왔다. 만일 표적 자극이 주의를 기울인 시야 영역에 나타나면, 주의를 기울이지 않은 영역에 나타날 때보다 후두엽의 P1(정적 뇌파)이 크게 나타난다(Eason, Harter, & White, 1969; Van Voorhis & Hillyard, 1977). P1 효과는 감각 단서에 의해서 참가자의 주의가 특정 영역에 쏠리게 될 때 그리고 뒤이어서 표적이 바로 그 위치에 나타날 때도 일어난다. 단서의 출현과 표적 간의 시간간격

다. 몇몇 단서는 '소년'이나 '의자'와 같은 단어이었는데, 이 단서는 학습 목록에 있는 단어를 유발할 가능성이 높은 것이었다. 다른 단서는 학습하지 않은 통제 단어를 유발할 가능성이 마찬가지로 높은 것이었다. 방금 학습하였던 단어들을 기억해내지 못함에도 불구하고, 최면 가능한 기억상실 참가자는 최면 가능하지 않고 기억상실을 보이지 않은 참가자와 동일한 비율로 학습 목록 단어들을 내놓았다. 이 결과는 최면후 기억상실이 의미기억이 아니라 일화기억의 와해라는 사실을 보여준다. 보다 중요한 사실은 참가자들이 의미 점화, 즉 사전에 학습하지 않았던 다른 단어들과 비교할 때, 학습 목록의 단어들로 더욱 빈번하게 반응하는 경향을 보였다는 점이다. 점화효과의 강도는 기억상실 참가자와 그렇지 않은 참가자에서 동일하였다. 다시 말해서 최면후 기억상실은 일화기억의 외현적 표현과 암묵적 표현 간의 해리를 수반한다 (Schacter, 1989).

다른 형태의 기억상실에서도 외현기억과 암묵기억이 해리되지만, 최면후 기억상실에서 관찰하는 해리를 특별한 것으로 만들어주는 몇몇 자질들이 존재한다. 신경학적으로 정상인 참가자의 암묵기억에 관한 대부분의 연구는 외현기억을 손상시키기 위하여 얕은 처리와 같이 매우 질이 떨어지는 부호화 조건을 채택한다. 그렇지만 우리 실험에서는 기억상실 암시를 주기 전에 참가자들이 엄격한 학습 기준에 도달할 때까지 목록을 기억하였으며, 기억상실 암시를 해제한 후에는 목록을 완벽하게 기억해냈다. 따라서 최적의 깊은 처리 조건에서조차 암묵기억을 외현기억과 해리시킬 수 있다.

더욱 중요한 사실은 기억상실에서 암묵기억에 관한 대부분의 연구는 반복 점화에 초점을 맞추는데, 이것은 점화자극의 지각 기반 표상이 매개할 수 있는 것이다. 따라서 널리 알려진 암묵기억 이론들은 두뇌에 있는 지각 표상 시스템에 초점을 맞추고 있다. 그렇지만 우리 연구에서는 점화가 본질적으로 의미적인 것이었으며, 점화자극의 의미 기반 표상이 매개한 것이 확실하다. 최면 연구는 이러한 방식으로 암묵기억에 대한 종합 이론이 반복점화와 지각 표상 시스템을 넘어설 수밖에 없다는 사실을 되새기게 해준다.

뒤이은 다른 연구는 최면후 기억상실이 의미 점화뿐만 아니라 반복 점화도 용인한다는 사실을 보여주었다. 보다 중요한 사실은 제이코비(L. L. Jacoby)의 "처리 해리 절차"를 사용한 연구들이 점화효과는 통제처리가 아니라 자동처리가 매개한다는 사실을 확증하였다는 점이다. 최면후 기억상실 연구 그리고 최면의 다른 현상들에 관한 연구는 무의식적 정신생활의 본질에 관한 통찰을 제공해준다는 희망을 제공하고 있다. 또한 의식적 지각과 기억을 제어하는 실험을 가능하게 함으로써, 의식적 인지와 무의식적 인지의 신경 토대를 밝히기 위한 두뇌 영상 연구에서도 최면을 사용할 수 있다.

이 짧으면, 표적이 상당히 지연된 후에 나타날 때보다 P1 뇌파가 증폭되고 반응시간이 빨라진다. 실제로 단서와 표적 간의 지연은 반응시간의 지연 그리고 P1 뇌파 크기의 감소로 이끌어갈 수 있다(Hopfinger & Mangun, 1998, 2001).

분할 주의

친구를 옆에 태우고 자동차를 운전하면서 흥미진진한 대화에 몰두하였던 적이 있는가? 아니면 친구와 전화통화 하면서 저녁식사를 하였던 적이 있는가? 동시에 둘 이상의 과제를 수행하고 있을 때는 언제나 주의를 그 과제들에 분할하고 있는 것이다.

실험실에서 분할 주의 연구

분할 주의(divided attention) 분야의 초기 연구는 참가자에게 농구 게임 장면을 손바닥 치기 게임 장면과 중첩시킨 비디오테이프를 보도록 하였다. 참가자는 한 행위를 보면서 다른 행위를 성공적으로 무시할 수 있었다. 그렇지만 두 행위를 동시에 모니터링

스펠키, 허스트 그리고 나이서(1976) 연구에서 사용한 이중과제 패러다임. 참가자는 짧은 이야기를 읽으면서 동시에 들려주는 단어를 받아써야만 하였다.

하는 데는 상당한 어려움이 있었다. 농구 게임은 한쪽 눈으로 보고 손바닥 치기 게임은 다른 눈으로 분리해서 보는 경우에서도 마찬가지이었다(Neisser & Becklen, 1975).

나이서와 베클렌은 연습을 하면 결국에는 수행 증진이 일어날 것이라고 가정하였다. 또한 다중 과제 수행은 연습이 초래하는 기술에 근거한다고 가정하였다. 특별한 인지 기제에 근거한 것이 아니라고 생각하였다.

다음 해에 연구자들은 분할 주의를 연구하기 위하여 짧은 이야기를 읽는 것과 불러주는 단어를 받아쓰는 두 가지 과제를 동시에 수행하는 이중 과제 패러다임을 사용하였다(Spelke, Hirst, & Neisser, 1976). 연구자들은 다음과 같은 세 가지 조건 각각에서 반응시간과 수행 정확도를 비교하고 대비시켰다. 예상한 바와 같이, 두 과제를 동시에 수행해야 할 때 두 과제에 대한 초기 수행은 좋지 않았다. 그렇지만 여러 주에 걸쳐 참가자들에게 주당 5일씩 두 과제 수행을 연습시킨 결과(총 85회기), 놀랍게도 충분한 연습을 한 후에 참가자의 성과가 두 과제 모두에서 좋아졌다. 이해 검사로 측정한 결과, 글 읽기 속도와 정확도가 증진되었다. 또한 받아쓰기 하였던 단어 재인기억도 증진되었다. 결국 두 과제 모두에서 참가자의 수행은 처음에 하나의 과제만을 수행할 때의 성과와 동일한 수준에 도달하였다.

받아쓰기하였던 단어들이 어떤 방식으로든 관련되어있을 때(예컨대, 운율이 같다든가 하나의 문장을 형성하는 것일 때), 참가자들이 처음에는 그 관계를 알아채지 못하였다. 그렇지만 반복적인 연습 후에는 단어들이 다양한 방식으로 상호간에 관계가 있다는 사실을 알아채기 시작하였다. 곧 수행 손실 없이 두 과제를 동시에 수행할 수 있게 되었다. 스펠키 등은 이 결과가 통제 과제를 자동화함으로써 적은 양의 주의 자원을 사용하게 된다는 사실을 보여주는 것이라고 제안하였다. 나아가서 두 가지 별도의 통제 과제가 하나의 단위로 함께 기능하도록 자동화할 수도 있다. 그렇지만 과제들을 완벽하게 자동화한 것은 아니다. 한편으로는 과제들이 계속해서 의도적이고 의식적이었다. 다른 한편으로는 비교적 높은 수준의 인지처리를 수반하였다.

분할 주의를 연구하는 완전히 상이한 접근방법은 신속한 반응을 요구하는 지극히 단순한 과제에 초점을 맞추어왔다. 사람들이 두 가지 속도 과제(대부분의 사람들이 정해진 시간에 끝마칠 수 없는 과제)를 동시에 수행하고자 시도할 때, 하나 또는 두 과제 모두의 반응은 거의 항상 느려진다(Pashler, 1994). 첫 번째 과제를 시작한 직후에 두 번째 과제를 시작하게 되면, 일반적으로 수행 속도가 현저하게 느려진다. 이러한 속도 저하가 **심리적 불응기**(psychological refractory period; PRP) 효과이며, **주의 깜빡임**(attentional blink)이라고도 부른다. PRP 연구의 결과는 사람들이 어떤 속도 과제를 수행하는 동안 부가적으로 들어오는 정보의 물리적 특성을 꽤나 용이하게 처리한다는 사실을 나타낸다(Miller, Ulrich, & Rolke, 2009; Pashler, 1994). 그렇지만 반응을 선택

인지심리학 연구하기

주의 분할하기

여러분이 10세일 때 잠을 잤던 방에 관하여 기억해낼 수 있는 모든 것을 그림으로 표현하면서 종이 위에 여러분의 이름을 반복해서 적어보라. 이름을 계속해서 적고 옛적 침실을 그리는 동안, 한쪽 엄지발가락에서부터 시작하여 다리로 진행하고 몸통을 지나 반대쪽 어깨와 팔로 이어지는 신체 감각들을 자각하는 심적 여행을 해보라. 어떤 감각을 느끼는가? 바닥이나 신발 아니면 옷의 압각, 아니면 신체 어디선가의 통각을 느끼는가? 기억에서 이미지를 인출하고 현재의 감각에 계속해서 주의를 기울이는 동안 여전히 이름을 적고 있는가? 어떤 과제이든지 동시에 수행할 때보다 하나만 수행할 때 더 용이하였을 것이다. 여러분은 주의를 성공적으로 분할할 수 있었는가?

한다든가 기억에서 정보를 인출하는 등과 같이 보다 정교한 처리를 수행할 필요가 있을 때는 속도가 저하되고, 하나 또는 두 과제 모두 PRP 효과를 나타내게 된다.

사람들이 주의를 분할하는 능력은 지능과도 관련이 있다(Hunt & Lansman, 1982). 예컨대, 참가자들에게 수학문제를 풀면서 동시에 단음을 들으면 가능한 한 빠르게 버튼을 누르도록 요구하였다고 가정해보자. 헌트와 랜스먼에 따르면, 지능이 높을수록 두 과제에 시간을 보다 잘 할당하여 두 과제를 모두 효과적으로 수행할 수 있다.

분할 주의 이론

주의를 분할하는 능력을 이해하기 위하여 연구자들은 주의의 **용량 모형**(capacity model)을 개발해왔다. 이 모형은 사람들이 어떻게 주의를 요구하는 둘 이상의 과제를 동시에 수행할 수 있는지를 설명하는 데 도움을 준다. 사람들이 제한된 양의 주의를 가지고 있으며 과제가 요구하는 정도에 따라서 주의를 할당할 수 있다고 상정한다. 두 가지 상이한 유형의 모형은 주의의 원천이 무엇인지에서 차이를 보이고 있다(Kahneman, 1973; McDowd, 2007).

- 한 모형은 단일 출처의 주의자원을 자유롭게 할당할 수 있다고 제안한다.
- 다른 모형은 각 양상(예컨대, 언어, 시각 등)에 하나씩 가용한 주의의 다중 출처를 제안한다.

그림 4.9는 두 유형의 모형 예를 보여주고 있다. 그림 4.9(a)에서는 시스템이 다중 과제에 분할할 수 있는 단일 자원을 가지고 있다(Kahneman, 1973). 그림 4.9(b)는 상이한 양상들을 위한 여러 가지 출처의 자원을 가지고 있는 모형을 보여준다(Navon & Gopher, 1979).

단일 출처 모형은 처리과정을 과잉 단순화시킨 것일 가능성이 높다. 사람들은 상이한 양상의 다중과제를 수행할 때 주의를 훨씬 잘 분할한다. 적어도 몇몇 주의자원은 과제를 제시하는 양상(예컨대, 언어 또는 시각)에 특정한 것일 수 있다. 예컨대, 대부분의 사람들은 음악을 듣는 동시에 글쓰기에 쉽게 집중할 수 있다. 그렇지만 뉴스를

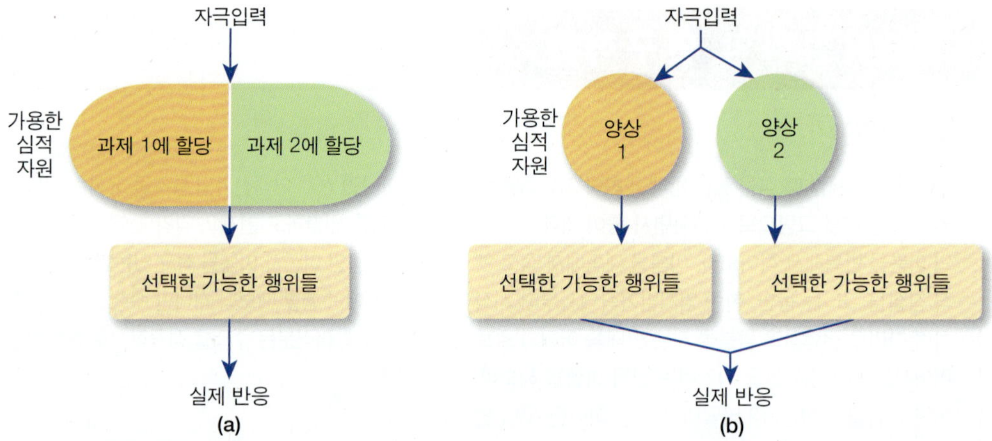

그림 4.9 주의 자원 할당. 주의 자원은 단일 출처를 수반하거나 아니면 양상 특수적인 다중 출처를 수반할 수 있다. 주의 자원 이론이 모호하다는 비판을 받아오기는 하였지만, 주의의 몇몇 측면들을 설명하는 데 있어서 여과기 이론을 보완해주는 것으로 보인다.

청취하면서 동시에 글쓰기에 집중하기는 어렵다. 두 과제가 모두 언어 과제이기 때문이다. 뉴스의 단어들이 생각하고 있는 단어들을 방해하는 것이다. 마찬가지로 두 가지 시각 과제는 청각과제와 결합된 시각과제보다 상호간에 간섭할 가능성이 더 크다.

주의 자원 할당에 관한 이 모형들은 지나치게 광의적이고 모호하다고 비판받아왔다(예컨대, Navon, 1984; S. Yantis, personal communication, December 1994). 실제로 이 모형들이 주의의 모든 측면을 설명하는 유일한 모형은 아니며, 여과기 모형들을 상당히 잘 보완하고 있다.

이에 덧붙여서, 탐색과 관련된 현상을 설명하는 데 있어서 시각 탐색에 특정한 이론들(예컨대, 지침 탐색을 제안하는 모형[Cave & Wolfe, 1990; Wolfe, 2007]이나 유사성을 제안하는 모형[Duncan & Humphreys, 1989])이 여과기 이론이나 자원 이론보다 더 강력한 설명력을 가지고 있는 것으로 보인다.

믿거나 말거나 여러분은 다중 과제를 수행하고 있을 때 생산적인가?

여러분은 리포트를 작성하면서 절친과 문자를 주고받으며, 배경으로 깔리고 있는 음악을 들으면서 간식을 먹고 있다. 폴 덕스 등(Paul Dux et al., 2006)은 동시에 둘 이상의 과제를 수행하는 것은 수행 속도를 늦출 뿐만 아니라 실수를 범할 가능성도 증가시킨다는 사실을 밝혀왔다. 두 가지를 동시에 하고 있을 때는 반응시간이 1초까지 늦어진다. 책상 앞에 앉아 있을 때는 이것이 심각할 정도로 중요한 것이 아닐 수도 있겠지만, 자동차를 운전하면서 동시에 문자를 주고받거나 전화 통화를 할 때는 삶과 죽음의 문제가 될 수 있다. 학습능력조차 손상된다. 푀르디, 노울튼 그리고 폴드랙(Foerde, Knowlton, & Poldrack, 2006)의 연구는 배경에서 들리는 소리와 같이 사소한 방해자극조차도 선언기억의 형성(성공적인 학습에 필수적이다)을 방해한다는 결과를 얻었다. 복잡한 과제들을 수행할 때는 기억에 상당한 양의 정보를 활성화시켜놓고 있어야 하기 때문이다. 외부 방해자극은 필요한 집중을 쉽게 와해시킬 수 있다.

일상에서의 분할 주의

분할 주의는 우리 삶에서 중요한 역할을 담당한다. 여러분은 얼마나 자주 한 번에 둘 이상의 과제를 수행하고 있는가? 예컨대, 자동차를 운전한다고 가정해보자. 안전을 위협하는 것들을 끊임없이 자각하고 있을 필요가 있다. 여러분이 교차로에 접어들고 있는데 정지신호를 무시하고 여러분을 향해 돌진해오는 차와 같은 위협에 주의를 기울이는 데 실패한다고 가정해보라. 그 결과는 무시무시한 교통사고의 불쌍한 희생자가 되는 것일 수 있다. 나아가서 만일 주의를 분할하는 데 실패한다면, 여러분이 사고를 일으킬 수 있다. 대부분의 자동차 사고는 분할 주의 실패가 초래한다.

몇몇 흥미로운 연구는 일상 경험에 근거하고 있다. 널리 사용하는 패러다임은 운전 상황을 시뮬레이션 하는 것이다(Strayer & Johnston, 2001; Fisher & Pollatsek, 2007 도 참조). 연구자들은 참가자에게 추적 과제를 수행하도록 요구하였다. 조이스틱을 조정하여 컴퓨터 화면의 커서를 이동시키는데, 움직이는 표적 위에 커서를 계속해서 위치시켜야 하였다. 다양한 시점에서 표적이 녹색이나 빨간색으로 반짝거렸다. 녹색일 때는 신호를 무시하면 되지만, 빨간색일 때는 가상 브레이크를 밟아야 하였는데, 그 가상 브레이크는 조이스틱에 붙어있는 버튼이었다. 한 조건에서는 참가자가 이 과제만을 수행하면 되었다. 다른 조건에는 두 번째 과제를 첨가하였다. 이 절차는 이중 과제 상황이다. 참가자는 과제를 수행하는 동안 라디오 방송을 청취하거나 휴대전화로 실험협조자와 대화를 나누었다. 참가자는 절반 정도 대충 말하였으며 대충 청취하였다. 이 결과가 대화 주제의 영향을 받는 것이 아니라는 사실을 확인하기 위하여 참가자들은 상이한 주제의 대화를 나누었다.

그림 4.10에 나와 있는 바와 같이, 참가자들이 전화 통화를 하지 않을 때에 비해서 통화를 할 때 빨간 신호를 누락시킬 확률이 급격하게 증가하였으며, 반응시간도 느려

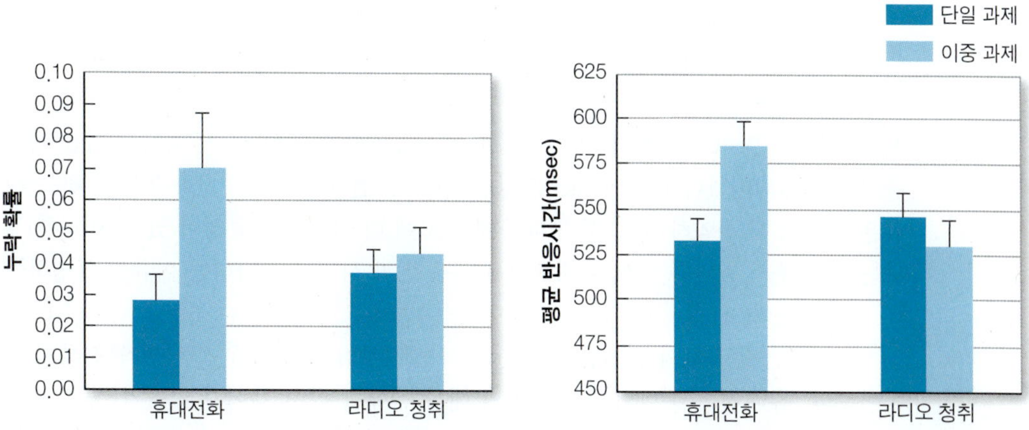

그림 4.10 운전 중의 이중과제 수행. 왼쪽 그림에서 보면, 이중과제 수행은 휴대전화 사용 조건에서 누락의 확률을 유의하게 증가시켰지만, 라디오를 청취하는 통제조건에서는 그렇지 않았다. 오른쪽 그림에서 보면, 휴대전화를 사용하는 이중과제 조건에서 반응시간이 유의하게 증가하였으나, 라디오를 청취하는 통제조건에서는 그렇지 않았다.

출처: Strayer, D. L., & Johnston, W. A. (2001). Driven to distraction: Dual-task studies of simulated driving and conversing on a cellular telephone. *Psychological Science*, *12*, 463.

졌다. 그렇지만 라디오를 청취하는 것은 실제로 수행을 방해하지 않았다. 따라서 운전하면서 휴대전화를 사용하는 것은 라디오를 청취하는 것보다 훨씬 더 위험한 것으로 보인다(Charltona, 2009; Drews, Pasupathi, & Strayer, 2008도 참조). 따라서 운전할 때는 휴대전화를 사용하지 않는 것이 훨씬 좋다.

또 다른 연구는 실제 사고 데이터를 분석하였다. 2002년 6월부터 11월 사이에 미국 버지니아에서 발생한 2,700건의 추돌사고를 분석한 연구는 사고 원인을 살펴보았다(Warner, 2004). 다음은 교통사고를 초래한 몇 가지 중요 요인들을 백분율과 함께 제시한 것이다.

- 사고 구경하기(이미 발생한 사고에 주의를 기울이는 것), 16%
- 운전자 피로, 12%
- 경치나 랜드마크를 바라다보는 것, 10%
- 동승객이나 아동이 야기하는 운전 방해, 9%
- 오디오 등을 조작하는 것, 7%
- 휴대전화 사용, 5%

평균적으로 자동차 내에서 발생하는 방해자극이 보고된 부주의의 62%를 설명하고 있다. 자동차 밖의 방해자극은 35%를 설명한다. 나머지 3%는 원인이 불확실하다. 사고 원인은 시골과 도심지에서 약간 다르다. 시골 지역에서의 사고는 운전자 피로, 자동차 내로 들어오거나 자동차와 부딪친 날벌레, 또는 애완동물들 때문일 가능성이 더 높다. 도심지에서는 사고 구경하기, 교통 혼잡, 또는 휴대전화 사용 등이 초래할 가능성이 더 높다(Cohen & Graham, 2003; 그림 4.11).

교통사고 또는 거의 사고에 가까운 사건의 21% 가량에서는 적어도 한 운전자가 휴대전화 통화를 하고 있었다. 그 통화가 사고 원인이었든 아니든 말이다(Seo & Torabi, 2004). 다른 연구를 보면, 과제를 수행하는 시간과 운전 조건을 통제하였을 때 휴대전화로 통화하는 효과는 음주 운전 못지않게 치명적이었다(Strayer, Drews, & Crouch, 2006). 또 다른 연구는 휴대전화를 사용하지 않고 있는 운전자와 비교할 때 사용하고 있는 운전자는 좌절 상황에 직면할 때, 경적을 울린다거나 얼굴 표정을 통해서 분노를 더 많이 표출한다(McGarva, Ramsey, & Shear, 2006). 공격성 증가는 사고 증가와 연계되어왔다(Deffenbacher 등, 2003). 운전하면서 휴대전화 통화를 하는 사람은 분노에 더 취약하며, 그렇기 때문에 사고에 더 취약할 가능성이 있다. 이러한 결과는 분할 주의 효과와 함께 휴대전화를 사용할 때 사고가 증가하는 이유를 설명하는 데 도움을 준다.

그렇지만 동승자의 존재는 혼자 운전하는 것보다 실제로 운전을 더 안전하게 만들어준다. 휴대전화 통화와 동승자와의 대화 간에는 어떤 차이가 있는가? 동승자는 교통 상황에 따라 대화를 조절하는 반면, 전화통화 상대자는 운전자가 뻥 뚫린 도로에 있는지 아니면 살얼음이 낀 혼잡한 도심지에 있는지를 알 수 없다(Maciej, Nitsch, & Vollrath, 2011). 또 다른 연구는 휴대전화로 말을 많이 할수록 그 행동이 덜 위험하다고 지각한다는 사실을 지적하였다(Hallett, Lambert, & Regan, 2011).

운전하면서 나타내는 또 다른 매우 위험한 행동이 문자를 주고받는 것이다. 문자

그림 4.11 분할 주의: 운전과 휴대전화 통화. 운전자가 휴대전화 통화와 같은 다른 행위에 몰두하기 때문에 사고가 나기 십상이며, 이것은 분할 주의 실패를 예증한다. 다른 사고 장면을 구경하느라 목을 길게 빼고 돌아보는 운전자가 또 다른 사고의 중요 원인이다.

를 주고받을 때, 자동차 속도는 유의하게 감소하는 반면, 도로 상황에 대한 반응시간은 현저하게 증가한다. 또한 더 많은 방해를 받으며 신속하게 반응하지 못하기 때문에 사고를 일으킬 위험이 높아진다(Yannis 등, 2014). 그런데 대학생 조사를 보면, 91%가 운전하면서 문자를 주고받았으며, 차선을 변경하거나 속도를 올릴 때조차도 그렇게 하였다. 운전하면서 문자 주고받기가 갖는 위험성을 알고 있다고 인정하면서도 말이다(Harrison, 2011).

주의 능력에 영향을 미치는 요인

현존하는 주의 모형들은 주의의 복잡성을 설명하기에는 턱없이 단순하고 기계적이다. 많은 다른 요인들이 집중하고 주의를 기울이는 능력에 영향을 미친다. 몇 가지를 보자.

- 불안: 선천적이든(특질 불안) 상황적이든(상태 불안), 불안은 주의에 제약을 가한다(Eysenck & Byrne, 1992; Reinholdt-Dunne, Mogg, & Bradley, 2009).
- 각성: 전반적인 **각성**(arousal) 상태는 주의에도 영향을 미친다. 피로하거나 어지럽거나 약물에 취해있는 것은 주의를 제약할 수 있다. 때로는 흥분하는 것이 주의를 고양시키기도 한다(MacLean 등, 2009).
- 과제 어려움: 어렵거나 낯선 과제를 수행하고 있을 때는 쉽거나 친숙한 과제를 수행할 때보다 더 많은 주의 자원을 필요로 한다. 과제 어려움은 주의를 분할할

때 특히 수행에 영향을 미친다.

- 숙달도: 과제를 수행하는 데 있어서 더 많이 훈련하여 숙달도가 높을수록, 주의가 더 많이 고양된다(Spelke, Hirst, & Neisser, 1976).

요컨대, 특정 주의과정은 의식적 자각 밖에서 일어난다. 다른 주의과정은 의식적 제어를 받는다. 주의에 관한 심리학 연구는 경계, 탐색, 선택 주의, 분할 주의 등과 같은 다양한 현상들을 포함해왔다. 주의 현상의 다양성을 설명하기 위하여, 오늘날 이론들은 여과기 기제가 주의의 몇몇 측면들을 주도한다는 사실을 강조한다. 양상 특수적인 제한된 주의 자원은 주의의 다른 측면들에 영향을 미친다. 인지심리학 연구 결과가 주의에 관한 많은 통찰을 제공해준 것에는 의심의 여지가 없지만, 두뇌에서의 주의과정 연구를 통해서도 부가적인 이해를 추구해왔다.

신경과학과 주의: 망모형

두뇌에서의 주의과정을 연구한 다양한 연구들을 모두 종합하는 것이 얼마나 어려운 일인지를 상상해보라. 주의는 전체 두뇌의 기능인가, 아니면 주의를 주도하는 모듈의 기능인가? 마이클 포스너에 따르면, 두뇌 주의시스템은 “단일 두뇌 영역의 특성도 아니며 전체 두뇌의 특성도 아니다”(Posner & Dehaene, 1994, p. 75). 2007년 포스너는 메리 로스바트와 팀을 이루어, 수많은 선행연구의 다양한 결과들이 공통 방향을 지향하고 있는지 밝히기 위하여 주의 분야에서 수행한 신경영상 연구들을 개관하였다. 이들은 처음에 불명확한 패턴처럼 보였던 것들을 주의의 세 가지 하위기능, 즉 경계 태세, 지향성, 집행 주의와 연합된 영역으로 효과적으로 체제화 할 수 있다는 사실을 찾아냈다. 이들은 관여하는 두뇌 영역, 변화를 조절하는 신경전달물질, 그리고 시스템 내에서 오기능의 결과라는 측면에서, 이 기능 각각을 기술하도록 결과를 체제화하였다.

경계 태세 경계 태세(alerting)는 접하는 사건에 주의를 기울이도록 준비하고, 그 주의를 유지하는 것으로 정의한다. 또한 이러한 준비 상태로 접어드는 과정도 포함한다. 경계 태세에 관여하는 두뇌 영역은 우반구 청반을 비롯한 전두피질과 두정피질이다. 신경전달물질 노르에피네프린이 경계 태세를 유지하는 데 관여한다. 경계 태세 시스템이 적절하게 작동하지 않으면, ADHD 증상이 나타난다. 정상적인 노화 과정에서도 경계 태세 시스템의 오기능이 나타나기도 한다.

정향성 정향성(orienting)은 주의를 기울일 자극의 선택으로 정의한다. 이 유형의 주의는 시각 탐색을 수행할 때 필요하다. 안구운동을 통해서 이 과정을 관찰할 수 있지만 때때로 주의는 암묵적이며 외부에서 관찰할 수 없다. 정향성 신경망은 생애 첫 해에 발달한다. 정향성 기능에 관여하는 두뇌 영역은 상측 두정엽, 측두두정 접합, 전두안구영역, 상구 등이다. 정향성을 조절하는 신경전달물질은 아세틸콜린이다. 이 시스템의 오기능은 자폐증과 연관될 수 있다.

집행 주의 **집행 주의**(executive attention)는 내적 처리과정 간에 발생하는 갈등을 감시하고 해소하는 과정들을 포함한다. 이 과정에는 사고, 감정, 반응이 포함된다. 이렇게 가장 높은 수준의 사고에 관여하는 두뇌 영역은 기저신경절을 포함하여 전측 대상회, 복외측 전전두피질 등이다. 집행 주의 과정에 가장 많이 관여하는 신경전달물질은 도파민이다. 이 시스템의 오기능은 알츠하이머병, 경계선 성격장애, 조현병과 관련되어있다.

❁ 주의가 실패하는 경우

주의의 진정한 중요성은 우리가 집중할 수 없는 상황에서 명백하게 드러난다. 많은 연구는 정상 참가자들을 사용한다. 그렇지만 인지신경심리학자들은 정상적인 주의과정을 보이지 못하는 사람들, 예컨대 특정 주의 결손을 보이는 사람 그리고 두뇌 핵심 영역에 손상이 있거나 혈류 흐름이 원활하지 않은 사람들을 연구함으로써 두뇌의 주의과정에 관하여 많은 사실들을 밝혀왔다. 전반적으로 주의 결손은 전두엽과 기저신경절의 손상과 관련되어왔다(Lou, Henriksen, & Bruhn, 1984). 시각주의 결손은 후측 두정엽과 시상뿐만 아니라 안구운동과 관련된 중뇌 영역과 연관되어왔다(Posner & Petersen, 1990; Posner 등, 1988). 분할뇌 환자 연구(예컨대, Ladavas 등, 1994; Luck 등, 1989)도 주의와 두뇌 기능에 관하여 몇몇 흥미로운 결과로 이끌어왔다. 예컨대, 우반구가 경계 태세를 유지할 때 주도적이며, 시각 탐색에 관여하는 주의시스템은 시각주의의 다른 측면과는 차별적인 것처럼 보인다는 관찰 등이다.

후속 절에서는 주의 실패의 두 가지 사례를 살펴본다. (1) 주의 결핍 과잉행동 장애(ADHD), 그리고 (2) 변화맹/부주의적 맹시.

주의 결핍 과잉행동 장애(ADHD)

대부분의 사람들은 적응적으로 주의를 기울이고 분할하는 능력을 당연한 것으로 받아들인다. 그렇지만 모든 사람이 그렇게 할 수 있는 것은 아니다. ADHD 환자는 환경에 최적의 방식으로 적응할 수 있도록 주의를 집중하는 데 어려움이 있다(*Attention Deficit Hyperactivity Disorder*, 2009; Swanson 등, 2003도 참조).

이 증상은 1845년 하인리히 호프만 박사가 처음으로 기술하였다. 집중적인 연구를 수행하여왔지만, 어느 누구도 ADHD의 원인을 확실하게 알지 못하고 있다. 부분적으로는 유전적인 것일 수 있다. 몇몇 증거는 임신 중 산모의 흡연과 음주와의 연관성을 지적한다(Hausknecht 등, 2005; Obel 등, 2009; Rodriguez & Bohlin, 2005). 아동기에 납에 노출되는 것도 ADHD와 연계될 수 있다. 두뇌 손상이 또 다른 가능성 있는 원인이며, 음식 중독, 특히 설탕과 특정 색소 중독도 마찬가지다(Cruz & Bahna, 2006; Nigg 등, 2008). ADHD 환자는 전두엽-피질하 소뇌 카테콜라민 회로 그리고 도파민 조절에서 유의한 차이를 보인다(Biederman & Faraone, 2005).

ADHD의 세 가지 대표적인 증상은 부주의, 과잉행동(즉, 해당 연령 아동이 정상적으로 나타내는 수준을 훨씬 넘어선 활동 수준), 충동성이다. 어느 증상이 주도적인지에 따라서 (1) 과잉행동-충동성 우세형, (2) 주의 결핍 우세형, (3) 과잉행동-충동성과 주의 결핍 행동이 함께 존재하는 복합형의 세 가지 주요 유형이 존재한다. 여기서는 이 장의 주제와 가장 관련된 주의 결핍 우세형에 초점을 맞춘다.

주의 결핍 우세형 ADHD 아동은 다음과 같은 여러 가지 특징적인 증상을 보인다.

- 무관한 장면과 소리에 쉽게 방해받는다.
- 세부사항에 주의를 기울이는 데 실패하기 십상이다.
- 조심성 없는 실수를 저지르기 쉽다.
- 지시문을 완전히 읽거나 신중하게 읽지 못하기 십상이다.
- 연필이나 책과 같이 과제를 수행하는 데 필요한 물건을 망각하거나 잃어버리기 십상이다.
- 완결하지 않은 채 이 과제에서 저 과제로 왔다 갔다 하는 경향이 있다.

연구들은 ADHD 아동이 정상인 형제들보다 느리고 지극히 가변적인 반응시간을 나타낸다는 사실을 보여주어 왔다(Andreou 등, 2007).

전형적으로 ADHD는 처음에 학령 전기 또는 학령 초기에 나타난다. 전 세계적으로 대략 5% 아동이 이 장애를 가지고 있는 것으로 추정하지만, 추정치는 3% 이하에서 20% 이상에 이르기까지 상당히 가변적이다(Polanczyk & Jensen, 2008). 이 증상은 성인기에 끝나지 않는 것이 보통이며, 더 심해지거나 약화되는 등 심각성의 정도가 가변적이다. 몇몇 증거는 ADHD 발병이 최근에 증가하였다는 사실을 시사한다. 2000년부터 2005년까지 의학 치료가 매년 11% 이상 증가하였다(Castle 등, 2007). 이렇게 증가하는 이유는 명확하지 않다. 진행속도가 빠른 텔레비전 프로그램 시청이나 비디오게임에의 몰두, 음식 중독, 알려지지 않은 환경 유해물질의 증가 등을 포함하여 다양한 가설을 제기해왔다.

연구자들은 ADHD와 자폐증이 몇몇 유사성을 공유한다는 사실을 발견하였으며, 이에 따라서 두 가지 차별적인 증상을 가지고 있는 사람들이 집중하고 주의를 기울이는 능력에서 어떻게 다른지를 알아보려는 실험을 수행해왔다. 앞서 언급한 망모형의 측면에서, 이들은 ADHD 아동이 주의 정향성에서 가장 심각한 문제점을 가지고 있다는 사실을 발견하였다. 반면에 자폐증 아동은 갈등 감시와 반응 준비에서 결손을 보인다(Tye 등, 2014). 자폐증 아동은 특정 개념이나 대상에 주의를 고정시키기 십상이다.

ADHD는 심리치료와 약물치료를 결합하여 치료하는 경우가 가장 많다. ADHD를 치료하기 위하여 오늘날 사용하는 약물은 리탈린(메틸페니데이트), 메타데이트(메틸페니데이트), 스트라테라(아토목세틴) 등이다. 마지막 약물은 흥분제가 아니라는 점에서 ADHD를 치료하는 데 사용하는 다른 약물과 차이가 있다. 오히려 신경전달물질 노르에피네프린에 영향을 미친다. 반면에 흥분제는 신경전달물질 도파민에 영향을 미친다. 흥미로운 사실은 아동의 경우 ADHD의 의료 치료를 받는 남아의 비율이 여아보다 두 배 이상이라는 점이다. 그렇지만 성인의 경우에는 ADHD 치료를 받는 비율이 양성에서 거의 동일하다(Castle 등, 2007). 수많은 연구들은 의학 치료가 ADHD 치료에서 유용한 도구라고 하더라도, 행동 개입과 결합해서 사용하는 것이 최선이라는 사실을 지적해왔다(Corcoran & Dattalo, 2006; Rostain & Tamsay, 2006).

다중지능 이론(Gardner, 1985)이 ADHD 아동을 치료하고 지원하는 데 특히 유용한 것으로 입증되어왔다. 가드너는 지능이 단일 구성체가 아니나 여러 가지의 독립적 구성체를 포함하는 것이라고 제안해왔다. 이 이론은 함께 지능을 구성하는 다중 능력(예컨대, Thurstone, 1938)이 아니라, 상호간에 독립적인 8가지 차별적 지능을 구분하고 있다. 즉, 언어 지능, 논리/수학 지능, 자연친화 지능, 인간친화 지능, 자기성찰 지능, 공간 지능, 음악 지능, 신체운동 지능이 그것이다. 각 지능은 별도의 기능 시스템을 형성하고 있는 것으로 받아들이고 있다. 물론 시스템들이 상호작용하여 지능적 수행이라고 간주하는 것을 내놓기는 하지만 말이다. 교육 장면에서 학생의 능력(또는 주도적 지능)에 초점을 맞춤으로써, ADHD 학생을 개선시킬 수 있으며 이들의 장점을 북돋울 수 있다(Davidson & Kemp, 2011; Schirduan & Case, 2004).

변화맹과 부주의적 맹시

진화적으로 포식자를 찾아내고 먹이를 탐지하는 능력은 생존에 큰 장점이 되어왔다. 적응 행동은 환경 변화에 주의를 기울이는 것을 요구한다. 변화는 기회와 위험 모두를 알려주기 때문이다. 따라서 사람들이 상당한 수준의 **변화맹**(change blindness), 즉 보고 있는 대상이나 장면에서 변화를 탐지하는 능력의 결손을 나타낼 수 있다는 사실을 발견하게 되면 놀랄 수도 있다(Galpin, Underwood, & Crundall, 2009; O'Regan,

변화맹. 참가자는 흰 옷을 입은 세 명의 참가자들이 농구공을 패스하는 횟수를 세라는 지시를 받았다. 많은 사람들은 등장인물들 사이를 걸어지나가는 고릴라를 알아차리지 못하였다.

출처: www.theinvisiblegorilla.com/videos.html

2003). 변화맹과 밀접하게 관련된 현상이 **부주의적 맹시**(inattentional blindness), 즉 실제로 존재하는 대상을 보지 못하는 현상이다(Bressan & Pizzighello, 2008).

여러분은 제1장의 서두에 나와 있는 짧은 글에서 변화맹과 부주의적 맹시의 몇 가지 사례를 찾을 수 있다. 변화맹과 부주의적 맹시는 운전 상황이나 의료 검사를 받을 때 매우 중요하다. 예컨대, 간과한 오토바이나 체질량은 치명적인 결과를 초래할 수 있다. 변화맹에 관하여 더 많은 것을 보려면, 제3장을 참조하라.

공간 무시: 절반의 세계를 상실하다

여러분이 친구와 함께 동물원에 가서 둘이 같이 동물 우리를 들여다본다고 상상해보라. 그렇게 하는 동안 서로 동물 행동에 관한 언급을 하고 있다. 그런데 친구가 시야의 왼쪽 측면에서 일어나고 있는 것을 자각하지 못하고 있다는 사실을 깨닫는다. 그곳에 있는 동물을 보지 못할 뿐만 아니라 그곳에 동물이 있다는 사실조차 자각하지 못하고 있다.

이러한 상태를 **공간 무시**(spatial neglect) 또는 **편측 무시**(hemineglect)라고 부른다. 이것은 손상이 있는 두뇌 반구와 대측적(반대편)인 절반의 시야를 무시하는 주의 기능장애이다. 주로 한쪽 반구의 두정엽과 전두엽이 손상된 결과인데, 우반구이기 십상이다. 공간 무시를 검사하기 위해서 환자에게 여러 개의 수평선이 그려진 종이를 제시한다. 환자에게 각 선분을 중앙을 기준으로 정확하게 두 부분으로 분할하도록 요구한다. 우반구에 손상이 있는 환자는 중앙 오른쪽에서 선분을 분할하는 경향이 있다. 좌반구에 손상이 있는 환자는 중앙 왼쪽에서 선분을 분할하는 경향을 보인다. 그 이유는 전자가 선분의 왼쪽을 보지 못하는 반면, 후자는 선분의 오른쪽을 보지 못하기 때문이다. 때때로 환자는 선분 전체를 누락하기도 한다(즉, 시야 전체를 무시하는 환자도 있다). 환자에게 제시한 작은 그림을 따라 그려보도록 요구하면, 그림의 한쪽 측면만을 그리기 십상이다(그림 4.12).

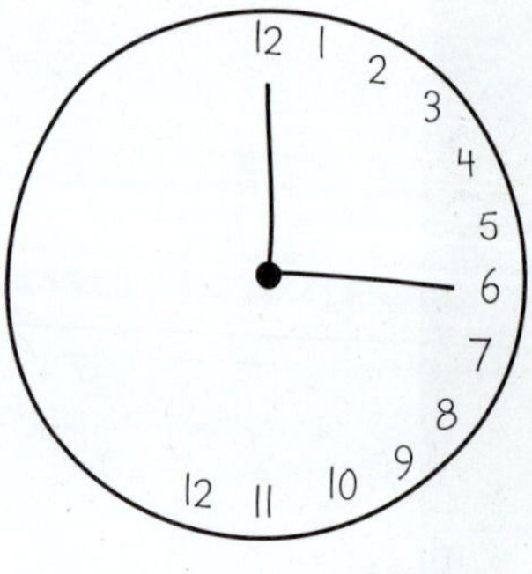

그림 4.12 공간 무시 환자의 그림. 이 그림은 공간 무시로 고통 받고 있는 환자가 그린 것이다. 보는 바와 같이, 시계의 절반을 무시하고 있다.

흥미로운 사실은 환자에게 자극을 오른쪽이나 왼쪽에만 제시하면, 어느 쪽에 제시하였는지에 관계없이 그 자극을 지각할 수 있는 경우가 많다는 점이다. 이 사실은 환자가 심각한 시야 결손을 가지고 있다는 것을 의미한다. 양쪽 시야 모두에 자극을 제시하면, 편측 무시 환자는 갑자기 손상과 대측적인 자극을 무시한다(즉, 손상이 우반구에 있으면, 왼쪽 시야에 있는 자극을 무시한다). 이 현상을 **소멸**(extinction)라 부른다. 소멸이 일어나는 까닭은 환자가 동측 시야(손상이 있는 시야의 부분)에 있는 자극으로부터 주의를 분리하여 대측 시야로 이동시킬 수 없기 때문이다. 주의가 동측 대상에 고착함으로써 대측 시야에 나타나는 자극으로 주의를 이동시킬 수 없다. 이 결과는 외부 세상에 대한 지각뿐만 아니라 기억에서도 참이라는 사실이 매혹적이기도 하다.

최근 연구는 공간 무시 환자가 과거 사건을 기억해내는 데도 어려움을 겪는다는 사실을 밝혀냈다. 수평 선분의 왼쪽은 과거를, 중앙은 현재를, 그리고 오른쪽은 미래를 나타내는 연대표로 생각해보라. 환자는 과거, 즉 연대표의 왼쪽 측면을 표상하는 데 어려움이 있다(Saj 등, 2014). 이 결과는 공간 시각화에 필요한 몇몇 두뇌 기제가 시간 사건을 표상할 때도 관여한다는 사실을 나타낸다.

공간 무시 환자들에게 자신들이 살고 있는 도시의 광장을 기술해보도록 요구하였다(Bisiach & Luzzatti, 1978). 환자들은 광장의 한쪽 측면만을 기술하였는데, 광장 반대편에서 기술하도록 요구하였을 때는 광장의 양쪽 측면이 모두 어떻게 생겼는지를 알고 있다는 사실을 입증하였다.

두뇌의 어느 영역이 공간 무시 증상에 책임이 있는지에 관해서는 완전한 동의가 이루어지지 않고 있다. 최근 연구는 후상측 측두구, 뇌섬, 기저신경절 뿐만 아니라 두정엽의 상측 종속이 공간 무시와 연관되어있을 가능성이 가장 크다는 사실을 나타내고 있다(Hillis, 2006; Hillis 등, 2005; Karnath 등, 2004; Shinoura 등, 2009).

개념 확인

1. 주의가 인간에게 중요한 까닭은 무엇인가?
2. 신호를 탐지하고자 시도할 때 어떤 실수를 저지를 수 있는가?
3. 경계란 무엇인가?
4. 자질 탐색이란 무엇인가? 접속 탐색과는 어떻게 다른가?
5. 분할 주의와 선택 주의 간의 차이는 무엇인가?
6. 주의의 여과기 이론이란 무엇인가?

주의에서 자동처리와 통제처리

앞에서 보았던 것처럼, 주의는 소수의 대상만을 동시에 처리할 수 있다. 주의 여과기는 관련 없는 자극들을 걸러냄으로써 우리에게 중요한 것만을 깊이 있게 처리할 수 있게 해준다. 환경을 보다 성공적으로 돌아다닐 수 있도록, 우리는 많은 처리과정을 자동화함으로써 심적 자원을 고갈시키지 않은 채 그 처리과정들을 수행할 수 있다. 여분의 자원은 다른 처리과정에 사용할 수 있다. 따라서 의식적 제어를 필요로 하는지에 따라서 인지과정을 구분하는 것이 유용하다(Schneider & Shiffrin, 1977; Shiffrin & Schneider, 1977).

자동처리와 통제처리

자기 이름을 쓰는 것과 같은 **자동처리**(automatic process)는 의식적 제어를 수반하지 않는다(Palmeri, 2003). 대부분의 경우에 의식적 자각 없이 수행한다. 그렇지만 그 처리를 수행하고 있다는 사실을 자각할 수는 있다. 노력이나 의도를 거의 요구하지 않는다. 여러 가지 자동처리는 동시에 일어날 수 있거나, 적어도 신속하고 특정한 순서 없이 일어날 수 있다. 따라서 **병렬처리**(parallel process)라고 부른다(Posner & Snyder, 1975). 여러분은 연필을 깎고 발바닥으로 다리를 긁으면서 동시에 이 책을 읽을 수 있다. 머리를 이미 감았는지 궁금해 하면서 샤워를 하고 있는 자신을 발견한 적이 있는가? 머리 감는 과정은 자동적이어서, 머리를 감았는지조차 기억해내지 못할 수 있다.

반면에 **통제처리**(controlled process)는 의식적 제어에 접속할 수 있고 그러한 제어를 필요로 한다. 이러한 처리과정은 계열적으로 수행한다. 예컨대, 온라인으로 예약하려는 여행의 총 경비를 계산하고자 할 때처럼 말이다. 다시 말해서 통제처리는 한 번에 하나씩 계열적으로 발생한다. 자동처리와 비교할 때 상대적으로 수행하는 데 많은 시간이 걸린다. 표 4.3은 통제처리와 자동처리의 특성을 요약하고 있다.

주의에 대한 대안적 견해는 자동처리와 통제처리 간의 처리 연속성을 제안한다. 통제처리의 범위는 넓고 다양하기 때문에 모든 통제처리를 동일한 방식으로 특징짓기

표 4.3 통제처리와 자동처리

완전한 통제처리에서부터 완전한 자동처리에 이르기까지 인지과정의 연속성이 존재한다. 아래의 자질들은 각 처리의 극단적인 측면을 나타내는 것이다.

특징	통제처리	자동처리
의도적 노력의 양	의도적 노력을 요구한다.	의도나 노력을 거의 요구하지 않는다(자동적인 행동을 억제하기 위해서는 의도적 노력이 필요할 수 있다).
의식적 자각의 정도	온전한 의식적 자각을 요구한다.	몇몇 자동처리를 의식할 수도 있지만 일반적으로는 의식적 자각 없이 일어난다.
주의 자원의 사용	많은 주의 자원을 사용한다.	무시할만한 주의 자원을 사용한다.
처리 유형	계열적으로 수행한다.	병렬적으로 처리하거나, 적어도 특정한 순서대로 처리하지는 않는다.
처리 속도	자동처리와 비교해서 비교적 많은 시간이 필요하다.	상대적으로 빠르다.
과제의 상대적 친숙성	낯설고 훈련하지 않은 과제 또는 많은 가변 자질을 가지고 있는 과제	대부분 안정적인 특성을 가지고 있는 친숙하고 숙달된 과제
처리 수준	상대적으로 높은 수준의 처리과정(분석이나 종합을 요구한다)	상대적으로 낮은 수준의 처리과정(분석과 종합의 최소화)
과제 난이도	일반적으로 어려운 과제이다.	일반적으로 쉬운 과제이나, 어려운 과제라도 충분한 연습을 하면 자동화될 수 있다.
획득 과정	연습을 통해서 많은 루틴과 안정적 절차들을 자동화함으로써 상당한 통제처리도 부분적으로나 온전하게 자동화할 수 있다. 자동화에 필요한 연습량은 과제가 복잡할수록 증가한다.	

가 매우 어렵다(Logan, 1988). 또한 몇몇 자동처리는 의식으로 인출하기 용이하며 의도적으로 제어할 수 있는 반면, 다른 자동처리는 의식에 접속할 수 없거나 의도적으로 제어할 수 없다.

통제처리로 출발한 많은 과제들이 연습의 결과로 결국에는 자동처리가 된다(LaBerge, 1975, 1990; Raz 등, 2007). 이 과정을 **자동화**(automatization)라고 부른다[또한 절차화(proceduralization)라고도 부른다]. 예컨대, 자동차 운전은 처음에 통제처리이다. 그렇지만 운전에 숙달하게 되면 정상적인 운전 조건에서는 자동적이 된다. 정상 조건이란 친숙한 도로, 좋은 날씨, 적은 교통량 등을 말한다. 마찬가지로 외국어를 처음 학습할 때는 단어를 하나씩 번역할 필요가 있다. 그렇지만 결국에는 외국어로 생각하기 시작한다. 이러한 생각은 중간의 번역 단계를 우회할 수 있게 해준다. 또한 말하기 과정을 자동적인 것으로 만들어준다. 의식적 주의는 말하기 과정이 아니라 내용으로 되돌릴 수 있다. 의식적 제어에서 자동처리로의 이동은 읽기 기술을 획득할 때도 일어난다. 조건이 변하면 동일한 행위가 다시 의식적 제어를 요구하기도 한다. 운전 사례에서 만일 도로에 살얼음이 끼었다면, 언제 브레이크를 밟고 엑셀을 밟을 것인지에 주의를 기울일 필요가 있게 된다. 일반적으로는 운전할 때 이 행위들은 자동적이다.

자동화는 어떻게 일어나는가?

처리과정은 어떻게 자동화되는가? 널리 용인 받는 견해는 연습 과정을 통해 다양한 단계의 구현이 보다 효율적인 것이 된다는 것이었다. 개별적으로 노력을 기울여야 하는 단계들을 계속해서 통합함으로써 결국에는 하나의 작동이 된다는 것이다(Anderson, 1983; Raz 등, 2007). 이러한 단일 작동은 주의와 같은 인지 자원을 거의 요구하지 않는다. 자동화에 대한 초기 연구는 이러한 자동화 견해를 지지하는 것으로 보인다(Bryan & Harter, 1899). 이 연구는 전보 기사가 어떻게 메시지를 송수신하는 과제를 자동화하는 것인지를 다루었다. 처음에 신참 전보 기사는 개별 문자 주고받는 것을 자동화하였다. 그렇지만 문자 송수신을 자동화하게 되자, 단어, 구, 단어 집단의 송수신을 자동화하였다.

사례 이론(instance theory)이라고 부르는 대안적 설명은 로건(G. Logan, 1988)이 제안하였다. 로건은 특정 자극에 대한 특정 반응에 관한 지식을 점차적으로 누적하기 때문에 자동화가 일어난다고 제안하였다. 예컨대, 아동이 처음에 더하기와 빼기를 학습할 때는, 각 숫자 쌍을 다루기 위하여 일반 절차, 즉 숫자 세기를 적용한다. 반복적인 연습을 한 후에는 점차적으로 특정 숫자 쌍에 관한 지식을 저장하게 된다. 궁극적으로 아동은 기억에서 특정 숫자 쌍에 대한 특정 답을 기억에서 인출할 수 있다. 그렇지만 필요하다면 일반 절차(숫자 세기)로 되돌아갈 수 있다. 마찬가지로 운전을 배울 때도 누적된 특정 경험에 의존할 수 있다. 이러한 경험들이 다가오는 다른 차나 정지 신호 등과 같은 특정 자극에 대해 반응하는 특정 절차를 신속하게 인출할 수 있는 지식 기반을 형성한다. 잠정적 결과는 로건의 사례 이론이 숫자 더하기와 빼기와 같은 특정

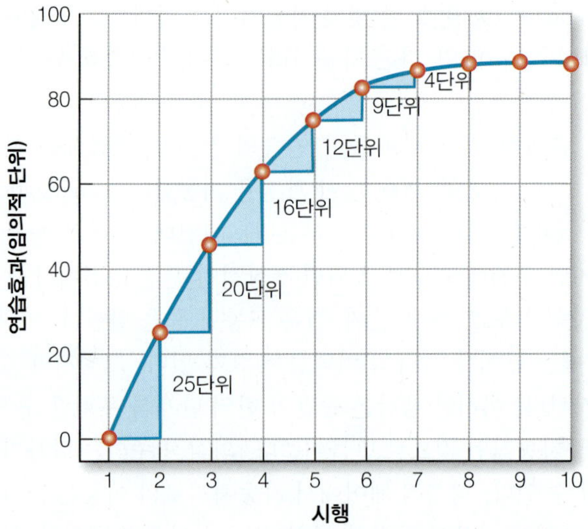

그림 4.13 연습효과. 연습효과가 초래하는 증진 비율은 부적 가속화(감속) 패턴을 나타낸다. 연습효과로 인한 부적 가속화 곡선은 여기에 제시한 것과 유사하며, 학습량이 증가함에 따라서 학습속도는 느려지며, 결국에 가서는 안정 수준에서 정점에 달하게 된다.

자극에 대한 특정 반응을 보다 잘 설명한다는 사실을 시사하고 있다(Logan, 1988).

자동화에 대한 연습 효과는 부적으로 가속화된(감속) 곡선을 나타낸다. 이 곡선에서 보면, 초기 연습효과는 상당하다. 후기 연습효과는 점점 작아진다. 수행 증진 그래프는 초기에 급격하게 증가하다가 점차적으로 평평해지는 모습을 보여준다(그림 4.13). 자동처리는 일반적으로 쉬울 뿐만 아니라 친숙하고 숙달된 과제를 주도한다. 통제처리는 상대적으로 새롭고 어려운 과제를 주도한다. 상당히 자동화된 행동은 노력이나 의식적 제어를 거의 요구하지 않기 때문에, 여러 가지 자동행동을 동시에 수행할 수 있다. 그렇지만 집중적 노력을 요구하는 통제행동을 둘 이상 동시에 수행하는 경우는 거의 없다.

일상생활에서 자동화

읽기와 같은 과제의 자동화는 연습을 통해서도 보장되지 않는다. 예컨대, 난독증의 경우에는 자동화가 손상된다. 난독증 환자는 읽기뿐만 아니라 정상적이라면 자동화시킬 과제를 수행하는 데도 어려움이 있기 십상이다(Brambati 등, 2006; Ramus 등, 2003; van der Leij, de Jong, & Rijswijk-Prins, 2001).

때때로 읽기 자동화는 정상인에게 방해 효과를 초래할 수 있다. 한 가지 사례가 **스트룹 효과**(Stroop effect)인데, 존 리들리 스트룹(John Ridley Stroop, 1935)의 이름을 딴 것이다. 이 과제는 다음과 같이 진행한다. 다음 단어들을 빠르게 큰 소리로 읽어보라: 노랑, 파랑, 녹색, 빨강, 자주. 쉽지 않은가? 이제 그림 4.14(a)에 제시한 단어의 색명을 큰 소리로 읽어보라. 여기서는 색깔 이름이 단어와 일치한다. 이 과제도 쉽다. 이

	스트룹 효과

(a) 색명 목록을 가능한 한 신속하게 읽어보라. 각 줄의 색명을 오른쪽에서 왼쪽으로 진행하면서 읽어보라.

Red	Yellow	Blue	Green
Blue	Red	Green	Yellow
Yellow	Green	Red	Blue

(b) 각 색깔의 이름을 가능한 한 신속하게 말해보라. 각 줄의 왼쪽에서 오른쪽으로 진행하면서 말해보라.

(c) 각 단어를 인쇄한 잉크의 색이름을 가능한 한 신속하게 말해보라. 각 줄의 왼쪽에서 오른쪽으로 진행하면서 말해보라.

Red	Blue	Green	Yellow
Yellow	Red	Blue	Green
Blue	Yellow	Green	Red

그림 4.14 스트룹 효과. 1935년 존 리들리 스트룹은 시각 선택 주의의 독특한 현상을 목격하였다. 위쪽에 제시한 일련의 과제를 수행해보라. 여러분이 다른 사람들과 다르지 않다면, 과제 c를 수행하는 것이 과제 a나 b를 수행하는 것보다 어려울 것이다. 스트룹 효과를 처음으로 관찰한 이래 수십 년 동안 이 효과를 설명하려는 많은 이유들을 제안해왔다.

제 그림 4.14(c)를 보라. 여기서는 단어를 쓴 색깔과 단어가 다르다. 여기서도 (단어 자체가 아니라) 보고 있는 색깔 이름을 가능한 신속하게 큰 소리로 읽어보라.

이 과제는 어렵다는 사실을 알았을 것이다. 단어들이 색깔 이름 말하기를 방해하고 있다. 스트룹 효과는 잉크 색에 선택적으로 주의를 기울이고 단어 자체를 무시하려는 심리적 어려움을 입증하고 있다. 스트룹 과제가 특히 어려운 이유에 관한 한 가지 설명은 대부분의 사람에게 있어서 읽기가 자동처리이기 때문이라는 것이다. 읽기를 의식적으로 제어하기는 쉽지 않다(MacLeod, 1996, 2005). 그렇기 때문에 단어를 읽는 대신에 잉크 색을 확인하는 데 집중하기가 어렵다. 대안적 설명은 반응을 나타내려는 심적 통로가 충분하게 활성화될 때 반응이 일어난다는 설명이다(MacLeod, 1991). 스트룹 과제에서 단어가 그 단어를 말하는 피질 통로를 활성화시킨다. 반면에 잉크 색 이름은 잉크 색을 말하려는 통로를 활성화시킨다. 그런데 전자가 후자를 방해한다. 이 상황에서 단어 읽기 반응이 아니라 잉크 색 이름 반응을 내놓기에 충분한 강도의 활성화를 나타내는 데 시간이 오래 걸리는 것이다.

숫자 스트룹, 방향 스트룹, 동물 스트룹, 정서 스트룹 등을 포함하여 스트룹 효과의 수많은 변형들이 존재한다. 이 과제들은 표준 스트룹 과제와 유사하다. 예컨대, 숫자 스트룹에서는 숫자 단어를 사용한다. 따라서 '둘'이라는 단어를 '둘 둘 둘'과 같이 세 번 쓰고는 참가자에게 단어의 수를 세어보라고 요구할 수 있다. 표준 스트룹 과제에서와 마찬가지로, 때때로 읽기가 세기 과제를 방해한다(Girelli 등, 2001; Kaufmann & Nuerk, 2006). 가장 널리 사용하는 스트룹 변형과제가 정서 스트룹이다. 이 과제에서는 색깔 단어를 정서 단어나 중립 단어로 대치한다. 참가자에게 단어 색깔의 이름을 말하도록 요구한다. 연구자들이 발견한 사실은 정서 단어의 색깔 이름을 말하는 시간이 중립 단어와 비교할 때 길어진다는 것이다. 이 결과는 정서 단어의 자동적 읽기가 중립 단어를 읽는 것보다 더 많은 간섭을 초래한다는 사실을 시사한다(Bertsch 등, 2009; Phaf & Kan, 2007; Thomas, Johnstone, & Gonsalvez, 2007).

그렇지만 어떤 상황에서는 자동처리가 생명을 구해줄 수도 있다. 따라서 안전 훈련을 자동화하는 것이 중요하다(Norman, 1976). 조종사, 잠수부, 소방관과 같이 위험성이 높은 직업에 종사하는 사람들에게 있어서 특히 그렇다. 예컨대, 초보 잠수부는 웨이트벨트를 풀어버리는 것과 같은 다양한 안전 절차를 수영장에서 번거롭게 반복하는 것에 대해서 불평을 늘어놓기 십상이다. 그렇지만 이 연습은 중요하며, 잠수부는 생명을 위협하는 심해 긴급 상황에서 공황상태에 직면하였을 때 자동처리에 의존할 수 있는 것이다.

반면에 다른 상황에서는 자동화가 "방심"을 초래하여 생명을 위협할 수도 있다(Kontogiannis & Malakis, 2009; Krieger, 2005; Langer, 1989, 1997). 1982년 항공기 기장과 부기장은 이륙 직전에 관례적인 확인절차에 들어갔다. 이들은 대부분의 상황에서 그러해야 하는 것처럼, 무심결에 방빙 장치가 '오프' 상태인 것을 확인하였다. 그런데 비행을 준비하고 있는 결빙 상황에서는 이 장치가 '오프'이어서는 안 되는 상황이었다. 결국 비행기는 충돌하여 74명의 승객이 사망하였다. 전형적으로는 무심결에 수행하는 자동처리가 이렇게 치명적인 결과를 초래하지 않는다. 예컨대, 운전할 때, 우리는 의도하였던 가게에 들르지 않은 채 습관적으로 집에 도착하기도 한다. 아니면 유리컵에 우유를 한 잔 붓고는 우유통을 냉장고가 아니라 찬장에 넣으려고 하기도 한다.

자동처리에서 저지르는 실수

인간 오류에 관한 광범위한 분석은 오류를 실수하기와 간과하기로 분류할 수 있음을 보여준다(Reason, 1990). **실수하기**(mistake)는 목표를 선택하거나 그 목표를 달성하는 수단을 구체화하는 데 있어서의 오류이다. **간과하기**(slip)는 목표에 접근하기 위하여 의도한 수단을 수행하지 못하는 오류이다. 시험공부를 할 필요가 없다고 결정하였다고 가정해보자. 따라서 여러분은 주말여행을 떠나면서 의도적으로 교과서를 두고 왔다. 그런데 시험 시간이 되자 공부했어야만 하였다는 사실을 알게 되었다. 리즌의 용어로 여러분은 실수하기를 범한 것이다. 그런데 교과서를 가지고 여행을 떠나려는 온전한 의도를 가지고 있었다고 가정해보자. 주말 내내 집중적으로 공부할 계획을 가지고 있었지만, 급히 서두르는 바람에 교과서를 두고 오게 되었다. 이것은 간과하기이다. 요컨대, 실수하기는 의도적이고 통제적인 처리과정에서의 오류를 수반한다. 간과하기는 자동처리 오류를 수반하기 십상이다(Reason, 1990).

표 4.4 자동처리와 연관된 간과하기

때때로 자동처리를 수행하는 동안 방해를 받거나 간섭받을 때, 간과하기가 발생한다. 매일 자동처리를 수행하는 횟수를 감안할 때, 간과하기는 비교적 흔하지 않은 사건이다(Reason, 1990)

오류 유형	오류의 기술	오류의 사례
포착 오류	친숙한 상황에서 수행하고 있는 습관적 행위에서 벗어나고자 의도하지만, 그 행위에서 벗어나야 하는 시점에서 주의를 기울여 처리를 제어하는 데 실패한다. 따라서 자동처리가 행동을 포착하고 습관에서 벗어나는 데 실패한다.	외출복을 벗고 잠옷을 입은 후에 침대로 들어가는 것과 같이 일상적 행위를 자동적으로 수행하였는데, 나중에 외출복을 벗고 외식하러 나갈 옷으로 갈아입으려고 의도하였었다는 사실을 깨닫게 된다(James, 1890/1970, Langer, 1989에서 인용).
생략*	습관적 행위의 차단이 그 행위의 나머지 부분을 수행하는 단계를 뛰어넘어가게 만든다.	무엇인가를 찾으려 다른 방에 갈 때, 전화벨 소리와 같은 방해자극이 행위를 차단시켜, 물건도 찾지 않은 채 원래 방으로 되돌아온다.
반복*	자동처리를 끝마친 후에, 하나 이상의 단계를 반복한다.	자동차 시동을 건 후에, 방해를 받고는 점화 스위치를 다시 돌린다.
기술 오류	의도한 행동에 대한 내적 기술이 엉뚱한 대상에 정확한 행위를 하도록 이끌어간다.	사온 식료품을 정리할 때 아이스크림은 찬장에 그리고 수프 캔은 냉장고에 집어넣는다.
데이터 주도 오류	들어오는 감각 정보가 자동적 행위 순서에서 의도한 행위를 압도한다.	친숙한 전화번호를 누르고자 의도하고 있는데, 누군가 다른 일련의 번호를 말하는 것을 어깨 너머 듣고는 그 번호를 누른다.
연합적 활성화 오류	강력한 연합이 엉뚱한 자동적 습관을 촉발한다.	누가 방문할 것을 기대하고 있는데, 전화벨이 울리면, 전화기에 대고 "들어오세요!"라고 소리친다.
활성화 상실 오류	습관적 행위의 활성화가 그 행위를 마무리할 만큼 충분하지 않다.	무엇인가 하려고 다른 방에 들어가서는 "내가 왜 여기 왔지?"하고 자문한다. 아마도 더욱 골치 아픈 느낌은 "무엇인가 하려고 했다는 사실은 알겠는데, 무엇인지 기억할 수가 없다."이겠다. 환경의 무엇인가가 회상을 촉발한다.

* 생략과 반복은 일련의 자동처리에서 나타나는 오류의 사례로 간주할 수 있다. 관련된 오류에는 구두를 벗기 전에 양말을 벗으려고 시도하는 것처럼, 연속적 단계를 부적절하게 수행하는 것이 포함된다.

다양한 유형의 간과하기가 존재한다(Norman, 1988; Reason, 1990; 표 4.4 참조). 일반적으로 간과하기는 다음과 같은 두 가지 상황이 발생할 때 일어날 가능성이 가장 크다. 첫째는 습관적인 행위에서 벗어나야만 하는데, 자동처리가 부적절하게 의도적인 통제처리를 압도할 때이다. 둘째는 자동처리가 차단될 때이다. 일반적으로 그러한 차단은 외부 사건의 결과이지만, 때로는 매우 혼란스러운 생각과 같은 내부 사건의 결과이기도 하다. 친구와 다툰 후에 수업시간에 제출할 리포트를 작성하고 있다고 상상해보라. 다툴 때 말했어야만 하였던 사실에 관한 생각이 정상적인 글쓰기라는 자동처리를 방해함에 따라서 글쓰기를 멈추고 있는 자신을 발견하기도 한다. 자동처리는 많은 상황에서 도움을 준다. 구두끈을 맨다거나 친숙한 전화번호를 돌리는 등, 습관적인 과제에 주의를 집중할 필요가 없다. 따라서 때때로 발생하는 간과하기를 피하고자 그 과제를 포기할 가능성은 별로 없다. 오히려 우리는 그러한 간과하기의 대가를 최소화하고자 노력해야 한다.

우리는 어떻게 간과하기의 부정적 결과를 최소화할 수 있는가? 일상 상황에서 환경으로부터 적절한 피드백을 받을 때는 간과할 가능성이 낮다. 예컨대, 우유통이 찬장에 넣기에는 너무 크다거나, 동승자가 "자네가 집에 가기 전에 가게에 들를 것이라고 생각했어."라고 말해주는 것 등이다. 유용한 피드백을 얻을 수 있는 방법을 찾을 수 있다면, 간과하기가 해로운 결과를 초래할 가능성을 낮출 수 있다. 특히 유용한 피드백은 강제 기능을 수반한다. 간과하기로 이끌어갈 수 있는 자동 행동을 수행하기 어렵거나 불가능하게 만들어주는 물리적 제약들이 있다(Norman, 1988). 예컨대, 최근에 출시되는 자동차들은 안전띠를 매지 않고는 운전하기 어렵거나 불가능하게 만든다. 여러분 스스로 강제 기능을 고안할 수도 있다. 귀가할 때 심부름이 생각나도록 운전대에 쪽지를 붙여놓을 수 있다. 아니면 현관 앞에 물건을 놓아둠으로써 그 물건을 챙기지 않고는 나갈 수 없도록 출입구를 막아놓을 수 있다. 일생에 걸쳐서 우리는 수없이 많은 일상 과제들을 자동화한다.

의식

우리가 행동하고 추리하며 지각하는 모든 것을 의식할 필요는 없다. 지각과 판단을 변화시키는 자극을 자각하지 못하거나 적당한 단어를 알고 있다는 사실을 알고 있음에도 문장에서 올바른 단어가 떠오르지 않을 수도 있다. 이 절은 심적 과정의 의식 그리고 전의식 처리가 마음에 어떤 영향을 미칠 수 있는지를 탐구한다.

심적 과정의 의식

제대로 된 인지심리학자라면 어느 누구도 사람들이 단순한 심적 과정에 의식적으로 접속할 수 있다고 믿지 않는다. 예컨대, 어느 누구도 적혀있는 문자 A가 대문자인지 아니면 소문자인지 재인하게 되는 방법을 알고 있지 못하다. 그렇다면 이제 보다 복잡한 처리를 생각해보자. 우리는 어떻게 복잡한 심적 과정을 의식하는 것인가? 인지심리학자들은 이 물음에 답하는 방식에 관하여 서로 다른 견해를 가지고 있다.

한 가지 견해(Ericsson & Simon, 1984)는 사람들이 자신의 복잡한 심적 과정에 잘 접속한다는 것이다. 예컨대, 사이먼과 동료들은 사람들이 체스 두기나 소위 복면산 문제와 같은 문제를 해결하는 것을 분석하는 데 **프로토콜 분석**(protocol analysis)을 사용해왔다. 복면산 문제란 문자를 사용하여 제시한 수학 계산 문제에서 어떤 문자가 어떤 숫자에 대응하는 것인지를 알아내야 하는 문제이다. 사이먼과 동료들은 이 연구를 통해서 사람들은 자신의 복잡한 정보처리에 의식적으로 잘 접속한다고 제안하였다.

두 번째 견해는 복잡한 심적 과정에 대한 접속은 별로 신통하지 않다는 것이다(예컨대, Nisbett & Wilson, 1977). 이 견해에 따르면 사람들이 복잡한 문제를 어떻게 해결하는 것인지를 알고 있다고 생각하지만, 그들의 생각은 오류이기 십상이다. 니스벳과 윌슨에 따르면, 사람들이 사고의 산물은 의식하지만, 사고과정은 오직 모호하게만 의식한다. 예컨대, 여러분이 여러 자전거 모델 중에서 한 모델을 구입하기로 결정하였다고 가정해보자. 결정의 산물, 즉 구입하기로 결정한 모델은 확실하게 알겠지만, 어떻게 그러한 결정에 도달하였는지에 대해서는 모호한 생각만을 가지고 있을 뿐이다. 실제로 이 견해에 따르면, 여러분은 결정 이유를 알고 있다고 믿지만, 그 믿음은 잘못된 것일 가능성이 높다. 광고업자는 이 두 번째 견해에 의존한다. 제품에 대한 생각과 감정을 조작함으로써, 여러분의 의식적 사고가 어떤 것이든지 간에, 무의식적 사고와 감정이 경쟁 제품을 물리치고 자신의 제품을 사도록 이끌어가게끔 시도한다. 두 번째 견해의 핵심은 사고과정에 대한 사람들의 의식적 접속 그리고 자기 사고과정의 제어가 불가능하다는 것이다(Levin, 2004; Wegner, 2002; Wilson, 2002). 여러분과 친밀한 관계를 청산해버린 사람을 극복하는 문제를 생각해보자. 누군가를 극복하는 데 때때로 사용하는 한 가지 기법이 사고 억압이다. 그 사람 생각이 떠오르는 순간, 마음에서 지워버리고자 시도한다. 이 기법은 때때로 작동하지 않는다는 한 가지 문제점을 가지고 있지만, 대표적인 기법이기는 하다. 실제로 그 사람에 대해서 생각하지 않으려고 애쓸수록, 그/그녀를 생각하는 것으로 끝나서 마음에서 지워버리는 데 어려움을 더 많이 겪는다. 실제로 연구 결과를 보면, 무엇인가에 대해서 생각하지 않으려고 애쓰는 방법은 일반적으로 작동하지 않는다는 사실을 알 수 있다(Tomlinson 등, 2009; Wegner, 1997a, 1997b). 역설적이지만 누군가를 또는 무엇인가를 생각하지 않으려고 애쓸수록, 그 사람이나 대상에 더욱 "강박적"이게 된다.

전의식 처리

현재 의식적 자각 밖에 있는 어떤 정보가 여전히 의식 아니면 적어도 인지처리에 가용하다. 예컨대, 첫 번째 데이트를 준비하면서 머리를 빗을 때, 여러분의 마음은 완전히 다른 곳, 즉 데이트에 가있음에도 불구하고 여전히 빗질을 할 수 있다. 머리 빗기에 관한 정보는 의식적으로 빗질을 하지 않는 경우에도 가용하다. 인지처리를 위해 가용하면서도 의식적 자각 밖에 놓여있는 정보는 전의식 수준의 자각에 존재한다. 전의식 정보에는 지금 이 순간 사용하고 있지는 않지만 필요할 때 소환할 수 있는 기억에 저장된 정보가 포함된다. 예컨대, 물어보면 여러분은 침실이 어떤 모습인지 기억해낼 수 있다. 그렇지만 여러분 침실에 관해서 항상 의식적으로 생각하고 있는 것은 아니다. 극도로 피곤한 경우를 제외하고는 말이다. 감각도 전의식에서 의식적 자각으로 끌어올 수 있다. 예컨대, 이 문장을 읽기에 앞서 여러분은 오른쪽 발의 감각을 자각하고 있었는가? 아마도 아닐 것이다. 그렇지만 그 감각은 가용하다.

전의식 연구: 점화

의식적 자각 밖에 놓여있는 것을 어떻게 연구할 수 있는가? 심리학자들은 점화라고 알려진 현상을 연구함으로써 이 문제를 해결해왔다. **점화**(priming)에서는 참가자에게 첫 번째 자극(점화자극)을 제시하고, 뒤이어서 밀리초 단위로부터 몇 주나 몇 개월에 이르는 휴지기를 갖게 한다. 그런 다음에 참가자에게 두 번째 자극을 제시하고 첫 번째 자극의 제시가 두 번째 자극의 지각에 영향을 주었는지를 알아보기 위한 판단(예컨대, 첫 번째와 두 번째 자극이 동일한 것입니까?)을 하도록 요구한다(Neely, 2003). 이 절차 이면의 생각은 첫 번째 자극의 제시가 기억에서 관련 개념들을 활성화시켜 보다 쉽게 접속할 수 있게 만든다는 것이다. 예컨대, 한 친구가 옛 궁궐에서 보낸 휴가 그리고 그곳에서 보았던 가마가 얼마나 아름다웠는지를 이야기하고 있다고 가정해보자. 나중에 여러분이 '가마'라는 단어를 듣는다. 아마도 여러분은 궁궐에서의 휴가에 관한 이야기를 듣지 않았던 사람들에 비해서 머리에 있는 가마가 아니라 옛날에 타고 다니던 가마를 생각할 가능성이 더 클 것이다. 대부분의 점화는 첫 번째 자극이 나중의 재인을 촉진한다는 의미에서 정적이다. 그렇지만 때로는 점화가 부적이며 나중의 재인을 방해할 수도 있다. 예컨대, 만일 동일한 공식으로 해결할 수 있는 여러 가지 수학 문제를 풀도록 요구한 다음에 다른 공식을 필요로 하는 또 다른 수학 문제를 풀도록 요구하면, 처음에는 적절하였지만 이제는 부적절한 공식을 가지고 일련의 문제를 풀지 않았던 사람들에 비해서 부적으로 점화될 수 있다.

때로는 점화자극을 자각하기도 한다. 그렇지만 의식적 자각으로 들어오는 것을 허용하지 않는 방식으로(예컨대, 의식적으로 등록할 수 없을 만큼 짧은 시간동안 제시한다) 점화자극을 제시할 때조차도 점화 효과는 일어난다.

점화를 사용하였던 몇몇 연구를 살펴보자. 예컨대, 마르셀(A. J. Marcel, 1983a, 1983b)은 너무나 짧게 제시하여서 의식적 자각 수준에서 탐지할 수 없는 자극의 처리를 살펴보았다. 한 연구에서 마르셀은 참가자에게 두 가지 상이한 의미를 가지고 있는 점화자극을 제시하였다. 한 가지 점화자극이 'palm'이라는 단어인데, 이 단어는 신체 부위(손바닥)와 식물(야자수) 모두를 지칭할 수 있다. 나중에 참가자에게 다양한 범주로 분류하도록 요구한 다른 단어를 제시하였다. 점화자극을 의식적으로 보았던 참가자의 경우에는 두 의미 중 하나(예컨대, 식물)로 가는 심적 통로가 활성화되었고 뒤따르는 관련 단어의 분류를 촉진하였다(빠른 반응속도). 다른 의미(신체 부위)로 향하는 통로는 뒤따르는 무관련 단어의 분류를 억압한다는 점에서(느린 반응속도) 부적 점화 효과를 나타냈다. 예컨대, 만일 단어 'palm'을 제시하였다면, 참가자가 'palm'을 'hand'(손)나 'tree'(나무) 중에서 어느 것과 연합하였는지에 따라서 'wrist'(손목)의 분류를 촉진하거나 억압하였다. 반면에 만일 'palm'을 짧게 제시하여 그 단어를 자각하지 못하였을 때는 그 단어의 두 의미가 모두 활성화되는 것으로 나타났다.

가능한 점화 효과와 전의식 처리의 또 다른 사례는 직관 검사라고 기술한 연구에서 찾아볼 수 있다. 이 연구는 "두 쌍의 세 단어" 과제를 사용하였다(Bowers 등, 1990). 참가자에게 세 단어 집합의 두 쌍을 제시하였다(그림 4.15 참조). 두 쌍 중의 하나는 응집력 있는 집단을 이루는 세 단어이었다. 다른 쌍의 세 단어는 무관련 단어들이었다.

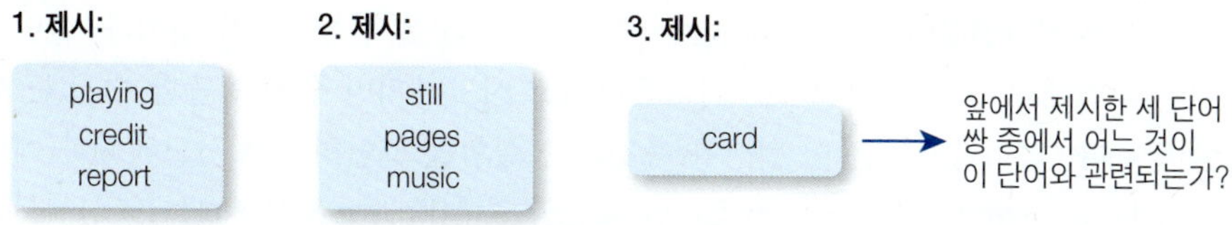

그림 4.15 세 단어로 구성된 두 쌍 과제. 이 과제에서는 참가자에게 각각 세 단어로 구성한 두 쌍의 단어 집합을 제시하였다. 한 집합은 무관련 단어들로 구성하였고, 다른 집합은 어떤 측면에서 응집적인 단어들로 구성하였다. 참가자에게 두 쌍을 제시한 후에 또 다른 단어를 제시하였으며, 어느 집합이 그 단어와 관련된 것인지를 확인하도록 요구하였다.

예컨대, 응집적 집단 A의 단어는 'playing, credit, report'이고, 응집적이지 않은 집단 B의 단어는 'still, pages, music'이었다. (집단 A의 세 단어는 네 번째 단어 'card'와 의미 있게 짝지을 수 있는 것들인 반면, 집단 B의 단어들은 그러한 관계를 가지고 있지 않다.) 참가자들에게 세 단어로 된 두 쌍을 제시한 후에, 두 쌍 중에서 한 쌍의 세 단어와 관련된 네 번째 단어가 될 수 있는 여러 가지 선택지를 보여주었다. 그런 다음에 어느 세 단어 쌍이 응집적이고 네 번째 단어와 관련되며, 어느 네 번째 단어가 응집적인 세 단어와 연계되는 것인지를 물었다. 몇몇 참가자는 세 단어를 하나로 묶어주는 네 번째 단어를 찾아내지 못하였다. 그런 경우에도 어느 세 단어가 응집적인지를 지적하도록 요구하였다. 세 단어를 묶어주는 네 번째 단어가 무엇인지를 확신하지 못하는 경우에도 참가자들은 우연 수준을 훨씬 뛰어넘는 비율로 응집적인 세 단어를 확인해낼 수 있었다. 참가자들은 가용한 전의식 정보를 가지고 있는 것처럼 보였다. 그 정보가 특정한 세 단어 쌍을 선택하도록 이끌어간 것이다. 어느 네 번째 단어가 세 단어를 하나로 묶어주는지를 의식적으로 알지 못하는 경우에도 그렇게 한 것이다.

여기서 기술한 사례들은 시각 점화를 수반한다. 그렇지만 점화가 반드시 시각적일 필요는 없다. 점화 효과는 청각 자극을 사용해서도 입증할 수 있다. 청각 점화를 다룬 실험도 시각 점화와 동일한 행동 효과를 나타낸다. 연구자들은 신경영상 기법을 사용하여 유사한 두뇌 영역이 두 가지 유형의 점화에 관여한다는 사실을 밝혀왔다 (Badgaiyan, Schacter, & Alpert, 1999; Bergerbest, Ghahremani, & Gabrieli, 2004).

마취 상태의 환자를 대상으로 청각 점화를 사용한 흥미진진한 연구가 있다. 마취 상태에 있는 환자에게 단어 목록을 들려주었다. 마취 상태에서 깨어난 환자에게 들었던 단어에 대한 재인검사와 어간 완성 검사를 실시하였다. 재인검사에서는 우연수준의 성과를 나타냈다. 단어에 관한 의식적 지식을 보고하지 못하였다. 그렇지만 어간 완성 검사에서는 점화 증거를 나타냈다. 환자들이 마취 상태에서 제시하였던 단어로 어간을 빈번하게 완성하였던 것이다. 이 결과는 환자들이 청각 사건에 관하여 아무것도 기억해낼 수 없을 경우조차도 그 사건이 성과에 여전히 영향을 미칠 수 있다는 사실을 보여준다(Deeprose 등, 2005).

그 단어가 무엇이라고요? 설단현상

불행하게도 때로는 전의식 정보를 의식적 자각으로 이끌어내는 것이 쉽지 않다. 아마도 여러분은 **설단현상**(tip-of-the-tongue phenomenon)을 경험하였을 것이다. 설단현상이란 기억에 저장된 무엇인가를 기억해내려고 시도하지만 쉽게 인출할 수 없는 상태를 말한다. 심리학자들은 이 현상을 측정하는 실험을 고안하고자 시도해왔다(예컨대, Hanley & Chapman, 2008을 참조). 한 고전적 연구(Brown & McNeill, 1966)에서는 참가자에게 여러 가지 사전 정의를 읽어주었다. 예컨대, "항해자들이 천체와 수평선 간의 각도를 측정하기 위하여 사용하는 도구"와 같은 단서를 제시하였다. 그런 다음에 참가자에게 이 의미를 가지고 있는 단어를 확인하도록 요구하였다. 이 절차는 텔레비전 퀴즈 프로그램에서 제시하는 문제와 유사하다. 어떤 참가자는 단어를 떠올릴 수는 없지만 그 단어를 알고 있다고 생각하였다. 흔히 첫 번째 글자나 음절수를 확인해낼 수 있거나, 단어의 발음을 비슷하게 만들어낼 수 있었다. 예컨대, s로 시작하며, 4음절이고, 발음이 섹스텟과 유사하다는 것이었다. 결국에 가서 몇몇 참가자는 찾고 있는 단어가 섹스턴트(sextant)라는 사실을 깨달았다. 이 결과는 특정한 전의식 정보가 의식적 사고로 온전하게 접속할 수 있는 것은 아닐지라도 주의과정에 여전히 가용하다는 사실을 보여준다.

설단현상은 보편적이다. 많은 상이한 언어사용자들에게서 볼 수 있다. 이중 언어 사용자는 단일 언어 사용자보다 설단현상을 더 많이 경험하는데, 이중 언어자가 단일 언어자보다 두 언어 중의 하나를 덜 빈번하게 사용하기 때문일 수 있다(Pyers, Gollan, & Emmorey, 2009). 읽기 능력이 제한적이거나 없는 사람에게서도 나타난다(Brennen, Vikan, & Dybdahl, 2007). 노인들이 젊은이보다 더 많은 설단 경험을 한다(Galdo-Alvarez, Lindin, & Diaz, 2009; Gollan & Brown, 2006). 설단 현상을 경험할 때는 전측 대상회-전전두엽이 관여한다. 인출 실패를 해소하기 위하여 활성화되는 높은 수준의 인지기제에 의한 것일 가능성이 있다(Maril, Wagner, & Schacter, 2001).

장님이 볼 수 있다면

시각피질 영역에 손상이 있는 사람에게서도 전의식 자각을 관찰해왔다(Rees, 2008; Ro & Rafal, 2006). 전형적으로 환자는 시각피질의 손상 영역에 대응하는 시야 영역을 볼 수 없다. 그렇지만 몇몇 환자들은 **맹시**(blindsight), 즉 볼 수 없는 영역에서의 시지각 능력을 보여주기도 한다(Kentridge, 2003). "볼 수 없는" 영역에 있는 자극에 관하여 강제로 추측하도록 만들면, 우연 수준 이상으로 대상 위치와 방향을 정확하게 추측한다(Weiskrantz, 1994, 2009). 마찬가지로 볼 수 없는 영역에 있는 대상에 강제로 손을 뻗어보게 하면, "두뇌 피질에서는 장님인 참가자들이 … 그 대상의 크기, 모양, 방향 그리고 3차원 위치에 적합하도록 손 모양을 사전에 조정한다."(Macel, 1986, p. 41). 그렇지만 목이 마를 때조차도 보이지 않는 영역에 있는 물잔에 손을 뻗는 것과 같은 자발적 행동을 보이지는 못한다. 참가자들이 감각을 의식적으로 자각하지 못할 때조차 시각 처리가 일어나는 것으로 보인다.

맹시의 흥미진진한 사례는 D.B.라고 부르는 환자의 사례연구에서 찾아볼 수 있다(Weiskrantz, 2009). 이 환자는 불행하게도 잘못된 수술로 인하여 좌측 시야를 볼 수 없었다. 즉, 각 눈은 시야의 왼쪽에 볼 수 없는 영역을 가지고 있었다. D.B.는 그 영역에 위치한 대상 또는 그 영역에서 일어나는 사건을 자각할 수 없다고 보고하였다. 그렇지만 자각하지 못함에도 불구하고, 시각의 증거가 있었다. 연구자가 시야 왼쪽에 어떤 대상을 제시하고, 그곳에 두 대상 중 어느 것이 나타났었는지를 지적하도록 하는 강제선택 과제를 실시하였다. D.B.는 우연 수준보다 유의하게 우수한 수준의 성과를 나타냈다. 다시 말해서, 보았다는 자각 없이도 "보았던" 것이다.

또 다른 연구는 시각 자극의 제시를 전기충격과 짝지었다(Hamm 등, 2003). 수차례 시행 후에, 환자는 시각 자극을 제시할 때 공포를 경험하기 시작하였다. 두려운 이유를 설명할 수 없음에도 불구하고 말이다. 따라서 환자가 볼 수는 없었지만 시각 정보를 처리하고 있었던 것이다.

맹시에 관한 한 가지 설명은 다음과 같다. 망막 정보를 시각 피질에 전달하는데, 그 피질이 손상되었다. 그렇지만 시각 정보의 일부분은 시각 피질을 우회하여 다른 영역으로 전달된다. 시각 피질에서 처리할 때에만 의식할 수 있는 것처럼 보이는 반면, 이 우회 영역의 정보는 무의식적으로 접속할 수 있다(Weiskrantz, 2007).

앞선 사례들은 적어도 몇몇 인지기능은 의식적 자각 바깥에서 일어날 수 있다는 사실을 보여준다. 우리는 의식적 자각으로 결코 들어오지 않은 많은 자극을 감각하고 지각하며 심지어는 그 자극에 반응할 수 있는 것으로 보인다(Marcel, 1983a).

개념 확인

1. 심적 과정은 어떻게 자동화되는가?
2. 점화란 무엇이며 어떻게 연구할 수 있는가?
3. 맹시를 나타내는 환자는 어떤 증상을 보이는가?

핵심 주제

주의와 의식 연구는 인지심리학의 여러 핵심 주제를 집중 조명하고 있다.

구조 대 처리과정. 두뇌는 주의에 기여하는 처리과정을 생성하는 망상 활성화 시스템과 같은 다양한 구조를 가지고 있다. 때때로 구조와 처리과정 간의 관계는 전혀 명확하지 않으며, 그 관계를 보다 잘 이해하는 것은 인지심리학자의 과제이다. 예컨대, 맹시는 시각에 필요한 두뇌 구조가 결여되어있음에도 불구하고 처리과정이 일어나는 현상이다.

인과추론 타당성 대 생태 타당성. 경계에 관한 연구는 엄격한 실험 통제를 달성하기 위하여 실험실에서 수행하여야만 하는가? 아니면 위험을 수반한 경계 상황 연구는 일반 생태계에서 수행하여야 하는가? 예컨대, 군인이 적국의 가능한 공격에 대비하여 레이더 화면을 감시하는 연구는 결과를 군대가 주둔하고 있는 실제 장면에 적용하기 위하여 높은 수준의 생태 타당성을 가져야만 하는가? 위험성이 너무 높아서 실제로 실행할 수는 없다. 실제 상황에서의 경계를 연구할 때, 자국에 대한 공격이 일어나기를 기대할 수도 없고 기대하여서도 안 된다. 따라서 가능한 실제를 닮은 시뮬레이션을 사용할 필요가 있다. 이러한 방법을 통해서 도출한 결론의 생태 타당성을 보장할 수 있다.

생물학 연구방법 대 행동 연구방법. 맹시는 호기심을 유발하는 사례이지만 아직은 제대로 이해하지 못하고 있다. 그 행동을 생성하는 생물학적 특성을 아직 밝히지 못하고 있다. 또 다른 흥미로운 사례가 ADHD이다. 오늘날 의사들은 ADHD를 치료하는 가용한 많은 약물을 가지고 있다. 이 치료는 성인뿐만 아니라 아동도 수행하는 과제에 보다 잘 집중할 수 있게 해준다. 그렇지만 약물이 작동하는 기제에 관한 이해는 형편없다. 실제로 역설적이지만, ADHD를 치료하는 데 사용하는 대부분의 약물은 흥분제인데, ADHD 아동에게 투여하면 과잉행동을 완화시킨다.

요 약

1. 자각할 수 없음에도 불구하고 정보를 적극적으로 처리할 수 있는가? 만일 그렇다면, 무엇을 하는 것이며 어떻게 하는 것인가? 주의는 한 개인이 조작하고 있는 모든 정보(기억, 감각, 그리고 다른 인지과정에서 가용한 정보)를 포괄하지만, 의식은 조작하고 있음을 자각하고 있는 지극히 좁은 범위의 정보만을 포함한다. 주의는 흥미진진한 자극에 신속하고도 정확하게 반응하고 현저한 정보를 기억하는 등, 제한된 인지 자원을 현명하게 사용할 수 있게 해준다.

의식적 자각은 환경과의 상호작용을 감시하고, 과거와 현재 경험을 연결시킴으로써 경험의 연속적인 흐름을 느끼게 해주며, 미래 행위를 제어하고 계획하게 만들어준다.

우리는 그렇게 하는 것을 자각하지 않은 채 전의식 수준에서 정보를 적극적으로 처리할 수 있다. 예컨대, 연구자들은 점화 현상을 연구하여 왔는데, 점화 상태에서는 주어진 자극이 후속하는 관련(또는 동일한) 자극을 쉽게 처리할 수 있는 가능성을 증가시킨다. 반면에 전의식 처리의 또 다른 사례인 설단현상에서는 관련된 정보를 기억에서 인출할 수 있는 능력이 있음에도 불구하고 원하는 정보의 인출이 일어나지 않는다.

또한 인지심리학자들은 과제 수행에서 통제처리와 자동처리를 구분함으로써 의식적 주의와 전의식적 주의의 구분을 확인하고 있다. 통제처리는 상대적으로 느리고 계열적이며 의도적이고(노력을 요구한다) 의식적 제어를 받는다. 자동처리는 상대적으로 빠르고 병렬적이며, 대부분의 경우 의식적 자각을 넘어선다. 실제로는 완전히 자동적인 처리에서부터 완전히 통제적인 처리에 이르기까지 처리의 연속성이 존재하는 것으로 보인다.

2. 주의의 기능은 무엇인가? 주의가 수반하는 한 가지 주요 기능은 환경에서 중요한 대상과 사건을 확인하는 것이다. 연구자들은 다양한 과제에서 표적에 대한 관찰자의 민감도를 결정하기 위하여 신호 탐지 이론에 근거한 측정치를 사용한다. 예컨대, 경계는 장시간에 걸쳐 자극이 출현할 영역에 주의를 기울이는 능력을 지칭하는데, 탐지할 자극은 일반적으로 간헐적으로만 나타난다. 경계는 사건이 일어나기를 수동적으로 기다리는 것인 반면, 탐색은 자극을 적극적으로 찾아나서는 것이다.

사람들은 한 메시지를 추적하는 동시에 다른 메시지를 무시하기 위하여 선택 주의를 사용한다. (칵테일파티 문제에서와 같은) 청각적 선택 주의는 참가자에게 두 귀에 따로 들려주는 정보를 따라 말하게 함으로써 관찰할 수 있다. 시각적 선택 주의는 스트룹 효과를 수반하는 과제에서 관찰할 수 있다. 주의과정은 분할 주의에도 관여하는데, 분할 주의에서는 사람들이 둘 이상의 과제에 동시에 대처하고자 시도한다. 일반적으로 둘 이상의 자동화된 과제의 동시 수행은 둘 이상의 통제 과제를 동시에 수행하는 것보다 용이하다. 그렇지만 연습을 통해서 둘 이상의 통제과제를 동시에 처리할 수 있다. 심지어는 언어 이해와 의사결정을 요구하는 과제를 수행할 때도 그렇다.

3. **주의과정을 설명하기 위해서 인지심리학자들이 개발해온 이론들은 무엇인가?** 몇몇 주의 이론은 주의 여과기 또는 병목을 수반하는데, 정보를 한 처리 수준에서 다음 수준으로 통과시킬 때 선택적으로 차단하거나 약화시킨다. 몇몇 병목 이론은 신호 차단 또는 신호 약화 기제가 감각 직후에 그리고 지각처리가 일어나기 전에 작동한다고 제안한다. 다른 이론은 적어도 지각처리가 일어난 후에 작동하는 후기 기제를 제안한다.

   주의 자원 이론은 주의를 설명하는 대안적 방법을 제시한다. 이 이론에 따르면, 사람들은 과제의 요구에 따라 할당하는 (아마도 감각 양상이 조절하는) 고정된 양의 주의 자원을 가지고 있다. 자원 이론과 병목 이론은 실제로 상호 보완적인 것이다. 이러한 보편적 주의 이론에 덧붙여서, 몇몇 과제 특수적 이론(예컨대, 자질 통합 이론과 유사성 이론)이 특히 탐색 현상을 설명하고자 시도해왔다.

4. **인지심리학자들은 인간 두뇌를 연구함으로써 무엇을 알아냈는가?** 초기의 신경심리학 연구는 자질 탐지기의 발견으로 이끌어갔으며, 후속 연구는 자질 탐지의 다른 측면들 그리고 시각 탐색에 관여하는 통합과정을 탐구해왔다. 덧붙여서 두뇌의 주의 과정에 관한 집중적인 연구는 주의시스템이 일차적으로 시상과 몇몇 다른 피질하 구조뿐만 아니라 피질의 두 영역을 수반한다는 사실을 시사하는 것으로 보인다. 또한 주의시스템은 두뇌의 여러 영역, 특히 대뇌피질에서 일어나는 다양한 특정 처리과정들을 주도한다. 주의과정은 몇몇 두뇌 영역의 활동이 증가하고 다른 영역의 활동이 억제된 결과 또는 활동과 억제가 결합된 결과일 수 있다. 특정 자극에 대한 반응성에 관한 연구를 보면, 사람들이 일차 과제에 초점을 맞추고 다른 자극의 처리를 의식적으로 자각하지 못하는 경우에도, 두뇌는 자동적으로 빈번하지 않고 일탈적인 자극(예컨대, 이상한 소리)에도 반응한다는 사실을 알 수 있다. 두뇌를 연구하는 다양한 접근방법을 사용함으로써(예컨대, PET, 사건 관련 전위, 손상 연구, 정신약학 연구 등), 연구자는 두뇌의 다양한 측면에 관한 통찰을 얻고 있으며, 관찰하는 현상들을 설명하기 위하여 수렴조작 방법을 사용할 수도 있다.

생각에 관한 생각: 분석적, 창의적, 현실적 물음

1. 점화와 전의식 지각 현상에 관한 증거들을 제시해보라.
2. 이 장에서 기술한 시각 탐색 이론들을 비교하고 대비시켜보라. 주의 이론 하나를 선택하여 신호 탐지, 선택 주의, 또는 분할 주의의 증거들이 어떻게 그 이론을 지지하거나 비판하고 있는지를 설명해보라.
3. 후측 주의시스템을 활성화시킬 가능성이 있는 과제와 전측 주의시스템을 활성화시킬 가능성이 있는 과제를 설계해보라.
4. 분할 주의를 연구하는 실험을 설계해보라.
5. 광고업자들은 사람들이 메시지에 주목할 가능성을 증가시키기 위하여 시각 탐색이나 선택 주의 이론들을 어떻게 사용할 수 있는가?
6. 여러분이 직면하는 상황에서 자동처리가 부정적 결과를 초래할 가능성을 낮추기 위하여 강제 기능을 비롯한 다른 전략을 사용할 수 있는 현실적 방법들을 기술해보라.

핵심 용어

각성(arousal)
경계(vigilance)
두 귀 따로 제시(dichotic presentation)
맹시(blindsight)
방해자극(distracter)
변화맹(change blindness)
부주의적 맹시(inattentional blindness)
분할 주의(divided attention)
선택 주의(selective attention)
설단 현상(tip-of-the-tongue phenomenon)
스트룹 효과(Stroop effect)
신호(signal)
신호 탐지(signal detection)
신호 탐지 이론(signal detection theory)
의식(consciousness)
자동처리(automatic process)
자동화(automatization)
자질 통합 이론(feature integration theory)
자질 탐색(feature search)
점화(priming)
접속 탐색(conjunction search)
주의(attention)
집행 주의(executive attention)
칵테일파티 문제(cocktail party problem)
탐색(search)
통제처리(controlled process)

5 기억: 모형과 연구방법

✻ 이 장의 개요

- 기억을 측정하는 데 사용하는 과제
  - 회상 과제 대 재인 과제
  - 암묵기억 과제 대 외현기억 과제
- 두 가지 대비적 기억 모형
  - 애트킨슨과 쉬프린의 다중저장소 모형
    - 감각저장소
    - 단기저장소
    - 장기저장소
  - 처리수준 모형
- 작업기억: 통합 모형
  - 작업기억의 성분
  - 신경과학과 작업기억
  - 작업기억의 측정
- 다른 기억 모형들
  - 다중 기억시스템
  - 연결주의 조망
- 이례적 기억과 신경심리학
  - 놀라운 기억: 기억술사
  - 기억 결손
    - 기억상실증
    - 알츠하이머병
- 핵심 주제
- 요약
- 생각에 관한 생각: 분석적, 창의적, 현실적 물음
- 핵심 용어

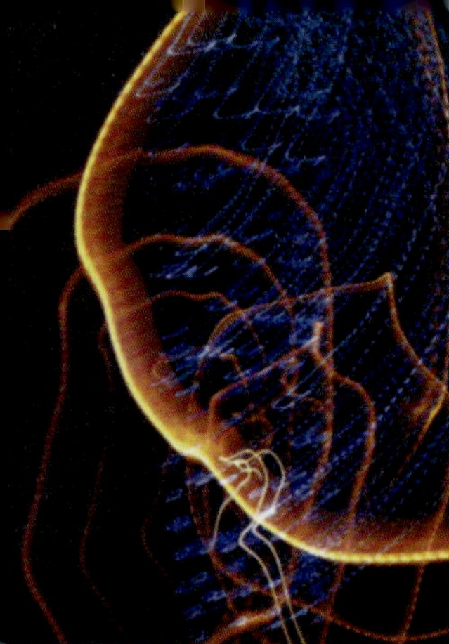

※ 이 장에서 탐구할 물음들

1. 기억을 연구하는 데 사용하는 과제들은 어떤 것이며, 다양한 과제는 기억 구조에 관하여 무엇을 알려주는가?
2. 전통적으로 기억 구조에 관한 주도적인 모형은 무엇인가?
3. 기억 구조에 관한 주요한 대안 모형에는 어떤 것이 있는가?
4. 심리학자들은 이례적 기억과 두뇌의 생리학을 연구함으로써 기억 구조에 관하여 무엇을 알아냈는가?

믿거나 말거나 | 기억 문제라고요? 비행기 여행을 덜 하는 것은 어떨까요?

표준 시간대를 넘나드는 여행은 실제로 괴로운 시차 적응 문제 이상의 것들을 초래한다. 연구자들은 시차에 적응하는 데 2주 이내의 회복시간이 걸리는 사람들이 더 긴 회복시간을 요하는 사람들보다 공간기억 검사에서 수행이 나쁘다는 사실을 밝혀왔다(Cho, 2001). 정기적으로 7개의 표준 시간대 이상을 넘어 비행하는 여객기에서 근무하는 20명의 승무원들의 두뇌 크기를 측정하기 위하여 MRI 검사를 실시하였다. 시차 적응에서 회복하는 데 단지 5일이 필요한 승무원들은 14일이 필요한 승무원들보다 기억 기능에 중요한 측두엽이 작았으며, 공간기억 검사에서 수행이 나빴다. 그렇다면 측두엽이 작은 이유는 무엇인가? 조(2001)는 증가한 스트레스 호르몬 때문이라고 생각한다. 항공 승무원들은 반복적인 단거리 비행 후보다 장거리 비행 후에 유의하게 높은 코티솔 수준을 나타냈는데, 코티솔은 측두엽에 해로운 것으로 알려져 있다. 그렇지만 시차를 회복할 겨를도 없이 반복적으로 여러 표준 시간대를 넘나들면서 여행하지 않는 한, 걱정할 필요는 없다. 마찬가지로 영향을 받는 사람들이 의사나 간호사를 포함하여 교대제 근무를 하는 사람들이다. 이들의 일주기 리듬이 와해되기 십상이기 때문이다.

이 장에서 우리는 기억이 어떻게 작동하는지 그리고 어떤 요인들이 기억 수행을 증진시키고 손상시키는지를 탐구한다.

여기 몇 가지 질문이 있다. 이 질문에 답할 수 있는지 확인해보라.

- 미국 대통령은 누구인가?
- 오늘은 며칠인가?
- 오늘 아침식사로 무엇을 먹었는가?
- 여러분의 절친은 어떻게 생겼는가? 그리고 그 친구의 목소리는 어떤가?
- 대학에 처음 입학하였을 때 어떤 경험을 하였는가?
- 구두끈은 어떻게 매는 것인가?

이 질문들은 정말로 쉽지 않은가! 이 질문에 대한 답을 인출하는 것은 용이한 듯

보이지만, 그토록 많은 다양한 사실과 절차들을 아무 문제도 없이 기억해낼 수 있다는 사실은 정말로 놀라운 일이 아닐 수 없다. 이 장에서는 우리가 정보를 저장하고 기억에서 그 정보를 인출하는 방법을 보게 된다.

나이가 들어가면서 기억도 변한다. 저자 중 한 사람의 할머니는 나이가 들어가면서 점차적으로 기억의 변화를 경험하였다. 아동기 기억 그리고 성인 초기와 중기의 세부사항들은 예전과 다름없이 선명하게 존재하지만, 최근에 일어났던 일들(예컨대, 오늘 아침식사에서 먹었던 음식 등)을 기억해내는 데는 점점 더 많은 문제점을 갖게 되었다. 할머니는 손자들에게 요즘 어떻게 지내는지 그리고 무슨 일을 하고 있는지를 여러 차례 반복해서 물어보아야만 하였지만, 당신의 중년기에 일어났던 사건들은 신속하게 회상할 수 있었다. 여러분의 나이 드신 친척 중에도 이러한 기억 문제를 경험하는 분이 있을는지 모르겠다. 그렇다면 도대체 기억이란 무엇인가?

기억(memory)은 지금 사용하기 위하여 과거 경험의 정보를 파지하고 끄집어내는 수단이다(Kandel, 2007; Tulving, 2000b; Tulving & Craik, 2000). 처리과정으로서의 기억은 과거 경험에 관한 정보를 저장하고 파지하며 인출하는 것과 연관된 역동적 기제를 지칭한다(Bjorklund, Schneider, & Hernández Blasi, 2003; Crowder, 1976). 구체적으로 인지심리학자들은 부호화(약호화), 저장, 인출이라는 기억의 세 가지 공통적인 작동을 확인해왔다(Baddeley, 2002; Baddeley, Eysenck, & Anderson, 2009; Brebion 등, 2007; Brown & Craik, 2000). 각 작동은 기억 처리에서의 단계를 나타낸다.

- 부호화에서는 감각 데이터를 심적 표상의 형태로 변환한다.
- 저장에서는 부호화 정보를 기억에 유지한다.
- 인출에서는 기억에 저장한 정보를 끄집어내거나 사용한다. 이러한 기억과정들은 제6장에서 상세하게 논의한다.

이 장에서는 기억을 연구하기 위하여 연구자들이 사용하는 몇몇 과제를 소개한다. 그런 다음에 기억의 작동방식에 관한 여러 모형들을 살펴본다. 첫째, 애트킨슨과 쉬프린(Atkinson & Shiffrin, 1968)의 다중저장소 모형을 논의한다. 이 모형은 감각, 단기, 장기 저장시스템을 포함하고 있다. 이 모형이 여전히 기억에 관한 오늘날의 생각에 영향을 미치고 있기는 하지만, 이례적 기억과 신경심리학이 제공하는 통찰에 대한 논의로 넘어가기에 앞서, 몇 가지 흥미로운 대안적 조망과 기억 모형들을 살펴본다.

❁ 기억을 측정하는 데 사용하는 과제

연구자들이 기억을 연구하는 방법에 관한 논의로 이 절을 시작한다. 기억을 연구할 때, 연구자들은 참가자들로 하여금 임의 정보(예컨대, 숫자나 문자의 배열)를 상이한 방식으로 기억해내도록 요구하는 과제를 사용하기 십상이다. 이 장 전반을 통해서 이 과제들을 언급할 것인데, 회상 대 재인 그리고 암묵기억 대 외현기억이라는 두 가지 대표적인 범주로 나눈다.

회상 대 재인 과제

회상(recall)에서는 기억에서 어떤 사실이나 단어 또는 항목을 끄집어낸다. 괄호 넣기와 대부분의 논술형 시험은 기억으로부터 무엇인가를 회상할 것을 요구한다. 예컨대, 심야 토크쇼 진행자에 관한 사람들의 기억을 측정하고자 한다고 가정해보자. 사람들에게 그 진행자의 이름을 물어볼 수 있다. **재인**(recognition)에서는 어떤 항목을 과거에 경험하였던 것으로 선택하거나 확인하게 된다. 예컨대, 사람들에게 몇 가지 이름을 제시하고는 그중에서 토크쇼 진행자를 찾아보도록 요구할 수 있다. 선다형 문제와 OX 문제가 재인 검사이다. 각 유형 과제의 사례와 설명을 보려면 표 5.1을 참조하라.

세 가지 핵심 유형의 회상 과제, 즉 계열 회상, 자유 회상, 단서 회상을 실험에서 사용한다(Lockhart, 2000). **계열 회상**(serial recall)에서는 항목들을 제시한 순서 그대로 회상하는 것이다. 예컨대, 몇 사람의 이름을 하나씩 순서대로 제시한 후에 제시 순서대로 반복하도록 요구할 수 있다.

두 번째 유형의 과제는 **자유 회상**(free recall)인데, 여기서는 여러분이 선택한 순서대로 항목들을 회상한다(Golomb 등, 2008). 이 경우에는 사람들의 이름을 순서에 관계없이 기억해내도록 요구할 수 있다.

세 번째 유형의 과제는 **단서 회상**(cued recall)인데, 여기서는 우선 항목들을 쌍으로 묶어 제시하지만 회상할 때는 각 쌍의 한 항목을 단서로 제시하고 나머지 항목을 회상하도록 요구한다. 단서 회상은 "쌍 연합 회상"이라고도 부른다(Humphreys, Murray, & Koh, 2014). 예컨대, 철수-포도, 영희-레몬, 정숙-복숭아, 동훈-오렌지를 제시하고, 철수와 쌍을 이루었던 항목을 회상하도록 요구하는 것이다.

기억을 연구하는 심리학자는 **재학습**(relearning)을 측정할 수도 있는데, 이것은 사전에 학습하였던 항목들을 다시 학습할 때 소요되는 시행의 수를 말한다. 재학습은 절약이라고도 부르며, 성인과 아동 그리고 동물에게서도 관찰할 수 있는 현상이다(Bauer, 2005; Sasaki, 2008). 어미 뱃속에 있는 태아 쥐에서도 재학습 효과를 관찰하였는데, 멍에를 이용하여 사지의 움직임을 제한하고는 운동 수행에 영향을 미치는 운동감각 피드백을 주었다. 이 쥐들은 이전에 학습하였던 움직임에 대해서 짧은 학습 시간을 나타냈다(Robinson, 2005). 이 효과는 많은 상황과 참가대상에게 명백하고도 광범위하게 일반화시킬 수 있다. 예컨대, 여러분이 고등학교에서 스페인어를 배웠는데, 대학에서는 다시 배우지 않았다고 가정해보자. 이제 스페인 고객과 소통하는 직업에서 성공하기 위해서 다시 스페인어가 필요하다. 스페인어를 재학습한다면, 처음 배울 때에 비해서 학습 시간에서 절약을 경험하게 될 것이다.

일반적으로 재인이 회상보다 훨씬 우수하다. 보거나 들었던 것을 정확하게 재생하는 것보다 재인하는 것이 더 쉽다(물론 몇 가지 예외가 있으며, 제6장에서 논의한다). 여러분은 사실을 기억해낼 것을 요구하는 시험 문제에 답할 때 재인기억의 수월성을 경험하였을 것이다(Brown, Roediger, & McDaniel, 2014). 요구하는 모든 사실을 재생할 수는 없었지만, 시험 후에 친구와 특정 질문에 관해 의견을 나누면서 그 친구가 정답을 지적하면, 여러분은 즉각적으로 그것이 정답이라는 사실을 재인하고는 시

표 5.1 기억을 측정하는 데 사용하는 과제 유형

몇몇 기억과제는 선언지식을 위한 외현기억의 회상이나 재인을 수반한다. 다른 과제는 암묵기억과 절차지식 기억을 수반한다.

기억과제	과제가 요구하는 내용	사례
외현기억	특정 정보를 의식적으로 회상해야 한다.	'햄릿'의 작가는 누구인가?
선언지식	사실을 회상해야 한다.	여러분의 이름은 무엇인가?
회상	기억으로부터 사실, 단어, 어떤 항목 등을 생성해내야 한다.	괄호 넣기 시험은 기억에서 항목을 회상할 것을 요구한다. 예컨대, "심각한 기억 손상을 입은 사람을 ________이라고 부른다."
계열회상	읽거나 들었던 항목들을 바로 그 순서대로 반복해야 한다.	숫자 배열 2-8-7-1-6-4를 보았다면, 정확하게 그 순서대로 숫자들을 반복할 것을 기대한다.
자유회상	목록의 항목들을 제시순서에 관계없이 반복해야 한다.	"강아지, 연필, 시간, 머리카락, 원숭이, 식당"이라는 목록을 제시하였다면, 여러분은 그 제시순서에 관계없이 6개의 단어를 회상하면 된다.
단서회상	항목 쌍의 목록을 기억하고, 쌍 중의 하나를 제시하면, 나머지 하나를 회상해야 한다.	"시간-도시, 안개-가정, 스위치-종이, 신용-요일, 주먹-구름, 숫자-가지"를 제시하고, 나중에 자극 "스위치"를 제시할 때, "종이"라고 말할 것을 기대한다.
재인	사전에 학습하였던 것과 동일한 항목을 선택하거나 확인해야 한다.	선다형 검사와 진위검사가 재인을 수반한다. 예컨대, "뛰어난 기억력을 가진 사람은 (1) 기억상실자, (2) 의미론자, (3) 기억술사, (4) 역행처리자이다."
암묵기억	기억 정보를 활용한다는 사실을 의식적으로 깨닫지 못한 채 그렇게 해야 한다.	단어완성 검사는 암묵기억을 다룬다. 단어의 첫 음절과 같이 단어의 일부분을 제시하고 머리에 떠오르는 첫 번째 단어로 단어를 완성하도록 요구한다. 직전에 '갈무리'라는 단어를 보았는데 '갈__'를 제시하면, 그 단어를 보지 않았던 사람들에 비해서 '갈무리'로 단어를 완성할 가능성이 더 크다. (점화 효과가 나타난 것이다. 이 장 후반부에서 점화에 관해서 상세하게 다룬다.)
절차지식 과제	사실이 아니라 학습한 기술과 자동화된 행동을 기억해내야 한다.	수수께끼를 풀거나 글의 거울상을 읽는 훈련을 받은 다음에, 그 기술을 사용하는 방법을 기억해내도록 요구한다. 아니면 특정 운동 기술(예컨대, 자전거나 스케이트 타기 등)을 숙달하거나 그 기술에 관하여 이미 기억하고 있는 것을 보여주도록 요구한다.

험 중에 그 답이 떠오르지 않은 것을 자책한다.

스탠딩, 코네지오, 그리고 헤이버(Standing, Conezio, & Haber, 1970) 연구는 참가자들이 재인기억 과제에서 2,000개에 가까운 그림을 재인할 수 있다는 사실을 입증하였다. 2,000개 사진을 재인할 수는 있었지만, 그 모든 사진들을 회상할 수는 없었을 것이다. 어떤 유형의 것이든, 기억하도록 요구받은 2,000개 항목을 회상하는 사람을 상상하기는 어렵다. 이례적 기억에 관한 절에서 보게 되겠지만, 집중적인 훈련을 받는 경우조차도 최선의 회상 수행은 대략 80 항목 정도이다.

참가자에게 받게 될 검사 유형을 알려주는 것은 학습량에 영향을 미칠 수 있다. 일반적으로 회상 과제를 예상하는 것은 재인 과제를 예상하는 것보다 깊은 수준의 정보처리를 유발한다. 예컨대, 영어 어휘 시험을 보게 된다면, 영어 단어에 대한 정의가 맞는지 아니면 틀렸는지 말해야 할 때보다(재인) 그 단어의 의미를 회상할 필요가 있을 때 보다 집중적으로 공부하게 된다.

몇몇 심리학자는 재인 과제가 **수용성 지식**(receptive knowledge)을 사용하는 것으로 간주한다. 수용성이란 "자극에 대해 반응하는 것"을 의미한다. 재인 과제에서는 제시한 자극에 반응하는데, 과거에 그 자극을 보았는지를 결정한다. 답을 만들어내야 하는 회상 과제는 **표현성 지식**(expressive knowledge)을 요구한다. 수용성 지식과 표현성 지식 간의 차이점은 단순 기억 과제 이외의 영역(예컨대, 언어, 지능, 인지발달 등)에서도 볼 수 있다.

암묵기억 과제 대 외현기억 과제

기억이론가들은 외현기억과 암묵기억을 구분한다(Mulligan, 2003). 앞에서 논의한 과제들은 참가자가 의식적 인출을 수행하는 **외현기억**(explicit memory)을 수반한다. 예컨대, 사전에 경험한 특정 항목 집합에서 단어, 사실, 그림 등을 회상하거나 재인한다.

이와 관련된 현상이 **암묵기억**(implicit memory)으로, 기억 정보를 사용하지만 그 사실을 의식적으로 자각하지 못하는 것이다(Berry, Shanks, & Henson, 2008; McBride, 2007). 여러분은 왼쪽의 사진에서 문자 하나가 빠졌음에도 아무 문제없이 단어를 읽을 수 있다.

Katherine Welles/Shutterstock.com

암묵기억은 우리가 접하는 불완전한 단어를 온전한 것으로 만들어주는데, 그렇게 한다는 사실을 의식적으로 자각하지 않는다.

매일같이 여러분은 무의식적 정보 인출을 수반하는 많은 과제들을 수행한다. 이 책을 읽을 때조차도, 특정 단어의 의미, 앞선 장들에서 읽었던 인지심리학 개념들, 심지어는 읽는 방법과 같은 다양한 것들을 무의식적으로 기억해내고 있다. 이러한 기억인출은 암묵기억의 도움을 받는다. 외현기억은 일생을 살아가면서 변한다. 암묵기억은 그와 동일한 변화를 보이지 않는다. 유아와 노인은 상대적으로 열등한 외현기억을 가지고 있기 십상이지만, 암묵기억은 젊은 성인의 것에 비견할 수 있다(Carver &

Bauer, 2001; Murphy, McKone, & Slee, 2003). 특정 장애를 가지고 있는 사람은 외현기억 결손을 경험하지만 암묵기억은 온전하게 남아있다. 이러한 사람들을 후반부에서 논의한다.

이 절에서는 암묵기억을 수반하는 두 과제, 즉 점화 과제 그리고 절차지식을 수반하는 과제를 살펴본다. 그런 다음에 처리과정-해리 모형을 다룰 것인데, 이 모형은 암묵기억과 외현기억 모두를 측정하는데 오직 하나의 과제만 필요하다고 상정하고 있다.

때때로 실험실에서는 사람들에게 점화 효과에 근거한 단어완성 과제를 실시함으로써 암묵기억을 조사한다. 단어완성 검사에서는 참가자가 단어의 첫 번째 음절과 같은 단어 조각을 받게 된다. 그러면 마음에 떠오르는 첫 번째 단어로 완성하는 것이다. 예컨대, 여러분이 'imp_ _ _ _ _'에 대해서 빈 칸을 채워 넣어 영어 단어를 만들도록 요구받았다고 가정해보자. 여러분은 앞에서 'implicit'라는 단어를 보았기 때문에, 그렇지 않은 사람들에 비해서 빈 칸에 'l-i-c-i-t'을 채워 넣을 가능성이 더 높다. 여러분은 점화된 것이다. 여기서 점화란 빠진 정보를 활용하는 여러분의 능력이 촉진되는 것을 말한다. 일반적으로 실험참가자는 최근에 제시한 목록에서 단어를 보았을 때 이 과제를 더 잘 수행한다. 그 목록의 단어들을 기억하라는 명시적 지시를 받지 않았음에도 불구하고 말이다(Tulving, 2000a). 점화는 앞서 그 단어를 보았다는 사실을 자각하지 못하는 상황, 즉 단어를 아주 짧은 시간동안만 제시하거나 질이 떨어지는 상태로 제시하는 상황에서도 작동한다.

절차기억 또는 처리과정에 관한 기억도 암묵기억 과제를 가지고 검증할 수 있다. 절차기억의 사례에는 자전거 타기나 자동차 운전하기에 관여하는 절차 등이 있다. 차를 몰고 상가에 가는 상황을 생각해보자. 아마도 여러분은 의식적으로 생각하지 않은 채 시동을 걸고 방향지시등을 조작하며 차선을 지킬 것이다. 빨간 신호등에서 어떻게 해야 하는지를 의식적으로 기억해낼 필요조차 없다. 일상적으로 행하는 많은 행위가 절차기억에 해당한다. 이를 닦는 것에서부터 글을 쓰는 것에까지 걸쳐있다.

실험실에서는 때때로 절차기억을 회전판 추적 과제를 가지고 살펴보기도 한다(Gonzalez, 2008; 그림 5.1 참조). 회전판 추적 과제는 참가자에게 L자형 특수 펜을 가지고 회전하는 작은 원판을 추적하도록 요구한다(Costello, 1967). 일반적으로 원판은 작은 동전만한 크기로, 직경이 2.5cm도 되지 않는다. 이 원판이 빠르게 회전하는 플랫폼 위에 놓여있다. 참가자는 플랫폼 위에서 빠르게 회전하는 원판을 특수 펜으로 추적해야 한다. 특정 원판과 특정 회전속도에서 학습한 후에, 동일 원판과 속도이거나 아니면 새로운 원판이나 속도에서 과제를 다시 수행하도록

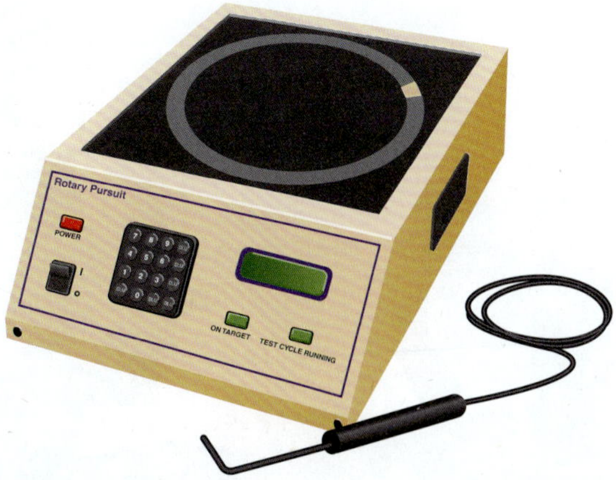

그림 5.1 회전판 추적 과제. 회전판 추적 과제에서는 참가자가 L자형 특수 펜을 사용하여 회전하는 플랫폼 위에서 회전하는 작은 원판을 추적한다.

요구한다. 새로운 원판이나 속도를 사용할 때는 참가자들의 수행이 비교적 형편없다. 그렇지만 동일한 원판과 속도에서는 그 과제를 이전에 수행하였었다는 사실을 기억해 내지 못하는 경우조차도 처음 학습하였을 때 못지않게 잘 해낸다(Verdolini-Marston & Balota, 1994).

절차기억을 연구하는 데 사용하는 또 다른 과제가 거울상 따라 그리기이다(그림 5.2 참조). 거울상 따라 그리기 과제에서는 특정 도형을 그린 그림판을 가림판 아래쪽에 놓아서 참가자는 그림판을 직접 볼 수 없다. 가림판 너머 참가자의 시선이 닿는 곳에 거울이 있다. 거울을 통해서 그림판과 자기 손의 거울상을 보게 된다. 참가자는 특수 펜을 가지고 그림판의 도형을 추적하는 것이다. 처음 이 과제를 학습할 때는 펜으로 도형을 따라가기가 어렵다. 전형적으로 펜이 도형을 벗어나는 지점이 많이 나타난다. 게다가 전체 도형을 추적하는 데는 상당한 시간이 걸린다. 그렇지만 연습을 하면 참가자는 꽤나 효율적이고 정확해진다. 이 기술의 파지가 절차기억을 연구하는 방법을 제공한다(Rodrigue, Kennedy, & Raz, 2005).

거울상 따라 그리기 과제는 절차기억에 대한 수면의 효과를 연구하는 데도 사용한다. 조현병 환자는 수면 문제뿐만 아니라 기억 결손도 가지고 있다. 조현병 환자에게 서파 수면의 지속시간을 증가시키는 약물 처치를 하면, 절차기억 성과도 함께 증가한다(Göder 등, 2008). 건강한 참가자의 경우에는 낮잠도 절차기억 성과를 증진시키지만, 조현병 환자의 경우에는 그렇지 않다(조현병 환자는 연구를 진행하는 동안 정기적인 치료를 받고 있었다; Seeck-Hirschner 등, 2010).

암묵기억과 외현기억은 독립적이고 차별적인 기억인가? 여기서 기술하고 표 5.1에 나와 있는 암묵기억과 외현기억을 측정하는 방법들은 둘이 독립적이며 상이한 과제를 통해서 측정할 수 있다고 가정한다. 몇몇 연구자는 이 가정에 도전장을 내밀어왔다. 이들은 사용하는 과제가 오직 한 유형의 기억만을 측정하려는 것이라고 할지라도, 암묵기억과 외현기억 모두가 모든 반응에서 일익을 담당한다고 가정한다. 따라서 인지심리학자들은 암묵기억과 외현기억 모두가 거의 모든 반응에 영향을 미친다고 가정하는 모형들을 개발해왔다. 이 분야에서 가장 최초로 제시한 것이면서 가장 널리 인정받고 있는 모형 중의 하나가 **처리과정-해리 모형**(process-dissociation model)이다(Daniels, Toth, & Jacoby, 2006; Jacoby, 1991). 이 모형

그림 5.2 거울상 추적 과제. 거울상 추적 과제에서는 참가자가 거울을 통해서만 볼 수 있는 형태의 윤곽을 추적한다.

은 암묵기억과 외현기억 모두가 거의 모든 반응에서 일익을 담당한다고 가정한다. 따라서 두 과정 모두를 측정하는 데는 오직 하나의 과제만이 필요하다.

이론가들은 상이한 측정치가 정확하게 무엇을 보여주는 것인지에 관하여 의견을 달리 하고 있지만, 일상 삶에서 암묵기억과 외현기억이 모두 중요하다는 점에는 동의하고 있다. 카우프만(S. B. Kaufman, 2010)도 암묵기억이 외현기억 못지않게 인간 지능에서 중요한 부분이라고 주장해왔다.

개념 확인

1. 회상 과제와 재인 과제 간의 차이는 무엇인가?
2. 외현기억이란 무엇인가?
3. 암묵기억이란 무엇인가?
4. 상이한 국가에서 기억에 관한 연구를 수행할 때 문화를 고려하는 것이 중요한 이유는 무엇인가?

두 가지 대비적 기억모형

연구자들은 기억이 작동하는 방식을 기술하기 위하여 여러 가지 모형을 개발해왔다. 이 절에서는 우선 다중저장소 모형을 논의한다. 그런 다음에 처리수준 모형을 살펴보고 작업기억의 통합 모형도 다룬다. 뒤이어서 기억시스템에 관한 개념화를 살펴보고, 마지막으로 연결주의 모형을 알아본다. 전통적인 기억모형으로부터 출발해보자.

애트킨슨과 쉬프린의 다중저장소 모형

여러 가지 대표적인 기억 모형들이 존재한다(Carey, 2014; Foster, 2008; McAfoose & Baune, 2009; Murdock, 2003). 1960년대 중반에는 연구자들이 그 당시에 가용한 데이터에 근거하여 윌리엄 제임스(1890/1970)가 처음으로 제안한 두 기억구조, 즉 일차기억과 이차기억을 구분하는 기억 모형을 제안하였다. 일차기억은 현재 사용하고 있는 일시적 정보를 유지하며, 이차기억은 영원히 또는 적어도 장시간에 걸쳐 정보를 유지한다(Waugh & Norman, 1965). 3년 후에 리처드 애트킨슨과 리처드 쉬프린(Richard Atkinson & Richard Shiffrin, 1968)은 기억을 세 가지 저장소에 따라 개념화하는 대안 모형을 제안하였다.

- **감각저장소**(sensory store): 비교적 제한된 양의 정보를 매우 짧은 시간 저장할 수 있다.
- **단기저장소**(short-term store): 어느 정도 오랜 시간 정보를 저장할 수 있지만, 용량이 제한적이다.

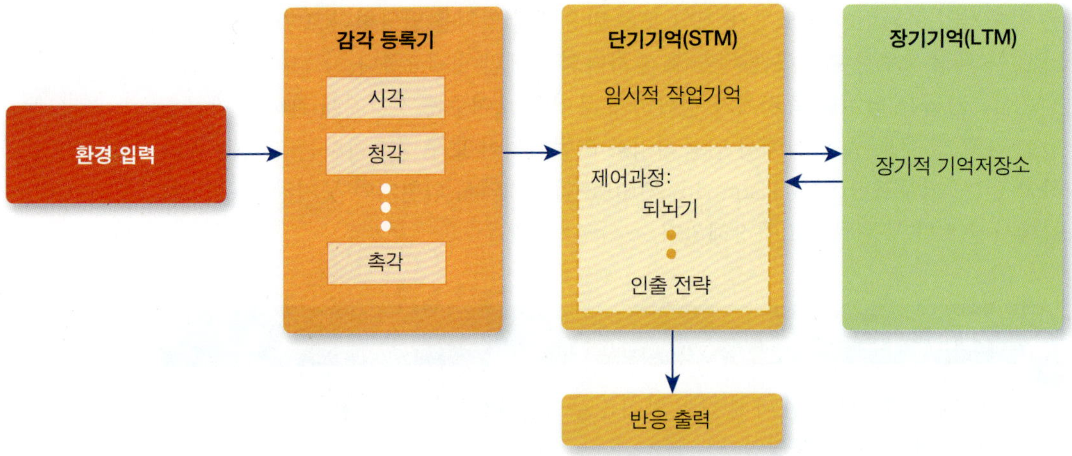

그림 5.3 애트킨슨과 쉬프린의 기억 모형. 리처드 애트킨슨과 리처드 쉬프린은 인간 정보처리시스템에서 정보가 흘러가는 방식에 대한 이론적 모형을 제안하였다.

출처: Atkinson, R. C., & Shiffrin, R. M. (1971). The control of short-term memory. *Scientific American, 225*, 82-90.

- **장기저장소**(long-term store): 상당한 용량을 가지고 있고 꽤나 오랫동안 심지어는 무한히 정보를 저장할 수 있다(Richardson-Klavehn & Bjork, 2003).

이 모형은 정보 유지 구조와 그 구조에 저장하는 정보를 구분하고 있는데, 전자를 저장소(store) 후자를 기억(memory)이라 부른다. 애트킨슨과 쉬프린은 세 저장소가 차별적인 생리적 구조라고 제안하지는 않았다. 오히려 그 저장소는 **가설적 구성체**(hypothetical construct), 즉 직접적으로 측정이나 관찰이 가능하지는 않지만 심리 현상이 작동하는 방식을 이해하기 위한 심적 모형으로 기능하는 개념이다. 그림 5.3은 이러한 저장소에 관한 간단한 정보처리 모형을 보여준다(Atkinson & Shiffrin, 1971). 이 모형은 기억을 저장하는 수동적 저장 공간을 강조하고 있지만, 한 저장소에서 다른 저장소로 정보의 전이를 주도하는 몇몇 제어 과정도 언급하고 있다.

오늘날에는 세 저장소를 감각기억, 단기기억, 장기기억으로 표현하는 것이 일반적이다. 이 절에서 감각저장소, 단기저장소, 그리고 장기저장소를 자세하게 살펴본다.

감각저장소

감각저장소(sensory store)는 최종적으로 장기저장소로 들어가는 많은 정보를 최초로 등록시키는 곳이다. 강력한 증거는 영상 저장소의 존재를 지지한다(논란이 없는 것은 아니다; Haber, 1983 참조). **영상 저장소**(iconic store)란 매우 짧은 시간 동안 정보를 유지하는 시감각 등록기를 말한다. 이 이름은 정보를 영상의 형태로 저장한다는 사실에서 유래한 것이다. 이것은 무엇인가를 표상하는 시각 이미지이다. 일반적으로 영상은 표상하는 대상을 닮는다.

어두운 배경에다 밝은 폭죽(또는 불을 붙인 향 막대)을 가지고 여러분 이름을 써

본 적이 있다면, 시각기억 현상을 경험하였을 것이다. 폭죽이 물리적 흔적을 남기지는 않지만, 잠시 동안 여러분의 이름을 볼 수 있다. 이러한 시각적 지속이 영상 저장소에 남아있는 정보 유형의 사례가 된다.

스펄링의 발견 조지 스펄링(George Sperling, 1960)이라는 하버드대학교 대학원생의 박사학위 논문에서 영상 저장소의 존재를 처음으로 논의하였다. 그는 일련의 자극을 짧은 시간동안 한 번만 훑어볼 때 얼마나 많은 정보를 부호화할 수 있느냐는 물음을 다루었다. 문자와 숫자 배열을 화면에 단지 50밀리초 동안 반짝하고 비춰주었다. 참가자에게는 회상할 수 있는 기호들과 그 위치를 가능한 많이 보고하도록 요구하였다. 선행 연구는 제시한 자극을 오직 한 번만 볼 수 있는 시간이 50밀리초라는 사실을 보여주었기 때문에, 참가자가 오직 한 번만 자극을 보았다는 사실을 확신할 수 있었다.

스펄링은 참가자에게 본 것을 보고하라고 요구할 때, 단지 4개 정도의 기호만을 기억해낼 수 있다는 사실을 찾아냈다. 회상한 기호의 수는 얼마나 많은 기호를 제시하였든지 간에 매우 유사하였다. 몇몇 참가자는 모든 자극을 명확하게 보았었다고 언급하였다. 그런데 본 것을 보고하는 동안 자극 배열에 있었던 다른 기호들을 망각하였다는 것이었다. 스펄링은 참가자가 본 것을 측정하는 독창적인 생각을 가졌다. 스펄링의 첫 번째 연구에서 사용한 절차는 **전체보고 절차**(whole-report procedure)이었다. 이 절차에서는 참가자가 보았던 모든 기호를 보고한다. 여기서 스펄링은 **부분보고 절차**(partial-report procedure)를 도입하였다. 이 절차에서는 참가자가 본 것의 일부분만을 보고하면 된다.

스펄링은 참가자 지식의 표본을 구하는 방법을 찾은 것이다. 그런 다음에 그 표본을 가지고 전체 지식을 추정하였다. 그의 논리는 학교 시험 논리와 유사하다. 학교 시험도 교과목에 관한 학생의 전체 지식에 대한 표본을 사용한다. 스펄링은 기호를 세 줄로 제시하였는데, 각 줄에는 4개의 기호가 있다. 그림 5.4는 스펄링 참가자가 보았음직한 배열과 유사한 자극배열을 보여주고 있다. 그는 참가자에게 오직 한 줄의 기호만을 회상하면 된다고 알려주었다. 회상할 줄은 고음, 중간음, 저음으로 알려주었다. 음고는 각각 윗줄, 중간 줄, 아래 줄과 대응하였다.

영상기억의 지속시간을 추정하기 위하여, 스펄링은 자극배열과 음 간의 시간간격을 조작하였다. 간격 범위는 자극배열 출현 0.1초 전부터 종료 1.0초 후까지이었다. 부분보고 절차는 참가자가 회상할 수 있는 양을 극적으로 변화시켰다. 그는 이 절차를 사용하여 회상한 기호의 수에 3을 곱하였다. 그 이유는 참가자가 제시한 정보의 1/3만을 회상하면 되었지만, 어느 줄을 보고할 것인지는 사전에 알지 못하였기 때문이었다.

스펄링은 부분보고 절차를 사용하여 자극배열 직전이나 직후에 단서음을 제시하면 참가자는 대략 9에서 12개의 기호를 가용한 상태로 가지고 있다는 사실을 찾아냈다. 그렇지만 1초 후에 단서를 제시하면, 회상은 총 12개 기호에

H B S T
A H M G
E L W C

그림 5.4 시각 회상 과제에서 사용한 자극배열. 이 기호 배열은 조지 스펄링이 시각 회상 과제에서 사용한 것과 유사한 것이다.

출처: Matlin, M. W. (1995). *Psychology*, 2nd ed. Holt, Rinehart and Winston.

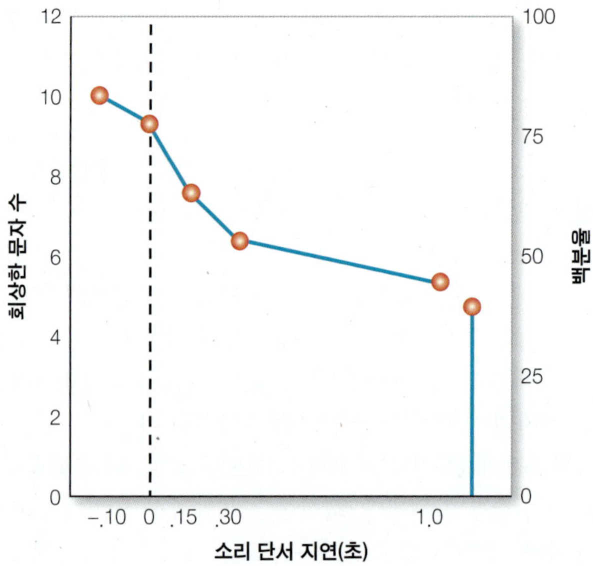

그림 5.5 **스펄링 실험의 결과.** 그림은 문자 배열의 제시와 회상을 알리는 소리 간 지연의 함수로서, 부분보고 절차를 사용하였을 때 참가자가 회상한 문자 개수의 평균을 보여준다. 오른쪽 끝의 막대는 참가자가 전체보고 절차를 사용하였을 때 회상한 문자의 개수를 나타낸다.

출처: Sperling, G. (1960). The information available in brief visual presentations. *Psychological Monographs: General and Applied*, *74*, 1-28.

대해서 4∼5개로 떨어졌다. 이 회상 수준은 전체보고 절차를 통해서 얻은 결과와 거의 같은 것이었다. 이 데이터는 영상 저장소가 대략 9개 항목을 저장할 수 있다는 사실을 시사한다. 또한 저장소의 정보는 매우 신속하게 소멸한다는 사실도 시사한다(그림 5.5). 실제로 부분보고 절차의 이점은 0.3초 지연조건에서 급격하게 감소하였다. 그 이점은 1초의 지연에서 완전히 사라졌다.

스펄링 결과는 영상 저장소에서 정보가 신속하게 사라진다는 사실을 시사한다. 주관적으로 그렇게 사라지는 현상을 자각하지 못하는 이유는 무엇인가? 첫째, 사람들이 그의 실험에서 사용한 것과 같은 자극을 경험하는 경우가 거의 없다. 오직 50밀리초 동안 나타난 다음에 참가자가 회상하기도 전에 사라졌다. 둘째, 더욱 중요한 이유는 사람들이 영상기억에서 보는 것을 환경에서 실제로 보는 것과 구분할 능력이 없다는 것이다. 영상기억에서 보는 것은 환경에서 받아들이는 것이다. 스펄링 실험의 참가자는 일반적으로 자극배열이 실제로 사라진 후에도 150밀리초 가량 그 배열을 볼 수 있었다.

부분보고 절차의 사용이 멋들어진 것이기는 하지만, 완벽한 것은 아니었다. 적어도 어느 정도는 이 절차가 전체보고 절차에 내재한 문제를 여전히 답습하고 있었다. 참가자는 다수의 기호를 보고해야만 하였다. 참가자는 보고하는 동안에 기억 소멸을 경험하였을 수 있다. 실제로 출력 간섭 가능성이 존재한다. 출력을 내놓는 것이 연구하고 있는 현상을 간섭한다. 즉, 여러 기호를 언어적으로 보고하는 것이 영상기억의 보고를 간섭할 수 있다.

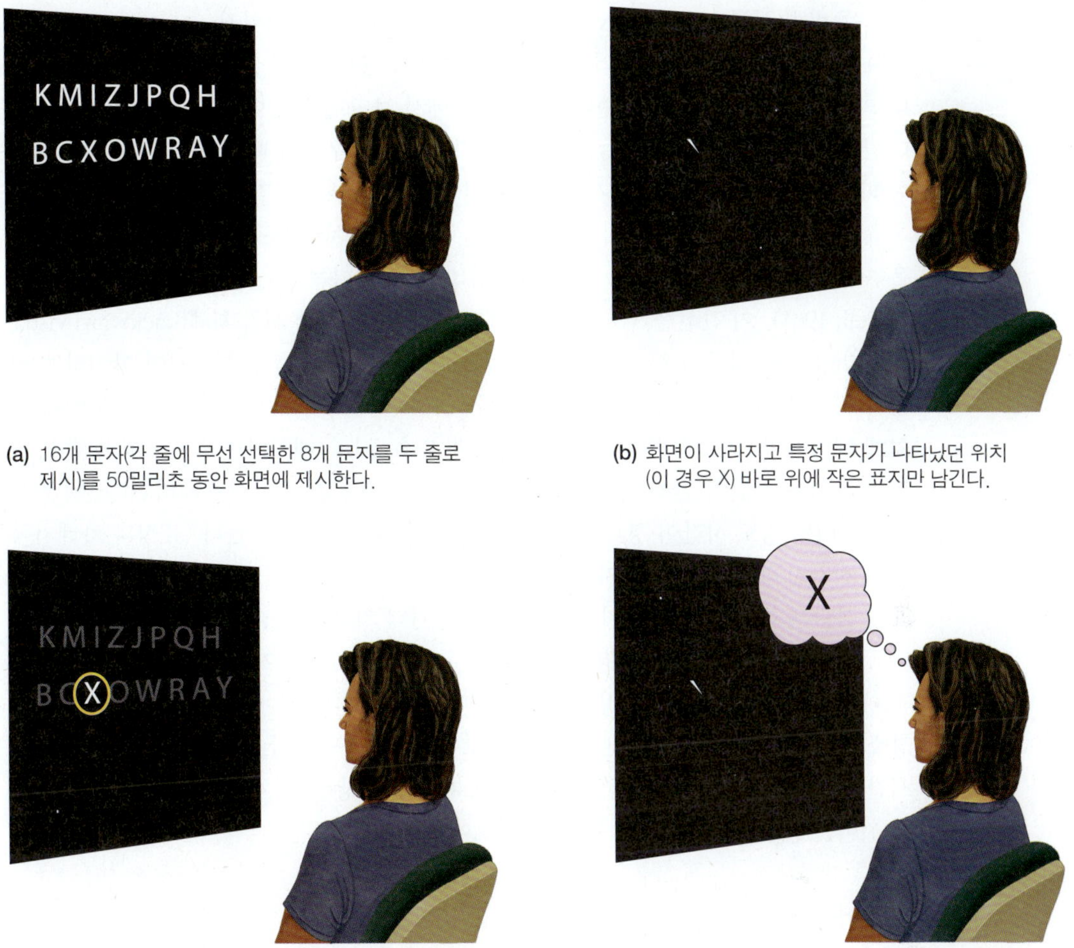

(a) 16개 문자(각 줄에 무선 선택한 8개 문자를 두 줄로 제시)를 50밀리초 동안 화면에 제시한다.

(b) 화면이 사라지고 특정 문자가 나타났던 위치 (이 경우 X) 바로 위에 작은 표지만 남긴다.

(c) 참가자에게 작은 표지 위치에 나타났던 문자를 회상하도록 요구한다.

(d) 참가자는 감각기억에 문자들의 75%를 유지할 수 있었다.

그림 5.6 뒤이은 개선. 스펄링 절차보다 애버바크-코리엘 절차에서 회상이 우수한 까닭은 출력 간섭이 적기 때문이다. 참가자는 단지 한 문자만 회상하면 된다.

뒤이은 개선 후속 연구에서는 참가자에게 한 줄에 무선 선택한 8개 문자씩 16개 문자를 두 줄로 50밀리초 동안 제시하였다(Averbach & Coriell, 1961). 이 연구에서는 한 문자가 나타났던(또는 곧 나타날; 그림 5.6 참조) 위치 바로 위에 조그만 표지가 나타났다. 그 표지가 나타나는 시점은 문자의 제시 전이나 후로, 매번 달랐다. 참가자는 한 번에 단 하나의 문자만 보고하면 되었다. 따라서 이 절차는 출력 간섭을 최소화시켰다. 연구자들은 표지가 자극 배열 출현 바로 직전이나 후에 나타날 때는 참가자가 대략 75% 시행에서 정확하게 보고할 수 있다는 사실을 찾아냈다. 따라서 참가자는 감각기억에 대략 12 항목(16개의 75%)을 파지한 것으로 보인다. 따라서 영상기억 용량에 대한 스펄링의 추정은 보수적이었던 것으로 보인다. 이 연구 결과는 출력 간섭을 최소화시키면, 영상기억 용량의 추정치가 크게 증가할 수 있다는 사실을 시사한다. 영상기억은 12개 항목까지 가능하다.

두 번째 실험(Averbach & Coriell, 1961)은 영상기억이 지워질 수 있다는 부가적인 중요 특성을 밝혔다. 영상기억이 지워질 수 있다는 사실은 확실히 우리의 시감각을 보다 의미 있는 것으로 만들어준다. 시각 환경에서 보았던 것들이 지나치게 오래 지속한다면, 우리는 심각한 상황에 직면할 수 있다. 예컨대, 우리가 빠른 속도로 환경을 주사할 때, 시각 정보가 신속하게 사라짐으로써 기억에 과부하가 걸리지 않아야 한다.

연구자들은 표적 문자가 차지하였던 동일한 위치에 표적 문자 후에 다른 자극을 제시하면, 그 자극이 시각 영상을 지워버릴 수 있다는 사실을 밝혔다(Averbach & Coriell, 1961). 이 간섭을 역행 시각 차폐라고 부른다. **역행 시각 차폐**(backward visual masking)란 한 자극이 앞서 출현하였던 곳에 다른 자극이 출현하는 것이 야기하는 선행 자극의 심적 삭제를 말한다. 차폐 자극을 100밀리초 이내에 표적 자극과 동일한 위치에 제시하면, 두 자극은 중첩된다. 예컨대, F 후에 L을 제시하면 E가 되어버린다. 표적과 차폐자극 간의 간격이 길어지면 차폐자극이 표적자극을 삭제해버린다. 예컨대, F 후에 어느 정도 시간이 경과하고 L을 제시하면, 오직 L만이 남는다. 표적과 차폐자극 간의 시간간격이 더욱 길어지면, 간섭은 더 이상 일어나지 않는다. 간섭이 일어나지 않는 까닭은 표적 정보를 이미 보다 지속적인 기억 저장소로 전이하였기 때문이다.

요약컨대, 시각 정보는 영상 저장소를 통해 기억시스템으로 들어온다. 이 저장소는 매우 짧은 시간동안 시각정보를 유지한다. 정상적인 과정에서는 이 정보를 다른 저장소로 전이하거나 아니면 제거한다. 정보를 다른 기억 저장소로 전이하기에 충분한 시간에 앞서 다른 정보를 중첩시키면 정보 제거가 발생한다. 제거 또는 다른 저장소로의 전이는 반향기억에 들어있는 청각 정보에서도 일어난다.

단기저장소

대부분의 사람은 감각기억 저장소를 의식적으로 접속할 수 없다. 그렇지만 단기기억 저장소는 누구나 접속할 수 있다. 몇 초 동안 기억을 유지하며, 때로는 몇 분까지 유지하기도 한다. 예컨대, 여러분은 영상 저장소를 발견한 연구자의 이름을 기억해낼 수 있는가? 이 연구를 개선시킨 연구자의 이름은 어떤가? 만일 여러분이 그 이름을 회상할 수 있다면, 어떤 기억 제어 과정을 사용한 것이다. 애트킨슨-쉬프린 모형에 따르면, 단기저장소는 몇 개의 항목을 유지하는 것 이상의 일을 수행한다. 정보를 오랫동안 유지하는 장기저장소와 정보를 주고받는 것을 조절하는 몇몇 제어과정도 가지고 있다. 전형적으로 단기저장소의 정보는 되뇌기 하지 않는 한, 대략 30초가량 남아 있다. 단기저장소 정보는 시각적이기보다는 음향적으로 저장되어있다(언어정보의 경우에 그렇다).

단기기억에는 한 번에 얼마나 많은 항목을 저장할 수 있는가? 일반적으로 다양한 항목 유형에 있어서 단기기억 용량은 대략 7에서 2를 빼거나 더한 정도인 것으로 나타난다(Miller, 1956). 항목은 숫자와 같이 간단한 것이거나 단어와 같이 보다 복잡한 것일 수 있다. 만일 20개 문자나 숫자 배열을 7개의 의미 있는 항목으로 묶는다면, 그것들을 모두 기억할 수 있다. 그렇지만 20개 항목을 기억해내서는 즉각 반복할 수는 없다. 예컨대, 대부분의 사람은 101001000100001000100과 같은 21개 숫자 배열을 단기기억에 유지할 수 없다. 그렇지만 이 배열을 10, 100, 1000, 10000, 1000, 100과 같이 보다 큰 단위를 묶는다면, 21개 숫자를 6개 항목으로 쉽게 재생할 수 있게 된다(Miller, 1956).

다른 요인들도 단기기억 저장 용량에 영향을 미친다. 예컨대, 각 항목을 발음하는 음절 수는 회상할 수 있는 항목 수에 영향을 미친다. 각 항목이 상대적으로 많은 수의 음절을 가지고 있을 때, 적은 수의 항목을 회상할 수 있다(Hulme 등, 2006). 이에 덧붙여서, 지연이나 간섭도 7 항목 용량을 대략 3개로 떨어뜨릴 수 있다. 일반적으로 용량 제한은 7보다는 3~5에 가깝다(Cowan, 2001).

대부분의 연구는 단기저장소 용량을 검증하는 데 언어자극을 사용해왔지만, 단기기억은 시각정보도 유지할 수 있다. 예컨대, 대상의 색깔과 방향뿐만 아니라 형태 정보도 유지할 수 있다. 시각 정보에 대한 단기저장소 용량은 얼마인가? 더 적거나 동일하거나 아니면 더 큰가?

한 연구팀은 시각 정보에 대한 단기저장소 용량을 밝히는 작업에 착수하였다(Luck & Vogel, 1997; Vogel, Woodman, & Luck, 2001). 참가자에게 두 가지 시각 배열을 순서대로 제시하였다. 자극에는 색채 정사각형, 방향이 다른 검은 선분, 방향이 다른 색채 선분 등, 세 가지 유형이 있었다. 따라서 세 번째 자극 유형은 처음 두 자극 유형의 자질을 조합한 것이었다. 자극 유형은 두 자극 배열에서 동일하였다. 예컨대, 첫 번째 배열이 색채 정사각형을 포함하고 있으면, 두 번째 배열도 그러하였다. 두 배열은 동일하거나 다를 수 있었다. 다를 때는 오직 한 가지 자질에서만 그렇다. 참가자는 두 배열이 동일한지 아니면 다른지를 지적하였다. 연구자들은 참가자가 대략 4개 항목을 기억에 유지할 수 있다는 사실을 찾아냈는데, 이것은 코원(2001)이 제안한 추정치에 포함되는 수치이었다. 개별 자질(즉, 색채 정사각형, 다양한 방향의 검은 선분)들이 변하든 아니면 자질 쌍(즉, 상이한 방향의 색채 선분)이 변하든, 결과는 동일하였다. 따라서 저장은 자질의 수가 아니라 항목의 수에 의존하는 것으로 보인다.

이 연구는 혼입변인(즉, 원인으로 상정한 요인과 쉽게 분리해낼 수 없으면서 결과에 영향을 미치는 요인)을 포함하고 있을 가능성이 있었다. 상이한 방향의 색채 선분 자극에서, 부가적인 자질은 첫 번째 배열의 위치와 두 번째 배열의 위치가 동일한 것이었다. 즉, 동일 대상이라는 측면에서 색깔과 방향이 배열에서 동일한 위치에 있었다. 따라서 공간 위치 효과를 대상 개수 효과와 분리시킨 후속 연구를 수행하였다(Lee & Chun, 2001). 이 연구에서는 네모와 선분을 포함하는 자극들이 별도 위치에 나타나거나 중복된 위치에 나타났다. 따라서 중첩된 위치는 대상을 고정된 위치로부터 분리시켰다. 이 연구는 선행연구가 시사하는 바와 같이 사람들이 4개의 항목을 기억할 수 있는 것인지 아니면 4개의 위치를 기억할 수 있는 것인지를 결정할 수 있게 해준다. 결과는 선행연구와 동일하였다. 참가자는 공간 위치와 관계없이 4개 항목을 기억할 수 있었다. 따라서 기억은 공간 위치가 아니라 대상에 관한 것이다. 이에 덧붙여서 연구자들은 수화를 사용하여 단기기억은 수화의 경우에도 대략 4개 항목을 유지할 수 있다는 사실을 찾아냈다. 이 결과는 시공간 단기기억에 관한 초기 연구와 일치하는 것이다. 이 항목들의 시각적 본질을 전제할 때, 이 결과는 이해할만 한 것이다(Bavelier 등, 2006; Wilson & Emmorey, 2006).

기억상실 연구는 단기기억과 장기기억 간의 구분을 지지해준다. 해마에 영구적인 손상을 입은 환자는 새로운 정보를 저장하거나 장기저장소에서 옛 정보를 인출하는 데 어려움이 있다(Baddeley & Warrington, 1970). 그렇지만 실비우스열구 주변 피질이 손상된 환자는 장기기억 과제를 잘 수행하지만 단기기억에 정보를 유지하는 데 어려움이 있다(Shallice & Warrington, 1970).

장기저장소

기억에 관하여 말할 때는 일반적으로 장기기억을 말하고 있는 것이다. 장기간에 걸쳐, 아마도 영원히 우리와 함께 있는 기억이다. 우리 모두는 장기기억에 크게 의존한다. 사람들의 이름, 물건을 보관한 장소, 매일의 일정을 짜는 방법 등, 일상의 삶에서 필요한 정보를 저장하고 있다.

장기기억에는 얼마나 많은 정보를 유지할 수 있는가? 그 정보는 얼마나 오랫동안 지속하는가? 저장용량의 문제는 금방 답할 수 있다. 답이 간단하기 때문이다. 우리는 장기기억의 저장용량을 모른다. 어떻게 알아낼 수 있는지도 모른다. 단기기억의 한계를 밝히는 실험은 설계할 수 있지만, 장기기억의 한계를 검증함으로써 용량을 밝혀내는 방법은 알지 못한다. 몇몇 이론가는 장기기억 용량이 현실적인 의미에서 무한하다고 제안해왔다(Brady 등, 2008; Rose & Craik, 2012). 장기기억에서 정보 지속기간에 관한 물음도 쉽게 답할 수 있는 것이 아니다. 현재로서는 정보 저장기간에 절대적인 한계가 있는지조차 입증하지 못하고 있다.

두뇌에 저장한 것은 무엇인가? 윌더 펜필드(Wilder Penfield)는 깨어있는 간질 환자의 두뇌를 수술하는 동안 이 문제를 다루었다. 그는 각 환자 문제점이 어디에서 기원한 것인지를 알아내기 위하여 대뇌피질의 다양한 부분들을 전기적으로 자극하였다. 실제로 그의 연구는 제2장에서 기술하였던, 피질의 운동영역과 감각영역을 확인하는 것이었다.

그렇게 자극을 가하는 동안, 펜필드(1955, 1969)는 환자들이 때때로 아동기 기억을 회상하는 것으로 보인다는 사실을 찾아냈다. 그 기억은 오랜 세월동안 회상하지 않았던 것일 수 있었다. (환자들이 미국 대통령 이름과 같은 사실이 아니라 아동기에 일어났던 사건과 같은 일화를 회상하도록 자극하였다는 사실에 주목하라.) 펜필드에게 있어서 이 데이터는 장기기억이 영원할 수 있다는 사실을 시사하는 것이었다. 몇몇 연구자는 펜필드의 해석에 이의를 제기해왔다(예컨대, Loftus & Loftus, 1980). 예컨대, 펜필드가 수술하였던 수백 명의 환자들을 감안할 때, 그러한 보고의 숫자가 지나치게 적다는 사실을 지적하였다. 이에 덧붙여서, 환자들이 이 사건들을 정말로 회상하고 있었던 것인지를 확신할 수 없다. 그 사건은 만들어낸 것일 수 있는 것이다. 다른 연구자들은 노인 참가자를 대상으로 경험적 기법을 사용하여 상반된 증거를 찾아내기도 하였다.

몇몇 연구자는 고등학교 동창생의 이름과 사진에 대한 기억을 검증하였다(Bahrick, Bahrick, & Wittlinger, 1975). 25년이 지난 후에도, 기억의 몇몇 측면들은 전혀 망각하지 않았다. 참가자들은 동창생 이름을 재인해내는 경향이 있었다. 이름을 졸

업앨범 사진과 대응시키는 재인기억은 매우 우수하였다. 그렇지만 여러분도 예상하듯, 이름의 회상은 상당한 망각을 나타냈다.

영구저장소(permastore)라는 용어는 외국어 지식(Bahrick, 1984a, 1984b; Bahrick 등, 1993)이나 수학 지식(Bahrick & Hall, 1991) 등과 같은 정보의 아주 장기적인 저장을 지칭한다.

슈미트 등(H. G. Schmidt et al., 2000)은 아동기를 지냈던 동네의 거리 이름에 대한 장기저장소 효과를 연구하였다. 실제로 저자는 방금 40여 년 전 어린 시절 살았던 집으로 되돌아가서 근처 거리의 이름을 완벽하게 기억해냈다. 이 결과는 여러분이 수동적으로만 학습하였던 정보에 대해서도 영구저장소가 존재할 수 있다는 사실을 지적한다. 몇몇 연구자는 영구저장소가 별도의 기억시스템이라고 제안해왔다. 나이서(Neisser, 1999)와 같은 다른 연구자들은 하나의 장기기억 시스템이 둘 모두를 설명할 수 있다고 주장해왔다. 현재까지는 이 문제에 대한 해결책이 존재하지 않는다.

장기기억의 엄청난 용량에 관한 연구는 연구자, 교육학자, 교사들로 하여금 학생들이 학습한 것을 기억하도록 도와주는 새로운 방법을 모색하도록 이끌어왔다. 학생들은 엄청난 기억 용량을 가지고 있기 때문에, 이상적으로는 비판적으로 사고하는 능력 그리고 사고의 기반이 되는 우수한 지식기반 모두를 가지고 학교를 나서야 한다. 이 목적을 달성하기 위한 새로운 기법들을 끊임없이 개발하고 있으며, 여기에는 학생들이 자신의 지식을 검증해볼 수 있는 온라인 퀴즈나 학생들이 강의 중에 선다형 문제에 답하고 교사가 피드백을 제공할 수 있는 원격 제어장치(컴퓨터 시스템을 통하여 앞에 있는 교사와 소통할 수 있게 해주는 장치) 등이 포함되어 있다(Miller, 2009).

처리수준 모형

처리수준 틀(levels-of-processing framework; LOP framework)은 애트킨슨과 쉬프린의 기억 모형과는 극단적인 차이를 보인다. 처리수준 틀은 기억이 3개 또는 특정 개수의 독립적 저장소로 구성되는 것이 아니라 부호화 깊이라는 연속적 차원에서 변하는 것이라고 제안한다(Craik & Lockhart, 1972, 2008). 다시 말해서 이론적으로 무한한 수의 처리수준(LOP)이 존재하며, 각 처리수준에서 정교화, 즉 학습할 자료에 대한 깊은 이해를 통해서 항목들을 부호화할 수 있다는 것이다. 한 수준과 다음 수준 간의 명확한 경계는 없다. 이 모형은 저장의 핵심 요소로 처리를 강조한다. 정보를 저장하는 수준은 대체로 부호화하는 방식에 달려있게 된다. 나아가서 처리수준이 깊을수록, 일반적으로 항목을 기억해낼 확률이 높다(Craik & Brown, 2000).

일련의 실험은 LOP 견해를 지지한다(Craik & Tulving, 1975). 참가자는 단어 목록을 받았다. 각 단어에 앞서 질문을 한다. 질문은 각 단어를 세 가지 상이한 처리수준에서 정교화 하도록 유도한다. 처리수준 깊이의 순서는 시각 수준, 음운 수준, 의미 수준이었다. 단어와 질문의 사례가 표 5.2에 나와 있다. 결과는 명백하다. 질문이 유도하는 처리수준이 깊을수록, 회상 수준이 높았다. 러시아에서 독립적으로 수행한 실험에서도 동일한 결과가 나타났다(Zinchenko, 1962, 1981).

표 5.2 처리수준 틀

퍼거스 크레이크와 엔델 툴빙(Fergus Craik & Endel Tulving)이 제안한 처리수준은 시각 수준, 음운 수준, 그리고 의미 수준이다.

처리수준	처리기반	사례
시각	시각적으로 나타나는 문자 자질	**단어**: TABLE **질문**: 단어가 대문자인가?
음운	소리 연속(예컨대, 운율)	**단어**: CAT **질문**: 이 단어는 "MAT"와 운율이 같은가?
의미	단어 의미	**단어**: DAFFODIL **질문**: 이 단어는 식물의 일종인가?

처리수준 틀은 비언어자극에도 적용할 수 있다. 버지스와 위버(M. Burgess & G. Weaver, 2003)는 참가자에게 얼굴 사진을 보여주고 사진 속 인물에 관하여 깊은 처리나 얕은 처리를 유도하는 질문을 하였다. 후속 검사에서 얕은 처리를 한 얼굴보다 깊은 처리를 한 얼굴을 더 잘 재인하였다. 처리수준 이점은 조현병 환자를 포함하여 다양한 전집에서 볼 수 있다. 조현병으로 고생하는 사람은 언어를 의미 수준에서 처리하지 않기 때문에 기억 결손을 나타내기 십상이다. 깊은 처리는 조현병 환자의 기억을 개선시켜준다(Ragland 등, 2003).

회상을 유도하는 보다 강력한 효과를 자기 참조 효과라고 불러왔다(Rogers, Kuiper, & Kirker, 1977). **자기 참조 효과**(self-reference effect)란 참가자에게 단어들이 자신을 기술하고 있는지를 결정함으로써 그 단어를 자신에게 의미적으로 관련시키도록 요구할 때, 매우 높은 수준의 회상을 나타내는 현상을 말한다. 참가자가 자신을 기술하는 것이 아니라고 평가한 단어도 높은 수준의 회상을 나타낸다. 높은 회상은 단어가 자신을 기술하고 있는지를 고려한 결과인 것이다. 그렇지만 가장 높은 수준의 회상은 자신을 기술하고 있는 것으로 간주한 단어에서 나타난다. 다른 많은 연구자들도 유사한 자기 참조 효과를 밝혀왔다(예컨대, Bower & Gilligan, 1979; Reeder, McCormick, & Esselman, 1987). 예컨대, 참가자의 소유물인 대상들을 보다 잘 기억해낼 수 있다(Cunningham 등, 2008). 몇몇 연구자는 자기 참조 효과가 독특한 것이라고 제안하는 반면, 다른 연구자는 처리수준 틀이나 다른 일반적인 기억과정에 근거하여 쉽게 설명할 수 있는 것이라고 제안한다(예컨대, Mills, 1983). 예컨대, 우리 자신에 관한 정보를 보다 정교하게 부호화하는 까닭은 자신을 더 많이 알고 있기 때문이다. 부호화가 더욱 정교하기 때문에, 자신에 관한 정보로 이끌어가는 인출통로가 더 많다. 따라서 자신에 관한 정보를 더 잘 기억해낸다. 우리는 모두 정교한 자기 스키마를 가지고 있다. 자기 스키마란 자신의 속성, 개인 경험, 자기 자신 등에 관한 내적 단서들을 체제화하고 있는 시스템이다. 따라서 다른 주제에 관한 정보보다 자신과 관련된 정보를 정교하게 부호화할 수 있다(Bellezza, 1984, 1992).

많은 지지증거에도 불구하고, 처리수준 틀은 비판을 받고 있다. 몇몇 연구자는 특

인지심리학 연구하기

처리수준

친구나 식구들에게 기억실험 하는 것을 도와달라고 요구하라. 절반에게는 여러분이 되뇌기 하려는 단어의 문자 개수를 세어보라는 지시를 한다. 다른 절반에게는 되뇌기 하려는 단어와 관련된 세 개의 단어를 생각해보도록 지시를 한다. 5초 간격을 두고 다음 단어들을 소리 내어 말한다. '아름다움, 대양, 경쟁자, 나쁘다, 고상하다, 행복하다, 용감한, 음료수, 예술적, 낙담.' 대략 5~10분 후에 기억해낼 수 있는 가능한 많은 단어를 적도록 요청하라. 일반적으로 세 개의 관련 단어를 생각해보도록 요청한 사람이 문자 개수를 세도록 요청한 사람보다 더 많은 단어를 기억해낸다. 이것은 처리수준을 시범보이는 것이다. 세 개의 관련 단어를 생각하였던 친구는 문자 개수를 세었던 친구보다 그 단어를 더 깊이 있게 처리하였던 것이다. 보다 깊이 있게 처리한 단어는 보다 잘 기억해낼 수 있다.

정 수준은 순환적 정의를 수반하고 있다고 주장한다. 이 견해에서 보면, 정보를 잘 파지하기 때문에 그 수준이 깊은 것이라고 정의한다. 그런데 수준이 깊기 때문에 정보를 보다 잘 파지하는 것으로도 정의한다. 이에 덧붙여서, 몇몇 연구자는 파지에서의 역설에 주목하였다. 예컨대, 어떤 상황에서는 운율을 사용하는 전략이 의미 되뇌기 전략을 사용하는 것보다 더 우수한 파지를 내놓았다. 이 결과가 의미하는 바는 피상적인 소리에 초점을 맞추는 것이 기저 의미에 초점을 맞추는 것보다 더 우수한 파지를 초래할 수도 있다는 것이다. 그렇지만 이제 다음과 같은 두 조건을 머리에 그려보자. 하나는 참가자가 정보를 (운율에 근거하여) 청각적으로 부호화한 다음에 그 정보의 인출도 청각단서에 근거하는 조건이고, 다른 하나는 정보를 의미적으로 부호화하고 인출도 의미단서에 근거하는 조건이다. 예컨대, 참가자에게 나중에 인출하도록 요청할 단어를 제시하고는 그 단어가 다른 단어와 운율이 맞는지를 판단하게 한다(청각 부호화). 의미 부호화에서는 그 단어가 주어진 범주에 속하는지 아니면 주어진 문장에 적합한지를 판단하게 한다. 수행은 청각 인출보다 의미 인출에서 우수하다(Fisher & Craik, 1977).

이러한 비판과 몇몇 모순적 결과에 비추어, 처리수준 모형을 개선해왔다. 부호화 수준의 순서는 예전에 생각하였던 것만큼 중요한 것이 아닐 수 있다. 다른 두 변인, 즉 사람들이 항목 부호화(예컨대, 음운적이거나 의미적 부호화)를 처리하는(정교화 하는) 방식, 그리고 나중에 그 항목을 인출하는 방식이 더 중요할 수 있다. 부호화할 때 수행한 정교화 유형과 인출을 요구하는 과제 유형 간에 대응이 잘 될수록, 인출 결과가 우수하다(Morris, Bransford, & Franks, 1977).

나아가서 부호화를 정교화 하는 데는 두 가지 유형의 전략이 있는 것으로 보인다. 첫째는 항목 내 정교화이다. 특정 항목의 부호화를 다양한 처리수준을 포함하여 그 항목의 특성들에 근거하여 정교화 하는 것이다. 두 번째 유형의 전략은 항목 간 정교화이다. 각 항목의 자질을 기억에 이미 저장되어있는 항목의 자질과 관련시킴으로써(물론 다양한 처리수준에서 말이다) 부호화를 정교화 한다. 두 전략 각각에 있어서 다양한 처리수준에서 항목을 정교화 시킬 수 있다.

예컨대, 단어 목록을 학습할 필요가 있다고 가정해보자. 목록에 들어있는 두 단어

인지심리학의 실제 적용

정교화 전략

정교화 전략은 현실적 함의를 가지고 있다. 공부할 때 여러분은 공부내용을 부호화하는 방식을 미래에 인출할 것으로 기대하는 방식과 대응시키고자 원할 수 있다. 자료를 부호화하는 방식과 나중에 인출하는 방식 간의 대응이 좋을수록, 그 자료를 기억에서 더 잘 인출할 수 있기 때문이다. 예컨대, 새로운 언어를 학습하고 있으며, 곧 어휘 시험을 보게 된다면, 단어 의미를 학습하는 데 집중할 것이다. 글을 써야 한다면, 문장 구조와 문법에도 집중할 필요가 있다.

또한 자료를 보다 정교하고 다양하게 부호화할수록, 나중에 다양한 시험 장면에서 그 자료를 회상할 가능성이 더 크다. 동일한 방식으로 학습할 자료를 반복해서 들여다보기만 하는 것은 두 가지 이상의 학습방법을 찾아 시도하는 것보다 덜 생산적일 가능성이 크다. 만일 인출 맥락이 정보에 대한 깊은 이해를 요구한다면, 스스로 공부거리에 관한 의미 있는 질문을 던져보는 것과 같이, 깊은 처리수준에서 자료를 부호화하는 방법을 찾아야만 한다.

도대체 정교화가 문제를 초래할 가능성이 있는 상황이 있겠는가?

가 '강아지'와 '공'이다. 항목 내 정교화의 사례는 검은 털, 긴 주둥이 그리고 축 늘어진 귀를 가지고 있는 여러분의 강아지를 머리에 그려보는 것이다. 여러분이 형성한 강력한 이미지가 단어 '강아지'를 인출하는 데 도움을 주게 된다. 항목 간 부호화의 사례는 여러분 강아지가 공을 쫓아가서는 입에 무는 모습을 그려보는 것이다. 입에 공을 물고 있는 여러분 강아지 모습은 '강아지'와 '공'이라는 단어를 기억해내는 데 도움을 주게 된다.

❀ 작업기억: 통합모형

아마도 작업기억 모형은 오늘날 가장 널리 사용하고 용인 받는 모형일 것이다. 작업기억 모형을 사용하는 심리학자는 단기기억과 장기기억을 상이한 관점에서 바라다본다(예컨대, Baddeley, 2007; Baddeley, Hitch, & Allen, 2009; Unsworth 등, 2009). 전통적인 관점에서 단기기억은 짧은 시간동안 정보를 저장하는 역할만을 담당한다. 그렇지만 작업기억 개념은 정보를 유지할 뿐만 아니라 처리도 수행한다는 역동적인 입장을 견지한다. 듣고 있는 언어정보를 처리하는 방식이나 수학문제를 푸는 방식에 관해서 생각해보면, 이 사실을 이해할 수 있다. 정보를 유지할 필요가 있을 뿐만 아니라 그 정보에 어떤 처치도 가해야만 한다. 예컨대, 사람들은 대략 5~6개의 무관련 단어들을 기억해낼 수 있다. 그렇지만 그 단어들이 의미를 갖는 완벽한 문장을 이룬다면, 갑자기 15~20개 단어를 기억해낼 수 있다. 작업기억이 갑자기 더 많은 항목을 유지할 수 있게 된 것이다. 이것은 장기기억(단어의 의미를 저장하고 있다)이 작업기억 수행을 도와주기 때문이다(Rose & Craik, 2012). 따라서 작업기억과 장기기억 간의 경계는 다중저장소 모형에서 단기기억과 장기기억 간의 구분보다 훨씬 더 모호해진다.

표 5.3 기억에 관한 전통적 견해와 최근 견해

리처드 애트킨슨과 리처드 쉬프린이 다중저장소 기억모형(기억에 관한 전통적 견해이다)을 처음으로 제안한 이래, 다양한 다른 모형들을 제안해왔다.

	전통적 다중저장소 견해	작업기억 모형
기억 저장소의 정의	작업기억은 단기기억의 또 다른 이름이며, 장기기억과 구분된다.	작업기억은 짧고 유동적인 단기기억을 포함하여 기억에서 최근에 활성화되었던 모든 지식을 포괄하는 장기기억의 부분이다.
단기/작업기억과 장기기억 간의 관계	단기기억은 장기기억과 구분되며, 그 옆에 있거나 위계적으로 장기기억과 연계되는 것으로 간주한다.	단기기억, 작업기억, 장기기억은 포함관계를 이루는 동심원들로 나타낼 수 있는데, 작업기억은 장기기억에서 가장 최근에 활성화된 부분을 포함하며, 단기기억은 작업기억의 매우 작고 유동적인 부분만을 포함한다.
정보의 흐름	정보는 장기기억에서 단기기억으로 직접 이동한 다음에 다시 장기기억으로 되돌아온다. 결코 두 장소에 동시에 존재하지 않는다.	정보는 장기기억에 남아있다. 정보가 활성화되면 장기기억의 특정한 일부분인 작업기억으로 이동하는데, 작업기억은 단기기억과 적극적으로 정보를 주고받는다.
강조점	장기기억과 단기기억의 구분	작업기억으로 이동하는 정보 활성화의 역할 그리고 기억 과정에서 작업기억의 역할

표 5.3은 애트킨슨-쉬프린 모형과 대안적 조망 간의 대비를 보여주고 있다. 기억 성분들을 명명하는 방식, 은유적 표상의 차이점, 그리고 각 견해에서 강조점의 차이에 주목하라. **작업기억**(working memory)은 장기기억에서 가장 최근에 활성화되었거나 의식된 부분만을 유지하며, 이렇게 활성화된 요소들을 일시적인 기억 저장고로 집어넣거나 끄집어낸다(Dosher, 2003). 작업기억은 정보 조작에 관여하는 반면, 단기기억은 단지 저장만을 목적으로 한다. 나아가서 작업기억은 단기기억과 달리, 여러 성분으로 구성되어있다(그림 5.7 참조).

작업기억의 성분

앨런 배들리가 제안한 기억의 통합모형은 작업기억 모형을 처리수준 틀과 결합하고 있다(그림 5.7 참조; Baddeley, 1990a, 1990b, 2007, 2009). 이 모형에서 처리수준 틀은 작업기억 모형을 대치하는 것이 아니라 확장하는 것이다.

애초에 배들리는 작업기억이 시공간 스케치판, 음운고리, 중앙집행기, "부수적인 노예시스템", 그리고 일화 버퍼 등, 다섯 가지 요소로 구성된다고 제안하였다. 첫 번째 요소인 **시공간 스케치판**(visuospatial sketchpad)은 여러분 절친의 모습을 떠올리거나 수수께끼에 매달리고 있을 때처럼 어떤 시각 이미지를 잠시 유지한다. 공간 정보와 시각 정보를 모두 보유하지만, 몇몇 증거는 시공간 스케치판 내의 두 가지 독립적 기제가 공간 정보와 시각 정보를 다루고 있다는 사실을 보여준다. 시공간 스케치판의 정

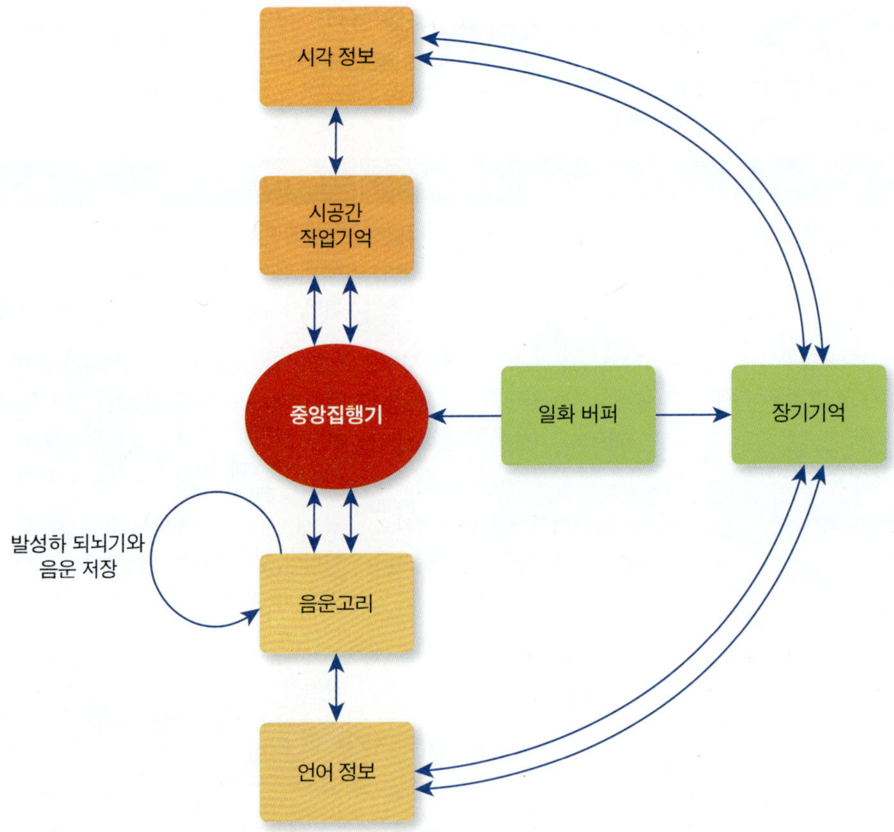

그림 5.7 작업기억. 작업기억의 성분에는 중앙 집행기, 음운고리, 시공간 스케치판, 일화 버퍼, 그리고 여러 "부속 노예시스템"들(그림에는 포함되지 않음)이 있다.

보는 신속하게 소멸한다. 그 정보가 사라지지 않게 하려면 어떻게든 되뇌기를 해야 한다. 그렇지만 시각 정보와 공간 정보를 어떻게 되뇌기하는 것인지는 명확하지 않다. 로지(R. H. Rogie, 1995)는 우리가 색깔과 형태와 같은 시각 정보를 수동적으로 저장하는 "시각 캐시"(visual cache)를 가지고 있다고 제안하였다. 나아가서 움직임 정보를 파지하며 그 정보의 되뇌기를 담당하는 "내부 서기"(inner scribe)를 가지고 있다고 제안하였다.

작업기억의 두 번째 요소인 **음운고리**(phonological loop)는 언어 이해와 청각 되뇌기를 위하여 주로 언어정보를 잠시 저장한다. 우리는 새롭고 어려운 단어를 소리 내어 읽어보거나 단어 문제를 해결하는 것을 포함하여 수많은 일상 과제에서 음운고리를 사용한다. 이 음운고리는 두 가지 중요 성분을 가지고 있다. 한 성분은 **음운저장소**(phonological storage)이며, 정보를 저장한다. 기억 소멸이 신속하게 일어나기 때문에, 말소리에 근거한 정보를 대략 2초 정도 저장할 수 있다. 음운고리의 다른 성분은 **발성하 되뇌기**(subvocal rehearsal)이며, 소리 내지 않고 반복함으로써 정보를 유지한다. 음운저장소에서 정보가 사라지는 것을 막기 위해서 정보를 되뇌기 하는 것이다. 발성하 되뇌기 기제는 보고 있는 이미지에 언어 표지를 붙일 수도 있다. 예컨대, 꽃 그림을 볼 때, 그 이미지에 '꽃'이라는 단어를 붙이는 것인데, 때로는 시각 정보보다 언어 정보를 기억해내는 것이 더 용이하기 때문에 장점이 된다.

발성하 되뇌기의 역할은 다음 사례에서 볼 수 있다. 계속해서 '다섯'이라는 숫자를 반복하면서 다음 단어 목록을 기억하려고 시도해보라.

나무, 연필, 마쉬멜로우, 램프, 선글래스, 컴퓨터, 초콜릿, 소음, 시계, 눈, 강, 정사각형, 상점

이 단어들을 기억하기가 어렵다는 사실을 알아차렸는가? '다섯'을 반복하지 않으면서 다시 시도해보라. 이제 훨씬 용이해졌을 것이다. 그렇다면 단어들을 기억하면서 '다섯'을 반복할 때 무슨 일이 일어나는 것인가? 이 경우에는 발성하 되뇌기가 억제됨으로써 새로운 단어들을 되뇌기 할 수 없는 것이다. 발성하 되뇌기를 억압하면 새로운 정보를 저장하지 못한다. 이 현상을 **조음 억제**(articulatory suppression)라고 부른다. 조음 억제는 정보를 청각적으로 제시할 때 더욱 현저해진다. 음운고리 내에서 처치를 가할 수 있는 정보의 양은 제한되어 있다. 따라서 긴 단어를 되뇌기하고 반복하는 데는 시간이 오래 걸리기 때문에 짧은 단어와 비교할 때 기억할 수 있는 긴 단어의 개수가 적다(Baddeley, 2000b). 이 현상을 **단어 길이 효과**(word length effect)라고 부른다. 발성하 되뇌기가 없다면, 청각 정보는 대략 2초 후에 소멸하고 만다.

작업기억의 세 번째 요소는 **중앙집행기**(central executive)이며, 작업기억 내에 주의를 할당한다. 중앙집행기는 동시에 수행할 필요가 있는 둘 이상의 과제에 주의를 분할하는 방법 또는 다중 과제 사이에서 주의를 이동시키는 방법을 결정한다. 배들리는 다른 성분들이 주의를 집중하고 분할하는 역할을 담당할 수도 있지만, 지금까지의 증거는 자신의 가설을 지지하고 있다고 믿고 있다(Baddeley, 2007). 중앙집행기가 작업기억에서 핵심적인 까닭은 어떤 정보를 계속 처리하고 그 정보를 어떻게 처리할 것인지를 결정하는 출입구와 같은 기제이기 때문이다. 어떤 자원을 기억이나 관련 과제에 할당하고 어떻게 할당할 것인지를 결정한다. 높은 수준의 추리와 이해에도 관여하며, 인간 지능의 핵심을 이룬다. 연구들을 보면, 이중언어가 중앙집행기의 효율성을 강화시킨다. 이중언어 사용자는 끊임없이 특정 시점에서 사용하고 있지 않은 언어의 간섭을 제어할 필요가 있기 때문이다. 이러한 제어과정은 전대상피질, 좌반구 전전두피질과 하두정소엽, 미상핵 등을 포함하여 일련의 복잡한 두뇌 영역을 사용한다. 단일언어 사용자가 경쟁적인 반응이나 자극으로 인해서 갈등을 경험할 때도 동일한 두뇌 영역을 사용하는 경우도 있다(Abutalebi & Green, 2007; Bialystock 등, 2014).

네 번째 요소는 다른 인지과제나 지각과제를 수행하는 여러 가지 "부속 노예 시스템"이다(Baddeley, 1989, p. 36). 다섯 번째 요소가 **일화 버퍼**(episodic buffer)이다. 작업기억 모형에 뒤늦게 첨가한 일화 버퍼는 사람들이 작업기억, 장기기억, 시공간 스케치판, 음운고리에 들어있는 정보를 통합하는 방식을 설명한다. 이 버퍼는 문제를 해결하고 보다 최근 지식을 가지고 사전 경험을 재평가하도록 해준다. 그렇지만 일화 버퍼는 개략적인 개념으로, 아직은 많은 것들을 밝혀내야 할 개념으로 남아있다(Baddeley, Eysenck, & Anderson, 2009).

다중저장소 견해는 정보를 저장하기 위한 구조를 강조하는 반면(상대적으로 수

동적인 과제이다), 작업기억 모형은 기억과정을 주도하는 데 있어서 작업기억의 기능에 초점을 맞춘다. 이 과정은 정보의 부호화와 통합과정을 포함한다. 예컨대, 교차 양상 방식으로 청각 정보와 시각 정보를 통합하고, 정보를 의미 있는 덩어리로 조직하며, 새로운 정보를 장기기억에 존재하는 지식표상과 연계시키는 작업 등이다.

상이한 강조점을 대비적인 은유를 사용하여 개념화할 수 있다. 예컨대, 세 저장소 견해를 수동적으로 정보를 저장하는 창고에 비유할 수 있다. 감각저장소는 하역대로 기능한다. 단기저장소는 하역대를 둘러싸고 있는 영역을 포함한다. 여기서 정보를 창고의 정확한 위치(장기저장소)로 이동시킬 때까지 잠시 저장한다.

작업기억 모형에 대한 은유는 멀티미디어 제작소가 될 수 있다. 끊임없이 이미지와 소리를 생성하고 조작한다. 시각 정보와 청각 정보를 의미 있는 배열로 통합하기도 한다. 일단 다양한 정보를 저장하고 나면, 새로운 요구가 발생하거나 새로운 정보가 가용해짐에 따라서 새로운 방식으로 포맷을 바꾸거나 재통합을 위해 계속해서 사용 가능하다.

작업기억은 결정적으로 학업수행에 영향을 미친다. 최근에 브라질 초등학생들을 대상으로 수행한 연구는 학업 성취뿐만 아니라 작업기억 기술(새로운 정보를 기억에 유지하고 조작하는 능력)을 평가하였다. 이 연구는 작업기억 능력이 학업성취의 훌륭한 예측자임을 보여주었다(Engel de Abreu 등, 2014). 또한 작업기억 기술이 모자라는 아동의 조기 확인과 개입의 중요성도 강조하고 있다.

작업기억에 대한 배들리의 견해만이 연구자들이 현재 연구를 수행하고 있는 유일한 모형은 아니다. 예컨대, 코원(N. Cowan, 2005)은 작업기억이 장기기억에 내포된 것이라고 제안하였다. 이 견해에서 작업기억의 내용은 매우 활성화된 장기기억의 일부분이며, 그렇기 때문에 쉽게 접속할 수 있다. 코원은 "주의 초점"(본질적으로 단기기억에 해당한다)에 단지 4개의 활성화된 항목(4개의 청크)만을 유지할 수 있다고 믿고 있다. 또 다른 몇몇 연구자들은 이에 동의하지 않으면서, 주의 초점에 단지 하나의 청크만을 유지할 수 있으며 다른 모든 정보는 장기기억에서 인출해야만 하는 것이라고 주장한다(McElree, 2006; Oberauer, 2002, 2009). 이에 덧붙여서 최근 연구는 작업기억을 고정된 개수의 청크를 유지하는 것으로 볼 것이 아니라 기억에 유지할 필요가 있는 상이한 항목들 간에 분배하는 제한된 자원으로 간주해야 한다고 제안하고 있다. 이 모형에서는 가장 중요한 것이 작업기억에 들어있는 개별 항목들을 표상하는 자질이다(Ma, Husain, & Bays, 2014).

신경과학과 작업기억

신경심리학 연구방법, 특히 두뇌 영상은 기억의 본질을 이해하는 데 매우 유용할 수 있다. 작업기억과 장기기억 간의 구분에 대한 지지증거는 신경심리학 연구에서 나온다. 신경심리학 연구는 매우 짧은 기억 버퍼에 관한 풍부한 증거를 보여주어 왔다. 버퍼는 정보를 일시적으로 기억해내는 데 사용한다. 정보를 오랜 시간동안 기억하는 데 사용하는 장기기억과는 다르다(Rudner 등, 2007; Squire & Knowlton, 2000).

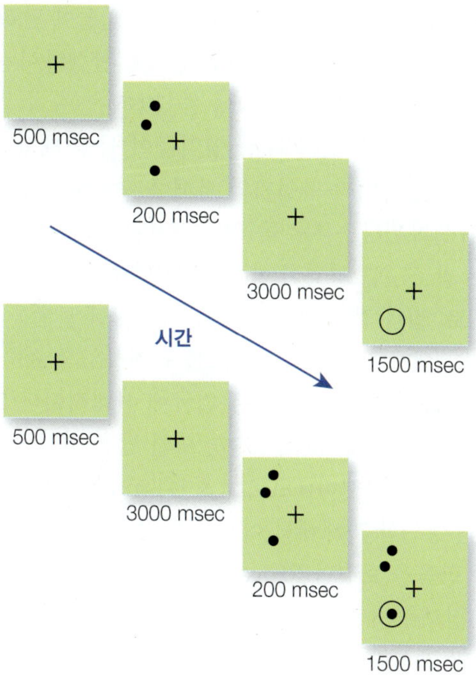

그림 5.8 공간기억 과제의 도식적 표현. 참가자는 원이 앞에서 기억한 세 점의 하나를 둘러싸고 있는지를 결정해야 한다. 지각 주사의 결과를 기억 주사 결과에서 빼게 된다.

출처: Buchsbaum, B. R., & D'Esposito, M. (2014). Working memory. In K. N. Ochsner & S. M. Kosslyn(Eds.), *Oxford Handbook of Cognitive Neuroscience*. Oxford University Press.

이에 덧붙여서, PET를 사용한 몇몇 최근 연구를 통해서 연구자들은 작업기억의 상이한 측면에 관여하는 차별적인 두뇌 영역에 대한 증거를 찾아왔다.

시공간 작업기억에 관한 상당한 신경과학 연구는 원숭이를 대상으로 수행한 반면, 언어는 인간에게만 독특한 능력이기 때문에 언어 작업기억에 관한 연구는 필연적으로 인간 참가자를 대상으로 수행할 필요가 있다(Buchsbaum & D'Esposito, 2014). 시공간 작업기억 연구에서 자주 사용해온 방법은 빼기 방법이다(제2장 참조). 한 연구는 참가자에서 3개의 점이 들어있는 정사각형을 제시하였다(Jonides 등, 1993). 참가자에게 세 점의 위치를 기억하도록 요구하고, 일정한 지연시간 후에 원이 들어있는 또 다른 정사각형을 제시하였다. 참가자는 그 원이 앞서 기억하였던 점 중의 하나를 둘러싸고 있는지를 판단하였다(그림 5.8 참조). "기억 주사" 조건에서는 참가자에게 세 점을 보여주고는 기억에 그 위치를 저장하도록 지시하였다. "지각 주사" 조건에서는 세 점과 원을 함께 제시함으로써, 참가자는 단지 원이 점 하나를 둘러싸고 있는지 여부만을 보면 되었다. 이 조건에서는 참가자가 기억에 무엇인가를 유지할 필요가 없었다. 지각 주사 결과를 기억 주사 결과에서 뺌으로써, 지각과 관련된 주사의 효과를 제거하였다. 따라서 최종적으로 남은 두뇌 영상은 시공간 작업기억의 효과만을 보여주었다. 일반적으로 연구자들이 얻는 결과는 전전두피질, 후두정피질, 배측 전운동피질, 후두피질(브로드만 19번 영역) 등이 시공간 작업기억에 관여한다는 것이다. 어느 영역이 활성화할 것인지는 과제 난이도와 파지 기간과 같은 요인들에 달려있다(Logie & Della Sala, 2005). 짧은 간격은 후두엽과 우측 전두엽 영역을 활성화시킨다. 긴 간격은 두정엽과 좌측 전두엽 영역을 활성화시킨다(Haxby 등, 1995).

또한 연구들을 보면, 하측두엽의 특정 영역들이 특정 대상 범주(예컨대, 얼굴)에 우선적으로 반응할 뿐만 아니라 작업기억 과제를 수행하는 동안 그 대상을 기억에 유지하고 있을 때도 활성화된다는 사실을 알 수 있다(예컨대, Druzgal & D'Esposito, 2003; Linden 등, 2003 참조). 한 영역이 방추상회[**방추상 얼굴영역**(fusiform face area; FFA)이라고도 부른다]로, 집과 같은 다른 대상과 비교해서 얼굴을 들여다볼 때 상당한 정도로 활동한다. 참가자에게 작업기억에 정보를 유지하도록 요구하는 지연기간 동안 FFA는 계속해서 활동하고 있으며, 그 활동은 얼굴에 선택적이다(Druzgal & D'Esposito, 2003; Postle, Druzgal, & D'Esposito, 2003). 또한 많은 얼굴들을 기억에 유지할 필요가 있을 때, 활동 수준이 증가한다(Druzgal & D'Esposito, 2001, 2003; Jha & McCarty, 2000). 그리고 지연 쌍연합 과제에서 이전에 특정 얼굴과 연합되었던 집의 이미지를 제시할 때도 FFA가 반응을 보인다(Ranganath 등, 2004).

말소리와 관련된 정보를 유지하는 음운고리는 측두엽뿐만 아니라 좌반구 외측 전두엽과 후두정엽에서의 활성화를 수반하는 것으로 보인다(Baddeley, 2006; Gazzaniga, Ivry, & Mangun, 2009). 음운고리의 위치에 관한 최초 연구도 빼기 방법을 사용하였다(Paulesu 등, 1993). 첫 번째 과제에서 참가자에게 영문자를 제시하고 기억하도록 요구하였다. 두 번째 과제에서는 영문자를 제시하고 선행 영문자와 운율이 같은지 판단하도록 요구하였다. 이 연구 설계의 논리는 첫 번째 과제가 발성하 되뇌기, 음운고리, 그리고 중앙집행기를 수반하는 반면, 두 번째 과제는 음운고리를 수반하지 않는다는 것이었다. 기저수준 과제에서는 참가자에게 한국어 문자를 제시하고 기억하도록 요구하였다(순수한 시각과제이다). 일반적으로 나타난 결과는 음운 과제가 브로카 영역(브로드만 44/45번 영역), 브로드만 40번과 22/42번 영역, 뇌섬, 소뇌, 그리고 보조운동영역에서 더 많은 활동이 나타난다는 것이었다. 두 번째 운율과제 결과를 첫 번째 음운과제 결과에서 뺐을 때, 음운 저장을 나타내는 오직 한 영역, 즉 브로드만 40번 영역만이 남았다. 여러 후속연구들도 이 결과를 확증하였는데(Awh 등, 1996; Schumacher 등, 1996; Smith & Jonides, 1999), 이 연구들은 되뇌기가 주로 전두엽-뇌섬-소뇌 회로에서 일어나는 반면, 음운 저장은 주로 두정엽에 위치한다는 사실을 지적하였다. 또한 후속 연구들은 청각 연합피질의 여러 영역들이 목소리 정보나 음운 내용과 같은 상이한 언어 자질과 연관되어있다는 사실을 밝혀왔다(Martin & Freedman, 2001).

중앙집행기에 관해서는 알려진 것이 상대적으로 거의 없다. 중앙집행기 기능은 주로 전두엽의 활성화를 수반하는 것으로 보인다(Baddeley, 2006; Roberts, Robbins, & Weiskrantz, 1996). 작업기억에 저장된 정보를 유지하고 제어하는 것과 같은 보편적 과제에는 전전두피질이 관여하는데, 그 과제가 시각적인 것인지 아니면 청각적인 것인지와는 무관하다(Buchsbaum & D'Esposito, 2014).

마지막으로 일화 버퍼의 작동은 양반구의 전두엽 그리고 좌측 해마를 포함한 측두엽 영역의 활성화를 수반하는 것으로 보인다(Rudner 등, 2007). 작업기억의 상이한 측면들은 두뇌에서 상이한 영역에 표상되어있다. 그림 5.9는 이러한 몇몇 차이를 보여

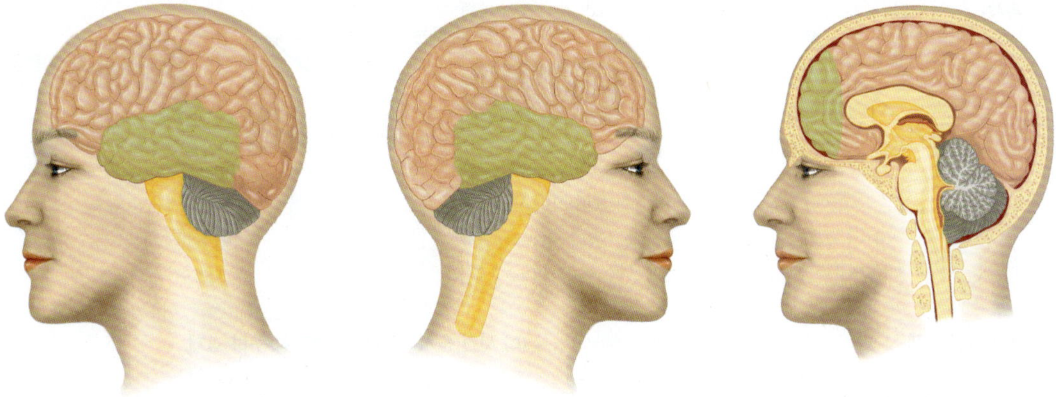

그림 5.9 두뇌와 작업기억. 대뇌피질의 상이한 영역들이 작업기억의 상이한 측면에 관여하고 있다. 그림은 음운 저장과 발성하 되뇌기를 포함하여 주로 음운고리에 수반된 측면들을 보여주고 있다. 관련 영역들을 연한 녹색으로 나타내고 있다.

출처: Awh, E., Jonides, J., Smith, E. E., Schumacher, E. H., Koeppe, R. A., & Katz, S. (1996). Dissociation of storage and rehearsal in verbal working memory: Evidence from positron emission tomography. *Psychological Science*, *7*(1), 25-31.

준다.

지금까지 수행한 연구에서 도출할 수 있는 한 가지 결론은 특정 자극의 지각에 관여하는 두뇌 영역들이 작업기억에 그 자극을 유지하는 데도 중요하다는 사실이다. 작업기억은 한 두뇌 영역으로 구성되는 것이 아니라 후측 신피질 영역들과 상호작용하는 전전두피질(내적 표상의 적극적 유지에 중요한 영역이다)과 같은 다양한 두뇌 영역에 걸쳐 표상되어 있다(Buchsbaum & D'Esposito, 2014).

작업기억의 측정

작업기억은 다양한 과제를 통해서 측정할 수 있다. 가장 널리 사용하는 과제들이 그림 5.10에 나와 있다.

과제 (a)는 파지 지연 과제이다. 그림에 나와 있는 것 중에서 가장 단순한 과제이다. 한 항목을 제시하는데, 이 경우에는 기하도형이다. (처음에 제시하는 +는 단지 일련의 항목들을 제시하는 위치를 나타내는 응시점이다.) 다른 과제를 수행하거나 수행하지 않는 파지 기간이 뒤따르는데, 다른 과제를 수행하지 않는 경우에는 특정한 활동 없이 그저 시간이 경과하게 된다. 그런 다음에 한 자극을 제시하면, 참가자는 앞에서 본 것인지 아니면 새로운 것인지를 말해야 한다. 이 그림에서 자극은 새로운 것이며, 따라서 "새 것"이 정답이다.

과제 (b)는 시간 순서에 따른 작업기억 부하 과제이다. 일련의 항목을 제시한다. 잠시 후에 제시하는 일련의 별표는 검사항목을 제시한다는 사실을 나타낸다. 검사항목을 제시하면, 참가자는 그 항목이 앞서 나왔던 것인지를 말해야 한다. 그림에서 '4'는 앞서 나온 것이 아니기 때문에 정답은 "새 것"이다.

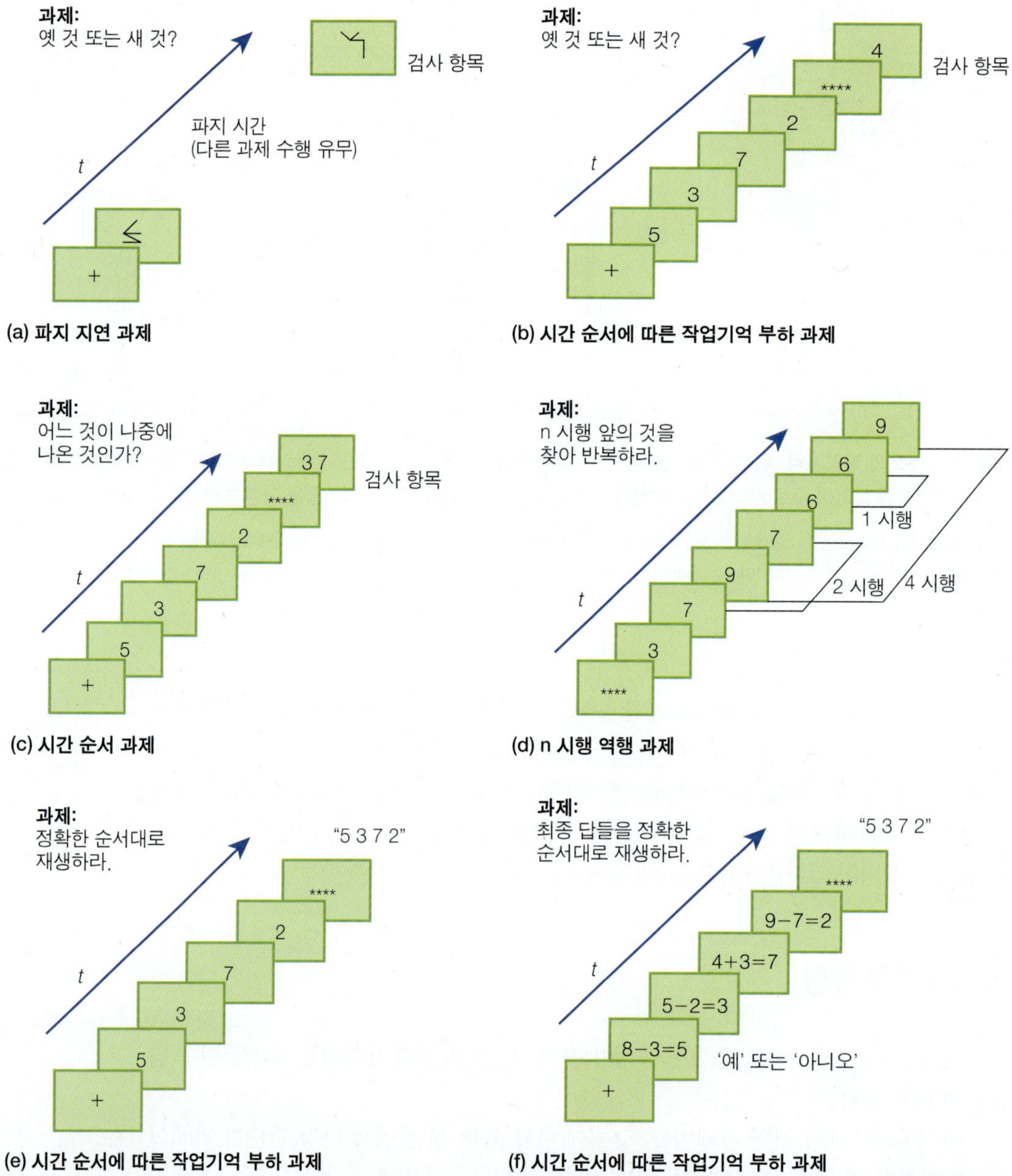

그림 5.10 작업기억을 평가하는 과제. 작업기억을 평가하는 데 다양한 유형의 과제를 사용할 수 있다. 그림에서 사각형은 참가자에게 연속적으로 제시하는 항목을 나타낸다.

출처: Dosher, B. A. (2003). Working memory. In L. Nadel (Ed.), *Encyclopedia of cognitive science*, *Vol. 4*, p. 571. Nature Publishing Group.

과제 (c)는 시간 순서 과제이다. 일련의 항목을 제시한다. 그런 다음에 별표는 검사 항목의 출현을 나타낸다. 검사 항목은 앞서 제시한 두 항목 '3'과 '7'을 보여준다. 참가자는 두 숫자 중에서 어느 것이 보다 최근에 나타났었는지를 말해야 한다. '7'이 '3'보다 나중에 나왔기 때문에 정답은 '7'이다.

과제 (d)는 n시행 역행 과제이다. 일련의 자극을 제시한다. 특정 시점에서 참가자에게 n시행 앞서 출현했던 자극을 반복하도록 요구한다. 예컨대, 1시행 앞선 숫자를 반복하도록 요구할 수 있다(이 경우에는 6). 아니면 2시행 앞선 숫자를 반복하도록 요구할 수도 있다(이 경우에는 7).

과제 (e)는 시간 순서에 따른 작업기억 부하 과제이다. 숫자를 자극으로 사용한다면, 이 과제는 간단하게 숫자폭 과제라고 부를 수 있다. 일련의 자극을 제시한 후에, 참가자는 제시 순서대로 반복하게 된다. 이 과제의 변형에서는 참가자가 제시 순서와는 반대 방향으로, 즉 뒤에서부터 앞쪽으로 반복하게 된다.

마지막으로 과제 (f)도 시간 순서에 따른 작업기억 부하 과제이다. 일련의 간단한 산술문제를 제시한다. 각 문제에 대해서 참가자는 답이 맞는지 판단한다. 최종적으로 산술문제의 결과를 정확한 순서대로 반복한다.

여기서 기술한 각 과제는 얼마나 많은 정보를 기억에서 조작할 수 있는지를 알아볼 수 있게 해준다. 흔히 이 과제를 이차 과제와 짝지음으로써 연구자는 중앙집행기에 관하여 많은 것을 알 수 있게 된다. 중앙집행기는 진행 중인 과제에 주의를 비롯한 심적 자원을 할당하는 역할을 수행한다. 참가자에게 둘 이상의 과제를 동시에 수행하도록 함으로써, 심적 자원을 할당하는 방법을 살펴볼 수 있다(Baudouin 등, 2006; D'Amico & Guarnera, 2005). 그림 5.10에서 기술한 과제와 짝을 이루기 십상인 과제가 난수 생성 과제이다. 이 과제에서는 참가자가 작업기억 과제를 수행하는 동안 일련의 난수를 생성해야 한다(Rudkin, Pearson, & Logie, 2007).

다른 기억모형들

다중기억 시스템

작업기억 모형은 다중 시스템이 정보 저장과 인출에 관여한다는 생각과 일치한다. 윌더 펜필드가 환자 두뇌를 전기자극할 때, 특정 일화나 사건을 선명하게 회상하기 십상이었다는 사실을 회상해보라. 그렇지만 특정 사건과 무관한 의미적 사실을 회상한 것은 아니었다. 이 결과가 시사하는 바는 적어도 두 가지 독립적인 외현기억 시스템이 존재한다는 것이다. 하나는 시간을 참조하는 정보를 체제화하고 저장하는 것이다. 이 시스템은 "어제 점심으로 무엇을 먹었습니까?" 또는 "오늘 아침에 처음 만난 사람은 누구입니까?"와 같은 질문을 다룬다. 두 번째 시스템은 특정 시간을 참조하지 않는 정보에 관한 것이다. 이 시스템은 "다중저장소 기억모형을 처음으로 제안한 두 심리학자는 누구입니까?" 또는 "기억술사란 어떤 사람입니까?"와 같은 질문을 다룬다.

이러한 결과에 근거하여, 엔델 툴빙(Endel Tulving, 1972)은 두 가지 유형의 외현기억을 제안하였다. **의미기억**(semantic memory)은 일반 세상지식을 저장한다. 개인에게 독특한 것이 아니며 특정 시간 맥락에 따르지 않는 사실에 관한 기억이다. **일화기억**(episodic memory)은 개인적으로 경험한 사건이나 일화를 저장한다. 툴빙에 따르

마샤 존슨(Marcia K. Johnson)의 실험실에서는

기억과 두뇌

마샤 존슨

심적 경험은 특정 사건에 대한 **기억**이지, 과거사건 요소들의 혼합이거나 현재 또는 과거 상상의 산물이거나 간접적인 지식이나 신념 또는 소망적 사고가 아니라는 사실을 우리는 어떻게 아는 것인가? 사실 우리는 확신할 수 없다. 여러 경험에 걸친 정보를 통합하는 것이 복잡한 사고의 토대이기는 하지만, 이러한 창의적 통합 능력이 출처 오귀인을 생성할 수 있다. 즉, 상상을 지각으로 착각하거나, 의도를 행위로 착각하거나, 어깨 너머 들은 것을 목격한 것으로 착각하거나, 광고지에서 읽은 것을 텔레비전 뉴스에서 본 것으로 착각하거나, A 시점에 A 장소에서 일어난 사건을 B 시점에 B 장소에서 일어난 것으로 착각하기도 한다. 거짓기억은 사소한 것이거나(예컨대, 침실에 있는 자동차 열쇠를 주방에서 마지막으로 보았다고 믿는 것) 심각한 함의를 가질 수 있다(예컨대, 자신이 아이디어 생성자라고 잘못 주장하거나 아동기에 성적 학대를 받았다고 잘못 생각하는 것). 인지행동 연구는 출처기억에 영향을 미치는 조건들에 관한 증거를 제공함으로써 관련된 인지과정을 설명하는 데 도움을 준다.

출처기억에 관한 보다 우수한 이해는 사건의 상이한 자질을 부호화하는 인지과정에 대응하는 두뇌 영역(예컨대, 장면[해마방회; PHG], 얼굴[방추상회; FG], 대상[외측 후두피질; LOC]), 이러한 자질을 함께 결합하는데 관여하는 영역(해마), 그리고 그 자질들을 의식 경험으로 표상하고 그 자질에 관한 판단을 하는 영역(전두피질과 두정피질)을 확인해내는 신경영상 기법(예컨대, fMRI)을 사용하는 실험실 연구에서도 나온다. 예컨대, 몇몇 두뇌영역(PHG)은 무엇인가를 지각할 때(예컨대, 바닷가 사진) 그리고 그것을 생각할 때 유사한 활성화 패턴을 나타낸다. 지각 표상과 기억 표상에서 유사성의 본질을 명확하게 밝히는 것은 후속 연구의 중요 목표이다. 우리는 기억 선명도의 평가가 두뇌 활성화 패턴과 어떻게 관련되며, 참가자의 목표가 기억해낼 때의 두뇌 활동에 어떤 영향을 미치는지도 연구하고 있다.

여러 유형의 증거는 전전두피질(PFC)이 부호화할 때 자질 결합에서 그리고 나중에 복잡한 표상을 활성화시키고 그러한 심적 경험의 출처를 확인하는 데 있어서 핵심 역할을 담당한다는 사실을 보여주고 있다. PFC의 손상은 출처기억의 결손을 초래한다. 출처기억 오류는 아동(전두엽이 아직 충분히 발달하지 않았다)과 노인(노화에 따라 PFC의 신경병리가 증가할 가능성이 크다)에서

면, 실험실에서 단어목록을 학습하거나 특정 시간이나 맥락에서 일어났던 사건을 회상할 필요가 있을 때 일화기억을 사용한다. 각 경우에 학습을 특정 시간과 연합된 것으로 개인적으로 경험하는 것이다. 예컨대, 실험에서 학습한 목록은 학습 맥락으로서의 실험과 연합되어 있다. 예컨대, 어제 치과에서 한 친구를 만났던 사실을 기억해낼 필요가 있다고 가정해보자. 나는 일화기억에 의존하게 될 것이다. 그런데 지금 대기실에서 만난 친구의 이름을 기억해낼 필요가 있다면, 의미기억에 의존하게 된다. 그 친구의 이름과 연합된 특정한 시간이 존재하지 않는다. 그렇지만 어제 치과에서 그 친구를 만났다는 것에는 시간 표지가 붙어있다.

의미기억과 일화기억 간의 구분은 툴빙(1983, 1989)과 다른 연구자(예컨대, Shoben, 1984)들이 수행한 인지심리학 연구와 신경과학 연구들이 지지하고 있다. 신경과학 연구는 전기자극 연구, 기억손상 환자 연구, 두뇌 혈류 연구 등을 수반한다. 예컨대,

일어날 가능성이 높다. PFC 기능장애는 조현병에서도 일익을 담당할 수 있는데, 조현병은 때때로 망상이나 환각 형태의 출처 감시 결손을 나타낸다. 신경영상은 출처 기억에서 PFC의 특정 기능을 명확하게 밝히는 데 도움을 준다.

예컨대, 한 유형의 연구에서는 참가자가 두 유형의 항목(예컨대, 그림과 단어)을 본다. 나중에 세 가지 유형의 단어, 즉, 앞서 보았던 그림과 대응하는 단어, 앞서 보았던 단어, 그리고 앞서 보았던 어떤 항목과도 대응하지 않는 새로운 단어를 본다. 만일 참가자에게 항목의 출처를 확인하도록 (앞서 그 항목을 그림 또는 단어로 보았는지 아니면 새로운 것인지를 말하도록) 요구하면, 전형적으로 그 항목이 단순히 친숙한 것인지를 확인하도록 요구하였을 때보다(그림이나 단어로 보여준 항목에 "보았다"고 반응하거나 "새 것"이라고 반응하도록 요구하였을 때보다) PFC의 활동이 더 크게 나타난다. 우리 실험실에서 수행한 연구들은 양반구의 PFC가 모두 , 아마도 상이한 방식으로(예컨대, 상이한 처리과정을 수행하거나 상이한 유형의 정보를 감시하는 방식으로), 심적 경험의 출처를 평가하는 데 일익을 담당하며 양반구 간의 상호작용이 중요할 가능성이 크다는 사실을 시사하고 있다. 후속 연구의 한 가지 목표는 인지과정의 특정 성분들을 PFC의 다양한 영역에 걸친 활성화 패턴과 관련시키고, 사람들이 기억으로 받아들이는 주관적 경험을 생성하는 데 있어서 PFC 영역들이 다른 두뇌 영역들(예컨대, 해마와 두정피질 그리고 PHG나 LOC와 같은 표상 영역)과 상호작용하는 방식을 규명하는 것이다.

읽을거리

Johnson, M. K. (2006). Memory and reality. American *Psychologist*, *61*, 760-771.

Johnson, M. R., & Johnson, M. K. (2014). Decoding individual natural scene representations during perception and imagery. *Frontiers in Human Neuroscience*, *8*, 59.

Johnson, M. K., Kuhl, B. A., Mitchell, K. J., Ankudowich, E., & Durbin, K. A. (2015). Age-related differences in the neural basis of the subjective vividness of memories: Evidence from multivoxel pattern classification. *Cognitive, Affective & Behavioral Neuroscience*. doi:10.3758/s13415-015-0352-9

Johnson, M. K., Raye, C. L., Mitchell, K. J., Ankudowich, E. (2011). The cognitive neuroscience of true and false memories. In R. F. Belli (Ed.), *Nebraska Symposium on Motivation: Vol. 58. True and false recovered memories: Toward a reconciliation of the debate* (pp. 15-52). New York: Springer.

Kuhl, B. A., Johnson, M. K., & Chun, M. M. (2013). Dissociable neural mechanisms for goal-directed versus incidental memory reactivation. *Journal of Neuroscience*, *33*, 16099-16109.

Mitchell, K. J., & Johnson, M. K. (2009). Source monitoring 15 years later: What have we learned from fMRI about the neural mechanisms of source memory? *Psychological Bulletin*, *136*, 638-677.

전두엽 손상은 자극을 제시한 시점에 관한 회상에 영향을 미치는 것으로 보인다. 그렇지만 특정 자극의 회상이나 재인에는 영향을 미치지 않는다(Schacter, 1989).

그런데 의미기억과 일화기억이 두 가지 차별적 시스템인지는 명확하지 않다. 때때로 둘은 상이한 방식으로 작동하는 것으로 보인다. 그러나 많은 인지심리학자는 이 구분에 의문을 제기한다(예컨대, Eysenck & Keane, 1990; Humphreys, Bain, & Pike, 1989). 이들은 두 기억 유형 간의 경계가 모호하기 십상이라는 사실을 지적한다. 또한 몇몇 지지 증거에서의 방법론적 문제점도 언급하고 있다. 아마도 일화기억은 단지 전문화된 의미기억일는지도 모르겠다(Tulving, 1984, 1986).

그렇지만 몇몇 신경학 증거는 두 기억 유형이 분리된 것임을 시사한다. 연구자들은 신경심리학 방법을 통해서 해리를 발견하였는데, 이것은 의미기억과 일화기억 인출에 독립적이고 차별적인 두뇌영역들이 관여한다는 사실을 의미하는 것이다(Prince,

Tsukiura, & Cabeza, 2007). 특정 두뇌 기능의 신경기반을 찾아내게 될 때, 해리(dissociation)에 관해 언급하게 된다. 의미기억은 상실하였지만 일화기억은 온전하거나, 그 반대의 현상을 나타내는 환자들이 있다(Temple & Richardson, 2004; Vargha-Khadem 등, 1997). 의미기억을 상실한 사람은 오늘이 며칠인지, 현 대통령이 누구인지 등을 기억해내는 데 어려움이 있다. 일화기억을 상실한 사람은 배우자를 처음 만난 곳이 어디인지와 같은 개인적 사건을 기억해낼 수 없다. 이러한 관찰은 두 기억 유형 간의 해리가 존재한다는 사실을 나타낸다. 이러한 결과는 모두 일화기억과 의미기억 시스템이 분리되어있다는 결론을 지지한다.

HERA(hemispheric encoding/retrieval asymmetry; 반구 부호화/인출 비대칭)라고 부르는 신경과학 모형은 의미기억과 일화기억에 대한 반구 활성화에서의 차이를 설명하고자 시도한다. 이 모형에 따르면, 의미기억 인출을 요구하는 과제에서는 좌반구 전전두엽의 활성화가 크게 나타난다(Nyberg, Cabeza, & Tulving, 1996; Tulving 등, 1994). 반면에 일화기억 인출 과제에서는 우반구 전전두엽의 활성화가 크게 나타난다. 이 모형은 일화기억과 의미기억이 두뇌의 상이한 영역과 관련되기 때문에 구분해야만 한다고 제안한다. 예컨대, 명사와 연합된 동사를 생성하도록 요구하면(예컨대, '야구공'에 대해서 '던지다'), 의미기억을 요구하는 것이 다. 이 과제는 좌반구 활성화를 더 많이 초래한다(Nyberg, Cabeza, & Tulving, 1996). 반면에 단어 목록을 자유회상 하도록 요구하는 일화기억 과제를 수행할 때는, 우반구 활성화를 더 많이 나타낸다. 최근의 몇몇 fMRI와 사건관련 전위 연구는 부호화와 인출에서 예측한 전두엽 비대칭을 발견하지 못하였다(Berryhill 등, 2007; Evans & Federmeier, 2009).

다른 연구들은 이러한 기억에 관여하는 신경 처리과정이 중첩되어있다는 사실을 시사하고 있다(Rajah & McIntosh, 2005). 두 기억 유형 간에 차이가 있다는 상당한 행동 증거와 신경학 증거들이 존재하지만, 대부분의 연구자는 두 기억 유형 간에 상당한 상호작용이 일어난다는 점에 동의하고 있다. 따라서 이러한 기억 유형들이 분리된 것인지에 관한 물음은 여전히 남아있다.

앞 절에서 기술한 해리에 근거하여 기억 시스템을 분류한 것이 그림 5.11에 나와 있다(Squire, 1986, 1993). 이 분류는 다양한 유형의 비선언(암묵)기억과 선언(외현)기억을 구분하고 있다. 비선언기억은 절차기억, 점화효과, 파블로프식 조건형성, 습관화, 민감화, 지각 잔여효과 등을 포함한다. 또 다른 견해에는 일화기억, 의미기억, 지각기억(즉, 형태와 구조에 근거하여 대상을 재인하는 것), 절차기억, 작업기억 등, 모두 다섯 가지 기억 시스템이 존재한다(Schacter, 2000).

연결주의 조망

인지심리학자는 인간 참가자를 대상으로 하는 실험실 실험을 사용하는 것에 덧붙여서, 정보처리의 다양한 측면들을 시뮬레이션 하는 컴퓨터 모형들을 사용해왔다. 다중저장소 모형은 정보의 계열처리에 근거한다. 계열처리는 한 번에 하나의 작동만을 다루는 개별 컴퓨터에서 시뮬레이션 할 수 있다. 그렇지만 연결주의 모형은 두뇌가 많

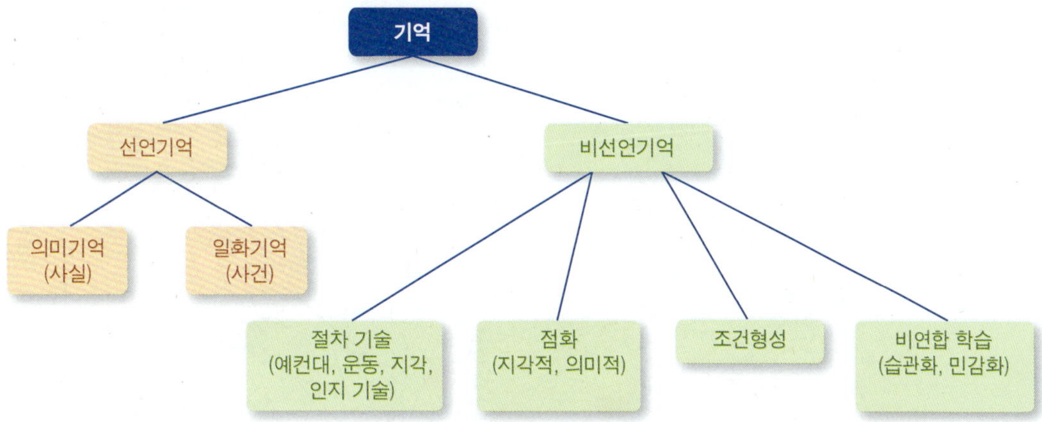

그림 5.11 기억시스템의 분류. 광범위한 신경심리학 연구에 근거하여 래리 스콰이어(Larry Squire)는 기억이 두 가지 기본 유형으로 구성되어있다고 제안해왔다. 즉, 선언(외현)기억과 다양한 형태의 비선언(암묵)기억이 존재하는데, 각각은 상이한 두뇌 구조와 처리과정과 연합되어있다는 것이다.

은 작동과 처리를 동시에 수행하기 때문에 작업기억에 관한 병렬처리(다중 작동을 동시에 처리한다) 모형이 더 의미 있다고 주장한다. 컴퓨터 유추를 계속하려면, 병렬처리를 위하여 연계된 여러 대의 컴퓨터(아니면 병렬망으로 작동하는 한 대의 컴퓨터)가 필요하게 된다.

오늘날 많은 인지심리학자는 기억의 많은 현상들을 기술하기 위하여 병렬처리 모형을 선호한다. 신경심리학 연구는 기억 기능에 관한 이론적 모형에 영감을 제공하는 것에 덧붙여서, 기억과정에 관한 구체적인 통찰을 제공해왔다. 또한 인간 기억이 작동하는 방식에 관한 다양한 가설과 관련된 증거도 제공해왔다.

망모형은 연결주의 병렬분산 처리(PDP) 모형의 구조적 토대를 제공해준다(제8장에서 이 모형에 관한 자세한 기술을 참조; Frean, 2003; Sun, 2003). 이 모형은 상호연계된 뉴런과 같은 소통 단위(마디)에 토대를 둔다. 지식 표상의 핵심은 기억에 저장된 다양한 마디(node) 또는 요소들 간의 연계에 자리 잡고 있는 것이지, 개별 마디에 있는 것이 아니다(Feldman & Shastri, 2003). 특정 마디의 활성화는 연결된 다른 마디의 활성화를 촉진한다. 받아들이는 입력의 강도는 전달하는 단위의 출력 신호 강도 그리고 송수신 단위 간의 연결강도 모두에 달려있다. 이러한 활성화 확산과정은 부가적 마디의 활성화를 촉진하기도 한다(그림 5.12). 상이한 활성화 패턴이 상이한 개념을 나타낸다. PDP 모형은 작업기억이 활성화된 장기기억의 부분이라는 생각과 잘 맞아떨어진다. 이 모형에서는 활성화가 망 내에서 마디를 따라 확산된다. 이러한 확산은 활성화가 작업기억의 한계를 넘어서지 않는 범위에서 계속된다.

점화효과는 PDP 모형으로 잘 설명할 수 있다. **점화자극**(prime)은 연결된 마디를 활성화시키는 마디이다. **점화효과**(priming effect)는 그 결과로 나타나는 마디의 활성화이다. 상당한 증거들이 점화효과를 지지해왔다(앞선 사례들, 특히 암묵기억의 한 측면으로 간주한 점화 연구를 참조). 널리 사용하는 점화과제가 단어완성 과제인데, 최근에 활성화되었던 개념들을 기억에서 인출하기가 특히 쉽게 된다. 이에 덧붙여서 몇

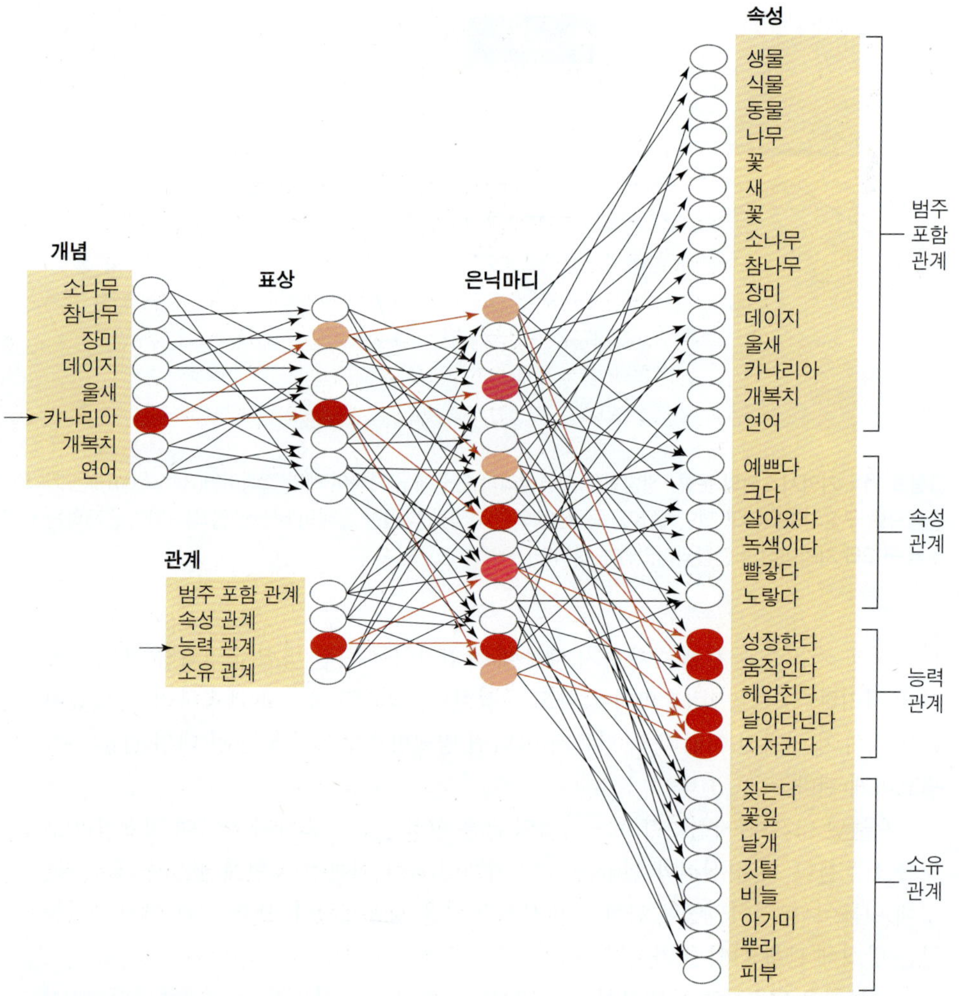

그림 5.12 연결주의 망. 연결주의 망은 많은 상이한 마디로 구성된다. 의미망과 달리, 특정 의미를 갖는 것은 단일 마디가 아니다. 오히려 지식은 상이하게 활성화된 마디들의 조합에 표상된다. 위 그림에서 마디의 채도는 활성화의 정도를 나타낸다(진할수록 더 많이 활성화되는 것이다). 카나리아 개념을 전반적인 활성화 패턴으로 표상하고 있다.

출처: E. B. Goldstein(2014). *Cognitive Psychology: Connecting Mind, Research and Everyday Experience*, 4th edition, Figure 9.18.

몇 증거는 점화가 활성화 확산에 의한 것이라는 생각을 지지한다(McClelland & Rumelhart, 1985, 1988). 그렇지만 모든 연구자가 점화효과 기제에 관하여 동의하고 있는 것은 아니다(McKoon & Ratcliff, 1992b 참조).

연결주의 모형은 기억에 관한 오늘날의 생각, 즉 작업기억은 장기기억의 활성화된 부분을 포함하며 적어도 어느 정도의 병렬처리를 통해서 작동한다는 생각을 통합하는 데 있어서도 직관적 호소력을 가지고 있다. 활성화 확산은 망 내에서 마디들 간에 존재하는 다중 연결의 동시(병렬) 활성화(점화)를 수반한다. 이러한 통합 견해를 견지하는 많은 인지심리학자는 정보를 처리하는 데 있어서 우리 인간이 이토록 효율적인 이유는 우리가 많은 조작을 한 번에 수행할 수 있기 때문이라고 제안하고 있다. 따라서 오늘날 인지심리학에서 사용하고 있는 작업기억, 망 모형, 활성화 확산, 점화, 병렬처리 등의 개념은 서로를 지원하고 있다.

연결주의 기억 모형을 지지하는 몇몇 증거는 실험실 상황에서 인지과제를 수행하는 참가자들을 대상으로 수행하는 실험연구에서 직접적으로 나온다. 연결주의 모형은 점화효과, 기술학습(절차기억), 그리고 여러 가지 다른 기억 현상들을 효과적으로 설명한다. 그렇지만 지금까지는 연결주의 모형이 단 한 번의 일화나 의미정보에 대한 단 한 번의 노출에 뒤이어 나타나는 회상과 재인기억에 대하여 명확한 예측이나 설명을 제공하지 못하고 있다.

모든 인지심리학자가 연결주의 모형을 받아들이는 것은 아니다. 혹자는 인간 사고가 연결주의 모형이 제안하는 것보다 더 체계적이고 통합적이라고 믿고 있다(Fodor & Pylyshyn, 1988; Matthews, 2003). 이들은 복잡한 행동이 상향처리 모형인 연결주의 모형으로는 다룰 수 없는 상당한 정도의 하향처리적 질서와 목표를 나타낸다고 믿는다. 연결주의자는 이 주장에 반격을 가한다. 연결주의 모형이 복잡 행동을 재생하고 설명할 수 있는 정도를 인지심리학자가 탐구함으로써 이 논제를 해소할 수 있다는 것이다.

여러분은 어째서 이토록 다양한 기억 모형들이 존재하는 것인지 의아해할지 모르겠다. 인지심리학은 다른 과학에서와 마찬가지로 모든 답을 가지고 있는 것이 아니다. 따라서 알고 있는 것에 근거하여 대안 모형들을 구성한다. 보다 많은 사실을 밝혀냄에 따라서, 이 모형들을 정교화하거나 아니면 결국 폐기하게 된다. 다양한 모형들이 존재한다는 사실은 우리가 현상을 충분하게 이해하지 못하고 있다는 사실을 보여주지만, 장차 최선의 모형을 추구하면서 적극적으로 그 현상을 연구하고 있다는 사실도 보여주는 것이다. 최선의 모형은 여러 기존 모형들과 자질들을 공유하겠지만, 그 어느 것과도 동일하지는 않을 것이다.

개념 확인

1. 감각저장소와 단기저장소 간의 차이는 무엇인가?
2. 처리수준이란 무엇인가?
3. 작업기억 모형의 성분들에는 어떤 것이 있는가?
4. 의미기억과 일화기억이 모두 필요한 까닭은 무엇인가?
5. 연결주의 기억 모형을 기술하라.

❁ 이례적 기억과 신경심리학

지금까지 기억에 관한 논의는 정상적으로 작동하는 기억을 수반하는 과제와 구조에 초점을 맞추었다. 그런데 (매우 뛰어나거나 결손을 나타내는) 이례적 기억을 소유한 진귀한 사례들이 존재한다. 이러한 이례적 기억은 기억 일반의 본질에 관한 흥미로운 통찰을 제공해준다. 이례적 기억 연구는 곧바로 기억에 기저하는 생리적 기제에 대한 신경심리학 연구로 이끌어간다.

뛰어난 기억: 기억술사

만일 이 책에 적혀있는 모든 단어를 기억할 수 있다면 여러분의 삶이 어떨 것인지 상상해보라. 이런 경우라면, 여러분을 **기억술사**(mnemonist)로 간주할 수 있는데, 기억술사란 이례적으로 예리한 기억 능력을 나타내는 사람이며 일반적으로 기억 증진을 위한 특별한 기법을 사용한다. 아마도 가장 유명한 기억술사는 "S."라고 부르는 사나이겠다.

어느 날 S.가 러시아 심리학자 알렉산더 루리아(Alexander Luria, 1968)의 실험실에 나타나서는 자기 기억을 검사해달라고 요청하였다. 루리아가 기억검사를 실시한 결과, 이 사나이의 기억은 거의 제한이 없다는 사실을 발견하였다. S.는 단어 목록을 제시하고 시간이 얼마나 경과하였든지 간에, 무지막지하게 긴 단어 목록을 재생해낼 수 있었다. 루리아는 30년 이상 S.를 연구하였다. 단어 목록을 학습하고 15~16년이 지난 후에 측정하였을 때조차도, S.는 그 단어들을 재생해낼 수 있었다. S.는 결국 전문 연예인이 되었다. 무엇을 물어보든지 간에 회상해낼 수 있는 능력으로 청중들을 자지러지게 만들었다.

S.가 사용한 기교는 무엇이었는가? 어떻게 그토록 많은 것을 기억해낼 수 있었는가? 그가 시각 심상 기억술에 집중적으로 의존한 것은 확실하다. 그는 기억해낼 필요가 있는 자료를 시각 심상으로 전환시켰다. 예컨대, '파랑'을 기억하도록 요구하면, 파란색 꽃병을 시각화하였다. '빨강'에 대해서는 빨간 티셔츠를 입고 자신에게 다가오는 남자를 시각화하였다. 숫자도 심상을 불러들였다. 예컨대, 1은 거만하고 건강한 남자이었다. 3은 우울한 사람이었다. 6은 부어오른 발을 가지고 있는 남자이었다. 매사가 이런 식이었다.

S.에게 있어서 시각 심상을 사용하는 것의 대부분은 의도적인 것이 아니었다. 오히려 진귀한 심리현상의 결과이었다. **공감각**(synesthesia)이라고 부르는 이 현상은 물리적으로 자극한 감각과는 상이한 감각 양상에서 일어나는 감각 경험이다. 예컨대, S.는 소리를 시각적 인상으로 자동적으로 전환시켰다. 심지어 단어의 맛과 무게를 경험한다고 보고하기도 하였다. 기억해야 할 각 단어는 그 단어를 회상할 필요가 있을 때 자동적으로 S.에게 나타나는 풍부한 감각을 촉발하였던 것이다.

다른 기억술사는 다른 전략을 사용하였다. 러시아 이민자인 "V.P."는 거대한 숫자 행렬표와 같은 자료를 기억할 수 있었다(Hunt & Love, 1972). S.가 무엇보다도 시각 심상에 의존한 반면, V.P.는 언어 변환에 더 의존한 것이 확실하다. 그는 숫자들을 날짜로 변환하는 방식으로 기억한다고 보고하였다. 그런 다음에 그 날짜에 하였던 일에 관하여 생각한다는 것이다.

또 다른 기억술사인 "S.F."는 긴 숫자 배열을 각각 3~4개의 숫자 집단으로 분할하여 기억하였다. 그는 그 숫자 집단을 육상 달리기 경기의 기록으로 부호화하였다(Ericsson, Chase, & Faloon, 1980). 경험이 풍부한 장거리 육상선수이었던 S.F.는 다양한 육상경기 기록에 친숙하였다. S.F.가 기억술사로 실험실에 나타난 것은 아니었다. 오히려 지능과 기억능력의 측면에서 보통의 대학생을 대표해서 선택한 참가자이었다.

S.F.의 숫자 배열 기억은 처음에 대략 7개이었으며, 대학생 평균에 해당하는 것이었다. 그렇지만 2년에 걸쳐 진행한 200회의 훈련회기가 끝난 후에, 숫자 기억을 10배 이상으로 끌어올렸다. 그는 대략 80개의 숫자를 회상할 수 있었다. 그렇지만 실험자가 의도적으로 육상 기록으로 변환할 수 없는 숫자 배열을 제시하였을 때는 기억이 급격하게 손상되고 말았다. S.F. 연구는 일반 수준의 기억능력을 가지고 있는 사람도 원리상으로는 꽤나 이례적인 기억 소유자가 될 수 있다는 사실을 시사한다. 적어도 어떤 영역에서 상당한 양의 연습을 하게 되면 가능하다.

많은 사람들은 S.나 V.P.와 같은 기억 능력이 있기를 갈망한다. 그렇게만 할 수 있다면, 시험에서 거의 노력을 들이지 않고도 1등은 떼어 놓은 당상이라고 믿을지도 모르겠다. 그렇지만 S.가 삶에서 특별히 행복하지 않았으며 그 이유 중의 하나가 이례적 기억이었다는 사실을 명심해야겠다. 그는 대체로 자발적이지 않았던 공감각이 다른 사람의 말을 경청하는 능력을 방해하였다고 보고하였다. 목소리가 혼란스러운 감각을 초래하였던 것이다. 이것이 다시 대화를 좇아가는 능력을 방해하였다. 이에 덧붙여서 심상에 지나치게 의존하는 것이 추상개념을 이해하는 것에 어려움을 초래하였다. 예컨대, '무한'이나 '공허'와 같은 개념을 이해하기가 어려웠다. 이 개념들은 스스로 시각심상으로 이끌어가지 않는다. 또한 그는 때때로 글을 읽을 때 압도당하는 경험을 하였다. 때때로 과거 기억이 나중의 기억에 비집고 들어오기도 하였던 것이다. 물론 이례적 기억이 S.가 삶에서 겪은 많은 문제점을 초래한 것이라고 말할 수는 없다. 그렇지만 S.는 자신의 이례적 기억이 밝은 면과 어두운 면을 모두 가지고 있다고 믿은 것이 확실하다. 도움이 되기도 하였지만 방해가 되었을 가능성도 그에 못지않다.

이렇게 이례적인 기억술사들은 기억과정에 관한 통찰을 제공해준다. 여기서 기술한 세 사람 모두 어느 정도는 동일한 행위를 의식적으로 또는 거의 자동적으로 수행하였다. 임의적이고 추상적이며 무의미한 정보를 보다 의미 있고 구체적인 정보로 변환하였으며, 때로는 감각과 연결시켰다. 변환한 정보가 육상 기록이든, 날짜와 사건이든, 아니면 시각 심상이든지 간에, 기억술사에게 있어서 핵심은 그것의 의미이었다.

기억술사와 마찬가지로, 사람들도 장기기억에 이미 저장되어있는 것과 유사한 정보를 보다 쉽게 장기기억으로 부호화한다. 자신의 관심사와 관련된 정보를 장기기억에 가지고 있기 때문에 그러한 관심사와 일치하고 기존 정보와 관련시킬 수 있는 새로운 정보를 학습하기가 더 쉽다(De Beni 등, 2007). 따라서 오래 전에 학습한 좋아하는 노래의 가사는 기억해낼 수 있지만, 방금 학습한 새로운 용어의 정의는 회상하지 못할 수 있는 것이다. 새로운 정보를 장기기억에 이미 저장하고 있는 기존 정보와 관련시킬 수 있다면, 여러분도 새로운 정보에 대한 기억을 증진시킬 수 있다.

필요한 기억을 인출할 수 없다면, 망각하였다는 것을 의미하는가? 반드시 그렇지는 않다. 인지심리학자들은 **기억과잉**(hypermnesia)이라고 부르는 현상을 연구해왔는데, 이것은 망각하였던 것처럼 보이는 기억을 인출해내는 과정이다(Erdelyi & Goldberg, 1979; Holmes, 1991; Turtle & Yuille, 1994). 때때로 기억과잉을 "망각하지 않음"이라고 엉성하게 표현하기도 하지만, 이러한 표현은 정확한 것일 수 없다. 엄밀하게 말해서 기억이 결코 가용하지 않은 것이 아니라 접속하기 어려운 것이기 때문이다. 즉, 망각한 것이 아니라 인출이 어려운 것이다. 기억과잉은 일반적으로 기억을 찾아내기 위하여 다양한 인출단서를 시도해봄으로써 달성한다. 예컨대, 때때로 기억과잉을 달성하기 위하여 정신역동 치료법을 사용한다. 이 치료법은 기억과잉을 달성하려고 시도하는 과정에서 위험성도 내포하고 있다. 순수한 기억을 인출하는 것이 아니라 새로운 기억을 만들어내고는 과거 기억이라고 믿을 수도 있는 것이다. 부모나 다른 사람을 향한 학대의 비난을 포함하고 있을 때는 새롭게 만들어낸 기억이 엉뚱한 비난으로 이끌어가는 심각한 문제점을 제기할 수도 있다.

우리는 일반적으로 숨을 쉬는 공기와 같이 기억 능력을 당연한 것으로 받아들인다. 그렇지만 숨 쉴 공기가 많지 않을 때 공기의 중요성을 더욱 자각하게 되는 것처럼, 심각한 기억 결손을 보이는 사람들을 관찰할 때 기억을 당연한 것으로 받아들일 가능성이 줄어든다.

손상된 기억

많은 증후군이 기억 손실과 연합되어있다. 이례적으로 뛰어난 기억 연구에서 보았던 바와 같이, 손상 기억 연구는 기억의 작동방식에 관하여 많은 가치 있는 통찰을 제공해준다. 이 절에서는 두 가지 증후군을 살펴본다. 첫째로 살펴볼 증후군이 가장 널리 알려진 기억상실증이다. 그런 후에 기억 상실을 초래하는 또 다른 현저한 질병인 알츠하이머병의 증상과 원인을 살펴본다.

기억상실증

기억상실증이 무엇이며 어떤 유형이 존재하는지를 이해하기 위하여 몇 가지 사례연구를 살펴보는 것으로 논의를 시작한다. 그런 후에 기억상실증을 연구함으로써 암묵기억과 외현기억 간의 차이에 관하여 어떤 통찰을 얻을 수 있는지를 살펴보고, 기억상실증이라는 맥락에서 신경심리학 연구 결과들을 살펴본다.

기억상실증이란 무엇인가? **기억상실증**(amnesia)은 외현기억의 심각한 손상이다(Robbins, 2009). 한 유형이 **역행성 기억상실증**(retrograde amnesia)으로, 어떤 외상이 기억 상실을 초래하기에 앞서 일어났던 사건에 대한 의도적 기억을 손상하는 것이다(Levine 등, 2009; Squire, 1999). 뇌진탕이 일어날 때 경증의 역행성 기억상실이 꽤나 빈번하게 일어날 수 있다. 일반적으로 뇌진탕 직전의 사건은 잘 기억해내지 못한다.

리치 러셀과 네이던(W. Ritchie Russell & P. W. Nathan, 1946)은 상당히 심각한 역행성 기억상실증 사례를 보고하였다. 1933년 8월, 22세의 조경사가 오토바이 사고를 당했다. 사고 1주일 후에, 이 젊은이는 대화를 할 수 있었다. 회복한 듯이 보였다. 그렇지만 외상 전에 일어났던 사건에 대하여 심각한 기억 상실로 고통 받고 있다는 사

믿거나 말거나 | 여러분도 기억 챔피언이 될 수 있다!

엄청난 단어나 숫자 목록을 힘들이지 않고 기억해낼 수 있는 사람에 관해서 들어본 적이 있는가? 아니면 쇼핑 목록을 기억할 수 있다면, 그것에 만족하겠는가? 여러분도 그렇게 할 수 있다. 어떻게 할 수 있느냐고? 우선적으로 해야 할 필요가 있는 일은 숫자들을 기억하는 데 도움을 줄 멋진 시스템을 만드는 것이다. 그런 다음에 기억하고자 원하는 단어를 숫자와 연결한다. 너무 복잡하게 들린다고? 사실 그렇지 않다. 다음 사례는 대상을 표상하는 방법으로 숫자를 상상하는 방법을 예시하는 것이다(여러분 자신의 시스템을 만들 수 있다는 사실을 명심하기 바란다.)

일단 숫자 표상에 아주 친숙해지면, 기억하려는 단어와 그 숫자를 연결시킬 수 있다. 콩, 썰어놓은 토마토, 시리얼을 사고자 한다고 가정해보라. 숫자를 구입할 항목과 결합시키는 생생한 장면을 만들면 된다. 첫 번째 항목에 대해서 예컨대, 깃대(1을 상징한다) 높이 자라고 있는 콩을 상상할 수 있다. 두 번째 항목에 대해서는 썰어놓은 토마토 연못에서 헤엄치고 있기 때문에 깃털이 빨개진 백조(2를 상징한다)를 상상할 수 있다. 세 번째 항목에 대해서는 심장 모양(3을 상징한다)을 하고 있는 멋진 시리얼 접시를 상상할 수 있다. 아이디어가 어떤 것인지 파악하였는가? 일단 슈퍼마켓에 들어가면, 만들어놓은 그림을 떠올리면서 첫 항목부터 마지막까지 하나씩 해결해가면 된다. 그 표상이 작동해야 한다는 것 이외에는 아무 규칙도 없다. 약간의 연습을 통해서 여러분은 곧 긴 단어 목록을 기억할 수 있게 된다. 아무리 복잡하고 추상적인 것이라고 하더라도 말이다. 이 기법은 연합 기법에 속하는 많은 기억술 기법의 하나이다.

Courtesy of the author

기억술

실이 명백해졌다. 질문을 하였을 때, 그 날짜가 1922년 2월이라고 답하였다. 자신이 초등학생이라고 믿고 있었다. 그 사이 기간에 대한 기억이 없었다. 몇 주가 지난 후에 과거 사건에 대한 기억이 점차 되살아났다. 회복은 가장 먼 과거 사건으로부터 출발하였으며, 보다 최근 사건으로 진행되었다. 사고 후 10주가 지났을 때, 수년 전의 사건들 대부분에 관한 기억을 회복하였다. 궁극적으로 사고가 나기 몇 분 전에 일어났던 모든 사건을 회상할 수 있었다. 역행성 기억상실증에서 회복되는 기억은 전형적으로 먼 과거의 사건으로부터 출발한다. 그런 다음에 점차적으로 외상을 당한 시점으로 넘어오

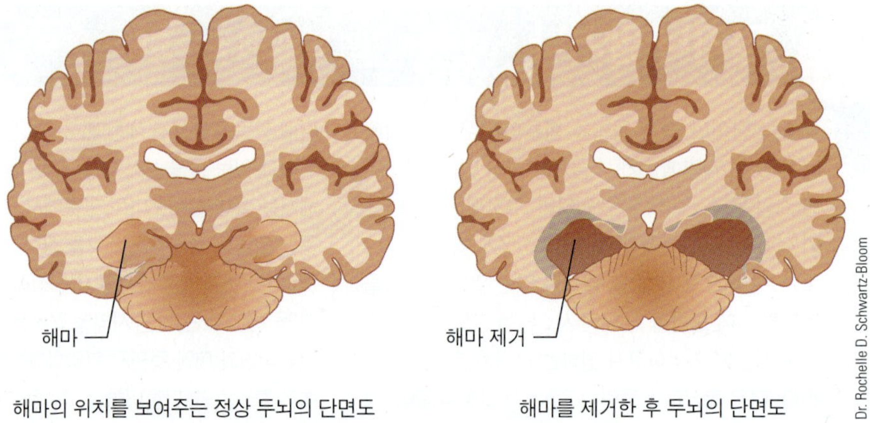

해마의 위치를 보여주는 정상 두뇌의 단면도

해마를 제거한 후 두뇌의 단면도

정상 두뇌와 (해마를 제거한) H.M. 두뇌의 모습.

게 된다. 외상 직전의 사건은 결코 회상하지 못하기 십상이다.

가장 유명한 기억상실증 사례의 하나가 H.M.의 경우이다(Scoville & Milner, 1957). H.M.은 통제할 수 없는 간질발작으로 인한 계속적인 분열 상태에서 벗어나기 위해 두뇌 수술을 받았다. 수술은 1953년 9월 1일 실시하였으며, 대체로 실험적인 것이었다. 결과는 전혀 예측할 수 없었다. 수술을 받을 당시 그의 나이는 29세이었다. 지능은 평균 이상이었다. 수술을 받은 후에, 회복은 한 가지 예외를 제외하고는 정상적으로 진행되었다. 그는 외상 사건 후에 일어나는 사건을 기억하지 못하는 심각한 **진행성 기억상실증**(anterograde amnesia)으로 고통 받았다. 수술 전에 일어났던 사건들은 비록 완벽하지는 않더라도 잘 회상하였으나, 기억 손상은 그의 삶에 심각한 영향을 미쳤다. 행동적 연구방법과 신경학적 연구방법을 통해서 그를 집중적으로 연구하였다. 언젠가 그는 "어떤 즐거움을 가졌든지 그리고 어떤 슬픔을 느꼈든지, 매일은 그저 홀로 있을 뿐입니다."라고 말하였다(Milner, Corkin, & Teuber, 1968, p. 217). 수술 후 여러 해가 지난 후에도 H.M.은 여전히 그 해가 1953년이라고 말하였다. 수술 후에 처음으로 만난 사람은 얼마나 자주 만났든지 간에 이름을 회상할 수도 없었다. H.M.이 수술 후의 시간에 대한 새로운 기억을 회상하는 능력을 상실한 것은 확실하였다. 따라서 그는 영원한 현재라는 굴레에서 삶을 영위하였다.

H.M. 기억에 관한 조사는 생애에 걸쳐 계속되었으며, 후기 연구는 노화에 따른 H.M.의 기억과 두뇌의 변화를 조사하는 것이었다. 2008년 82세의 나이로 사망할 때까지 그의 기억과 인지능력의 감퇴는 계속되었다. 특히 H.M.은 언어 이해와 새로운 문장의 생성에서 새로운 문제점을 드러냈다(MacKay, 2006; MacKay 등, 2006; Salat 등, 2006; Skotko 등, 2004).

우리 모두가 경험하는 또 다른 유형의 "기억상실증"은 아주 어린 시기에 일어났던 사건을 회상하지 못하는 **유아기 기억상실증**(infantile amnesia)이다(Spear, 1979). ("기억상실증"이라고 따옴표로 표현한 까닭은 몇몇 연구자들이 유아기 기억상실증이 진정한 형태의 기억상실증인지에 의문을 제기하고 있기 때문이다.)

기억상실증과 외현-암묵기억 구분 기억상실증 환자를 연구하는 이유는 무엇인가? 기억상실증 연구에서 어떤 유형의 통찰을 얻을 수 있는가? 기억상실증 환자 연구를 통해서 얻는 보편적 통찰의 하나는 외현기억과 암묵기억 간의 구분이다. 기억상실증에서는 전형적으로 외현기억이 손상된다. 단어완성 검사에서 점화효과와 숙련-기반 과제를 수행하는 절차기억과 같은 암묵기억은 전형적으로 손상되지 않는다. 이 사실은 두 유형의 능력을 구분할 필요가 있다는 사실을 나타낸다. 첫 번째 능력은 선행 경험을 의식적으로 되돌아볼 수 있는 능력이며, 외현기억을 수반하는 과제에서 필요하다. 두 번째 능력은 학습에 대한 의식적 회상 없이 자동적인 방식으로 학습 내용을 시범보이는 능력이다(암묵기억; Baddeley, 1989). 점화효과는 두뇌 앞 영역에서 측정한 정적 뇌파를 통해서 자극 노출 후 대략 250~500밀리초 사이에서 볼 수 있다. 반면에 두뇌 뒤 영역에서 더 늦게 나타나는 뇌파가 외현기억 인출을 나타낸다(Voss & Paller, 2006).

기억상실증 환자는 대부분의 외현기억 과제에서 극히 열등한 수행을 보이는 반면, 단서회상 과제(Warrington & Weiskrantz, 1970)와 단어완성 검사(Baddeley, 1989)와 같이 암묵기억을 수반하는 과제에서는 정상이거나 거의 정상 수준의 성과를 보이기도 한다. 여러분은 단어완성 검사 후에 어떤 일이 일어날 것이라고 생각하는가? 방금 완성한 단어를 사전에 본 적이 있는지 물으면, 기억상실증 환자는 그 단어를 보았던 특정 경험을 기억해낼 가능성이 거의 없다(Graf, Mandler, & Haden, 1982; Tulving, Schacter, & Stark, 1982). 이에 덧붙여서, 보았던 단어를 외현적으로는 우연 수준 이상으로 재인하지 못한다. 암묵기억과 외현기억 간의 구분을 기억상실증 환자에게서 손쉽게 관찰해왔지만, 기억상실증 환자와 정상인 모두 암묵기억의 존재를 보여준다.

마찬가지로 기억상실증 환자는 또 다른 측면에서 역설적 수행도 나타낸다. 다음과 같은 두 유형의 과제를 생각해보자. 앞서 기술한 바와 같이, **절차지식** 과제는 "노하우"를 수반한다. 절차지식 과제는 자전거 타기와 같은 기술을 수반하는 반면, **선언지식** 과제는 "지식"을 수반한다. 심리학 교재의 용어들과 같은 사실 정보를 다룬다. 한편으로 기억상실증 환자는 선언지식의 회상이나 재인을 요구하는 전통적인 기억과제에서는 극히 열등한 수행을 보인다. 다른 한편으로는 절차지식을 요구하는 과제를 수행할 때는 학습이 초래하는 수행의 증가를 나타내기도 한다. 그러한 과제에는 수수께끼를 푸는 것, 거울에 비친 글을 읽는 것, 운동기술을 숙달하는 것 등이 포함된다(Baddeley, 1989).

기억상실증으로 고통 받고 있을 때도 파지하는 절차지식의 사례를 살펴보자. 정상 상황에서 운전을 하도록 요구하면, 기억상실증 환자도 정상 운전자 못지않게 자동차를 조작하고 제어할 수 있었다(Anderson 등, 2007). 그렇지만 사고를 피하기 위하여 신속한 결정을 해야 하는 운전 시뮬레이션 상황에서는, 기억상실증 환자가 유의한 결손을 나타냈다. 그 상황에 적절한 반응을 회상할 수 없었다. 이 결과는 기억상실증 환자의 경우 암묵적인 절차지식은 남아있지만 외현지식이 손상되었다는 사실과 맥을 같이 한다. 대부분의 운전자는 복잡한 사고 회피 시나리오를 집중적으로 경험하지 않기 때문에, 어떻게 반응할 것인지에 관한 결정을 할 때 선언기억에 더 많이 의존할 수밖에 없다.

기억상실증과 신경심리학 기억상실증 환자 연구는 기억이 특정 두뇌 구조의 효율적 기능에 의존하는 방식에 관하여 많은 사실을 밝혀왔다. 특정 두뇌 손상과 특정 기능 결손 간의 대응을 살펴봄으로써, 연구자는 정상 기억이 기능하는 방식을 이해하게 된다. 따라서 두뇌의 인지과정을 연구할 때, 신경심리학자는 기능의 해리를 찾기 십상이다. 해리(dissociation)에서 정상인은 특정 기능(예컨대, 외현기억)의 존재를 보여준다. 그러나 특정 두뇌 손상이 있는 사람은 그 기능의 부재를 보여준다. 이러한 부재는 다른 영역이 정상적으로 기능하는 경우에도(예컨대, 암묵기억) 발생한다.

기억 기능이 와해된 사람을 관찰함으로써, 우리는 기억이 불안정하다는 사실을 알고 있다. 두뇌에 타격을 가하거나 혼수상태에 빠지거나 두뇌가 손상되거나 질병을 앓는 것은 기억에 영향을 미칠 수 있다. 그렇지만 특정 구조 손상과 특정 기억 결손 간의 구체적인 인과관계를 결정할 수는 없다. 특정 구조나 영역이 기능 와해와 연합되어 있다는 사실은 그 영역만이 그 기능을 제어하는 역할을 담당한다는 것을 의미하지 않는다. 실제로 다양한 구조나 영역이 기능을 공유할 수 있다. 광범위한 생리학적 분석은 관찰한 결손에 근거하여 국재화를 결정하기 어려운 이유를 설명하는 데 도움을 준다. 망상 활성화 시스템(RAS)의 정상 기능은 삶에 필수적이다. 그렇지만 삶은 이 기능 이상의 것에 의존한다. 다른 구조의 중요성을 의심하고 있다면, 심장이나 폐의 질병을 앓고 있는 환자에게 물어보라. 따라서 RAS가 삶에 필수적이라고 하더라도, 죽음은 다른 신체구조의 기능부전 때문일 수 있다. 두뇌에서 특정 구조나 영역의 기능부전을 추적하는 것도 유사한 문제점을 제기한다.

관찰한 단순 해리에 대해서, 많은 대안 가설들이 특정 손상과 특정 기능 결손 간

Steve Moore/Cartoonstock

의 연계를 설명할 수 있다. 인지 기능에 관한 가설에 대해서 보다 강력한 지지증거는 이중 해리의 관찰에서 나온다. **이중 해리**(double dissociation)에서는 상이한 유형의 신경병리 증상을 보이는 사람들이 상반된 결손 패턴을 보인다. 두뇌 구조 1의 손상이 기억 기능 B가 아니라 A의 결손으로 이끌어가고, 두뇌 구조 2의 손상이 기억 기능 A가 아니라 B의 결손으로 이끌어간다면, 이중 해리를 관찰하게 된다.

특정 기능과 특정 두뇌영역에 있어서, 신경심리학자는 이중 해리의 존재를 관찰하고자 시도해왔다. 예컨대, 단기기억과 장기기억 간의 구분에 대한 몇몇 증거는 그러한 이중 해리에서 나온다(Schacter, 1989b). 좌측 두정엽 손상 환자는 단기기억에 정보를 파지하는 능력에서 심각한 결손을 보이지만, 장기기억의 결손은 보이지 않는다. 아무런 어려움도 없이 장기기억에 정보를 부호화하고 저장하며 인출한다(Shallice & Warrington, 1970; Warrington & Shallice, 1972). 반면에 중앙 측두엽 손상 환자는 문자와 단어와 같은 언어 자료에 대하여 비교적 정상적인 단기기억을 보이지만 새로운 언어 자료를 장기기억에 파지하는 능력에서는 심각한 결손을 보인다(Milner, Corkin, & Teuber, 1968; Shallice, 1979; Warrington, 1982).

이중 해리는 특정 두뇌 구조가 기억에서 특정 역할을 담당한다는 생각에 강력한 지지증거를 제공한다(Squire, 1987). 이 영역의 와해나 손상은 기억 형성에서 심각한 결손을 초래한다. 그렇지만 기억 심지어는 기억의 일부분조차 이 구조에 자리 잡고 있는 것이라고 말할 수는 없다. 아무튼 두뇌 손상 환자 연구는 기억의 작동방식에 관하여 정보를 제공하며 최소한 시사하는 바가 있다. 지금까지 인지신경심리학자는 이중 해리가 여러 가지 구분을 지지하고 있다는 사실을 밝혀왔다. 이러한 구분은 단기기억과 장기기억 간의 구분 그리고 선언(외현)기억과 비선언(암묵)기억 간의 구분이다. 다른 구분을 나타내는 잠정적인 증거들도 존재한다.

알츠하이머병

기억상실증이 기억 상실과 가장 관련된 증후군이겠지만, 기억 상실을 많은 증상 중의 하나로 가지고 있는 질병만큼 파괴적이지는 않기 십상이다. **알츠하이머병**(Alzheimer's disease)은 점진적인 기억 상실 뿐만 아니라 치매도 초래하는 노인병이다(Kraus, 2014). 치매는 일상생활을 손상시킬 만큼 심각한 지적 기능의 상실이다. 알츠하이머병의 기억 상실은 정상인과 이 질병 환자의 두뇌 영상 비교에서 볼 수 있다. 그림 5.13에서 알츠하이머병이 진행됨에 따라서 기억 기능과 연합된 두뇌영역의 인지활동이 감소하는 것에 주목하라.

이 질병은 1907년 알로이스 알츠하이머가 처음으로 확인하였다. 전형적으로는 일상생활에서 지적 기능의 상실에 근거하여 알아차리게 된다. 공식적으로는 사망한 후에라야 비로소 확정적 진단이 가능하다. 알츠하이머병은 두뇌, 특히 해마, 전두엽, 측두엽에서의 위축(크기의 감소)으로 이끌어간다(Jack 등, 2002; Stěpán-Buksakowska 등, 2014). 이 환자의 두뇌는 정상 두뇌에서 볼 수 없는 플라크와 탱글을 보인다. 플라크는 두뇌 신경세포 바깥쪽에 두껍게 쌓이는 단백질 덩어리이다(Mirochnic 등, 2009). 탱글은 서로 꼬이게 되는 섬유질 쌍이다. 탱글은 뉴런 세포체와 수상돌기에서

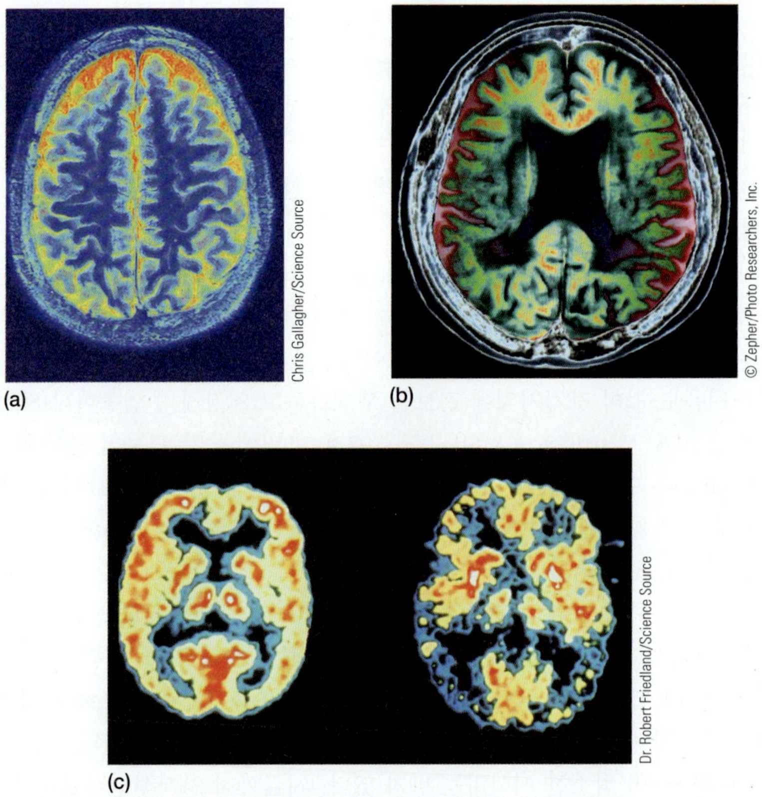

그림 5.13 정상인 두뇌와 알츠하이머병 환자 두뇌. (a) 정상인의 두뇌 영상과 (b) 초기 알츠하이머병 환자의 두뇌 영상. 정상인 두뇌와 비교할 때, 초기 알츠하이머병 환자 두뇌의 위축(검은 영역)을 볼 수 있다. (c)는 정상인과 후기 알츠하이머병 환자의 PET 영상을 보여주고 있다. 건강한 두뇌의 신진대사가 현저하게 보인다. 질병이 진행함에 따라서 기억 기능과 연합된 두뇌영역의 인지활동이 감소한다.

발견되는데 불꽃과 같은 모양이기 십상이다(Kensinger & Corkin, 2003). 기억이 손상되고 언어, 운동, 주의, 집행기능, 성격, 대상 재인의 영역에서 적어도 하나 이상의 기능부전이 있을 때 알츠하이머병으로 진단한다. 증상은 점진적으로 나타나며, 진행은 연속적이고 불가역적이다.

질병의 진행이 불가역적이기는 하지만, 어느 정도는 진행속도를 줄일 수 있다. 이 목적으로 오늘날 사용하는 주요 약물이 도네페질(약품명은 아리셉트)이다. 연구 증거는 일관성이 없다(Fischman, 2004). 이 사실은 아리셉트가 기껏해야 진행 속도를 약간 늦출 수는 있지만 되돌릴 수는 없다는 사실을 시사한다. 보다 최근 약물인 메만틴(약품명은 나멘다 또는 에빅사)은 아리셉트를 보조하여 진행 속도를 조금 더 늦춰준다. 두 약물은 상이한 기제를 가지고 있다. 아리셉트는 두뇌에서 신경전달물질 아세틸콜린의 파괴 속도를 늦춘다. 메만틴은 두뇌 신경세포를 과잉 흥분시켜 손상시키거나 사망하게 만드는 화학물질을 억제한다(Fischman, 2004).

알츠하이머병의 발병은 연령에 따라 기하급수적으로 증가한다(Alzheimer's Association, 2014). 70~75세 노인의 대략 1%가 알츠하이머병의 발병을 경험한다. 그렇지만 80~85세에서는 발병률이 매년 6% 이상이다.

특별한 유형의 알츠하이머병은 집안 내력이 있으며, 조기 알츠하이머병이라고 부른다. 이 병은 유전 변이와 연계되어왔다. 유전 변이가 있는 사람은 항상 발병한다. 50세 이전에 조기 출현하며, 때로는 20대에 발병하는 경우도 있다(Kensinger & Corkin, 2003). 반면에 후기 알츠하이머병은 발병 원인이 복잡하며 다양한 유전 요인과 환경 요인들과 관련된 것으로 보이는데, 어느 것도 확정적으로 확인된 바는 없다.

알츠하이머병의 초기 신호는 전형적으로 일화기억의 손상을 포함한다. 시공간 맥락에서 학습한 것을 기억해내는 데 어려움이 있다. 병이 진행함에 따라서 의미기억도 사라지기 시작한다. 건강한 정상인은 정서를 담고 있는 정보를 중립적 정보보다 더 잘 기억하는 경향이 있는 반면에, 알츠하이머병 환자는 두 유형의 기억에서 차이를 보이지 않는다(Kensinger 등, 2002). 대부분의 비선언기억은 종착역에 도달할 때까지 남아 있다. 다른 원인으로 사망하지 않는다면, 그 종착역은 필연적으로 사망이 된다.

알츠하이머병을 진단하기 위하여 기억검사를 실시할 수 있다. 그렇지만 두뇌 조직검사를 통해서만 확실한 진단이 가능하다. 앞에서 언급한 바와 같이, 병에 걸리게 되면 두뇌조직이 플라크와 탱글을 보이게 된다. 한 검사에서는 네 단어가 적힌 종이를 제시한다(Buschke 등, 1999). 각 단어는 상이한 범주에 속하는 것이다. 검사자가 한 단어의 범주를 말한다. 피검자는 적절한 단어를 지적해야 한다. 예컨대, 그 범주가 동물이라면, '소'를 가리키게 된다. 단어들을 제시하고 몇 분이 경과한 후에, 보았던 모든 단어를 회상하고자 시도한다. 단어를 회상할 수 없다면, 그 단어가 속한 범주를 제시한다. 어떤 사람은 범주를 단서로 제시할 때조차도 단어를 기억해낼 수 없다. 알츠하이머병 환자는 이 검사에서 더욱 형편없는 점수를 얻는다.

개념 확인

1. 기억상실증을 정의하고 세 가지 형태의 기억상실증을 제시하라
2. 알츠하이머병이란 무엇인가?

핵심 주제

이 장은 제1장에서 언급한 몇몇 핵심 주제를 예증하고 있다.

응용연구 대 기초연구. 기초연구와 응용연구는 상호작용할 수 있다. 한 가지 사례가 알츠하이머병 연구이다. 현재 이 병을 완치시킬 수는 없지만, 약물 그리고 구조화된 생활공간에서 제공하는 지도를 통해서 치료할 수는 있다. 알츠하이머병과 연관된 생물학적 구조(예컨대, 플라크와 탱글)와 인지기능(예컨대, 손상된 기억)에 관한 기초연구는 언젠가 이 병을 보다 잘 이해하고 치료하는 데 도움을 줄 것이다.

생물학 연구방법 대 행동 연구방법. 이 장은 생물학과 행동 간의 상호작용을 보여준다. 해마는 두뇌에서 가장 신중하게 연구한 영역의 하나가 되어왔다. 오늘날 fMRI 연구는 해마 그

리고 편도체(정서 기반 기억의 경우)와 소뇌(절차기억의 경우) 등의 영역이 어떻게 기능하여 우리가 알아야 할 필요가 있는 것을 기억해낼 수 있게 해주는지를 보여주고 있다. 생물학적 과정은 우리가 경험하는 것, 행동하는 방식 그리고 기억하는 것에 영향을 미친다.

구조 대 처리과정. 구조와 기능은 인간 기억을 이해하는 데 모두 중요하다. 애트킨슨-쉬프린 모형은 세 구조, 즉 감각저장소, 단기저장소, 장기저장소에서 작동하는 제어과정을 제안하였다. 보다 최근의 작업기억 모형은 집행기능이 장기기억의 부분을 제어하고 활성화시켜 주어진 과제를 해결하는 데 필요한 정보를 제공하는 방법을 제안하고 있다.

요 약

1. **기억을 연구하는 데 사용하는 방법에는 어떤 것이 있으며, 다양한 과제는 기억 구조에 관하여 무엇을 알려주는가?** 인지심리학자가 사용하는 많은 과제 중에서 몇 가지 핵심적인 것은 정보의 명시적 회상을 평가하는 과제(예컨대, 자유회상, 계열회상, 단서회상)와 명시적 재인을 평가하는 과제들이었다. 이러한 외현 과제에서의 기억 성과를 암묵 과제(예컨대, 단어완성 과제)에서의 성과와 비교함으로써, 인지심리학자는 각 유형의 과제(예컨대, 기억상실증 연구에서 본 것과 같은 과제)를 주도하는 상이한 기억시스템과 처리과정에 관한 증거를 발견해왔다.
2. **기억 구조에 관하여 주도적인 전통 모형은 무엇인가?** 기억은 과거 지식을 끌어다가 현재 그 지식을 사용하는 수단이다. 한 모형에 따르면, 기억은 세 가지 저장소를 수반한다. 감각저장소는 비교적 제한된 양의 정보를 매우 짧은 시간동안 유지할 수 있다. 단기저장소는 적은 양의 정보를 어느 정도 오랜 시간 유지할 수 있다. 장기저장소는 상당한 양의 정보를 거의 영속적으로 저장할 수 있다. 감각저장소 중에서 영상 저장소는 시감각기억을 지칭한다.
3. **기억 구조에 관한 주요 대안 모형에는 어떤 것이 있는가?** 대안 모형은 작업기억의 개념을 사용하는데, 일반적으로 장기기억의 일부분으로 정의하며 단기기억도 포함한다. 이 조망에 따르면, 작업기억은 단지 장기기억에서 최근에 활성화된 부분만을 유지한다. 이렇게 활성화된 요소들을 단기기억에 집어넣거나 빼내온다.

   두 번째 모형은 처리수준 틀이며, 부호화할 때 항목을 정교화 시킨 정도에 근거한 기억 능력의 구분을 가정한다.

   세 번째 모형은 다중 기억시스템 모형으로, 절차기억과 선언(의미)기억 간의 구분뿐만 아니라 의미기억과 일화기억 간의 구분도 제안한다.

   이에 덧붙여 심리학자들은 기억 구조에 관한 다른 모형들도 제안해왔다. 여기에는 병렬분산처리(PDP; 연결주의) 모형이 포함된다. PDP 모형은 작업기억, 의미기억 망, 활성화 확산, 점화, 병렬처리 등의 개념을 포함하고 있다.

   마지막으로 많은 심리학자들은 기억 개념화에서의 완전한 변화를 요구하면서, 실세계에서의 기억 기능에 초점을 맞추고 있다. 이러한 요구는 전통적인 창고에 대한 은유로부터 대응 은유로의 전환으로 이끌어가고 있다.
4. **이례적 기억과 두뇌의 생리적 특성을 연구함으로써 심리학자는 기억 구조에 관하여 무엇을 알아내었는가?** 다른 무엇보다도 기억술사 연구는 구체 정보에 대한 기억에서 심상의 가치를 보여주었다. 또한 기억해야 할 항목들 간의 의미 있는 연결을 찾아내거나 형성하는

것의 중요성도 입증해왔다. 기억상실증의 주요 유형은 진행성 기억상실증, 역행성 기억상실증, 유아기 기억상실증이다. 유아기 기억상실증은 다른 두 유형과 질적으로 다르며, 모든 사람에게서 나타난다.

각 유형의 기억상실증 환자가 나타내는 기억 기능에 관한 연구를 통해서 기억의 다양한 측면들을 구분할 수 있게 되었다. 여기에는 장기기억 대 단기기억, 절차기억 대 선언기억, 외현기억 대 암묵기억 등이 포함된다.

아직은 특정 기억 흔적을 확인해내지 못하였지만, 기억 기능에 관여하는 많은 구조들의 위치를 확인해왔다. 기억에 관여하는 피질하 구조에는 해마, 시상, 시상하부, 그리고 심지어는 기저신경절과 소뇌까지 포함되는 것으로 보인다. 피질이 선언지식의 장기저장 대부분을 주도한다.

신경전달물질 세로토닌과 아세틸콜린이 기억 기능에서 핵심적인 것으로 보인다. 다른 생리적 화학물질, 구조, 처리과정들도 중요한 역할을 담당하고 있다. 물론 그 역할을 확인하기 위해서는 후속 연구가 필요하지만 말이다.

생각에 관한 생각: 분석적, 창의적, 현실적 물음

1. 감각기억, 단기기억, 장기기억 각각의 두 가지 특징을 기술해보라.
2. 이중 해리란 무엇인가? 인지기능과 두뇌 간의 관계를 이해하는 데 이중 해리가 중요한 이유는 무엇인가?
3. 다중저장소 기억 모형을 대안 모형 하나와 비교하고 대비시켜보라.
4. 이 장에서 기술한 실험 하나를 비판해보라(예컨대, 영상 저장에 관한 1960년 스펄링의 실험, 또는 처리수준 모형에 관한 1975년 크레이크와 툴빙의 실험). 제시한 해석에 관하여 여러분은 어떤 문제점을 보았는가? 결과 해석을 강화하기 위해서 후속 연구는 어떻게 설계할 수 있겠는가?
5. 암묵기억의 몇몇 측면을 연구하기 위해서 여러분은 어떤 실험을 설계하겠는가?
6. 한 유형의 기억상실증에서 회복된다면 어떻겠는지를 상상해보라. 여러분이 최근에 회복한 기억능력에 대한 여러분의 인상과 반응을 기술해보라.
7. 어떤 방법으로든지 여러분 자신의 기억술 기술을 크게 증진시킬 수 있다면 여러분의 삶은 어떻게 달라지겠는가?

핵심 용어

가설적 구성체(hypothetical construct)
감각저장소(sensory store)
기억(memory)
기억과잉(hypermnesia)
기억상실증(amnesia)
기억술사(mnemonist)
단기저장소(short-term store)
시공간 스케치판(visuospatial sketchpad)
알츠하이머병(Alzheimer's disease)
암묵기억(implicit memory)
역행성 기억상실증(retrograde amnesia)
영상 저장소(iconic store)

외현기억(explicit memory)
유아기 기억상실증(infantile amnesia)
음운고리(phonological loop)
의미기억(semantic memory)
일화기억(episodic memory)
일화 버퍼(episodic buffer)
작업기억(working memory)
장기저장소(long-term store)
재인(recognition)
점화자극(prime)
점화효과(priming effect)
중앙집행기(central executive)
진행성 기억상실증(anterograde amnesia)
처리수준 틀(level-of-processing framework)
회상(recall)

6 기억과정

✻ 이 장의 개요

- 정보의 부호화와 전이
  - 부호화의 형태
    - 단기 저장
    - 장기 저장
  - 단기기억에서 장기기억으로의 전이
    - 되뇌기
    - 정보 체제화
- 인출
  - 단기기억에서의 인출
    - 병렬처리인가, 계열처리인가?
    - 전집 처리인가, 자기종료 처리인가?
    - 승자: 전집 계열처리 모형
  - 장기기억에서의 인출
- 망각과 기억 왜곡 과정
  - 간섭이론
  - 소멸이론
- 기억의 구성적 본질
  - 자전기억
  - 기억 왜곡
    - 목격자 증언 패러다임
    - 억압된 기억
  - 기억의 맥락효과
- 핵심 주제
- 요약
- 생각에 관한 생각: 분석적, 창의적, 현실적 물음
- 핵심 용어

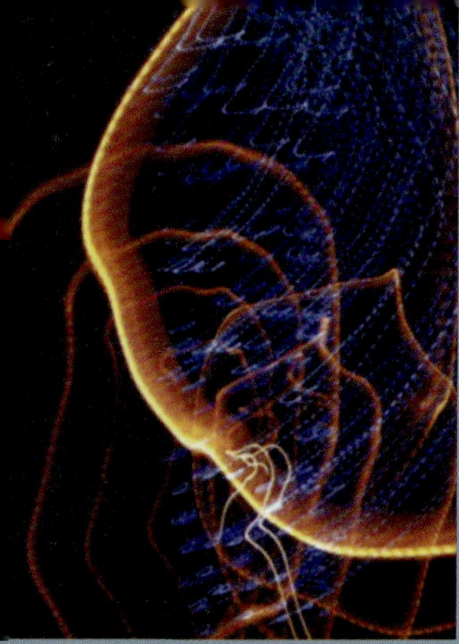

❋ 이 장에서 탐구할 물음들

1. 우리가 기억에 저장하기 위해서 정보를 부호화하는 방식에 관하여 인지심리학자들이 밝혀낸 것은 무엇인가?
2. 기억에서 정보를 인출하는 능력에 영향을 미치는 것은 무엇인가?
3. 우리가 알고 있는 것이나 학습하는 것이 어떻게 기억하는 것에 영향을 미치는가?

믿거나 말거나 | 짜증나는 노래를 기억하는 이유가 있다.

어떤 노래 또는 그 노래의 한 부분이 머리에서 떠나지 않는 것은 믿을 수 없을 만큼 짜증나는 일이다. 우리는 모두 광고음악이 마음에서 반복적으로 들리는 경험을 한 적이 있다. 그 음악을 잊어버리고자 원하는데도 말이다. 그렇지만 순서 회상, 즉 일화나 정보를 순서대로 기억해내는 것은 기억에서 특별하고도 유용한 위치를 차지하고 있다. 우리는 서명을 하거나 아침에 커피를 끓이는 것에서부터 매일 자동차로 귀가할 때 택하는 갈림길에 앞서 나타나는 나들목 이름에 이르기까지, 끊임없이 순서를 기억해내야만 한다.

이러한 순서를 회상하는 능력은 일상생활의 많은 측면들을 가능하게 만들어준다. 여러분이 음악이나 연설의 한 토막을 생각하고 있을 때, 두뇌는 그 구절과 연합된 연결을 강화하는 순서를 반복한다. 이것은 다시 여러분이 회상할 가능성을 증가시키는데, 이것이 더 많은 강화로 이끌어간다.

반복적인 회상과 강화의 끊임없는 주기가 기억을 강화하고 견고하게 만드는 데 필요하고도 정상적인 과정이라고 할지라도, 다른 순서를 도입함으로써 그 주기를 깨뜨려버릴 수는 있다. 다른 노래를 생각하는 것이 경쟁적인 기억에서 첫 번째 노래를 몰아내게 할 수 있다. 또 다른 전염성 있는 노래를 찾아서는 그 노래가 애초의 문제보다 더 짜증나게 되지 않기를 희망하라.

이 장에서는 우리가 정보를 저장하고 회상하는 방법뿐만 아니라 그 정보를 다시 망각하게 해주는 것에 관하여 공부하게 된다.

존 브랜스포드와 마샤 존슨(John Bransford & Marcia Johnson, 1972, p. 722)은 참가자에게 다음 절차를 따라 하도록 요구하였다. 이 절차에서 기술하고 있는 단계들을 회상할 수 있겠는가?

> 실제로 절차는 지극히 간단하다. 우선 물건들을 여러 묶음으로 정리한다. 물론 해야 할 일이 얼마나 많으냐에 따라서 한 묶음이면 충분할 수도 있다. 설비가 없어서 다른 곳에 가야만 한다면, 그것이 다음 단계이다. 설비가 있다면, 모든 것이 준비된 것이다. 한꺼번에 지나치게 많이 하지 않는 것이 중요하다. 즉, 한 번에 너무 많은 것을 하기보다는 적은 일을 하는 것이 더 좋다. 단기적으로는 중요하게 보이지 않을 수도 있지만, 복잡한 문제가 쉽게 발생할 수 있다. 실수는 값비싼 대가를 치를 수도 있다. 처음에는 모든 절차가 복잡해 보일 것이다. 그렇지만

곧 이것도 삶의 또 다른 단면이 되어버린다. 가까운 미래에 이 과제의 필요성에 대해서 어떤 목표를 예측하기는 어렵지만, 어느 누구도 단언할 수는 없다. 절차가 완료된 후에는 다시 물건들을 다른 묶음으로 정리하게 된다. 그런 다음에 적절한 장소에 집어넣을 수 있다. 결국 그 물건들을 다시 사용할 것이며 전체 주기를 반복할 수밖에 없다. 아무튼 이것은 삶의 한 부분이다.

여러분에게는 모든 세부사항들을 기억하는 것이 얼마나 어렵거나 쉬운가? 브랜스포드와 존슨의 참가자들(아마도 여러분도 마찬가지일 것인데)은 글을 이해하고 수반된 단계들을 회상하는 데 상당한 어려움을 겪었다. 이 과제를 그토록 어렵게 만드는 것은 무엇인가? 이 과제에 수반되는 심적 과정은 무엇인가?

선행 장들에서 언급한 바와 같이, 인지심리학자들은 일반적으로 기억의 주요 과정을 세 가지 공통적인 조작, 즉 부호화, 저장, 인출에 따라서 체제화한다. 각각은 기억 과정에서의 단계를 나타낸다.

- **부호화**(encoding)는 물리적 감각입력을 기억에 집어넣을 수 있는 표상으로 전환하는 방법을 지칭한다.
- **저장**(storage)은 부호화한 정보를 기억에 저장(유지)하는 방법을 지칭한다.
- **인출**(retrieval)은 기억에 저장한 정보에 접속하는 방법을 지칭한다.

이 과정들을 논의하면서 언어 자료와 그림 자료의 회상에 초점을 맞춘다. 그렇지만 냄새와 같은 다른 유형의 자극에 대한 기억(Herz & Engen, 1996; Olsson 등, 2009)도 가지고 있다는 사실을 명심하기 바란다.

부호화, 저장, 인출은 연속적인 단계로 간주하기 십상이다. 우선 정보를 받아들인다. 그런 다음에 어느 정도 기간 동안 그 정보를 유지한다. 나중에 정보를 끄집어낸다. 그렇지만 이 과정들은 서로 상호작용하며 상호의존적이다. 예컨대, 여러분은 브랜스포드와 존슨의 절차를 부호화하기 어렵다는 사실을 발견하고는, 그 정보를 저장하고 인출하는 것도 어렵게 되어버린다. 그렇지만 언어 표지는 부호화를 촉진시켜서는 저장과 인출도 촉진시킬 수 있다.

대부분의 사람들은 "세탁기로 빨래하기"와 같은 제목을 보면 글을 훨씬 잘 처리하게 된다. 이제 그 절차를 다시 읽어보라. 글에서 기술한 단계들을 회상할 수 있는가? 언어 표지 "세탁기로 빨래하기"는 이해가 불가능한 것처럼 보였던 글을 부호화하고 기억해내는 것을 도와준다.

❁ 정보의 부호화와 전이

정보를 기억에 저장하기에 앞서, 우선 부호화할 필요가 있다. 정보를 단기기억에 유지하고 있더라도 항상 장기기억으로 전이되는 것은 아니다. 따라서 사건과 사실을 오랜 시간에 걸쳐 기억하기 위해서는 부호화한 후에 단기저장소에서 장기저장소로 전이할 필요가 있다. 이 절에서는 그 과정을 살펴본다.

부호화의 형태

기억에 저장하기 위하여 정보를 부호화한다. 그렇다면 단기저장소와 장기저장소는 정보를 저장하기 위하여 동일한 유형의 부호를 사용하는가, 아니면 그 부호가 서로 다른 것인가? 이 물음에 답하기 위한 몇몇 연구를 살펴보기로 하자.

단기저장

정보를 잠시 저장하고 사용하기 위하여 부호화할 때, 어떤 유형의 부호를 사용하는가? 콘라드(R. Conrad, 1964)가 실험에서 찾아내고자 시도한 것이 바로 이것이다. 참가자에게 문자 당 0.75초의 속도로 여섯 문자를 연속적으로 제시하였다. 다양한 목록에서 사용한 문자는 B, C, F, M, N, P, S, T, V, X이었다. 문자 조합이 단어나 발음 가능한 조합을 초래하지 않도록 모음은 포함시키지 않았다. 문자들을 제시한 즉시, 참가자에게 여섯 문자를 제시한 순서대로 적도록 요구하였다. 참가자들이 어떤 유형의 오류를 범하였겠는가? 문자들을 시각적으로 제시하였음에도 불구하고, 오류는 청각적 혼동 가능성에 근거하는 경향이 있었다. 다시 말해서, 참가자는 제시한 문자를 발음이 유사한 문자로 대치하는 오류를 범하였다. 즉, F를 S로, B를 V로, P를 B로 혼동할 가능성이 높았다.

또 다른 참가자 집단은 배경소음이 있는 장면에서 단일 문자의 발성을 듣기만 하였다. 그런 다음 즉시 들었던 문자를 보고하였다. 참가자는 듣기 과제에서도 시각기억 과제에서와 동일한 패턴의 혼동을 나타냈다(Conrad, 1964). 사람들은 시각적으로 제시한 문자를 생김새가 아니라 발음하는 방식에 따라서 부호화하는 것으로 보인다.

단기기억에 있어서는 콘라드 실험에서 본 바와 같이, 시각부호보다는 청각부호가 더 중요하다. 그렇지만 결과는 다른 부호가 존재할 가능성을 배제하지 못한다. 그러한 부호가 **의미부호**(semantic code), 즉 단어 의미에 근거한 부호이다.

배들리(1966)는 단기기억이 의미부호보다는 일차적으로 청각부호에 의존한다고 주장하였다. 그는 참가자에게 단어 목록을 읽도록 제시하고는 'map, cab, mad, man, cap'과 같이 청각적으로 혼동하기 쉬운 단어 목록의 회상 성과를 'cow, pit, day, rig, bun'과 같이 청각적으로 차별되는 단어 목록의 성과와 비교하였다. 청각적으로 유사한 단어들을 시각적으로 제시하였을 때 성과가 훨씬 열등하였으며, 이 결과는 청각부호가 부호화에서 중요한 역할을 담당한다는 사실을 나타내는 것이었다. 또한 'big, long, large, wide, broad'와 같이 의미적으로 유사한 단어 목록의 성과를 'old, foul, late, hot, strong'과 같이 의미적으로 유사하지 않은 목록의 성과와도 비교하였다. 두 목록 간에 회상 차이는 거의 없었다. 만일 의미적으로 유사한 단어에 대한 성과가 훨씬 열등하였더라면, 그러한 결과가 의미하는 것은 무엇이었겠는가? 그 결과는 참가자가 의미 유사성으로 혼란을 겪었으며 따라서 단어를 의미적으로 처리하고 있었다는 사실을 지적하는 것이다. 그렇지만 의미적으로 유사한 단어들의 성과는 유사하지 않은 단어들보다 오직 약간만 열등하였으며, 이 결과는 의미가 처리에서 크게 중요하지 않았다는 사실을 나타낸다.

그렇지만 단기기억에 정보를 부호화하는 방식을 다룬 후속 연구는 단기기억에서 어느 정도의 의미 부호화에 대한 명확한 증거를 보여주어 왔다(Shulman, 1970; Wickens, Dalezman, & Eggemeier, 1976). 따라서 단기기억에서의 부호화는 무엇보다도 청각적이지만, 부차적인 의미 부호화도 존재한다. 이에 덧붙여서 우리는 때때로 일시적으로 정보를 시각적으로도 부호화한다(Posner, 1969; Posner 등, 1969; Posner & Keele, 1967). 그렇지만 시각 부호화는 더욱 유동적인 것으로 보인다(대략 1.5초). 청각 정보보다 시각 정보를 망각할 가능성이 더 크다. 따라서 애초의 부호화는 무엇보다도 청각적이지만, 상황에 따라서는 다른 형태의 부호화도 사용할 수 있다. 예컨대, 오래 전의 전화번호를 기억해낼 때는 종이에 적어놓은 숫자의 시각 이미지를 기억해내기보다는 스스로 발음해보면서 그 발성 내용을 기억해낼 가능성이 더 크다.

장기저장

앞서 언급한 바와 같이, 작업기억에 일시적으로 저장하는 정보는 우선적으로 청각 형태로 부호화한다. 그렇기에 단기기억에서 단어를 인출하면서 오류를 범할 때, 그 오류는 소리에서의 혼동을 반영하는 경향이 있다. 나중에 인출할 수 있도록 장기저장소로 전이할 때는 어떤 형태로 정보를 부호화하는 것인가?

장기기억에 저장하는 대부분의 정보는 무엇보다도 의미적으로 부호화한다. 다시 말해서 단어 의미로 부호화한다. 몇 가지 관련 증거를 살펴보자.

한 연구에서 참가자는 41개 단어의 목록을 학습하였다(Grossman & Eagle, 1970). 목록을 학습하고 5분이 지난 후에, 재인검사를 실시하였다. 재인검사에는 방해자극, 즉 타당한 선택인 것처럼 보이지만 올바른 선택이 아닌 항목들이 포함되었다. 9개의 방해자극이 목록 단어들과 의미적으로 관련되었으며, 다른 9개는 그렇지 않았다. 연구자는 참가자가 방해자극을 보았다고 답하였지만 목록에 없었던 "헛경보" 반응에 관심이 있었다. 참가자는 평균 1.83개의 동의어(방해자극)을 잘못 재인한 반면, 무관련 방해자극은 평균 1.05개만을 잘못 재인하였다. 이 결과는 의미 혼동 가능성이 높음을 나타내는 것이었다.

의미 부호화를 보여주는 또 다른 방법은 방해자극이 아니라 의미적으로 관련된 검사 단어 집합을 사용하는 것이다. 참가자는 동물, 직업, 채소, 사람 이름 각각에 15개씩, 총 60개 단어 목록을 학습하였다(Bousfield, 1953). 단어는 무선적으로 제시하였다. 따라서 네 범주의 단어들은 완전히 뒤섞여 있었다. 단어를 모두 들은 후에, 참가자에게 제시순서에 관계없이 목록을 자유롭게 회상하도록 요구하였다. 동일 범주의 단어들을 연속해서 회상한 빈도가 우연 수준에서 기대하는 것보다 더 높았겠는가? 실제로 동일 범주에 속한 단어들을 연속적으로 회상하는 경우가 우연 수준에서 기대하는 것보다 훨씬 자주 나타났다. 참가자는 단어들을 범주로 묶어서 기억해내고 있었다. (여러분도 쇼핑 목록과 같은 것을 기억하는 데 도움을 받기 위하여 범주 군집화를 의도적 전략으로 사용할 수 있다. 여러분은 표 6.1에서 기억 보조수단에 관하여 더 많은 것을 공부하게 된다.)

제5장에서 논의하였던 처리수준도 장기기억으로의 부호화에 영향을 미친다. 단

표 6.1 기억술 도구

가용한 많은 기억술 도구 중에서 여기서 기술한 것들은 범주 군집화, 반의어, 문장 만들기 등과 같이, 정보를 의미 있는 단위로 체제화 하는 방식이나 상호작용하는 심상, 핵단어 시스템, 장소법 등과 같이 시각 심상에 의존하는 것들이다.

기법	설명/기술	사례
범주 군집화 (위계적 기법)	항목들을 일련의 범주로 체제화한다.	만일 구입할 특정 먹거리들을 기억할 필요가 있다면, 항목들을 과일, 채소, 빵, 유제품 등의 범주로 기억하고자 시도할 때 더 잘 해낼 수 있다.
상호작용하는 심상	목록의 무관 단어들을 연결시키는 상호작용 심상을 형성한다.	양말, 사과, 가위를 기억해야 한다면, 사과 그림이 붙어있는 양말을 가위로 자르는 심상을 형성할 수 있다.
핵단어 시스템	새로운 단어를 이미 기억하고 있는 목록의 단어와 연합시키고 두 단어 간의 상호작용 심상을 형성한다.	그러한 목록 하나가 'one is a bun, two is a shoe, three is a tree' 등과 같은 전래 동화에서 유래한다. 양말, 사과, 가위를 기억하려면, 두 토끼 사이의 사과, 구두에 구겨 넣은 양말, 나무를 자르는 가위의 심상을 형성할 수 있다. 단어를 기억해낼 필요가 있을 때, 숫자에 해당하는 이미지를 우선 회상한 다음에 상호작용 심상에 들어있는 대상의 단어를 회상하면 된다.
장소법	잘 알고 있는 장소를 마음속에서 돌아다니면서 다양한 랜드마크를 기억해야 할 특정 항목과 연계한다.	마음속에서 돌아다니면서, 기억할 각 단어를 각 랜드마크에 올려놓는다. 새 단어와 랜드마크 간의 상호작용 심상을 형성한다. 등굣길에 세 가지 랜드마크, 즉 이상하게 보이는 집, 나무, 야구장이 있다고 가정해보자. 집 지붕 굴뚝에 꽂아놓은 큰 양말, 나무를 자르는 가위, 야구장 베이스를 대신한 사과의 심상을 형성한다. 목록을 기억해내야 할 때, 마음속에서 다시 돌아다니면서 각 랜드마크와 연계시킨 대상의 단어를 찾아내면 된다.
두문자어 (첫 문자 기법)	각 문자(음절)가 특정 단어나 개념을 의미하는 단어나 표현을 만들어낸다(예컨대, USA, IQ, Laser)	이 장에서 기술한 기억술 도구들의 이름을 영어로 기억하고자 한다고 가정해보자. 두문자어 "I AM PACK"은 Interactive image, Acronym, Method of Loci, Pegword, Acrostic, Category, Keyword를 기억해내도록 촉발할 수 있다.
문장 만들기	새로운 단어를 기억하는 데 도움이 되도록 단일 단어가 아니라 문장을 형성한다.	음악학도는 높은음자리표의 오선지에 나와 있는 음표의 이름(특히 중앙 '다'음 위의 E, G, B, D, F)을 "Every Good Boy Does Fine"을 외움으로써 기억할 수 있다.
핵심단어 시스템	외국어 단어의 발음이나 의미를 친숙한 단어의 발음이나 의미와 연결하는 상호작용 심상을 형성한다.	버터에 해당하는 프랑스어 단어 beurre를 학습하기 위해서 우선 beurre의 발음이 'bear'와 유사하다는 사실을 확인한다. 그런 다음 핵심단어 'bear'를 심상이나 문장을 사용하여 버터와 연합시킨다. 예컨대, 버터 덩어리를 먹고 있는 곰의 심상을 형성한다. 나중에 'bear'는 beurre에 대한 인출단서를 제공한다.

어 목록을 학습할 때, 비의미적 전략을 사용할 때보다 의미 부호화 전략을 사용할 때 더 많은 정보를 장기기억에 집어넣게 된다. 흥미롭게도 자폐증 환자에서는 이러한 전략을 찾아볼 수 없다. 이 결과는 자폐증 환자의 경우 정보를 의미적으로 부호화하지 않거나, 아니면 적어도 정상인에서와 같은 정도의 의미 부호화를 사용하지 않는다는 사실을 시사한다(Toichi & Kamio, 2002). 의미처리를 할 때, 자폐증 환자는 정상인에 비해 브로카 영역의 활성화를 덜 나타낸다. 이 결과는 브로카 영역이 자폐증 환자가 나타내기 십상인 의미 결손과 관련될 수 있다는 사실을 시사한다(Harris 등, 2006).

장기기억으로의 정보 부호화가 전적으로 의미적인 것은 아니다. 시각 부호화에 대한 증거도 있다. 한 연구에서 참가자는 옷, 동물, 교통수단, 가구 각각에 4개씩, 총 16개 대상의 그림을 보았다(Frost, 1972). 연구자는 의미 범주뿐만 아니라 시각 범주에도 처치를 가하였다. 그림들은 시각적 방향에서 차이가 있었다. 넷은 왼쪽을 향하고, 넷은 오른쪽을, 넷은 수평을, 나머지 넷은 수직을 향하고 있었다. 그림은 무선적으로 제시하였다. 참가자에게는 자유롭게 회상하도록 요구하였다. 참가자 반응의 순서는 의미 범주와 시각 범주 모두의 효과를 보여주었다. 이 결과는 참가자가 의미 정보뿐만 아니라 시각 정보도 부호화하고 있었다는 사실을 시사하는 것이었다. 실제로 연구는 사람들이 수많은 이미지를 저장할 수 있다는 사실을 보여주어 왔다(Brady 등, 2008).

fMRI 연구는 부호화에 관여하는 두뇌 영역이 인출에도 관여할 수 있지만 반드시 그래야만 하는 것은 아니라는 사실을 밝혀왔다. 얼굴의 경우, 전내측 전전두피질과 우반구 방추상 얼굴영역이 부호화와 인출 모두에서 중요한 역할을 담당하는 반면, 좌반구 방추상 얼굴영역은 대부분 부호화 과정에 기여한다. 장소의 부호화와 인출은 모두 좌반구 해마방회 장소영역(PPA)을 활성화시킨다. 우반구 PPA는 인출보다 부호화와 연합되어있다. 이에 덧붙여서 내측 측두엽과 전전두엽은 어떤 유형의 자극을 사용하는지와 관계없이 기억과정 일반과 관련되어있다(Prince, Dennis, & Cabeza, 2009).

청각 정보도 장기기억에 부호화할 수 있다(Nelson & Rothbart, 1972). 따라서 오랜 기간 파지하는 정보를 저장하는 방법은 일반적으로 꽤나 유연하다. 정보를 부호화하는 단 하나의 정확한 방식을 알고자 한다면, 잘못된 질문에 대한 답을 찾고 있는 셈이다. 한 가지 정확한 방식이란 존재하지 않는다. 보다 유용한 물음은 "어떤 방식으로 장기기억에 정보를 부호화하는가?"이다. 그렇지만 심리학적 측면에서 가장 유용한 질문은 "언제 어떤 방식으로 부호화하는가?"이겠다. 다시 말해서, 어떤 상황에서 한 형태의 부호화를 사용하고, 어떤 상황에서 다른 형태의 부호화를 사용하는가? 이 물음이 현재 그리고 미래 연구의 초점이다.

단기기억에서 장기기억으로의 전이

단기기억에서 장기기억으로 정보를 전이할 때, 우리는 두 가지 핵심 문제, 즉 간섭과 소멸에 직면한다. 경쟁하고 있는 정보가 또 다른 정보의 저장을 방해할 때, **간섭**(interference)이 일어난다고 말한다. 동일한 배우가 출연하는 두 가지 범죄영화를 관람하였다고 상상해보라. 한 영화의 줄거리를 기억해내려고 시도하지만, 두 번째 영화와 뒤섞여버린다. 간섭을 경험하고 있는 것이다. 단지 시간이 경과함으로써 사실을 망각할 때, **소멸**(decay)이 일어난다고 말한다. 이 장 뒷부분에서 이 두 개념을 보다 상세하게 논의한다.

소멸과 간섭의 문제를 전제로 할 때, 우리는 어떻게 정보를 단기기억에서 장기기억으로 이동시키는가? 정보 이동은 그 정보가 선언기억을 수반하는가 아니면 비선언기억을 수반하는가에 달려있다. 선언기억은 사실과 지식을 지칭하는 반면, 비선언기억은 기술과 같은 절차기억을 지칭한다는 사실을 명심하라.

몇몇 형태의 비선언기억은 매우 불안정하고 신속하게 소멸한다. 점화와 습관화가 그 사례이다. 영화 사례로 되돌아가서 영화 주인공 중의 한 명이 탐 크루즈라고 가정해보자. 영화를 관람한 후에, "크루즈"라는 단어를 언급하는 대화를 어깨 너머로 듣는다. 탐 크루즈의 이름이 자동적으로 여러분의 마음에서 튀어나온다. 그렇지만 며칠 후에 "크루즈"라는 단어를 듣는다면, 탐 크루즈가 여러분의 마음에서 접속가능하기보다는 카리브해에서 최근에 탔거나 탈 예정인 유람선을 생각할 수 있다. 다른 형태의 비선언기억은 (절차의) 반복적인 연습이나 (반응의) 반복적인 조건형성의 결과로 쉽게 유지된다.

정보가 장기 선언기억으로 들어가는 것은 다양한 처리과정을 통해서 일어날 수 있다. 이 목표를 달성하는 한 가지 방법은 정보를 이해하기 위하여 의도적으로 그 정

"재판관님. 제가 질문 받고 있는 문제는 모두 장기기억에 포함시켜야만 하였던 것인데 실수로 단기기억에 집어넣고 말았습니다."

보에 주의를 기울이는 것이다. 또 다른 방법은 새로운 정보를 우리가 이미 알고 있고 이해하고 있는 지식과 연결시키거나 연합시키는 것이다. 새로운 데이터를 기존 스키마에 통합함으로써 연결시킨다. 새로운 정보를 저장된 정보와 통합하는 과정을 **응고화**(consolidation)라고 부른다. 인간의 경우 선언기억을 기억에 응고화 시키는 과정은 처음 경험한 후 여러 해에 걸쳐 계속될 수 있다(Squire, 1986). 예컨대, 어떤 사람이나 대상에 관하여 학습할 때, 학습하고 오랜 시간이 지난 후에 그 정보를 기존 지식과 통합하는 경우도 많다. 예컨대, 여러 해 전에 한 친구를 만났으며, 그 시점에서 지식을 체제화하기 시작하였다. 그렇지만 여전히 그 친구에 관하여 새로운 정보(때때로 놀라운 정보)를 획득하고는 계속해서 새로운 정보를 지식기반에 통합시킨다.

일반적으로 스트레스는 기억 기능을 손상시킨다. 그렇지만 스트레스는 호르몬 분비를 통해 기억 응고화를 고양시킬 수도 있다(Park 등, 2008; Roozendaal, 2002, 2003). 기억상실증 환자를 대상으로 응고화 와해를 연구해왔다. 특히 전기충격요법(ECT)의 결과로 짧은 기간 기억상실증을 경험하는 사람들을 연구해왔다(Squire, 1986). 이 기억상실증 환자의 경우에는 외상의 출처가 명확하다. 혼입변인들을 최소화시킬 수 있다. 외상 전의 개인사를 얻을 수 있으며, 외상 후 후속 검사와 개입이 더욱 가용하다. 일련의 연구는 응고화 과정 중에 기억이 붕괴와 왜곡에 취약하다는 사실을 시사한다.

응고화 중에 기억 통합을 유지하거나 고양시키기 위하여 다양한 메타기억 전략을 사용할 수 있다(Metcalfe, 2000; Waters & Schneider, 2010). **메타기억**(metamemory) 전략은 기억을 증진시키기 위하여 기억과정 자체를 회고해보는 것을 수반한다. 그러한 전략은 되뇌기를 통하여 새로운 정보를 장기기억으로 전이할 때 특히 중요하다. 메타기억 전략은 **메타인지**(metacognition), 즉, 사고과정 그리고 사고를 고양시키는 방법에 관하여 생각하고 그 과정과 방법을 제어하는 능력의 일부분이다. 간단하게 말해서 메타인지는 우리가 생각하는 방식에 관하여 생각하는 것이다.

되뇌기

정보를 생생하게 유지하기 위하여 사람들이 사용하는 한 가지 전략이 **되뇌기**(rehearsal), 즉 항목의 반복적 암송이다. 그러한 되뇌기 효과를 **연습효과**(practice effect)라고 부른다. 되뇌기는 **명시적**(overt)일 수 있으며, 이 경우에는 일반적으로 소리를 내서 반복하는 것이며 관찰자에게 명백하게 드러난다. 또는 **암묵적**(covert)일 수 있으며, 이 경우에는 소리를 내지 않으며 내면적이어서 관찰하기 어렵다.

정교화 되뇌기와 유지 되뇌기

정보를 장기기억으로 이동시키려면, 정교화 되뇌기를 수행해야만 한다. **정교화 되뇌기**(elaborative rehearsal)에서는 기억할 항목을 어떻게든 정교화 시킨다. 이러한 되뇌기는 항목을 이미 알고 있는 것과 의미 있게 통합하거나 상호 의미 있게 연결시킴으로써 보다 기억하기 쉽게 만든다.

반면에 유지 되뇌기를 생각해보자. **유지 되뇌기**(maintenance rehearsal)에서는 기억할 항목을 그저 반복하게 된다. 이러한 되뇌기는 정보를 장기기억으로 전이하지 않은 채 단기기억에 일시적으로 유지시킨다. 정교화를 하지 않으면, 정보를 체제화 하여 전이할 수 없다(Tulving, 1962). 이 결과는 여러분이 시험공부를 할 때 중요하게 된다. 정보를 장기기억으로 전이하고자 원한다면, 그 정보를 어떻게든 정교화하고 이미 알고 있는 것과 연결시킬 필요가 있다. 예컨대, 새로운 사람을 만날 때, 여러분은 그 사람의 이름뿐만 아니라 특정 동아리 회원이라든가 특정 과목을 함께 수강한다는 등, 그 사람과의 다른 연결도 부호화하게 된다. 다음 절에서 논의하는 것과 같은 기억술 기법을 사용하는 것도 도움이 되지만, 단어를 계속해서 반복하는 것은 효과적인 되뇌기를 달성하는 데 충분하지 않다.

간격 효과

새로운 정보를 되뇌기 하는 시간을 배정하는 최선의 방법은 무엇인가?

기억은 정보를 획득하는 방식에 달려있다. 한 세기 이전에 헤르만 에빙하우스(Hermann Ebbinghaus, 1885, Schacter, 1989a에서 인용; 제1장도 참조)는 학습(기억 되뇌기) 회기의 시간 분산이 장기기억에서의 정보 응고화에 영향을 미친다는 사실에 주목하였다. 보다 최근에는 외국어 어휘, 사실, 대상 이름의 회상에 관한 연구가 에빙하우스 결과를 지지하고 있다(Cepeda 등, 2009). 기억은 **분산 훈련**(distributed practice), 즉 학습회기를 시간대에 분산시키는 훈련을 사용할 때 우수한 경향이 있다. **집중 훈련**(massed practice), 즉 학습회기를 짧은 시간대에 집중시키는 훈련을 통해서 정보를 획득할 때, 기억은 그렇게 좋지 않다(개관을 보려면, Delaney, Verkoeijen, & Spirgel, 2010 참조). 학습 시행을 넓은 시간대에 걸쳐 분산할수록, 오랫동안 기억하게 된다. 장기회상 효과를 극대화하려면, 간격을 하루 단위나 주 단위보다는 월 단위로 분산하는 것이 이상적이다. 이 효과를 **간격 효과**(spacing effect)라고 부른다. 다른 누구보다도 소비재 생산회사나 광고회사가 이 분야의 연구를 활용하고 있다. 이 회사의 목표는 자기 제품을 소비자 장기기억에 심어놓음으로써 특정 상품이 필요할 때 소비자가 자기 제품을 기억해내도록 하는 것이다. 광고의 간격은 기억에 미치는 효과를 극대화하도록 변화시킨다(Appleton-Knapp, Bjork, & Wickens, 2005). 이것이 의미하는 바는 동일 제품을 같은 잡지의 여러 페이지에 걸쳐 광고하기보다는 매달 한 번씩 광고를 내보낸다는 것이다.

간격 효과는 정보를 장기기억에 응고화 하는 과정과 관련되어있다(Glenberg, 1977, 1979; Leicht & Overton, 1987). 즉, 각 학습 회기에서 부호화 맥락이 다르기 때문에 간격 효과가 일어날 수 있다. 사람들은 부호화를 위하여 상이한 전략과 단서를 사용할 수 있다. 그렇게 함으로써 정보를 위한 스키마를 풍요롭게 정교화 하게 된다. 간격 효과 원리는 공부하는 데 중요하다. 일반적으로 말해서 공부하는 내용을 시간에 걸쳐 분산하고 부호화 맥락을 변화시키면 정보를 더 오랫동안 회상할 수 있다. 짧은 시간 내에 벼락치기로 정보를 저장하려고 시도하지 말라. 2주에 걸쳐 여러 짧은 회기를 이용하여 시험공부를 한다고 상상해보라. 많은 내용을 기억하게 될 것이다. 그렇지만 만일 모든 내용을 단 하룻밤에 공부하고자 시도한다면, 기억해낼 수 있는 것이 별로 없게 되며, 그 기억도 빠르게 소멸하고 만다.

학습 시행을 여러 날에 걸쳐 분산하는 것이 효과적인 이유는 무엇인가? 한 가지 가능성은 정보를 다양한 맥락에서 학습하는 것이다. 이렇게 다양한 맥락은 정보를 강력한 것으로 만들어 응고화 시키는 데 도움을 준다. 또 다른 가능성 있는 답은 기억에 대한 수면 효과 연구에서 나온다.

수면과 기억 응고화

기억에 특히 중요한 것이 빠른 안구운동(REM) 수면의 양이다. REM 수면은 꿈을 꾸는 것과 뇌파 활동의 증가라는 특징을 나타내는 수면단계이다(Karni 등, 1994; 그림 6.1).

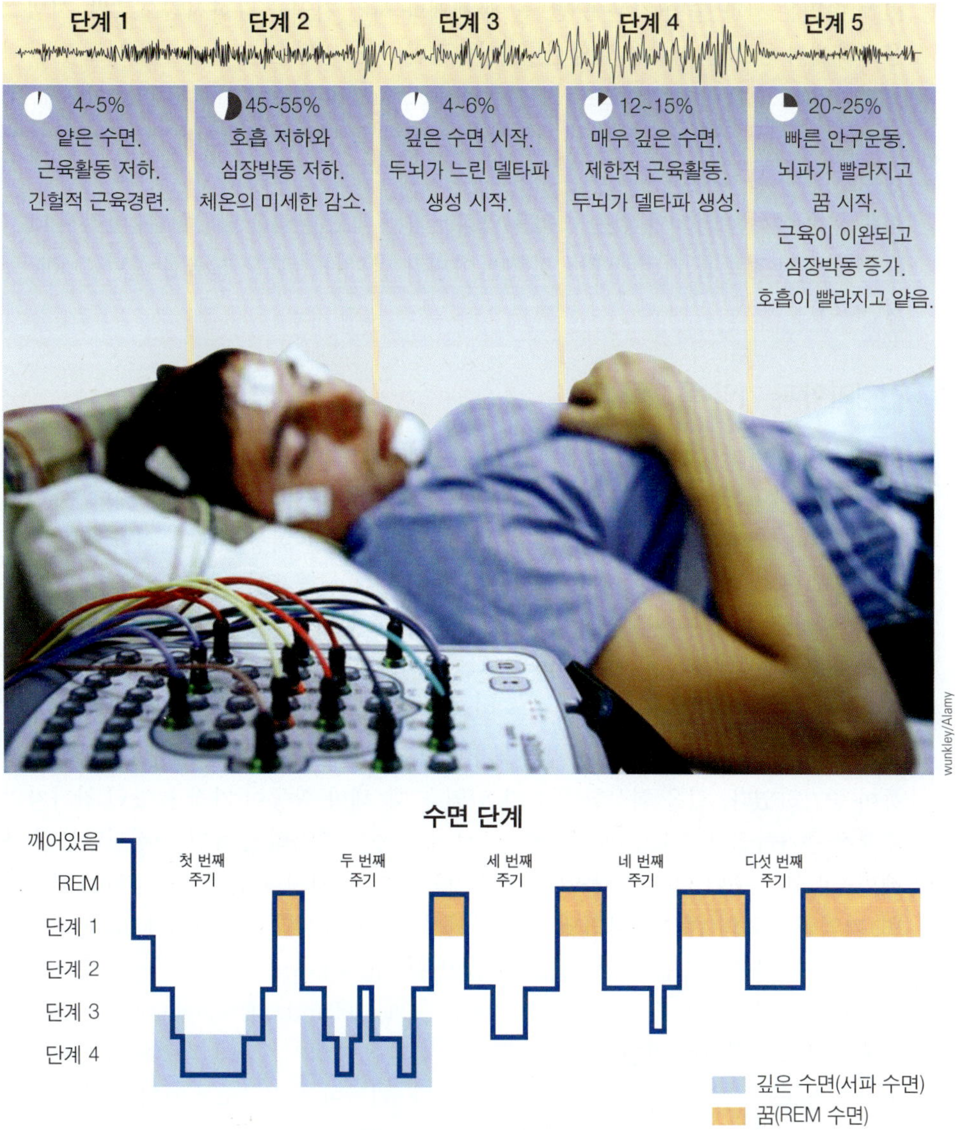

그림 6.1 상이한 다섯 가지 수면 단계는 뇌전도 패턴에서 차이를 보인다. 꿈은 REM 수면이라고 부르는 단계 5에서 일어난다. REM 수면은 특히 기억 응고화에 중요하다.

특히 학습한 날 밤의 REM 수면 패턴의 와해는 정상적인 수면을 취한 경우보다 시각 변별과제의 수행 증진 정도를 저하시켰다. 단계 3이나 4의 수면 패턴이 와해될 때는 이러한 증진 저하가 나타나지 않았다(Karni 등, 1994). 다른 연구를 보더라도, 학습한 후에 REM 수면의 비율이 증가함에 따라서 학습 효과는 우수하였다(Ellenbogen, Payne, & Stickgold, 2006; Smith, 1996). 기억 응고화에 대한 수면의 긍정적 효과는 모든 연령대에서 나타난다(Hornung 등, 2007).

충분한 잠을 취하지 못하는 불면증 환자도 기억 응고화에서 어려움을 겪는다(Backhaus 등, 2006). 따라서 많은 연구는 REM 수면이 기억 형성에 도움을 준다는 사실을 확증해왔다(예컨대, Fischer 등, 2011 참조). 연구들은 신경망에서 새로운 신경세포를 생성하고 통합하는 것이 해마의 기억과정에 영향을 미친다는 사실을 시사한다. REM 수면은 서파 수면(깊은 수면) 중에 체제화 시킨 기억을 강화시킴으로써, 시냅스 응고화에서 중요한 역할을 담당한다. 지속적인 수면 박탈은 그러한 신경세포 발달에 부정적인 영향을 미치는 것으로 보인다(Diekelmann & Born, 2010; Meerlo 등, 2009). 이러한 결과는 기억 응고화에서 생물학적 요인의 중요성을 부각시킨다. 따라서 상당한 REM 수면을 수반하는 숙면은 기억 응고화에 도움을 준다. REM 수면은 기억을 도와줄 뿐만 아니라 가치가 없는 기억을 약화시키는 데도 일익을 담당한다. 따라서 REM 수면은 특정 정보를 기억해내는 것뿐만 아니라 망각하는 데도 도움을 준다(Oudiette 등, 2013).

신경과학과 기억 응고화

REM 수면이 기억 응고화에 그토록 중요한 까닭을 설명할 수 있는 어떤 특별한 사건이 두뇌에서 일어나는가? 동물 학습에 관한 신경심리학 연구는 이 물음에 잠정적인 답을 제공해준다. 해마가 기억을 위한 중요한 구조라는 사실을 회상해보라. 쥐의 해마 신경세포에 관한 연구는 처음 학습할 때 활동하였던 해마 신경세포들이 뒤이어 잠을 잘 때도 활동을 재개한다는 사실을 밝혀왔다. 이것은 마치 장기저장소에 응고화 시키기 위하여 처음의 학습 경험을 재생하는 것처럼 보인다(Scaggs & McNaughton, 1996; Wilson & McNaughton, 1994). 이 효과는 인간에서도 나타났다. 참가자들이 가상 도시에서 길을 학습한 후에 잠을 잤다. 참가자가 공간 정보를 학습한 후에 잠을 잘 때 해마 활동이 증가하였다. 길을 회상할 필요가 있었을 때, 해마 활동이 가장 높았던 참가자의 수행이 증가하였다(Peigneux 등, 2004). 해마 활동이 증가하는 동안 신경전달물질 아세틸콜린의 수준이 극도로 낮았다. 잠을 자는 동안 참가자에게 아세틸콜린을 주입하면, 기억 응고화의 손상을 나타냈지만, 선언기억 정보에서만 그러하였다. 절차기억 응고화는 아세틸콜린 수준의 영향을 받지 않았다(Gais & Born, 2004).

해마는 신속한 학습시스템으로 작용한다(McClelland, McNaughton, & O'Reilly, 1995). 새로운 경험을 점진적으로 작동하는 신피질 표상시스템에 적절하게 동화시킬 때까지 해마는 그 경험을 일시적으로 유지한다. 기억이 환경구조를 보다 정확하게 표상하기 위해서 그러한 보완시스템이 필요한 것이다. 맥클러랜드와 동료들은 새로운 경험을 지나치게 빨리 통합하는 것이 장기기억 시스템에서의 와해를 초래한다는 사실

인지심리학의 실제 적용

기억 전략

시험공부를 위하여 다음과 같은 기억 전략을 사용할 수 있다.

1. 시험 전날 벼락치기보다는 학기 전반에 걸쳐 공부하라. 학습회기를 분산하는 것인데, 이것은 장기기억으로의 응고화를 가능하게 해준다.
2. 새로운 정보를 의미 있는 방식으로 되뇌기 함으로써 이미 알고 있는 것과 연결시켜라. 새로운 정보를 다른 수업활동이나 개인적 삶의 영역과 관련시키도록 체제화 하라.
3. 표 6.1에 나와 있는 다양한 기억술 도구를 활용하라.
4. 시험에 앞서 스스로 검증하거나 다른 사람으로 하여금 여러분을 검증해보도록 하라.
5. 유창성 오류에 조심하라. 복잡한 교재내용을 반복해서 읽을 때, 유창하게 읽어 내려가는 것을 그 내용의 숙달로 착각하기 쉽다.
6. 여러분의 성공적인 지적 능력에 근거하여 공부하고 있는 주제를 분석적이고 창의적이며 실제적인 견지에서 탐구하라(자세한 내용은 제13장 참조).
7. 숙달하려는 분야의 기저 원리를 공부하라. 만일 여러 사례나 연구 결과를 보게 되면, 둘을 선택하여 어떻게 유사하고 차이를 보이는 것인지를 비교해보라.

을 보여주기 위하여 연결주의 학습모형을 사용해왔다. 따라서 분산 훈련의 효과가 나타나는 까닭은 잠을 자는 동안 활동하는 해마에 상대적으로 신속하게 작동하는 학습 시스템이 있기 때문인 것으로 보인다. 뒤따르는 여러 날에 걸쳐 반복적인 노출 그리고 잠을 자는 동안 반복적인 재활성화가 학습을 돕는다. 이러한 방식으로 신속하게 학습한 기억이 장기기억 시스템에 통합되는 것이다.

이에 덧붙여 학습은 두뇌 신경세포에 직접적인 영향을 미친다. 해마의 치상회는 기억형성에서 중요한 두뇌영역이며, 끊임없이 새로운 신경세포를 생성한다. 실제로 매일같이 수천 개의 새로운 신경세포를 생성한다(Cameron & McKay, 2001). 그런데 새롭게 생성되는 많은 신경세포들은 짧은 시간에 사망한다. 만일 이 신경세포들이 죽어나가기 전에 학습이 일어나면, 이 세포들의 생존이 증가한다(Sisti, Glass, & Shors, 2007).

응고화와 관련된 주제가 **재응고화**(reconsolidation)이다. 응고화 과정은 기억이 간섭이나 소멸을 덜 겪게 만든다. 그렇지만 기억을 의식에 떠올린 후에는 보다 불안정한 상태로 되돌아갈 수 있다. 이 상태에서는 응고화 되었던 기억이 다시 간섭이나 소멸의 희생자가 될 수 있다. 이러한 손상을 차단하기 위하여 재응고화 과정이 일어난다. 재응고화는 응고화와 동일한 효과를 갖지만, 이미 부호화하였던 정보에서 작동한다. 재응고화가 회상하는 모든 기억에서 일어날 필요는 없지만, 상대적으로 새롭게 응고화 하였던 정보에서 일어나는 것으로 보인다(Walker 등, 2003).

정보 체제화

저장하고 있는 기억은 체제화 되어있다. 기억이 체제화 되어있는 방식을 알아보는 한 가지 방법이 자유회상에서 주관적 체제화를 측정해보는 것이다. 참가자에게 무관련 단어 목록을 제시하고 제시순서에 관계없이 회상하도록 요구함으로써(자유회상), 체제화를 측정한다. 참가자는 여러 시행에 걸쳐 자신들이 선택한 순서에 따라서 무관련 단어 목록을 회상하도록 학습한다. 만일 단어들을 범주(예컨대, 과일 이름이나 가구 이름 등)로 분할할 수 있다면, 참가자들이 자발적으로 그 범주로 단어들을 군집화한다는 사실을 회상해보라. 제시순서가 무선적인 경우조차도 참가자는 그렇게 한다(Bousfield, 1953). 마찬가지로 참가자는 단어들 간의 관계가 명백하게 나타나지 않은 경우조차도 회상에서 일관성 있는 순서를 보여주는 경향이 있다(Tulving, 1962). 다시 말해서 참가자는 자신의 일관성 있는 체제화를 생성하고는 주관적 단위로 회상을 묶는다. 대부분의 성인들이 자발적으로 항목들을 범주로 군집화 하는 경향이 있지만, 의도적으로 범주 군집화를 기억 보조수단으로 사용하기도 한다.

기억술 도구(mnemonic device)는 정보를 체제화 하고 기억하는 것을 돕는 특별 기법이다. 이 도구가 단어 목록을 기억해내는 데 특히 도움이 되는 까닭은 그 도구를 사용하지 않는다면 무의미하거나 임의적인 목록에 의미를 더해주기 때문이다(Best, 2003). 잘 알고 있거나 쉬운 멜로디를 사용하여 기억할 필요가 있는 자료와 연결시킬 때, 음악조차도 기억술 도구로 사용할 수 있다. 음악은 인출단서로 기능할 수 있다. 예컨대, 신체부위를 나타내는 외국어 어휘를 학습하고자 한다면, 그 어휘들을 여러분이 좋아하거나 잘 알고 있는 멜로디로 흥얼거려보라(예컨대, Moore 등, 2008 참조).

표 6.1이 보여주는 바와 같이, 범주 군집화, 두문자어, 문장 만들기, 상호작용 심상, 핵단어, 장소법 등, 다양한 방법이 단어 목록이나 외국어 어휘를 기억하는 데 도움을 줄 수 있다. 표 6.1에서 기술한 기법들이 가용한 기법의 모두는 아니지만, 가장 빈번하게 사용하는 것들이다.

표 6.1에서 기술한 기억술 전략들의 상대적 효율성은 어떤 차이를 보이는가? 헨리 뢰디거(Henry Roediger, 1980)는 참가자들이 상이한 전략을 사용하여 자료를 기억하는 연구를 수행하였다. 우선 일련의 항목들을 회상하도록 한 후, 각 기억 전략을 간단하게 훈련시킨 후의 회상을 살펴보았다. 자유회상과 단서회상 모두에서, 상호작용 심상, 장소법, 핵단어법의 훈련이 언어적 되뇌기나 개별 항목의 심상 형성보다 더 효과적이었다. 훈련 효과는 계열회상 조건에서 더욱 현저하였다. 자유회상 조건에서는 개별 항목의 심상이 언어적 되뇌기보다 효과적이었지만, 계열회상에서는 언어적 되뇌기

인지심리학 **연구하기**

단기기억의 검증

단기기억에서 정보를 인출하는 능력을 검증해보라. 이 장에서 기술한 솔 스턴버그 실험과 유사한 기억주사 검사를 시도해보라. 10장의 색인카드 각각에 숫자(1~10) 하나를 적어라. 친구로 하여금 여러분에게 다섯 장의 카드를 신속하게 보여주도록 하라(예컨대, 6, 3, 8, 2, 7). 그런 다음에 친구에게 카드 한 장을 들어 보이면서 "이 숫자가 앞에서 본 것인가?"를 묻도록 해보라. 이 절차를 다섯 번 반복해보라. 몇 번이나 정확하게 맞추었는가? 이제 역할을 바꾸어 친구의 단기기억을 검증해보라. 사람들은 어떻게 이러한 결정을 하는 것인가?

가 개별 항목의 심상보다 효과적이었다.

부호화 방법의 상대적 효율성은 인출할 때 요구하는 과제 유형(자유회상 대 계열회상)의 영향을 받는다(Roediger, 1980). 따라서 후속 회상을 위해 정보를 부호화하는 방법을 선택할 때는 회상 목적을 고려해야 한다. 효율적인 부호화(장기기억으로의 전이)뿐만 아니라 필요할 때 후속 인출을 촉진하는 적절한 단서를 제공하는 전략을 선택해야만 한다. 예컨대, 뛰어난 인지심리학자들의 이름을 알파벳 순서대로 인출하는 전략을 사용하는 것은 인지심리학 시험을 준비하는 데 별로 효과적이지 않을 것이다. 특정 이론가를 이론의 핵심 아이디어와 연결시키는 전략을 사용하는 것이 더 효과적일 가능성이 높다.

기억을 보조하는 기억술 도구와 기법들은 메타기억(기억 그리고 기억을 증진시키는 방법에 대한 이해와 생각)을 수반한다. 대부분의 성인은 자발적으로 범주 군집화를 사용하기 때문에, 기억술 도구 목록에 이것을 포함시키는 것은 이렇게 보편적인 기억 전략을 사용하도록 상기시키는 것에 해당한다. 실제로 사람들은 중요한 정보를 기억해낼 가능성을 증진시키기 위하여 다양한 유형의 **상기 자극**(reminder), 즉 외부 기억 보조수단을 사용하기 십상이다. 예컨대, 여러분은 다양한 외부 기억 보조수단의 이점을 학습해왔을 것이 틀림없다. 여기에는 수업 중에 필기하는 것, 구입할 물건의 쇼핑 목록을 작성하는 것, 타이머나 자명종을 설정하는 것, 심지어는 기억하도록 다른 사람에게 요구하는 것 등이 포함된다. 이에 덧붙여서 **강제 기능**(forcing function)을 사용하여 중요한 정보를 기억해내도록 환경을 설계할 수도 있다(Norman, 1988). 강제 기능이란 기억해야 할 핵심 정보를 고려하지도 않은 채 행동하는 것을 막아주는 물리적 제약이다. 예컨대, 강의에 반드시 공책을 가지고 들어가기 위해서, 강의실에 가기 위해서는 반드시 통과해야 하는 문 앞에 공책을 받쳐놓을 수 있다.

병원과 같은 전문적인 장면에서도 행동을 변화시키기 위해 강제 기능을 사용한다. 응급실에서 때로는 환자를 움직이지 못하도록 고정시켜야 할 때가 있는데, 그러한 제약이 사망 위험을 심각하게 증가시키기도 한다. 의사들이 사용하는 컴퓨터 시스템은 환자를 고정시키는 순서를 재고하게 만들고 만일 재고한 순서를 수행하지 않으면 컴퓨터 접속을 차단함으로써 고정 순서에 관한 의사의 결정을 재평가하도록 강제할 수 있다(Griffey 등, 2009). 실제로 주어진 문제에 대처하도록 의사들을 강제하는 것이다. 기억술 기법은 학령기 아동의 분수 더하기와 빼기를 가르치는 데도 도움이 되는 것으로 밝혀져 왔다. 한 연구는 살펴보기-묻기-택하기 기억술 기법을 사용하였는데, 아동에게 우선 분수의 음양부호와 분모를 “살펴보도록” 지시하고, 가장 큰 분모가 가장 작은 분모의 몇 배수가 되는지를 “물은” 다음에, 특정 유형의 분수를 “택하여” 문제를 푸는 것이다(Everett 등, 2014).

대부분의 경우에 우리는 **회고기억**(retrospective memory), 즉 과거에 대한 기억을 증진시키고자 시도한다. 때로는 **전망기억**(prospective memory), 즉 장차 수행하거나 기억해낼 필요가 있는 것에 대한 기억을 증진시키고자 시도하기도 한다. 예컨대, 누군가에게 전화를 걸거나, 슈퍼마켓에서 시리얼을 사거나, 다음 날이 마감인 숙제를 끝마쳐야 하는 것을 기억해낼 필요가 있다. 사람들은 전망기억을 증진시키기 위하여 다양한 전략을 사용한다. 예컨대, 해야 할 일의 목록을 작성하거나, 누군가에게 상기시켜

주도록 요청하거나, 해야 할 일을 상기하기 위하여 손가락에 끈을 묶어두기도 한다. 연구 결과는 매일 어떤 일을 규칙적으로 해야 하는 것이 그 일에 대한 전망기억을 반드시 증진시키지 않는다는 사실을 시사한다. 그렇지만 그 일에 금전적 보상을 주는 것은 전망기억을 증진시키는 경향이 있다(Meacham, 1982; Meacham & Singer, 1977).

회고기억과 마찬가지로, 전망기억은 나이가 들어감에 따라서 감소한다. 세월이 흐르면서 사람들은 회고기억보다는 전망기억을 더 많이 파지한다. 이러한 파지는 외적 단서 그리고 전망기억을 증진시키는 전략을 사용한 결과일 가능성이 높다. 실험실에서 노인은 전망기억의 감소를 나타낸다. 그렇지만 실험실 밖에서는 젊은이보다 더 우수한 성과를 보인다. 이 차이는 나이 들어감에 따라서 기억을 돕는 전략에 더 많이 의존하기 때문인 것으로 보인다(Henry 등, 2004).

신경과학: 기억은 어떻게 저장되는가?

두뇌 어디에 기억을 저장하며, 두뇌의 어느 구조와 영역이 부호화와 인출과 같은 기억과정에 관여하는가? 기억 국재화에 대한 초기의 많은 시도는 성공적이지 못하였다. 예컨대, 문자 그대로 수백 회의 실험을 수행한 후에, 저명한 신경심리학자인 칼 래쉴리(Karl Lashley, 1950)는 마지못해 특정 기억을 위한 두뇌의 특정 영역을 발견할 수 없었다고 시인하였다. 래쉴리의 시인 이후, 수십 년 동안 심리학자들은 기억에 관여하는 많은 두뇌 구조를 확인해왔다. 예컨대, 해마와 인접 구조의 중요성을 밝혔다. 그렇지만 생리적 구조는 래쉴리가 얼버무린 특정 아이디어와 사고 그리고 사건의 국재화를 밝혀낼 수 있는 그런 것이 아닐는지도 모르겠다. 심지어 전기자극과 일화기억 간의 연계에 관한 펜필드의 발견조차 의문의 대상이 되어왔다.

아직 예비적인 수준이기는 하지만, 몇몇 연구는 기억의 다양한 측면에 관여하는 것으로 보이는 구조와 관련된 결과를 보여주고 있다. 첫째, 특정 경험의 감각 특성은 다양한 피질 영역에 걸쳐 체제화 되어있는 것으로 보인다(Squire, 1986). 예컨대, 경험의 시각적, 공간적, 후각적 자질들은 각 유형의 감각을 처리하는 피질 영역 각각에 별도로 저장한다. 따라서 대뇌피질이 정보의 장기저장이라는 측면에서 중요한 역할을 담당하고 있는 것으로 보인다(Zola & Squire, 2000; Zola-Morgan & Squire, 1990).

이에 덧붙여서, 해마와 인근 대뇌구조가 경험의 외현기억과 다른 선언기억 정보에서 중요한 것으로 보인다. 또한 해마는 선언기억 정보를 부호화하는 데 있어서도 핵심 역할을 담당하는 것으로 보인다(Manns & Eichenbaum, 2006; Thompson, 2000). 해마의 주요 기능은 공간 방향과 기억뿐만 아니라 분리된 감각정보의 통합과 응고화에서 나타난다(Ekstrom 등, 2003; Moscovitch, 2003; Solstad 등, 2008). 더욱 중요한 사실은 해마가 새롭게 종합한 정보를 선언기억 지식을 보유하는 장기기억 구조에 전이하는데 관여한다는 점이다. 아마도 그러한 전이는 두뇌의 상이한 영역에 저장된 정보를 상호 참조하는 수단을 제공하는 것이겠다(Reber, Knowlton, & Squire, 1996). 이에 덧붙여서, 해마는 복잡한 학습에서도 핵심 역할을 담당하는 것을 보인다(Gupta 등, 2009; McCormick & Thompson, 1984). 마지막으로 정보 회상에서도 중요한 역할을 담당하고 있다(Gilboa 등, 2006).

진화적인 관점에서 볼 때, 앞서 언급한 두뇌 구조(주로 피질과 해마)는 비교적 최근에 획득한 것이다. 선언기억도 비교적 최근 현상으로 간주할 수 있다. 한편 다른 기억구조들이 비선언적 형태의 기억을 책임지고 있을 수 있다. 예컨대, 기저신경절은 절차지식을 제어하는 일차 구조인 것으로 보인다(Shohamy 등, 2009). 그렇지만 점화효과를 제어하는 데는 관여하지 않는데(Heindel, Butters, & Salmon, 1988), 다양한 다른 유형의 기억이 점화효과에 영향을 미친다(Schacter, 1989b). 나아가서 소뇌가 파블로프식 조건반응의 기억에서 핵심 역할을 담당하며 많은 인지과제 일반에 기여하는 것으로 보인다(Thompson & Steinmetz, 2009). 따라서 다양한 형태의 비선언기억은 상이한 두뇌 구조에 의존하는 것으로 보인다.

편도체는 정서 사건과 연합되기 십상이기 때문에, 자연스러운 물음은 정서 사건의 기억에 편도체가 관여하는지를 묻는 것이다. 한 연구에서는 참가자가 서로 다른 날짜에 두 가지 영상물을 보았다(Cahill 등, 1996). 각 영상물에는 12개의 비디오 클립이 들어있는데, 절반은 정서적 내용을 포함하고 있는 것이고 나머지 절반은 비정서적 내용을 포함하고 있는 것이었다. 참가자가 비디오 클립을 시청하고 있을 때, PET를 사용하여 두뇌활동을 평가하였다. 3주가 지난 후에 참가자는 실험실에 다시 와서 비디오 클립의 내용을 회상하였다. 정서적 내용의 클립에 있어서는 편도체의 활성화 정도가 회상과 연합되었다. 비정서적 클립에 있어서는 그러한 연합이 없었다. 이러한 패턴의 결과는 기억이 정서적으로 충만할 때는 편도체 활성화 수준이 회상과 연합된다는 사실을 시사한다. 다시 말해서 기억이 정서로 충만할수록 나중에 그 기억을 인출할 확률이 높다. 정서기억의 회상이라는 측면에서 성별 차이도 있다. 몇몇 증거는 여자가 남자보다 정서적으로 충만한 사진을 더 잘 회상한다는 사실을 시사한다(Canli 등, 2002). 편도체는 기억 응고화에서도 중요한 역할을 담당하는 것으로 보이며, 특히 정서 경험이 수반될 때 그렇다(Cahill & McGaugh, 1996; Roozandaal, Barsegyan, & Lee, 2008).

기억의 거대수준 구조에 관한 이러한 예비적 통찰에 덧붙여서, 기억의 미시수준 구조도 이해하기 시작하였다. 예컨대, 특정 신경회로의 반복 자극은 흥분 가능성을 강화하는 경향이 있다. 이것을 **장기 증폭**(long-term potentiation)이라고 부른다. 특히 특정 시냅스에서는 수용 뉴런 수상돌기에서 물리적 변화가 나타난다. 이러한 변화는 뉴런이 다시 흥분 역치에 도달할 가능성을 높여준다. 이 발견이 매우 중요한 까닭은 해마 뉴런들이 자신들 간의 상호작용을 변화시킬 수 있다는 사실(즉, 뉴런들이 **가소성**을 가지고 있다는 사실)을 나타내기 때문이다.

새로운 경험과 학습이 두뇌 시냅스의 변화를 초래할 수 있다는 생각은 꽤나 오래된 것이다(Hebb, 1948). 시냅스의 반복 활동은 궁극적으로 **장기 증폭**(즉, 시냅스 반응의 증가에 따른 흥분 비율의 증가)으로 이끌어갈 수 있는 구조변화로 이끌어갈 수 있다. 따라서 새로운 경험은 수많은 시냅스에서의 변화로 이끌어갈 수 있기 때문에, 일단의 뉴런에 걸친 특정 활성화 패턴으로 두뇌에 표상할 수 있다. 오늘날 새로운 연구는 학습에 따른 새로운 정보의 형성은 낡은 시냅스의 손실뿐만 아니라 새로운 시냅스의 형성을 수반할 수 있다는 사실을 밝히고 있다(Caroni, Chowdhury, & Lahr, 2014).

이에 덧붙여서, 두뇌 진동(반복적인 신경활동)이 기억 형성에서 어떤 역할을 담당할 수 있다. 그렇지만 이러한 신경 진동이 어떻게 기억 형성과 관련되는 것인지는 명확하지 않다. 강도의 증가뿐만 아니라 감소를 포함한 모든 주파수 영역의 진동이 관여하고 있는 것으로 나타났기 때문이다. 따라서 답은 복잡한 것일 수밖에 없으며, 몇몇 연구자는 정보처리의 깊이(이 장 앞부분에서 기술한 처리수준 접근을 참조)가 핵심 역할을 담당한다는 가설을 세우고 있다(Hanslmayr & Stuadigl, 2014).

몇몇 신경전달물질이 기억저장을 와해시킨다는 사실도 알고 있다. 다른 신경전도물질은 기억저장을 증진시킨다. 세로토닌과 아세틸콜린은 모두 기억과 관련된 신경전달을 고양시키는 것으로 보인다. 노르에피네프린도 마찬가지이다. 높은 수준의 아세틸콜린이 정상인의 해마에서 나타나는 반면(Squire, 1987), 알츠하이머병 환자에서는 낮게 나타난다. 실제로 알츠하이머병 환자는 아세틸콜린을 분비하는 두뇌조직의 심각한 손상을 나타낸다.

세로토닌도 또 다른 형태의 기억 기능장애인 **코르사코프 증후군**(Korsakoff syndrome)에서 일익을 담당한다. 지속적인 알코올 남용은 이토록 황폐한 형태의 진행성 기억상실증으로 이끌어갈 수 있다. 알코올 남용은 세로토닌 활동을 와해시키는 것으로 나타났다. 그로 인해 기억 형성을 손상시킨다(Weingartner 등, 1983). 코르사코프 증후군은 어느 정도의 역행성 기억상실증을 동반하기 십상이다(Clark 등, 2007). 이 증후군은 간뇌(시상과 시상하부로 구성된 영역)의 손상과도 연계되어왔다(Postma, Wester, & Kessels, 2008). 또한 전두엽과 측두엽의 기능장애나 손상과도 연계되어왔다(Jacobson, Acker, Lishman, 1990; Kopelman 등, 2009; Reed 등, 2003).

다른 생리적 요인들도 기억 기능에 영향을 미친다. 몇몇 호르몬이 두뇌에서 포도당의 가용성을 자극하는데, 이것이 기억 기능을 증진시킨다. 이 호르몬들은 상당한 각성 사건과 연합되기 십상이다. 그러한 사건의 사례로는 외상, 성취, 첫 경험(예컨대, 첫 번째 열정적 키스), 위기, 정상경험(예컨대, 중차대한 결정에 도달하는 것) 등이 있다. 호르몬은 이러한 사건들을 기억하는 데 있어서 일익을 담당한다.

인지심리학에서 가장 매력적인 몇몇 연구는 기억의 측면에서 사용하는 전략에 초점을 맞추고 있다. 기억 전략과 기억과정이 다음 장의 주제이다.

개념 확인

1. 부호화는 단기저장과 장기저장에서 어떻게 다른가?
2. 되뇌기란 무엇인가?
3. 세 가지 기억술 도구의 이름을 대고 설명하라.

인출

일단 정보를 단기기억에 부호화하고 저장한 후에는 어떻게 그 정보를 인출하는가? 정보 인출에 문제가 있을 때도 정보는 여전히 저장되어있는가?

단기기억에서의 인출

기억 주사에 관한 연구에서 솔 스턴버그(Saul Sternberg, 1966)는 참가자에게 1~6개 숫자가 들어있는 짧은 목록을 제시하였다. 참가자가 단기기억에 그 목록을 유지할 것으로 기대하였다. 잠시 후에 검사 숫자를 스크린에 반짝하고 순간적으로 제시하였다. 참가자는 그 숫자가 기억하도록 요구한 목록에 들어있는지를 판단해야 하였다. 따라서 만일 목록이 숫자 '4, 1, 9, 3'을 포함하고 있으며, 숫자 '9'가 화면에 나타났다면, 정답은 '그렇다'가 된다. 만일 검사 숫자가 '7'이라면, 정답은 '아니오'가 된다. 기억하도록 제시한 숫자들을 **정적 집합**(positive set), 제시하지 않은 숫자들을 **부적 집합**(negative set)이라고 부른다.

스턴버그는 다음과 같은 여러 물음에 답하기 위하여 이 실험을 수행하였다. 항목들을 동시에 인출하는가(병렬처리), 아니면 계열적으로 인출하는가(계열처리)? 만일 계열적으로 인출한다면, 모든 항목들을 과제와 관계없이 모두 인출하는가(전집 인출), 아니면 과제에 답할 수 있을 때 인출을 중지하는가(자기종결 인출)? 후속 절에서는 전집 인출과 자기종결 인출뿐만 아니라 병렬처리와 계열처리를 살펴보고 어떤 처리과정이 일어나느냐에 따라서 스턴버그의 결과가 어떤 모습을 나타낼 것인지에 관한 예측을 해본다. 그런 다음에 그의 실험으로 돌아와 실제 결과를 볼 것이다.

기억 인출에서 이렇게 상이한 선택지에 관해 생각해보고, 연구 결과가 무엇을 말해주는지를 보도록 하자.

병렬처리인가, 계열처리인가?

병렬처리란 다중 조작을 동시에 수행하는 것을 지칭한다. 단기기억에 적용한다면, 단기기억에 저장한 항목들을 한 번에 하나씩 인출하는 것이 아니라 동시에 모두 인출하는 것이 된다. 그림 6.2(a)의 예측은 스턴버그 기억 주사 과제에서 병렬처리가 일어난다면 일어날 사건을 보여준다. 즉, 얼마나 많은 숫자를 제시하든지 관계없이(즉, 정적 집합에 얼마나 많은 숫자가 있었느냐에 관계없이), 반응시간은 동일하여야 한다. 모든 비교를 동시에 수행하기 때문이다.

계열처리란 한 번에 하나의 조작을 수행하는 것을 지칭한다. 다시 말해서 숫자 회상 검사에서 숫자를 동시에 인출하는 것이 아니라 연속해서 하나씩 인출하게 된다. 계열 모형에 따르면, 정적 집합에 더 많은 숫자가 있을수록, 그 숫자를 인출하는 데 시간이 더 오래 걸린다[그림 6.2(b)].

전집 처리인가, 자기종료 처리인가?

만일 정보처리가 계열적이라면, 자극에 접속하는 데는 두 가지 방법, 즉 전집적이거나 자기종결적 처리가 있게 된다. **전집 계열처리**(exhaustive serial processing)는 참가자가 정적 집합을 계열적으로 주사하는 도중에 표적과 대응하는 숫자를 찾은 경우에도 항상 모든 숫자를 확인한다는 사실을 함축한다.

정적 집합에서 표적 숫자가 제시한 기억 목록의 앞부분에 위치하든 끝부분에 위

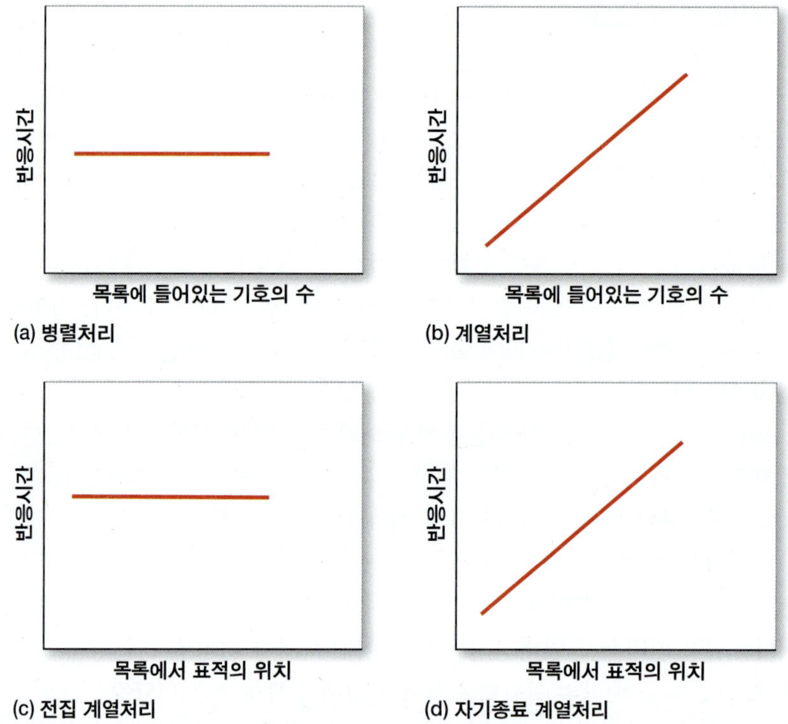

그림 6.2 이 그림은 솔 스턴버그 실험에서 단기기억에서의 인출에 관하여 4가지 가능한 예측을 보여준다. 참가자는 제시하는 숫자가 앞선 정적 집합에 제시되었는지에 답해야만 한다. (a) 병렬처리: 반응시간은 정적 집합에 얼마나 많은 숫자를 제시하였는지에 관계없이 동일하다. (b) 계열처리: 정적 집합에 더 많은 숫자가 있을수록, 반응시간은 증가한다. (c) 전집 계열처리: 표적 숫자가 정적 집합 어디에 위치하느냐에 관계없이, 반응시간은 항상 일정하다. (d) 자기종료 계열처리: 표적 숫자가 정적 집합 뒤쪽에 위치할수록 반응시간은 증가한다.

출처: Sternberg, S. (1966). High speed in S. Sternberg's short-term memory scanning task. *Science*, *153*, 652-654.

치하든 관계없이, '그렇다'의 정적 반응에는 항상 동일한 정도의 시간이 걸린다. 다시 말해서, 전집 탐색에서는 어떤 숫자를 발견하는 데 동일한 시간이 걸리게 된다. 전집 처리는 그림 6.2(c)에 나와 있는 데이터 패턴을 예측한다.

자기종결 계열처리(self-terminating serial processing)는 참가자가 반응을 하는 데 필요한 숫자들만을 확인한다는 것을 함축한다. 일단 표적 숫자를 확인하면 처리를 종료한다. 그림 6.2(d)를 보자. 이 그래프는 표적 숫자가 정적 집합 어디에 위치하느냐에 따라 반응시간이 선형적으로 증가하는 것을 나타낸다. 계열 위치가 뒤쪽에 있을수록, 반응시간은 길어진다.

승자: 전집 계열처리 모형

실제 데이터 패턴은 명명백백하다. 그 데이터는 그림 6.2(b)와 (c)와 같다. 반응시간은 집합 크기에 따라 선형적으로 증가하지만, 계열 위치와 관계없이 동일하다. 후속연구도 이 데이터 패턴을 반복하였다(Sternberg, 1969). 게다가 '그렇다' 반응과 '아니다' 반응의 평균 반응시간도 본질적으로 동일하였다. 이 사실은 전집 계열처리 모형을 더욱 지지하였다. 비교에는 대략 한 항목 당 38밀리초가 걸렸다(Sternberg, 1966, 1969).

많은 연구자가 병렬처리와 계열처리의 물음에 완벽한 답을 내놓았다고 생각하였지만, 실제로는 병렬처리 모형도 데이터를 설명할 수 있었다(Corcoran, 1971). 병렬처리를 수반하는 경마를 상상해보라. 경마는 마지막 말이 결승점을 통과해야 비로소 종료된다. 이제 경마에 더 많은 말을 출전시킨다고 가정해보자. 출발해서 마지막 말이 결승점을 통과할 때까지의 경마 시간은 증가할 가능성이 높다. 예컨대, 말들을 무선적으로 선택한다면, 8마리 경주에서 가장 느린 말은 4마리 경주에서 가장 느린 말보다 더 느릴 가능성이 크다. 즉, 말들이 많아질수록 속도의 범위도 넓어질 가능성이 커진다. 따라서 가장 느린 말이 결승점을 통과해야 비로소 경마가 끝나기 때문에, 전체 경마 시간은 길어지게 된다.

마찬가지로, 보다 많은 항목을 수반하는 인출 과제에 병렬처리 모형을 적용하면, 다양한 항목에 대한 인출 속도의 범위가 넓어질 가능성도 증가한다. 마지막 항목을 인출해야만 전체 인출 과정을 종료한다. 수학적으로 말해서 병렬처리 모형과 계열처리 모형을 명확하게 구분할 수 없다(Townsend, 1971). 어떤 계열처리 모형이든지 그 예측을 흉내 낼 수 있는 몇몇 병렬처리 모형은 항상 존재하기 마련이며, 그 역도 마찬가지이다. 두 모형이 똑같이 그럴듯하지는 않을 수도 있지만, 아무튼 그러한 모형들이 존재한다. 이에 덧붙여서, 사람들이 사용하는 처리과정은 부분적으로 처리하는 자극에 달려있다(예컨대, Naus, 1974; Naus, Glucksberg, & Ornstein, 1972).

몇몇 인지심리학자는 기억과정이 작동하는 방식뿐만 아니라 기억과정의 작동 이유도 추구해야만 한다고 제안해왔다(예컨대, Bruce, 1991). 즉, 기억은 개인에게 있어서 그리고 인간이라는 동물종에게 있어서 어떤 기능을 담당하는가? 기억의 기능을 이해하려면 비교적 복잡한 정보의 기억을 연구해야만 한다. 또한 정보적 맥락 내에서 그리고 과거 경험의 결과로서, 제시하는 정보와 개인에게 유용한 다른 정보 간의 관계도 이해할 필요가 있다.

장기기억에서의 인출

기억 저장을 인출 현상과 분리하기는 어렵다. 한 연구는 참가자의 범주 단어 목록에 대한 기억을 검사하였다(Tulving & Pearlstone, 1966). 참가자는 목록에서 한 범주에 속한 단어들을 함께 듣는데, 항목들을 제시하기에 앞서 범주 이름을 제시하였다. 예컨대, "옷"이라는 범주 이름을 듣고 나서 "셔츠, 양말, 바지, 벨트"를 들었다. 그런 다음에 회상 검사를 받았다.

회상 검사는 두 가지 방식으로 실시하였다. 자유회상 조건에서는 제시순서와 관계없이 가능한 많은 단어를 회상하면 되었다. 그렇지만 단서회상에서는 범주 별로 검사를 실시하였다. 각 범주 이름을 단서로 제시한 후, 그 범주에서 가능한 많은 단어를 회상하도록 요구하였다. 결정적 결과는 단서회상이 자유회상보다 훨씬 우수하다는 것

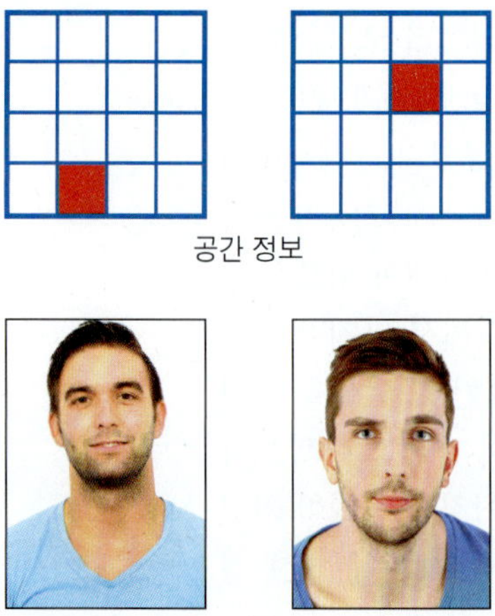

그림 6.3 케이더 등(2005)의 실험에서, 참가자에게 "개념"과 같은 추상단어를 두 공간위치 중의 하나 또는 두 얼굴 중의 하나와 짝지어서 제시하였다.

출처: Khader, P., Burke, M., Bien, S., Ranganath, C., & Roesler, F. (2005). Content-specific activation during associative long-term memory retrieval. *Neuroimage*, *27*(4), 805-816.

이었다. 만일 자유회상만을 검사하였더라면, 참가자들이 별로 많은 단어를 저장하지 않았다고 결론내릴 수도 있었다. 그렇지만 단서회상 조건과의 비교는 겉으로 드러나는 기억 실패가 대부분 저장 실패가 아니라 인출 실패라는 사실을 보여주었다.

범주화는 인출에 극적인 영향을 미친다. 또 다른 연구에서 참가자는 범주 단어 목록을 학습하였다(Bower 등, 1969). 단어를 무선적으로 제시하거나 아니면 체제화를 보여주는 위계적 나무도식의 형태로 제시하였다. 예컨대, "광물"이라는 범주가 상단에 나타나고, 그 아래 "금속과 비금속" 범주가 나타나는 식이었다. 위계적 제시를 보여준 참가자는 단어의 65%를 회상한 반면, 무선적으로 제시한 참가자는 단지 19%만을 회상하였다.

한 흥미진진한 연구는 지각할 때 특정 피질영역이 처리한 자료는 장기기억 회상을 할 때도 동일한 영역을 활성화시킨다는 사실을 입증하였다(Khader 등, 2005). 참가자는 두 얼굴 중의 하나와 연결되거나 두 공간위치 중 하나와 연결된 추상단어를 학습하였다(그림 6.3 참조). 며칠 후에 실시한 단서회상 검사에서, 참가자에게 두 단어를 제시하고 두 단어가 공통적인 얼굴이나 위치와 연결되었는지를 판단하도록 요구하였으며, fMRI로 두뇌활동을 측정하였다. 공간위치 회상은 두정엽과 중심전 피질과 같은 영역을 활성화시켰으며, 얼굴은 좌측 전전두측두피질과 후측 대상회와 같은 영역을 활성화시켰다. 혈류 산소 수준은 회상한 연합의 수가 증가할수록 함께 증가하였다.

기억을 연구할 때 발생하는 또 다른 문제는 때때로 정보를 인출하는 데 어려움을 겪는 이유를 이해하는 것이다. 인지심리학자는 항목의 가용성과 접속가능성을 구분하는 방법을 찾는 데 어려움을 겪기 십상이다. **가용성**(availability)이란 장기기억에 정보가 존재하는 것이다. **접속가능성**(accessibility)이란 가용한 정보에 접속할 수 있는 정도를 말한다. 기억 수행은 기억해낼 정보의 접속가능성에 달려있다. 이상적으로 보자면, 기억연구자는 기억 정보의 가용성을 평가하고자 원한다. 불행하게도 그러한 정보의 접속가능성을 평가하는 데 머무를 수밖에 없다.

개념 확인

1. 단기기억의 정보를 어떻게 인출하는 것인가?
2. 정보의 가용성과 접속가능성을 구분할 필요가 있는 이유는 무엇인가?

❁ 망각과 기억 왜곡 과정

방금 들여다본 전화번호나 방금 만난 사람의 이름을 그토록 신속하게 망각하는 이유는 무엇인가? 작업기억에 저장한 정보를 망각하는 이유에 관하여 여러 이론을 제안해왔다. 가장 널리 알려진 두 이론은 간섭 이론과 소멸 이론이다. 경쟁적인 정보가 무엇인가를 망각하도록 만들 때 간섭이 일어난다. 시간 경과가 망각의 원인일 때 소멸이 일어난다.

간섭 이론

간섭 이론(interference theory)은 특정 단어의 회상이 다른 단어의 회상을 간섭하기 때문에 망각이 일어나는 것을 지칭한다. 간섭의 증거는 수십 년을 거슬러 올라간다(Brown, 1958; Peterson & Peterson, 1959). 한 연구에서는 참가자에게 세 문자의 배열을 제시한 후 3, 6, 9, 12, 15, 18초 후에 회상하도록 요구하였다(Peterson & Peterson, 1959). "K B F"와 같이 자음만을 사용함으로써 참가자가 세 문자를 쉽게 발음할 수는 없었다. 그림 6.4는 다양한 시간 간격 후에 정확 회상 백분율을 보여준다.

회상이 이토록 신속하게 떨어지는 이유는 무엇인가? 참가자는 세 문자를 청각적으로 들은 후에 즉시 들려주는 세 자리 숫자로부터 3씩 계속해서 빼나가야 하였기 때문이었다. 참가자에게 숫자 빼기 과제를 실시한 목적은 **파지 기간**(retention interval) 동안 되뇌기를 못하도록 하려는 것이었다. 파지 기간이란 문자 집합의 제시부터 회상을 시작할 때까지의 시간이다.

참가자가 되뇌기를 하지 못하면 단지 18초 후에 세 문자를 거의 완벽하게 망각하

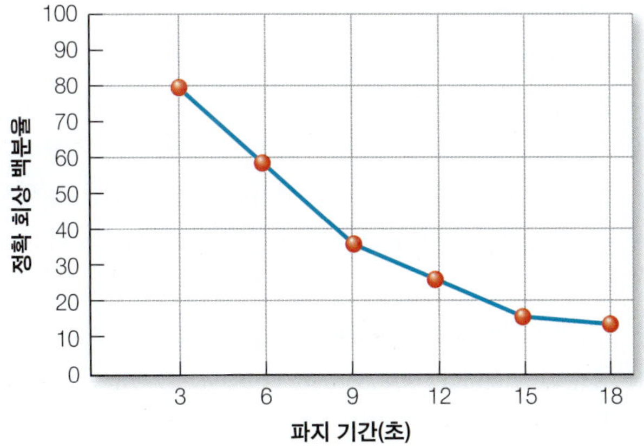

그림 6.4 세 자음의 회상 백분율은 참가자에게 그 자음을 되뇌기 할 기회를 제공하지 않을 때 급격하게 떨어진다.

출처: Keppel, G., & Underwood, B. J. (1962). Proactive inhibition in short-term retention of single items. *Journal of Verbal Learning and Verbal Behavior*, *1*, 153-161.

였다. 이에 덧붙여서, 망각은 문자 대신 단어를 회상할 자극으로 사용할 때에도 일어났다(Murdock, 1961). 따라서 숫자 빼기는 단기기억에서의 회상을 간섭하였으며, 단기기억 망각에 대한 간섭 설명을 지지하였다. 그 당시에는 숫자 빼기가 문자 회상을 간섭한다는 사실이 놀라운 것처럼 보였다. 기존 견해는 언어 정보가 언어(단어) 기억만을 간섭한다는 것이었다. 마찬가지로 정량(숫자) 정보는 정량기억만을 간섭한다고 생각하였다.

적어도 두 가지 유형의 간섭, 즉 역행 간섭과 순행 간섭이 심리학 이론과 연구에서 현저한 것으로 대두된다. **역행 간섭**(retroactive interference; 역행 억제)은 새로 획득한 지식이 선행 지식의 회상을 방해할 때 일어난다. 무엇인가를 학습한 후이지만 그것을 회상하도록 요구하기 전에 일어난 행위가 이 유형의 간섭을 초래한다. 브라운-피터슨 과제에서 간섭이 역행적인 까닭은 숫자 빼기가 세 문자를 학습한 후에 일어나기 때문이다. 숫자 빼기가 앞서 학습한 정보를 기억해내는 능력을 간섭한다.

순행 간섭(proactive interference; 순행 억제)은 과거에 학습한 자료가 새로운 자료의 학습을 방해할 때 일어난다. 이 경우에 간섭하는 자료는 기억해낼 자료를 학습한 후가 아니라 전에 발생한다. 만일 여러분이 둘 이상의 외국어를 공부하였다면, 이 효과를 꽤나 강하게 경험하였을 것이다. 저자는 학교에서 프랑스어를 공부한 다음에, 대학에 입학하여 스페인어를 공부하기 시작하였다. 불행하게도 프랑스어 단어가 스페인어 글에 부지불식간에 침투하여, 스페인어 글에서 프랑스어 단어를 제거하느라 애를 먹었다(순행 간섭이다). 나중에 이태리어를 공부하였는데, 여러 해 동안 스페인어를 연습하지 않았기 때문에, 생각할 겨를이 별로 없는 대화에서 스페인어 문장을 만들어낼 때 이태리어와 스페인어가 뒤섞일 가능성이 높았다(역행 간섭이다).

단기기억에서도 역행 간섭뿐만 아니라 순행 간섭이 작용할 수 있다(Keppel & Underwood, 1962; Makovski & Jiang, 2008). 따라서 역행 간섭이 중요하지만(Reitman, 1971; Shiffrin, 1973; Waugh & Norman, 1965), 기억 수행을 방해하는 유일한 요인은 아니다.

일반적으로 순행 간섭의 정도는 정보를 부호화한 시점과 그 정보를 인출하는 시점 간의 간격이 증가할수록 늘어난다(Underwood, 1957). 또한 여러분도 예상할 수 있는 바와 같이, 사전 학습이 증가할수록, 순행 간섭도 증가한다(Greenberg & Underwood, 1950). 일반적으로 순행 간섭은 젊은이보다 노인에서 강력한 효과를 발휘한다(Ebert & Anderson, 2009). 순행 간섭과 역행 간섭은 모두 수면을 통해서 감소시킬 수 있는데, 이 사실은 기억 응고화에서 수면의 중요성을 보여주는 또 다른 지표이다(Abel & Bäuml, 2014).

순행 간섭은 전두엽의 활성화와 연합되어 있는 것으로 보인다. 특히 좌반구 브로드만 45번 영역을 활성화시킨다(Postle, Brush, & Nick, 2004). 알코올 중독 환자는 정상인에 비해서 순행 간섭을 적게 나타낸다. 이 결과는 알코올 중독 환자가 과거 정보를 새로운 정보와 통합하는 데 어려움이 있다는 사실을 시사한다. 따라서 알코올 중독 환자는 무관련 항목들을 함께 묶는 데 어려움이 있다(De Rosa & Sullivan, 2003). 종합컨대, 이 결과는 브로드만 45번 영역이 항목들을 의미 있는 집단으로 묶는 데 관여할 가능성이 높다는 사실을 시사한다. 보다 많은 정보를 수집할수록, 그 정보들을 서로 관련시키려는 시도가 가용한 자원의 많은 부분을 차지하기 때문에, 새로운 항목을 처리하는 능력이 제한받게 된다.

모든 정보가 동등하게 순행 간섭에 기여하는 것은 아니다. 만일 여러분이 숫자 목록을 학습하고 있다면, 목록이 길어짐에 따라서 목록 학습의 성과는 점차적으로 떨어지게 된다. 그렇지만 목록의 내용을 단어로 전환하게 되면, 성과는 다시 올라가게 된다. 이러한 수행 증진을 **순행 간섭 해제**(release from proactive interference)라고 부른다(Bunting, 2006). 순행 간섭 효과는 회상이 지연되는 조건에서 주도적으로 나타난다. 그렇지만 오늘날 순행 간섭과 역행 간섭은 상보적인 현상으로 간주하고 있다.

초기의 몇몇 심리학자들은 관련이 없는 숫자, 단어, 무의미철자의 연속보다는 응집적인 글이나 이야기에 대한 기억 인출을 연구할 필요가 있다는 사실을 인식하고 있었다. 한 연구에서는 참가자가 이야기를 학습하고는 회상하였다(Bartlett, 1932). 영국 참가자들이 "유령들의 전쟁"이라는 북미 아메리칸 인디언의 전설을 학습하였는데, 이 이야기는 영국인에게 낯설고 이해하기 어려운 것이었다. '인지심리학 연구하기: 바틀릿의 전설'을 읽고, 얼마나 많은 내용을 회상할 수 있는지를 알아보라.

참가자들은 이야기를 자신이 보다 잘 이해할 수 있도록 회상을 왜곡시켰다. 다시 말해서 사전 지식과 기대가 회상에 상당한 영향을 미쳤다. 사람들은 기억과제에 자신의 스키마를 동원하는데, 스키마는 자신이 학습한 것을 회상하는 방식에 영향을 미친다. **스키마**(schema)는 지식을 의미 있는 방식으로 표상하는 심적 틀이다. 브라운-피터슨 패러다임을 사용한 후속 연구는 사전 지식이 기억에 엄청난 영향을 미치며, 때로는 간섭이나 왜곡으로 이끌어간다는 생각을 지지한다.

망각의 원인을 결정하는 데 자주 사용하는 또 다른 방법은 계열위치 곡선을 수반한다. **계열위치 곡선**(serial-position curve)은 목록에서 계열 위치(제시 순서)에 따라 특정 단어를 회상할 확률을 나타낸다. 단어 목록을 제시하고 회상하도록 요구한다고 가정해보자. 여러분은 '인지심리학 연구하기: 계열위치 곡선'에서 스스로 시도해볼 수 있다.

만일 여러분이 다른 사람들과 다르지 않다면, 목록 마지막 부분에 위치한 단어의 회상이 가장 우수할 것이다. 목록 시작 부분에 있는 단어의 회상이 두 번째로 우수할 것이며, 중앙에 위치한 단어의 회상이 가장 나쁘게 된다. 전형적인 계열위치 곡선이 그림 6.5에 나와 있다.

최신효과(recency effect)는 목록 마지막 부분에 있는 단어들의 우수한 회상을 지칭한다. **초두효과**(primacy effect)는 목록 시작 부분에 있는 단어들의 우수한 회상을 지칭한다. 그림 6.5가 보여주는 바와 같이, 최신효과와 초두효과는 모두 회상에 영향을 미친다. 계열위치 곡선은 간섭 이론으로 이해할 수 있다. 목록 끝부분의 단어는 순행 간섭을 받지만 역행 간섭은 받지 않는다. 목록 시작 부분의 단어는 역행 간섭을 받지만 순행 간섭을 받지 않는다. 그리고 목록 중앙의 단어는 두 유형의 간섭을 모두 받는다. 따라서 회상은 목록 중앙에서 가장 열등할 것이라고 예상할 수 있다. 실제로도 가장 열등하다.

초두효과와 최신효과는 일상생활에서도 접할 수 있다. 누군가를 만난 후 그 사람을 더 잘 알게 되었을 때, 때때로 첫인상을 뛰어넘기가 매우 어렵다는 사실을 깨달은

인지심리학 연구하기

여러분은 바틀릿의 전설을 회상할 수 있는가?

다음의 전설을 읽은 다음에 책을 덮어 이야기를 볼 수 없게 하라. 이제 기억해내는 것을 적어봄으로써 전설을 모두 회상하도록 시도해보라.

(A) 인디언 전설 원본	(B) 영국 대학생의 전형적인 회상 내용
유령들의 전쟁 어느 날 밤 에굴렉 마을에 사는 두 젊은이가 바다표범을 사냥하려고 강을 따라 내려왔다. 그곳에 도착하였을 때, 주위는 안개가 자욱하고 고요했다. 이때 그들은 전쟁 소리와 같은 함성을 듣고, "아마 전쟁이 일어났다보다."라고 생각하였다. 그들은 해변으로 도망가서 통나무 뒤에 몸을 숨겼다. 그때 카누들이 다가왔고 노 젓는 소리도 들렸다. 어떤 카누가 다가오는 것이 보였다. 카누에는 남자 다섯이 타고 있었고, 그들이 말했다. "어떻소? 우리는 당신들이 함께 가주었으면 하는데. 우리는 전쟁을 하기 위해 강을 거슬러 올라가고 있소." 한 젊은이는 "나는 화살이 없어요."라고 말했다. 그들은 "화살은 카누에 있소."라고 말했다. 그 젊은이는 "나는 같이 가지 않을래요. 죽을지도 모르잖아요. 식구들은 내가 어디로 갔는지 알지 못하잖아요. 그렇지만 너는,"하면서 다른 젊은이를 돌아보면서, "이 사람들과 함께 가도 되겠다."고 말했다. 그래서 한 젊은이는 따라갔으나, 다른 젊은이는 집으로 돌아갔다. 전사들은 강을 거슬러 올라가, 칼라마의 다른 쪽 마을로 갔다. 사람들이 물가로 내려와서 싸우기 시작하였으며, 많은 사람들이 목숨을 잃었다. 그런데 곧 젊은이는 전사 한 사람이 "빨리 집으로 가자. 저 인디언이 화살에 맞았다."라고 말하는 것을 들었다. 이제 그 젊은이는 "아, 이들은 유령이구나."라고 생각했다. 아픔을 느끼지는 않았지만, 그들은 자신이 화살을 맞았다고 말하였다. 그래서 카누는 에굴렉으로 돌아왔으며, 젊은이는 해변에 있는 집으로 가서 불을 지폈다. 그리고 모든 사람들에게 "나는 유령들과 함께 싸우러 갔었어요. 동료 여러 명이 죽었고, 우리를 공격하던 사람들도 많이 죽었지요. 그들은 내가 화살에 맞았다고 말하였는데, 나는 아프지 않았어요."라고 말하였다. 그는 이야기를 모두 마친 후에 잠잠해졌다. 태양이 떠오를 때, 그는 쓰러졌다. 무엇인가 검은 것이 그의 입에서 나왔다. 그의 얼굴이 일그러졌다. 사람들이 벌떡 일어나 외쳤다. 그는 죽은 것이다.	**유령들의 전쟁** 유글렉의 두 사나이가 고기 잡으러 갔다. 강가에서 고기잡이에 열중하고 있을 때, 멀리서 시끄러운 소리를 들었다. "고함소리 같은데."라고 한 사나이가 말하자, 곧 카누를 탄 사람들이 나타나 자기들의 모험에 동참하도록 권유하였다. 한 젊은이는 가족 때문에 가기를 거부하였지만, 다른 젊은이는 가겠다고 하였다. "그런데 화살이 없어요."라고 그가 말했다. "화살은 보트에 있어요."라고 응답하였다. 그가 배안에 자리를 잡는 동안, 친구는 집으로 돌아갔다. 무리는 칼로마를 향하여 노를 저으면서 강을 거슬러 올라가 강둑에 도착하였다. 적은 그들을 밀어붙이기 시작했고, 다소 격렬한 싸움이 뒤따랐다. 곧 누군가 부상을 당했고, 적들은 유령이라는 외침이 있었다. 무리는 강을 따라 내려왔고, 그 젊은이는 전혀 나쁜 경험을 느끼지 않은 채 집으로 돌아왔다. 다음날 새벽 그는 자신의 모험을 열심히 설명하고자 하였다. 말하는 도중에 무엇인가 검은 것이 그의 입에서 나왔다. 갑자기 그는 외마디 비명을 지르면서 쓰러졌다. 친구들이 주위에 몰려들었다. 그렇지만 그는 죽었다.

출처: Bartlett, F. C. (1932). *Remembering: A study in experimental and social psychology*. Cambridge University Press.

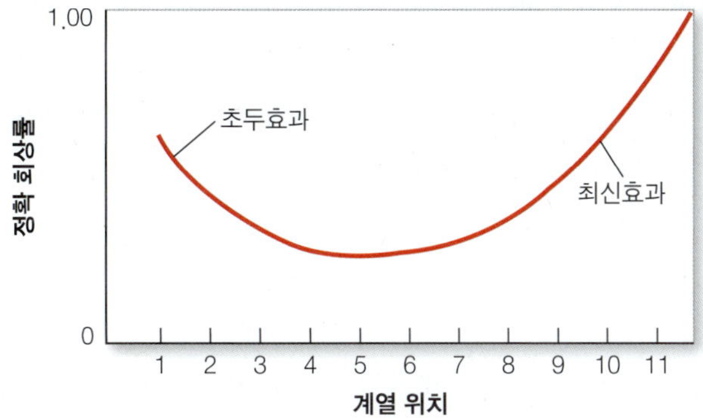

그림 6.5 단어 목록을 회상하도록 요구하면, 목록 마지막 부분에 가까운 단어들의 회상이 가장 우수하며(최신효과), 목록 시작 부분의 단어 회상이 꽤나 우수하고(초두효과), 목록 중앙 부분의 단어 회상이 상대적으로 열등하게 된다.

인지심리학 연구하기

계열위치 곡선

이 실험을 돕기 위하여 적어도 두세 명의 친구나 가족을 동원하라. 그들에게 단어 목록을 읽어줄 것이라고 말하고, 읽기가 끝나는 즉시 제시 순서와는 관계없이 원하는 순서대로 단어들을 가능한 많이 적어야한다고 알려주어라. (모든 사람에게 종이와 연필을 나누어주어라.) 다음의 단어들을 1초 간격으로 읽어주어라. "책, 평화, 창문, 달리기, 상자, 조화, 모자, 목소리, 나무, 시작, 닻, 구멍, 바닥, 영역, 토마토, 개념, 팔, 규칙, 사자, 희망." 기억해낼 수 있는 모든 단어를 적기에 충분한 시간을 준 뒤에, 다음 다섯 묶음의 단어 별로 회상한 수를 모두 더하라.

1. 책, 평화, 창문, 달리기
2. 상자, 조화, 모자, 목소리
3. 나무, 시작, 닻, 구멍
4. 바닥, 영역, 토마토, 개념
5. 팔, 규칙, 사자, 희망

여러분의 친구나 가족들은 묶음 1과 5의 단어를 묶음 2, 3, 4의 단어보다 더 많이 회상해낼 가능성이 더 크며, 묶음 3의 회상이 가장 낮을 것이다. 이 실험은 계열위치 곡선을 시범보인 것이다. 제7장에서의 시범을 위해 이 실험의 결과를 잘 보관하라.

인지심리학 연구하기

초두효과와 최신효과

다음 단어 목록을 스스로 읽은 즉시 모든 단어를 순서에 관계없이 회상하도록 시도해보라. "탁자, 구름, 책, 나무, 셔츠, 고양이, 전등, 벤치, 백묵, 꽃, 시계, 배트, 깔개, 비누, 베개." 여러분이 다른 사람과 다르지 않다면, 목록 마지막 부분에 위치한 단어 회상이 가장 좋은 것을 보게 될 것이다. 목록 시작 부분에 있는 단어들의 회상이 두 번째로 우수하며, 중앙 부분에 있는 단어들의 회상이 가장 열등하다. 전형적인 계열위치 곡선이 그림 6.5에 나와 있다.

적이 있는가? 이것은 초두효과의 결과일 수 있는데, 초두효과는 첫인상을 특히 잘 기억해내도록 이끌어간다. 구직 신청을 하고 면접을 할 때, 처음이나 마지막에 면접을 하는 것이 여러분에게 도움을 줄 수 있다. 면접자가 중간에 면접한 후보자들보다 여러분을 더 명확하게 기억해낼 수 있기 때문이다.

소멸 이론

간섭 이론에 덧붙여서, 또 다른 이론인 소멸 이론이 정보를 망각하는 이유를 설명해준다. **소멸 이론**(decay theory)은 기억 흔적의 대치가 아니라 점진적으로 사라지기 때문에 정보를 망각한다고 주장한다. 따라서 소멸 이론은 애초의 정보를 온전하게 유지하기 위하여 무엇인가를 하지 않는 한, 그 정보가 점차적으로 사라지는 것으로 간주한다. 이 견해는 하나 이상의 정보가 다른 정보의 회상을 차단한다는 간섭 이론과 대비된다.

소멸 이론은 검증하기가 여간 까다롭지 않다. 정상적인 상황에서는 참가자가 되뇌기 하는 것을 차단하기 어렵기 때문이다. 참가자는 되뇌기를 통해서 기억해낼 정보를 기억에 유지한다. 일반적으로 참가자는 자신의 기억을 검사하고 있다는 사실을 알고 있다. 검사할 때 잘 해내기 위하여 참가자는 정보를 되뇌기 하고자 시도하거나, 부지불식간에 되뇌기를 하고 있을 수도 있다. 그렇지만 되뇌기를 차단하게 되면, 간섭 가능성이 발생한다. 되뇌기를 차단하려고 사용하는 과제가 원래 기억을 역행 간섭할 수 있다.

예컨대, 다음 두 페이지를 읽는 동안 흰 코끼리를 생각하지 않으려고 애써보라. 생각하지 말라는 지시를 받으면, 실제로 그렇게 하기가 매우 어렵다는 사실을 발견하게 된다. 여러분이 지시에 따르려고 애를 쓰는 경우에도 어려움은 계속된다. 불행하게도 소멸 이론을 검증하기 위한 이 실험은 흰 코끼리(애만 쓰고 더 이상 쓸모가 없는 것)가 되고 만다. 되뇌기를 못하도록 차단하는 것 자체가 매우 어렵기 때문이다.

이러한 어려움에도 불구하고 소멸 이론을 검증할 수는 있다. 참가자로 하여금 제시한 항목을 되뇌기 하도록 부추기지 않는 "최신 탐침 과제"라고 부르는 연구 패러다임을 개발하였다(Berman, Jonides, & Lewis, 2009; Monsell, 1978). 이 패러다임은 이 장 앞부분에서 제시한 솔 스턴버그(1966)의 항목 재인 과제에 근거한 것이다. 최신 탐침 과제는 다음과 같이 진행한다.

- 참가자에게 4개의 표적 단어를 보여준다.
- 참가자에게 탐침 단어를 제시한다.
- 참가자는 탐침 단어가 4개의 표적 단어 중 하나와 동일한지 판단한다.

만일 탐침 단어가 표적 단어들과 동일하지 않지만, 앞선 시행의 표적 단어 집합에 들어있던 어떤 한 단어와 동일하면, 탐침 단어가 완전히 새로운 단어일 때보다 일치하는 단어가 없다고 판단하는 데 시간이 더 오래 걸리게 된다.

일반적으로 50~100밀리초에 달하는 반응 지연은 탐침 단어의 높은 친숙도 때문이다. 즉, 앞서 실시한 탐침 과제가 명백한 간섭을 유발하는 것이다. 연구자의 관심은 시행 간 간격(intertrial interval)에 있는데, 이것은 쉽게 변화시킬 수 있다. 한 시행이 끝난 후, 참가자는 표적 단어들을 되뇌기 할 이유가 없기 때문에 시행 간 간격이 길수록 시간이 더 많이 경과하며 표적 단어들이 기억에서 소멸할 가능성이 커진다. 따라서 만일 기억 소멸이 시간 경과로 인해서 나타나는 것이라면, 탐침 단어가 앞선 시행에서 표적 단어로 나왔던 경우에 시행 간 간격이 짧을 때에 비해서 길 때 간섭 효과가 적게 나타나게 된다. 따라서 비록 소멸과 간섭 모두가 망각에 기여한다고 할지라도, 간섭이 가장 강력한 효과를 갖는다고 주장할 수 있다(Berman 등, 2009). 연구자들이 실제로 찾아낸 결과도 바로 다음과 같은 것이다.

- 단기기억에서 소멸은 망각에 단지 작은 효과만을 갖는다.
- 간섭이 대부분의 망각을 설명한다.
- 따라서 소멸과 간섭이 모두 망각에 기여한다고 하더라도, 간섭이 더 강력한 효과를 갖는다고 주장할 수 있다(Berman 등, 2009).

결론컨대, 적어도 단기기억에서는 간섭과 소멸 모두에 대한 증거가 존재한다. 소멸에 관한 증거가 있지만, 간섭에 관한 증거가 훨씬 강력하다. 현재까지는 간섭이 단기기억의 망각 대부분을 설명한다고 가정할 수 있다. 그렇지만 간섭이 역행적인지, 순행적인지, 아니면 둘 모두인지는 명확하지 않다. 이에 덧붙여서, 간섭은 장기기억의 정보에도 영향을 미쳐, 기억 왜곡으로 이끌어간다.

개념 확인

1. 두 가지 유형의 간섭을 정의하라.
2. 최신효과란 무엇인가?
3. 간섭과 소멸 간의 차이는 무엇인가?

❁ 기억의 구성적 본질

기억에 관한 중요한 교훈 한 가지는 기억 인출이 단순히 **재구성적**(reconstructive)이지만은 않다는 사실이다. 즉, 다양한 전략(예컨대, 단서 탐색하기, 추론하기 등)을 사용하여 경험에 대한 기억 흔적을 인출하고 후속 인출을 위하여 원래 경험을 재구축하는 것만은 아니다(재구성적 기억에 대한 인공지능 모형을 보려면, Kolodner, 1983을 참조). 오히려 실생활 상황에서 기억은 사전 경험이 기억에서 정보를 회상하는 방식 그리고 실제로 회상하는 내용에 영향을 미친다는 점에서 **구성적**(constructive)이기도 하다(Davis & Loftus, 2007; Grant & Ceci, 2000; Sutton, 2003). 이 장 첫머리에서 인용하였던 브랜스포드와 존슨(1972) 연구를 다시 생각해보라. 이 연구에서 참가자는 빨래하기에 관한 이야기를 꽤나 잘 기억해낼 수 있었지만, 오직 그 이야기가 빨래하기에 관한 것이라는 사실을 깨달았을 때에만 그러하였다.

기억의 구성적 본질에 관한 또 다른 연구에서 참가자는 두 가지 방식으로 해석할 수 있는 모호한 이야기를 읽었다(Bransford & Johnson, 1973). 그 이야기는 어떤 건물 40층에서 평화 행진을 구경하는 내용으로 이해할 수도 있고, 사람이 살고 있는 행성으로 우주여행을 떠나는 내용으로 이해할 수도 있었다. 참가자는 자신이 어느 쪽으로 이해하였는지에 따라 서로 다른 세부내용을 빠뜨렸다. 예컨대, 날씨는 특수복을 입을 필요가 없다는 사실을 언급하는 문장을 생각해보자. 참가자는 그 이야기가 평화 행진에 관한 것이 아니라 우주여행에 관한 것이라고 생각할 때, 그 문장을 기억해낼 가능성이 더 컸다.

다른 영역에서 이에 상응하는 연구를 보자(Bower, Karlin, & Dueck, 1975). 참가자에게 28개의 드루들(droodle), 즉 다양한 해석을 가할 수 있는 무의미 그림을 보여주었다(제10장도 참조). 절반의 참가자에게는 보았던 그림에 이름을 붙일 수 있는 해석을 제공하였다. 다른 절반의 통제집단 참가자는 이름을 촉발하는 해석을 받지 않았다. 이름 집단 참가자는 통제집단 참가자에 비해서 거의 20% 이상의 드루들을 정확하게 재생하였다. 후속 절에서는 자전기억, 기억왜곡, 그리고 기억의 맥락 효과를 보다 자세하게 살펴본다.

자전기억

자전기억(autobiographical memory)이란 개인사에 관한 기억을 지칭한다. 자전기억은 구성적이다. 사람들은 실제로 일어났던 일보다는 일어난 사건을 구성하거나 재구성한 것을 기억해낸다. 사람들의 자전기억은 일반적으로 꽤나 우수하다. 그럼에도 불구하고 왜곡 가능성이 있다(뒤에서 논의한다). 삶의 시기에 따라 기억해내는 정도가 차이를 보인다. 중년기 성인은 최근의 사건보다 청년기와 성인 초기의 사건을 더 잘 기억해내기 십상이다(Read & Connolly, 2007; Rubin, 1982, 1996).

자전기억을 연구하는 한 가지 방법이 일기 연구이다. 일기 연구에서는 연구자 자신이기 십상인 참가자가 상세한 자서전을 기록한다(예컨대, Linton, 1982; Wagenaar, 1986). 예컨대, 한 연구자는 6년에 걸쳐서 일기를 썼다(Linton, 1982). 그녀는 색인카드에 매일 적어도 두 가지 경험을 기록하였다. 그런 다음에 매 달 두 장의 카드를 무선으로 선정하여 카드에 적었던 사건뿐만 아니라 그 사건이 일어난 날짜를 회상하고자 시도하였다. 나아가서 각 기억의 선명도와 정서 내용을 평정하였다. 놀랍게도 사건에 대한 망각률이 선형적이었다. 일반적인 경우처럼 비선형적이지 않았다. 다시 말해서 전형적인 망각 곡선은 짧은 기간에 급격한 망각이 일어난 후에 오랜 기간에 걸쳐 망각 속도가 늦어진다. 그렇지만 린튼의 망각 곡선은 그러한 패턴을 보이지 않았다. 그녀의 망각 속도는 6년 동안 대체로 동일하였다. 또한 기억의 선명도와 정서성 평정과 기억 가능성 간에 아무런 관계도 나타나지 않았다. 그렇기에 그녀는 자신이 무슨 일을 하였으며 무엇을 기억해내지 못하는지를 보고 스스로 놀라고 말았다.

자전기억에 관한 또 다른 연구에서 연구자는 지난 25년에 걸쳐 메트로폴리탄 오페라 하우스에서 관람하였던 공연에 관한 정보를 회상하고자 시도하였다(Sehulster, 1989). 연구 데이터는 총 284회의 공연이었다. 결과는 전통적인 기대와 일치하는 것이었다. 25년의 기간 중에서 가장 앞부분과 끝부분에 관람하였던 오페라들을 더 잘 기억해냈다(계열위치 효과). 또한 중요하지 않은 공연보다 중요한 공연을 더 잘 회상하였다.

최근 연구는 자전기억의 형성과 회상에서 자존감의 중요성을 입증해왔다. 긍정적 자존감을 가지고 있는 사람은 긍정적 사건을 더 잘 기억해내는 반면, 부정적 자존감을 가지고 있는 사람은 부정적 사건을 더 잘 기억해냈다(Christensen, Wood, & Barrett, 2003). 마찬가지로 우울한 사람은 그렇지 않은 사람보다 부정적 기억을 더 많이 회상한다(Wisco & Nolen-Hoeksema, 2009). 사람들이 잘못 기억해낼 때는, 일반적으로 사소하고 부수적인 측면에서 오류를 범하는 경향이 있지만, 핵심 특징들은 정확하게 기억해낸다. 여러분이 생각하더라도 놀라운 일이 아닐 것이다. 만일 수많은 사소한 세부사항들을 기억해낸다면, 그 세부사항들이 언젠가는 중요한 사건에 대한 기억을 간섭하기 쉽다. 따라서 정말로 중요한 것에 집중하는 것이 더 좋다(Bjork, Bjork, & MacLeod, 2005; Goldsmith 등, 2005).

빈번하게 연구대상이 되고 있는 선명한 기억의 한 형태가 **섬광기억**(flashbulb memory), 즉 너무나 강력하여 사람들이 마치 사진을 찍어놓은 것처럼 선명한 사건의 기억이다(Brown & Kulik, 1977). 케네디 대통령의 암살을 회상할 정도로 나이 든 사람은 그 사건에 대한 섬광기억을 가지고 있을 수 있다. 어떤 사람은 세계무역센터 붕괴나 개인적으로 중차대한 사건에 대한 섬광기억을 가지고 있기도 하다. 경험의 정서 강도가 특정 경험을 선명하고도 정확하게 회상할 가능성을 높인다(Bohannon, 1988). 연관된 견해는 다음과 같은 세 가지 상황에서 섬광기억이 될 가능성이 가장 높다는 것이다. 즉, 기억흔적이 개인에게 중요하고 놀라운 것이며 정서적 영향을 미치는 상황이 그것이다(Conway, 1995).

몇몇 연구자는 섬광기억을 선명하게 회상하는 까닭이 정서 강도 때문이라고 제안한다. 그렇지만 다른 연구자들은 회상의 선명도는 되뇌기 효과의 결과라고 제안한다. 기본 생각은 우리가 충격적 사건의 경험을 자주 말하거나 아니면 속으로 되새긴다는 것이다. 아마도 반복해서 말하는 것이 회상한 사건의 지각 강도도 높여줄 것이다(Bohannon, 1988). 다른 연구 결과들은 섬광기억이 지각적으로 풍부하다고 제안한다(Neisser & Harsch, 1993). 이 견해에 따르면, 기억 정확도를 상당히 확신하면서 섬광기억을 회상하게 되지만(Weaver, 1993), 실제로는 회상한 다른 기억보다 더 신뢰할 수 있거나 정확한 것은 아니다(Neisser & Harsch, 1993; Weaver, 1993). 섬광기억이 실제로 대화의 주제가 되거나 아니면 조용히 되새기게 될 가능성이 높다고 가정해보자. 그렇다면 경험을 반복해서 언급할 때마다 기억을 재체제화하고 구성하기 때문에 회상의 정확도가 실제로는 감소하는 반면, 회상에 관하여 지각하는 선명도는 시간이 경과함에 따라서 증가하게 된다.

3,000명 이상을 대상으로 뉴욕 세계무역센터에 대한 9/11 테러 기억을 조사한 연구는 망각률이 첫 번째 해에 빠르게 진행된 후 서서히 느려진다는 사실을 발견하였다. 망각률의 이러한 변화가 기억내용을 점차 안정적인 것이 되도록 만들어준다. 나아가

Spencer Platt/Getty Images.

2001년 9월 11일 테러와 같은 사건은 거의 영화처럼 선명하게 경험하는 섬광기억으로 회상하기 십상이다.

서 섬광기억이 유발하는 정서반응은 테러 시점에 어디에 있었는지와 같은 비정서적 자질만큼 잘 기억해내지 못하는 것으로 보인다(Hirst 등, 2009).

탈라리코와 루빈(Talarico & Rubin, 2003)도 9/11 테러를 사용하여 섬광기억을 연구하였다. 참가자는 테러 바로 전날 일어났던 일상생활의 사건뿐만 아니라 테러에 관한 세부내용을 적었다. 글을 작성하고 1주, 6주, 32주가 지난 후에 일상생활 사건과 테러에 관한 세부내용을 회상하도록 요구하였다. 일상사건 기억과 섬광기억이 얼마나 상세한 것인지에 있어서 그리고 그 사건들을 기억해내는 데 얼마나 많은 오류를 범하는지에 있어서 아무런 차이가 없었다. 그렇지만 섬광기억보다는 일상사건 기억의 정확성에 더 많은 의구심을 나타냈으며, 이 결과는 사람들이 다른 기억보다 섬광기억을 훨씬 더 선명하게 경험한다는 사실을 나타내는 것이다. 이러한 선명한 경험이 실제로는 그렇지 않은 경우에도 섬광기억이 더 정확하다고 믿게 만든다.

보다 최근 실험에서는, 섬광기억을 형성하는 상황으로 마이클 잭슨의 사망을 조사하였다. 그 결과, 마이클 잭슨과의 심리적 연대감이 18개월 후 섬광기억의 정확성에 대한 확신도를 예측해주었지만, 그 기억의 정확도는 예측하지 못하였다(Day & Ross, 2014).

섬광기억의 몇 가지 흥미로운 효과는 정서의 역할을 수반한다. 사건에 정서적으로 더 많이 관여할수록, 그 사건에 대한 기억이 우수하다. 또한 시간이 경과하면서 그 사건 기억이 약화된다(Smith, Bibi, & Sheard, 2004). 한 연구에서 2001년 9월 11 세계

믿거나 말거나 | 과거에 얽매여있는가!?

지나간 과거의 기억이 뇌리를 떠나지 않았던 적이 있었는가? 이례적인 자전기억의 독특한 사례가 있는데, A.J.라는 이름의 젊은 여자는 14세 이후의 모든 날짜와 요일뿐만 아니라 그날 있었던 사건을 회상할 수 있었다. 다른 사람과의 대화, 보고 있는 대상을 비롯한 모든 것이 과거의 또 다른 기억을 인출하는 단서를 제공한다. 기억을 지워버릴 수 없으며, 현재의 삶을 영위하고자 시도함에도 끊임없이 과거 기억이 뇌리에서 사라지지 않는다. 그런데 A.J.는 어떻게 기억을 인출하는 것인지를 알지 못한다. 자신의 삶에서 특정일에 일어났던 것을 그저 알고 있을 뿐이다.

그녀의 이례적 능력을 조사한 연구자들은 그녀의 뛰어난 기억이 자전적 사건으로만 제한된다는 사실을 발견하였다. 특별히 뛰어난 학생도 결코 아니었으며, 예컨대 단어 목록을 회상하는 기억 과제에서 높은 성과를 나타내지도 못하였다. 자폐증, 조현병, ADHD와 같은 장애와 관련된 진귀한 전측 선조체의 신경발달 장애를 가지고 있지 않느냐는 가설을 제기하고 있을 뿐이다. 아무튼 A.J.를 정상인과 구분하는 것이 무엇이든지 간에, 가까운 미래에도 여전히 과거를 기억해 내고 있을 것이다(Parker, Cahill, & McGaugh, 2006).

무역센터 공격에 관하여 질문을 받았던 사람의 70% 이상이 첫 번째 빌딩과 충돌하는 첫 번째 비행기를 보았다고 보고하였다. 그렇지만 이 장면은 다음 날이 될 때까지는 가용하지 않았다(Pezdek, 2003, 2006). 이러한 왜곡은 섬광기억의 구성적 본질을 예증한다. 또한 섬광기억이 처음에 생각하였던 것과는 달리, 왜곡에서 자유롭지 않다는 사실도 나타낸다. 섬광기억에 관한 대부분의 연구는 부정적 사건과 연계해서 수행하였지만, 놀라우리만치 긍정적 사건도 선명한 섬광기억을 생성하는 힘을 가지고 있다(Kraha & Boals, 2014).

다른 유형의 기억과는 달리 섬광기억에는 상이한 기억과정이 작동하는 것인가? 그렇지 않다. 다른 기억과 마찬가지로, 섬광기억의 부호화와 인출에 영향을 미치는 요인은 정교화와 되뇌기 빈도와 같은 요인들이다(Neisser, 2003; Read & Connolly, 2007).

두뇌 어느 영역이 자전기억에 관여하는가? 내측 측두엽이 자전기억 회상에 결정적으로 관여하는 것으로 보인다. 이 영역이 손상된 환자는 가까운 과거에 대한 기억을 회상하는 데 어려움이 있다(그렇지만 보다 먼 과거의 기억은 그렇지 않다; Kirwan 등, 2008).

기억 왜곡

사람들은 기억을 왜곡하는 경향이 있다(Aminoff, Schacter, & Bar, 2008; Roediger & McDermott, 2000; Schacter & Curran, 2000; Schnider, 2008). 예컨대, 여러분에게 그저 어떤 일이 일어났었다고 말하는 것은 그 사건이 일어났는지 여부와는 관계없이, 실제로 그 일이 일어났었다고 생각하게 만들 가능성이 있다(Ackil & Zaragoza, 1998). 이러한 왜곡은 7가지 특정한 방식으로 일어나는 경향이 있는데, 샥터(2001)는 이것을 “기억의 일곱 가지 죄악”이라고 부른다. 그의 일곱 가지 죄악은 다음과 같다.

1. **일시성**(transience). 기억은 신속하게 사라진다. 예컨대, 대부분의 사람들은 O. J. 심슨이 자기 아내를 살해한 혐의를 받았다가 무죄를 선고받았다는 사실을 알고 있지만, 그의 무죄를 어떻게 알게 되었는지를 기억해내지 못한다. 한 때는 말할 수 있었지만, 이제는 아니다.
2. **방심**(absent-mindedness). 사람들은 때때로 이미 이를 닦은 후에도 다시 이를 닦거나 무엇인가를 찾으려고 방에 들어가서는 무엇을 찾고 있었는지를 망각하곤 한다.
3. **차단**(blocking). 사람들은 때때로 기억해내야만 한다는 사실을 알고 있지만 기억해낼 수 없는 경우가 있다. 이것은 마치 정보가 혀끝에서만 맴돌며 인출할 수 없는 것과 같다(제4장에서 기술한 설단현상 설명도 참조). 예컨대, 알고 있는 사람을 만났는데 이름이 생각나지 않는다거나, 어떤 단어의 동의어를 생각해내려고 하는데, 명백한 동의어가 있다는 사실을 알고 있지만, 회상할 수 없는 경우 등이다.
4. **오귀인**(misattribution). 사람들은 때때로 자신이 읽거나 들은 내용의 출처를 기억해낼 수 없다. 때로는 실제로 본 것이 아닌 데도 보았다고 생각하거나 들은 적이 없는 데도 들었다고 생각한다. 예컨대, 목격자 증언은 때때로 실제로 본 것이 아니라 보았어야 한다고 생각함으로써 혼란을 일으킨다.
5. **피암시성**(suggestibility). 사람들은 암시에 취약해서 어떤 것을 보았다는 암시를 받으면 본 것을 기억해내는 것이라고 생각한다. 예컨대, 한 연구에서 비행기 한 대가 아파트 건물에 충돌하는 텔레비전 프로그램을 본 적이 있는지 물어보았을 때, 많은 사람들이 그렇다고 답하였다. 실제로 그러한 프로그램은 없었다.
6. **편향**(bias). 사람들은 회상에서 편향적이기 십상이다. 예컨대, 현재 만성적인 통증을 겪고 있는 사람은 자신의 실제 경험과 상관없이 과거의 고통을 기억해낼 가능성이 더 크다. 마찬가지로 그러한 통증을 경험하고 있지 않은 사람은 실제 과거 경험과는 관계없이 과거의 고통을 기억해낼 가능성이 낮다.
7. **집요함**(persistence). 사람들은 때때로 큰 맥락에서 보면 하찮은 일을 심각한 것으로 기억해내기도 한다. 예컨대, 계속 성공을 하던 사람이 한 번 실패를 맛보면 여러 차례의 성공보다는 단 한 번의 실패를 더 잘 기억해낸다.

기억 왜곡을 연구하는 구체적인 방법에는 어떤 것들이 있는가? 목격자 증언과 억압기억을 다루는 두 가지 연구 영역을 살펴보도록 하자.

목격자 증언 패러다임

미국에서 검사들을 대상으로 조사한 결과는 매년 대략 77,000명의 혐의자를 목격자 증언을 통해 체포하는 것으로 추정하였다(Dolan, 1995). 미국에서 DNA 검사를 통해 혐의자가 무죄 판정을 받은 최초의 180 사례의 경우, 3/4 이상이 목격자 오류를 수반하였다(Wells, Memon, & Penrod, 2006).

목격자 증언은 미국에서 잘못된 유죄 판결의 가장 흔한 원인이다(Modafferi 등, 2009). 일반적으로 목격자 증언이 잘못된 것일 비율은 얼마나 되는가? 이 물음에 대한 답은 변산성이 매우 크지만("작게는 몇 퍼센트에서부터 많게는 90퍼센트에 이른다."; Wells, 1993, p. 554),이 비율에 대해 가장 보수적인 추정치조차도 놀랄만한 가능성을 시사한다.

티모시라는 한 남자의 이야기를 보자. 티모시는 1986년에 한 여인과 두 명의 어린 딸을 잔인하게 살해한 혐의로 기소되었다(Dolan, 1995). 그는 사형선고를 받았으며, 2년 4개월을 사형수 수감동에서 지냈다. 물적 증거는 티모시를 시사하지 않았으나, 목격자 증언은 살인이 일어났을 때 그가 범죄 현장 근처에 있었다고 지목하였다. 뒤이어서 티모시를 닮은 사나이가 피살자 근방에 자주 나타났었다는 사실이 밝혀졌다. 티모시는 다시 재판을 받고 무죄 판결을 받았다.

목격자 증언의 정확성에 영향을 미치는 요인은 무엇인가? 범죄 피의자에게 유죄 판결을 내리는 유일하거나 일차적인 근거로 목격자 증언을 사용하는 것은 잘못된 유죄 판결을 내릴 심각한 잠재적 문제점을 내포하고 있다(Loftus & Ketcham, 1991; Loftus, Miller, & Burns, 1987; Wells & Loftus, 1984). 이에 덧붙여서 목격자 증언은 배심원이 피의자에게 유죄 판결을 내리게 되는 강력한 결정요인이기 십상이다. 그 효과는 목격자가 자신의 증언을 매우 확신하고 있을 때 특히 두드러진다. 심지어 목격자가 지각한 세부사항을 거의 내놓을 수 없거나 명백하게 상충되는 반응을 하는 경우에도 그렇다. 사람들은 때때로 단순히 상상하였거나 생각하였기 때문에 무엇인가를 기억해내는 것이라고 생각한다(Garry & Loftus, 1994). 매년 10,000명이 넘는 사람들이 잘못된 목격자 증언에 기초하여 엉터리 유죄 판결을 받는 것으로 추정하고 있다(Cutler & Penrod, 1995; Loftus & Ketcham, 1991). 일반적으로 사람들은 목격자 증언에서 잘못을 저지르는 데 매우 취약하다. 보지 않았던 것을 보았다고 상상하기 십상인 것이다(Loftus, 1998).

로프투스와 동료들(1978)의 실험에서 참가자에게 보여준 두 슬라이드이다. 애초 사건을 묘사한 슬라이드는 정지신호를 보여주었지만, 양보신호에 관한 질문을 받은 참가자는 원래 장면에서 양보신호를 보았다고 기억해내기 십상이었다.

출처: Loftus, E. F., Miller, D. G., & Burns, H. J. (1978). Semantic integration of verbal information into a visual memory. *Journal of Experimental Psychology: Human Learning and Memory*, *4*, 19-31.

목격자 증언의 타당성을 다룬 연구자들이 기억의 구성적 본질에 관하여 가장 강력한 증거를 제시해왔다. 이제는 고전이 된 연구에서 참가자는 30장의 슬라이드를 보았는데, 빨간색 자동차가 길을 따라 내려오다가 정지신호 앞에서 정지하고는 우회전 한 후에 횡단보도를 건너는 보행자를 치어 쓰러뜨리는 장면이 들어있었다(Loftus, Miller, & Burns, 1978). 슬라이드를 모두 본 후에 참가자는 20개 질문에 답하였는데, 그중 하나는 정확한 정보(정지신호)를 지칭하거나 부정확한 정보(정지신호 대신에 양보신호)를 지칭하였다. 다시 말해서 두 번째 집단에게 던진 질문의 정보가 보았던 것과 일치하지 않았다. 실험과 관련이 없는 작업을 한 후에, 모든 참가자에게 하나에는 정지신호, 다른 하나에는 양보신호가 들어있는 두 개의 슬라이드를 보여주고 어느 것을 보았는지 물었다. 일치하는 질문(정지신호 질문)을 받았던 참가자 집단의 정확도가 불일치 질문(양보신호 질문)을 받았던 집단보다 34%나 우수하였다.

로프투스의 목격자 증언 실험과 다른 관련 실험(예컨대, Loftus,

1975, 1977)은 사람들이 목격 내용을 매우 쉽게 왜곡한다는 사실을 보여주었다. 이 왜곡이 부분적으로는 구성적 기억 이외의 현상에 의한 것일 수 있다. 그렇지만 실제로 일어난 사건과는 다른 기억을 구성하도록 사람들을 손쉽게 유도할 수 있다는 사실을 보여주는 것이다. 예컨대, 여러분은 친구와 같은 시간, 같은 장소에 함께 있었으면서도 나중에 기억하는 내용이 일치하지 않았던 경험을 하였을 것이다. 그런데 두 사람이 기억해낸 것이 극단적인 차이를 보일 수 있다. 그리고 두 사람은 모두 실제로 일어났던 사건을 진정 정확하게 회상하고 있다고 느낄 수 있다.

질문이 목격자 증언의 정확성에 영향을 줄만큼 암시적일 필요는 없다. 용의자 배열도 잘못된 결론으로 이끌어갈 수 있다(Wells, 1993). 목격자는 용의자 배열 속에 범인이 들어있다고 가정한다. 그렇지만 항상 범인이 포함되어있는 것은 아니다. 실험실에서 각색한 범죄의 범인이 배열에 들어있지 않을 때, 실험참가자는 진짜 범인이 아닌 다른 사람을 지목하기 십상이다. 이렇게 사람들은 용의자 배열의 누군가를 범인으로 알아볼 수 있다고 믿는다. 용의자 배열에서 범인이 아닌 사람들의 용모도 판단에 영향을 미칠 수 있다(Wells, Luus, & Windschitl, 1994). 다시 말해서, 한 사람을 범인으로 지목하는 것은 그 용의자 배열에 어떤 사람들이 들어있는지에 의해서 영향을 받을 수 있다. 따라서 어떤 사람들을 선택하느냐가 중요하다. 경찰은 부지불식간에 지목할 가능성 그리고 잘못된 지목이 일어날 가능성에 영향을 미칠 수 있는 것이다.

자백도 목격자 증언에 영향을 미친다. 한 연구는 참가자에게 각색한 절도사건을 보여주었다(Hasel & Kassin, 2009). 나중에 혐의자 배열을 보여주어 범인을 확인할 기회를 주었다(실제 범인은 그 배열에 들어있지 않았다). 어느 정도 시간이 경과한 후, 참가자에게 혐의자 중 한 사람이 자백하였다고 알려주었다. 전체적으로 앞서 범인을 지목하였던 참가자의 61%가 지목하는 인물을 바꾸었으며, 앞서 지목하지 않았던 참가자의 50%는 자백한 사람을 확실하게 지목하였다. 이 결과는 자백이 범인의 지목에 심각한 영향을 미친다는 사실을 보여준다.

마찬가지로 목격자에게 주는 피드백도 참가자의 증언에 영향을 미쳤다. 범인을 정확하게 지목하였다고 말해주는 것이 자신의 선택에 안심하게 만든 반면, 잘못된 사람을 지목하였다는 피드백은 즉각적으로 판단을 철회하게 만들었다. 이 현상을 **지목 후 피드백 효과**(postidentification feedback effect)라고 부른다(Wells, 2008; Wright & Skagerberg, 2007).

목격자 증언은 목격자와 다른 인종의 사람들 중에서 범인을 지목할 때 특히 취약하다(예컨대, Bothwell, Brigham, & Malpass, 1989; Brigham & Malpass, 1985; Pezdek, Blandon-Gitlin, & Moore, 2003; Shapiro & Penrod, 1986). 연구 결과는 이러한 취약성이 기억에 저장하고 있는 다른 인종 집단 사람들의 얼굴을 기억해내는 문제가 아니라 그 얼굴을 정확하게 부호화하는 문제라는 사실을 시사한다(Walker & Tanaka, 2003). 목격자의 스트레스 수준도 목격자 확인과 회상에 영향을 미친다. 스트레스가 증가할수록, 회상과 확인 모두의 정확도가 떨어진다(Deffenbacher 등, 2004; Payne 등, 2002). 이 결과는 목격자 증언의 정확성을 더욱 의심스럽게 만든다. 대부분의 범죄는 스트레스가 무척이나 높은 상황에서 발생하기 때문이다.

흥미로운 사실은 목격자 증언에 직면한 사람들이 되풀이되는 설명을 더욱 신뢰하는 경향이 있다는 점이다. 그 설명이 단지 한 명의 목격자에게서 나온 것인지, 아니면 여러 목격자의 진술인지에 관계없이 말이다(Foster 등, 2012).

또 다른 실험에서 참가자는 한 학생의 돈(5달러 또는 500달러)을 훔치는 비디오를 시청하였다. 절반의 비디오에는 변화맹 처치를 가하였다(제3장 참조). 즉, 비디오의 중간 부분에서 범인을 다른 사람으로 바꾸었다. 변화맹은 나중에 실시한 혐의자 배열에서 범인을 잘못 지목하는 비율을 29%에서 58%로 증가시켰다. 이러한 정확도 감소는 범죄가 발생하고 갑자기 범인이 있던 곳에 무고한 사람이 나타날 때 심각한 문제가 될 수 있다. 무고한 사람을 범인으로 착각할 수 있는 것이다. 그렇지만 이 연구는 목격자 확인이 덜 심각한 범죄(5달러 절도)보다 심각한 범죄(500달러 절도)에서 더 정확하다는 사실도 보여주었는데, 이 사실은 참가자가 보다 많은 액수의 돈을 훔치는 것을 보았을 때 주의를 더 많이 기울인다는 사실을 보여주는 것이다(Nelson 등, 2011).

그렇지만 모든 사람들이 목격자 증언을 회의적으로 바라보는 것은 아니다(예컨대, Zaragoza, McCloskey, & Jamis, 1987). 다른 정보가 정말로 일어났던 사건에 대한 정보를 대치하는 것인지, 아니면 잘못된 정보와 충돌하고 경쟁하는 것에 불과한 것인지에 대한 의문은 여전히 남아있다. 몇몇 연구자는 배심원 앞에서 목격자 증언의 타당성을 공박하기에 앞서 목격자 증언을 손상시키는 상황에 관하여 더 많은 사실을 밝힐 필요가 있다고 주장해왔다(McKenna, Treadway, & McCloskey, 1992).

아직은 목격자 증언에 관하여 최종 판결을 내리지 못하고 있지만, 관련된 당사자들은 모두 목격자 진술의 한계를 알고 있는 것이 확실히 중요하다. 그런데 연구를 보면, 피고의 변호사는 목격자 증언의 제한점에 관하여 어느 정도 지식을 가지고 있는 반면, 검사는 그렇지 못하다는 사실을 알 수 있다. 실제로 검사는 목격자 진술의 신뢰도를 과대평가하며 잘못된 유죄 판결에서 목격자 진술의 역할을 과소평가하는 경향이 있다(Wise 등, 2009). 이 결과는 법정에서 관련된 당사자뿐만 아니라 일반대중에게도 목격자 진술의 취약성에 관하여 교육하는 것이 중요하다는 사실을 보여준다.

아동 목격자 성인에게 있어 목격자 증언의 타당도가 어떠하든지 간에, 아동에게 있어서는 그 타당도가 확실히 의심스럽다(Ceci & Bruck, 1993, 1995). 아동의 회상은 왜곡에 특히나 취약하다. 그러한 왜곡은 법정 장면과 같은 곳에서 아동에게 유도 질문을 할 때 특히 그러하다.

몇 가지 관련 사실들을 살펴보자(Ceci & Bruck, 1995). 첫째, 아동이 어릴수록, 그 증언은 덜 신뢰롭다. 특히 학령전 아동은 학령기 아동이나 성인에 비해서 특정 반응으로 이끌어가려는 암시적 질문에 훨씬 더 취약하다.

둘째, 질문자가 강압적이거나 특정 답을 원하는 것처럼 보이는 경우조차도, 아동은 그 질문자가 듣기 원하는 것을 제공하기 십상이다. 법정 상황에 수반된 압박을 전제로 할 때, 불행하게도 그러한 형태의 질문이 난무한다. 예컨대, 예/아니오 질문을 할 때, 답을 모르는 경우에도 대부분의 아동은 답을 내놓는다. 질문이 명백한 "모르겠다."의 선택지를 가지고 있을 때는 아동이 답을 알지 못하는 경우, 대부분 궁리하기보다는 모른다는 사실을 인정한다(Waterman, Blades, & Spencer, 2001).

셋째, 아동은 단지 자신이 목격하였다고 다른 사람이 말하는 것에 불과한 경우

엘리자벳 로프투스(Elizabeth Loftus)의 실험실에서는

거짓기억 연구

어렸을 때 가족이 디즈니랜드에 갔던 때를 기억하나요? 여행의 하이라이트는 미키마우스를 만나 악수한 것이지 않았던가요?

정말 기억하는가? 마케팅 담당자는 자기 제품에 대한 향수를 자극하기 위하여 이러한 자서전적 광고를 사용한다. 여러 해 전에, 우리는 그러한 표현이 사람들로 하여금 광고에서 언급하는 경험을 어렸을 때 하였다고 믿게 만들 수 있는지 생각해보았다(Braun, Ellis, & Loftus, 2002). 한 연구에서 참가자는 어렸을 때 미키마우스와 악수하였다는 사실을 암시하는 광고를 보았다. 나중에 디즈니랜드에서의 경험에 관한 질문에 답하였다. 통제조건과 비교할 때, 광고는 어렸을 때 디즈니랜드에서 미키마우스와 악수하였다는 사실에 대한 확신도를 증가시켰다.

Courtesy of the author

엘리자벳 로프투스

광고가 (1) 실제 기억을 되살린 것인지, 아니면 (2) 새로운 거짓기억을 만들어낸 것인지에 관한 의문이 들었다. 어떤 사람은 실제로 디즈니랜드에서 미키마우스를 만났을 수 있기 때문에, 둘 다 가능하였다. 따라서 참가자가 불가능한 캐릭터인 벅스 버니와 악수를 하였다는 사실을 암시하는 거짓 광고를 보는 또 다른 실험을 수행하였다. 워너브라더스 캐릭터인 벅스 버니를 디즈니랜드에서 만날 수는 물론 없다. 여기서도 통제조건과 비교할 때 광고는 어렸을 때 디즈니랜드에서 불가능한 캐릭터와 악수를 하였다는 사실에 대한 확신도를 증가시켰다. 벅스 버니는 워너브라더스 캐릭터이고 디즈니랜드에서 돌아다니고 있을 수 없기 때문에 그러한 일이 일어날 수 없었음에도 불구하고, 나중에 대략 16%의 참가자가 그 사건이 자신에게 실제로 일어났었다고 말하였다. 많은 참가자가 벅스 버니의 귀나 꼬리를 만졌다거나 "무슨 일이죠, 박사님?"이라고 말하는 것을 듣는 것과 같이 불가능한 경험의 세부사항들을 기꺼이 제공하였다.

벅스 버니를 만났다는 거짓기억을 심는 것과 또 다른 캐릭터와의 불쾌한 경험에 관한 거짓기억을 심는 것은 별개 문제이다. 따라서 또 다른 연구에서는 디즈니랜드 여행에서 플루토 캐릭터와 불쾌한 경험을 하였다는 거짓신념을 심었다(Berkowitz 등, 2008). 우리는 대략 30%의 참가자에서 성공을 거두었다. 심지어는 암시로 유혹당한 참가자는 플루토 기념품을 구입하지 않으려고 하였다. 이 결과는 거짓신념이 나중의 생각과 행동에 영향을 미칠 수 있는 효과를 가질 수 있다는 사실을 보여준다.

다른 여러 연구는 거짓기억이 나중의 사고, 의도, 행동에 악영향을 미칠 수 있다는 사실을 보여준다. 예컨대, 음식 관련 경험에 대한 거짓기억(예컨대, 계란 샐러드를 먹은 후의 복통)을 심어줌으로써, 사람들이 특정 음식을 얼마나 좋아하는지 그리고 실제로 얼마나 먹는지에 영향을 미칠 수 있다는 사실을 찾아냈다(Bernstein & Loftus, 2009; Bernstein, Scoboria, & Arnold, 2015). 심지어 술을 가지고도 그렇게 할 수 있었다. 10대 시절에 보드카를 마시고 복통을 경험하였다는 거짓기억을 심었을 때, 사람들은 보드카에 대한 흥미를 잃어버렸다(Clifasefi 등, 2013).

이 연구들은 인간기억의 가변성에 관한 대규모 연구 프로그램의 일환이다(Loftus, 2015). 보다 구체적으로 보면, 이 연구들은 광고나 다른 암시적 영향력이 사람들의 아동기 기억을 조작할 수 있다는 사실을 시사한다. 수십 년 동안 기억을 조작하는 것이 얼마나 용이한 것인지를 관찰한 후에, 나는 엄청난 양의 기억 중에서 얼마만큼이 진정한 경험을 반영하며 얼마만큼이 암시나 상상 아니면 다른 심적 과정의 산물인지를 궁금해 하지 않을 수 없다.

에도 자신은 목격한 것을 회상하는 것이라고 믿는다. 다시 말해서 일어난 사건에 대한 이야기를 들으면 일어났다고 주장하는 사건을 자신이 목격하였다고 믿는다. 만일 아동이 지적 장애를 가지고 있다면, 그 사건 기억은 왜곡될 가능성이 더욱 크다. 적어도 사건이 일어난 시간과 회상하는 시간 간에 상당한 지연이 있을 때 그렇다(Henry & Gudjonsson, 2003).

영국에서 수행한 연구를 보면, 아동은 목격자 증언을 할 때, 제복을 입은 경찰의 존재에 쉽게 영향을 받는다. 각색한 사건을 목격한 후에 용의자 배열에서 한 사람을 지목해야 할 때, 아동은 제복 입은 경찰이 존재할 때 유의하게 더 많은 실수를 저질렀다(Lowenstein, Blank, & Sauer, 2010). 따라서 성인의 경우보다 아동의 목격자 증언을 더욱 신중하게 해석하여야 한다.

목격자 증언을 증진시킬 수 있는가? 목격자 확인을 증진시킬 수 있는 조치를 취할 수 있다(예컨대, 잠재적 편향을 감소시키고, 제한적인 선택지에서 혐의자를 선택해야 하는 압력을 감소시키며, 용의자 배열의 모든 사람들이 목격자가 내놓은 진술에 적합하면서도 다른 측면에서는 다양성을 제공하는 방법을 사용하는 것 등; Wells, 1993). 이에 덧붙여서, 암시적 면담은 기억의 편향을 초래할 수 있다(Melnyk & Bruck, 2004). 특히 이 문제는 시간적으로 실제 사건과 가까운 시점에 면담을 실시할 때 일어날 가능성이 높다. 범죄가 발생하면, 일반적으로 가능한 빠른 시간에 목격자를 면담한다. 따라서 목격자에게 던지는 질문이 유도질문이 되지 않도록 조치를 취해야만 한다. 특히 목격자가 아동일 때 그렇다. 이러한 신중한 조치가 기억 왜곡 가능성을 낮출 수 있다.

게리 웰스(Gary Wells, 2006)는 용의자 배열에서 확인 정확도를 증진시키는 여러 가지 제안을 하였다. 이러한 제안에는 배열에 오직 한 명의 용의자만을 제시함으로써 목격자가 여러 사람 중에서 결정해야만 한다는 압박감을 느끼지 않게 하는 것, 배열의 모든 사람들이 서로 유사하여, 유독 한 사람이 다른 사람들과는 달리 우연히 범인과 한 가지 특징을 공유한다는 단순한 이유로 잘못 지목당할 가능성을 낮추는 것, 그리고 범인이 용의자 배열에 들어있지 않을 수도 있다는 사실을 목격자에게 알려주는 것 등이 포함된다.

이에 덧붙여서, 몇몇 심리학자(예컨대, Loftus, 1993a, 1993b)와 많은 변호사들은 목격자가 자신의 증언을 확신하는 정도가 반드시 피고를 범인으로 지목하는 데 있어서 목격자가 실제로 정확한 정도에 상응하는 것이 아니라는 사실을 배심원들에게 알려주어야만 한다고 믿고 있다. 동시에 몇몇 심리학자(예컨대, Egeth, 1993; Yuille, 1993)와 많은 검사들은 실제 목격자 증언이 아니라 대부분 시뮬레이션 목격자 연구에 근거하는 증거가 그렇게 강력한 것이 아니라고 믿고 있다. 즉, 그러한 증언이 실제 범인을 교도소로 보냄으로써 더 이상의 범죄를 저지르지 못하게 함에도, 목격자 증언의 신뢰성을 공격하는 위험을 자초할 만큼 강력하지 않다는 것이다.

억압된 기억

여러분은 어린 시절에 너무나도 끔찍한 경험을 하였는데, 그 경험의 외상이 너무나 컸기 때문에 지금 전혀 기억해내지 못하는 일이 있었는가? 몇몇 심리치료자는 사람들로부터 억압된 기억이라고 주장하는 것을 이끌어내기 위하여 최면이나 관련기법을 사용해왔다. **억압된 기억**(repressed memory)이란 그 기억이 야기하는 고통으로 인해서 무의식에 꾹꾹 눌러놓았다고 주장하는 기억이다. 그 존재를 신봉하는 심리학자의 견해에 따르면, 그러한 기억을 접속할 수는 없지만, 들추어낼 수는 있다(Briere & Conte, 1993). 사람들이 자신에게 일어났던 충격적인 사건을 망각할 수는 있다고 하더라도,

심리치료 내담자가 아동기에 학대받은 사실을 자각하지 못하기 십상이라는 생각은 의심스러울 뿐이다.

억압된 기억이 실제로 존재하는가? 많은 심리학자는 그 존재에 상당히 의심스러운 눈초리를 보내고 있다(Ceci & Loftus, 1994; Roediger & McDermott, 1995, 2000; Patihis 등, 2014). 다른 심리학자들도 꽤나 회의적이다(Bowers & Farvolden, 1996; Brenneis, 2000). 이러한 회의에는 여러 가지 이유가 있다. 심리치료자들이 부지불식간에 내담자 머리에 어떤 생각을 심어 넣을 수 있다. 이러한 방식으로 결코 일어나지 않았던 사건에 대한 거짓기억을 만들어낼 수 있다. 실제로 특정한 심리적 문제를 가지고 있지 않은 사람에게조차 거짓기억을 만드는 것은 비교적 용이하다. 그러한 기억은 일상적이고 비정서적인 자극을 사용하여 심어 넣을 수 있다(Roediger & McDermott, 1995). 둘째, 심어 넣은 기억이 거짓이라는 사실을 보여주는 것은 극도로 어려운 일이기 십상이다. 아동기 성적 학대의 사례와 같은 사건은 단지 한 사람의 말을 다른 사람에게 집어넣었던 것으로 끝나기 십상이다(Schooler, 1994). 현재로서는 그러한 기억의 존재를 보여주는 어떤 강력한 증거도 존재하지 않는다. 그렇지만 심리학자들이 그 존재를 완벽하게 배제할 수 있는 위치에 도달한 것은 아니다. 따라서 현재로서는 어떤 명백한 결론도 내릴 수 없다.

"우선 의료사고에 대한 억압된 기억부터 찾아 보겠습니다."

BSIP/UnPublished in The New Yorker, December 1, 1997, Frank Cotham/www.Cartoonbank.comiversal Images Group/Getty Images

디즈(J. Deese, 1959)의 연구에서 채택한 뢰디거-맥더못(1995) 패러다임이 실험실에서 기억 왜곡 효과를 보여줄 수 있다. 참가자에게 제시하지는 않았지만 결정적인 단어와 강력하게 연합된 15개 단어 목록을 제시한다. 예컨대, '수면'이라는 단어와 강력하게 연합된 15개 단어를 제시하지만, '수면'은 그 목록에 들어있지 않다. 제시하지 않은 단어(이 경우에는 '수면')의 재인율(즉, 오재인율)은 제시한 단어의 재인율에 못지않다. 이 결과는 여러 차례 반복되었다(McDermott, 1996; Schacter, Verfaellie, & Pradere, 1996; Sugrue & Hayne, 2006). 짧은 목록을 사용하는 경우조차도 제시하지 않은 단어의 오재인 수준이 높았다. 한 실험에서는 세 단어에 불과한 목록조차도 비록 정도는 낮았지만 이 효과를 나타냈다(Coane 등, 2007). 목록을 이야기 속에 내포시키는 것이 어린 아동에게 있어서 이 효과를 증가시킬 수 있다. 이 전략은 공유하는 맥락을 강력하게 만들어 제시하지 않은 단어를 잘못 재인할 확률을 증가시킨다(Dewhurst, Pursglove, & Lewis, 2007).

사람들이 들었던 것과 듣지 않았던 것을 구분하는 데 이토록 취약한 까닭은 무엇인가? 한 가지 가능성이 **출처-감시 오류**(source-monitoring error)이다. 이 오류는 한 출처에서 나온 기억을 다른 출처로 잘못 귀인할 때 일어난다. 사람들은 자주 **출처 감시**, 즉 기억 출처를 파악하는 데 어려움을 겪는다. 슈퍼마켓 계산대에서 기다리는 동안 선반에 있던 광고지에서 보았던 것을 뉴욕 타임스와 같이 명망 있는 신문의 사설에서 읽은 것으로 믿기도 한다. 목록의 다른 단어들과 밀접하게 연합된 단어를 포함하고 있지 않은 목록을 들을 때, 핵심 단어의 회상이 마음에서 나온 것이 아니라 목록에서 나온 것이라고 믿을 수 있는 것이다(Foley 등, 2006; Johnson, 1996, 2002).

이러한 오재인의 증가에 대한 또 다른 가능성 있는 설명이 **활성화 확산**(spreading activation)이다. 한 항목을 학습할 때마다, 그 항목과 관련된 다른 항목들을 생각하게 된다. 단어가 중앙에 위치한 은유적인 거미줄을 상상해보라. 그 단어에서 뻗어 나온 길은 모두 그 단어와 관련된 단어들을 향한다. 이러한 거미줄을 구성하는 데 있어서 개인차가 있지만, 상당한 중복도 존재한다. 예컨대, '낮잠'이라는 단어를 읽을 때, '수면, 침대, 고양이' 등과 같은 단어가 마음에서 활성화될 수 있다. 이러한 방식으로 활성화는 원래의 단어 '낮잠'에서부터 퍼져나간다. '수면'이라는 단어를 활성화시키는 15개의 단어를 본다면, 출처-감시 오류를 통해서 '수면'을 보았다고 생각할 가능성이 높다. 몇몇 최근 연구는 이 패러다임에서 오류에 대한 활성화 확산 이론을 지지하고 있다(Dodd & MacLeod, 2004; Hancock 등, 2003; Roediger, Balota, & Watson, 2001). 그렇지만 누구나 이 이론을 받아들이는 것은 아니다(Meade 등, 2007).

기억의 맥락효과

정서, 기분, 의식 상태, 스키마, 그리고 내적 맥락 자질 등과 같은 수많은 요인들이 기억 인출에 영향을 미치는 것이 확실하다. 구성적 기억 연구가 보여주는 바와 같이, 기억을 위한 인지적 맥락은 부호화, 저장, 인출이라는 기억 과정에 영향을 준다. 전문성 연구도 기존 스키마(지식을 표상하는 틀; 제8장도 참조)가 어떻게 새로운 정보를 부호화하고 저장하며 인출하는 인지적 맥락을 제공하는지를 보여준다. 일반적으로 전문가는 자신의 전문영역에서 초보자에 비해서 정교한 스키마를 가지고 있다(예컨대, Chase & Simon, 1973; Frensch & Sternberg, 1989). 이 스키마들은 전문가가 활동할 수 있는 인지적 맥락을 제공한다. 스키마의 사용은 통합과 체제화를 보다 쉽게 만들어준다. 부분적이거나 심지어는 왜곡된 정보를 제공하는 경우에 빠진 부분을 채워 넣으며, 시각 정보의 구체적 측면을 시각화해준다. 또한 새로운 정보를 체제화하고 되뇌기하는 적절한 메타인지 전략을 구현할 수도 있다. 확실히 전문성은 회상한 기억의 확신도를 높여준다.

기분과 의식 상태도 의미기억 인출에 영향을 미치는 부호화를 위한 맥락을 제공한다. 따라서 특정 기분이나 의식 상태에서 의미정보를 부호화하게 되면, 다시 동일한 상태에 있을 때 그 정보를 보다 용이하게 인출하게 된다(Baddeley, 1989; Bower, 1983). 흥미롭게도, 한 오스트레일리아 연구는 날씨로 유도한 부정적 기분이 (쇼핑몰 장면과 같은) 일상 장면의 기억을 증진시킨다는 사실을 찾아냈다(Forgas, Goldenberg, & Unkelbach, 2009).

의식 상태는 어떻게 기억에 영향을 미치는가? 술이나 어떤 약물에 취해있을 때 부호화한 것은 동일한 상태에서 더 쉽게 인출할 수 있다(Eich, 1980, 1995). 그렇지만 술과 많은 약물의 "주효과"가 상호작용 효과보다 강력하다. 부호화할 때와 동일한 상태에서 무엇인가를 회상할 때, 술과 많은 약물의 억압 효과는 촉진 효과보다 크다.

몇몇 연구자는 우울한 기분의 사람들이 과거 슬픈 경험의 기억을 보다 쉽게 인출할 수 있다고 제안해왔는데, 슬픈 경험의 인출이 우울을 더욱 지속시킬 수 있다(Baddeley, 1989; Wisco & Nolen-Hoeksema, 2009도 참조). 만일 심리학자를 비롯한 전문가들이 개입하여 이러한 악순환의 고리를 차단할 수 있다면, 더 행복하게 느끼기 시작할 수 있다. 그렇게 되면, 다른 행복한 기억을 더 쉽게 인출하게 되고, 이것이 우울을 더욱 완화시키는 선순환을 작동시킬 수 있다. 아마도 "행복한 일을 생각하라."고 충고하는 옛말이 전혀 근거 없는 것은 아니겠다. 실제로 실험실 조건에서도 참가자는 불쾌하거나 중립적인 연합을 가지고 있는 항목보다는 즐거운 연합을 가지고 있는 항목을 더 정확하게 회상하는 것으로 보인다(Matlin & Underhill, 1979; Monnier & Syssau, 2008). 흥미로운 사실은 우울증으로 고생하는 사람들이 기억을 형성하고 회상하는 데 있어서 결손을 나타내는 경향이 있다는 것이다(Bearden 등, 2006).

외적 맥락조차도 정보를 회상하는 능력에 영향을 미친다. 사람들은 자료를 학습하던 것과 동일한 물리적 맥락에서 정보를 더 잘 회상한다(Godden & Baddeley, 1975). 한 실험에서는 16명의 잠수부가 40개의 무관련 단어 목록을 학습하였다. 잠수부들은 뭍에 있거나 수심 6미터의 바다 속에서 학습하였다. 나중에 학습하였던 것과 동일한 환경에서 또는 다른 환경에서 단어를 회상하도록 요구하였다. 회상은 학습할 때와 동일한 장소에서 더 우수하였다.

유아들도 기억의 맥락효과를 나타낸다. 유아가 발로 차서 요람의 모빌을 움직이게 할 수 있는 조작적 조건형성 실험을 생각해보자. 3개월 유아(Butler & Rovee-Collier, 1989)와 6개월 유아(Borovsky & Rovee-Collier, 1990)에게 처음에 학습하였던 것과 동일한 맥락이나 상이한 맥락에서 요람 모빌을 찰 수 있는 기회를 주었을 때, 동일한 맥락에서 더 세게 찼다. 상이한 맥락에 있거나 상이한 모빌을 제공하였을 때는 훨씬 덜 찼다.

이 결과를 놓고 볼 때, 그러한 학습은 상당히 맥락의존적인 것으로 보인다. 일련의 실험에서 3개월 유아(Rovee-Collier & DuFault, 1991)와 6개월 유아(Amabile & Rovee-Collier, 1991)에게 다양한 맥락에서 특정 모빌을 차는 조작적 조건형성 실험을 실시하였다. 곧 이어서 조건형성에서 사용한 맥락들과는 다른 새로운 맥락에 데려다 놓았다. 유아들은 기억을 파지하고 있었다. 새로운 맥락에서도 높은 비율로 모빌을 찼던 것이다. 정보를 다양한 맥락에서 부호화하면, 그 정보를 다양한 맥락에서 보다 쉽게 인출하는 것으로 보인다. 이 효과는 조건형성 맥락과 새로운 맥락 간의 시간간격이 짧을 때 나타난다. 그렇다면 오랜 지연 후에 새로운 맥락이 출현할 때 어떤 일이 일어나는지 생각해보자. 유아가 발차기의 증가를 보이지 않았다. 그렇지만 여전히 친숙한 맥락에서는 발차기에 대한 맥락의존 기억을 보여주었다(Amabile & Rovee-Collier, 1991).

지금까지 소개한 모든 맥락효과는 부호화 맥락과 부호화한 정보의 인출 맥락 간의 상호작용으로 간주할 수 있다. 인출에 관한 다양한 실험 결과는 항목을 부호화하는 방식이 항목을 어떻게 그리고 얼마나 잘 인출하느냐에 강력한 효과를 갖는다는 사실을 시사한다. 이러한 관계를 **부호화 명세성**(encoding specificity)이라고 부른다. 즉, 회상하는 것은 부호화한 것에 달려있다(Tulving & Thomson, 1973).

매리언과 퍼시(Marian & Fausey, 2006)는 스페인어-영어 이중언어자를 연구하는 데 관심이 있었다. 참가자에게 신화, 역사, 생물학, 화학 영역의 주제에 관한 네 가지 짧은 이야기를 제시하였다. 둘은 영어로 그리고 나머지 둘은 스페인어로 제시하였다. 이야기를 들은 후에, 참가자는 이야기와 관련된 질문에 답하였다. 여기서도 절반의 질문은 영어로 그리고 나머지 절반의 질문은 스페인어로 제시하였다. 참가자에게는 질문을 하는 언어로 답을 하도록 요구하였다. 참가자는 질문에 답하는 언어가 사실을 학습하였던 언어와 동일한 것일 때 더 정확하게 기억해냈다. 즉, 영어로 학습하였던 내용에 관해서는 영어로 질문하였을 때 그리고 스페인어로 학습하고 질문하였을 때 더 정확하게 답하였다.

여러분은 제5장에서 논의하였던 처리수준 접근을 기억할 것이다. 보다 깊은 수준에서 처리한 정보를 더 많이 회상한다. 그렇지만 이 원리는 부호화 명세성 원리에 압도당할 수 있다. 단지 얕은 수준에서 부호화한 정보도 학습하였던 맥락이 인출하는 맥락과 유사할 때 용이하게 회상할 수 있다.

부호화 명세성의 극적인 사례를 보자. 우리는 재인기억이 거의 항상 회상기억보다 우수하다는 사실을 알고 있다. 예컨대, 학습하였던 단어의 재인이 그 단어의 회상보다 쉽다. 결국 재인할 때는 그 단어를 보았었다는 사실만을 말하면 된다. 회상에서는 단어를 생성한 다음에 그 단어가 목록에 있었는지를 확인해보아야 한다.

한 연구에서 왓킨스와 툴빙(Watkins & Tulving, 1975)은 참가자에게 'ground-cold'와 'crust-cake'와 같은 24개의 단어쌍 목록을 학습하도록 요구하였다.

- 참가자에게 각 반응 단어(예컨대, 'cold')를 자극 단어(예컨대, 'ground')와 연합

하여 학습하도록 지시하였다.

- 참가자가 단어쌍들을 학습한 후에 무관련 과제를 실시하였다.
- 그런 다음에 방해자극과 함께 재인검사를 실시하였다.
- 참가자에게 앞서 보았던 단어에 그저 동그라미 표시를 하도록 요구하였다.

참가자는 평균 60%의 단어를 재인하였다. 그런 다음에 24개의 자극 단어를 제시하고 반응 단어를 회상하도록 요구하였다. 단서회상의 성과는 73%이었다. 따라서 회상이 재인보다 우수하였다. 그 이유는 무엇인가? 부호화 명세성 가설에 따르면, 단어들을 쌍으로 학습하였기 때문에 자극 단어가 단어 자체보다도 더 우수한 인출단서가 된 것이다.

제5장에서 언급한 바와 같이, 부호화와 인출 간의 연계는 **자기 참조 효과**(self-reference effect)도 설명할 수 있다(Greenwald & Banaji, 1989). 자기 참조 효과의 주원인은 자기 참조 단서의 독특한 특성에 의한 것이 아니다. 오히려 부호화와 인출에 관한 보편 원리에 따른 것이다. 인출단서를 스스로 생성할 때, 더 강력한 단서로 작용하는 것이다.

다른 연구자들도 기억을 고양시키기 위하여 단서를 의미 있게 만드는 것의 중요성을 확증해왔다. 예컨대, 참가자가 자신의 인출단서를 스스로 만들 때 어떤 일이 일어나는지를 생각해보자. 500~600개 단어 목록을 거의 오류 없이 기억해낼 수 있었다(Mantyla, 1986). 참가자에게는 목록의 각 단어에 대해서 표적 단어의 적절한 기술이거나 자질이 되는 다른 단어(단서)를 생성하도록 요구하였다. 나중에 스스로 만든 단서 단어 목록을 주고 표적 단어를 회상하도록 요구하였다. 단서는 표적 단어와 양립할 수 있으며 동시에 많은 수의 관련 단어를 생성하는 경향이 없다는 점에서 차별적일 때 가장 도움이 되었다. 예컨대, '코트'라는 단어에 대해서는 '자켓'이 단서로서 양립가능하면서 동시에 차별적일 수 있다. '양모'를 단서로 떠올렸다고 생각해보자. 이 단서는 '직물'과 '양'과 같이 표적 단어가 아닌 많은 단어를 생각하게 만들 수 있다.

요약컨대, 인출은 부호화와 강력하게 상호작용한다. 여러분이 시험 준비를 하고 있으며 시험 볼 때 잘 회상해내기를 원한다고 해보자. 공부하고 있는 정보를 여러분이 기대하는 회상 방법과 적절하게 대응하는 방식으로 체제화하라. 마찬가지로 부호화의 처리수준이 인출의 처리수준과 대응될 때 정보를 더 잘 회상하게 된다(Moscovitch & Craik, 1976).

개념 확인

1. 자전기억이란 무엇인가?
2. 어떤 방식으로 기억 왜곡이 일어나는가?
3. 법정에서 목격자 증언을 허용해야 한다고 생각하는가?
4. 억압된 기억이란 무엇인가?
5. 맥락은 어떻게 정보의 부호화와 인출에 영향을 미치는가?

핵심 주제

이 장은 제1장에서 제시한 몇 가지 핵심주제를 예증하고 있다.

합리주의 대 경험주의. 법정은 어느 정도나 심리학 연구의 경험적 증거에 의존해서 재판을 진행해야 하겠는가? 목격자 증언의 신뢰성을 어느 정도나 합리적 고려(예컨대, 범죄현장에 있었는가, 믿을 만한 사람인가) 그리고 심리학 연구가 보여주는 경험적 고려(예컨대, 범죄현장에 있었다는 것이 신뢰성 있는 증언을 보장하지 않으며, 믿을만한 정도에 대한 판단은 틀리기 십상이다)에 근거하여 결정해야만 하는가? 법원은 합리적 고려, 즉 어째야만 하는가에 근거하여 판단하기 십상이다. 심리학 연구는 무엇이 사실인지를 밝힌다.

영역 보편성 대 영역 특수성. 이 장에서 논의한 기억술은 특정 영역에서 더 잘 작동한다. 예컨대, 에릭슨, 체이스 그리고 팔룬(1980; 제5장에서 논의하였다)이 연구하였던 장거리 육상선수의 경우와 같이 특정 영역에 매우 친숙하다면, 기억술 도구를 더 잘 고안해낼 수 있다. 일반적으로 특정 영역에 관한 지식을 많이 가지고 있을수록, 그 영역의 정보를 더 용이하게 큰 덩어리로 만들 수 있다.

인과추론 타당성 대 생태 타당성. 몇몇 연구자는 실험실 연구가 실험 제어뿐만 아니라 생태 타당성도 극대화시키는 결과를 내놓는다고 주장해왔다(예컨대, Banaji & Crowder, 1989). 율릭 나이서는 이에 동의하지 않으며, 일상 기억을 연구하고 싶다면 일상 장면에서 연구해야만 한다고 제안한다. 궁극적으로 두 가지 유형의 연구는 함께 기억 현상에 대한 이해를 극대화시킬 가능성이 크다. 전형적으로 연구를 수행하는 오직 한 가지의 올바른 길은 존재하지 않는다. 오히려 일련의 보편적인 결과로 수렴하는 다양한 방법을 사용할 때 가장 많은 것을 알아내게 된다.

요 약

1. 정보를 기억에 저장하기 위해서 부호화하는 방식에 관하여 인지심리학자들이 발견한 것에는 어떤 것이 있는가? 단기기억에서 정보 부호화는 절대적이지는 않더라도 대체적으로 청각적인 것으로 보인다. 단기기억 정보는 청각적 혼동에 취약하다. 즉, 단어 발음에 근거한 오류를 많이 범한다. 그렇지만 단기기억에는 시각 부호화와 의미 부호화도 존재한다. 장기기억 정보는 주로 의미적 형태로 부호화하는 것으로 보인다. 따라서 혼동은 단어의 발음보다는 의미 측면에서 발생하는 경향이 있다. 이에 덧붙여서, 몇몇 증거는 장기저장소에서 시각 부호화뿐만 아니라 청각 부호화의 존재도 지적하고 있다.

다음과 같은 여러 요인들이 장기저장소로 정보를 전이하는 것을 촉진한다.

a. 정보의 되뇌기, 특히 정교화 되뇌기.
b. 정보의 범주화와 같은 체제화.
c. 기억술 도구의 사용.
d. 목록 작성이나 필기하기 등과 같은 외부 기억 보조수단의 사용.
e. 집중훈련보다는 여러 학습회기에 걸친 분산훈련을 통한 지식 획득.

주어진 학습회기에 시간을 분산하는 것이 장기기억으로의 전이에 영향을 미치지는 않는 것으로 보인다. 분산훈련의 효과는 수면을 취할 때와 같이 오랜 시간에 걸쳐 기존 기억시스템과 통합할 새로운 정보를 신속하게 부호화하는 해마 기반 기제에 의한다.

2. **무엇이 기억에서 정보를 인출하는 능력에 영향을 미치는가?** 장기기억의 인출을 연구하기 어려운 까닭은 인출을 다른 기억과정들과 구분하기 어렵기 때문이다.

   접속가능성을 가용성과 분리하는 것도 어렵다. 단기기억에서 정보 인출은 전집 계열처리의 형태인 것으로 보인다. 즉, 사람들은 항상 목록의 모든 정보를 순서대로 확인한다. 그렇지만 몇몇 데이터는 자기종료 계열처리와 심지어는 병렬처리의 가능성도 허용하는 것으로 해석할 수 있다.

3. **우리가 알고 있는 것 또는 학습한 것이 어떻게 기억해내는 것에 영향을 미치는가?** 단기기억 망각에 대한 두 가지 주요 이론은 소멸 이론과 간섭 이론이다. 간섭 이론은 역행 간섭과 순행 간섭을 구분한다. 간섭과 되뇌기 효과를 모두 배제하고 소멸 효과를 평가하는 것은 상당히 어렵다. 그렇지만 소멸 효과에 대한 몇몇 증거들이 있다.

   간섭은 장기기억에도 영향을 미치는 것으로 보인다. 적어도 응고화가 이루어지는 기간에 그렇다. 응고화 기간은 부호화한 후 여러 해에 걸쳐 계속되기도 한다.

   기억은 재구성적일뿐만 아니라, 즉 회상한 데이터 그리고 그 데이터로부터의 추론에 근거하여 학습한 것을 재생하는 것일 뿐만 아니라 구성적이기도 하다. 즉 태도, 획득한 정보 그리고 과거 지식에 근거한 스키마의 영향을 받기도 한다. 기억 구성에 대한 기존 스키마의 영향이 보여주는 바와 같이, 스키마는 기억과정에 영향을 미친다. 기억할 만한 경험의 정서 강도, 기분, 심지어는 의식 상태와 같은 다른 내적 맥락 요인도 마찬가지다. 이에 덧붙여서 부호화할 때의 환경 맥락단서도 나중의 인출에 영향을 미치는 것으로 보인다. 부호화 명세성은 회상하는 것이 대체로 부호화한 것에 달려있다는 사실을 나타낸다. 학습할 때 정보를 부호화하는 방식은 나중에 회상하는 방식에 큰 영향을 미친다.

   회상을 증진시키는 가장 효과적인 수단의 하나는 후속 인출을 위한 의미 있는 단서를 생성하는 것이다.

생각에 관한 생각: 분석적, 창의적, 현실적 물음

1. 사람들은 단기기억과 장기기억에서 어떤 형태로 정보를 부호화하는가?
2. 부호화 명세성의 증거는 무엇인가? 적어도 지지 증거의 세 가지 출처를 인용해보라.
3. 사람들이 정보를 망각하는 두 가지 기제 간의 중요한 차이는 무엇인가?
4. 섬광기억에 관한 몇 가지 견해를 비교하고 대비시켜보라.
5. 여러분이 목격자 증언에만 근거하여 기소된 피고를 방어하는 변호사라고 가정해보자. 배심원들에게 목격자 증언의 취약성을 어떻게 입증할 수 있겠는가?
6. 이 장의 서두에서 소개한 브랜스포드와 존슨의 사례를 사용하여 어떤 절차(예컨대, 초콜릿 쿠키를 굽는 것이나 자동차 타이어를 교체하는 것 등)에 이름을 붙이지 않은 채 보편적인 절차에 관한 기술을 만들어보라. 누군가에게 그 이야기를 읽고 절차를 회상해보도록 시도해보라.
7. 10개 이상의 단어로 구성한 목록을 만들어라. 이 장에서 언급한 기억술 도구 하나를 선택하고, 목록을 기억하는 데 그 도구를 어떻게 사용할 것인지를 가능한 구체적으로 기술해보라.

8. 기억에 관하여 학습한 것 중에서 새로운 정보를 학습하고 오랫동안 그 정보를 효과적으로 회상하는 것을 도와줄 수 있는 세 가지 방법은 무엇인가?

핵심 용어

가용성(availability)
간격두기 효과(spacing effect)
간섭(interference)
간섭 이론(interference theory)
계열위치 곡선(serial position curve)
구성기억(constructive memory)
기억술 도구(mnemonic device)
되뇌기(rehearsal)
메타기억(metamemory)
메타인지(metacognition)
부호화(encoding)
부호화 명세성(encoding specificity)
분산 훈련(distributed practice)
섬광기억(flashbulb memory)
소멸(decay)
소멸 이론(decay theory)
순행간섭(proactive interference)
스키마(schema)
역행간섭(retroactive interference)
응고화(consolidation)
인출(retrieval)
접속가능성(accessibility)
자전기억(autobiographical memory)
재구성기억(reconstructive memory)
저장(storage)
집중 훈련(massed practice)
초두효과(primacy effect)
최신효과(recency effect)

7

심상과 명제

✻ 이 장의 개요

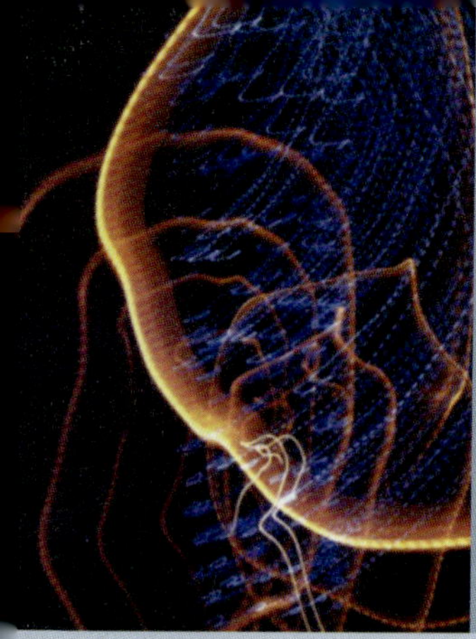

❋ 이 장에서 탐구할 물음들

1. 마음에 지식을 표상하는 방식에 관한 주요 가설은 무엇인가?
2. 심상의 특징은 무엇인가?
3. 지식 표상은 심상과 명제로부터 어떤 도움을 받는가?
4. 개념 지식과 기대는 우리가 심상을 사용하는 방식에 어떤 영향을 미치는가?

믿거나 말거나 | 시각 장애인을 위한 음악 도시지도

시각 장애인은 어떻게 새로운 도시에서 길을 찾을 수 있겠는가? 멀지 않은 미래에 장면을 음악으로 변환하는 장치를 통해서 주변의 길을 들을 수 있게 될 것이다. 연구자들은 시각 장애인이 귀를 사용하여 주변 환경을 돌아다닐 수 있도록 도와주는 휴대장치를 개발하고 있다(Cronly-Dillon, Persaud, & Blore, 2000).

악보를 특정 공간 분포에서의 검은 점들로 구성하면 연주가 음악으로 변환시키는 것과 마찬가지로, 디지털 영상의 화소도 음악으로 변환시킬 수 있다. 듣는 사람은 음악 장면을 탐색하고 자신이 보는 것에 대한 심상을 만들어낸다. 장면을 왼쪽에서부터 오른쪽으로 읽는다. 수평선은 하나의 연속적인 음으로 연주하고, 수직선은 여러 음의 빠른 화음으로 연주하며, 좌상에서 우하로 진행하는 대각선은 낮아지는 음계로 연주할 수 있다. 듣는 사람은 전체 장면을 주사하거나 어떤 대상의 세부사항을 보기 위해서 확대할 수 있다. 만들어낸 음악은 어느 정도 현대음악처럼 들린다. 그렇지만 이 처리과정은 한 때 볼 수 있었던 사람에게서만 작동한다. 그 사람들은 이미 3차원(3-D) 심상을 만들어내는 능력을 발달시켰기 때문이다.

예컨대, 한 연구에서 시각 장애 참가자는 나무, 여러 건물(예컨대, 빅토리아풍이나 현대식 집과 교회), 다양한 유형의 자동차 등을 구분할 수 있었다. 참가자는 자신의 심상을 그림을 통해서 연구자와 소통하였다. 그림 7.1에서 여러분은 자동차 두 대의 원래 이미지, 시각장애 참가자가 분석한 이미지, 그리고 그들이 그린 심상을 볼 수 있다.

이 장에서는 심상뿐만 아니라 언어를 통한 지식 표상을 살펴본다.

그림 7.1 시각장애인이 심상을 형성하는 방법

출처: Cronly-Dillon, J., Persaud, K. C., & Blore, R. (2000). Blind subjects construct conscious mental images of visual scenes encoded in musical form. *Proceedings of the Royal Society B: Biological Sciences*, *267*, 2231-2238.

그림 7.2 심적 표상. 두 사진을 세심하게 들여다보라. 눈을 감고 표상한 사람의 모습을 떠올려보라. 대중매체 보도를 통해 여러분이 알아볼 수 있는 사람들이다. 사진을 다시 보지 않은 채, 두 사람의 모습을 마음속에서 비교해보라. 사람들을 비교하기 위해서는 마음에 그 사람들의 심적 표상을 가지고 있어야 한다.

그림 7.2의 사진을 세심하게 살펴보라. 이제 사진을 덮고 두 사람이 어떻게 생겼으며 목소리는 어떤지를 스스로 기술해보라. 두 사람 어느 누구도 여러분 마음속에 결코 물리적 형태로 존재할 수 없다. 여러분은 어떻게 그들을 상상하고 기술할 수 있는 것인가? 여러분 마음에 어떤 형태의 **심적 표상**(mental representation), 즉 이 사람들에 대해서 여러분이 알고 있는 것을 대표하는 무엇인가를 저장하였음에 틀림없다.

이 유명인사들을 회상하기 위하여 여러분이 사용한 것을 일반적으로 **지식 표상**(knowledge representation)이라 부르며, 외부 세계에 있는 대상, 아이디어, 사건 등에 관하여 여러분이 알고 있는 것을 나타내는 형태라고 할 수 있다.

이 장에서는 지식을 마음에 저장하고 표상하는 방법을 탐구한다.

- 첫째, 표상이 무엇이며 어떤 형태로 저장할 수 있는지를 살펴본다.
- 둘째, 지식 표상을 기술하며 사람들이 지식을 심상, 상징, 또는 명제로 저장한다고 제안하는 이론들을 살펴본다.
- 셋째, 마음속의 심상을 보다 상세하게 들여다본다. 어떻게 심상을 회전하고 주사할 수 있는가? 요컨대, 어떻게 사람들은 심상에 처치를 가할 수 있는 것인가?
- 넷째, 심상과 명제에 관한 별개 이론들을 하나의 접근으로 종합할 수 있는지를 살펴본다.
- 마지막으로, 심적 지도를 살펴본다.

❀ 지식의 심적 표상

사람들이 지식을 표상하는 방식을 인지심리학자들이 직접 관찰할 수 있다면 가장 이상적일 것이다. 인간 마음에서 진행되는 지식 표상이라는 일련의 스냅사진들을 연속적으로 찍어내는 것과 같은 것이 될 것이다. 불행하게도 현재로서는 지식 표상을 직접 관찰할 수 있는 경험적 방법은 없다. 그러한 방법이 가까운 미래에 가용할 것 같지도 않다. 그렇지만 여러 가지 대안들이 존재한다. 사람들에게 자신의 지식 표상 그리고 그 표상과정을 기술하도록 요구할 수 있다. 예컨대, 자유의 여신상을 생각할 때 마음에서 무엇을 보는 것인가? 불행하게도 어느 누구도 지식 표상과정에 의식적으로 접속할 수 없으며, 그 과정에 관한 자기보고 정보는 지극히 신뢰롭지 못하다(Pinker, 1985). 따라서 내성적 접근은 거기까지가 전부이다.

지식을 마음속에 표상하는 방식을 관찰하는 또 다른 방법은 합리주의자의 접근법이다. 이 접근에서는 사람들이 지식을 표상하는 방식을 논리적으로 연역해내고자 시도한다. 수백 년에 걸쳐서 철학자들이 바로 이런 작업을 해왔다. 고전적 인식론, 즉 인간 지식의 본질과 기원 그리고 한계에 관한 연구에서 철학자들은 두 가지 유형의 지식구조를 구분해왔다. 첫 번째 유형의 지식구조는 **선언지식**(declarative knowledge)이다. 선언지식은 여러분의 생일, 절친 이름, 토끼 모습 등과 같이 언어로 진술할 수 있는 사실을 지칭한다. **절차지식**(procedural knowledge)은 수행할 수 있는 절차에 관한 지식을 지칭한다. 구두끈을 매거나, 두 숫자를 더하거나, 자동차를 운전하는 데 수반된 단계들이 그 예이다. 노왓(knowing what)과 노하우(knowing how) 간의 구분이다(Ryle, 1949). 이 장 후반부에서 이 개념들을 사용하게 된다.

지식 표상에 관한 경험적 데이터에는 두 가지 중요 출처, 즉 실험연구와 신경심리학 연구가 있다. 실험연구에서는 사람들의 마음을 직접 들여다볼 수 없기 때문에 지식 표상을 간접적으로 연구한다. 마음에 표상하고 있는 지식에 처치를 요구하는 다양한 인지과제에 사람들이 대처하는 방법을 관찰한다.

신경심리학 연구에서는 전형적으로 다음과 같은 두 가지 방법 중의 하나를 사용한다. (1) 정상적인 두뇌가 지식 표상을 수반하는 다양한 인지과제에 어떻게 반응하는지를 관찰한다. (2) 지식 표상의 다양한 결손과 두뇌 병리 간의 연계를 관찰한다.

다음 절에서는 우리가 지식을 마음에 표상하고 저장하는 방식을 설명하기 위하여 제안한 몇몇 이론들을 살펴본다.

- 첫째, 이 책의 내용과 같이 외부 세계에 존재하는 아이디어를 표상하기 위해서 사용하는 심상과 언어 간의 차이를 살펴본다.
- 그런 다음에 심상에 관하여 알아보고, 지식을 심상 형태로 저장한다는 생각을 살펴본다.
- 지식을 언어와 심상 모두의 형태로 저장한다는 생각(이중부호 이론)을 살펴본다.
- 마지막으로 사람들이 실제로는 언어나 심상 어느 것도 사용하지 않는 추상적 형태의 지식 표상을 사용한다고 제안하는 대안 이론, 즉 명제 이론을 살펴본다.

지식의 소통: 그림 대 언어

지식은 마음속에 여러 가지 방식으로 표상할 수 있다. 심적 그림이나 언어 또는 추상적 명제로 저장할 수 있다. 이 장에서는 이러한 유형의 지식 표상 간의 차이에 초점을 맞춘다. 물론 인지심리학자는 주로 사람들이 알고 있는 것에 대한 심적 표상에 관심을 갖는다. 내적 표상을 다루기에 앞서, 책과 같은 외적 표상을 보도록 하자. 책은 언어와 그림을 통해서 아이디어를 소통한다. 언어로 표현하는 외적 표상은 그림으로 표현하는 표상과 어떤 차이를 보이는가?

어떤 아이디어는 그림으로 잘 표상할 수 있는 반면, 다른 것은 언어로 잘 표상할 수 있다. 예컨대, 누군가 여러분에게 "달걀은 어떻게 생겼나요?"라고 묻는다고 가정해 보자. 여러분에게는 그 모습을 기술하는 것보다 그리는 것이 더 쉬울 수 있다. 많은 기하도형과 구체사물은 언어보다는 그림으로 표상하는 것이 더 쉬워 보인다. 그런데 누군가 "정의란 무엇입니까?"라고 묻는다면 어떻겠는가? 추상개념을 언어로 기술하는 것이 이미 어려운 일이겠지만, 그림으로 나타내는 것은 더욱 어려운 일이겠다.

그림 7.3(a)와 (b)가 보여주는 바와 같이, 대상과 아이디어를 표상하는 데 그림과 언어를 모두 사용할 수 있지만, 어느 것도 표상하는 대상의 모든 특징을 포함하지 못한다. 예컨대, 단어 '고양이'나 고양이 그림 어느 것도 실제로 생선을 먹거나, 야옹거리거나, 쓰다듬어 줄 때 가르랑거리지 않는다. 단어 '고양이'와 고양이 그림은 모두 "고양이다움"의 차별적 표상이다. 각 유형의 표상은 차별적인 특징들을 가지고 있다.

방금 보았던 것처럼, 그림은 표상하는 실세계 대상과 비교적 유사하다(아날로그적이다). 그림은 모양이나 상대적 크기와 같이 구체 속성들을 보여준다. 이 속성은 그림이 표상하는 실세계 대상의 자질이나 특성과 유사하다. 고양이 그림의 일부분을 가린다고 하더라도 나머지 부분은 여전히 고양이의 일부분으로 보인다. 대부분의 상황에서 그림의 많은 측면을 동시에 포착한다. 그림을 주사하거나 자세하게 살펴보기 위하여 확대하거나, 큰 그림을 보기 위하여 축소할 수도 있다. 그렇지만 주사하거나 확대/축소하는 경우에도 그림을 살펴보는 절대적 규칙이 존재하는 것은 아니다. 왼쪽에서 오른쪽으로나 위에서 아래로 등, 원하는 대로 그림을 주사할 수 있다.

반면에 '고양이'라는 단어는 **상징 표상**(symbolic representation)이다. 즉, 단어와 표상하는 대상 간의 관계가 전적으로 임의적인 것이다. '고양이'라는 단어는 본질적으로 고양이다움을 표상하지 않는다. 만일 여러분이 독일이나 프랑스와 같이 다른 나라에서 성장하였더라면, 'Katze'나 'chat'라는 단어가 고양이 개념을 상징하게 되었을 것이다. 단어 '고양이'의 일부분을 가린다고 해보자. 나머지 부분은 고양이의 어느 부분과도 더

(a)

(b) 고양이가 탁자 밑에 있다

(c) 밑(고양이, 탁자)

그림 7.3 상이한 유형의 심적 표상. 대상과 아이디어를 그림이나 언어로 표상할 수 있다. 그림과 언어 어느 것도 표상하는 것의 모든 특징을 포착하지 못하며, 각각은 다른 것보다 특정 유형의 정보를 보다 용이하게 포착한다. 몇몇 인지심리학자는 사람들이 (a) 그림과 같은 아날로그 이미지를 닮은 심적 표상, (b) 언어와 같이 매우 상징적인 심적 표상, 그리고 (c) 언어나 그림과 같은 것이 결코 아닌 순수하게 추상적인 "마음언어"로 표현하는, 보다 근본적인 명제 표상을 가지고 있다고 제안해왔다. 인지심리학들은 명제를 매우 단순화시킨 표기법으로 나타내기 십상이다.

이상 상징적 관계조차 갖지 않는다.

상징은 임의적이기 때문에, 상징의 사용은 규칙의 적용을 필요로 한다. 예컨대, 단어를 구성할 때는 발음이나 문자를 규칙에 따라서 연속적으로 배열하여야만 한다. 문장을 구성할 때도 단어를 규칙에 따라서 연속적으로 배열하여야만 한다. 예컨대, "고양이가 탁자 밑에 있다."고 말할 수 있지만, "밑에 탁자 있다 고양이가"라고 말할 수는 없다.

단어 '고양이'와 같은 상징 표상은 몇몇 유형의 정보를 포착하지만 다른 유형의 정보는 포착하지 못한다. 사전은 '고양이'를 "오래 전부터 애완동물로 길들여왔으며 쥐를 잡는 육식성의 포유동물"로 정의한다(*Merriam-Webster's Online Dictionary*, 2014). 단어 의미에 대한 여러분 자신의 심적 표상이 사전 정의를 닮았다고 가정해보자. 그렇다면 단어 '고양이'는 고기를 먹고(육식성), 새끼를 낳아 키우는(포유동물) 동물 등의 의미를 함축한다. 이 정보는 추상적이고 보편적이다. 털색깔이나 모습에 관계없이 모든 고양이에게 적용가능하다. 부가적인 특징을 표상하기 위해서는 '검은, 페르시안, 얼룩' 등과 같은 부가적 단어를 사용해야만 한다.

고양이 그림은 고양이가 무엇을 먹는지, 새끼를 보호하는지 등에 관하여 단어가 전달하는 추상 정보를 하나도 전달하지 않는다. 그렇지만 그림은 특정 고양이에 관하여 상당히 많은 구체 정보를 전달한다. 예컨대, 고양이 다리의 정확한 위치, 고양이를 보고 있는 각도, 고양이 꼬리의 길이, 두 눈을 모두 뜨고 있는지 등을 전달해준다.

그림과 언어는 관계도 상이한 방식으로 표상한다. 그림 7.3(a)의 그림은 고양이와 탁자 간의 공간관계를 보여준다. 고양이와 탁자를 보여주는 그림이라면 어떤 것이든지 공간관계를 구체적으로 표상하게 된다. 반면에 언어를 사용할 때는 상징을 사용하여 명시적으로 공간 관계를 진술하여야만 한다("고양이가 탁자 밑에 있다."). 그렇지만 범주 관계와 같이 보다 추상적인 관계는 단어 의미가 함축하고 있기 십상이다. 고양이는 포유동물이며, 탁자는 가구이다. 그림이 추상적 관계를 함축하는 경우는 거의 없다.

요약컨대, 그림은 무엇이든지 간에 표상하는 것과 유사한 방식으로 구체적이고 공간적인 정보를 적절하게 포착한다. 모든 자질들을 동시에 전달한다. 일반적으로 그림을 그리거나 이해하는 규칙은 그 그림과 표상 대상 간의 유사한 관계를 유지하며, 그림과 표상 대상 간에 가능한 한 높은 유사성을 보장해준다. 반면에 단어는 표상 대

인지심리학 연구하기

그림 표상과 언어 표상

동물, 식물, 아니면 다른 사물(집, 자동차, 비행기 등)의 사진이 들어있는 책이나 잡지를 찾아서 그 대상을 나타내는 단어를 적어보라. 단어는 어떤 모양인가? 그림은 어떤 모양인가? 단어의 일부분을 가리고 남아있는 부분이 대상의 특징과 어떻게 관련되는지를 설명해보라. 이제 그림의 일부분을 가리고 남아있는 부분이 대상의 특징과 어떻게 관련되는지를 설명해보라.

상의 상징이라는 측면에서 추상적이고 범주 정보를 손쉽게 포착한다. 일반적으로 언어표상은 정보를 순서대로 전달한다. 언어가 표상하는 대상과는 아무런 관계도 없는 임의 규칙에 따라 그렇게 한다. 그림과 언어는 모두 특정 목적에 적합하며 다른 목적에는 적합하지 않다. 예컨대, 청사진과 인물사진은 수필이나 메모와는 상이한 기능을 수행한다.

이제 외적 지식 표상에 관한 예비지식을 갖추었음으로, 내적 지식 표상을 살펴보도록 하자. 사람들은 알고 있는 것을 마음속에 어떻게 표상하는가? 심적 시나리오(그림)와 심적 이야기(언어)를 가지고 있는가? 정보처리와 언어에 관한 후속 장에서는 상징 표상을 논의한다. 이 장에서는 심상에 초점을 맞춘다.

마음속의 사진: 심상

심상(imagery)은 현재 보고 있지 않거나 감각기관이 전달하지 않는 대상의 심적 표상이다(Moulton & Kosslyn, 2009; Thomas, 2003). 우리는 마음속에 대상, 사건, 장면에 대한 이미지를 가지고 있기 십상이다. 예컨대, 대학 캠퍼스에서 처음 겪은 경험 하나를 회상해보라. 그 당시에 감각하였던 장면, 소리, 냄새는 어떤 것이었는가? 잔디 깎는 냄새, 높은 건물, 아니면 나무가 줄지어 서있는 길이었는가? 여러분이 실제로 잔디 냄새를 맡거나 건물을 보는 것은 아니지만, 여전히 그것들을 상상할 수 있다. 심상은 결코 경험하지 않았던 것도 표상할 수 있다. 예컨대, 아마존강을 따라 여행하는 것을 상상해보라. 심상은 존재하지 않는 대상조차도 표상할 수 있다. 이마 한가운데 세 번째 눈이 있다면 여러분이 어떻게 보일 것인지를 상상해보라.

심상은 청각, 후각, 미각과 같은 모든 감각양상의 심적 표상을 수반할 수 있다. 소방차의 사이렌소리, 여러분이 좋아하는 노래, 아니면 애국가의 멜로디를 상상해보라. 이제 장미, 구운 베이컨, 아니면 양파 냄새를 상상해보라. 마지막으로 레몬, 피클, 아니면 좋아하는 사탕의 맛을 상상해보라. 적어도 이론적으로는 모든 형태의 심적 표상이 연구의 대상이다(예컨대, Kurby, Magliano, & Rapp, 2009; Palmieri 등, 2009; Pecenka & Keller, 2009).

인지심리학에서 심상에 관한 대부분의 연구는 눈에 보이지 않는 대상이나 장면의 표상과 같은 시각 심상에 초점을 맞추어왔다. 심상에 관한 일기를 쓴다면, 청각, 후각, 촉각, 미각 심상보다는 시각 심상에 관한 내용을 더 많이 적게 될 것이다(Kosslyn 등, 1990). 우리들 대부분은 다른 형태의 심상보다 시각 심상을 더 많이 자각하고 있다.

사람들은 문제를 해결하고 대상을 수반하는 질문에 답하는 데 심상을 사용한다(Joh, Jaswal, & Keen, 2011; Kosslyn, Thompson, & Ganis, 2006). 체리와 사과 중에서 어느 것이 더 진한 빨간색인가? 여러분 집에는 몇 개의 창문이 있는가? 여러분의 위치에서 첫 번째 강의실로 가려면 어느 길을 택해야 하는가? 퍼즐 조각들을 어떻게 맞추며, 엔진 부품들을 어떻게 결합하는가? 문제를 해결하고 이러한 질문에 답하기 위하여, 사람들은 질문에 들어있는 사물들을 시각화한다(Kosslyn, Thompson, & Ganis, 2006). 그렇게 하는 과정에서 마음에 이미지를 표상하는 것이다.

인지심리학 연구하기

고양이에 대한 아날로그 표상과 상징 표상

두 가지 유형의 표상 각각을 어떻게 사용하는 것인지에 관하여 직관적인 이해를 얻기 위해서, 고양이에 관하여 여러분이 알고 있는 모든 사실을 어떻게 마음속에 표상하는지에 관하여 생각해보라. 단어 '고양이'의 심적 정의 그리고 고양이 심상으로부터 이끌어낼 수 있는 모든 추론을 사용하라. 다음 질문에 답하는 데 어떤 유형의 표상이 더 도움을 주는가?

- 만일 길게 늘이면 코끝에 닿을 정도로 고양이 꼬리는 긴가?
- 고양이는 생선을 좋아하는가?
- 고양이의 앞다리와 뒷다리는 똑같은 크기와 모습인가?
- 고양이는 포유동물인가?
- 고양이 코와 눈 중에서 어느 것이 더 넓은가?

각 질문에 답하는 데 어느 유형의 심적 표상이 더 유용하였는가?

인지심리학 이외 분야의 심리학자들은 심상의 응용에 관심을 갖는다. 그러한 응용에는 통증을 제어하고 면역반응을 강화하는 등, 건강을 조장하기 위한 심상유도 기법의 사용이 포함된다. 이 기법에서는 아름다운 해변에 있으면서 편안함을 느끼고 있는 장면을 상상함으로써 통증이 주변으로 사라지도록 만들 수 있다. 아니면 면역체계 세포가 신체의 해로운 박테리아를 모두 성공적으로 박멸하는 장면을 상상할 수도 있다. 이 기법은 공포증을 비롯한 불안장애와 같은 심리적 문제를 극복하는 데도 도움이 된다. 디자인 엔지니어, 생화학자, 물리학자를 비롯한 많은 과학자와 공학자들도 다양한 구조와 처리과정에 관해서 생각하고 자신의 분야에서 문제를 해결하기 위하여 심상을 사용한다.

그렇지만 모든 사람이 심상을 형성하고 조작하는 능력에서 동일한 것은 아니다. 응용 장면과 실험실에서의 연구는 혹자가 다른 사람보다 심상을 형성하는 능력에서 뛰어나다는 사실을 보여주고 있다(Borst & Kosslyn, 2010; Schienle, Schaefer, & Vaitl, 2008). 이러한 차이는 fMRI를 사용하여 측정할 수도 있다(Cui 등, 2007). 연구들은 심상 사용이 기억을 개선시킬 수 있다는 사실도 보여주고 있다. 다운증후군 환자의 경우, 단순히 이야기만을 듣는 것과 비교할 때, 이야기를 들으면서 동시에 심상을 사용하는 것이 기억을 증진시켰다(de la Iglesia, Buceta, & Campos, 2005; Kihara & Yoshikawa, 2001). 작업치료와 같은 다른 분야에서도 심상을 사용한다. 두뇌손상 환자는 이 기법을 사용하여 복잡한 과제를 수행하도록 스스로 훈련할 수 있다. 예컨대, 수반되는 모든 세부사항을 기억해내기 위하여 과제의 세부사항을 정확한 순서대로 상상함으로써, 두뇌손상 환자가 설거지를 하거나 약을 복용할 수 있다(Liu & Chan, 2009).

사람들은 어떤 형태로 심상을 표상하는가? 극단적인 견해에 따르면, 감각하는 대상의 모든 심상을 물리적 이미지와 꼭 닮은 형태로 저장한다. 그렇지만 현실적으로 모

인지심리학 연구하기

여러분의 두뇌는 여러분 얼굴의 이미지를 저장할 수 있는가?

거울 속의 얼굴을 들여다보라. 머리를 (주변시로 얼굴을 볼 수 있는 한에 있어서) 오른쪽에서 왼쪽으로 서서히 돌려보라. 이제 머리를 가능한 만큼 앞으로 숙인 다음에 뒤로 젖혀보라. 모든 자세에서 여전히 얼굴의 거울상을 보고 있는지 확인하라. 이제 얼굴 움직임을 과장할 정도로 스스로에게 말을 하는 것과 같은 몇 가지 상이한 표정을 지어보아라. 여러분 두뇌는 일련의 얼굴 이미지를 저장할 수 있겠는가? 오랜 세월에 걸쳐 매일같이 보는 모든 이미지를 저장하는 것은 불가능해 보인다. 그렇다면 이미지를 두뇌에 어떻게 저장하는 것인가?

든 관찰 대상의 물리적 이미지를 두뇌에 저장하는 것은 불가능해 보인다. 그러한 과제에 대처하기에는 두뇌 용량이 충분하지 않다(Kosslyn & Pomerantz, 1977; Kosslyn, Thompson, & Ganis, 2006). '인지심리학 연구하기: 두뇌는 여러분 얼굴의 이미지를 저장할 수 있는가?'에 나와 있는 간단한 예를 보라.

놀랍게도 단지 심상을 사용하는 것만으로도 학습이 일어날 수 있다. 한 연구는 참가자에게 세 수직 선분 배열을 제시하였다(Tartaglia 등, 2009; 그림 7.4 참조). 중앙 선

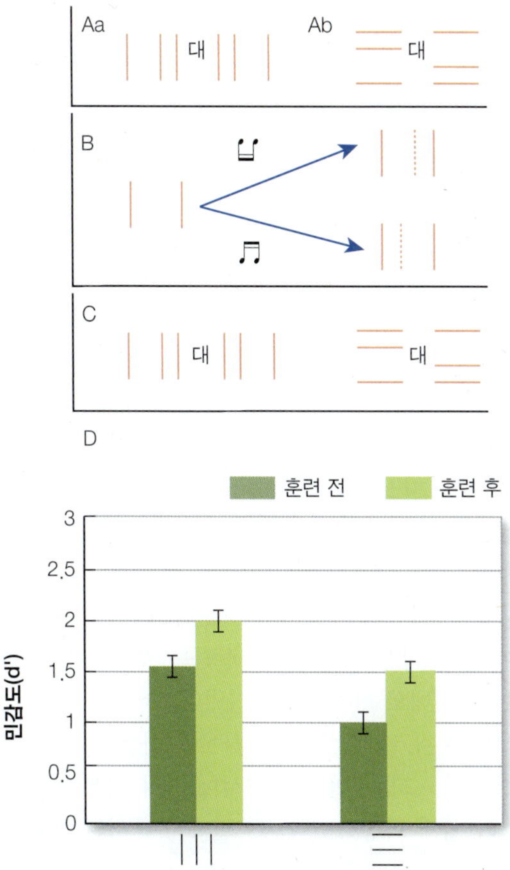

그림 7.4 심상의 지원을 받는 학습. (Aa)와 (Ab)는 참가자에게 제시한 자극 유형이다. (Aa)에서 보는 바와 같이, 중앙 수직선분이 왼쪽이나 오른쪽 수직선분으로 치우친 세 선분이 있다. 참가자는 중앙 선분이 어느 쪽으로 치우쳐있는지 판단해야 하였다. (Ab)에서는 중앙 수평선분이 위쪽이나 아래쪽 수평선분으로 치우쳐있는지 판단해야 하였다.

(B)는 후속 심상 훈련에서 참가자에게 제시한 자극을 예시하고 있다. 두 개의 바깥쪽 선분만을 본 후에 고주파음이나 저주파음을 들었다. 고주파음을 들을 때는 오른쪽으로 치우쳐있는 중앙 선분을 상상하고, 저주파음을 들을 때는 왼쪽으로 치우쳐있는 중앙 선분을 상상하도록 요구하였다. 참가자는 수직선만을 가지고 훈련하였으며, 수평선을 가지고는 훈련하지 않았다는 사실에 주목하라.

(D) 심상 훈련 후에, 참가자에게 (Aa)와 (Ab)에서와 같은 수평선분과 수직선분들을 다시 제시하였더니, 좌우로 치우친 것을 탐지하는 민감도가 유의하게 증가하였다. 주목할 만한 결과는 수평선분을 가지고는 심상훈련을 하지 않았음에도 불구하고, 학습이 수평선분에도 전이되었다는 점이다.

분은 왼쪽이나 오른쪽 선분에 더 가까웠다. 심상을 사용하는 훈련은 참가자가 왼쪽이든 오른쪽이든 비대칭에 더 민감하게 만들었다. 건축가를 대상으로 수행한 연구도 심상의 중요성을 보여주었다. 프로젝트의 초기 설계 단계에서 스케치를 그려보도록 허용하는지 여부는 설계 결과와 인지활동에 영향을 미치지 않았다. 스케치를 그려보도록 허용하지 않더라도, 심상을 사용하였던 것이다(Bilda, Gero, & Purcell, 2006).

이중부호 이론: 심상과 상징

이중부호 이론(dual-code theory)에 따르면, 사람들은 정보를 마음에 표상하는 데 그림부호와 언어부호를 모두 사용한다(Paivio, 1969, 1971). 이러한 두 가지 부호가 정보를 조작할 수 있고 저장할 수 있으며 나중에 인출할 수 있는 지식으로 체제화한다. 페이비오에 따르면, 심상은 아날로그 부호이다. **아날로그 부호**(analog code)는 표상하는 대상을 닮는다. 예컨대, 나무와 강은 아날로그 부호로 표상할 수 있다. 아날로그시계에서 바늘의 움직임이 시간 경과를 나타내는 것과 마찬가지로, 사람들이 마음에 형성하는 심상은 관찰하는 물리적 자극과 닮았다.

반면에 단어에 대한 심적 표상은 주로 상징 부호로 표상한다. **상징 부호**(symbolic code)는 표상하는 대상과 지각적으로 닮지 않은 무엇인가를 의미하도록 임의로 선택한 형태의 지식 표상이다. 디지털시계가 시간 경과를 표상하기 위하여 임의적 상징(전형적으로는 숫자이다)을 사용하는 것처럼, 마음이 많은 아이디어를 표상하기 위하여 임의적 상징(단어나 단어조합)을 사용한다. 그림 7.5의 모래시계에서 보는 바와 같이, 시간의 흐름을 표상하기 위하여 모래를 사용할 수도 있다. 상징은 그 상징 이외의 어떤 것을 의미하기 위하여 임의로 설계한 것이다. 예컨대, 사람들은 숫자 "9"를 "아홉" 개념에 대한 상징으로 인식한다. 무엇이 되었든 아홉 개라는 양을 표상한다. 그렇지만 상징의 어느 특성도 그 의미를 시사하지 않는다. 개념을 표상하기 위하여 이 상징을 임의로 고안해낸 것이다. "9"는 보다 심층적인 개념을 표상하기 위하여 사용할 때에라야 비로소 의미를 갖는다. '정의'나 '평화'와 같은 개념은 상징으로 표상하는 것이 최선이다.

iStockphoto.com/Neustockimages

그림 7.5 상징은 아이디어들을 마음에 표상할 수 있다. 이 모래시계는 시간 경과를 다양한 방식으로 묘사할 수 있다는 사실을 예증한다. 반드시 숫자가 필요한 것은 아니다.

페이비오는 자신의 이중부호 이론에 근거하여 사람들이 언어정보를 그림정보와는 다르게 처리하는 것처럼 보인다는 사실을 지적하였다. 예컨대, 한 연구에서는 참가자에게 일련의 그림이나 단어를 빠르게 제시하였다(Paivio, 1969). 그런 다음에 단어나 그림을 두 가지 방법으로 회상하도록 요구하였다. 한 방법은 제시순서와 관계없이 가능한 많은 항목들을 회상하는 것이었다. 다른 방법은 정확한 제시순서대로 회상하는 것이었다.

참가자는 제시순서에 관계없이 회상하도록 하였을 때 그림을 더 쉽게 회상하였다. 그렇지만 제시순서에 따라 회상할 때는 그림보다 단어를 더 쉽게 회상하였다. 이 결과는 단어와 그림을

인지심리학 연구하기

이중부호

제6장에서 여러분의 친구와 가족이 회상하였던 단어 목록을 들여다보라. 홀수 번째에 제시한 단어를 회상한 개수를 모두 더하고 짝수 번째에 제시한 단어를 회상한 개수를 모두 더하라. 대부분의 사람들은 첫 번째 목록의 단어를 두 번째 목록의 단어보다 더 많이 회상한다. 첫 번째 목록은 용이하게 시각화할 수 있는 구체단어들로 구성하였으며, 두 번째 목록은 쉽게 시각화할 수 없는 추상단어들로 구성하였기 때문이다. 이것은 이중부호 가설(오늘날의 표현으로 보면, 기능 등가성 가설)의 시범이다.

회상하는 두 가지 상이한 시스템이 존재할 가능성을 시사하는 것이다.

다른 연구자들도 이중부호 이론을 지지하는 증거를 찾아왔다. 예컨대, 몇몇 가설에 따르면 실제 시지각은 동시에 수행하는 시각 심상을 방해할 수 있다. 마찬가지로 언어반응을 내놓을 필요성은 동시에 수행하는 단어의 심적 조작을 방해할 수 있다. 만일 시각과제와 언어과제가 상호간에 방해하지 않는다는 결과를 얻는다면, 이 결과는 두 가지 유형의 과제가 상이한 시스템에 의존한다는 사실을 나타내는 것이 될 수 있다.

고전이 되어버린 한 연구가 이 가설을 검증하였다(Brooks, 1968). 참가자는 시각과제나 언어과제를 수행하였다. 시각과제는 짧게 제시하는 그림에 관한 판단을 요구하는 질문에 답하는 것이었다. 언어과제는 짧게 제시하는 문장에 관한 판단을 요구하는 질문에 답하는 것이었다. 참가자는 언어적으로(큰 소리로 "그렇다"와 "아니다"라고 말한다), 시각적으로(답을 가리킨다), 아니면 손을 사용하여(한 손으로 두드리는 것은 "그렇다"를, 다른 손으로 두드리는 것은 "아니다"를 나타낸다) 반응하였다. 브룩스가 간섭을 예상한 두 조건은 시각반응(가리키기)을 요구하는 시각과제 그리고 언어반응을 요구하는 언어과제이었다. 이 예측은 과제와 반응 모두가 동일한 시스템을 요구한다는 가정에 근거한 것이었다. 간섭은 반응시간의 증가로 측정하였다. 브룩스는 자신의 가설을 확증하였다. 그림과제를 수행하는 동안, 경쟁을 벌이는 시각배열을 사용하여 반응하도록 요구하였을 때 경쟁적이지 않은 반응을 사용할 때(즉, 언어적으로 또는 손을 사용하여 반응할 때)에 비해서 반응시간이 늘어났다.

마찬가지로 언어과제를 수행하는 동안, 경쟁을 벌이는 언어형태의 반응을 하도록 요구하였을 때 더 많은 간섭을 나타냈다. 따라서 시지각을 수반한 반응은 시각 심상의 조작을 수반하는 과제를 간섭할 수 있다. 언어표현을 수반한 반응은 언어 진술을 수반하는 과제를 간섭할 수 있다. 이러한 결과는 지식 표상에서 두 가지 상이한 부호, 즉 심상(아날로그) 부호와 언어(상징) 부호를 사용한다는 사실을 시사하는 것이다.

추상개념으로서 지식의 저장: 명제 이론

모든 사람이 이중부호 이론에 동조하는 것은 아니다. 연구자들은 개념-명제 이론 또

더글라스 메딘(Douglas Medin)의 실험실에서는

우리 실험실은 문화와 인지에 초점을 맞추고 있다. 여러분이 심리학 연구에 관하여 처음으로 공부할 때를 돌이켜 생각해보면, 두 가지 핵심 원리는 (1) 잠재적인 혼입요인을 제어하기 위하여 적절한 비교조건이 있는 연구를 설계하고, (2) 결과를 전집에 일반화시킬 수 있도록 참가자를 무선표집 하는 것이었다. 후자의 원리는 표집 편향이 작용함으로써 여론조사가 어떻게 잘못될 수 있는지를 보여줌으로써 논의하기 십상이다.

더글라스 메딘

그런데 표집 문제는 인지심리학에서 수행하는 모든 연구와도 연관되어 있다. 인지심리학 연구는 압도적으로 대학생들을 대상으로 수행한다. 이것은 관찰한 결과를 반드시 인류 모두에게 일반화할 수 없을 가능성을 야기한다. 이 논제는 연구자들이 WEIRD[1] 전집(즉 미국 대학생)에 초점을 맞춘 연구가 현저하게 "기이하며(weird)" 세상 일반을 대표하지 않는다고 주장한 최근 개관(Henrich 등, 2010)에서 집중조명 하였다. 이들의 개관은 지각, 귀납추리와 의사결정을 포함하여 인지심리학의 모든 영역을 포괄하고 있다. 이러한 관찰은 데이터를 미국 대학생들에만 의존해서는 인지심리학을 구축할 수 없다는 사실을 시사한다.

문화 연구는 결과의 일반화 가능성을 검증하는 것에 덧붙여서, 우리가 생각할 때 문제가 될 수 있는 변산의 출처를 선택하고 조사할 수 있게도 해준다. 여기 (인지인류학자인 스콧 애트란이 이끄는) 우리 연구팀의 연구 사례가 있는데, 과테말라 열대우림에서 수렵채취 생활을 하고 있는 잇차 마야족의 생물종에 대한 범주화와 추리를 연구한 것이다. 우리는 잇차 마야족 성인이 미국 대학생과는 전혀 다르게 추리하며, (미국 대학생들에 근거하여 구성한) 귀납추리 이론이 예측하는 효과를 보여주지 않는다는 사실을 찾아냈다. 우리는 무엇인가를 찾아냈다는 사실을 알았지만, 추리과제가 잇차 마야족 성인에게 너무나 인위적인 것은 아니었는지, 그들이 지시문을 이해하였는지 등 여러 논제들을 걱정하게 되었다.

또한 우리는 미국 노스웨스턴대학교 학생들이 캠퍼스에 산재하고 있는 큰 나무들에 대해서 아는 것이 거의 없으며 단지 "나무"라고만 부른다는 사실도 관찰하였다. 이 관찰은 생물종에 대한 추리에서 문화 차이의 원천이 지식일 가능성을 고려하도록 이끌어갔다. 미국 대학생과 비교할 때 잇차 마야족은 확실한 생물 전문가이며 먹거리와 치료약을 밀림에 의존하고 있다.

이 사실은 미국 전문가(예컨대, 공원관리자, 열광적인 조류 관찰자, 경험이 풍부한 어부 등)의 생물 범주화와 추리를 연구하도록 이끌어갔다. 이 전문가들은 대학생처럼 추리하기보다는 잇차 마야족처럼 추리하였다. 여기 구체적인 사례가 있다. 흰소나무와 수양버들이 질병 X에 걸렸고 유럽산 자작나무와 북미산 내자작나무가 질병 Y에 걸렸다는 사실을 알고 있다고 가정해보자. 어느 질병이 모든 나무에 영향을 미칠 가능성이 더 큰가? 여러분이 이 나무들을 모른다고 하더라도, 소나무와 버드나무는 두 종류의 자작나무보다 더 다르기 때문에 X라고 말할 가능성이 크다. 그렇지만 미국 나무 전문가는 Y라고 말할 가능성이 더 크다. 자작나무는 어느 곳에서든 자라고 질병에 매우 취약하기 때문에, 질병을 퍼뜨릴 가능성이 더 높기 때문이라는 것이다. 이 결과는 새로운 귀납추리 이론으로 이끌어갔다.

이 연구는 인지심리학 분야에 기여하고 있지만, 인간이 지구를 파괴하지 않고 지구에서 살아갈 수 있느냐는 현실적인 논제와도 관련되어있다. 우리 연구팀이 잇차 마야족을 대상으로 수행한 다른 연구들은 동일 지역에서 살고 있는 다른 집단과 달리, 잇차 마야족의 생활방식은 지속가능하다는 사실을 시사하고 있다(Atran & Medin, 2008). 이 연구와 다른 연구들(예컨대, 파나마 토착민인 응괴베족의 환경지각과 생활에 관하여 수행하고 있는 연구)은 WEIRD 사람들이 배워야 할 것이 많다는 사실을 시사하고 있다.

---

[1] 역주: WEIRD는 Henrich 등(2010)이 "Western, Educated, Industrialized, Rich, Democratic culture"(서구의 소위 교양 있는 선진국의 부유하고 민주적인 문화)를 이용하여 표현한 약어이며, '기이하다, 별나다'는 뜻을 가진 영어 단어 weird에 대응하도록 표현한 것이다.

는 명제 이론이라고 부르는 대안 이론을 개발해왔다(Anderson & Bower, 1973; Pylyshyn, 1973, 1984, 2006). **명제 이론**(propositional theory)은 사람들이 심상이나 단순한 언어 형태로 심적 표상을 저장하지 않는다고 제안한다. 심상으로 심적 표상을 경험할 수는 있지만, 그러한 심상은 **부수현상**(epiphenomenon), 즉 보다 기본적인 인지과정의 결과로 일어나는 이차적으로 유도된 현상이라는 것이다. 명제 이론에 따르면, 심적 표상(때때로 "마음어 mentalese"라고도 부른다)은 추상적 형태의 명제를 더욱 닮았다. 명제란 개념들 간의 특정 관계에 기저하는 의미이다. 앤더슨과 바우어(Anderson & Bower, 1973)는 명제 이론에 대한 애초의 개념화를 넘어서서 다중 형태의 심적 표상을 포괄하는 보다 복잡한 모형으로 확장해왔다. 그렇지만 필리신(Z. Pylyshyn, 2006)과 같은 다른 이론가들은 여전히 원래의 입장을 고수하고 있다.

명제란 무엇인가?

명제 표상은 어떻게 작동하는가? 한 가지 사례를 보자. 그림 7.3(a)를 기술하기 위하여 여러분은 "탁자가 고양이 위에 있다"라고 말할 수 있다. 물론 "고양이가 탁자 밑에 있다"라고 말할 수도 있다. 두 진술은 모두 동일한 관계를 나타낸다. 조금만 애를 쓰면, 이 관계를 언어로 나타내는 수많은 방법을 만들어낼 수 있다.

논리학자는 관계의 기저 의미를 표현하기 위하여 **술어논리**(predicate calculus)라고 부르는 간편 도구를 개발해왔다. 이 방법은 한 명제의 심층의미를 기술하는 방식에서 다양한 피상적 차이를 제거하고자 시도한다.

[요소들 간의 관계]([주체 요소], [객체 요소])

고양이와 탁자 간의 관계에 기저하는 명제의 논리 표현이 그림 7.3(c)에 나와 있다. 물론 이 논리 표현은 두뇌가 내적 표상에 적합한 형식으로 변환시킬 필요가 있다.

명제의 사용

인지심리학자들이 명제라는 가설적 구성체를 그토록 광범위하게 받아들이고 있는 이유는 이해하기 쉽다. 명제는 어떤 유형의 관계이든지 기술하는 데 사용할 수 있다. 관계의 사례로는 표 7.1에서 보는 바와 같이, 하나가 다른 하나에 가하는 행동, 한 대상의 속성, 한 대상의 위치, 한 대상의 범주 포함관계 등을 들 수 있다. 이에 덧붙여서, 명제들을 결합하여 복잡한 관계, 이미지, 일련의 단어 등을 표상할 수 있다. 한 가지 예는 "털북숭이 쥐가 고양이를 물었는데, 고양이는 지금 탁자 밑에 숨어있다."가 될 수 있겠다. 핵심 아이디어는 명제 형태의 심적 표상은 언어도 아니고 심상도 아니라는 것이다. 지식의 기저 의미를 표상하는 추상적 형태이다. 따라서 한 문장에 대한 명제는 언어의 청각적이거나 시각적인 특성을 보유하지 않는다. 마찬가지로 그림에 대한 명제도 그 그림의 지각적 특성을 보유하지 않는다(Clark & Chase, 1972).

명제 견해(Clark & Chase, 1972)에 따르면, 이미지[예컨대, 그림 7.3(a)에서 고양이와 탁자]와 언어 진술[예컨대, 그림 7.3(b)] 모두를 심층 의미에 근거하여 마음에 표상하는 것이지 특정 이미지나 단어로 표상하는 것이 아니다. 즉, 그림 정보와 언어 정

표 7.1 기저 의미의 명제 표상

행위, 속성, 공간 위치, 범주 포함관계 등, 생각할 수 있는 모든 유형의 관계를 표상하는 데 명제를 사용할 수 있다. 명제들을 결합하여 복잡한 표상관계를 구성할 수 있는 가능성은 그러한 표상의 사용을 매우 융통성 있고 광범위하게 적용할 수 있게 만들어준다.

관계 유형	언어 표상	명제 표상*	심상 표상
행위	쥐가 고양이를 물었다.	물다[행위](쥐[행위 주체], 고양이[행위 대상])	
속성	쥐는 털이 많다.	[외부 표면 특성](털북숭이[속성], 쥐[대상])	
공간 관계	고양이가 탁자 밑에 있다.	[높은 위치](탁자, 고양이)	
범주 포함관계	고양이는 동물이다.	[범주 구성원 자격](동물[범주], 고양이[구성원])	

* 이 표에서는 명제를 기저 의미를 표현하는 데 보편적으로 사용하는 술어논리의 약식 표현법을 기술하였다. 이러한 약식 표현법은 단지 지식의 기저 의미를 어떻게 표상하는지에 관한 생각을 제공하기 위한 것이다. 이러한 형식이 문자 그대로 의미를 마음에 표상하는 방식이라고는 생각하지 않는다. 일반적으로 명제를 표상하는 약식 표현법은 [요소들 간의 관계]([주체 요소], [객체 요소])이다.

보는 모두 명제로 부호화하고 저장한다. 저장한 정보를 인출하고자 할 때는 명제 표상을 인출하는 것이다. 마음은 그 명제 표상으로부터 언어부호나 심상부호를 비교적 정확하게 만들어낸다.

몇몇 증거는 이러한 표상이 배타적일 필요가 없다는 사실을 시사한다. 사람들은 인지과제에서의 성과를 증진시키기 위하여 두 가지 유형의 표상을 모두 사용할 수 있는 것으로 보인다(Talasli, 1990).

명제 이론과 심상 이론은 자신의 가능성을 입증하고 있는가?

사람들이 정보를 기억에 표상하는 데 있어서 명제를 이용하는 것인지 아니면 심상을 이용하는 것인지에 관한 논쟁은 21세기에도 계속되고 있다(예컨대, Kosslyn, Thompson, & Ganis, 2006; Pylyshyn, 2006 참조). 두 이론은 모두 제한점을 가지고 있다. 이 절에서는 그 제한점을 살펴본다.

심상의 제한점

아날로그 표상의 제한점은 무엇인가? 예컨대, 그림 7.6을 잠시 들여다보고 치워버려라. 그림 7.6이 **평행사변형**을 포함하고 있는가? 한 연구에서 참가자는 이와 같은 도형을 본 후에, 특정 형태(예컨대, 평행사변형)가 전체 도형의 부분인지를 판단하였다(Reed, 1974). 전반적 성과는 우연수준보다 나을 것이 없었다. 참가자는 정확한 아날로그 심상을 떠올릴 수 없는 것으로 보였다. 어떤 성분 형태가 전체 도형의 부분인지를 결정하기 위하여 심상을 사용할 수 없었다. 이 결과는 아날로그 부호보다는 명제 부호를 사용한다는 사실을 시사하는 것이었다. 명제 부호의 예로는 "다윗의 별"이거나 "하나가 역전되어 중복된 두 삼각형"을 들 수 있다. 또 다른 가능한 설명은 사람들이 어떤 면에서 정확하지 않은 아날로그 심상을 가지고 있다는 것이다.

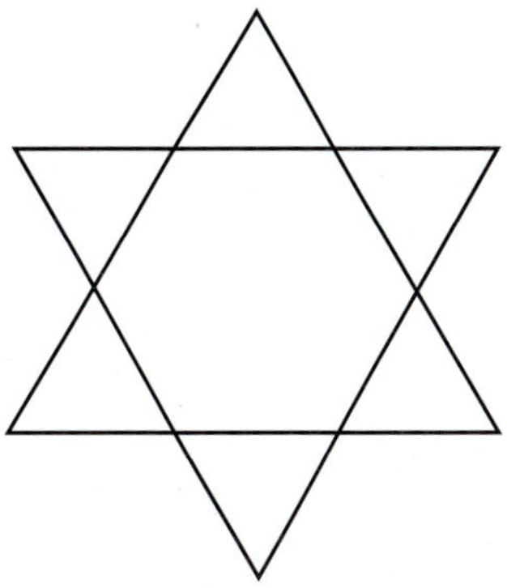

그림 7.6 심상. 이 그림을 잠시 본 후에 손으로 덮어라. 방금 보았던 그림을 떠올려보라. 그 속에 평행사변형이 들어있는가?

출처: Matlin, M. W. (1994). *Cognition*, 3rd ed. Holt, Rinehart and Winston.

심상 지식 표상에는 부가적인 제한점이 있다(Chambers & Reisberg, 1985, 1992).

- 그림 7.7(a)를 보라.
- 이제 그 그림을 덮고, 그림에서 보았던 토끼를 머릿속에 그려보라.

실제로 보았던 것은 **모호한 그림**(ambiguous figure), 즉, 둘 이상의 방식으로 해석할 수 있는 그림이다. 지각 연구에서는 모호한 그림을 자주 사용한다. 여기서는 연구자들이 심상이 정말로 물리적 대상의 지각과 아날로그 관계를 가지고 있는지, 즉 심상이 실제로 사람들이 보는 것과 유사한 표상인지를 알아보기 위해서 그러한 그림을 사용하였다.

- 그림 7.7(a)를 다시 보지 않고도 그 그림을 다른 방식으로 해석할 수 있겠는가?

챔버스와 라이스버그(1992)의 참가자들이 어려움을 겪을 때는 단서를 제공해주었다. 그렇지만 시각화 능력이 뛰어난 참가자조차도 대안적 해석을 끌어내지 못하기 십상이었다. 마지막으로 연구자들은 참가자에게 기억에만 의존해서 그 그림을 그려야만 한다고 알려주었다.

- 그림을 다시 보지 않은 채, 여러분의 심적 표상에만 근거하여 그림 7.7(a)를 스케치해보라.
- 스케치를 마친 후에는 그림의 대안적 해석을 찾을 수 있는지를 다시 한 번 시도해보라.

만일 여러분이 챔버스와 라이스버그(1992)의 참가자와 다르지 않다면, 그림의 대안적 해석을 추측해보기 위해서는 그림의 실제 **지각체**(percept; 지각의 대상)를 가지

(a) (b) (c)

그림 7.7 심상이 모호할 수 있는가? (a) 토끼를 면밀하게 살펴본 후, 손으로 가리고 머릿속에서 그 모습을 떠올려보라. 단지 마음속에서 관점만을 변화시켜 심상에서 다른 동물을 볼 수 있는가? (b) 이 그림에서는 어떤 동물을 볼 수 있는가? 이 동물의 심상을 떠올리고, 그 동물의 머리 부분이 꼬리이고, 꼬리 부분이 머리인 다른 동물을 떠올리도록 시도해보라. (c) 이 그림의 동물을 관찰하고, 그 동물의 심상을 떠올려보라. 그림을 가리고 여러분의 심상을 다른 종류의 동물로 재해석해보라(두 동물은 모두 동일한 방향을 향하고 있다).

출처: Chambers, D., & Reisberg, D. (1985). Can mental images be ambiguous? *Journal of Experimental Psychology: Human Perception and Performance*, *11*, 317-328.

고 있어야 한다. 이 결과는 그림의 심적 표상이 그 그림의 지각체와 동일하지 않다는 사실을 나타낸다. 여러분이 아직도 추측하지 못하였다면, 토끼의 대안적 해석은 오리이다. 이 해석에서 토끼의 귀는 오리의 부리가 된다. 챔버스와 라이스버그 결과에 대한 한 가지 해석은 사람들이 자신이 본 것을 표상하는 데 심상을 사용하지 않는다는 것인데, 별로 그럴듯하지는 않다. 보다 그럴듯한 대안적 해석은 명제 부호가 어떤 상황에서는 심상 부호를 압도한다는 것이겠다.

초기 연구들은 언어 정보가 시각 심상을 왜곡시킬 수 있다는 사실을 시사해왔다. 참가자에게 이름이 붙어있는 그림을 제시하였다. 나중에 회상할 때, 그 그림은 이름이 제공한 의미의 방향으로 왜곡되었다. 예컨대, 참가자는 "모래시계"라고 이름붙인 추상적 그림을 실제로 제시한 것보다 더 전형적인 모래시계로 기억해냈다.

많은 초기 연구는 의미(언어) 정보(예컨대, 그림에 붙인 이름)는 시각상의 회상을 그 시각상의 의미 방향으로 왜곡시키는 경향이 있다는 사실을 시사하였다(Carmichael, Hogan, & Walter, 1932). 예컨대, 그림 7.8 중앙 열의 그림 각각에 대한 대안적 해석을 살펴보라. 회상은 그림에 붙인 언어 표지에 근거하여 차이를 보이게 된다.

명제 이론의 제한점

방금 논의한 연구와는 반대로, 몇몇 증거는 정보를 조작하는 데 반드시 명제 부호가 필요한 것이 아니며, 심상을 직접 조작할 수 있다는 사실을 보여주고 있다.

한 연구에서 참가자는 두 개의 상이한 심상을 결합하여 새로운 심상을 형성하는 방식으로 심상을 조작하였다(Finke, Pinker, & Farah, 1989). 이러한 심상 조작은 심상에 대한 게슈탈트심리학 실험으로 간주할 수 있다. 결합한 전체 심상은 두 심상을 단순히 합한 것과는 달랐다. 이 연구를 보면, 몇몇 상황에서는 두 심상(예컨대, 문자 H와

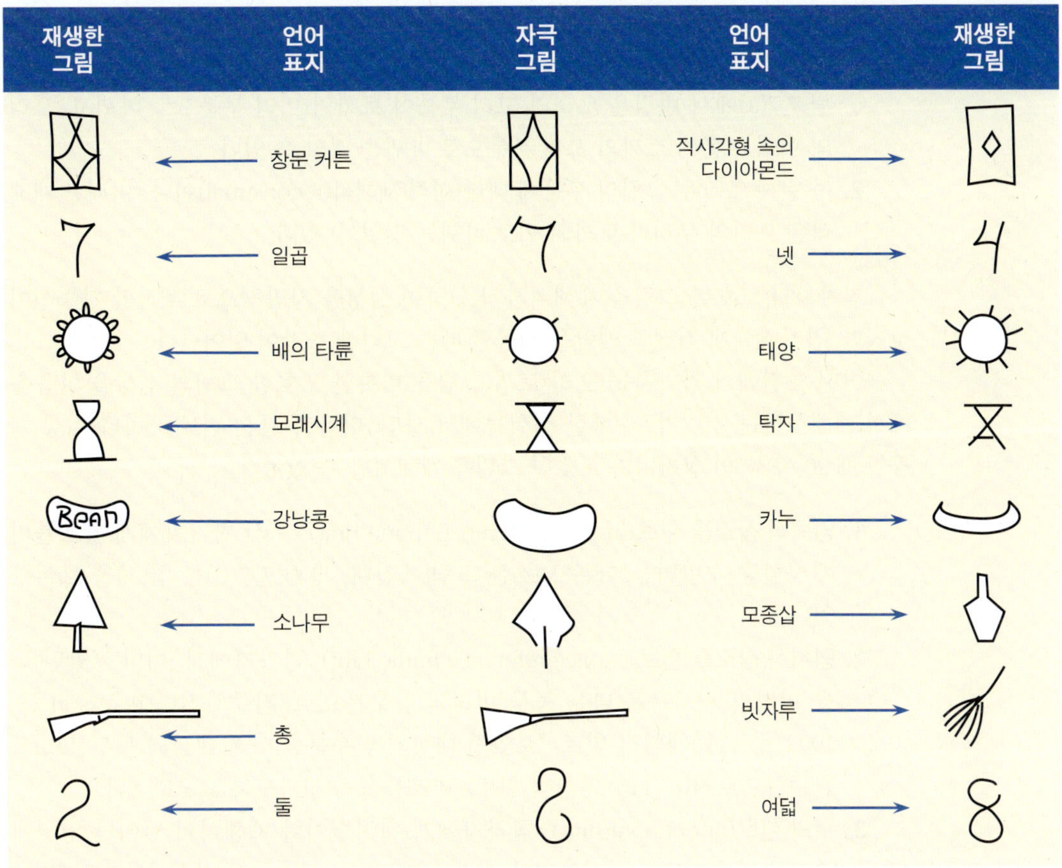

그림 7.8 의미 표지 효과. 의미 표지가 심상에 영향을 미치는 것은 확실하다. 여기서 보는 바와 같이, 상이한 의미(언어) 표지를 붙인 동일한 대상의 심상에 근거하여 그린 그림은 상당히 다르다.

출처: Carmichael, L., Hogan, H. P., & Walter. A. A. (1932). An experimental study of the effect of language on the reproduction of visually perceived form. *Journal of Experimental Psychology, 15*, 73-86.

문자 X)을 결합하여 새로운 심상을 형성할 수 있다는 사실을 알 수 있다. 결합한 심상은 기하도형(예컨대, 직삼각형), 문자(예컨대, M), 대상(예컨대, 나비넥타이) 등일 수 있다.

표상할 그림을 제시할 때보다는 참가자가 자신의 심상을 형성할 때, 명제 부호가 심상에 영향을 미칠 가능성이 낮은 것으로 보인다. 그렇지만 명제 부호는 심상에 영향을 미칠 수 있다. 그 영향은 심상을 형성하는 데 사용하는 그림이 모호한 것이거나[그림 7.7(a)~(c)에서와 같이] 추상적인 것일 때(그림 7.6에서와 같이), 일어날 가능성이 특히 크다.

다른 연구자들은 심상 구성에 관한 핀키 등(Finke et al., 1989)의 연구를 기반으로 하는 연구를 수행하였다. 이들은 모호한 그림의 조작에 관한 챔버스와 라이스버그 결과에 대해서 대안적 견해를 제안하였다(Peterson 등, 1992). 이들은 모호한 그림의 심적 재해석이 다음과 같은 두 가지 조작을 수반한다고 믿고 있다.

1. **첫째는 참조틀의 심적 재정렬**(realignment)이다. 이러한 재정렬은 심상을 표현하는 심적 "페이지"나 "스크린"에서 그림의 위치와 방향의 변경을 수반한다. 그림 7.7(a)에서 변경은 오리의 꼬리 부분이 토끼의 머리 부분으로 바뀌고, 오리의 머리 부분이 토끼의 꼬리 부분으로 바뀌는 것일 수 있다.
2. 두 번째 조작은 그림의 부분에 대한 **심적 재해석**(reconstrual)이다. 이러한 재해석은 오리의 부리가 토끼의 귀로 바뀌는 것일 수 있다.

참가자가 모호한 그림을 재해석하기 위하여 심상을 자발적으로 조작할 가능성이 낮지만, 참가자에게 적절한 맥락을 제공할 때는 그러한 조작이 일어난다.

어떤 조건에서 참가자는 오리/토끼 그림을 비롯한 모호한 그림의 심상을 마음속에서 재해석하는 것인가? 수행한 실험들에서 보면, 다음과 같은 힌트를 하나 이상 제공할 때 20~83%의 참가자가 모호한 그림을 재해석할 수 있었다.

1. **암묵적 참조틀 힌트**(implicit reference frame hint). 우선 참가자에게 참조틀의 재정렬을 수반하는 다른 모호한 그림[예컨대, 그림 7.7(b)를 참조]을 보여주었다.
2. **명시적 참조틀 힌트**(explicit reference frame hint). 참가자에게 "이미 보았던 동물 머리의 뒷부분을 다른 동물 머리의 앞부분으로" 간주하거나(Peterson 등, 1992, p. 111; 개념적 힌트) "보았던 대상의 앞부분을 다른 대상의 뒷부분으로" 간주함으로써(p. 115; 추상적 힌트), 참조틀을 수정하도록 요구하였다.
3. **주의 힌트**(attentional hint). 참가자에게 재정렬이나 재해석이 일어난 영역에 주의를 기울이도록 지시하였다.
4. **"좋은" 부분의 해석**(construal from "good" parts). 참가자에게 (객관적[기학학적] 기준과 경험적[평정자간 동의] 기준 모두에 근거할 때) "좋은" 것으로 판단되는 부분들에 근거하여 심상을 해석하도록 요구하였다.

이에 덧붙여서 모호한 그림의 심상에 대한 자발적 재해석이 일어나기도 한다. 이러한 자발성은 참조틀을 재정렬하지 않고도 재해석할 수 있는 그림의 심상에서 특히 일어날 가능성이 크다. 예컨대, 그림 7.7(c)를 보라. 이 그림은 달팽이이거나 코끼리 머리일 수 있으며, 아니면 새, 헬멧, 잎사귀, 조개껍데기일 수도 있다.

연구자들은 계속해서 심상을 구성하고 조작하는 데 관여하는 처리과정이 지각처리에 관여하는 처리과정과 유사하다고 제안하였다(Peterson 등, 1992). 한 예가 (제3장에서 논의한) 형태재인일 수 있다. 모든 연구자가 이 견해에 동의하는 것은 아니지만, 심상과 시지각이 기능적으로 등가라고 주장하는 인지심리학자들이 이 견해에 대한 몇몇 지지증거를 찾아왔다. 여기서 **기능 등가성**(functional equivalence)이란 사람들이 상이한 영역에서 대체로 동일한 목적을 위하여 대략 동일한 조작을 수행한다는 사실을 지칭한다.

전체적으로 증거의 무게는 단 하나의 부호보다는 다중 부호가 존재한다는 쪽으로 기울어지는 것으로 보인다. 그렇지만 논쟁은 계속되고 있다(Kosslyn, Thompson, & Ganis, 2006; Pylyshyn, 2006).

개념 확인

1. 어떤 형태로 지식을 마음속에 표상할 수 있는가?
2. 이중부호 이론은 어떤 유형의 부호를 제안하는가?
3. 명제란 무엇인가?

심상의 심적 조작

기능 등가성 가설(functional equivalence hypothesis)에 따르면, 비록 시각 심상이 시지각과 동일하지는 않더라도, 기능적으로는 등가적이다. 기능적으로 등가인 대상은 상호간에 매우 유사하다. 둘은 동일한 목표를 달성할 수 있다. 따라서 기능적으로 등가인 심상은 자신이 표상하는 지각체와 유사하다. 본질적으로 이 견해는 사람들이 마음에 그릴 수 있는 구체 대상에 대한 지식 표상에서 명제보다는 심상을 사용한다고 제안한다. 이 견해를 주창하는 심리학자는 많다(예컨대, Farah, 1988b; Finke, 1989; Jolicoeur & Kosslyn, 1985a, 1985b; Rumelhart & Norman, 1988; Shepard & Metzler, 1971).

시각 심상의 원리

한 연구자는 시각 심상이 작동하는 원리가 시지각과 기능적으로 등가라고 제안해왔다(Finke, 1989). 심상에 관한 연구를 설계하고 평가하는 안내역으로 이 원리를 사용할 수 있다. 표 7.2는 핀키의 원리에 근거하여 생성할 수 있는 몇몇 연구물음을 보여주고 있다.

신경과학과 기능 등가성

기능 등가성에 대한 증거는 신경영상 연구에서 찾아볼 수 있다. 예컨대, 한 연구에서는 참가자가 시각상을 보거나 상상하였다. 유사한 두뇌 영역이 활동하였는데, 특히 전두엽과 두정엽 영역이 활동하였다(Ganis, Thompson, & Kosslyn, 2004). 이에 덧붙여서, 심상은 상위수준 시각 영역과 일차시각피질에서의 반응을 유발할 수 있는데, 이 영역은 눈으로 받아들이는 시각 자극 처리에 적극적으로 관여하는 곳이다(Ishii 등, 2000; Reddy 등, 2010; Thirion 등, 2006).

최근 연구에서는 참가자를 우선 여러 대상의 모습 그리고 그 모습을 생생하게 시각화하는 방법에 친숙해지도록 하였다(Lee, Kravitz, & Baker, 2012). 그런 다음에 그 대상을 제시하거나 머리에 떠올리도록 요구하였다. 결과를 보면, 심상과 지각이 유사한 두뇌영역을 사용하고 있기는 하지만, 참가자가 실제로 대상을 보고 있는지 아니면

표 7.2 시각 심상의 원리: 물음

기능 등가성 원리에 따르면, 지각체와 기능적으로 등가인 방식으로 시각 심상을 표상하고 사용한다. 로날드 핀키는 연구와 이론 개발을 주도하는 데 사용할 수 있는 시각 심상의 여러 원리를 제안해왔다.

원리	원리에서 생성할 수 있는 가능한 물음
1. 심상의 심적 변환과 심상에서의 심적 운동은 물리적 대상과 지각체에서의 변환이나 운동과 대응한다.	심상은 물리적 지각체에서 관찰할 수 있는 운동과 공간 법칙과 동일한 법칙을 따르는가? 예컨대, 심상을 큰 각도로 회전하는 데 시간이 더 오래 걸리는가? 심상에서 먼 거리를 주사할 때 시간이 더 오래 걸리는가?
2. 시각 심상 요소들 간의 공간 관계는 실제 물리적 공간에서의 관계와 대응한다.	심상의 특성은 지각체의 특성과 유사한가? 예컨대, 보다 큰 심상에서 세부사항을 보기가 더 쉬운가? 물리적 공간에서 가까운 대상들은 심상 공간에서도 가까운가?
3. 부호화할 때 명시적으로 저장하지 않은 정보를 생성하는 데 심상을 사용할 수 있다.	심상을 형성하도록 요구한 후에, 심상을 형성할 때 부호화하지 않은 정보를 추론해야 하는 질문에 답할 수 있는가? 예컨대, 참가자에게 테니스화를 머릿속에 그려보도록 요구하였다고 가정해보자. 나중에 "운동화에는 끈을 끼는 구멍이 몇 개나 있는가?"와 같은 질문에 답할 수 있는가?
4. 심상의 구성은 시각적으로 지각할 수 있는 대상의 구성과 유사하다.	보다 복잡한 심상을 구성할 때 시간이 더 오래 걸리는가? 보다 큰 심상을 구성하는 데 시간이 더 오래 걸리는가?
5. 심상과 시지각은 사용하는 시각시스템의 처리과정이라는 측면에서 기능적으로 등가이다.	지각체를 조작하는 데 관여하는 두뇌영역이 심상을 조작하는 데도 똑같이 관여하는가? 예컨대, 사물을 물리적으로 조작할 때 관여하는 두뇌영역과 비교할 때, 심상을 조작할 때도 동일한 영역이 활동하는가?

단순히 마음에 떠올렸는지에 따라서 각 영역의 공헌과 활성화 수준이 차이를 보였다. 심상을 떠올릴 때는 시각 입력이 없기 때문에 시지각과 비교할 때 정보가 감소한다는 사실을 전제로 할 때, 이 결과는 이해할 수 있는 것이다. 정보의 감소는 두 가지 결과를 초래한다. 즉, 다룰 정보가 적기 때문에 내적 처리가 덜 복잡하며, 두뇌 영역에서 나오는 신호가 덜 분화되어 있다.

조현병은 지각과 심상 간의 유사성을 보여주는 흥미진진한 사례를 제공한다. 조현병을 앓고 있는 많은 사람들은 청각적 환각을 경험한다. 청각적 환각이란 실제로 청각 자극이 존재하지 않는 상황에서 일어나는 "듣기" 경험이다. 이러한 "듣기"는 내부에서 생성한 정보의 결과이다. 환자는 스스로 생성한 자극과 외부에서 제시한 자극을 변별하는 데 어려움이 있다(Blakemore 등, 2000). 다른 연구들은 청각적 환각을 경험할 때 청각피질이 비정상적으로 활동한다는 사실을 보여주고 있다(Lennox 등, 2000). 이에 덧붙여서 청각적 환각을 경험할 때 언어를 받아들이는 것(즉, 말하거나 글쓰기와 대비하여 듣기나 읽기)에 관여하는 두뇌영역이 활동한다(Ishii 등, 2000). 요컨대, 청각적 환각이 일어나는 까닭은 적어도 부분적으로는 청각 심상시스템의 기능부전과 지각과정의 문제점 때문이다(Seal, Aleman, & McGuire, 2004). 이러한 애로사항이 내적 심상과 외부자극의 지각을 구분하는 것을 어렵게 만들어버린다.

이 결과는 감각기관이 지각하는 것과 마음에서 생성해내는 것 간에 기능 등가성이 실제로 존재한다는 사실을 시사한다. 다음 절에서는 심상에 대한 심적 조작을 보다 상세하게 살펴본다.

심적 회전

심상을 다양한 방식으로 조작할 수 있다. 물리적 사물처럼 회전시킬 수 있다. 특정 영역의 세부사항을 보기 위하여 심상을 확대하거나, 한 지점에서 다른 지점으로 심상을 주사할 수 있다. 심상 조작에 관한 연구는 기능 등가성 가설이 실제로 타당한 것인지, 즉 심상과 눈으로 보는 시각상이 동일한 방식으로 작동하며 동일한 원리를 따르는지에 대한 증거도 제공한다는 사실을 명심하기 바란다.

심적 회전은 어떻게 작동하는가?

심적 회전(mental rotation)은 대상의 시각 심상을 회전하는 방식으로 변환시키는 것이다(Takano & Okubo, 2003; Zacks, 2008). 손에 쥐고 있는 물병을 물리적으로 회전시킬 수 있는 것과 마찬가지로, 마음속에서 물병을 상상하고 회전시킬 수 있다.

한 고전적 연구에서는 참가자에게 그림으로 제시하는 한 쌍의 3차원 기하도형을 관찰하도록 요구하였다(Shepard & Metzler, 1971). 도형은 0도에서 180도까지 회전시킨 것인데(그림 7.9), 2차원 평면[그림 7.9(a)]이나 3차원 공간[그림 7.9(b)]에서 시계 방향이나 시계 반대방향으로 회전하였다.

이에 덧붙여서, 참가자에게는 방해자극 도형 쌍도 보여주었다. 이것은 원래의 자극이 회전된 것이 아니었다[그림 7.9(c)]. 참가자에게는 오른쪽 도형이 왼쪽 도형을 회전시킨 것인지를 말하도록 요구하였다.

도형의 회전에 관한 질문에 답하는 반응시간은 도형을 회전시킨 각도의 **선형 함수**(linear function)이었다(그림 7.10). 도형의 회전 각도가 증가함에 따라서, 그에 상응하는 반응시간의 증가가 나타났다. 나아가서 2차원에서의 회전과 3차원에서의 회전에서 유의한 차이가 없었다. 이 결과는 참가자가 물리적

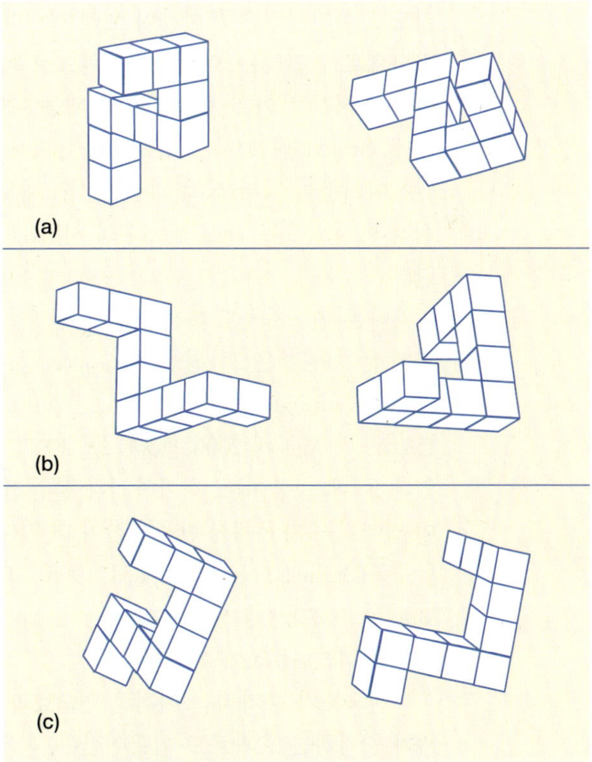

그림 7.9 심적 회전. 3차원 기하도형 쌍에서 오른쪽 도형은 왼쪽 도형을 정확하게 회전시킨 것인가?

출처: Shepard, R., & Metzler, J. (1971). Mental rotation. *Science*, *171*(3972), 701-703.

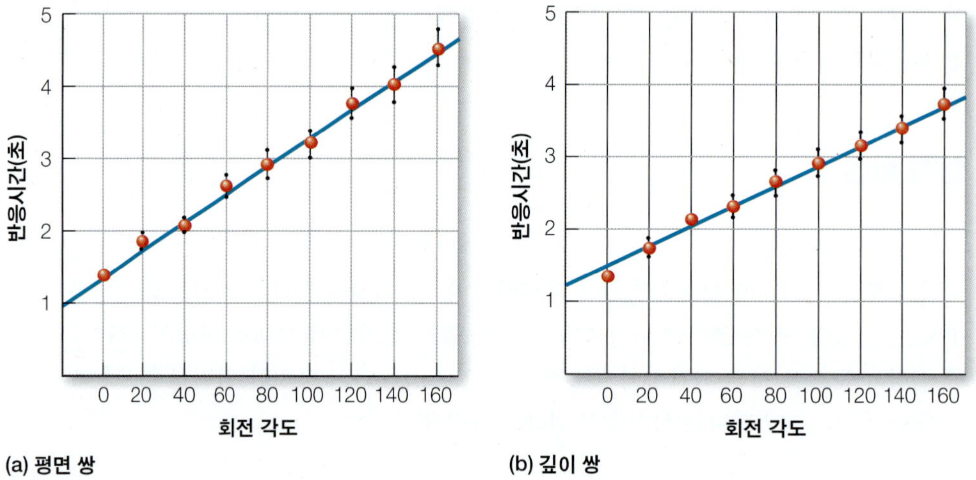

그림 7.10 심적 회전의 반응시간. 도형의 심적 회전에 관한 질문에 대한 반응시간은 회전 각도와의 선형 관계를 보여주며, 회전을 2차원에서 나타내든 3차원에서 나타내든 관계없이 그 관계가 유지되었다.

출처: Shepard, R., & Metzler, J. (1971). Mental rotation. *Science, 171*(3972), 701-703.

공간에서 사물을 회전시킬 때 예상할 수 있는 결과와 기능적으로 등가이다. 사물을 큰 각도로 회전시킬수록 시간이 오래 걸린다. 대상을 시계 방향으로 회전하든, 시계 반대 방향으로 회전하든, 아니면 3차원으로 회전하든 아무 차이가 나지 않는다. 회전 각도와 반응시간 간의 관계에 관한 결과는 다양한 자극을 사용하여 수없이 반복되었다(예컨대, Gogos 등, 2010; Van Selst & Jolicoeur, 1994; Tarr, 1999도 참조).

여러분이 직접 심적 회전을 시도해보고 싶다면, '인지심리학 연구하기: 여러분의 심적 회전 능력을 시도해보라'의 시범(Hinton, 1979에 근거한 것임)을 시도해보기 바란다.

다른 연구자들도 다른 심적 회전 연구에서 원래의 결과를 지지해왔다. 예컨대, 알파벳 문자와 같은 2차원 그림(Gogos 등, 2010; Jordan & Huntsman, 1990), 정육면체(Just & Carpenter, 1985; Peters & Battista, 2008), 신체 부위 중에서도 특히 손(Fiorio, Tinazzi, & Aglioti, 2006; Fiorio 등, 2007; Takeda 등, 2009) 등에서도 유사한 결과를 얻었다. 이에 덧붙여서, 희미하거나 불완전하거나 아니면 덜 정보적인 자극과 같이, 질이 떨어지는 자극에서 반응시간이 더 길다(Duncan & Bourg, 1983). 또한 자극이 복잡할수록(Bethell-Fox & Shepard, 1988) 그리고 친숙하지 않을수록(Jolicoeur, Snow, & Murray, 1987) 반응시간이 늘어난다. 젊은 성인보다 노인들이 이 과제에서 더 많은 어려움을 겪는다(Band & Kok, 2000).

친숙도가 증가하는 이점은 **연습효과**(practice effect), 즉 연습량이 증가할수록 성과가 증가하는 효과로도 이끌어간다. 특정 그림의 심적 회전을 연습하게 되면(친숙도의 증가), 수행이 증진된다(Bethell-Fox & Shepard, 1988). 그렇지만 이러한 효과가 새로운 그림의 심적 회전으로 전이되지는 않는 것으로 보인다(Jolicoeur, 1985; Wiedenbauer, Schmid, & Jansen-Osmann, 2007).

나아가서 아동과 젊은 성인은 연습할 기회를 제공하였을 때 심적 회전 과제에서 빠

인지심리학 연구하기

여러분의 심적 회전 능력을 시도해보라

정육면체 하나가 공간에서 떠다닌다고 상상해보라. 이제 마음속에서 왼손으로 정육면체의 앞쪽 좌하 모서리를 잡아라. 오른손으로는 뒤쪽 우상 모서리를 잡아라. 마음속에서 두 모서리를 잡고, 왼손의 모서리가 오른손 모서리 바로 밑에 오도록 육면체를 회전시켜라(마치 육면체를 회전시킬 수직축을 만들 듯이 말이다). 가상 육면체의 모서리 중에서 중간에 있는 것(즉, 여러분의 손이 붙잡고 있지 않은 모서리)은 몇 개인가? 모서리들의 위치를 기술해보라.

여러분은 이 심적 회전을 얼마나 잘 해냈는가? 기하도형의 심적 회전에 관한 경험이 있는 사람은 거의 없다. 대부분의 사람들은 자신의 손으로 붙잡고 있는 육면체에 4개의 모서리가 남아있는 모습을 그린다. 나아가서 4개의 모서리가 모두 지면과 평행인 수평면에 정렬되어 있는 모습을 그린다. 실제로는 6개의 모서리가 남아있다. 어느 시점에서든 단지 2개 모서리만이 수평면에 정렬되어있다.

른 반응시간을 보여주었다(Kail & Park, 1990). 심적 회전 과제에서 초등학생과 젊은 성인 모두의 수행은 기억 회상을 수반하는 2차 과제를 동시에 수행할 때도 손상되지 않는다(Kail, 1991). 이 결과는 초등학생과 젊은 성인에게 있어서 심적 회전은 자동처리라는 사실을 시사한다. 자극의 친숙성 그리고 심적 회전 연습이 반응시간을 촉진한다는 점에서, 로버트 카일의 연구는 심적 회전이 자동처리과정임을 시사하는 것이다. 따라서 반응시간의 촉진은 아동기와 청소년기에 걸쳐서 자동화가 증가된 결과일 수 있다. 이에 덧붙여서 그러한 자동처리는 보다 효과적인 시공간 기술의 신호가 될 수 있다. 빠른 반응속도는 공간기억에서 정확도의 증가와 연합되어있기 때문이다(Kail, 1997).

한 연구는 생애 반대편에 서있는 사람들, 즉 성인을 대상으로 처리속도나 다른 요인들이 심적 회전에서 연령과 관련된 변화에 영향을 미치는지를 연구하였다(Dror & Kosslyn, 1994). 연구자들은 노령 참가자들(55~71세; 평균 65세)이 젊은 참가자들(18~23세; 평균 20세)보다 심적 회전 과제에서 더 느리고 덜 정확하게 반응한다는 결과를 얻었으며, 이 결과는 여러 차례 반복되었다(Band & Kok, 2000; Inagaki 등, 2002). 그렇지만 심상 주사를 수반하는 과제에서는 노령 참가자와 젊은 참가자가 상응하는 반응시간과 오류를 보인다는 결과도 얻었다. 이러한 결과에 근거하여, 연구자들은 노화가 시각 심상의 몇몇 측면에 영향을 미친다고 결론지었다.

신경과학과 심적 회전

심적 회전에 관한 생리학적 증거가 있는가? 한 유형의 연구는 영장류의 두뇌를 다루었는데, 영장류는 두뇌 처리과정이 인간의 것과 가장 유사한 종이다. 원숭이 운동피질에서 단일세포 기록법을 사용한 연구자들은 원숭이가 심적 회전을 할 수 있다는 생리적 증거를 찾아냈다(Georgopoulos 등, 1989). 참조점으로 사용하는 표적 불빛을 향한 특정 방향으로 손잡이를 회전하도록 각 원숭이를 훈련시켰다. 표적 불빛이 어디에 나타나든, 원숭이는 손잡이를 돌리기 위하여 그 지점을 참조점으로 사용하여야만 하였다.

손잡이를 물리적으로 돌리는 동안 원숭이의 피질 활동을 기록하였다. 나중에 손잡이가 없는 상황에서 표적 불빛을 다시 다양한 위치에 제시하면서, 피질 활동도 다시 측정하였다. 불빛을 제시하는 동안 운동피질의 활동은 흥미로운 패턴을 보였다. 동일한 피질 세포는 마치 원숭이가 불빛의 특정 위치와 연합된 특정 회전을 예상하고 있는 것처럼 반응하는 경향이 있었다. 심적 회전을 다룬 또 다른 연구도 운동피질이 이 과제를 수행하는 동안 활동한다는 사실을 나타낸다. 손 움직임과 연합된 영역이 심적 회전 과제를 수행하는 동안 특히 활동적이었다(Eisenegger, Herwig, & Jäncke, 2007; Zacks, 2008).

영장류 연구에 토대를 두고 있는 잠정적 결과는 대뇌피질 영역들이 망막 광수용기의 2차원 공간 배열을 닮은 표상을 가지고 있다는 사실을 시사한다. 이러한 대응은 실세계의 시각 배열을 나타내고 있는 것으로 해석할 수 있다(Cohen 등, 1996; Kosslyn 등, 1995). 만일 인간의 경우에도 심상을 수반한 과제를 수행하는 동안 동일한 피질 영역이 활동한다면, 심상은 심적 표상에서 실세계를 유사하게 표상하는 것일 수 있다.

오늘날 두뇌영상 기법은 그러한 생각에 접근할 수 있도록 인간 두뇌 활동의 영상을 만들어낼 수 있게 해준다. 예컨대, fMRI를 사용한 연구는 지각에 관여하는 두뇌 영역이 심적 회전 과제에도 똑같이 관여한다는 사실을 찾아냈다. 한 연구에서는 참가자가 회전하는 대상을 단순히 관찰하는 대신에 그 대상을 물리적으로 회전시켰다. 나중에 그 대상의 회상을 상상하였다. 심적 회전 과제를 수행하는 동안 일반적으로 활동하지 않았던 운동피질 영역이 활동하였다. 다시 말해서, 사전에 대상을 물리적으로 회전시킨 것이 나중에 두뇌가 그 대상의 심적 회전을 처리하는 방식에 영향을 미쳤던 것이다(그림 7.11 참조; Kosslyn, Ganis, & Thompson, 2001). 무엇보다도 중요한 영역이 초기 시각피질이다. 초기 시각피질은 대상을 볼 때 망막으로부터 입력을 받아들이는 첫 번째 영역이다. 초기 시각피질(특히 브로드만 17번과 18번 영역)이 심상을 형성하고 있는 중에 활동한다. 이에 덧붙여서, 17번 영역을 경두개 자기 자극법(TMS)을 이용하여 일시적으로 손상시키면, 심상도 손상된다(Kosslyn 등, 1999). 심적 회전에서 참가자가 손으로 대상을 회전시키는 것을 상상할 때 일차운동피질이 활동한다(그렇지만 전기모터에 의해 회전하는 것을 상상할 때는 그렇지 않다; Kosslyn 등, 2001). 따라서 심상과 지각은 많은 심리학 연구에서 기능적으로 등가일 뿐만 아니라, 신경심리학 기법들도 중복되는 두뇌 활동을 보여줌으로써 이러한 등가성을 입증하고 있다.

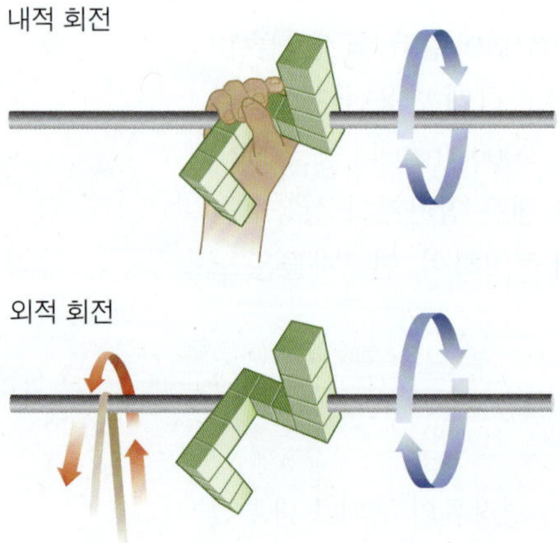

그림 7.11 사물의 심적 회전. 이 시범은 코슬린, 개니스 그리고 톰슨(2001) 실험의 참가자들이 대상을 직접 회전시키거나("내적 행위") 아니면 전기모터로 회전하는("외적 행위") 대상을 보고 있는 모습을 예시하고 있다.

심상을 기억에서 회상해야 한다는 사실을 전제로 할 때, 심상은 기억과정과도 동일한 기제를 수반하지 않겠는가? 만일 그렇다면, 지각과의 기능 등가성을 상정하는 가설은 그 기반을 상실할 수도 있다. 만일 심상이 모든 것과 "기능적으로 등가"라면, 실질적으로 그 어느 것과도 등가적이지 않은 것과 마찬가지이다.

신중하게 개관한 연구는 심상과 기억과제 간의 차이를 발견한 많은 심리학 연구를 인용하고 있기 때문에,

이 두 가지 과제는 기능적으로 등가적이지 않다고 가정할 수 있다(Georgopoulos & Pellizzer, 1995).

요약컨대, 전통적인 심리학 연구와 신경심리학 연구 모두에서 지각과 심상 간의 기능 등가성 가설을 지지하는 증거들이 수렴하고 있다. 심상과 명제에 관한 후속 신경심리학 연구를 이 장 뒷부분에서 논의한다.

성별과 심적 회전

심상 이론에의 적용 이외의 목적을 위해서도 심적 회전을 집중적으로 연구해왔다. 많은 연구들은 심적 회전 과제에서 여성보다 남성이 이점을 가지고 있다는 사실을 집중 조명해왔지만(Maeda & Yoon, 2013; Roberts & Bell, 2000a, 2000b, 2003), 다른 연구들은 그러한 결과를 얻지 못하였다(Beste, Heil, & Konrad, 2010; Jäncke & Jordan, 2007; Jansen-Osmann & Heil, 2007). 성별 차이를 발견하지 못한 많은 연구들은 심적 회전 과제로 부호(문자나 숫자 등)를 사용해왔다. 따라서 부호의 심적 회전은 다른 대상의 심적 회전과는 상이한 처리과정을 수반할 가능성이 있다. 몇몇 연구자는 이러한 성별 차이를 처음에 관찰한 이래로 남성의 이점이 감소해왔다는 사실에 주목하였다. 그 이래로 이 효과에 관한 다른 흥미로운 자질들을 확인해왔다.

첫째, 어린 아동의 경우에는 수행이나 신경활동에 있어서 성별 차이가 존재하지 않는다(Roberts & Bell, 2000a, 2000b). 둘째, 남녀 간에 두정엽 활동에서 차이가 있는 것으로 보인다. 심적 회전 과제를 수행할 때, 남자보다 여자의 두정엽 활동이 적다. 그렇지만 여자는 하측 전두엽의 부가적 활동을 보인다(Hugdahl, Thomsen, & Ersland, 2006; Thomsen 등, 2000; Zack, 2008). 따라서 여자의 경우에는 공간과제가 두뇌 양반구 모두를 수반하는 반면, 남자의 경우에는 우반구가 이 기능을 주도한다. 두뇌 활동의 차이는 남자와 여자가 심적 회전 문제를 해결하는 데 상이한 전략을 사용한다는 사실을 의미한다(Blake, McKenzie, & Hamm, 2002; Hugdahl, Thomsen, & Ersland, 2006; Jordan 등, 2002). 부가적으로 여자는 상대적으로 남자보다 두정엽 회백질을 많이 가지고 있는데, 이것이 여자에게 있어서 심적 회전 과제를 수행하는 데 단점으로 작용한다. 과제를 수행하는 데 더 많은 노력을 요구한다는 점에서 그렇다(Koscik 등, 2009). 훈련은 성별 차이를 감소시키거나 심지어는 사라지게 만든다(Bosco, Longoni, & Vecchi, 2004; Kass, Ahlers, & Dugger, 1998). 40편의 연구를 통합한 최근의 메타분석은 심적 회전 과제를 수행하는 엄격한 시간제한을 두게 되면 성별 차이가 더 커진다는 사실을 보여주었다. 그 이유가 명확하지는 않지만, 엄격한 시간제한을 적용할 때 남자보다 여자에게 있어서 검사 불안이 더 증가하기 때문이거나, 아니면 단지 남자의 문제해결을 위한 인지처리가 더 빠르기 때문일 수 있다(Maeda & Yoon, 2013; Lu & Sireci, 2007도 참조).

심상의 확대/축소: 심상 척도화

심상 크기와 척도화에 관한 연구에 기저하는 핵심 아이디어는 사람들이 지각체의 표상이나 사용과 기능적으로 등가인 방식으로 심상을 표상하고 사용한다는 것이다. 다시 말해서 실제 지각을 사용하는 것과 동일한 방식으로 심상을 사용한다는 것이다.

예컨대, 건물을 멀리서 바라다볼 때는 가까이서 볼 때만큼 세부사항들을 볼 수 없으며, 대상을 명확하게 볼 수도 없다. **해상도**(resolution)가 제한된다. 일반적으로 큰 대상의 세부사항을 보는 것이 작은 대상의 세부사항을 보는 것보다 용이하다. 관찰하고 있는 작은 대상보다는 큰 대상에 관한 질문에 더 빠르게 반응한다. 이제 지각과 심적 표상이 기능적으로 등가라고 가정하면, 참가자는 심상을 작게 형성한 대상의 자질보다 크게 형성한 대상의 자질에 관한 질문에 더 빠르게 반응해야 한다.

세부사항을 지각하기 위하여 대상을 마음속에서 확대할 때 어떤 일이 일어나는가? 확대 과정에서 대상 전체를 더 이상 볼 수 없는 시점에 도달하게 된다. 다시 대상 전체를 보기 위해서는 축소해야만 한다. 지각적 확대/축소를 스스로 시도해보려면 '인지심리학 연구하기: 심상 척도화'를 참조하라.

시지각 연구에서는 관찰하는 대상의 크기를 제어하기 쉽다. 그렇지만 심상 크기에 관한 연구에서는 사람들의 심상 크기를 제어하는 것이 더 어렵다. 여러분 머릿속에서 코끼리 심상의 크기가 다른 사람 머릿속에 있는 코끼리 심상의 크기와 동일하다는 사실을 어떻게 알 수 있는가? 다행스럽게도 이 문제를 다룰 수 있는 몇 가지 방법이 존재한다(Kosslyn, 1975).

한 가지 방법은 심상 크기를 조작하는 수단으로 상대적 크기를 사용하는 것이다(Kosslyn, 1975). 참가자가 다음과 같은 4쌍의 동물을 상상한다. 코끼리와 토끼, 토끼와 파리, 토끼와 코끼리만 한 파리, 토끼와 파리만 한 코끼리(그림 7.12 그리고 인지심리학 연구하기: 심상 주사 참조). 그런 다음에 참가자가 토끼의 자질에 관한 구체적인 질문에 답하는 데 걸리는 시간을 측정한다. 큰 대상의 세부사항을 기술하는 것보다 작은 대상의 세부사항을 기술하는 데 시간이 더 오래 걸린다. 즉, 파리나 파리만 한 코끼리와 짝지은 토끼에 대해 반응하는 것보다 코끼리나 코끼리만 한 파리와 짝지은 토끼에 대해 반응하는 데 시간이 더 오래 걸린다. 이 결과는 직관적으로 타당하다. 사람들이 심상을 위한 심적 화면을 가지고 있으며, 코끼리의 눈을 들여다본다고 상상해보라. 화면에 눈이 클수록, 보다 상세한 세부사항들을 볼 수 있다(Kosslyn, 1983; Kosslyn &

인지심리학 연구하기

심상 척도화

커다란 책장(가능하다면 바닥에서 천장까지 닿는 것; 불가능하다면, 커다란 냉장고의 문을 열어놓은 채 내용물을 관찰하라)을 구하라. 책장의 모든 내용물을 다 볼 수 있을 때까지 가능한 가까이 다가서라. 이제 책장에서 가장 작은 책에 적혀있는 가장 작은 글씨를 읽어보라. 응시점을 바꾸지 않으면서 여전히 책장의 모든 것을 볼 수 있는가? 초점을 맞추고 있는 책으로부터 가장 멀리 떨어져 있는 책의 제목을 읽을 수 있는가? 여러분이 보려고 하는 것(책의 제목과 같은 세부사항이나 책장 전체)이 무엇인가에 따라서, 보고 있는 것을 확대하거나 축소해야만 한다. 작은 세부사항을 볼 때는 책장 전체를 지각하기 어려워지며, 그 반대도 마찬가지다. 심상에 있어서도 그렇다.

그림 7.12 세부사항의 확대. 스티븐 코슬린(1983)은 참가자에게 (마음속에서 세부사항을 보기 위하여 확대하는 현상을 관찰하기 위하여) 토끼와 파리 또는 (확대가 심적 화면의 오버플로우를 초래하는지 관찰하기 위하여) 토끼와 코끼리를 상상하도록 요구하였다.

Koenig, 1992).

또 다른 연구에서는 초등학교 1학년생과 4학년생 그리고 대학생에게 특정 동물이 다양한 물리적 속성을 가지고 있는지를 물었다(Kosslyn, 1976). 예컨대, "고양이는 발톱이 있습니까?" 또는 "고양이는 머리가 있습니까?" 등이었다. 한 조건에서는 각 동물의 심상을 떠올리고 질문에 답하는 데 심상을 사용하도록 요구하였다. 다른 조건에서는 심상의 사용을 요구하지 않았다. 참가자는 질문에 답하는 데 명제지식을 사용할 것이라고 가정하였다.

심상 조건에서는 모든 참가자가 작은 속성에 관한 질문(예컨대, 발톱)보다 큰 속성에 관한 질문(예컨대, 머리)에 더 빠르게 답하였다. 비심상 조건에서는 상이한 결과가 나타났다. 4학년생과 대학생은 현저한 신체 속성에 관한 질문에 더 빠르게 반응하였다. 예컨대, 머리에 관한 질문(고양이에게만 특별히 차별적인 질문이 아니다)보다 발톱에 관한 질문(고양이에게 차별적인 질문이다)에 더 빠르게 반응하였다. 4학년생과 대학생에게 있어서 비심상 조건에서는 속성의 물리적 크기가 수행에 아무런 영향을 미치지 않았다.

인지심리학 **연구하기**

심상 주사

그림 7.12에서 토끼와 파리를 보라. 눈을 감고 마음속에서 둘을 그려보라. 이제 마음속에서 파리만을 보면서 그 파리 머리의 정확한 모습을 기술해보라. 파리의 세부 자질을 보기 위하여 심상을 확대하는 데 시간이 걸린다는 사실을 깨달았는가? 만일 여러분이 다른 사람들과 다르지 않다면, 물리적 공간에서 보다 면밀하게 관찰하려는 대상에 가까이 접근하게 되는 것과 마찬가지로, 관찰하려는 자질이나 대상이 심적 화면의 많은 부분을 차지하도록 확대할 수 있다.

이제 토끼와 코끼리를 보고, 둘을 마음속에 그려보라. 눈을 감고 코끼리 심상을 들여다보라. 코끼리를 향해서 걸어간다고 상상하면서 점점 커지고 있는 모습을 살펴보라. 더 이상 토끼를 볼 수 없거나 심지어는 코끼리도 전체를 볼 수 없게 되는 시점이 있다는 사실을 발견하였는가? 여러분은 코끼리 심상의 크기가 심적 화면 크기보다 커지게 된다는 사실을 발견하게 된다. 코끼리 전체를 다시 보기 위해서는 마음속에서 축소해야 할 수도 있다.

흥미롭게도 1학년생은 심상 조건뿐만 아니라 비심상 조건에서도 보다 큰 속성에 관하여 일관성 있게 더 빠른 반응을 나타냈다. 많은 1학년생들은 심상을 사용하지 말라고 지시한 조건에서도 심상을 사용하였다고 답하였다. 이에 덧붙여서 대학생은 모든 조건에서 아동보다 빠르게 반응하였지만, 그 차이는 심상 조건보다 비심상 조건에서 더 컸다. 이 결과는 기능 등가성 가설을 지지한다. 즉, "마음의 눈"으로 무엇인가를 볼 때는, 실제로 그것을 볼 때와 마찬가지로 아동이든 대학생 성인이든 대략 동일한 시간이 걸린다.

이 결과는 두 가지 점에서 이중부호 견해도 지지하고 있다. 첫째, 성인과 나이가 든 아동에게 있어서는 심상 사용에 근거한 반응이 명제(상징부호)에 근거한 반응과 달랐다. 둘째, 명제지식의 발달은 심상 지식의 발달과 동일한 속도로 일어나지 않는다. 아동은 아직 명제지식을 충분히 발달시키지 못하였기 때문에 비심상 조건에서 성인보다 반응이 느렸다. 두 표상 형태의 차별적인 발달 속도는 알란 페이비오의 이중부호 개념도 지지하는 것으로 보인다.

대상 살펴보기: 심상 주사

스티븐 코슬린은 사람들이 이미지를 주사할 때 심상을 사용한다는 자신의 가설을 지지하는 부가적 지지증거를 찾아왔다. 심상 주사 연구에 기저하는 핵심 아이디어는 물리적 지각대상을 주사하는 것과 동일한 방식으로 심상을 주사할 수 있다는 것이다. 이에 덧붙여서 심상 주사의 전략과 반응은 지각 주사의 경우와 동일해야 한다는 것이다. 심상 주사의 기능 등가성을 검증하는 한 가지 방법은 지각 주사 수행의 측면들을 관찰하고, 심상 주사 수행과 비교하는 것이다.

예컨대, 지각에서 먼 거리에 걸친 주사는 짧은 거리보다 시간이 더 오래 걸린다(Denis & Kosslyn, 1999; Maras 등, 2014). 한 실험에서는 참가자에게 그림 7.13에서 보는 바와 같은 가상 섬의 지도를 보여주었다(Kosslyn, Ball, & Reiser, 1978). 지도는 오두막, 나무, 호수 등과 같은 다양한 대상을 보여주고 있다. 참가자는 정확하게 재생할 수 있을 때까지 지도를 기억하는 단계를 거쳤다. 일단 기억 단계를 마친 후에, 다음과 같은 단계를 시작하였다.

- 참가자에게는 읽어주는 대상의 이름을 들으면, 지도의 심상을 떠올려 그 대상이 위치한 곳까지 주사해야 한다고 알려주었다.
- 참가자는 마음속에서 그 대상의 위치에 도달하는 즉시, 버튼을 눌러야 하였다.
- 그러면 실험자가 참가자에게 다른 대상의 이름을 읽어주었다.
- 참가자는 정확한 위치까지 주사하고는 대상을 확인한 순간 버튼을 눌러야 하였다.

이 절차를 여러 차례 반복하였다. 각 경우에 참가자는 마음속에서 다양한 대상으로 이동하였다. 각 시행에서 참가자의 반응시간을 기록하였는데, 이 시간은 한 대상으로부터 다른 대상으로 주사하는 데 걸린 시간을 나타낸다.

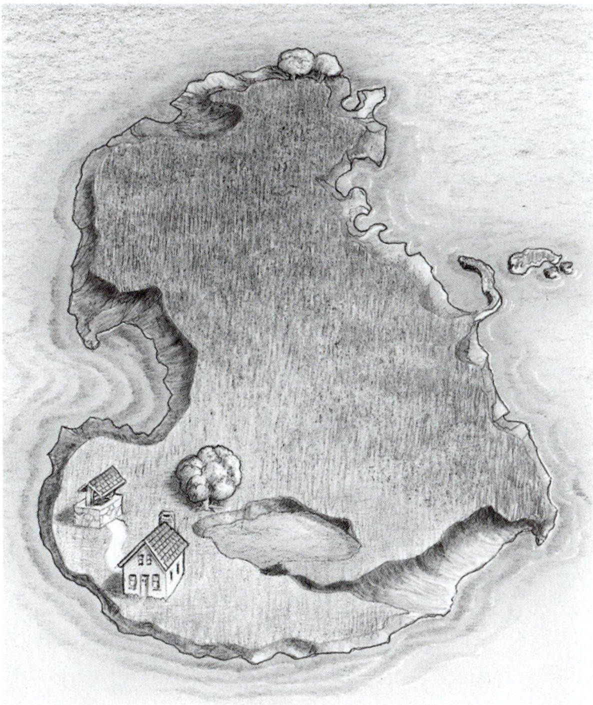

그림 7.13 심적 주사: 가상의 섬. 스티븐 코슬린과 동료들(1983)은 심상 주사가 지각 주사와 기능적으로 등가인지를 알아보기 위하여 다양한 랜드마크가 있는 가상의 섬을 사용하였다.

코슬린이 얻은 결과는 무엇인가? 심적 지도에서 대상들 간의 거리와 참가자가 버튼을 누를 때까지 걸린 시간 간에 거의 완벽한 선형 관계가 있었다. 대상들 간의 거리가 멀수록 한 대상으로부터 다른 대상까지 주사하는 데 시간이 더 걸렸다. 참가자는 지도를 심상 형태로 부호화하였던 것으로 보인다. 실제 지도를 주사하는 것과 마찬가지로 반응을 하는 데 필요한 만큼 심상을 주사하였던 것이다.

다른 대상을 사용하여서도 이 결과를 반복해왔다. 한 연구에서는 참가자에게 짧은 시간동안 화면에 점들을 제시하였다(Borst & Kosslyn, 2008). 심상 주사 과제에서는 참가자가 시행에 앞서 점들의 위치를 기억하여야 했다. 심상 집단의 참가자에게는 점들을 제시한 후, 화살표만이 들어있는 빈 화면을 제시하였다. 참가자는 화살표가 앞서 보았던 점 하나를 지적하고 있는지를 판단하였다. 다른 조건에서는 참가자에게 화살표뿐만 아니라 점들도 포함하고 있는 화면을 제시하였다. 모든 조건에서 판단에 걸린 시간은 점과 화살표 간의 거리에 따라 선형적으로 증가하였다.

이 결과는 참가자가 화살표와 함께 실제 점들을 보든 아니면 화살표만을 보든 관계없이, 동일한 기제를 사용한다는 사실을 나타낸다. 만일 참가자가 공간 표상을 사용하지 않고 필리신(Z. Pylyshyn)의 명제 이론(1973)에 근거한 부호를 사용한다면, 점과 화살표 간의 거리가 반응시간에 영향을 미쳐서는 안되는데, 실제로는 영향을 미쳤다. 심적 회전 각도가 증가함에 따라 반응시간이 선형적으로 증가하였던 쉐퍼드와 메츨러(1971)의 실험을 회상해보기 바란다.

심상 부호를 지지하는 결과는 여러 다른 영역에서도 볼 수 있다. 3차원에서 대상을 주사하는 경우에도 동일한 결과 패턴이 나타났다(Pinker, 1980). 예컨대, 참가자는 열린 상자에 매달려있는 인형과 같이, 대상들의 3차원 배열을 관찰하고 심적 표상을 형성한 다음에 한 대상으로부터 다른 대상으로 마음속에서 주사하였다.

한 실험은 자폐스펙트럼 장애(ASD)가 있는 참가자의 심적 주사 수행을 정상인의 수행과 비교하였다. 두 집단이 유사한 성과를 보였지만, ASD 집단의 경우 심적 주사 수행은 언어 IQ뿐만 아니라 작업기억과 정적 상관을 나타냈다(그렇지만 정상인 집단은 그렇지 않았다). 이 결과는 비록 두 집단이 유사한 수행을 보이기는 하지만, 심상 주사 문제를 해결하기 위하여 상이한 전략을 사용하였을 가능성을 시사한다(Maras 등, 2014).

표상 무시

지각과 심상 간의 유사성에 대한 부가적 증거는 표상 무시 사례에서 찾아볼 수 있다. 공간 무시(제4장 참조)로 고생하는 많은 환자들은 표상 무시라고 부르는 관련된 장애도 가지고 있다. 앞서 언급한 바와 같이, 공간 무시 환자는 시야의 절반을 무시한다. **표상 무시**(representational neglect) 환자에게 한 장면을 상상하고 기술하라고 요구하면, 상상한 장면의 절반을 무시한다. 두 가지 유형의 무시는 함께 출현하기 십상이지만, 독자적으로 출현하기도 한다. 페루와 사파롤리(Peru & Zapparoli, 1999)는 공간 무시의 증거는 전혀 보이지 않으면서 심상 생성을 요구하는 과제에 어려움을 겪는 한 여자의 사례를 기술하였다.

또 다른 일련의 연구에서는 표상 무시로 어려움을 겪고 있는 환자들에게 공간 배열을 알려주었다. 그 공간 배열을 회상해야 할 때, 이 환자들은 왼쪽 부분을 기술할 수 없었다(Logie 등, 2005). 마찬가지로 시각상을 보여주었을 때는 전체 시각상을 기술하였다. 그러나 그 시각상을 치우고 기억에만 근거하여 기술하도록 요구하였을 때는 왼쪽 부분을 기술하지 못하였다(Denis 등, 2002).

표상 무시는 단지 바라다보는 조망점을 제시할 때에만 나타난다(Rode 등, 2004). 예컨대, 표상 무시 환자에게 자신의 주방을 기술해보도록 요구하면, 정확하게 기술할 수 있다. 그러나 냉장고의 위치에서 바라보는 주방을 기술하도록 요구하면, 무시를 나타낸다. 장면에 관한 완벽한 지식이 존재하지만, 심상을 생성할 때 때때로 그 지식에 접속할 수 없을 가능성이 높다.

개념 확인

1. 심적 회전이란 무엇인가?
2. 심적 회전에 대한 신경심리학 증거에는 어떤 것이 있는가?
3. 심상 척도화란 무엇인가?
4. 심상을 마음속에서 어떻게 주사하는가?
5. 표상 무시란 무엇인가?

❁ 심상과 명제의 종합

이 장에서는 지식 표상에 관한 두 가지 대립 견해를 논의하였다. 하나는 심상과 상징 모두로 지식을 표상한다고 제안하는 이중부호 이론이다. 다른 하나는 심상, 단어, 상징의 형태가 아니라 오직 기저 명제로 지식을 표상한다고 제안하는 명제 이론이다.

지금까지는 심상 표상에 관한 핀키의 기준 중에서 처음 세 가지를 논의하였다. 심상은 많은 측면에서 지각과 기능적으로 등가인 것으로 보인다. 이 결론은 심적 회전, 심상 척도화, 심상 주사 연구에 근거한다. 그렇지만 모호한 그림과 친숙하지 않은 심적 조작을 수반하는 연구는 지각과 심상 간의 유추에는 제한점이 있다는 사실을 시사한다.

실험자 기대가 실험 결과에 영향을 미치는가?

명제와 심상 모두의 존재에 대한 증거가 충분한 것처럼 보이기는 하지만(Borst & Kosslyn, 2008; Kosslyn, Thompson, & Ganis, 2006; Pylyshyn, 2006), 논쟁이 끝난 것은 아니다. 심상 연구에서 찾아낸 몇몇 긍정적 결과는 요구특성, 즉 실험에 참가할 때 자신에게 기대하는 것에 대한 참가자의 지각 결과일 수 있다(Intons-Peterson, 1983). 특정 과제에서 참가자의 수행에 관한 실험자 기대가 참가자로 하여금 기대한 대로 수행하도록 암묵적인 요구를 만들어내는가?

인톤스-피터슨(M. Intons-Peterson, 1983)은 바로 이 물음의 연구에 착수하였다. 그녀는 한 집단의 실험자에게 심상 과제보다 지각 과제에서 수행이 우수할 것이라고 알려줌으로써 실험자 기대에 처치를 가하였다. 두 번째 실험자 집단에게는 상반된 결과를 기대하도록 알려주었다. 실험자의 상반된 기대가 참가자의 상반된 수행으로 이끌어가겠는가? 그녀는 심상 주사 과제, 심적 회전 과제, 그리고 지각 수행을 심상 수행과 비교하는 또 다른 과제 등, 세 과제에서 실험자 기대가 참가자 반응에 영향을 미친다는 결과를 얻었다.

실험자가 지각 수행보다 심상 수행이 더 우수할 것이라고 기대할 때는 참가자들이 그렇게 반응하였으며, 그 반대의 경우에도 마찬가지이었다. 이 결과는 참가자가 반응하는 동안 실험자는 함께 있지도 않았을 때 그리고 실험지시는 컴퓨터를 통해 제시할 때조차 나타났다. 따라서 시각화 과제를 수행하는 실험참가자는 부분적으로 과제의 요구특성에 반응할 수 있다. 이러한 요구특성은 결과에 관한 실험자 기대가 초래하는 것이다.

다른 연구자들은 이러한 결과에 반기를 들었다(Jolicoeur & Kosslyn, 1985a, 1985b). 한 실험에서는 참가자에게 심상을 주사하도록 요구하지 않았지만, 두 가지 유형의 질문, 즉, 심상 주사를 필요로 하는 반응을 수반하는 질문 그리고 그렇지 않은 질문들을 뒤섞어서 제시하였다. 과제가 심상 주사를 암묵적으로 요구하지 않은 경우조차도, 심상 주사를 필요로 하는 질문에 대한 참가자의 반응은 여전히 주사해야 하는 거리에 따라 반응시간의 선형적 증가를 보여주었다. 질문이 심상 주사를 필요로 하지 않을 때는 질문의 초점이 무엇인지에 관계없이 반응시간이 항상 일정하였다.

또 다른 일련의 실험에서 젤리코어와 코슬린은 그림 7.13에 제시하였던 것과 유사한 섬의 지도를 사용하여, 참가자에게 지도를 머리에 떠올리고 한 지점에서 다른 지점으로 주사하도록 요구하였다. 이들은 실험자로 하여금 반응 패턴이 선형 함수가 아니라 U자형 함수를 나타낼 것이라고 기대하도록 유도하였다. 이 연구에서도 반응은 여전히 거리와 반응시간 간에 선형 관계를 나타냈다. 실험자가 기대한 U자형 반응 패턴을 보이지 않았던 것이다. 따라서 실험자 기대는 참가자 반응에 영향을 미치지 않았다. 따라서 심상과 지각의 기능 등가성에 관한 가설은 강력한 지지 증거를 갖는 것으로 보인다.

연구 결과에 근거해서는 명제 가설과 기능 등가성 가설 간의 논쟁을 해결할 수 없다는 제안을 제기하기에 이르렀다(Keane, 1994). 심상이 지각과 유사하다는 견해를 지지하는 모든 경험적 결과에 대해서, 명제 이론의 재해석을 제시할 수 있다. 이러한 재해석은 결과에 대한 대안적 설명을 제시한다. 합리주의자의 대안이 경험주의자의 설명만큼 깔끔하지는 않다고 해서, 그 대안을 바로 폐기처분할 수는 없다. 따라서 기능 등가성 견해와 명제 견해 간의 논쟁은 결국 경험주의와 합리주의 간의 논쟁이 되고 말았다.

존슨-레어드의 심성 모형

지식 표상에 관한 대안적 종합은 명제, 심상, 또는 심성 모형이라는 세 가지 형태를 취할 수 있다고 제안한다(Johnson-Laird, 1983, 1999; Johnson-Laird & Goldvarg, 1997). 여기서 명제는 언어로 표현할 수 있는 의미의 철저하게 추상적인 표상이다. 언어 표현 가능성이라는 기준이 존슨-레어드 견해를 다른 인지심리학자들의 견해와 구분해준다.

심성 모형(mental model)이란 사람들이 자신의 경험을 이해하고 설명하기 위하여 구축하는 지식구조이다(Brewer, 2003; Goodwin & Johnson-Laird, 2010; Johnson-Laird, 2001; Schaeken, Johnson-Laird, & D'Ydewalle, 1996; Tversky, 2000). 심성 모형은 경험에 대한 사람들의 암묵적 이론이 제약을 가하는데, 그 암묵적 이론은 어느 정도 정확한 것일 수 있다. 예컨대, 여러분은 비행기가 하늘을 나는 방법을 설명하는 심성 모형을 가지고 있을 수 있다. 그렇지만 그 모형은 물리학 법칙이 아니라 비행기에 대한 신념에 근거한다. 하늘을 나는 비행기에 대한 설명과 마찬가지로, 이야기나 상징적 추리 문제에 근거하여 생성한 심성 모형에서도 마찬가지이다(Byrne, 1996; Ehrlich, 1996; Garnham & Oakhill, 1996).

"고양이가 탁자 밑에 있다"는 여러 가지 방식으로 표상할 수 있다. (언어로 표현할 수 있기 때문에) 명제로, (특정 고양이가 특정 탁자 밑의 특정 위치에 있는) 심상으로, 아니면 (어떤 고양이와 탁자이든) 심성 모형으로 표상할 수 있다.

심성 모형을 사용한다는 증거는 있는가? 한 실험(Mani & Johnson-Laird, 1982)에서는 한 집단의 참가자가 공간 배열에서 각 대상의 정확한 위치 정보를 받았다(확정적 기술). 다른 집단은 대상들의 모호한 위치 정보를 받았다(불확정적 기술). 유추컨대, 미국의 수도 워싱턴 위치에 관하여 상대적으로 확정적인 기술, 즉 버지니아 알렉산드리아와 메릴랜드 볼티모어 사이에 위치한다는 기술 그리고 태평양과 대서양 사이에 위치한다는 불확정적인 기술을 생각해보라. 대상들의 공간 배열에 관하여 상세한 (확정적) 기술을 제시할 때는 참가자들이 그 기술이 포함하고 있지 않은 부가적 공간 정보를 추론하였지만, 언어적 세부사항들은 잘 회상하지 못하였다. 예컨대, 워싱턴의 위치에 관한 부가적인 지리정보를 추론할 수 있었지만, 기술내용을 곧이곧대로 기억해낼 수는 없었다. 부가적 공간 정보를 추론하였다는 사실은 참가자가 그 정보의 심성 모형을 형성하였음을 시사한다. 언어 기술을 정확하게 회상하지 못하였다는 사실은 참가자가 심성 모형에 의존하였음을 시사한다. 심적 표상을 언어 기술에 의존하지 않았다는 것이다.

참가자에게 대상들의 공간 배열에 관하여 모호한(불확정적) 기술을 제시하였을 때 어떤 일이 일어났다고 생각하는가? 언어 기술에 들어있지 않은 공간 정보를 추론하는 경우는 거의 없었지만, 언어 기술은 꽤나 잘 기억해냈다. 연구자들은 참가자가 불확정적 기술에 대해 심성 모형을 추론하지 않은 까닭은 주어진 정보를 가지고 다양한 심성 모형을 구성할 수 있었기 때문이라고 제안하였다. 심성 모형을 구성하는 대신에 참가자는 언어 기술을 언어로 표현할 수 있는 명제들로 표상한 것으로 보인다. 지식 표상의 한 형태로서 심성 모형이라는 생각을 광범위한 인지현상에 적용해왔다. 그 현상에는 시지각, 기억, 글 이해, 추리 등이 포함된다(Johnson-Laird, 1983, 1989). 예컨대, "어떤 개는 푸들이다."라는 진술을 생각해보자. 여러분은 이 진술을 표상하기 위한 심성 모형을 어떻게 구성하겠는가?

심성 모형은 심상을 가지고는 충분히 설명할 수 없는 몇몇 연구 결과들에 대해서 가능한 설명을 제공할 수 있다. 일련의 실험은 맹인으로 태어난 사람들을 연구하였다(Kerr, 1983). 맹인 참가자들은 시지각 경험이 없기 때문에, 시각 심상을 형성한 적이 없다고 가정할 수 있다(적어도 일반적인 의미에서 그렇다는 것이다). 정상인과 맹인의 수행을 비교하기 위하여 몇 가지 코슬린의 과제를 채택하였다(Kerr, 1983). 예컨대, 지도 주사 과제에 있어서, 연구자는 손을 사용하여 탐지할 수 있는 지형적 자질과 랜드마크가 있는 판을 사용하였다. 그런 다음에 참가자에게 판의 심상을 형성하도록 요구하였다.

참가자에게 다양한 크기의 다양한 대상들을 상상하도록 요구하였다. 맹인 참가자는 정상인보다 모든 과제에서 느리게 반응하였다. 그렇지만 맹인도 여전히 정상인의 수행과 유사한 반응패턴을 보여주었다. 먼 거리를 주사할 때보다 짧은 거리를 주사할 때 빠른 반응시간을 나타냈다. 또한 작은 대상의 심상보다는 큰 대상의 심상에 관한 질문에 답할 때 더 빨랐다. 적어도 몇몇 측면에서는 공간 심상이 시지각체와 닮은 표상을 수반하지 않는 것으로 보인다.

촉각 "심상"의 사용은 다른 감각양상의 심상을 시사한다. 많은 연구자가 촉각 심상을 연구해왔다. 이들은 촉각 심상이 시각 심상과 많은 자질을 공유한다는 사실을 밝혀왔다. 예컨대, 두 유형의 심상을 형성할 때 유사한 두뇌영역들이 활동한다(James 등, 2002; Zhang 등, 2004). 아마도 촉각 심상은 어떤 측면에서 시각 심상과 유사한 심성 모형의 형성을 수반하는 것으로 보인다.

심상 표상은 청각에서도 일어날 수 있다. 예컨대, 연구자들은 참가자가 시각 심상을 갖는 것과 마찬가지로 청각 심상을 갖는 것처럼 보인다는 사실을 밝혔다(Intons-Peterson, Russell, & Dressel, 1992). 특히 참가자가 마음속에서 소리의 음고를 낮출 때보다 높일 때 시간이 더 오래 걸렸다. 예컨대, 음고가 낮은 고양이의 가르랑거리는 소리로부터 시계 째깍 소리로 변경할 때보다 음고가 높은 전화벨 소리로 변경할 때 시간이 더 오래 걸렸다. 이러한 반응시간은 물리적으로 소리 음고를 높이거나 낮추는 데 필요한 시간에 유추할 수 있는 것이었다. 반면에 참가자에게 자극들 간의 변별을 수반하는 정신물리학적 판단을 하도록 요구할 때 어떤 일이 일어나는지 생각해보자. 가르랑 소리가 전화벨 소리보다 음고가 낮다고 판단할 때보다(상대적으로 차이가 많이 나는 두 자극이다) 째깍 소리보다 음고가 낮다고 판단할 때(상대적으로 차이가 적게 나는 두 자극이다) 시간이 더 오래 걸렸다. 촉각 심상의 경우와 마찬가지로, 사람들이 시각 심상을 생각할 때 언급하는 공간적 심적 표상보다는 심성 모형에 근거하여 청각 심상을 개념화하는 것이 더 용이하다.

청감각과 지각에 관한 정신물리학 연구는 청각 심상과 촉각 심상에 관한 연구에 유추할 수 있는 결과를 내놓는다. 또 다른 연구에서 참가자는 일부분을 묵음 처리한 친숙하거나 친숙하지 않은 음악을 들었다. 두뇌 영상은 음악이 친숙하지 않을 때보다 친숙한 것일 때 묵음에서 청각피질이 더 많이 활동한다는 사실을 보여주었다(Kraemer 등, 2005). 이 결과는 청각 심상을 생성할 때, 청감각과 지각에 관여하는 영역과 동일한 두뇌영역이 활동한다는 사실을 시사한다.

잘못된 심성 모형이 사고에서의 많은 오류를 불러일으킨다. 몇 가지 사례를 보자

인지심리학의 실제 적용

이중부호

지식 표상을 위한 이중부호를 갖는 것의 이점은 무엇인가? 이중부호는 군더더기이고 비효율적인 것처럼 보일 수 있지만, 상징적인 명제지식을 위한 부호와는 차별적인 물리적이고 공간적인 아날로그 자질을 위한 부호를 갖는 것은 실제로 효율적일 수 있다. 인지심리학 강의에서 내용을 공부하는 방식을 생각해보자. 대부분의 사람들은 강의실에 들어가서 교수로부터 정보를 얻는다. 또한 여러분이 지금 하고 있는 것처럼 교재를 통해 내용을 읽는다. 지식 표상을 위하여 아날로그 부호만을 가지고 있다면, 수업에서 교수로부터 받아들이는 언어 정보를 교재의 인쇄된 정보와 통합하는 데 상당한 어려움을 겪을 것이다. 모든 정보는 수업에서 교수의 강의를 듣고 관찰한 것 그리고 교재에서 보는 단어들의 시각상에서 수집한 청각-시각 심상의 형태가 될 것이다. 따라서 아날로그 자질과 차별적인 상징 부호는 지식을 획득하는 상이한 양상들을 통합하는 데 유용하다.

아날로그 부호는 명제 정보와 간섭을 일으키지 않으면서 경험의 중요한 단면들을 유지시킨다. 시험에서 좋은 성과를 내는 데는 정보를 강의실에서 얻었는지 아니면 교재에서 얻었는지는 상관이 없다. 그렇지만 나중에 여러분의 답안지가 정확한 것임을 입증하려면 정보의 출처를 검증해볼 필요가 있다. 이 경우에 아날로그 정보가 도움을 준다.

텔레비전이 과거에는 아날로그 방식이었지만, 오늘날에는 대체로 디지털 방식이다. 디지털 텔레비전의 장점은 무엇인가? 잠재적 단점은 없겠는가?

(Brewer, 2003). 초등학생은 열기와 냉기가 액체와 마찬가지로 대상을 통해 이동하는 것으로 생각하는 경향이 있다. 또한 이 아동은 식물이 땅에서 먹을거리를 얻으며 쇠로 만든 배는 가라앉는다고 믿는다. 심지어 어른들도 날아가는 비행기에서 떨어뜨린 물체의 궤적을 이해하는 데 어려움을 겪는다.

경험이 잘못된 심성 모형을 개선시키는 유용한 도구이다(Greene & Azevedo, 2007). 한 연구에서는 호흡과정에 관하여 잘못된 심성 모형을 탐구하였다. 호흡과정에 관하여 잘못된 예측을 한 대학생들이 이 연구에 참가하였다. 이들의 예측은 부정확한 심성 모형에 근거한 것이었다. 실험자는 호흡과정을 시범보이고 탐구할 수 있는 실험실 경험을 설정하였다. 한 집단은 실험에 앞서 자신의 예측을 언급하였으며, 다른 집단은 그렇게 하지 않았다. 전반적으로 실험실 경험에 참여하는 것이 호흡에 관한 질문에 정확하게 답하는 것을 증진시켰다. 그렇지만 실험에 앞서 자신의 예측을 언급해보도록 요구하였을 때, 개선의 정도가 더 컸다(Modell 등, 2000). 이 연구는 강의실에 적용할 수 있다. 예컨대, 교사가 학생에게 호흡기가 작동하는 방식을 설명해보도록 요구한 다음에 호흡기가 작동하는 방식을 보여주는 실험이나 시범을 보여준다면, 그 실험이나 시범으로 인해서 호흡과정을 정확하게 이해하지 못하였던 학생들이 자신의 오해를 더 잘 수정하고 학습할 수 있다. 경험은 잘못된 심성 모형을 수정하는 데 도움을 주지만, 잘못된 모형을 명시적인 것으로 만들었을 때 더욱 효과적이다.

요약컨대, 심성 모형은 명제와 심상에 덧붙여서 부가적인 표상 수단을 제공한다. 심성 모형은 다른 두 형태의 표상과 상호배타적인 것이 아니라 보완적인 것이다. 심성 모형은 시각 심상과는 상당히 다른 것으로 보이는 촉각 심상과 청각 심상에 대한 경험적 결과를 설명하는 방법을 제공해준다.

신경과학: 다중부호의 증거

실험자 기대가 인지과제를 수반하는 실험에 참여하는 참가자에게 영향을 미칠 수 있다. 그렇지만 그러한 요인이 신경심리학 연구의 결과에도 똑같이 영향을 미칠 가능성은 거의 없어 보인다. 예컨대, 여러분이 두뇌의 어느 영역이 어떤 유형의 지각기능과 인지기능을 주도하는지에 관한 제2장의 모든 용어들을 기억해냈다고 가정해보자. (물론 이것은 여러분이나 신경심리학 연구에 참여하는 대부분의 참가자에게 있어서 가능성이 별로 없는 가정이기는 하다.) 여러분은 실험자 기대에 부응하기 위하여 어떻게 하겠는가? 여러분 두뇌의 활동과 기능을 직접 제어하고는 특정 지각기능이나 인지기능과 관련하여 실험자가 기대하는 것을 시뮬레이션 해야 할 것이다. 마찬가지로 두뇌 손상 환자는 특정 손상이 특정 유형의 결손으로 이끌어간다는 사실을 알지 못한다. 실제로 환자는 결손을 찾아낼 때까지는 어느 영역에 손상이 있는지를 아는 경우가 거의 없다. 따라서 신경심리학 연구는 이중부호 논쟁을 해결하는 데 있어서 요구특성의 많은 논제를 비껴갈 수 있다. 그렇지만 이 연구도 어느 영역의 손상을 살펴볼 것인지 또는 그 결과로 발생하는 어떤 결손을 살펴볼 것인지에 관한 실험자 편향을 제거할 수는 없다.

좌뇌인가 우뇌인가: 어디에서 정보를 처리하는가?

심상에 관한 초기 신경심리학 연구는 손상이 확인된 환자 연구 그리고 분할뇌 환자 연구에서 출발하였다. 제2장에서 우반구와 좌반구를 분리하는 수술을 받은 환자 연구를 회상해보라. 연구자들은 우반구가 지각과 유사한 방식으로 시공간 정보를 표상하고 처리한다는 사실을 발견하였다(Gazzaniga & Sperry, 1967). 반면에 좌반구는 언어 지식과 다른 상징기반 지식을 표상하고 처리하는 데 더 유능하다.

두뇌 비대칭은 진화적 기원을 갖는 것이겠다(Corballis, 1989). 우반구는 물리적 환경에 유추할 수 있는 방식으로 지식을 표상한다. 다른 동물의 경우도 마찬가지이다. 그렇지만 다른 동물의 두뇌와 달리, 인간 두뇌의 좌반구는 심상과 상징을 처리하고 완전히 새로운 정보(예컨대, 자음과 모음의 소리와 기하 도형)를 생성하는 능력을 가지고 있다. 예컨대, 몇 년 전만 해도 영어에서 "text"라는 동사는 존재하지 않았다. 오늘날에는 존재하며 대부분의 사람들은 그것의 의미, 즉 문자 메시지를 보낸다는 의미를 알고 있다. 코발리스(M. C. Corballis, 1997)에 따르면, 비록 편재화에 관한 결과들이 견해를 수정해오기는 하였지만, 인간만이 지각한 적이 결코 없는 것을 생각할 수 있다. 동물과 인간의 심적 회전에 관한 최근 신경심리학 연구들을 보면, 두 대뇌반구 모두가 부분적으로 과제 수행에 관여한다는 사실을 알 수 있다. 인간에게서 관찰할 수 있는 명백한 우반구 주도성은 언어능력이 좌반구 기능을 뒤덮은 결과일 수 있다. 따라서 아날로그 심상 기능과 상징적 명제 기능 간의 대뇌반구 해리에 대한 명백한 증거를 갖는 것이 유용하다. 그렇지만 이 논제를 완벽하게 해결하기 위해서는 두뇌기능을 더욱 심층적으로 살펴보아야만 한다.

두 가지 유형의 심상: 시각 심상 대 공간 심상

시각 심상 연구자들은 어떤 유형의 심상이 관여하느냐에 따라서 심상을 상이한 형태로 저장(표상)할 수 있다는 사실을 밝혀왔다(Farah, 1988a, 1988b; Farah 등, 1988). 여기서 **시각 심상**(visual imagery)은 색과 모양과 같은 시각적 특징을 표상하는 심상을 지칭한다. **공간 심상**(spatial imagery)은 깊이 차원, 거리, 방향 등과 같은 공간 자질을 표상하는 심상을 지칭한다.

18세 때 두뇌 부상을 입은 L.H.의 사례를 보자. 이 부상은 좌우반구 측두-후두 영역, 우반구 측두엽, 그리고 우반구 하측 전두엽의 손상을 초래하였다. L.H.의 부상은 시각 심상과 공간 심상 모두를 표상하고 처리하는 능력이 손상되었을 가능성을 시사하였다. 그림 7.14는 손상이 발생한 L.H. 두뇌의 영역들을 보여준다.

부상에도 불구하고, L.H.의 시력은 온전하였다. 다양한 그림을 제대로 그려낼 수 있었다[그림 7.15(a)와 (b)]. 그렇지만 자신이 그린 그림을 어느 것도 재인할 수는 없었다. 다시 말해서 언어 표지를 그림과 연결시킬 수 없었다. 색깔이나 모양에 관한 심상과 같이, 시각 심상을 요구하는 질문에 말로 답하도록 요구할 때는 성과가 형편없었다. 그렇지만 놀랍게도 (1) 심적 회전(2차원 문자이든 3차원 대상이든), (2) 심상 주사, 심상 척도화, 행렬 기억, 문자 모서리의 수, 그리고 (3) 미국 주의 위치 등을 포함한 여러 유형의 과제에서는 상당히 정상적인 능력을 보여주었다. 즉, 여러 유형의 공간 심

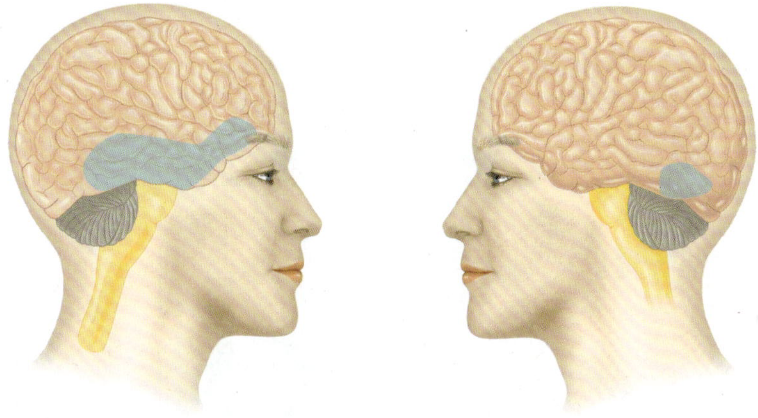

그림 7.14 **측두엽 손상.** L.H. 두뇌에서 손상된 영역(푸른색 영역): 왼쪽 그림에서 보는 바와 같이, 우반구 측두엽과 하측 전두엽이 손상되었고, 오른쪽 그림에서 보는 바와 같이, 좌반구 측두-후두 영역이 손상되었다.

출처: Solso, R. (2000). *Cognitive Psychology*, 6th Ed., p. 306. Elsevier.

상 능력은 손상되지 않았다. 이 결과는 공간 심상과 시각 심상이 실제로 상이한 것이라는 사실을 나타낸다.

연구자들은 시각 심상을 연구하기 위하여 사건관련 전위(ERP; 제2장 표 2.3 참조)도 사용하였다. 시지각과 연합된 두뇌과정을 시각 심상과 연합된 두뇌과정과 비교하였다(Farah 등, 1988b). 여러분도 회상할 수 있듯이, 일차시각피질은 후두엽에 위치한다. 일반적으로 시지각을 수행하는 동안 후두엽에서 ERP가 증가한다. 만일 시각 심상이 시지각과 유사하다면, 시각 심상을 수반하는 과제를 수행할 때, 후두엽에서 ERP의 증가가 나타날 것이라고 예상할 수 있다.

파라 등(1988b)의 연구에서는 읽기 과제를 수행하는 동안 ERP를 측정하였다. 한 조건에서는 참가자에게 구체단어(예컨대, '고양이') 목록을 읽도록 요구하였다. 다른 조건에서는 상응하는 구체단어 목록을 읽으면서 동시에 읽고 있는 단어의 대상을 상상하도록 요구하였다. 각 단어는 200밀리초 동안 제시하였다. 후두엽과 측두엽의 여러 영역에서 ERP를 측정하였다. 그 결과, 처음 450밀리초 동안에는 두 조건에서 ERP가 유사하였다. 그렇지만 이 시간이 지난 후에는 심상 조건의 참가자가 단어 읽기만 하는 비심상조건의 참가자보다 후두엽에서 상대적으로 큰 신경활동을 보여주었다. 파라 등(1988b)에 따르면, "신경생리학 증거는 우리의 인지구조물이 모양, 색깔, 조망이라는 측면에서 대상의 모습 그리고 공간의 3차원 배열이라는 측면에서 대상의 공간 구조에 대한 표상을 모두 포함한다는 사실을 시사한다."(p. 459). 대상 이름 지식(즉, 대상을 이름으로 재인하는 것)과 속성 지식(즉, 대상의 특성에 관한 질문에 답하는 것)은 대상에 관한 명제적, 상징적 지식에 해당한다. 반면에 심상의 방향(회전)이나 크기에 처치를 가하는 능력은 대상의 심상적, 아날로그 지식을 사용한다. 따라서 두 형태의 표상이 특정 유형의 질문에 답을 하는 것으로 보인다.

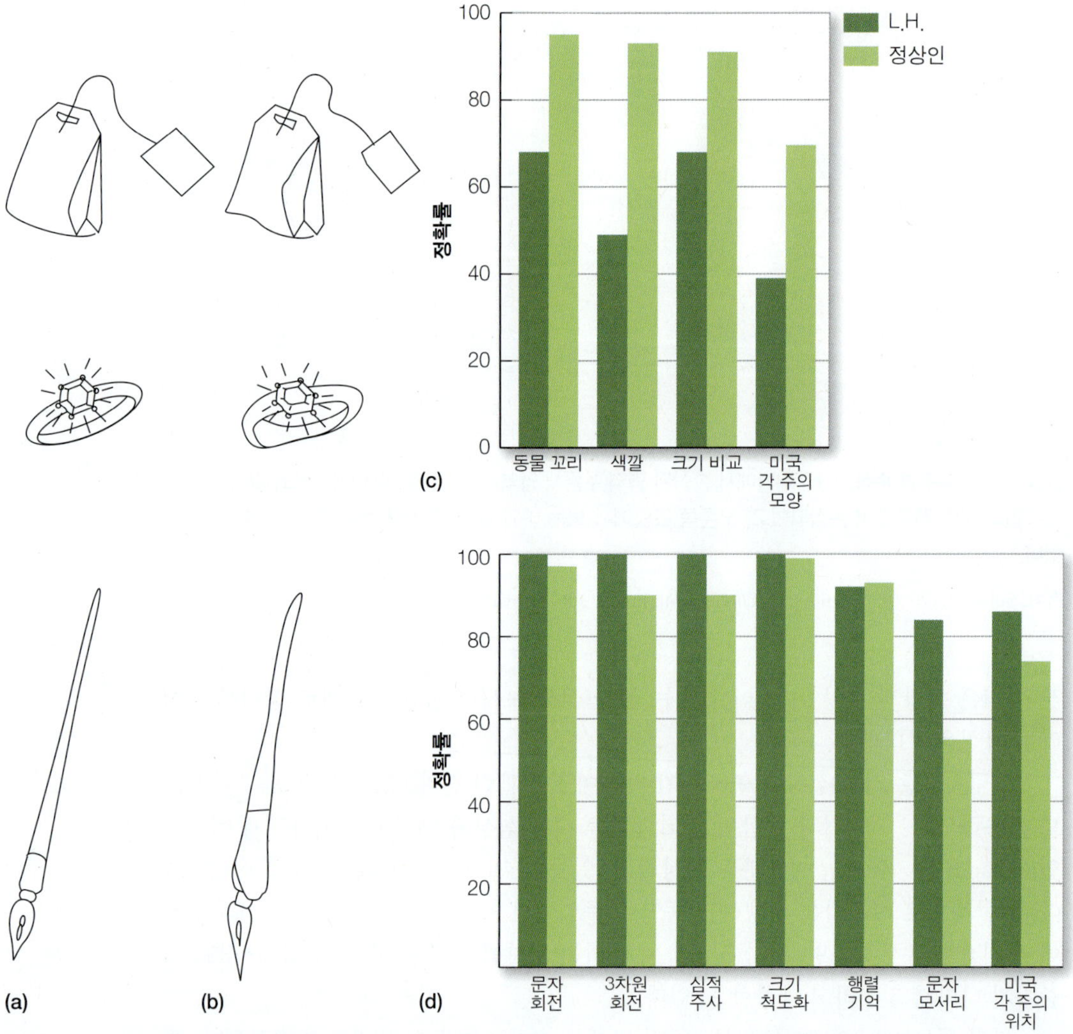

그림 7.15 시각 심상과 공간 심상에서 L.H.의 수행. L.H.는 다양한 대상을 정확하게 그릴 수 있었다. (a)는 그에게 보여준 그림이고 (b)는 그가 그린 그림이다. 그렇지만 자신이 그린 대상을 재인할 수는 없었다. 시각 심상 과제에서의 심각한 결손에도 불구하고[색깔, 크기, 모양에 관한 결과(c)], 공간 심상 과제에서는 정상적인 능력을 보여주었다[회전, 주사, 척도화에 관한 결과(d)].

출처: Farah, M. J., Hammond, K. M., Levine, D. N., & Calvanio, R. (1988). Visual and spatial mental imagery: Dissociable systems of representation. *Cognitive Psychology*, *20*, 439-462.

개념 확인

1. 실험을 설계하고 해석할 때 요구특성이 중요한 까닭은 무엇인가?
2. 존슨-레어드는 어떤 유형의 심성 모형을 제안하였는가?
3. 시각 심상과 공간 심상 간의 차이는 무엇인가?

공간인지와 인지도

지금까지 기술한 대부분의 연구는 우리가 그림 지식을 표상하는 방식을 다루었다. 그 연구는 시각 자극을 들여다봄으로써 지각한 다음에 마음에 떠올리는 것에 토대를 두고 있다. 다른 연구는 사람들이 물리적 환경과 상호작용하면서 돌아다니는 것에만 근거하여 마음에 지도를 형성할 수 있다는 사실을 시사한다. 항공사진이나 실제 지도에서와 같이 전체 모습을 볼 기회가 결코 없는 경우에도 그렇다. **공간인지**(spatial cognition)는 2차원과 3차원에서 대상과 행위에 관한 지식을 획득하고 체제화하며 사용하는 문제를 다룬다.

인지도(cognitive map)는 물리적 환경에 대한 내적 표상이며, 특히 공간 관계에 초점을 맞춘 표상이다. 인지도는 외부 환경의 특정한 공간 자질을 시뮬레이션 하는 내적 표상을 제공하는 것으로 보인다(Rumelhart & Norman, 1988; Wagner, 2006).

쥐, 꿀벌, 비둘기, 인간의 공간인지와 인지도

인지도에 관한 몇몇 초기 연구는 1930년대 에드워드 톨만이 수행하였다. 그 당시에는 관찰할 수 없고 직접 측정할 수 없는 인지과정을 심리학자가 이해하고자 시도하는 것을 부적절한 것으로 간주하였다(사람 머리를 들여다보면서 그 사람이 생각하고 있는 심상을 볼 수 없지 않은가!). 한 연구에서는 미로를 학습하는 쥐의 능력에 관심을 가졌다(그림 7.16; Tolman & Honzik, 1930).

그림 7.16 쥐의 심상에 관한 연구. 에드워드 톨만은 실험을 진행하는 동안 쥐가 미로의 심적 지도를 형성한 것으로 보인다는 사실을 발견하였다.

쥐를 다음과 같은 세 집단으로 나누었다.

1. 첫 번째 집단의 쥐는 미로를 학습하였다. 출발상자에서 시작하여 목표상자에 도달하는 것의 보상은 먹이이었다. 궁극적으로 쥐는 오류를 범하지 않으면서 미로 달리기를 학습하였다. 다시 말해서 엉뚱한 길을 선택하거나 막다른 골목으로 들어가지 않았다.

2. 두 번째 집단의 쥐도 미로에 집어넣었지만, 목표상자에 도달하여도 보상을 받지 못하였다. 시간이 경과함에 따라 성과가 증진하였지만, 보상받는 집단보다 계속해서 더 많은 오류를 범하였다. 이 결과는 전혀 놀라운 것이 아니다. 보상받는 집단이 학습할 유인자극을 더 많이 가지고 있다고 예상할 수 있다.

3. 세 번째 집단의 쥐도 학습 시행을 실시하는 열흘 동안 보상을 받지 못하였다. 그렇지만 열하루가 되는 날 처음으로 목표상자에 먹이를 놓아두었다. 단 한 번의 보상으로 쥐의 학습이 극적으로 증진되었다. 몇 차례의 시행을 통해서 첫 번째 집단 못지않게 미로를 잘 달렸다.

톨만과 혼지크 실험에서 쥐가 학습하고 있었던 것은 정확하게 무엇이었는가? 단지 "여기서는 우회전, 저기서는 좌회전" 등을 학습하고 있었을 가능성은 매우 낮아 보인다. 톨만에 따르면 쥐는 인지도, 즉 미로의 내적 표상을 학습하고 있었다. 톨만은 이러한 주장을 통해서 최초의 인지이론가 중의 한 사람이 되었다. 그는 행동을 야기하는 심적 표상의 중요성을 주장하였던 것이다.

수십 년이 경과한 후에, 더욱 단순한 유기체도 인지도를 형성할 수 있는 것으로 밝혀졌다. 이 유기체는 심상 표상을 원초적이고, 선험적이며, 아날로그적이고, 심지어는 상징 형태로 변환시킬 수 있다. 예컨대, 노벨상을 수상한 독일 과학자는 꿀의 출처를 확인한 후에 벌집으로 되돌아오는 꿀벌의 행동을 연구하였다(von Frisch, 1962, 1967).

꿀벌은 꿀의 출처에 도달하는 심적 지도를 형성할 수 있을 뿐만 아니라 그 정보를 다른 꿀벌에게 소통하기 위하여 어느 정도 상징 형태도 사용할 수 있는 것이 확실하다. 구체적으로 상이한 의미를 표상하기 위하여 상이한 패턴의 날갯짓을 사용할 수 있다. 예컨대, 원형 날갯짓은 꿀이 벌집에서 90미터 이내의 거리에 있음을 나타낸다. 8자형 날갯짓은 꿀이 더 먼 거리에 있음을 나타낸다. 날갯짓의 세부사항은 종마다 다르지만, 기본 날갯짓은 모든 종에 걸쳐서 동일하다. 꿀벌과 같은 하등동물이 꿀이 있는 장소로 가는 길을 상상할 수 있다면, 인간의 마음에서는 어떤 유형의 인지도를 생각할 수 있는 것인가?

전서구(傳書鳩)는 뛰어난 인지도로 유명하다. 비둘기는 먼 곳에서부터 집으로 되돌아올 수 있는 능력으로 잘 알려져 있다. 이러한 자질은 고대는 물론 심지어 19세기와 20세기에도 비둘기를 소통 수단으로 유용하게 만들었다. 비둘기가 인지도를 형성하는 방식에 관한 집중적인 연구를 수행해왔다. 좌반구 해마가 지도 형성에서 핵심 역할을 담당한다. 좌반구 해마를 제거하면, 집으로 귀환하는 비둘기의 능력이 손상된다. 해마의 일부분만을 제거하는 것도 귀환 능력을 손상시킨다(Gagliardo 등, 2009). 좌반구 해마는 환경의 랜드마크를 지각하는 데도 필수적이다(Bingman 등, 2003).

다른 연구는 우반구 해마가 환경의 총체적 자질에 대한 민감도와 관련되어있다는 사실을 시사한다. 해마는 인간에 있어서도 인지도 형성에 관여한다(Iaria 등, 2008; Maguire, Frackowiak, & Frith, 1996).

인간은 인지도를 형성하고 사용할 때 다음과 같은 세 가지 유형의 지식을 사용하는 것으로 보인다.

1. 랜드마크(landmark) 지식은 특정 위치의 특정 자질에 관한 정보이며 심상 표상과 명제 표상 모두에 바탕을 둔다(Thorndyke, 1981).
2. 경로(route-road) 지식은 한 위치에서 다른 위치로 이동하기 위한 특정 경로를 수반한다(Thorndyke & Hayes-Roth, 1982). 이 지식은 절차지식과 선언지식 모두에 근거한다.
3. 측량(survey) 지식은 측량지도에 나와 있는 것과 마찬가지로 랜드마크 간의 추정 거리를 수반한다(Thorndyke & Hayes-Roth, 1982). 심상으로나 명제로(예컨대, 수치로 명세한 거리) 표상할 수 있다.

따라서 사람들은 실제 지도와 같이 이미지 표상을 위해 아날로그 부호와 명제 부호 모두를 사용한다(McNamara, Hardy, & Hirtle, 1989; Russell & Ward, 1982).

공간-틀거리 이론(Franklin & Tversky, 1990)에 따르면, 사람들이 주변 공간의 심성 모형을 구성할 때, 상하, 전후, 좌우라는 세 가지 축에 따라서 자기 신체를 정향시키기 십상이다. 정보에의 접속은 상하 축에서 가장 빠르고, 전후 축이 그 다음이다. 좌우 축 정보에 접속하는 데 시간이 가장 오래 걸린다. 그렇지만 연구들을 보면, 단지 다른 사람이 존재하는 것만도 조망을 바꾸도록 이끌어갈 수 있으며 지각하고 있는 대상들 간의 공간 관계에 대해서 다르게 생각하게 만들 수 있다(Tversky & Hard, 2009).

믿거나 말거나 | 기억검사라고요? 침팬지와 경쟁하지 마세요!

침팬지의 숫자 작업기억이 인간의 것보다 실제로 우수하다는 사실을 믿을 수 있겠는가? 일본 연구자들은 침팬지에게 1부터 9까지의 수를 가르쳤다. 그런 다음에 터치스크린에 숫자들을 흩뿌리는 실험을 고안하였다. 일정한 시간이 경과한 후에, 숫자들을 흰 정사각형으로 대치하였다. 침팬지와 인간 참가자는 오름차순으로 흰 사각형에 손가락을 대야 하였다. 어린 침팬지가 속도와 정확도에서 인간 참가자를 압도하였는데, 이 결과는 침팬지가 실제로 소위 사진기억(photographic memory; Inoue & Matsuzawa, 2007)을 가지고 있다는 사실을 시사한다.

Tetsuro Matsuzawa/Primate Research Institute

차폐 과제를 수행하고 있는 침팬지 아이무

심적 지도를 사용하기 위한 주먹구구식 규칙: 발견법

랜드마크 지식, 경로 지식, 측량 지식을 사용할 때, 사람들은 때때로 거리 추정에 영향을 미치는 주먹구구식 규칙을 사용한다. 이러한 주먹구구식 규칙이 **발견법**(어림법, 추단법, heuristic)이라고 부르는 인지전략이다. 예컨대, 랜드마크 지식과 관련해서, 랜드마크가 많을수록 거리를 더 멀게 추정한다(Thorndyke, 1981). 다시 말해서, 랜드마크의 밀도가 증가할수록 거리 추정치도 증가한다. 이러한 주먹구구식 규칙의 사용이 심적 지도의 왜곡으로 이끌어갈 수 있다. 또한 사람들은 랜드마크를 향해서 이동할 때, 두 장소 간의 거리를 더 짧게 추정한다는 사실도 밝혀졌다. 즉, 작은 마을에서 대도시로 여행할 때, 대도시에서 작은 마을로 여행할 때보다 거리가 더 짧아 보인다(Tversky, 2005; Wagner, 2006).

특정 위치(예컨대, 도시) 간의 거리를 추정할 때, 측량 지식(직선 도로가 두 도시를 연결하고 있는지에 관계없이, 까마귀가 직선으로 날아가듯 두 도시 간의 물리적 거리에 대한 지식)보다는 경로 지식(두 도시를 연결하는 도로에 대한 지식)에 더 큰 가중치를 부여하기 십상이다. 참가자가 지도를 본 것에 근거하여 심상을 형성할 때도 마찬가지이다(McNamara, Ratcliff, & McKoon, 1984). 참가자에게 특정 도시들이 지도에 나왔었는지를 물을 때 어떤 일이 일어나는지를 생각해보자. 참가자는 두 도시가 "까마귀가 날아가듯" 물리적으로 가깝게 위치할 때보다 경로 거리에서 가깝게 있을 때 빠른 반응시간을 나타냈다(그림 7.17).

경로 지식뿐만 아니라, 경계 지식도 사람들의 반응에 영향을 미친다[경계 편향(border bias)이라고 부르는 현상이다]. 한 연구에서는 참가자에게 두 개의 상이한 주에 위치한 두 선택지 중에서 휴가 때 머무를 별장을 선택하도록 요구하였다(Mishra & Mishra, 2010). 그런 다음에 두 별장 위치로부터 320km 떨어진 곳에서 화산이 폭발하였었다고 알려주었다(따라서 화산은 두 지역 중간에 위치하였다). 화산은 별장이 있는 두 주 중 하나에 위치하였다. 두 별장으로부터 화산까지의 거리는 동일하였음에도 불구하고, 참가자는 화산이 폭발하지 않았던 주의 별장을 선택할 가능성이 두 배나 높았다. 또 다른 연구에서는 이웃 주에 재앙이 발생하였다고 알려주고 주 경계를 굵은 선 대신에 밝고 가는 선으로 표시하였을 때, 참가자는 자신이 살고 있는 주가 위험에 처할 가능성을 더 높게 평가하였다.

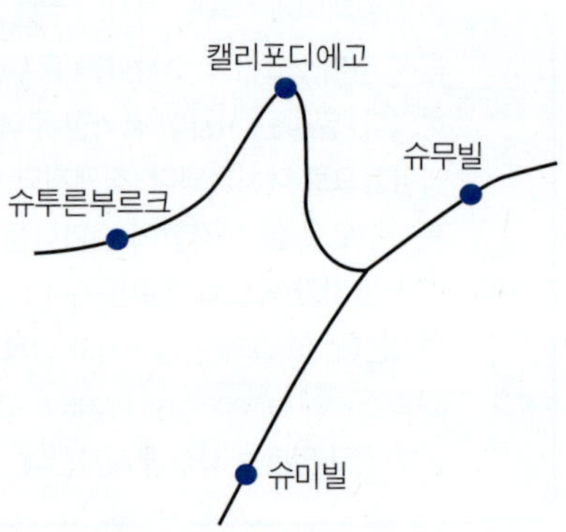

그림 7.17 심적 지도. 슈무빌과 슈미빌 중에서 어느 도시가 슈트른부르크에 가까운가? 인지도의 사용은 측량 지식과 상충하는 경우조차도 경로 지식을 강조하기 십상이다.

출처: McNamara, T. R., Ratcliff, R., & McKoon, G. (1984). The mental representation of knowledge acquired from maps. *Journal of Experimental Psychology: Learning, Memory, and Cognition, 10*(4), 723-732.

인지도를 조작하는 데 있어서 발견법을 사용한다는 사실은 명제 지식이 심상 지식에 영향을 미친다는 사실을 시사한다(Tversky, 1981). 적어도 심상에 관한 문제를 해결하고 질문에 답할 때는 그렇다. 몇몇 상황에서는 개념 정보가 심상을 왜곡시키는 것으로 보인다. 이러한 상황에서는, 심상에 근거한 전략보다 명제에 근거한 전략이 사람들의 반응을 더 잘 설명해준다. 예컨대, 프리드만과 브라운(2000; Friedman, Kerkman, & Brown, 2002 그리고 Friedman & Montello, 2006도 참조)의 연구를 보면, 참가자가 지도에 도시들을 위치시킬 때, 기후와 같은 개념 정보에 따라서 도시들을 군집화한다는 사실을 알 수 있다. 왜곡은 심적 지도의 자질들을 합리화하려는 경향성을 반영하는 것으로 보인다. 따라서 각도, 선분, 모양 등을 실제보다 순수한 기하형태와 더 닮은 모습으로 표상한다. 몇 가지 사례를 보자.

1. **직각 편향**(right-angle bias). 사람들은 교차점(예컨대, 거리의 교차로)을 실제보다 더 직각에 가까운 것으로 생각하는 경향이 있다(Moar & Bower, 1983; Smith & Cohen, 2008).
2. **대칭 발견법**(symmetry heuristic). 사람들은 모양(예컨대, 주 또는 국가)이 실제보다 더 대칭적인 것으로 생각하는 경향이 있다(Montello 등, 2004; Tversky & Schiano, 1989).
3. **회전 발견법**(rotation heuristic). 약간 기울어진 모양이나 경계를 표상할 때, 사람들은 실제보다 더 수직적이거나 수평적인 것에 가깝게 왜곡하는 경향이 있다(Tversky, 1981, 1991; Wagner, 2006).
4. **정렬 발견법**(alignment heuristic). 사람들은 정렬에서 약간 벗어난 랜드마크나 경계의 심상을 실제보다 잘 정렬된 것처럼 왜곡하여 표상하는 경향이 있다(즉, 일련의 그림이나 대상을 일렬로 정렬하는 방식으로 왜곡한다; Tversky, 1981, 1991).
5. **상대적 위치 발견법**(relative position heuristic). 실제 공간 배열을 반영하기보다는 특정 랜드마크와 경계가 위치하는 맥락에 관한 자신의 개념지식을 보다 정확하게 반영하는 방식으로 심상에서 그 랜드마크와 경계의 상대적 위치를 왜곡시킨다(Seizova-Cajic, 2003).

상대적 위치 발견법이 작동하는 방식을 알아보려면, 눈을 감고 미국 지도를 머릿속에 그려보라. 네바다 주의 르노는 캘리포니아 주의 샌디에고 서쪽에 있는가, 아니면 동쪽에 있는가? 일련의 실험에서 참가자에게 이와 같은 질문들을 던졌다(Stevens & Coupe, 1978). 그 결과, 대부분의 사람들은 샌디에고가 르노 서쪽에 있다고 믿고 있었다. 즉, 대부분의 미국인에게 있어서, 심적 지도는 그림 7.18(a)와 같은 것이다. 그렇지만 실제로는 르노가 샌디에고 서쪽에 있다. 그림 7.18(b)의 실제 지도를 보라.

몇몇 발견법은 공간과 형태의 지각에도 영향을 미친다(제3장). 예컨대, 대칭 발견법은 기억과 지각에서 똑같이 강력한 것으로 보인다(Tversky, 1991). 그렇지만 지각과정과 표상(심상 또는 명제)과정 간에는 차이가 존재한다. 예컨대, 상대적 위치 발견법은 지각에 미치는 영향보다 심적 표상에 훨씬 강력한 영향을 미친다(Tversky, 1991).

도시 간의 거리를 추정할 때 작동하는 부가적 요인은 두 표적 도시 사이에 위치하

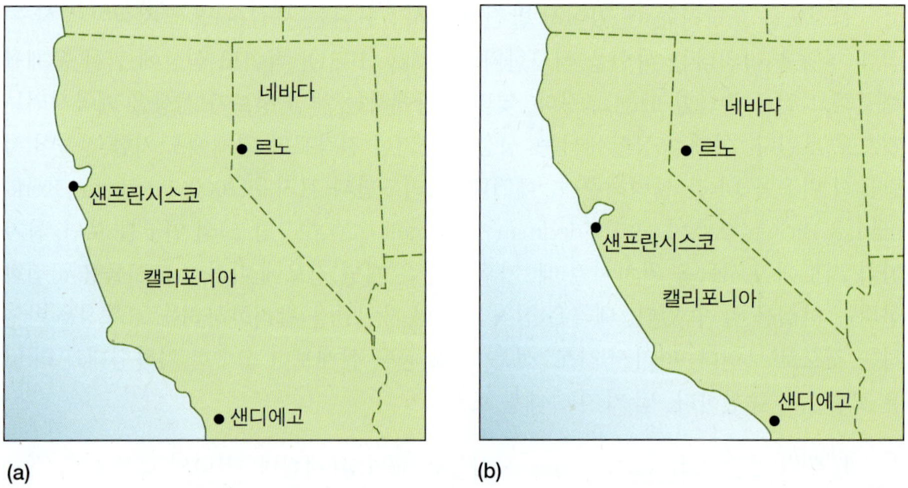

그림 7.18 상대적 위치 발견법. (a)와 (b)의 두 지도 중에서 어느 것이 네바다 주의 르노와 캘리포니아 주의 샌디에고의 상대적 위치를 정확하게 나타내고 있는가?

는 랜드마크나 도시의 수이다. 참가자에게 기억하고 있는 지도에 근거하여 도시 간의 거리를 추정하도록 요구하였을 때, 두 도시 사이를 매개하는 지점의 수에 따라서 추정 거리가 늘어났다(Thorndyke, 1981).

의미 지식이나 명제 지식도 세계 지도의 심적 표상에 영향을 미칠 수 있다(Saarinen, 1987; Louwerse & Zwaan, 2009도 참조). 49개국 71개 지역의 학생들에게 개략적인 세계 지도를 그리도록 요구하였다. 대부분의 학생들(심지어 아시아계 학생들조차도)이 유럽 중심의 세계관을 반영하는 지도를 그렸다. 많은 미국학생들은 미국 중심의 관점에서 지도를 그렸다. 일부 다른 학생들은 자신의 국가를 강조하는 자국 중심의 세계관을 보여주었다(그림 7.19는 오스트레일리아 중심의 세계관을 보여주고 있다). 이에 덧붙여서, 대부분의 학생들은 잘 알려진 국가들을 조금 더 크게 확대하는 왜곡을 나타냈다. 또한 잘 알려져 있지 않은 국가들(예컨대, 아프리카 국가들)의 크기는 축소하였다.

마지막으로, 후속연구는 의미 범주에 관한 명제 지식이 지도의 심상 표상에 영향을 미친다는 사실을 시사하고 있다. 한 연구는 거리 추정에 대한 의미 군집화의 영향을 다루었다(Hirtle & Mascolo, 1986). 참가자에게 많은 건물이 들어있는 지도를 보여준 후에 다양한 건물 간의 거리를 추정하도록 요구하였다. 보다 유사한 건물들에 대해서는 거리를 짧게 추정하고 유사하지 않은 건물들에 대해서는 거리를 길게 추정하는 방향으로 거리를 왜곡하는 경향이 있었다. 학생들이 살고 있는 도시(미국 미시건 주의 앤아버)에 대한 심적 지도에서도 유사한 왜곡이 나타났다(Hirtle & Jonides, 1985).

신경심리학 연구를 보면, 사람들이 대상의 심상을 형성할 때 그 시각 심상의 내용이 정확하게 무엇인지에 따라서 상이한 두뇌영역이 관여한다는 사실을 알 수 있다. 앞에서 논의하였던 바와 같이, 얼굴을 떠올리는 것은 방추상 얼굴영역을 수반하는 반면, 특정 장소와 연합된 장면을 떠올릴 때는, 해마방회가 활동한다(O'Craven & Kanwisher, 2000). 대상을 떠올리는 것은 심상과 시지각 모두에서 시공간 분석에 관여하는 두

그림 7.19 지도의 심적 표상. 오스트레일리아 학생이 그린 이 지도에 근거할 때, 여러분은 이 학생이 여러분과 동일한 방식으로 세계를 표상하고 있다고 생각할 수 있겠는가?

출처: Solso, R. L. (2008). *Cognitive Psychology*, 8th Ed. Allyn & Bacon.

정엽 영역을 수반한다(Boccia 등, 2015). 그런데 이 장에서 논의하였던 것과 같은 추상적 지도에 관해서 생각할 때는 이미 알고 있는 구체적인 지역을 떠올릴 때와 달리 또 다른 두뇌영역이 관여한다는 사실을 여러분은 알고 있었는가?

한 연구는 한 집단의 참가자에게 8개 도시를 나타내고 있는 이태리 지도를 보여주었다. 다른 집단은 8개 랜드마크 위치를 나타내고 있는 대학 캠퍼스 지도를 보았다. 그런 다음 캠퍼스 중앙에 해당하는 현재 위치에서 지도에 있는 한 도시의 위치 또는 랜

인지심리학 **연구하기**

심적 지도

인도와 독일 중에서 어느 나라가 더 큰가? 만일 여러분이 널리 사용하는 메르카토르 지도, 즉 평평하고 적도가 중앙 하단을 관통하는 지도를 통해서 세계를 보는 데 익숙하다면, 인도와 독일이 거의 동일한 크기라고 생각할 수 있다. 독일이 인도보다 조금 더 크다고 생각할 수도 있다.

이제 지구본을 보라. 실제로는 인도가 독일보다 거의 다섯 배나 크다는 사실을 보게 될 것이다. 이것은 우리의 인지도가 실재에 근거하기보다는 주제에의 노출 정도 그리고 구성과 발견법에 얼마나 근거하고 있는 것인지를 보여주는 한 가지 사례이다.

드마크의 위치를 떠올리도록 요구하였다. 두 조건 간의 차이는 도시를 떠올리는 것이 상대적으로 추상적인 과제인 반면, 캠퍼스의 특정 위치로부터 구체적인 랜드마크의 위치를 떠올리는 것은 돌아다니는 기술을 수반한다는 점이다. 추상적 지도를 수반한 조건에서는 주로 좌반구 각회가 활동하였다. 반면에 돌아다니는 기술을 수반하며 구체적 위치를 포함하고 있는 조건에서는 돌아다니는 데 관여하는 영역(후팽대부피질과 해마방회)이 활동하였다(Boccia 등, 2014).

인지도에 관한 연구는 심상 연구가 어떻게 인간의 환경 적응, 즉 인간 지능에 대한 이해를 도와줄 수 있는지를 다시 한 번 보여주고 있다. 생존하기 위해서는 살고 있는 환경에서 길을 찾아야 할 필요가 있다. 한 장소에서 다른 장소로 이동할 필요가 있는 것이다. 때때로 장소를 이동하려면, 거쳐야 할 필요가 있는 경로를 상상할 필요가 있다. 심상은 이러한 적응을 위한 핵심 토대를 제공해준다. 어떤 사회에서는 최소한의 단서만을 가지고 이동하는 능력이 바로 삶과 죽음의 문제가 된다(Gladwin, 1970). 항해사가 그렇게 할 수 없다면, 결국 방향을 잃고는 탈수나 기아로 사망하게 된다. 따라서 심상 능력은 생존에 필수적이며 일상생활에서 사람들을 지능적이게 만들어주는 것이다.

들은 것으로부터 인지도 만들기: 텍스트 지도

지금까지는 절차지식(예컨대, 미로 속의 쥐처럼, 특정 경로를 따라 가는 것), 명제 정보(예컨대, 심적 발견법을 사용하는 것), 그리고 지도의 관찰 등에 근거한 인지도의 구성을 논의해왔다. 이에 덧붙여서 언어 기술로부터 인지도를 형성할 수도 있다(Taylor & Tversky, 1992a, 1992b; Tversky, 2005). 이러한 인지도는 실제 지도를 들여다보고 형성한 것 못지않게 정확한 것일 수 있다. 다른 연구자들도 글 이해 연구에서 유사한 결과를 얻었다(Glenberg, Meyer, & Lindem, 1987).

트버스키는 자신의 연구가 글을 읽는 사람으로 하여금 자신이 관찰자가 아닌 참여자로서 가상 상황에 놓여있다고 상상하게 하는 것과 연관되어 있다는 사실을 지적하였다. 그녀는 사람들이 상이한 상황에 처해있는 자신의 모습을 떠올리면, 심상을 상이하게 생성하고 조작하는지를 알아보고자 하였다. 구체적으로 사람들이 관찰자인 상황과 비교하여 참여자인 상황을 생각할 때, 명제 정보가 심적 조작에서 더욱 강력한 역할을 담당할 것인지를 알아보고자 하였다. 이 장에서 보고한 연구들은 심상의 구성이 지각과 유사한 처리과정 그리고 명제 표상에 의존하는 처리과정 모두를 수반한다는 사실을 시사하고 있다.

명제와 심상에 관한 논쟁을 전통적인 관점에서 해결할 수 있는지는 확실하지 않다. 때로는 다양한 형태의 심적 표상을 상호 배타적인 것으로 간주한다. 다시 말해서 "어느 정보 표상이 옳은가?"라는 물음에 근거하여 생각한다. 그렇지만 잘못된 이분법을 만들어내기 십상이다. 대안들이 실제로는 상호보완적임에도 상호배타적이라고 제안하기도 한다. 예컨대, 심상을 상정하는 모형과 명제를 상정하는 모형을 대립적인 것으로 볼 수 있지만, 그러한 대립이 반드시 필요한 것은 아니다. 오히려 그 대립은 사람들이 관계를 구성하는 방식에 있다. 사람들은 두 표상을 모두 사용할 수 있다. 명제 이론가는 모든 표상이 근본적으로 명제라고 믿을 가능성이 높다. 그렇지만 심상과 명제는 모두 우리가 아직 알지 못하고 있는 기본적이고 원초적인 형태의 내적 표상을 발견하기 위한 중간 지점일 수 있다. 명제 표상과 심상 표상 모두를 지지하는 좋은 사례를 만들어낼 수 있다. 어느 것이 다른 것보다 반드시 더 기본적인 것은 아니다. 현재 던져야할 물음은 언제 어떤 표상을 사용하느냐는 것이겠다.

개념 확인

1. 인지도란 무엇인가?
2. 인지도를 조작할 때 사람들이 사용하는 발견법들을 들어보라.
3. 텍스트 지도란 무엇인가?

핵심 주제

이 장은 제1장에서 언급한 몇 가지 핵심 주제를 예증하고 있다.

구조 대 처리과정. 심상이 실제 현상인지 아니면 부대현상인지에 관한 논쟁은 정보를 처리하는 데 어떤 유형의 심적 구조를 사용하느냐에 전적으로 달려있다. 예컨대, 대상을 심적 회전시킬 때, 구조적 표상은 심상인가 아니면 명제인가? 어느 유형의 심적 표상이든 사람들이 상이한 각도에서 대상을 바라다볼 수 있게 해주는 처리과정을 생성할 수 있다. 그렇지만 처리 유형은 다를 수 있다. 즉, 심상의 심적 조작이거나 명제의 심적 조작일 수 있다. 인지를 이해하려면 구조와 처리과정이 상호작용하는 방식을 이해할 필요가 있다.

인과추론 타당성 대 생태 타당성. 항공 교통 관제사를 고용하고자 원한다고 가정해보자. 기하도형의 조작을 다루는 지필검사를 사용하여 심상 기술과 공간 시각화 기술을 평가할 수 있겠는가? 아니면 실제 직무의 시뮬레이션을 사용하는 것과 같이, 항공 교통 통제와 매우 유사한 장면에서 검사할 필요가 있겠는가? 아마도 지필검사가 보다 명확한 측정을 내놓겠지만, 그 측정은 타당한 것이겠는가? 이 물음에 대한 최종 답은 없다. 연구자들은 사람들의 실생활 기술을 평가하는 최선의 방법을 이해하기 위하여 이러한 유형의 물음을 연구하고 있다.

생물학 연구방법 대 행동 연구방법. 스티븐 코슬린과 동료들의 초기 연구는 모두 행동적인 것이었다. 사람들이 다양한 유형의 심상을 조작하는 방식을 연구하였다. 시대가 변함에 따라, 행동 연구를 보완하기 위하여 fMRI와 같은 생물학 기법을 사용하기 시작하였다. 그렇지만 두 유형의 연구가 상반된 것이라고 결코 생각하지 않았다. 오히려 보완적이라고 생각하였으며, 오늘날에도 마찬가지이다.

요 약

1. **지식을 마음에 표상하는 방식에 관한 주요 가설은 무엇인가?** 지식 표상은 마음이 심적 구조, 즉 사람들이 외부 세계에 대해서 알고 있는 것을 생성하고 수정하는 다양한 방식을 포함하고 있다.

   지식 표상은 선언지식(사실을 아는 것)과 비선언지식(방법을 아는 것) 모두를 수반한다. 사람들은 심상을 통해서 감각기관이 현재 감각하고 있지 않은 대상을 의미하는 아날로그 심적 구조를 생성한다. 심상은 모든 감각양상을 수반할 수 있지만, 일반인들이 가장 보편적으로 보고하며 인지심리학자가 가장 보편적으로 연구하는 심상 형태는 시각 심상이다. 몇몇 연구들(예컨대, 맹인 참가자 연구와 두뇌 연구)은 시각 심상이 두 가지 차별적인 심적 표상 시스템을 수반한다고 제안한다. 한 시스템은 색깔과 모양과 같은 비공간적 시각 속성을 수반하며, 다른 시스템은 위치, 방향, 크기, 거리와 같은 공간 속성을 수반한다.

   페이비오의 이중부호 가설에 따르면, 지식을 표상하기 위한 두 가지 차별적인 심적 부호가 존재한다. 하나는 시각상을 위한 부호이고, 다른 하나는 언어를 비롯한 상징을 위한 부호이다. 시각상은 감각을 통해 지각하는 형태와 유사한 형태로 표상한다. 반면에 단어와 개념은 아날로그 방식이 아닌 상징 형태로 부호화한다.

   심상 표상에 대한 대안적 견해가 명제 가설이다. 이 가설은 시각상과 단어를 모두 명제 형태로 표상한다고 제안한다. 명제는 시각상이나 단어의 기저 의미를 유지하지만, 지각 자질은 어느 것도 가지고 있지 않다. 예컨대, 단어 발음의 청각 자질이나 시각상의 색깔이나 모양이라는 시각 자질 등은 어느 것이나 저장하지 않는다. 이에 덧붙여서 명제 부호는 심상 부호에 비해서 사람들이 모호하거나 추상적인 그림을 볼 때 심적 표상에 더 큰 영향을 미치는 것으로 보인다. 맥락이 수행을 촉진시키지 않는 한에 있어서, 추상적이거나 모호한 그림의 심적 조작을 요구하는 과제에서 심상을 사용하는 것이 항상 성공적인 수행으로 이끌어가는 것은 아니다.

2. **심상의 특성은 무엇인가?** 로저 세퍼드를 비롯한 연구자들은 수정한 이중부호 견해에 근거하여 기능 등가성 가설을 설명해왔다. 이 가설은 비록 지각체와 진정으로 동일하지는 않다고 하더라도, 심상을 지각체와 기능적으로 등가인 형태로 표상한다고 주장한다. 심적 회전, 심상 척도화, 심상 주사 연구는 심상 과제 수행이 지각 과제 수행과 기능적으로 등가라고 제안한다. 청각 심상의 비교를 수반하는 과제에서의 수행조차도 청각 지각체의 비교를 수반하는 과제에서의 수행과 기능적으로 등가인 것으로 보인다.

   참가자에게 자신의 심상을 생성할 기회를 제공할 때는 명제 부호가 심상 부호보다 심적 표상에 영향을 미칠 가능성이 적은 것으로 보인다. 예컨대, 심상의 크기 조절을 수반하는 과제 또는 상상한 문자들의 심적 조합을 수반하는 과제에서 그렇다.

   몇몇 연구자는 실험자 기대가 심상에 관한 연구에 영향을 미칠 수 있다고 제안해왔지만, 다른 연구자들은 이러한 제안을 반박해왔다. 어느 경우이든 신경심리학 연구는 그러한 영향에서 자유롭다. 신경심리학 연구는 시지각과 심적 회전에 공통적으로 관여하는 두뇌영역들을 찾아냄으로써 기능 등가성 가설을 지지하는 것으로 보인다.

3. **지식 표상은 심상과 명제로부터 어떤 이득을 얻고 있는가?** 코슬린은 다양한 가설들을 종합하여 시각상이 아날로그 형태와 명제 형태의 지식 표상 모두를 수반한다고 제안해왔다.

이 경우에 두 형태는 모두 시각상의 심적 표상과 조작에 영향을 미친다. 따라서 시각상에 대해서 알고 있는 것의 일부는 지각과 유사한 형태로 표상하고, 일부는 명제 형태로 표상한다. 존슨-레어드는 대안적 통합 가설을 제안해왔다. 그는 지식을 언어로 표현할 수 있는 명제, 어느 정도 추상화된 아날로그 심성 모형, 또는 지극히 구체적이고 아날로그적인 심상으로 표상할 수 있다고 제안해왔다.

분할뇌 환자와 뇌손상 환자 연구는 반구 전문화 경향성을 보여준다. 시공간 정보는 일차적으로 우반구가 처리한다. 언어(상징) 정보는 오른손잡이의 경우 일차적으로 좌반구에서 처리한다. 사례연구는 시각 심상을 처리하는 영역과는 다른 두뇌영역에서 공간심상을 처리한다는 사실을 시사한다. 정상 참가자 연구는 시각 심상 과제를 수행하는 두뇌영역과 유사한 영역이 시지각 과제도 수행한다는 사실을 보여주고 있다.

4. 개념 지식과 기대는 사람들이 심상을 사용하는 방식에 어떤 영향을 주는가? 사람들은 지도의 많은 자질에 규칙을 적용하는 방식으로 심적 지도를 왜곡하는 경향이 있다. 예컨대, 직각, 대칭 형태, 수직이나 수평 경계, 잘 정렬된 그림과 대상의 심상을 형성하는 경향이 있다. 또한 다양한 랜드마크에 대한 자신의 명제 지식을 지지하는 방식으로 심적 지도를 왜곡하는 경향도 있다.

사람들은 유사한 랜드마크를 군집화 하고, 유사하지 않은 것을 분리하며, 랜드마크에 관한 개념 지식과 일치하도록 상대적 위치를 수정하는 경향이 있다. 이에 덧붙여서 심적 지도를 왜곡하는 경향도 있다. 중간에 존재하는 랜드마크의 밀도가 증가할수록 두 지점 간의 거리 추정도 증가한다.

인지도에 영향을 미치는 몇몇 발견법은 명제 정보가 심상 표상에 영향을 미친다는 생각을 지지한다. 명제 정보의 영향은 특히 참가자가 실제 지도를 보지 못하고 대신에 지문을 읽고 그 지문이 기술하는 장면에 본인이 참여하고 있는 것을 상상해보도록 요구할 때, 더욱 강력하다.

생각에 관한 생각: 분석적, 창의적, 현실적 물음

1. 지식 표상의 외적 형태로서 그림과 언어의 특성을 기술하라.
2. 라디오 전파가 사람들로 하여금 음악을 청취할 수 있게 해주는 방식이라는 측면에서, 어떤 요인들이 사람의 심성 모형을 부정확한 것으로 만들 수 있는가?
3. 어떤 점에서 심상은 지각과 유사한가(기능적으로 등가인가)?
4. 지식 표상의 명제 형태는 어떠한 방식으로 심상을 수반하는 과제의 수행에 영향을 미치는가?
5. 어떤 사람은 심적 회전 문제를 해결할 수 있음에도, 심상을 결코 경험하지 않는다고 보고한다. 이 사람은 어떻게 문제를 해결하는 것인가?
6. 지식 표상에 대한 이중부호의 실제 적용에는 어떤 것이 있는가? 시험공부에의 적용과 같이, 여러분 자신의 경험에 적용한 사례를 제시해보라.
7. 이 장에서 기술한 발견법에 근거할 때, 여러분에게 친숙한 장소(예컨대, 대학 캠퍼스나 고향 마을)에 대한 인지도에 영향을 미칠 수 있는 왜곡에는 어떤 것이 있는가?

핵심 용어

공간인지(spatial cognition)
기능 등가성 가설(functional equivalence hypothesis)
명제 이론(propositional theory)
발견법(heuristic)
상징 표상(symbolic representation)
선언지식(declarative knowledge)
심상(imagery)
심성 모형(mental model)
심적 회전(mental rotation)
아날로그 부호(analog code)
이중부호 이론(dual-code theory)
인지도(cognitive map)
절차지식(procedural knowledge)
지식 표상(knowledge representation)

지식의 심적 체제화 8

✻ 이 장의 개요

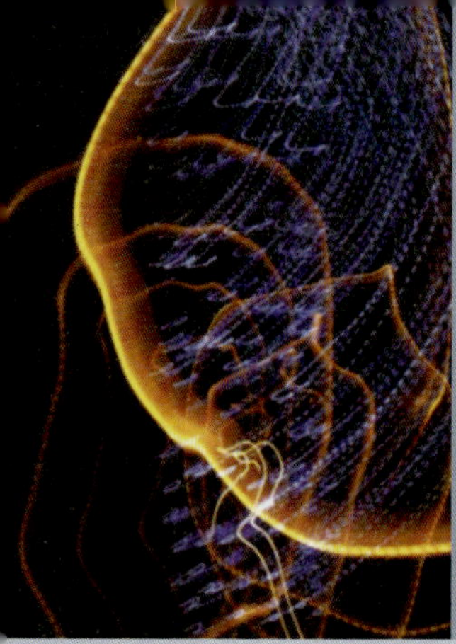

※ 이 장에서 탐구할 물음들

1. 언어와 상징의 표상은 마음속에서 어떻게 체제화 되어있는가?
2. 지식의 다른 형태는 마음에 어떻게 표상하는가?
3. 선언지식은 절차지식과 어떻게 상호작용하는가?

믿거나 말거나 | 우리 모두에게 숨어있는 현자

이례적으로 뛰어난 한 가지 능력을 가지고 있는 자폐증 환자를 **자폐 현자**(autistic savant)라고 불러왔다. 이들의 능력은 우리를 경악하게 만들기 십상이다. 큰 숫자 곱하기를 순식간에 해치울 수 있거나, 엄청난 양의 데이터를 기억해내거나, 사진기억을 사용하여 어떤 세부사항도 회상할 수 있기도 하다. 그렇지만 자폐 현자가 실제로는 우리와 별로 다르지 않을 수 있다.

연구 결과는 우리 모두가 그러한 재능을 가지고 있다는 사실을 시사한다. 다만 그 재능은 우리가 일반적으로 사용하지 않는 하위수준의 정보처리라는 것이다. 우리는 개념주도적이며 다중감각 비교를 가능하게 해주는 상위수준에서 사고하기 때문이다. 자폐 현자인 사람의 경우에는 이러한 하위수준 정보처리가 자동적이고 자연스럽게 작동한다. 일반적으로는 사람들이 두뇌 활동을 의식적으로 제어할 수 없지만, 하위수준 처리에 민감해지고 정상적으로는 의식할 수 없는 초기 처리 상태에 접속할 수 있도록 학습할 수 있다는 사실을 연구들이 보여주었다. 이 사실은 행동과 자기자각에 새로운 가능성을 열어주고 있다(Birbaumer, 1999).

이 장에서는 개념들을 마음속에 체제화 하는 방식 그리고 그 개념들이 사고하고 알고 있는 것을 체제화하도록 도와주는 방식을 공부하게 된다.

존과 사이먼은 대학친구이며 봄방학에 애리조나로 여행할 계획을 세웠다. 탐험한 적도 없고, 폭이 좁아 아슬아슬하기 짝이 없으며, 물이 고여 있는 수많은 연못이 있고, 연못들을 연결하는 평평한 암반들이 널려있는, 외진 스파이크 리프 협곡을 탐험하기로 하였다. 협곡에 도착하자 차를 주차하고는 벼랑을 등반하기 시작하였으며, 벼랑으로부터 가파른 길을 따라서 협곡 아래로 내려갔다. 협곡 하단부에 거의 도착하였을 때, 갑자기 사이먼이 비틀거리면서 넘어졌으며, 가파른 경사면에서 굴러 떨어졌다. 일어설 수가 없었으며, 발목이 부러졌을지도 모른다는 공포에 휩싸였다. 사이먼은 극도의 통증을 느끼고 있었다. 존은 좁은 통로 위로 사이먼을 다시 끌어올릴 수 없었으며, 외진 사막지역이기 때문에 휴대전화도 불통이었다. 존은 왔던 길을 되돌아 달려가서는 휴대전화가 작동하여 구조요청을 할 수 있을 때까지 대략 반시간을 미친 듯이 차를 몰았다. 결국 구조팀이 협곡에 도착하여 사이먼을 협곡에서 빼내서는 가장 가까운 병원에서 치료를 받을 수 있게 되었다.

마치 긴박한 모험처럼 들리는 이 이야기가 실제로 인지심리학과 관련된 많은 물음을 제기하고 있다. 존은 사이먼을 뒤에 남겨둘 수밖에 없었으며 즉각적으로 구조 요청을 할 수 없었을 때 공황상태에 빠졌지만, 완전히 정신이 나간 상태에서도 어떻게든 운전을 할 수 있었다. 어떻게 그것이 가능하였는가? 다행스럽게도 운전에 관한 절차지식이 잘 작동하였기에 자동적으로 운전을 할 수 있었지만 세부사항은 어느 것에도 집중할 수 없었다. 또한 상류 쪽에 비라도 온다면, 협곡이 물에 잠길 것도 걱정이었다. 그렇게 되면 움직일 수 없는 친구에게는 지극히 위험한 일이었다. 따라서 존은 서둘러야만 한다는 사실을 알고 있었으며, 어떻게 하면 휴대전화가 다시 작동할 수 있는지 그리고 휴대전화가 작동하기 시작할 때 도움을 요청할 전화번호가 무엇인지도 알고 있었다.

❁ 선언지식 대 절차지식

제7장에서는 지식을 명제와 심상의 형태로 표상하는 방식을 기술하였다. 이 장에서는 필요할 때 인출할 수 있도록 어떻게 지식을 체제화 하는 것인지를 탐구한다. 언어와 다른 상징으로 표현할 수 있는 선언지식(즉, "무엇인지를 아는 것")을 체제화 하는 다양한 방식을 포함하도록 논의를 확장할 것이다. 존은 119에 전화를 해야 하며, 그렇게 하려면 휴대전화를 걸 수 있는 지역에 가야할 필요가 있다는 사실을 알고 있었다. 인지심리학, 세계사, 여러분의 개인사, 그리고 수학에 관한 여러분 자신의 지식을 생각해보라. 이 영역에 대한 여러분의 지식은 선언지식의 심적 체제화에 근거하는 것이다.

이에 덧붙여서, 이 장에서는 절차지식 표상에 대한 몇 가지 모형을 기술한다. 절차지식은 행위를 수행하기 위하여 절차적 단계들을 따르는 방법에 관한 지식(즉, "어떻게를 아는 것")이다. 예컨대, 자동차를 운전하는 방법, 서명을 하는 방법, 가까운 식료품점까지 자전거를 타고 가는 방법, 날아오는 공을 잡는 방법 등에 관한 여러분의 지식은 절차지식의 심적 표상에 의존한다. 몇몇 이론가는 선언지식과 절차지식 모두를 표상하는 통합 모형을 제안해왔다.

선언지식과 절차지식이 상호작용하는 방식이 어떤 것인지를 생각해보려면, 종이와 펜을 준비하라. '인지심리학 연구하기: 선언지식과 절차지식 검증하기'의 시범을 시

인지심리학 **연구하기**

선언지식과 절차지식 검증하기

여러분의 정상적인 서명을 가능한 신속하고도 정확하게 써보라. 쓰는 도중에 다음 문자가 무엇인지를 생각하기 위해서 멈추지 말고, 그저 가능한 빨리 써보라.

종이를 뒤집어놓고 서명을 거꾸로 가능한 빠르고 정확하게 써보라. 마지막 글자로부터 시작하여 첫 글자까지 써보라.

이제 두 서명을 비교해보라. 어느 서명을 더 쉽고 정확하게 작성하였는가?

두 서명 모두에서 여러분은 글자들의 순서에 관한 선언지식을 가지고 있었다. 그렇지만, 첫 번째 과제에서는 오래 전부터 알아온 서명하는 방식에 근거한 절차지식도 불러낼 수 있었다.

도해보라.

인지심리학자들은 지식 표상의 형태나 구조를 이해하고 추구할 뿐만 아니라 지식 표상과 조작 과정도 이해하고자 시도한다. 다음은 이 장에서 탐구할 몇 가지 물음들이다.

- 감각기관을 통해서 가용하지만 체제화 되지 않은 원 데이터를 선택하고 제어하는 데 사용하는 보편 처리과정에는 어떤 것이 있는가?
- 그러한 감각정보를 내부의 정보 출처(즉, 기억과 사고과정)의 정보와 어떻게 관련시키는 것인가?
- 다양한 인지과정을 수행하는 동안 어떻게 심적 표상을 체제화하고 재체제화하는 것인가?
- 마음속에 저장하고 있는 지식에 접속하고자 그 지식을 사용하기 위하여 어떤 심적 과정을 사용하는가?
- 이 과정들은 어느 정도나 영역 보편적인가? 즉, 언어 정보와 정량적 정보와 같은 다양한 유형의 정보에 공통적인가?
- 반대로, 이 과정들은 어느 정도나 영역 특수적인가? 즉, 언어 정보나 정량적 정보와 같이 특정 유형의 정보에만 사용하는 것인가?

지식 표상과 처리는 인지심리학자, 신경심리학자, 인공지능을 연구하는 컴퓨터과학자 등을 포함하여 다양한 분야의 연구자들이 연구해왔다. 지식 표상 연구가 택하는 다양한 접근은 광범위한 현상의 탐구를 촉진시킨다. 또한 유사한 현상에 대한 다양한 조망을 조장한다. 마지막으로 **수렴 조작**(converging operation), 즉 동일한 문제를 다루기 위하여 다양한 접근과 기법을 사용하는 것의 강점을 제공해준다.

자신들의 지적 호기심을 만족시켜주는 것 이외에, 그토록 많은 연구자들이 지식을 표상하는 방식을 이해하려는 이유는 무엇인가? 지식 표상 방식은 다양한 인지과제를 수행하기 위해서 지식을 효율적으로 조작하는 방식에 지대한 영향을 미친다. 지식 표상의 영향을 예증하기 위해, 로마자나 아라비아 숫자를 사용한 다음의 곱셈 과제를 시도해보라.

CMLIX	959
× LVIII	× 58

두 곱셈 과제는 동일한 것이지만, 로마자 표상이 답을 계산하는 것을 훨씬 더 어렵게 만들고 있다. 여러분에게도 그렇지 않겠는가?

우선 선언지식(개념)을 마음속에 체제화하는 방식을 살펴보도록 한다. 개념을 범주로 집단화하는 방식뿐만 아니라 의미망과 스키마를 사용하여 체제화하는 방식에 관한 이론들도 살펴본다. 그런 다음에 절차지식의 표상으로 넘어간다. 마지막으로 선언지식과 절차지식의 표상을 결합하고자 시도하는 모형들을 살펴본다.

선언지식의 체제화

세상을 이해하는 수단을 제공하는 것이 **개념**(concept)이다. 개념은 상징 지식 또는 상징과 의미 간의 대응에 관한 지식의 근본 단위이다. 예컨대, 상징 "3"은 셋을 의미한다(Bruner, Goodnow, & Austin, 1956; Kruschke, 2003; Love, 2003). 한 개념은 '사과'와 같은 단일 단어로 표현하기 십상이다. "사과" 개념은 사과다움, 예컨대 색깔(빨강, 녹색, 노랑), 모양(둥글다), 그리고 과일이라는 정보를 포함하고 있다(그림 8.1도 참조).

여러분도 상상할 수 있듯이, 사람들은 일생에 걸쳐서 엄청난 수의 개념을 축적한다. 이 모든 개념을 어떻게 체제화하는 것인가? 한 가지 방법은 범주를 이용하는 것이다. **범주**(category)는 구성원을 가지고 있는 개념이다. 예컨대, 새는 개념이지만, 홍방울새, 파랑새, 매 등을 구성원으로 가지고 있는 범주이기도 하다. 즉, 범주는 상이한 대상들 또는 특정 개념들이 공통 자질을 공유하기 때문이거나, 특정 원형과 모두 유사하기 때문에 함께 묶을 수 있는 항목 집단이다. 따라서 '새'는 개념일 뿐만 아니라 범주위계의 특정 수준에서 홍방울새, 파랑새, 참새 등을 포함하고 있는 범주이기도 한 것이다. 범주위계의 보다 보편적인 수준에서 새는 일종의 동물이다. 마찬가지로 '빨강'도 개념이다. 그렇지만 진한 빨강, 밝은 빨강, 자주색 등과 같이 특정 유형의 빨간색들을 생각하게 되면 범주가 된다. 다음 절은 개념을 범주로 체제화하는 방식을 논의한다. 이 방식에는 정의 자질, 원형 그리고 본보기의 사용 등이 포함된다.

개념과 범주

범주는 여러 가지 방식으로 분할할 수 있다. 한 가지 보편적으로 사용하는 방식이 자연범주와 인위범주의 구분이다(Rhodes, Gelman, & Karuza, 2014). **자연범주**(natural category)는 새나 나무와 같이 세상에 자연스럽게 나타나는 집단이다. **인위범주**(artifi-

그림 8.1 "새" 개념은 동물을 새답게 만들어주는 것에 관한 정보를 담고 있다. 예컨대, 둥지를 짓고, 날개가 있으며, 지저귄다 등등.

cial category)는 자동차나 주방용품과 같이 특정 목적이나 기능을 위해 인간이 설계하거나 개발한 집단이다. 대상을 범주로 할당하는 데 걸리는 시간은 자연범주와 인위범주에서 거의 동일한 것으로 보인다(VanRullen & Thorpe, 2001). 많은 자연범주와 인위범주는 비교적 안정적이며, 사람들은 구성원 여부에 대한 기준에 동의하는 경향이 있다. 예컨대, 호랑이는 항상 포유동물이며, 칼은 항상 자르는 데 사용하는 도구이다.

그렇지만 모든 범주가 안정적인 것은 아니다(Dunbar, 2003; Thagard, 2003). 예컨대, "나의 절친", "글을 쓸 수 있는 대상", 또는 "슈퍼마켓에서 살 필요가 있는 물건" 등과 같은 몇몇 범주는 일상생활의 목표를 달성하기 위해서 또는 특정 목적을 위해서 만들어내는 것이다. 이러한 범주를 **즉석 범주**(ad hoc category)라고 부른다(Barsalou, 1983; Sandberg, Sebastion, & Kiran, 2012). 즉석 범주는 전형적으로 단어보다는 구절로 기술한다. 내용은 맥락에 따라서 변한다. 글을 쓸 수 있는 대상에 관하여 우간다 농촌지역 사람은 아마도 미국 도시지역 사람이나 이누이트족 에스키모 사람과는 다른 물건 이름을 내놓을 것이다.

개념과 범주는 컴퓨터과학과 같은 다른 영역에서도 사용한다. 프로그램 개발자는 이메일 프로그램이 원하지 않는 메시지를 걸러내어 메일박스가 스팸메일로 넘쳐나지 않도록 "스팸"을 정의하는 알고리즘을 개발하고자 시도한다. 그렇지만 스팸메일을 보내는 사람은 정기적으로 자기 메시지의 본질을 바꾸기 때문에 모든 스팸메일을 찾아내고 지속적으로 그 임무를 수행할 수 있는 알고리즘을 개발하기가 어렵다(Fdez-Riverola, 2007). 따라서 컴퓨터는 '스팸' 범주의 구성원들을 재인하는 도전거리에 직면하고 있다.

범주는 **기본수준**(basic level; 때로는 **자연수준**이라고도 부른다), 즉 범주위계에서 다른 수준보다 선호하는 수준을 가지고 있는 것으로 보인다(Medin, Proffitt, & Schwartz, 2000; Rosch, 1978). 이 견해에서는 상위수준과 하위수준도 존재한다. 여러분에게 꼭지가 있고 나무에 열리는 빨갛고 둥글며 먹을 수 있는 대상을 보여준다고 가정해보자. 여러분은 이 대상을 다음과 같은 수준에서 특징지을 수 있다.

- 상위수준: 과일
- 기본수준: 사과
- 하위수준: 홍옥

대부분의 사람들은 이 대상을 사과로 규정할 것이다. 선호하는 범주 수준이 기본수준인 '사과'이다. 일반적으로 기본수준은 가장 추상적이거나 구체적인 수준이 아니다. 물론 기본수준은 맥락이나 전문성에 따라서 변할 수 있다(Tanaka & Taylor, 1991). 사과만을 판매하는 과일가게에서 하나를 집어 들었다고 가정해보자. 여러분은 그것을 주변의 다른 종류의 사과와 구분하기 위하여 홍옥이라고 말할 수 있다.

기본수준에 대해서 무슨 이야기를 할 수 있는가? '홍옥'이나 '과일'이 아니라 '사과'가 기본수준인 까닭은 무엇인가? 아니면 '포유동물'이나 '칡소'가 아니라 '소'가 기본수준인 까닭은 무엇인가? 아마도 기본수준은 동일 수준의 다른 개념들과 차별화하는 수많은 차별적 자질들을 가지고 있는 수준이겠다(Rosch 등, 1976). 따라서 대부분의 사람들은 홍옥과 국광을 구별하는 자질보다는 사과와 소를 구별하는 자질을 더 많이 찾아낼 수 있다. 마찬가지로 흙소와 칡소를 구분하는 자질을 거의 찾아내지 못한다. 물론 소를 키우는 농장주인의 경우처럼, 모든 사람이 반드시 동일한 기본수준을 가지고 있는 것은 아니다. 여기서의 논의를 위해서, 기본수준을 대부분의 사람들이 가장 차별적인 것으로 판단하는 수준으로 규정한다. 훈련을 통해서 기본수준이 하위수준으로 이동할 수 있다(Scott 등, 2008). 예컨대, 자동차에 관해서 공부를 많이 할수록, 자동차들을 보다 정교하게 구분할 가능성이 높아진다. 연구들은 전문가와 초보자 간의 차이가 질적으로 상이한 기제에 의한 것이 아니라 처리 효율성에서의 양적 차이에 의한 것이라는 사실을 시사한다(Palmeri, Wong, Gauthier, 2004; Mack 등, 2009도 참조).

사람들에게 대상의 사진을 보여주면, 상위수준이나 하위수준보다는 기본수준에서 그 대상을 더 신속하게 재인한다(Rosch 등, 1976). 대상을 기본수준에서 우선 재인하는 것으로 보인다. 그런 후에야 상위수준이나 하위수준 범주로도 범주화한다. 따라서 둥글며 빨갛고 먹을 수 있는 대상의 그림은 사과로 재인하게 된다. 그런 다음에 필요하다면 과일이나 홍옥으로 확인할 수 있다.

사람들은 어떻게 대상들을 한 범주로 묶는 것인가? 여러 이론이 이 과정을 설명하고자 시도하고 있다. 한 이론은 대상이 여러 정의 자질을 가지고 있을 때에만 한 범주로 집어넣는다고 제안한다. 다른 접근은 대상이 범주에 맞아떨어지는지를 결정하기 위하여 그 대상을 평균 표상(원형)과 비교한다고 제안한다. 또 다른 접근은 사람들이 대상에 대한 자신만의 이론에 근거하여 범주화할 수 있다는 것이다. 다음 절에서 이 접근들을 살펴본다.

자질기반 개념: 정의 자질 견해

개념에 대한 고전적 견해는 개념을 일련의 자질 성분들로 분할한다. 모든 자질은 개념을 정의하기 위하여 필요하다(그리고 충분하다)(Katz, 1972; Katz & Fodor, 1963). 즉, 각 자질은 개념에서 필수적 요소라는 것이다. 모든 자질이 개념을 독특하게 정의하는 **정의 자질**(defining feature)이다. 한 대상이 X이기 위해서는 그 정의 자질을 가지고 있어야만 한다. 그렇지 않으면, X가 아니다.

'총각' 개념을 생각해보자. 인간인 것에 덧붙여서, 남성, 미혼, 성인이라는 세 가지 자질을 가지고 있는 것으로 간주할 수 있다. 자질 각각은 개별적으로 필요하다. 대상이 하나의 자질이라도 가지고 있지 않으면, 범주에 속할 수 없다. 따라서 성인이 아닌 미혼 남자는 총각이 아니다. 12세의 미혼 소년을 총각이라고 부르지 않는 까닭은 성인이 아니기 때문이다. 단지 성인인 남자도 총각이라고 칭하지 않는다. 기혼이라면, 후보가 아니다. 미혼의 여자 성인도 물론 총각이 아니다.

나아가서 세 자질은 종합적으로 충분조건이 된다. 만일 어떤 사람이 세 자질을 모두 가지고 있다면, 그는 자동적으로 총각이 된다. 이 견해에 따르면, 남자이고 미혼이며 성인이면서 동시에 총각이 아닐 수는 없다. 물론 자질기반 견해는 총각 이상의 개념에 적용된다. 예컨대, '부인'은 기혼, 여성, 성인이라는 자질로 구성된다. '남편'은 기혼, 남성, 성인이라는 자질로 구성된다.

자질기반 견해는 특히 언어를 연구하는 언어학자 사이에서 보편적이다(Clark &

Clark, 1977; Finley & Badecker, 2009). 이 견해가 매력적인 까닭은 개념이 질서정연하고 체계적이게 보이도록 만들어주기 때문이다. 불행하게도 이 견해는 처음 볼 때처럼 잘 작동하지 않는다. 어떤 개념은 자질 분석에 적합하지 않다. '게임' 개념이 한 가지 사례이다. 모든 게임에 공통적인 자질을 하나라도 찾아내는 것은 실제로 어렵다(Wittgenstein, 1953). 어떤 게임은 즐겁지만, 어떤 게임은 그렇지 않다. 어떤 게임은 여러 사람이 참여하지만, 어떤 게임은 그렇지 않다. 어떤 게임은 경쟁적이지만, 강강술래와 같은 다른 게임은 그렇지 않다. 게임 개념을 생각할수록, 도대체 그 개념을 함께 묶어주는 것이 있는지 의아해지기 시작한다. 게임의 정의 자질이 있기나 한 것인지가 명확하지 않다. 그렇지만 사람들은 모두 '게임'이라는 단어가 무엇을 의미하는지 아니면 무엇을 하는 것인지를 알고 있다. 따라서 비트겐스타인은 **가족 유사성**(family resemblance)을 통해서 게임이 무엇인지를 아는 것이라고 제안하였다. 그에 따르면, 모든 게임이 정의 자질을 공유하지 않으며, 마찬가지로 특정 범주의 대상들이 정의 자질을 공유하는 것이 아니다. 이 접근은 범주 구성원들이 어떤 방식으로든 서로를 닮는 한에 있어서 모든 정의 자질을 공유할 필요는 없다는 융통성을 발휘한다. 따라서 게임은 구성원들이 자질을 공유하는 개념이지만, 특정 자질을 모든 구성원이 공유하지는 않는다.

자질기반 견해의 또 다른 문제점은 이러한 정의 자질을 위반하는 것이 그 자질을 정의하기 위하여 사용하는 개념을 변화시키지 않는다는 점이다. 얼룩말을 생각해보자(Keil, 1989 참조). 이제 누군가 얼룩말을 모두 검게 칠하였다고 가정해보자. 그렇게 되면 줄무늬라는 결정적 자질을 상실하게 되지만, 여전히 얼룩말이라고 부를 것이다. 새에서도 동일한 문제에 직면한다. 날아다니는 것을 새의 결정적인 자질로 생각할 수 있다. 그렇지만 날개를 묶어놓은 홍방울새도 여전히 새라는 데 동의한다. 날아다니지 않는 타조의 경우도 마찬가지이다.

홍방울새와 타조의 사례는 자질기반 이론의 또 다른 문제를 지적하고 있다. 홍방울새와 타조는 모두 새의 동일한 정의 자질을 공유하고 있다. 따라서 모두 새이다. 그렇지만 개략적으로 표현하여 홍방울새가 타조보다 새의 더 좋은 사례인 것처럼 보인다. 실제로 홍방울새와 타조의 전형성을 평가하도록 요구하면, 거의 항상 홍방울새가 타조보다 높은 평가를 받는다(Malt & Smith, 1984; Mervis, Catlin, & Rosch, 1976; Rosch, 1975). 아동은 전형적이지 않은 사례보다 전형적인 사례를 더 일찍 배운다(Rosch, 1978). 표 8.1은 새의 다양한 사례에 대한 전형성 평가 결과를 보여주고 있다(Malt & Smith, 1984). 정의 자질들은 동일하다고 할지라도, 전형성 평정에 있어서는 엄청난 차이가 있다. 멀트와 스미스가 새의 전형성 평정에 사용한 7점 척도에서 박쥐는 1.53의 점수를 받았다. 엄밀하게 말해서 박쥐는 새가 아님에도 이렇게 평정한 것이다.

요약컨대, 자질기반 이론은 몇 가지 매력적인 특성을 가지고 있지만, 개념이나 범주에 대해서 완벽한 설명을 내놓지 못한다. 새와 같은 범주의 몇몇 구성원은 다른 구성원보다 우수한 사례인 것으로 보인다. 그렇지만 이들은 모두 동일한 정의 자질을 가지고 있다. 따라서 사람들이 진정 지식을 표상하는 방식을 보다 잘 특징짓는 지식 표상 이론이 필요하다.

표 8.1 새에 대한 전형성 평정

바브라 멀트와 에드워드 스미스(1984)는 새(또는 새를 닮은 동물)의 다양한 사례에 대한 전형성 평정에서 상당한 차이를 발견하였다.

새	평정치*	새	평정치
홍방울새	6.89	도요새	4.47
갈매기	6.29	병아리	3.95
제비	6.16	플라밍고	3.37
매	5.74	알바트로스	3.32
찌르레기	5.16	펭귄	2.63
부엉이	5.00	박쥐	1.63

* 평정에는 7점이 가장 높은 전형성을 나타내는 7점 척도를 사용하였다.

출처: Malt, B., & Smith, E. E. (1984). Correlated properties in natural categories. *Journal of Verbal Learning and Verbal Behavior*, *23*, 250-269.

원형 이론: 특징 자질 견해

원형 이론(prototype theory)은 사물들을 정의 자질이 아니라 범주의 평균 모형과의 유사성에 근거하여 함께 묶는다는 상이한 접근을 취한다.

원형과 특징 자질 **원형**(prototype)이란 사람들이 경험하였던 모든 범주 사례의 추상적 평균에 해당한다. 즉, 범주의 평균 표상을 가지고 있으며, 대상을 특정 범주에 집어넣을 것인지를 결정할 때 그 평균 표상(원형)과 비교한다. 따라서 범주에서 전형적인 대상은 높은 가족 유사성을 갖는다. 원형에서 결정적인 것이 **특징 자질**(characteristic feature)인데, 이것이 원형을 특징짓지만 반드시 필요한 것은 아니다. 특징 자질은 전형적 사례에 보편적으로 존재하지만, 항상 그런 것은 아니다.

예컨대, 게임의 원형을 생각해보자. 일반적으로 즐겁고, 둘 이상이 참여하며, 어느 정도의 도전거리를 제공한다는 특징을 포함할 수 있다. 그렇지만 게임이 반드시 즐거워야 하는 것은 아니다. 두 명 이상이 참여해야만 하는 것도 아니다. 도전적이어야만 하는 것도 아니다. 마찬가지로 새는 일반적으로 날개를 가지고 있고 날아다니지만, 원형은 새 범주를 가장 잘 대표하는 그 무엇이다. 이 이론은 (1) 게임은 정의 자질을 전혀 가지고 있지 않은 것으로 보이며, (2) 홍방울새는 타조보다 새의 더 좋은 사례인 것처럼 보인다는 사실을 다룰 수 있다.

그렇다면 특징 자질이란 정확하게 무엇인가? 정의 자질은 한 범주의 모든 구성원이 공유하는 것인 반면에, 특징 자질은 그럴 필요가 없다. 많은 또는 대부분의 사례들이 특징 자질을 가지고 있을 뿐이다. 따라서 날아다니는 능력은 새의 전형적인 자질이지만, 정의 자질은 아니다. 타조는 날 수 없다. 따라서 원형 이론에 따르면, 타조는 날아다닐 수 있는 홍방울새보다 덜 새답게 된다. 마찬가지로 전형적인 게임은 즐겁지만,

반드시 그럴 필요는 없다. 실제로 사람들에게 과일이나 가구와 같은 범주의 자질들을 기술하도록 요구하면, 대부분은 '달콤하다'나 '나무에 열린다'와 같은 자질을 기술한다. 이 자질은 특징적이지 정의적이지는 않다(Rosch & Mervis, 1975). 여러분도 과일과 같은 개념에 전형적인 자질을 기술한 다음에 특정 사례가 얼마나 많은 자질을 가지고 있는지 평가해봄으로써, 그 사례가 얼마나 전형적인지를 나타내는 점수를 계산해볼 수 있다(Rosch & Mervis, 1975). 전형성은 다른 사람과의 상호작용에서도 문제가 된다. 상이한 집단(예컨대, 이태리인 또는 심리학자)의 고정관념은 평균 자질들의 집합으로 구성된다(Medin, 1989; Dolderer, Mummendey, & Rothermund, 2009도 참조).

고전적 개념과 퍼지 개념 심리학자들은 두 종류의 개념, 즉 고전적 개념(classical concept)과 퍼지 개념(fuzzy concept)을 구분한다. 고전적 개념은 '총각'과 같이 정의 자질을 통해서 쉽게 정의할 수 있는 범주이다. 퍼지 개념은 '게임'이나 '죽음'과 같이 쉽게 정의할 수 없는 범주이다. 이름이 함축하고 있듯이, 경계가 모호한 집합이다. 고전적 개념은 정의 자질과 연합된 유목에 임의적인 이름을 붙이기 위해서 전문가가 고안한 개념인 경향이 있다. 퍼지 개념은 자연적으로 진화하는 경향이 있다(Smith, 1988, 1995; Brent 등, 1996도 참조). 따라서 '총각' 개념은 사람들이 만들어낸 임의 개념이다. 몇몇 전문가는 씨와 과육, 그리고 껍질이 있는 식물을 기술하기 위하여 '과일'이라는 단어를 사용한다고 제안하기도 한다. 그렇지만 자연스럽고 모호한 과일 개념은 일반적으로 토마토, 호박, 오이 등으로 쉽게 확장되지 않는다.

고전적 개념과 범주는 정의 자질에 기초한다. 퍼지 개념과 범주는 원형에 기초한다. 원형 견해에 따르면, 한 대상이 원형과 충분하게 유사할 때, 즉, 어느 정도의 친족 유사성을 가지고 있을 때, 그 범주에 속하는 것으로 분류한다. 그렇지만 원형과의 유사성이 의미하는 것이 무엇인지는 복잡한 논제일 수 있다. 상이한 이론들이 유사성을 측정하는 상이한 방식을 제안하고 있다(Smith & Medin, 1981). 현재의 논의를 위해서 우리는 유사성을 대상과 원형이 공유하는 자질의 수로 간주한다. 아마도 어떤 자질들에는 원형에 보다 핵심적인 것으로서 더 큰 가중치를 부여해야 하겠다(예컨대, Komatsu, 1992).

실세계 사례: 본보기의 사용 몇몇 심리학자는 사례를 범주화하는 데 단 하나의 추상적 원형을 사용하는 것이 아니라, 여러 개의 특정 본보기들을 사용한다고 제안한다. **본보기**(exemplar)란 한 범주를 전형적으로 대표하는 사례이다(Ross, 2000; Ross & Spalding, 1994). 예컨대, 사람들은 새를 생각할 때, 작고 날아다니며 둥우리를 짓고 짹짹거리는 등, 전형적인 명금(鳴禽)을 생각할 수 있다. 또한 맹금(猛禽), 크고 날지 못하는 새, 중간 크기의 물새 등의 본보기를 생각할 수도 있다. 따라서 원형이 한 범주에 속한 모든 사례의 평균 표상이라고 하더라도, 본보기는 모든 사례를 평균한 것일 필요가 없다. 오히려 맹금이나 날지 못하는 새와 같이, 한 범주 내에서 상이한 하위유형의 본보기가 존재할 수 있다. 펭귄이나 타조도 날지 못하는 새라는 하위유형에서는 좋은 본보기가 될 수 있지만, 날 수 없기 때문에 전형적인 새는 아니다.

몇몇 연구자는 신속한 범주화 상황에서 범주를 형성하고 사용하는 방식을 설명하기 위하여 이러한 접근을 사용한다(Nosofsky & Palmeri, 1997; Nosofsky, Palmeri, &

McKinley, 1994; Estes, 1994도 참조). 특히 규칙을 만든 다음에 사례들을 본보기로 저장하는 방식으로 범주를 구성한다. 그런 다음에 어떤 대상이 그 범주에 속하는지를 결정하기 위해서 그 대상을 본보기들과 비교한다.

범주화에 관한 본보기 이론도 비판을 받아왔다. 한 가지 눈에 뜨이는 비판은 각 범주에 저장된 본보기의 수와 유형에 의심의 눈초리를 보내고 있다(Smith, 2005). 몇몇 이론가는 마음이 한 범주의 구성원 여부를 특징짓기 위해 필요한 모든 본보기들을 저장하기에 충분한 자원을 가지고 있지 않다고 주장한다(Collier, 2005).

가변성 추상화 모형(varying abstraction model; VAM)이라고 부르는 최근 이론은 원형과 본보기가 추상화의 연속성에서 단지 양 극단일 뿐이라고 제안한다. 이 이론에 따르면, 대부분의 경우에 사람들은 범주화를 위하여 단지 하나의 추상적 원형이나 수많은 구체적 본보기를 사용하지 않는다. 오히려 범주 내의 하위집단을 표상하는 수많은 중간 단계 표상을 사용한다(Vanpaemel & Storms, 2008). 예컨대, 동물은 되새나 참새나 고래와 같은 특정 본보기뿐만 아니라 명금이나 해양 포유류와 같이 상위수준 범주로도 표상할 수 있다.

몇몇 연구자는 배타적인 본보기 이론이나 배타적인 규칙기반 이론을 지지하지 않는다(Rouder & Ratcliff, 2004, 2006). 오히려 이들은 둘의 조합이 더 적절한 것이라고 믿고 있다. 이 생각을 다음 절에서 논의한다.

종합: 자질기반 이론과 원형 이론의 결합

온전한 범주화 이론은 정의 자질과 특징 자질 모두를 결합할 수 있으며(Hampton, 1997; Poitrenaud, Richard, & Tijus, 2005; Smith, 1988; Smith, Shoben, & Rips, 1974; Wisniewski, 1997, 2000을 참조), 따라서 각 범주는 원형과 핵을 모두 갖게 된다. **핵**(core)이란 한 범주의 사례로 간주하기 위해서는 반드시 가지고 있어야만 하는 정의 자질을 지칭한다. 원형은 전형적인 사례들이 가지고 있기 십상이지만(새는 날 수 있다), 사례로 간주하기 위하여 반드시 필요한 것이 아닌 특징 자질들을 포괄한다.

'도둑'의 개념을 생각해보자. 어떤 사람을 도둑이라고 이름붙이기 위해서는 남의 것을 허락 없이 탈취한다는 핵이 필요하다. 반면에 원형은 특정한 사람을 도둑일 가능성이 높은 사람으로 확인하는 경향이 있다. 예컨대, 화이트칼라 범죄자를 보자. 이들의 범죄는 회사로부터 수백만 달러를 횡령하는 것을 포함할 수 있다. 이 범죄자를 체포하기 어려운 까닭은 다른 사람으로부터 얼마나 많은 것을 훔쳤는지에 관계없이, 도둑의 원형과 닮지 않았기 때문이다. 반면에 도심의 단정치 못한 사람은 저지르지도 않은 범죄로 체포되기도 한다. 그 사람이 도둑질을 하였는지와는 관계없이 도둑의 원형과 잘 들어맞기 때문에 그런 일이 일어나기도 한다.

두 연구자는 나이가 들어야만 정의 자질의 중요성을 이해하게 된다는 생각을 검증하였다(Keil & Batterman, 1984). 이들은 어린 아동이 대체로 특징 자질에 근거해서 범주를 생각한다는 가설을 세웠다. 5~10세 아동에게 사람을 기술하는 이야기를 들려주었다. 그 기술문 중에는 2명의 이례적인 사람이 들어있었다. 첫 번째 기술문은 "주머니에 총을 소지하고 냄새가 나며 누추한 노인이 집에 들어와서는 부모님이 필요 없

믿거나 말거나 | 어떤 숫자는 홀수이며, 어떤 숫자는 더 홀수답다

홀수와 같은 고전적 개념조차도 원형을 가지고 있는 것처럼 보인다(Armstrong, Gleitman, & Gleitman, 1983). 홀수 개념은 쉽게 정의할 수 있다. 2로 나누어 떨어지지 않는 정수이다. 그렇다면 어떻게 한 숫자가 다른 숫자보다 더 홀수다울 수 있겠는가? 사람들은 홀수 범주의 어떤 사례들을 더 전형적이거나 덜 전형적으로 받아들인다. 예컨대, 7과 13은 홀수 원형에 매우 가까운 것으로 간주하는 전형적인 홀수이다. 반면에 15와 21은 그렇게 전형적이지 않은 홀수로 보인다. 다시 말해서 사람들은 15나 21보다 7이나 13을 홀수의 더 좋은 본보기로 간주한다. 아무튼 네 숫자는 모두 홀수이다.

으니 가져가도 좋다고 말씀하였다면서 텔레비전 세트를 가져갔다."이었다. 두 번째 기술문은 "매우 다정하고 쾌활한 여인이 껴안아주고는 화장실 변기를 해체하더니 허락도 받지 않고 되돌려줄 의사도 없이 가져가버렸다."이었다. 어린 아동은 두 번째 기술문보다는 첫 번째 기술문이 도둑을 보다 잘 묘사한 것이라고 반응하기 십상이었다. 10세 가까이 돼서야 비로소 아동은 두 번째 기술문이 도둑일 가능성이 높다고 판단하기 시작하였다. 다시 말해서 어린 아동은 어떤 사람이 무엇인가를 훔치지 않아도 그 사람을 도둑으로 간주하였다. 중요한 것은 그 사람이 도둑의 특징 자질을 가지고 있다는 것이었다. 그렇지만 정의 자질로의 전이는 결코 완전하지 않다. 사람들은 첫 번째 사람도 두 번째 사람 못지않게 체포될 가능성이 있다고 의심할 수 있다. 따라서 범주화의 문제는 여전히 모호한 채로 남아있지만, 정의 자질의 몇몇 측면과 전형성의 몇몇 측면들을 포함하고 있는 것으로 보인다.

범주화의 이론기반 견해

자질기반 견해, 원형기반 견해, 본보기기반 견해에서 벗어난 입장이 이론기반 견해이며, 때로는 설명기반 견해(explanation-based view)라고도 부른다.

사람들은 어떻게 자신의 범주화 이론을 사용하는가? **이론기반 견해**(theory-based view)는 사람들이 개념에 관하여 가지고 있는 암묵적 이론 또는 보편적 생각에 따라서 개념을 이해하고 범주화한다고 주장한다(Markman, 2003; Markman 등, 2007). 예컨대, 어떤 사람을 "훌륭한 운동선수"로 만들어주는 것은 무엇인가?

- 자질기반 견해에서는 훌륭한 운동선수의 자질을 분리해내고자 시도한다.
- 원형 견해에서는 훌륭한 운동선수의 특징 자질을 찾아내고자 시도한다.
- 본보기 견해에서는 살아오면서 알아온 좋은 본보기들을 찾아내고자 시도한다.
- 이론기반 견해에서는 훌륭한 운동선수를 만들어주는 것에 대한 설명을 구성하기 위하여 자신의 경험을 사용한다.

이론기반 견해는 다음과 같이 진행한다. 훌륭한 운동선수는 이겼을 때 품위를 지키고 패자를 놀리거나 패배를 기분 나쁘게 생각하지 않게 만드는 사람이다. 또한 패배

하였을 때도 품위를 지키고 승자나 심판을 비난하거나 변명을 늘어놓지 않는 사람이기도 하다. 오히려 패배를 침착하게 받아들이고, 승자에게 축하를 보낸다. 이론기반 견해에서는 이론의 요체를 한두 마디의 말로 포착하기 어렵다. 한 개념에 대한 견해는 복잡한 것이다.

이론기반 견해는 사람들이 개념의 복잡한 심적 표상을 가지고 있기 때문에 그 개념의 필수적인 자질과 우발적인 자질을 구분할 수 있다고 제안한다. 한 연구는 새롭게 학습한 개념에 관한 판단에서 그러한 이론이 어떻게 발현되는지를 보여주었다(Rips, 1989). 참가자는 가상적인 생명체에 관한 이야기를 두 실험조건에서 들었다. 한 조건에는 '소프'라고 부르는 새를 닮은 생명체가 등장하는데, 사고를 당해서 곤충 같은 모습으로 변하였다. '소프'가 새를 닮았다거나 곤충을 닮았다는 언급은 결코 없었다. 단지 변형이 나타나는 상황을 자세하게 기술하였을 뿐이다. 씨와 열매를 먹으며, 두 날개와 두 다리를 가지고 있고, 나무 꼭대기에 둥지를 트는 것으로 소프를 기술하였다. 둥지는 새의 둥지와 마찬가지로 나뭇가지 등으로 구성되었다. 이에 덧붙여서, 많은 새들과 마찬가지로 청회색 깃털이 덮여있었다. 그렇지만 특정한 '소프' 한 마리에게 불행이 찾아왔다. 둥지가 위험한 화학물질을 매립한 장소 근처에 있었다. 그 화학물질이 소프가 먹는 식물을 오염시킴에 따라서, 모습이 점차적으로 변하기 시작하였다. 깃털이 빠지고 대신에 투명한 날개가 새롭게 돋아났다. 소프는 둥지를 떠났으며, 부러지기 쉽고 알록달록한 껍질이 몸을 뒤덮었다. 두 쌍의 다리가 새롭게 자라서는 모두 6개의 다리를 갖게 되었다. 부드러운 표면 위에 매달릴 수 있게 되었으며, 꽃의 꿀에만 의존해서 살아가기 시작하였다. 그 과정에서 이 소프는 정상적인 암컷 소프와 짝짓기를 하였다. 암컷은 자신의 둥지에 알을 낳고 부화시켰다. 3주가 지난 후에 정상적인 새끼 소프들이 알을 깨고 나왔다. 이 기술문에서 정상적인 암컷 소프와 짝짓기를 하여 정상적인 새끼 소프들을 낳을 수 있었다는 사실은 불행한 소프가 기본적인 생물학적 구조를 결코 변화시킨 것이 아니라는 사실을 보여주었다. 본질적으로 소프로 남아있었던 것이다.

두 번째 조건은 생명체 본질의 변화를 수반하였다. 다시 말해서 변화는 우발적인 것이 아니라 본질적인 것이었으며 '둔'이라고 이름붙인 생명체가 등장하였다. '둔'의 초기 단계 삶은 '소프'라고 알려져 있다. (앞에서 기술한 것과 같은) 소프의 모든 특징을 가지고 있다. 그렇지만 몇 달이 지난 후에, 둔은 깃털을 떨어뜨리고는 불행한 소프가 겪은 사고가 초래한 것과 동일한 특징들을 나타내었다. 이 두 번째 조건에서 변형은 첫 번째 조건에서 기술한 소프의 변형과 동일한 것이지만, 해로운 화학물질이 초래한 사고가 아니라 자연스러운 생물학적 변화로 나타나는 것이다.

소프와 둔에 관한 글을 읽은 후에 참가자에게 두 가지 질문을 평정하도록 요구하였다. 첫 번째 평정은 (소프 조건에서의) 소프 또는 (둔 조건에서의) 둔이 "새" 범주와 맞아떨어지는 정도에 관한 것이었다. 두 번째 평정은 소프나 둔이 새와 유사한 정도이었다. 따라서 한 평정은 범주 구성원 자격에 관한 것이었고, 다른 하나는 유사성에 관한 것이었다.

통제집단의 참가자는 소프의 기술문만을 읽었다. 통제집단에게는 소프가 새와 얼마나 유사한지만을 평정하도록 요구하였다. 소프가 "새" 범주에 얼마나 적합한지는 판단하지 않았다.

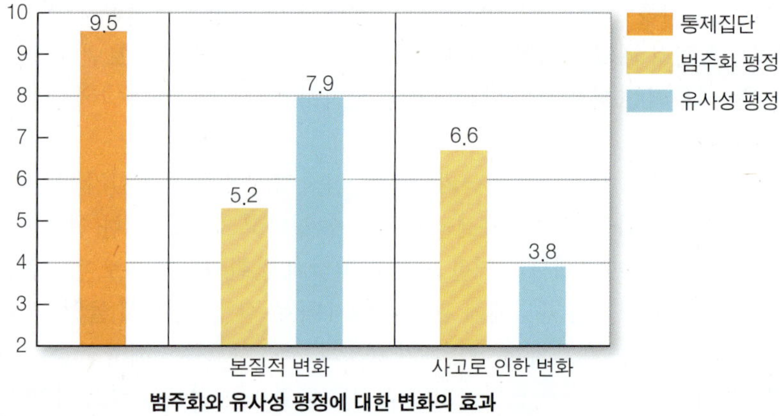

그림 8.2 **유사성 평정.** 통제집단 참가자는 소프가 새와 매우 유사하다고 생각하였다. 소프의 자질이 사고로 변하였을 때는 새와의 유사성 평정이 낮았음에도 불구하고 여전히 새 범주에 속한 것으로 높게 평정하였다. 그렇지만 소프가 자연과정을 통해서 변하였을 때는 새와 꽤나 유사하다고 판단함에도 불구하고 새 범주에 속하는 평정은 낮아졌다.

출처: Rips, L. J. (1989). Similarity, typicality, and categorization. In S. Vosniadou & A. Ortony(Eds.), *Similarity and analogical reasoning*, pp. 21-59. Cambridge University Press.

원형 이론과 본보기 이론에 따르면, 실험집단의 두 평정이 상이한 패턴을 보여야 할 특별한 이유가 없다. 사람들은 원형이나 본보기와의 유사성에 근거하여 대상을 범주화하기 때문에, 두 평정의 결과는 동일한 것이어야 한다.

이제 그림 8.2에서 결과를 살펴보도록 하자. 범주화와 유사성 평정 결과는 극적인 차이를 보인다. 소프의 자질이 사고로 인해 변하였을 때는, 새와 별로 유사하지 않은 것으로 지각하였음에도 불구하고, 여전히 새 범주에 속한 것으로 평정하는 정도가 높았다. 그렇지만 둔이 자연적인 과정을 통해서 변하였을 때는, 비교적 새와 유사한 것처럼 보였음에도 불구하고 새 범주에 속한 것으로 평정하는 정도가 높지 않았다.

통제집단 참가자는 소프가 새와 유사한 정도를 평정하는 데 아무런 어려움이 없었다. 범주 구성원 여부 평정과 유사성 평정 간의 차이는 이론기반 견해와 일치하는 것이다.

대상의 "본질" 찾기 이론기반 견해에 대한 또 다른 지지증거는 아동 연구에서 나온다. 수많은 연구자들이 **본질주의**(essentialism)라고 부르는 견해를 연구해왔다. 이 견해는 "사자"나 "여성"과 같은 특정 범주들이 직접 관찰할 수 없는 기저 실체를 가지고 있다고 주장한다(Gelman, 2003, 2004). 예컨대, 외형적으로 관찰을 통해서 여성다움을 탐지할 수 없다고 하더라도 그 사람은 여성일 수 있다는 것이다. 한 예가 짧은 머리이다. 짧은 머리는 여성보다 남성의 전형적인 모습이지만, 여성도 짧은 머리를 가질 수 있다. 집단 특성에 관한 본질주의자의 신념은 그 집단에 대한 평가절하와 편견과 연합되기 십상이다(Bastian & Haslam, 2006; Morton, Hornsey, & Postmes, 2009; Rangel & Keller, 2011). 그러한 신념이 시사하는 바는 특정 집단 구성원이 본질적으로 한결같고 변할 수 없기 때문에 다른 집단에는 속할 수 없다는 것이다.

겔만(S. A. Gelman, 2004, 2009)은 어린 아동조차도 대상의 본질을 이해하기 위하여 외형적으로 보이는 자질 이면을 들여다본다는 사실을 보여주었다. 이 견해는 피아제의 인지발달 이론과 상충한다. 피아제 이론에 따르면, 8~11세에 이르는 아동은 "구체적" 사고자이다. 본질적으로 추상적인 자질을 추출해낼 수 없다. 그렇지만 본질주의를 다룬 심리학자들의 연구는 어린 아동도 외현적으로 명백하게 드러나지 않는 자질을 살펴볼 수 있으며 그렇게 한다는 사실을 시사한다.

예컨대, 한 연구에서는 4~5세 아동 165명에게 호랑이나 금과 같은 대상에 관하여 추론을 하도록 요구하였다(Gelman & Markman, 1986). 연구자들은 4세 아동조차도 추상적 범주가 외형과 갈등을 일으킬 때도 단순히 지각적 유사성을 사용하기보다는 그 범주를 사용하여 추론할 수 있다는 결과를 얻었다.

사람들이 개념과 범주를 학습하는 방식은 부분적으로 그 개념과 범주를 가지고 수행해야 하는 과제에 달려있다. 예컨대, 분류를 할 필요가 있을 때(예컨대, "이 특정 동물은 고양이인가, 아니면 개인가?")와 추론을 할 필요가 있을 때(예컨대, "만일 이 동물이 개라면, 발가락을 몇 개나 가지고 있겠는가?), 서로 다른 방식으로 범주를 학습한다(Yamauchi & Markman, 1998). 따라서 학습은 학습자가 수행해야 할 과제에 따라서 전략적으로 융통성을 발휘한다. 모든 경우에 똑같은 방식을 적용하여 학습하려는 경직성을 나타내지 않는다(Markman & Ross, 2003; Ross, 1997).

이 모든 것이 함축하는 바는 의미가 단순히 자질의 집합이나 본보기의 문제가 아니라는 사실이다. 아동은 매우 어렸을 때부터 대상의 본질에 관한 이론을 형성하기 시작한다. 이 이론은 연령이 증가함에 따라서 발달한다. 예컨대, 여러분은 자동차를 자동차로 만들어주는 것에 관한 이론을 가지고 있을 수 있다. 여러분은 온갖 이상하게 보이는 차들을 볼 수 있다. 그 차들이 여러분 이론에 부합하는 한에 있어서, 여전히 그것들에 차라는 이름을 붙인다. 이론은 단순히 대상의 피상적 자질에만 근거하여 의미를 부여하기보다는 그 의미를 심층적으로 바라다볼 수 있게 해준다.

의미망 모형

의미망 모형은 거미줄 같은 형태로 상호간에 연결되어있는 개념들의 형태로 지식을 마음에 표상한다고 제안한다. 콜린스와 퀼리언(A. M. Collins & M. R. Quillian, 1969)이 개발한 모형뿐만 아니라 의미 자질 비교에 근거한 또 다른 모형도 논의한다.

콜린스와 퀼리언의 망 모형

오늘날에도 여전히 사용하고 있는 오래된 모형은 지식을 위계적 의미망으로 표상하는 모형이다. 의미망은 의미 요소들이 고리를 통해서 상호간에 연결되어있는 망이다(Collins & Quillian, 1969; Marupaka, Iyer, & Minai, 2012). 체제화 되어있는 지식 표상은 위계적 나무도식의 형태를 취한다. 요소를 **마디**(node)라고 부르며, 전형적으로는 개념에 해당한다. 마디들 간의 연결을 관계(relationship)라 부른다. 관계는 범주 구성원 여부(예컨대, "이다"는 "돼지"를 "포유동물"에 연결시키는 관계이다), 속성(예컨대,

"털이 있다"를 "포유동물"에 연결시킨다)을 비롯한 여러 의미관계를 나타낸다. 따라서 망은 개념들을 체제화 하는 수단을 제공한다. 의미망의 정확한 모습은 이론마다 다르지만, 대부분의 **망**(network)은 그림 8.3에서 보는 것과 같이 지극히 단순화시킨 망처럼 생겼다. 이름을 붙인 관계가 개별 요소를 의미 있는 방식으로 다양한 마디에 연결시켜주는 고리를 형성한다.

역사에 한 획을 긋는 연구에서, 참가자에게 "상어는 물고기이다"와 "상어는 동물이다"와 같이, 개념들을 관련시키는 진술을 제시하고 진술의 진위를 판단하도록 요구하였다(Collins & Quillian, 1969). 어떤 진술은 참이고 어떤 진술은 거짓이었다. 일반적으로 진술에서 범주화해야 할 대상이 위계상에서 범주와 멀리 떨어져 있을수록, 참인 진술을 확증하는 데 시간이 더 오래 걸렸다. 즉, "상어는 물고기이다"보다는 "상어는 동물이다"를 확증하는 시간이 더 길었다. 그 이유는 '상어'에 대해서 '물고기'는 중간 수준에 있는 상위범주이지만, '동물'은 더 멀리 떨어진 상위범주이기 때문이다(그림 8.4 참조). 콜린스와 퀼리언은 그림 8.4에 나와 있는 것과 같은 위계적 망 표상이 반응시간을 적절하게 설명한다고 결론지었다.

위계 모형은 연구자에게 이상적인 것으로 보였다. 위계 내에서는 가장 높은 수준에 위치한 범주의 모든 구성원에게 적용하는 정보를 효율적으로 저장할 수 있다. 낮은 수준에 위치한 범주에 정보를 반복 저장

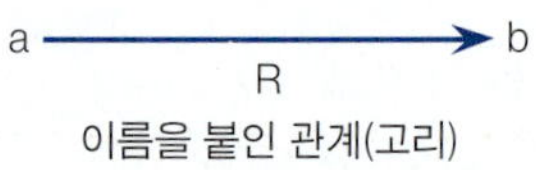

그림 8.3 의미망 구조. 단순 의미망에서 마디는 이름을 붙인 관계가 연결하고 있는 개념을 표상하는 연결고리로 작용한다. 이 그림은 관계 R이 마디 a와 b를 연결하고 있는 것을 보여주는 기본 망구조이다.

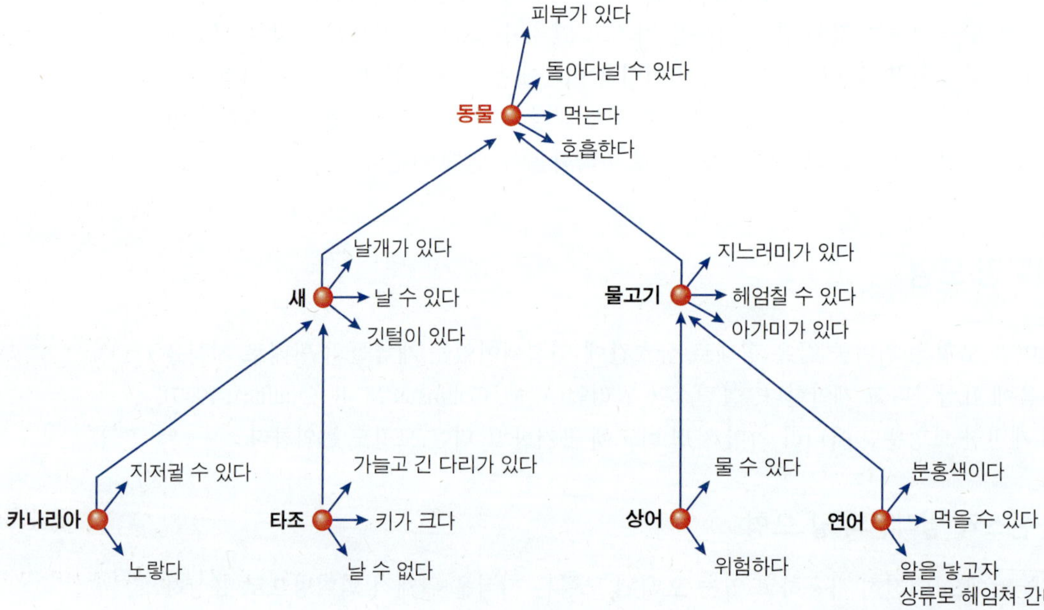

그림 8.4 의미망의 위계 구조. 의미망이 위계 구조를 가지고 있다. (마디로 표상하고 있는) 개념은 "이다"나 "가지고 있다"와 같은 관계(화살표)를 통해서 연결되어있다. 망 내에서 화살표를 따라 위로 올라가면서 개념의 부가적인 자질들을 인출할 수 있다. 예컨대, "연어"에서 "물고기"로 올라가면, 연어가 지느러미와 아가미를 가지고 있으며, 헤엄칠 수 있다는 부가적 정보를 얻게 된다.

출처: Sternberg, R. J. (1995). *In Search of the Human Mind*. Harcourt Brace.

할 필요가 없다. 따라서 위계 모형은 상당한 정도의 **인지 경제성**(cognitive economy)을 제공한다. 이 모형은 군더더기를 최소화시키면서 최대로 효율적인 용량 사용을 가능하게 해준다. 따라서 개와 고양이가 포유동물이라는 사실을 알고 있다면, 포유동물에 관하여 알고 있는 모든 정보를 포유동물 수준에 저장한다. 예컨대, 포유동물이 털을 가지고 있으며 새끼를 낳는다는 사실을 저장할 때, 그 정보를 개나 고양이와 같이 위계상 낮은 수준에서 반복할 필요가 없다. 위계에서 높은 수준 개념에 대해서 알고 있는 것은 낮은 수준에 있는 모든 개념에 적용할 수 있다. 이러한 **상속**(inheritance)의 개념은 낮은 수준 개념이 높은 수준 개념의 자질을 상속받는다는 사실을 함축한다. 상속 개념이 위계 모형 경제성의 핵심이다. 컴퓨터 망 모형은 인지 경제성의 가치를 분명하게 보여준다.

콜린스와 퀼리언의 연구는 의미망 구조에 대한 연구를 촉발시켰다. 그렇지만 콜린스와 퀼리언 데이터를 재분석한 많은 심리학자는 그들의 해석에 반대하였다. 우선 이 모형은 데이터에 들어있는 수많은 변칙들을 설명할 수 없었다. 예컨대, "사자는 동물이다"를 확증하는 것보다 "사자는 포유동물이다"를 확증하는 데 걸리는 시간이 길었다. 엄밀한 위계 견해에서는 동물 문장보다 포유동물 문장의 확증시간이 빨라야한다. 위계상 포유동물 범주는 동물 범주보다 사자 범주에 더 가깝기 때문이다.

의미 자질 비교하기

한 가지 대안 이론은 지식을 엄격한 개념 위계가 아니라 의미 자질의 비교에 근거하여 체제화한다는 것이다(Smith, Shoben, & Rips, 1974). 이 이론이 범주화의 자질기반 이론과 비슷하게 들리기는 하지만, 한 가지 핵심적인 방식에서 차이를 보인다. 즉, 자질들이 범주를 형성하는 토대로 작용하기보다는 상이한 개념들의 자질을 직접 비교한다. 여러 포유동물의 범주화를 생각해보자. 자질기반 이론에서는 각 포유동물을 자체적인 일련의 정의 자질로 기술한다. 예컨대, 토끼를 털, 긴 귀, 깡충깡충 뛰는 모습 등으로 정의할 수 있다. 자질들을 직접 비교하게 되면, 동일한 자질 집합에 근거하여 모든 포유류를 비교할 수 있다. 비교는 어떻게 작동하는 것인가?

포유류 사례를 계속 보자. 포유류 이름은 크기, 사나운 정도, 인간다움이라는 세 차원으로 체제화 하는 심리적 공간에 표상할 수 있다(Henley, 1969). 예컨대, 사자는 세 차원 모두에서 높은 값을 갖는다. 코끼리는 크기 차원에서 특히 높은 값을 갖지만 포식성에서는 그렇게 높지 않다. 쥐는 크기가 작지만 포식성에서는 상대적으로 높다. 그림 8.5는 비위계적인 자질기반 이론에서 정보를 체제화 하는 방식을 보여준다. 이 표상도 많은 물음을 미해결인 채 남겨두고 있다. 예컨대, '포유동물'이라는 단어는 어디에 들어가야 하는가? 이 단어는 포유동물 공간에 잘 들어맞지 않은 것처럼 보인다. 다른 종류의 대상들은 어디에 들어가야 하는가?

앞의 두 표상 이론은 어느 것도 의미망에서 모든 정보를 어떻게 체제화 할 수 있는 것인지를 완벽하게 규정하지 못한다. 예컨대, 전체의 한 부분은 망에서 어떻게 표상하는가? 아마도 여러 유형의 표상 조합을 사용하는 것으로 보인다(예컨대, Collins & Loftus, 1975). 다른 망 모형은 단순한 위계 관계보다는 사람들이 빈번하게 생각하는

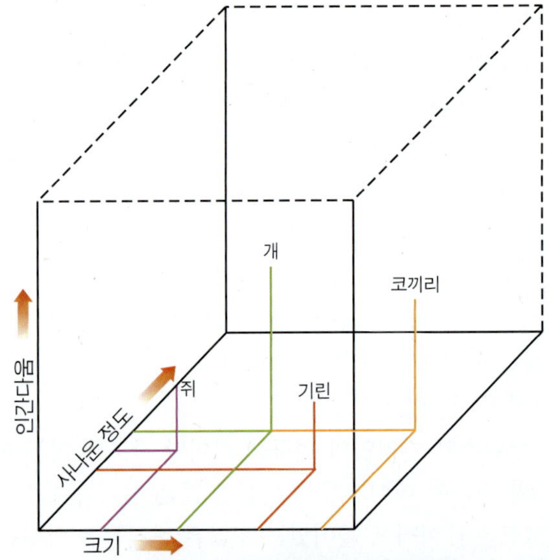

	사나운 정도	크기	인간다움
쥐	4	2	2
개	5	4.5	5
기린	3	7	2
코끼리	5	9	4

그림 8.5 의미 자질 비교. 의미기억의 위계망 모형에 대한 한 가지 대안은 의미 자질의 비교를 강조하는 표상을 수반한다. 그렇지만 자질 모형도 의미기억에 관한 모든 데이터를 설명하지는 못한다.

심적 관계를 강조하는 경향이 있다. 예컨대, 새와 참새 또는 홍방울새 간의 연계나 새와 날아다니기 간의 연계를 강조한다. 새와 칠면조나 펭귄 간의 연계나 새와 두 다리로 서기 간의 연계는 강조하지 않는다.

의미망을 살펴보는 보편적인 방법은 어간(stem) 완성 과제의 사용을 수반한다. 이 과제에서는 참가자에게 매우 짧은 시간동안 점화자극을 제시한 후, 한 단어의 몇 글자를 보여주고는 마음에 떠오르는 첫 번째 단어로 그 어간을 완성하도록 요구한다. 어간은 점화자극과 의미적으로 관련된 단어나 다른 무관련 단어로 완성할 수 있다. 일반적으로 참가자는 그 어간을 의미적으로 관련된 단어로 완성한다. 예컨대, 다음 단어를 완성해보라.

s_ _m

여러분은 어떻게 완성하였는가? 많은 사람들은 앞 문단을 읽은 후에 "stem"으로 완성한다. 그렇지만 몇 가지만 예로 들어보아도 "spam", "slim", "slum", "sham" 등과 같이, 점화하지 않은 단어들로 완성할 다른 많은 가능성들이 존재한다.

이 결과는 의미망에서 한 마디(개념)의 활성화가 관련된 마디의 활성화를 증가시킨다는 것을 의미한다. 한 연구는 알츠하이머병이 진행됨에 따라서 관련 마디의 활성화가 손상된다는 사실을 지적하였다. 따라서 알츠하이머병 환자는 어간을 점화와 관련이 없는 단어로 완성할 가능성이 높다(Passafiume, Di Giacomo, & Carolei, 2006).

H.M.을 대상으로도 의미망을 연구하였다(H.M.에 관한 정보를 보려면 제5장을 참조). 여러분도 기억하겠지만, 간질 치료를 위하여 H.M.의 해마를 제거하였다. 이

치료의 부작용은 새로운 기억을 형성하는 능력을 상당히 상실한 것이었다. 그렇지만 H.M.은 적어도 몇몇 새로운 의미정보를 학습할 수 있었다. 의미과제 수행은 손상되었지만, 몇몇 의미학습이 일어난 것은 확실하다(O'Kane, Kensinger, & Corkin, 2004). 해마가 관여하지 않은 채 의미학습이 일어날 수는 있지만, 이 결과는 해마의 사용이 그러한 학습을 상당히 증진시킨다는 것을 나타낸다.

개념 위계와 기본수준뿐만 아니라 개념이 가지고 있는 다른 관계 정보를 고려함으로써 개념에 관한 이해를 더욱 확장시킬 수 있다. 구체적으로 다른 개념들과의 관계뿐만 아니라 한 개념에 들어있는 속성들 간의 관계를 고려함으로써, 개념으로부터 의미를 유도해내는 방법을 보다 잘 이해할 수 있다. 예컨대, 의미망 모형에 근거하며 마인드매핑과 같은 도구를 사용하는 새로운 멀티미디어 학습과 교수법은 실제로 지식 획득을 증가시킬 수 있다(Zumbach, 2009).

스키마 표상

마음에 가지고 있는 많은 개념을 체제화 하는 또 다른 방법이 스키마를 통한 것이다. 우선 스키마 일반을 논의한 다음에 특수 유형의 스키마인 스크립트를 살펴본다.

스키마

개념들이 마음에서 관련되는 방식을 이해하는 한 가지 핵심 접근이 **스키마**(schema)를 통한 접근이다. 스키마는 흔히 과제지향적이기 십상이라는 점을 제외하고는 의미망과 유사하다. 스키마가 지식 체제화를 위한 심적 틀이라는 사실을 회상해보라. 스키마는 관련 개념들의 의미 있는 구조를 생성한다. 예컨대, 사람들은 주방에서 찾을 수 있는 물건의 종류 그리고 그 물건을 찾을 수 있는 장소를 알려주는 주방 스키마를 가지고 있을 수 있다. 물론 개념과 스키마는 여러 분석수준에서 조망할 수 있다. 모두 개인의 마음과 맥락에 달려있다(Barsalou, 2000; Koppel & Berntsen, 2014). 어머니가 심한 등통을 앓고 있으며, 여러분이 마사지를 해드리려고 한다고 상상해보라. 여러분에게 마사지는 어머니의 등을 문질러드리는 것 그리고 어깨를 주물러드리는 것을 의미할 수 있다. 마사지 치료사에게 있어서는 마사지가 훨씬 많은 것을 포괄할 수 있다. 치료사는 등의 여러 근육과 힘줄을 구분하며 등통은 엉덩이나 신체 다른 부위의 상태와 관련될 수 있다는 사실도 알고 있다. 따라서 치료 목표를 훨씬 더 구체적으로 잡는다. 마찬가지로 대부분의 사람은 인지심리학에 대하여 정교한 스키마를 가지고 있지 않다. 그렇지만 대부분의 인지심리학자에게 있어서는 인지심리학 스키마가 상당히 정교하다. 주의, 기억, 지각 등의 많은 하위스키마를 가지고 있다. 스키마는 용도에 있어서 상당한 융통성을 부여해주는 다음과 같은 여러 가지 특징을 가지고 있다(Rumelhart & Ortony, 1977; Thorndyke, 1984).

1. 스키마는 다른 스키마를 포함할 수 있다. 예컨대, 동물 스키마는 소 스키마, 원숭이 스키마 등을 포함한다.

2. 스키마는 특정 사례마다 약간씩 차이날 수 있는 전형적이고 보편적인 사실을 포괄한다. 예컨대, 포유동물 스키마는 포유동물이 전형적으로 털이 있다는 보편 사실을 포함하고 있지만, 대부분의 다른 포유동물보다 털이 적은 인간도 받아들인다. 털이 있기보다는 가시가 더 많아 보이는 고슴도치 그리고 단지 소수의 뻣뻣한 수염만을 가지고 있는 고래와 같은 해양 포유동물도 받아들인다.
3. 스키마는 추상성의 정도에서 차이를 보일 수 있다. 예컨대, 정의 스키마는 사과 스키마나 과일 스키마보다 훨씬 더 추상적이다.

스키마는 관계에 관한 정보도 포함할 수 있다(Komatsu, 1992). 이 정보는 다음과 같은 것들 간의 관계를 포함한다.

- 개념(예컨대, 트럭과 자동차 간의 연계)
- 개념 내 속성(예컨대, 코끼리의 크기와 무게)
- 관련 개념들의 속성(예컨대, 체리의 빨간색과 사과의 빨간색)
- 개념과 특정 맥락(예컨대, 물고기와 바다)
- 특정 개념과 일반 배경지식(예컨대, 특정 미국 대통령에 관한 개념과 미국 정부와 미국 역사에 관한 보편지식)

인지심리학자가 특히 관심을 갖는 스키마 내의 관계는 인과관계이다. 예컨대, 유리 스키마를 생각해보자. 이 스키마는 만일 유리로 만든 물건이 단단한 표면에 떨어지면, 그 물건은 깨진다는 사실을 상정하고 있다. 스키마는 새로운 상황에서 추론의 토대로 사용할 수 있는 정보도 포함하고 있다. 예컨대, 75세 할머니, 45세 남자, 30세 수녀, 그리고 25세 여자가 놀이터 주변 벤치에 앉아있다고 가정해보자. 어린아이 한 명이 놀이기구에서 떨어지면서, "엄마!"를 외친다. 아이는 누구를 보고 외치고 있는 것인가? 답하기 위하여 여러분은 다양한 스키마를 동원하여 추론할 가능성이 높다. 거기에는 어머니 스키마, 남자와 여자 스키마, 다양한 연령의 사람 스키마, 심지어는 종교에 귀의한 사람 스키마 등이 포함될 수 있다.

인공지능에 관심이 있는 연구자는 인간 지능에 대한 다양한 컴퓨터 모형을 구성하기 위하여 스키마를 채택해왔다. 이들은 지식을 표상하고 사용하는 방식에 관한 컴퓨터 모형을 개발하였다. 예컨대, 대규모의 복잡한 데이터베이스에서 탐색을 하거나 대량의 정보를 통합하기 위하여 스키마를 사용할 수 있다(Do & Rahm, 2007; Fagin 등, 2009).

스키마는 지각하는 장면의 기억에도 영향을 미친다. 특정 장면(예컨대, 보았던 사진)을 기억해낼 때, 보았던 것의 경계를 확장하여 실제로는 보았던 것의 경계 바깥에 있는 세부사항 정보도 통합한다(그림 8.6 참조). 예컨대, 그림 8.6(a)에는 담장 앞에 있는 쓰레기통 사진이 있다. 그렇지만 보았던 장면을 그려보도록 요청하면, 그림 8.6(b)에서 묘사한 것처럼 보이는 그림을 그릴 가능성이 있는데, 오른쪽과 왼쪽 담장 그리고 뚜껑과 쓰레기통의 바닥을 첨가하고 있다. 이것을 **경계 확장**(boundary extension)이라고 부른다(Hubbard, Hutchison, & Courtney, 2010).

스키마의 문제점은 고정관념을 초래할 수 있다는 것이다. 예컨대, 2001년 9월 11

(a)

(b)

그림 8.6 경계 확장. (a)와 같은 장면을 제시하면, 사람들은 마음속에서 그 장면의 경계를 확장하고 실제로 보지 않았던 세부사항을 기억해낸다(b). 이것을 경계 확장이라고 부른다.

출처: Hubbard, T. L., Hutchison, J. L., & Courtney, J. R. (2010). Boundary extension: Findings and theories. *Quarterly Journal of Experimental Psychology, 63*(8), 1467-1494.

일에 세계무역센터를 파괴시킬 수 있다고 믿고 있는 유형의 사람 스키마를 가지고 있을 수 있다. 이 스키마는 테러리스트일 가능성이 높은 특정 집단 사람에 대한 고정관념을 용이하게 생성할 수 있다. 예컨대, 특정 유형의 복장이나 특정 신념체계를 테러리스트와 연합시키게 되면, 어떤 사람이 우연히 테러리스트와 동일한 유형의 복장을 하거나 몇몇 신념을 공유하고 있다는 이유로, 그 사람을 범죄자 집단과 손쉽게 연합시킬 수 있다.

스크립트

한 가지 독특한 유형의 스키마가 스크립트이다(Schank & Abelson, 1977). **스크립트**(script)는 어떤 일이 일어나는 특정 순서에 관한 정보를 포함한다. 일반적으로 스크립트는 스키마보다 융통성이 훨씬 적다. 그렇지만 행위자, 소품들, 장면, 일어날 것으로 예상하는 사건의 순서 등에 대한 지정값(default value)을 포함한다. 이 지정값들이 한 사건의 전체 모습을 구성한다.

식당 스크립트를 생각해보자. 이 스크립트는 특정 유형의 식당에 적용할 수 있다. 스크립트는 다음과 같은 여러 가지 자질을 가지고 있다.

- 소품: 탁자, 메뉴, 음식, 계산서, 돈
- 역할: 고객, 웨이터, 요리사, 출납원, 주인
- 사전 조건: 고객은 배가 고프며, 돈을 가지고 있다.
- 장면: 들어가기, 주문하기, 먹기, 나가기

- 결과: 고객의 돈은 줄고, 주인의 돈은 늘어난다. 고객은 더 이상 배고프지 않다. 때로는 고객과 주인이 모두 즐겁다.

스크립트의 타당성을 검증하기 위한 다양한 경험적 연구를 수행해왔다. 한 연구에서는 참가자에게 18가지 짧은 이야기를 제시하였다(Bower, Black, & Turner, 1979). 여러분도 '인지심리학 연구하기: 의사 스크립트'에서 하나를 읽어볼 수 있다.

이 연구에서는 참가자에게 이와 유사한 18가지 이야기를 읽도록 요구한 후에, 두 과제 중 하나를 수행하도록 요구하였다. 회상 과제에서는 각 이야기에 관하여 가능한 많은 내용을 회상하도록 요구하였다. 그 결과, 이야기에는 실제로 들어있지 않았지만 그 이야기가 대표하는 스크립트의 부분이 되는 요소들을 이야기의 부분으로 회상하는 경향성이 유의하게 높았다. 재인 과제에서는 참가자에게 문장을 제시하고 각 문장을 보았다는 확신도를 7점 척도에서 평정하도록 요구하였다. 어떤 문장은 이야기에 있었던 것이고 다른 문장은 그렇지 않은 것이었다. 이야기에 있지 않았던 문장 중에서 어떤 문장은 스크립트에 부합하는 것이었고, 어떤 문장은 그렇지 않은 것이었다. 스크립트에 부합하지 않는 문장보다 부합하는 문장을 이야기에 나왔던 것으로 재인할 가능성이 더 높았다. 이 연구는 스크립트가 사람들의 회상과 재인, 궁극적으로는 사람들이 알고 있는 것을 주도하는 것처럼 보인다는 사실을 시사하였다(Bower, Black, & Turner, 1979). 마찬가지로 사람들은 일생에 걸쳐 자주 일어나는 사건을 포함하고 있는 삶 스크립트도 가지고 있다. 참가자에게 가상적인 삶의 이야기를 기억해내도록 요구하였을 때, 결혼이나 대학 입학과 같이 빈도가 높은 사건(대부분의 사람이 전형적인 삶의 사건 목록에 포함시키는 사건)을 가장 잘 기억해낸 반면, 이혼과 같이 빈도가 낮은 사건을 기억해내는 데는 어려움을 겪었다(Koppel & Berntsen, 2014).

스크립트는 전문가들이 서로 소통하는 방식에서도 작용할 수 있다. 전문가는 **전문용어**(jargon)를 공유한다. 여러분이 점화효과에 관한 논의에 빠져있는 심리학자들의 대화를 어깨너머로 듣는다고 하더라도, 그들이 논의하고 있는 것을 정확하게 이해

인지심리학 연구하기

의사 스크립트

존은 오늘 몸 상태가 좋지 않아 주치의한테 가보기로 결정하였다. 병원 수납계에 등록을 하고 의자 옆 탁자에 있는 여러 의학 잡지를 훑어보았다. 마침내 간호사가 와서 옷을 벗으라고 지시하였다. 의사는 존에게 매우 친절하였다. 의사는 몇 가지 약을 처방하였다. 존은 병원을 나서 집으로 향하였다.

존은 옷을 벗었는가?

병원 가기 스크립트에 근거한 이 기술은 꽤나 전형적인 것이다. 스크립트의 언어 기술에서 대부분 그렇듯이, 이 기술에는 몇 가지 세부사항이 빠져있다는 사실에 주목하라. 화자(또는 글 쓴 사람)가 그 세부사항을 빼먹었을 수 있다. 따라서 존이 실제로 옷을 벗었는지는 확실하게 알 수 없다. 이에 덧붙여서 간호사는 아마도 어떤 곳에서 존을 불렀을 것이다. 그런 다음에 검사실로 데리고 가서는 체온과 혈압 그리고 체중을 쟀을 것이다. 의사는 존에게 증상을 이야기해보라고 말하였을 것이다. 그렇지만 이러한 것들을 어느 것도 확실하게 알 수는 없다.

하지 못할 가능성이 높다. 전문가는 전문용어에 덧붙여서 내부자들만이 알고 있는 스크립트에 대한 공통 이해도 공유하고 있다. 예컨대, 제2장을 읽고 난 후에 여러분은 PET 방법에 대한 기본 이해를 갖게 되었다. 따라서 누군가 두뇌를 조사하기 위하여 PET 영상을 사용하였다고 언급할 때 무슨 일이 일어났는지를 생각할 수 있다. 전문성 영역을 벗어난 사람은 이러한 이해를 공유하고 있지 않다. PET 사례에서 PET에 관해서 읽어보거나 학습하지 않았던 사람도 결과가 두뇌 영상이라는 사실은 알겠지만, 그 절차가 산소 동위원소의 주사를 수반한다는 사실을 알지 못할 것이다. 전문성 영역을 벗어난 전문적 매뉴얼이나 대화를 이해하고자 시도할 때, 어휘의 어려움과 정보의 간극에 직면하게 된다. 말하는 내용을 해석하기 위한 적절한 스크립트를 결여하고 있는 것이다.

두뇌영상 연구는 전두엽과 두정엽이 스크립트 생성에 관여한다는 사실을 보여준다(Godbout 등, 2004). 스크립트 생성은 상당한 작업기억을 필요로 한다. 계속되는 스크립트 생성은 시간 정보와 공간 정보 모두의 사용을 수반한다.

수많은 환자 집단이 스크립트 사용의 손상을 경험한다. 예컨대, 조현병 환자는 스크립트를 회상하고 순서대로 배열하는 데 어려움이 있다. 또한 포함해서는 안 되는 사건을 스크립트에 첨가한다. 연구 결과를 보면, 스크립트 처리의 어려움이 한편으로는 조현병의 (환각과 망상과 같은) 양성 증상과, 그리고 다른 한편으로는 전두엽의 기능부전과 관련되어있다(Matsui 등, 2006). ADHD 환자, 자폐스펙트럼 장애 환자, 심지어는 정상적인 노화를 나타내는 노인조차도 스크립트 문제를 경험하며, 스크립트에 들어있는 단계들의 적절한 순서를 회상하는 데 어려움을 겪는다(Allain 등, 2007; Braun 등, 2004; Loth, Gómez, & Happé, 2008). 이 경우에도 전두엽이 스크립트 생성과 사용에서 핵심 역할을 담당하는 것으로 보인다.

전형성 효과(typicality effect)는 스크립트 학습에서 흥미를 끄는 효과이다. 일반적으로 스크립트를 학습할 때, 전형적인 행위와 비전형적인 행위를 모두 제시하면, 비전형적 정보를 보다 쉽게 회상한다. 이러한 차이는 전형적 정보와 비교할 때 비전형적 정보의 처리가 더 많은 노력을 요구하기 때문일 가능성이 높다. 머리에 강한 타격을 받는 것과 같이 머릿속 부상을 당하게 되면, 전형성 효과가 사라진다(Vakil 등, 2002). 다시 말해서 머리 타격을 받은 사람은 전형적 정보와 비전형적 정보를 대체로 동등하게 회상한다.

기억상실증 환자에 있어서도 전형성 효과가 영향을 받는다. 흥미롭게도 의미 손상의 정도는 전형성 효과가 즉석범주(ad hoc category)에서 약화될 것인지 아니면 잘 정의된 범주에서 약화될 것인지에 영향을 미친다. 즉, 높은 수준의 의미 손상 환자는 잘 정의된 범주에서만 전형성 효과를 보이는 반면, 의미 손상이 심각하지 않은 환자는 즉석범주에서만 전형성 효과를 나타낸다(Sandberg, Sebastian, & Kiran, 2012).

스크립트 모형은 인지심리학자들이 지식 체제화에 대한 통찰을 얻는 데 도움을 주어왔다. 스크립트는 주어진 맥락에서 명백한 간극을 채워 넣어야 하는 특정 상황에서 행위를 위한 심적 틀거리를 사용할 수 있게 해준다. 스크립트에 접속할 수 없다면, 새로운 식당이나 새로운 병원에 처음으로 들어갈 때 당황스럽게 될 것이다. 병원 간호사가 모든 단계를 여러분에게 설명해야만 한다면 어떻게 될 것인지를 상상해보라. 주어진 상

인지심리학의 실제 적용

일상생활에서 스크립트

일상생활에서 사용하는 스크립트를 면밀하게 들여다보라. '강의실에 들어가기 스크립트'는 '밥 먹으러가기 스크립트'나 다른 스크립트 행위와 차이가 있는가? 어떤 면에서 그 스크립트들이 다른 것인가? 구조에서, 아니면 세부사항에서 다른가? 세부사항이나 구조에서 여러분의 스크립트를 변화시키고자 시도해보고, 어떻게 작동하는지 보라. 예컨대, 아침에 학교나 직장으로 급하게 달려가서는 무엇인가를 빠뜨렸거나 지각한 자신을 발견할 수 있다. 일찍 일어나도록 조정하는 것은 접어놓고, 여러분 스크립트의 구조를 분석해보라. 단계들을 결합하거나 제거할 수 있는지 보라. 아침의 관례적 행위를 단순화하도록 전날 밤에 입을 옷과 백팩이나 가방을 챙겨놓도록 시도할 수 있다. 최종 결과는 무엇인가? 여러분의 스크립트가 보다 잘 작동하게 만드는 최선의 방법은 우선 그 스크립트를 분석한 다음에 수정하는 것이다.

여러분의 삶에서 스크립트는 항상 유용한가, 아니면 하는 일을 방해하는 어떤 것이 들어있는가?

황에서 모든 사람이 유사한 스크립트를 따를 때, 하루가 훨씬 더 부드럽게 흘러간다.

범주, 의미망, 또는 스키마라는 생각에 동의하는지 간에, 중요한 논제는 지식의 체제화이다. 이러한 형태의 체제화는 다양한 목적을 달성할 수 있다. 지식의 가장 적응적이고 융통성 있는 용도는 상황에 따라서 어떤 형태의 체제화라도 사용할 수 있게 해주는 것이다. 어떤 상황이 주어졌을 때, 그 상황의 측면들을 정의하고, 개념을 다른 개념이나 범주와 관련시키며, 적절한 일련의 행위를 선택하기 위한 수단이 필요하다. 다음 절에서는 마음이 절차지식을 표상하는 방식에 관한 이론을 논의한다.

개념 확인

1. 개념이란 무엇인가?
2. 범주란 무엇인가?
3. 원형과 본보기 간의 차이는 무엇인가?
4. 의미의 이론기반 견해란 무엇인가?
5. 의미망의 성분은 무엇인가?
6. 스키마란 무엇인가?
7. 스크립트가 필요한 이유는 무엇인가?

절차지식의 표상

절차지식의 표상에 관한 가장 초기의 몇몇 모형은 인공지능과 컴퓨터 시뮬레이션 연구에서 나왔다(제1장 참조). 이 모형을 통해서 연구자는 컴퓨터가 인간 지능을 시뮬레이션 하는 방식으로 과제를 수행하도록 만들고자 시도한다. 실제로 인지심리학자는 절차지식을 표상하고 사용하는 방식에 관하여 상당히 많은 사실을 밝혀왔다. 컴퓨터로 하여금 지능적 인지과정을 시뮬레이션 하도록 만들려는 시행착오적 시도를 통해서 인간 정보처리의 복잡성을 이해하여왔다. 다음 절은 절차지식이 작동하는 방식에 관하여 심리학자가 믿고 있는 것을 기술한다. 그런 후에 두뇌에 관한 연구 그리고 그 연구가 이론과 모형에 영향을 미치는 방식을 살펴본다.

절차지식의 "산출"

절차지식 표상은 절차를 반복적으로 구현함으로써 획득한다. 단순히 읽거나 들은 결과가 아니며, 명시적 지시를 통해 정보를 획득하는 것도 아니다. 일단 비선언지식의 심적 표상을 구성하게 되면(즉, 절차화가 완료되면), 그 지식은 암묵적인 것이 된다. 언어로 표현하고자 시도한다고 해도 명시적인 것으로 만들기 어렵다. 실제로 반복 사용은 그 지식에 대한 명시적 접속을 낮추기 십상이다. 예컨대, 여러분이 최근에 자동차 운전을 배웠다고 해보자. 오래 전에 운전을 배운 사람보다 여러분이 운전하는 방법을 더 잘 기술할 것이다. 그렇지만 비선언지식에 대한 명시적 접속이 낮아짐에 따라서, 그 지식에 대한 암묵적 접속의 용이성은 증가한다. 결국 대부분의 비선언지식은 선언지식보다 훨씬 신속하게 인출하여 사용할 수 있다.

심리학자들은 절차지식을 표상하고 처리하는 방식에 관한 다양한 모형들을 개발해왔다. 각 모형은 정보의 **계열처리**(serial processing)를 수반하는데, 이 처리에서는 한 번에 하나의 조작을 수행하는 선형적 순서에 따라서 정보를 처리한다. 컴퓨터가 절차지식을 표상하고 체제화 하는 한 가지 방법은 **산출**(production)을 주도하는 일련의 규칙 형태를 취하는데, 산출은 절차의 생성과 출력을 포함한다(Jones & Ritter, 2003). 산출의 컴퓨터 시뮬레이션은 "만일" 절과 "그렇다면" 절을 포함하는 산출규칙을 따른다(Newell & Simon, 1972). 사람들은 이와 동일하거나 매우 유사한 형태로 체제화한 지식을 사용한다. 예컨대, 여러분의 차가 도로 왼쪽을 향해 가고 있다고 가정해보자. 그러면 도로를 이탈하지 않기 위해 핸들을 오른쪽으로 돌려야 한다. "만일" 절은 "그렇다면" 절을 실행하기 위하여 충족시켜야 하는 일련의 조건을 포함하고 있다. "그렇다면" 절은 "만일" 절에 대한 반응인 행위 또는 일련의 행위이다.

하나의 만일-그렇다면 규칙에 있어서, 각 조건은 하나 이상의 변인을 포함한다. 각 조건에 대해서는 하나 이상의 가능성이 존재한다. 예컨대, 만일 자동차로 어딘가를 가고자 한다면, 그리고 만일 운전하는 방법을 알고 있다면, 그리고 만일 운전면허가 있고 보험에 가입하였다면, 그리고 만일 사용할 수 있는 자동차가 있다면, 그리고 만일 다른 제약이 없다면(예컨대, 열쇠가 없다거나 연료가 떨어졌다거나 엔진이 망가졌다거나, 배터리가 방전되었다거나 하는 등의 제약), 그렇다면 원하는 곳으로 차를 몰고 가는 행위를 수행할 수 있다.

규칙들을 정확하게 기술하고 모든 관련 조건과 행위들을 언급하려면, 지극히 단순한 과제를 수행하는 데도 엄청난 수의 규칙이 필요하다. 이 규칙들은 루틴(routine; 과제를 수행하기 위한 절차들에 관한 지시문)과 서브루틴(subroutine; 루틴이 주도하는 큰 과제 내의 하위과제들을 수행하기 위한 지시문) 구조로 체제화 되어있다. 많은 루틴과 서브루틴은 반복적이며, 한 과제를 수행하는 동안 여러 차례 반복한다는 것을 의미한다.

특정 과제를 수행하거나 어떤 기술을 사용하고자 할 때, 그 과제를 수행하거나 기술을 사용하기 위한 전체 규칙 집합을 포함하고 있는 **산출체계**(production system)를 사용하게 된다(Anderson, 1983, 1993; Gugerty, 2007; Newell & Simon, 1972; Simon, 1999a, 1999b).

교통신호등이 있는 교차로에서 길을 건너려는 보행자를 위한 간단한 산출체계를 생각해보자(Newell & Simon, 1972). 다음에서 화살표 왼쪽은 "만일" 절을 나타내고, 오른쪽은 "그렇다면" 절을 나타낸다.

빨간 신호등 → 정지
녹색 신호등 → 움직이기(건너기)
움직이고 있고 왼발이 길 위에 있다 → 오른발 내딛기
움직이고 있고 오른발이 길 위에 있다 → 왼발 내딛기

이 산출체계에서 보행자는 우선 신호등이 빨간색인지를 검증한다. 만일 빨간색이라면, 정지하고 신호등이 빨간색인지를 다시 검증한다. 신호등이 녹색으로 바뀔 때까지 이 과정을 반복한다. 신호등이 바뀌는 시점에서 움직이기 시작한다. 움직이고 있으며 왼발이 길 위에 있으면, 오른발을 내딛는다. 움직이고 있으며 오른발이 길 위에 있으면, 왼발을 내딛는다.

산출체계는 때때로 컴퓨터 프로그램과 마찬가지로 버그를 가지고 있다. 버그(bug)란 조건이나 행위를 수행하기 위한 지시문의 오류를 말한다. 예컨대, 길을 건너는 프로그램에서, 만일 마지막 지시문을 "움직이고 있고 오른발이 길 위에 있다 → 오른발 내딛기"로 읽는다면, 산출체계를 집행하고 있는 사람은 아무 데도 갈 수 없다. 산출체계 모형에 따르면, 절차지식의 표상은 간혹 버그를 가지고 있을 수 있다(Gugerty, 2007; VanLehn, 1990).

대략 1970년대 중반까지는 지식 표상에 관심을 가지고 있던 연구자들이 절차지식 또는 선언지식에 관한 두 연구 흐름 중에서 하나를 따랐다. 인공지능 연구자와 정보처

인지심리학 연구하기

절차지식

친구에게 20달러를 벌고 싶은지 물어보라. 30초 이내에 12달의 영어 이름을 알파벳 순서로 말할 수 있으면 20달러를 받는다.

여러 해에 걸쳐 수업 중에 학생들에게 상금을 내걸었지만, 단 한 명의 학생도 해내지 못하였기에 20달러는 여전히 건재하다. 이 시범은 12달의 이름과 같이 보편적이고 빈번하게 사용하는 것이 어떻게 특정 순서로 함께 묶여있는 것인지를 보여준다. 그 이름을 일상적으로 사용하거나 친숙한 순서와 다른 순서로 재배열하기는 어렵다.

리 연구자들은 절차지식 표상에 관한 다양한 모형을 정교화하고 있었다. 인지심리학자를 비롯한 다른 연구자들은 선언지식 표상에 관한 다양한 대안 모형을 연구하고 있었다. 1970년대가 끝날 무렵에 지식 표상에 관한 통합 모형이 출현하기 시작하였다.

비선언지식

앞서 언급한 바와 같이, 전통적으로 지식을 선언적이거나 절차적인 것으로 기술해왔다. 선언지식과 절차지식 간의 전통적인 구분을 확장하여, 비선언지식은 단지 절차지식이기보다는 광범위한 심적 표상을 포괄하는 것이라고 제안할 수 있다(Squire, 1986; Squire 등, 1990). 구체적으로 말해서, 사람들은 선언지식에 덧붙여 다음과 같은 형태의 비선언지식도 마음에 표상한다.

- 지각, 운동, 인지 기술(절차지식)
- 단순한 연합지식(파블로프식 조건형성과 조작적 조건형성)
- 단순한 비연합지식(습관화와 민감화)
- 점화(지식망 내에 근본적인 연계가 존재하며, 특정 심적 통로에 위치한 정보의 활성화는 관련된 통로 아니면 동일한 통로에 존재하는 다른 정보의 후속 인출을 촉진한다. 제4장 참조).

일반적으로 이러한 형태의 비선언지식은 모두 암묵적이다. 행위를 수행할 때 밟고 있는 단계들을 자각하지 못하며, 명시적으로 진술하기도 어렵다.

스콰이어(L. R. Squire) 모형에 관한 일차적 영감은 다음과 같은 세 출처에서 나온 것이다. 자기 자신의 연구, 기억상실증 환자 연구와 동물 연구를 포함한 광범위한 신경심리학 연구, 그리고 인간 인지에 관한 연구. 한 사례를 보자. 기억상실증 환자 연구는 선언지식 표상을 위한 신경체계와 비선언지식 표상을 위한 신경체계 간의 명확한 구분을 보여준다. 예컨대, 기억상실증 환자는 자신이 절차지식을 가지고 있다는 사실을 기억해내지 못하는 경우조차도 계속해서 그 절차지식을 사용하기 십상이다. 기술을 요구하는 과제에서 수행 증진을 보여준다. 이러한 증진은 어떤 형태의 새로운 지식 표상을 나타내는데, 그 과제를 과거에 경험하였다는 사실조차 기억해낼 수는 없다. 예컨대, 거울상 글 읽기를 반복해서 연습한 기억상실증 환자는 연습의 결과로 성과의 증진을 나타내지만, 그러한 연습을 하였었다는 사실을 회상하지 못한다(Baddeley, 1989).

기억상실증 환자는 지식 표상의 또 다른 역설도 보여준다. 대부분의 상황에서 정상적인 기억능력을 보여주지 못하지만, 점화효과를 나타낸다. 제4장에서 특정 단서나 자극이 심적 통로를 활성화시켜 관련 정보의 인출이나 인지처리를 증진시킨다는 점화효과를 회상해보라. 예컨대, 누군가 여러분에게 '사이트'라고 발음하는 단어를 적어보라고 요구한다면, 여러 요인의 영향에 따라 다르게 적을 수 있다. 그 요인에는 감각 양상("sight"), 고고학 유물 발견 장소("site"), 아니면 참고문헌 목록("cite")에 관하여 생각하라고 점화되었는지 여부가 포함된다. 기억상실증 환자가 점화 경험을 회상하지 못

인지심리학 연구하기

점화

최소한 두 명(그 이상이면 더 좋다)의 자원자를 구하여 두 집단으로 나누어라. 한 집단에게는 다음의 철자 맞추기(문자들을 정확한 순서로 배열하여 의미 있는 단어를 만드는 놀이)를 하도록 요청하라: ZAZIP, GASPETHIT, POCH YUSE, OWCH MINE, ILCHI, ACOT.

다른 집단에게는 다음 철자 맞추기를 하도록 요청하라: TECKAJ, STEV, ASTEREW, OLACK, ZELBAR, ACOT.

첫 번째 집단의 경우, 정답은 pizza, spaghetti, chop suey, chow mein, chili, 그리고 여섯 번째 항목이다. 두 번째 집단의 정답은 jacket, vest, sweater, cloak, blazer, 그리고 여섯 번째 항목이다. 각 집단에서 여섯 번째 항목은 taco이거나 coat일 수 있다.

여러분의 자원자는 점화시킨 목록에 따라서 특정 답을 선택하는 경향성을 보여주었는가?

하고 점화가 일어났던 경험을 명시적으로 회상할 수 없을 때도, 점화는 여전히 수행에 영향을 미친다.

'인지심리학 연구하기: 점화'에서 점화에 관한 시범을 직접 해보라. 이 시범은 선언지식 저장소를 이용할 것을 요구한다.

선행 사례들은 한 항목이 의미적으로 관련된 다른 항목을 점화시키는 상황을 예시한다. 실제로 두 가지 유형의 점화, 즉 의미 점화와 반복 점화를 구분할 수 있다(Pesciarelli 등, 2007; Posner 등, 1988). 의미 점화에서는 의미 있는 맥락이나 정보가 점화한다. 전형적으로 그러한 정보는 표적과 의미적으로 관련된 단어나 단서이다. 예컨대, '과일'이나 '녹색'이 '레몬'을 점화할 수 있다. 반복 점화에서는 단어나 다른 자극의 사전 노출이 그 정보의 후속 인출을 점화한다. 예컨대, '레몬'이라는 단어를 듣는 것이 그 단어의 후속 처리를 점화한다. 두 유형의 점화는 모두 상당한 연구를 초래하였지만, 특히 의미 점화가 인지심리학의 관심을 끌고 있다.

활성화 확산 이론에 따르면, 점화자극이 표적 마디를 활성화시키는 정도는 점화자극과 표적을 연결하는 고리의 수 그리고 각 연결의 상대적 강도라는 두 요인의 함수이다. 이 견해는 둘을 연결하는 중간 고리의 수가 증가할수록 점화효과의 가능성은 낮아진다고 주장한다. 그렇지만 점화자극과 표적을 연결하는 각 고리의 강도가 증가할수록 점화효과의 가능성이 증가하는 경향이 있다. 이 모형은 상당한 지지를 받아왔다(예컨대, McNamara, 1992). 나아가서 대부분의 심리학자는 활성화 확산을 통한 점화효과의 출현이 지식 표상에 대한 망 모형을 지지하는 것으로 받아들이고 있다. 특히 망 모형 내에서 활성화 확산에 의한 점화효과는 새로운 모형의 출현으로 이끌어왔다. 이 모형을 **연결주의 지식표상 모형**이라고 부르며, 다음 절에서 보다 상세하게 논의한다.

개념 확인

1. 절차지식이란 무엇인가?

2. 어떤 유형의 비선언지식들이 있는가?
3. 점화의 두 유형은 무엇인가?

선언지식과 비선언지식 표상의 통합모형

지금까지는 선언지식이나 절차지식 표상에 대한 모형들을 보았다. 이제 둘을 모두 설명하고자 시도하는 모형을 살펴본다. 첫째는 ACT-R 모형으로, 의미망과 산출체계에 근거하고 있다. 그런 다음에 컴퓨터가 아니라 인간 두뇌를 모형으로 사용하고 있는 연구 결과를 살펴본다. 상세하게 살펴볼 한 가지 이론이 연결주의 모형이다.

마지막으로 심리학자들이 지식표상의 모든 영역(예컨대, 선언지식과 절차지식)을 설명하는 모형을 찾고자 시도해야만 하는지, 아니면 특정 영역에 전문화된 모형을 개발하는 것이 더 가치 있는 것인지를 논의한다.

표상의 결합: ACT-R

두 형태의 심적 표상을 결합하는 이론의 멋진 사례가 지식표상과 정보처리에 대한 **ACT**(adaptive control of thought) 모형이다(Borst & Anderson, 2015; Anderson, 1976, 1993; Anderson 등, 2004). 존 앤더슨은 ACT 모형에서 계열 정보처리 모형의 몇몇 자질과 의미망 모형의 몇몇 자질을 종합하였다. ACT에서 절차지식은 산출체계의 형태로 표상한다. 선언지식은 명제망의 형태로 표상한다. 앤더슨(1985)은 명제를 진위 판단이 가능한 지식의 최소단위로 정의하였다. 제7장에서 명제는 요소들 간의 추상적 관계를 기술한다는 사실을 회상해보라. 예컨대, "철수는 치즈케이크를 좋아한다."는 명제이지만, "철수"나 "치즈케이크"는 명제가 아니다. ACT는 초기 모형을 진화시킨 것이다(Anderson, 1972; Anderson & Bower, 1973).

앤더슨은 자기 모형이 전체 인지구조물에 대한 포괄적 이론이 되도록 그 적용범위를 넓게 잡았다. 앤더슨의 견해에서는 기억, 언어이해, 문제해결, 추리 등과 같은 개별적인 인지과정은 단지 핵심 주제를 변형시킨 것에 불과하다. 이것들은 모두 기저 인지체계를 반영하고 있다. ACT의 가장 최근 버전인 **ACT-R**(여기서 R은 Rational, 즉 합리성을 의미한다)은 선언지식의 망 표상과 절차지식 표상의 산출체계를 통합하는 정보처리 모형이다(Anderson, 1983). 그림 8.7은 ACT-R 모형과 명제망을 보다 상세하게 예시하고 있다.

ACT-R에서 망은 대상의 시각상 그리고 이에 상응하는 공간배열과 관계를 포함하고 있다. 또한 행위와 사건의 연속, 심지어는 항목들이 나타나는 순서를 수반하는 관계와 같은 시간정보도 포함한다. 앤더슨은 시간 정보를 "시간열"이라고 지칭하였다. 그는 시간열이 상대적인 시간 순서에 관한 정보를 포함한다고 지적하였다. 그 사례가 전/후, 첫째/둘째/셋째, 어제/내일 등이다. 이러한 상대적 시간 순서를 2016년 2월 26

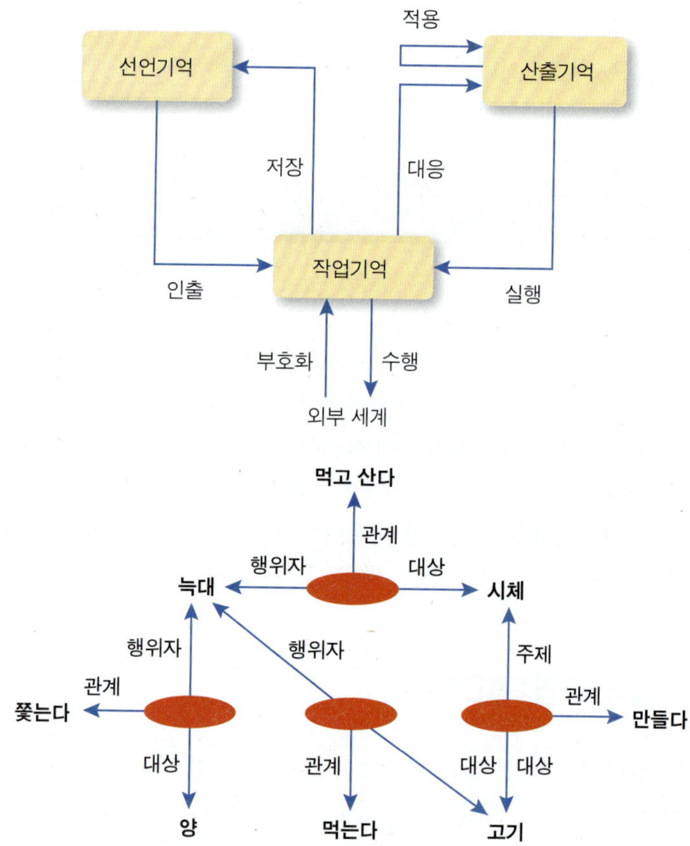

그림 8.7 ACT-R 모형과 명제망의 성분. (a) ACT-R의 가장 최신 버전은 선언지식("선언기억"), 절차지식("절차기억"), 그리고 작업기억(인지처리를 위해 활성화된 지식으로, 제한된 용량을 가지고 있다)을 포함한다. (b) 아래 도식은 늑대가 동물 사체를 먹고 살며, 고기를 먹으며, 양을 쫓는다는 사실을 표상하는 명제망을 보여주고 있다. 명제망은 더 많은 정보를 표상하도록 임의적으로 확장할 수 있다.

출처: Rock, I. (1990). *The legacy of Solomon Asch: Essays in cognition and social psychology*. Lawrence Erlbaum Associates.; Reisberg, D. (2013) *Cognition: Exploring the Science of the Mind* (5th Ed.). Norton

일 오후 4시와 같은 절대적 시간과 비교해볼 수 있다. 이 모형을 끊임없이 개정하고 있으며, 현재는 환경의 통계적 규칙성에 관한 정보를 포함하고 있다(Anderson, 1991, 1996; Weaver, 2008). 또한 피질에서 일어나는 학습과정을 밝히는 데도 사용한다(Anderson 등, 2004; Borst & Anderson, 2015).

ACT-R에서 선언지식

앤더슨의 선언지식 망 모형은, 다른 많은 망 모형(예컨대, Collins & Loftus, 1975)과 마찬가지로 정보를 저장하는 구조뿐만 아니라 정보를 인출할 수 있는 기제를 포함하고 있다. 의미망에서 개념은 망 내의 여러 마디에 저장한다는 사실을 회상해보라. 앤더슨 모형(그리고 다양한 다른 망 모형)에 따르면, 마디는 특정 시점에 활동하거나 활동하지 않을 수 있다. 활동하는 마디는 어떤 의미에서 "신호가 켜진" 마디이다. 감각과 같은 외부 자극이 마디를 직접 활성화시킬 수 있으며, 아니면 기억이나 사고과정과 같은 내부 자극이 활성화시킬 수도 있다. 또한 하나 이상의 이웃 마디의 활성화가 간접적으로 활성화시킬 수도 있다.

각 마디가 이웃 마디로부터 자극을 받아들일 수 있다는 사실을 전제로 할 때, 망 내에서는 한 마디에서 다른 마디로의 **활성화 확산**(spreading activation)이 존재한다. 그렇지만 한 시점에서 활성화할 수 있는 정보의 양(마디의 수)은 제한되어있다(Danker, Gunn, & Anderson 등, 2008; Shastri, 2003). 물론 더 많은 마디가 활성화하고 활성화 확산이 처음의 활성화 출처로부터 멀리 퍼져나갈수록, 활성화는 약화된다. 따라서 원래의 마디와 밀접하게 관련된 마디가 상당한 활성화를 나타낸다. 관련성이 적어 멀리 떨어져있는 마디는 활성화 정도가 약하다. 예컨대, '쥐' 마디가 활동할 때, '고양이' 마디도 상당한 활동을 보인다. 동시에 '사슴' 마디도 활동하지만(사슴도 동물이기 때문이다), 그 정도는 훨씬 약하다. 활성화 확산은 유아에게도 존재한다. 따라서 유아에게 있어서도 기억은 고립된 "섬"으로 존재하는 것이 아니라 연합망으로 통합되어있다(Barr 등, 2014).

또한 ACT-R은 활성화의 결과로 망이 변하는 수단도 제안한다. 마디 간의 특정 고리를 더 자주 사용할수록, 그 고리는 강력해진다. 활성화는 자주 사용하는 고리를 따라서 퍼져나갈 가능성이 높으며, 자주 사용하지 않는 고리를 따라서 퍼져나갈 가능성은 낮다.

한 가지 유추를 생각해보자. 여러 곳을 복잡하게 상호연결하고 있는 일련의 수도 파이프를 상상해보라. 한 곳에서 밸브를 열면, 물은 여러 파이프를 통해서 이동하기 시작한다. 이것은 일종의 활성화 확산을 보여주고 있다. 여러 연결지점의 밸브가 열려 있거나 닫혀있다. 따라서 물의 흐름이 계속 진행되거나 아니면 다른 곳으로 흐름(활성화)을 바꾸기도 한다.

유추를 조금 더 확장하면, 주의와 같은 처리과정이 시스템 전체에 걸친 활성화 정도에 영향을 미칠 수 있다. 수로 체계를 다시 생각해보자. 수압이 높을수록 물은 파이프를 통해 더 멀리 퍼져나간다. 이 은유를 활성화 확산과 관련시키기 위하여, 한 논제에 관하여 생각하고 있으며 그 논제에 관한 다양한 연합이 마음에 떠오를 때 어떤 일이 일어나는지를 생각해보자(예컨대, 내일 저녁식사를 생각하면서 구입할 물건의 목록을 작성해야 하는데, 오래 전에 부모님을 저녁식사에 초대하기로 약속한 사실이 떠오른다). 사람들은 문제의 다양한 측면에 대한 지식 그리고 그 해결책까지도 표상하고 있는 마디를 따라서 활성화 확산을 경험하고 있다.

활성화 확산의 몇몇 측면에 관한 설명을 돕기 위하여, 일반적인 수도관보다 더 유연한 파이프를 상상해보자. 이 파이프는 점진적으로 확장하거나 수축할 수 있는데, 얼마나 자주 사용하는지에 달려있다. 자주 사용하는 경로에 있는 파이프는 물이 쉽고 빠르게 이동하도록 늘어날 수 있다. 거의 사용하지 않는 경로의 파이프는 점차 줄어들 수 있다. 마찬가지로 활성화 확산에서도 자주 사용하는 연결은 강력해진다. 거의 사용하지 않는 연결은 약화된다. 따라서 의미망에서 사용빈도에 따라 강화된 연결을 통해서 선언지식을 학습하고 유지할 수 있다. 활성화 확산 이론을 수많은 다른 인지개념에 적용해왔다. 이러한 개념에는 사회인지와 이중언어가 포함된다(Dixon & Maddox, 2005; Green, 1998).

ACT-R에서 절차지식

앤더슨은 절차지식의 획득을 어떻게 설명하는가? 의미망이 아니라 산출체계에 이 지식을 표상한다. 절차지식의 표상은 인지 단계, 연합 단계, 자율 단계의 세 단계에서 일

표 8.2 절차지식 획득의 세 단계. 자동차 운전 학습의 예

단계	설명	사례
인지 단계	절차를 구현하는 명시적 규칙을 생각한다.	자동차 운전을 배울 때, 클러치, 브레이크, 액셀을 밟는 각 규칙에 대해서 명시적으로 생각해야만 한다. 동시에 언제 어떻게 기어를 변경할 것인지도 생각하고자 애를 쓴다.
연합 단계	일반적으로 매우 일관성을 유지하면서, 명시적 규칙의 사용을 집중적이고 의식적으로 연습한다.	일관성 있게 규칙을 따르는 것을 조심스럽고도 반복적으로 연습한다. 점차적으로 규칙에 친숙해진다. 언제 어떤 규칙을 따르고 언제 어떤 절차를 구현하는 것인지를 학습한다.
자율 단계	규칙을 생각하지 않은 채 자동적이고 암묵적으로 사용한다. 속도와 정확성뿐만 아니라 상당한 정도의 통합과 협응을 나타낸다.	모든 규칙을 일련의 협응 행위로 통합하였다. 기어를 바꾸기 위해서 어떤 단계를 취해야 하는지를 생각할 필요가 더 이상 없다. 대신에 좋아하는 라디오 프로그램 청취에 집중할 수 있다. 동시에 목적지에 도착하는 것, 사고를 피하는 것, 보행자를 위해 정지하는 것 등을 생각할 수 있다.

어난다(Anderson, 1980). 세 단계 각각의 사례를 보려면 표 8.2를 참조하라.

이러한 단계를 통한 진전을 절차화라고 부른다(Anderson 등, 2004). **절차화**(proceduralization)는 절차에 관한 느리고 명시적인 정보("무엇인지를 아는 것")를 빠르고 암묵적인 절차 구현("어떻게 하는 방법을 아는 것")으로 변환하는 전반적인 과정을 말한다. (제4장에서 **자동화**에 관한 논의를 회상해보라. 이 용어는 본질적으로 절차화와 동일한 과정을 기술하기 위하여 다른 인지심리학자들이 사용한 것이다.) 이러한 변환을 수행하는 한 가지 수단이 조립을 통하는 것이다. 이 단계에서는 둘 이상의 산출규칙을 효율적으로 포괄하는 단일 산출규칙을 구성한다. 그렇게 함으로써 절차를 수행하는 데 필요한 규칙의 수를 줄여나간다. 예컨대, 운전을 배울 때 일어나는 일을 생각해보자. 두 개의 개별적인 절차를 조립하여 단일 절차를 만들 수 있다. 하나는 클러치를 밟는 것이고, 다른 하나는 정지신호 앞에서 브레이크를 밟는 것이다. 이렇게 다중과정을 결합하여 운전이라는 하나의 절차를 만든다.

절차화의 또 다른 측면은 "산출 조율하기"이다. 이것은 일반화와 변별이라는 두 가지 보완적 과정을 수반한다. 사람들은 기존 규칙을 새로운 상황에 적용하도록 일반화한다. 예컨대, 클러치, 브레이크, 액셀의 사용을 다양한 차에 일반화할 수 있다.

마지막으로, 사람들은 직면하는 조건에 대처하기 위한 새로운 기준을 변별하는 것을 학습한다. 예컨대, 특정 차의 운전을 완전히 숙달한 후에는 어떤 일이 일어나는가? 만일 변속기의 기어 수가 다르거나 후진 기어의 위치가 다른 차를 운전한다면, 새로운 기어 위치에 관하여 적절한 정보를 예전 기어 위치에 관한 부적절한 정보와 변별해야만 한다. 항공 교통 관제와 같이 극도로 복잡한 과제를 학습하는 것도 이러한 세 처리과정을 사용하여 기술할 수 있다(Taatgen & Lee, 2003).

지금까지 이 장에서 제시한 지식표상 모형들은 주로 인간 지능에 대한 컴퓨터 모형에 근거한 것이었다. 앞에서의 논의가 보여주는 바와 같이, 인간 인지과정의 컴퓨터 시뮬레이션에 근거한 정보처리 이론은 인간 지식표상과 정보처리에 대한 이해를 크게 증진시켜왔다.

인간의 지식표상을 이해하는 대안적 접근은 인간 두뇌 자체를 연구하는 것이다. 많은 생물심리학 연구는 두뇌의 많은 작동이 정보를 단계별로 조금씩 처리하는 것이 아니라 수많은 정보를 동시에 처리한다는 증거를 제공해왔다. 두뇌는 엄청난 양의 지식을 한 번에 처리한다. 그러한 모형이 반드시 단계별 모형과 상충될 필요는 없다. 첫째, 사람들은 계열처리와 병렬처리를 모두 사용하는 것으로 보인다. 둘째, 상이한 유형의 처리가 상이한 수준에서 일어날 수 있다. 따라서 두뇌는 다중 정보를 동시에 처리할 수 있는 것이다. 정보를 단계별로 처리할 때 사람들이 자각하는 각각의 단계들을 하나로 묶어버린다.

병렬처리: 연결주의 모형

컴퓨터에서 영감을 받은 정보처리 이론은 인간이 컴퓨터와 마찬가지로 정보를 계열적으로 처리한다고 가정한다. 즉, 정보를 단계별로 처리한다는 것이다. 인간 인지의 몇몇 측면은 계열처리를 가지고 설명할 수 있지만, 생물심리학 연구 결과를 비롯한 다른 인지 연구는 인간 인지의 다른 측면들을 보여주고 있다. 그 측면들은 다중 조작이 동시에 일어나는 **병렬처리**(parallel processing)를 수반한다. 컴퓨터의 정보처리가 어떻게 많은 인지 모형의 은유로 작동해왔는지를 보았다. 마찬가지로 인간 두뇌가 정보를 처리하는 방식에 관한 이해의 증가도 최근의 많은 지식표상 모형을 위한 은유로 기능하고 있다.

인간 두뇌는 많은 조작을 처리하고 다양한 출처의 정보를 동시에, 즉 병렬적으로 처리하는 것으로 보인다. 실제로 정보를 병렬적으로 처리할 필요가 있다. 컴퓨터는 입력에 나노초(1/1,000,000초) 단위로 반응하지만 개별 뉴런은 자극에 대한 반응으로 흥분하는 데 3밀리초(1/1,000초)까지 필요하다. 따라서 인간 두뇌의 계열처리는 너무나 느려서 두뇌가 다루는 정보의 양에 대처할 수 없다. 예컨대, 대부분의 사람은 복잡한 시각 자극을 대략 300밀리초 내에 재인할 수 있다. 만일 자극을 계열적으로 처리한다면, 오직 수백 개의 뉴런만이 반응할 시간을 갖게 되며, 복잡한 자극을 지각하는 데 충분하지 않다. 따라서 병렬처리의 분산이 인간 정보처리의 속도와 정확성을 보다 잘 설명해준다.

이러한 고려사항으로 인해, 오늘날 많은 지식표상 모형은 인간 인지에서 병렬처리의 중요성을 강조하고 있다. 이에 덧붙여서 상호 연결된 컴퓨터 프로세서의 신경망을 통해서 병렬처리를 시뮬레이션 하는 컴퓨터들을 만들어왔다.

현재 많은 인지심리학자는 병렬처리의 제한점을 탐구하고 있다. **병렬분산처리 모형**(parallel distributed processing; PDP model) 또는 **연결주의 모형**(connectionist model)에 따르면, 사람들은 헤아릴 수 없이 많은 두뇌영역에 걸쳐 분산되어있는 망을 통해서 엄청나게 많은 수의 인지과정을 동시에 처리한다(McClelland & Rogers, 2003; McClelland, Rumelhart, & the PDP Group, 1986; Rogers & McClelland, 2014).

PDP 모형의 작동방식

병렬처리가 일어난다고 믿고 있는 심적 구조는 망이다. 연결주의 망에서는 모든 형태의 지식을 망구조 속에 표상한다. 망의 기본 요소가 마디라는 사실을 회상해보라. 각 마디는 다른 많은 마디들과 연결되어있다. 이렇게 상호연결 패턴이 다양한 마디 간의 연결에 들어있는 정보를 의미 있게 체제화 할 수 있게 해준다. 많은 망 모형에서는 각 마디가 개념을 표상한다.

PDP 모형의 망은 앞에서 기술한 의미망과 핵심적인 측면에서 차이를 보인다. PDP 모형에서는 뉴런을 닮은 단위가 망을 구성한다(McClelland & Rumelhart, 1981, 1985; Rogers & McClelland, 2014; Rumelhart & McClelland, 1982). 이 단위는 개념이나 명제 또는 어떤 다른 유형의 정보도 결코 표상하지 않는다. 따라서 지식을 표상하는 것은 연결패턴이지, 개별 단위가 아니다. 동일한 생각이 언어 사용을 주도한다. 단어의 개별 문자(또는 발음)는 정보가 별로 없지만, 문자들의 패턴은 매우 정보적이다. 마찬가지로 단일 단위는 전혀 정보적이지 않지만, 단위들 간의 상호연결 패턴은 매우 정보적이다. 그림 8.8은 단지 여섯 개의 단위(점)를 사용하여 여섯 개보다 훨씬 많은 연결패턴을 생성하는 방법을 예증하고 있다.

PDP 모형은 두뇌의 영감을 받은 모형이 컴퓨터의 영감을 받은 모형과 차이나는 또 다른 방식을 예증해준다. 인지과정의 차별화는 컴퓨터 중앙처리기가 상이한 지시를 한 결과이기보다는 활성화 패턴을 구분하는 것으로 처리한다. 어느 시점에서든 두뇌의 한 뉴런은 활동하지 않거나, 흥분하거나 억제될 수 있다.

- **활동하지 않는** 뉴런은 흥분 이상으로 자극받지 않은 것이다. 시냅스에 신경전달물질을 방출하지 않는다.
- **흥분성** 뉴런은 시냅스에 수용 뉴런을 자극하는 신경전달물질을 방출하여, 수용 뉴런이 흥분 역치에 도달할 가능성을 증가시킨다.
- **억제성** 뉴런은 수용 뉴런을 억제하는 신경전달물질을 방출하여, 수용 뉴런이 흥분 역치에 도달할 가능성을 낮춘다.

이에 덧붙여서 한 뉴런의 활동전위는 실무율적이지만, 방출하는 신경전달물질과 신경조절물질의 양은 변할 수 있다. (신경조절물질이란 신경활동을 증가시키거나 억제할 수 있는 화학물질이다.) 흥분하는 빈도도 변할 수 있다. 이러한 변화는 시냅스에서 다른 뉴런의 흥분이나 억제의 정도에 영향을 미친다.

마찬가지로 PDP 모형에서 개별 단위는 활동하지 않거나, 다른 단위에 흥분성 신호나 억제성 신호를 보낼 수 있다. 그렇다고 해서 PDP 모형이 실제로 지식표상을 위한 특정한 신경통로를 나타내는 것은 아니다. 특정 신경정보의 경로를 어렴풋이 알고 있을 뿐이며, 아직도 가야할 길은 멀기만 하다. 단지 PDP 모형은 인지를 이해하는 은유로 두뇌의 생리적 과정을 사용하고 있을 뿐이다. PDP 모형에 따르면, 단위들 간의 연결은 상이한 정도의 흥분이나 억제를 나타낼 수 있다. 그 차이는 현재 연결이 활동하지 않을 때조차도 나타날 수 있다. 특정한 연결이 더 자주 활동할수록, 흥분성이든 억제성이든 관계없이 그 연결강도가 강력해진다.

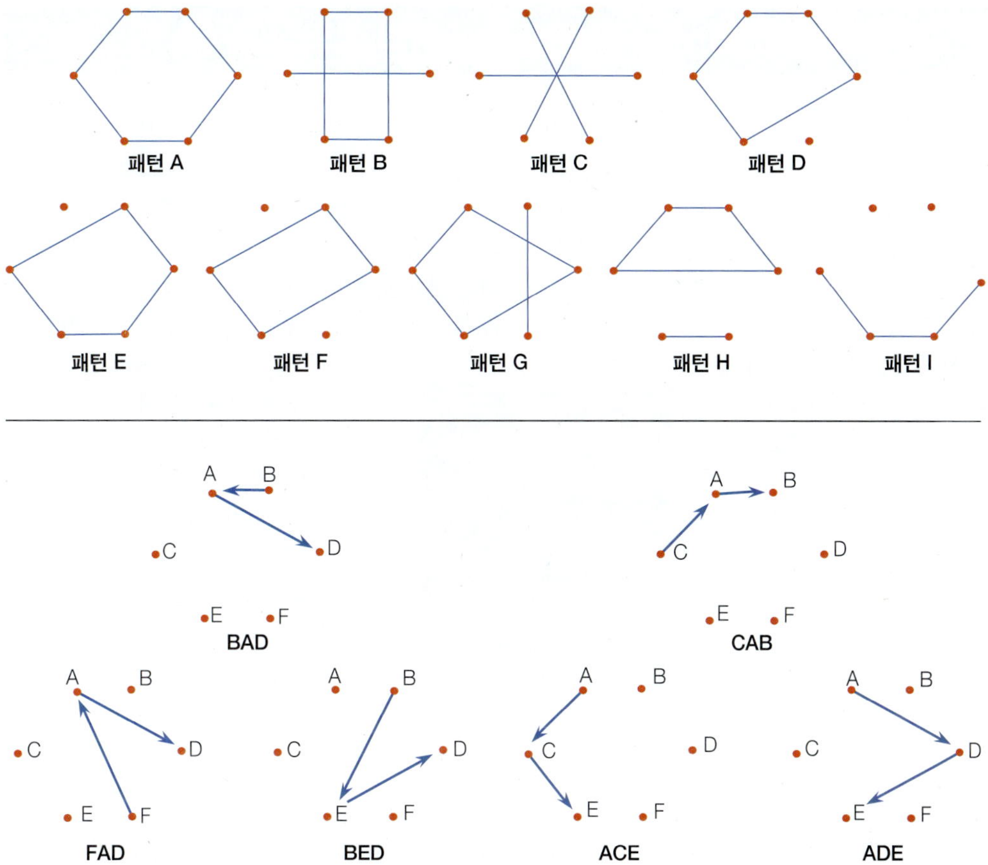

그림 8.8 연결패턴이 표상하는 지식. 각 단위(점)는 비교적 정보가 없지만, 단위를 다양한 패턴으로 연결하면, 그림 상단의 패턴들이 예증하는 바와 같이 각 패턴은 상당히 정보적일 수 있다. 마찬가지로 개별 문자는 비교적 정보가 없지만, 문자 패턴은 상당히 정보적일 수 있다. 단지 세 문자 조합만을 사용하여, 그림 하단에서 보는 바와 같이 CAB, BED를 비롯한 여러 가지 패턴을 생성할 수 있다.

PDP 모형에 따르면, 사람들이 지식을 사용할 때마다, 그 표상이 변한다. 따라서 지식표상은 최종산물이 아니라, 처리과정 심지어는 잠재적인 처리과정이다. 저장하고 있는 것은 특정 연결패턴이 아니라, 잠재적인 흥분성이거나 억제성인 연결강도 패턴이다. 두뇌는 자극을 받을 때 그 패턴을 사용하여 다른 패턴을 만들어낸다.

새로운 정보를 받아들일 때, 그 정보에 의한 활성화는 단위들 간의 연결을 강화하거나 약화시킨다. 새로운 정보는 환경자극이나 기억 또는 인지과정에서 올 수 있다. 추론을 하거나 일반화를 통해 새로운 정보를 만들어내는 능력은 지식 표상과 조작에 거의 무한한 다양성을 가능하게 만들어준다.

이러한 다양성이 인간으로 하여금 불완전하고 왜곡된 정보를 처리할 수 있게 해주며, 이것이 컴퓨터와 다른 점이다. 왜곡되거나 불완전한 정보는 손상된(degraded) 것으로 간주한다. PDP 모형에 따르면, 인간의 마음은 융통성이 있으며, 한 패턴을 활성화시키기 위하여 그 패턴의 모든 측면이 들어맞아야 할 필요는 없다. 따라서 제공하는 속성들이 특정 패턴의 차별적인 측면들을 어느 정도 활성화시키게 되면, 몇몇 정보

제임스 맥클러랜드(James McClelland)의 실험실에서는

신경망 모형

우리 실험실에서는 인간의 인지처리가 두뇌 뉴런의 상호작용에서 발생한다는 생각이 함축하는 바를 이해하고자 시도하고 있다. 우리는 뉴런과 같이 단순한 처리단위를 사용하여 인간의 인지과제를 직접 수행하는 계산모형을 개발하고 있다.

한 가지 중요한 사례는 영어 동사의 과거시제를 만드는 과정이다. *like*, *take*, *gleat*의 과거시제 형성을 생각해 보자. (*gleat*는 영어 단어가 아니지만, 가능할 수도 있다. 예컨대, 특정 방식으로 경례를 하는 행위를 지칭하기 위하여 *gleat*라는 단어를 만들어낼 수 있다.) 아무튼 대부분의 사람은 *like*의 과거형이 *liked*이고, take의 과거형이 *took*이며, *gleat*의 과거형은 *gleated*이어야 한다는 데 동의한다.

제임스 맥클러랜드

신경망 모형이 출현하기 전에는 인지심리학 분야의 모든 사람들이 *gleat*와 같은 새로운 동사의 과거형을 만들려면, 규칙(예컨대, 한 단어의 과거형을 만들려면 [e]d를 붙여라)을 사용할 필요가 있다고 생각하였다.

또한 발달심리학자들은 어린 아동이 때때로 "took" 대신에 "taked"라고 말하는 것과 같이 흥미진진한 실수를 범한다는 사실을 관찰하였으며, 아동이 과거시제를 형성하는 규칙을 (과잉)적용한 것이라고 해석하였다. 또한 아동이 "took"을 내놓으려면, 그 특정 단어를 기억할 필요가 있다고 가정하였다. *like*와 같이 친숙하고 규칙적인 동사에 대해서는 규칙이나 기억에서 찾아내는 방법 중 어느 것이나 사용할 수 있다.

두뇌는 규칙동사와 불규칙동사 모두의 과거시제를 만들어내는 데 단일 기제를 사용할 수 있다. 데이비드 루멀하트와 나는 단순한 신경망을 개발하였다. 이 모형은 동사의 현재형을 표상하는 데 사용하는 일련의 단위에 걸친 활성화 패턴을 입력으로 받아들인다. 출력으로는 그 동사의 과거형을 표상하는 또 다른 집합의 단위에 걸친 활성화 패턴을 내놓는다. 유추컨대, 단위는 "*t*로 시작한다", "모음은 '에이'이다", "*k*로 끝난다"와 같은 단어 자질을 나타내는 것으로 생각할 수 있다. 따라서 동사

가 손상되었더라도 정확한 패턴을 재구성할 수 있다. 이러한 인지적 융통성은 새로운 정보를 학습하는 능력도 상당히 고양시킨다.

인지심리학자들은 PDP 모형을 사용하여 인간 인지의 다양한 보편 특성들을 설명하고자 시도하고 있다. 이 특성에는 오직 부분적이거나 손상된 정보만을 받아들이는 경우조차도, 융통성 있고 역동적이며 신속하고 비교적 정확하게 반응하는 능력이 포함된다. 이에 덧붙여서 지각, 추리, 읽기, 언어이해, 점화, 스트룹 효과(제4장 참조)뿐만 아니라 다양한 기억과정 등과 같은 구체적인 인지과정을 설명하는 데도 이 모형을 사용하고자 시도한다(Kaplan 등, 2007; Laszlo & Plaut, 2012; Rogers & McClelland, 2008).

PDP 모형을 구체적인 인지과정에 적용하려는 시도를 난독증, 즉 읽기 장애의 설명에서 볼 수 있다. 사람들이 글을 읽는 방법에 대한 구체적인 PDP 모형을 개발해왔다. 이 모형은 음운 표상과 의미 표상 모두에 대한 통로를 수반하고 있다(Plaut 등, 1996). 이 모형의 컴퓨터 시뮬레이션은 정상적인 읽기를 성공적으로 모사해왔다. 두 통로 중에서 하나를 손상시켰을 때, 시뮬레이션은 난독증의 행동 발현을 모사할 수 있다(Wellbourne & Ralph, 2007). 이러한 시뮬레이션은 읽기장애자에 있어서 어떤 처리

*take*는 이러한 세 단위를 활성화시킴으로써 표상할 수 있다. 신경망은 입력 단위로부터 출력 단위로 활성화를 전파함으로써 작동한다. 한 단위가 활동할 것인지를 결정하는 것은 그 단위로 들어오는 활성화 패턴이다. 입력 단위는 강도에서 차이를 나타내고 정적이거나 부적일 수 있는 수정 가능한 연결을 통해서 출력 단위와 연결되어있다. 이 연결은 송신뉴런이 수신뉴런으로 전달하는 신호의 효과를 조절하는 시냅스에서 본을 딴 것이다. 다른 뉴런들로부터 한 뉴런으로 들어오는 전체 입력이 정적이면 그 뉴런이 활동하고, 부적이면 활동하지 않는 경향이 있다.

우리는 친숙한 동사의 현재형과 과거형을 나타내는 단어 쌍을 가지고 이 신경망을 훈련시켰다. 입력 단위와 출력 단위 간의 연결강도를 수정함으로써, 예컨대 take의 입력 패턴이 과거시제인 *took*의 출력 패턴을 활성화시키도록 훈련시켰다. 사용빈도가 매우 높은 10개 단어(대부분은 불규칙동사이었다)를 가지고 훈련시킨 결과, 신경망이 이 단어들의 과거형은 만들어냈지만, 다른 단어들에 대처하는 방법은 알지 못하였다. 우리는 이 10개 단어에다가 400개 단어를 추가하여 훈련시켰는데, 대부분은 규칙동사이었다. 그 결과, 훈련 초기에는 대부분의 불규칙동사에 과잉일반화를 나타냈으며(예컨대, "took" 대신에 "taked"라는 출력을 내놓았다), 심지어는 이전에 정확한 출력을 내놓았던 불규칙동사조차도 그렇게 하였다. 신경망을 더 훈련시키게 되자, 불규칙동사의 과거형을 정확하게 내놓는 능력을 회복하였으며, *like*와 같은 규칙동사의 과거형 그리고 *gleat*와 같은 새로운 단어에 대해서도 규칙동사의 과거형을 내놓았다. 따라서 이 모형은 아동의 발달 패턴을 잘 설명하였다. 즉, 우선 불규칙동사의 과거형을 올바르게 내놓다가 규칙동사와 새로운 단어의 과거형 만드는 방법을 학습하고는 불규칙동사에게도 과잉일반화를 보인 후에, 규칙동사와 새로운 단어 그리고 불규칙동사에 정확하게 대처하게 되었다.

우리 모형은 신경망이 규칙과 예외에 대처하는 별도의 기제를 가지고 있을 필요가 없음을 보여주고 있다. 실제로 명시적 규칙이나 예외 목록을 가지고 있을 필요조차 없다. 오히려 지식은 신경망 단위들 간의 연결에 들어있으며, 단순한 연결 조절 절차를 통해서 학습할 수 있다. 이러한 결론은 여전히 논란의 대상이 되고 있지만, 계속해서 지지증거를 확보하고 있다. 우리 실험실과 다른 여러 실험실에서의 연구는 이러한 아이디어를 글 읽기를 비롯하여 문법을 포함한 언어의 다른 측면들 그리고 예외적 자질을 가지고 있는 펭귄이나 코끼리와 같은 대상들이 존재하는 의미론에 이르기까지 그 범위를 확장하고 있다. 보다 최근에는 이러한 아이디어가 수학능력을 획득하는 데 오랜 시간이 걸리는 이유를 설명하는 데 어떤 도움을 줄 수 있는지를 탐구하고 있다.

과정이 제대로 작동하지 않고 있는지를 이해하는 데 도움을 준다.

연결주의 모형은 지각과 기억과 같은 지식 표상과 처리의 많은 현상들을 설명해준다. 망 연결패턴의 강화를 통하여 지식을 저장함으로써 이러한 처리과정을 점진적으로 학습할 수 있다. 그렇지만 연결주의 모형도 문제점이 없는 것은 아니다.

연결주의 모형의 비판

한 가지 보편적인 비판을 보면, 연결주의 망은 신경망이 가지고 있는 특성들을 무시하거나 신경망이 가지고 있지 않은 특성들을 제안하고 있다는 것이다. 이에 덧붙여서 비판자는 단지 두뇌 구조를 닮았다는 이유로 인지 기제를 설명하는 데 있어서 특정 모형에 더 높은 신뢰도를 부여해야 할 근거가 무엇이냐고 되묻고 있다(Thomas & McClelland, 2008).

아직까지 연결주의 모형의 많은 측면들을 제대로 정의하지 못하고 있다. 예컨대, 연결주의 모형은 어떻게 사람들이 단일 사건을 기억해낼 수 있는지를 설명하는 데 효과적이지 못하다(Schacter, 1989). 졸업식과 같이 기억할 만한 사건에 관하여 알고 있는 것을 표상하기 위해 상호 연결된 패턴을 어떻게 갑자기 새롭게 구성하는 것인가?

마찬가지로 연결주의 모형은 모순되는 정보가 들어올 때 어떻게 기존 연결패턴을 신속하게 제거하는 것인지를 만족스럽게 설명하지 못한다(Ratcliff, 1990; Treadway 등, 1992). 다음 사례를 보자.

1. 식물의 일부분을 과일로 분류하는 기준은 씨, 과즙, 껍질을 가지고 있어야만 하는 것이라는 이야기를 들었다고 가정해보자.
2. 다른 식물보다 달콤한지는 중요하지 않다는 이야기도 들었다.
3. 이제 다양한 식물 사진을 과일과 과일 아닌 것으로 분류하는 과제를 수행한다.
4. 무슨 일이 일어났겠는가? 여러분은 사과 등과 함께 토마토와 호박을 과일로 분류하게 될 것이다. 비록 예전에는 그것들을 과일로 간주하지 않았더라도 말이다.

연결주의 모형의 이러한 단점은 묵과할 수 있다. 두뇌는 두 가지 학습체계를 가지고 있을 수 있기 때문이다(McClelland, McNaughton, & O'Reilly, 1995). 한 체계는 변화에 저항적이고 비교적 영속적인 연결주의 모형에 해당한다. 보완적인 다른 체계는 새로운 정보의 신속한 획득을 담당한다. 이 체계는 새로운 정보를 짧은 시간동안만 보유한 다음에, 연결주의 체계의 정보와 통합한다. 신경심리학과 연결주의 망 모델링 연구의 증거는 이러한 설명을 지지하는 것으로 보인다(McClelland, McNaughton, & O'Reilly, 1995). 따라서 연결주의 체계가 아직 살아남아 있기는 하지만, 여전히 다른 학습 체계에 대한 만족할 만한 설명이 필요하다.

앞에서 소개한 지식 표상과 정보처리에 관한 모형들은 컴퓨터공학, 두뇌영상, 그리고 인간 뇌에 관한 신경심리학 연구에서의 공학적 발전으로부터 도움을 받아온 것이 확실하다. 이 기술은 40년 전만 하더라도 아무도 예상하지 못하였던 것이다. 따라서 우리를 특정 방향으로 이끌어갈 특정 연구방향을 예측하는 것은 어리석은 짓이겠다. 그럼에도 불구하고 특정 연구방향은 매우 유망해 보이기도 하다. 예컨대, 연구자들은 강력한 컴퓨터를 사용하여, 신경망을 통한 병렬처리 모형을 구축하고자 시도하고 있다. 점차적으로 정교해지고 있는 두뇌 연구기법은 흥미진진한 연구의 가능성을 제시하고 있다. 인지심리학 분야에서 사용하는 사례연구, 자연관찰, 전통적 실험실 실험도 계속적으로 많은 탐구 기회를 제공하고 있다. 몇몇 연구자는 말소리의 청각처리와 같이 매우 구체적인 인지과정을 탐구하고자 시도하고 있다. 다른 연구자는 인지의 모든 측면에 기저하는 근본적인 처리과정을 연구하고자 시도하고 있다. 어느 유형의 연구가 더 가치 있는 것인가?

연결주의와 망 표상 간의 비교

어떻게 연결주의 모형을 망 모형과 비교해야 하는가? 그림 8.9는 울새 개념을 망 모형과 연결주의 모형에서 표상한 것을 보여주고 있다.

망 표상에서 마디는 개념을 표상한다. 학습을 한다는 것은 망 위계에 새로운 마디를 첨가함으로써 그 위계가 더욱 정교해지는 것이다. 사람들이 울새에 관하여 더 많은

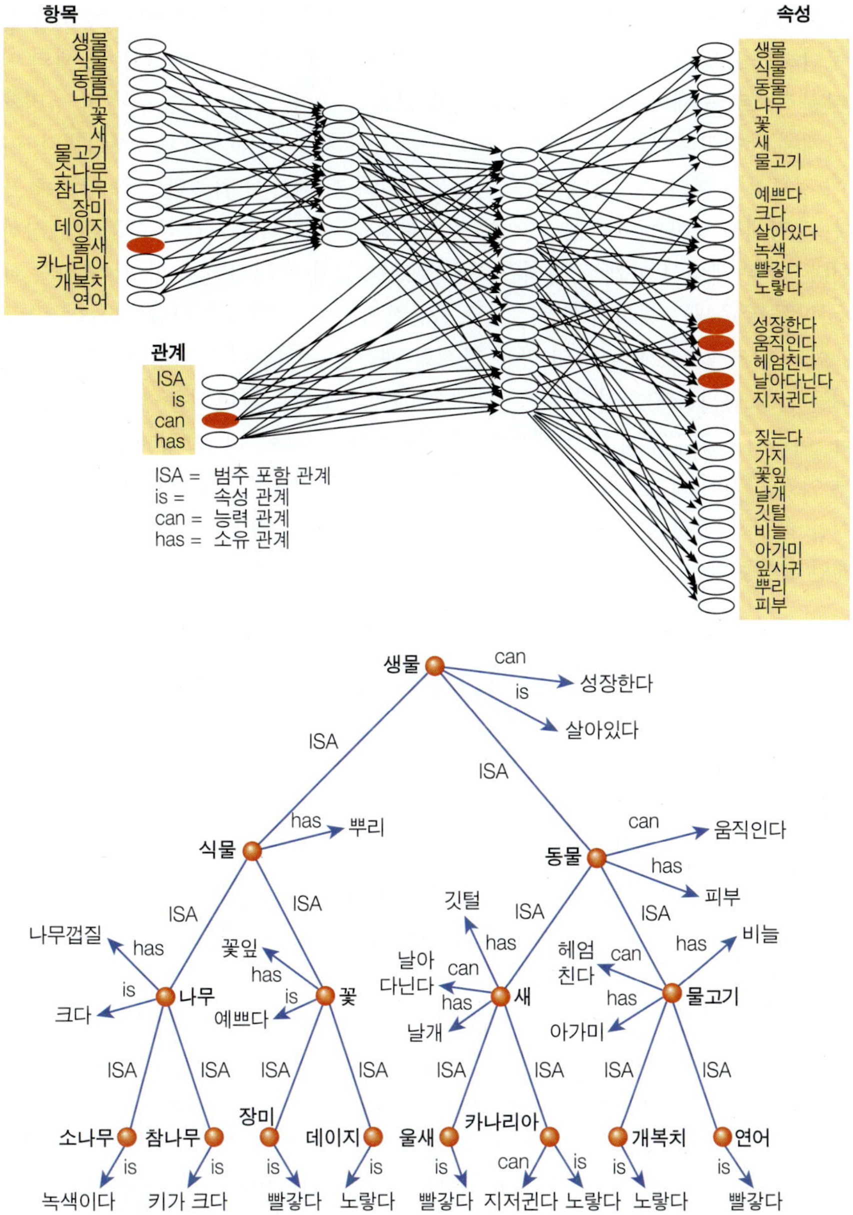

그림 8.9 망 표상과 연결주의 표상. 새와 관련된 개념의 망 표상과 연결주의 표상. 아래쪽의 망 표상은 상위개념일수록 상단에 위치하는 나무도식과 같은 모양으로 지식을 구축하는 방식을 예시하고 있다. 위쪽의 연결주의 표상은 항목 층, 관계 층, 그리고 속성 층이라는 세 개의 층을 가지고 있다. 관계 층의 각 단위는 인출할 수 있는 정보를 제약한다. 예컨대, "할 수 있다" 관계는 "가지고 있다" 관계와는 다른 속성을 활성화시킨다. 따라서 "울새가 할 수 있다는 것" 집합은 새를 제시하고 그 새가 할 수 있는 것을 묻는 상황을 나타낸다.

출처: McClelland, J. L. (2000). Connectionist model of memory. In E. Tulving & F. I. M. Craik (Eds.), *The Oxford Handbook of Memory*, pp. 583-596. Oxford University Press.

정보를 획득함에 따라서 울새에 대한 지식기반을 형성한다. 울새에 관한 정보는 울새를 포함하는 보편적 망 표상에 내포되어있다는 사실에 주목하기 바란다. 울새의 이해는 부분적으로 울새와 다른 새들과의 관계 그리고 나아가서는 다른 유형의 생명체와의 관계에 달려있다. 실제로 울새의 가장 근본적인 자질은 생명체라는 것이겠다. 따라서 이 정보가 울새의 가장 보편적 특성임을 보여주기 위하여 위계의 가장 상위에 표상한다. 생명체는 살아있으며 성장할 수 있기 때문에 이 정보를 보편적 수준에 표상하는 것이다. 망 위계에서 아래로 내려갈수록 정보는 점차 구체적인 것이 되어간다. 예컨대, 사람들은 울새는 새이며 부분적으로 붉은색을 띤다는 사실을 학습한다.

이와 대조적으로 연결주의 망은 활성화 패턴을 표상한다. 사람들이 학습할 때는 마디들 간의 연결을 강화한다. 망 표상에서처럼 그저 새로운 마디를 첨가하는 것이 아니다. 여기서도 연결주의 망은 새를 넘어서는 지식을 보여준다. 그렇지만 지식은 마디에 들어있는 것이 아니라 연결에 들어있다. 특정 연결의 활성화를 통해서 울새에 관한 지식을 형성하는 것이다. 강력한 연결은 자주 활동하는 것인 반면에, 약한 연결은 드물게만 활동한다.

인지는 영역 보편적인가, 아니면 영역 특수적인가?

인지심리학자들은 지식 표상과 처리의 모든 영역에 걸쳐 보편적인 일련의 심적 과정을 찾아내고자 시도해야만 하는가? 아니면 특정 영역에만 한정적인 심적 과정들을 연구해야만 하겠는가? 초기 인공지능 연구자들은 가능한 한 영역 보편적인 프로그램을 작성하는 것이 최선이라고 믿었다. 어떤 프로그램도 모든 영역에서 제대로 작동하지는 않았지만, 출발점으로는 무난한 것이었다. 마찬가지로 다양한 인지심리학 분야에서도 1960년대부터 1970년대 중반까지의 추세는 인지과정에 대한 영역 보편적인 이해를 추구하는 것이었다(Miller, Galanter, & Pribram, 1960; Simon, 1976).

1970년대 후반부터 균형은 영역 특수성 쪽으로 기울어졌다. 부분적으로 체스에서 특정 지식의 역할에 관한 놀라운 연구 결과 때문이었다(Chase & Simon, 1973; De Groot, 1965; 제11장 참조). 핵심적인 책 중의 하나인 『마음의 모듈성(The Modularity of Mind)』은 극단적인 영역 특수성을 주장하였다(Fodor, 1983). 이 견해에 따르면, 마음은 **모듈**(module)의 특성을 보이며, 어느 정도 상호 독립적으로 작동하는 분절적 모듈로 분할되어있다. 포더에 따르면, 각각 독립적으로 기능하는 모듈은 언어(예컨대, 단어)나 시지각체(예컨대, 얼굴) 등과 같이, 오직 한 가지 유형의 입력만을 처리할 수 있다.

얼굴 재인의 영역 특수성에 대한 후속 증거는 fMRI 기법을 사용한 연구에서 찾아볼 수 있다. 한 연구는 참가자가 얼굴과 집을 볼 때, 상이한 두뇌영역이 활동한다는 결과를 얻었다. 따라서 얼굴 재인을 위해 전문화된 두뇌영역과 인지과정이 존재하는 것으로 보인다. 이 결과는 얼굴 재인의 영역 특수성이 존재한다는 사실을 시사하는 것으로 보인다(Yovel & Kanwisher, 2004). 다른 연구들은 장면과 신체와 같은 다른 대상에 대해서도 영역 특수성을 밝혀왔다(Downing 등, 2006).

포더(J. Foder, 1983)는 어휘 접속에 관여하는 기본적인 지각 처리과정과 같은 하위수준 처리과정의 모듈성을 주장하였으나, 고등 인지과정에까지 확장하여 이 개념을 적용해왔다(Gardner, 1983). 또한 포더의 책은 단어 의미에 대한 어휘 접속과 같은 특정 인지기능의 모듈성을 강조하였으며, 이것은 맥락으로부터 유도한 단어 의미와는 구분되는 것이다. 이러한 기능은 주로 인지심리학 실험에서 관찰해왔다. 그렇지만 모듈성 문제는 신경심리학 연구에서도 중요하다. 예컨대, 특정 병리 상태는 특정 인지 결손과 연합되어있다.

최근에는 지식 표상과 처리에서 영역 특수성 관점과 영역 보편성 관점을 통합하려는 시도가 있어왔다. 후속 장들에서 여러분은 지식 표상의 처리과정과 형태가 주로 영역 보편적인지 아니면 영역 특수적인지를 생각해볼 수 있을 것이다.

개념 확인

1. ACT-R 모형이란 무엇인가?
2. ACT-R 모형은 절차지식을 어떻게 표상하는가?
3. 병렬처리란 무엇인가?
4. 연결주의 망은 지식을 어떻게 표상하는가?
5. 영역 특수성이란 무엇인가?

핵심 주제

이 장은 제1장에서 기술한 몇 가지 핵심 주제를 제시하고 있다.

합리주의 대 경험주의. 어떻게 개념에 의미를 할당하는 것인가? 자질 견해는 주로 합리주의적 입장이다. 개념은 대체로 선험적이며 모든 사람이 동일한 자질 집합을 가지고 있다. 기저 생각은 사람들이 경험에 의지하지 않은 채 상세한 사전적 정의를 통해 개념을 이해할 수 있다는 것이다. 원형 견해, 본보기 견해, 이론기반 견해는 경험에 토대를 두고 있다. 경험에 일차적 역할을 부여한다. 예컨대, 개인이 가지고 있는 이론은 경험에 따라서 변할 수 있다. 3세 아동이 가지고 있는 "개" 개념에 대한 이론은 10세 아동의 것과 전혀 다를 수 있다.

인과추론 타당성 대 생태 타당성. 개념에 관한 초기 연구는 색깔, 모양, 크기 등에서 차이 나는 기하도형과 같은 추상개념을 사용하였다(예컨대, Bruner, Goodnow, & Austin, 1956). 그렇지만 엘리노 로슈는 이러한 접근에 의문을 제기하였다. 그녀는 자연개념이 인위개념의 특성을 거의 보이지 않는다고 주장하였다. 따라서 인위개념 연구는 그 개념에 적용할 수 있는 정보는 내놓겠지만, 실세계 개념을 위한 정보는 내놓지 못할 수 있다. 오늘날 연구자들은 인위개념보다는 실세계 개념을 더 많이 연구하는 경향이 있다.

응용연구 대 기초연구. 개념에 관한 기초연구는 상당한 응용연구를 초래해왔다. 예컨대, 마케팅 연구자는 사람들이 제품을 어떻게 개념화하는지에 관심을 갖는다. 제품의 개념화를 이해하기 위하여 경험적 기법과 통계적 기법을 사용한다. 그런 다음에 광고는 고객의 마음에 제품을 재배치시키는 역할을 한다. 예컨대, 광고를 통해서 “경제적인 차” 범주로 간주하던 자동차를 “고급 자동차” 범주로 이동시킬 수 있다.

요 약

1. **언어와 상징의 표상을 마음에 어떻게 체제화 하는가?** 상징 지식의 기본 단위는 개념이다. 개념을 범주로 체제화 할 수 있으며, 범주는 다른 범주를 포함할 수 있다. 스키마로 체제화 할 수 있으며, 스키마는 다른 스키마를 포함할 수 있다. 또한 개념은 적용성과 추상성에서도 차이를 보일 수 있다.

   마지막으로 개념 간의 관계, 속성, 맥락, 그리고 인과관계에 대한 보편지식과 정보를 포함할 수 있다. 상이한 범주화 이론들이 존재한다. 여기에는 자질기반 정의 범주, 원형기반 범주, 본보기기반 범주 등이 포함된다. 스키마의 한 형태가 스크립트이다. 대안적 지식 체제화 모형이 의미망이며, 개념 마디 간의 지시된 관계로 구성된 망을 수반한다. 인지 경제성에 기초한 초기 망 모형은 엄격하게 위계적이었다. 그렇지만 후속 모형들은 특정 연합을 사용하는 빈도를 강조하는 경향이 있었다.
2. **다른 형태의 지식을 마음에 어떻게 표상하는가?** 많은 인지심리학자들이 절차지식 모형을 개발해왔다. 이 모형은 그러한 표상의 컴퓨터 시뮬레이션에 근거하고 있다. 그러한 모형의 한 사례가 산출체계이다.
3. **선언지식은 어떻게 절차지식과 상호작용하는가?** 인지심리학에서 중요한 모형이 ACT 그리고 개정판인 ACT-R이다. 이 모형은 절차지식을 산출체계 형태로 그리고 선언지식을 의미망 형태로 표상한다. 각 모형에서 지식 표상과 정보처리 모두를 이해하기 위한 은유는 컴퓨터가 정보를 처리하는 방식에 근거한다. 예컨대, 이 모형은 정보의 계열처리를 강조한다.

   인간 두뇌가 정보를 처리하는 방식에 관한 연구는 두뇌가 컴퓨터와는 달리 정보의 병렬처리를 사용한다는 사실을 보여주었다. 이에 덧붙여서 대부분의 정보처리가 특정 두뇌영역에 국재화 되어있지 않다. 오히려 다양한 두뇌영역에 동시에 분산되어있다. 미시적 분석수준에서 보면, 두뇌 뉴런은 활동을 하지 않거나 시냅스를 공유하는 다른 뉴런들의 활동에 의해서 흥분하거나 억제될 수 있다. 마지막으로 두뇌 정보처리에 관한 연구를 보면, 어떤 자극은 뒤따르는 자극에 대한 반응을 점화시켜 후속 자극을 용이하게 처리하게 된다는 사실을 알 수 있다.

   두뇌에 관한 지식에 기초한 인간의 지식 표상과 정보처리 모형이 병렬분산처리(PDP) 모형이며, 연결주의 모형이라고도 부른다. 이 모형에 따르면, 뉴런을 닮은 단위가 다른 단위들의 활동으로 인해 흥분하거나 억제될 수 있으며, 때로는 활동하지 않을 수도 있다. 이에 덧붙여서 지식을 특정 단위가 아니라 흥분강도나 억제강도의 패턴으로 표상한다. 대부분의 PDP 모형은 활성화 확산 기제를 사용하여 점화효과를 설명한다.

   많은 인지심리학자는 마음이 적어도 부분적으로는 모듈의 특성을 갖는다고 믿고 있다. 그렇지만 다른 인지심리학자는 많은 기본 심적 조작이 인간 인지를 주도한다고 믿고 있다. 이 견해에 따르면, 특정 인지기능은 단지 주제에서의 변이일 뿐이다. 인지는 모듈에 의한 영역 특수적 처리과정과 영역 보편적인 기본 처리과정을 모두 수반할 가능성이 가장 크다.

생각에 관한 생각: 분석적, 창의적, 현실적 물음

1. 선언지식과 절차지식을 정의하고, 각 지식의 사례를 제시해보라.
2. 여러분이 일상생활에서 사용하고 있는 스크립트는 무엇인가? 어떻게 하면 더 잘 작동하도록 만들 수 있겠는가?
3. 스키마의 몇몇 속성을 기술하고, 이 장에서 언급한 두 가지 스키마 모형을 대비시켜 비교해보라.
4. 여러분이 생각하기에, 많은 지식표상 모형이 인공지능에 관심이 많은 연구자에게서 나온 이유가 무엇이겠는가?
5. 위계적 지식표상 모형의 장점과 단점은 무엇인가?
6. 특정 인지과제를 모듈 성분으로 더 잘 설명할 수 있는지, 아니면 영역 보편적인 기본 처리과정으로 더 잘 설명할 수 있는지를 검증하는 실험을 어떻게 설계하겠는가?
7. 스콰이어 모형에서 비선언지식 형태를 취하는 실제적인 사례에는 어떤 것이 있는가? (조건형성에 관한 생각을 보려면, 제1장을 참조. 습관화나 점화에 관한 생각을 보려면 제4장을 참조.)
8. 여러분은 다른 사람이 생각하기를 원하는 것(예컨대, 여러분의 생일, 찾아갈 식당, 보고 싶은 영화 등)을 생각할 가능성을 높이기 위해 의미 점화를 어떻게 사용하겠는가?

핵심 용어

개념(concept)
계열처리(serial processing)
기본수준(basic level)
마디(node)
망(network)
모듈(module)
범주(category)
병렬처리(parallel processing)
병렬분산처리 모형(parallel distributed processing model)
본보기(exemplar)
산출(production)
산출체계(production system)
수렴조작(converging operation)
스크립트(script)
스키마(schema)
연결주의 모형(connectionist model)
원형(prototype)
원형이론(prototype theory)
이론기반 견해(theory-based view)
인위범주(artificial category)
자연범주(natural category)
전문용어(jargon)
정의 자질(defining feature)
특징 자질(characteristic feature)
핵(core)
활성화 확산(spreading activation)

언어

9

✻ 이 장의 개요

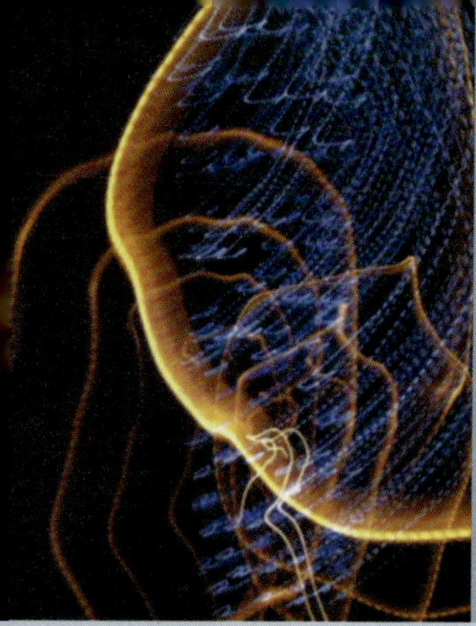

✻ 이 장에서 탐구할 물음들

1. 어떤 특성들이 언어를 특징짓는가?
2. 언어에 수반된 처리과정에는 어떤 것이 있는가?
3. 지각과정은 읽기의 인지과정과 어떻게 상호작용하는가?
4. 담화는 개별 단어를 이해하는 데 어떻게 도움을 주는가?

믿거나 말거나 | 숫자에 대해서 중국인은 미국인과 다르게 생각하는가?

숫자에 이름을 붙이고 발음하는 방법은 언어에 따라서 상당한 차이를 보인다. 심지어 영어와 프랑스어조차도 유의한 차이를 나타낸다. 예컨대, 영어에서 80은 eighty라고 부르며, 프랑스어에서는 quatre-vingt(직역하면, "4개의 20" 또는 4×20)이다.

언어에서의 이러한 차이는 두뇌가 숫자와 수학을 처리하는 방식에 영향을 미치는가? 중국 연구팀이 탐구하고자 착수한 물음이 바로 이것이다. 중국어 원어민과 영어 원어민이 산술 과제를 수행하는 동안 fMRI 기기로 두뇌 영상을 찍었다. 간단한 더하기 과제에서도 상이한 두뇌영역이 활동하였다. 즉, 영어 사용자는 좌반구 실비우스열 주변영역이 관여하는 처리를 사용한 반면에, 중국어 사용자는 시각전운동망을 사용하였다. 이 결과는 언어가 언어와 관련이 없는 내용을 처리하는 방식에 영향을 미친다는 사실을 시사한다. 숫자에 대한 중국어의 간결성(예컨대, 중국어에서 숫자 단어는 일반적으로 영어보다 적은 음절을 포함하고 있다)이 작업기억 용량을 증가시키고, 이것이 다시 보다 효율적인 처리를 초래할 수 있다(Tang 등, 2006).

이 장에서는 언어가 무엇인지, 어떻게 언어를 처리하는 것인지, 그리고 사실과 환경을 이해하는 데 언어가 어떤 영향을 미칠 수 있는지를 탐구한다.

> 나는 꼼짝도 하지 않고 서있었다. 나의 주의는 온통 그녀의 손가락 움직임에 집중되었다. 갑자기 잊어버리고 있던 의식, 생각이 되살아나는 긴장감이 희미하게 느껴졌다. 그러다가 언어의 신비가 내게 그 모습을 드러냈다.
>
> 그 순간 나는 "w-a-t-e-r"가 바로 내 손을 타고 흐르고 있는 시원하고 기분 좋은 어떤 것을 의미한다는 사실을 알게 되었다. 단어의 살아있는 느낌이 내 영혼을 일깨우고 빛을 비추었으며 자유를 주었던 것이다! … 모든 것은 이름이 있었으며, 각 이름은 새로운 생각을 이끌어냈다. 집으로 돌아왔을 때, 내가 만지는 모든 물건들이 생명감으로 떨고 있는 것처럼 느껴졌다. … 그날 나는 아주 많은 새로운 단어를 … 나에게 이 세상을 활짝 열어준 단어를 알게 되었다.
>
> 헬렌 켈러, 나의 인생 이야기

헬렌 켈러는 심각한 질병을 앓고는 생후 19개월 만에 눈과 귀가 모두 멀게 되었다. 그녀는 가정교사였던 앤 설리번 선생을 통해서 처음으로 느낌이 있고 생각으로 가득 찬 의미 있는 세상을 자각하게 되었다. 경이적인 설리번 선생은 그녀의 한 손을 물병 주둥이 밑에 가져다 놓고는 물을 흘려보내면서 다른 손바닥에 그녀의 영혼을 일깨운 단어 "w-a-t-e-r"을 적어주었던 것이다.

언어(language)는 주변 사람들과 소통하기 위하여 단어를 조합하는 체계적인 수단을 사용하는 것이다. 또한 언어는 사람들이 현재 보거나 듣거나 느끼거나 만지거나 냄새 맡거나 할 수 없는 대상과 처리과정에 대해서 생각할 수 있게 해준다. 여기에는 감지할 수 없는 생각들도 포함된다. 헬렌 켈러가 입증한 바와 같이, 사람들이 사용하는 단어는 쓰거나 말하거나 아니면 신호(예컨대, 수화)로 나타낼 수 있다. 그렇다고 하더라도 모든 **소통**(communication), 즉 생각과 감정의 교환이 언어를 통해 이루어지는 것은 아니다. 소통은 다른 측면들도 포괄한다. 이야기를 꾸미거나 무엇을 가리키기 위해서 몸짓이나 얼굴 표정과 같은 비언어적 소통을 사용할 수 있다. 응시는 여러 가지 기능을 수행한다. 예컨대, 응시가 때로는 노려보는 것이기도 하고 때로는 유혹하는 것이기도 하다. 소통은 악수, 때리기, 포옹하기 등과 같은 접촉을 포함할 수도 있다. 이것들은 사람들이 소통할 수 있는 단지 몇 가지 방법일 뿐이다.

언어심리학(psycholinguistics)은 언어가 인간 마음과 상호작용하는 방식을 연구하는 심리학 분야이다. 언어의 생성과 이해 모두를 다룬다(Gernsbacher & Kaschak, 2003a, 2003b; Wheeldon, Meyer, & Smith, 2003). 다음과 같은 네 가지 연구영역이 언어심리학을 이해하는 데 크게 공헌해왔다.

- 언어학(linguistics). 언어 구조와 변화를 연구한다.
- 신경언어학(neurolinguistics). 두뇌, 인지, 언어 간의 관계를 연구한다.
- 사회언어학(sociolinguistics). 사회행동과 언어 간의 관계를 연구한다(Carroll, 1986; Holmes, 2013).
- 계산언어학(computational linguistics). 계산 방법을 사용하여 언어를 연구한다(Coleman, 2003; Clark, Fox, & Lapping, 2012; Sedivy, 2014).

이 장에서는 우선 언어의 몇 가지 보편 특성을 기술한다. 후속 절들에서는 언어의 처리과정을 논의한다. 이 처리과정에는 특정 단어의 의미를 이해하는 방법, 단어들을 의미 있는 문장으로 구조화하는 방법 등이 포함된다. 보편적인 언어 처리과정을 탐색한 후에, 읽기 문제를 다룬다. 마지막으로 글이나 대화와 같이 큰 언어 단위의 이해가 작동하는 방식을 논의한다. 제10장은 사람들이 언어를 사용하는 광의적 맥락을 기술한다. 이 맥락에는 언어의 심리적 맥락과 사회적 맥락이 포함된다.

❁ 언어란 무엇인가?

오늘날 전 세계적으로 거의 7,000개의 언어를 사용하고 있다. 대략 2,500개의 언어가 사멸될 위험에 처해있다(BBC, 2014). 아마도 뉴기니가 전 세계에서 언어를 가장 많이 가지고 있는 국가이겠다. 850개 이상의 토착어가 있는데, 이 말은 평균적으로 한 언어를 사용하는 사람이 대략 7,000명 정도라는 사실을 의미한다. 놀라운 사실은 21세기에서도 여전히 연구자들이 발견하여 이름을 붙이지 못한 언어들이 존재한다는 점이다. 2006년에 중국 운남성을 여행하였던 한 언어학자는 소수민족인 푸라족이 사용하는 18개의 언어를 발견하였는데, 그 이전에는 결코 정의하고 이름을 붙인 적이 없던 언어들이었다(Erard, 2009). 언어학자들은 아직도 많은 언어들에 관해서 알지 못하고 있다. 푸라족 언어를 일찍 발견하지 못한 까닭은 부분적으로 그 언어 사용자들이 접근하기 어려운 산악지대에 살고 있기 때문이다. 언어를 구성하는 것은 정확하게 무엇인가? 모든 언어가 공통으로 가지고 있는 것이 있는가?

언어의 특성

언어는 놀라우리만치 상당한 차이를 보일 수 있지만, 모두 어떤 공통점을 가지고 있다(Brown, 1965; Clark & Clark, 1977; Glucksberg & Danks, 1975). 여러분이 어떤 언어를 사용하든지 간에, 언어는 다음과 같은 특성을 가지고 있다.

1. **소통적**(communicative)이다. 언어는 그 언어를 공유하는 사람들과 소통할 수 있게 해준다.
2. **임의적 상징**(arbitrary symbol)이다. 언어는 상징과 표상 내용 간에 임의적 관계를 생성한다. 생각이든, 대상이든, 처리과정이든, 관계이든 아니면 단순한 기술이든 간에 말이다.
3. **규칙적 구조화**(regularly structured)이다. 언어는 구조를 가지고 있다. 오직 특정 패턴의 상징 배열만이 의미를 가지며, 상이한 배열은 상이한 의미를 갖는다.
4. **여러 수준에서의 구조화**(structured at multiple levels)이다. 언어 구조는 둘 이상의 수준(예컨대, 발음, 의미 단위, 단어, 구절 등)에서 분석할 수 있다.
5. **생성적, 생산적**(generative, productive)이다. 언어 구조가 허용하는 범위 내에서 언어사용자는 새로운 표현을 만들어낼 수 있다. 새로운 표현을 생성할 가능성은 거의 무한하다.
6. **역동적**(dynamic)이다. 언어는 끊임없이 진화한다.

언어의 여섯 가지 특성을 보다 상세하게 살펴보도록 하자. 언어의 **소통적 특성**은 가장 명백한 자질이지만, 가장 주목할 만한 자질이기도 하다. 예컨대, 여러분은 생각하고 느끼고 있는 것을 글로 적음으로써 다른 사람들이 여러분의 생각과 느낌을 읽고 이해할 수 있다. 그렇지만 여러분도 경험상 알고 있듯이, 언어의 소통적 특성은 때때로 문제를 일으킨다. 그렇지만 잘못된 소통이 초래하는 좌절감에도 불구하고, 다른 사람과 소통하기 위하여 언어를 사용할 수 있다는 사실은 매우 인상적인 일이다.

더욱 놀라운 것은 언어의 두 번째 특성이다. 사람들은 어떤 대상이나 생각, 과정, 관계, 기술 등을 지칭하기 위하여 공유하고 있는 **임의적 상징체계**를 통해서 소통한다(Steedman, 2003). 단어는 "나무", "수영", "똑똑하다" 등과 같이 무엇인가를 표상하기 위하여 임의적으로 선택한 상징이다. 단어가 지칭하는 실세계의 대상이나 개념을 **참**

조물(referent)이라고 부른다. 합의에 의해서 문자나 발성의 조합이 의미를 갖게 되는 것이다. 그렇지만 특정 상징 자체가 단어 의미로 이끌어가지는 않는다. 상이한 언어가 동일한 대상을 지칭하기 위하여 상이한 음성을 사용하는 이유가 바로 이것이다.

상징이 편리한 까닭은 아마존강과 같이 지금 여기 존재하지 않는 대상, 생각, 과정, 관계, 기술 등을 지칭하는 데 사용할 수 있기 때문이다. 용이나 요정과 같이 결코 존재한 적이 없는 대상을 지칭하는 데도 상징을 사용할 수 있다. 그리고 미적분, 진리, 정의 등과 같이 물리적으로 감지할 수 없는 형태로 존재하는 대상을 지칭하는 데도 사용할 수 있다. 임의적인 상징 참조를 하지 않는다면, 그 상징이 가리키는 것과 어떻게든 닮은 상징만을 사용해야 하는 제약이 있었을 것이다(예컨대, 나무를 표상하기 위하여 나무를 닮은 상징이 필요할 것이다).

단어 의미에 기저하는 두 가지 원리가 **관례성 원리**(principle of conventionality)와 **대비 원리**(principle of contrast)이다(Clark, 1993, 1995; Diesendruck, 2005). 관례성 원리는 관례가 단어 의미를 결정한다는 것, 즉 단어는 사람들이 동의하는 의미를 갖는다는 것이다. 대비 원리에 따르면, 상이한 단어는 상이한 의미를 갖는다. 따라서 두 가지 상이한 단어가 있다면, 그 단어는 최소한 조금이라도 다른 두 대상을 표상한다. 만일 그렇지 않다면, 동일한 대상이 두 개의 상이한 단어를 가질 이유가 없지 않겠는가?

세 번째 특성이 언어의 **규칙적 구조**이다. 특정 음성 패턴이나 문자 패턴이 의미 있는 단어를 형성한다. 무선적인 소리나 문자의 조합은 일반적으로 의미를 갖지 못한다. 이에 덧붙여서 특정 단어 패턴이 의미 있는 문장, 문단, 담화를 형성한다. 다른 패턴들은 대부분 의미를 갖지 못한다. 이 장의 뒷부분에서 언어 구조를 더욱 면밀하게 살펴볼 것이다.

네 번째 특성은 언어가 다중 수준에서 **구조화되어있다**는 것이다. 의미 있는 진술은 어느 것이든 둘 이상의 수준에서 분석할 수 있다. 언어심리학자들이 언어를 연구하는 수준들을 살펴보도록 하자.

- "p"나 "t" 등과 같은 **음성 수준**
- "pat", "tap", "pot", "top", "pit", "tip" 등과 같은 **단어 수준**
- "Pat said to tap the top of the pot, then tip it into the pit"과 같은 **문장 수준**
- 이 문단이나 이 책과 같이 보다 **큰 언어 단위 수준**

언어의 다섯 번째 특성은 **생산성**(productivity, generativity)이다. 이 맥락에서 **생산성**이란 언어를 창의적으로 만들어내는 엄청난 능력을 지칭한다. 그렇지만 언어 사용은 제한점을 가지고 있다. 특정 구조에 동조하고 공유하고 있는 임의적 상징체계를 사용해야만 한다. 사람들은 언어를 사용하여 무한한 수의 문장과 의미 있는 단어 조합을 생성할 수 있다. 한 언어에서 사용하는 음성의 수는 제한적이지만, 새로운 단어와 문장을 구성하기 위해서 다양한 음성을 끊임없이 조합할 수 있다. 따라서 언어는 본질적으로 생산적이다. 어느 누구도 사람들이 생성할 수 있으며 일상생활에서 실제로 생성하고 있는 모든 문장을 들어보았을 수는 없다. 어느 언어이든 다른 언어로 표현할 수 있는 생각을 모두 표현할 수 있는 잠재력을 가지고 있다. 그렇지만 특정 생각을 표현하는 용이성, 명확성, 간명성은 언어에 따라서 상당한 차이를 보인다. 따라서 모든 언

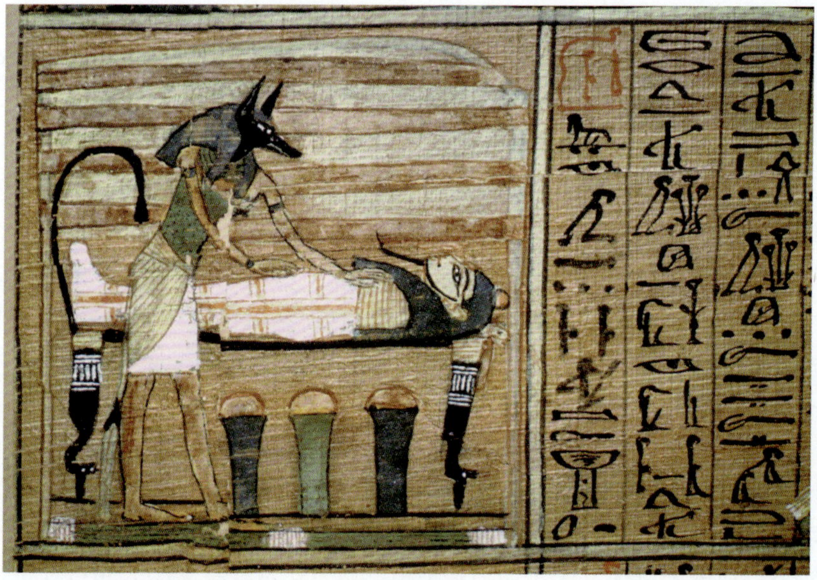

Print Collector/Hulton Archive/Getty Images

표상하는 대상(즉, 참조물)을 닮은 신호를 **아이콘**이라고 부른다. 이 그림문자들은 고대 이집트 상형문자에서 사용하였던 아이콘이다. 이와 대조적으로, 대부분의 언어는 참조물과 임의적인 관계만을 가지고 있는 상징의 조작을 수반한다.

어의 창의적 잠재성은 대체로 동일해 보인다.

마지막으로 언어의 생산적 측면은 지극히 자연스럽게 언어의 역동적이고 진화적 본질로 이끌어간다. 각 언어사용자는 단어와 구를 만들어내고 언어 사용을 수정해간다. 더 큰 언어사용자 집단이 그러한 수정을 받아들이거나 거부한다. 매년 새롭게 만들어내는 단어들을 사전에 첨가한다는 사실은 이러한 새로운 단어의 광범위한 수용을 의미한다. 여러분은 '셀피'(selfie)[1]라는 단어에 친숙할 것이 확실한데, 이 단어는 2002년부터 사용하게 되었다(*Merriam-Webster*, 2014). 2014년 11월에 『캠브리지 온라인 사전』이 새롭게 등재한 단어가 *ped-text*(걸어가면서 스마트폰으로 문자를 주고받는 사람을 지칭한다)이다. 여러분은 10년 전에는 존재하지 않았던 새롭게 주조해낸 단어를 생각해볼 수 있겠는가?

마찬가지로 더 이상 사용하지 않는 단어를 사전에서 제거하는데, 이 작업도 언어 진화에 기여한다. 언어가 결코 변하지 않을 것이라고 상상하는 것은 사람과 환경이 결코 변하지 않을 것이라고 상상하는 것 못지않게 생게망게한 일이다. 예컨대, 오늘날 사용하고 있는 현대 영어는 중세 영어에서 진화하였고, 중세 영어는 고대 영어에서 진화한 것이다.

언어의 다양한 특성들을 기술할 수 있다고 하더라도, 언어의 핵심 목적, 즉 어떤 상황을 이해하고 그 상황에 관해서 소통할 수 있게 해주는 심적 표상을 구성한다는 목적을 명심하는 것이 중요하다(Budwig, 1995; Radvansky & Dijkstra, 2007; Zwaan &

---

[1] 역주: 스마트폰이나 웹 카메라 등으로 자신의 얼굴 사진을 촬영해 SNS에 올리는 행위를 나타내는 신조어. 영국 옥스퍼드 영어사전은 2013년에 이 단어를 올해의 단어로 선정한 바 있다. 우리나라에서는 '셀카'라는 표현을 더 자주 사용한다.

Radvansky, 1998). 다시 말해서, 언어의 궁극적 목적은 단지 특성들의 집합을 제시하려는 것이 아니라 그 언어의 사용에 있는 것이다. 예컨대, 언어는 기억에 저장하기 위한 언어 부호화의 토대를 제공해준다. 사람들이 경험한 것을 더 잘 기억해낼 수 있는 까닭은 회상이나 재인을 도와주는 언어를 사용할 수 있기 때문이다.

결론컨대, 언어 간에는 많은 차이점들이 있지만, 공통 특성들도 존재한다. 공유하는 특성에는 소통, 임의적 상징 참조, 구조의 규칙성, 구조의 다중성, 생산성, 변화 등이 포함된다. 다음 절에서는 언어를 사용하는 방식을 보다 상세하게 살펴본다. 그런 다음에 인간이 일차 언어(모국어)를 획득하는 방식에서 나타나는 보편적 측면들을 다룬다.

단어와 문장의 기본 성분

언어는 작은 단위들로 분해할 수 있다. 이것은 화학자가 분자를 기본 단위들로 분해하는 것과 마찬가지이다. **음소**(phoneme)는 말소리의 최소 단위이며, 한 가지 표현을 다른 표현과 구분하는 데(즉, 단어의 의미를 변화시키는 데) 사용할 수 있다. 영어에서 음소는 *a*, *i*, *s*, *f* 등과 같은 모음이나 자음으로 구성되어있다. 예컨대, *sit*라는 단어는 /s/, /i/, /t/ 음소를 포함하고 있으며, 음소를 다른 음소로 대치함으로써, *sit*의 의미를 *sat*, *fat*, *fit* 등으로 변화시킬 수 있다. 언어마다 상이한 수의 음소 그리고 음소 조합을 사용한다. 북미 영어는 대략 40개 음소를 가지고 있으며, 하와이 토착어는 대략 13개의 음소를 가지고 있다. 어떤 아프리카 토착어는 60개의 음소를 가지고 있기도 하다. 한 언어의 특정 음소를 다루는 연구 분야를 음소론(phonemics)이라고 부른다.

음성학(phonetics)은 말소리를 생성하거나 조합하는 방식 또는 그 말소리를 문자로 표상하는 방식을 다루는 분야이다(Roca, 2003). 언어학자는 상이한 언어들을 관찰하고 기록하며 분석하기 위하여 먼 오지를 방문하기도 한다. 다양한 언어의 음성학 연구는 언어학자가 언어의 본질에 관한 통찰을 얻는 방법 중의 하나이다(Hoff & Shatz, 2007; Ladefoged & Maddieson, 1996). 그렇지만 많은 언어가 사라지고 있기 때문에, 특정 언어를 탐구하기가 상당히 어렵다. 대략 3개월마다 하나의 언어가 사라지고 있는 것으로 추정하고 있다(Campbell 등, 2013). 언어의 소멸은 다양한 이유로 발생한다. 특정 언어를 사용하는 부족민들이 개발된 지역을 찾아 자기 마을을 떠나는 것, 집단 학살, 세계화, 새로운 언어의 도입 등이 그 원인이다(Grimes, 2010; Mufwene, 2004).

언어 위계에서 음소 바로 위 수준에 **형태소**(morpheme), 즉 특정 언어에서 의미의 최소 단위가 위치한다. 단어 recharge는 're'와 'charge'라는 두 개의 형태소를 가지고 있는데, 're'는 반복 행동을 나타낸다. 단어 cable은 'ca'와 'ble'이라는 두 개의 음절을 가지고 있지만 단지 하나의 형태소를 가지고 있으며, 두 음절 각각은 어떤 본질적 의미도 가지고 있지 않다.

어휘집(lexicon)은 한 언어 또는 특정인의 언어 저장고가 가지고 있는 형태소의 전체 집합이다. 보통의 성인 영어사용자는 대략 80,000개의 형태소를 포함하고 있는 어휘집을 가지고 있다(Miller & Gildea, 1987). 미국에서 초등학교 1학년생은 어휘집에 대략 10,000개의 단어를 가지고 있다. 3학년이 되면 대략 20,000개로 늘어나며, 5학년이 되면 대략 40,000개 정도에 도달하여 보통 성인의 절반 수준이 된다(Anglin, 1993). 대부분의 성인 영어사용자는 형태소들을 조합함으로써 수십만 개 단어의 어휘를 구사한다. 예컨대, 단어 study에다 단지 소수의 형태소를 붙임으로써, student, studious, studied, studying, studies 등의 단어를 만들어낼 수 있다. 어휘는 느리게 증가한다. 단어 그리고 그 의미에 대한 단서를 다양한 방식으로 경험함으로써 발달한다(Akhtar & Montague, 1999; Hoff & Naigles, 1999; Woodward & Markman, 1998). 영어가 증가하는 어휘를 포괄하도록 확장해나가는 방법 중의 하나는 기존 형태소들을 새로운 방식으로 조합하는 것이다. 혹자는 윌리엄 셰익스피어의 천재성이 부분적으로는 기존 형태소를 조합하여 새로운 단어를 창조한 데 있다고 제안한다. 그는 자신이 사용한 어휘의 8.5%에 해당하는 1,700개 이상의 단어 그리고 헤아릴 수 없이 많은 표현을 새롭게 주조한 것으로 알려져 있다. 여기에는 헤아릴 수 없이 많다는 의미의 countless 뿐만 아니라, inauspicious(불행한, 불길한), pander(매춘업자, 뚜쟁이), dauntless(용감한) 등의 단어들이 포함된다(Lederer, 1991).

사람들은 말할 때 문장들을 용이하게 표현하지만, 그러한 문장 생성 이면에는 상당한 규칙이 숨어있다. **통사**(syntax)는 문장을 구성하기 위하여 단어들을 배열하는 방식을 지칭한다. 통사는 언어 이해에서 핵심 역할을 담당한다. 문장은 적어도 두 부분을 가지고 있다. 첫째는 **명사구**(noun phrase; 주어부)로, 적어도 하나의 명사 그리고 그 명사와 관련된 수식어들을 포함한다. 둘째는 **동사구**(verb phrase; 술어부)로, 적어도 하나의 동사를 포함하며 필요한 경우 그 동사가 작용하는 대상을 포함한다. 언어의 통사구조는 이 장 뒷부분에서 다시 다룬다.

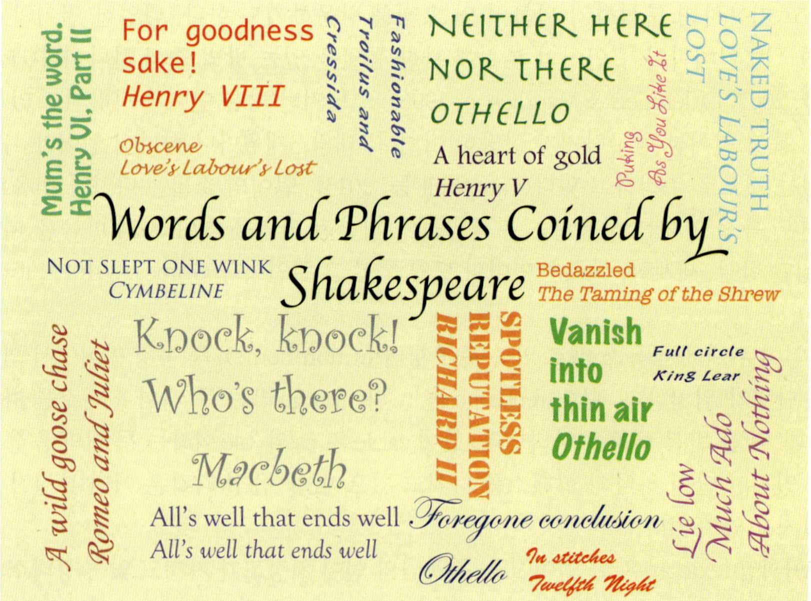

Courtesy of the author

셰익스피어가 만들어낸 몇몇 새로운 단어와 표현들

개념 확인

1. 언어의 중요한 특성에는 어떤 것이 있는가?
2. 음소와 형태소 간의 차이는 무엇인가?

❁ 언어 이해

누군가 말하는 것을 이해하고자 할 때 많은 처리과정이 관여한다. 첫째, 말하고 있는 단어를 지각하고 재인할 필요가 있다. 그런 다음에 그 단어에 의미를 할당한다. 이에 덧붙여서 듣는 문장을 이해하여야 한다. 다음 절에서 이러한 처리과정을 논의한다.

단어의 이해

휴대전화로 어떤 사람과 소통하고자 하는데, 전화 수신에 문제가 있어서 상대방의 말을 알아듣지 못한 적이 있는가? 그런 경험이 있다면, 여러분은 말소리 지각이 일상생활에서 언어를 사용하는 기본이라는 사실에 동의할 것이다. 말소리 이해는 소통의 핵심이다. 이 절에서는 말소리를 지각하는 방식을 살펴본다. 또한 말소리가 지각할 수 있는 모든 소리 중에서 특별한 것이냐는 물음도 따져본다.

사람들은 경이로울 정도로 빠르게 말소리를 지각할 수 있다. 유창하게 사용하는 언어에서는 초당 50개 음소까지 지각할 수 있다(Foulke & Sticht, 1969). 반면에 말소리 이외의 소리는 초당 하나의 소리도 지각하지 못한다(Warren 등, 1969). 이러한 제약은 듣고 있는 외국어를 이해하기 어려운 이유 그리고 너무 빠르게 말하는 것처럼 들리는 이유를 설명해준다. 외국어 문자나 문자 조합의 소리는 모국어에서 동일한 문자나 문자 조합에 상응하는 소리와 다르다. 예컨대, 영어를 모국어로 사용하는 저자는 스페인어 소리를 영어 발성체계에 맞추어 재해석하는 경향이 있기 때문에, 그의 스페인어 발음은 영어처럼 들린다.

다른 사람이 말하는 것을 이해하고자 시도할 때 직면하는 또 다른 문제는 다양한 화자들이 특정 단어를 말하는 것이 결코 동일하지 않다는 점이다. 단어 발음은 사람에 따라 상당한 차이를 보인다. 빠르거나 느리게 말하기도 하고, 출신 지역에 따라서 다르게 발음하기도 한다. 예컨대, 저자의 초등학교 선생님 한 분은 get를 git처럼 소리 나는 방식으로 발음하였다. 말소리는 다양하며, 들을 때마다 다르게 들린다고 하더라도, 그 단어가 무엇인지를 알아차려야만 한다. 문제를 더욱 복잡하게 만드는 것은 둘 이상의 소리를 동시에 발음하기 십상이라는 사실이다. 이것을 **동시조음**(coarticulation)이라고 부른다. 어떤 음소를 생성하고 있는 시점에 다른 음소를 시작한다. 예컨대, palace와 pool이라는 단어를 말해보라. 둘 모두 p음으로 시작한다. 그런데 palace의 p와 비교할 때, pool의 p를 발음할 때 입술 모양이 다르다는 사실을 알아차릴 수 있겠는가?

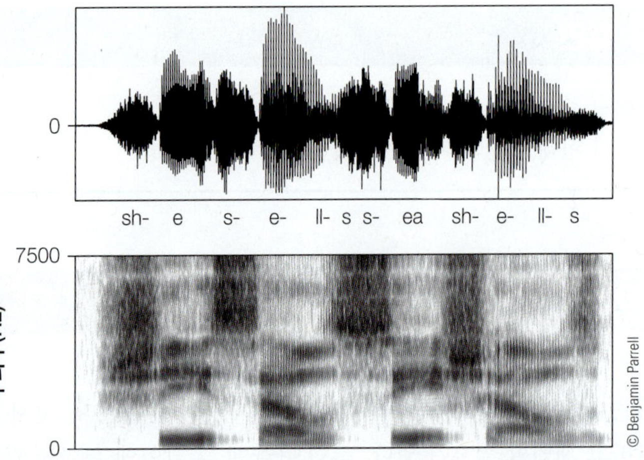

그림 9.1 스펙트로그램. 스펙트로그램은 물리적 소리패턴을 기록한다. 이 그림에서는 "She sells sea shells."라는 문장의 발성기록을 볼 수 있다. 스펙트로그램 패턴만을 살펴보아서는, 어디에서 한 단어가 끝나고 다음 단어가 시작하는지를 알아낼 수 없다는 사실에 주목하라.

p음을 발음할 때 이미 뒤따르는 모음을 준비하고 있으며, 이것이 생성하는 말소리에 영향을 미친다. 한 단어 내에서 음소들이 중첩될 뿐만 아니라 연속적인 말소리에서 단어들 간의 경계도 중첩되는 경향이 있다.

연속적인 말소리의 흐름을 분절적인 단어로 분리해내는 과정을 **말소리 분할**(speech segmentation)이라고 부른다. 그림 9.1은 물리적 말소리 패턴을 기록한 스펙트로그램을 보여주고 있다. 보는 바와 같이, 단어 간의 멈춤이 없기 십상이면서도 동시에 단어 내의 멈춤이 있을 수 있다. 즉, 말소리 음파 기록은 사람들이 듣는 것과 전혀 닮지 않았다.

말소리 중첩은 말소리 지각에 부가적인 문제점을 불러일으키는 것처럼 보일 수 있지만, 동시조음은 말소리 정보의 효과적인 전달을 위해서 필요하다(Liberman 등, 1967). 따라서 말소리 지각은 정보의 언어적 본질 그리고 효과적인 전달을 위해 정보를 부호화하는 특별한 방식으로 인해서 다른 지각능력과는 차별적인 것으로 간주한다.

동시조음은 비발성적인 언어에서도 관찰할 수 있다. 수많은 연구들이 능숙한 수화 사용자의 언어 생성을 다루어왔다. 능숙한 수화 사용자는 1분 내에 많은 문단에 해당하는 정보를 전달할 수 있다(Lupton, 1998). 상당한 정도의 동시조음이 일어난다(Grosvald & Corina, 2008; Jerde, Soechting, & Flanders, 2003). 이러한 동시조음은 하나의 신호를 시작할 때뿐만 아니라 다른 신호로 이끌어갈 때도 그 신호의 다양한 측면에 영향을 미친다. 그러한 측면에는 손 모양, 움직임, 위치 등이 포함된다(Yang & Sarkar, 2006).

그렇다면 어떻게 그토록 용이하게 말소리를 지각하는 것인가? 많은 말소리 지각 이론들이 이러한 유능성을 설명하고 있다. 이 이론들은 무엇보다도 다른 유형의 청지각이라는 측면에서 말소리 지각이 특수한 것인지 아니면 차이가 없는 것인지에서 차이를 보이고 있다.

말소리 지각의 보편 견해

말소리 지각에 대한 한 가지 접근은 사람들이 말소리를 지각할 때 수탉 울음소리와 같은 다른 소리를 지각할 때와 동일한 처리과정을 사용한다고 제안하고 있다. 이러한 유형의 이론은 형판 맞추기나 자질 탐색 과정을 강조하며, 신경처리에 상이한 단계들이 존재한다고 제안한다. 한 단계에서는 말소리를 성분으로 분석한다. 다른 단계에서는 그 성분들의 패턴을 분석하여 원형이나 형판과 대응시킨다(Kuhl, 1991; Massaro, 1987; Stevens & Blumstein, 1981). 그렇지만 자질 탐색이나 형판 맞추기만으로는 충분하지 않다. 의사결정 과정도 필수적이다. 사람들이 듣는 말소리는 실제로 귀에 도달하는 말소리와는 다를 수 있기 때문이다. 인지 요인과 맥락 요인이 감각을 통해 받아들인 신호의 지각에 영향을 미치는 것이다. 예컨대, **음소 회복 효과**(phonemic-restoration effect)는 말소리를 지각할 때 듣는 것을 알고 있는 것과 통합하는 과정을 수반한다(Groppe 등, 2010; Kashino, 2006; Warren, 1970; Warren & Warren, 1970).

여러분이 실험에 참가하였다고 가정해보자. 다음과 같은 패턴을 가지고 있는 문장을 듣고 있다: "It was found that the *eel was on the _______." 마지막 빈 칸에 다음 단어 중의 하나를 집어넣는다. axle, shoe, table, orange. 이에 덧붙여서 "*eel"의 별표에 해당하는 위치에 클릭소리를 삽입한다. 영어를 모국어로 사용하는 거의 모든 참가자는 자음 하나가 탈락하였다는 사실을 자각하지 못한다. 들었다고 회상한 소리는 맥락에 따라 다르다. 참가자는 "the wheel was on the axle", "the heel was on the shoe", "the meal was on the table", "the peel was on the orange" 등을 들었다고 회상한다. 요컨대 참가자는 문장 맥락에 가장 잘 들어맞는 음소로 빠진 부분을 회복시킨다.

아무런 맥락도 없이 듣는 단어를 얼마나 잘 이해하겠는가? 여러 사람의 말행위를 녹음하여 아무런 맥락도 없이 개별 단어를 분리하여 참가자에게 제시하였다. 말하는 사람이 느리거나 빠르거나 보통 속도로 말하였는지에 따라서, 분리시킨 단어를 정확하게 재인하는 비율은 단지 68%(느린 말)에서 41%(빠른 말)에 불과하였다(Miller & Izard, 1963).

음소 회복은 불완전한 시각 정보에 근거한 시각 폐쇄 현상과 유사한 것이다. 실제로 청지각에 대한 한 가지 중요한 접근은 시지각의 게슈탈트 원리를 말소리를 포함한 다양한 청각 자극으로 확장하고자 시도하고 있다(Bregman, 1990; Shahin, Bishop, & Miller, 2009). 그 원리에는 예컨대, 대칭성, 근접성, 유사성 등이 포함된다. 따라서 말소리 지각을 일반적인 청지각과 같은 것으로 간주하는 이론은 보편적인 자질 탐색 원리와 게슈탈트심리학의 지각 원리를 사용하고 있다. 그 원리에 근거하여 듣는 사람이 말소리를 어떻게 이해하는 것인지를 설명하고자 시도한다. 반면에 다른 이론가들은 말소리 지각을 특수한 것으로 간주한다.

말소리 지각의 특수 견해

몇몇 연구자는 말소리 지각과정이 다른 소리를 들을 때 사용하는 처리과정과는 다르다고 제안하고 있다. 다음 절에서는 범주적 지각과 말소리 지각의 운동 이론에 관한 연구를 개관함으로써 이 견해를 상세하게 탐구한다.

범주적 지각 말소리 지각의 특수성으로 이끌어간 한 가지 현상이 **범주적 지각**(categorical perception), 즉 말소리의 불연속적인 범주의 발견이었다(Bidelman, Moreno, & Alain, 2013). 즉, 실제로 듣는 말소리는 연속적으로 변하는 음파로 구성되어있지만, 사람들은 말소리를 범주적으로 경험한다. 이 현상은 자음-모음 조합인 '바', '다', '가'의 지각에서 볼 수 있다. 말소리 신호는 각 음절마다 다르게 보인다. 말소리 신호에서 어떤 패턴은 '바' 지각으로 이끌어가고, 다른 신호는 '다' 지각으로, 또 다른 신호는 '가' 지각으로 이끌어간다.

이에 덧붙여서, 각 신호의 소리패턴은 음고와 같은 다른 요인에 따라서 달라질 수 있다. 여러분이 어제 말한 '바'는 오늘 말하는 '바'와 음고에서 차이를 보일 수 있다. 그렇지만 둘을 다르게 지각하지는 않는다. 며칠 전에 말한 '바'나 내일 말할 '바'와 동일한 범주에 속한 것으로 지각한다. 그렇지만 두 개의 딸깍 소리와 같이 비언어적 소리는 상이하게 지각할 수 있다. 이 경우에 음고에서의 차이를 상이한 소리로 듣게 된다.

이제 고전이 되어버린 연구에서 연구자들은 말소리 합성기를 사용하여 음절 패턴의 자연스러운 변화를 모사하였다. 이 방법을 사용하여 음절 간의 음향적 차이도 제어할 수 있었다(Liberman 등, 1957). 이들은 객관적인 음파가 '바'에서 '다'를 거쳐 '가'로 일정하게 증가하도록 일련의 자음-모음 소리를 만들어냈다. 그렇지만 합성 음절을 듣는 참가자는 소리가 '바'에서 '다'로 그리고 '다'에서 '가'로 급작스럽게 변화하는 것으로 들었다. 한 말소리 범주 내에서의 차이 변별은 상대적으로 형편없는 반면에, 범주 간 변별(예컨대, '바'와 '다' 간의 변별)은 상당히 우수하였다. 사람들이 연속적인 음파의 차이를 범주적으로 경험하였기 때문에, 연구자는 특별한 처리과정을 통해서 말소리를 지각한다고 결론지었다.

시지각과 청지각의 협응 누군가 말하는 것을 들을 때, 사람들은 듣고 있는 청각 신호에만 의존하지 않는다. 상대방을 이해하기 위하여 시각 입력도 사용한다. 맥거크 효과(McGurk effect)는 듣는 것을 보는 것과 통합하는 방식을 강력하게 입증하고 있다(그림 9.2 참조; McGurk & MacDonald, 1976; Tiippana, 2014). 이 효과는 시지각과 청지각의 동조를 수반한다. 영화를 관람할 때, 말하는 사람이 한 음절의 발음과 일치하는 말소리를 내는 것을 보는지 아니면 일치하지 않는 말소리를 내는 것으로 보는지에 따라서 동일한 음절을 다르게 지각한다. 여러분이 영화를 관람하고 있다고 상상해보라. 사운드트랙이 말하는 사람의 입술 움직임과 일치할 때는 아무 문제가 없다. 그렇지만 사운드트랙은 '다'와 같은 소리를 나타내고, 배우의 입술은 '바'와 같이 다른 소리의 입술 움직임을 나타내고 있다면, 여러분은 '싸'와 같은 절충적 소리를 들을 가능성이 높다. 이 소리는 말한 것도 아니고 본 것도 아니다. 여러분이 어떻게든 청각 정보와 시각 정보를 종합한 것이다. 따라서 어느 것과도 같지 않은 소리를 듣게 되는 것이다. 이러한 이유로 인해서 더빙이 제대로 되지 않은 영화는 혼란스러울 수가 있다. 입술은 한 가지를 말하고 있는데, 여러분은 전혀 다른 것을 듣고 있다는 사실을 어렴풋이 자각하게 된다.

일련의 연구에서는 독순(lip reading)과 관련하여 맥거크 효과를 다루었다(Nich-

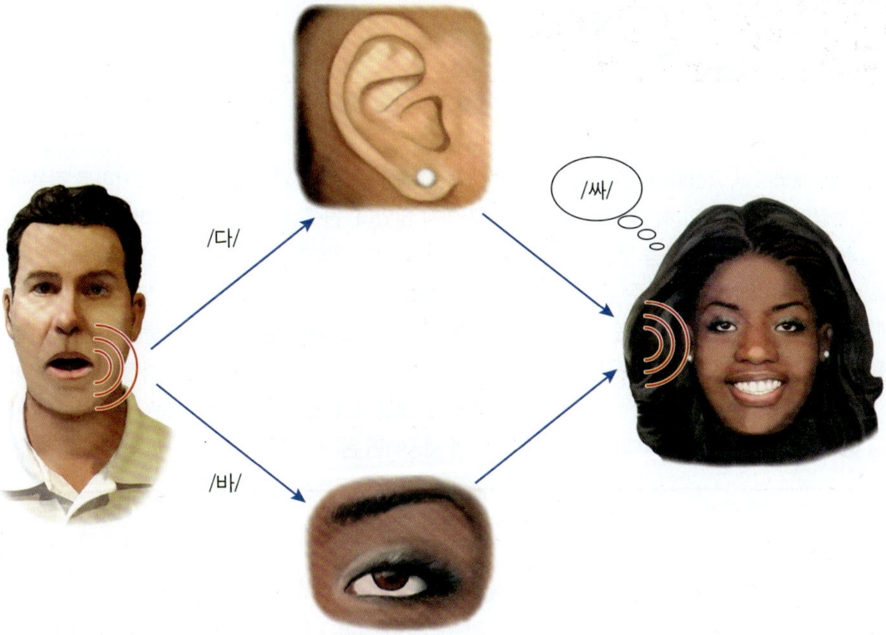

그림 9.2 맥거크 효과. 음성을 들으면서 지금 발음하고 있는 입을 보면, 절충적 음성을 지각할 가능성이 있다.

olls, Searle, & Bradshaw, 2004). 청각 정보와 시각 정보가 일치하거나 불일치하는 상태에서 말하는 사람 입의 절반을 가렸다. 입의 왼쪽 절반을 가렸을 때는 맥거크 효과의 발생에서 아무런 변화가 없었다. 그렇지만 오른쪽 절반을 가렸을 때는 효과의 발생이 극적으로 감소하였다. 장면을 뒤집어서 입의 왼쪽이 오른쪽으로 가도록 하였더니, 맥거크 효과가 되살아났다(Nicholls, Searle, & Bradshaw, 2004). 이 결과는 독순에서 입의 오른쪽 부분, 또는 오른쪽이라고 지각하는 부분에 더 많은 주의를 기울인다는 사실을 시사한다. 따라서 입의 오른쪽이 말하는 것과 듣는 것 간의 비대응이 맥거크 효과로 이끌어갈 가능성이 더 높다.

맥거크 효과는 두뇌 상측두구(STS) 활동에 근거한 것으로 보인다. 참가자에게 앞에서 본 것과 같이 맥거크 효과를 유발하는 자극을 제시하고, 반복 경두개 자기자극법(rTMS)을 사용하여 STS 활동을 차단시켰을 때, 맥거크 효과가 일어날 가능성이 유의하게 줄어들었다(Beauchamp, Nath, & Pasalar, 2010).

최근 연구에서는 참가자에게 연속적인 청각 신호를 들려주었다. 범주적 지각에 관한 논의에서 본 바와 같이, 사람들은 연속적인 소리를 '가'와 '바'와 같은 음절로 범주화한다. 반복 경두개 자기자극법을 사용하여 일차운동피질에서의 입술 움직임 표상을 차단시켰을 때, 참가자는 발성에서 입술이나 혀끝을 수반하는 말소리(예컨대, '바'와 '다')를 변별하는 데 상당한 어려움을 겪었다. 그렇지만 입술 움직임을 수반하지 않는 말소리(예컨대, '카'와 '가')의 변별은 손상되지 않았다. 이 결과는 피질 운동영역이 말소리의 생성뿐만 아니라 말소리 지각에도 관여한다는 생각을 지지한다(Moettoenen & Watkins, 2009).

인지심리학 연구하기

스키마의 이해

친구에게 같이 실험을 해보자고 요청하라. 문장 하나를 말해줄 것이고 그 문장이 무엇을 의미하는 것인지를 물어볼 것이라고 알려주어라. 친구에게 다음 문장을 말하라. "In mud eels are, in clay none are."(역주: 굳이 번역하자면 "진흙에는 뱀장어가 있지만, 찰흙에는 없다."가 되겠다.) 여러분이 방금 말한 것의 의미를 친구에게 물어보라.

친구가 문장을 이해하지 못할 가능성이 높다. 왜냐고? 친구는 문장을 이해하기 위한 적절한 스키마를 적용하고 있지 않았다. 친구에게 자신이 뱀장어에게 잡혀먹고 싶지 않은 물고기라고 생각해보도록 말해주어라. 이제 그 문장을 다시 읽어준다. 이제 친구가 문장을 이해할 수 있겠는가? 맥락을 제공하면 많은 사람들이 이 문장을 이해할 수 있다. (그렇지만 어떤 사람은 여전히 문장을 이해할 수 없을 수도 있다. 그런 경우에는 더욱 강력한 힌트를 제공하면 된다.)

정상적인 대화에서 사람들은 독순을 사용하여 말소리 지각을 돕는다. 시각적 말소리(즉, 말할 때의 입과 얼굴)에 의존하는 경향성은 나이가 들어감에 따라서 더욱 강력해진다. 한 연구에서 보면, 노인 참가자가 젊은 참가자보다 시각적 말소리의 영향을 더 많이 받는다(Sekiyama, Sosho, & Sakamoto, 2014). 시각적 말소리는 배경 소음이 말소리 지각을 더욱 어렵게 만드는 상황에서 특히 중요하다.

말소리 지각의 보편 견해와 특수 견해를 결합시킬 수 있겠는가? 이 논제가 복잡한 것일 수밖에 없는 한 가지 이유는 말소리 지각의 본질 자체에 들어있다. 말소리 지각은 언어 속성과 지각 속성 모두를 수반한다. 순전히 지각적인 조망에서 보면, 말소리는 단지 다른 신호와 질적으로 다른 방식으로 처리할 필요가 없는 비교적 복잡한 신호이다. 언어심리학적 견지에서 보면, 말소리는 인간의 특별한 능력인 언어 영역에 들어있는 것이기 때문에 특별한 것이다. 실제로 인지심리학 교과서는 말소리 지각을 어디에서 논의하고 있는지에서 차이를 보인다. 때로는 언어 맥락에서 논의하며, 다른 경우에는 지각 맥락에서 논의하고 있다. 따라서 말소리 지각의 본질에 관한 견해의 다양성은 연구자가 말소리를 취급하는 방식에서의 차이를 반영하는 것으로 볼 수 있다. 규칙적인 음향 신호로 간주하거나 아니면 보다 특별한 음운 메시지로 간주한다(Remez, 1994).

의미의 이해: 의미론

> 언어를 단어들로 표현하기란 정말로 어렵다.
>
> 볼테르

이 장의 서두에서 헬렌 켈러가 처음으로 단어 의미를 자각하였던 일화를 인용하였다. 여러분은 단어가 살아있다는 느낌을 받았던 순간을 기억하지 못하겠지만, 부모님은 기억하고 있을 것이 확실하다. 실제로 부모가 됨으로써 느끼는 최고의 기쁨 중의 하나는 단어가 의미를 가지고 있다는 사실을 자식이 발견해가는 과정을 지켜보는 것이다.

의미론(semantics)은 언어에서 의미의 문제를 다루는 분야이다. 단어와 문장이 의미를 표현하는 방식에 관심을 갖는다. 의미론에서 **외연**(denotation)은 단어의 엄격한 사전적 정의이다. **내포**(connotation)는 단어의 정서적 함축, 가정 등을 포함한 비명시적 의미이다. 외연과 내포는 함께 단어의 의미를 구성한다. 내포는 사람마다 다르기 때문에, 형성한 의미에서 차이가 있을 수 있다. '뱀'이라는 단어를 생각해보자. 많은 사람에게 있어서 '뱀'의 내포는 부정적이거나 위험한 것이다. 다른 사람, 예컨대 뱀을 전공하는 생물학자, 즉 파충류학자는 '뱀'이라는 단어에 대해서 상이하고 훨씬 더 긍정적인 내포를 가지고 있을 수 있다.

사람들은 어떻게 단어 의미를 이해하게 되는 것인가? 선행 장들에서 보았듯이, 개념을 통해서 의미를 기억에 부호화한다는 사실을 회상해보라. 여기에는 사람들이 다양한 특성들을 부착하고, 명제와 같은 것을 통해서 다른 다양한 생각과 연결 짓는 생각들이 포함된다(Rey, 2003). 또한 심상과 특정 절차를 구현하기 위한 운동 패턴도 포함된다. 여기서는 개념에 대한 임의적 상징으로서의 단어라는 측면에서 개념에 관심을 기울이도록 하겠다.

실제로 개념을 표상하는 것으로 생각할 때, 단어는 관련 정보를 조작하는 경제적인 방법이 된다. 예컨대, '책상'이라는 단일 단어에 대해서 생각할 때, 다음과 같은 여러 가지를 떠올릴 수 있다.

- 세상에 존재하는 책상의 사례들
- 여러분의 상상 속에만 존재하는 책상의 사례들
- 책상의 특징들
- 책상에서 할 수 있는 일들
- 책상과 연계할 수 있는 다른 개념들(예컨대, 책상 위에 놓거나 서랍 안에 넣는 물건들이나 책상을 찾아볼 수 있는 장소 등)

어떤 개념을 지칭하는 단어를 가지고 있는 것은 그 개념에 관한 기존 정보에 새로운 정보를 덧붙이는 데 도움을 준다. 예컨대, 여러분은 '책상'이라는 단어를 알고 있다. 책상과 관련된 새로운 경험을 하거나 책상에 관하여 새로운 사실을 학습할 때, 그 단어를 중심으로 모든 관련 정보를 체제화하게 된다.

기억의 구성적 본질도 회상해보라. 단어 표지를 가지고 있는 것(예컨대, "빨래하기", "평화행진" 등)은 여러 가지 효과를 갖는다. 첫째, 글을 이해하고 기억해내는 용이성을 촉진한다. 둘째, 드루들 모양의 회상을 증진시킨다. (드루들이란 본질적으로 두들 퍼즐이라는 사실을 회상해보라. 두들을 보면서 그것이 무엇인지를 추측해야 한다.) 셋째, 목격자 증언의 정확도에 영향을 미친다. 어떤 대상 개념으로서의 단어를 가지고 있는 것은 일상생활의 비언어적 상호작용에 도움을 준다. 예컨대, '스컹크'와 '개' 개념은 어떤 동물을 순간적으로만 보는 경우에도, 둘 간의 차이를 쉽게 알아볼 수 있게 해준다(Ross & Spalding, 1994). 어느 동물을 보든지 간에, 이렇게 신속한 재인은 적절하게 반응할 수 있도록 해준다. 단어의 개념적 의미를 이해할 수 있는 능력은 확실히 중요하다. 그렇다면 단어 의미를 어떻게 인출하는 것인가?

모든 단어는 심적 어휘집에 저장되어있는데, 이 심적 어휘집은 단어와 그 의미 모

믿거나 말거나 | 욕설을 멈추기가 정말로 어려울 수 있는가?

심리학에서 사회적으로 부적절한 단어나 문장을 부지불식간에 내뱉는 것을 **강박적 외설증**(coprolalia)이라고 부른다. 외설증에는 사회적으로 부적절한 몸짓을 하는 것(**행동외설증**; copropraxia)과 그림을 그리는 것(**그림외설증**; coprographia) 등이 포함된다. 이러한 진술은 외설적이거나 종교적이거나 인종차별적인 내용과 관련되기 십상이다. 분노 때문에 표현하는 것이 아니라 말하는 사람도 제어할 수 없으며 자신을 심각하게 곤란한 상황에 처하게 만드는 충동에서 유래하는 것이다. 강박적 외설증은 **투렛 증후군**(Tourette syndrome)이라고 부르는 신경장애의 한 증상이기 십상인데, 광범위하게 가변적인 틱(갑작스럽고 비자발적으로 발길질을 해대거나 자신의 귓불을 잡아당기는 것과 같은 반복적인 행동)을 나타낸다. 일반적으로 투렛 증후군은 아동기에 시작하여 청소년기를 지난 후에 안정된다. 상이한 틱은 상이한 두뇌기제가 초래하는 것으로 보인다. 특히 강박적 외설증은 두뇌의 언어중추, 미상핵, 시상, 소뇌의 활동을 수반한다. 투렛 증후군 이외에 뇌졸중이나 뇌염을 앓은 사람에게서도 나타난다(Freeman 등, 2008). 실제로 투렛 증후군 환자 중에는 수화로 맹세를 하는 사례도 보고된 바 있다.

두를 포함하고 있다. 의미를 표상하는 방식에 대한 단서를 제공하는 한 가지 증거는 한때는 정상적인 언어능력을 가지고 있었지만 나중에 두뇌 측두엽이 손상된 사람들을 대상으로 수행한 연구에서 나온다. 이러한 사람에게 그림의 의미를 물었을 때, 대상에 이름을 붙이는 문제가 임의적으로 나타나는 것이 아니었다. 한 환자 집단은 동물과 식물과 같은 생명체를 알아보는 데 어려움이 있었다. 다른 환자 집단은 연장과 같이 인공적으로 제조한 대상을 알아보는 데 어려움을 겪었다. 워링턴과 동료들(Warrington & McCarthy, 1987; Warrington & Shallice, 1984)은 인공물과 생명체 간의 차이를 결정하는 기준을 제안해왔다. 인간이 만든 대상은 주로 그 기능을 가지고 구분한다. 대상

Published in The New Yorker 3/22/1993 by J.B. Handelsman/www.Cartoonbank.com

"'하늘의 뜻으로 태어난 거야,' 신경 쓰지 마. '감금'은 부정적인 내포 의미를 가지고 있거든."

을 사용하여 한 지점에서 다른 지점으로 이동하는가, 아니면 무엇인가를 여는가? 반면에 생명체는 주로 생김새를 가지고 구분한다. 말은 당나귀와 다르게 생겼으며, 둘은 모두 소의 모습과 차이를 보인다. 따라서 기억에서 단어의 의미를 인출할 때, 지각 자질과 기능에 의존할 수 있다(물론 다른 특성들에도 의존한다). 이러한 해석은 두뇌 손상 연구의 결과와 맥을 같이 한다. 즉, 지각처리에 관여하는 두뇌영역이 손상된 사람은 생명체를 재인하는 데 어려움이 있다. 기능 정보를 처리하는 데 관여하는 두뇌영역이 손상된 사람은 인공물을 재인하는 데 더 어려움을 겪는다.

여러분도 이미 알고 있는 것처럼, 영어의 많은 단어는 둘 이상의 의미를 가지고 있다. 예컨대, 'foot'라는 단어를 보자. "I have a very wide foot."는 신체부위로서의 발을 지칭한다. "She lives at the foot of the hill."은 그녀가 산자락에 살고 있다는 사실을 나타낸다. 일반적으로 단어는 보다 자주 사용하는 주도적 의미와 하나 이상의 부차적 의미를 가지고 있다. 'foot'의 예에서 사람들은 전형적으로 신체부위를 생각하며, 이것이 주도적 의미이다. 언덕의 끝자락은 부차적 의미이다. 단어에 어떤 의미를 부여할 것인지는 주로 그 단어가 나타나는 맥락에 달려있다.

문장의 이해: 통사론

언어심리학에서 의미 못지않게 중요한 것이 언어구조의 분석이다. 단어만이 의미를 담고 있는 것은 아니다. 문장구조도 의미를 가지고 있다. 예컨대, "The man hunted the lion."은 "The lion hunted the man."과는 다른 의미를 가지고 있다. **통사**(syntax)란 의미 있는 구와 문장을 만들기 위해 단어를 결합하고 순차적으로 정렬하는 체계적 방법이다(Carroll, 1986). 말소리 지각 연구가 주로 언어의 음성구조를 연구하는 반면에, 통사는 구와 문장의 문법 연구에 초점을 맞춘다. 다시 말해서 구조의 규칙성을 다룬다.

여러분이 과거에 문장을 구조화하는 방식이라는 측면에서 '문법'이라는 단어를 들었을 수 있겠으나, 언어심리학자는 '문법'이라는 단어를 약간 다른 방식으로 사용한다. 구체적으로 **문법**(grammar)이란 규칙적 패턴에 주목하는 언어 연구를 말한다. 이 패턴은 문장에서 단어들의 기능과 관계와 관련이 있다. 그 패턴은 광의적으로는 담화 수준까지 확장되며, 협의적으로는 개별 단어의 발음과 의미를 포함한다.

여러분은 국어 수업시간에 처방문법(prescriptive grammar)을 배웠을 수 있다. 이 유형의 문법은 구어와 문어의 사용을 구조화하는 "정확한" 방법을 처방한다. 언어심리학자가 더 큰 관심을 보이는 것은 기술문법(descriptive grammar)이며, 언어에서 단어들의 구조와 기능 그리고 관계를 기술하고자 시도하는 문법이다.

문법에 대한 처방적 접근과 기술적 접근 간의 대비를 예증하는 문장 하나를 살펴보자. 아버지가 별로 좋아하지도 않는 전래동화책을 가지고 이층 침실로 올라가는 것을 본 아들이, "Daddy, what did you bring that book that I don't want to be read to out of up for?"라고 말한다(Pinker, 1994, p. 97). 아들의 표현은 처방문법학자의 등골을 서늘하게 만들지 모르지만, 복잡한 내적 상호 의존성을 가지고 있는 문장을 생성하는 아들의 능력은 기술문법학자를 즐겁게 만들 것이다.

인지심리학 연구하기

여러분의 문법 능력

문장이 의미 있는 것인지 아니면 정확한 것인지에 관계없이, 문법적으로 틀린 문장을 찾아보라.

1. The student the book.
2. Bought the book.
3. Bought the student the book.
4. The book was bought by the student.
5. By whom was the book bought?
6. By student the bought book.
7. The student was bought by the book.
8. Who bought the book?
9. The book bought the student.
10. The book bought.

답: 1, 2, 3, 6, 10

통사 연구는 다루기 쉽고 연구하기 쉬운 단위로 언어를 분석할 수 있게 해준다. 또한 무한한 탐구 가능성도 제공해준다. 문장을 구성하기 위해 사용할 수 있는 단어 조합 방식에는 거의 한계가 없다. 앞에서 이러한 특성을 언어의 생산성이라고 지칭한 바 있다. 모든 언어에서 단어(더 정확하게 표현하자면 형태소)들의 특정 집합과 그 단어들을 결합하는 규칙의 특정 집합을 취하면, 숨이 막힐 정도로 많은 수의 의미 있는 표현을 만들어 낼 수 있다. 국회 도서관에 가서 아무 책이나 한 권을 골라 아무 문장이나 하나를 선택하였다고 가정해보자. 그런 다음 동일한 문장이 다른 곳에도 존재하는지를 확인하기 위해 도서관의 수많은 책들을 찾아본다고 해보자. 의도적으로 인용한 경우를 제외한다면, 동일한 문장을 찾아낼 가능성은 거의 없다.

사람들은 통사구조를 이해하는 놀랄 만한 능력을 가지고 있다. 위의 '인지심리학 연구하기: 여러분의 문법 능력'에서 문법적이지 않은 문장을 찾아보라.

능숙한 언어사용자는 특정 문장과 특정 어순이 문법적이든 아니든 간에, 통사구조를 즉각적으로 재인할 수 있다(Bock, 1990; Pinker, 1994). 문장이 의미 없는 것일 때조차도 그렇게 할 수 있다. 예컨대, 영어사용자라면 "Colorless green ideas sleep furiously."라는 촘스키의 문장을 평가할 수 있다. 루이스 캐럴의 시 "재버워키"(Jabberwocky)[2]의 한 구절인 "Twas brillig and the slithy toves did gyre and gimble in the wabe."와 같이 무의미 단어로 구성한 문장도 평가할 수 있다.

이제 통사의 특성과 영향을 보다 상세하게 살펴보고자 한다. 통사 점화와 말실수 현상을 들여다보고, 문장을 분석하는 두 가지 접근, 즉 구절구조문법과 변형문법을 다룬다. 또한 단어와 문장구조 간의 상호작용도 살펴본다.

통사 점화

기억에 저장하고 있는 단어의 의미 점화가 나타나는 것과 마찬가지로(즉, 사전에 제

[2] 역주: 「재버워키(Jabberwocky)」는 루이스 캐럴(Louis Carroll, 1832~1898)의 『이상한 나라의 앨리스』 후속편인 『거울 나라의 앨리스』에 나오는 유명한 권두시이다. "frumious", "mimsy", "slithy", "brillig" 같이 저자가 만들어낸 단어들이 등장한다.

시한 단어와 의미적으로 관련된 단어에 더 빠르게 반응한다), 문장구조의 통사 점화도 나타난다. 다시 말해서, 앞서 들었던 문장의 통사구조를 자발적으로 사용하여 그 구조와 일치하는 문장을 더 빠르게 읽는 경향이 있다(Bock, 1990; Bock, Loebell, & Moray, 1992; Sturt, Keller, & Dubey, 2010). 예컨대, 영어사용자가 수동문을 들은 후에는 수동문을 사용할 가능성이 더 커진다. 문장의 주제가 다를 때조차도 그렇다. 심지어 3세 아동조차도 실험자가 사용한 것과 동일한 문장 구조를 사용하여 일련의 새로운 항목을 기술하였다(Bencini & Valian, 2008).

통사 점화의 또 다른 사례가 문장 점화이다. 이러한 유형의 실험에서는 참가자에게 한 문장을 제시한 다음에 새로운 문장을 제시하고는 문법적으로 정확한 정도를 평가하도록 요구한다. 그 문장이 앞서 제시한 문장과 동일한 구조를 가지고 있으면, 문법적으로 정확한 정도에 관계없이 문법적으로 정확하다고 판단할 가능성이 더 높다(Luka & Barsalou, 2005). 예컨대, 실험집단 참가자는 "Amanda carried Fernando the package."라는 문장을 읽은 반면에, 통제집단 참가자는 "Amanda carried the package to Fernando."를 읽었다. 그런 다음에 두 집단 모두에게 "Igor lugged Dr. Frankenstein the corpse."의 문법적 정확성을 판단하도록 요구하였다. 보는 바와 같이, 이 문장은 실험집단 참가자가 읽었던 첫 번째 문장과 구조적으로 유사하며, 통제집단의 문장과는 닮지 않았다. 실제로 통제집단 참가자에 비해서 실험집단 참가자가 이 검사 문장을 더 문법적이라고 평가하였다.

말실수

대단한 통사 능력에 대한 또 다른 증거는 **말실수**(speech error)에서도 나타난다. 한 문장에서 두 단어의 위치를 실수로 뒤바꾸는 경우에도, 비록 의미는 없다 하더라도 여전히 문법적인 문장을 구성한다. 거의 예외 없이, 명사를 다른 명사로, 동사를 다른 동사로, 전치사를 다른 전치사로 뒤바꾼다. 예컨대, "I put the oven in the cake."라고 말할 수는 있지만, "I put the cake oven in the."라고 말하는 법은 없다. 사람들은 일반적으로 뒤바뀐 단어들이 새로운 위치에 적합하도록 만들기 위해 적절한 **기능 형태소**(functional morpheme)를 첨가하거나 삭제하기조차 한다. 예컨대, "The butter knives are in the drawer."라고 말하고자 의도하였는데, 실제로는 "The butter drawers are in the knife."라고 말할 수 있다. 즉, 문장의 문법성을 유지하기 위하여 "drawer"를 복수로 그리고 "knives"를 단수로 변경하는 것이다. 심지어 언어의 이해와 생성 모두에서 심각한 어려움을 겪는 **비문법성 실어증** 환자조차도 말실수에서 통사 범주를 일정하게 유지한다(Butterworth & Howard, 1987; Garrett, 1992). 제10장에서 말실수를 보다 상세하게 살펴볼 것이다.

문장 분석: 구절구조 문법

앞선 사례는 사람들이 단어를 통사 범주에 따라서 범주화하는 심적 기제를 가지고 있다는 사실을 지적한 것이다. 이러한 범주화 기제는 단어 의미와 별개이다(Bock, 1990). 문장을 구성할 때 사람들은 기능적 성분으로 분석하고 분할하는 것으로 보인다. 이러한 과정을 **문장 분석**(parsing)이라고 부른다. 사람들은 문장의 각 성분에 적절한 통사 범주(예컨대, 명사, 동사, 분사 등)를 할당한다. 그런 다음에 분석한 성분들의 문법적 배열을 구성하기 위하여 통사 규칙을 사용한다.

20세기 초에 통사를 연구한 언어학자들은 주로 문장을 명사구와 동사구 등과 같이 구절의 연속으로 분석하는 방식에 초점을 맞추었다. 또한 구절을 명사, 동사, 형용사 등과 같이 다양한 통사 범주로 분석하는 방식에도 초점을 맞추었다. 이러한 분석은 **구절구조 문법**(phrase-structure grammar)을 살펴보는 것이다. 즉, 구절의 구조를 분석하는 것이다. 다음 문장을 보다 상세하게 살펴보자.

"The girl looked at the boy with the telescope."

우선 이 문장은 명사구(NP) "The girl"과 뒤이은 동사구(VP) "looked at the boy with the telescope."로 분할할 수 있다. 명사구는 다시 한정사("the")와 명사("girl")로 분할할 수 있다. 마찬가지로 동사구도 계속 분할할 수 있다. 그렇지만 동사구의 분할 방식은 말하는 사람이 염두에 두고 있는 의미에 달려있다. 여러분은 이 문장이 두 가지 의미를 가질 수 있다는 사실을 알아차렸을지도 모르겠다.

(a) 소녀가 망원경을 가지고 소년을 보았다.
(b) 소녀가 망원경을 가지고 있는 소년을 보았다.

(a)의 경우에는 동사구가 하나의 동사(V; "looked")와 두 개의 전치사구(PP; "at the boy"와 "with the telescope")를 가지고 있다. (b)의 경우에도 동사구가 동사 "looked"를 가지고 있기는 하지만, 단지 하나의 전치사구만을 가지고 있다("looked at the boy with the telescope"). 여러분은 전치사구를 전치사, 한정사, 명사 등으로 계속해서 분

"The girl looked at the boy with the telescope."라는 문장을 두 가지 상이한 방식으로 해석할 수 있다.

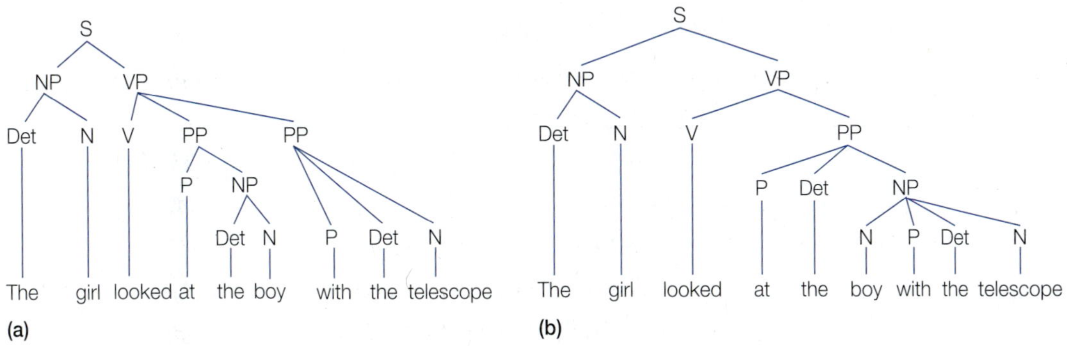

그림 9.3 구절구조 문법(1부). 구절구조 문법은 문장에서 구절들의 위계를 예증한다. 여기서는 "The girl looked at the boy with the telescope."라는 문장을 분석하는 두 가지 방법을 볼 수 있다. 나무도식에서 사용한 약자는 S(문장), NP(명사구), VP(동사구), PP(전치사구), N(명사), V(동사), Det(한정사), P(전치사)이다.

할해나갈 수 있다(자세한 내용을 보려면 그림 9.3 참조).

단어 연속을 주도하는 규칙을 **구절구조 규칙**(phrase-structure rule)이라고 부른다. 언어학자들은 한 문장 내에서 구절들 간의 상호관계를 나타내기 위하여 그림 9.3에서 보는 것과 같은 도식을 사용하기 십상이며, 다양한 다른 모형들도 제안해왔다(예컨대, 관계 문법, Farrell, 2005; Perlmutter, 1983a; 어휘 기능 문법, Bresnan, 1982).

나무도식은 구절구조 문법에서 통사범주들의 상호관계를 밝히는 데 도움을 준다(Clegg & Sheperd, 2007; Wasow, 1989). 특히 문장은 단순히 순서대로 함께 묶여있는 단어의 연속이 아니라, 위계적으로 내포되어있는 구절 구조들로 체제화 되어있다는 사실을 보여준다. 나무도식은 언어 사용의 정교성과 어려움을 포함하여 사람들이 언어를 사용하는 방식의 여러 측면들을 밝히는 데 도움을 준다. 그림 9.3에서 볼 수 있는 바와 같이, 앞에서 사용한 문장을 그 의미에 따라서 두 가지 상이한 방식으로 표현할 수 있다. 언어심리학자는 모호한 다중의미 문장의 나무도식을 살펴봄으로써 모호함의 출처를 보다 잘 지적해낼 수 있다.

인지심리학 연구하기

통사

다음의 10개 단어를 사용하여, 영문법에 맞는 다섯 개의 문장과 위배되는 다섯 개의 문장을 만들어보라. "ball, basket, bounced, into, put, red, rolled, tall, the, woman."

마쳤는가? 이제 문장을 생성하는 데 수반되었던 단계들을 생각해보라. 이 과제를 수행하기 위해서 여러분은 단어들을 통사 범주로 분류하였다. 범주의 정확한 이름을 알지 못하더라도 말이다. 그런 다음에 여러분이 가지고 있는 영어 통사 법칙에 관한 암묵적 지식과 각 단어의 통사 범주에 따라 문법에 맞는 단어 배열을 만들었다. 대부분의 4세 아동도 단어들을 범주로 분석하고 문법적인 문장을 배열하는 능력을 나타낸다. 물론 각 단어에 대한 통사 범주의 이름을 말할 수는 없지만 말이다.

통사에 대한 새로운 접근: 변형문법

1957년에 노엄 촘스키는 통사 연구의 혁명을 일으켰다. 통사를 이해하기 위해서는 문장 내 구절들 간의 상호관계뿐만 아니라 문장 간 통사 관계도 고려해야한다고 제안하였던 것이다. 구체적으로 촘스키는 특정 문장에 따라서 나무도식이 특정한 관계를 보여주는 사례를 관찰하였다.

예컨대, 다음 두 문장을 보자.

S_1: Susie greedily ate the crocodile.

S_2: The crocodile was eaten greedily by Susie.

구절구조 문법은 문장 S_1과 S_2 간의 특정 관계를 전혀 나타내지 못한다. 실제로 S_1과 S_2에 대한 구절구조 분석은 전혀 다르게 보인다(그림 9.4). 그렇지만 두 문장은 단지 태(voice)에서만 차이가 있다. 첫 번째 문장은 능동태이며, 두 번째 문장은 수동태이다. 두 문장은 모두 "먹었다(게걸스럽게) (수지, 악어)"라는 동일한 명제를 표상하고 있다. 상이한 표상 수단을 통해서 동일한 기저 의미를 유도해낼 수 있음을 예증하는 데 명제를 사용할 수 있다는 사실을 제7장에서 회상해보기 바란다.

동일한 의미를 가지고 있는 또 다른 문장 쌍을 보자.

S_3: The crocodile greedily ate Susie.

S_4: Susie was eaten greedily by the crocodile.

여기서도 두 문장은 동일한 의미를 가지고 있음에도 불구하고, 구절구조 문법은 S_3와 S_4 간에 아무런 관계도 보여주지 않는다. 이에 덧붙여서 S_1과 S_3 간에 그리고 S_2와 S_4 간에 표층구조의 유사성을 보여주고 있다. 두 쌍의 문장이 확연하게 다른 의미를 가지고 있음에도 말이다. 적절한 문법이라면 유사한 표층구조를 가지고 있는 문장들이

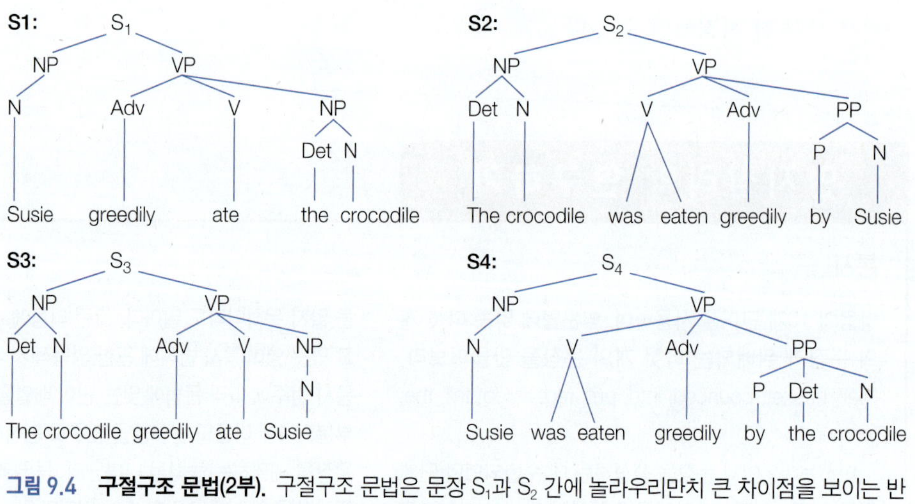

그림 9.4 구절구조 문법(2부). 구절구조 문법은 문장 S_1과 S_2 간에 놀라우리만치 큰 차이점을 보이는 반면, S_1과 S_3 간에 그리고 S_2와 S_4 간에 놀라우리만치 큰 유사성을 보여주고 있다. 노엄 촘스키는 통사를 이해하려면 다양한 구절구조 간의 상호관계를 바라다보는 방법도 고려해야만 한다고 제안하였다.

전혀 다른 의미를 가질 수 있다는 사실을 다룰 수 있어야만 한다.

촘스키(1957)는 구절구조 연구를 보완할 수 있는 방법을 제안하였다. 그는 변형규칙들을 수반하는 **변형문법**(transformational grammar) 연구를 제안하였다. 이 규칙들이 기저 명제를 문장으로 배열할 수 있는 방법을 주도한다는 것이다. 많은 다양한 문장들이 동일한 명제를 표현할 수 있음은 명백하다. 변형문법은 그림 9.4의 나무도식들을 상호 관련시킬 수 있는 방법을 제안한다. 변형규칙을 적용함으로써, S_1 나무도식 구조를 S_2 구조에 대응시킬 수 있다. 마찬가지로 S_2 구조를 S_4 구조에 대응시킬 수 있다.

변형문법에서 **심층구조**(deep structure)란 다양한 변형규칙을 통해서 다양한 구절구조를 연결시키고 있는 기저 통사구조를 지칭한다. 반면에 **표층구조**(surface structure)란 그러한 변형을 통해서 결과로 나타나는 다양한 구절구조를 지칭한다. 촘스키의 주장을 어설프게 알고 있는 많은 사람들은 촘스키의 용어를 오해해왔다. 이 사람들은 심층구조가 문장의 기저 의미를 지칭하는 반면, 표층구조는 문장의 피상적 해석만을 지칭하는 것으로 잘못 생각하였다. 전혀 그렇지 않다. 촘스키는 단지 어떤 구절구조들은 구절구조 문법을 사용하는 것만으로는 정확하게 파악할 수 없는 관계를 가지고 있을 수 있다는 사실을 말하고자 하였을 뿐이었다. 예컨대, "Susie greedily ate the crocodile."와 "The crocodile was eaten greedily by Susie."라는 문장은 구절구조 문법만을 참조하여서는 알 수 없는 관계를 가지고 있다. 두 구절구조 간의 기저 관계를 파악하기 위해서는 변형규칙을 적용해야만 한다.

통사구조와 어휘구조 간의 관계

촘스키(1965, Wasow, 1989에서 인용)는 통사구조가 단어(어휘구조)와 상호작용하는 방식도 언급하였다. 그는 심성어휘집이 각 단어(또는 형태소)에 부착된 의미 이상의 것을 포함하고 있다고 제안하였다. 이에 덧붙여서 각 어휘항목은 통사정보도 포함하고 있다는 것이다. 각 어휘항목의 통사정보는 다음과 같은 세 가지를 나타낸다.

- 명사와 동사와 같이, 어휘항목의 통사범주.
- 주어로서의 대명사와 직접 목적어와 같이, 특정 형태소를 사용하는 적절한 통사 맥락.
- 불규칙동사의 처리와 같이, 형태소의 통사적 사용에 관한 예외 정보.

예컨대, 'spread'라는 단어에 대해서 명사로 범주화하거나 동사로 범주화하는 각기 다른 어휘항목이 존재한다. 각 어휘항목은 그 단어를 위치시키는 데 어떤 통사규칙을 사용할 것인지도 규정한다. 적용 가능한 규칙은 주어진 맥락에서 어떤 범주를 적용할 수 있는지에 달려있다. 예컨대, 동사로서의 'spread'는 관사 'the'에 뒤따르지 않는다. 그렇지만 명사로서의 'spread'는 그렇게 할 수 있다. 어휘항목에 대한 예외적인 통사규칙도 심성어휘집에 저장되어있다. 예컨대, 동사로서의 'spread' 어휘항목은 현재형으로 사용하는 어간에 'ed'를 덧붙임으로써 과거시제를 만든다는 정상적인 통사규칙에서 벗어난 예외라는 사실도 나타내고 있다.

여러분은 심성어휘집을 그토록 많은 통사정보로 채워야하는 이유를 궁금해 할 수

인지심리학의 실제 적용

국어가 외국어인 사람과 대화하기

여러분이 알고 있는 말소리 지각과정, 의미론, 통사 등에 근거하여, 다른 사람들이 알아듣기 쉽게 말하는 방법에 대해서 생각해보라. 만일 여러분과 다른 모국어를 사용하는 사람에게 말을 하고 있다면, 단어들 간의 시간간격을 과장함으로써 말하는 속도를 늦추도록 시도하라. 모음을 너무 길게 발음하지 않으면서 자음을 정확하게 발음하도록 주의하라. 되도록 단순한 문장을 사용하라. 긴 문장을 더 작은 단위로 쪼개라. 문장들 간의 시간간격을 길게 함으로써 그 문장을 명제 형태로 변환할 수 있는 시간적 여유를 제공하라. 노력이 더 많이 드는 것처럼 느낄 수 있겠지만, 소통은 한결 효과적이게 된다.

청각 장애가 있는 사람과의 대화를 생각해보라. 여러분은 어떻게 그 사람의 이해를 도와줄 수 있겠는가? 외국인과 대화할 때와 동일한 전략을 사용하겠는가, 아니면 다른 전략을 동원하겠는가?

있겠다. 심성어휘집에 들어있는 항목에 통사 정보, 맥락 정보, 예외 정보를 부착시킬 수 있는 능력은 장점을 가지고 있다. 심성어휘집을 복잡하게 만들게 되면, 통사에서 필요한 규칙의 수와 복잡성을 엄청나게 단순화시킬 수 있다. 예컨대, 심성어휘집에 불규칙동사(예컨대, 'spread'나 'fall' 등)의 예외적 처리에 관한 정보를 첨가함으로써, 각 동사마다 다른 통사규칙을 적용할 필요가 없게 된다. 심성어휘집을 복잡하게 만듦으로써, 통사를 단순화시키는 것이다. 이렇게 함으로써 적절한 변형을 단순하고 맥락에서 자유롭게 만들 수 있다. 일단 한 언어의 기본 통사를 알게 되면, 심성어휘집의 모든 항목에 통사규칙을 용이하게 적용할 수 있다. 그런 다음에 복잡하고 정교한 언어 구사를 위해 점차적으로 심성어휘집을 확장해나갈 수 있다.

모든 인지심리학자가 촘스키 이론의 모든 측면에 동의하고 있는 것은 아니다(예컨대, Bock, Loebell, & Morey, 1992; Devitt, 2008; Garrett, 1992; Jackendoff, 1991). 특히 의미보다 통사를 더 강조하고 있는 것에 동의하지 않는다. 의미의 중요성을 강조하는 많은 심리학자는 통사규칙이 심층구조의 생성에 영향을 미치며, 다시 더 많은 규칙을 적용하여 심층구조를 표층구조로 변환시킨다는 그의 제안을 의아하게 생각한다. 통사를 지나치게 강조하는 이론은 의미를 표현하기 위하여 언어를 사용하는 과정을 설명하기에 충분하지 않은 것으로 보인다. 그럼에도 불구하고, 몇몇 인지심리학자는 통사의 핵심 아이디어를 포함하고 있는 언어 이해와 산출 모형을 제안해왔다.

심성어휘집의 항목들을 통사구조의 요소들과 어떻게 연계시키는 것인가? 그러한 연계에 관한 다양한 모형들을 제안해왔다(Bock, Loebell, & Morey, 1992; Culicover & Jackendoff, 2005; Jackendoff, 1991). 몇몇 모형에 따르면, 문장을 통사범주로 분석할 때 사람들은 문장의 각 항목을 위한 슬롯을 만들어낸다. 예컨대, 'Juan gave Maria the book from the shelf."라는 문장을 생각해보자. 하나의 명사를 다음과 같이 사용하는 슬롯이 존재하며, 동사, 전치사, 관사 등을 위한 슬롯도 존재한다.

(1) 주어(Juan)
(2) 직접 목적어(the book)

스티븐 핀커(Steven Pinker)의 실험실에서는

나는 항상 언어를 인간 본성을 향한 창문으로 생각해왔다. 심리학자로서 경력을 쌓기 시작할 때 나는 선천성-후천성 논쟁에 서광을 비추어줄 수 있는 방안으로 아동이 모국어를 획득하는 데 사용하는 심적 기제를 규명하고자 시도하였다. 그런 다음에 인과성, 행위성, 공간, 시간, 실체 등과 같은 인간 사고의 기본 개념들을 밝히고자 동사의 의미와 통사에 초점을 맞추었다. 물을 유리잔에 부울 수는 있지만 유리잔을 물에 부울 수 없는 이유는 무엇이며, 유리잔을 물로 채울 수는 있지만, 유리잔 속에 물로 채울 수 없는 이유는 무엇인가? 여러 해에 걸쳐 나는 인간 인지의 계산적 구조물에 관한 통찰을 얻기 위하여 *walk-walked*와 *play-played* 등과 같은 규칙동사를 연구하였으며, 계산(심적 과정)과 기억 간의 상호작용을 이해하기 위하여 규칙동사가 *sing-sang*과 *bring-brought* 등과 같은 불규칙동사와 어떻게 다른 것인지를 연구하였다.

스티븐 핀커

현재 나는 사회적 관계를 향한 창문으로서 빈정거림, 완곡어법, 이중화법, 미적거림 등과 같은 "간접화법"을 사용하고 있다. 사람들은 자신의 의도를 많은 단어를 사용하여 내뱉기보다는 듣는 사람이 자신의 의중을 포착하거나 행간을 읽을 것을 기대하면서 자신의 의도를 은근하게 나타내기 십상이다. 몇 가지 사례를 보자.

- 저 접시 좀 건네주실 수 있다면, 얼마나 좋을까요. [정중한 요청]
- 아이쿠 경관님, 법정으로 가거나 많은 서류작업을 하지 않고 지금 여기서 단속 딱지를 해결할 수 있는 방법도 있을 텐데요? [매수]
- 들어와서 내 작품을 보지 않을래요? [성적 유혹]
- 당신이 이번 재판의 배심원 대표라고 하더군요. 중요한 시민의 의무이지요. 당신은 부인과 아이들이 있다지요. 당신이 올바르게 판단할 것이라고 믿습니다. [협박]

사람들이 자신의 의도를 바로 말하지 않는 이유는 무엇인가? 내 생각에 그 이유는 언어가 명제를 전달하는 것과 사회적 관계를 유지한다는 두 가지 일을 동시에 수행하기 때문이다. 인류학자 알란 피스키는 모든 문화에서 두 사람 간의 관계를 몇 가지 유형, 즉, 연대성(온화함과 분배), 주도성, 그리고 상보성(맞교환이나 자원의 동등한 분배)으로 분류할 수 있다는 사실을 발견하였다. 사람들은 이것을 예리하게 구분한다. 예컨대, 좋은 친구와는 자동차를 사고파는 것과 같은 상거래를 하지 말아야 한다는 사실을 알고 있다. 가격을 흥정하는 행위(상보성)가 우정(연대성)의 규칙과 충돌하여 관계에 긴장을 초래하기 때문이다. 언어가 가지고 있는 문제는 언어로 요청을 하는 행위 자체가 현재의 관계 유형과 충돌할 수 있다는 점이다. "그거 이리 줘."와 같은 명령은 주도적 관계(여러분이 주변사람들의 우두머리 역할을 하고 있다)를 함축하는데, 이것이 우정과 상충한다. "5만원 줄 터이니 그냥 가게 해줘요."와 같은 뇌물은 경찰관을 공무집행자가 아니라 상거래 하는 고객으로 취급하는 것이다. 따라서 함께 식사하는 친구를 동등하게 대하고 경찰관이 뇌물을 받을 것인지 탐색하기 위해서 사람들은 현재의 관계에 도전하지 않는 간접화법을 사용하는 것이다. 기본적으로 현재 작동하고 있는 것과는 상이한 관계 모형을 전제로 하는 거래가 거부당할 가능성을 살피고 있는 것이다.

우리는 사람들에게 간접적이거나 빈정거리는 방식으로 제안하는 뇌물, 위협, 성적 유혹 등을 받고 있는 사람의 입장에 서있는 것을 상상해보도록 요구함으로써 이 생각을 검증하고 있다. 위협을 느끼든 공격받는다는 느낌을 받든지 간에, 말하는 사람이 의도하는 것이 무엇인지를 얼마나 확신하고 있는지 그리고 제안을 거부하였을 때 정상적인 관계를 회복하는 것이 얼마나 용이한 일인지를 나타내도록 한다. 또한 심장박동과 혈압과 같은 측정치를 사용하여, 위협이나 도전감을 측정하는 전기생리적 기록장치를 부착한 채 이러한 거래의 역할놀이를 해보도록 요구하고 있다.

(3) 간접 목적어(Maria)
(4) 전치사의 목적어(the shelf)

어휘항목은 그 항목을 위치시킬 수 있는 슬롯의 유형에 관한 정보도 포함하고 있다. 그 정보는 항목이 담당할 수 있는 주제 역할에 달려있다. **주제 역할**(thematic role)이란 소통 맥락에서 항목을 사용할 수 있는 방법을 말한다. 여러 가지 주제 역할을 확인해왔으며, 그 역할은 특히 다음과 같은 것이다.

- 행위자, 행위의 주체
- 수동자, 행위의 직접 대상자
- 수혜자, 행위의 간접 대상자
- 도구, 행위를 나타내는 매체
- 장소, 행위가 일어나는 곳
- 출처, 행위가 유래하는 곳
- 목표, 행위를 지향하는 곳(Bock, 1990; Fromkin & Rodman, 1988)

통사와 의미론 간의 연계에 관한 이러한 견해에 따르면, 다양한 통사 슬롯을 그에 상응하는 주제 역할을 담당하는 어휘항목으로 채울 수 있다. 예컨대, 주어 명사 슬롯은 행위자라는 주제 역할로 채울 수 있다. 행위자 역할을 채울 수 있는 명사를 구절의 주어에 해당하는 슬롯에 집어넣을 수 있다. 수동자 역할은 직접 목적어 슬롯에 상응한다. 수혜자 역할은 간접 목적어 슬롯에 맞아떨어지는 식이다.

개념 확인

1. 동시조음이란 무엇인가? 이것이 중요한 이유는 무엇인가?
2. 말소리 지각의 보편 견해가 제안하고 있는 것은 무엇인가?
3. 범주적 지각이란 무엇인가?
4. 통사 점화란 무엇인가?
5. 구절구조 문법과 변형문법 간의 차이는 무엇인가?

글 읽기

글 읽기는 최소한 지각, 언어, 기억, 사고, 지능을 수반하는 복잡한 과정이다(Adams, 1990, 1999; Garrod & Daneman, 2003; Smith, 2004). 이 페이지의 문자들을 재인하고, 함께 엮어서 의미를 가지고 있는 단어를 형성하며, 문장이나 문단의 읽기를 마칠 때까지 그 의미를 기억에 유지하고, 글쓴이가 여러분에게 소통하고자 시도한 메시지에 대해서 생각해야만 한다. 이토록 다양한 처리과정을 수행하고 있음에도 불구하고, 사람들은 놀라우리만치 빠르고 정확하게 읽을 수 있다. 보통의 성인은 대략 분당 250~300

단어의 속도로 글을 읽는다.

사람들은 매일같이 글을 반복적으로 접한다. 네온사인, 광고판, 상표, 안내문 등을 본다. 이것들은 사람들이 결정을 내리고 상황을 이해하는 데 도움을 주는 많은 정보를 담고 있다. 따라서 글을 읽는 능력은 일상의 삶에서 근원적인 것이다.

다음 절에서는 읽기 능력에 기여하는 세 가지 상이한 처리과정, 즉 지각 과정, 어휘처리 과정, 이해 과정을 살펴본다. 그런 다음에 읽기에 어려움을 겪는 증상인 난독증을 논의한다.

읽기에서 지각 문제

읽기에서 기본적이지만 중요한 단계가 문자를 재인하는 능력을 활성화시키는 것이다. 글을 읽을 때는 다양한 서체로 제시하는 문자들을 어떻게든 정확하게 지각하여야 한다. 예컨대, 사람들은 활자체이든 필기체이든 문자를 정확하게 지각할 수 있다. 글의 이러한 측면을 **철자법**(orthography)이라고 부른다. 그런 다음에 문자를 음성으로 변환하여 음운부호를 생성해야 한다. 이러한 변환이 특히 영어에서 어려운 까닭은 문자와 발음 간의 직접적인 대응을 항상 보장해주지 않기 때문이다. 극작가이자 영어 애호가이었던 조지 버나드 쇼는 영어 철자법의 비논리성에 주목하였다. 그는 영어에서 'ghoti'를 'fish'처럼 발음하여도 전혀 문제가 없다고 말하였다. 'gh'를 'rough'에서처럼, 'o'를 'women'에서처럼, 그리고 'ti'를 'nation'에서처럼 발음하면 그렇게 된다. 이것은 영어의 또 다른 골칫거리를 초래한다. 'ough'를 어떻게 발음하는가? 'dough[doʊ], bough[baʊ], bought[bɔːt], through[θruː], cough[kɔːf]'를 발음해보라. 이 정도면 충분하겠는가?

이 모든 시각 상징을 어떻게든 음성으로 변환시킨 후에는 그 음성들을 배열하여 단어를 형성하여야 한다(Pollatsek & Miller, 2003). 그런 다음에 그 단어가 무엇인지를 확인하고 의미를 알아낼 필요가 있다. 다음 단어로 넘어가서 그 과정을 계속해서 반복하게 된다. 하나의 단일 문장을 형성할 때까지 후속 단어에 대해서 이 과정을 계속한다. 정상적인 읽기 능력이 결코 단순한 것이 아님은 확실하다. 대략 50%의 미국 성인들이 중학교 2학년 수준의 책을 읽지 못한다(Literacy Project Foundation, 2014).

읽기를 학습할 때, 초보자는 두 가지 기본 유형의 처리과정, 즉 어휘처리와 이해과정을 숙달해야만 한다. **어휘처리**(lexical process)는 문자와 단어를 확인하는 데 사용한다. 또한 그 단어와 관련된 정보를 기억에서 활성화시킨다. **이해과정**(comprehension process)은 글 전체를 이해하는 데 사용한다(이 장의 뒷부분에서 논의한다). 읽기의 어휘처리를 다룰 때 지각에서의 상향처리와 하향처리 모두의 분리와 통합을 보게 된다.

읽기에서 어휘처리

읽기에 관여하는 어휘처리를 보다 상세하게 탐구해보자. 우선 읽기에 도움을 주는 안구운동에서 안구고정을 상세하게 살펴본다. 그런 다음에 기억에서 그 의미를 인출할 수 있도록 단어를 확인하는 방식을 논의한다(어휘접속). 마지막으로 어휘접속 속도와 지능 간의 연계를 살펴본다.

안구고정과 읽기속도

글을 읽을 때, 눈은 페이지를 따라서 심지어는 한 줄을 따라서도 부드럽게 이동하지 않는다. 오히려 글 덩어리에 연속적으로 고정하듯이 도약 운동 방식, 즉 신속한 연속적 운동 방식으로 움직인다. 안구고정은 마치 일련의 스냅사진과 같은 것으로(Pollatsek & Rayner, 1989), 고정시간은 가변적이다(Carpenter & Just, 1981). 짧은 단어보다는 긴 단어에 더 오랫동안 고정한다. 또한 친숙한 단어(즉, 출현빈도가 높은 단어)보다는 친숙하지 않은 단어(즉, 출현빈도가 낮은 단어)에 더 오랫동안 고정한다. 문장의 마지막 단어도 가외적으로 긴 고정시간을 갖는다. 이것을 "문장 마무리 시간"이라고 부를 수 있다(Carpenter & Just, 1981; Warren, White, & Reichle, 2009).

대부분의 단어에 눈을 고정하지만, 모든 단어에 고정하는 것은 아니다. 글에서 80% 정도의 내용어에 눈을 고정한다. 내용어에는 명사와 동사 등 의미를 담고 있는 단어들이 포함된다. (관사와 전치사와 같은 기능어는 내용어를 지원하는 역할을 담당한다.) 한 번의 안구고정 시각폭은 얼마나 되는가? 고정점의 좌측에서는 대략 4개 그리고 오른쪽에서는 대략 14~15개의 특질로부터 정보를 추출할 수 있는 것으로 보인다. 이러한 특질에는 문자, 숫자, 구두점, 띄어쓰기의 빈 공간 등이 포함된다. 안구도약운동은 연속적인 안구고정 간에 평균 7~9개 특질을 뛰어넘는다. 따라서 추출하는 어떤 정보는 후속 고정을 위한 예비정보가 된다(Pollatsek & Rayner, 1989; Rayner 등, 1995). 속독을 할 때는 안구고정을 더 적게 하고 고정시간이 더 짧다(Just, Carpenter, & Masson, 1982). 그렇지만 빠른 속도는 글의 요점만을 이해하게 된다는 대가를 치르게 된다(Homa, 1983).

어휘접속

읽기의 중요한 측면이 **어휘접속**(lexical access), 즉 기억으로부터 단어 의미를 인출할 수 있게 해주는 단어 확인 과정이다. 읽기를 연구하는 대부분의 심리학자는 어휘접속이 상호작용하는 처리과정이라고 믿고 있다. 어휘접속은 문자의 자질, 문자 자체, 그리고 문자로 구성된 단어와 같이 다양한 유형의 정보를 결합한다(Morton, 1969).

연구자들(McClelland, Mirman, & Holt, 2009; Rumelhart & McClelland, 1981, 1982)은 특정 어휘요소의 활성화는 다중 수준에서 일어난다는 사실을 시사하는 상호작용 활성화 모형을 개발하였다. 이에 덧붙여서 각 수준에서의 활성화도 상호작용적이다(그림 9.5)

상호작용 활성화 모형은 시각 입력에 뒤따르는 세 가지 수준의 처리, 즉 자질 수준, 문자 수준, 단어 수준의 처리를 구분하고 있다. 이 모형은 각 수준의 정보를 기억에 별도로 표상한다고 가정한다. 정보는 한 수준에서 다른 수준으로 양방향으로 이동한다. 다시 말해서 정보처리는 두 방향 모두에서 일어난다. 첫째, 감각 데이터에서 출발하여 높은 수준의 처리로 진행하는 상향처리가 일어난다. 둘째, 주어진 맥락과 관련

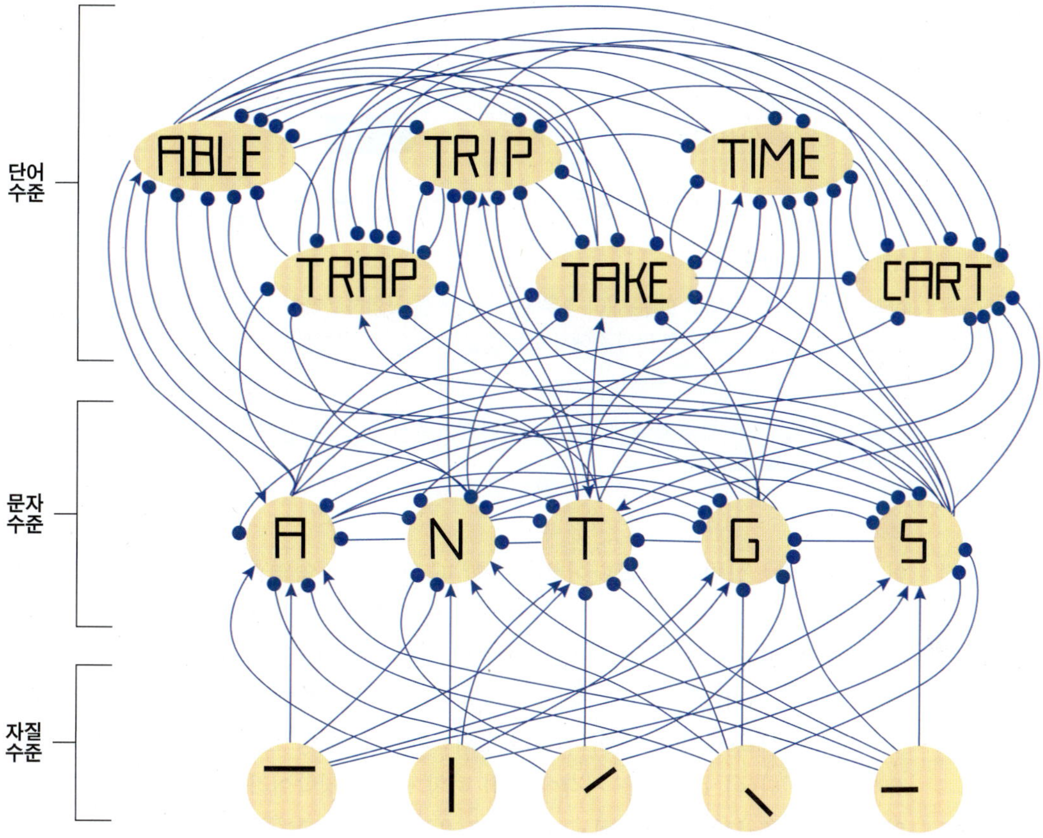

그림 9.5 단어 재인. 데이비드 루멀하트와 제임스 매클러랜드는 단어를 재인하는 과정에서 자질 수준, 문자 수준, 단어 수준에서의 활성화가 상호작용하는 방식을 예시하기 위하여 이 그림을 사용하였다. 이 그림에서 화살표 선분은 활성화를 촉발하고, 파란 점으로 끝나는 선분은 억제를 촉발한다. 예컨대, 수평막대 자질은 T 문자의 활성화로 이끌어가지만, N 문자는 억제한다. 마찬가지로 문자 수준에서 T의 활성화는 TRAP과 TRIP의 활성화로 이끌어가지만, ABLE을 억제한다. 위에서 아래로 내려오면서, 단어 TRAP의 활성화는 첫 번째 문자로서 A, N, G, S의 억제로 이끌어가지만, T를 활성화시킨다.

출처: Mayer, R. E. (1995). The search for insight: Grappling with Gestalt psychology's unanswered questions. In R. J. Sternberg & J. E. Davidson (Eds.), *The nature of insight*. MIT Press.

된 기존 지식과 경험에서 작동하는 높은 수준의 정보처리에서 출발하여 낮은 수준으로 진행하는 하향처리가 일어난다. 상호작용 견해는 사람들이 단어를 확인하기 위하여 시각적으로나 청각적으로 지각할 수 있는 자질을 사용할 뿐만 아니라 문자를 확인하기 위하여 단어에 관하여 이미 알고 있는 자질도 사용한다는 사실을 함축하고 있다. 그렇기 때문이 이 모형을 "상호작용적"이라고 부르는 것이다(Plaut 등, 1996).

다른 이론가들은 루멀하트와 매클러랜드 모형의 대안을 제안해왔지만(예컨대, Meyer & Schvaneveldt, 1976; Paap 등, 1982), 상호작용 모형들 간의 구분은 이 책의 범위를 넘어서는 것이다. 분절적 처리수준을 수반하는 단어 재인 모형에 대한 지지 증거는 두뇌 처리과정 연구에서 나온다(Harley, 2008; Petersen 등, 1988; Posner 등, 1988, 1989). PET와 fMRI를 사용하여 두뇌 신진대사 영상을 확인한 연구들은 단순히 수동적으로 단어 형태를 시각적으로 처리하는 동안 활동하는 두뇌영역은 단어를 의

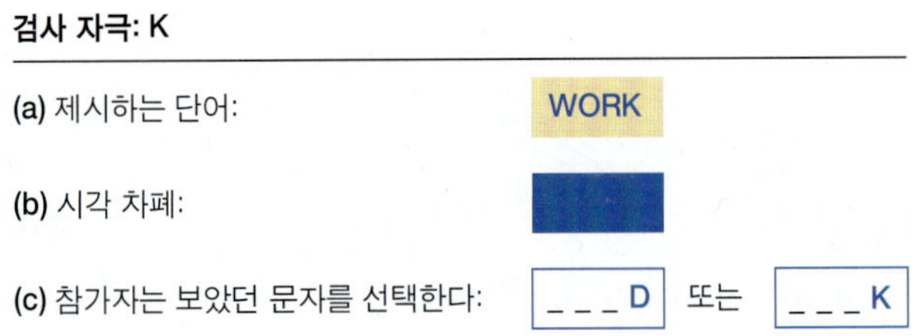

그림 9.6 어휘판단 과제

(a) 참가자에게 기억해내야 할 문자(이 경우에는 문자 K)를 포함하고 있는 단어(WORK)를 짧게 제시한다. 그렇지만 참가자는 제시한 문자 중에서 어느 것을 기억해내야 하는지를 알지 못한다.

(b) 단어를 제시한 후에 시각 차폐를 제시한다.

(c) 참가자는 제시하는 두 문자 중에서 앞서 보았던 문자를 선택한다. 두 문자 D와 K는 모두 단어에 해당한다(WORD와 WORK).

미 분석하거나 심지어는 그 단어를 발음할 때 활동하는 영역과 다르다는 사실을 보여주고 있다.

신경심리학 지지증거에 덧붙여서, 수많은 단어 재인 모형들을 컴퓨터에서 시뮬레이션 해왔다(예컨대, Harm & Seidenberg, 2004). 모든 모형들은 단어 우월성 효과를 효과적으로 예측하였다. 단어 우월성 효과는 **형태 우월성 효과**나 **대상 우월성 효과**와 유사한 것이다(이 효과들을 지각에 대한 하향처리의 영향이라는 측면에서 논의한 바 있다). **단어 우월성 효과**(word superiority effect)란 문자를 독자적으로 제시하거나 단어가 아닌 문자 배열 속에 제시할 때보다 실제 단어 속에 제시할 때, 더 용이하게 찾아내는 현상이다. 사람들은 단어를 형성하는 문자들을 읽는 것보다 무관련 문자들을 읽는 데 상당히 많은 시간을 사용한다(Cattell, 1886). 때때로 이 효과를 **라이커-휠러 효과**(Reicher-Wheeler effect)라고도 부르는데, 이 효과를 앞서 연구하였던 두 연구자의 이름을 딴 것이다(Reicher, 1969; Wheeler, 1970).

단어 우월성 효과를 관찰하기 위하여 연구자들은 **어휘판단 과제**(lexical decision task)라고 부르는 실험 패러다임을 사용한다. 이 패러다임에서는 일련의 문자를 짧게 제시한 다음에 제거하거나 **시각 차폐**(visual mask), 즉 앞서 제시한 자극을 영상기억에서 지워버리는 패턴으로 덮어버린다(영상기억에 관한 정보를 더 보려면, 제5장을 참조). 그런 다음에 참가자에게 문자 배열이 단어인지를 판단하도록 요구한다.

단어 우월성 효과를 관찰하기 위해서는 문자의 처리를 살펴볼 수 있도록 표준적인 어휘판단 과제를 수정하게 된다(그림 9.6 참조). 참가자는 문자를 단독으로 제시할 때보다 단어 맥락에서 제시할 때 더 정확하게 선택한다(Johnston & McClelland, 1973). 심지어는 발음이 가능한 사이비 단어에 들어있는 문자를 단독으로 제시한 문자보다 더 정확하게 확인해낸다. 그렇지만 단어처럼 발음할 수 없는 문자 배열(예컨대, "ORWK")은 문자 확인에 도움을 주지 않는다(Grainger 등, 2003; Pollatsek & Rayner, 1989).

문장 우월성 효과(sentence superiority effect)도 존재한다(Cattell, 1886; Perfetti, 1985). 사람들이 한 문장에서 단어들을 읽는 것에 비해서 무관련 단어들을 읽을 때 시

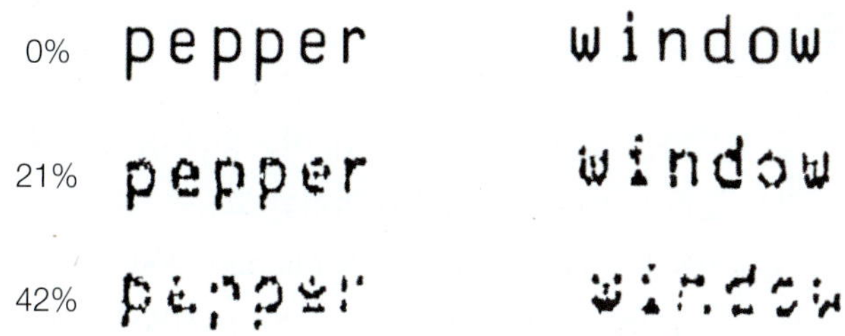

그림 9.7 단어의 질 저하. 이 그림은 단어 'window'와 'pepper'를 명확하게 읽을 수 있는 경우, 어느 정도는 읽을 수 있는 경우, 거의 읽기가 불가능한 경우의 예를 보여주고 있다. 백분율은 질 저하의 정도를 나타낸다.

간이 거의 두 배나 더 걸린다(Cattell, 1886). 문장 우월성 효과는 다른 실험 패러다임에서도 관찰할 수 있다. 참가자가 질이 떨어지는 자극을 본다고 가정해보자. 예컨대, 'window'라는 단어를 질이 떨어진 상태로 제시한다(그림 9.7). 단어가 독자적으로 존재할 때는 문장 맥락에서 나타날 때보다 재인하기가 더 어렵다. "There were several repair jobs to be done. The first was to fix the _______."가 그러한 문장 맥락의 한 예가 되겠다(Perfetti, 1985). 자극에 대해서 의미 있는 맥락이 존재하는 것은 그 자극을 지각하는 데 도움을 준다.

맥락 효과는 의식 수준과 전의식 수준 모두에서 작동한다. 의식 수준에서는 사람들이 단어 의미를 결정하는 데 맥락의 사용을 적극적으로 제어한다. 전의식 수준에서는 맥락의 사용이 자동적이며 적극적 제어를 넘어선다. 참가자는 일반적으로 연합된 단어 쌍(예컨대, '의사'와 '간호사' 또는 '빵'과 '버터')을 제시할 때 어휘판단을 더 신속하게 내린다. 연합되지 않은 단어 쌍, 비단어 쌍, 하나는 단어이고 다른 하나는 비단어인 쌍을 제시할 때는 훨씬 느리게 반응한다(Hyoenae, J., & Lindeman, 2008; Meyer & Schvaneveldt, 1971; Schvaneveldt, Meyer, & Becker, 1976).

읽기 교육

아동에게 글 읽는 방법을 가르치는 여러 가지 접근법이 존재한다. 몇몇 기본적인 접근법이 전체 단어 접근법, 전체 언어 접근법, 그리고 발음 접근법 등이다. 발음 접근법에서는 아동에게 알파벳 문자의 발음을 가르친 다음에 점차적으로 문자들을 결합하여 두 문자를 함께 읽는 법, 세 문자를 함께 읽는 법 등을 가르치는 방식이다. 처음에는 적어놓은 대로 발음하는 규칙단어만을 사용한다. 전체 단어 접근법은 단어를 구성하는 음성을 분석하지 않은 채 아동에게 전체 단어를 재인하도록 가르친다. 이 접근법 주창자들은 어린 아동에게 있어서 발음을 학습하는 것보다 전체 단어를 학습하는 것이 더 흥미를 유발한다고 생각한다. 마지막으로 전체 언어 접근법은 단어가 문장의 부분일 뿐이기 때문에 전체 문장과 연계하여 읽기를 가르쳐야 한다고 주장한다. 따라서 아동은 단어가 아니라 문장을 읽는 것으로 읽기를 시작하게 된다. 교사는 아동이 동일한 시 구절이나 이야기를 반복해서 읽는 것을 도와주게 된다.

읽기 장애: 난독증

난독증(dyslexia), 즉 글을 해독하고 읽으며 이해하는 데 어려움을 겪는 장애를 가지고 있는 사람은 유창한 읽기를 높게 평가하는 사회에서 엄청난 고통을 겪을 수 있다(Sternberg & Spear-Swerling, 1999; Terras, Thompson, & Minnis, 2009). 음운처리 장애로 인한 단어 확인 장애는 "읽기 학습에서 핵심적 장애물"이 된다(Pollatsek & Rayner, 1989, p. 403; Grodzinsky, 2003도 참조). 난독증은 다음과 같은 여러 가지 처리과정을 손상시킬 수 있다.

- 음운 자각(phonological awareness). 구술언어의 발음구조에 대한 자각(단어를 구성하는 여러 소리의 재인).
- 음운 읽기(phonological reading). 독자적으로 제시한 단어의 읽기. 난독증 환자는 단어가 맥락에 들어있을 때보다 독자적으로 존재할 때 재인하기가 더 어렵다.
- 작업기억에서 음운 부호화(phonological coding). 음소를 작업기억에 저장하는 데 어려움이 있고 자주 혼동하는 경향이 있을 때, 읽기가 더욱 어렵게 된다.
- 어휘접속(lexical access). 장기기억에서 음소를 인출하는 능력. 예컨대, '심리학'이라는 단어를 볼 때 얼마나 빠르게 그 단어를 재인할 수 있는가?

여러 가지 유형의 난독증이 존재한다. 가장 흔한 두 가지 난독증은 아동기에 시작하는 발달성 난독증(Shaywitz & Shaywitz, 2005) 그리고 외상적 뇌손상의 결과로 나타나는 후천성 난독증이다(Coslett, 2003).

발달성 난독증은 생물학 원인과 환경 원인을 모두 가지고 있는 것으로 보인다. 이 분야에서 일차 논쟁거리는 각 요인의 역할이다. 발달성 난독증 환자는 흔히 특정 염색체, 특히 3, 6, 15번째 염색체에 이상이 있는 것으로 밝혀져 왔다(Paracchini, Scerri, & Monaco, 2007). 신경심리학 연구는 난독증 환자가 좌반구 측두두정피질에서 과소활성화(즉, 지나치게 낮은 활성화)를 나타낸다고 제안하고 있다. 다른 두뇌 영역들, 예컨대, 좌반구의 전전두영역(작업기억과 관련이 있다), 중상 측두구(수용성 언어와 관련이 있다), 후두측두영역(문자의 시각 분석과 관련이 있다) 등도 비정상적인 활동을 나타낸다(Gabrieli, 2009). 그렇지만 교육적 개입이 난독증에 의한 읽기 장애를 경감시킬 수 있다(Bakker, 2006).

개념 확인

1. 난독증에서는 어떤 처리과정이 손상될 수 있는가?
2. 어휘접속이란 무엇인가?
3. 단어 우월성 효과의 한 가지 사례를 들어보라.

✽ 대화와 글의 이해: 담화

앞 절에서는 글이나 말을 이해하는 방식의 여러 측면들을 보편적인 수준에서 논의하였다. 그렇지만 언어를 이해하는 데 있어서는 단어와 문장만이 역할을 담당하는 것이 아니라 단어와 문장이 나타나는 보다 큰 맥락도 중요한 역할을 담당한다. 이 절에서는 언어를 접하는 보다 큰 맥락에서 언어를 이해하고 사용하는 데 관여하는 처리과정들을 보다 구체적으로 논의한다. **담화**(discourse)는 대화, 강의, 이야기, 논문, 심지어는 교과서에서 보는 바와 같이, 개별 문장보다 큰 언어 단위를 수반한다(Di Eugenio, 2003). 문법적 문장을 체계적인 통사규칙에 따라 구조화하는 것과 마찬가지로, 담화도 체계적으로 구조화한다('인지심리학 연구하기: 담화'를 참조).

대부분의 성인은 문장들을 순서화하여 보다 큰 덩이글을 만드는 방식(담화 구조)을 확고하게 이해하고 있다. 담화 구조에 대한 지식에 근거하여 사람들은 문장 하나만을 보아서는 명백하게 나타나지 않는 의미를 도출할 수 있다. 다른 문장들이 어떤 문장의 해석에 어떻게 영향을 미치는지 보려면, '인지심리학 연구하기: 덩이글 해독하기'를 스스로 해보라.

담화를 분석하는 인지언어심리학자는 뒤쪽의 '인지심리학 연구하기: 덩이글 해독하기'에서 제시한 물음에 어떻게 대답할 수 있는 것인지에 특히 흥미를 보인다. 대명사(예컨대, 그, 그녀, 그에게, 그녀에게, 이것, 그들, 그들에게, 우리, 우리에게 등)의 의미를 파악할 때 어떻게 사람들은 그 대명사가 누구(또는 무엇)를 지칭하는 것인지 아는 것인가? 어떻게 축약 표현(예컨대, "네, 맞아요.")의 의미를 아는 것인가? 영어에서 정관사 the의 사용은 부정관사 a의 사용과는 달리, 어떻게 듣는 사람으로 하여금 그 명사

인지심리학 연구하기

담화

다음에 나오는 일련의 문장은 오 헨리(William Sydney Porter, 1899~1953)의 단편 "붉은 추장의 몸값"(The ransom of Red Chief)에서 인용한 것이다. 실제로 문장들의 순서는 잘못된 것이다. 이야기에 대해서 아무것도 알지 못한 상태에서 문장들을 정확한 순서대로 배열해 보라.

1. 아버지는 공손하면서도 엄격한 담보 대출 금융업자이며, 자선냄비에는 눈길도 주지 않고 곧이곧대로 담보물을 무자비하게 처리하는 인물이었다.
2. 우리는 에베네저 도셋이라는 저명인사의 외동아이를 제물로 선택하였다.
3. 빌 드리스콜과 나, 두 사람은 유괴 아이디어가 떠올랐을 때, 앨라배마 남부에 있었다.
4. 빌과 나는 에베네저가 2,000달러의 몸값을 단 1센트로 격하시킬 것이라고 생각하였다.

힌트: 오 헨리는 반어법의 대가이며, 이야기의 마지막 부분에서 유괴범들은 아이로부터 빨리 도망칠 수 있도록 아이를 되돌려주기 위해서 오히려 아버지에게 상당한 몸값을 지불하였다.

전과자이며 이야기의 대가인 오 헨리가 사용한 순서는 3, 2, 1, 4이었다. 여러분이 선택한 순서도 그러한가? 이 문장들의 정확한 순서를 어떻게 알았는가?

인지심리학 연구하기

덩이글 해독하기

리타는 토마스에게 문제해결에 관한 책을 주었다. 그는 책을 준 것에 대해 그녀에게 감사를 표시하였다. 그녀는 "이것이 네가 원하던 것이니?"라고 물었다. 그는 "네, 맞아요."라고 즐겁게 답하였다. 리타는 "의사결정에 관한 관련 서적도 가져다줄까?"라고 물었다. 그는 "그렇게 해주세요."라고 답하였다.

두 번째와 세 번째 문장에서 대명사 '그는', '그녀에게', '그녀', '이것'이 지칭하는 인물과 대상은 무엇인가? "네, 맞아요."라는 토마스의 답변이 의미하는 것을 어떻게 아는 것인가? "그렇게 해주세요."라는 답변은 어떤 행위를 요구하는 것인가?

가 앞에서 언급하였던 것인지 여부를 알게 해주는 것인가? "그렇게 해주세요."가 지칭하는 사건이 무엇인지를 어떻게 아는가? 일반적으로 문장 내에서 대명사, 축약어, 정관사, 사건을 지칭하는 참조어 등을 비롯한 여러 지엽적인 요소들은 그 요소들이 등장하는 담화 구조에 달려있다(Grosz, Pollack, & Sidner, 1989).

담화를 이해하기 위하여, 사람들은 담화 구조 지식뿐만 아니라 그 담화를 제시하는 광범위한 물리적, 사회적, 문화적 맥락에 관한 지식에도 의존하기 십상이다(Cook & Gueraud, 2005; van Dijk, 2006). 한 문단의 의미를 이해하는 것은 기존 지식과 기대의 영향을 받는다. 예컨대, 이 인지심리학 교과서는 여러분이 심리학개론 강의를 수강하지 않았을 때보다 수강하였을 때, 읽기가 더 용이하다. '인지심리학 연구하기: 읽기에서 기대의 효과'에 나와 있는 문장들을 읽으면서, 문장마다 잠시 중지하고 여러분의

인지심리학 연구하기

읽기에서 기대의 효과

1. 다가오는 과학 시험을 준비하면서 수전은 점점 불안해지기 시작하였다. (여러분은 수전에 대해 무엇을 알고 있는가?)
2. 그녀는 전에 시험문제를 출제해본 적이 없으며, 학생의 지식을 적절하게 평가하는 시험문제를 어떻게 구성해야 할 것인지 확신이 서지 않았다. (수전에 대한 여러분의 신념이 변하였는가?)
3. 특히 그녀는 교장이 자신에게 시험문제를 출제하라고 명령한 것에 화가 났었다.
4. 아무리 교사들이 파업 중이라고 하더라도, 양호교사에게 시험문제를 출제하라고 요구할 수는 없는 일이다. (이 네 문장을 읽으면서 여러분의 기대는 어떻게 변하였는가?)

앞의 예에서 담화의 각 지점에서의 이해는 특정 맥락에서 여러분 자신의 경험에 근거한 기존 지식과 기대의 영향을 받는다. 따라서 사전 경험과 지식이 덩이글의 어휘 처리를 도와줄 뿐만 아니라 덩이글 자체에 대한 이해에도 도움을 준다. 글을 읽고 이해하는 핵심 처리과정은 무엇인가? 글을 이해하는 처리과정은 매우 복잡하기 때문에 수많은 강의와 저작물이 전적으로 이 주제만을 다루고 있다. 그렇지만 여기서는 몇 가지 처리과정에만 초점을 맞춘다. 여기에는 의미 부호화, 어휘 획득, 글 주제에 대한 이해, 글의 심성모형 형성, 맥락과 관점에 근거한 덩이글 이해 등이 포함된다.

지식에 근거하여 알고 있는 것과 기대하는 것에 관하여 생각해보라.

다음 절에서는 논문과 같이 큰 언어단위를 이해하는 방식을 보다 상세하게 탐구한다. 기억에서 알고 있는 단어를 인출하는 방법 그리고 새로운 단어의 의미를 추론하는 방법을 논의한다. 덩이글에서 전달하는 아이디어를 이해하는 방법 그리고 해석이 관점에 의존하는 방법을 탐구한다. 마지막으로 덩이글을 심성모형에 표상하는 방법을 살펴본다.

알고 있는 단어의 이해: 기억에서 단어 의미 인출하기

의미 부호화(semantic encoding)는 감각정보(즉, 적어놓은 단어)를 의미 있는 표상으로 변환하는 과정이다. 이 표상은 단어 의미에 대한 이해에 근거한다. 어휘접속에서는 문자 조합에 근거하여 단어를 재인한다. 그에 따라서 단어와 관련된 기억을 활성화시킨다. 의미 부호화에서는 한 단계 더 나아가서 기억에 저장된 단어의 의미에 접속한다. 때로는 그 의미가 기억에 존재하지 않기 때문에 단어를 의미적으로 부호화할 수 없다. 그런 경우에는 단어를 읽고 있는 맥락에 주목하는 것과 같이 단어 의미를 도출하는 다른 방법을 찾아야만 한다.

읽는 사람이 의미 부호화를 수행하기 위해서는 주어진 단어의 의미를 알아야할 필요가 있다. 단어 의미 지식은 덩이글을 이해하는 능력과 밀접하게 관련되어있다. 단어 의미에 대한 지식을 많이 가지고 있는 사람이 글을 더 잘 읽는 경향이 있으며, 그 반대도 마찬가지다. 이러한 관계가 존재하는 이유는 글을 읽는 사람이 단어 의미를 알지 못하는 한에 있어서 덩이글을 제대로 이해할 수 없기 때문이다. 예컨대, 한 연구에서 보면, 참가자가 관련 어휘를 많이 가지고 있을 때, 글의 내용을 훨씬 더 잘 회상하였다(Beck, Perfetti, & McKeown, 1982). 아동의 경우에도 어휘량은 (읽거나 들은 이야기를) 다시 말하기, 해부호화 능력, 문장들에 걸쳐 추론하는 능력 등을 포함한 수많은 의미 이해 과제에서의 성과와 정적 상관을 보인다(Hagtvet, 2003). 수많은 연구들은 덩이글의 의미를 용이하게 파악하려면 대체로 95%의 어휘를 알고 있어야만 한다고 제안하고 있다(Nation, 2001; Read, 2000). 또 다른 연구들은 덩이글 읽기를 즐기기 위해서는 대략 98%의 어휘를 이해할 필요가 있다고 제안하고 있다(Hu & Nation, 2000).

어휘가 풍부한 사람은 그렇지 못한 사람보다 어휘정보에 더 신속하게 접속할 수 있다(Hunt, 1978). 이야기를 듣거나 글을 읽든지 간에, 언어정보는 빠른 속도로 제시되기 십상이다. 어휘정보를 신속하게 접속할 수 있는 사람은 그렇지 못한 사람보다 단위시간당 더 많은 정보를 처리할 수 있다.

모르는 단어의 이해: 맥락에서 단어 의미 유도하기

풍부한 어휘가 덩이글 이해에 기여하게 되는 또 다른 방법은 맥락에 의한 학습을 통하는 것이다. 그 의미를 기억에 저장하고 있지 못하기 때문에 단어를 의미적으로 부호화하지 못할 때, 사람들은 덩이글에서 의미를 유도하기 위한 어떤 전략을 사용해야만 한다. 일반적으로 사전이나 선생님과 같은 외부 자원을 사용하여 의미를 찾거나, 아니면 의미를 구성해야만 한다. 사람들은 맥락 단서를 사용하여 기억에 저장된 기존 정보에 근거하여 의미를 구성한다.

사람들은 대부분의 어휘를 간접적으로 학습한다. 외부 자원을 사용하는 것이 아니라 주변 정보로부터 모르는 단어의 의미를 궁리하는 방식으로 학습한다(Werner & Kaplan, 1952). 예컨대, 영어사전에서 'flidge'라는 단어를 찾아보려고 해도, 찾을 수가 없다. 아마도 여러분은 문장 구조에 근거하여 'flidge'가 명사일 것이라고 궁리할 것이다. 그리고 주변 맥락에 근거하여 단어나 어휘와 관련이 있는 명사라고 궁리할 것이다. 실제로 'flidge'는 어떻게 사람들이 맥락에서 단어 의미를 찾아내는지를 보여주기 위해 저자들이 'word'라는 단어 대신에 임의로 만든 무의미 단어이다.

한 연구는 읽기 이해력이 떨어지는 아동의 경우 맥락에서 단어 의미를 궁리해내는 능력이 손상되어있다는 사실을 밝혀냈다. 그렇지만 만일 이 아동의 어휘력이 우수하다면, 직접적인 지시를 통해 읽기 이해력이 뛰어난 아동 못지않게 새로운 단어의 의미를 학습하도록 도와줄 수 있다(Cain, Oakhill, & Lemmon, 2004).

어른이 문장 맥락에서 단어 의미를 학습해야 할 때는 어떤 일이 일어나겠는가? 연구들은 어휘력이 높은 사람과 낮은 사람은 단어 의미를 상이하게 학습한다는 사실을 밝혀왔다. 어휘력이 높은 참가자가 낮은 참가자보다 새로운 단어의 의미에 대한 여러 가지 가능성들을 더 깊이 있게 분석한다. 특히 어휘력이 높은 참가자는 단어 의미를 궁리하기 위하여 잘 구조화된 전략을 사용한다. 어휘력이 낮은 참가자는 어떤 명확한 전략을 전혀 가지고 있지 않은 것처럼 보인다(van Daalen-Kapteijns & Elshout-Mohr, 1981; Sternberg & Powell, 1983도 참조).

글 주제의 이해: 명제 표상

어떤 요인이 읽는 것을 이해하는 데 영향을 미치는가? 월터 킨치는 자신의 관찰결과에 근거하여 덩이글 이해 모형을 개발해왔다(Kintsch, 1990, 2007; Kintsch & van Dijk, 1978). 이 모형에 따르면, 사람들은 글을 읽으면서 그 내용을 이해하기 위하여 가능한 많은 정보를 작업기억에 유지하고자 시도한다. 그렇지만 읽는 단어를 작업기억에 곧이곧대로 저장하려고 애쓰는 것은 아니다. 단어들로부터 근본 아이디어를 추출하려고 노력하는 것이다. 그런 다음에 근본 아이디어를 단순화시킨 표상 형태로 작업기억에 저장한다.

이러한 근본 아이디어에 대한 표상 형태가 명제이다. 명제는 제7장에서 상세하게 정의하였다. 여기서는 명제가 독자적으로 진위를 판단할 수 있는 최소 언어단위라고 말하는 것으로 충분하겠다. 예컨대, "펭귄은 새이며 날 수 있다."는 문장은 두 명제를 포함하고 있다. 펭귄이 새인지 그리고 날 수 있는지를 독자적으로 검증할 수 있다. 일반적으로 명제는 행위(예컨대, 날다)나 관계(예컨대, 펭귄의 새 범주 구성원 여부)를 표현한다.

킨치에 따르면, 작업기억은 단어가 아니라 명제를 담고 있다. 따라서 단어의 수가 아니라 명제의 수가 작업기억 용량에 제약을 가한다(Kintsch & Keenan, 1973). 덩이글에서 단어 배열이 많은 수의 명제를 작업기억에 유지할 것을 요구할 때, 그 글을 이해하는 데 어려움을 겪는다. 정보가 작업기억에 오래 머물러있을수록, 더 잘 이해하고 나중에 더 잘 회상한다. 그렇지만 작업기억의 한계로 인해서, 새로운 정보를 위한 여지를 마련하느라 어떤 정보는 작업기억에서 밀려날 수밖에 없다.

덩이글 이해에 핵심이 되는 명제는 글의 주제와 관련이 없는 명제보다 작업기억에 더 오래 머물게 된다. 킨치는 주제에서 핵심적인 명제를 **매크로명제**(macroproposition)라고 부른다. 나아가서 글에서 핵심적인 주제 구조를 **매크로구조**(macrostructure)라고 부른다. 이 모형을 검증한 실험에서는 참가자에게 1,300 단어의 덩이글을 읽도록 요구하였다(Kintsch & van Dijk, 1978). 참가자는 글을 읽은 즉시, 1개월 후에, 아니면 3개월 후에 글의 핵심 명제들을 요약하였다. 3개월 후에는 어떤 일이 일어났겠는가? 읽은 즉시 글을 요약하였던 참가자 못지않게 글의 매크로명제와 매크로구조를 잘 회상할 수 있었다. 그렇지만 글의 주제와 무관한 세부내용을 제공하는 명제는 1개월 후에 잘 회상하지 못하였으며, 3개월 후에는 전혀 회상하지 못하였다.

맥락과 관점에 근거한 글 이해

주어진 글에서 기억해내는 것은 읽는 사람의 관점에 의존하기 십상이다. 예컨대, 부유한 집에 관한 글을 읽고 있다고 가정해보자. 그 글은 비가 새는 천장, 벽난로, 곰팡이가 핀 지하실 등과 같은 집의 여러 자질들을 기술하고 있다. 또한 값비싼 수집용 동전, 은식기류, 텔레비전 세트 등, 집에 있는 내용물도 기술하고 있다. 여러분이 그 집의 예비 매수자 관점에서 글을 읽을 때와 도둑의 관점에서 읽을 때, 그 글의 부호화와 이해가 어떻게 차이나겠는가? 이러한 글을 사용한 연구에서 보면, 도둑의 관점에서 글을 읽은 참가자는 집의 내용물을 훨씬 더 잘 기억해냈다. 반면에 주택 구입자의 관점에서 글을 읽은 참가자는 집의 상태에 관하여 더 많은 것을 기억해냈다(Anderson & Pichert, 1978). 실제로 인출 상황이나 단서를 변화시키는 것은 서로 다른 세부사항들을 기억

인지심리학 연구하기

군더더기 정보를 사용하여 암호 글 해독하기

다음의 영문 글을 읽어보라.

> Aoccdrnig to a rseearch at an Elingsh uinervtisy, it dseon't mttaer in what oredr the ltteers in a word are; the olny iprmoatnt tihng is that the frist and lsat ltteres are at the rghit pclae. The rset can be a toatl mses and you can still raed it wouthit porbelm. Tihs is bcuseae we do not raed ervey lteter by isslef but the word as a wlohe.

영어가 유창한 사람이라면 단어의 모든 문자들이 정확한 순서를 따를 때만큼 위의 글을 신속하게 읽을 수는 없겠지만, 글이 의미하는 내용을 여전히 이해할 수는 있다.

해내도록 만들 수 있다. 연구자들은 상이한 인출 지시가 정확도에는 영향을 미치지 않았지만, 회상하는 특정 세부사항에는 영향을 미친다는 사실을 발견하였다(Gilbert & Fisher, 2006)

심성 모형에서의 글 표상

일단 단어를 의미적으로 부호화하거나 맥락을 사용하여 그 의미를 도출하게 되면, 읽고 있는 덩이글에 대한 심성 모형을 구성해야 한다. 이 심성 모형은 실세계에서 일어나는 일을 시뮬레이션 하는 것이다(Craik, 1943; Johnson-Laird, 1989, 2010 참조). 심성 모형은 덩이글에서 기술하고 있는 상황에 대한 일종의 내부 작업모형으로 간주할 수 있다. 다시 말해서 읽는 사람이 글의 핵심 요소를 담고 있는 심적 표상을 구성하는 것이다. 이러한 요소들을 비교적 파악하기 용이하거나 적어도 글 자체보다는 단순하고 구체적인 방식으로 표상한다. 예컨대, "그 큰 소리가 앨리스를 놀라게 했다"라는 문장을 읽는다고 가정해보자. 여러분은 큰 소리를 듣고는 놀란 앨리스의 모습을 그려볼 수 있다. 아니면 큰 소리의 효과에 관하여 기억에 저장한 명제에 접속할 수 있다.

주어진 글 또는 (킨치 모형이 제안하듯이) 명제 집합은 둘 이상의 심성 모형으로 이끌어갈 수 있다(Johnson-Laird, 1983). 실제로 심성 모형을 수정할 필요가 있을 수도 있다. 수정할 것인지 여부는 다음 문장이 "그녀는 고속도로에서 자동차의 중심을 잃지 않으면서 핸들을 조정하고자 애를 썼다."이거나 아니면 "그녀는 총에 맞지 않으려고 몸을 숙였다."인지에 달려있다. 앨리스를 놀라게 하였던 큰 소리를 표상하는 데 있어서, 둘 이상의 심성 모형이 가능한 것이다. 주어진 글에 필요한 모형이 아닌 다른 모형을 가지고 시작하였다면, 글을 이해하는 능력은 새로운 심성 모형을 형성하는 능력에 달려있다. 한 시점에서는 오직 제한된 수의 심성 모형만을 유지할 수 있다(Johnson-Laird, Byrne, & Schaeken, 1992). 따라서 한 모형이 올바른 것이 아닐 때는 새로운 모형을 위해 폐기처분 해야만 한다.

심성 모형을 형성하려면 최소한 언급하지는 않았지만 의미하는 것에 관하여 잠정적인 추론(예비 결론이나 판단)을 내려야만 한다. 첫 번째 경우에 여러분은 타이어가 펑크났다고 가정할 가능성이 높다. 두 번째 경우에는 누군가 총을 쏘고 있다고 가정할 가능성이 높다. 어느 것도 명시적으로 언급되지 않았다는 사실에 주목하라. 심성 모형의 구성은 단어들 자체를 이해하는 것에 덧붙여서, 이야기나 설명의 의미 있는 통합 표상을 만들기 위하여 단어들을 결합하는 방법도 이해할 필요가 있다는 사실을 예증한다. 명확하게 단 하나의 심성 모형으로 이끌어가는 글이 다중 모형으로 이끌어갈 수 있는 글보다 이해하기 용이하다(Johnson-Laird, 1989).

다양한 유형의 추론이 가능하다. 가장 중요한 추론의 하나가 다리 잇기 추론(bridging inference)이다(Haviland & Clark, 1974; McNamara 등, 2006). 이것은 한 문장이 선행문장으로부터 직접 뒤따르지 않은 것처럼 보일 때 읽거나 듣는 사람이 수행하는 추론이다. 요컨대, 두 번째 문장에서 새로운 내용이 선행문장이 제공한 정보에서부터 너무 멀리 나간 것이다. 예컨대, 다음과 같은 두 쌍의 문장을 보자.

1. 존은 트렁크에서 피크닉 가방을 꺼냈다. 맥주가 미지근하였다.
2. 존은 트렁크에서 맥주를 꺼냈다. 맥주가 미지근하였다.

참가자가 두 번째 문장 쌍을 읽을 때보다 첫 번째 쌍을 읽을 때 180밀리초 더 걸렸다. 하빌랜드와 클락은 처리시간이 길어진 이유를 첫 번째 쌍에서는 추론할 필요가 있었던 정보(피크닉 가방에 맥주가 들어있었다)를 두 번째 쌍에서는 직접 언급하였기 때문이라고 제안하였다.

사람들은 글을 읽을 때 읽고 있는 것을 마음에 재생하는 시뮬레이션을 생성한다(Zwaan & Pecher, 2012). 예컨대, 둥지에 앉아있는 독수리에 관한 글을 읽은 다음에 제시하는 시각상이 문장의 대상을 나타내는지를 판단해야 할 때, 날고 있는 독수리보다는 앉아있는 독수리 모습을 더 신속하게 판단하였다(Zwaan, Stanfield, & Yaxley, 2002).

대부분의 연구자는 글 읽기와 언어 이해에서 추론하기의 중요성을 강조하고 있지만(예컨대, Graesser & Kreuz, 1993; Cain & Oakhill, 2007), 모든 연구자가 동의하고 있는 것은 아니다. 최소주의 가설에 따르면, 사람들은 자신에게 쉽게 가용한 정보에만 근거하여 추론을 한다. 인접 문장들을 이해하기 위하여 추론을 할 필요가 있을 때에만 그렇게 한다는 것이다(McKoon & Ratcliff, 1992a; Ratcliff & McKoon, 2008). 저자들은 최소주의 가설에 관한 많은 증거가 그 가설을 지나치게 최소화하고 있다고 생각하고 있다. 사람들은 이 가설이 제안하는 것보다 많은 추론을 하는 것으로 보인다(Suh & Trabasso, 1993; Trabasso & Suh, 1993).

요약컨대, 읽는 것에 대한 이해는 여러 가지 능력에 달려있다. 첫째는 기억에 근거하든 맥락에 근거하든, 단어 의미에 접속하는 능력이다. 둘째는 읽는 것의 핵심 아이디어에서 의미를 도출하는 능력이다. 셋째는 읽는 것을 둘러싸고 있는 맥락 그리고 그 정보를 사용하려는 의도에 근거하여 글에서 핵심 정보를 추출하는 능력이다. 마지막으로 읽는 것과 관련된 상황을 시뮬레이션 하는 심성 모형을 형성하는 능력이다.

개념 확인

1. 담화란 무엇인가?
2. 글에서 모르는 단어를 접할 때 적용할 수 있는 기법은 무엇인가?
3. 읽는 사람의 관점이 글 이해에 영향을 미치는가?
4. 주어진 글에 관하여 형성할 수 있는 심성 모형의 수나 복잡성에 한계가 있는가?

핵심 주제

이 장은 제1장에서 개관한 몇 가지 핵심 주제를 다루고 있다.

합리주의 대 경험주의. 대부분의 심리학자는 연구에서 경험적 기법을 강조한다. 그렇지만 촘스키와 같은 언어학자는 합리주의적 기법을 더 강조해왔다. 이들은 공식적으로 경험적 데이터를 전혀 수집하지 않은 채 언어를 분석한다. 적어도 데이터가 무엇인지에 관한 인지심리학자의 견해에서 보면 그렇다. 촘스키의 놀라운 통찰은 두 가지 방법이 상호간에 보완적이라는 사실을 보여준다. 많은 통찰은 합리주의로부터 출발할 수 있다. 그런 다음에 경험적 방법으로 그 통찰을 검증할 수 있다.

영역 보편성 대 영역 특수성. 어느 정도나 언어는 특별한 것인가? 다른 영역과는 분리된 영역인가, 아니면 다른 영역들과 마찬가지인 또 하나의 인지 영역일 뿐인가? 많은 심리학자는 언어에는 무엇인가 특별한 것이 있다고 믿고 있다. 동시에 인지과정이 언어에서 작동함으로써 사람들이 거의 모든 다른 영역에서 언어를 사용한다. 예컨대, 많은 수학 문제와 물리학 문제를 언어로 나타낸다.

요 약

1. **어떤 특성이 언어를 규정하는가?** 소통하기 위하여 단어들을 결합하는 체제화 되어있는 수단의 사용이라는 측면에서 언어를 정의할 때, 언어에는 적어도 다음과 같은 여섯 가지 특성이 존재한다. (1) 언어는 그 언어를 공유하는 둘 이상의 사람들이 소통할 수 있게 해준다. (2) 언어는 상징과 참조물, 예컨대 아이디어, 대상, 과정, 관계, 또는 기술 등 간의 임의적 관계를 형성한다. (3) 언어는 규칙적 구조를 가지고 있다. 상징(발성과 단어)의 특정 배열만이 의미를 갖는다. 상이한 배열은 상이한 의미를 내놓는다. (4) 언어 구조는 다중 수준(예컨대, 음소 수준과 형태소 수준)에서 분석할 수 있다. (5) 구조의 제약이 있음에도 불구하고, 언어 사용자는 새로운 표현을 생성할 수 있다. 새로운 표현을 생성하는 가능성은 거의 무한하다. (6) 언어는 끊임없이 진화한다.

   언어는 단어, 문장, 문단 등과 같이 쓰거나 말하는 언어입력을 이해하는 능력을 수반한다. 또한 언어 유창성, 즉 언어출력을 내놓는 능력도 수반한다. 인간의 발성기관이 생성하는 음성의 최소단위가 음소이다. 음소는 한 언어에서 의미를 구분하는 데 사용할 수 있는 음성의 최소단위이다. 언어에서 최소 의미 단위는 형태소이다. 형태소는 어근이나 접사일 수 있다. 심성어휘집은 한 언어에서(또는 언어사용자가) 사용하는 형태소의 집합체이다. 구절과 문장에서 단어의 의미 있는 배열에 관한 연구가 통사이다. 담화 연구가 보다 큰 언어단위를 포괄한다.

2. **어떤 처리과정이 언어에 관여하는가?** 말소리 지각에서 듣는 사람은 말소리 신호의 음향구조에 대한 음소 동시조음의 영향을 극복해야만 한다. 범주적 지각은 듣는 사람이 연속적으로 변하는 말소리를 차별적인 범주로 지각하는 현상이다. 범주적 지각은 말소리를 특별한 처리과정을 통해서 지각한다는 생각을 지지한다. 말소리 지각이 보편적인 처리과정이라고 믿는 연구자는 자질탐색, 원형, 게슈탈트 지각이론 등에 근거하여 말소리 지각을 설명한다.

통사는 문장 구조에 관한 연구이다. 구절구조 문법은 구절과 문장에 들어있는 단어들 간의 위계 구조에 따라서 문장을 분석한다.

변형문법은 다양한 문장 구조들 간의 상호관계를 기술하는 변형규칙에 따라서 문장을 분석한다. 몇몇 언어학자는 통사를 의미론에 연결시키는 기제를 제안해왔다. 이 기제에서는 문장이 통사 범주를 위한 특정 슬롯을 가지고 있다. 문장에서 특정한 주제적 역할을 담당하는 단어들이 그 슬롯을 채우게 된다. 이 견해에 따르면, 심성어휘집의 각 항목은 적절한 통사 범주뿐만 아니라 적절한 주제적 역할에 관한 정보도 담고 있다.

3. **지각과정이 어떻게 읽기의 인지과정과 상호작용하는 것인가?** 난독증 환자의 읽기 장애는 지각 측면에서의 읽기 문제점과 관련되어있기 십상이다.

   읽기는 두 가지 기본적인 처리과정, 즉 안구고정의 배열과 어휘접속을 포함하는 어휘 처리과정 그리고 이해과정을 수반한다.

4. **어떻게 담화는 개별 단어를 이해하는 데 도움을 주는가?** 단어들의 분석을 통해서만 담화를 이해할 수 있는 것은 명백하다. 그렇지만 때로는 담화를 통해서 단어를 이해한다. 첫째, 때때로 대화를 하거나 영화를 시청할 때 단어를 놓치는 경우가 있다. 맥락이 그 단어가 무엇이었을 가능성이 높은지를 궁리하는 데 도움을 준다. 둘째, 한 단어가 여러 가지 의미를 갖는 경우가 있다. 맥락을 사용하여 어떤 의미를 의도하는 것인지를 궁리해낼 수 있다. 셋째, 사람들은 때때로 담화를 통해서 한 단어가 실제 의미와는 상이한 어떤 것을 의미하고자 의도하고 있다는 사실을 깨닫기도 한다. 따라서 개별 단어들이 담화를 이해하는 데 도움을 주는 것과 마찬가지로, 담화는 개별 단어를 이해하는 데 도움을 준다.

생각에 관한 생각: 분석적, 창의적, 현실적 물음

1. 언어의 여섯 가지 핵심 특성을 기술하라.
2. 여러분이 생각하기에, 어째서 혹자는 말소리 지각을 특수한 것으로 간주하는 반면에 다른 사람들은 보편적인 것으로 간주하는가?
3. 보편 과정으로서의 말소리 지각과 특수 과정으로서의 말소리 지각을 범주적 지각과 음소 회복 현상을 참조하여 비교하고 대비시켜보라.
4. 구절구조 도식은 어떻게 모호한 문장의 다중 의미를 나타내는가?
5. 명사구와 동사구를 적어보라. 서로 어떻게 다른가?
6. 이 장에서 변형규칙을 사용하여 수동태 문장을 능동태 문장으로 변형할 수 있음을 보았다. 서로 관련된 다른 유형의 문장 구조에는 어떤 것이 있는가? 한 형태에서 다른 형태로의 변형을 주도하는 변형규칙을 여러분 자신의 표현으로 진술해보라.
7. 이 장에서의 읽기에 관한 논의에 근거할 때, 읽기에 어려움을 겪고 있는 사람을 위하여 여러분은 읽기를 용이하게 만들어주는 어떤 실질적인 제안을 내놓겠는가?

핵심 용어

구절구조 문법(phrase structure grammar)　　기능 형태소(function morpheme)

난독증(dyslexia)
내포(connotation)
단어 우월성 효과(word superiority effect)
담화(discourse)
동사구(verb phrase)
동시조음(coarticulation)
명사구(noun phrase)
문법(grammar)
범주적 지각(categorical perception)
변형문법(transformational grammar)
소통(communication)
심층구조(deep structure)
어휘접속(lexical access)
어휘집(lexicon)
어휘처리 과정(lexical process)
언어(language)
언어심리학(psycholinguistics)
외연(denotation)
음소(phoneme)
음소 회복 효과(phonemic restoration effect)
의미론(semantics)
이해 과정(comprehension process)
주제적 역할(thematic role)
참조물(referent)
통사(syntax)
표층구조(surface structure)
형태소(morpheme)

10 맥락에서의 언어

＊ 이 장의 개요

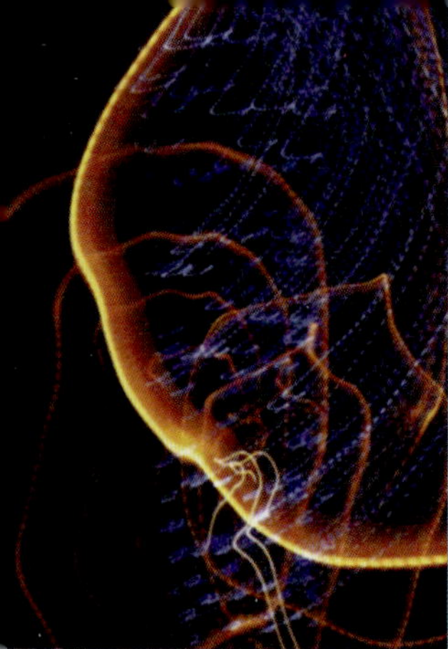

❋ 이 장에서 탐구할 물음들

1. 언어는 어떻게 사고방식에 영향을 미치는 것인가?
2. 사회적 맥락은 어떻게 언어 사용에 영향을 미치는 것인가?
3. 인간 두뇌를 연구함으로써 어떻게 언어에 관한 사실을 밝혀낼 수 있는가? 그리고 그러한 연구는 무엇을 밝혀내겠는가?

믿거나 말거나 | 숫자를 나타내는 단어를 사용하지 않고 수를 셀 수 있겠는가?

세상의 모든 문화가 숫자 단어를 개발한 것은 아니다. 셈법과 숫자 단어를 가지고 있다고 하더라도, 그 셈법과 단어는 꽤나 다를 수 있다. 브라질 아마존 강변을 따라서 생활하고 있는 피하라 부족은 단지 세 개의 숫자 단어, 즉 1을 나타내는 단어, 2를 나타내는 단어, 그리고 "많다"를 나타내는 단어만을 가지고 있다. 숫자 단어의 결손이 많은 수의 양을 다루는 능력을 간섭하겠는가? 피터 고든은 피하라 부족민을 대상으로 실험을 수행하여 실제로 간섭한다는 사실을 찾아냈다. 부족민에게 특정 수의 건전지를 세워놓고 동일한 수만큼 배열하도록 요구하는 대응과제를 실시하였다. 세 개까지는 이 과제를 잘 해낼 수 있었지만, 수가 증가함에 따라서 성과가 떨어졌다. 이 결과는 사람들이 작은 수 이상을 셈하는 생득적 능력을 가지고 있지 않다는 사실을 나타낸다. 큰 수에 대한 단어의 결핍은 이렇게 보다 큰 양에 대해서 생각하는 것을 차단시킬 수 있다(Gordon, 2004). 이 장에서는 사회 맥락에서 사람들이 언어를 사용하는 방식 그리고 환경이 인간의 언어와 인지에 영향을 미치는 방식을 탐구한다.

"나를 담당한 외과의사는 푸줏간 주인이다."
"그의 집은 돼지우리이다."
"그의 설교는 수면제이다."
"그는 정말 두꺼비야. 그는 항상 진짜 개와 데이트를 한다."
"학대받은 아동은 걸어 다니는 시한폭탄이다."
"내 상사는 회의 때는 호랑이지만, 나하고만 있을 때는 귀여운 고양이다."
"간판은 거리의 혹이다."
"내 사촌은 식물이다."
"존의 지난번 여자 친구는 그를 씹어뱉었다."

위의 문장 어느 것도 문자 그대로는 참이 아니다. 그렇지만 유창한 언어사용자라면 이러한 은유를 비롯한 직설적이지 않은 언어표현을 이해하는 데 어려움이 없다. 사람들은 이 문장들을 어떻게 이해하는 것인가? 언어의 비직설적 표현을 이해할 수 있는 한 가지 이유는 듣는 단어들을 광의적인 언어, 문화, 사회, 인지 맥락에서 해석할 수 있기 때문이다.

이 장에서는 우선 언어의 인지 맥락에 초점을 맞춘다. 즉 언어와 사고가 상호작용하는 방식을 들여다본다. 그 다음에 사회 맥락에서 언어의 사용을 논의한다. 그리고 동물 언어를 탐구하는 까닭은 동물 언어가 인간 언어를 다른 조망에서 바라볼 수 있게 해주기 때문이다. 마지막으로 언어에 대한 신경심리학적 통찰을 살펴본다. 이 장의 주제가 다양하기는 하지만, 모두 하나의 요소를 공유하고 있다. 즉, 모든 주제는 일상생활 맥락에서 사람들과 소통하기 위해서 그리고 가능한 한 소통을 의미 있게 만들기 위해서 언어를 사용하는 방법이라는 논제를 다룬다.

❁ 언어와 사고

언어 연구에서 가장 흥미진진한 아이디어 중의 하나는 언어와 사고 간의 관계이다 (Harris, 2003). 많은 사람은 언어가 사고를 조성한다고 믿고 있다. **미국심리학회 출판지침**(Publication Manual of APA)이 논문을 작성할 때 정확한 언어를 강조하는 이유가 바로 이것이다. 이러한 이유로 정치가와 대중매체는 "자유 투쟁가" 대 "테러리스트" 또는 "정밀 타격" 대 "폭격"과 같은 표현을 사용한다.

언어와 사고 간의 관계에 관하여 많은 물음들을 던져왔다. 여기서는 그중 몇 가지만을 다룬다. 상이한 언어와 방언의 사용자를 비교하고 대비시키는 연구가 이 절의 토대를 이룬다.

언어 간의 차이점

전 세계에 그토록 다양한 언어가 존재하는 이유는 무엇인가? 그리고 보편적인 의미에서 언어를 사용하는 것 그리고 특정 언어를 사용하는 것은 어떻게 인간 사고에 영향을 미치는가? 여러분도 알고 있는 바와 같이, 언어마다 상이한 어휘집을 가지고 있으며 상이한 통사구조를 사용하고 있다. 이러한 차이점은 언어가 발생하고 발달한 물리적 환경과 문화적 환경에서의 차이를 반영하기 십상이다. 예컨대, 어휘집 측면에서 버마의 개로족은 많은 종류의 쌀을 구분하고 있는데, 쌀을 생산하는 문화이기 때문에 이해할만 한 일이다. 아랍 유목민은 낙타에 대해서 20개 이상의 단어를 가지고 있다. 이 부족민들은 다른 문화집단의 사람들보다 쌀과 낙타를 더 구체적이고 복잡한 방식으로 개념화하고 있는 것이 확실하다. 이러한 언어 차이로 인해서 개로족이 쌀에 대해서 우리와는 다르게 생각하는가? 그리고 아랍인은 낙타에 대해서 우리와 다르게 생각하는가? 컴퓨터를 논의하는 방식을 생각해보자. 컴퓨터가 데스크탑인지, 랩탑인지, PC인지, 맥킨토시인지, 오퍼레이팅 시스템으로 리눅스를 사용하는지 아니면 윈도우즈를 사용하는지 등을 포함하여 컴퓨터의 다양한 측면들을 구분하게 된다. 컴퓨터를 사용해보지 않은 문화의 사람은 이 기계들을 기술하기 위하여 별로 많은 단어나 구분을 필요로 하지 않는다. 그렇지만 우리는 이러한 구분에 근거하여 주어진 컴퓨터의 구체적인 수행과 자질을 예상하게 된다. 우리는 컴퓨터를 전혀 경험하지 않은 사람들과는 상이한 방식으로 컴퓨터를 생각하는 것이 확실하다.

언어의 통사 구조도 차이를 보인다. 거의 모든 언어는 행위, 행위 주체, 행위 대상 등을 소통하는 방법을 가지고 있다(Gerrig & Banaji, 1994). 언어 간에 차이가 나는 것은 전형적인 서술문장에서 주어, 동사, 목적어의 순서, 즉 어순이다. 말하는 사람이 문장의 핵심 요소로 포함시켜야만 하는 문법적 어형 변화를 비롯한 여러 표지의 범위도 언어에 따라 다르다. 예컨대, 영어에서 과거 행위를 기술할 때, 동사 형태를 변형시킴으로써 행위가 과거에 일어난 것인지를 나타낸다. 스페인어와 독일어에서 동사는 행위 주체가 단수인지 복수인지, 그리고 일인칭인지 이인칭인지 아니면 삼인칭인지를 나타내야만 한다. 터키어에서 동사 형태는 행위를 목격한 것인지, 행위자가 직접 경험한 것인지, 아니면 단지 간접적으로만 언급된 것인지도 나타내야 한다. 필수적인 통사 구조에서의 이러한 차이를 비롯한 여러 차이점이 언어 사용자가 대상을 다르게 생각하도록 영향을 미치거나 심지어는 제약을 가하는 것인가? 다음 두 절에서 이 물음들을 상세하게 살펴볼 것이며, 언어 상대성과 언어 보편성 개념을 탐구한다.

언어 상대성: 사피어-워프 가설

언어가 사고에 영향을 미치는가? **언어 상대성**(linguistic relativity) 가설은 그렇다고 제안한다. 상이한 언어의 사용자는 어느 정도 상이한 인지시스템을 가지고 있다는 것이다. 이렇게 차이나는 인지시스템이 세상에 대해 생각하는 방식에 영향을 미친다. 따라서 언어 상대성 견해에 따르면, 쌀을 지칭하는 소수의 단어만을 가지고 있는 영어 사용자에 비해서, 개로족은 쌀에 대해서 상이하게 생각한다. 아마도 훨씬 더 복잡하게 생각할 것이다. 따라서 언어가 사고를 조성하게 된다. 유아의 단어 학습은 부분적으로 다양한 유형의 개념들이 심적 분화한 결과로 일어난다(Carey, 1994; Xu & Carey, 1995, 1996). 그렇기 때문에 상이한 유형의 대상을 접하는 유아는 상이한 유형의 심적 분화를 만들어낸다는 사실이 이해할 만한 것이다. 이러한 분화는 유아가 성장하는 문화의 함수인 것이다.

언어 상대성 가설은 때때로 이 가설을 가장 강력하게 주창한 두 연구자의 이름을 따서 사피어-워프 가설(Sapir-Whorf hypothesis)이라고도 부른다. 에드워드 사피어(1941/1964)는 다음과 같이 말하였다. "우리가 우리 방식대로 보고 듣고 경험하는 까닭은 지역사회의 언어습관이 특정한 해석을 선택하도록 이끌어가기 때문이다"(p. 69). 벤저민 리 워프(1956)는 이 견해를 다음과 같이 더욱 강하게 주장하였다.

> 사람들은 자신의 모국어가 설정해놓은 선을 따라서 세상을 분할한다. 우리가 분리해내는 현상의 범주와 유형은 그것이 면전에 존재하기 때문에 찾아내는 것이 아니다. 오히려 세상은 우리 마음이 체제화 시켜야만 하는 만화경의 흐름과 같이 주어지며, 이 작업은 주로 우리 마음에 들어있는 언어체계에 의해서 이루어지는 것이다(p. 213).

사피어-워프 가설은 사회과학과 행동과학에서 가장 널리 논의하고 있는 아이디어 중의 하나이다(Lonner, 1989).

언어가 사고를 결정하지는 않을지라도 사고에 영향을 미친다고 주장하는 약한 형

그림 10.1 언어 표지가 지각에 영향을 미친다. 중앙에 있는 그림을 기억에 근거하여 다시 그릴 때는 그 모습을 언어 표지가 지칭하는 쪽으로 왜곡하는 경향이 있다.

출처: Darley, J. M., Glucksberg, S., & Kinchla, R. A. (1998). *Psychology*(5th Eds.). Pearson Education.

태의 언어 상대성을 살펴보자. 사고와 언어는 헤아릴 수 없이 많은 방식으로 상호작용하며, 우리는 현재 그중 몇 가지만을 이해하고 있다. 언어가 사고를 촉진하는 것은 확실하다. 심지어는 지각과 기억에도 영향을 미친다. 여러 가지 이유로 인해서 사람은 비언어적 시각상을 조작할 수 있는 제한적인 수단만을 가지고 있다(Hunt & Banaji, 1988). 그러한 제약은 심적 표상과 조작을 촉진하기 위한 언어 사용을 바람직한 것으로 만들어준다. 심지어 무의미한 그림("드루들")도 그 그림에 붙인 언어 표지에 따라서 다르게 회상하고 재생한다(Bower, Karlin, & Dueck, 1975).

이 현상이 작동하는 방식을 이해하기 위하여, 그림 10.1을 들여다보자. 하나의 그림에 특정 언어 표지를 붙이게 되면, 다른 관점에서 그 그림을 보기가 매우 어려워진다(Glucksberg, 1988). 심리학자들은 다른 모호한 그림을 사용하여(제4장과 7장 참조) 유사한 결과를 얻어왔다. 참가자에게 특정 표지를 제공하게 되면, 나중에 그 표지와 더욱 유사한 방식으로 그림을 그리는 경향이 있다. 예컨대, "안경"이라는 표지가 붙거나 "아령"이라는 표지가 붙은 하나의 선분으로 연결된 두 원의 그림을 본 후에는, 그림을 상이하게 그리게 된다. 구체적으로 두 원을 연결하는 선분이 언어 표지에 따라서 길어지거나 짧아진다.

언어는 기억에 정보를 부호화하고 저장하며 인출하는 방식에도 영향을 미친다. "빨래하기"라는 표지와 붙었던 제6장의 사례를 기억해낼 수 있는가? 그 표지는 글에 관한 회상과 이해를 증진시켰다(Bransford & Johnson, 1972, 1973). 마찬가지 맥락에서, 목격자 증언도 목격자에게 제시하는 질문의 말표현이 강력한 영향을 미친다(Loftus & Palmer, 1874; 목격자 증언에 관한 더 많은 정보를 보려면, 제6장도 참조.). 이제 고전이 되어버린 유명한 연구에서 참가자들은 교통사고 장면을 보았다(Loftus & Palmer, 1974). 그런 다음에 참가자에게 사고 직전에 자동차들의 속도를 기술하도록 요구하였다. 참가자 집단에 따라 충돌 정도를 나타내는 표현을 다르게 하였다. 그 표현에는 '정면충돌', '충돌', '범퍼 접촉', '부딪힘' 등이 있었다. '정면충돌'이라는 표현을 사용하였을 때, 참가자는 다른 어떤 표현을 사용하였을 때보다 유의하게 빨랐다고 평가하였다. '정면충돌'이라는 표현의 내포적 의미가 참가자로 하여금 속도를 높게 추정하도록 편향시킨 것으로 보인다. 마찬가지로 1주일이 지난 후에 창문이 깨진 것을 보았는지를 물었을 때, '정면충돌'이라는 표현으로 질문을 받았던 참가자는 다른 표현 참가자보다 '그렇다'고 답하는 빈도가 훨씬 많았다(Loftus & Palmer, 1974).

참가자가 스스로 장면에 대한 기술을 생성할 때조차도, 뒤따르는 목격자 증언의 정확도가 감소하였다(Schooler & Engstler-Schooler, 1990). 관찰한 사건, 특정 색깔, 또는 특정 얼굴에 대한 기술을 적을 기회를 제공받은 후에 정확한 회상이 감소하였다. 이러한 현상을 "언어 뒤덮기 효과"라고 불러왔다. 참가자가 사전에 색깔이나 얼굴과 같은 것을 기술하였을 때, 그 사건에 대한 진술을 확인해내는 정확도가 낮아졌다. 참가자가 사건이나 사람을 기술하였지만, 기술 직후에 사람이나 대상을 확인해낼 때보다 중간에 다른 과제를 수행해야만 하도록 하였을 때, 언어 뒤덮기 효과가 덜 나타났다(Alogna 등, 2014). 역설적으로 참가자에게 신속하게 반응하도록 강제하였을 때보다 반응할 시간의 여유를 제공하였을 때, 수행 정확도가 떨어졌다. 다시 말해서 자신의 답을 숙고해볼 시간을 주면, 참가자는 자신이 보았던 것이 아니라 자신이 말하거나 적었던 것에 따라서 반응할 가능성이 더 높아졌다.

특정 언어도 사건을 기억해내는 정도에 영향을 미친다. 한 연구는 스페인어를 사용하는 참가자와 영어를 사용하는 참가자에게 풍선이나 깡통과 같은 대상을 실수로 터뜨리거나(찌그리거나) 고의로 터뜨리는(찌그러뜨리는) 비디오 장면을 보여주었다. 그런 다음 참가자들은 보았던 장면을 기술하였다. 사물이 의도하지 않은 채 망가질 때, 영어 사용자는 행위자 표현을 사용하기 십상인 반면("그가 깡통을 찌그러뜨렸다."), 스페인어 사용자는 비행위자 표현을 더 많이 사용하였다("깡통이 찌그러졌다."). 무엇인가를 의도적으로 망가뜨리는 경우에는 언어가 참가자 기억에 영향을 미치지 않았지만, 실수로 망가뜨렸을 때는 영어 사용자가 스페인어 사용자보다 행위자를 더 잘 기억해냈다(Fausey & Boroditsky, 2011).

언어 상대성 대 언어 보편성

몇몇 연구들은 **언어 보편성**(linguistic universal)과 상대성을 다루어왔다. 언어학자들이 음운론(음소 연구), 형태론(형태소 연구), 의미론, 통사론 등과 관련된 수많은 언어 보편성을 찾아왔다는 사실을 제9장에서 회상해보라. 예컨대, 촘스키는 심층구조가 자체적인 방식으로 모든 언어의 통사에 적용된다고 주장한다.

색깔 이러한 대비를 예증하는 한 연구 영역은 색깔 이름에 초점을 맞춘다. 색깔 이름은 언어 보편성을 검증하는 편리한 방법을 제공해준다. 그 이유는 무엇인가? 모든 문화의 사람들이 거의 같은 색깔 범위를 경험할 것이라고 예상할 수 있기 때문이다.

실제로 언어마다 색깔에 이름을 붙이는 방식이 상당히 다르다. 그렇지만 언어는 색깔 스펙트럼을 임의적으로 분할하지 않는다. 체계적인 패턴이 많은 언어에 걸쳐 색깔에 이름 붙이는 방식을 보편적으로 주도하는 것으로 보인다. 수많은 언어에 걸쳐서 색깔 이름을 조사한 결과를 살펴보자(Berlin & Kay, 1969; Kay, 1975). 색깔 이름에 관한 두 가지 명백한 언어 보편성이 언어에 걸쳐 출현하고 있다. 첫째, 조사한 모든 언어는 자신의 기본적인 색깔 이름을 단지 11개의 색깔 이름 집합에서 추출하여 사용하고 있다. 그 집합이란 '검정, 하양, 빨강, 노랑, 녹색, 파랑, 갈색, 자주색, 분홍색, 주황색 그리고 회색'이다.[1] 영어처럼 11개 색깔 이름을 모두 사용하는 언어에서부터 뉴기니 서부지역의 대니족 언어처럼 단지 두 개의 색깔 이름만을 사용하는 언어에 이르기까지 다양한 언어가 존재한다(Rosch Heider, 1972). 둘째, 일부분의 색깔 이름만을 사용할 때는, 색깔 이름들이 다섯 수준의 위계를 구성한다. 그 수준이란 (1) 검정, 하양; (2) 빨강; (3) 노랑, 녹색, 파랑; (4) 갈색; (5) 자주색, 분홍색, 주황색, 회색이다. 따라서 만일 한 언어가 단지 두 가지 색깔 이름만을 사용한다면, 검정과 하양이 된다. 세 가지 색깔 이름을 사용한다면, 검정, 하양, 빨강이 된다. 네 번째 색깔 이름은 '노랑, 녹색, 파랑' 집합에서 취하게 된다. 다섯 번째와 여섯 번째 이름도 이 집합에서 취한다. 11개 색깔 모두에 이름을 붙일 때까지 선택은 계속된다. 그렇지만 동일 수준 내에서 선택 순서는 문화에 따라 다를 수 있다(Jameson, 2005).

또 다른 연구는 참가자에게 색판에 제시하는 다양한 색깔에 이름을 붙여보도록 하였다. 또한 각 색깔에서 최선의 사례를 선택하도록 요구하였다(예컨대, 제시한 많은 색깔 중에서 어느 것이 가장 빨강다운 빨강인가?). 많은 언어에서 이 절차를 수행한 결과를 보면, "최선의" 색깔은 영어 사용자들이 빨강, 노랑, 녹색, 파랑이라고 부르는 색깔을 중심으로 군집화하는 경향을 나타냈다(Regier, Kay, & Cook, 2005). 이 결과는 색깔 지각에서 보편성이 존재한다는 사실을 나타낸다.

반면에 여러 연구는 색깔 범주가 언어에 따라 다르다는 사실을 보여주었다. 예컨대, 뉴기니 베린모족은 영어 사용자가 녹색과 파랑이라고 부르는 색을 하나의 이름으로 묶는 경향이 있다(Roberson, Davies, & Davidoff, 2000; Roberson 등, 2005). 다른 언어는 영어 사용자가 차이를 보지 못하는 영역에서 범주 차이를 보는 경향이 있다. 예컨대, 러시아어 사용자는 밝은 파랑과 어두운 파랑을 두 개의 상이한 색깔로 간주한다(Winawer 등, 2007). 색깔 이름이 문화에 따라 다른 이유에 관하여 다양한 이론들을 제안해왔다. 예컨대, 태양의 자외선이 눈의 수정체를 노랗게 변화시키는데, 이것이 녹색과 파랑을 변별하기 어렵게 만든다는 제안도 있다. 만일 이것이 참이라면, 적도 지역의 강렬한 태양은 그 지역에 존재하는 몇몇 언어에 파랑과 녹색에 대한 개별적인 색깔 이름이 비교적 희박한 사실을 설명해줄 수 있다(Lindsey & Brown, 2002). 또한 색깔 이름은 특정 언어 집단이 생활하는 환경에서 가장 빈번하게 나타나는 색깔의 이름이 진화한 결과일 수도 있다(Yendrikhovskij, 2001). 그렇지만 지금까지 어떤 이론도 서로 일관성을 갖지 못하고 있다.

전반적으로 볼 때, 색깔 이름은 전 세계적으로 동일지역에서 군집을 이루고 있다는 점에서 비교적 보편적인 것처럼 보이지만, 색깔 범주는 상당한 차이를 보이며, 색깔 이름은 지각과 인지에 영향을 미칠 수 있다(Kay & Regier, 2006; Roberson & Han-

[1] 역주: 한국어의 기본 색깔 이름은 '검정, 하양, 빨강, 노랑, 파랑'이다. 이 집합에서 '색'으로 끝나는 색깔 이름은 모두 한자에서 차용한 것이다.

믿거나 말거나 | 여러분은 왼쪽 색과 오른쪽 색을 다르게 보는가?

두뇌의 언어중추는 대체로 좌반구에 위치한다. 동시에 시야 오른쪽에 있는 대상에서 오는 빛은 망막의 좌측에 상을 맺은 다음에 두뇌 좌반구로 전달되며, 그 역도 마찬가지다(제2장 그림 2.8을 참조). 이러한 정황이 색깔 지각에 영향을 미칠 수 있는가? 참가자에게 녹색 정사각형으로 구성한 원을 보여주었다. 정사각형 중의 하나는 파랑이거나 채도가 다른 녹색으로 상이한 색깔이었으며, 원의 우하 또는 좌하에 위치하였다. 상이한 색깔의 정사각형을 탐지하는 데 걸리는 시간을 측정하였다. 왼쪽에 위치할 때는(따라서 빛은 우반구로 전달된다), 그 색깔이 파랑이든 채도가 다른 녹색이든 관계없이 차이가 없었다. 오른쪽에 위치할 때는, 녹색 정사각형보다 파랑색 정사각형을 더 빠르게 탐지하였다. 그 이유는 좌반구 언어중추가 색깔 재인과 상호작용하기 때문이다. 만일 언어중추를 다른 기억과제로 바쁘게 만들면 그 효과가 사라지는데, 이 결과는 그 효과가 언어 때문일 가능성이 높다는 사실을 나타낸다(Gilbert 등, 2006).

ley, 2007).

동사와 문법상의 성별 언어에 따른 의미 구조의 차이뿐만 아니라 통사 구조의 차이도 사고에 영향을 미칠 수 있다. 예컨대, 스페인어에는 영어 'be'동사에 해당하는 두 가지 형태의 동사 'ser'와 'estar'가 있다. 그렇지만 이 동사들을 상이한 맥락에서 사용한다. 한 연구는 성인과 아동에서 'ser'와 'estar'의 사용을 연구하였다(Sera, 1992).

be 동사가 어떤 것의 정체성을 나타내거나(예컨대, 영어에서 "This is José.") 범주 포함관계를 나타낼 때(예컨대, "José is a carpenter."), 성인과 아동 모두 'ser' 동사를 사용하였다. be 동사가 대상의 속성을 나타날 때는 성인과 아동 모두 지속적인 속성을 나타내는 데 'ser' 동사를 사용하였으며(예컨대, "Maria is tall."), 일시적인 속성을 나타내는 데 'estar'를 사용하였다(예컨대, "Maria is busy."). 마지막으로 사람, 동물 등을 포함한 대상의 위치를 나타내기 위해 be 동사를 사용할 때는 성인과 아동 모두 'estar'를 사용하였다(예컨대, "Maria is on the chair."). 그렇지만 사건의 위치를 기술하는 데 be 동사를 사용할 때는(예컨대, 회의장소나 파티 등), 성인이 'ser'를 사용하는 데 반해, 아동은 계속해서 'estar'를 사용하였다.

아동은 사건 위치를 대상 위치와 동일한 방식으로 취급한다. 아동은 일시적인 것으로 간주하여 'estar'를 사용하는 것이다. 반면에 성인은 사건과 대상을 구분한다. 특히 성인은 사건 위치가 변하지 않는 것으로 간주한다. 지속적인 것이기 때문에 'ser'를 사용하는 것이다.

이 연구는 언어 사용에서의 차이가 실제로 사고에서의 차이를 나타내는 것임을 시사한다. 그렇지만 그녀의 연구는 다음과 같은 중요한 심리학적 물음을 미결인 채로 남겨두고 있다. 모든 것에 동일한 be 동사를 사용하고 있는 영어 사용자보다 스페인어 사용자는 일시적인 것과 지속적인 것에 대해 더욱 분화된 감각을 가지고 있는 것인가? 그 답은 아직 명확하지 않다.

다른 언어들도 사용하여 언어 상대성을 연구해왔다. 몇몇 연구는 상이한 전치사를 사용하는 상이한 언어들의 적절성을 탐구하고 있다. 영어에서는 바구니에 사과를 집어넣는 것이나 탁자 위에 컵을 놓는 것을 기술하는 데 전치사 'in'과 'on'을 사용한다. 'in'은 무엇인가를 담고 있는 것을 지칭하는 반면에, 'on'은 받치고 있는 것을 지칭한다. 한국어 사용자는 "딱 들어맞는 것"('끼우다', 컴퓨터에 CD를 집어넣는 것)과 "느슨하게 들어맞는 것"('넣다', 바구니에 과일을 넣는 것)을 구분한다. 한 실험에서는 참가자에게 여러 가지 공간 행위를 보여주고 "이상해 보이며" 다른 행위와 어울리지 않는 것 하나를 선택하도록 하였다. 그 공간 행위는 상이한 표면결과 재료(예컨대, 목재로 만든 것이거나 스펀지로 만든 것)의 대상을 가지고 수행한 것이었으며, 딱 들어맞는 용기나 느슨하게 들어맞는 용기에 그 대상을 집어넣는 것이었다. 전반적으로 한국어 사용자의 80%는 행위가 딱 들어맞거나 느슨하게 들어맞는 것을 수반하는지에 근거하여 이상한 장면을 선택하였다. 반면에 영어 사용자의 경우에는 37%만이 그렇게 하였다. 대다수의 영어 사용자는 대상의 재료나 모양이 차이나는 장면을 선택하였다(McDonough, Choi, & Mandler, 2003).

또 다른 실험은 문법상 성별의 효과를 검증하였다. 실험은 영어로 수행하였지만, 참가자는 독일어 사용자와 스페인어 사용자이었다. 참가자에게 네 개의 형용사로 기술해야 하는 24개의 명사를 제시하였다. 전체적으로 12개의 명사는 독일어에서 여성형이고 스페인어에서는 남성형이었으며, 나머지 12개는 독일어에서 남성형이고 스페인어에서 여성형이었다. 문법상 성별에 따라서 명사를 기술하는 방식에서 현저한 차이가 있었다. 예컨대, 스페인어 사용자는 스페인어에서 여성형인 단어 '열쇠'를 "금색이고, 정교하며, 작고, 귀여운"으로 기술하였다. 독일어에서는 '열쇠'가 남성형 단어이며, "단단하고, 무거우며, 들쭉날쭉하고, 금속제"로 기술하였다. 이 효과가 특히 인상적인 까닭은 실험을 영어로 수행하였으며 참가자의 모국어를 수반하지 않았기 때문이다(Boroditsky, Schmidt, & Phillips, 2003). 다음과 같은 몇 가지 부가적인 사실들도 보자.

- 중국어를 배우는 아동은 명사보다 동사를 더 많이 사용하는 경향이 있다. 반면에 영어나 이태리어를 획득하는 아동은 동사보다 명사를 더 많이 사용하는 경향이 있다(Tardif, 1996; Tardif, Shatz, & Naigles, 1997).
- 한국어를 사용하는 아동은 영어를 사용하는 아동보다 동사를 더 일찍 사용한다. 반면에 영어를 사용하는 아동은 한국어를 사용하는 아동보다 이른 시기에 더 많은 명명 어휘를 갖는다(Gopnik & Choi, 1995; Gopnik, Choi, & Baumberger, 1996).

언어 획득에서의 이러한 차이는 사고의 어떤 차이를 함축하는가? 아직은 어느 누구도 확실하게 알지 못하고 있다.

개념 한 가지 정교한 실험은 둘 이상의 언어를 사용하는 사람들을 연구함으로써 언어 상대성의 가능한 효과를 평가하였다(Hoffman, Lau, & Johnson, 1986). 중국어에는 "세상 경험이 풍부하고, 사회성이 뛰어나며, 자기 가족을 위해 헌신하고, 꽤나 겸손한" 인물을 묘사하는 단일 어휘(師哥)가 존재한다. 영어에는 이렇게 다양한 특성을 포괄하는 단일 단어가 존재하지 않는다. 호프만과 동료들은 다양한 인물을 묘사하는 글을 영어와 중국어로 작성하였다. 글은 고정관념을 포함하고 있지만, 그 단어를 직접 사용

키이스 레이너(Keith Rayner)의 실험실에서는

안구운동과 읽기

읽기는 인간 두뇌/마음의 획기적인 성취이다. 사람들은 어떻게 글을 즉각적으로 이해하는 것인가? 여러 해에 걸쳐 우리 연구를 주도해온 물음이 바로 이것이다. 우리는 매 순간의 처리를 반영하는 것으로 안구운동 측정치를 사용하고 있다. 우리 실험실(그리고 다른 여러 실험실)에서 수행한 상당한 양의 연구는 인지과정 그리고 단어 처리의 용이성이 글의 단어를 들여다보는 시간에 강력한 영향을 미친다는 사실을 명확하게 보여주고 있다. 예컨대, 읽는 사람은 사용빈도가 높은 단어보다 낮은 단어를 더 오랫동안 들여다본다.

BSIP/Universal Images Group/Getty Images

키이스 레이너

안구운동이 순간순간의 처리를 반영한다고 확실하게 가정하기에 앞서 주의를 요하는 몇 가지 중요한 논제들이 존재한다. 눈은 평균적으로 200~250밀리초 동안 한 곳에 고정되어있다. 읽는 사람은 매 안구고정에서 얼마나 많은 유용한 정보를 획득하는 것인가? 이 물음에 답하기 위하여 조지 맥콘키와 나는 응시 수반성 이동 창 패러다임을 개발하였으며, 이 실험 패러다임을 사용하여 매 안구고정에서 읽는 사람에게 가용한 정보의 양을 제어하였다. 우리는 영어를 읽는 사람의 경우 지각폭이 고정점 왼쪽으로 3~4 문자 그리고 오른쪽으로 14~15 문자에 달한다는 사실을 찾아냈다.

후속연구에서 우리는 고정점 우측에 있는 단어에서 어떤 유형의 정보를 획득하는 것인지를 알아내기 위하여 응시 수반성 경계 패러다임을 개발하였다. 이 연구는 읽는 사람이 고정점 우측에서 타당한 정보를 획득함에 따라서 사전에 이득을 얻는다는 사실을 입증하였다. (오늘날에는 꽤나 유행하게 된) 이러한 유형의 실험에서는 표적 단어 위치에서 가용한 정보 유형을 조작하게 되는데(예컨대, 미리 보기는 'chest'라는 단어일 수 있다), 표적 단어로 안구이동을 하는 동안 미리 보기가 표적 단어('chart')로 변하게 된다. 미리 보기 이득의 양은 안구도약 운동을 시작할 때 눈이 표적 단어로부터 떨어져있는 정도 그리고 미리 보기와 표적 단어 간의 관계에 달려있다.

우리가 개발한 마지막 유형의 응시 수반성 기법은 사라지는 글 패러다임이다. 여기서는 매 안구고정에서 읽는 사람이 들여다보고 있는 단어가 응시 초기에 사라진다(아니면 그 단어를 차폐시킨다). 첫 번째 주목할 만한 발견은 읽는 사람이 안구를 고정시킨 단어를 50~60밀리초 동안만 볼 수 있으면 정상적으로 읽을 수 있다는 것이다(그렇다고 이 시간에 단어 재인을 끝마친다는 뜻은 아니다. 단지 그 정보가 처리시스템에 입력되었다는 것을 의미한다). 둘째, 응시하는 단어의 빈도가 눈이 한 장소에 얼마나 오래 머물 것인지에 강력한 영향을 미친다. 눈은 고빈도 단어보다 저빈도 단어에 더 오랫동안 머문다. 이것은 인지과정이 읽는 동안 안구운동을 주도한다는 좋은 증거이다.

이러한 결과를 전제로 할 때, 매 순간의 처리를 연구하는 데 안구운동을 사용할 수 있다. 우리 실험실에서는 매 순간의 이해과정을 밝혀내기 위해서 영어 글에 존재하는 다양한 유형의 모호성을 이용해왔다. 따라서 우리는 읽는 사람이 일시적인 통사적 모호성을 포함하고 있는 문장을 분석하는 방식뿐만 아니라 어휘적으로 모호한 단어(둘 이상의 의미를 갖는 단어)와 음운적으로 모호한 단어(철자법은 동일하지만 상이한 발음을 갖는 단어)를 처리하는 방식을 연구해왔다. 또한 상위수준의 담화 처리를 연구하는 데도 안구운동 데이터를 사용해왔다. 물론 상위수준 처리와 글의 특정 부분을 들여다보는 시간 간의 연계는 어휘 처리 경우보다 훨씬 더 미약하지만 말이다. 마지막으로 안구운동과 읽기 간의 관계에 관한 꽤나 많은 사실을 알아낸 것에 근거하여, 우리(에릭 레이클, 샌디 폴라첵, 돈 피셔, 그리고 나)는 읽기에서 안구운동 제어 모형(**E-Z 읽기 모형**이라고 부른다)을 개발하였으며, 읽는 사람이 어디에 안구를 고정하며 얼마나 오래 들여다 볼 것인지를 꽤나 잘 예측하고 있다.

주: 불행하게도 키이스 레이너는 이 책 7판을 준비하는 동안 서거하였다.

하지는 않았다. 그런 다음에 중국어와 영어 모두가 유창한 참가자에게 중국어 또는 영어로 작성한 글을 읽고, 등장인물에 관한 여러 진술이 참일 가능성이라는 측면에서 그 진술을 평정하도록 요구하였다. 몇몇 진술은 師哥라는 단어의 전형적인 특성을 수반하였다.

이들의 결과는 언어 상대성을 지지하는 것으로 보였다. 참가자는 영어로 글을 읽을 때보다 중국어로 읽을 때 다양한 진술을 고정관념에 따라서 평정할 가능성이 더 높았다. 마찬가지로 등장인물에 관한 인상을 적어보도록 요구하였을 때도, 사전에 중국어로 글을 읽었을 때 고정관념에 더욱 동조하는 방향으로 기술하였다. 연구자들은 영어 사용자가 고정관념을 이해하는 것이 불가능하다고 제안하는 것은 아니다. 다만 용이하게 접속할 수 있는 고정관념을 가지고 있는 것이 심적 조작을 촉진한다는 사실을 제안하고 있는 것이다.

언어 상대성에 관한 연구는 변증법이 작동하는 좋은 예이다. 사피어와 워프 이전에는 언어가 어떻게 사고를 제약하는지에 관한 논제는 심리학에서 주된 관심거리가 아니었다. 그런데 사피어와 워프는 언어가 사고를 크게 좌우한다는 주장을 제기한 것이다. 그 이후 수많은 심리학자가 반명제, 즉 언어가 사고를 제어하지 않는다는 사실을 보여주고자 시도하였다. 오늘날 많은 심리학자는 언어가 사고에 어느 정도 영향을 미치는 것은 사실이지만 사피어와 워프가 생각하였던 것처럼 그 영향이 극단적이지는 않다는 종합을 받아들이고 있다. 아마도 언어와 사고는 평생에 걸쳐 상호작용하는 것이겠다(Vygotsky, 1986).

이중언어와 방언

한 사람이 두 가지 언어를 사용하고 생각할 수 있다고 가정해보자. 그 사람은 언어에 따라서 다르게 생각하겠는가? 그리고 **이중언어자**(bilingual), 즉 두 언어를 사용할 수 있는 사람은 **단일언어자**(monlingual), 즉 한 언어만을 사용할 수 있는 사람과 다르게 사고하는가?(다중언어자란 적어도 두 개 이상의 언어를 사용하는 사람이다.) 단지 하나의 언어를 사용하는 것과 달리 두 개의 언어를 사용한다는 것이 어떤 차이를 가져오는 것인가? 이중언어는 지능에 긍정적 영향을 미치겠는가, 아니면 부정적 영향을 미치겠는가?

이중언어: 장점인가 단점인가?

이중언어는 어느 한 언어로의 사고를 더 어렵게 만드는가, 아니면 사고과정을 증진시키는가? 데이터는 꽤나 모순적이다. 참가자 전집의 차이, 방법론의 차이, 언어 집단의 차이, 실험자 편향의 차이 등이 결과의 비일관성에 기여한 것으로 보인다. 이중언어자가 두 언어 모두 동일한 정도로 유창하며 중산층 배경을 가지고 있을 때, 어떤 일이 일어날 것인지를 생각해보자. 이러한 경우에는 이중언어의 긍정적 효과가 나타나는 경향이 있다. 주로 전전두피질에 위치하고 있으며 과제 간을 이동하거나 방해자극을 무시할 수 있는 능력을 포함하고 있는 집행자 기능이 증진된다. 심지어 치매의 발현조차도 4년이나 지체된다(Andreou & Karapetsas, 2004; Bialystok & Craik, 2010; Heidmayr 등, 2014). 또한 이중언어를 사용하는 유아는 단일언어 유아보다 예상치 않았던 자극에 더 많은 주의를 기울임으로써 그 자극을 보다 효과적으로 처리할 수 있게 해준다(Kuipers & Thierry, 2013). 그렇지만 부정적 효과도 나타날 수 있다. 이중언어자는 어휘가 적은 경향이 있으며, 기억에 들어있는 어휘 항목에의 접속도 느리다(Bialystok, 2001; Bialystok & Craik, 2010). 이러한 차이를 초래하는 것은 무엇이겠는가?

가산적 이중언어와 감산적 이중언어 간의 차이를 구분해보자(Cummins, 1976). **가산적 이중언어**(additive bilingualism)에서는 상대적으로 잘 발달한 첫 번째 언어에 덧붙여서 두 번째 언어를 획득하게 된다. **감산적 이중언어**(subtractive bilingualism)에서는 두 번째 언어의 요소가 첫 번째 언어의 요소를 대치한다. 가산적 형태가 사고능력의 증가를 초래하는 것으로 나타나고 있다. 반면에 감산적 형태는 사고능력의 감소를 초래한다(Cummins, 1976). 특히 일종의 역치 효과가 나타날 수 있다. 이중언어의 긍정적 효과가 나타나기 위해서는 두 언어 모두에서 비교적 높은 수준의 능력이 필요하다. 교사는 집에서 영어만을 사용하도록 요구하는 편지를 보내거나 미묘한 태도와 방법을 사용하여 아동의 이중언어 사용을 금지하기 십상이다(Sook Lee & Oxelson, 2006). 이에 덧붙여서 사회경제적 지위가 낮은 가정의 아동은 중산층 아동보다 감산적 이중언어를 사용할 가능성이 더 크다. 낮은 사회경제적 지위는 이중언어로 도움을 받기보다는 해를 끼치는 요인이 될 수 있다.

연구자들은 아동이 태어날 때부터 두 언어를 배울 때 발생하는 **동시적 이중언어**(simultaneous bilingualism)와 아동이 한 언어를 배운 후에 다른 언어를 배울 때 발생하는 **순차적 이중언어**(sequential bilingualism)도 구분하고 있다(Bhatia & Ritchie, 1999). 어떤 형태의 언어 학습이든지 유창성에 기여할 수 있다. 유창성은 언어를 학습하는 특정 상황에 달려있다(Pearson 등, 1997). 그렇지만 유아는 거의 동일한 시기에 옹알이를 시작한다. 한 언어를 또는 두 언어를 일관성 있게 경험하는지 관계없이 그렇다(Oller 등, 1997). 미국에서는 많은 사람들이 이중언어를 심각하게 받아들인다. 아마도 이민자가 아닌 부모 밑에서 태어난 비교적 소수의 미국인만이 외국어를 유창한 정도로 학습하기 때문이겠다. 그렇지만 다른 문화에서는 다중언어의 학습을 당연한 것으로 받아들인다. 예컨대, 인도에서는 사람들이 관례적으로 4개의 언어를 학습한다(Khubchandani, 1997). 플라망어를 사용하는 벨기에에서는 많은 사람이 적어도 프랑스어, 영어, 또는 독일어를 학습한다. 이들은 하나 이상의 외국어를 상당히 유창한 수준까지 학습하기 십상이다.

외국어 획득에 영향을 미치는 요인

언어 획득에 기여하는 것으로 생각하는 중요한 요인이 연령이다. 몇몇 연구자는 청소년기 이후에 외국어의 여러 측면을 모국어 수준으로 숙달하는 것이 거의 불가능하다고 제안해왔다. 다른 연구자들은 이 견해에 동의하지 않는다(Bahrick 등, 1994; Herschensohn, 2007). 이들은 어휘의 이해와 유창성과 같은 외국어의 몇몇 측면은 사춘기를 지난 후에도 그 이전 못지 않게 획득한다는 사실을 찾아냈다. 이에 덧붙여서 통사의 몇몇 측면도 사춘기 이후에 쉽게 획득한다는 사실도 찾아냈다. 이 결과는 선행 결과와 모순된다. 모국어 수준의 발음을 숙달하는 것은 어린 시절의 획득 여부에 달려있는 것처럼 보인다. 그렇지만 개인차가 상당하며, 어떤 학습자는 늦은 시기에도 모국어 수준의 언어 능력을 획득한다(Birdsong, 2009). 외국어를 학습할 때 모국어의 음소와 매우 유사한 음소를 학습하는 것보다 전혀 새로운 음소를 학습하는 것이 더 쉽다는 사실은 놀라운 일이다(Flege, 1991). 아무튼 외국어 획득에 결정적 시기가 있는 것 같지는 않다(Birdsong, 1999, 2009). 성인이 외국어를 학습하는 데 어려움을 겪는 까닭은 모국어를 주도적 언어로 유지하기 때문이다. 반면에 새로운 언어를 사용하는 학교에 다닐 필요가 있는 어린 아동은 주도적 언어를 변경해야만 하기 때문에 새로운 언어를 상당히 유창한 수준으로 학습하는 것이다(Jia & Aaronson, 1999). 그렇다고 해서 삶의 후기에 새로운 언어를 학습할 수 없다는 의미는 아니며, 오히려 일찍 학습할수록 보다 유창해질 가능성이 높다는 것을 의미한다.

어떤 유형의 학습 경험이 외국어 획득을 촉진하는가? 이 물음에 대해 단 하나의 정답은 없다(Bialystok & Hakuta, 1994). 한 가지 이유는 개인마다 언어 학습에 투입하는 인지 능력과 지식이 다르기 때문이다. 이에 덧붙여서 외국어 획득을 촉진하는 학습 경험은 일단 획득하였을 때 그 외국어의 맥락과 용도와 대응되는 것이어야 한다. 예컨대, 다음과 같은 경우를 생각해보자.

- 어린 아동인 케이틀린은 다른 아동들과 어울리기 위하여 풍부한 어휘와 완벽한 통사를 숙달할 필요가 없다. 발음, 몇 가지 간단한 통사규칙, 그리고 기본 어휘를 숙달하면, 유창하다고 생각할 수 있다.
- 마찬가지로 호세는 물건을 구입하거나 일상적인 가족 경제를 다루거나, 동네를 돌아다니는 것 등과 같이 몇 가지 일상 상황만을 처리하면 된다. 몇 가지 단순한 어휘와 통사에 덧붙여서 맥락에 적절한 소통방식과 관련된 화용 지식을 숙달하면 유창하다고 간주할 수 있다.
- 린다는 자신의 전문 기술 분야에서 소통할 수 있어야만 한다. 전문기술 어휘, 기본 어휘, 그리고 초보적인 통사를 숙달한다면 유창하다고 간주할 수 있다.
- 수메시는 학교에서 외국어를 공부하는 학생이다. 수메시에게는 통사에 대한 완벽한 이해 그리고 깊이는 없더라도 풍부한 어휘를 가지고 있을 것을 기대하게 된다.

위의 네 사람 각각은 추구하는 유창성을 획득하기 위하여 상이한 유형의 언어 경험을 필요로 한다. 외국어의 발음, 어휘, 통사, 화용법 능력을 고양시키려면 상이한 유형의 경험이 필요하다.

한 언어를 사용하는 사람이 다른 언어를 학습할 때, 언어마다 난이도가 다르다는 사실을 발견하게 된다. 예컨대, 영어 사용자가 외국어로 스페인어를 획득하는 것이 러시아어를 획득하는 것보다 대체로 훨씬 쉽다. 한 가지 이유는 영어와 스페인어는 영어와 러시아어에 비해 더 많은 공통 어근을 공유하기 때문이다. 이에 덧붙여서 러시아어에서는 영어와 스페인어에 비해서 시제, 수, 성별을 비롯한 문법 범주를 나타내기 위해서 어미변화가 더 많다. 영어와 스페인어는 어순에 훨씬 더 의존적이다. 그렇지만 외국어를 학습하는 어려움은 모국어를 학습하는 어려움과 많은 관계가 없는 것으로 보인다. 미국 유아가 영어를 학습하는 것과 마찬가지로, 러시아 유아는 러시아어를 쉽게 학습한다.

이중언어: 하나의 체계인가 두 체계인가?

이중언어를 연구하는 한 가지 접근방법은 외국어 획득을 도와주는 방법이라는 현실적 관심사에 대한 인지심리학 연구에서 알아낸 것을 적용해보는 것이다. 또 다른 접근방법은 이중언어가 인간 마음에 대한 통찰을 제공해주는지 보기 위하여 이중언어 사용자를 연구하는 것이다. 몇몇 인지심리학자는 이중언어 사용자가 두 언어를 마음에 표상하는 방식을 밝혀내는 데 관심을 기울여왔다. **단일 체계 가설**(single-system hypothesis)은 두 언어를 단 하나의 체계 또는 두뇌 영역에 표상한다고 제안한다(어린 이중언어 사용자에서 이 가설을 지지하는 증거를 보려면, Hernandez 등, 2001 참조). 반면에 **이중 체계 가설**(dual-system hypothesis)은 마음에서 별도의 체계에 두 언어를 표상한다고 제안한다(De Houwer, 1995; Paradis, 1981). 예컨대, 독일어 정보는 영어 정보와는 상이한 두뇌영역에 저장하고 있는가? 그림 10.2는 두 견해의 차이를 도식적으로 보여주고 있다.

이 물음에 대처하는 한 가지 방법은 두뇌 손상을 입은 이중언어 사용자를 연구하는 것이다. 이중언어 사용자가 두뇌 특정 부위에 손상을 입었다고 가정해보자. 이중 체계 가설에 따르면, 두 언어에서 상이한 정도의 손상을 나타내게 된다. 단일 체계 가설은 두 언어에서 대체로 동일한 정도의 손상을 제안한다. 이 연구 유형의 논리는 강력한 것이지만, 결과는 그렇지 못하다. 외상 후의 언어 회복 연구에서 보면, 때로는 모국어를 먼저 회복하고, 때로는 외국어를 먼저 회복한다. 그리고 때로는 회복이 두 언어에서 대체로 동일하다(Albert & Obler, 1978; Marrero, Golden, & Espe Pfeifer, 2002; Paradis, 1977). 어느 언어를 회복할 것인지는 무엇보다도 외국어를 획득한 연령 그리고 손상 전의 언어 유창성에 의존적인 것으로 보인다(Marrero, Golden, & Espe Pfeifer,

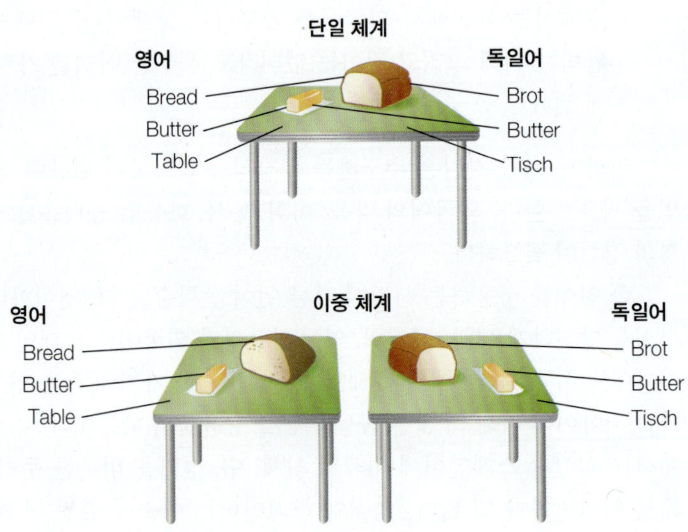

그림 10.2 단일 체계 가설과 이중 체계 가설. 단일 체계 가설은 두 언어를 단일한 인지체계에 표상한다고 가정한다. 이중 체계 가설은 각 언어를 별도의 인지체계에 표상한다고 가정한다.

2002).

뇌졸중으로 실어증을 앓았던 32세의 프랑스어-독일어 이중언어자에게 독일어 훈련은 시켰지만 프랑스어 훈련은 시키지 않았다. 독일어는 유의하게 회복하였으나, 독일어 능력이 프랑스어 능력에 전이되지는 않았다(Meinzer 등, 2007).

이 모든 연구에서 도출할 수 있는 결론은 명확하지 않다. 그렇지만 연구 결과들은 어느 정도의 이중구조를 시사하는 것처럼 보인다. 상이한 연구방법은 이중언어에 대한 대안적 조망으로 이끌어갔다. 두 연구자는 간질을 치료받고 있는 두 명의 이중언어 환자를 대상으로 언어 사용과 관련된 대뇌피질 영역을 확인하였다(Ojemann & Whitaker, 1978). 각 환자의 피질에 약한 전기자극을 가하였다. 전기자극은 해당 피질 영역의 활동을 억제하는 경향이 있다. 전기자극은 자극받는 영역에 저장된 대상에 이름붙이는 능력을 저하시켰다. 두 환자의 결과는 동일하였다. 이 결과는 상반된 연구 결과를 설명하는 데 도움을 줄 수 있다. 몇몇 두뇌영역은 두 언어 모두에서 대상에 이름을 붙이는 능력의 동일한 손상을 보여주었다. 그렇지만 다른 영역은 언어에 따라 상이한 손상을 나타냈다. 이 결과는 강한 언어보다 약한 언어를 대뇌의 더 넓은 영역에 걸쳐 표상하고 있다는 사실도 시사한다. 다시 말해서 두 언어를 함께 표상하는지 아니면 별도로 표상하는지를 묻는 것은 잘못된 질문일 수 있다. 이 연구의 결과는 두 언어의 몇몇 측면은 함께 표상하고 다른 측면은 별도로 표상할 수 있음을 시사한다.

최근 연구(Peltola 등, 2012)는 단일 체계인지 아니면 이중 체계인지는 외국어를 언제 어떻게 학습하는지에 달려있다는 사실을 시사한다. 균형적 이중언어자(일반적으로 두 언어를 태어날 때부터 함께 학습한다)는 주도적 이중언어자(일반적으로 외국어를 나중에 학습한다)보다 더 많은 간섭 효과를 나타내는데, 이 결과는 주도적 이중언어자가 두 개의 언어 체계를 사용하는 반면에 균형적 이중언어자는 단지 하나의 체계만을 사용함으로써 두 언어 간의 간섭을 초래할 가능성이 높다는 사실을 시사하고 있다.

요약컨대, 두 언어는 서로 공유하는 부분도 있지만, 심적 표상의 모든 측면을 공유하지는 않는 것으로 보인다. 외국어 학습이 이득이기 십상이지만, 모국어 학습에 감산적이기보다는 가산적인 환경에서 외국어를 학습할 때 가장 유용하겠다. 이득 효과가 나타나기 위해서는 외국어를 잘 학습해야만 한다. 학교에서 일반적으로 진행하는 교육방식에서는 학생이 1주일에 몇 시간씩 그리고 기껏해야 2~3년에 걸쳐 외국어 교육을 받는 것이 고작이다. 이러한 교육방식은 이중언어의 이득 효과가 나타나기에 충분하지 않다. 그렇지만 학교 교육이 통사의 획득에서는 이득 효과를 나타내는 것으로 보인다. 사춘기 이후에 외국어를 획득할 때 특히 그러하다. 이에 덧붙여서 가능하다면 외국어 학습자는 자신의 요구, 능력, 선호도, 개인 목표 등에 가장 잘 어울리는 특정 유형의 언어획득 기법을 선택해야만 한다.

신경과학과 이중언어

외국어 학습은 좌반구 하두정피질의 회백질을 증가시킨다. 회백질 밀도는 유창성과 정적 상관을 갖는다. 따라서 외국어가 유창할수록, 이 영역의 밀도가 증가한다. 그리고 획득 연령과 좌반구 하두정 피질의 밀도 간에는 부적 상관이 존재한다(Mechelli 등, 2004; Petitto 등, 2012). 즉, 획득 연령이 늦을수록 밀도가 낮다. 이 결과는 두뇌의 이 영역이 외국어 학습으로 이득을 얻으며, 학습이 일찍 일어날수록 두뇌 밀도와 전반적 유창성 모두에 도움이 된다는 사실을 시사한다.

실어증 환자 연구는 모국어와 외국어가 상이한 두뇌영역에 분포한다는 사실을 시사한다. 이 가정은 뇌졸중으로 모국어는 손상되었지만 외국어는 영향을 받지 않은 이중언어 환자의 관찰에서 비롯한다(Garcia 등, 2010). 그렇지만 다른 연구는 두 언어가 활성화시키는 두뇌영역이 실제로 중복되어있다는 사실을 시사하고 있다(Gandour 등, 2007; Yokohama 등, 2006).

한 연구는 경두개 자기 자극법을 사용하여 이중언어자의 두뇌에 전기자극을 가하였다(자극을 종료하면 두뇌는 정상 기능을 회복한다). 연구자들은 대상에 이름을 붙일 때 모국어를 사용하는지 아니면 외국어를 사용하는지에 따라서 상이한 두뇌영역이 활동한다는 결과를 얻었다. 그렇지만 두 언어에서 활동하는 영역의 중복이 있었다(Lucas, McKhann, & Ojemann, 2004).

동일한 두뇌영역이 관여하는지는 외국어 획득 연령과 같은 다른 요인들에 달려있을 가능성이 크다. 한 연구는 이중언어자에게 문장 생성 과제를 수행하도록 요구하였다. 이 연구는 조기 이중언어자의 경우에는 좌반구 하전두구의 활성화가 중복되지만, 후기 이중언어자는 분리된 활성화 영역을 나타낸다는 사실을 보여주었다(Kim 등, 1997).

언어 혼합과 변화

이중언어는 상이한 언어집단 간의 언어 접촉 결과가 아니다. 상이한 언어집단이 상호간에 접촉할 때 일어날 수 있는 몇 가지 시나리오를 보자.

- 두 언어집단의 사람들이 지속적으로 접촉할 때, 각 집단의 언어사용에 중첩되어있는 몇몇 어휘를 공유하기 시작한다. 이러한 중첩이 **피진어**(pidgin)를 초래하게 되는데, 이 언어를 모국어로 사용하는 사람은 없다(Wang, 2009).
- 시간이 경과하면서, 이러한 혼합은 독특한 언어형식으로 발전할 수 있다. 자체적인 문법을 가지면서 **크레올어**(creole)가 된다. 크레올어의 사례는 하이티에서 사용하는 크레올어이다. 하이티 크레올어는 프랑스어와 수많은 서아프리카 언어들의 조합이다.
- 현대 크레올어는 진화적으로 볼 때, **원형언어**(protolanguage)라고 부르는 초기의 언어 형태와 닮았다(Bickerton, 1990).

피진어와 크레올어, 나아가서 원형언어의 존재는 앞서 논의한 보편성 견해를 지지한다. 즉, 언어능력은 선천적이고 보편적이어서, 기회만 주어지면 인간은 새로운 언어를 매우 신속하게 만들어낸다.

피진어와 크레올어는 언어적으로 차별적인 두 집단이 만날 때 발생한다. 방언은 단일 언어집단이 점차 차별적인 집단으로 갈라질 때 발생한다. **방언**(dialect)은 어휘,

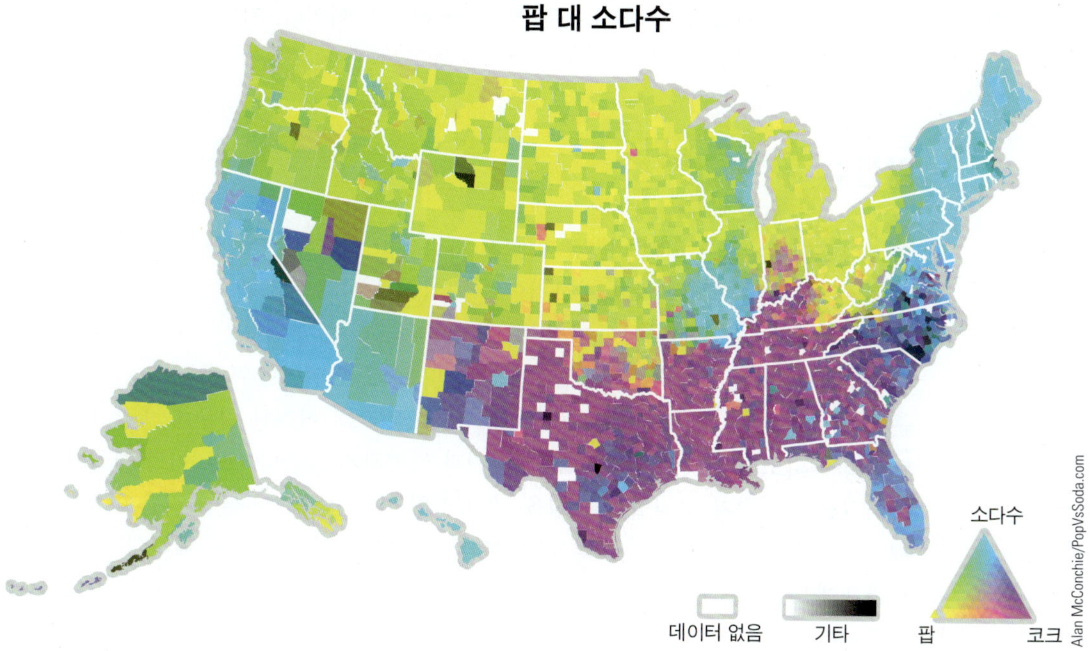

그림 10.3 팝(pop) 대 소다수(soda) 논쟁. 이 지도는 미국 전역에서 "청량음료"를 나타내는 단어들의 분포를 보여준다. 사람들이 어떤 단어를 사용하는지는 말하는 방언에 달려있다.

통사, 발음 등과 같은 자질에서 차이가 나는 지역적인 언어 변화이다. 방언 연구는 청각 변별과 사회적 차별 등과 같은 다양한 현상에 대한 통찰을 제공해준다. 사람들이 선택하는 많은 단어는 사용하고 있는 방언의 결과이다. 가장 널리 알려져 있는 사례는 청량음료에 대한 단어 선택이다. 미국에서는 사용하는 방언에 따라서 "soda"(소다수), "pop"(팝), 또는 "Coke"(코카콜라)를 주문한다(그림 10.3 참조).

방언 차이는 무해한 지역 차이를 나타내기 십상이다. 심각한 소통 장애를 일으키는 경우는 거의 없지만, 이러한 장애가 혼란으로 이끌어갈 수도 있다. 인도와 같이 미국을 벗어난 국가로 전화를 걸 때, 악센트뿐만 아니라 방언의 차이로 인해서 효과적으로 소통하는 데 심각한 어려움에 직면할 수도 있다. 많은 라디오 아나운서는 흔히 네트워크 영어(network English)라고 부르는 표현 형태에 가까운 영어를 배우고자 애쓴다. 이러한 방식으로 가능한 많은 청취자의 이해를 극대화할 수 있다.

때로는 방언의 차이가 사회적 지위의 차이를 나타내기도 하는데, 표준어의 사회적 지위가 비표준어보다 높다. 한 방언을 사용하는 사람이 자신을 우월한 방언 사용자로 간주하기 시작하면 표준어와 비표준어 간의 차이가 불행한 것이 될 수 있다. 한 방언이 다른 방언보다 우월하다는 생각은 말하는 사람에 대해 편파적인 판단을 하도록 이끌어가기도 한다. 이러한 **언어 차별**(linguicism) 또는 방언에 근거한 고정관념은 꽤나 광범위하며 많은 대인관계 문제를 초래할 수 있다(Zuidema, 2005). 예컨대, 사람들은 방언에 근거하여 상대방의 지능, 능력, 도덕성 등에 관한 판단을 하는 경우가 많다. 구체적으로 표준어를 사용하는 사람보다 비표준어를 사용하는 사람을 교양이 떨어지거나 신뢰도가 떨어지는 사람으로 판단하기도 한다. 일반적으로 표준어는 정치적으로

나 경제적으로 가장 힘인 센 사회 계층이 사용하는 언어이다. 어느 방언으로든지 거의 모든 생각을 표현할 수 있다.

말실수

인지심리학자에게 특히 흥미로운 영역은 사람들이 언어를 잘못 사용하는 것이다. 말실수 연구는 인지심리학자가 정상적인 언어처리를 이해하는 데 도움을 준다. 언어를 잘못 사용하는 한 가지 방식이 **말실수**(slip of tongue), 즉 부지불식간에 나타내는 언어 표현의 실수이다. 말실수는 음소, 형태소, 아니면 더 큰 언어단위 등 모든 언어분석 수준에서 일어날 수 있다(Crystal, 1987; McArthur, 1992). 이러한 경우에 생각하는 것과 말하고자 의도하는 것이 실제로 말하는 것과 일치하지 않는다. 프로이트 계열의 정신분석가는 말실수가 심리적 중요성을 가지고 있는 일종의 무의식 처리를 반영한다고 제안해왔다. 말실수는 억압된 정서를 나타내기 십상이라는 것이다. 예컨대, 사업상 경쟁관계에 있는 사람은 "만나서 반갑습니다."라고 말하고자 의도하였음에도 "만나서 괴롭습니다."라고 말하는 경우이다.

대부분의 인지심리학자는 말실수를 정신분석 견해와는 전혀 다르게 바라다본다. 인지심리학자는 생각하는 것과 말하는 것 간의 불일치가 언어를 생성하는 방식을 알려주기 때문에 말실수에 흥미를 갖는다. 사람들은 말을 할 때, 말하려고 하는 것에 대한 심적 계획을 세운다. 그렇지만 때때로 말 생성 기제가 인지기제와 협응하지 못함으로써 그 계획이 어긋나기도 한다. 그러한 실수는 다른 생각 또는 라디오 대담 프로그램이나 주변 대화가 제공하는 배경 소음 등과 같은 환경자극이 침투함으로써 나타난다(Garrett, 1980; Saito & Baddeley, 2004).

말실수는 마음이 사용하는 언어가 생각을 실제로 표현하는 언어와 어떻게든 다르다는 사실을 나타내는 것으로 생각할 수 있다(Fodor, 1975). 생각은 올바르게 하였는데, 표현이 잘못 나오는 경우가 많다. 때로는 누군가 지적할 때까지 말실수를 자각하지 못하기도 한다. 실수로 나타내는 표현이 부지불식간에 잘못되는 경우에도, 마음의 언어에서는 제대로 생각한다. 이 사실은 사전계획하고 연습까지 한 연설에서조차 가끔씩 나타나는 말실수에서 볼 수 있다(Kawachi, 2002).

사람들은 대화에서 다음과 같이 다양한 유형의 말실수를 하는 경향이 있다(Fromkin, 1973; Fromkin & Rodman, 1988).

- 기대형(anticipation). 어떤 언어 요소가 말의 뒷부분에서 필요한 것임에도 문장에서 적절한 시점에 앞서 미리 그 언어 요소를 사용한다. 예컨대, "inspiring expression"(고무적 표현)이라고 말하는 대신에 "expiring expression"(만료된 표현)이라고 말하는 것이다.
- 반복형(perseveration). 문장의 앞부분에서는 적절하였지만 나중에는 부적절한 언어요소를 계속 사용한다. 예컨대, "We sat down on a bounteous feast."(우리는 성대한 축제에 완강히 반대하였다)라고 말하는 대신에 "bounteous beast"(성대한 짐승)라고 말하는 것이다.

- **대체형**(substitution). 한 언어 요소를 다른 것으로 대체하여 말한다. 예컨대, 누군가에게 "before it is too late"(너무 늦기 전에) 일을 마무리하라고 경고하고자 하였는데, "after it is too late"(너무 늦은 후에)라고 말하는 것이다.
- **반전형**(reversal; 또는 **치환형**[transposition]). 두 언어 요소의 위치를 바꾸어 말한다. 한 예가 "flutterby"를 "butterfly"로 이끌어간 것으로 알려진 반전이다. 사람들이 이 반전을 더 선호하였기 때문에 오늘날에는 이것이 선호하는 단어가 되었다. 때로는 반전이 운 좋게도 새로운 단어를 만들어내기도 한다.
- **두음전환형**(spoonerism). 두 단어의 초성을 서로 교환하여 전혀 다른 두 단어를 만들어낸다. 두음전환으로 유명한 윌리엄 스푸너 목사의 이름을 따서 스푸너리즘이라고 부르는 것이다. 그가 했던 유명한 말실수에는 "You have hissed all my mystery lectures."[missed all my history lectures], "Easier for a camel to go through the knee of an idol."[the eye of a needle] 등이 있다(Clark & Clark, 1977).[2]
- **오용형**(malapropism). 한 단어를 발음은 비슷하지만 의미가 다른 단어로 대치한다. 예컨대, 가구 판매자가 "knotty pine"(장식 마디가 많은 송판) 대신에 "naughty pine"(외설적인 소나무)라고 말하는 것이다.
- 이에 덧붙여서, 말실수는 불필요한 음(예컨대, "mischievous" 대신에 "mischievious" 또는 "drowned" 대신에 "drownded"라고 말하는 것)이나 다른 언어 요소를 삽입하여 일어나기도 한다. 이와 반대되는 말실수가 삭제를 수반하는 것인데(예컨대, "processing" 대신에 "prossing"과 같이 말하는 것), 이러한 삭제는 단어 혼합을 수반하기 십상이다(예컨대, "blended sounds" 대신에 "blounds"라고 말하는 것).

각 유형의 말실수는 언어처리의 상이한 위계수준에서 일어날 수 있다(Dell, 1986). 즉, "bounteous feast" 대신에 "bounteous beast"처럼 음소의 음향 수준에서 일어날 수 있다. "before it is too late" 대신에 "after it is too late"처럼 의미 수준에서 일어날 수도 있다. 아니면 "kicked the bucket"('죽었다'를 의미하는 숙어 표현) 대신에 "bought the bucket"(양동이를 샀다)처럼 더 높은 수준에서 일어날 수도 있다. 각 위계수준에서 말실수의 패턴(예컨대, 반전형, 대체형 등)은 병렬적인 경향이 있다(Dell, 1986). 예컨대, 음소 오류에서는 "wasting time" 대신에 "tasting wime"에서처럼, 초성을 다른 초성과 상호교환하는 경향이 있다. "bit his tongue" 대신에 "bing his tut"에서처럼, 마지막 자음을 다른 마지막 자음과 교환하는 경향이 있다. "expiring expression"에서처럼, 접두사를 다른 접두사로 상호교환하기 십상이다.

언어분석의 각 수준에서 발생하는 실수는 사람들이 말을 생성하는 방식에 관한 특정 유형의 통찰을 제공한다. 예컨대, 음소 오류를 생각해보자. 말의 리듬과 어조에서 강세가 들어가는 단어가 그렇지 않은 단어보다 다른 단어들에 영향을 미칠 가능성

---

[2] 역주: 두 초성의 위치를 바꿈으로써, 첫 번째 문장은 '나의 모든 역사학 강의를 빼먹다'라는 의미가 '나의 모든 불가사의한 강의에 야유를 보내다'라는 의미로 바뀌었고, 두 번째 문장에서는 '바늘구멍'이 '우상의 무릎'이라는 의미로 바뀌고 말았다.

이 더 크다(Crystal, 1987). 이에 덧붙여서 소리를 교환하는 경우에도 기본적인 리듬과 어조는 일반적으로 유지한다. 한 예가 앞에서 두음전환형으로 인용한 첫 번째 문장에서 "hissed"와 "mystery"의 첫 음절을 강하게 발음하는 것이다.

단어 수준의 말실수에서도 말의 동일한 부분을 수반하는 경향이 있다. 예컨대, 명사는 다른 명사를 그리고 동사는 다른 동사를 간섭한다(Bock, 1990; Bock, Loebell, & Morey, 1992). 두음전환형의 두 번째 예에서, 스푸너는 명사 'knee'와 'idol'와 같이 통사범주를 유지하였다. 또한 관사를 'a needle'에서 'an idol'로 바꿈으로써 문장의 문법성도 유지하였다. 단어 대체의 경우에도 통사범주를 유지하며, 의미범주도 유지한다. "apple" 대신에 "fruit"에서처럼, 범주 구성원을 말하려고 의도하였는데 범주를 말하는 것이 한 가지 사례이겠다. 또 다른 예는 "apple" 대신에 "peach"에서처럼, 범주의 엉뚱한 구성원을 말하는 것이다(Garrett, 1992).

수화로 유창하게 표현하면서 동시에 말하기도 유창한 사람은 말실수(또는 손동작 실수)를 서로 독립적으로 저지르는데, 이것은 구술 단어와 수화 단어를 심성 어휘집에 함께 저장하고 있지 않다는 사실을 나타낸다(Vinson 등, 2010). 관련된 현상이 설단현상이다. 설단현상은 제4장 말미에서 논의하였다.

또 다른 관점을 제공하는 언어의 또 다른 측면이 은유적 언어 연구이다.

은유적 언어

지금까지는 언어를 문자 그대로의 의미로 사용하는 것을 논의하였다. 적어도 시인을 비롯한 여러 사람들의 관심을 끄는 것이 언어의 비유적 사용이다. 대표적인 사례가 생각을 표현하는 방법으로 은유를 사용하는 것이다. **은유**(metaphor)는 둘 간의 유사성을 명백하게 나타내지만 둘 간의 차이를 부인하지 않는 방식으로 두 단어를 병치하는 것이다(예컨대, "그 집은 돼지우리다." "학대받은 아동은 걸어 다니는 시한폭탄이다." 등). **직유**(simile)는 두 단어를 비교하는 데 "같다"나 "처럼"과 같은 단어를 포함한다(예컨대, "그 아이는 쥐처럼 조용하였다.").

인지심리학에서 두드러진 은유는 인간이 정보처리자라는 것이다. 이 은유는 제한된 용량의 정보처리와 같이 인간의 특정 측면을 부각시킨다. 제한된 용량은 환경에서 주의를 기울일 정보에 선택적이게 만든다(Newell & Bröder, 2008). 인간이 정보처리자라는 은유는 문제해결 전략뿐만 아니라 과학적 사고와 연구를 주도한다. 사람들에게 범죄율이 높은 도시에 관한 시나리오를 제시하였을 때, 도시를 전염시키는 바이러스로 기술하였는지 아니면 도시를 공격하는 야수로 기술하였는지에 따라서 범죄에 대하여 상이한 접근법을 제안하였다. 즉, 바이러스 조건에서는 참가자들이 높은 범죄율의 근원을 조사한 후 (가난과 같은) 문제를 치료하는 방식으로 문제에 접근할 것을 제안하는 경향이 있었다. 야수 조건에서는 제안한 해결책이 (범죄자를 체포하여 교도소에 보내는 것과 같이) 보다 직접적이었다(Thibodeau & Boroditsky, 2011, 2013).

은유는 사회 맥락에서 말표현을 풍요롭게 만들어줄 수 있다. 예컨대, 누구에겐가 "당신은 왕자야."라고 말한다고 가정해보자. 그 사람이 말 그대로 왕자라는 사실을 의미할 가능성은 거의 없다. 오히려 그 사람이 왕자의 풍모를 가지고 있다는 사실을 의미하는 것이겠다. 사람들은 일반적으로 사회 맥락과 타협하기 위하여 어떻게 언어를 사용하는가? 다음 절에서는 언어의 사회 맥락을 탐구한다.

개념 확인

1. 언어 상대성이란 무엇인가?
2. 언어는 색깔 지각에 어떤 영향을 미칠 수 있는가?
3. 가산적 이중언어란 무엇인가?
4. 연령은 언어를 학습하는 능력에 영향을 미치는가?
5. 단일 체계 가설과 이중 체계 가설이란 무엇인가?
6. 사람들이 말할 때 저지르는 말실수 유형을 적어보라.

❁ 사회 맥락에서의 언어

언어의 사회 맥락 연구는 언어 연구에서 비교적 새로운 영역이다. 맥락의 한 측면이 **화용론**(pragmatics) 연구, 즉 사람들이 언어를 사용하는 방식에 관한 연구이다. 화용론은 사회언어학 그리고 사회 맥락의 다른 측면들을 포함한다.

대부분의 상황에서 사람들은 별 주의를 기울이지 않은 채, 맥락 단서에 따라서 언어 사용방식을 변경한다. 마찬가지로 상이한 맥락에 맞도록 언어 패턴을 의식하지 않은 채 변경한다.

예컨대, 다른 사람과 대화할 때, 공통 주제나 대화를 위한 공통 관심사를 찾고자 시도한다(Clark & Brennan, 1991). 배경, 지식, 동기, 목표 등을 공유하고 있는 사람과 함께 있을 때는, 공통 기반을 형성하는 것이 쉬우며 거의 자각하지도 않는다. 그렇지만 공유하는 것이 거의 없을 때는 그러한 공통 기반을 찾기가 어려워진다.

언어가 중요한 또 다른 사회 맥락이 인터넷이다. 사람들, 특히 젊은 사람들은 온라인 상호작용이 자신의 삶에 실질적인 영향을 미칠 수 있다는 사실을 깨닫지 못하기 십상이다. 예컨대, 한 연구는 페이스북 창에 올린 오자투성이의 내용은 그 사람의 지능과 능력뿐만 아니라 채용가능성의 평가도 떨어뜨린다는 사실을 보여주었다(Scott 등, 2014).

비언어 형태의 소통인 몸짓과 억양도 공통 기반을 형성하는 데 도움을 줄 수 있다. 비언어 소통의 한 측면이 개인 공간(personal space), 즉 대화를 비롯한 상호작용에서 한 문화의 구성원들이 편안하게 느끼는 사람 간의 거리이다. 근접학(proxemics)은 사람들 간의 거리 또는 근접성을 연구하는 분야이다. 근접학은 대화하는 사람 간의 상대적 거리두기 또는 위치하기에 관심을 갖는다. 미국에서는 75~83cm를 적당한 것으로 생각한다. 멕시코에서 적당한 거리는 50~65cm인 반면, 코스타리카에서는 37~40cm이다(Baxter, 1970). 스캔디나비아 사람은 더 먼 거리를 기대한다. 중동인, 남유럽인, 남부 미국인은 더 짧은 거리를 기대한다(Sommer, 1969; Watson, 1970).

친숙한 자기 문화에서는 개인 공간에 대한 문화적 견해를 당연한 것으로 받아들인다. 다른 문화의 사람과 접촉하게 될 때에라야 비로소 그 차이를 깨닫게 된다. 예컨대, 미국인이 베네수엘라를 방문할 때, 자신의 문화 기대가 주변사람들의 기대와 갈등을 겪고 있다는 사실을 알아차리게 된다. 그는 우스꽝스러운 춤을 추고 있는 자신을 발견하기 십상이다. 개인 공간을 넓히기 위하여 대화하고 있는 사람으로부터 뒤로 물러난다. 그와 동시에 상대방은 점점 다가오고자 시도한다. 어떤 문화에서든 근접성의 증가는 다음 세 가지 중 하나 이상의 것을 나타낸다. 첫째, 사람들이 친밀한 관계를 유지하고 있다. 둘째, 사교춤을 추는 것과 같이, 개인 공간의 침범을 허용하는 사회 상황에 참가하고 있다. 셋째, "침범자"가 상호작용을 주도하고 있다.

자신의 문화에서조차 기대하는 개인 공간의 정도에 차이가 존재한다. 예컨대, 피고용자와 상사가 상호작용할 때보다 두 동료가 상호작용할 때, 개인 공간이 훨씬 작다. 두 남자가 이야기할 때보다 두 여자가 이야기할 때, 더 가깝게 위치한다(Dean, Willis, & Hewitt, 1975; Hall, 1966).

대인 거리는 가상현실 환경에서도 어떤 역할을 담당하는가? 가상세계를 만들 때, 그 세계가 얼마나 믿음직스러운 지를 결정하는 데 수많은 요인들이 작동한다. 등장인물들의 복장, 거리 모습, 배경소리 등이 모두 사람들로 하여금 그 환경에 몰입하는 것을 촉진하거나 어렵게 만든다. 예컨대, 가상공간에서 남미에 위치한 장소를 방문할 때, 남미인으로 보이는 사람을 볼 것이라고 기대하게 된다. 실제와 같은 시뮬레이션을 만드는 데는 사람들이 대인 상호작용에서 행동하는 방식도 중요하다. 얼마나 가까이 위치하며, 얼마나 자주 상대방을 쳐다보고, 얼마나 오랫동안 상대를 응시하는가? 여러 문화 사람들의 행동을 시뮬레이션하기 위한 계산 모형들을 개발하고 있다(Jan 등, 2007).

개인 공간의 침범은 심지어 가상현실에서조차도 불편함을 야기한다(Wilcox 등, 2006). 가상공간에서 개인 공간을 침해당한 사람들은 선택의 여지가 있을 때, 다른 곳으로 이동한다(Bailenson 등, 2003). 화상 회의에서도 물리적 공간을 유지한다(Grayson & Coventry, 1998).

인지심리학 **연구하기**

상이한 맥락에서의 언어

맥락에 따라서 언어 사용을 어떻게 변경하는지 알아보기 위해서, 친구와 일을 마친 직후에 만나기로 하였다고 가정해보라. 갑자기 일이 생겨 약속장소와 시간을 바꾸기 위해 친구에게 전화를 걸어야만 한다. 직장으로 친구에게 전화를 걸었는데, 친구의 상사가 전화를 받고는 메시지를 남겨주겠다고 한다. 친구가 시간과 장소의 변화를 알도록 하기 위해서 상사에게 정확하게 무슨 말을 하겠는가? 아니면 상사의 4살짜리 아들이 전화를 받았다고 가정해보라. 이 상황에서 무슨 말을 하겠는가? 마지막으로 친구가 직접 전화를 받았다고 가정해보라. 세 맥락 모두에서 여러분의 목적은 동일하겠지만, 각 맥락에서 여러분의 표현을 어떻게 수정하였겠는가?

근접학의 이러한 연구 결과는 모든 상호작용에서 대인 공간의 중요성을 나타낸다. 또한 사람들이 물리적으로 존재하지 않는 경우조차도 대인 공간이 중요하다는 사실을 나타낸다.

성공적인 대화의 특징

서로 이야기를 나눌 때, 사람들은 암묵적으로 협동체계를 형성한다. 대화하면서 서로 협력하지 않는다면, 자기 말만 내세우기 십상이다. 다시 말해서 의도하였던 것을 소통하지 못한다. 대화는 **협동 원리**(cooperative principle)에 근거하여 진행한다. 협동 원리를 통해서 사람들은 상대방이 자신의 의도를 쉽게 이해하도록 만드는 방식으로 소통하고자 한다(Grice, 1967; Mooney, 2004). 그라이스에 따르면, 성공적인 대화는 다음과 같은 네 가지 규칙, 즉 양의 규칙, 질의 규칙, 관계의 규칙, 예절의 규칙을 따른다. 이 규칙의 사례가 표 10.1에 나와 있다.

한 번에 한 사람만 말한다는 부가적인 규칙을 첨가할 수 있겠다(Sacks, Schegloff, & Jefferson, 1974). 상황 맥락과 말하는 사람의 상대적인 사회적 위치가 말하는 순서에 영향을 미친다(Keller, 1976). 사회언어학자들은 말하는 사람이 상대방에게 언제 그리고 어떻게 말하는 순서를 지킬 것인지를 신호하는 여러 가지 방법을 언급해왔다. 때

표 10.1 대화 규칙

대화에서 소통을 극대화하기 위하여 말하는 사람은 일반적으로 다음의 네 규칙을 따른다.

규칙	정의	사례
양	대화가 요구하는 만큼의 정보를 제공하되, 필요 이상의 정보를 제공하지 않는다.	누군가 바깥 기온을 물었는데, 여러분이 "31.297868086298도네요."라고 말한다면, 양의 규칙을 위반하고 있는 것이다. 필요한 정보 이상의 것을 제공하고 있기 때문이다.
질	진실해야 한다. 아이러니, 풍자, 농담이 가능한 까닭은 말한 것으로부터 듣는 사람이 상대방의 진실한 상태를 추론할 것이라고 기대하기 때문이다.	서로 어느 정도나 진실한 답을 원하는지 모르는 상태에서 대화하는 것은 어색한 상황이다. 그렇지만 대부분의 소통은 양자가 모두 진실하다는 가정에 의존하고 있다.
관계	대화의 목적에 적합한 말을 한다.	회의에서 어떤 사람이, "그 말을 들으니 내 친구가 참석했던 회의에 대해 예전에 내게 했던 말이 생각나는데, 그게 어디였더라. …" 등으로, 회의 목적과 관련이 없는 지루한 이야기를 한다면, 이 규칙을 위반하는 것이다.
예의	모호한 표현, 불분명한 말 흐림, 자신의 요지를 의도적으로 감추려고 하지 말아야 한다.	노벨 물리학상 수상자인 리처드 파인먼(1997)은 언젠가 다음과 같이 진행되는 문장을 읽었다. "사회 공동체의 개별 구성원은 시각적, 상징적 채널을 통해서 정보를 받아들이기 십상이다."(p. 281). 이 문장이 의미하는 것이 "사람들은 글을 읽는다."라는 사실을 깨달은 파인먼은 그 학자가 예의 규칙을 위반하였다고 결론지었다.

때로 사람들은 자신의 생각을 밝히기 위해서 대화 규칙을 활용한다. 예컨대, 한 사람이 "내 부모님은 간수야."라고 말한다고 가정해보자. 그 사람은 충분한 정보를 제공하고 있지 않다(도대체 부모님이 간수라는 것이 의미하는 것은 무엇인가?). 그렇지만 모호함은 의도적인 것이다. 때로는 한 주제에 대한 대화가 열기를 더해갈 때, 의도적으로 주제를 바꾸어서 다른 논제를 내놓기도 한다. 그렇게 하는 목적은 보다 안전한 다른 주제에 관하여 대화를 하도록 만들려는 것이다. 대화 규칙을 활용함으로써, 사람들은 명시적 메시지를 전달하고 있는 것이다. 규칙의 부재는 눈에 뜨이기 때문에 그 규칙이 중요한 것이다.

자폐 스펙트럼 장애가 있는 사람은 언어와 정서 모두에서 어려움을 겪는다. 따라서 그라이스의 대화 규칙 위반을 탐지하는 데 특히 어려움을 겪는다고 해서 놀라울 것이 없다(Eales, 1993; Surian, 1996). 자폐 스펙트럼 장애 환자의 언어 손상에 대한 보다 자세한 논의는 이 장의 뒷부분에서 다룬다.

성별과 언어

남자와 여자는 동일 문화에서 다른 언어를 사용하고 있는 것인가? 말하는 내용에서 성별 차이를 밝혀왔다. 어린 소녀는 소년보다 도움을 요청할 가능성이 더 높다(Thompson, 1999). 또한 문자보내기의 내용도 다르다. 소년은 소녀의 문자가 길고 불필요한 요소들을 담고 있는 것으로 간주하기 십상인 반면, 소녀가 볼 때 소년의 문자는 사무적이고 짧은 것으로 보인다(Ling 등, 2014). 청소년과 젊은 성인 남성은 정치 견해, 개인적 자부심의 출처, 다른 사람에게서 무엇을 좋아하는지 등에 관하여 말하기를 좋아한다. 반면에 동일한 연령대의 여성은 부모에 대한 감정, 절친, 학교생활, 두려움 등에 관하여 말하기를 좋아한다(Rubin 등, 1980). 또한 일반적으로 여성은 남성보다 자신을 더 많이 드러내는 것으로 보인다(Morton, 1978).

남녀 간의 대화는 때때로 문화 간 소통인 것처럼 보인다(Tannen, 1986, 1990, 1994). 어린 소년과 소녀는 동성 간 우정을 통한 본질적으로 상이한 문화 환경에서 대화 소통방법을 배운다. 사람들은 아동기에 학습한 이러한 대화 스타일을 성인의 대화로 이월한다.

타넨(D. Tannen, 1990, 1994)에 따르면, 대화 스타일에서 남녀 차이는 주로 대화 목표에 대한 상이한 이해에 근거한다. 성별에 따른 이러한 문화 차이는 상반된 소통 스타일을 초래한다. 이것이 다시 오해로 이끌어갈 수 있으며, 심지어는 각자가 별 소득도 없이 상대를 이해하고자 시도함에 따라서 헤어지기도 한다. 타넨에 따르면, 남자는 세상을 위계적인 사회 질서로 바라보기 때문에 소통의 목적이 윗사람과 협상을 하거나 독립성을 유지하거나 실패를 막는 데 있다. 남자는 다른 사람보다 한 단계 위에 서거나 경쟁에서 이기고자 애를 쓴다. 반면에 여자는 소통을 통해서 두 사람 간의 연결고리를 형성하고, 서로 지원과 동조를 제공하며, 의견 일치에 도달하고자 시도한다.

대화 목표를 달성하기 위하여 여자는 차이를 최소화하고 평등을 유지하며 상대방에게 자신의 우월성을 드러내지 않는 대화 전략을 사용한다. 또한 관계의 중요성과 관계를 위한 의무도 인정한다. 여자는 관계를 증진시키고 쌍방이 모두 자신의 의견을 받아들였다고 느낄 수 있는 합의에 도달하도록 협상하는 방식으로 의견 차이에 대처한다. 합의한 결론에 완전히 만족하지 않는 경우조차도 그렇게 한다.

남자도 관계와 우호적 친밀감을 즐긴다. 그렇지만 지위가 중요한 역할을 담당하는 성별 문화에서 성장하였기 때문에, 대화에서 다른 목표가 우선하게 된다. 남자는 대화하는 상대방으로부터 자신의 독립성을 내세우고자 애를 쓴다. 이러한 방식으로 남자는 상대의 요구를 곧이곧대로 수용할 의사가 없음을 명확하게 나타내게 되는데, 이것은 권력이 없다는 사실을 나타내는 것일 수 있다. 또한 대화 상대자와 상의하기보다는(종속적인 지위를 나타내는 것이다) 통보하는 것(권위에 의한 높은 지위를 나타내는 것이다)을 선호한다. 따라서 친밀한 관계의 남자는 상대에게 자신의 계획을 통보하는 것으로 대화를 마무리한다. 반면에 여자는 자신의 계획을 상의할 것으로 기대한다. 남녀가 서로 소통할 때는, 상대방 의도를 오해함으로써 잘못된 소통을 초래하기 십상이다.

타넨은 남자와 여자 모두 상대방의 문화 스타일과 전통을 자각할 필요가 있다고 제안한다. 그렇게 함으로써 상대방과의 대화를 오해할 가능성을 낮출 수 있다. 또한 남녀 모두 개인적인 목적과 대인관계 목적을 달성하기 용이해지고 아울러 이들의 관계가 영향을 미치는 다른 사람들과 조직의 목표도 달성할 가능성이 커진다. 그러한 자각은 남녀 간의 대화에서뿐만 아니라 가족 구성원 간의 대화에서도 중요하다(Tannen, 2001).

글쓰기에서 성별 차이도 관찰해왔다(Argamon 등, 2003). 예컨대, 70개의 개별 연구에서 14,000개 이상의 글을 분석한 연구는 여자가 심리 과정이나 사회 과정과 관련된 단어를 더 많이 사용하는 반면, 남자는 대상의 특징과 인간과 무관한 주제와 관련된 단어를 더 많이 사용한다는 사실을 찾아냈다(Newman 등, 2008). 웹 토론장에서도 여자는 긍정적이든 부정적이든 자신의 정서를 표현할 가능성이 높다(Zhang, Dang, & Chen, 2013). 그렇지만 이러한 결과가 결정적인 것은 아니다. 블로그를 조사한 연구는 사용자 성별보다는 블로그 유형이 글쓰기 스타일을 결정한다고 지적하였다(Herring & Paolillo, 2006).

지금까지 언어의 사회 맥락과 인지 맥락을 논의하였다. 언어 사용은 사고의 본질과 상호작용하지만, 완전히 결정하는 것은 아니다. 사회적 상호작용은 담화와 글 읽기에서 언어를 사용하고 이해하는 방식에 영향을 미친다. 다음 절에서는 언어의 생리적 맥락을 연구함으로써 얻은 통찰을 집중 조명한다. 구체적으로 두뇌가 언어를 처리하는 방식 그리고 동물도 언어를 가지고 있는지를 다룬다.

개념 확인

1. 비언어적 소통의 형태에는 어떤 것이 있는가?
2. 성공적인 대화의 규칙은 무엇인가?
3. 성별은 언어에 어떤 영향을 미치는가?

❀ 동물도 언어를 가지고 있는가?

인간을 동물과 구분하는 한 가지 기준으로 언어를 바라보기 십상이다. 몇몇 인지심리학자는 동물 연구를 전공분야로 삼기도 한다. 인간이 가용한 상황에서조차 동물을 연구하는 까닭은 무엇인가? 연구자들은 여러 가지 이유로 동물을 연구한다.

첫째, 동물은 어느 정도 단순한 인지체계를 가지고 있다고 가정하기 십상이다. 따라서 이들의 행동을 모델링하기가 더 쉽다.

둘째, 인간에게 적용하기 불가능한 절차를 동물에게 적용할 수 있다. 예컨대, 학습 결과로 두뇌에서 일어난 변화를 연구하기 위하여 학습 실험을 마친 후에 쥐를 희생시킬 수 있다.

셋째, 야생에 살고 있지 않은 동물을 언제든지 아니면 최소한 정기적인 연구대상으로 삼을 수 있다. 실험자가 필요할 때는 언제든지 가용하다.

넷째, 인간 행동의 발달 기반뿐만 아니라 진화적 기반을 이해하는 데는 다양한 동물을 대상으로 수행하는 연구가 필요하다(Rumbaugh & Beran, 2003). 만일 인지심리학자가 인간 인지의 기원을 이해하고자 한다면, 인간 이외의 다른 동물종을 연구할 필요가 있다.

철학자 르네 데카르트(1596~1650)는 언어가 인간을 다른 동물종과 질적으로 구분해준다고 제안하였다. 그는 옳았는가? 동물종의 언어를 들여다보기에 앞서, 소통과 언어 간의 차이를 강조할 필요가 있다. 동물이 어떤 방식으로든 소통한다는 사실에 의문을 제기하는 사람은 거의 없다. 문제는 언어라고 부를 수 있는 것을 통해서 소통하느냐는 것이다. 언어는 소통하기 위해서 단어를 조합하는 체계적 방식인 반면, 소통은 언어를 통한 사고와 감정의 교환뿐만 아니라 비언어적 표현도 포괄한다. 비언어적 소통은 몸짓, 응시, 거리 두기를 비롯한 여러 가지 맥락 단서들을 포함한다.

영장류, 특히 침팬지는 동물 언어에 대해서 가장 유망한 통찰을 제공하고 있다. 야생 침팬지 연구로 유명한 제인 구달은 침팬지 행동의 다양한 측면들을 연구해왔다. 구달은 침팬지의 많은 발성이 소통을 위한 것이 확실하지만, 반드시 언어를 나타내는 것은 아니라고 생각한다. 예컨대, 침팬지는 공격당하려고 한다는 사실을 나타내는 특정 소리를 낸다. 다른 침팬지들을 불러 모으기 위한 또 다른 소리를 낸다. 그렇지만 소통적 발성의 레퍼토리는 작고, 비생성적이며(새로운 표현을 만들어내지 못한다), 구조가 제한적이고, 구조적 복잡성을 결여하고 있으며, 비교적 임의적이지 못하다. 또한 자발적으로 획득하는 것이 아니다. 따라서 침팬지의 소통은 언어 기준을 만족하지 못한다.

그렇다면 침팬지에게 인간 언어를 사용하도록 가르칠 수는 있겠는가? 여러 연구자가 침팬지에게 언어 기술을 가르치고자 시도해왔다. 침팬지의 발성기관은 인간의 것과 다르기 때문에, 대부분의 인간 발성을 재생할 수 없다. 연구자들은 이들에게 수화를 가르치는 것으로 전환하였다.

침팬지의 언어 사용에 대한 최선의 증거는 새비지-럼바우 등(Savage-Rumbaugh et al., 1986, 1993)이 발견하였다. 이들의 보노보(피그미 침팬지)들은 연구자가 가르친 인공언어의 시각적 상징(예컨대, 빨간 삼각형과 파란 사각형 등)들을 자발적으로 조합하였다. 심지어 자신들에게 말하는 몇몇 언어표현도 이해하였던 것으로 보인다. 특히 한 보노보는 주목할 만한 기술을 보유한 것으로 보였는데, 심지어는 초보적이나마 언어구조도 파악하고 있었다. 연구자 집단 간에 결과가 다른 까닭은 연구한 침팬지가 다르고 사용한 연구절차가 다르기 때문인 것으로 보인다. 침팬지 언어가 이 장 앞부분에서 기술한 언어의 특성에 따른 모든 제약을 만족하는 것은 아니다. 예컨대, 침팬지가 사용한 언어는 자발적으로 획득한 것이 아니다. 오직 정교하고 체계적인 교육 프로그램을 통해서만 학습한다.

동물 언어의 또 다른 유명한 연구는 고릴라 코코에서 볼 수 있다. 코코는 대략 1,000개의 신호를 사용할 수 있으며 자신의 욕구와 생각을 표현하면서 인간과 꽤나 효과적으로 소통할 수 있다. 증거는 코코가 유머를 이해하고 사용할 수 있다는 사실도 시사한다(Gamble, 2001). 코코는 신호를 새로운 방식으로 조합하기도 하고 전혀 새로운 신호를 만들어냄으로써 새로운 방식으로 언어를 사용할 수도 있는 것으로 보인다. 이러한 행동의 가장 유명한 사례는 코코가 “손가락”과 “팔찌”를 결합하여 “반지”를 나타내는 새로운 신호를 만들어낸 것이다(Hill, 1978).

침팬지에 대한 신경해부학 연구는 침팬지가 도구를 사용할 때, 특히 활동적인 두 뇌영역이 인간의 브로카 영역과 베르니케 영역에 대응한다는 사실을 발견하였다. 두 영역은 모두 언어 이해와 생성과 관련이 있으며, 초기 인류의 도구 사용이 실제로 언어 발달을 촉진하였을 것이라고 가정해왔다(Hopkins, Russell, & Cantalupo, 2007).

침팬지의 언어능력에 대해서 덜 긍정적인 견해를 취한 심리학자가 허버트 테라스(Herbert Terrace, 1987)인데, 그는 저명한 언어학자 노엄 촘스키의 이름에 빗댄 님 침스키라는 이름의 침팬지를 양육하였다. 여러 해에 걸쳐서 님 침스키는 미국 수화를

Jens Shlueter/AFP/Getty Images

침팬지와 소통하고 있는 제인 구달.

약간 수정한 버전을 사용하여 19,000개 이상의 다중 신호 표현을 나타냈다. 대부분의 표현은 두 단어 조합으로 구성되었다. 그렇지만 이러한 표현을 신중하게 분석한 결과는 대부분이 침팬지가 보았던 것을 단순 반복한 것으로 나타났다. 테라스는 아무리 인상적인 성취로 보인다 하더라도, 님 침스키는 통사 표현의 조짐조차 보여주지 못하였다고 결론지었다. 침팬지가 단일 단어 표현이나 다중 단어 표현을 내놓을 수는 있었지만, 통사적으로 체계적인 방식으로 표현한 것은 아니라는 것이다. 예컨대, 님 침스키는 "주세요 님 바나나", "바나나 주세요 님", "바나나 님 주세요"라는 신호를 교대로 나타내기는 하였지만, 문법적으로 정확한 형식에 대한 선호를 나타내지 않았다. 이에 덧붙여서 테라스는 다른 침팬지들이 언어를 생성하는 것이라고 주장하는 비디오도 연구하였다. 이들에 대해서도 님 침스키에게서 도달하였던 것과 동일한 결론에 도달하게 되었다. 그의 입장은 비록 침팬지가 표현을 이해하고 생성할 수 있다고 하더라도, 어린 아동이 해내는 것과 동일한 의미에서 언어능력을 가지고 있지는 않다는 것이다. 침팬지의 소통은 구조를 결여하고 있으며, 특히 구조의 다양성을 결여하고 있다. 현 시점에서는 침팬지가 진정 온전한 언어능력을 보여주는 것인지에 관하여 확신할 수 없다.

침팬지만이 어느 정도 언어를 학습할 수 있는 유일한 동물종은 아니다. 다른 종도 언어를 학습할 수 있다. 2007년에 죽은 아프리카 회색 앵무새인 알렉스의 사례를 보자. 알렉스는 200개 이상의 단어를 생성할 수 있었으며, '존재한다'와 '부재한다' 그리고 0의 개념을 포함하여 다양한 복합 개념들을 표현할 수 있었다. 최근 증거는 알렉스가 개념을 표현하는 새로운 방법을 만들어내기 위하여 단어들을 새롭게 조합할 수 있었다는 사실을 시사한다(Pepperberg, 1999, 2007; Pepperberg & Gorden, 2005).

동물이 언어를 사용할 수 있는지와 무관하게, 인간의 언어능력은 심리학자들이 연구해온 모든 동물종의 능력을 훨씬 뛰어넘는다는 사실은 거의 확실해 보인다. 노엄 촘스키(1992)는 동물 언어에 관한 핵심 물음을 다음과 같이 웅변적으로 표현하였다. "만일 동물이 언어와 같이 생물학적으로 장점이 되는 능력을 가지고 있으면서도 지금까지 사용하지 않고 있었다면, 날아다니도록 가르칠 수 있는 인간이 살고 있는 섬을 발견하는 것 못지않게 진화적 기적이 될 것이다."

개념 확인

1. 심리학자가 동물 연구를 수행하는 이유는 무엇인가?
2. 동물도 인간과 동일한 언어 잠재력을 가지고 있는가? 설명하라.

언어의 신경심리학

이 절에서는 우선 두뇌의 어느 영역이 언어 생성과 이해에 관여하는지를 탐구한다. 그련 연후에 언어 손상의 구체 사례로 주의를 돌린다. 두뇌 국재화에 대한 몇몇 초기 통찰이 마르크 닥스, 폴 브로카, 카를 베르니케 등이 처음으로 발견하였던 것처럼, 특정 언어 결손과 특정 두뇌영역의 손상 간의 연합과 관련되어있다는 사실을 제2장에서 회상해보라(Brown & Hagoort, 1999; Garrett, 2003도 참조). 특히 브로카 실어증과 베르니케 실어증은 두뇌 손상이 언어기능에 영향을 미친다는 사실을 보여주는 널리 알려져 있는 사례이다.

언어에 관여하는 두뇌 구조

두뇌손상 환자 연구를 통해서 연구자들은 특정 두뇌영역(환자에게서 관찰한 손상 영역)과 특정 언어기능(두뇌손상 환자가 나타내는 언어 결손) 간의 관계에 관하여 상당히 많은 사실을 알아냈다. 그렇지만 최근 외상 후 언어기능을 회복한 사람의 두뇌영상 연구는 언어의 신경학적 기능이 다른 두뇌영역으로 분산될 수 있다는 사실을 보여준다. 따라서 언어기능을 책임지고 있는 좌반구 영역이 손상되면, 때때로 언어기능을 회복함에 따라서 다른 영역이 언어처리에 보다 많은 관여할 수 있다. 이것은 마치 동면하고 있거나 억압되었던 영역이 빈자리를 대신하는 것과 같다(Cappa 등, 1997; Rosenberg 등, 2008). 이 과정을 **신경가소성**(neuroplasticity)이라고도 부른다.

두뇌와 단어재인

한 가지 연구방향은 다양한 언어과제를 수행하는 동안 두뇌에서 신진대사 활동과 혈류의 흐름을 연구하는 것이다. 기능적 자기공명 영상법(fMRI) 연구는 상측두구(STS) 중앙 영역이 비언어적 소리보다 말소리에 더 강력하게 반응한다는 사실을 밝혀왔다. 일반적으로 그 반응은 좌반구에서 더 강력하지만, 좌우 상측두구 모두에서 나타난다. 흥미롭게도 제시하는 것이 단어인지 아니면 비단어인지는 중요하지 않다. 이 결과는 이곳에서 의미정보 처리가 일어나는 것은 아니라는 사실을 의미한다(Binder, 2009; Binder 등, 1996; Desai 등, 2005).

두뇌와 의미처리

그렇다면 어디에서 의미처리가 일어나는 것인가? 연구는 비교적 일관성 있는 결과를 보여준다. 다음과 같은 다섯 두뇌영역이 의미의 저장과 인출에 관여한다(Binder, 2009; 그림 10.4 참조).

- 중하측 측두엽, 전측 방추상회, 전측 부해마회 등을 포함한 복측 측두엽.
- 각회
- 하측 전두회의 앞부분(안와부)
- 배측 전전두피질
- 후측 대상회

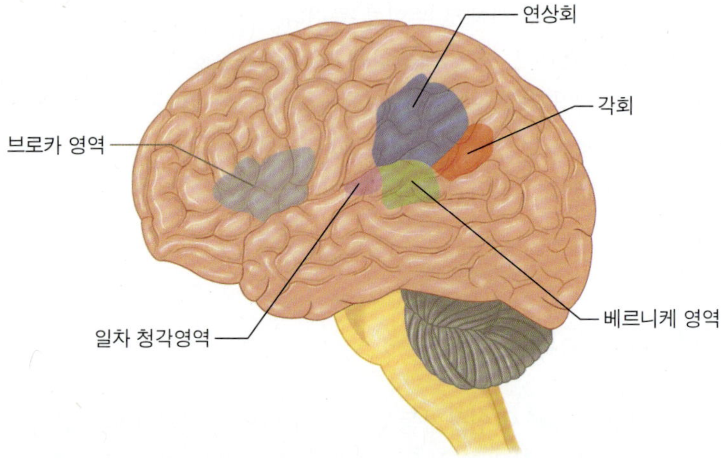

그림 10.4 이 두뇌영역들이 의미처리에 관여한다.

우반구의 활동도 나타나기는 하지만, 이 영역들의 활동은 대체로 좌반구에서 일어난다. 우반구가 단어재인에서 중요한 역할을 하지 않는다고 의심할 수 있으나, 연구 결과는 명확하지 않다(Binder, 2009; Gerlach 등, 2014; Vandenbulcke, 2006). 때때로 신경외과 의사들이 환자가 깨어있는 상태에서 뇌수술을 실행함으로써 언어 경로를 확인하고 수술 후에도 환자가 언어능력을 유지하도록 시도하기도 한다(Duffau 등, 2008).

두뇌와 언어처리에서 성별 차이

fMRI와 같은 뇌영상 기법을 채택한 연구에서 대부분 언어사용자의 경우 좌반구의 주도성을 관찰하게 된다(Anderson 등, 2006; Gaillard 등, 2004). 남자와 여자는 적어도 음운 수준에서는 언어를 상이하게 처리하는 것으로 나타난다(Shaywitz, 2005). 한 fMRI 연구는 남자와 여자에게 다음과 같은 과제를 수행하도록 요구하였다.

1. 두 철자가 동일한지 확인하기.
2. 두 단어가 동일한 의미를 가지고 있는지 확인하기.
3. 두 단어의 운율이 같은지 확인하기.
4. 두 선분의 길이를 비교하기(통제집단).

남자와 여자 참가자 모두 철자 재인 과제와 단어 의미 과제를 수행할 때, 좌반구 측두엽의 활동을 나타냈다. 그렇지만 운율 과제를 수행할 때는 서로 다른 영역이 활동하였다. 남자의 경우에는 단지 좌반구 하전두엽 영역만이 활동하였다. 여자의 경우에는 좌우반구 모두의 하전두엽 영역이 활동하였다. 이 결과는 여자보다 남자의 음운처리가 더 국재화 되어있다는 사실을 시사한다.

언어기능이 두뇌에서 국재화 되는 방식에서 흥미로운 성차가 존재한다(Kimura, 1987). 여자보다 남자가 언어기능에서 좌반구 주도성을 더 많이 나타내는 것으로 보인다. 여자는 보다 대칭적인 언어기능 패턴을 나타낸다. 이에 덧붙여서 실어증과 관련된 두뇌영역도 남녀에 따라 차이가 있는 것으로 보인다. 몇몇 여자 실어증 환자가 측두엽 영역의 손상을 보여주기는 하지만, 대부분의 여자 환자는 전측 부위의 손상을 나타낸다. 반면에 남자 실어증 환자는 보다 다양한 손상 패턴을 나타낸다. 남자 환자는 전측 부위보다는 후측 부위에 손상을 나타낼 가능성이 더 높다. 이 연구(Kimura, 1987)의 결과에 대한 한 가지 해석은 언어기능에서 후측 부위의 역할이 남자보다는 여자에게서 다르다는 것이다.

또 다른 해석은 여자가 언어기능의 편재화를 적게 나타낸다는 사실과 관련이 있다. 여자들의 경우, 언어기능을 양쪽 반구가 고르게 담당하기 때문에 좌반구 손상에 따른 역할의 공백을 우반구 후측 부위가 대신 메워준다. 따라서 여자가 좌반구 후측 부위의 손상이 초래하는 기능 결손에 더 잘 대처할 수 있다는 것이다. 언어기능에서 피질하 성별 차이가 있을 가능성도 연구 결과의 해석을 더욱 복잡하게 만든다. (남녀 간의 소통 차이에 대한 앞선 논의도 회상해보라.) 그렇지만 최근 메타분석은 측두평면(베르니케 영역의 중심부이다)의 비대칭이나 언어과제를 수행하는 동안의 뇌영상에서 어떤 성차도 찾아낼 수 없었다(Sommer 등, 2008).

뇌손상 환자 연구에서 얻은 많은 결과에도 불구하고, 손상 환자 연구에만 기초하여 결론을 도출하는 데는 다음과 같은 두 가지 핵심적인 어려움이 존재한다.

1. 자연적으로 발생한 뇌손상이 다른 영역에는 영향을 미치지 않은 채 특정 영역에만 국한되기가 쉽지 않다. 예컨대, 뇌출혈이나 (혈액 응고에 따른 손상으로 인한) 불충분한 혈류량이 손상을 초래할 때, 그 손상은 두뇌의 다른 영역에도 영향을 미칠 수 있다. 따라서 피질 손상을 입은 많은 환자는 피질하 구조도 손상을 입기 십상이기 때문에 피질 손상에 관한 연구 결과를 혼입시키게 된다.
2. 연구자는 뇌손상이 언어장애를 초래한 후에라야 비로소 환자의 언어기능을 연구할 수 있다. 따라서 대부분의 경우 손상이 일어나기 전의 언어기능을 확인할 수 없다.

손상이 환자에게 미치는 효과를 관찰하기 위하여 뇌부위를 손상시키는 것은 비윤리적이기 때문에, 연구자는 손상이 자연적으로 발생한 영역에서만 손상 효과를 연구할 수 있으며, 다른 영역은 연구하지 못한다.

또한 연구자는 두뇌 전기자극을 통하여 언어기능의 국재화를 연구하기도 한다. 성별 차이도 이러한 방식으로 연구하여왔으며, 언어와 두뇌 간의 다소 역설적인 상호작용을 밝혀왔다(Ojemann, 1982). 남자에 비해서 여자가 일반적으로 우수한 언어기술을 가지고 있음에도 불구하고, 남자가 비율적으로 더 넓은(더 넓게 분산된) 언어영역을 가지고 있다. 직관과는 반대로, 두뇌 언어영역의 크기는 언어를 사용하는 능력과 부적 상관을 나타내고 있다.

두뇌와 수화

기무라(1981)는 구술언어가 아니라 수화를 사용하는 사람들을 대상으로 대뇌반구의 언어처리도 연구하였다. 그녀는 말을 와해시키는 영역 손상이 수화도 와해시킨다는 사실을 발견하였다. 이에 덧붙여서 수화 결손과 연합된 뇌손상의 반구 패턴은 말하기 결손에서 나타나는 패턴과 동일하다. 즉, 수화 결손을 나타내는 모든 오른손잡이는 좌반구 손상을 나타낸다. 대부분의 왼손잡이도 마찬가지다. 그렇지만 수화 결손을 나타내는 몇몇 왼손잡이는 우반구 손상을 나타낸다(Newman 등, 2010; Pickell 등, 2005도 참조). 이 결과는 두뇌가 언어기능이라는 측면에서 수화와 말하기를 유사하게 처리한다는 견해를 지지하며, 수화는 공간처리 또는 비언어 형식의 인지처리를 수반한다는 견해를 반박한다.

실어증

실어증(aphasia)은 두뇌 손상이 초래하는 언어기능의 와해이다(Caramazza & Shapiro, 2001; Garrett, 2003; Hillis & Caramazza, 2003; 그림 10.5 참조). 여러 유형의 실어증이 존재한다.

베르니케 실어증

베르니케 실어증(Wernicke's aphasia)은 베르니케 영역의 손상이 초래한다(제2장 참조). 듣는 단어와 문장의 이해에서 현저한 결손을 나타내는 특징을 가지고 있다. 또한 전형적으로 언어의 기본 구조를 갖추고는 있지만 의미가 없는 문장을 생성한다. 두 가지 예를 들어보면, "Yeah, that was the pumpkin furthest from my thoughts."와 "the scroolish prastimer are my spantakes." 등이다(Hillis & Caramazza, 2003, p. 176). 첫 번째 예에서 단어 자체는 의미가 있지만 제시하는 문장 맥락에서는 전혀 의미가 없다. 두 번째 예에서는 단어 자체가 새롭게 만들어낸 것들이다. 이 실어증 환자의 치료는 흔히 비언어적 소통을 지원하고 격려하는 것이 된다(Altschuler 등, 2006).

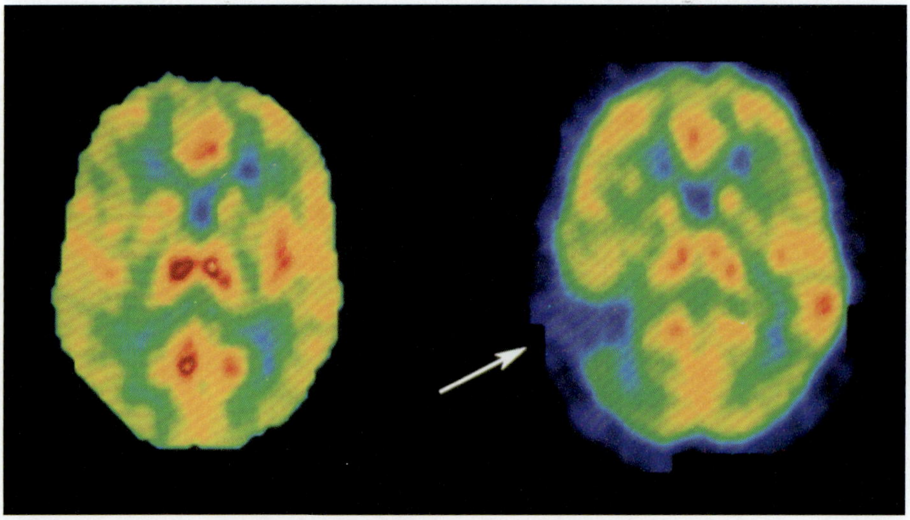

Wellcome Depart. of Cognitive Neurology/Science Photo Library

그림 10.5 정상인의 두뇌(왼쪽)를 실어증 환자의 두뇌와 비교한 두뇌영상.

브로카 실어증

브로카 실어증(Broca's aphasia)은 브로카 영역의 손상이 초래한다(제2장 참조). 언어 이해 능력은 대체로 유지하면서 비문법적 말을 생성하는 특징을 가지고 있다. 따라서 두 가지 핵심적 측면에서 베르니케 실어증과 차이를 보인다. 첫째, 말이 (베르니케 실어증에서처럼) 문법적이기보다는 비문법적이다. 둘째, 언어이해 능력은 대체로 유지한다. 브로카 실어증 환자가 생성한 말의 한 가지 예를 보면, "Stroke ... Sunday ... arm, talking ... bad."이다(Hillis & Caramazza, 2003, p. 176). 의도하는 문장의 요지는 유지하고 있지만, 그 표현이 심각하게 왜곡되어있다. 브로카 영역은 말의 형식과 관계없이 말 생성에서 중요하다. 특히 수화의 동작을 상상하거나 실제로 수행할 때, 이 영역이 활동한다(Campbell, MacSweeney, & Waters, 2007; Horwitz 등, 2003).

전반적 실어증

전반적 실어증(global aphasia)은 심하게 손상된 말 이해와 생성이 함께 일어나는 장애이다. 브로카 영역과 베르니케 영역 모두의 손상이 초래한다. 뇌졸중에 의한 실어증은 흔히 브로카 영역과 베르니케 영역 모두의 손상을 수반한다. 한 연구에서 보면, 뇌졸중에 즉시 뒤따르는 실어증 환자의 32%가 브로카 영역과 베르니케 영역 모두의 손상을 나타냈다(Pedersen, Vinter, & Olsen, 2004).

명명 실어증

명명 실어증(anomic aphasia)은 대상에 이름을 붙이거나 단어를 인출하는 데 어려움을 나타낸다. 이 환자는 대상을 바라보기는 하지만, 단지 그 대상에 해당하는 단어를 인출할 수 없다. 때로는 생명체의 이름과 같이 특정 범주의 대상들을 회상할 수 없다(Jonkers & Bastiaanse, 2007; Märtensson 등, 2014; Warrington & Shallice, 1984).

자폐 스펙트럼 장애

자폐 스펙트럼 장애(autism spectrum disorder)는 사회행동, 언어, 인지의 비정상이라는 특징을 나타내는 발달장애이다(Heinrichs, Dawansa, & Domes, 2009; Pierce & Courchesne, 2003). 생물학적 원인을 가지고 있으며, 연구자들은 이미 이 장애와 관련된 몇몇 유전자를 확인하였다(Wall 등, 2009). 자폐아동은 전두엽과 두정엽뿐만 아니라 소뇌, 뇌간, 뇌량, 기저신경절, 편도체, 해마 등을 포함한 많은 두뇌영역에서의 비정상성을 나타낸다. 거의 절반의 자폐아동이 말하기를 발달시키지 못한다. 이들이 발달시키는 말하기는 **반향어**(echolalia)의 특징을 나타내는 경향이 있는데, 자신이 들은 말을 끊임없이 반복하는 것을 의미한다. 때로는 누군가 몇 시간 전에 말하였던 단어를 반복하기도 한다(Grossi 등, 2013; Pierce & Courchesne, 2003). 자폐증 환자는 언어의 의미 부호화에서도 문제를 가지고 있을 수 있다(Binder, 2009).

개념 확인

1. 어느 두뇌영역이 의미처리에 관여하는가?
2. 두뇌의 측면에서 "가소성"이 지칭하는 것은 무엇인가?
3. 손상 연구에서 결론을 이끌어낼 때 어떤 어려움이 있는가?
4. 베르니케 실어증과 브로카 실어증의 차이는 무엇인가?

핵심 주제

이 장은 제1장에서 집중 조명한 여러 주제를 다루고 있다.

인과추론 타당성 대 생태 타당성. 몇몇 연구자는 통제된 실험실 장면에서 언어 이해와 생성을 연구한다. 예컨대, 음소처리 연구는 자극을 엄격하게 통제할 수 있는 실험실에서 수행할 가능성이 높다. 그렇지만 언어와 사고에 관한 연구는 엄격한 실험 통제가 한낱 꿈에 불과한 먼 오지에서 자주 수행한다. 예컨대, 아프리카 오지마을에서 수행하는 언어 사용 연구는 비록 약간의 통제는 가능할지라도, 엄격한 통제 상태에서 수행할 수 없다. 항상 그렇듯이, 다양한 방법론의 조합만이 인지심리학자로 하여금 심리현상을 제대로 이해할 수 있게 해준다.

생물학 연구방법 대 행동 연구방법. 손상 연구가 두 방법론 조합의 특히 좋은 예이다. 한편으로 연구자는 두뇌의 본질 그리고 특정 손상이 영향을 미치는 두뇌 부위에 대한 심층적인 이해를 필요로 한다. 다른 한편으로는 추론을 통해서 특정 두뇌영역 손상이 행동 기능과 어떻게 관련되는지를 이해하기 위하여 행동을 연구한다.

구조 대 처리과정. 언어현상을 이해하려면 연구하고 있는 언어의 구조를 철저하게 분석해야만 한다. 그런 다음에 그 언어를 이해하고 생성하는 데 사용하는 처리과정을 연구할 수 있다. 구조와 처리과정 모두에 대한 이해가 없이는 언어와 사고를 충분히 이해하는 것이 불가능하다.

여러분이 캠핑 여행을 하고 있으며, 밤하늘의 수많은 별들을 경외감을 가지고 바라다보면서 캠프파이어 주변에 둘러앉아있다고 가정해보자. 누군가에게 다음과 같은 은유적 질문을 던진다고 상상해보라. "너, 태양이 아침 하늘에 그림을 그리는 것을 보고 싶니?" 이 질문이 의미하는 것은 무엇인가? 혹자는 여러분이 아침에 일찍 일어나서 떠오르는 태양이 얼마나 아름다운지를 보고 싶은지를 묻는 것이라고 말할 수 있다. 다른 사람은 밤이 늦었으며 아름다운 일출을 보기 위해 아침에 일찍 일어나려면 잠자리에 들어야만 한다는 뜻이라고 말할 수 있다. 이제 이 질문을 캠핑 여행에서가 아니라 흐느적거리는 술집에서 한다고 가정해보자. 이 맥락에서는 어떤 의미를 갖는다고 생각하는가?

요 약

1. 언어는 사고방식에 어떤 영향을 미치는가? 언어 상대성 견해에 따르면, 상이한 언어를 사

용함으로써 나타나는 인지적 차이는 사람들로 하여금 세상을 다르게 지각하도록 만든다. 그렇지만 언어 보편성 견해는 상이한 언어 사용자들 간에 존재하는 인지 공통성을 강조한다. 어떤 단일 해석도 언어와 사고의 상호작용에 관해 가용한 모든 증거를 설명하지 못한다.

이중언어자 연구는 환경 요인이 언어와 사고의 상호작용에 영향을 미친다는 사실을 보여주는 것으로 보인다. 예컨대, 가산적 이중언어자는 잘 발달한 모국어를 이미 구축하고 있다. 외국어는 이들의 언어기술 그리고 심지어는 인지기술에도 도움을 준다. 반대로 감산적 이중언어자는 아직 자신의 모국어를 완벽하게 구축하지 못하였으며, 외국어가 부분적으로 모국어를 대체한다. 이러한 대체는 언어 숙달의 어려움으로 이끌어갈 수 있다. 연구자들은 이중언어자가 둘 이상의 언어를 개별적으로 저장하는지(이중 체계 가설) 아니면 함께 저장하는지(단일 체계 가설)에 관하여 견해를 달리한다. 다중언어의 몇몇 측면은 별도로 저장하고 다른 측면은 함께 저장할 수 있다. 크레올어와 피진어는 둘 이상의 차별적인 언어집단이 접촉할 때 발생한다. 방언은 한 언어의 지역적 변화가 차별적인 어휘, 문법, 발음 등과 같은 자질에서 차이를 보일 때 발생한다.

말실수는 음소, 형태소, 아니면 더 큰 언어단위에서 부지불식간에 나타내는 언어 오류를 수반한다. 말실수에는 기대형, 반복형, 대체형, 반전형(두음 전환 포함), 치환형, 삽입형, 삭제형 등이 있다.

2. **사회 맥락은 언어 사용에 어떤 영향을 미치는가?** 심리학자, 사회언어학자를 비롯한 화용론 연구자는 사회 맥락에서 언어를 사용하는 방식에 관심을 갖는다. 이들은 언어 소통뿐만 아니라 비언어 소통의 다양한 측면을 살핀다. 대화 규칙은 언어를 협동체제로 확립시키는 수단을 제공한다. 양, 질, 관계, 방법 규칙을 비롯한 여러 규칙들이 존재한다. 사회언어학자는 사람들이 대화에서 차례를 신호하기 위하여 다양한 전략을 채택한다는 사실을 관찰해왔다.

   사회언어학 연구는 대화 스타일에서 남녀 차이는 주로 대화 목표에 대한 이해의 차이에 있다고 제안한다. 남자는 세상을 위계적 사회 질서로 간주하며 소통의 목적은 사회 질서에서 높은 위치를 유지하려는 욕구를 수반하는 경향이 있다고 제안해왔다. 반면에 여자는 소통을 상대방과의 유대를 형성하고 유지하는 수단으로 간주하는 경향이 있다. 이를 위하여 여자는 형평성과 지지를 입증하고 합의적 동의에 도달하는 방법을 모색한다.

   담화와 글 이해에서 사람들은 주변 맥락을 사용하여 명사의 참조대상과 모호한 구절을 추론한다. 담화 맥락도 글에서 알지 못하는 단어의 해석에 영향을 미칠 수 있으며 새로운 어휘 획득에 도움을 준다. 글에 들어있는 정보의 명제 표상들을 심성 모형으로 체제화 할 수 있다. 마지막으로 개인의 견지도 기억해내는 것에 영향을 미친다.

3. **인간 두뇌를 연구하여 언어에 관한 사실을 어떻게 찾아낼 수 있는가? 그러한 연구가 밝혀내는 것은 무엇인가?** 신경심리학자, 인지심리학자 등을 비롯한 여러 연구자는 다양한 언어기능을 두뇌의 특정 영역이나 구조와 연계시켜왔다. 특정 두뇌영역을 손상시키거나 전기적으로 자극하거나 신진대사 활동의 측면에서 연구할 때 어떤 일이 일어나는지를 관찰한다. 대부분의 사람에게 있어서는 좌반구가 말하기에서 결정적이다. 좌반구는 언어처리에서 많은 통사 측면과 몇몇 의미 측면에 영향을 미친다. 우반구는 더욱 제한된 언어기능만을 다룬다. 여기에는 의미 정보의 청각적 이해뿐만 아니라 언어 사용의 몇몇 비언어적 측면의 이해와 표현이 포함된다. 이러한 측면에는 억양, 몸짓, 은유, 풍자, 역설, 농담 등이 포함된다.

생각에 관한 생각: 분석적, 창의적, 현실적 물음

1. 연구자들이 상이한 문화에서 사용하는 색깔 단어의 수에 관심을 갖는 이유는 무엇인가?
2. 인지심리학자들은 언어 상대성 가설을 고려하고 있을 때 언어 보편성 증거를 어떻게 해석하여야 하겠는가?
3. 건강한 사람의 말실수를 연구함으로써 얻을 수 있는 유형의 이해와 특정 두뇌 손상 환자가 내놓는 언어표현을 연구함으로써 얻을 수 있는 유형의 이해를 비교하고 대비시켜보라.
4. 피진어와 크레올어 간의 차이에 초점을 맞추고, 두 사람 간의 피진어 대화와 크레올어 대화의 예를 적어보라.
5. 소통의 목표에 관한 남녀 간의 상이한 생각에 기초하여 각자가 상대방을 오해하고 있는 남녀 간의 짧은 대화의 예를 작성해보라.
6. 여러분이 외국어로서의 영어 선생님이라고 가정해보라. 음운론, 어휘, 통사, 화용론 등을 얼마나 강조해야 할 것인지를 결정하기 위하여 여러분은 학생들에 관하여 어떤 사실을 알고 싶겠는가?
7. 성공적인 대화를 위한 그라이스의 네 가지 규칙을 유머러스하게 위반하는 예를 제시해보라.

핵심 용어

단일언어자(monolingual)
단일 체계 가설(single system hypothesis)
말실수(slip of the tongue)
방언(dialect)
실어증(aphasia)
언어 보편성(linguistic universal)
언어 상대성(linguistic relativity)
은유(metaphor)
이중언어자(bilingual)
이중 체계 가설(dual system hypothesis)
직유(simile)
협동 원리(cooperative principle)

11 문제해결과 창의성

✻ 이 장의 개요

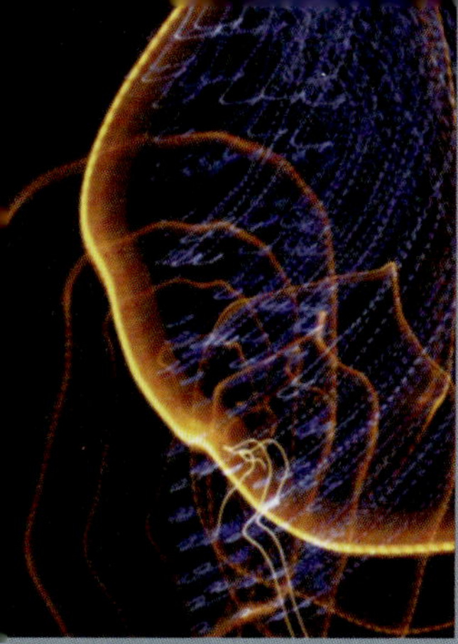

❋ 이 장에서 탐구할 물음들

1. 문제를 해결하는 데 관여하는 핵심 단계는 무엇인가?
2. 해결책으로 가는 명백한 경로가 있는 문제와 그렇지 않은 문제 간의 차이는 무엇인가?
3. 문제해결의 방해물과 지원수단에는 어떤 것이 있는가?
4. 전문성은 문제해결에 어떤 영향을 미치는가?
5. 창의성이란 무엇이며, 어떻게 조장할 수 있는가?

믿거나 말거나 | 초보자가 전문가보다 장점을 가질 수 있는가?

전문가는 악기를 연주하든, 학문적 연구를 수행하든, 체스를 두든, 자신의 분야에 헤아릴 수 없이 많은 시간을 투자하였다. 이러한 전문성을 갖는 것은 항상 이득이 되는가? 연구 결과는 때때로 지식을 적게 갖는 것, 즉 초보자인 것이 실제로 우위를 점하게 만들기도 한다는 역설적 사실을 시사한다. 한 실험에서 연구자들은 체스 전문가와 초보자에게 말들이 놓여있는 체스판을 짧은 시간 보도록 한 후에, 말들의 위치를 회상하도록 하였다. 예상할 수 있는 바와 같이, 전문가는 초보자보다 압도적으로 잘 해냈다. 그런데 실제 체스 경기라는 측면에서 전혀 의미가 없는 방식으로 말들의 배열을 바꾸어보았다. 그랬더니 갑자기 전문가는 우위를 상실하고는 초보자보다 나을 것이 없는 수행을 보이거나 심지어는 더 나쁜 수행을 보였다(Chase & Simon, 1973; Brockmole 등, 2008도 참조). 마찬가지로 프렌쉬와 스턴버그(1989)는 카드게임인 브리지의 규칙에 전략적 변화를 가하였을 때, 전문가가 초보자보다 더 큰 영향을 받는다는 사실을 발견하였다. 아마도 전문가는 관례적인 규칙들에 매몰되었기 때문일 것이다. 이 효과가 나타나는 가능한 이유들을 이 장 말미의 전문성 절에서 탐구한다.

여러분은 다른 사람과의 관계에서 문제를 어떻게 해결하는가? 그림 11.1에서 예시한 "두 줄" 문제를 어떻게 해결하는가? 도대체 사람들은 문제를 어떻게 해결하는 것인가? 이 장에서는 문제를 해결하는 과정뿐만 아니라 **문제해결**(problem solving)의 장애물과 지원수단, 즉 해결책으로 향하는 통로를 차단하고 있는 장애물을 극복하려는 노력 등을 살펴본다(Reed, 2000). 이 장의 결론 부분에서 창의성 그리고 문제해결에서 창의성의 역할을 논의한다. 이 장 전반에 걸쳐서 일련의 조건을 가지고 문제에 대한 해결책으로 이끌어가는 "심적 도약"을 사람들이 어떻게 해내는지를 논의한다.

이 장은 혼자서 해내는 문제해결에 초점을 맞춘다. 그렇지만 집단으로 작업하는 것이 문제해결을 촉진하기 십상이라는 사실을 기억할 가치가 있다. 집단이 도달하는 해결책은 개인이 도달하는 해결책보다 우수하기 십상이다(Williams & Sternberg, 1988). 이러한 이점은 집단 구성원들이 다양한 능력 수준을 나타낼 때 가장 현저하게 나타난다(Hong & Page, 2004). 사람들은 질문에 답하거나 목표를 달성하기 위하여 장

그림 11.1 두 줄 문제. 두 개의 줄이 천장에 매달려있는 방 중앙에 서있다고 상상해보라. 여러분의 목표는 두 줄을 묶는 것인데, 한 줄을 붙들고 있으면서 손을 뻗어 다른 줄을 잡을 수 있을 만큼 어느 줄도 길지가 않다. 여러분에게는 깨끗한 페인트용 붓, 페인트 한 통, 무거운 방수포가 있다. 어떻게 두 줄을 묶을 수 있겠는가? 해결책을 찾는 데 어려움이 있다면, 그림 11.6을 보라.

출처: Mayer, R. E. (1995). The search for insight: Grappling with Gestalt psychology's unanswered questions. In R. J. Sternberg & J. E. Davidson (Eds.), *The nature of insight*. MIT Press.

애물을 극복할 필요가 있을 때 문제해결에 몰두한다. 기억에서 답을 금방 인출할 수 있다면, 문제가 없다. 즉각적 답을 인출할 수 없을 때 해결해야 할 문제가 있는 것이다.

사람들이 문제를 해결하는 방식은 부분적으로 문제를 이해하는 방식에 달려있다(Whitten & Graesser, 2003). 문제의 본질을 이해하는 것이 어떻게 중요한 것인지를 보여주는 예를 보자.

사람들에게 새롭게 개발하였으며 불가사의한 질병을 치료한다고 생각하는 신약에 관하여 다음 결과를 알려준다(Stanovich, 2003; Stanovich & West, 1999).

	치료됨	치료되지 않음
약물 투여	150	150
약물 투여하지 않음	300	75

문제는 신약이 질병 치료에 도움을 주느냐는 것이다. 위와 같은 정보를 줄 때, 사람들은 정확하게 해석할 수 있는가? 데이터를 다시 들여다보라. 약물은 질병을 치료하는가, 아니면 작동하지 않는가? 많은 사람은 약물이 도움을 준다고 믿는다. 실제로 약물은 전혀 도움이 되지 않는다. 정반대로 약물은 해를 끼친다. 약물을 투여한 사람의 50%만이 치료되었다(즉 300명 중의 150명). 반대로 약물을 투여하지 않은 사람의 80%가 치료되었다(375명 중 300명).

문제해결 주기

문제를 해결하고자 시도할 때, **초기 상태**(initial state), 즉 문제를 아직 해결하지 못한 최초의 상황에 직면하기 십상이다. 사람들은 **목표 상태**(goal state), 즉 문제를 해결한 조건에 도달하고자 애를 쓴다. 그렇지만 목표 상태(즉, 문제의 해결 상태)로 가는 경로를 장애물(obstacle), 즉 문제해결을 방해하는 하나 이상의 요인이 차단하고 있다. 문제를 해결하고자 시도할 때, 문제해결 주기를 거치게 된다.

문제해결 주기(problem solving cycle)는 그림 11.2에 나와 있듯이, 문제 확인, 문제 정의, 전략 구성, 정보 조직화, 자원 할당, 감시하기, 평가 등을 포함한다(Bransford & Stein, 1993; Pretz, Naples, & Sternberg, 2003; Sternberg, 1986 참조).

문제해결 주기의 각 부분을 기술하면 다음과 같다.

1. 문제 확인(problem identification). 실제로 문제가 있는가?
2. 문제 정의와 표상(problem definition and representation). 정확하게 무엇이 문제인가?
3. 전략 구성(strategy formulation). 어떻게 문제를 해결할 수 있는가? 전략은 **분석**(analysis), 즉 복잡한 문제를 다룰 수 있는 요소들로 쪼개는 것을 수반한다. 이에 덧붙여서, **종합**(synthesis)이라는 상보적 과정, 즉 요소들을 함께 묶어 유용한 것으로 재배열하는 과정도 수반한다.

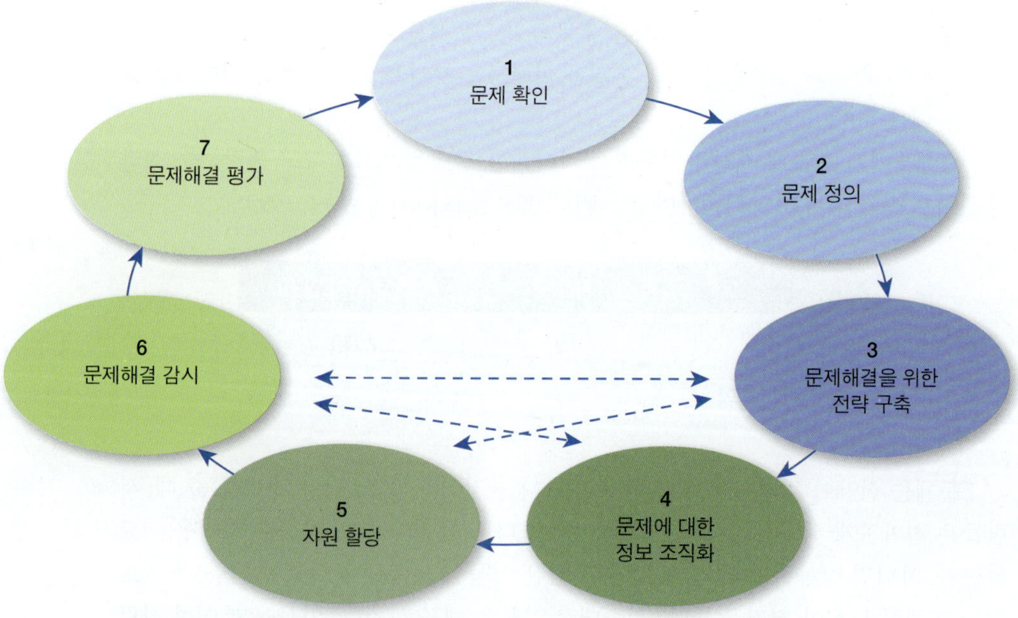

그림 11.2 문제해결 주기. 문제해결 주기의 단계에는 문제 확인, 문제 정의, 전략 구성, 정보 조직화, 자원 할당, 감시, 평가 등이 포함된다.

또 다른 상보적 전략 쌍은 확산적 사고와 수렴적 사고를 수반한다. **확산적 사고**(divergent thinking)에서는 문제에 대해 가능한 대안적 해결책들을 생성하고자 시도한다. 일단 다양한 가능성을 고려한 뒤에는 단 하나의 최선책으로 좁히기 위한 **수렴적 사고**(convergent thinking)를 해야만 한다.

4. 정보 조직화(organization of information). 문제에 들어있는 다양한 정보들을 어떻게 함께 묶을 것인가?
5. 자원 할당(resource allocation). 시간과 노력 그리고 재정을 얼마나 많이 이 문제에 투여할 것인가?

   연구들은 문제해결 전문가(그리고 우수한 학생)가 초보자보다 전반적인 계획을 세우는 데(큰 그림을 그리는 데) 더 많은 심적 자원을 투자하는 경향이 있음을 보여준다. 초보자(그리고 열등한 학생)는 전문가보다 지엽적인 계획을 세우는 데(세부사항 지향적이다) 더 많은 시간을 할당하는 경향이 있다(Larkin 등, 1980; Sternberg, 1981). 예컨대, 우수한 학생은 열등한 학생보다 문제를 해결하는 방식을 결정하는 초기 단계에 더 많은 시간을 사용하며, 실제로 문제를 해결하는 데 적은 시간을 사용할 가능성이 더 높다(Bloom & Broder, 1950). 우수한 학생은 무엇을 할 것인지를 결정하는 데 사전에 더 많은 시간을 사용함으로써, 잘못 출발하거나 힘든 경로를 선택하는 등, 온갖 종류의 오류에 희생될 가능성이 낮다. 큰 규모의 계획세우기에 더 많은 심적 자원을 할당할 때, 시간과 에너지를 절약하고 나중에 좌절을 피할 수 있다.
6. 감시하기(monitoring). 문제를 해결하는 경로를 따라가고 있는가?
7. 평가(evaluation). 문제를 정확하게 해결하였는가?

단계들을 고려할 때, 주기의 다양한 단계를 따르는 데 있어서 융통성의 중요성도 기억하기 바란다. 성공적인 문제해결은 때때로 최선책에 관한 모호함을 참아낼 것을 요구한다. 문제해결 단계의 어떤 적절한 순서만을 따라가서는 문제를 해결할 수 없다. 단계들을 왔다 갔다 해야 하는 경우도 있다. 적절해 보일 때는 순서를 바꾸거나 심지어는 뛰어넘거나 첨가할 수도 있다.

정서도 문제해결 주기를 구현하는 방식에 영향을 미칠 수 있다(Schwarz & Skurnik, 2003). 정서지능, 즉 타인의 정서를 확인하고 자신의 정서를 조절하는 능력이 높은 참가자 집단에서는, 정서 처리가 문제해결에 긍정적인 영향을 미칠 수 있다(Jordan & Troth, 2004; Zhou, 2013). 수학자들의 경우에는 (무엇보다도) 자신의 정서 상태를 조절하는 능력이 문제해결 능력과 관련이 있다(Carlson & Bloom, 2005).

✔ 개념 확인

1. 문제해결 과정을 하나의 주기로 기술하는 까닭은 무엇인가?
2. 문제해결 주기의 단계들은 무엇인가?

문제 유형

문제는 해결책에 이르는 명확한 경로가 있는지에 따라서 범주화할 수 있다(Davidson & Sternberg, 1984). **구조화 문제**(well-structured problem)는 해결책을 향한 명확한 경로를 가지고 있다. 이 문제를 잘 정의된 문제(well-defined problem)라고도 부른다. 한 가지 예를 들면, "평행사변형의 면적은 어떻게 구하는가?"이다. **비구조화 문제**(ill-structured problem)는 해결책을 향한 명확한 경로를 결여하고 있다(Shin, Jonassen, & McGee, 2003). 이 문제를 정의되지 않은 문제(ill-defined problem)라고도 부른다. 한 가지 예가 그림 11.1에 나와 있다. "한 줄을 잡고 있으면서 손을 뻗어 다른 줄을 잡을 수 있을 만큼 어느 줄도 길지 않을 때 어떻게 두 줄을 함께 묶을 수 있는가?" 아니면 구입할 수 있는 집들이 장점과 단점을 가지고 있을 때 어떻게 어떤 집을 사기로 결정하는가? 물론 실세계 문제에서는 두 범주가 명확한 경계를 갖는 두 개의 분절적 유목이기보다는 명확성의 연속선을 나타낸다. 그렇기는 하지만 범주는 사람들이 문제를 해결하는 방식을 이해하는 데 유용하다. 다음 절에서는 각 유형의 문제를 보다 상세하게 살펴본다.

구조화 문제

학교에서 시험 볼 때, 교사는 특정 영역(예컨대, 수학, 역사, 지리 등)에서 헤아릴 수 없이 많은 잘 구조화된 문제에 답하도록 요구한다. 이 문제들은 해결책을 향한 명확한 경로를 가지고 있다. 물론 공식을 적용해야 할 때처럼 그 경로가 반드시 쉬운 것은 아니지만 말이다. 인지심리학자들은 내용 영역이 확실하지 않은 잘 구조화된 문제를 해결하도록 요구한다. 예컨대, 특정 유형의 잘 구조화된 문제, 즉 이동 문제(move problem) 유목을 자주 연구해왔다. 이런 이름을 붙인 까닭은 최종 목표 상태에 도달하기 위해서는 일련의 이동을 요구하기 때문이다. 아마도 가장 널리 알려진 이동 문제는 '인지심리학 연구하기: 이동 문제'에서 "호빗"과 "오크"라고 부르는 두 적대적 집단을 수반한 문제이겠다.

사람들은 구조화 문제를 해결하고자 시도할 때 다음과 같은 세 가지 유형의 오류를 범하는 것으로 보인다(Greeno, 1974; Simon & Reed, 1976; Thomas, 1974).

1. 부지불식간에 거꾸로 이동하기. 목표 상태로부터 더 멀리 떨어진 상태로 되돌아간다. 예컨대, 모든 오크와 호빗을 출발지로 되돌려 보낸다.
2. 틀린 이동을 하기. 잘못된 이동, 즉 문제가 허용하지 않는 이동을 한다. 예컨대, 보트에 세 명 이상이 타고 이동하는 것은 잘못된 것이다.
3. 합법적 이동의 본질을 깨닫지 못하기. 막다른 골목에 도달한다. 즉, 현재 상태에서 다음에 어떻게 해야 할지를 모른다. 한 가지 예는 남아있는 호빗이나 오크를 이동시키려면 적어도 한 명의 호빗이나 오크를 출발점으로 되돌려 보내야만 한다는 사실을 깨닫는 것이겠다.

인지심리학 연구하기

이동 문제

세 호빗과 세 오크가 강둑에 다다랐다. 호빗과 오크는 강을 건널 필요가 있다. 이들에게는 두 명까지만 탈 수 있는 작은 보트가 있다. 그런데 한 가지 문제가 있다. 강 어느 쪽에서든 오크의 수가 호빗의 수보다 많으면, 오크가 호빗을 잡아먹는다. 어떻게 하면 여섯 명이 모두 안전하게 강을 건널 수 있겠는가? 다음을 읽기에 앞서 문제를 풀어보라.

이 문제의 해결책이 그림 11.3에 나와 있다. 해결책은 주목할 만한 몇 가지 자질을 포함하고 있다. 첫째, 이 문제는 첫 단계와 마지막 단계를 포함하여 최소한 11개의 단계를 통해서 해결할 수 있다. 둘째, 해결책은 본질적으로 **선형적**이다. 대부분의 단계는 단 하나의 타당한 이동만을 가지고 있다. 즉, 그림 11.3에서 보듯이 왼쪽 강둑에서 두 명이 타고 오른쪽 강둑으로 가고, 돌아올 때는 한 명이 타고 오는 것이다. 한 단계(단계 VI)를 제외한 모든 단계에서 이동 문제의 규칙을 위반하지 않으면서 목표 상태로부터 거꾸로 멀어져간다는 오류를 범할 수 있다. 단계 VI에서 목표 상태로부터 멀어진다는 오류처럼 보이는 반응을 해야 한다는 것이 이 문제의 해결에서 핵심이 된다.

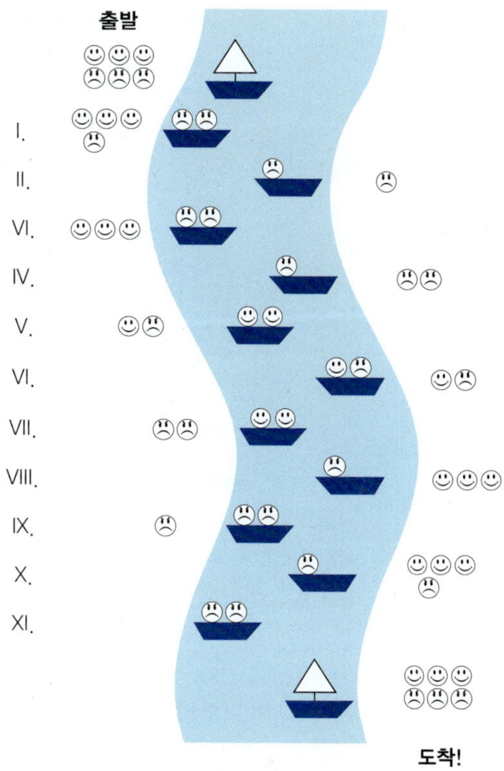

그림 11.3 호빗과 오크 문제의 해결책. 어느 호빗도 잡혀 먹히지 않은 채 어떻게 모든 호빗과 오크가 강을 건널 수 있겠는가? 여러분이 이 문제에 접근한 방식을 살펴봄으로써 여러분 자신의 문제해결 방법에 관하여 무엇을 배울 수 있겠는가?

출처: Sternberg, R. J. (1995). *In search of the human mind*. Harcourt Brace & Company.

연구자가 잘 정의된 문제를 해결하는 방식을 연구하는 데 사용하는 한 가지 방법은 컴퓨터 시뮬레이션을 개발하는 것이다. 여기서 연구자의 과제는 문제를 해결할 수 있는 컴퓨터 프로그램을 작성하는 것이다. 컴퓨터가 문제를 해결하기 위하여 수행해야만 하는 명령문을 개발함으로써, 연구자는 인간이 유사한 유형의 문제를 해결하는 방식을 보다 잘 이해하게 된다. 한 가지 문제해결 모형에 따르면, 문제해결자(인간이나 인공지능을 사용할 수 있다)는 문제 공간에서 초기 상태와 목표 상태를 고려해야만 한다(Wenke & Frensch, 2003). **문제 공간**(problem space)이란 문제해결에 적용하는 제약들을 전제로 할 때, 그 문제를 해결하기 위하여 적용할 수 있는 모든 가능한 행위

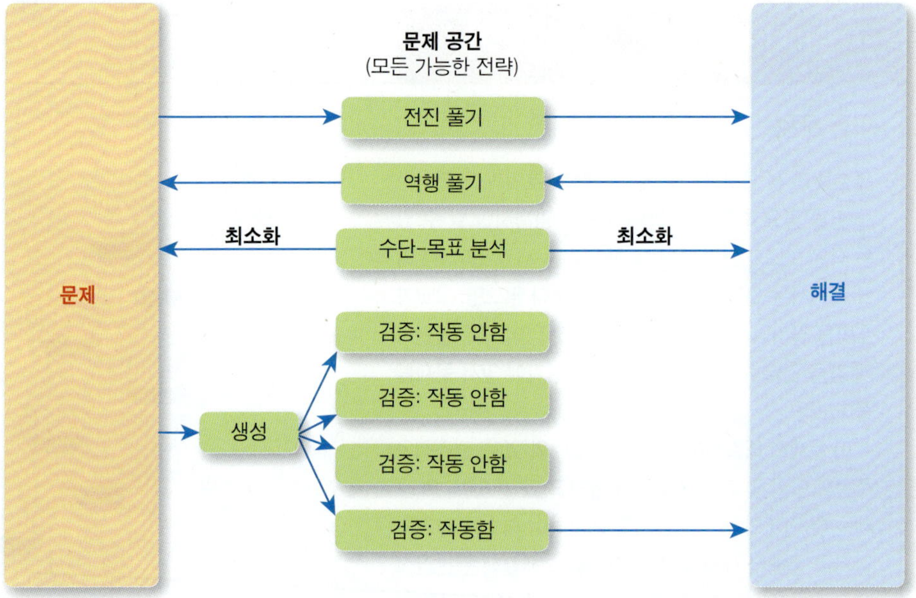

그림 11.4 문제 공간. 문제 공간은 초기 상태로부터 해결책(목표 상태)으로 이끌어가는 모든 가능한 전략을 포함한다. 예컨대, 이 문제 공간은 그림 11.3에서 제시한 이동 문제를 해결하는 데 사용할 수 있는 네 가지 발견법을 보여주고 있다.

출처: Sternberg, R. J. (1995). *In search of the human mind*. Harcourt Brace & Company.

의 전집을 말한다. 그림 11.4는 이동 문제에 대한 보편적인 문제 공간을 보여준다. 이 그림은 어떤 가능한 전략도 문제를 해결할 수 있다는 사실을 예시하고 있다.

알고리즘(algorithm)은 반복적으로 사용할 수 있으며 이론적으로 문제의 해결책을 보장하는 (문제 공간에서 수행할 수 있는) 절차의 집합이다(Hunt, 1975; Sternberg, 2000). 일반적으로 알고리즘은 프로그램이 결정한 조건을 만족할 때까지 반복한다. 컴퓨터에게 잘 정의된 문제 그리고 절차 알고리즘으로 체제화한 적절한 프로그램을 제공한다고 가정해보자. 컴퓨터는 문제 공간 내에서 가능한 모든 조작과 그 조작들의 조합을 쉽게 계산할 수 있다. 또한 문제를 해결하기 위하여 취해야 할 최선의 단계 순서도 결정할 수 있다.

그렇지만 인간 마음은 컴퓨터와 달리, 수많은 가능한 조합을 고속으로 계산할 수 없다. 작업기억의 한계는 한 번에 단지 몇 개의 가능한 조작만을 고려할 수 있게 해준다(Hambrick & Engle, 2003; Kintsch 등, 1999; 제5장도 참조). 뉴웰과 사이먼(1972)은 이러한 한계를 인식하고 인간은 문제를 해결하기 위하여 심적 지름길을 사용할 수밖에 없다고 보았다. 이러한 심적 지름길을 **발견법**(heuristic)이라고 부르며, 때로는 효과적인 해결책으로 이끌어가고 때로는 그렇지 못한 비형식적이고 직관적이며 불확실한 전략이다(발견법에 관하여 더 많은 내용을 보려면 제12장을 참조; Gilovich, Griffin, & Kahneman, 2002; Stanovich, 2003; Sternberg, 2000). 예컨대, 대부분의 사람은 추락하는 비행기 파편으로 사망하기보다는 상어의 공격으로 사망할 가능성이 더 높다고 생각한다. 추락하는 비행기 파편 때문에 사망하는 경우보다 상어의 공격이 더 널리 알려져 있기 때문이다. 따라서 누군가 상어의 공격으로 사망한 사례를 보다 쉽게 회상할 수 있다. 사람들에게는 이 정보가 더 가용하다. 여기서 사용하고 있는 발견법을 가용성 발견법(availability heuristic)이라고 부르는 까닭도 바로 이것 때문이다. 그렇지만 실제에 있어서는 상어 공격보다 추락하는 비행기 파편으로 사망할 가능성이 거의 30배나 높다.

다양한 문제에 적용할 수 있는 여러 가지 간단한 발견법을 장기기억에 저장하고 있다고 가정해보자. 그렇게 함으로써 용량이 제한된 작업기억의 부담을 경감시킬 수 있다. 연구들은 즉각적으로 답을 찾을 수 없는 문제에 직면할 때, 유능한 문제해결자는 수단-목표 분석 발견법을 사용한다고 제안한다. 이 전략에서는 문제해결자가 현재 상태와 목표 상태 간의 차이를 계속해서 비교하면서 두 상태 간의 차이를 최소화시키는 단계를 취하게 된다. 다른 문제해결 발견법에는 **전진 풀기**, **역행 풀기**, **생성-검증하기** 등이 포함된다. 표 11.1은 문제해결자가 앞서 언급한 이동 문제(Greeno & Simon, 1988)와 보다 보편적인 일상 문제(Hunt, 1994)에 이러한 발견법을 적용하는 방식을 예시하고 있다. 이 장의 뒷부분에서 이 개념들을 하노이탑 문제에도 적용할 것이다.

표 11.1 네 가지 발견법(어림법)

이 발견법들을 그림 11.3에서 제시한 이동 문제를 해결하는 데 사용할 수 있다.

발견법	발견법의 정의	호빗-오크 문제에 적용한 발견법(Greeno & Simon, 1988)	가장 빠른 길을 선택하는 문제처럼 일상 문제에 적용한 발견법(Hunt, 1994)
수단-목표 분석	문제 공간에서 현 위치와 최종 목표 간의 거리를 감소시킴으로써 문제를 해결한다.	가능한 한 건너편에 많은 사람을 보내고 출발지에는 적은 수의 사람을 남기도록 시도한다.	집과 목적지 간의 거리를 최소화하고자 시도한다.
전진 풀기	처음부터 시작하여 마지막으로 가면서 문제를 해결하고자 시도한다.	출발점의 여섯 명이 있는 상황을 신중하게 평가한 다음, 이들을 건너편으로 차례차례 이동시키고자 시도한다.	집에서 목적지로 가는 가능한 길들을 찾고, 목적지로 가장 직접 갈 수 있는 듯이 보이는 길을 선택한다.
역행 풀기	마지막에서 시작하여 앞으로 가면서 문제를 해결하고자 시도한다.	모두가 건너편에 있는 마지막 상태로부터 출발하여 처음 상태로 거꾸로 진행하면서 문제를 해결하고자 시도한다.	목적지에 도달하는 가능한 길들을 찾고, 집에서 가장 직접 도달할 수 있는 길을 거꾸로 진행하면서 찾는다.
생성-검증	반드시 체계적인 방식은 아니더라도 대안이 되는 행동들을 생성하고, 각 행위가 작동하는지를 확인한다.	오직 한 가지 가능한 전진 이동이 있고, 둘 이상의 가능성이 전혀 없다면, 결국 둘 모두는 해결책으로 이끌어간다.	집에서 출발하는 대안적 길들을 찾은 후, 목적지에 도달하기 위하여 어느 길을 이용할 것인지를 결정한다. 가장 직접적인 길을 선택한다. 가능한 길의 수가 많을 때는, 별로 도움이 되지 않을 수도 있다.

동형 문제

때때로 두 문제가 **동형**(isomorphic)일 수 있다. 즉, 형식 구조가 동일하고 오직 내용만이 차이가 날 수 있다. 예컨대, 호빗과 오크 문제는 선교사와 식인종 문제와 유사하다. 이 문제에서는 식인종의 수가 선교사의 수보다 많을 때 잡아먹는다. 이 사례에서는 동형성이 명백하다. 마찬가지로 뒤섞여있는 문자를 가지고 단어를 구성한다는 점에서 '스크래블'과 '보글'과 같은 많은 게임의 동형성을 쉽게 찾을 수 있다.

문제에 기저하는 구조적 동형성을 찾아내는 것은 어렵기 십상이다. 한 문제로부터 다른 문제로 문제해결 전략을 전이하여 적용하는 것도 어려운 일이다. 예컨대, 교재의 사례를 시험문제에 어떻게 적용할 것인지도 명확하지 않을 수 있다. 두 문제가 구조에서 유사하지만 동일하지 않을 때, 문제해결자가 동형성을 탐지할 가능성이 특히 낮다. 이에 덧붙여서 문제의 내용이나 표면적 특성이 현저하게 다를 때, 문제 구조의 동형성을 탐지하는 것은 더 어렵다. 예컨대, 초등학생은 상이한 이야기 상황에서 제시하는 다양한 단어 문제 간의 구조적 유사성을 찾아내기 어렵다. 마찬가지로 물리학도는 상이한 유형의 재료를 사용하는 다양한 물리학 문제 간에 구조적 유사성을 찾아내는 데 어려움을 겪을 수 있다. 다양한 맥락에 걸쳐 동형성을 알아채는 문제는 문제 표상의 어려움으로 이끌어간다.

문제 표상이 중요하다

어떤 문제를 그 문제와 동형인 다른 문제보다 해결하기 용이한 핵심 이유는 무엇인가? 하노이탑(Tower of Hanoi)으로 알려져 있는 문제를 생각해보자. 이 문제에서 문제해결자는 원반 집합(일반적으로 세 개)을 가능한 적은 수의 이동을 사용하여 첫 번째 막대로부터 세 번째 막대로 옮기는 일련의 이동을 시도해야만 한다(그림 11.5 참조). 원반을 한 막대에서 다른 막대로 이동할 때, 다음과 같은 세 가지 규칙을 준수해야 한다.

1. 한 번에 한 개의 원반만을 이동한다.
2. 각 막대에서 가장 위에 위치한 원반만을 이동할 수 있다.
3. 작은 원반 위에 더 큰 원반을 올려놓을 수 없다.

하노이탑의 여러 가지 버전을 온라인에서 찾아볼 수 있다. 포털 사이트에서 "하노이탑 게임"을 입력함으로써 게임을 찾아볼 수 있다. 여러분 스스로 해보라.

여러분이 스스로 문제를 해결하고자 시도해보았다면, 초기 상태로부터 목표 상태로 가는 단 하나의 단계는 없다는 사실을 알아차렸을 것이다. 수많은 단계를 거쳐야만 하는데, 각 단계는 중간 단계를 나타낸다. 문제 공간은 초기 상태, 목표 상태, 그리고 가능한 모든 중간 상태를 포함한다. 그림 11.5(b)는 하노이탑 문제의 문제 공간을 보여준다.

연구자들은 동일한 문제를 예컨대, 상자들 간에 이동시켜야 하는 점들과 같이, 여러 가지 상이한 동형 형식으로 제시하였다(Kotovsky, Hayes, & Simon, 1985). 이들은 몇몇 문제 형식은 다른 형식에 비해 해결하는 데 걸리는 시간이 16배나 많이 걸린다는 사실을 찾아냈다. 많은 요인들이 이 결과에 영향을 미쳤겠지만, 문제해결의 상대적 용

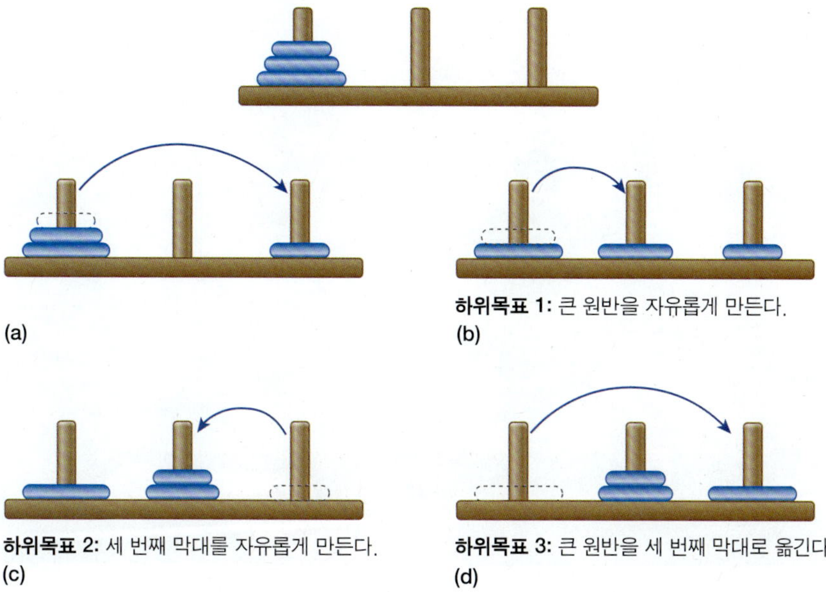

그림 11.5 하노이탑. 크기가 다른 세 원반이 왼쪽 막대에 꽂혀있는데, 가장 큰 원반이 맨 아래쪽에, 중간 원반이 중간에, 그리고 가장 작은 원반이 맨 위에 있다. 여러분의 과제는 가운데 막대를 필요할 때 중간 역을 사용하여 세 원반을 모두 오른쪽 막대로 이동시키는 것이다. 한 번에 하나의 원반만을 이동할 수 있으며, 작은 원반위에 큰 원반을 올려놓을 수 없다. 하노이탑 문제의 문제 공간은 초기 상태, 목표 상태, 그리고 초기 상태에서 목표 상태로 이동하기 위하여 수행할 수 있는 모든 가능한 이동(중간 상태)으로 구성된다.

출처: Sternberg, R. J. (1986). *Intelligence applied: Understanding and increasing your intellectual skills.* Harcourt Brace & Company.

이성을 결정하는 일차 요인은 문제를 표상하는 방식이었다. 예컨대, 그림 11.5에 제시한 형식에서 원반의 상이한 크기가 작은 원반 위에 큰 원반이 올라갈 수 없다는 제약의 심적 표상을 촉진시킨 반면, 다른 문제 형식은 그렇지 못하였다. 이 과제의 많은 변형은 상이한 규칙과 제약을 수반한다(Chen, Tian, & Wang, 2007).

하노이탑과 같은 문제는 부분적으로 작업기억에 가하는 부하로 인해서 문제해결 능력에 도전장을 내민다. 연구들은 작업기억 용량과 분석적 문제를 해결하는 능력 간의 관계를 지적한다(Fleck, 2007; Trezise & Reeve, 2014). 다른 연구자들은 참가자에게 하노이탑과 매우 유사한 **런던탑 과제**(Tower of London task)라고 명명한 과제를 실시하였다(Welsh, Satterlee-Cartmell, & Stine, 1999). 이 과제에서 목표는 중앙에 구멍이 나있는 일련의 색깔공들을 여러 가지 크기의 막대를 거쳐서 표적 배열과 일치하도록 이동시키는 것이었다. 하노이탑에서와 마찬가지로, 공을 한 번에 한 개씩만 이동시킬 수 있다는 제약이 있다. 참가자에게 두 가지 작업기억 능력 검사도 실시하였다. 연구자들은 작업기억 용량 측정치가 참가자들이 문제를 성공적으로 해결하는 정도를 나타내는 변량의 25~36%를 설명한다는 결과를 얻었다. 흥미롭게도 때때로 지능의 핵심이라고 간주해온 심적 처리속도는 성공적인 해결과 아무 상관을 나타내지 않았다. 런던탑 과제에 관여하는 것으로 보이는 두뇌영역은 전전두피질, 좌우 두정피질과 전운동피질이다(Fincham 등, 2002).

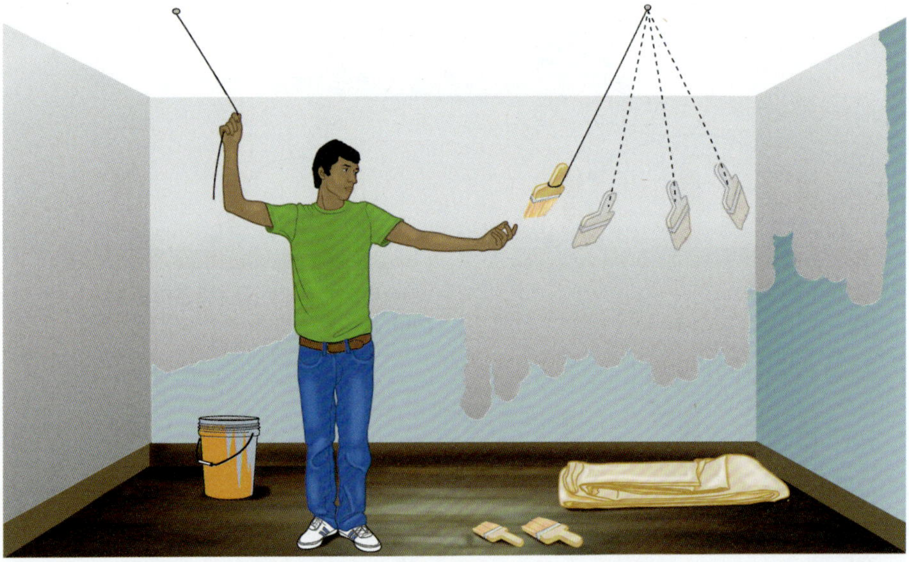

그림 11.6 두 줄 문제의 해결책. 많은 사람들은 각 줄로 스스로 이동하는 방법을 찾은 다음에 두 줄을 한 곳으로 모아야만 한다고 가정한다. 한 줄에 물건을 매달고 시계추처럼 흔들어서, 그 줄이 다른 줄에 가까워질 때 물건을 잡는 것과 같이, 한 줄이 자기 쪽으로 이동하도록 만드는 방법을 찾을 가능성을 생각해내지 못한다. 문제의 어느 것도 줄이 아니라 사람이 이동해야만 한다고 규정하지 않았다. 그럼에도 불구하고 대부분의 사람은 그러한 제약이 존재한다고 미리 생각한다. 스스로 불필요하고 부적절한 제약을 가함으로써, 문제를 해결 불가능한 것으로 만든다.

출처: Mayer, R. E. (1995). The search for insight: Grappling with Gestalt psychology's unanswered questions. In R. J. Sternberg & J. E. Davidson (Eds.), *The nature of insight*. MIT Press.

이 장을 시작할 때 제시하였던 두 줄 문제를 회상해보라. 이 문제의 해결책이 그림 11.6에 나와 있다. 많은 사람들에게 이 문제를 해결하는 것이 지극히 어렵다. 열심히 노력함에도 불구하고 많은 사람들이 해결책을 찾지 못한다. 문제가 해결불가능하다고 간주한 사람들은 문제해결 주기의 단계 2(문제 정의)에서 실수를 범하기 십상이다. 이들은 한 줄을 잡은 채 다른 줄이 있는 곳으로 이동할 수 있어야만 하는 것으로 이 문제를 정의한다. 스스로 문제를 거의 해결 불가능한 것으로 만드는 제약을 가하고 있는 것이다.

비구조화 문제와 통찰의 역할

두 줄 문제는 비구조화 문제의 한 사례이다. 실제로 사람들이 때로는 잘 구조화된 문제를 잘못 표상하기도 하지만, 비구조화 문제를 표상하는 데 어려움을 겪을 가능성이 훨씬 더 크다. 비구조화 문제의 본질을 설명하기에 앞서, 그런 문제를 해결하고자 조금 더 시도해보자. 다음은 비구조화 문제를 표상하는 어려움을 예증하고 있다(Sternberg, 1986에서 인용). 해결책을 읽기 전에 반드시 세 문제 모두 해결하고자 시도해보라.

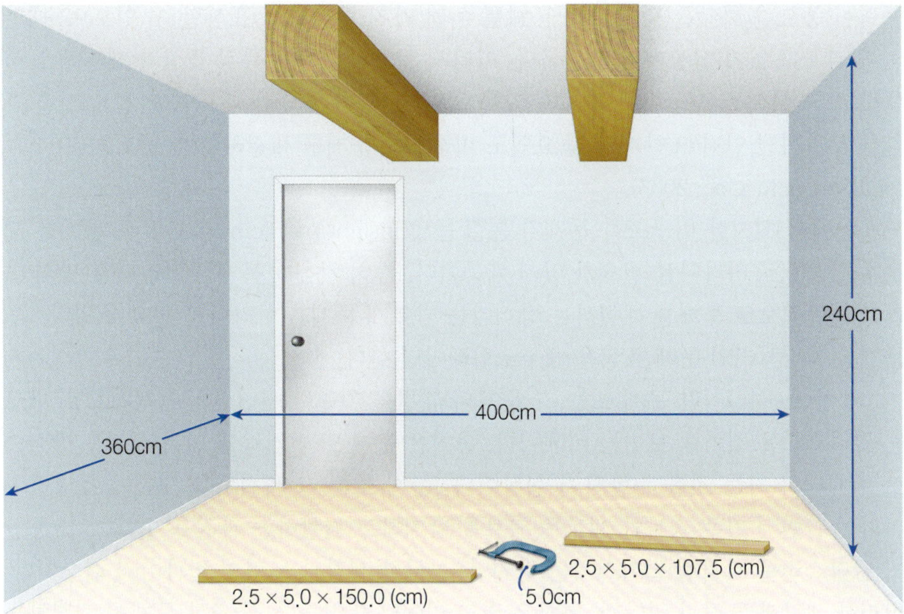

그림 11.7 모자걸이 문제. 친구를 비롯한 여러 명의 구직자들이 목수 일을 찾고 있다. 현장감독은 각 구직자에게 두 개의 막대기(하나는 2.5 × 5.0 × 150.0cm이고 다른 것은 2.5 × 5.0 × 107.5cm이다)와 5cm 두께의 C자형 죔쇠를 주었다. 죔쇠의 입구는 충분히 넓어서 두 막대기를 함께 넣고 조여서 둘을 안전하게 연결할 수 있다. 현장감독은 구직자들을 가로 360, 세로 400, 높이 240cm인 방으로 데리고 갔다. 30 × 30cm 들보 두 개가 천장을 삼등분하고 있었다. 현장감독은 구직자들에게 두 막대기와 죔쇠만을 가지고 자신의 안전모를 걸 수 있는 모자걸이를 먼저 완성하는 사람을 뽑겠다고 말하였다. 한 사람만을 뽑을 수 있으니, 서로 돕지 말 것을 권하였다. 친구는 어떻게 해야 하겠는가?

출처: Mayer, R. E. (1995). The search for insight: Grappling with Gestalt psychology's unanswered questions. In R. J. Sternberg & J. E. Davidson (Eds.), *The nature of insight*. MIT Press.

1. 한 친구는 주어진 몇 가지 재료를 가지고 모자걸이를 만들라는 명령을 받았다(그림 11.7 참조). 여러분은 그가 모자걸이 만드는 것을 도와줄 수 있겠는가?
2. 작은 마을에 사는 한 여자가 같은 마을에 사는 20명의 남자와 결혼하였다(married). 모두 살아있으며, 어느 누구와도 이혼한 적이 없다. 그렇지만 그 여자는 법을 위반하지 않았다. 어떻게 그럴 수 있는 것인가?
3. 서랍에 검은색 양말과 갈색 양말이 들어있는데, 검은 색 다섯 개 당 갈색이 한 개씩 있는 비율로 뒤섞여있다. 동일한 색깔의 양말 한 쌍을 확실하게 얻으려면 서랍에서 몇 개의 양말을 꺼내야 하겠는가?

두 줄 문제와 앞의 세 문제는 모두 비구조화 문제이다. 해결책을 향한 명확하고 즉시 가용한 경로가 없다. 정의상 비구조화 문제는 잘 정의된 문제 공간을 가지고 있지 않다. 문제해결자는 이 문제에 대한 적절한 심적 표상을 구성하는 데 어려움을 겪는다. 이러한 문제의 경우 어려움의 상당 부분은 해결책에 다가가는 일련의 단계 순서에 대한 계획을 구성하는 데 있다. 한 연구에서는 영역 지식과 정당화 능력 모두가 비구조화 문제와 잘 구조화된 문제 모두를 해결하는 데 중요한 것으로 나타났다. 정당화 능력이 중요한 까닭은 비구조화 문제를 여러 가지 방식으로 표상할 수 있으며, 대안적 해결책이 있기 십상이기 때문이다. 따라서 문제해결자는 특정 표상과 해결책을 선택하고 그 선택을 정당화할 필요가 있는 것이다. 과학에 대한 태도와 인지 조절을 포함한 부가적인 인지 요인과 감정 요인도 비구조화 문제를 해결하는 데 중요하다(Shin, Jonassen, & McGee, 2003).

앞에서 제시한 비구조화 문제가 **통찰 문제**(insight problem)인 까닭은 문제를 새로운 방식으로 바라다볼 필요가 있기 때문이다. 특히 처음에 문제를 바라다본 방식 그리고 일반적으로 문제를 해결하는 방식과는 다르게 문제를 바라다볼 필요가 있다. 즉, 문제를 해결하려면 문제 표상을 재구조화해야만 한다.

통찰(insight)이란 문제 또는 그 문제의 해결을 지원하는 전략의 독특하고도 때로는 급작스러운 것처럼 보이는 이해이다. 통찰은 문제 또는 전략을 전혀 새로운 방식으로 재개념화 하는 것을 수반하기 십상이다. 문제 또는 그 해결책을 새롭게 조망하기 위하여 관련된 기존 정보와 새로운 정보를 탐지하고 결합하는 과정을 수반한다. 통찰이 급작스러운 것처럼 느껴지기는 하지만, 상당한 생각과 노력의 결과이기 십상이다. 이러한 생각과 노력이 없다면, 통찰은 결코 일어나지 않는다. 구조화 문제를 해결하는 데도 관여할 수 있지만, 비구조화 문제의 특징인 험난한 경로와 관련이 있는 경우가 훨씬 더 많다. 문제해결에 관심이 있는 심리학자들은 진작부터 통찰의 본질을 밝혀내고자 애를 쓰고 있다.

앞에서 제시한 통찰 문제의 해결책은 무엇인가? 우선 모자걸이 문제를 생각해보자. 친구는 다른 사람이 그림 11.8에서 보는 것과 같은 모자걸이를 재빠르게 만들기 전까지는 문제를 해결할 수 없었다. 그 사람은 문제를 해결하기 위하여 죔쇠를 모자걸이로 생각하는 방식으로 재료에 대한 자신의 관점을 재정의하였던 것이다.

여러 번 결혼한 여자는 목사이다. 이 문제를 해결하는 핵심 요소는 영어 단어 'marry'를 결혼식을 거행하는 것을 기술할 때도 사용할 수 있다는 사실을 알아채는 것이다. 따라서 목사는 20명의 남자를 결혼시키면서, 자신은 결혼하지 않은 것이다. 이 문제를 해결하려면, 'married'라는 단어의 해석을 재정의해야만 한다. 다른 사람들은 부가적인 가능성도 제안하였다. 예컨대, 그 여자가 배우이고 극 중에서 남자들과 결혼한 것일 수 있다. 아니면 여러 번의 결혼이 모두 무효가 되어서 법률적으로 한 번도 이혼을 하지 않았을 수도 있다.

양말의 경우에는 같은 색의 한 켤레를 갖기 위해서는 단지 3개만 꺼내보면 된다. 비율 정보는 무관한 것이다. 만일 처음에 꺼낸 두 양말의 색이 다르다면, 세 번째 양말은 적어도 처음 두 개 중의 하나와 짝이 맞을 수밖에 없다.

초기 게슈탈트 견해

게슈탈트심리학자들은 부분의 합보다는 전체의 중요성을 강조하였다. 문제해결의 측면에서 게슈탈트심리학자는 문제해결자가 통찰 문제를 전체로 지각할 필요가 있다고 주장하였다. 막스 베르트하이머(Max Wertheimer, 1945/1959)는 **생산적 사고**(productive thinking)에 관한 글을 썼는데, 이 사고는 기존 연합의 영역을 넘어서는 통찰을 수

그림 11.8 모자걸이 문제의 해결책. 여러분은 문제를 해결하는 데 도움을 주는 방식으로 가용한 자료에 대한 정의를 수정할 수 있었는가?

출처: Sternberg, R. J. (1986). *Intelligence applied: Understanding and increasing your intellectual skills.* Harcourt Brace & Company.

반하는 것이다. 그는 생산적 사고를 **재생적 사고**와 구분하였는데, 재생적 사고란 이미 알고 있는 것을 수반하는 기존 연합에 기초한 사고를 말한다. 베르트하이머에 따르면, 통찰적(생산적) 사고는 재생적 사고와 근본적으로 다르다. 이 장에서 제시한 통찰 문제를 해결하기 위해서는 기존 연합의 틀을 깨고 각 문제를 전혀 새로운 각도에서 바라보아야만 한다. 생산적 사고는 구조화 문제에도 적용할 수 있다.

베르트하이머의 동료인 볼프강 쾰러(Wolfgang Köhler, 1927)는 영장류, 특히 술탄이라는 이름을 가진 침팬지의 통찰을 연구하였다. 쾰러의 관점에서 볼 때, 술탄의 행동은 통찰을 예증하는 것이었다(그림 11.9 참조). 쾰러를 비롯한 게슈탈트심리학자에게 통찰은 특수한 과정이다. 정상적인 선형적 정보처리와는 다른 사고를 수반하고 있는 것이다.

신게슈탈트 견해

몇몇 연구자는 통찰 문제의 해결을 통찰이 관여하지 않는 문제의 해결과 두 가지 방식으로 구분할 수 있다는 사실을 발견하였다(Metcalfe, 1986; Metcalfe & Wiebe, 1987). 첫째, 일상적인 문제의 경우에는 문제해결자가 그 문제를 해결하고자 시도하기도 전에 자신의 성공을 꽤나 정확하게 예측할 수 있다. 둘째, 통찰 문제의 경우에는 문제를 해결하고자 시도하기에 앞서 자신의 성공을 제대로 예측할 능력이 없다. 성공적인 문제해결자가 통찰 문제를 해결하는 자신의 능력에 비관적일 뿐만 아니라, 성공적이지

그림 11.9 침팬지가 시범보인 통찰. 게슈탈트심리학자 볼프강 쾰러는 몇 개의 상자가 있는 폐쇄된 공간에 침팬지를 집어넣었다. 손이 닿지 않는 천장 꼭대기에 바나나 뭉치가 달려있었다. 바나나를 잡아채기 위하여 헛되이 손을 뻗어 점프를 시도한 후에, 갑작스러운 통찰을 나타냈다. 침팬지는 상자들을 쌓아서 바나나 뭉치에 닿을 수 있도록 충분히 높게 만들 수 있다는 사실을 깨달았던 것이다.

못한 문제해결자도 자신의 능력에 낙관적이기 십상이다.

이에 덧붙여서 연구자들은 참가자가 일상 문제와 통찰 문제를 해결하는 동안 문제해결 과정을 관찰할 수 있는 독창적인 방법을 사용하였다. 일상 문제에는 '$(3x^2 + 2x + 10)(3x) =$ '와 같은 대수 문제가 포함되었다. 통찰 문제에는 "죄수 한 명이 높은 탑에서 탈출하려고 한다. 그는 간방에서 지상에 안전하게 도달하기에는 절반밖에 되지 않는 밧줄 하나를 발견하였다. 그는 밧줄을 절반으로 나누어 함께 묶은 후 탈출하였다. 그는 어떻게 탈출할 수 있었던 것인가?"와 같은 문제가 포함되었다. 참가자는 15초마다 자신이 해결책에 얼마나 가까이 또는 멀리 있다고 느끼는지를 평가하였다. 우선 대수 문제나 하노이탑과 같은 일상 문제에서 어떤 일이 일어났는지를 생각해보자. 참가자는 정답에 가까워질수록 점진적으로 가깝다는 느낌을 나타냈다. 그렇지만 통찰 문제의 경우에는 그러한 점진적 증가를 나타내지 않았다. 그림 11.10은 대수 문제와 통찰 문제를 해결함에 있어서 참가자가 가깝게 접근하고 있다고 보고한 정도를 비교한 것이다. 통찰 문제를 해결하는 경우에는 참가자가 갑자기 해결책을 깨닫고 정확하게 해결하는 순간까지 가깝다는 느낌의 증가를 나타내지 않았다. 연구 결과(Metcalfe, 1986; Metcalfe & Wiebe, 1987)는 일상 문제와는 다르게 통찰 문제해결에는 무엇인가 특수한 것이 있다는 게슈탈트심리학의 견해를 확실하게 지지하는 것으로 보인다. 그렇지만 이 연구가 통찰 문제해결의 구체적인 본질과 기저 기제를 밝혀낸 것은 아니다.

통찰에 대한 통찰

스미스(E. E. Smith, 1995)에 따르면, 통찰이 갑작스러운 "아하!" 경험일 필요는 없다. 시간이 경과하면서 점진적으로 조금씩 일어나기 십상이라는 것이다. 통찰에 근거한 해결책이 필요하지만 바로 뒤따르지 않을 때는 잠을 자는 것이 해결책을 내놓는 데 도움을 줄 수 있다. 연구자들은 수학 문제를 풀거나 규칙의 이해를 필요로 하는 과제를

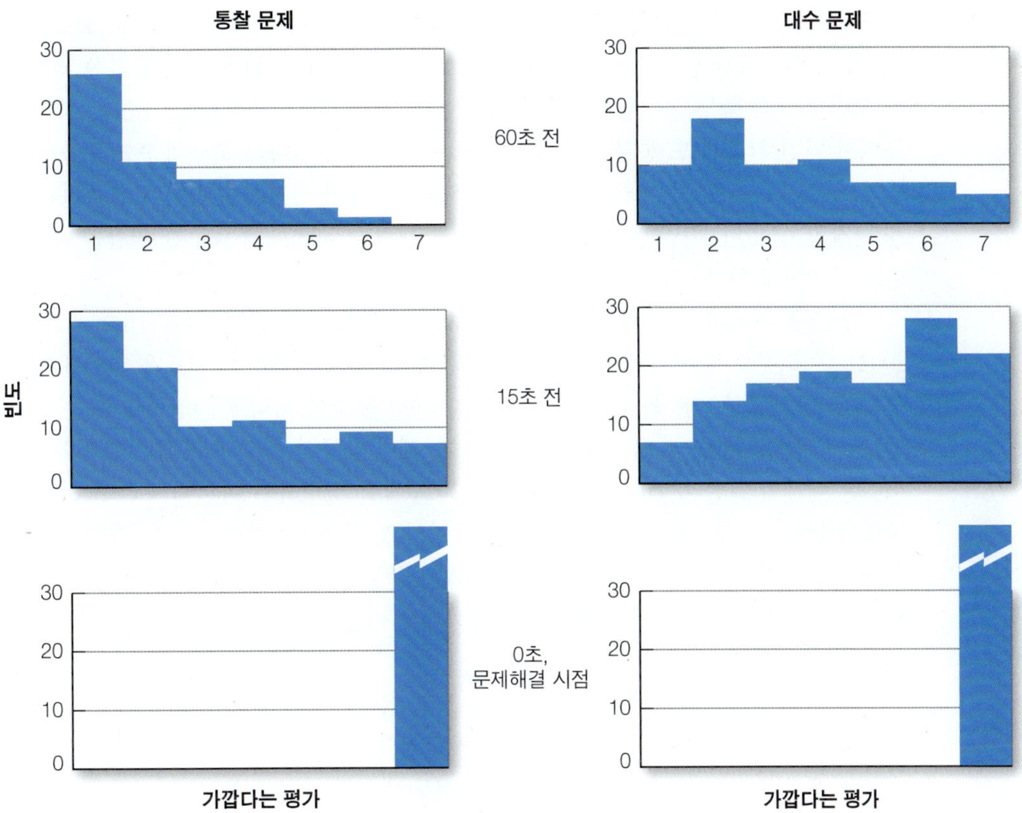

그림 11.10 통찰 문제해결에서 가깝게 접근하고 있다는 느낌. 자넷 멧캐프가 일상 문제와 통찰 문제를 제시하였을 때, 참가자는 문제에 대한 해결책에 접근함에 따라서 가깝게 접근하고 있는 느낌에서 명백한 차이를 나타냈다. 가깝다는 느낌은 7점 척도에서 평가하였다. 빈도 분포는 참가자들이 문제를 해결하기 60초 전과 15초 전에 자신의 느낌을 평가한 빈도를 나타낸다. 보는 바와 같이, 통찰 문제의 경우에는 두 그래프가 비교적 유사하게 보인다. 대부분의 참가자가 가깝다는 느낌에 낮은 값을 매겼으며, 소수의 참가자만이 높은 값을 매겼다. 그렇지만 일상의 대수 문제의 경우에는 많은 참가자가 해결하기 60초 전과 비교할 때 15초 전에 가깝게 접근하였다는 느낌을 높게 평가하였다. 일단 문제를 해결하고 나면, 모든 참가자가 자신의 느낌에 7의 값을 매겼다.

출처: Metcalfe, J., & Wiebe, D. (1987). Intuition in insight and noninsight problem solving. *Memory & Cognition*, *15*(3), 238-246.

해결하는 경우에, 잠이 통찰을 초래할 가능성을 증가시킨다는 사실을 밝혀왔다(Stickgold & Walker, 2004; Wagner 등, 2004).

불행하게도 통찰은 인간 사고의 다른 많은 측면들과 마찬가지로, 놀랍도록 뛰어난 것일 수도 있고 막다른 골목으로 몰아가는 것일 수도 있다. 해결책에 도달하고자 시도하면서 어떻게 막다른 골목으로 이끌어가는 심적 함정에 빠질 수 있는 것인가?

신경과학과 통찰

신경영상 연구는 휴지기의 두뇌 활동을 여러 가지 상이한 신경망으로 분할할 수 있다는 사실을 시사한다. 몇몇 신경망은 문제해결에 몰두하고 있을 때도 활동한다. 이러한 활동은 적어도 사고과정의 어떤 부분들은 문제를 해결하고 있을 때와 다른 사고를 하고 있을 때 동일하다는 사실을 나타낸다(Andreasen 등, 1995; Christoff, Ream, & Gabrieli, 2004; Damoiseaux 등, 2006; Kounios 등, 2008). fMRI 연구는 통찰을 경험할 때 우반구 전측 측두구와 상측 측두구의 활동이 증가한다는 사실을 보여준다. 이에 덧붙여서 뇌전도(EEG)도 통찰을 경험할 때 폭발적으로 나타나는 고주파수 활동을 나타낸다(Jung-Beeman 등, 2004). 실제로 통찰을 의식하기 직전에 우반구가 활동하는 것을 관찰할 수 있다. 따라서 일반적으로 우반구가 통찰 과정에서 특수한 역할을 담당한다고 가정하고 있다.

우반구 해마가 통찰에 따른 해결책을 만들어내는 데 결정적이다(Luo & Niki, 2003). (여러분도 제2장과 5장에서 기억해낼 수 있겠지만, 해마는 새로운 기억을 형성하는 데 핵심적인 역할을 담당하고 있다. 따라서 통찰이 기억에 저장하고 있는 관련 정보들을 결합시키는 것을 수반하다고 할 때, 해마가 통찰 해결책 형성에 관여한다는 사실은 이해할 만한 것이다.) 또 다른 연구는 통찰을 경험하기 직전에 우반구 전측 측두엽의 급작스러운 활동을 보고하였다. 이 영역은 관련성이 약한 항목들 간의 연결을 수반한다는 점에서 모든 유형의 문제해결에서 활동한다(Jung-Beeman 등, 2004). 그렇지만 급작스러운 활동은 문제에서 해결책으로 이끌어가는 관계를 갑자기 이해하는 것이라는 사실을 시사한다.

참가자가 문제를 보기도 전에 측정한 신경 상관체는 통찰이 일어날 것인지를 예측할 수 있다. 한 연구에서 보면, 나중에 통찰 해결책을 생성해내는 참가자는 문제를 보기에 앞서 준비하는 동안 상당한 정도의 전두엽 활동을 나타낸 반면, 해결책을 내놓지 못한 참가자는 상응하는 후두엽 활동을 나타냈다(Kounios 등, 2006). 이 결과가 시사하는 바는 첫째, 사람들 간에 통찰을 사용할 가능성에서 차이를 보이며, 둘째 통찰은 문제를 제시하기도 전에 일어나는 어떤 계획세우기를 수반한다는 점이다.

개념 확인

1. 구조화 문제와 비구조화 문제 간의 차이는 무엇인가?
2. 언제 두 문제가 동형인가?
3. 통찰이란 무엇인가?
4. 신게슈탈트 견해에 따를 때, 통찰 문제해결과 일상 문제해결을 어떻게 구분할 수 있는가?
5. 통찰은 항상 급작스러운 것인가?

문제해결의 장애물과 지원수단

여러 가지 요인이 문제해결을 방해하거나 조장할 수 있다. 정적 전이와 부적 전이뿐만 아니라 마음갖춤새 등이 그것이다. 부화도 문제해결에서 일익을 담당한다. 다음 절에서는 이러한 요인들을 상세하게 살펴본다.

마음갖춤새, 매몰 그리고 고착

문제해결을 방해하는 한 가지 요인이 **마음갖춤새**(mental set), 즉 문제, 문제 맥락, 문제해결 절차 등을 표상하는 기존 모형에 집착하는 마음의 틀이다. 마음갖춤새의 다른 표현이 매몰(entrenchment)이다. 문제해결자가 매몰된 마음갖춤새를 가지고 있을 때, 정상적이라면 많은 문제해결에서 잘 작동하지만, 특정 문제를 해결하는 데는 작동하지 않는 전략에 고착하게 된다. 예컨대, 두 줄 문제에서 줄을 자신을 향하여 움직이게 만들기보다는 자신이 줄을 향해 움직이는 전략에만 매달리는 것이다.

마음갖춤새는 관례적 문제를 해결하는 데도 영향을 미칠 수 있다. 예컨대, 물병 문제를 생각해보자(Luchins, 1942). 물병 문제에서는 참가자에게 상이한 세 물병을 사용하여 특정한 양의 물을 측정하는 방법을 질문한다. 각 물병은 상이한 양의 물을 담을 수 있다. '인지심리학 연구하기: 루친의 물병 문제'는 루친이 사용한 문제들을 보여주고 있다. 더 읽기에 앞서 여러분 스스로 이 문제를 풀어보라.

문제 7~11은 훨씬 더 간단한 방식으로 해결할 수 있다. 단지 두 개의 물병만을 사용하면 된다. 문제 7은 A − C로 해결할 수 있다. 문제 8은 A + C로 해결할 수 있다. 문제 1~6을 제시하였던 참가자는 일반적으로 문제 7~11을 해결하는 데도 계속해서 B − A − 2C 공식을 사용한다. 루친의 원래 실험에서 문제 1~6 집합을 우선 풀었던 참가자들을 보자. 64~83%의 참가자들이 어려운 전략, 즉 B − A − 2C 공식을 사용하여 문제 7~11 집합을 해결하였다. 첫 번째 집합의 문제를 풀지 않았던 통제집단 참가자들에게는 어떤 일이 일어났겠는가? 두 번째 집합의 문제에 더 간단한 해결책을 적용하지 않은 참가자는 단지 1~5%에 불과하였다. 이들은 문제를 새롭고 더 단순한 방식으로 바라다보는 것을 방해하는 마음갖춤새를 형성하지 않았던 것이다.

또 다른 유형의 마음갖춤새는 대상의 특정 용도(기능)에 고착하는 것이다. 구체적으로 **기능 고착**(functional fixedness)은 특정 용도를 가지고 있는 어떤 대상을 다른 기능으로도 사용할 수 있다는 사실을 깨닫지 못하는 것이다(German & Barrett, 2005; Rokoczy, Warneken, & Tomasello, 2009). 기능 고착은 예전 도구를 새로운 방식으로 사용하지 못함으로써 새로운 문제를 해결하지 못하도록 방해한다. 기능 고착에서 자유로워짐으로써 사람들은 철사로 만든 옷걸이의 모양을 변형시켜 잠긴 자동차 문을 열 수 있으며, 도둑이 신용카드를 가지고 간단한 스프링 자물쇠를 열 수도 있다. 기능 고착의 한 가지 널리 알려진 사례가 칼 던커(Karl Duncker, 1947)의 촛불 문제이다. 참가자에게 양초와 성냥 그리고 압정이 들어있는 상자를 제시한다. 과제는 타고 있는 양초의 촛농이 바닥에 떨어지지 않도록 양초를 벽에 부착하는 것이다(그림 11.11 참조). 여러분은 다음 쪽에서 답을 확인하기에 앞서 이 문제를 해결할 수 있겠는가? 던커는 이 실험에서 재료들을 조그만 판지 상자에 넣어서 제시하거나 아니면 상자 밖에 있는 채로 제시하였다(따라서 상자는 비어있는 상태이다). 던커는 재료를 상자 안에 넣어 제시한 참가자들이 문제를 해결할 가능성이 더 낮다는 결과를 얻었다.

또 다른 유형의 마음갖춤새가 사회인지의 한 측면에서 나타난다. **고정관념**(stereotype)은 한 사회집단 구성원들이 특정 유형의 성격을 상당히 획일적으로 가지고 있다는 믿음이다. 사람들은 아동기에 많은 고정관념을 학습하는 것으로 보인다. 예컨

인지심리학 연구하기

루친스의 물병 문제

물병 A, B, C를 사용하여 어떻게 정확한 양의 물을 만들어내겠는가? 여러분은 마지막 열에 나와 있는 (컵 단위로 측정한) 물의 양을 얻기 위하여 세 개의 물병을 사용할 수 있다. A, B, C 열은 각 물병의 용량을 보여준다. 예컨대, 첫 번째 문제에서는 29컵 물병(A)과 3컵 물병(B), 둘만을 사용하여 20컵의 물을 얻을 수 있다. 쉽지 않은가! 물병 A를 채운 다음에 물병 B를 사용하여 3컵씩 세 번 채워 덜어내는 방식으로 9컵의 물을 덜어내면 된다. 문제 2도 어렵지 않다. 127컵의 물병 B를 채운 다음에 물병 A를 사용하여 21컵을 덜어내고, 다시 물병 C를 두 번 사용하여 6컵을 덜어내면 된다. 이제 나머지 문제를 여러분 스스로 해결해보라(Luchins, 1942에서 인용).

만일 여러분이 이 문제들을 해결하는 데 있어서 다른 사람들과 다르지 않다면, 문제 1 이후에 나머지 모든 문제에서 작동하는 공식 하나를 발견하게 될 것이다. 물병 B를 채운 다음에 물병 A만큼의 물을 덜어내고, 다시 물병 C만큼 두 번 덜어내면 된다.

따라서 그 공식은 B – A – 2C가 된다.

문제 번호	물병 A	물병 B	물병 C	요구하는 양
1	29	3	0	20
2	21	127	3	100
3	14	163	25	99
4	18	43	10	5
5	9	42	6	21
6	20	59	4	31
7	23	49	3	20
8	15	39	3	18
9	28	76	3	25
10	18	48	4	22
12	14	36	8	6

출처: Luchins, A. S. (1942). Mechanization in problem solving: The effect of Einstellung. *Psychological Monographs*, *54*(6), 248.

대, 아동을 대상으로 수행한 비교문화 연구들은 아동기를 거치면서 성별 고정관념에 관한 지식과 그 용도가 증가함을 보여준다(Neto, Williams, & Widner, 1991; Seguino, 2007). 대부분의 아동에게 있어서 다양한 집단에 대한 고정관념의 자각은 6~10세 사이에 발달한다(McKown & Weinstein, 2003). 고정관념은 다른 유형의 마음갖춤새가 발달하는 것과 동일한 방식으로 발생하기 십상이다. 사람들은 어떤 패턴의 구체적 사례나 일련의 사례들을 관찰하고, 이렇게 제한적인 관찰에 근거하여 과잉일반화하게 된다. 앞으로 일어날 모든 사례들도 유사하게 그 패턴을 나타낼 것이라고 가정하는 것이다. 예컨대, 몇몇 아프리카계 미국인이 빠르게 달리는 것을 관찰하고는 모든 아프리카계 미국인은 매우 빨리 달린다고 결론짓는다. 이것이 고정관념인 까닭은 모든 아프리카계 미국인이 빨리 달리는 것은 아니기 때문이다. 사회적 불이익을 주고자 어떤 특정 집단을 속죄양으로 삼기 위해서 고정관념을 사용할 때, 그 대상 집단에게는 심각

그림 11.11a 던커의 촛불 문제. 타고 있는 촛농이 바닥에 떨어지지 않도록 어떻게 양초를 벽에 부착하겠는가?

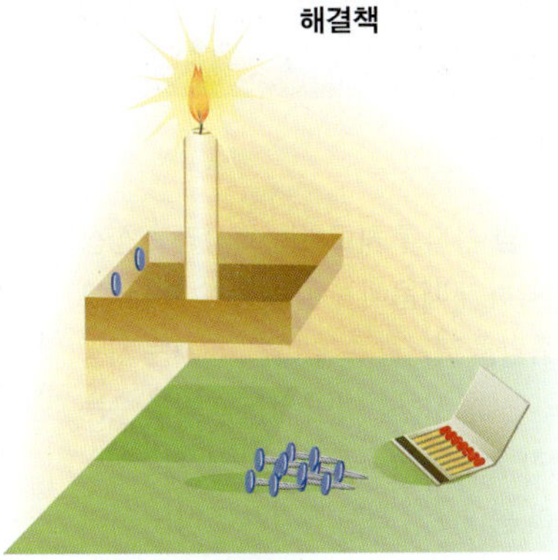

그림 11.11b 던커의 촛불 문제 해결책

한 사회적 결과를 초래하게 된다. 그렇지만 그 집단만이 고정관념으로 고통 받는 것은 아니다. 다른 유형의 마음갖춤새와 마찬가지로, 고정관념은 그것을 사용하는 사람의 문제해결 능력을 방해한다. 자기가 속한 집단에 대한 고정관념을 자각하는 것도 평가 받을 것이라고 기대하는 경우에 성과를 제약할 수 있다. 이것을 고정관념 위협(stereotype threat)이라고 부른다. 예컨대, 남자아이가 여자아이보다 수학을 더 잘 한다는 일반적인 편견을 생각해보자. 평가 상황에서 그 편견을 자각하는 것이 여아들로 하여금 낮은 수준의 수행을 보이게 만들 수 있다(Tempel & Neumann, 2014). 이 편견은 인종차별과 동일한 방식으로 작동한다. 언어능력 검사에 앞서 자신의 인종을 표현하게 하였던 흑인 참가자들은 그렇게 하지 않았던 또래 흑인 참가자들보다 성과가 저조하였다(Steele & Aronson, 1995).

부적 전이와 정적 전이

흔히 사람들은 다른 가능성을 배제한 채 문제의 한 측면이나 한 가지 문제해결 전략에만 고착하는 특정 마음갖춤새를 가지고 있기 십상이다. 한 유형의 문제를 해결하기 위한 지식과 전략을 다른 유형의 문제에도 적용하는 것이다. **전이**(transfer)란 한 문제 상황에서 다른 문제 상황으로 지식이나 기술을 이월시키는 것이다(Detterman & Sternberg, 1993; Gentile, 2000). 전이는 부적이거나 정적일 수 있다. **부적 전이**(negative transfer)는 앞선 문제의 해결이 나중 문제의 해결을 어렵게 만들 때 일어난다. 때때로 앞선 문제가 사람들을 엉뚱한 궤적에 올려놓기도 한다. 예컨대, 경찰은 정치 범죄가 자신들이 전형적으로 다루고 있는 유형의 범죄와 상당히 다르기 때문에 그 범죄를 해결하는 데 어려움을 겪을 수 있다. 또는 새로운 도구를 제시하면 사람들은 자신이 이미 친숙한 도구를 사용하던 방식과 유사한 방식으로 그 도구를 사용하고자 한다(Besnard & Cacitti, 2005). **정적 전이**(positive transfer)는 앞선 문제의 해결이 새로운 문제의 해결을 쉽게 만들어줄 때 발생한다. 즉, 때로는 마음갖춤새의 전이가 문제 해

인지심리학 연구하기

전이를 수반한 문제

여러분이 악성 위종양 환자를 치료하는 의사라고 상상해보라. 상태가 심각하기 때문에 수술을 할 수 없다. 그렇지만 어떻게든 종양을 제거할 수 없다면, 환자는 사망하게 된다. 고강도 X선을 사용하여 종양을 파괴할 수는 있다. 그런데 불행한 일은 종양을 파괴하는 데 필요한 X선 강도는 그 X선이 통과해야 하는 건강한 조직도 파괴한다. 약한 강도의 X선은 건강한 조직에 해를 끼치지 않겠지만, 종양을 파괴할 만큼 강력하지 못하다. 어떤 절차를 사용하면 종양 주변의 건강한 조직에 해를 끼치지 않으면서도 종양을 파괴할 수 있겠는가?

던커는 이 문제를 가장 잘 해결할 수 있는 특정한 통찰 해결책을 가지고 있었다. 그림 11.12가 그 해결책을 보여주고 있다.

참가자에게 던커의 X선 문제를 제시하기에 앞서, 더 쉬운 또 다른 문제를 제시하였다. 이 문제를 "군대 문제"라고 부른다(Holyoak, 1984, p. 205).

군대 문제

한 장군이 나라의 중앙에 위치한 요새를 함락하고자 한다. 요새로부터 방사선처럼 뻗어 나온 길들이 많이 있는데, 모든 길에는 지뢰가 깔려있다. 작은 부대는 길을 안전하게 통과할 수 있지만, 대부대는 지뢰를 터뜨릴 수가 있다. 따라서 직접적인 대대적 공격은 불가능하다. 장군은 어떻게 해야 하겠는가?

다음을 생각해보라. 두 문제의 공통점은 무엇인가? 두 문제를 비교함으로써 도출할 수 있는 기본 전략은 무엇이겠는가?

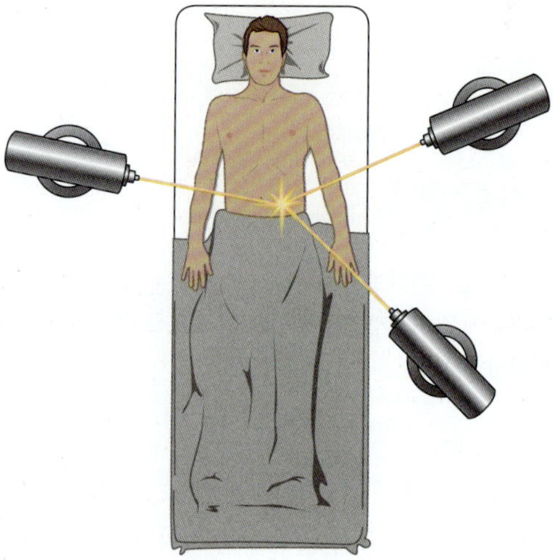

그림 11.12 X선 문제. 종양 환자 치료를 수반하고 있는 X선 문제의 해결책은 분산이다. 기본 생각은 신체 바깥의 여러 지점에서 종양을 향해 약한 X선을 쏘는 것이다. 어떤 X선도 건강한 조직이나 종양을 파괴할 정도로 강력하지 않다. 그렇지만 모든 X선은 신체 내의 한 지점, 즉 종양이 자리 잡고 있는 지점에서 수렴하도록 방향을 잡고 있다. 실제로 오늘날 몇몇 X선 치료에서 이 해결책을 사용하고 있다. X선을 분산시키기 위해서 회전식 X선 방출기를 사용한다는 사실을 제외하면 말이다.

출처: Sternberg, R. J. (1995). *In search of the human mind*. Harcourt Brace & Company.

결에 도움을 줄 수 있다. 예컨대, 가감승제와 같은 초기 수학 능력을 대수학이나 물리학에서 볼 수 있는 유형의 고급 수학 문제에 전이할 수 있다(Bassok & Holyoak, 1989; Chen & Daehler, 1989; Campbell & Robert, 2008도 참조).

유추 전이

유추는 문제를 해결하는 데 도움이 되기 십상이다. 자신이 해결하였던 어떤 문제를 돌이켜 생각할 때, 사람들은 새로운 문제가 그 문제와 얼마나 유사한지를 자문해볼 수 있다. 어떤 관계를 발견하게 된다면, 새로운 문제를 해결하는 출발점을 갖게 되는 것

표 11.2 X선 문제와 군대 문제 간의 대응

두 문제 간의 공통점은 무엇인가? 두 문제를 비교함으로써 도출할 수 있는 기본 전략은 무엇인가? (Gick & Holyoak, 1983에서 인용.)

	X선 문제	군대 문제	공통 요소
목표	X선을 사용하여 종양 파괴.	군대를 사용하여 요새 함락.	표적을 압도하는 힘을 사용한다.
자원	충분히 강력한 X선	충분한 대규모 부대	충분히 강력한 힘
제약	한 방향에서만 고강도 X선을 보낼 수 없다.	한 길로 모든 부대를 보낼 수 없다.	한 통로만을 따라서는 강력한 힘을 가할 수 없다.
해결책	여러 방향에서 동시에 저강도 X선을 보낸다.	여러 길을 따라 소부대를 동시에 보낸다.	다양한 통로를 따라서 동시에 약한 힘을 가한다.
결과	X선으로 종양을 파괴하였다.	대부대로 요새를 함락하였다.	표적을 힘으로 압도하였다.

출처: Gick, M. L., & Holyoak, K. J. (1983). Schema induction and analogical transfer. *Cognitive Psychology*, *15*, 1-38.

이다. 이러한 과정을 **유추 문제해결**(analogical problem solving)이라고 부른다.

연구자들은 유추를 수반하는 정적 전이에 관한 몇 가지 멋진 연구를 설계하였다(Gick & Holyoak, 1980, 1983). 그 결과를 이해하려면, 던커가 처음으로 사용하였던 "X선 문제"에 친숙해질 필요가 있다. 이 문제는 '인지심리학 연구하기: 전이를 수반한 문제'에서 소개하였다.

X선 문제와 군대 문제 간의 대응은 실제로 완벽하지는 않더라도 매우 밀접하다(표 11.2 참조). 문제는 군대 문제에 소부대 수렴 해결책이 X선 문제를 해결하는 데 도움을 주느냐는 것이다. 수렴 해결책을 가지고 있는 군대 문제를 제시한 다음에 그 해결책을 X선 문제에 적용해보라는 힌트를 받은 참가자를 생각해보자. 대략 75%의 참가자가 X선 문제의 정확한 해결책을 내놓았다. 군대 문제를 먼저 제시하지 않거나 단지 무관한 이야기를 제시하였던 참가자의 10% 미만이 X선 문제를 해결한 것과 비교해보라.

또 다른 실험에서는 참가자에게 군대 문제의 수렴 해결책을 주지 않았다. 참가자 스스로 해결책을 찾아야만 하였다. 대략 50%의 참가자가 군대 문제의 수렴 해결책을 찾아냈다. 그중에서 41%가 계속해서 X선 문제의 해결책을 찾아냈다. 즉, 군대 문제의 해결책을 제공하였을 때보다 스스로 찾아냈을 때 정적 전이가 더 약하였다(41% 대 75%).

연구자들은 X선 문제의 상사형으로서 군대 문제의 유용성이 문제해결자가 문제에 접근하도록 유도한 마음갖춤새에 달려있다는 사실을 발견하였다. 참가자에게 이야기 회상 실험이라고 알려주고 군대 문제 이야기를 기억하도록 요구한 다음에 X선 문제를 제시하였을 때 어떤 일이 일어났는지 생각해보라. 오직 30%의 참가자만이 X선 문제의 수렴 해결책을 내놓았다. 또한 연구자들은 X선 문제에 앞서 하나가 아니라 두 개의 유추 문제를 제시하였을 때 정적 전이가 증가한다는 사실도 발견하였다.

연구자들이 X선 문제를 넘어서서 다른 문제들도 포괄하도록 이 결과를 확장시킨 결과, 두 문제의 영역이나 맥락이 유사할수록 참가자가 유추를 찾아내고 적용할 가능성이 더 컸다(Holyoak, 1990 참조). 통찰을 요하는 전기 문제와 수학 문제를 포함한 다양한 유형의 문제에서도 유사한 패턴의 데이터가 나타났다(Davidson & Sternberg, 1984; Gentner & Gentner, 1983; Novick & Holyoak, 1991).

이러한 연구에서 가장 핵심적인 측면은 사람들에게 유추관계를 보도록 명시적으로 알려주지 않는 한, 그 유추를 알아채는 데 어려움을 겪는다는 사실이다. 물리학 문제를 수반한 연구를 보자. 해결한 문제로부터 아직 해결하지 못한 문제로의 정적 전이는 특정 문제를 어떻게 해결하였는지만을 이해하려는 학생보다 왜 그렇게 해결해야 하는 것인지를 이해하려고 시도한 학생들에게서 더 많이 나타났다(Chi 등, 1989). 이러한 결과에 근거할 때, 유추를 적용하려면 그것을 찾아보아야 할 필요가 있다고 할 수 있다. 의도적으로 유추를 찾으려고 시도하지 않는 한, 그 유추를 찾아내지 못하기 십상이다.

때때로 사람들은 문제의 표면 유사성을 재인하지 못한다(Bassok, 2003). 또 다른 경우에는 표면 유사성으로 인해 두 가지 상이한 유형의 문제가 동일한 것이라고 잘못 생각하는 오류를 범하기도 한다(Bassok, Wu, & Olseth, 1995; Gentner, 2000). 때로는 경험이 많은 문제해결자조차도 높은 표면 유사성이 상응하는 심층 구조를 나타내는 것이라고 잘못 믿음으로써 갈피를 잡지 못한다. 예컨대, 수학 문제를 특정 유형의 문제로 분류할 때, 필요한 수학 연산보다는 언어 진술을 사용하기도 한다(Blessing & Ross, 1996).

의도적 전이: 유추의 탐색

두 문제 간의 유추를 찾으려면, 둘 간의 관계를 지각해야만 한다(Gentner, 1983, 2000). 문제의 내용 속성은 관련이 없다. 다시 말해서 유추에서 중요한 것은 내용 유사성이 아니라 관계의 구조 체계가 얼마나 밀접하게 대응하느냐는 것이다. 사람들은 내용 중요성을 따져보는 데 익숙하기 때문에, 그 내용을 뒷전으로 밀어두기가 쉽지 않다. 또한 형식(구조적 관계)을 전면에 내세우는 것도 어렵다. 예컨대, 상이한 내용이 군대 문제와 X선 문제 간의 유추를 재인하기 어렵게 만들며 한 문제에서 다른 문제로의 정적 전이를 방해한다.

아동은 자발적으로 유추를 사용하는 전략을 대략 생후 5세 6개월 정도에서 획득한다. 한 연구는 어린 아동에게 하나의 문제에 관한 두 가지 이야기를 들려주었는데, 두 이야기 모두에서 문제를 해결하는 방식이 유사하였다. 생후 5세 6개월 미만의 아동은 두 이야기를 비교해보도록 명시적으로 알려주지 않는 한, 두 번째 이야기에서 문제를 해결할 수 없었다. 더 나이가 든 아동은 두 이야기를 비교해보도록 요구하지 않아도 문제를 해결할 수 있었다(Kikuchi, 2014). 흥미롭게도 참가자가 선행 문제에 유추하거나 아니면 상이한 방식으로 해결할 수 있는 문제에 직면할 때, 슬픈 사람은 유추 방식으로 문제를 해결하는 반면, 행복한 사람은 상이한 방식으로 문제를 해결하는 경향이 있었다(Jurásová, Biela, & Špajdel, 2014).

상반되는 현상이 **투명성**(transparency)으로, 투명성이란 사람들이 내용 유사성으로 인해서 존재하지도 않는 유추를 보게 되는 것이다. 유추를 할 때, 단지 표면적 내용 특성이 아니라 비교하는 두 대상 간의 관계에 초점을 맞출 필요가 있다. 예컨대, 두 심리학 과목의 기말시험을 준비하면서, 여러분은 오픈북의 선다형 시험일 때와 전형적인 주관식 시험일 때 상이한 전략을 사용할 필요가 있다. 부적 전이를 피하기 위하여 세심한 주의를 기울이지 않는다면, 내용 투명성이 동일하지 않은 시험 간의 부적 전이를 초래할 수 있다.

부화

많은 문제를 해결하는 데 있어서 주된 장애물은 정적 전이를 위한 적절한 전략을 찾는 데 있는 것이 아니라 부적 전이를 초래하는 방애물을 피하지 못하는 데 있다. **부화**(incubation), 즉 문제를 의식적으로 생각하지 않은 채 잠시 치워놓는 것은 부적 전이를 최소화하는 한 가지 방법을 제공한다. 부화는 문제해결 단계에서 잠시 벗어나는 것을 수반한다. 예컨대, 여러분이 지금 문제를 해결할 수 없다고 가정해보자. 생각할 수 있는 어떤 전략도 작동하지 않는 것처럼 보인다. 그렇다면 부화할 수 있도록 문제를 잠시 내버려두도록 시도해보라. 부화 기간 동안에는 문제를 의식적으로 생각하지 말아야 한다. 그렇지만 문제를 하의식적으로 처리할 가능성은 허용해야 한다. 몇몇 문제해결 연구자는 부화가 문제해결 과정에서 핵심적인 단계라고까지 주장해왔다(예컨대, Cattell, 1971; von Helmholtz, 1896). 다른 연구자들은 부화 현상에 대한 실험적 증거를 찾는 데 실패하였다(예컨대, Baron, 1988).

부화 연구에 대한 최근의 메타분석(Sio & Ormerod, 2009)은 복잡한 결과는 내놓았다. 문제해결을 준비할 시간이 많을 때에는 부화 기간이 일반적으로 유용하다. 마찬가지로 인지적 부담이 매우 큰 과제에 매몰되어있는 것은 부화 기간 효과에 해가 된다. 이에 덧붙여서 부화 효과는 과제 유형에 달려있다. 예컨대, 언어과제 수행보다는 확산적 사고 과제 수행에서 부화 효과가 크다. 부화가 도움이 되는 까닭은 사람들이 다른 문제에 주의를 기울이면서도 부화시키고 있는 문제에 관한 정보를 무의식적으로는 계속해서 처리하고 있기 때문인 것으로 보인다. 많은 경우에 문제를 해결하는 전략을 생각해낼 수 없는 시점에 도달하게 되면, 사람들은 심적 고착에 시달리게 된다. 부화는 고착에서 벗어나는 것을 도와줌으로써 문제해결 과정을 촉진시킬 수 있다(Koppel & Storm, 2014).

체화 인지와 문제해결

인지심리학자는 순수한 인지과정뿐만 아니라 사람들이 인지과정을 지원하기 위하여 신체를 사용하는 방식에도 관심을 갖는다. 신체와 마음은 여러 가지 상이한 방식으로 연결되어있는 것이 확실하며, 신체와 행위로부터 받아들이는 피드백은 실제로 사고과정에 영향을 미칠 수 있다. **체화 인지**(embodied cognition)는 마음이 신체에 영향을 미치며, 신체도 마음에 영향을 미친다는 이론이다. 체화 인지 이론에 따르면, 물리적 세계와 신체의 상호작용이 인지과정에 영향을 미친다(Barsalou, 2008; Thomas & Lleras, 2009).

이 장 앞부분에서 논의하였던 두 줄 문제를 기억하고 있는가? 여러분은 신체과정이 이 문제를 해결하는 데 어떻게 도움을 줄 수 있다고 생각하는가? 한 연구(Thomas & Lleras, 2009)에서 참가자에게 두 줄 문제를 해결하도록 요구하였다. 참가자에게 알람이 울릴 때마다 신체 동작을 하도록 요구하였다. 어떤 참가자에게는 두 팔을 앞뒤로 흔들도록 그리고 다른 참가자에게는 두 팔을 좌우로 벌리도록 요구하였다. 16분이 경과한 후, 흔들기 집단의 85%가 문제를 해결한 반면, 벌리기 집단은 62%만이 문제를 해결하였다. 어느 참가자도 신체 움직임과 그 통찰 문제 간의 연결을 지각하지 않았지만, 신체 움직임이 문제해결에 영향을 미친 것은 확실하다.

한 체화 인지 연구에서 참가자는 실제 종이상자 안쪽이나 바깥쪽에 앉거나 바닥에 그려놓은 선을 따라 자유롭게 걸어 다니는 등, 다양한 조건에서 문제를 해결하고자 하였다(Leung 등, 2012). 연구자들은 문제해결과 관련된 은유를 신체적으로 구현할 때, 문제를 해결하는 능력이 증가한다는 사실을 찾아냈다.

문제를 해결하는 데 신체 운동을 활용하기 위해서는 충분한 공간 작업기억 능력을 가지고 있는 것이 중요하다. 참가자에게 X선 문제를 해결하도록 요구한 연구에서 보면, 무관한 안구운동을 하였던 참가자보다 문제의 해결책을 체화시키는 안구운동을 하였던 참가자들이 문제해결에서 더 성공적이었다. 그렇지만 참가자의 공간 작업기억을 과부화 시켰을 때는 관련된 안구운동이 도움을 주지 못하였다(Thomas, 2013).

신경과학과 문제해결의 계획세우기

문제해결에서 처음에 충분한 시간을 투자하는 한 가지 방법은 문제해결을 위한 행위 계획을 세우는 것이다. 앞서 논의한 바와 같이, 계획세우기는 시간을 절약해주고 성과를 증진시킨다. 하노이탑의 다양한 변형을 채택한 연구에서, 참가자가 이 유형의 문제에 점차 친숙해짐에 따라서, 계획세우기 시간의 증가를 보여주었는데, 이것이 전체 이동 시간의 감소를 초래하였다(Gunzelmann & Anderson, 2003). 이 결과는 효과적인 문제해결을 위한 계획세우기의 중요성을 부각시킨다.

제2장에서 전두엽이 고급 인지과정에 관여한다고 언급하였던 사실을 회상해보라. 전두엽 그리고 특히 전전두엽이 복잡한 문제해결 과제를 위한 계획세우기에서 필수적이라는 사실은 놀라운 일이 아니다. fMRI와 PET를 포함하여 다양한 신경심리학 방법론을 사용한 수많은 연구는 문제를 해결하는 동안 이 두뇌영역의 활동을 보여주었다(Unterrainer & Owen, 2006). 이에 덧붙여서 복잡한 문제해결의 계획세우기 단계에서 좌우 전전두엽이 모두 활동한다(Newman 등, 2003). 참가자가 문제해결 과제에서 틀린 반응을 내놓고는 계속해서 그 문제에 매달려야 할 때, 정답을 내놓을 때보다 더 많은 좌우 전전두엽 활동이 나타난다(Unterrainer 등, 2004). 이 결과는 처음 계획이 실패하면 문제해결자가 새로운 계획을 마련해야 하기 때문에 전전두피질이 활동하게

되는 것이라는 사실을 시사한다.

문제해결에서 전전두영역의 중요성에 대한 후속 증거는 외상에 따른 두뇌 손상 사례에서 볼 수 있다. 외상에 따른 두뇌 손상 후에는 문제해결 능력과 계획세우기 능력이 모두 감퇴한다(Catroppa & Anderson, 2006). 실제로 두뇌 손상 환자의 문제해결 능력이라는 측면에서, 성과가 가장 우수한 환자는 좌반구 전전두영역에 제한적인 손상을 입은 사람이다(Cazalis 등, 2006).

런던탑 과제에서는 전운동피질과 두정엽을 포함한 다른 영역들도 활동한다(Newman 등, 2003; Unterrainer & Owen, 2006). 이러한 부가적 활동은 주의와 신체 움직임에 대한 계획세우기의 결과일 가능성이 높다. 전전두영역에 덧붙여서 시공간 작업기억을 사용할 때 활동하는 영역들도 런던탑 과제를 해결하는 동안 활동한다(Baker 등, 1996).

연구자들은 체스를 두거나 논리적 결론을 도출하는 것과 같이 복잡한 문제해결 상황에 몰두하고 있는 사람의 정보처리를 연구해왔다(Bilalic 등, 2008a; Kiesel 등, 2009; Simon, 1976). 예컨대, 참가자는 우선 숫자나 기하도형 배열을 보는 간단한 과제를 수행한다. 그런 다음에 그 배열에 기저하는 규칙을 찾아내야만 하며, 최종적으로는 다음에 나올 숫자나 도형을 예측해야 한다. 보다 복잡한 과제는 앞서 언급한 물병 문제와 같은 과제를 포함할 수 있다.

✔ 개념 확인

1. 마음갖춤새는 어떻게 문제해결 능력을 손상시킬 수 있는가?
2. 부적 전이란 무엇인가?
3. 유추는 문제해결에 항상 유용한 것인가?
4. 문제해결에서 부화의 역할은 무엇인가?

❁ 전문성: 지식과 문제해결

인지심리학에 대한 전문성을 가지고 있지 않은 사람일지라도 지식, 특히 전문가 지식이 문제해결을 크게 증진시킨다는 사실을 알고 있다. **전문성**(expertise)이란 잘 발달하고 잘 조직된 지식기반을 반영하는 높은 수준의 기술이나 성취를 말한다. 인지심리학자의 관심을 끄는 것은 전문성이 문제해결을 증진시키는 이유이다. 어째서 전문가는 자신의 분야에서 초보자보다 더 성공적으로 문제를 해결할 수 있는 것인가? 전문가는 문제해결 알고리즘과 발견법을 비롯한 전략을 더 많이 알고 있는가? 더 우수한 전략을 알고 있는가? 아니면 그러한 전략을 더 자주 사용하는 것뿐인가? 무엇이 전문가로 하여금 자신의 분야에서 초보자보다 더 효율적으로 문제를 해결하게 만드는가? 재능인가, 아니면 단지 획득한 기술인가?

지식 체제화

여러분은 맛으로 맥주를 구분할 수 있는 사람이 있다고 생각하는가? 한 연구에서 맥주 전문가와 초보자가 일련의 맥주를 맛보는 경험을 하였다(Valentin 등, 2007). 두 집단 모두 맥주를 똑같이 잘 구분할 수 있었다. 그렇지만 전문가는 나중에 실시한 재인검사에서 더 우수한 성과를 나타냈다. 이 결과는 전문가와 초보자 간에 지각능력에서는 차이가 없지만 기억에서는 차이가 있다는 사실을 시사한다. 연구자들은 맥주 전문가가 새로운 맥주 정보를 부호화하고 인출하는 더 우수한 틀걸이를 가지고 있다고 결론지었다.

지식은 문제해결에서도 이해와 상호작용할 수 있다(Whitten & Graesser, 2003). 지식이 글 응집성과 상호작용하는 방식을 다룬 연구를 보자(McNamara 등, 1996). 아동에게 생물학 글을 제시하였다. 절반의 아동은 생물학에 관하여 높은 수준의 영역 지식을 가지고 있었으며, 나머지 절반의 아동은 낮은 수준의 지식을 가지고 있었다. 이에 덧붙여서 절반의 글은 매우 응집적이었다. 즉 글의 다양한 개념들이 서로 어떻게 관련되는 것인지를 명확하게 보여주었다. 나머지 절반의 글은 응집성이 낮았다. 즉, 글이 매끄럽게 진행되지 않아서 읽기가 더 어려웠다. 그런 다음에 아동은 읽은 내용에 근거하여 다양한 문제해결 과제를 수행하였다. 예측한 바와 같이, 영역 지식이 적은 참가자는 글이 매우 응집적일 때 성과가 더 우수하였다. 이 결과는 일반적으로 새로운 자료를 응집력 있는 방식으로 제시할 때 사람들이 더 잘해낸다는 사실을 시사한다.

그런데 놀랍게도 높은 수준의 지식 집단은 글이 응집적일 때보다 그렇지 않을 때 수행이 더 우수하였다. 높은 수준의 지식 집단은 응집성이 높은 글을 읽을 때 글에 들어있는 내용을 알고 있다고 생각하기 때문에 자동항법장치를 작동시키고는 많은 주의를 기울이지 않았다고 연구자들은 제안하였다. 이 결과는 사람들이 문제를 해결할 때 주의과정의 중요성을 지적하고 있다. 특히 자신이 전문가이고 주의를 기울일 필요가 없다고 느끼는 영역에서 그렇다.

지식 정교화

이 장 서두의 '믿거나 말거나'에서 기술한 체스 전문가와 초보자 연구를 기억하고 있는가? 전문가를 초보자와 구분하는 것은 지식의 양, 체제화, 그리고 사용이다. 체스 연구는 두 과제를 포함한다. 하나는 말들의 무선 배열이고 다른 하나는 의미 있는 배열이다(그림 11.13). 두 체스 과제 모두에서 전문가는 말들의 위치에 관한 정보를 저장하고 인출하는 데 발견법을 사용한다. 반대로 초보자는 말 위치에 관하여 유의한 정보를 저장하고 있지 못하다. 따라서 핵심 차이는 체스 전문가가 구체적인 말 배열에 엄청나게 많은 정보를 기억에 저장하고 체제화 해놓고 있다는 것이다. 의미 있는 말 배열을 볼 때, 전문가는 기억에 들어있는 지식을 사용할 수 있다. 다양한 말 배열을 통합적이고 체제화 되어있는 지식 청크로 기억해낼 수 있다. 제5장에서 회상할 수 있는 바와 같이, 정보를 의미 있는 단위로 묶을 수 있는 능력은 우수한 기억과 능력을 가능하게 만들어 준다. 그렇지만 무선적인 말 배열에 있어서는 전문가 지식이 무용지물이다. 전문가도

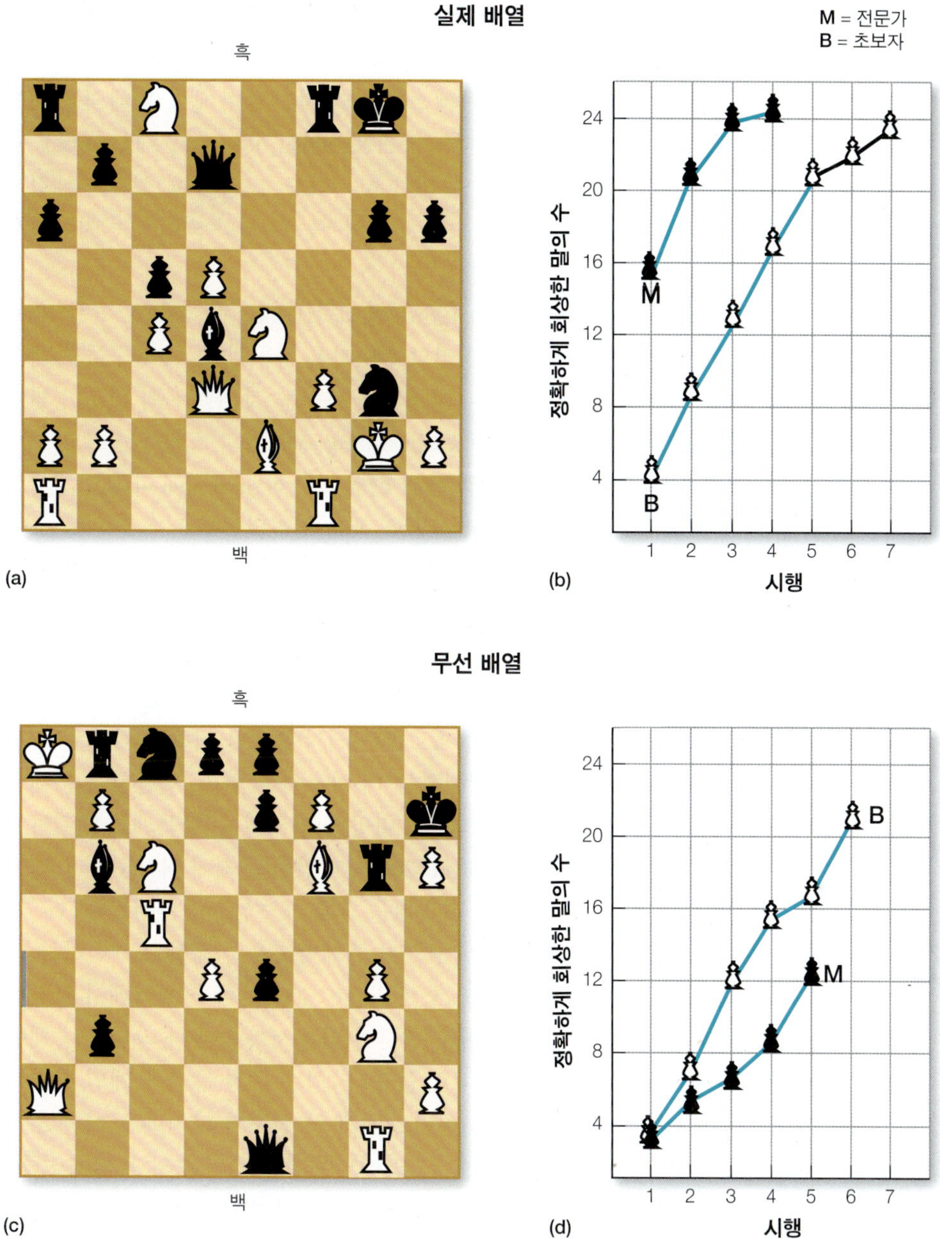

그림 11.13 체스 경기에서 전문가 대 초보자. 전문가와 초보자에게 (a)에서 보는 것과 같이 실제 체스 말들의 패턴을 회상하도록 요구하면, (b)에서 보는 것과 같이 전문가가 훨씬 우수한 성과를 나타냈다. 그렇지만 (c)와 같이 말들의 무선 배열을 회상하도록 요구하였을 때는 (d)에서 보는 바와 같이, 전문가가 초보자보다 나을 것이 없었다. 오히려 전문가가 더 열등하였다.

출처: http://en.chessbase.com/post/the-geometry-of-expertise

초보자보다 우위에 있지 못하다. 초보자와 마찬가지로 전문가도 많은 말과 그 위치 간의 상호관계를 단순 암기하고자 시도할 수밖에 없다. 이러한 암기는 많은 항목을 저장할 것을 요구하기 때문에, 기억능력을 훼손시킨다. 따라서 전문가가 실제 말의 위치를 기억하는 데는 우수하지만, 무선적인 말 배열을 기억해야만 할 때는 초보자보다 나을 게 없다.

초보자의 경기와 비교할 때 명인 수준 체스 선수의 멋진 행마에서 말 배열을 재인하기 위한 인출 과정은 더 많은 도움을 준다(Gobet & Simon, 1996a, 1996b, 1996c). 명인에게 시간 제한을 가하고 판을 미리 볼 수 없게 하더라도, 그의 수행 성과는 본질적으로 달라지지 않는다. 따라서 전문가의 수행에 있어서는 체제화 되어있는 지식체계가 미래의 수를 예측하는 과정보다도 더 중요하다.

다른 연구들은 방사선학(Lesgold 등, 1988), 물리학(Larkin 등, 1980), 명상(Brefczynski-Lewis 등, 2007) 등과 같은 다른 영역의 전문가를 다루었다. 이 연구들도 계속해서 동일한 결과를 내놓았다. 전문가를 초보자와 구분하는 것은 자신의 전문 영역에서 문제를 해결하는 스키마이었다(Glaser & Chi, 1988). 전문가의 스키마는 크고 고도로 상호연결된 지식 단위를 수반한다. 지식 단위 간의 구조적 유사성에 따라서 체제화 되어있다. 반면에 초보자의 스키마는 상대적으로 작고 지리멸렬한 지식 단위를 수반한다. 피상적 유사성에 따라서 체제화 되어있다(Bryson 등, 1991).

전문가와 초보자는 다양한 문제를 분류하고 문제의 본질을 기술하며 해결책을 결정하고 기술하는 방식에 있어서도 차이를 나타낸다(Chi, Glaser, & Rees, 1982; Larkin 등, 1980). 수학 전문가와 초보자 모두의 문제해결 전략을 탐색한 연구는 시각 표상의 사용에서 나타나는 차이를 지적하였다. 즉 초보자는 시각 표상을 기하 문제와 같이 명백한 공간 성분을 가지고 있는 문제를 해결하는 데 사용하는 반면, 전문가는 문제가 명백한 공간 성분을 가지고 있는지에 상관없이, 다양한 범위의 수학 문제를 해결하는 데 시각 표상을 사용하였다(Stylianou & Silver, 2004). 다양한 문제에 시각 표상을 적용하는 능력은 상당한 융통성을 부여해주며 해결책을 찾을 가능성을 증가시킨다.

한 가지 흥미진진한 연구는 새로운 야구경기 중계방송을 이해하고 해석하는 데 있어서 지식의 역할을 살펴보았다(Hambrick & Engle, 2002). 야구 지식에서 상당한 차이를 보이고 있는 총 181명의 성인이 야구 전문 아나운서가 녹음한 라디오 중계방송을 청취하였다. 중계방송은 실제 게임처럼 들렸다. 방송 중간 중간에 게임 상황의 변화에 대한 기억을 측정하였다. 예컨대, 참가자에게 각 선수가 타석에 들어선 후에 어느 베이스에 공격 선수가 진루하고 있는지, 그 이닝에서 아웃의 수와 득점 수 등에 관하여 질문을 하였다. 그 결과, 야구 지식이 참가자 수행의 변량을 절반 이상 설명하였다. 작업기억 용량도 중요하였지만, 지식만큼은 아니었다. 따라서 사람들은 사용할 수 있는 탄탄한 지식기반을 가지고 있을 때, 그 지식을 가지고 사건을 더 잘 기억해낼 수 있고 문제를 더 잘 해결할 수 있다.

문제해결의 재고

전문가와 초보자 간의 또 다른 차이는 다양한 문제를 해결하고자 시도하고 있을 때 생각하고 있는 것을 큰 소리로 보고하도록 요구함으로써 관찰할 수 있다(Bilalic, 2008b; Dew 등, 2009). 문제해결자가 보고하는 진술을 언어 **프로토콜**(verbal protocol)이라고 부른다. 언어 프로토콜에서 흥미를 끄는 효과는 이것이 문제해결 능력을 증진시킬 수 있다는 점이다. 한 연구에서 참가자가 문제의 대상에 초점을 맞추는 방식으로 자신의 문제해결 전략을 큰 소리로 말하거나 글로 적을 때, 해결책의 질이 개선되었다(Steif 등, 2006). 또 다른 연구에서는 참가자가 자신의 전략을 말할 때보다 글로 적을 때 문제해결 능력이 증진되었다(Pugalee, 2004). 따라서 초보 문제해결자의 경우에는 문제해결 전략을 소통하는 것이 수행을 증진시키는 것으로 보인다.

전문가와 초보자 간의 또 다른 차이는 문제의 다양한 측면에 할애하는 시간 그리고 문제해결 전략과 도달한 해결책 간의 관계이다. 전문가는 초보자보다 문제를 표상하는 방식을 결정하는 데 상대적으로 더 많은 시간을 할애하며(Lesgold, 1988; Lesgold 등, 1988), 문제를 해결하기 위하여 전략을 실제로 구현하는 데는 훨씬 적은 시간을 할애한다.

시간 할당에서 전문가와 초보자 간의 차이는 문제해결의 초점과 방향이라는 측면에서 바라볼 수 있다. 전문가는 초보자보다 문제에 제시된 정보를 자신의 기존 스키마와 대응시키는 방법을 궁리하는 데 상대적으로 더 많은 시간을 할애하는 것으로 보인다. 다시 말해서 전문가는 자신의 전문성에 근거하여, 문제에 관한 정보를 자신이 이미 알고 있는 것과 대응시키는 방법을 바로 그 문제에 관한 정보와 비교하고자 시도한다. 일단 전문가가 정확한 대응을 찾게 되면, 신속하게 문제해결 전략을 인출하여 구현할 수 있다. 따라서 전문가는 주어진 정보("내가 아는 것")로부터 알지 못하는 정보("내가 찾아내야 하는 정보")로 향하는 전진 풀기 방식으로 문제를 해결할 수 있는 것으로 보인다. 전문가는 장기기억에 들어있는 스키마에서 인출한 전략에 근거하여 정확한 순서대로 단계를 구현해나간다(Chi, Glaser, & Rees, 1982).

전문가인 의사와 초보자인 의대생이 일련의 증상을 나타내는 환자에 대처하는 방식을 생각해보자. 초보자는 증상에 어떻게 대처해야 하는지 확신하지 못한다. 되는대로 시간도 오래 걸리고 값비싼 일련의 검사를 처방한다. 거의 완벽한 증상 정보를 갖게 되면, 정확한 진단을 내릴 수 있을 것이라고 희망하고 있는 것이다. 그렇지만 경험이 많은 의사는 그 증상이 어떤 진단 패턴에 맞아떨어진다는 사실을 즉각적으로 알아차릴 가능성이 더 높다. 의사는 특정 목적을 위한 소수의 검사만을 처방한다. 의사는 제한된 수의 가능성 중에서 정확한 진단을 내릴 수 있다. 그런 다음에 진단한 질병을 치료하는 작업으로 넘어간다.

반면에 초보자는 문제를 표상하는 데 상대적으로 적은 시간을 할애하는 것으로 보인다. 알지 못하는 정보로부터 알고 있는 정보로 향하는 후진 풀기 방식을 선택한다. 즉, 자신이 찾아야하는 것이 무엇인지를 묻는 것으로부터 주어진 정보가 무엇인지 그리고 모르는 정보를 찾는 데 도움을 줄 수 있는 전략은 어떤 것인지를 묻는 것으로 진행한다. 초보자는 수단-목표 분석을 사용하기 십상이다(Hunt, 1994 참조). 따라서 초보자는 전문가가 고려하는 것보다 더 많은 전략을 고려하기 십상이다(Holyoak, 1990 참조). 전문가에게 있어서 수단-목표 분석은 단지 보조 전략으로만 기능한다. 기존 스키마에 근거하여 적절한 전략을 인출할 수 없을 때에만 이 전략을 고려한다. 전문가는 전진 풀기 전략을 사용할 가능성이 높다.

따라서 전문가는 단순히 많은 지식을 가지고 있는 것이 아니라 보다 잘 체제화 되어있는 지식을 가지고 있다. 자신의 지식을 보다 효과적으로 사용하는 것이다. 이에

앤더스 에릭슨(K. Anders Ericsson)의 실험실에서는

문제해결의 개인차

내가 기억해낼 수 있는 한에 있어서, 나는 사고와 문제해결에서 개인차에 매혹되어왔다. 특히 나와 같은 보통사람도 과학자나 체스 명인과 같은 전문가와 뛰어난 사상가로부터 무엇인가를 배우는 것이 가능한지 궁금하였다. 그들이 업적을 달성한 방법을 찾아내서 그들의 연구방법과 훈련방법을 채택함으로써 나의 능력을 증진시키는 것이 가능할까?

앤더스 에릭슨

이례적으로 뛰어난 사람의 사고 발달 과정에 대한 대부분의 설명은 이러한 전문가들을 대상으로 여러 해 전에 심지어는 수십 년 전에 일어났던 일에 관하여 비공식적으로 인터뷰한 것에 근거한다. 그렇지만 과학자는 과학적 방법으로 검증할 수 없는 이런 유형의 회상 정보를 회의적으로 바라보아야만 한다.

우리 실험실에서는 음악가, 체스선수, 운동선수 등과 같은 전문가를 초빙하여 통제된 상황에서 뛰어난 성과를 재현하도록 요구함으로써, 이들의 수행을 초보자의 수행과 비교할 수 있다(Ericsson, 2009; Ericsson & Williams, 2007). 우리는 전문가에게 과제를 수행하면서 자신의 생각을 말로 표현하거나(즉, "말하면서 생각하기") 과제 수행을 마친 직후에 생각을 보고하도록 요구한다("말하면서 생각하기"와 내성 분석 간의 근본적인 차이를 보려면 Ericsson, 2006a를 참조). 이러한 유형의 언어 보고 그리고 보고한 정보를 검증하기 위하여 특별히 설계한 실험에 근거하여, 우리는 이례적인 기억력 소유자의 뛰어난 수행을 매개하는 복잡한 기술과 사고과정을 밝혀낼 수 있었다(최근 연구를 보려면 Hu & Ericsson, 2012를 참조). 우리는 특히 체스 명인, 음악가, 운동선수, 암산의 대가 등과 같은 전문가들이 복잡한 행위의 연속을 계획하고 감시하며 평가할 수 있게 해주는 기억력을 어떻게 획득하는 것인지에 관심을 기울여왔다(Ericsson, 2006a; Moxley 등, 2012).

덧붙여서 전문가의 스키마는 문제 영역에 관하여 더 많은 선언지식 뿐만 아니라 그 영역과 관련된 전략에 관한 절차지식도 수반하고 있다. 전문가는 필요한 전략을 보다 잘 이해하고 있기 때문에 초보자보다 문제를 해결하는 어려움을 보다 정확하게 예측한다. 또한 전문가는 초보자보다 자신의 문제해결 전략을 보다 신중하게 감시한다(Schoenfeld, 1981).

전문가 자동처리

전문가는 전략을 적용하는 훈련을 통해서 다양한 조작을 자동화할 수 있다. 전진 방식으로 문제를 해결하고자 시도하면서 이러한 조작을 손쉽게 인출하고 수행할 수 있다(VanLehn, 1989). 전문가는 두 가지 중요한 처리과정을 사용한다. 하나는 **도식화**(schematization)로, 풍부하고 고도로 체제화 되어있는 스키마를 발달시키는 것이다. 다른 하나는 **자동화**(automatization)로, 일련의 단계들을 의식적 제어를 거의 요구하지 않는 통합 루틴으로 공고하게 만드는 것이다. 전문가는 두 처리과정을 통하여 문제를 해결하는 부담을 제한된 용량의 작업기억에서 무한한 용량의 장기기억으로 전이시킬 수 있다. 그렇게 함으로써 문제해결이 점차적으로 효율적이며 정확해진다. 작업기억

우리 실험실에서는 전문가들을 대상으로 현재 사용하고 있는 훈련방법 그리고 특정 영역에서의 능력을 발달시킨 방법에 관하여 인터뷰하고 있는데, 이들이 보고한 정보는 부모나 선생님 또는 공식적인 대회 수상기록 등을 통해서 검증할 수 있다. 가장 보편적이며 흥미진진한 발견은 전문가의 뛰어난 성과가 그들의 선생이 설계한 훈련활동에 집중적으로 몰입한 정도와 밀접하게 연관되어있다는 것이며, 그 훈련활동은 이들이 나타내는 성과의 특정 측면을 증진시키려는 것이다. 따라서 미래의 전문가가 또래들과 일차적으로 차이를 나타내는 것은 문제해결을 반복하고 점진적으로 정교화시킴으로써 현재의 수행을 능가하도록 도와주는 특별 훈련활동(계획적 훈련)에 몰입하는 것이다(Ericsson, 2006b, 2014).

음악, 스포츠, 체스 등과 같은 영역에서 최고의 수행자는 이른 시기에 시작하였으며, 여러 해에 걸쳐 하루에 4시간 이상을 계획적 훈련에 몰입해온 사람이다. 20세에 최정상에 도달한 바이올린 연주자는 추정컨대 3,000~12,000 시간의 계획적 훈련량을 누적해왔다(Ericsson, Kramps, & Tesch-Römer, 1993). 10여 년이 지난 후에 말콤 글래드웰(2008)은 『아웃라이어: 성공 이야기』에서 "10,000시간 법칙"을 제안하였는데, 이 책에서 그는 우리의 결과를 오해하고는 우리가 조사한 모든 최정상 수행자들이 10,000시간 이상의 훈련을 해왔다고 언급하였다. 실제로 우리가 조사한 엘리트 표본에서 훈련시간이 10,000시간에 도달한 사람은 절반이 되지 않았다(Ericsson, 2013). 이러한 오해가 글래드웰로 하여금 10,000시간 훈련이 국제적 수준의 성과에 도달하기 위해 필요한 하한선이라고 제안하도록 이끌어갔다. 즉, "진정한 전문성에 이르는 마법의 숫자"(Gladwell, 2008, p. 40)라는 것이다. 이러한 오해에도 불구하고, 엘리트 수행자는 국제적 수준에서 성공을 거두기 전부터 선생님이 개인 지도하는 훈련(계획적 훈련) 시간이 엄청나다는 사실은 확실하다(Ericsson, 2014). 스포츠와 음악에서 전문 수행자의 상세한 분석은 두뇌 신경회로의 수초화 정도가 증가하는 것, 핵심 근육에 혈액을 공급하는 모세혈관의 수가 증가하는 것, 심장 심실이 커지는 것 등과 같이, 신체 특성을 수정할 수 있는 집중 훈련활동의 유형을 밝혀왔다(Ericsson, 2006b, 2013).

전문가 수행에 관한 연구는 수천 시간에 걸쳐 수행을 증진시키려는 계획적 노력 끝에 획득할 수 있는 인지구조와 생리적 적응에 대한 새로운 통찰을 제공해왔다. 전문 수행자의 삶과 훈련방법에 대한 과학 연구는 사람들이 최고 수준의 성취를 달성하려는 동기를 가지고 있을 때 가능한 것이 무엇인지에 관한 지식을 증가시켜주는 전도유망한 영역이다.

용량을 자유롭게 만들어줌으로써 문제를 해결하는 동안 진행과정과 정확성을 감시할 수 있게 해준다. 반면에 초보자는 문제의 다양한 자질과 대안적 전략들을 유지하는 데 작업기억을 사용해야만 한다. 이러한 노력은 자신의 정확도와 문제해결을 향한 진전을 감시하는 데 사용할 수 있는 작업기억의 용량을 감소시켜버린다.

자동화는 수학에서, 예컨대 숫자 세기와 더하기와 같은 낮은 수준의 기술을 자동화할 때도 볼 수 있다(Tronsky, 2005). 이러한 기술은 작업기억 부하를 감소시키고 높은 수준의 수학 연산을 마무리할 수 있게 해준다.

그렇지만 전문가의 자동화가 융통성을 빼앗아감으로써, 실제로는 문제해결을 방해할 수도 있다. 전문가가 일상적으로 접하는 문제와는 구조적으로 다른 문제를 해결하고자 시도할 때 이런 일이 일어날 수 있다(Frensch & Sternberg, 1989). 문제가 구조적으로 정상에서 벗어난 것일 때, 처음에는 초보자가 전문가보다 더 잘 해낼 수도 있다. 그렇지만 일반적으로는 결국에 전문가의 수행이 초보자의 수행을 따라잡고 능가하게 된다(Frensch & Sternberg, 1989; Lesgold, 1988). 아마도 이 차이는 전문가의 풍부하게 발달한 스키마와 우수한 자기감시 기술이 초래하는 것이겠다. 그렇지만 최정상 전문가는 자기 전문성의 희생물이 될 가능성이 적다(Bilalic 등, 2008b). 자신이 매몰될 취약성을 깨닫고 그 취약성을 염두에 두는 지혜를 가지고 있다.

전문가의 수행조차도 항상 온전하게 자동화되어있는 것은 아니다. 전문가도 일반인들과 마찬가지로 끊임없이 학습하고 있으며 자신의 행동에 대해 상당한 정도의 의식적인 인지적 제어를 가할 필요가 있다(Ericsson, 2014). 표 11.3은 전문가 문제해결의 다양한 특성을 요약하고 있다.

표 11.3 전문성을 특징짓는 것은 무엇인가?

	전문가	초보자
스키마	• 해당 영역에 관한 풍부한 선언지식을 갖춘 크고 풍부한 스키마를 가지고 있다. • 해당 영역과 관련된 문제해결 전략에 관한 풍부한 절차지식을 담고 있다.	• 해당 영역에 관한 선언지식을 상대적으로 적게 가지고 있는 빈약한 스키마를 가지고 있다. • 해당 영역과 관련된 문제해결 전략에 관한 절차지식이 적다.
체제화	스키마에 잘 체제화 되고 고도로 상호 연결된 지식단위를 가지고 있다.	체제화 되지 못하고 엉성하게 연결된 산만한 지식단위를 가지고 있다.
시간 사용	문제를 표상하는 방식을 결정하는 데 많은 시간을 할애한다.	문제해결 전략을 탐색하고 수행하는 데 더 많은 시간을 사용한다.
문제 표상	문제들 간의 구조적 유사성에 근거하여 정교한 문제 표상을 발달시킨다.	문제들 간의 피상적 유사성에 근거하여 엉성하고 단순한 문제 표상을 발달시킨다.
작업 방향	주어진 정보로부터 전진 풀기를 통해서 알지 못하는 정보를 찾기 위한 전략을 구현한다.	알지 못하는 정보에 초점을 맞추어 역행 풀기를 통해 주어진 정보를 사용하는 전략을 찾는다.
전략	문제해결 전략에 대한 정교한 스키마에 근거한 전략을 사용한다. 수단-목표 분석은 이례적이고 전형적이지 않은 문제에만 사용한다.	대부분의 문제에 대처하는 전략으로 수단-목표 분석을 사용한다.
자동화	문제해결 전략 단계들의 순서를 자동화하였다.	문제해결 전략 단계들의 순서를 거의 자동화하지 못하였다.
효율성	매우 효율적인 문제해결을 보인다. 시간 제약을 부과할 때는 초보자보다 신속하게 문제를 해결한다.	비효율적인 문제해결을 보인다. 문제를 신속하게 해결하지 못한다.
어려움 예측	특정 문제를 해결하는 어려움을 정확하게 예측한다.	특정 문제를 해결하는 어려움을 정확하게 예측하지 못한다.
자기 감시	자신의 문제해결 전략과 처리과정을 신중하게 감시한다.	자신의 문제해결 전략과 처리과정을 제대로 감시하지 못한다.
해결책 정확도	적절한 해결책에 도달하는 데 상당한 정확성을 보인다.	적절한 해결책에 도달하는 정확성이 매우 떨어진다.
이례적 문제의 대처	문제를 표상하고 적절한 문제해결 전략을 인출하는 데 초보자보다 더 많은 시간을 할애한다.	문제를 표상하고 문제해결 전략을 인출하는 데 시간을 덜 할애한다.
모순 정보의 처리	더 적절한 전략을 적용하는 융통성을 보여준다.	처음의 문제 표상이나 전략과 모순되는 새로운 정보를 적용하는 능력이 떨어진다.

장기 작업기억과 전문성

전문가는 과제를 수행하기 위하여 기억에 상당한 양의 정보를 보유하고 있어야만 하는 경우가 많다. 예컨대, 체스 명인은 체스판을 들여다보지 않고도 체스를 둘 수 있다. 이 사실은 모든 말들의 위치를 기억에 유지할 수 있음을 의미하는 것이다. 두 개의 여섯 자리 숫자의 곱셈을 암산할 수 있는 사람은 기억에 중간 결과를 유지할 수 있어야만 한다. 그토록 많은 양의 정보를 작업기억에 유지하는 것은 불가능하다. 그렇다면 전문가는 어떻게 이러한 과제를 수행하는 것인가?

이 물음에 답하기 위해서 전문가는 자신의 전문성 영역에서 장기 작업기억을 발달시킨다고 제안해왔다(Ericsson & Kintsch, 1995). 장기 작업기억 개념을 제안해온 까닭은 전문가가 자신의 재능을 수행하기 위해서는 작업기억에 유지할 수 있는 것보다 더 많은 정보를 자신의 작업기억에 유지해야 하는 경우가 많기 때문이다. 장기 작업기억은 단기 작업기억과는 달리 정보를 안정된 형태로 유지하지만, 적절한 인출단서가 있을 때에만 접속할 수 있다. 전문가가 문제를 해결하는 동안 방해를 받으면, 인출단서를 사용하여 장기 작업기억에 저장된 정보를 다시 인출할 수 있다.

신경영상 연구는 전문가 수행에서 장기 작업기억이 작동하고 있다는 생각을 지지하고 있다. 한 연구는 수많은 신경영상 연구들을 개관하고 전문성을 획득하는 방식에 관하여 2단계 틀걸이를 제안하였다(Guida 등, 2012). 초보자가 과제를 수행할 때는 전전두엽과 두정엽의 활동에서 보는 바와 같이, 작업기억이 활발하게 활동한다. 반면에 측두엽의 활동이 나타내는 전문가의 장기기억은 별로 관여하지 않는다. 초보자가 경험을 쌓아감에 따라서, 작업기억에서 정보를 큰 덩어리로 묶기 시작하는데, 이것이 작업기억 활동(전전두엽과 두정엽의 활동)의 감소로 이끌어간다. 초보자가 과제를 연습함에 따라서 전두엽과 두정엽의 활동이 감소한다는 사실을 수많은 연구가 밝혀온 것을 그림 11.14(a)에서 볼 수 있다. 초보자가 더 많은 경험을 쌓아감에 따라서, 이러한 지식 덩어리, 즉 청크는 장기기억에서 안정화되기 시작한다. 이 시점에서 과제를 수행할 때 작업기억에 덧붙여 장기기억 영역(측두엽)이 관여하기 시작하는 것을 볼 수 있다.

그림 11.14(b)는 전문가가 과제를 수행할 때 측두엽이 관여한다는 사실을 상당한 비율의 연구가 밝혀온 것을 보여준다. 따라서 전문가와 초보자 간의 한 가지 중요한 차이는 장기기억의 관여이다. 이러한 두뇌의 기능적 재체제화를 관찰할 수 있으려면 대략 6년의 시간이 걸리는 것으로 추정해왔다(Chen 등, 2006; Pesenti 등, 2001).

생득적 재능과 획득한 기술

풍요롭고 정교한 지식기반이 특정 영역에서의 전문성에 결정적이기는 하지만, 수행의 모든 차이를 지식수준에만 근거해서 설명할 수는 없다. 초보자와 전문가 간의 차이 그리고 전문가들 사이의 차이가 생득적 재능에 따른 것인지 아니면 그 영역에서 훈련의 양과 질에 따른 것인지에 관해서 상당한 논쟁이 벌어지고 있다. 많은 사람들은 "연

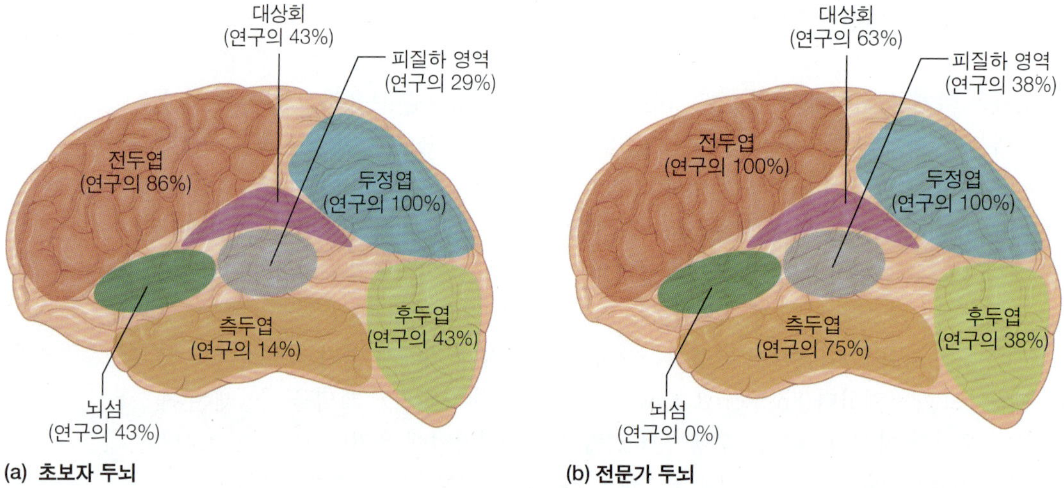

그림 11.14 두뇌 활동과 작업기억.

(a) 초보자가 과제를 연습하고 작업기억에 정보를 보다 큰 덩어리, 즉 청크로 만들기 시작함에 따라서, 전전두엽과 두정엽의 활동이 감소한다. 메타분석에 포함된 많은 연구들이 이러한 활동 감소를 밝혀왔다는 사실을 볼 수 있다.

(b) 상당한 비율의 연구(75%)는 전문가가 과제를 수행할 때 장기기억(측두엽)이 관여한다는 사실을 밝혀왔다.

습이 완벽하게 만들어준다"는 견해를 내세운다(예컨대, Ericsson, 2003 참조). 연습은 계획적이거나 집중적인 것이어야 한다. 발전하고 있는 전문가가 이미 알고 있는 것을 아무 생각 없이 반복하기보다는 새로운 기술의 획득과 적용을 강조해야 한다. 에릭슨(2014)은 사람들이 새로운 기술을 획득하기 위하여 수천 시간을 투자할 때 비로소 초보자나 중간 수준의 수행자와는 비교할 수 없을 만큼 그 기술이 변하게 되는 것이라고 주장한다.

그렇지만 혹자는 대안적 접근을 취한다. 이 접근은 지식기반과 기술기반을 형성하는 데 있어서 연습의 중요성을 인정한다. 또한 재능의 중요성도 강조한다. 연구는 시작하는 연령, "불굴의 정신"과 같은 성격 특질, 열정, 일반 지능과 같은 요인들이 전문가 기술을 획득하는 데 일익을 담당한다는 사실을 보여주었다(개관을 보려면, Hambrick 등, 2014를 참조).

실제로 언어 획득 영역을 비롯한 여러 영역에서 생득적 능력과 경험 간의 상호작용을 광범위하게 받아들이고 있다. 몇몇 기술 영역은 후천성에 크게 의존하는 것이 확실하다. 예컨대, 지혜는 부분적으로 지식에 의존한다. 현명한 판단을 위하여 사용하는 지식은 필연적으로 경험의 결과이다(Baltes & Smith, 1990).

몇몇 영역의 전문가는 예측 능력 덕분에 뛰어난 수준의 수행을 나타낸다. 예컨대, 타이핑 전문가는 초보자보다 타이핑하려는 문자에 해당하는 키 방향으로 손가락을 빠르게 이동한다(Norman & Rumelhart, 1983). 실제로 타이핑 속도에 대한 최선의 예측자는 타이핑하면서 보고 있는 글의 다음 부분을 얼마나 멀리 내다볼 수 있느냐는 것이다. 타이핑하는 동안 다음 부분을 볼 수 없게 하면, 전문가의 장점은 거의 사라지고 만다(Salthouse, 1984). 수화 전문가들도 손으로 신호를 만들어내면서 다음 신호를 준비하는 데서 차이를 나타낸다(Yang & Sarkar, 2006). 수화 전문가는 하나의 신호를 분리해서 만들어내기보다는 앞을 내다보고 있는 것이다. 앞을 내다봄으로써 전문가는 초보자보다 빠르게 신호를 만들어낸다. 음악 전문가도 앞을 내다보는 능력 덕분에 초보자보다 악보를 더 잘 읽을 수 있기 때문에 다음에 나오는 음표들을 예측할 수 있다(Sloboda, 1984). 테니스와 같은 스포츠에서조차 전문가는 날아오는 볼의 궤적을 보다 빠르고 정확하게 예측할 수 있는 능력 덕분에 초보자보다 뛰어난 것이다(Abernethy, 1991).

전문가의 또 다른 특징은 전문성 영역에서 어려운 문제에 대해 초보자보다 더 체계적인 접근을 사용하는 경향이 있다는 점이다. 예컨대, 한 연구는 가상의 생물학 실험실에서 문제해결자가 사용하는 전략을 비교하였다(Vollmeyer, Burns, & Holyoak, 1996). 연구자들은 우수한 문제해결자가 주어진 문제에 대한 접근방식에서 더 체계적이라는 사실을 발견하였다. 예컨대, 어떤 생물학 현상을 설명하고자 할 때, 다른 변인들을 변화시키는 동안 한 변인을 일정하게 유지시킬 가능성이 더 높았다.

전문성을 연구하는 많은 연구자는 재능을 "상식" 심리학의 영역에 가두어 놓음으로써 재능이 전문성에 미치는 영향을 최소화시키려는 경향성을 보인다(그렇지만 Sternberg, 1996a 참조). 이 경향성은 다음과 같은 두 요인을 감안할 때 놀라운 일이 아니다. 첫째는 '재능'이라는 용어를 과학계를 벗어나서도 광범위하게 사용하고 있다는 점이고, 둘째는 재능에 대한 적절하고 검증 가능한 정의가 없다는 점이다.

유전 성향은 적어도 몇몇 유형의 전문성을 획득하는 데 있어서 어느 정도는 차이를 초래하는 것으로 보인다. 예컨대, 읽기 장애의 유전성에 관한 연구들은 읽기 장애 환자에게 있어서 유전 요인이 강력한 역할을 담당한다는 사실을 지적한다(Haworth 등, 2009; Platko 등, 2008). 이에 덧붙여서 읽기 능력에 필수적인 음운 자각의 차이도 적어도 부분적으로는 유전적인 개인차를 나타낼 수 있는 한 가지 요인일 수 있다(Wagner & Stanovich, 1996). 일반적으로 연습의 역할이 특정 영역에서 나타나는 전문성의 상당 부분을 설명하는 것으로 나타나고 있기는 하지만, 나머지 부분에 기여하는 유전 요인도 격렬한 경쟁세계에서 어느 정도의 차이를 초래할 수 있다.

개념 확인

1. 전문가와 초보자의 스키마는 어떻게 다른가?
2. 자동화가 전문가의 문제해결을 효율적이게 도와주는 이유는 무엇인가?
3. 재능은 전문성에 어떤 기여를 하는가?

❁ 창의성

어떻게 하면 창의성을 레오나르도 다 빈치와 마리 퀴리, 빈센트 반 고흐와 아이작 뉴턴, 그리고 토니 모리슨과 알버트 아인슈타인의 업적을 통합하는 하나의 구성개념으로 정의할 수 있겠는가? 창의성에 관하여 생각하는 사람 수만큼이나 다양한 협의적 정

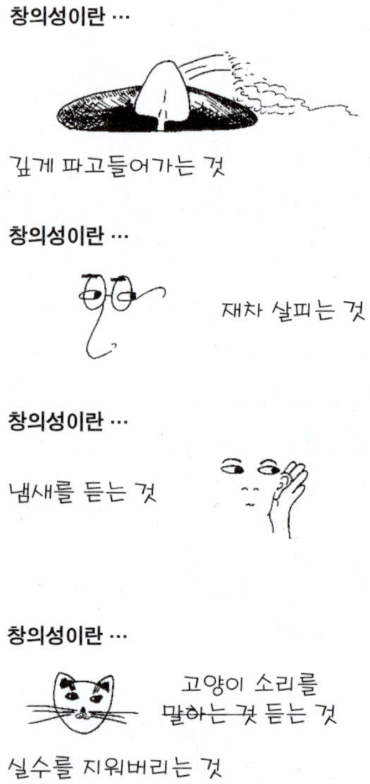

그림 11.15 창의성이란 무엇인가? 여기에 창의성을 정의하는 몇 가지 독창적이고 가치 있는 방법이 있다. 여러분은 창의성을 어떻게 정의하겠는가?

출처: Torrance, E. P. (1988). The nature of creativity as manifest in its testing. In R. J. Sternberg (Ed.), *The nature of creativity*. Cambridge University Press.

의가 있을 수 있다(그림 11.15). 그렇지만 창의성 분야의 많은 연구자는 **창의성**(creativity)을 독창적이고 가치 있는 무엇인가를 생성해내는 과정이라고 광의적으로 정의한다(Csikszentmihalyi, 1999, 2000, 2013; Kozbelt, Beghetto, & Runco, 2010; Lubart & Mouchiroud, 2003; Sternberg, 2012; Sternberg & Lubart, 1996). 그 무엇인가는 다양한 형태를 취할 수 있다. 이론, 무용, 화학, 처리과정이나 절차, 이야기, 교향곡 등을 비롯한 어떤 것일 수 있다.

무엇인가 독창적이고 가치 있는 것을 만들어내는 데는 무엇이 필요한가? 창의적 인물은 어떤 사람인가? 거의 모든 사람은 창의적 인물이 창의적 생산성을 나타낸다는 데 동의한다. 창의적 인물은 독창적이면서 동시에 가치 있는 발명품, 통찰을 통한 발견, 예술 작품, 혁명적 패러다임 등을 만들어낸다. 관례적 지혜는 매우 독창적인 인물이 창의적 생활양식도 가지고 있다는 사실을 시사한다(Robinson, 2011). 이러한 생활양식은 융통성, 정형화되지 않은 행동, 동조하지 않는 태도의 특징을 갖는다(Sawyer, 2013).

창의적 인물의 특징

몇몇 심리학자는 창의성을 확산적 사고(divergent thinking), 즉 다양하고 적절한 반응을 생성하는 사고를 통해서 측정하는데, 이것은 길포드(J. P. Guilford, 1950)가 시작한 접근방법이다(이 분야의 역사를 보려면, Runco & Albert, 2010을 참조. 창의성 평가에 관한 논의를 보려면 Plucker & Makel, 2010을 참조.) 예컨대, 창의적인 사람은 창의성 평가에서 높은 점수를 얻기 십상이다. 그러한 평가의 한 가지 사례를 토런스 창의적 사고 검사에서 볼 수 있다(Torrance, 1974, 1984). 이 검사는 개방형 질문에 대한 반응의 다양성, 질, 적절성 등을 측정한다. 그러한 질문의 한 가지 사례는 종이 클립이나 볼펜을 사용할 수 있는 모든 가능한 방법을 생각해내라는 것이다. 토런스 검사는 창의적 도형 반응도 평가한다. 예컨대, 검사 받는 사람에게 몇 개의 원이나 구불구불한 선 또는 직선이 들어있는 종이를 제시한다. 검사는 주어진 모양을 사용하여 얼마나 상이한 방식으로 그림을 완성하였는지를 평가한다. 특히 그림을 완성하는 데 얼마나 이례적이거나 풍부하고 정교한 세부요소들을 사용하였는지를 고려하게 된다.

다른 심리학자들은 문제해결과 통찰을 연구함으로써 인지과정으로서의 창의성에 초점을 맞추어왔다(Finke, 1995; Klein, 2013; Ward & Kolomyts, 2010; Weisberg, 1988, 2009). 몇몇 연구자는 현저하게 창의적인 사람과 그렇지 못한 사람을 구분하는 것이 전문성과 창의적 작업에 몰입하는 것이라고 믿고 있다. 매우 창의적인 사람은 오랫동안 열심히 작업한다. 선구자들과 동시대 인물의 업적을 연구함으로써 자기 분야에서 철저한 전문가가 된다. 그런 다음에 자신이 알고 있는 것을 기반으로 하여 영역을 확장해나감으로써 혁신적인 접근과 작품을 만들어가며(Weisberg, 1988, 2009), 사회를 변화시킨다(Moran, 2010). 한 연구는 디자인 전공학생들이 완성한 프로젝트의 창의성을 살펴보았다. 연구자들은 학생들이 지식을 축적함에 따라서 프로젝트의 창의성이 높아진다는 사실을 발견하였다(Christiaans & Venselaar, 2007).

음악을 작곡하거나 과학 원리를 재발견하는 컴퓨터 프로그램과 같은 몇몇 프로그램은 창의적이라고 간주할 수 있다. 이 프로그램에 대해서 항상 던질 필요가 있는 질문은 그 성취가 진정으로 창의적 인물의 성취에 비견할 수 있는 것인지 그리고 프로그램이 사용하는 처리과정이 사람이 사용하는 것과 동일한 것인지 등이다(Boden, 1999). 랭글리 등(1987)의 과학원리 발견 프로그램은 과학 원리를 최초로 발견하는 것이라기보다는 재발견하는 프로그램이다. 체스 세계 챔피언이었던 게리 카스파로프를 이긴 컴퓨터 프로그램인 딥 블루조차도 카스파로프보다 더 창의적으로 체스를 두어서 승리한 것은 아니다. 오히려 엄청나게 빠른 계산의 힘을 통해서 승리한 것이다.[1]

주딧 폴가는 태어나기 전부터 그녀의 부모가 그녀를 체스 챔피언으로 만들겠다고 결정하였다. 따라서 어릴 때부터 집중적인 체스 훈련을 받았다. 체스 올림픽에서 두 차례나 금메달을 수상하였으며, 2011년에는 50번째 여성 세계 랭킹 1위에 등극하였다. 2014년에 그녀는 은퇴를 선언하였다.

성격과 동기가 창의성에서 중요한 역할을 담당한다(Barron, 1988; Feist, 2010; Hennessey, 2010; Runco, 2010). 창의성에 기저하고 있는 것은 다른 문화, 인종, 종교 신념 등에 대한 융통성 있는 신념과 수용적인 태도이다. 몇몇 연구자는 창의적 생산성에서 동기의 중요성에 초점을 맞추어왔다(예컨대, Amabile, 1996; Collins & Amabile, 1999).

혹자는 개인에 내재하는 내재적 동기를 개인 외부에 존재하는 외재적 동기와 구분하기도 한다. 예컨대, 내재적 동기가 높은 사람은 순전히 창의적 과정을 즐기거나 문제를 해결하는 개인적 욕구를 가지고 있다. 내재적 동기는 창의성에 필수적이다. 외재적 동기가 높은 사람은 명성이나 부의 욕구를 가지고 있다. 실제로 외재적 동기는 모든 상황에서는 아닐지라도 많은 상황에서 창의성을 방해할 수 있다(Amabile, 1996; Prabhu, Sutton, & Sauser, 2008). 흥미를 불러일으키는 한 실험에서 보면, 신선한 수행성과에 대한 외재적 보상이 창의성과 내재적 동기 모두를 증가시켰다. 반대로 보통의 수행성과에 대한 외재적 보상은 창의성과 내재적 동기 모두를 감소시키는 결과를 초래하였다(Eisenberger & Shanock, 2003).

특정 성격 특질이 창의적 인물과 일관성 있게 관련된 것으로 보인다(Feist, 1998,

[1] 역주: 2016년 3월 9일부터 15일까지 진행된 한국의 프로 바둑기사 이세돌과 알파고(AlphaGo) 간의 바둑 대결에도 똑같은 논리를 적용할 수 있겠다.

레오나르도 다 빈치, 알버트 아인슈타인, 아이작 뉴턴과 같은 창의적 인물이 공유하는 것은 무엇인가?

1999; Prabhu 등, 2008; Zhang & Sternberg, 2009; Zhang, Sternberg, & Rayner, 2012). 특히 창의적 인물은 창의적이지 않은 사람보다 새로운 경험에 더 개방적이고, 자기확신적이며, 자기수용적이고, 충동적이며, 야망이 있고, 투지가 넘치며, 주도적이고, 적대적인 경향이 있다. 또한 관습에 얽매이지 않는다.

창의성이 발현되는 맥락에서 창의성을 바라다볼 필요가 있다(Csikszentmihalyi, 1988, 1996, 2013; Moran, 2010). 전체 역사를 포괄하도록 근접한 사회적, 지적, 문화적 맥락을 뛰어넘음으로써 창의성을 이해하고자 시도할 수 있다(Simonton, 1994, 1997, 1999, 2010a, 2014). 창의적 공헌을 예측할 수 없는 까닭은 그 공헌이 선구자들과 동시대 인물들이 확립한 규범을 위반하기 때문이다. 창의적 인물의 많은 속성 중에는 뜻밖의 우연한 발견을 하고 그러한 발견을 적극적으로 추구하는 능력이 들어있다(Simonton, 1994).

창의성을 연구하는 데 진화적 사고를 사용할 수도 있다(Cziko, 1998; Gabora & Kaufman, 2010; Runco, 2014; Simonton, 2010a). 그러한 모형에 기저하는 것은 창의적 아이디어가 유기체와 마찬가지로 진화한다는 생각이다. 창의성이 무선 변이와 선택 과정의 결과로 발생한다는 것이다(Campbell, 1960). 무선 변이에서는 우선 창의적 인물이 아이디어를 생성하는데, 그 아이디어가 아이디어 세계에서 성공적일지(선택될지) 전혀 알지 못한다. 따라서 오래 살아남을 아이디어를 생성하는 최선책은 많은 아이디어를 내놓는 것이다. 이들 중에서 몇몇 아이디어가 그 분야에서 가치를 인정받게 된다. 즉, 창의적이라고 평가받음으로써 선택적으로 살아남게 되는 것이다.

창의적 인물은 어린 시절에 어느 정도 지원은 해주지만 엄격하고 비교적 냉담한(즉, 따뜻한 애정을 가지고 양육하지 않는) 가족생활을 하는 경향이 있었다. 그렇지만 꽤나 지지를 해주는 멘토를 가지고 있었다. 대부분은 어릴 적부터 자신이 선택한 분야에 관심을 나타냈지만, 특별히 주목할 만한 사람은 많지 않았다(Gardner, 1993a, Policastro & Gardner, 1999; Gruber, 1974/1981도 참조; Gruber & Davis, 1988; Simonton, 2010a). 일반적으로 어린 시절부터 미지의 영역을 탐색하는 데 관심을 나타내는 경향이 있지만, 대략 10년 정도의 훈련을 받아 선택한 분야를 숙달한 후에야 비로소 처음으로 획기적인 약진을 나타냈다. 대부분의 창의적 인물은 약진을 보인 시기에 어느 정

믿거나 말거나 여러분은 언제 최고의 업적을 내놓을 것인가?

창의적인 사람들은 세상을 변화시킬 공헌을 하고자 갈망하기 십상이다. 이들이 깨닫지 못하고 있는 사실은 그러한 공헌을 해내는 연령이 자기 자신뿐만 아니라 선택한 분야에도 달려있다는 점이다(그림 11.16 참조). 딘 시몬턴(1988, 1991, 1994, 2014)은 연령에 따른 창의적 공헌의 궤적을 연구해왔다. 그는 사람들이 뛰어난 창의적 공헌을 달성하는 연령이 분야에 따라서 광범위하게 차이를 보인다는 사실을 찾아냈다. 예컨대, 화학에서는 가장 위대한 업적을 내놓는 평균 연령이 38세이다. 의학에서는 42세이며, 작곡자의 경우에는 대략 41세이다. 그렇지만 다음 사실에 주목하라. 이러한 차이에도 불구하고, 평균적으로는 최선의 업적이 대체로 40세경에 나타난다. 따라서 여러분이 스스로 창의적이라고 생각하는데 아직 대단한 아이디어를 갖기 못하였으며 40세에 도달하지 않았다면, 최선의 업적을 아직 내놓지 않은 것이라는 사실을 기억하라. 그리고 창의적 공헌은 생의 더 늦은 시기에도 해낼 수 있다는 사실도 기억하라(Sternberg & Kaufman, 2012).

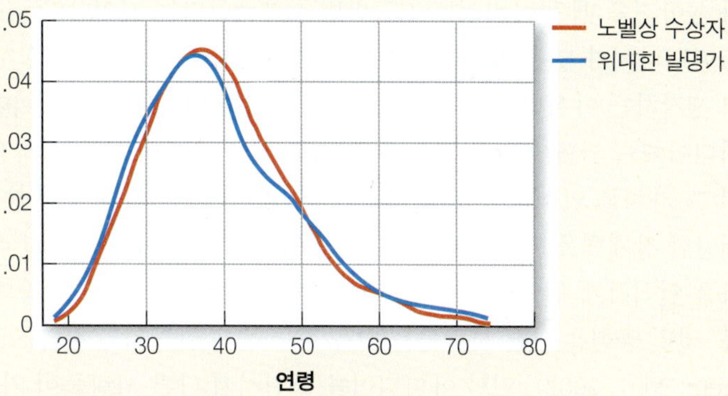

그림 11.16 20세기에 걸쳐 사람들이 노벨상을 수상할 통찰과 위대한 공학적 공헌을 내놓은 연령.

도의 정서적 지원과 지적 지원을 받았던 것으로 보인다. 그렇지만 일반적으로 아주 창의적인 인물은 이러한 초기의 약진을 달성한 후에(때로는 그 이전부터) 자신의 모든 에너지를 작업에 쏟아 부었다. 어른이 되어서는 때때로 친밀한 관계를 포기하거나 무시하거나 아니면 이용하기도 하였다. 가드너가 연구한 대부분의 창의적 인물들은 초기에 창의적인 업적을 달성한 후 대략 10년 정도가 지난 후에 두 번째 획기적 업적을 내놓았다. 보다 포괄적이고 통합적이기는 하지만 혁명적이지는 못하였다. 계속해서 중차대한 공헌을 만들어내는지 여부는 어떤 영역에서 활동하느냐에 달려있었다. 시인과 과학자는 음악가나 미술가들보다 계속적인 공헌을 내놓을 가능성이 적었다.

창의성에 대한 또 다른 통합 이론은 창의성이 나타나기 위해서는 다양한 개인 요인과 환경 요인들이 수렴해야 한다고 제안하고 있다(Sternberg, 2012; Sternberg & Lubart, 1991, 1996). 고도로 창의적인 사람을 보통 정도의 창의성만을 보이는 사람과 구분해주는 것은 어떤 특정 요인이 지나칠 정도로 높다든가 아니면 독특한 성격 특질을 소유하는 것이라기보다는 다양한 요인들의 수렴적 집합체라는 것이다. 이 이론을 **창의성 투자 이론**(investment theory of creativity)이라고 부른다. 이렇게 다양한 요인들

인지심리학 연구하기

문제해결에서 창의성

이쑤시개 여섯 개를 일렬로 놓아라. 친구에게 이쑤시개를 부러뜨리지 않은 채 여섯 개를 사용하여 네 개의 정삼각형을 만들어보도록 요구해보라. 대부분의 사람들이 이 과제를 해결하지 못하는 까닭은 네 개의 정삼각형을 평면 위에서 만들고자 시도하기 때문이다. 친구가 포기하거든, 세 개의 이쑤시개를 가지고 책상 위에 하나의 삼각형을 만들어라. 그런 다음에 나머지 세 개의 이쑤시개를 가지고 책상 위에 만들어놓은 삼각형 세 꼭짓점을 이용하여 피라미드를 만들어라. 친구는 이쑤시개를 평면에서 정렬해야 한다는 데 스스로 고착하였던 것이다. 이쑤시개들을 통에 세워놓으면 친구가 문제를 해결할 수 있는지 확인해보라.

을 하나로 묶어주는 주제는 창의적 인물이 아이디어의 가치가 낮을 때 구입하여 가치가 높아졌을 때 팔아버리는 접근방법을 채택한다는 것이다(Sternberg & Lubart, 1995, 1996). 가치가 낮을 때 구입한다는 의미는 창의적 인물이 다른 사람들은 가치가 없다고 생각하는 아이디어의 숨어있는 잠재가치를 먼저 본다는 것이다. 그런 다음에 그 아이디어에 주의의 초점을 맞춘다. 창의적 인물이 관심을 보일 시점에는 동시대 인물들이 그 가치를 인식하지 못하거나 과소평가하지만, 그 아이디어는 창의적으로 발전할 대단한 잠재력을 가지고 있다. 창의적 인물은 다른 사람들도 결국에 그 아이디어의 진가를 인식하게 될 때까지, 아이디어를 의미심장하고 중요한 창의적 기여로 발전시킨다. 몇몇 공헌은 다른 사람들을 더욱 주눅 들게 만들기도 한다(Sternberg, Kaufman, & Pretz, 2001, 2002). 일단 아이디어를 발전시켜 다른 사람들이 가치를 인정하게 되면, 창의적 인물은 그 아이디어를 비싸게 팔아버린다. 그런 다음에 다른 주제를 추구하면서 저평가된 다른 아이디어에 숨어있는 잠재력을 찾아 나선다. 따라서 창의적 인물은 다른 사람들보다 항상 한 발 앞섬으로써 그 분야에 영향을 미친다. 이상적인 말이기는 하지만, 학생들도 강력한 지식기반뿐만 아니라 여기서 창의성에 필수적이라고 논의한 기술과 속성들을 발전시키는 것이 필요하겠다(Beghetto, 2010; Smith & Smith, 2010).

사람들이 창의적일 수 있는 잠재력을 가지고 있음에도, 독단 경향성이 창의성 발현을 방해한다. 즉, 대상을 새로운 방식으로 바라다보려고 하지 않는 것이다(Ambrose & Sternberg, 2012). 아마도 창의적이지만 그 창의성을 파괴적인 목적에 사용하는 사람이 더욱 문제이겠다(Cropley 등, 2010).

신경과학과 창의성

창의적 사고와 작품을 조사한 연구자들은 창의적일 때 활동하는 두뇌영역을 찾아내고자 하였다(Jung 등, 2013; Kaufman 등, 2010). 창의적 사고가 노력을 많이 요하는 것이든 아니면 저절로 일어나는 것이든, 창의적 과정을 수행하는 동안 특히 전전두영역이 활동한다(Dietrich, 2004).

전전두영역에 덧붙여서, 창의성에 중요한 다른 영역들도 확인해왔다. 한 연구에서는 참가자에게 의미적으로 상호관련이 있거나 관련이 없는 단어 목록을 제시하였다(Bechtereva 등, 2004). 그런 다음에 그 단어들을 모두 사용하여 이야기를 구성하도록 요구하였다. 의미적으로 관련이 없는 단어 목록을 가지고 이야기를 꾸미는 것은 관련이 있는 단어 목록을 사용할 때보다 더 많은 창의성을 요구한다. 연구자들은 무관련 목록의 이야기 생성에서는 브로드만 39번 영역이 활동하지만 관련 목록의 이야기 생성에서는 그렇지 않은 것에 주목하였다. 선행 연구는 39번 영역과 주변 영역들이 언어 작업기억, 과제 이동, 그리고 상상하기에 관여한다는 사실을 지적해왔다(Blackwood 등, 2000; Collette 등, 2001; Sohn 등, 2000; Zurowski 등, 2002).

피질영역을 선택적으로 솎아내는 것이 지능이나 창의성과 상관이 있는 것처럼 보인다. 특히 좌반구 전두엽, 설회, 각회, 하두정회, 방추상회를 솎아내는 것은 창의성 검사의 높은 점수와 관련이 있다. 이 영역들은 브로드만 39번 영역을 포함하여 여러 브로드만 영역들을 포함하고 있다. 이에 덧붙여서 우반구 후측 대상회와 각회의 두께도 높은 창의성과 관련이 있다. 피질 두께의 이러한 차이가 아마도 두뇌에서 정보 흐름에 영향을 미치는 것으로 보인다(Jung 등, 2010).

개념 확인

1. 창의적 인물을 확인하는 방법들을 제시해보라.
2. 창의적인 공헌으로 이끌어가는 것은 무엇인가?
3. 어느 두뇌영역이 창의적 처리과정에 관여하는가?

핵심 주제

이 장은 제1장에서 제시한 몇 가지 주제를 집중 조명하고 있다.

영역 보편성 대 영역 특수성. 알렌 뉴웰과 허버트 사이먼을 비롯한 동료들의 연구와 같은 문제해결에 관한 초기 연구는 문제해결의 영역 보편성을 강조하였다. 이 연구자들은 다양한 문제를 해결하는 '일반 문제해결자'(General Problem Solver)와 같은 컴퓨터 프로그램을 작성하고자 시도하였다. 후기 이론가들은 문제해결에서 영역 특수성을 강조해왔다. 특히 문제를 성공적으로 해결하기 위한 광범위한 지식기반의 필요성에 주의를 기울여왔다.

인과추론 타당성 대 생태 타당성. 대부분의 창의성 연구를 실험실 장면에서 수행해왔다. 예컨대, 폴 토런스는 강의실에서 학생들에게 지필용 창의성 사고 검사를 실시하였다. 반면에 하워드 그루버는, 찰스 다윈이 진화론의 배경이 되는 많은 아이디어를 생성한 것과 같이, 자연 상황에서 일어나는 창의성에만 관심을 기울여왔다.

응용연구 대 기초연구. 창의성 분야는 창의적 사고에서 사용하는 근본적인 처리과정에 관하여 많은 통찰을 생성해왔다. 그렇지만 "창의성 고양"이라는 대규모 산업, 즉 사람들을 보다 창의적이게 만드는 프로그램도 만들어왔다. 몇몇 프로그램은 기초연구의 통찰을 사용하고 있으며, 다른 프로그램은 그 프로그램을 만든 사람의 직관에만 의존한다. 훈련은 가능하다면 언제나 추측보다는 심리학 이론과 연구에 토대를 두어야만 한다.

요 약

1. **문제해결에 관여하는 핵심 단계는 무엇인가?** 문제해결은 목표에 도달하는 경로에 버티고 서있는 장애물을 극복하는 심적 작업을 수반한다. 문제해결의 핵심 단계는 문제 확인, 문제 정의와 표상, 전략 구성, 정보 체제화, 자원 할당, 감시하기, 그리고 평가이다. 일상 경험에서는 이러한 단계들을 융통성 있게 구현할 수 있다. 많은 단계를 반복할 수 있고, 순서에서 벗어날 수도 있으며, 상호작용하는 방식으로 구현할 수도 있다.
2. **해결책으로 가는 명백한 경로가 있는 문제와 그렇지 않은 문제 간에는 어떤 차이가 있는가?** 구조화 문제는 해결책으로 가는 명백한 경로를 가지고 있지만, 그 경로를 따라가는 것이 여전히 어려울 수 있다. 어떤 구조화 문제는 알고리즘을 사용하여 해결할 수 있다. 구현하는 것이 지겨울 수는 있지만 주어진 문제에 적용할 수만 있다면 정확한 해결책으로 이끌어갈 가능성이 높다. 컴퓨터는 알고리즘을 사용하는 문제해결 전략을 사용할 가능성이 높다. 인간은 비형식적인 발견법(예컨대, 수단-목표 분석, 전진 풀기, 역행 풀기, 생성-검증 등)을 사용할 가능성이 더 높다. 비구조화 문제를 해결할 때는 적절한 문제 표상을 선택하는 것이 정확한 해결책에 도달할 용이성에 강력한 영향을 미친다. 이에 덧붙여서 비구조화 문제를 해결할 때는 여러 가지 발견법이나 알고리즘 전략을 사용할 필요가 있다. 통찰을 요구할 수도 있다. 통찰의 도움 없이는 많은 비구조화 문제를 해결하기 어렵다. 통찰 문제해결이 일어나는 방식에 대해서는 여러 가지 대안적 견해가 존재한다. 게슈탈트 견해와 신게슈탈트 견해에 따르면, 통찰 문제해결은 특별한 과정이다. 부분의 합을 구하는 것 이상의 것을 수반한다는 것인데, 급작스럽게 해결책에 도달하는 것이 그 증거일 수 있다.
3. **문제해결의 장애물과 지원도구에는 어떤 것이 있는가?** 마음갖춤새(매몰이라고도 부른다)란 과거에는 작동하였지만 현재 해결할 필요가 있는 특정 문제에는 작동하지 않는 전략이다.

   마음갖춤새의 한 유형이 기능 고착이다. 특정 용도를 가지고 있는 것으로 알고 있는 어떤 대상을 다른 목적을 위해서도 사용할 수 있다는 사실을 알아채지 못하는 것이다. 전이는 긍정적이거나 부정적일 수 있다. 전이는 한 문제 또는 한 유형의 문제에서 다른 문제로 문제해결 기술을 이월하는 것을 지칭한다. 동형 문제에 걸친 정적 전이가 자발적으로 일어나는 경우는 드물며, 특히 문제들이 내용이나 맥락에서 차이를 보일 때 그렇다. 부화는 한 문제를 집중적으로 작업한 후에 뒤따른다. 문제를 잠시 접어두었다가 다시 그 문제로 되돌아오는 것이다. 이렇게 함으로써, 의식 수준에서는 문제를 무시하고 있는 동안 하의식적 작업을 계속할 수 있다.
4. **전문성은 문제해결에 어떤 영향을 미치는가?** 전문가는 자신의 전문성 영역에서 문제해결에 적용하는 지식의 양과 체제화 모두에서 초보자와 차이를 보인다. 예컨대, 자동처리가 문제해결의 많은 측면을 주도한다.

   그러한 자동성은 일반적으로 전문성 영역에서 문제를 해결하는 전문가의 능력을 촉진한다. 그렇지만 문제가 새로운 전략을 요구하는 새로운 요소들을 수반하고 있을 때는 절차의 자동화가 적어도 일시적으로는 문제해결을 방해할 수 있다. 대체로 "연습이 완벽하게 만들어준다"는 조망에서 한 영역에서의 전문성을 바라다본다. 그렇지만 선천적 재능을 무시해서는 안 되며, 재능은 전문가들 간의 차이에 상당한 영향을 미친다.

5. **창의성이란 무엇이며, 어떻게 조장할 수 있는가?** 창의성은 독창적이며 동시에 가치 있는 무엇인가를 생성하는 것이다. 여러 요인들이 매우 창의적인 인물을 특징짓는다. 한 요인은 특정 분야에서 창의적이고자 하는 극단적으로 높은 동기이다(예컨대, 창의적 과정을 그저 즐기고자 하는 동기). 두 번째 요인은 창의적 작업을 억제할 수 있는 관습에서 벗어나는 비동조성, 수월성 기준을 유지하려는 노력 그리고 창의적 작업과 관련된 자기도야이다. 세 번째 요인은 창의적 작업의 가치에 대한 강력한 신념과 자신의 작업을 비판하고 개선하려는 의지이다. 네 번째 요인은 창의적 주의를 요하는 문제나 주제의 신중한 선택이다. 다섯 번째 요인은 통찰과 확산적 사고의 특징을 갖춘 사고과정이다. 여섯 번째 요인은 위험 감수이다. 창의성에서 마지막 두 요인은 관련 영역에 대한 광범위한 지식과 창의적 노력에 대한 몰입이다. 이에 덧붙여서 역사적 맥락과 심혈을 기울이는 영역도 창의성 발현에 영향을 미친다.

생각에 관한 생각: 분석적, 창의적, 현실적 물음

1. 문제해결 주기의 단계들을 기술하고, 각 단계의 사례를 제시하라.
2. 문제해결 전문가의 핵심 특징은 무엇인가?
3. 컴퓨터 시뮬레이션 연구를 통하여 문제해결에 관하여 어떤 통찰을 얻는가? 컴퓨터 기반 접근은 인간의 문제해결을 이해하는 잠재력을 어떻게 제약하겠는가?
4. 창의성에 대한 다양한 접근을 비교하고 대비시켜보라.
5. 해결하기 위해서 통찰을 필요로 하는 문제를 구상해보라.
6. 해결책에 도달하는 용이성을 고양시킬 수 있는 문제해결 맥락을 설계해보라.
7. 문제해결의 장애물에 관해서 여러분이 알고 있는 것에 근거할 때, 여러분이 직면한 문제에 대처하는 데 있어서 그러한 장애물을 어떻게 최소화시킬 수 있겠는가?
8. 이 장에서 제시한 창의성에 관한 몇몇 아이디어에 근거할 때, 여러분 자신의 창의성을 증진시키기 위하여 무엇을 할 수 있는가?

핵심 용어

고정관념(stereotype)
구조화 문제(well-structured problem)
기능 고착(functional fixedness)
동형성(isomorphism)
마음갖춤새(mental set)
문제 공간(problem space)
문제해결(problem solving)
문제해결 주기(problem solving cycle)
발견법(heuristic)
부적 전이(negative transfer)
부화(incubation)
분석(analysis)
비구조화 문제(ill-structured problem)
생산적 사고(productive thinking)
수렴적 사고(convergent thinking)
알고리즘(algorithm)
전문성(expertise)
전이(transfer)
정적 전이(positive transfer)
종합(synthesis)

창의성(creativity)
체화 인지(embodied cognition)
통찰(insight)
투명성(transparency)
확산적 사고(divergent thinking)

12 의사결정과 추리

✻ 이 장의 개요

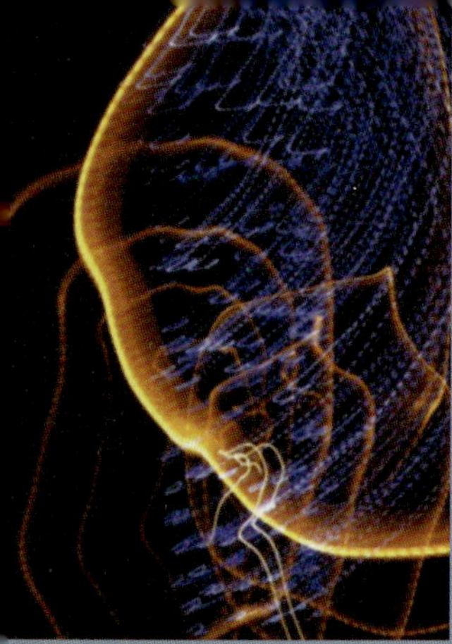

❋ 이 장에서 탐구할 물음들

1. 인간의 의사결정을 주도하는 전략은 무엇인가?
2. 사람들이 사용하는 연역추리 유형에는 어떤 것이 있으며, 어떤 요인이 연역추리를 촉진하거나 방해하는가?
3. 사람들은 인과추론을 하고 다른 유형의 결론에 도달하기 위해서 어떻게 귀납추리를 사용하는가?
4. 추리의 대안적 견해가 존재하는가?

믿거나 말거나 | 단순한 주먹구구식 규칙이 노벨상 수상자의 투자 전략을 능가할 수 있는가?

만일 여러분이 주식에 투자하고자 한다면, 노벨상 수상자의 전략에 의존하겠는가, 아니면 간단한 발견법(일종의 주먹구구식 규칙)에 의존하겠는가? 연구자들(DeMiguel, Garlappi, & Uppal, 2007)은 14가지 포트폴리오 관리 전략의 성공 수준을 비교하였으며, 이것들을 단순한 1/N 발견법의 성공 수준과 비교하였다. 이 발견법은 그저 투자액을 선택한 주식의 수만큼 똑같이 분산하라고 제안한다. 즉, N가지 주식 각각에 전체 투자액의 1/N을 투자하는 것이다. 평가한 전략 중에는 노벨상 수상자인 해리 마르코비츠의 평균 변량 모형이 들어있었는데, 이 모형에 따르면 투자자는 각 포트폴리오 수익의 평균과 변량 간의 상보성을 최적화해야만 한다. 마르코비츠는 때때로 특정 주식의 가격이 오르고 다른 주식의 가격이 내리는 것과 같은 여러 가지 요인들을 고려함으로써(예컨대, 원유 가격이 오르면, 항공사 이득은 감소한다) 위험을 최소화하고 수익을 최대화해야 한다고 제안하였다. 연구자들은 단순한 1/N 발견법이 실제로 14가지 모든 전략을 능가한다는 결과를 발견하였다. 이 장에서 여러분은 사람들이 어떻게 결정하는지 그리고 불확실성이나 자신이 처리할 수 있는 것보다 더 많은 정보에 직면할 때 어떤 지름길(발견법)을 사용하는지에 관해서 많은 내용을 공부하게 된다.

수수께끼를 가지고 이 장을 시작하도록 하자. '인지심리학 연구하기: 교접 오류'에 나와 있는 내용을 읽고 제시한 진술들의 가능성을 평가해보라.

만일 여러분이 트버스키와 카네먼(1983)이 연구한 참가자의 85%와 유사하다면, 문항 h의 가능성을 문항 f보다 높게 평가하였을 것이다. 은행 출납계원 전집이 들어찬 거대한 회의장을 상상해보라. 이제 이들 중에서 얼마나 많은 사람이 여성주의자 은행 출납계원(전체 은행 출납계원 전집의 부분집합이다) 자리에 앉아있겠는지 생각해보라. 만일 린다가 여성주의자 은행 출납계원 자리에 앉아있다면, 정의상 그녀는 은행 출납계원 회의장에 있을 수밖에 없다. 따라서 그녀가 여성주의자 은행 출납계원일 가능성은 논리적으로 은행 출납계원일 가능성보다 클 수 없다. 그럼에도 불구하고 린다에 대한 설명문을 읽고나면, 사람들은 직관적으로 그녀가 회의장 어디엔가 있을 가능성보다는 여성주의자 출납계원 자리에 있을 가능성이 더 크다고 느끼는데, 이것은 말

인지심리학 연구하기

결합 오류

린다는 31세의 미혼이며, 외향적이고 매우 명석하다. 그녀는 철학을 전공하였다. 학생시절에 차별과 사회정의 문제에 깊은 관심을 표명하였으며, 반핵 운동에도 참여하였다.

앞의 진술에 근거하여 린다에 관한 다음 진술문들이 참일 가능성을 평가해보라(0은 전혀 가능성이 없는 것이고, 100은 완벽한 가능성을 의미한다).

린다는

(a) 초등학교 선생님이다.
(b) 서점에서 일하며 요가를 배운다.
(c) 여성 운동에 적극적이다.
(d) 심리사회복지사이다.
(e) 여성 유권자 연맹의 회원이다.
(f) 은행 출납계원이다.
(g) 보험외판사원이다.
(h) 은행 출납계원이며 여성 운동에 적극적이다.

(Tversky & Kahneman, 1983, p. 297).

도 안 되는 소리다. 이러한 직관적 느낌이 판단과 추리에서 일어나는 **오류**(fallacy), 즉 잘못된 추리의 한 사례이다.

이 장에서는 사람들이 판단하고 결정하며 결론을 도출하기 위해 추리를 사용하는 많은 방법들을 살펴본다. 첫 번째 절은 사람들이 선택하고 판단하는 방법을 다룬다. 여러 선택지 중에서 하나를 선택하고 기회를 평가하는 데 **판단과 의사결정**(judgment and decision making)을 사용한다. 그런 다음에 다양한 형태의 추리를 살펴본다. 추리의 목표는 원리로부터 연역적으로 또는 증거로부터 귀납적으로 결론을 도출하는 것이다.

❁ 판단과 의사결정

일상생활에서 사람들은 끊임없이 판단하고 결정한다. 여러분이 했음직한 가장 중요한 결정 중의 하나는 대학에 진학할 것인지 그리고 진학한다면 어느 대학을 선택할 것인지였을 것이다. 일단 대학에 진학하면, 어느 강의를 수강할 것인지 그리고 어느 분야를 전공할 것인지를 결정할 필요가 있다. 여러분은 친구, 데이트 상대, 부모님과의 관계, 돈의 지출 등을 비롯하여 헤아릴 수 없이 많은 것들을 결정하고 있다. 여러분은 이러한 결정을 어떻게 내리고 있는가?

고전적 결정 이론

사람들이 결정을 내리는 방식에 관한 최초 모형을 고전적 결정 이론(classical decision theory)이라고 부른다. 대부분의 모형은 심리학자가 아니라 경제학자, 통계학자, 철학자들이 구상한 것이다. 따라서 경제학적 관점의 장점을 반영하고 있다. 한 가지 장점이 인간 행동에 대한 수학 모형을 개발하고 사용하기 용이한 것이다.

경제적 인간 모형

20세기에 구상하였던 초기 의사결정 모형 중의 하나가 **경제적 인간**(economic man and woman) 모형이다. 이 모형은 다음과 같은 세 가지를 가정하였다.

1. 의사결정자는 결정을 위한 모든 가능한 선택지 그리고 선택지의 모든 가능한 결과에 관한 정보를 충분히 가지고 있다.
2. 의사결정자는 선택지 간의 미묘한 차이에도 극히 민감하다.
3. 의사결정자는 선택지의 선택이라는 측면에서 충분히 합리적이다(Edwards, 1954; Slovic, 1990도 참조).

이 모델이 구식인 것처럼 보이지만, 많은 경제학 이론을 풍미하고 있다. 그리고 사람들은 자신의 사고가 합리적이지 않을 때조차 이 모형이 제안하는 것처럼 합리적이라고 생각하기 십상이다. 즉, 그렇게 하지도 않고 할 수도 없음에도 불구하고 경제적 인간 모형에 따라서 결정한다고 믿고 있다.

극도의 민감성 가정은 선택지 간의 차이가 아무리 미묘한 것이라고 할지라도 사람들이 둘 간의 차이를 평가할 수 있다는 것을 의미한다. 합리성 가정은, 평가하는 대상이 무엇이든지 간에, 사람들은 그 대상의 가치를 극대화하는 선택을 한다는 것을 의미한다.

이 모형이 작동하는 방식의 예를 생각해보자. 한 의사결정자가 두 스마트폰 중에서 어느 것을 살지 고민하고 있다고 생각해보자. 이 모형에 따르면, 의사결정자는 각 전화기의 모든 측면을 따진다. 각 전화기가 각각의 측면에서 얼마나 호의적인지를 어떤 객관적 지표에 따라서 평가한다. 호의성 평가에 가중치를 곱한 다음에, 모든 데이터를 염두에 두면서 전반적인 평균값을 계산하고, 최고 점수를 얻은 스마트폰을 구입한다. 상당한 양의 경제학 연구가 이 모형에 근거해왔다.

주관적 기대효용 이론

한 가지 대안 모형은 각 의사결정자의 심리적 특성을 더 많이 허용한다. **주관적 기대효용 이론**(subjective expected utility theory)에 따르면, 인간 행위의 목표는 즐거움을 추구하고 고통을 피하려는 것이다. 이 이론에 따르면, 사람들은 결정할 때 즐거움(긍정적 효용성을 지칭한다)을 최대화하고 고통(부정적 효용성을 지칭한다)을 최소화하고자 한다. 이를 위하여 사람들은 두 가지를 계산한다. 하나는 객관적 기준이 아니라 각자가 판단한 효용성(가치)의 가중치에 근거하여 계산하는 **주관적 효용성**(subjective utility)이다. 둘째는 객관적인 통계 계산이 아니라 가능성에 대한 개인의 추정치에 근거한 **주관적 확률**(subjective probability)이다. 이 모형과 선행 모형 간의 차이점은 평정치와 가중치가 주관적인 반면, 선행 모형에서는 객관적인 것이라는 점이다.

연구자들은 곧바로 이러한 수정 이론이 함축하는 것보다 인간 의사결정이 복잡하다는 사실에 주목하게 되었다. 구체적으로 여러분은 언제 결정의 모든 측면을 심각하게 고려하고, 모든 가능한 선택지를 평가하며, 선택지에 가중치를 부여한 다음에, 호의성 평가와 가중치를 사용하여 각 선택의 평균 가치를 계산하였는가? 아마도 최근에는 그런 적이 없었을 것이다.

발견법과 편향

세상은 정보와 여러 가지 자극으로 가득 차있다. 이 세상에서 적절하게 기능하고 압도되지 않으려면 가용한 수많은 정보들 중에서 필요한 정보를 걸러낼 필요가 있다. 의사결정에서도 마찬가지이다. 적정한 시간 틀 속에서 결정할 수 있으려면 가용한 정보를 대처할 수 있는 정도의 양으로 축소시킬 필요가 있다. 발견법은 적은 수의 단서를 살펴보게 하거나 적은 양의 정보만을 다룰 수 있게 해줌으로써, 이 목표를 달성할 수 있도록 도와주는 동시에 들여야 하는 노력도 감소시킨다(Shah & Oppenheimer, 2008). 그렇지만 때로는 보다 단순하게 결정하려는 경향성으로 인해서 생각이 편향되기도 한다. 심적 지름길이라고 할 수 있는 발견법과 편향은 결정의 인지 부담을 경감시키면서 동시에 오류를 범할 가능성을 높인다. 다음 절에서는 발견법과 편향을 보다 상세하게 탐구한다.

발견법

이 절에서는 사람들이 일상적 결정에서 사용하는 여러 가지 발견법을 논의한다. **발견법**(heuristic)은 결정의 인지 부담을 경감시키는 심적 지름길이다.

최소 만족 1950년대에 몇몇 연구자는 완벽한 합리성이라는 생각에 도전장을 내밀기 시작하였다. 이 연구자들은 인간이 항상 이상적인 결정을 내리는 것이 아니며 일반적으로 결정에 주관적 고려사항들을 포함시킨다는 사실에 주목하였다. 사람은 **제한된 합리성**(bounded rationality)을 보인다. 즉, 합리적이지만 제한적이라는 것이다(Simon, 1957).

고전적 결정 이론은 사람들이 결정을 최적화한다고 제안하였지만, 연구자들은 사람들이 제한된 자원과 시간을 가지고 있기 때문에 실제로 최적화하지 않은 채, 가능한 한 최적화에 근접하고자 시도하기 십상이라는 사실을 깨닫기 시작하였다.

연구자들이 구성한 최초의 발견법 중의 하나를 **최소 만족**(satisficing)이라고 부른다(Simon, 1957). 최소 만족이란 사람들이 선택지를 하나씩 고려하다가 만족스럽거나 최소한의 수용가능성을 만족하는 선택지를 찾게 되면 그것을 선택한다는 것을 의미한다. 가용한 작업기억 자원이 제한적일 때, 결정에서 최소 만족을 사용할 가능성이 증가한다(Chen & Sun, 2003). 전자제품 시장에서 공급자를 선택할 때와 같이, 너무나 많은 정보가 결정의 질을 손상시킬 수 있는 산업계 맥락에서도 최소 만족을 사용한다(Chamodrakas, Batis, & Martakos, 2010).

사람들은 일상생활에서도 최소 만족 전략을 사용한다. 예컨대 많은 사람들은 컴퓨터 자판기에서 단축키 사용을 알고 있지만, 사용하지 않는 경우가 많다. 그 단축키가 많은 프로그램을 사용하는 효과적인 방법임에도 불구하고 그렇다. 연구자들은 최소 만족(즉, 가장 효율적인 전략은 아니더라도 목표를 달성하도록 작동하는 전략을 사용하는 것)이 컴퓨터 사용자가 단축키를 사용하지 않는 데 일익을 담당한다고 믿고 있다(Tak, Westendorp, & van Rooij, 2013).

이 전략의 적절성은 상황에 따라서 달라진다. 만일 여러분이 급하게 껌 한 통을 산 다음에 기차나 비행기를 타야하는 경우라면 최소 만족은 합리적 전략일 수 있다. 그렇지만 병을 진단하는 데는 형편없는 전략이 된다.

의사결정이라는 측면에서 사람들을 일반적으로 두 집단으로 나눌 수 있다. 즉, 최소 만족자는 자신에서 충분히 좋은 것을 찾을 때까지만 선택지를 따져본다. 최대 만족자는 최선의 것을 선택하기에 앞서 모든 선택지를 따져보고자 시도한다. 자동차 구입을 생각해보자. 여러분이 어떤 전략을 채택하느냐에 따라서, 여러분의 기준을 만족하는 차를 찾을 때까지 잠재성 있는 차를 탐색하거나, 아니면 여러분의 선택지가 될 수 있는 모든 차를 따져본 후에라야 비로소 구매 결정을 하게 된다. 연구들을 보면, 최대 만족자와 최소 만족자 모두가 우수한 선택으로 결정과정을 마무리하더라도(일반적으로는 최대 만족자가 객관적으로 더 좋은 결정을 한다), 일반적으로 최대 만족자가 최소 만족자보다 자신의 선택에 덜 행복해한다(Polman, 2010). 또한 최대 만족자는 최소 만족자보다 자신의 결정을 과신하는 경향도 있다. 2010년 월드컵의 결과를 예측하는 연구(Jain, Bearden, & Filipowicz, 2013)에서 최대 만족자는 결과를 예측하는 자신의 능력을 더 확신하였음에도 불구하고, 최소 만족자보다 결과를 더 부정확하게 예측하였다.

또 다른 연구에서는 자신의 투자 통찰력이 평균 이상이라고 생각하는 투자자(즉, 과신하는 투자자)가 다른 사람들보다 더 자주 사고팔기를 시도하였는데, 이것이 거래 비용을 증가시켜 궁극적으로는 수익을 낮추게 되었다. 역설적이지만 최대 만족자는 몇몇 거래 장면에서 최소 만족자보다 더 나쁜 결과를 초래할 가능성이 있다(Glaser & Weber, 2007).

iStockphoto.com/OJO_Images

허버트 사이먼에 따르면, 사람들은 자동차 구입과 같이 중요한 결정을 할 때 최소 만족을 사용하기 십상이다. 사람들은 첫 번째 주어지는 받아들일 만한 선택에 근거하여 결정한다.

요인별 제거법 가용한 시간에 고려할 수 있는 것보다 더 많은 대안이 있을 때, 사람들은 때때로 다른 전략을 사용한다(Tversky, 1972a, 1972b). **요인별 제거법**(elimination by aspects) 과정에서는 모든 가용한 선택지의 모든 속성에 가중치를 부여하면서 마음속에서 조작하는 대신에, 한 번에 한 선택지의 요인들에 초점을 맞추고 대안을 제거해나간다. 만일 여러분이 어느 대학에 진학할 것인지를 결정하고자 애쓰고 있다면, 요인별 제거법 과정은 다음과 같이 보일 것이다.

- 다양한 선택지의 한 가지 요인(속성; 예컨대, 비용)에 초점을 맞춘다.
- 이 요인의 최저 기준을 설정한다(등록금은 연간 20,000달러 이하이어야 한다).
- 이 기준을 만족하지 않는 모든 선택지를 제거한다(예컨대, 스탠포드대학은 등록금이 30,000달러 이상이어서 제거한다).
- 나머지 선택지 중에서 최저 기준을 설정한 두 번째 요인을 선택한다(대학은 서부에 있어야 한다).
- 단 하나의 선택지가 남을 때까지 일련의 요인들을 선택함으로써 선택지를 제거해나가는 연속적인 과정을 계속한다(Dawes, 2000).

여기 요인별 제거법의 또 다른 사례가 있다. 구입할 자동차를 선택할 때, 사람들은 한 요인으로 전체 비용에 초점을 맞출 수 있다. 유지비와 보험료 등을 비롯하여 판매가격에 덧붙여서 현실적으로 자동차에 지출해야만 하는 비용에 영향을 미치는 요인들도 고려한다. 일단 기준을 만족하지 못하는 대안들을 제거한 후에, 또 다른 요인을 선택한다. 그 요인의 기준치를 설정하고 부가적으로 대안들을 제거하는 과정을 반복한다. 단 하나의 선택지가 남을 때까지 한 번에 한 요인씩 계속해서 대안들을 제거한다. 실제로 사람들은 대안의 범위를 몇 개만 남을 때까지 줄이기 위하여 요인별 제거법이나 최소 만족을 사용하기도 한다. 그런 다음에 더욱 철저하고 신중한 전략을 사용한다. 주관적 기대효용 이론이 제안하는 전략이 그 예가 될 수 있다. 이 전략은 남아있는 소수의 선택지 중에서 선택할 때 유용할 수 있다(Payne, 1976).

결정에 확률 사용하기 사람들은 합리적 결정을 내리는 능력을 제한하거나 때로는 왜곡시키기도 하는 심적 지름길과 심지어는 편향을 사용하기 십상이다. 심적 지름길을 사용하는 핵심 방법 중의 하나가 확률을 추정하는 것이다. 통계학자가 확률을 계산할 때 사용하는 몇 가지 전략을 생각해보자. 그 전략이 표 12.1에 나와 있다.

또 다른 유형의 확률이 **조건확률**(conditional probability)이며, 한 사건이 일어났을 때 다른 사건이 일어날 가능성을 말한다. 예컨대, 여러분이 기말시험에서 A를 받았다는 것을 전제로 할 때, 인지심리학 수업에서 A학점을 받을 가능성을 계산해보고 싶다고 해보자. 증거에 비추어 조건확률을 계산하는 공식을 **베이스 정리**(Bayes's theorem)라고 부른다. 이 정리는 꽤나 복잡하기 때문에 대부분의 사람은 일상 추리 상황에서 사용하지 않는다. 그렇지만 그 계산은 과학적 가설을 평가하고, 현실적 의료 진단을 내리며, 인구학적 데이터를 분석하는 등, 많은 실세계 과제를 수행하는 데 필수적이다. (베이스 정리를 상당히 읽기 쉽게 설명한 것을 보려면, Eysenck & Keane, 2010, pp. 499–500을 참조.)

대표성 발견법 대표성 발견법에 관한 내용을 읽기에 앞서, 카네먼과 트버스키(1972)의 다음 문제를 풀어보라.

표 12.1 결정에 확률 사용하기

가상 사례	확률 계산
철수는 장학금을 신청한 매우 자질이 높은 10명의 후보 중의 한 명이다. 철수가 장학금을 받을 가능성은 얼마나 되는가?	철수가 장학금을 받을 확률은 0.1이다.
철수가 장학금을 신청한 매우 자질이 높은 10명의 후보 중의 한 명이라면, 장학금을 받지 못할 가능성은 얼마나 되는가?	1 − 0.1 = 0.9. 철수가 장학금을 받지 못할 확률은 0.9이다.
철수와 기숙사 동료는 장학금을 신청한 매우 자질이 높은 10명의 후보 중의 두 명이다. 둘 중 한 명이 장학금을 받을 가능성은 얼마나 되는가?	0.1 + 0.1 = 0.2. 둘 중 한 명이 장학금을 받을 확률은 0.2이다.

특정 도시에서 정확하게 6명의 자녀를 가지고 있는 모든 가정을 조사하였다. 72 가정에서 남아와 여아의 출생 순서가 정확하게 '여남여남남여'이었다.

여러분은 조사한 가정 중에서 자녀의 출생 순서가 정확하게 '남여남남남남'인 가정의 수는 얼마나 될 것이라고 추정하겠는가?

'남여남남남남' 출생 순서를 나타내는 가정의 수를 판단한 대부분의 사람은 그 수가 72보다 적을 것이라고 추정한다. 실제로 이 출생 순서를 나타낸 가정의 수에 대한 최선의 추정치는 '여남여남남여' 출생 순서와 동일하게 72이다. 두 출생 순서 패턴의 기대치는 동일하다. 태어나는 아이의 성별은 다른 아이의 성별과 독립적이기 때문이다(적어도 이론적으로는 그렇다). 모든 아이에게 있어서 남자(또는 여자)의 가능성은 1/2이다. 따라서 어느 출생 순서 패턴이든 $(1/2)^6$으로 똑같으며, 심지어 '남남남남남남'이나 '여여여여여여'의 경우에도 마찬가지이다.

많은 사람이 특정 출생 순서가 다른 순서보다 가능성이 더 높다고 믿는 까닭은 무엇인가? 그 이유는 부분적으로 사람들이 대표성 발견법을 사용하기 때문이다. **대표성**(representativeness) 발견법을 사용할 때 사람들은 불확실한 사건의 확률을 다음과 같은 것에 근거하여 판단한다.

1. 한 사건이 그 사건을 추출한 전집의 대표성과 유사한 정도.
2. 한 사건이 그 사건을 생성하는 과정의 현저한 자질(예컨대, 무선성)을 반영하고 있는 정도(Fischhoff, 1999; Johnson-Laird, 2000, 2004도 참조).

예컨대, 사람들이 첫 번째 출생 순서의 가능성이 더 크다고 믿는 까닭은 두 번째 출생 순서보다 (1) 전집에서 남자와 여자의 수를 보다 잘 대표하고 있으며, (2) 무선 순서와 더 닮아 보이기 때문이다. 실제로는 두 출생 순서가 일어날 확률은 동일하다.

마찬가지로 사람들에게 동전을 6회 던져서 '앞뒤앞앞뒤앞'의 연속이 나올 확률을 판단하도록 요구한다고 가정해보자. 대부분의 사람은 '앞앞앞앞뒤앞'의 연속보다 확률이 더 높은 것으로 판단한다. 그 연속이 무선적인 것이라고 기대할 때, "무선적인 것처럼 보이는" 연속의 가능성이 더 높다고 간주하는 경향이 있다. 실제로 사람들은 난수표의 숫자들이 "무선적이지 않은 것처럼" 보인다고 진술하기 십상이다. 그 이유는 사람들이 전적으로 우연히 동일한 수가 연속적으로 나오는 경우를 과소추정하기 때문이다. 흔히 사람들은 우연한 발생의 진정한 가능성을 고려하기보다는 우연히 발생하는 사건들의 전집을 대표하는 것처럼 보이는지에 근거하여 추리한다. 이러한 경향성이 마술사, 사기꾼, 거짓말쟁이의 간계에 취약하게 만든다. 이들은 우연한 것처럼 보이지 않는 사건의 실제 확률을 예측한 것처럼 이용하는 것이다. 예컨대, 40명 집단에서 생일이 같은 사람들이 적어도 두 명은 있을 확률은 대략 0.9이다.[1] 14명 집단에서 두 사람이 하루 차이나는 생일을 가질 확률은 절반이 넘는다(Krantz, 1992).

사람들이 흔히 대표성 발견법에 의존한다는 사실이 엄청나게 놀라운 일은 아니다. 사용하기 용이하며 잘 작동하기 십상이다. 예컨대, 외출하기에 앞서 일기예보를 듣지 못하였다고 가정해보자. 사람들은 비공식적으로 비가 올 확률을 판단한다. 오늘의 상황(예컨대, 몇 월인지, 어느 지역에 살고 있는지, 하늘에 구름이 있는지 등)이 비 오는 날의 상황을 얼마나 잘 대표하는지에 근거하여 판단한다. 사람들이 대표성 발견법을 자주 사용하는 또 다른 이유는 작은 표본(예컨대, 사건, 사람, 특성 등의 표본)이 모든 측면에서 그 표본을 추출한 전집과 닮았다고 잘못 생각하기 때문이다(Tversky & Kahneman, 1971). 특히 작은 표본의 특성이 전집의 특성을 제대로 대표하지 못할 가능성을 과소추정하는 경향이 있다.

또한 지극히 작은 표본에 근거한 일화 증거를 심각하게 자각할 때 대표성 발견법을 더욱 자주 사용하는 경향도 있다. 이렇게 일화 증거에 의존하는 것을 "아무개" 주장이라고 불러왔다(Nisbett & Ross, 1980). 통계치를 제시하면, 사람들은 "내가 아는 아무개는 …"이라는 자신의 관찰을 가지고 그 데이터를 반박한다. 예컨대, 심장병과 고 콜레스테롤 음식에 관한 통계치와 마주치면, 누군가 "나는 매 끼니마다 크림 덩어리를 먹고, 하루에 담배를 두 갑씩 피우고도, 110살까지 살았던 사람을 알고 있어요. 그 사람은 그렇게 계속 살다가 그만 질투심 많은 애인이 그의 완벽하게 건강한 심장에 총을 쏘고 말았어요."라고 맞받아치기도 한다.

때때로 사람들이 작은 표본 데이터에 근거하여 결정을 내리는 까닭은 표본이 대표적이라고 생각하기 때문이다. 예컨대, 여러분이 소수의 친구에게 어떤 사안에 대한 의견을 물었는데, 모두가 의견의 일치를 보인다면, 제대로 판단하고 있다고 생각할 수 있다. 이 경우에 표본은 지나치게 작고 제한적이며, 대표성 발견법을 사용함으로 인해서 도출한 결론은 잘못된 것일 가능성이 높다.

사람들이 대표성 발견법을 잘못 사용하는 한 가지 이유는 기저율 개념을 이해하

[1] 역주: 그 확률이 0.9나 된다는 사실에 혹시 놀랐는지 모르겠다. 계산해보면 실제로 그렇다. 참고로 집단에 23명이 있으면, 적어도 어느 두 명의 생일이 같을 확률은 대략 0.5가 된다. 계산 방식은 다음과 같다:

P(적어도 두 명이 같은 생일) = 1 − P(모두 다른 생일)
P(모두 다른 생일) = 364/365 × 363/365 × …

지 못하기 때문이다. **기저율**(base rate)이란 사건이나 특징의 전집에서 한 사건이나 특징이 나타나는 비율을 지칭한다. 일상의 결정에서 사람들은 기저율 정보를 무시하기 십상이지만, 효율적인 판단과 결정에서 중요하다. 많은 직업에서 기저율 정보의 사용은 적절한 직무수행을 위해 필수적이다. 예컨대, 10세 남아가 가슴 통증으로 고통 받고 있다고 의사에게 말하였다고 가정해보자. 의사는 60세 노인이 동일한 증상을 가지고 있다는 말을 들었을 때보다 급성 심장마비의 가능성을 훨씬 덜 고려하게 된다. 왜냐고? 심장마비의 기저율은 10세 남아보다 60세 노인에게서 훨씬 높기 때문이다. 물론 사람들은 다른 발견법들도 사용한다. 의사결정을 증진시키기 위해서 사람들에게 기저율을 사용하는 방법을 가르칠 수 있다(Gigerenzer, 1996; Koehler, 1996).

가용성 발견법 대부분의 사람은 적어도 가끔씩은 **가용성 발견법**(availability heuristic)을 사용하며, 이 발견법은 어떤 현상의 적절한 사례로 지각할 수 있는 것을 얼마나 쉽게 마음에 떠올릴 수 있는지에 근거하여 판단하는 것이다(Tversky & Kahneman, 1973; Fischhoff, 1999; Sternberg, 2000도 참조). 예컨대, 영문자 R을 생각해보자. 영어에서 R로 시작하는 단어와 세 번째 문자가 R인 단어 중에서 어느 것이 더 많겠는가? 대부분의 참가자는 R로 시작하는 단어가 더 많다고 답한다(Tversky & Kahneman, 1973). 왜냐고? R로 시작하는 단어를 떠올리는 것이 세 번째 위치가 R인 단어를 떠올리는 것보다 쉽기 때문이다. 실제로는 세 번째 위치가 R인 단어가 더 많다. K, L, N, V와 같은 다른 문제의 경우에도 마찬가지이다.

일상 상황에서도 가용성 발견법을 관찰해왔다. 한 연구에서는 결혼한 부부 각자가 두 사람 중에서 누가 20가지 집안일을 더 많이 하는지를 진술하였다(Ross & Sicoly, 1979). 그 집안일에는 장보기와 아침식사 마련하기 등과 같은 일상적 잡일이 포함되었다. 각자는 20가지 중에서 대략 16가지를 자신이 더 많이 한다고 진술하였다. 두 사람이 모두 옳다고 가정해보자. 그렇다면 집안일을 100% 완수하기 위해서 각자 전체 일 중에서 80%씩을 하였다는 주장이 되는 것이다. 대학 농구팀의 일원들과 실험실 과제를 함께 수행한 참가자에게 질문을 하였을 때도 유사한 결과가 나타났다.

80%에 80%를 더하는 것이 100%가 되지 않는 것은 확실하지만, 가용성 발견법이 자신에 대한 믿음을 확신시킬 때 사람들이 그 발견법을 사용하는 이유를 이해할 수는 있다. 그렇지만 이 발견법의 사용이 자신에 대한 믿음과 아무 관계도 없는 논리적 오류로 이끌어갈 때도 사람들은 가용성 발견법을 사용한다. 두 집단의 참가자에게 2,000단어 글에서 나타날 것이라고 기대하는 특정 형태 단어의 수를 추정하도록 요구하였다. 한 집단의 경우에는 그 형태가 ____ing(즉, ing로 끝나는 일곱 문자)이었으며, 다른 집단의 경우에는 _____n_(즉, 마지막에서 두 번째 문자가 n인 일곱 문자)이었다. 마지막에서 두 번째가 n인 일곱 문자 단어보다 ing로 끝나는 일곱 문자 단어가 더 많을 수 없음은 확실하다. 그렇지만 후자의 가용성이 더 크다는 사실이 전자보다 후자의 확률 추정치를 두 배 이상 높게 만들었다(Tversky & Kahneman, 1983).

만일 여러분이 일상생활에서 소셜 미디어를 많이 사용하고 있다면, 가용성 발견법이 여러분 자신의 삶을 지각하는 방식에 실제로 영향을 미칠 수 있다. 페이스북 사용자 연구를 보면, 오랫동안 페이스북을 사용하면서 매주 페이스북에 상당한 양의 시간을 할애해온 사람들은 다른 사람들이 자신들보다 더 행복하고 더 좋은 삶을 영위하고 있다고 느낀다. 그 까닭은 사용자들이 페이스북에 사건을 선택적으로 게시하고 자신을 보다 호의적으로 보이게 하려고 시도하기 때문이다. 따라서 상당히 많은 수의 긍정적 사건들을 게시하게 마련이고, 다른 사용자는 이것을 마음에 아로 새기고(즉, "가용해지고"), 자신의 삶을 다른 사람의 삶과 비교할 때 사용하는 것이다(Chou & Edge, 2012).

기점화 가용성과 관련된 발견법이 **기점화와 조정 발견법**(anchoring and adjustment heuristic)이며, 사람들이 **최종 기준점**(end anchor)이라고 부르는 특정 참조점을 사용하여 대상에 대한 평가를 조정하는 발견법이다. 더 읽기에 앞서 다음 문제의 답을 머릿속에서 빠르게(5초 이내로) 암산해보라.

$$8 \times 7 \times 6 \times 5 \times 4 \times 3 \times 2 \times 1$$

이제 다음 문제의 답을 빠르게 암산해보라.

$$1 \times 2 \times 3 \times 4 \times 5 \times 6 \times 7 \times 8$$

두 집단의 참가자가 두 암산 문제 중 하나의 값을 추정하였다(Tversky & Kahneman, 1974). 첫 번째 문제를 암산한 참가자 집단의 중앙값은 2,250이었으며, 두 번째 문제를 암산한 참가자 집단의 중앙값은 512이었다. (실제 값은 둘 모두 40,320이다.) 문제에 포함된 숫자들이 모두 동일하기 때문에 정답은 동일할 수밖에 없다. 그럼에도 불구하고 참가자들은 두 번째 문제보다 첫 번째 문제에 대해서 더 높은 추정치를 내놓았다. 그 이유는 기점에 해당하는 처음 몇 숫자의 곱이 최종 추정치를 내놓기 위한 조정을 하게 되는 상대적으로 높은 추정치를 내놓기 때문이다. 이에 덧붙여서 사람들이 기점에 대한 반응으로 수행하는 조정은 기준점이 정확한 값인 것처럼 보일 때보다 10의 배수일 때 더 크다. 예컨대, 텔레비전 가격이 2,991달러라고 알려주었을 때보다 3,000달러라고 알려주었을 때, 사람들은 생산원가의 추정치를 더 많이 조정한다(Janiszewski & Uy, 2008). 기점화 효과는 다양한 상황에서 일어난다. 예컨대, 미술작품 경매에서 특정 작품의 가격은 그 작품이 과거 경매에서 매매되었던 가격이나 그 달의 경제 전망 등을 기점으로 조정되는데, 그 달의 경제 전망은 지난 달의 경제 전망을 기점으로 조정된다(Beggs & Graddy, 2009; Campbell & Sharpe, 2009).

일상생활에서 기준점 발견법은 사람들의 자선 행위에도 상당한 영향을 미칠 수 있다. 사람들에게 다른 사람의 기부액을 알려주면, 그 사람이 기부한 액수만큼 기부하기 십상인데, 이것은 다른 사람의 기부액을 기점으로 사용한 것이다(Hysenbelli, Rubaltelli, & Rumiati, 2013). 따라서 기금을 모금하려고 시도할 때, 잠재 기부자와 동일 집단에 속한 다른 사람의 통 큰 기부액을 언급함으로써 더 많은 기금을 모금할 수 있다.

틀만들기 결정 이론에서 또 다른 고려사항이 **틀만들기 효과**(framing effect), 즉 선택지들을 제시하는 방식이 선택에 영향을 미치는 효과이다(Tversky & Kahneman, 1981). 예컨대, 사람들은 잠재적 이득을 수반한 선택지들에 직면할 때 위험 회피를 나타내는 선택지를 선택하는 경향이 있다. 즉, 불확실한 이득이 엄청나게 크거나 불확

iStockphoto.com/BanksPhotos

fotolia/jamstockfoto

통계적으로 자동차를 타는 것이 비행기를 타는 것보다 훨씬 위험함에도 불구하고, 부분적으로 가용성 발견법으로 인해서 사람들은 비행기가 덜 안전하다고 느끼기 십상이다. 사람들은 발생한 비행기 추락 또는 충돌 사고 소식을 거의 예외 없이 듣지만, 상대적으로 자동차 사고에 대해서는 거의 듣지 못한다.

실한 정도가 확실한 것에서 조금만 벗어난 것이 아닌 한, 크지만 불확실한 이득보다는 작지만 확실한 이득을 제공하는 선택지를 선택하는 경향이 있다. '인지심리학 연구하기: 틀만들기 효과'에 나와 있는 첫 번째 사례는 트버스키와 카너먼(1981)이 사용한 사례를 조금 수정한 것이다.

틀만들기 효과는 중대한 사회문제와 연관된다. 정치인과 정당을 비롯한 다양한 이해관계자의 메시지는 다양한 방식의 틀을 가질 수 있기 때문에 상이한 함축적 의미를 가질 수 있다. 예컨대, 미국 KKK단에 관한 메시지는 자유 토론의 주제 또는 공공 안전의 문제라는 틀을 가질 수 있다. 틀만들기 효과는 출처의 신뢰도가 낮을 때 덜 설득적이다(Druckman, 2001). 친한 친구의 피드백이 틀만들기 효과에 상당한 영향을 미친

인지심리학 연구하기

틀만들기 효과

600명의 사람이 특정 질병으로 사망할 위험에 처하였다고 가정해보자. 백신 A는 위험에 처한 사람 중 200명을 살릴 수 있다. 백신 B의 경우에는 600명 모두를 살릴 수 있는 확률이 0.33이고 600명 모두 사망할 수 있는 확률이 0.66이다. 여러분은 어떤 백신을 선택하겠는가? 어떻게 그렇게 결정하였는지 설명하라.

사람들은 잠재적 손실을 수반하는 선택지들에 직면하였을 때 위험을 추구하는 선택지를 선택하는 경향이 있다. 즉, 확실한 손실에 비해서 불확실한 손실이 엄청나게 크거나 불확실성이 매우 작은 경우가 아닌 한, 사람들은 작지만 확실한 손실보다 (백신 B의 경우처럼) 크지만 불확실한 손실을 제공하는 선택지를 선택하는 경향이 있다.

이제 또 다른 두 백신을 생각해보자. 특정 질병으로 사망할 위험에 처한 600명에 대해서, 백신 C를 사용하면 400명이 죽게 된다. 그렇지만 백신 D를 사용하면 아무도 죽지 않은 확률이 0.33이고 600명 모두가 죽을 확률이 0.66이다. 여러분은 어느 백신을 선택하겠는가?

앞의 두 상황에서 대부분의 사람들은 백신 A와 백신 D를 선택한다.

이제 아래 표를 살펴보면서 다음을 비교해보라.

- 백신 A나 C를 사용하여 사망하거나 살아남을 사람의 수.
- 백신 B나 D를 사용하여 사망하거나 살아남을 사람의 수.

백신	생존할 사람의 수와 이 사건의 가능성(확률)	사망할 사람의 수와 이 사건의 가능성(확률)	
A	200명, 1.0	400명, 1.0	대부분의 사람들이 B 보다 A를 선택
B	600명, 0.33	600명, 0.66	
C	200명, 1.0	400명, 1.0	대부분의 사람들이 C 보다 D를 선택
D	600명, 0.33	600명, 0.66	

기댓값은 백신 A와 C가 동일하다. 백신 B와 D도 동일하다. 그렇지만 사람들이 우선적으로 선택하는 백신은 선택지를 제시하는 방식에 따라 다르다. 차이나는 것은 선택지를 손실과 이득 중에서 어느 틀로 제시하느냐는 것이다. 첫 번째 사례에서는 백신 A를 이득 틀로 제시하였다(즉, 200명이 살 수 있다). 이 틀만들기는 위험 회피 전략을 채택하도록 이끌어간다(즉, 사람들은 한 명도 살리지 못하는 것보다는 200명을 구하고자 한다). 두 번째 사례에서는 백신 C를 손실 틀로 제시하였다(즉, 400명이 확실하게 사망한다). 이 틀만들기는 위험 감수 전략을 채택하도록 이끌어간다(즉, 사람들은 400명의 확실한 사망을 받아들이기보다는 600명 모두가 사망할 66.6%의 가능성을 택한다).

위험 회피 또는 위험 추구에 대한 선호는 선택의 실제 결과가 동일할 때조차도, 결정의 틀을 만드는 방식에 따라서 전혀 다른 선택을 하도록 이끌어간다.

다는 사실은 놀라운 것이 아니다. 친구가 특정 틀만들기에 따른 견해를 찬양하든 아니면 부정적으로 비판하든, 그 틀만들기 효과에 영향을 미친다(Sip 등, 2015).

편향

이 절에서는 사람들이 판단을 할 때 자주 일어나는 여러 가지 편향, 즉 착각 상관과 과신 그리고 후견 편향을 논의한다.

착각 상관 사람들은 특정 사건이나 속성과 범주가 서로 관련이 없는 경우조차도 관계가 있는 것으로 보려는 성향이 있다. 이 현상을 **착각 상관**(illusory correlation)이라고 부른다(Hamilton & Lickel, 2000). 사건의 경우에 사람들은 엉터리 인과관계를 보기도 한다. 속성의 경우에는 개인적 편견을 사용하여 고정관념을 형성하고 사용하기도 한다(아마도 대표성 발견법을 사용한 결과일 것이다). 예컨대, 어느 정당의 당원들이 특정한 지적 특성이나 도덕적 특성을 보일 것이라고 기대한다고 가정해보자. 그 기대에 어긋나는 사례보다는 그러한 특성을 보이는 당원의 사례가 기억에서 더 가용할 것이며 쉽게 회상될 것이다. 다시 말해서 사람들은 정당과 특정 특성 간의 상관을 지각하게 된다.

착각 상관은 로르샤흐 검사와 같은 투사법 검사에 근거하여 정신과적 진단을 내리는 데에도 영향을 미칠 수 있다(Chapman & Chapman, 1967, 1969, 1975). 연구자들은 특정 진단이 특정 반응과 연합된다는 잘못된 상관을 제안하였다. 예컨대, 편집증으로 진단받은 사람은 다른 장애로 진단받은 사람보다 큰 눈을 가진 사람을 그리는 경향이 있다고 제안하였다(물론 이것은 사실이 아니다). 그렇다면 눈이 큰 사람을 그리는 것과 편집증 진단 간에 상관을 관찰할 것이라고 기대할 때 어떤 일이 일어난 것인가? 실제로 상관이 존재하지 않음에도 불구하고 착각 상관을 보는 경향이 있었던 것이다.

과신 또 다른 흔한 실수가 **과신**(overconfidence), 즉 자신의 재능, 지식, 또는 판단을 과대평가하는 것이다. 예컨대, 사람들에게 "압상트는 (a) 술이다, (b) 보석이다."와 같은 200가지 진술에 답하도록 하였다(압상트는 감초향이 나는 독한 술이다). 답을 선택하고 자신의 답이 옳을 확률을 진술하도록 요구하였다(Fischhoff, Slovic, & Lichtenstein, 1977). 사람들은 과신하였다. 예컨대, 자신의 답을 100% 확신할 때, 단지 80%만 옳은 답이었다. 일반적으로 사람들은 자기 판단의 정확도를 과대평가하는 경향이 있다(Kahneman & Tversky, 1996). 사람들이 과신하는 이유는 무엇인가? 한 가지 이유는 자신이 알고 있는 것이 얼마나 적은지를 사람들이 깨닫지 못하기 때문이다. 또 다른 이유는 자신의 정보가 신뢰하기 어려운 출처에서 온 것이라는 사실을 깨닫지 못하기 때문이다(Carlson, 1995; Griffin & Tversky, 1992).

또한 사람들은 자신의 태도와 신념을 지지하는 쪽으로 편향되는 경향도 있다. 예컨대, 만일 경영학 학위를 가지고 있는 사람은 경영 문제에 특히 유능하다고 믿고 있다면, 자신의 신념을 확증하는 뉴스나 사실에 더 많은 주의를 기울이게 된다. 또한 자신의 신념을 확증하는 방향으로 증거를 생성하고 자신의 생각을 검증한다. 이것을 **확증 편향**(confirmation bias, myside bias)이라고 부른다(Stanovich, West, & Toplak, 2013; Wolfe & Britt, 2008). 여러분은 확증편향이 지능과 관련이 있어서 학문적 재능이 많은 사람은 증거를 비편향적인 방식으로 분류할 수 있으며 그렇게 하려고 할 것이라고 생각할 수도 있겠지만, 실제로는 확증 편향 취약성과 지능 간에는 아무런 관계가 없는 것으로 밝혀져 왔다(Stanovich, West, & Toplak, 2013).

때때로 사람들은 과신의 결과로 형편없는 결정을 내리기도 한다. 이러한 결정은 부적절한 정보 그리고 효과적이지 않은 의사결정 전략에 근거한다. 사람들이 판단을 과신하는 경향이 있는 이유가 무엇인지는 명확하지 않다. 한 가지 간단한 설명은 사람들이 틀릴 것이라고 생각하지 않는 것을 선호한다는 것이다(Fischhoff, 1988).

때때로 기업이 사람들의 과신 경향성을 자기의 이득을 위해 활용하기도 한다. 예컨대, 휴대폰 시장을 생각해보자. 많은 계약에는 무료 통화시간을 포함한 매달 사용료가 들어있다. 만일 이 시간을 초과하게 되면 사용료가 급격하게 증가하게 된다. 이렇게 계약하는 데는 회사 입장이 아니라 사용자 입장에서 여러 가지 이유가 있다. 소비자는 자신의 통화시간을 과대 추정하는 경향이 있기 때문에 미리 상당한 통화시간에 대해서 기꺼이 대금을 지불하고 있는 것이다. 이와 동시에 소비자는 자신이 제한시간을 초과하지 않을 것이라고 확신하기 때문에, 제한시간을 넘어섰다는 사실을 알게 될 때까지는 무료 통화시간을 초과하게 되면 상당한 대금을 지불해야 한다는 사실을 인식조차 하지 못하고 있는 것이다(Grubb, 2009).

후견 편향 사람들이 상황을 되돌아보면서 자신은 특정한 결과를 초래한 모든 징조와 사건을 사전에 알아볼 수 있었다고 믿을 때, **후견 편향**(hindsight bias)이 발생한다(Fischhoff, 1982; Wasserman, Lempert, & Hastie, 1991). 예컨대, 사람들에게 실험에 앞서 심리학 실험의 결과를 예측해보도록 요구한다고 가정해보자. 사람들이 결과를 우연 수준보다 더 잘 예측할 수 있는 경우는 거의 없다. 그렇지만 심리학 실험의 결과를 알려주게 되면, 그 결과는 명확한 것이고 사전에 쉽게 예측할 수 있었던 것이라고 언급하는 경우가 많다. 마찬가지로 친밀한 대인관계가 어려움을 겪게 될 때, 사람들은 문제가 심각한 상태에 도달할 때까지 어려움의 징조를 관찰하지 못하기 십상이다. 이 상태에 도달하게 되면, 관계를 복구하기에 너무 늦었을 수 있다. 사람들은 돌이켜 생각하면서, 이렇게 자문하기도 한다. "어떻게 이 지경이 될 것을 몰랐단 말이야? 너무나 명백하잖아! 그 징조를 보았어야만 했는데 말이지."

후견 편향에서 사람들은 한 상황의 결과에 직면해서는 그 상황에 대한 처음의 판단을 잘못 기억하기 십상이다. 따라서 후견 편향은 일종의 기억 왜곡이기도 하다. 따라서 이러한 편향 경향성은 작업기억 용량과 부적 상관을 나타낸다는 사실은 놀라울 것도 없다(Calvillo, 2014). 작업기억 용량이 모자라는 사람이 이 편향에 더 취약하다.

후견 편향이 학습을 방해하는 까닭은 자신의 기대를 결과와 비교하는 능력을 손상시키기 때문이다. 발생한 결과를 항상 예측할 수 있다면, 배울 것이 없다고 생각하지 않겠는가! 실제로 연구들을 보면, 투자은행이 강력한 후견 편향을 보일 때, 그 은행의 성과는 형편없게 된다. 이상하리만치 경험은 이 편향을 감소시키지 못한다(Biais & Weber, 2009).

오류

발견법과 오류를 함께 연구하기 십상인 까닭은 둘이 함께 작동하기 때문이다. 결정을 내리기 위하여 발견법을 사용하는 것은 사고 오류로 이끌어갈 수 있다. 따라서 몇몇 오류를 논의할 때, 함께 일어나기 십상인 몇몇 발견법들을 다시 언급할 것이다.

노름꾼 오류와 뜨거운 손

노름꾼 오류(gambler's fallacy)는 확률 게임에서 이기거나 지는 것과 같이, 무선 사건의 확률이 앞선 무선 사건의 영향을 받는다고 잘못 생각하는 것이다. 예컨대, 다섯 판을 연속해서 진 노름꾼은 여섯 번째 판에서는 이길 가능성이 증가한다고 믿을 수 있다. 이제 이길 차례가 되었다고 느끼는 것이다. 물론 실제로는 모든 내기(또는 동전 던지기)가 동일한 승패 확률을 갖는 독립사상이다. 첫 번째 판에서보다 여섯 번째 판에서 이길 가능성이 높은 것은 아니다. 심지어 1001번째 판에서도 마찬가지이다. 노름꾼 오류는 대표성 발견법을 엉뚱하게 적용한 사례이다. 즉, 과거 사건들을 대표하는 패턴이 이제 변할 가능성이 높다고 믿는 것이다.

노름 행동에서 성별차이가 나타난다. 평균적으로 볼 때, 남자들이 여자보다 위험에 취약하고 복권에 더 많은 돈을 투자하며, 노름을 할 때 과신하고, 노름 중독에 빠질 가능성이 높다. 최근 연구는 덴마크에서 로또를 즐기는 사람들에 관한 데이터를 수집함으로써 노름꾼 오류에서 성차에 대한 결과를 확장시켜왔다. 여자들에 비해서 남자들이 지난주의 당첨 번호에 근거하여 로또 번호를 선택할 가능성이 더 높았다(즉, 전주에 당첨된 번호와는 다른 번호를 선택하였다). 따라서 남자가 여자보다 노름꾼 오류를 범할 가능성이 더 높았다(Suetens & Tyran, 2012).

노름꾼 오류와 상반된 경향성을 **뜨거운 손 효과**(hot hand effect)라고 부른다. 이것은 사건의 특정 진행과정이 계속될 것이라는 신념을 지칭한다. 프로 농구선수와 아마추어 농구선수뿐만 아니라 농구팬 모두가 앞선 슈팅에서 실패했을 때보다 성공한 후에 다시 골을 넣을 가능성이 증가한다고 믿고 있다. 그렇지만 통계적 가능성(그리고 선수의 실제 기록)은 그러한 경향성을 보이지 않는다(Gilovich, Vallone, & Tversky, 1985; Roney & Trick, 2009도 참조). 영리한 선수는 이러한 신념을 이용하여, 상대 선수가 골을 성공시킨 직후에 그 선수를 밀착 수비한다. 그 이유는 상대팀 선수들이 연속해서 골을 성공시켰다고 지각하는 그 선수에게 볼을 패스하려고 시도할 가능성이 높기 때문이다.

결합 오류

여러분은 가용성 발견법에 관한 절에서 사람들에게 ____ing 형태(즉, ing로 끝나는 일곱 문자 단어)나 _____n_ 형태(끝에서 두 번째 문자가 n인 일곱 문자 단어)가 글에서 얼마나 자주 나타나는지를 판단하도록 요구하였던 실험을 기억하고 있는가? 가용성 발견법은 결합 오류로 이끌어갈 수 있다. **결합 오류**(conjunction fallacy)를 범하는 사람은 한 부분집합(예컨대, ing로 끝나는 일곱 문자 단어)을 포함하는 더 큰 사건 집합(예컨대, 끝에서 두 번째 문자가 n인 일곱 문자 단어)보다 그 부분집합에 더 큰 추정치를 제시한다. 이 오류는 이 장의 서두에서 보았던 '인지심리학 연구하기: 결합 오류'에서도 예시하였다.

대표성 발견법은 사람들이 확률 추리를 하는 동안 결합 오류를 범하도록 유도할 수 있다(Tversky & Kahneman, 1983; Dawes, 2000도 참조). 트버스키와 카너먼은 대학생들에게 다음 값을 추정해보도록 요구하였다.

1. 건강 조사에서 한 번 이상 심장마비를 일으킨 남자의 백분율은 얼마인가?
2. 건강 조사에서 55세 이상이며 심장마비를 한 번 이상 일으킨 남자의 백분율은 얼마인가?

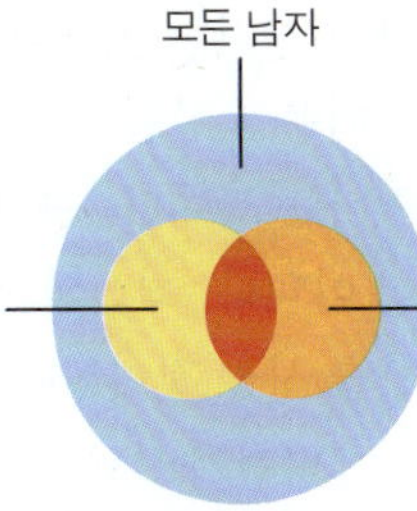

그림 12.1 결합 오류. 그림은 (a) 조사한 모든 남자, (b) 조사한 55세 이상 남자, 그리고 (c) 심장마비를 일으켰던 남자를 나타내고 있다. 조사한 사람들 중에서 55세 이상이면서 동시에 심장마비를 일으켰던 남자의 비율은 단지 55세 이상인 남자의 비율보다 낮을 수밖에 없다.

첫 번째 질문에 대한 평균 추정치는 18%이었으며 두 번째 질문에서는 30%이었다. 실제로 응답자의 65%가 후자에 더 높은 추정치를 내놓았다. 55세 이상인 남자 집단은 모든 연령의 남자를 포함하는 집단의 부분집합임이 명백함에도 불구하고 말이다(그림 12.1도 참조). 그렇지만 사람들이 항상 결합 오류를 범하는 것은 아니다. 질문을 백분율이 아니라 빈도로 표현하였을 때는(예컨대, "조사한 1,000명의 남자 중에서 한 번 이상 심장마비를 일으킨 사람은 얼마나 되겠는가?") 단지 25%의 응답자만이 전자보다 후자의 질문에 더 높은 추정치를 내놓았다. 통계 정보를 제시하는 방법이 정확한 결론을 도출할 가능성에 영향을 미친다(Gigerenzer & Hoffrage, 1995도 참조).

한 가지 흥미진진한 현상은 음모 이론(예컨대, 에이즈 바이러스는 인구 폭발을 제어하기 위하여 실험실에서 만들어낸 것이다 등)에 동조하는 사람이나 초자연 현상을 신봉하는 사람이 결합 오류에 더 취약한 경향이 있다는 사실이다(Rogers 등, 2009, 2011). 음모 이론에 대한 참가자의 믿음을 평가한 연구는 결합 오류 취약성도 평가하였다(Brotherton & French, 2014). 음모 이론에 보다 강력하게 동조하는 사람은 결합 오류를 반영하는 추리 실수도 더 많이 범하였다. 연구자들은 이러한 취약성을 보이는 까닭은 음모를 신봉하는 사람들이 우연한 동시발생은 우연 사건의 결과라는 사실을 믿지 않기 십상이기 때문이 아닐까 생각하고 있다. 이 사람들은 관련이 없는 사건들 간에서 인과 관계를 보는 것이다.

매몰비용 오류

사람들의 사고에서 매우 흔한 판단 오류가 **매몰비용 오류**(sunk cost fallacy)이다(Dupuy, 1998, 1999; Strough 등, 2008). 이 오류는 어떤 것에 이미 투자를 하였으며 투자한 것을 회수할 것이라는 희망 때문에 투자를 계속하는 결정을 내리는 것이다. 예컨대, 여러분이 자동차를 샀는데 하자가 있는 차라고 가정해보자. 이미 고치느라고 수천 달러를 투자하였다. 이제 또 다른 심각한 수리가 필요하다. 이 추가 수리가 마지막 수리가 될 것이라고 믿을 아무런 근거도 없다. 지금까지 수리에 투자한 액수가 얼마나 되는지를 생각하고는, 이미 지출한 돈을 정당화하기 위하여 추가 수리를 할 필요가 있다고 생각한다. 따라서 새로운 차를 사기보다는 그 차를 수리한다. 여러분은 방금 매몰비용 오류를 저지른 것이다. 문제는 이미 여러분이 수리하느라 상당한 돈을 낭비하였다는 점이다. 수리에 더 많은 돈을 지출한다고 해서 낭비한 돈을 되찾을 수 있는 것이 아니다. 최선의 방책은 이미 수리에 지출한 돈을 "매몰비용"으로 간주하고 새 자동차를 사는 것이겠다.

마찬가지로 여러분이 2주 휴가를 보내고 있다고 가정해보자. 지금 지옥 같은 시간을 보내고 있다. 1주일 일찍 집으로 돌아갈 것인가? 그렇게 결정하지 않음으로써 이미 휴가에 투자한 비용을 정당화하고자 한다. 이 경우에도 매몰비용 오류를 범한 것이다. 투자한 비용을 불운한 결정에 의한 손실로 간주하는 대신에 더 많은 돈을 쓰기로 결정한다. 그렇지만 휴가가 나아질 것이라는 아무런 희망도 없는 상황에서 그렇게 결정한 것이다.

발견법은 우리에게 도움을 주는가, 아니면 길을 잃게 만드는가?

발견법이 항상 잘못된 판단이나 형편없는 결정으로 이끌어가는 것은 아니다(Cohen, 1981). 이러한 심적 지름길을 사용하는 까닭은 타당할 때가 훨씬 많기 때문이다. 때때로 발견법은 올바른 결론을 도출하는 놀라우리만치 간단한 방법이기도 하다. 예컨대, 간단한 **최선 취하기**(take-the-best) 발견법은 결정 상황에서 놀라우리만치 효과적일 수 있다(Gigerenzer & Brighton, 2009; Gigerenzer & Goldstein, 1996; Marsh, Todd, & Gigerenzer, 2004). 규칙은 간단하다. 결정할 때 여러분에게 가장 중요한 하나의 기준을 확인하는 것이다. 예컨대, 새로운 자동차를 선택할 때 가장 중요한 요인은 연비나 안정성 또는 외형일 수 있다. 그 속성에 근거하여 선택하는 것이다.

외형상 이 발견법은 부적절한 것처럼 보인다. 그렇지만 매우 좋은 결정으로 이끌어가기 십상이다. 많은 경우에 훨씬 더 복잡한 발견법보다 더 우수한 결정을 초래한다. 따라서 나쁜 결정 못지않게 좋은 결정에도 발견법을 사용할 수 있는 것이다. 실제로 사람들의 목표를 고려할 때, 발견법은 놀랍도록 효과적이기 십상이다(Evans & Over, 1996).

최선 취하기 발견법은 **신속-간소 발견법**(fast-and-frugal heuristics; FFH)이라고 부르는 유목에 속한다. 이름이 함축하듯이, 이 발견법 유목은 최소한의 정보에 근거하며, 이 발견법을 사용하는 결정은 신속하다. 이 발견법 유목은 시간, 정보, 인지용량 등의 제약을 고려한 합리성 기준을 설정해준다(Bennis & Pachur, 2006; Gigerenzer, Todd, & the ABC Research Group, 1999). 이에 덧붙여서, 최적 해결책 그리고 의사결정을 하는 최적 환경은 존재하지 않는다는 사실도 고려하고 있다. 따라서 이 발견법은 스포츠 경기에서 선수들이나 감독이 수행하는 의사결정을 잘 기술해준다.

신속-간소 발견법은 다양한 맥락에서 사람들이 행동하는 방식을 종합적으로 기술할 수 있다. 그 행동은 점심식사 메뉴 선택에서부터 의사가 우울증에 약물을 처방하는 것과 사업 결정을 내리는 것에 이르기까지 다양하다(Gigerenzer & Gaissmaier, 2011; Goldstein & Gigerenzer, 2009; Scheibehenne, Miesler, & Todd, 2007).

발견법과 편향에 관한 연구는 지적 능력과 일상생활에서 나타내는 지적 수행을 구분하는 것이 중요하다는 사실을 보여준다. 심지어 확률과 통계 전문가조차도 일상생활에서 잘못된 판단과 결정에 빠질 수 있다. 사람들은 전통적인 검사에 기반한 의미에서는 지능적일 수 있지만, 검사 점수가 낮은 사람과 똑같은 편향과 잘못된 추리를 한다. 사람들은 일상생활에서 자신의 지적 능력을 충분히 활용하지 못하기 십상이다. 지적 능력과 지적 수행 간에는 거대한 간극이 나타날 수도 있는 것이다(Stanovich, 2010). 따라서 단순히 검사에서가 아니라 일상생활에서 지능적이고자 원한다면, 세상물정에 밝아야만 한다. 특히 끊임없이 직면하는 문제에 지적 능력을 적용하는 것에 유념해야만 한다.

기회비용

기회비용(opportunity cost)이란 특정 기회를 활용하는 데 지불하는 비용이다. 판단할 때는 기회비용을 고려하는 것이 중요하다. 예컨대, 샌프란시스코에서 대단히 좋은 일자리 제안이 있다고 가정해보자. 여러분은 항상 그곳에 살고자 원하였으며, 그 제안을 받아들일 준비가 되어있다. 제안을 받아들이기에 앞서 다음과 같은 물음을 스스로 던져볼 필요가 있다. 이 기회를 이용하기 위하여 포기해야만 하는 것에는 어떤 것이 있는가? 여러분이 포기해야 할 것의 한 가지 예는 큰 아파트나 집을 갖는 것이다. 또 다른 것은 지진을 걱정할 필요가 없는 곳에서 살 기회이다. 기회가 있을 때는 언제나 기회비용이 있게 마련이다. 기회비용이 어떤 경우에는 대단한 기회인 것처럼 보이는 것을 전혀 그렇게 보이지 않게 만들기도 한다. 이상적이라면 이러한 기회비용을 편향되지 않은 방식으로 보도록 노력해야 한다.

자연적 의사결정

많은 연구자는 의사결정이 실험실에서 적절하게 재생할 수 없는 복잡한 과정이라고 주장한다. 현실의 결정은 흔히 이해관계가 큰 상황에서 이루어지기 때문이라는 것이다. 예컨대, 긴급 환자를 접하는 응급실 의사가 경험하는 심적 상태와 인지적 압력은 임상 장면을 벗어나서는 재생하기 어렵다.

이러한 비판은 자연 환경에서의 의사결정(자연적 의사결정)에 근거한 현장연구 분야를 발전시키도록 이끌어왔다. 이 분야에서 수행한 많은 연구는 병원이나 원자력 발전소와 같은 전문적인 상황에서 이루어진다(Carroll, Hatakenaka, & Rudolph, 2006; Galanter & Patel, 2005; Roswarski & Murray, 2006). 이 상황들은 비구조화 문제, 변화하는 상황, 높은 위험성, 시간 압력, 그리고 때로는 팀 환경 등을 포함한 수많은 자질을 공유한다(Orasanu & Connolly, 1993). 이렇게 이해관계가 큰 상황에서의 수행을 설명하기 위한 많은 모형들이 존재한다. 이 모형들은 숙련된 의사결정자의 인지, 정서, 상황 요인들을 고려한다. 또한 미래 의사결정자에게 조언을 해주는 틀도 제공한다(Klein, 1997; Lipshitz 등, 2001). 예컨대, 오라사누(2005)는 팀 응집성을 발달시키고 스트레스에 대처하는 것과 같이, 현재의 우주비행사들을 성공적이게 만들어주는 요인들을 평가함으로써 우주비행사를 성공적인 의사결정자로 훈련시키는 권장사항을 개발하였다. 자연적 의사결정은 광범위한 행동과 환경에 적용할 수 있다. 이러한 적용 대상자에는 축구선수, 철도 관제사, NASA 우주비행사 등, 다양한 사람이 포함된다(Farrington-Darby 등, 2006; Orasanu, 2005; Patel, Kaufman, & Arocha, 2002).

집단 의사결정

집단은 개인과는 다른 결정을 내린다. 집단으로 결정을 내리는 데는 이득이 있기 십상이다. 그렇지만 결정의 질을 심각하게 떨어뜨리는 **집단사고**(groupthink)라고 부르는 현상도 일어날 수 있다. 이 절에서는 집단 의사결정을 보다 상세하게 탐구한다.

집단 결정의 이득

집단으로 작업하는 것은 문제해결의 효율성을 증진시키는 것과 마찬가지로 의사결정의 효율성을 증진시킬 수 있다. 많은 기업은 의사결정을 증진시키기 위하여 사람들을 팀으로 묶는다. 의사결정 팀을 형성하게 되면, 각 구성원의 전문성으로부터 도움을 받게 된다. 자원과 아이디어도 증가한다(Salas, Burke, & Cannon Bowers, 2000). 집단 의사결정의 또 다른 이득은 개인 기억보다 뛰어난 집단 기억이다(Hinsz, 1990). 의사결정에서 성공적인 집단은 다음과 같은 특징을 포함한 여러 가지 특징을 나타낸다.

- 집단이 작다.
- 개방적으로 소통한다.
- 구성원들이 공통의 마음자세를 공유한다.
- 구성원들이 집단과 동일시한다.
- 구성원들이 수용할 만한 집단행동에 동의한다(Shelton, 2006).

배심원단의 경우, 다양한 구성원들로 구성하였을 때 의사결정을 하는 동안 구성원들이 더 많은 정보를 공유한다(Sommers, 2006). 그럼으로써 배심원단은 더 우수한 결정을 내릴 위치에 서게 된다. 이에 덧붙여서, 공공정책 집단의 의사결정을 살펴보면, 구성원 상호간의 영향이 중요하다. 구성원들은 다른 구성원의 결정에 영향을 미칠 책략을 자주 사용한다(Jenson, 2007). 가장 빈번하게 사용하며 영향력이 큰 책략은 감동적이며 합리적으로 호소하는 것이다.

집단사고

그렇지만 집단 의사결정과 관련된 약점들도 존재한다. 그러한 약점 중에서 가장 많이 연구한 것이 집단사고이다. **집단사고**(groupthink)란 일반적으로 갈등을 회피하고자 애쓰는 집단 구성원들이 초래하는 시기상조의 결정이라는 특징을 보이는 현상이다(Janis, 1971). 집단사고는 종종 관례적이지 않은 아이디어를 기피하는 부적절한 결정

거르트 기거렌저(Gerd Gigerenzer)의 실험실에서는

불확실한 세상에서의 의사결정

우리 실험실에서는 **제한적 합리성**(bounded rationality), 즉 사람들이 불확실한 세상에서 결정하는 방식을 연구한다. 실세계에 전지전능은 존재하지 않으며 놀라운 사건들도 일어날 수 있다. 그럼에도 불구하고 사람들은 누구를 믿어야 할 것인지, 어떤 약을 먹을 것인지, 어떻게 투자할 것인지 등과 같이 결정을 내려야만 한다.

우리가 제기한 첫 번째 물음은 기술적인(descriptive) 것이다. 즉, 불확실한 세상에서 사람들은 어떤 발견법에 의존하여 결정하는가? 우리는 다양한 발견법을 연구해 왔는데, 여기에는 재인(재인과 능수능란 발견법), 한 가지 좋은 이유(예컨대, 최선 취하기), 타인의 지혜(예컨대, 다수를 흉내 내기) 등에 의존하는 발견법이 포함되었다. **적응적 연장통** 연구는 사용하는 발견법, 발견법의 기본 단위, 발견법이 사용하는 핵심 인지능력 등을 연구한다.

거르트 기거렌저

두 번째 물음은 어떤 환경에서 발견법이 작동하거나 실패하는지에 관한 것이다. 답을 얻기 위하여 우리는 분석과 컴퓨터 시뮬레이션을 사용하여 발견법의 형식 모형을 개발하고 있다. 우리는 단 하나의 좋은 이유에 의존하는 단순한 발견법(예컨대, 최선 취하기)이 중다회귀나 신경망과 같이 복잡한 전략보다 더 정확한 예측을 할 수 있다는 사실을 찾아냈다. 이 결과는 발견법이 차선책이 아니며, 적은 정보와 계산 그리고 시간이 더 우수한 결정으로 이끌어갈 수 있다는 사실을 보여준다. 실제로 불확실한 세상에서는 우수한 판단을 내리기 위해서 정보의 상당 부분을 무시할 필요가 있다.

또한 우리는 연구 결과를 사용하여 사람들이 우수한 결정을 하도록 도와주는 발견법과 환경을 설계하고 있다. 예컨대, 미국 미시건 병원의 의사들은 중환자실 배정을 결정할 때 **신속-간소** 나무도식이라고 부르는 발견법을 사용하고 있다. 이렇게 간단한 발견법은 신속하고 간소하지만, 심장마비를 예측하는 데 있어서 복잡한 선형 회귀 모형보다 우수하다.

직관적 설계의 한 가지 측면이 위험 소통이다. 영국에서 피임약 공포가 만연하였을 때, 대중매체는 제3세대 피임약이 생명을 위협하는 혈액 응고(혈전증)의 위험을 100% 증가시킨다고 보도하였다. 많은 여성이 피임약 복용을 중지함으로써 원치 않은 임신과 추정컨대 13,000건의 부가적 낙태를 초래하고 말았다. 100%는 얼마나 큰 수치인가? 연구들을 보면, 제2세대 피임약을 복용한 여성 7,000명 당 대략 1명이 혈전증 증상을 보였다. 제3세대 피임약을 복용한 여성에서는 이 숫자(1명)가 2로 증가하였다. 즉, 위험 증가의 절대치는 7,000명 당 단지 1명이었지만, 상대적 위험 증가는 100%가 되었던 것이다. 만일 대중매체가 절대적 위험도를 보도하였더라면, 공포에 질린 여성은 거의 없었을 것이다. 피임약 공포를 오도하며 투명하지 않은 방식으로 숫자를 틀만들기 함으로써 어떻게 사람들의 공포를 조작할 수 있는지를 예증하고 있다. 지난 몇 년에 걸쳐 우리는 1,000여 명의 의사와 수십 명의 미국 연방법원 판사들에게, 예컨대 암 검사나 DNA 검사를 평가할 때, 위험을 이해하는 훈련을 시켰다. 위험 소통 교육을 받은 의사나 변호사는 거의 없었으며, 이러한 사각 지대야말로 심리학자가 자신의 지식을 적용하여 도움을 줄 수 있는 중요한 영역이다.

참고문헌

Gigerenzer, G. (2014). *Risk savvy: How to make good decisions*. New York: Viking.

Gigerenzer, G., Hertwig, R., & Pachur, T. (Eds.) (2011). *Heuristics: The foundations of adaptive behavior*. New York: Oxford University Press.

을 초래한다(Esser, 1998).

어떤 조건이 집단사고로 이끌어 가는가? 재니스(1971)는 다음과 같은 세 가지를 제시하였다.

1. 배타적이고 응집적이며 동질적인 집단에게 결정 권한을 부여한다.
2. 집단 내에서든 외에서든, 객관적이고 불편부당한 리더십이 결여되어있다.
3. 높은 수준의 스트레스가 집단 의사결정 과정에 압박을 가한다.

집단사고의 또 다른 원인이 불안이다(Chapman, 2006). 구성원들이 불안할 때, 새로운 대안을 모색할 가능성이 적으며 갈등을 회피하고자 시도할 가능성이 높다.

외교 정책을 결정해야 하는 집단이 집단사고의 대표적 후보자이다. 일반적으로 구성원들의 생각이 비슷하다. 이에 덧붙여서 자기 집단 외부에서 일어나고 있는 것으로부터 자신들을 고립시키기 십상이다. 일반적으로 구체적 목표를 달성하고자 시도하며 자신들은 편파적일 수 없다고 믿는다. 또한 자신들의 결정에 수반된 이해관계가 엄청난 것일 수 있기 때문에 매우 높은 스트레스에 시달린다.

그렇다면 집단사고란 정확하게 무엇인가? 재니스(1971)는 다음과 같은 집단사고의 여섯 가지 증상을 제시하였다.

1. **폐쇄적 마음.** 집단은 대안적 아이디어에 개방적이지 못하다.
2. **합리화.** 집단은 자신의 의사결정 과정과 결과물을 정당화하는 데 심혈을 기울이며, 설득적이기 위하여 필요하다면 현실을 왜곡시킨다.
3. **이단자 억압.** 집단에 동의하지 않는 사람을 무시하거나 비판하며, 심지어는 추방하기도 한다.
4. **집단을 위한 "심적 경호원"의 구성.** 한 사람이 스스로 집단 규범을 유지하고 사람들을 그 규범 속에 묶어두는 역할을 자처한다.
5. **난공불락의 느낌.** 구성원들의 지적 능력 그리고 자신들에게 가용한 정보를 전제로 할 때, 집단은 옳을 수밖에 없다고 믿는다.
6. **만장일치.** 구성원들은 모든 사람이 만장일치로 집단이 표명한 의견을 공유한다고 믿는다.

집단사고가 결함이 있는 결정을 초래하는데, 이것은 대안들을 충분하게 살펴보지 못하고, 위험을 적절하게 고려하지 못하며, 대안들에 대한 정보를 철저하게 수집하지 못하는 것에 기인한다.

대학생들이 축구에서 경쟁을 벌이는 대학의 학생과 교수들을 혼내주려고 그 대학 캠퍼스에 설치된 동상을 훼손시키려는 결정을 할 때 어떻게 집단사고가 발생하게 되는지를 생각해보자. 그 대학생 집단은 동상에 손상을 가하는 것이 대수로운 일이 아니라고 합리화한다. 도대체 누가 보기 흉하게 낡은 동상에 관심이나 보이겠는가? 집단의 한 구성원이 반대할 때, 다른 구성원들은 즉각적으로 그가 불충하고 겁쟁이라고 느끼게 만들어버린다. 그의 반대의견을 짓밟아버린다. 집단 구성원들은 난공불락의 느낌을 갖는다. 야음을 틈타서 아무도 지키는 않는 동상을 훼손시키고자 한다. 자신들은 결코 잡히지 않을 것이라고 확신한다. 결국 모든 구성원들이 작전 행동에 동의한다. 만장일치처럼 보이는 느낌은 구성원들로 하여금 자신들이 일치단결하여 해야만 할 일을 하고 있다고 확신시켜준다.

집단사고의 해독제

재니스(1971)는 집단사고를 예방하는 여러 가지 해독제를 처방해왔다. 예컨대, 집단의 지도자는 생산적인 비판을 조장하고, 공평무사하며, 구성원들이 집단 밖의 사람으로부터 정보를 추구하고 있다는 사실을 확신해야 한다. 집단은 동일한 문제에 대해 대안적 해결책을 모색하기 위하여 별도의 하위집단을 구성해야한다. 지도자가 집단 규범에 피상적으로 동조하는 현상을 차단하는 책임을 지는 것이 중요하다.

1997년 미국 캘리포니아에서 '천국의 문'이라는 사이비 종교집단 구성원들이 헤일-밥 혜성의 꼬리에 뒤따르는 우주선의 외계인을 영접한다는 희망을 가지고 집단 자살을 시도하였다. 이 집단 자살은 파괴적 집단 규범에 대한 놀라운 동조 사례이지만, 1978년 남미 가이아나 조지타운의 사이비 종교집단에 속한 900명 이상의 사람들이 집단 자살한 사건과 같이, 이와 유사한 사건들이 인류사에 걸쳐 발생해왔다. 2010년에는 미국 멕시코만에 위치한 딥워터 호라이즌에서 석유시추 작업자 집단의 믿을 수 없는 일련의 악몽 같은 결정이 역사상 최악의 유정 유출 사건을 초래하였다. 그리고 21세기에서조차 치밀하게 계획한 자살폭탄 공격이 자신과 애꿎은 사람들을 살해하고 있다.

의사결정의 신경과학

문제해결에서와 마찬가지로, 전전두피질 특히 전측 대상회가 의사결정 과정에서 활동한다(Barraclough, Conroy, & Lee, 2004; Kennerley 등, 2006; Rogers 등, 2004). 원숭이의 의사결정 연구는 두뇌 두정엽의 활동을 확인해왔다(Platt & Glimcher, 1999). 결정과 연합된 이득의 양도 두정엽에서 관찰되는 활동의 양에 영향을 미친다(Platt & Glimcher, 1999).

최후통첩 게임은 신경과학자들이 의사결정을 연구하기 위하여 흔히 사용하는 도구이다. 한 사람(제안자)이 다른 사람(반응자)에게 특정 액수의 돈, 예컨대 10달러를 나누어갖는 방식을 제안한다. 반응자는 제안을 받아들이거나 거부할 수 있는데, 받아들이는 경우에는 두 사람이 제안자가 제안한 액수를 받으며, 거부하는 경우에는 두 사람 모두 한 푼도 받지 못한다. 고전적 결정 이론은 적은 돈을 받는 것이 한 푼도 받지 못하는 것보다 여전히 낫기 때문에 반응자는 어떤 제안이라도 받아들여야 한다고 주장한다. 그렇지만 이것은 사람들이 전형적으로 반응하는 방식이 아니다. 결정에서 정서가 중요한 역할을 담당하기 때문이다.

불공정한 방식으로 돈을 분할하는 제안(예컨대, 반응자에게 2달러 그리고 제안자가 나머지 8달러를 갖겠다는 제안)을 받을 때, 반응자는 그 제안을 거부하여 아무도 돈을 받지 못하기 십상이다. 이 반응은 불공정하게 대우받았거나 심지어는 속았다는 느낌에 따른 불만에 의한 것일 가능성이 크다(Pillutla & Murnighan, 1996). 참가자들이 최후통첩 게임을 하고 있는 동안 fMRI 기법을 사용한 연구들은 사람들이 다른 사람으로부터 불공정한 제안을 받을 때 전측 뇌섬이 관여한다는 사실을 발견해왔다. 한 연구(Corradi-Dell'Acqua 등, 2013)는 반응자에게 자기 자신을 위해서 또는 제삼자를 위해서 제안에 대한 결정을 하도록 요구하였다. 제삼자를 위한 결정은 불공평하게 대접받

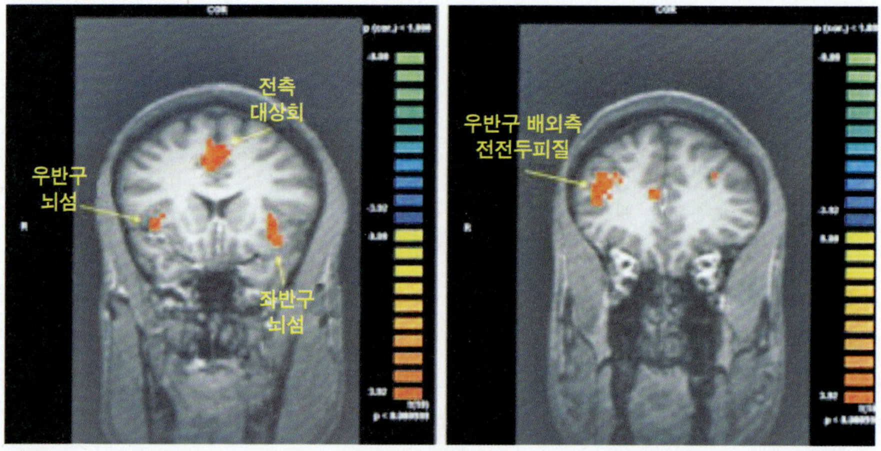

Sanfey AG1, Rilling JK, Aronson JA, Nystrom LE, Cohen JD.

그림 12.2 불공정한 제안과 관련된 두뇌 활동. (a) 불공정한 제안과 공정한 대안을 대비시킬 때, 유의한 *t* 통계치를 나타내는 좌우반구 전측 뇌섬과 전측 대상회(ACC) 영역의 활동. 오렌지색 영역이 공정한 제안에 비해서 불공정한 제안에 더 큰 활동을 나타내는 영역이다($p < .001$). (b) 불공정한 제안과 공정한 대안을 대비시킬 때, 유의한 *t* 통계치를 나타내는 우반구 배외측 전전두피질 영역의 활동.

고 있다고 느낄 때 발생하는 부정 정서를 감소시킬 것이라고 예상하였다. 실제로 불공평한 제안을 반응자에게 제시하든 아니면 제삼자에게 제시하든 관계없이 전측 뇌섬이 활동하였지만, 불공평한 제안이 반응자 자신을 향한 것일 때에만 내측 전전두피질의 중전측 영역이 활동하였다. 동시에 반응자가 제안을 수용하든 아니면 거부하든 관계없이 그러한 과제에서 전전두피질이 활동하였다. 이 사실은 전전두피질이 전반적 의사결정에 관여한다는 사실을 지적하는 것이다(Sanfey 등, 2003; 그림 12.2 참조).

약물 남용자의 의사결정 연구는 위험한 결정에 관여하는 여러 영역을 확인해냈다. 약물 남용자를 연구하는 까닭은 약물 남용이 본질적으로 위험한 결정을 초래하기 때문이다. 연구자들은 약물 남용자의 좌반구 전측 대상회의 활동이 감소하는 것을 발견하였다(Fishbein 등, 2005). 이 결과는 의사결정 과정에서 전측 대상회가 잠재적 보상을 고려하는 데 관여한다는 사실을 시사한다.

또 다른 연구는 건강한 참가자에게 블랙잭이라는 도박을 하도록 요구하였다. 연구자들은 부적절한 결정(너무 위험하거나 너무 신중한 결정)이 전측 대상회의 활동 증가와 관련이 있다는 사실을 찾아냈다(Hewig 등, 2008).

이 영역에서의 또 다른 흥미로운 효과를 결정에 어려움을 겪는 참가자에게서 관찰하였다. 한 연구에서는 참가자가 어떤 항목이 앞에서 보았던 것인지 아니면 새로운 것인지 그리고 두 항목 중에서 어느 것이 더 큰지를 결정하였다(Fleck 등, 2006). 확신도를 가장 낮게 평정한 결정 그리고 답하는 데 시간이 가장 오래 걸린 결정은 전측 대상회의 높은 활동과 관련이 있었다.

이러한 결과들은 가능한 해결책들의 비교와 가중치 부여에 전측 대상회가 관여한다는 사실을 시사한다.

개념 확인

1. 경제적 인간 모형이 인간의 의사결정을 만족스럽게 설명하지 못하는 이유는 무엇인가?
2. 사람들이 발견법을 사용하는 이유는 무엇인가?
3. 과신과 후견 편향 간의 차이는 무엇인가?
4. 세 가지 오류를 제시하고 설명하라.
5. 집단사고의 증상은 무엇인가?
6. 의사결정에서 주도적 역할을 담당하는 두뇌영역은 어느 곳인가?

❁ 연역추리

판단과 의사결정에서 사람들은 기회를 평가하고 하나의 선택지를 선택한다. 이와 관련된 유형의 사고가 추리이다. **추리**(reasoning)는 원리와 증거로부터 결론을 도출하는 과정이다(Leighton & Sternberg, 2004; Sternberg, 2004; Wason & Johnson-Laird, 1972). 추리에서는 이미 알고 있는 것으로부터 새로운 결론을 추론하거나 제안한 결론을 평가하게 된다.

추리는 흔히 연역추리와 귀납추리의 두 가지 유형으로 구분한다.

연역추리란 무엇인가?

연역추리(deductive reasoning)는 알고 있는 것에 관한 하나 이상의 일반 진술로부터 논리적으로 타당한 결론에 도달하는 추리과정이다(Johnson-Laird, 2000; Rips, 1999; Williams, 2000). 연역추리는 알고 있는 것에 관한 하나 이상의 일반 진술로부터 그 일반 진술을 적용하는 추리를 수반하기 십상이다.

연역추리는 논리 명제에 근거한다. **명제**(proposition)는 기본적으로 어떤 주장이며, 참이거나 거짓일 수 있다. 예컨대, "인지심리학 학생들은 명석하다.", "인지심리학 학생들은 구두이다.", "인지심리학 학생들은 땅콩버터를 좋아한다." 등이다. 논리적 주장에서, **전제**(premise)는 주장을 내세우게 만들어주는 명제이다. 인지심리학자는 특히 사람들에게 결론을 도출하도록 요구하는 방식으로 연결될 수 있는 명제들에 관심을 갖는다. 즉, 연역추리가 유용한 까닭은 사람들이 결론을 도출하기 위하여 다양한 명제를 연결하도록 도와주기 때문이다. 인지심리학자는 사람들이 결론을 도출하기 위하여 명제를 연결하는 방식을 알아내고자 한다. 어떤 결론은 잘 추론한 것이며, 다른 것은 그렇지 못하다.

추론의 어려움은 상당 부분, 문제를 진술한 언어 표현의 이해에 들어있다(Girotto, 2004). 언어 이해에 사용하는 몇몇 심적 과정과 그 심적 과정에 기저하는 대뇌 기능도 추리에 사용한다(Lawson, 2004).

조건추리

연역추리의 한 유형이 조건추리이다. 이 절에서는 조건추리가 무엇이며 어떻게 작동하는지를 탐구한다.

조건추리란 무엇인가?

연역추리의 한 가지 대표적 유형이 **조건추리**(conditional reasoning)이며, '만일-그렇다면' 명제에 근거하여 결론을 도출해야 하는 추리이다. '만일-그렇다면' 명제는 만일 선행 조건 p를 만족한다면, 그렇다면 후속 사건 q가 뒤따른다고 진술한다. 예컨대, "만일 학생들이 열심히 공부한다면, 그렇다면 시험에서 좋은 점수를 받는다." 어떤 상황에서는 만일 여러분이 조건 명제를 형성하였다면, 잘 추리한 결론을 도출할 수 있다. 잘 추리한 결론을 도출할 수 있는 조건 명제 집합은 "만일 p라면, 그렇다면 q이다. p이다. 따라서 q이다"이다. 이 추론은 연역 타당성을 예증한다. 즉, 이 추론이 토대를 두고 있는 명제로부터 논리적으로 진행한다. 다음의 진술도 논리적이다.

> "만일 학생들이 피자를 먹는다면, 그렇다면 시험에서 좋은 점수를 받는다. 학생들이 피자를 먹는다. 따라서 시험에서 좋은 점수를 받는다."

여러분도 추측하였겠지만, 연역 타당성은 참(진리)과 동일한 것이 아니다. 실제 세상이라는 측면에서 전혀 참이 아니지만 연역적으로는 타당한 결론에 도달할 수 있다. 결론이 참인지는 전제의 진실 여부에 달려있다. 결론이 실제에 있어서 참이면, 비논리적인 주장을 논리적인 것으로 잘못 받아들일 가능성이 높아진다. 그렇지만 지금은 참의 문제를 접어두고 추리의 **연역적 타당성**(deductive validity) 또는 논리적 견실성에만 초점을 맞춘다. 한 명제 집합과 그 결론이 다음과 같은 주장일 때 **긍정논법**(modus ponens)이라고 부른다.

> "만일 p이면, 그렇다면 q이다. p이다. 따라서 q이다."

긍정논법에서는 선행사건 p를 긍정한다. 예컨대, "만일 여러분이 남편이라면, 그렇다면 여러분은 결혼하였다. 해리슨은 남편이다. 따라서 그는 결혼하였다."라는 주장을 보자. 긍정논법을 위한 명제 집합이 표 12.2에 나와 있다.

긍정논법에 덧붙여서, 여러분은 다음과 같이 상이한 두 번째 명제에 근거하여 조건명제로부터 또 다른 잘 추리한 결론을 도출할 수 있다.

> "만일 p이면, 그렇다면 q이다. q가 아니다. 따라서 p가 아니다."

이 추론도 연역적으로 타당하다. 이 명제 집합과 결론을 **부정논법**(modus tollens)이라고 부르며, 후건을 부정하는 것이다. 예컨대, 후건을 부정하기 위하여 주장의 두 번째 명제를 다음과 같이 수정할 수 있다.

표 12.2 조건추리: 연역적으로 타당한 추론과 연역적 오류

두 유형의 조건명제는 타당한 연역으로 이끌어가며, 다른 두 유형은 연역적 오류로 이끌어간다. p를 전건, q를 후건이라고 부른다. →는 '그렇다면'을, ∴은 '따라서'를 의미한다.

주장의 유형		조건 명제	제시 조건	추론
연역적으로 타당한 추론	긍정논법: 전건 긍정	$p \rightarrow q$ 어머니이면 자식이 있다.	p이다 어머니이다.	$\therefore q$ 따라서 자식이 있다.
	부정논법: 후건 부정	$p \rightarrow q$ 어머니이면 자식이 있다.	$\neg q$이다 자식이 없다.	$\therefore \neg p$ 따라서 어머니가 아니다.
연역적 오류	전건 부정	$p \rightarrow q$ 어머니이면 자식이 있다.	$\neg p$이다 어머니가 아니다.	$\therefore \neg q$ 따라서 자식이 없다.
	후건 긍정	$p \rightarrow q$ 어머니이면 자식이 있다.	q이다 자식이 있다.	$\therefore p$ 따라서 어머니이다.

"만일 여러분이 남편이라면, 그렇다면 여러분은 결혼하였다. 해리슨은 결혼하지 않았다. 따라서 그는 남편이 아니다."

표 12.2는 잘 추리한 결론에 도달할 수 있는 두 조건을 보여주고 있다. 또한 그러한 결론에 도달할 수 없는 두 조건도 보여주고 있다. 사례들이 예증하는 바와 같이, 조건추리에 기초한 몇몇 추론은 오류이며, 연역적으로 타당하지 않은 결론으로 이끌어간다. 조건명제를 사용할 때, 전건을 부정하거나 후건을 긍정하는 것에 근거해서는 연역적으로 타당한 결론에 도달할 수 없다. "만일 여러분이 남편이라면, 그렇다면 여러분은 결혼하였다." 명제로 되돌아가보자. "조앤은 남편이 아니다. 따라서 그녀는 결혼하지 않았다."와 같이 전건을 부정하는 것에 근거하여 명제를 확증하거나 부정할 수 없다. 조앤은 남편이 아니라고 확신한다고 해도, 그녀가 결혼하지 않았다고 결론내릴 수 없는 것이다. 마찬가지로 "조앤은 결혼하였다. 따라서 그녀는 남편이다."와 같이 후건을 긍정함으로써 타당한 결론을 연역해낼 수는 없다. 조앤이 결혼하였다고 하더라도 그녀의 배우자는 그녀를 남편으로 생각하지 않을 수 있는 것이다.

웨이슨 선택과제

조건추리는 "선택과제"를 사용하여 실험실에서 연구할 수 있다(Wason, 1968, 1969, 1983; Wason & Johnson-Laird, 1970, 1972). 참가자에게 네 장의 양면 카드를 제시한다. 각 카드에는 한 면에 숫자가 그리고 다른 면에는 알파벳 문자가 적혀있다. 두 문자와 두 숫자를 전면에 보이도록 배열한다. 한 문자는 자음이고 다른 문자는 모음이다. 한 숫자는 짝수이고 다른 숫자는 홀수이다. 예컨대, 참가자에게 그림 12.3에 나와 있는 네 장의 카드를 제시한다.

그런 다음에 각 참가자에게 조건 진술문을 말한다. 예컨대, "만일 한 면에 자음이 있다면, 그렇다면 다른 면에는 짝수가 있다." 과제는 이 조건 진술문이 참인지 거짓인

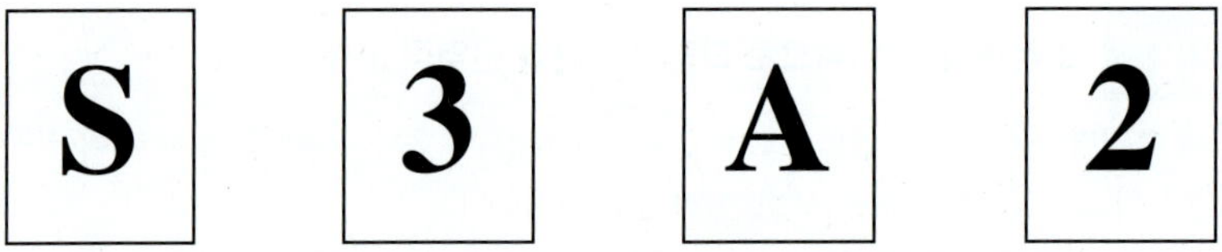

그림 12.3 **선택과제.** "만일 한 면에 자음이 있으면, 다른 면에 짝수가 있다."는 규칙을 확인하기 위하여 여러분은 어느 두 카드를 뒤집어보겠는가?

지를 결정하는 것이다. 참가자는 조건 진술문을 검증하는 데 필요한 정확한 수의 카드를 뒤집어봄으로써 그렇게 하게 된다. 즉, 참가자는 진술의 타당성을 검증하지 못하는 카드를 뒤집어서는 안 된다. 그렇지만 조건 명제의 타당성을 검증하는 카드는 모두 뒤집어야만 한다. 여러분이라면 어느 카드를 뒤집어보겠는가?

표 12.3은 참가자가 수행할 가능성이 있는 네 가지 가능한 검증을 예시하고 있다. 두 가지 검증(긍정논법: 전건의 긍정 그리고 부정논법: 후건의 부정)이면 조건 진술문을 검증하는 데 필요하고도 충분하다.

- 즉, 진술의 연역 타당성을 검증하기 위해서 참가자는 자음 카드를 뒤집어서 다른 면에 짝수가 있는지를 확인해보아야만 한다. 그렇게 함으로써 전건을 긍정한다(긍정논법).
- 이에 덧붙여서, 홀수 카드를 뒤집어서(짝수 카드가 아니다) 다른 면에 모음이 있는지를(자음이 아니다) 확인해보아야만 한다. 그렇게 함으로써 후건을 부정한다(부정논법)

표 12.3 조건추리: 웨이슨 선택과제

선택과제에서 피터 웨이슨은 참가자에게 네 장의 카드를 제시하였는데, 참가자는 이 카드에 근거하여 주어진 명제의 타당성을 검증해야만 하였다. 이 표는 조건명제($p \rightarrow q$), 즉 "한 면이 자음이면(p), 다른 면은 짝수이다(q)."를 검증하는 방식을 예시하고 있다.

카드 앞면에 나와 있는 것에 근거한 명제	검증	추리 유형	
p 한 면에 자음이 있다('S, F, V, P' 등).	$\therefore q$ 다른 면에 짝수가 있는가?	긍정논법에 근거	연역적으로 타당한 추론
$\neg q$ 한 면에 짝수가 없다. 즉, 한 면에 홀수가 있다('3, 5, 7, 9 등).	$\therefore \neg p$ 다른 면에 자음이 없는가? 즉, 다른 면에 모음이 있는가?	부정논법에 근거	
$\neg p$ 한 면에 자음이 없다. 즉, 한 면에 모음이 있다('A, E, I, O 등).	$\therefore \neg q$ 다른 면에 짝수가 없는가? 즉, 다른 면에 홀수가 있는가?	전건 부정에 근거	연역적 오류
q 한 면에 짝수가 있다('2, 4, 6, 8' 등).	$\therefore p$ 다른 면에 자음이 있는가?	후건 긍정에 근거	

다른 두 가지 가능한 검증(전건 부정과 후건 긍정)은 관련이 없다. 즉, 참가자는 모음 카드를 뒤집어볼 필요가 없다. 그렇게 하는 것은 전건을 부정하는 것이다. 또한 짝수 카드를 뒤집어볼 필요가 없다. 그렇게 하는 것은 후건을 긍정하는 것이다.

대부분의 참가자는 긍정논법 진술을 검증해보아야 한다는 사실을 알고 있었다. 그렇지만 많은 참가자가 부정논법 진술을 검증하는 데 실패하였다. 대신에 몇몇 참가자는 조건명제를 검증하는 방법으로 전건을 부정해보고자 시도하였다.

일상생활에서 조건추리

(최소한 초등학교에 입학할 때부터) 모든 연령의 사람들은 대부분 긍정논법 주장을 인식하고 적용하는 데 아무런 어려움이 없다. 그렇지만 부정논법 주장을 사용하여 추론할 필요성을 자발적으로 인식하는 사람은 거의 없다. 많은 사람들은 전건 부정이나 후건 긍정의 논리 오류를 인식하지 못한다. 적어도 추상적 추리 문제에 적용할 때는 그렇다(Braine & O'Brien, 1991; O'Brien, 2004; Rips, 1988, 1994). 몇몇 증거는 논리학 강의를 수강한 사람들조차도 다양한 상황에 걸쳐 연역추리를 제대로 해내지 못한다는 사실을 시사한다(Cheng 등, 1986). 추리 능력을 직접적으로 증진시키려는 훈련조차도 그 효과가 명확하지 않다. 추리 능력을 증진시키려는 훈련을 받은 후에, 사람들이 심성 모형과 규칙을 사용하는 정도는 유의하게 증가한다. 그렇지만 연역추리 사용은 단지 약간만 증가한다(Leighton, 2006).

아동과 성인 모두가 전건을 부정하거나 후건을 긍정하는 오류를 범하는 까닭은 무엇인가? 아마도 조건 진술문의 정상적인 이해에 뒤따르는 추론 때문에 그렇게 하는 것으로 보인다(Rumain, Connell, & Braine, 1983). 예컨대, 교과서 출판사가 다음과 같이 광고한다고 생각해보자.

"윤리학 개론 교과서를 구입하면, 5달러를 되돌려드립니다."

여러분은 만일 이 교과서를 사지 않으면, 출판사가 5달러를 주지 않을 것이라고 정확하게 추론할 것이다. 그렇지만 형식적 연역추리는 이러한 전건 부정을 오류로 간주한다. 그 진술은 여러분이 교과서를 구입하지 않을 때 어떤 일이 일어나는지에 대해서 아무것도 알려주지 않는다. 마찬가지로 여러분은 만일 출판사로부터 5달러를 되돌려 받았다면 이 교과서를 구입한 것이 틀림없다고 추론하게 된다. 그렇지만 그 진술은 여러분이 5달러를 되돌려 받게 만드는 상황의 범위에 관하여 아무것도 알려주지 않는다. 5달러를 되돌려 받는 다른 방법이 있을 수도 있다. 형식적 연역추리에 따르면 두 추론은 오류이지만, 일상 장면에서는 꽤나 합리적으로 수행한 추론이 된다. 조건추리 문제의 표현이 명시적으로나 암묵적으로 그러한 추론을 배격할 때는 형식적 연역추리가 도움이 된다. 그런 경우에는 이러한 논리 오류를 범할 가능성이 현저하게 줄어든다.

조건추리 수행은 문제를 추상적 연역추리에서 일상 상황에 적용하는 것으로 변환시키는 맥락 정보의 영향도 받는다. 예컨대, 참가자에게 전형적인 추상적 웨이슨 선택과제와 수정한 버전을 모두 제시하였다. 수정 버전에서는 참가자에게 자신이 경찰관이라고 가정하도록 요구하였다. 경찰관으로써 술을 마실 수 있는 합법적 연령을 적용하는 법을 집행하고 있다. 집행하고 있는 법의 구체적인 내용은 다음과 같다.

"만일 맥주를 마시고 있다면, 그렇다면 19세를 넘어야만 한다."

각 참가자에게 다음과 같은 네 장의 카드를 제시하였다.

1. 맥주를 마신다.
2. 콜라를 마신다.
3. 16세이다.
4. 22세이다.

그런 다음에 참가자에게 "사람들이 규칙을 위반하는지 결정하기 위해서 반드시 뒤집어보아야만 하는 하나 또는 그 이상의 카드를 선택하라."는 지시를 주었다(Griggs & Cox, 1982, p. 414). 웨이슨 선택과제의 추상적 버전에서는 어느 누구도 정확하게 반응하지 못하였다. 한편 수정 버전에서는 놀랍게도 72%의 참가자가 정확하게 반응하였다. 즉, 카드 1과 3을 뒤집어보았다.

타인에 대한 불신감이 높은 성향을 가진 사람이나 웨이슨 선택과제를 수행하기에 앞서 불신감을 유발하는 얼굴에 노출시킨 사람은 부적 가설검증(부정논법의 검증)을 더 많이 시도함으로써, 정확한 결론에 도달하는 경우가 많았다. 불신감이 어떤 정보의 정확성을 당연한 것으로 받아들일 가능성을 낮춤으로써 받아들이는 정보의 타당성을 검증하고자 더 열심히 들여다보게 만들 수 있다(Mayo, Alfasi, & Schwarz, 2014).

조건추리에 영향을 미치는 요인

음주와 연령에 근거한 과제를 수정한 최근 연구는 개연성에 관한 믿음이 부정논법(후건을 부정하는 것. 즉, 19세보다 어린 사람이 맥주를 마시고 있지 않은지를 확인하는 것)을 선택하는지 여부에 영향을 미친다는 사실을 보여주었다. 4세 아동이 맥주를 마시고 있는지를 확인해보아야 할 때보다 18세 청소년이 맥주를 마시고 있는지를 확인해보아야 할 때, 사람들은 부정논법을 시도해볼 가능성이 훨씬 크다. 그렇지만 논리는 두 경우 모두에서 동일하다(Kirby, 1994).

현실 상황에서 사람들은 어떻게 연역추리를 사용하는가? 두 연구자는 사람들이 형식적 추론규칙을 사용하기보다는 실용적 추리 스키마를 사용하기 십상이라고 제안해왔다(Cheng & Holyoak, 1985, 2008). **실용적 추리 스키마**(pragmatic reasoning schema)란 허용이나 의무 또는 인과와 같은 특정 유형의 목표와 관련된 보편적 체제화 원리를 말한다. 이 스키마를 때때로 **실용규칙**(pragmatic rule)이라고도 부른다. 이 실용규칙은 형식적 논리규칙만큼 추상적이지 않다. 그렇지만 광범위한 구체 상황들에 적용할 수 있을 만큼 충분히 보편적이며 광의적이다. 다시 말해서 사전 신념이 추리에서 중요한 것이다(Evans & Feeney, 2004).

연역추리 수행은 **조망 효과**(perspective effect), 즉 경찰관의 입장을 취하는가 아니면 술을 마시고 있는 사람의 입장을 취하는가에 의해서 영향을 받을 수 있다(Almor & Sloman, 1996; Staller, Sloman, & BenZeev, 2000). 따라서 허용 자체가 중요한 것은 아닐 수도 있다. 오히려 중요한 것은 그러한 문제를 해결하는 사람이 취하는 조망일 수 있다.

이전 경험이나 기존 지식이 알고자 하는 모든 것을 알려주지 못하는 상황을 생각해보자. 실용적 추리 스키마는 합리적으로 참인 것을 연역해내는 데 도움을 준다. 특정 상황이나 맥락은 특정 스키마를 활성화시킨다. 예컨대, 캠퍼스를 걷고 있는데 매우 어려보이는 사람을 보았다고 가정해보자. 그런데 그 사람이 자동차로 다가가서 문을 열고 들어가더니 차를 몰고 가버리는 것을 본다. 이 관찰은 운전에 대한 여러분의 다음과 같은 허용 스키마를 활성화시킬 수 있다. "혼자 운전하는 것을 허가받으려면, 적어도 16세는 되어야한다." 이제 여러분은 그 사람이 적어도 16세는 되었다고 연역할 수 있다. 한 실험에서는 조건추리 과제를 허용 맥락에서 제시하였을 때 62%의 참가자가 긍정논법과 부정논법을 정확하게 선택하였다. 과제를 실용적 추리 스키마와 무관한 임의적인 진술 맥락에서 제시하였을 때는 단지 11%만이 그렇게 하였다(Cheng & Holyoak, 1985).

연구자들은 표준적인 추상적 웨이슨 선택과제를 추상적 형태의 허용 과제와 비교하는 광범위한 분석을 실시하였다(Griggs & Cox, 1993). 추상적 웨이슨 선택과제는 "만일 카드 한 면에 'A'가 있으면, 다른 면에는 '4'를 가지고 있어야 한다."이었으며, 추상적 허용 과제는 "만일 행위 'A'를 취하려면, 우선 전제조건 'P'를 만족해야 한다."이었다. 추상적 허용 과제에서의 수행(정확도 49%)이 표준적인 추상적 웨이슨 선택과제 수행(정확도 9%)보다 여전히 우수하였다(Griggs & Cox, 1993; Manktelow & Over, 1990, 1992).

진화와 추리

조건추리에 대한 또 다른 접근은 인지에 대한 진화적 견해를 취한다(Cummins, 2004). 이 견해는 어떤 유형의 사고 기술이 오랜 기간의 진화에 걸쳐서 환경에 적응하는 인간에게 자연선택의 이점을 제공하는지를 묻는다(Cosmides, 1989; Cosmides & Tooby, 1996). 인간 인지에 대한 통찰을 얻으려면, 어떤 유형의 적응이 먼 과거에 매우 유용하였는지를 살펴보아야만 한다. 따라서 상대적으로 최근의 농업 발달과 더욱 최근의 산업사회 발달이 시작되기에 앞서 진화가 진행되어온 수백만 년 동안 수렵채취 시대의 인간이 어떻게 생각하였었는지에 관한 가설을 세우게 된다.

진화는 인간 인지에 어떤 영향을 미쳤는가? 인간은 스키마 획득 장치와 같은 어떤 것을 가지고 있을 수 있다(Cosmides, 1989). 이 장치가 경험으로부터 중요한 정보를 신속하게 수집하는 능력을 촉진시킨다. 또한 그 정보를 의미 있는 틀로 체제화 하는 것을 도와준다. 코스미디스의 견해에 따르면, 이 스키마는 상당한 융통성을 가지고 있다. 그렇지만 이 스키마는 직면하는 상황에 적응하는 것을 매우 효과적으로 지원해주는 정보를 선택하고 체제화 하는 데 전문화되어 있다. 수렵채취인들이 보여준 두드러진 적응 중의 하나는 사회교환 영역에서의 적응이다. 특히 사회교환 스키마가 촉진하는 두 가지 유형의 추론이 존재한다. 하나는 비용-이득 관계와 관련된 추론이며, 다른 하나는 특정한 사회교환에서 속임수를 쓰는 사람을 탐지해내는 것을 도와주는 추론이다. 먼 과거에는 함께 작업하는 것이 오늘날보다 더 중요하였을 것이다. 배우자 한 사람이 사냥하러 나가있는 동안 다른 사람이 자식을 돌보는 것을 상상해보자. 사냥 나간 사람이 집에 돌아오면, 배우자가 자식을 돌보아준 대가로 나머지 가족과 사냥감을 공유한다. 마찬가지로 규칙을 준수하지 않는 사기꾼을 탐지해내는 것은 삶과 죽음의 차이를 초래하였을 수 있다.

삼단논법 추리: 범주 삼단논법

조건추리에 덧붙여서, 다른 핵심 유형의 연역추리가 삼단논법 추리이다. 삼단논법(syllogism)이란 두 전제로부터 결론을 도출하는 연역추리이다(Maxwell, 2005; Rips, 1994, 1999). 모든 삼단논법은 두 개의 전제와 하나의 결론으로 구성된다. 때로는 두 전제에 근거하여 어떤 논리적 결론에도 도달할 수 없다는 것이 결론이기도 하다.

범주 삼단논법이란 무엇인가?

가장 널리 알려진 유형의 삼단논법이 범주 삼단논법이다. 다른 유형의 삼단논법과 마찬가지로, 범주 삼단논법은 두 개의 전제와 하나의 결론으로 구성된다. **범주 삼단논법**(categorical syllogism)의 경우에, 전제는 논항의 범주 구성원 여부에 관하여 진술한다. 실제로 각 논항은 특정 유목이나 범주의 모든 구성원이나 일부 구성원을 나타내거나 아니면 어떤 구성원도 나타내지 않는다. 다른 삼단논법에서와 마찬가지로, 각 전제는 두 논항을 포함한다. 하나는 두 전제 모두에 공통적인 매개논항이어야만 한다. 각 전제의 첫 번째 논항과 두 번째 논항은 범주 구성원 여부를 통해서 연결된다. 즉, 한 논항은 다른 논항이 나타내는 유목의 구성원이다. 어떻게 표현하든, 전제는 첫 번째 논항 범주 구성원의 일부(아니면 전부)가 두 번째 논항 범주의 구성원이거나(또는 구성원이 아니거나), 아니면 첫 번째 논항 범주의 어느 구성원도 두 번째 논항 범주의 구성원이 아니라는 사실을 진술한다. 전제로부터 결론이 논리적으로 뒤따르는지를 결정하려면, 논항의 범주 구성원 여부를 결정해야만 한다. 범주 삼단논법의 사례는 다음과 같다.

전제 1: 모든 인지심리학자는 피아니스트이다.
전제 2: 모든 피아니스트는 운동선수이다.
결론: 따라서 모든 인지심리학자는 운동선수이다.

논리학자는 흔히 범주 포함관계를 예시하기 위하여 원형 다이어그램을 사용한다. 이 다이어그램은 특정 결론이 논리적으로 타당한지를 쉽게 파악할 수 있게 해준다. 위 삼단논법의 결론은 두 전제로부터 논리적으로 뒤따르는 것이다. 이것을 그림 12.4에 원형 다이어그램으로 나타냈다. 그렇지만 실제에 있어서는 전제들이 거짓이기 때문에 결론도 거짓이 된다. 이 범주 삼단논법에서 주어가 인지심리학자, 매개논항(중개념)이 피아니스트, 그리고 술어가 운동선수이다. 두 전제 모두에서 첫 번째 논항 범주의 모든 구성원이 두 번째 논항 범주의 구성원이라고 진술하고 있다.

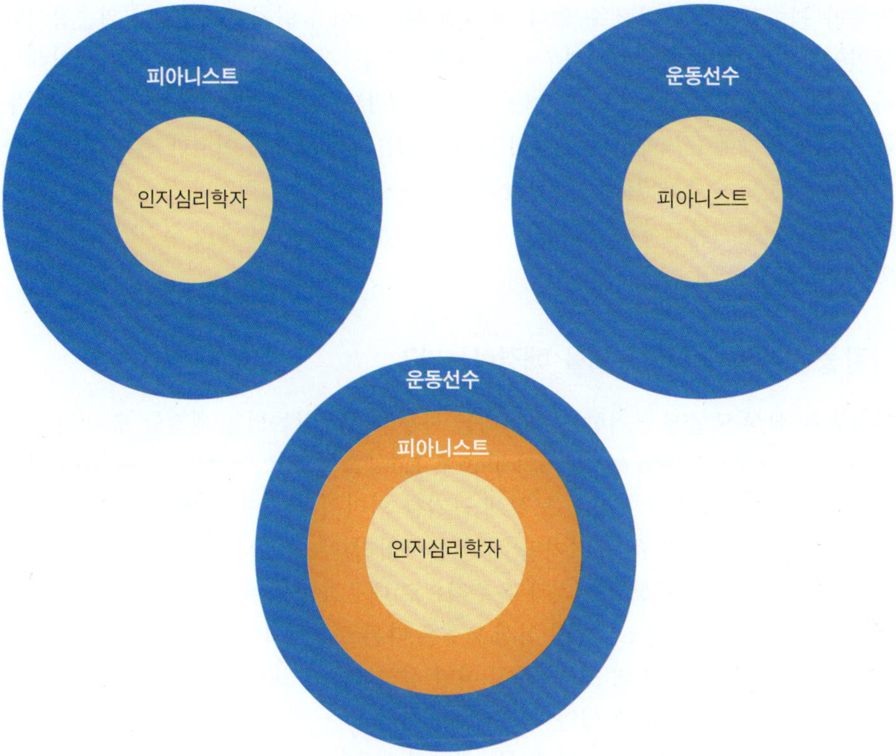

그림 12.4 범주 삼단논법을 나타내는 원형 다이어그램. 원형 다이어그램은 여기에 제시한 것과 같은 범주 삼단논법을 나타내는 데 사용할 수 있다. "모든 인지심리학자는 피아니스트이다. 모든 피아니스트는 운동선수이다. 따라서 모든 인지심리학자는 운동선수이다." 삼단논법에 따라서 모든 인지심리학자는 운동선수라는 사실이 뒤따른다. 그렇지만 이 사례의 경우와 같이, 만일 전제가 참이 아니라면, 논리적으로 타당한 연역도 반드시 참은 아니다.

출처: Sternberg, R. J. (1995). *In search of the human mind*. Harcourt Brace & Company.

다음과 같은 네 가지 유형의 전제가 존재한다.

1. **전칭 긍정 진술**(universal affirmative statement): "모든 A는 B다" 형식의 진술. 한 유목의 모든 구성원들(전칭)에 대한 긍정적인 진술이기 때문이다.
2. **전칭 부정 진술**(universal negative statement): 한 유목의 모든 구성원에 대한 부정 진술(예컨대, "어느 인지심리학자도 플룻 연주자가 아니다.")
3. **특칭 긍정 진술**(particular affirmative statement): 한 유목의 일부 구성원에 대한 긍정 진술(예컨대, "어떤 인지심리학자는 왼손잡이이다.")
4. **특칭 부정 진술**(particular negative statement): 한 유목의 일부 구성원에 대한 부정 진술(예컨대, "어떤 인지심리학자는 물리학자가 아니다.")

모든 유형의 삼단논법에서 전제들의 어떤 조합은 논리적으로 타당한 결론으로 이끌어가지 못한다. 특히 범주 삼단논법에서 두 특칭 전제 또는 두 부정 전제를 가지고는 논리적으로 타당한 결론을 도출할 수 없다. 예컨대, "어떤 인지심리학자는 왼손잡이이다. 어떤 왼손잡이는 똑똑하다."라는 두 전제에 근거해서는 어떤 인지심리학자는 똑똑하다는 결론조차 내릴 수 없다. 똑똑한 왼손잡이가 인지심리학자인 왼손잡이와 동일인이 아닐 수 있다. 어떤 경우인지를 알 수 없는 것이다. 부정의 사례를 생각해보자. "어떤 학생도 멍청하지 않다. 어떤 멍청한 사람도 피자를 먹지 않는다." 이러한 두 가지 부정 전제에 근거해서는 학생이 피자를 먹는지에 관해서 어떠한 결론도 내릴 수 없다. 여러분도 추측하였겠지만, 사람들은 하나 이상의 특칭 전제나 부정 전제에 근거하여 결론을 연역하고자 할 때 더 큰 어려움을 겪는다(시간이 많이 걸리며 오류를 많이 범한다).

사람들은 어떻게 삼단논법을 해결하는가?

사람들은 심성 모형에 근거한 의미처리를 사용하여 삼단논법을 해결할 수 있다(Ball & Quayle, 2009; Espino 등, 2005; Johnson-Laird & Savary, 1999; Johnson-Laird & Steedman, 1978). 추리가 심성 모형에 근거한 의미처리를 수반한다고 보는 견해를 형식 논리의 특징을 갖춘 규칙기반 처리(통사처리)와 대비시킬 수 있다. **심성 모형**(mental model)이란 표상하는 것과 유추적으로 대응하는 정보의 내적 표상을 말한다(Johnson-Laird, 1983 참조). 어떤 심성 모형은 다른 모형보다 연역적으로 타당한 결론으로 이끌어갈 가능성이 더 크다. 특히 어떤 심성 모형은 타당하지 않은 결론을 반증하는 데 효과적이지 않을 수 있다.

예컨대, 존슨-레어드의 연구에서는 참가자에게 "모든 미술가는 양봉가이다. 어떤 양봉가는 현명하다. 모든 미술가는 현명한가?"라는 삼단논법에 대해서 자신의 결론과 심성 모형을 기술해보도록 요구하였다. 한 참가자는 "나는 방에 있는 모든 어린 미술가를 생각하고는 그들이 모두 양봉가 모자를 쓰고 있는 장면을 상상하였습니다."라고 말하였다(Johnson-Laird & Steedman, 1978, p. 77). 그림 12.5는 이 삼단논법에 대한 두 가지 상이한 심성 모형을 보여준다. 그림에서 보는 바와 같이, 심성 모형의 선택은 연역적으로 타당한 결론에 도달하는 능력에 영향을 미칠 수 있다. 어떤 삼단논법을 해결하는 데 있어서는 특정 모형이 다른 모형보다 낫기 때문에, 그 모형을 사용함으로써 연역적으로 타당한 결론에 도달할 가능성이 더 크다. 그림 12.5에서 (a)의 심성 모형은 어떤 미술가들은 현명하다는 연역적으로 타당하지 않은 결론으로 이끌어갈 수 있다. (b)의 대안 모형을 살펴보면, 삼단논법에 대한 대안적 견해를 볼 수 있다. 이 모형은 주어진 정보에만 근거해서 어떤 미술가는 현명하다는 결론을 연역할 수 없다는 사실을 보여준다. 구체적으로 현명한 양봉가가 미술가인 양봉가와 동일인이 아닐 수 있는 것이다.

앞서 언급한 바와 같이, 범주 삼단논법을 나타내는 데 원형 다이어그램을 자주 사용한다. 원형 다이어그램에서는 상이한 범주의 구성원을 나타내기 위하여 중복되거나, 동심원이거나 중복되지 않는 원을 사용할 수 있다(그림 12.4 참조). 사람들에게 원형 다이어그램을 그리는 방법을 가르침으로써 추리 능력을 증진시킬 수 있다(Nickerson, 2004). 놀랍게도 선천적 맹인조차도 자신의 추리 과정을 도와주는 공간적 심성 모형을 만들어낼 수 있다(Fleming 등, 2006; Knauff & May, 2006).

많은 연역추리 문제의 어려움은 전제를 적절하게 표상하는 데 필요한 심성 모형

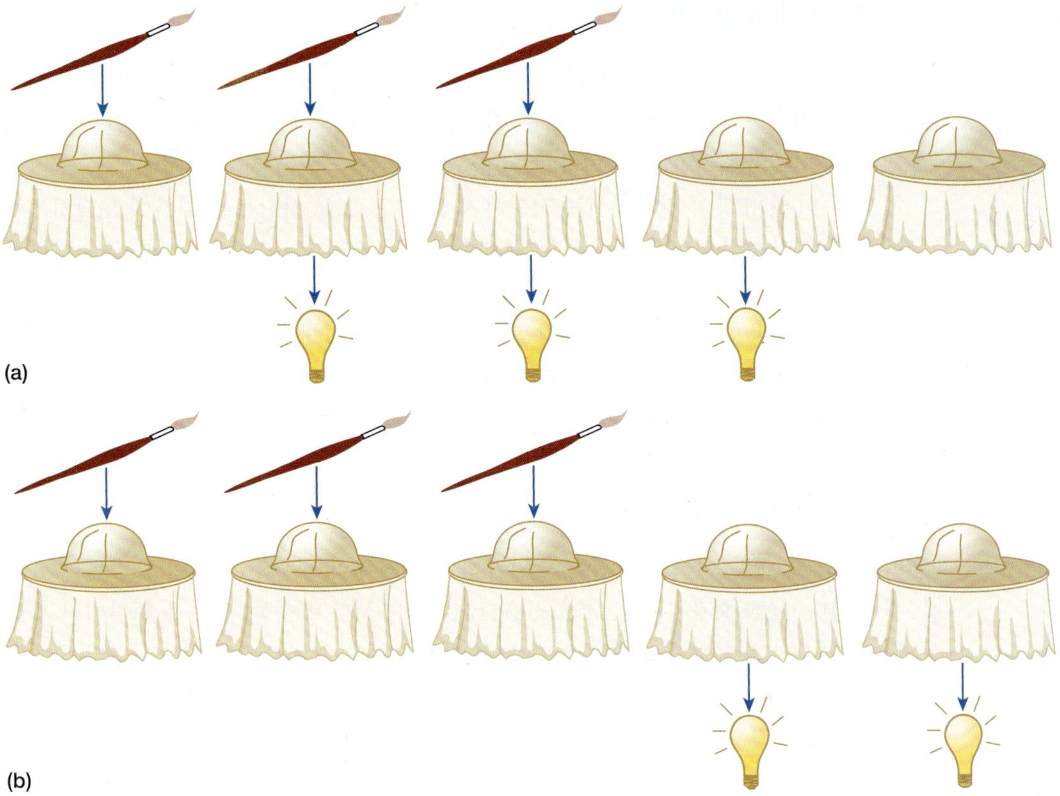

(a) (b)

그림 12.5 **삼단논법을 표상하는 심성 모형.** 필립 존슨-레어드와 마크 스티드먼은 사람들이 삼단논법에 들어있는 항목들을 표상하기 위하여 다양한 심성 모형을 사용한다고 가정하였다. 어떤 심성 모형은 다른 모형보다 더 효과적이며, 연역적으로 타당한 결론에 도달하기 위해서는 여기서 보는 바와 같이, 둘 이상의 모형이 필요할 수도 있다(설명을 보려면 본문 참조).

의 수와 관련이 있다(Johnson-Laird, Byrne, & Schaeken, 1992). 단 하나의 심성 모형만을 수반하는 주장은 신속하고도 정확하게 해결할 수 있다. 그렇지만 여러 개의 심성 모형으로 표상해야 하는 주장에 근거하여 정확한 결론을 추론해내는 것은 훨씬 어렵다. 그러한 추론은 작업기억에 상당한 부담을 준다(Gilhooly, 2004). 이 경우에는 작업기억에 다양한 모형 각각을 동시에 유지하고 있어야만 결론에 도달하거나 평가할 수 있다. 따라서 작업기억 용량의 제한이 부분적으로는 연역추리에서 사람들이 나타내는 오류의 근거가 된다(Johnson-Laird, Byrne, & Schaeken, 1992).

연역추리의 지원도구와 장애물

다른 많은 인지과정에서와 마찬가지로 연역추리에서도 사람들은 많은 심적 지름길, 즉 발견법을 사용한다. 이러한 지름길에 덧붙여서, 사람들은 추리 결과를 왜곡하는 편향의 영향을 받기 십상이다. 이 절에서는 연역추리에서의 발견법과 편향을 살펴본다. 마지막으로 연역추리 기술을 증진시키는 방법들을 알아본다.

연역추리에서 발견법

삼단논법 추리에서의 발견법에는 **과잉확장 오류**(overextension error)가 포함된다. 사람들이 어떤 삼단논법에서 작동하는 전략을 그 전략이 작동하지 않는 삼단논법에 과잉확장 함으로써 이 오류를 범하게 된다. 예컨대, 가역성이 전칭 부정에서는 잘 작동하지만, 다른 유형의 전제에서는 작동하지 않는다. 또한 사람들은 결론에 도달하기에 앞서 모든 가능성을 고려하지 못할 때 **배제 효과**(foreclosure effect)도 경험한다. 이에 덧붙여서, **전제 표현 효과**(premise-phrasing effect), 예컨대 논항의 순서나 특칭이나 부정 표현의 사용도 연역추리에 영향을 미칠 수 있다. 전제 표현 효과는 삼단논법의 연역 타당성을 적절하게 고려하지 않은 채 어떤 결론에 비약적으로 도달하도록 이끌어갈 수 있다.

연역추리에서 편향

연역추리에 영향을 미치는 편향은 일반적으로 전제의 내용과 결론의 그럴듯함과 관련이 있다. 또한 **확증 편향**(confirmation bias) 경향성도 반영한다. 확증 편향이란 사람들이 이미 믿고 있는 것의 반증이나 부정보다는 확증 증거를 찾는 것이다. 전제와 결론의 내용이 모두 참인 것처럼 보인다고 가정해보자. 이러한 경우에 사람들은 논리적 하자가 있는 경우조차도 그 결론의 타당성을 믿는 경향이 있다(Evans, Barston, & Pollard, 1983).

어떤 상황에서는 확증 편향이 해로우며 심지어는 위험할 수도 있다. 예컨대, 응급

인지심리학의 실제 적용

여러분의 연역추리 기술을 증진시키는 방법

훈련을 받지 않고도 여러분은 실수를 피하는 전략을 개발함으로써 연역추리를 증진시킬 수 있다. 예컨대, 뻔뻔스러운 한 경찰관이 "의심스럽게 생긴 어떤 사람이 불법체류자인지를 압니다. 어떤 불법체류자가 테러리스트인지도 알지요. 따라서 우리가 의심스럽게 생각하는 사람들 중의 몇몇은 테러리스트이며 우리나라를 파괴하려고 한다고 확신할 수 있지요!"라고 말한다고 해보자. 이 경찰관의 삼단논법은 엉터리이다. 만일 어떤 A가 B이고, 어떤 B가 C라고 해서, 반드시 어떤 A가 C인 것은 아니다. 어떤 남자가 행복하고, 어떤 행복한 사람이 여자라고 해서, 어떤 남자가 여자라는 사실을 함축하지 않는다는 사실을 인식한다면, 이것은 명약관화하다.

삼단논법을 해결하는 데 적절한 전략을 사용하고 있다는 사실을 확인하라. 가역성은 전칭 부정에서만 작동한다는 사실을 기억하라. 때로는 추상적 논항을 구체적인 것으로 변환하는 것(예컨대, 문자 C를 Cow로 변환하는 것)도 도움이 된다. 또한 반례를 생각할 시간을 갖고, 보다 많은 심성 모형을 만들어라. 주어진 전제 집합에 더 많은 심성 모형을 사용할수록, 결론이 타당하지 않으며 반증될 것이라는 사실을 더욱 확신할 수 있다. 따라서 다중 심성 모형의 사용은 오류를 회피할 가능성을 증가시킨다. 또한 확증 편향에 빠지는 경향성도 피할 수 있게 도와준다. 원형 다이어그램도 연역추리 문제를 해결하는 데 도움을 줄 수 있다.

범죄를 해결하는 데 지문을 사용하는 것이 연역추리의 예인가? 여러분의 답이 '그렇다'이든 '아니다'이든, 그 이유는 무엇인가?

실에서 만일 어떤 환자가 질환 X를 가지고 있다고 가정하게 되면, 의사는 모든 가능한 대안적 해석을 충분하게 고려하지 않은 채, 일련의 증상이 자신의 진단을 지지하는 것으로 해석할 수 있다(Pines, 2005). 이러한 지름길은 부적절한 진단과 치료를 초래하는 극도로 위험한 것일 수 있다. 확증 편향의 효과를 관찰할 수 있는 다른 상황에는 경찰의 수사, 초자연 현상의 신봉, 고정관념 행동 등이 있다(Ask & Granhag, 2005; Biernat & Ma, 2005; Lawrence & Peters, 2004). 정도는 덜 하지만, 사람들은 결론이나 전제의 내용이 기존 신념과 모순적일 때 결론의 타당성을 부정하는 상반된 경향성도 보인다(Evans, Barston, & Pollard, 1983; Janis & Frick, 1943).

개념 확인

1. 조건추리에서 연역적으로 타당한 추론은 무엇인가?
2. 범주 삼단논법이란 무엇인가?
3. 범주 삼단논법을 해결할 때 심성 모형은 어떤 도움을 줄 수 있는가?
4. 전제의 측면에서 "가역성"이 의미하는 것은 무엇인가?
5. 사람들이 연역추리에서 취약성을 보이는 편향들을 제시해보라.

귀납추리

이제 귀납추리를 보다 상세하게 다룬다. 우선, 귀납추리가 무엇인지를 논의한다. 그런 다음에 인과추론 방식을 탐구한다. 마지막으로 범주 추론과 유추를 다룬다.

귀납추리란 무엇인가?

귀납추리(inductive reasoning)란 구체적 사실이나 관찰로부터 그 사실을 설명할 가능성이 높은 결론에 도달하는 과정이다. 귀납추리자는 그 결론을 사용하여 미래의 특정 사례를 예측하고자 시도할 수 있다(Johnson-Laird, 2000). 귀납추리를 연역추리와 구분하게 해주는 핵심 자질은 논리적으로 확실한 결론에 결코 도달할 수 없다는 것이다. 단지 기반이 탄탄하거나 가능성이 높은 결론에 도달할 수 있을 뿐이다. 반면에 연역추리에서는 논리적으로 확실한, 즉 연역적으로 타당한 결론에 도달하는 것이 가능하다.

예컨대, 인지심리학 강의를 수강하는 모든 학생이 우등생이라는 사실을 알게 되었다고 가정해보자. 이 관찰로부터 여러분은 인지심리학 수강생 모두가 뛰어난 학생(아니면 적어도 그러한 인상을 줄 만큼 높은 학점을 받은 학생)이라고 귀납적으로 추리할 수 있다. 그렇지만 인지심리학 강의를 과거에 수강하였거나 앞으로 수강할 모든 학생들의 평점을 관찰할 수 없는 한에 있어서, 여러분은 그 결론을 증명할 수 없다. 이에 덧붙여서 인지심리학 강의를 수강한 학점이 형편없는 단 한 명의 학생도 여러분의 결론을 부정하게 된다. 그렇지만 수많은 관찰을 한 후에 여러분은 귀납적으로 추리하기에 충분한 관찰을 하였다고 결론내릴 수도 있다.

귀납추리는 경험적 방법의 토대를 이룬다(Holyoak & Nisbett, 1998). 귀납추리에서는 "지금까지 관찰한 모든 X의 사례는 Y이다."라고 말하는 것으로부터 "따라서 모든 X는 Y이다."라고 말하는 것으로 논리적으로 비약할 수 없다. 다음에 관찰하는 X가 Y이지 않을 가능성은 항상 존재한다. 예컨대, 여러분은 "지금까지 관찰한 모든 백조는 희다."라고 말할 수 있지만, 모든 백조가 희다는 결론을 내릴 수는 없다. 우연히 마주친 다음번 백조는 검은색일 수 있기 때문이다. 실제로 검은 백조도 존재한다.

연구에서 영가설(차이가 없다는 가설)을 부정할 때 귀납추리를 사용한다. 영가설을 부정하는 것이 올바른 것인지를 결코 확신할 수 없는 것이다.

인지심리학자에 따르면, 사람들은 다음과 같은 두 가지 이유로 귀납추리를 사용한다. 첫째, 환경의 엄청난 가변성에서 의미를 찾아내는 능력을 증가시켜준다. 둘째, 환경 사건을 예측하는 데 도움을 줌으로써 불확실성을 감소시켜준다. 따라서 인지심리학자는 귀납추리의 이유보다는 방식을 이해하고자 한다. 사람들은 어떤 생득적인 스키마 획득 장치를 가지고 있거나 가지고 있지 않을 수 있다. 그렇지만 귀납해야 하는 모든 추론을 가지고 태어나지 않는 것은 확실하다.

우리는 이미 귀납추리가 가설을 생성하고 검증하는 과정을 수반하기 십상이라는 사실을 함축하였다. 이에 덧붙여서 사람들은 일련의 구체적 사례로부터 보다 넓은 이해로 일반화하는 추론을 한다. 부가적인 사례들을 관찰함에 따라서, 이해의 폭을 더욱 확장한다. 또는 보편적 이해에 대한 특수한 예외를 추론할 수도 있다. 예컨대, 상당한 수의 새를 관찰한 후에, 새는 날 수 있다고 추론할 수 있다. 그렇지만 펭귄과 타조를 관찰한 후에는 일반화시킨 지식에 날지 못하는 새의 특정 예외를 첨가할 수 있다.

인과 추론

귀납추리를 연구하는 한 가지 접근이 **인과 추론**(causal inference), 즉 어떤 것이 다른 것을 초래하는지에 관하여 사람들이 판단을 내리는 방식을 살펴보는 것이다(Cheng, 1997, 1999; Spellman, 1997). 철학자 데이비드 흄은 사람들이 시간에 따른 공변(co-variation)을 관찰할 때, 즉 우선 한 사건이 발생한 후에 다른 사건이 발생하는 것을 관찰할 때, 인과성을 추론할 가능성이 매우 높다는 사실을 관찰하였다. 두 사건이 충분히 짝을 이루어 발생하는 것을 관찰하게 되면, 첫 번째 사건이 두 번째 사건을 초래한다고 믿게 된다.

아마도 인간의 가장 큰 실수는 심리학자는 물론이고 과학자와 일반인 모두에게 적용되는 실수이겠다. 즉, 사람들은 확증 편향을 보이는데, 이것이 착각 상관과 같은 오류로 이끌어갈 수 있다(Chapman & Chapman, 1967, 1969, 1975). 이에 덧붙여서 오직 상관 증거에만 근거하여 인과성을 결정하고자 시도하는 실수를 자주 저지른다. 상관 증거는 인과성의 방향을 나타낼 수 없다. 요인 A와 요인 B 간의 상관을 관찰한다고 가정해보자. 다음과 같은 세 가지 경우 중의 하나를 발견하게 된다.

1. 요인 A가 요인 B를 초래할 수 있다.
2. 요인 B가 요인 A를 초래할 수 있다.
3. 어떤 상위 요인인 C가 요인 A와 B 모두를 초래할 수 있다.

상관 데이터에 근거해서는 세 가능성 중에서 어느 것이 관찰한 현상을 초래한 것인지를 결정할 수 없다.

이와 관련된 실수는 많은 현상들이 다중 원인을 가지고 있다는 사실을 깨닫지 못할 때 발생한다. 예컨대, 자동차 사고는 여러 가지 원인을 수반하기 십상이다. 단 한 명의 운전자가 아니라 여러 운전자의 부주의로 인해서 발생할 수 있다. 일단 한 현상의 의심스러운 한 원인을 확인해내면, 소위 **절감 오류**(discounting error)를 저지를 수 있다. 추가적인 원인 찾기를 중지하는 것이다.

확증 편향은 일상생활에서 중차대한 효과를 나타낼 수 있다. 예컨대, 사람들은 상대방을 좋아하지 않을 것이라고 기대하면서 누군가를 만날 수 있다. 그 결과, 좋아할 것이라고 기대하면서 만날 때와는 상이한 방식으로 상대방을 대할 수 있다. 그에 따라서 상대방은 호감이 가는 사람이 아니라는 애초의 생각을 "확증"하게 된다. 따라서 확증 편향은 학교 교육에서도 중차대한 역할을 담당할 수 있다. 교사는 능력이 떨어지는 학생이라고 생각할 때 그 학생에게 아무것도 기대하지 않기 십상이다. 그렇게 되면 학생도 교사에게 제공하는 것이 아무것도 없게 된다. 교사의 애초 생각을 "확증"하는 것이다(Sternberg, 1997). 이 효과를 **자기충족적 예언**(self-fulfilling prophecy)이라고 부른다(Harber & Jussim, 2005).

범주 추론

사람들은 무엇에 근거하여 추론을 하는가? 일반적으로 상향처리 전략과 하향처리 전략 모두를 사용한다(Holyoak & Nisbett, 1988). 즉, 감각 경험 정보 그리고 이미 알고 있거나 과거에 추론한 것에 근거한 정보 모두를 사용한다. 상향처리 전략은 다양한 사례를 관찰하고 사례들 간의 변산성 정도에 근거한다. 사람들은 관찰로부터 원형을 추출한다(제8장과 9장 참조). 일단 원형이나 범주를 귀납적으로 추론하게 되면, 사람들은 그 범주에 새로운 사례를 첨가하기 위하여 초점을 맞춘 표본을 사용하게 된다. 주로 과거에 유용한 구분을 제공하였던 속성에 초점을 맞추는 것이다. 하향처리 전략에는 많은 변산성 속에서 선택적으로 항상성을 찾는 것 그리고 기존 개념과 범주를 선택적으로 결합하는 것이 포함된다.

유비추리

귀납추리는 인과 추론이나 범주 추론을 요구하는 상황을 넘어서 광범위한 상황에 적용할 수 있다. 예컨대, 귀납추리는 유비추리, 즉 유추에 적용할 수 있다.

추리에 유추를 적용하는 사례는 정치에서 찾아볼 수 있다. 유추는 정부가 어떤 결론에 도달하는 데 도움을 줄 수 있다. 이러한 유추는 정책 결정의 정당성을 대중에게 전달하는 데도 효과적으로 사용할 수 있다(Breuning, 2003). 그렇지만 유추의 사용이 항상 성공적인 것은 아니다. 유추를 사용할 때의 유용성과 가능한 위험성 모두를 보여주는 정치적 결정이 이 사실을 잘 나타내고 있다. 2010년에 아프가니스탄 전쟁을 반대하는 사람은 아프가니스탄에서의 철수를 주장하기 위하여 베트남 전쟁 유추를 사용하였다. 이들은 압도적 승리를 이끌어내려는 미국 정책의 실패가 베트남과 아프가니스탄에서 유사하다고 주장하였다. 몇몇 정부 관료는 아프가니스탄에서의 철수는 미국이 베트남에서 철수한 후에 발생하였던 것과 같은 대량 학살을 초래할 수 있다고 주장하는 데 베트남 유추를 사용하면서 반박하였다. 따라서 유추는 비교하는 실제 요인들을 지지하려는 것이기보다는 주로 주장을 내세우는 사람의 마음에서 진행되는 것으로 끝날 수 있다. 일상생활에서는 환경을 예측할 때 유추를 사용한다. 사람들은 유추를 통해서 지각을 기억과 연결시킨다. 유추는 기억에 저장된 것 중에서 현재 입력과 유사한 개념과 항목을 활성화시킨다. 이러한 활성화를 통해서 사람들은 주어진 상황에서 일어날 가능성이 높은 것을 예측할 수 있다(Bar, 2007). 예컨대, 지구 온난화 예측은 부분적으로 기온이 상승하거나 그렇지 않았다고 믿는 과거의 어느 시점에 유추를 시도한 사람들이 주도하고 있다. 지구 온난화를 믿는지는 부분적으로 사람들이 어떤 유추를 시도하느냐에 달려있다.

개념 확인

1. 귀납추리란 무엇인가?
2. 사람들은 추론을 하기 위하여 어떤 전략을 사용하는가?
3. 유비추리란 무엇인가?
4. 어떤 요인들이 유추를 성공이나 실패로 이끌어 가는가?

추리의 대안적 견해

지금쯤이면 여러분은 사람들이 어떻게 그리고 왜 그런 방식으로 추리하는지에 대해서 인지심리학자들이 견해를 달리하고 있으며 때로는 다소 격렬하게 논쟁을 벌이고 있다는 사실을 합리적으로 추론하였을 것이다. 추리에 대한 대안적 조망인 **이중과정 이론**(dual-process theory)은 두 가지 상보적인 추리 시스템을 구분할 수 있다고 주장한다. 첫째는 **연합 시스템**(associative system)으로, 관찰한 유사성과 시간적 근접성(즉, 시간적으로 근접해서 함께 일어나는 경향성)에 근거한 심적 조작을 수반한다. 둘째는 **규칙 기반 시스템**(rule-based system)으로, 상징 간의 관계에 근거한 조작을 수반한다(Barrett, Tugade, & Engle, 2004; Kahneman, 2013; Sloman, 1996).

연합 시스템은 패턴과 일반 경향성에 매우 민감한 신속한 반응으로 이끌어갈 수 있다. 이 시스템을 통해서 사람들은 관찰한 패턴과 기억에 저장하고 있는 패턴 간의 유사성을 탐지한다. 패턴의 정의 자질보다는 현저한 자질(예컨대, 매우 전형적이거나 전혀 전형적이지 않은 자질)에 더 많은 주의를 기울인다. 이 시스템은 관찰한 패턴과 제대로 일치하지 않는 패턴의 선택을 억제하는 다소 느슨한 제약을 가하며, 관찰한 패턴과 보다 잘 일치하는 기억하고 있는 패턴을 선호한다. 연합 추리의 한 가지 사례가 대표성 발견법의 사용이다.

또 다른 사례는 삼단논법 추리에서 **신념 편향 효과**(belief bias effect)이다(Markovits, Saelen, & Forgues, 2009; Tsujii 등, 2010). 이 효과는 삼단논법이 논리적으로 타당한지와는 무관하게, 사람들이 자신의 신념을 긍정하는 삼단논법에 더 동의할 때 발생한다. 연합 시스템의 작동에 대한 한 가지 사례가 **허위적 합의 효과**(false consensus effect)이다. 사람들이 이 시스템을 사용할 때는 자신의 행동과 판단이 다른 사람들의 것보다 더 보편적이고 적절하다고 믿는다(Ross, Greene, & House, 1977). 사람들이 어떤 논제에 관하여 견해를 가지고 있다고 가정해보자. 이 경우에 사람들은 그 견해가 자신의 것이기 때문에 다른 사람들도 그 견해를 공유하며 정확한 것이라고 믿을 가능성이 높다고 생각하기 십상이다(Dawes & Mulford, 1996; Krueger, 1998). 그렇지만 자신의 견해와 일치한다는 이유로, 다른 사람의 견해를 자신의 것과 결부시키는 것은 의문의 여지가 있는 행위이다.

추리의 규칙기반 시스템은 일반적으로 결론에 도달하기 위하여 더 신중하고 수고를 들이는 절차를 요구한다. 이 시스템을 통해서 사람들은 기억에 저장하고 있는 규칙에 근거하여 가용한 데이터의 관련 자질(예컨대, 정의 자질)을 신중하게 분석한다. 이 시스템은 규칙을 위반할 가능성을 배제하는 엄격한 제약을 부과한다. 규칙기반 추리를 선호하는 증거에는 다음과 같은 것들이 있다.

1. 논리적 주장을 설명해줄 때, 그 주장을 이해할 수 있다.
2. 전형적인 자질의 유사성에도 불구하고 정의 자질에 근거하여 범주화를 해야 할 필요성을 이해할 수 있다. 예컨대, 500원짜리 동전과 똑같게 생긴 직경 5cm 동전은 위조임을 알아차릴 수 있다.
3. 고양이가 임신하여 강아지를 출산하는 것과 같이 불가능한 사건을 배제할 수 있다.
4. 개연성이 없는 많은 사건들을 인식할 수 있다. 예컨대, 미국 국회가 모든 대학생에게 연봉을 지급하는 법안을 통과시킬 가능성은 거의 없다.

슬로먼(1996)에 따르면, 두 상보적 시스템이 모두 필요하다. 관찰한 유사성과 시간적 근접성에 근거하여 일상 상황에 신속하고도 용이하게 반응할 필요가 있다. 그렇지만 반응을 보다 신중하게 평가할 수단도 필요하다.

두 시스템은 연결주의 틀에서 개념화할 수 있다(Sloman, 1996). 연합 시스템은 패턴 활성화와 억제를 가지고 용이하게 표현할 수 있는데, 이것은 연결주의 모형과 잘 맞아떨어진다. 규칙기반 시스템은 산출규칙 시스템으로 표현할 수 있다(제8장 참조).

또 다른 연결주의 견해는 한 집합의 마디에서의 활성화 패턴(예컨대, 특정 전제나 전제 집합과 연합된 패턴)이 두 번째 집합의 마디에서의 특정한 활성화 패턴을 생성할 때, 연역추리가 일어날 수 있다고 제안한다(Rips, 1994). 마찬가지로 귀납추리에 대한 연결주의 모형은 다양한 사례에 걸쳐서 일련의 유사한 패턴의 반복적인 활성화를 수반한다. 이러한 반복적 활성화가 마디들 간의 연결을 강화하게 된다. 그 과정이 다양한 사례들에 대한 패턴 일반화 또는 추상화로 이끌어간다.

추리의 연결주의 모형과 이 장에서 기술한 다른 접근들은 사람들이 추리하고 판단하는 방식에 관하여 가용한 데이터에 대해서 다양한 관점을 제공하고 있다. 현재로서는 어떤 이론 모형도 모든 데이터를 제대로 설명하지 못한다. 그렇지만 각 모형은 적어도 몇몇 데이터를 만족스럽게 설명해준다. 모형들을 종합할 때, 인간 지능과 인지를 이해하는 데 도움을 주게 된다.

지능과 인지 간의 인터페이스에 대한 구체적 사례를 '인지심리학 연구하기: "올바른" 선택이 없는 경우'에서 살펴보기 바란다.

개념 확인

1. 두 가지 상보적인 추리 시스템은 무엇인가?
2. 연결주의 모형은 연역추리를 어떻게 개념화하는가?

추리의 신경과학

문제해결과 의사결정 모두에서와 마찬가지로, 추리과정은 전전두피질을 수반한다(Bunge 등, 2004). 이에 덧붙여서, 추리는 기저신경절과 같이 작업기억과 관련된 두뇌 영역들을 수반한다(Melrose, Poulin, & Stern, 2007). 작업기억이 관여할 것이라고 기대하는 까닭은 추리가 정보 통합을 수반하기 때문이다. 정보를 통합하는 동안 그 정보를 작업기억에 유지할 필요가 있다.

기저신경절은 인지와 학습을 포함하여 다양한 기능에 관여한다. 또한 다양한 신경회로를 통하여 전전두피질과도 연결되어있다(Melrose, Poulin, & Stern, 2007).

한편으로는 기억해내야 하고 다른 한편으로는 추리에 사용해야 하는 어떤 진술을 제시할 때, 두뇌 처리과정은 어느 정도 차이를 보인다. 이 말은 그 진술을 가지고 추리해야만 한다는 사실을 알 때는 회상을 위해 부호화할 때보다 두뇌에서 더 많은 처리과정이 일어난다는 것을 의미한다. 진술을 단순히 기억해낼 때보다 그 진술을 가지고 삼단논법 추리를 할 때, 특히 좌반구 외측 전두엽(브로드만 44번과 45번 영역)이 더 많이 활동한다. 조건추리 전제를 처리할 때는 이러한 활동을 찾을 수 없다.

사람들이 정보 통합을 수행하고 있을 때(삼단논법이나 조건추리 문제를 해결하고 있을 때), 기저신경절 뿐만 아니라 좌반구 외측 전두엽이 활동한다. 그렇지만 삼단논법 추리는 외측 두정엽, 설전부, 그리고 좌반구 복측 전외측 피질의 활동도 수반한다(Reverberi 등, 2010). 따라서 삼단논법 추리와 조건추리는 상이한 두뇌영역에서의 처리를 수반하는 것으로 보인다.

인지심리학 연구하기

"올바른" 선택이 없는 경우

여러분이 스포츠형 다목적 차량(SUV)을 살 것인지 아니면 경차를 살 것인지를 결정하고자 애쓰고 있다고 가정해보자. SUV의 넓은 실내공간이 좋지만, 경차의 높은 연비도 마음에 든다. 어느 것을 선택하든, 올바른 선택을 하였는지를 어떻게 알겠는가? 이것이 답하기 어려운 질문인 까닭은 대부분의 결정을 불확실한 상태에서 내리기 때문이다. 따라서 여러분이 SUV를 구입하였다고 해보자. 여러 사람을 태울 수 있으며, 트레일러를 매달고도 고갯길을 쉽게 올라갈 수 있고, 운전석이 높아 시야가 훨씬 좋다. 그렇지만 연료통을 채울 때마다, 기름을 너무 많이 잡아먹는다는 생각이 든다. 한편 여러분이 경차를 구입하였다고 해보자. 공항에서 친구들을 픽업할 때, 모든 친구와 그들의 짐을 싣는 데 어려움을 겪는다. 트레일러를 매달고 고갯길을 올라갈 수가 없다(아니면 적어도 쉽게 올라가지 못한다). 운전석이 낮기 때문에 앞에 SUV라도 있다면 도로를 제대로 보기 어렵다. 그렇지만 연료통을 채우거나 SUV 소유자가 기름값에 대해서 투덜거리는 것을 들을 때마다, 기름값이 얼마나 적게 드는지를 생각한다. 이제 여러분은 올바른 선택을 한 것인가? 사람들이 수행하는 대부분의 결정에는 옳거나 그른 답이 없다. 사람들이 결정을 하는 시점에서는 최선의 판단을 하며, 절대적으로 옳거나 그른 결정이라기보다는 거의 옳은 결정을 하고 있다고 생각한다.

사건 관련 전위(ERP) 방법을 사용한 조건추리 연구는 과제를 제시한 후 대략 600밀리초와 2,000밀리초에 전측 대상피질에서 부적 전위가 증가한다는 사실을 밝혀냈다(Qui 등, 2007). 이 부적 전위는 추리 과제에서 예상할 수 있는 인지적 제어가 증가한다는 사실을 시사한다.

도덕 추리의 결손을 나타내는 반사회적 행동을 보이는 사람들을 대상으로 도덕 추리를 탐구한 연구에서 보면, 전전두피질에서 배측 영역과 복측 영역을 포함한 여러 영역의 기능부전이 눈에 뜨인다(Raine & Yang, 2006). 이에 덧붙여서, 편도체, 해마, 각회, 전측 대상회, 측두엽 등의 손상도 나타났다. 전측 대상회가 의사결정에 관여하며 해마가 작업기억에 관여한다는 사실을 회상해보라. 따라서 이 영역들의 기능부전이 추리 결손을 초래한다고 예상할 수 있다.

개념 확인

1. 두뇌 어느 영역들이 추리과정에 주도적으로 관여하는가?
2. 작업기억에 관여하는 두뇌영역이 추리에서도 활동할 것이라고 기대할 수 있는 이유는 무엇인가?

핵심 주제

제1장에서 논의한 여러 주제가 이 장과 연관되어있다.

합리주의 대 경험주의. 삼단논법 추리에서의 오류를 이해하는 한 가지 방법은 사람들이 사용하는 심적 과정과는 독립적으로, 저지른 특정 논리 오류를 들여다보는 것이다. 예컨대, 후건 긍정은 논리 오류이다. 저지른 상징적 논리 오류 수준에서의 오류를 이해하는 데는 경험적 연구가 필요하지 않다. 이에 덧붙여서, 연역추리는 그 자체가 합리주의에 바탕을 두고 있다. "모든 장난감은 의자이다. 모든 의자는 핫도그이다. 따라서 모든 장난감은 핫도그이다."와 같은 삼단논법은 논리적으로 타당하지만 실제에 있어서는 옳지 않다. 따라서 연역 논리는 경험적 내용과는 독립적으로, 합리적 수준에서 이해할 수 있다. 그렇지만 심리적 수준에서 사람들이 오류를 범하는 이유나 실제에 있어서 참인 것이 무엇인지를 알고자 원한다면 경험적 관찰을 합리적 논리와 결합시킬 필요가 있다.

영역 보편성 대 영역 특수성. 연역 논리 규칙은 모든 영역에 똑같이 적용된다. 예컨대, 추상적 내용이나 구체적 내용 모두에 그 규칙을 적용할 수 있다. 그렇지만 연구 결과를 보면, 심리적으로 구체 내용의 연역추리가 추상 내용의 연역추리보다 용이하다. 따라서 규칙을 다양한 영역에 걸쳐서 동일한 방식으로 적용한다고 하더라도, 심리적으로는 적용 용이성이 영역에 따라서 동일하지 않다.

선천성 대 후천성. 사람들은 논리적으로 사고하도록 사전에 프로그램 되어있는가? 유명한 스위스 인지발달심리학자인 피아제는 그렇다고 믿었다. 그는 논리적 사고의 발달이 시간의 함수로 전개되는 단계들의 생득적 순서를 따른다고 믿었다. 피아제에 따르면, 그 순서나 단계의 출현 시기를 변경하기 위해서 할 수 있는 일이 거의 없다. 그렇지만 후속 연구는 발달 순서가 피아제가 제안한 것처럼 전개되지 않는다는 사실을 시사해왔다. 예컨대, 많은 사람들이 그의 가장 높은 단계(형식적 조작 단계)에 도달하지 못하며, 어떤 아동은 더 나이가 들어야만 할 수 있다고 피아제가 예측한 추리를 어린 시기에 해낼 수 있다. 따라서 여기서도 선천성과 후천성은 상호작용하고 있다.

요 약

1. **인간의 의사결정을 주도하는 전략에는 어떤 것이 있는가?** 초기 이론들은 의사결정에 대한 실제적인 수리 모형을 개발하고자 하였으며, 사람들은 충분한 정보를 가지고 있고, 정보에 지극히 민감하며, 전적으로 합리적이라고 가정하였다. 후속 이론들은 사람들이 의사결정에서 주관적 기준을 사용하며, 우연 요소가 결정 결과에 영향을 미치고, 결과를 고려할 때 주관적 추정치를 사용하며, 의사결정에서 완벽하게 합리적이지 않기 십상이라는 사실을 인식하기 시작하였다. 확실히 사람들은 우선적으로 접하는 수용할 만한 대안을 받아들이는 최소 만족 전략 그리고 너무 많은 대안을 제거하기 위하여 요인별 제거법 과정을 수반한 전략 등을 사용하기 십상이다.

   대부분의 사람이 사용하는 가장 보편적인 전략 중의 하나가 대표성 발견법이다. 사람들은 전집의 작은 표본이 모든 측면에서 전체 전집과 닮았다고 믿는 오류를 범한다. 기저율을 비롯한 확률의 여러 측면에 대한 오해는 결합 오류와 포함 오류와 같은 심적 지름길로 이끌어가기 십상이다.

또 다른 보편적인 발견법이 가용성 발견법이며, 덜 가용한 정보를 찾으려고 애쓰지 않으면서 기억에서 쉽게 가용한 정보에 근거하여 판단하는 것이다. 기준점과 조정, 착각상관, 틀만들기 효과와 같은 발견법의 사용도 효율적인 결정을 내리는 능력을 손상시키기 십상이다.

일단 결정을 하고(아니면 다른 사람이 결정을 하고) 그 결정 결과를 알게 되면, 사람들은 후견 편향에 빠질 수가 있는데, 이전 증거의 지각을 최종 결과에 비추어 왜곡시키는 것이다. 아마도 가장 심각한 심적 편향은 과신일 것인데, 과신은 자기가 범한 오류의 증거에 놀라우리만치 저항하는 것으로 보인다.

2. **사람들이 사용하는 연역추리에는 어떤 형태가 있으며, 어떤 요인이 연역추리를 촉진하거나 방해하는가?** 연역추리는 일련의 조건명제 또는 삼단논법 전제로부터 결론에 도달하는 것을 수반한다. 다양한 삼단논법 유형 중에는 선형 삼단논법과 범주 삼단논법이 있다. 이에 덧붙여서, 연역추리는 복잡한 이행 추론 문제나 상당한 수의 논항을 포함한 수학 증명이나 논리 증명을 수반하기도 한다. 또한 실제적인 현실 상황에서 실용적 추리 스키마의 사용을 수반하기도 한다.

   조건명제에서 결론을 도출할 때, 사람들은 긍정논법을 쉽게 적용하는데, 특히 전칭 긍정 명제에서 그렇다. 그렇지만 부정논법을 사용하는 것 그리고 후건 긍정이나 전건 부정과 같은 연역 오류를 피하는 데는 상당한 어려움을 겪으며, 특히 특칭 명제나 부정 명제를 수반한 명제들을 접할 때 그렇다.

   삼단논법을 해결할 때도 사람들은 특칭 전제와 부정 전제에 대해서 그리고 관례적인 순서대로 제시하지 않은 논항에 대해서 어려움을 나타낸다. 결론을 도출하고자 시도할 때, 한 상황에서 연역적으로 타당한 결론으로 이끌어가는 전략을 연역적 오류로 이끌어가는 상황에 과잉 확장하는 경우가 많다. 또한 결론에 영향을 미칠 수도 있는 충분한 범위의 가능성을 고려하기도 전에 주어진 결론에 매몰되기도 한다. 이러한 심적 지름길은 사람들이 확증 편향(자신의 신념을 확증하려는 경향성)에 빠지는 상황으로 인해서 더욱 악화되기도 한다. 사람들은 여러 가지 방법으로 잘 추리한 결론을 도출하는 능력을 증진시킬 수 있다. 예컨대, 전제나 명제를 신중하게 평가하기 위한 시간을 갖거나 명제들과 그 명제들 간의 관계에 대한 다양한 심성 모형을 형성하는 것 등이다. 또한 효과적인 연역추리 훈련이나 연습을 통해서도 도움을 받을 수 있다. 특히 결론이 사회교환을 할 때와 같이 실용적 맥락에서 개연성이 있고 유용해보일 때, 잘 추리한 결론에 도달할 가능성이 높다.

3. **사람들은 인과 추론을 비롯한 다양한 유형의 결론에 도달하기 위하여 어떻게 귀납추리를 사용하는 것인가?** 귀납추리를 통하여 논리적으로 확실한 결론에 도달할 수는 없지만, 신중한 추리를 통해서 꽤나 가능성이 높은 결론에는 도달할 수 있다. 범주 추론을 할 때, 사람들은 하향처리 전략과 상향처리 전략을 모두 사용하는 경향이 있다. 일반적으로 귀납추리 과정은 인과 추론을 유도하는 수단으로써 과학 연구와 가설 검증의 토대를 형성한다. 이에 덧붙여서 사람들이 유비추리를 할 때 귀납추리를 수행하는 것 자체보다는 문제의 논항들을 부호화하는 데 더 많은 시간을 소비하기 십상이다. 유비추리는 보다 우수한 결론으로 이끌어갈 수 있지만, 그 유추가 약하거나 잘못된 가정에 근거할 때는 형편없는 결론으로 이끌어갈 수도 있다. 사람들은 때때로 형식논리 규칙을 적용하는 것과 같이 형

식적 규칙 시스템에 근거한 추리를 사용하기도 하고, 때로는 유사성과 시간적 근접성에 주목하는 것과 같이 연합에 근거한 추리를 사용하기도 하는 것으로 보인다.

4. 추리에 대한 대안적 견해가 존재하는가? 수많은 연구자들은 사람들이 두 가지 차별적인 추리 시스템을 가지고 있다고 제안해왔다. 즉, 관찰한 유사성과 시간적 근접성에 민감한 연합 시스템 그리고 상징들 간의 관계에 기반한 처리를 수반하는 규칙기반 시스템이 있다는 것이다. 두 시스템은 함께 작동하여 사람들이 효율적으로 합리적인 결론에 도달할 수 있도록 도와줄 수 있다.

생각에 관한 생각: 분석적, 창의적, 현실적 물음

1. 판단을 하거나 결정을 내릴 때 사람들이 사용하는 발견법과 편향들을 기술해보라.
2. 웨이슨 선택과제에서와 같이, 조건추리와 관련된 두 가지 논리적으로 타당한 주장과 두 가지 논리 오류는 무엇인가?
3. 조건추리에 대한 다양한 접근 중에서 어느 것이 가용한 데이터를 가장 잘 설명하는 것으로 보이는가? 여러분 답의 이유를 제시해보라.
4. 몇몇 인지심리학자는 선형 삼단논법이나 범주 삼단논법과 같은 논리 형식주의를 연구하는 이점에 의문을 제기한다. 여러분은 삼단논법과 관련하여 사람들이 추리하는 방식을 연구함으로써 무엇을 얻어낼 수 있다고 생각하는가?
5. 이 장의 정보를 사용하여, 고등학생들이 직면하는 문제에 연역추리를 보다 효과적으로 적용하도록 도와줄 수 있는 방법을 고안해보라.
6. 카네먼과 트버스키가 사용한 것과 같이, 사람들에게 두 가지 상이한 사건의 주관적 확률을 추정하도록 요구하는 질문을 생각해보라. 사람들의 추정치에 영향을 미칠 것이라고 생각하는 오류들을 지적해보라. 아니면 사람들이 실제적인 확률 추정치를 내놓을 것이라고 생각하는 이유를 설명해보라.
7. 여러분이 아파트를 임대할 필요가 있다고 가정해보자. 여러분의 요구사항과 선호도를 가장 효과적으로 충족하는 아파트를 어떻게 찾겠는가? 여러분의 방법은 주관적 기대 효용 이론이나 최소 만족 또는 요인별 제거법이 기술하는 방법과 얼마나 닮았는가?
8. 여러분이 일상 경험에서 규칙기반 추리와 연합 추리를 사용하는 방법을 보여주는 두 가지 사례를 제시해보라. 어느 유형의 사례에서 각 유형의 추리가 보다 잘 작동할 것이라고, 아니면 제대로 작동하지 않을 것이라고 생각하는가?

핵심 용어

가용성 발견법(availability heuristic)
과신(overconfidence)
귀납추리(inductive reasoning)
기저율(base rate)
대표성 발견법(representativeness heuristic)
명제(proposition)
발견법(heuristic)
범주 삼단논법(categorical syllogism)
삼단논법(syllogism)

실용적 추리 스키마(pragmatic reasoning schema)
심성 모형(mental model)
연역 타당성(deductive validity)
연역추리(deductive reasoning)
오류(fallacy)
요인별 제거법(elimination by aspects)
인과 추론(causal inference)
전제(premise)
제한된 합리성(bounded rationality)
조건추리(conditional reasoning)
주관적 확률(subjective probability)
주관적 효용성(subjective utility)
착각 상관(illusory correlation)
최소 만족(satisficing)
추리(reasoning)
판단과 의사결정(judgment and decision making)
확증 편향(confirmation bias)
후견 편향(hindsight bias)

인간 지능

13

＊ 이 장의 개요

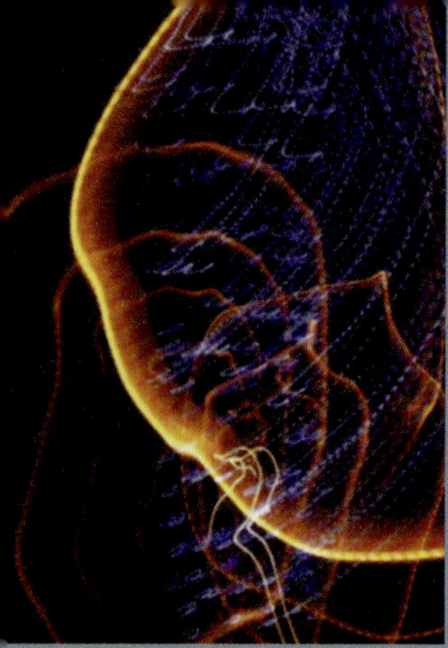

❋ 이 장에서 탐구할 물음들

1. 지능 측정에서 핵심 논제는 무엇인가? 여러 연구자와 이론가들은 이 논제에 어떻게 접근하는가?
2. 지능에 대한 정보처리 접근에는 어떤 것이 있는가?
3. 지능에 대한 대안적 접근은 무엇인가?
4. 연구자들은 컴퓨터와 같은 기계를 사용하여 어떻게 지능을 시뮬레이션 하고자 시도해왔는가?
5. 지능을 증진시킬 수 있는가? 만일 그렇다면, 어떻게 할 수 있는가?
6. 성인의 지능은 어떻게 발달하는가?

믿거나 말거나 | 기대가 실제로 인지 수행에 영향을 미칠 수 있는가?

사람들에게 기억해내고 정보를 표상하며 추리하도록 훈련시킴으로써 지능을 증진시킬 수 있다. 그렇지만 한 가지 요인이 지능과 수행에 상당한 영향을 미친다. 그것은 바로 지능이 변화가능하다는 믿음이다. 지능 가소성을 믿는 수학도는 2년에 걸쳐 수학 성취의 증가를 보여준 반면, 그렇지 않은 수학도는 성취의 유의한 증가를 경험하지 못하였다. 이에 덧붙여서 지능은 변경가능하다고 가르친 성적이 떨어지고 있는 수학도는 성적이 하락하는 것을 차단시킬 수 있었다(Blackwell, Trsesniewski, & Dweck, 2007). 다시 말해서, 지능 자체뿐만 아니라 지능에 대한 생각도 학업 성취에서 지능을 발현하는 방식에 영향을 미친다.

인간 지능을 인지심리학의 수많은 이론과 연구를 위한 통합적인 심리학 구성체로 간주할 수 있다. 지능은 학습을 증진시키는 메타인지 과정을 사용하여 경험으로부터 학습할 수 있는 능력 그리고 주변 환경에 적응하는 능력이다. 지능은 상이한 사회 맥락과 문화 맥락에 따라 상이한 적응을 요구한다. 보다 지능적인 사람이 분할주의와 선택주의, 작업기억, 추리, 문제해결, 의사결정, 개념형성 등과 같은 처리과정에서 우수한 경향이 있다. 따라서 이러한 인지기능 각각에 관여하는 심적 과정을 이해하게 되면, 인간 지능에서 개인차의 토대를 보다 잘 이해하게 된다.

적어도 몇몇 인지심리학자들은 '인지심리학 연구하기: 지능'에 나와 있는 각 과제가 어느 정도 지능을 요구하고 있다고 믿고 있다. 지능이란 인지심리학의 모든 내용을 함께 묶어주는 것으로 간주할 수 있는 개념이다. 그렇다면 지능이란 무엇인가? 최근 논문에서는 지능에 대해서 거의 70가지 상이한 정의를 확인하였다(Legg & Hutter, 2007). 1921년에 *Journal of Educational Psychology*의 편집자들이 14명의 유명한 심리학자에게 이 물음을 던졌을 때, 반응이 다양하였지만, 일반적으로 다음과 같은 두 주제를 포괄하고 있었다. 첫째, 지능은 경험으로부터 학습하는 능력을 수반한다. 둘째, 주변 환경에 적응하는 능력을 수반한다. 65년이 경과한 후에 지능 연구 전문가인

인지심리학 연구하기

지능

인지심리학자들이 지능을 어떻게 바라다보는지에 관한 내용을 읽기에 앞서, 여러분의 지능을 요구하는 몇 가지 과제에 답해보라.

1. 양초와 동물 기름과의 관계는 타이어와 '(a) 자동차, (b) 원형, (c) 고무, (d) 구덩이'와의 관계와 같다.
2. 다음 수열을 완성하라: 100%, 0.75, 1/2; '(a) 전체, (b) 1/8, (c) 1/4'
3. 처음 세 항목은 어떤 순서를 나타낸다. 네 번째 항목으로부터 시작하는 두 번째 순서를 완성하라.

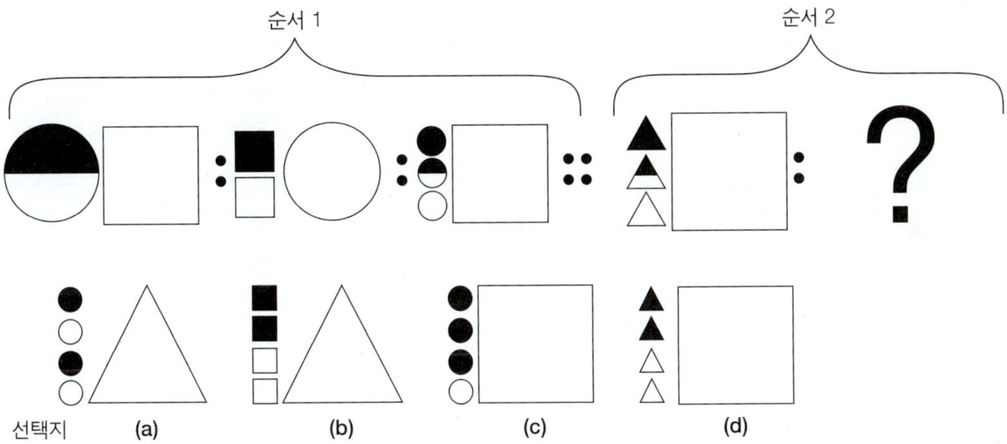

4. 여러분이 진실한 사람과 거짓말쟁이 파티에 참석하고 있다. 진실한 사람은 항상 진실만을 말하며, 거짓말쟁이는 항상 거짓말만 한다. 어떤 사람을 처음 만난다. 그 사람은 여러분에게 방금 한 소녀가 자신이 거짓말쟁이라고 말하는 것을 들었다고 말한다. 여러분이 만난 사람은 거짓말쟁이인가 아니면 진실한 사람인가?

출처: Sternberg, R. J. (2008). *Cognitive Psychology*, 5th ed. p. 529.

24명의 인지심리학자에게 동일한 질문을 던졌다(Sternberg & Detterman, 1986). 이들도 경험으로부터 학습하는 능력과 환경에 적응하는 능력의 중요성을 강조하였다. 또한 **메타인지**(metacognition), 즉 자신의 사고과정을 이해하고 제어하는 능력도 강조하도록 정의를 확장시켰으며 문화의 역할도 강조하였다. 이들은 한 문화에서 지능적이라고 간주하는 것이 다른 문화에서는 덜 지능적인 것으로 간주한다는 사실을 지적하였다(Ang, Van Dyne, & Tan, 2011; Serpell, 2000). **지능**(intelligence)은 학습을 증진시키는 메타인지 과정을 사용하여 경험으로부터 학습하는 능력 그리고 주변 환경에 적응하는 능력이다. 사회 맥락과 문화 맥락에 따라서 상이한 적응을 요구한다(Niu & Brass, 2011; Saklofske 등, 2015; Sternberg, 2004).

대부분의 사람은 똑똑하다는 것의 의미에 대해 (언급하지는 않지만) 나름대로 암묵적 생각을 가지고 있다. 즉, 지능의 **암묵 이론**(implicit theory)을 가지고 있는 것이다. 사람들은 많은 사회 상황에서 자신의 암묵 이론을 사용한다. 예컨대, 사람을 만나서 그 사람의 지능을 평가할 때 암묵 이론을 사용한다. 또한 알고 있는 사람 중에서 매우 똑똑하거나 전혀 그렇지 못한 사람을 기술 할 때도 사용한다(Grigorenko 등, 2001; Sternberg, 1985b).

지능의 암묵 이론을 가지고 사람들은 지능이 맥락에 따라 다소 상이한 의미를 갖는다는 사실도 이해하고 있다. 똑똑한 상인은 똑똑한 신경외과의사나 똑똑한 회계사와는 상이한 유형의 지능을 나타낼 수 있다. 이들은 똑똑한 안무가, 작곡가, 운동선수, 조각가 등과는 상이한 유형의 지능을 보인다. 사람들은 흔히 암묵적이고 맥락 의존적 정의를 사용하여 지능을 평가한다. 여러분의 자동차 수리공은 차의 문제점을 발견하고 수리하기에 충분할 정도로 똑똑한가? 여러분의 주치의는 건강 문제를 발견하고 치료하기에 충분할 정도로 똑똑한가? 여기 매력적인 사람은 대화에서 여러분의 관심을 붙들어 매기에 충분할 정도로 똑똑한가?

지능의 암묵 이론은 문화에 따라 다를 수 있다. 예컨대, 타이완 사람들은 지능의 정의에 대인관계 기술과 자기이해 기술을 포함시킨다는 증거가 있다(Yang & Sternberg, 1997). 케냐 농촌지역민의 지능에 대한 정의는 인지 기술뿐만 아니라 도덕 능력도 포괄하고 있다(Grigorenko 등, 2001). 따라서 지능의 종합적 평가로 간주할 수 있는 것은 문화에 따라 다를 수 있다(Sternberg & Kaufman, 1998). 미국 내에서조차, 많은 사람들은 지능의 정서 측면이 인지 측면 못지않게 중요하다고 생각하기 시작하였다. **정서 지능**(emotional intelligence)은 "정서를 지각하고 표현하며, 사고에 정서를 동화시키고, 정서를 이해하고 정서에 대해서 추리하며, 자신과 타인의 정서를 조절하는 능력"이다(Mayer, Salovey, & Caruso, 2000, p. 396). 어느 정도 정서 지능이 존재한다는 좋은 증거들이 있다(Cherniss 등, 2006; Ciarrochi, Forgas, & Mayer, 2001; Mayer, 2014; Mayer & Salovey, 1997; Salovey & Sluyter, 1997). 물론 그 증거가 일관적인 것은 아니지만 말이다(Davies, Stankov, & Roberts, 1998; Waterhouse, 2006). 또한 정서 지능 개념은 최근에 들어서 세간에 널리 알려지게 되었다(Goleman, 1995, 1998; Goleman, Boyatzis, & McKee, 2013; Stein & Deonarine, 2015). 몇몇 증거는 정서 지능이 새로운 환경(예컨대, 대학이나 외국)에의 성공적 적응 그리고 선택한 분야에서의 성공에 대한 강력한 예측자라는 사실을 시사하고 있다(Gabel, Dolan, & Cerdin, 2005; Parker 등, 2006; Stein & Book, 2006). 정서 지능과 관련된 개념이 사회 지능 개념이다. **사회 지능**(social intelligence)은 다른 사람을 이해하고 그 사람과 상호작용하는 능력이다(Albrecht, 2009; Goleman, 2007; Boyatzis, Gaskin, & Wei, 2015; Kihlstrom & Cantor, 2000).

수많은 문화 차이는 지능 정의에서 명백하게 드러난다. 이러한 차이는 지능의 정의에서 문화 차이를 살피는 연구 분야로 이끌어갔다. 이 분야는 소위 **문화 지능**(cultural intelligence, CQ)을 탐구한다(Ang, Van Dyne, & Tan, 2011; Sternberg & Grigorenko, 2006). 이 용어는 다양한 문화에서 직면하는 다양한 도전거리에 적응하는 능력을 기술하는 데 사용한다(Ang, Dyne, & Koh, 2006; Sternberg & Grigorenko, 2006; Triandis, 2006). 연구들은 성격 변인도 지능과 관련이 있다는 사실을 보여준다(Ackerman, 1996; DeYoung, 2011). 종합적으로 볼 때, 이 증거는 지능의 종합적 정의가 지적 능력의 다양한 면모를 포괄해야 한다는 사실을 시사한다.

지능의 명시적 정의도 평가에 초점을 맞춘다. 실제로 몇몇 심리학자는 지능을 지능검사가 측정하는 것으로 정의해야 한다고 주장해왔다(Boring, 1923). 불행하게도 이 정의는 순환적이다. 이 정의에 따르면, 지능의 본질은 측정한 것이 된다. 그렇지만 지능의 본질이 측정하는 것을 결정해야만 한다. 이에 덧붙여서, 상이한 지능검사가 측정한 것이 항상 동일한 결과를 내놓는 것은 아니다. 상이한 검사는 다소 상이한 심리적 구성체를 측정한다(Daniel, 2000; Kaufman, 2000; Naglieri, 2015). 따라서 마치 모든 검사가 동일한 것을 측정하는 것처럼 생각하여, 지능을 검사가 측정한 것으로 정의하는 것은 타당하지 못하다. 아무튼 이 장 서두의 '인지심리학 연구하기: 지능'에서 제시한 물음들에 대한 답은 다음과 같다.

1. (c) 고무. 타이어를 흔히 고무로 만드는 것처럼, 양초는 흔히 동물 기름을 사용하여 만든다.
2. 100%, 0.75, 1/2은 계속해서 1/4씩 줄어드는 양이다. 이 순서를 완성하는 답은 계속해서 1/4씩 감소하는 (c) 1/4이다.
3. 첫 번째 순서는 하나의 원과 하나의 사각형에 두 개의 사각형과 하나의 원이 뒤따르고, 세 개의 원과 하나의 사각형이 뒤따른다. 두 번째 순서는 세 개의 삼각형과 하나의 사각형이며, 이것에는 (b) 네 개의 사각형과 하나의 삼각형이 뒤따라야 한다.
4. 여러분이 만난 사람은 거짓말쟁이임이 확실하다. 만일 이 사람이 말하는 소녀가 진실한 사람이라면, 자신이 진실한 사람이라고 말하였을 것이다. 만일 거짓말쟁이라면, 거짓말을 하였을 것이기 때문에 역시 진실한 사람이라고 말하였을 것이다. 따라서 그 소녀가 진실한 사람인지 아니면 거짓말쟁이인지에 관계없이, 자신이 진실한 사람이라고 말하였을 것이다. 여러분이 만난 남자는 그 소녀가 자신은 거짓말쟁이라고 말하였다고 언급하였기 때문에 거짓말을 하고 있는 것이며 따라서 거짓말쟁이임이 확실하다.

❀ 지능의 측정과 구조

오늘날 지능 측정은 두 가지 상이한 역사적 전통 중 하나에서 찾아볼 수 있다. 한 전통은 낮은 수준의 정신물리학적 능력에 초점을 맞추었다. 여기에는 감각 예민도, 근력, 운동 협응 등을 포함한다. 다른 전통은 높은 수준의 판단 능력에 초점을 맞추었다. 전통적으로 이러한 능력을 사고, 추리, 문제해결 등과 관련된 것으로 기술한다(Lohman & Lakin, 2011). 잠시 멈추고 여러분 자신과 가까운 친구에 대해서 생각해보자. 지능이라는 측면에서 여러분 자신과 친구를 어떻게 평가하겠는가? 평가를 할 때, 정신물리학적 능력이 중요하겠는가? 아니면 판단 능력이 더 중요하겠는가?

프랜시스 골턴(Francis Galton, 1822~1911)은 지능이 정신물리학적 능력의 함수라고 믿었다. 여러 해에 걸쳐 골턴은 방문객이 스스로 다양한 정신물리학 검사를 받을 수 있는 설비를 잘 갖추어놓은 실험실을 운영하였다. 이 검사들은 광범위한 정신물리학 재능과 민감도를 측정하였다. 한 사례가 무게 변별, 즉 사물 무게에서 조그만 차이를 포착하는 능력이었다. 또 다른 사례는 음고 민감도, 즉 음표 간의 미묘한 차이를 듣는 능력이었다. 세 번째 사례는 근력이었다(Galton, 1883). 골턴의 열렬한 추종자 중의 한 사람은 다양한 검사 간의 연계를 찾아내고자 시도하였다(Wissler, 1901). 그는 그러한 연계가 정신물리학적 능력에 기반한 지능의 다양한 차원들을 하나로 묶어 줄 것이라는 희망을 가지고 있었다. 그렇지만 그는 통합적 연계를 찾아내지 못하였다. 이에 덧붙여서, 정신물리학 검사는 대학에서의 학점을 예측하지 못하였다. 따라서 지능을 평가하는 정신물리학적 접근은 곧바로 시들해지고 잊히고 말았다. 그렇기는 하지만 여러 해가 지난 후에 다소 상이한 모습으로 되살아나곤 하였다.

정신물리학적 접근의 대안을 알프레드 비네(Alfred Binet, 1857~1911)가 개발하였다. 그와 동료인 데어도어 시몽도 지능을 평가하고자 시도하였지만, 이들의 목표는 순수하게 과학적인 것이라기보다는 현실적인 것이었다. 비네는 정상적인 학습자를 정신지체 학습자와 구별해내는 절차를 고안해달라는 요청을 받았다(Binet & Simon, 1916). 따라서 비네와 시몽은 지능을 학교 장면에서 학습하는 능력의 함수로 측정하고자 착수하였다. 비네의 견해에서는 판단이 지능의 핵심이었으며, 정신물리학적 민감도나 근력 또는 재능 등이 아니었다.

비네에게 있어서 지능적 사고(심적 판단)는 방향성, 적응, 그리고 비판이라는 세 가지 독특한 요소를 포함하였다(Esping & Plucker, 2015 참조). 지금 여러분은 이 요소들을 얼마나 지적으로 사용하고 있는지를 생각해보라. 방향성은 무엇을 어떻게 해야 하는 것인지를 아는 것이다. 적응은 과제를 수행하는 전략을 자신에게 맞게 만들고 그 전략을 구현하는 것을 감시하는 것을 말한다. 비판은 여러분 자신의 사고와 행위를 비판하는 능력이다. 방향성과 적응의 중요성은 지능에 대한 오늘날의 견해와 확실하게 잘 들어맞으며, 오늘날 메타인지 과정을 지능의 핵심 측면으로 인식하고 있는 것을 감안할 때 비네의 비판이라는 생각은 그의 선견지명을 나타내고 있는 것으로 보인다.

비네와 시몽이 지능검사를 개발할 때, 처음에는 동일한 **생활연령**(chronological age; CA)에 해당하는 특정 아동의 지능을 다른 아동들의 지능과 비교하는 방법을 찾고자 하였다. 이 목적을 위해서 두 사람은 각 아동의 **정신연령**(mental age; MA), 즉 특정 연령 아동의 평균 지능 수준을 결정하고자 시도하였다. 따라서 7세의 정신연령은 평균적인 7세 아동이 도달하는 사고 수준을 지칭하였다. 특정 7세 아동을 다른 7세 아동과 비교하는 데 있어서는 정신연령이라는 개념이 잘 작동하였지만, 정신연령의 사용은 상이한 생활연령에 해당하는 아동들의 상대적 지능을 비교하는 것을 어렵게 만들었다.

윌리엄 스턴(William Stern, 1912)은 **지능지수**(intelligence quotient; IQ), 즉 정신연령(MA)과 생활연령(CA)의 비에 100을 곱한 값을 사용하여 사람들의 지능을 평가할 수 있다고 제안하였다(그림 13.1). 이 지수는 수학적으로 다음과 같이 표현할 수 있다. IQ = (MA/CA)(100). 따라서 만일 철수의 정신연령 5세가 생활연령 5세와 동일하다면, (5/5)(100) = 100이기 때문에 그의 지능지수는 100이 된다. 정신연령이 생활연령을 능가할 때는 100이 넘는 지능지수를 갖게 되고, 생활연령이 정신연령을 능가할 때는 100보다 낮은 지능지수를 갖게 된다. 정신연령과 생활연령의 비로 표현하는 지능

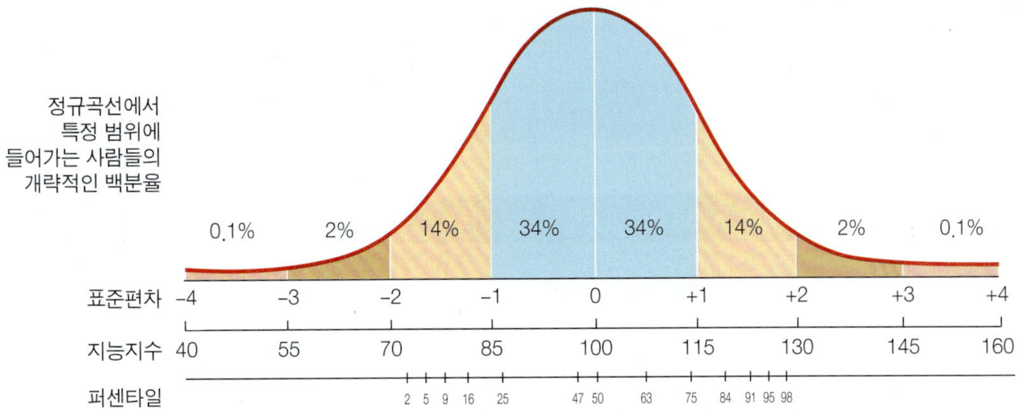

그림 13.1 그림은 IQ에 적용한 정규분포를 나타내고 있다.

점수를 **비율 지능지수**(ratio IQ)라고 부른다.

여러 가지 이유로 비율 지능지수는 부적절한 것으로 판명되었다. 예컨대, 정신연령의 증가는 대략 16세경부터 느려진다. 정신연령 12세인 8세 아동은 매우 똑똑하다. 그렇지만 정신연령 60세인 40세 중년도 마찬가지로 지능적이라고 확신할 수 있겠는가? 비록 8세 아동과 40세 중년의 비율 지능지수는 동일하다고 하더라도 말이다. 정신연령 60세가 의미하는 것은 무엇인가? 21세기의 심리학자는 정신연령에 근거한 IQ를 거의 사용하지 않는다. 대신에 전집의 검사 점수가 정규분포를 이룬다는 가정에 근거하여 측정치를 비교하는 방법에 의존해왔다. 정규분포에서 평균으로부터의 편차에 근거한 점수를 **편차 지능지수**(deviation IQ)라고 부른다. 많은 인지이론가는 이 장의 뒷부분에서 논의하는 바와 같이, IQ가 지능의 불완전한 측정치만을 제공한다고 믿고 있다.

미국 스탠포드대학교의 루이스 터먼(Lewis Terman)은 유럽에서 수행한 비네와 시몽의 연구에 근거하여 오늘날 스탠포드-비네 지능검사라고 부르는 초기 버전을 제작하였다(Roid, 2003; Terman & Merrill, 1937, 1973; Thorndike, Hagen, & Sattler, 1986; 표 13.1). 오랜 세월에 걸쳐 스탠포드-비네 검사는 지능검사의 표준이 되어왔으며, 오늘날에도 여전히 널리 사용하고 있다. 그렇지만 더욱 널리 사용하고 있는 지능검사는 제작자인 데이비드 웩슬러(David Wechsler)의 이름을 딴 웩슬러 검사이겠다(Benisz, Dumont, & Willis, 2015).

웩슬러 지능검사에는 성인용 웩슬러 지능검사 4판(WAIS-IV; Wechsler, 2008), 아동용 웩슬러 지능검사 4판(WICS-IV; Wechsler, 2003), 그리고 유아용 웩슬러 지능검사 3판(WPPSI-III; Wechsler, 2002) 등 세 수준의 검사가 존재한다. 전통적으로 성인용 웩슬러 지능검사는 언어점수, 수행점수, 그리고 총점 등 세 가지 점수를 내놓는다. 언어점수는 어휘력과 언어 유사성과 같은 하위검사에 근거한다. 언어 유사성 하위검사에서 피검자는 두 대상이 어떻게 유사한지를 말해야 한다. 수행점수는 여러 가지 하위검사에 근거한다. 하나는 그림 완성 검사로, 대상 그림에서 빠진 부분을 확인하는 것이다. 다른 하나는 그림 배열 검사로, 만화와 같은 그림들을 하나의 응집력 있는 이야기가 되도록 순서대로 배열하는 것이다. 총점은 언어점수와 수행점수를 합친 것이다.

표 13.1 스탠포드-비네 지능검사

여기서 사용하는 질문의 예는 지능검사에 사용하는 실제 질문이 아니다. 단지 검사의 각 영역에서 나올 수 있는 질문 유형을 예시하기 위한 것이다. 여러분은 이 질문에 어떻게 반응하겠는가? 여러분의 반응은 지능에 대해서 무엇을 알려주는가?

검사 영역	과제/질문의 설명	가능한 과제/질문의 사례
언어 추리		
어휘력	단어의 의미를 정의한다. 세상이 돌아가는 방식에 대한 이해를 보인다.	'근면하다'라는 단어의 의미는? 사람들이 돈을 빌리는 이유는?
모순	그림에서 모순되는 곳을 확인한다.	평상복의 수영선수가 다이빙하고 있는 호수에서 아이스하키 선수가 스케이트를 타고 있는 그림에서 모순점을 찾는다.
언어 관계	네 항목 중에서 세 개는 유사하지만 네 번째 항목과는 어떻게 다른지를 말한다.	사과, 바나나, 오렌지는 먹을 수 있지만, 머그는 먹을 수 없다는 사실을 지적한다.
수리 추리		
수열	숫자들의 연속을 완성한다.	숫자 1, 3, 5, 7, 9가 있을 때, 다음에 올 것이라고 예상할 수 있는 숫자는?
수리력	단순한 산수 문제를 해결한다.	철수는 여섯 개의 사과가 있는데, 두 친구와 함께 셋이서 공평하게 나누어가지고자 한다면, 각 친구에서 몇 개씩 줄 수 있는가?
도형/추상적 추리		
패턴 분석	기하 도형의 부분을 나타내는 조각들을 결합하여, 특정한 기하 도형을 만들어낸다.	아래의 조각들을 함께 조합하여 어떤 기하 도형을 만들어라. 
단기기억		
문장기억	문장을 듣고 그 문장을 그대로 반복한다.	다음 문장을 그대로 말해보세요. "철수는 밤늦게 잠자리에 들어서 다음날 아침 일찍 일어났다."
숫자기억	일련의 숫자를 듣고, 순서대로 또는 역순으로 반복한다.	다음 숫자를 역순으로 반복하세요. "9, 1, 3, 6."
사물기억	검사자가 그림에 들어있는 일련의 사물들을 순서대로 가리킨 다음에, 동일한 순서대로 그 사물들을 지적한다.	당근을 가리킨 다음에, 괭이, 꽃, 허수아비, 야구공 순서로 가리킨 후, 그것을 그대로 따라 한다.

출처: Sternberg, R. J. (2008). *Cognitive Psychology*, 5th ed. p. 534.

보다 최근에는(즉, 제4판에서는) 인지심리학 이론들과 보다 일치하는 방식으로 점수들을 내놓기 위하여 채점방식을 변경하였다. 즉, 언어 이해, 지각 추리, 작업기억, 그리고 처리속도 점수를 내놓는다. 표 13.2는 성인용 웩슬러 지능검사의 각 하위검사에 포함된 문항의 사례들을 보여주고 있다. 스탠포드-비네 검사의 문항들과 비교해보기 바란다.

비네와 마찬가지로 웩슬러도 지능은 검사가 측정하는 것 이상의 것이라는 생각을 가지고 있었다. 웩슬러는 지능 개념을 검사 점수에 국한시키지 않았으며, 지능은 일상생활에서 핵심적인 것이라고 생각하였다. 지능은 단순히 검사 점수로 나타낼 수 있는 것이 아니며, 심지어는 학교에서 수행하는 것으로도 나타낼 수 없다는 것이다. 사람들은 지능검사를 받거나 숙제를 할 때뿐만 아니라 사람들과 관계를 형성하고, 직무를 효과적으로 수행하며, 삶 일반을 영위하는 데도 지능을 사용한다.

지능 측정에 초점을 맞추는 것은 단지 지능에 대한 이론과 연구에 적용하는 여러 가지 접근 중의 하나일 뿐이다. 지능을 연구하는 접근방식과 관련된 논제를 이 책의 여러 장에서 논의하였다. 한 가지 논제는 인지심리학자가 지능 측정에 초점을 맞추어야 할 것인가 아니면 지능을 사용하는 과정에 초점을 맞추어야 할 것인지의 문제이다. 두 번째 논제는 지능에 기저하는 것이 무엇이냐는 문제이다. 유전적으로 물려받은 것인가, 획득한 속성인가, 아니면 둘 간의 상호작용인가? 오늘날의 심리학자들은 지능이 유전 요인과 환경 요인 간의 상호작용에서 유래하는 것이라는 생각을 압도적으로 받아들이고 있다(Dearly, Johnson, Houlihan, 2009; Mandelman & Grigorenko, 2011).

지능 구조에 관심을 기울이는 심리학자는 필수불가결한 연구도구로 요인분석에 의존해왔다. **요인분석**(factor analysis)이란 지능과 같은 심적 구성체를 검사 수행에서 나타나는 개인차의 토대를 형성하는 여러 요인 또는 능력들로 분리해내는 통계기법이다(Willis, Dumont, & Kaufman, 2011). 물론 도출하는 특정 요인들은 제시하는 질문 그리고 평가하는 과제에 달려있다.

요인분석은 상관연구에 근거한다. 기본 생각은 두 검사 점수 간의 상관이 높을수록, 동일한 요인을 측정할 가능성이 높다는 것이다. 지능 연구에서 요인분석은 다음과 같은 단계를 거친다. 첫째, 수많은 사람에게 여러 가지 상이한 능력검사를 실시한다. 둘째, 모든 검사들 간의 상관계수를 계산한다. 셋째, 그 상관계수들을 통계적으로 분석하여, 사람들의 검사 수행을 요약하는 비교적 적은 수의 요인들로 단순화한다. 일반적으로 이 분야 연구자들은 이러한 절차에 동의하고 그 절차를 따랐다. 그렇지만 지능의 요인 구조는 이론가들에 따라서 차이를 보였다. 수많은 요인분석 연구자들 중에서 가장 영향력 있는 사람들은 아마도 스피어먼, 서스톤, 길포드, 카텔, 버논, 그리고 캐럴 등이겠다(Schneider & Flanagan, 2015의 개관을 참조). 그림 13.2는 네 가지 이론을 대비시키고 있다.

스피어먼: "g" 요인

찰스 스피어먼(Charles Spearman, 1863~1945)은 요인분석을 개발한 것으로 유명하

표 13.2 성인용 웩슬러 지능검사

여기에 제시한 하위영역과 질문에 근거할 때, 웩슬러 검사는 스탠포드-비네 검사와 어떻게 다른 것인가?

검사 영역	과제/질문의 설명	가능한 과제/질문의 사례
언어 검사		
이해	사회적 지식에 관한 질문에 답한다.	"호미로 막을 걸 가래로 막는다."는 무슨 뜻인가? 범죄자를 교도소에 수감하는 이유는 무엇인가?
어휘	단어의 의미를 정의한다.	"집요하다"의 의미는 무엇인가? "고고학"의 의미는 무엇인가?
정보	일반적으로 알고 있는 정보를 제공한다.	미셸 오바마는 누구인가? 미국 뉴잉글랜드 지방의 여섯 주는 무엇인가?
유사성	두 대상이나 개념의 유사성을 설명한다.	타조와 펭귄은 어떤 면에서 유사한가? 램프와 히터는 어떤 면에서 유사한가?
수리	간단한 산수 문제를 푼다.	철수는 10,000원이 있는데, 2,700원 짜리 샌드위치를 두 개 산다면, 얼마를 거슬러 받아야 하는가? 시간 당 60km로 여행한다면, 1,200km를 여행하는 데 시간이 얼마나 걸리겠는가?
숫자폭	일련의 숫자를 듣고, 그 숫자를 순서대로 또는 역순으로 반복한다.	다음 숫자를 역순으로 반복하라. "9, 1, 8, 3, 6." 다음 숫자를 순서대로 반복하라. "6, 9, 3, 2, 8."
수행 검사		
사물 배열	조각들을 조합하여 특정 사물을 구성한다.	이 조각들을 배열하여 하나로 만들어라. 
블록 설계	블록을 사용하여 검사자가 제시한 것과 동일하게 보이는 패턴을 만든다.	왼쪽 블록을 조합하여 오른쪽 패턴을 만들어라. 
그림 완성	각 그림에서 빠진 것을 말한다.	이 그림에서 빠진 것은 무엇인가? 
그림 배열	만화와 같은 그림들을 시간 순서대로 배열하여 이야기를 만든다.	이 그림들을 이야기가 되도록 배열하고 그 이야기를 말해보라. 
숫자 상징	특정 상징을 특정 숫자와 대응시킬 때, 상징을 숫자로 변환시킨다.	왼쪽에서 상징과 숫자 간의 대응관계를 잘 살펴보고, 빈 칸에 정확한 숫자를 적어 넣어라. ○ □ ⊗ ◇ ⊖ / 1 2 3 4 5 □ ◇ ⊖ □ ○ ⊗ ◇ ⊖ / (빈 칸)

출처: Sternberg, R. J. (2008). *Cognitive Psychology*, 5th ed. p. 535.

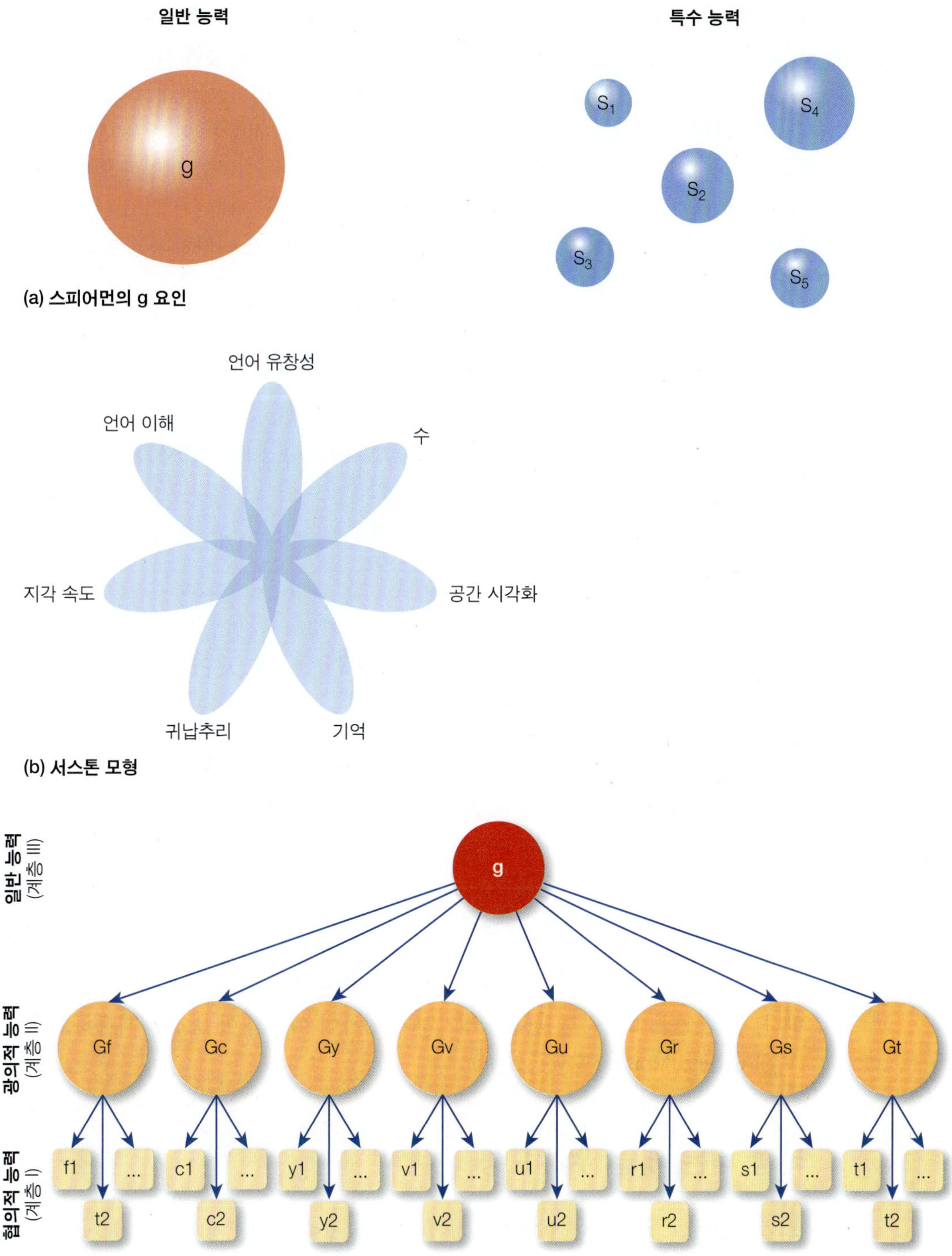

그림 13.2 스피어먼, 서스톤, 캐럴은 모두 지능에 기저하는 요인들을 밝히기 위하여 요인분석을 사용하였지만, 지능 구조에 관하여 상이한 결론에 도달하였다. 여러분이 생각하기에 어느 모형이 가장 단순하면서도 종합적으로 지능 구조를 기술하고 있는가? 특정 지능모형은 어떻게 지능에 대한 이해를 조성하는가?

출처: Sternberg, R. J. (1995). *In search of the human mind*. Harcourt Brace & Company.

다(Spearman, 1927). 그는 요인분석 연구를 사용하여 지능을 두 가지 유형의 요인으로 이해할 수 있다고 결론지었다. 하나의 일반 요인이 모든 심적 능력 검사에서의 성과를 주도한다. 특수 요인들의 집합은 단일 유형의 심적 능력 검사(예컨대, 산술계산)의 수행에만 관여한다. 스피어먼에게 있어서, 특수 요인들은 적용 폭이 매우 좁기 때문에 별로 관심의 대상이 되지 못하며, 그가 **"g" 요인**("g" factor)이라고 명명한 일반 요인이 지능을 이해하는 핵심을 제공한다. 스피어먼은 "g"가 "심적 에너지"의 소산이라고 믿었다. 지금도 많은 심리학자는 스피어먼 이론이 본질적으로 타당하다고 믿고 있다(예컨대, Jensen, 1998; Sternberg & Grigorenko, 2013 참조).

서스톤: 기본 심적 능력

스피어먼과 대조적으로 루이 서스톤(Louis Thurstone, 1887~1955)은 지능의 핵심이 단일 요인이 아니라 일곱 가지 요인에 자리 잡고 있다고 결론지었다(Thurstone, 1938). 그는 이 요인들을 일차 심적 능력이라고 불렀다. 서스톤에 따르면, 기본 심적 능력은 다음과 같다.

1. 언어 이해: 어휘검사로 측정한다.
2. 언어 유창성: 제한된 시간에 주어진 문자로 시작하는 단어들을 가능한 많이 생각해내는 검사로 측정한다.
3. 귀납추리: 유추와 수열 완성 과제와 같은 검사로 측정한다.
4. 공간 시각화: 사물 그림의 심적 회전을 요구하는 검사로 측정한다.
5. 수: 계산과 간단한 수학 문제해결 검사로 측정한다.
6. 기억: 그림과 단어 회상 검사로 측정한다.
7. 지각 속도: 그림 간의 작은 차이를 찾아내거나 다양한 문제 연속에서의 차이를 찾아내는 것을 요구하는 검사로 측정한다.

이러한 성분들은 서스톤(1938)이 정의한 지능을 측정하는 직접적인 수단을 제공한다. 몇몇 연구자는 지적 능력을 평가하기 위하여 여전히 이 측정을 사용하고 있다(Vigil-Colet & Morales-Vives, 2005).

카텔, 버논, 캐럴: 위계 모형

마음의 수많은 요인들에 대처하는 한 가지 경제적인 방법은 지능의 위계 모형을 사용하는 것이다. 그러한 한 가지 모형은 일반지능이 두 가지 주요 하위요인, 즉 유동지능과 결정지능으로 구성된다고 제안하였다. 유동지능이란 추상적 추리, 특히 새로운 문제에 대한 추리의 속도와 정확도를 말한다. 결정지능이란 축적된 지식과 어휘이다(Cattell, 1971). 이러한 두 가지 주요 하위요인은 다른 구체적인 요인들을 포함하고 있다. 유사한 견해가 실용적-기계적 능력과 언어적-교육적 능력 간의 구분이다(Vernon, 1971).

보다 최근 모형은 세 개의 계층으로 구성된 위계 모형이다(Carroll, 1993). 계층 I은 많은 협의적이고 구체적인 능력을 포함한다(예컨대, 철자법 능력, 추리 속도 등). 계층 II는 다양한 광의적 능력을 포함한다(예컨대, 유동지능, 결정지능 등). 계층 III은 스피어먼의 "g" 요인과 같은 단일한 일반지능이다. 세 계층 중에서 가장 흥미를 끄는 것은 중간 계층으로, 지나치게 협의적이지도 않고 모든 것을 포괄할 정도로 광의적이지도 않다.

캐럴은 중간 계층에 유동지능과 결정지능에 덧붙여서 다른 여러 가지 능력들을 포함시키고 있다. 학습과 기억과정, 시지각, 청지각, (언어 유창성과 유사한) 아이디어의 용이한 생성, 속도(단순한 반응 속도와 정확 반응의 속도 모두를 포함한다) 등이 그것이다. 아마도 캐럴 모형이 가장 널리 인정받고 있는 심리측정 모형이겠다.

존슨과 부차드(2005)는 변형된 위계 모형을 제안하였는데, 이 모형에서 이들은 지능을 유동지능과 결정지능으로 분할하는 것이 아니라, 오히려 언어 능력, 지각 능력, 그리고 심적 회전 능력으로 분할할 것을 제안하였다(Johnson & Bouchard, 2005). 이들의 주장은 마음에서 심상을 회전하는 능력과 같은 공간 능력이 유동지능이나 결정지능과는 비교적 차별적이라는 것이다. 이 이론이 본보기로 보여주고 있는 요인분석 접근은 지능의 구조를 강조하는 경향이 있었던 반면에, 정보처리 접근은 지능의 작동을 강조하는 경향이 있었다.

정보처리와 지능

정보처리 연구자들은 사람들이 학습하는 것과 세상에 대해 알고 있는 것을 마음속에서 어떻게 조작하는 것인지를 연구한다(Hunt, 2005; Mackintosh, 2011). 많은 정보처리 연구자들이 지능을 연구하는 방식은 처리과정의 복잡성이라는 측면에서 일차적으로 차이를 보이고 있다(Lohman & Lakin, 2011; Stankov, 2005). 연구자들은 정보처리의 속도와 정확도 모두를 지능의 중요한 요인으로 간주해왔다.

처리시간 이론

점검시간(inspection time)이란 항목을 점검하고 결정하는 데 걸리는 시간을 말하며, 점검시간 실험 패러다임을 사용하여 측정한다(Nettelbeck, 1987, 2011; Deary, 2000; Deary & Stough, 1996; Neubauer & Fink, 2005). 이 패러다임의 전형적인 사용방법은 다음과 같다. 수많은 시행 각각에서, 컴퓨터 모니터에 500밀리초 동안 응시점(표적 그림이 나타날 영역의 한 점)을 나타낸다. 그런 다음에 360밀리초 동안 휴지기가 뒤따른다. 휴지기에 이어서 특정 시간 동안 표적 자극을 제시한 후 시각 차폐자극(영상기억의 흔적을 제거하기 위한 자극)을 제시한다.

표적 자극은 전형적으로 길이가 다른 두 개의 수직선분을 포함한다. 예컨대, 하나는 25mm이고 다른 하나는 35mm이다. 두 선분은 위쪽의 수평막대를 기준으로 정렬되어있다. 짧은 선분을 왼쪽 또는 오른쪽에 제시한다. 차폐자극은 표적 자극의 두 선분보다 길고 굵은 두 선분이다. 과제는 표적 자극을 점검하고는 어느 쪽 선분이 더 짧은지를 지적하는 것이다. 왼쪽 선분이 더 짧을 때는 반응을 기록하는 컴퓨터와 연결된 키패드의 왼쪽 버튼을 누르고, 오른쪽 선분이 더 짧을 때는 오른쪽 버튼을 누르면 된다.

핵심 변인은 표적 자극을 제시하는 시간의 길이이며, 버튼을 누르는 반응의 속도가 아니다. 네틀벡은 점검시간을 조작적으로 정의하였다. 예컨대, 참가자가 최소한 90%의 정확도를 가지고 반응하는 표적 자극 제시시간의 길이로 정의하였다. 그가 찾아낸 결과를 보면, 다양한 참가자 전집에서 점검시간이 짧을수록 지능검사(예컨대, WAIS의 다양한 하위검사) 점수가 높다(Nettlebeck, 1987, 2011).

선택 반응시간

몇몇 연구자는 지능을 신경전도 속도로 이해할 수 있다고 제안해왔다(예컨대, Jensen, 1979, 1998; Nettlebeck, 2011 참조). 다시 말해서, 똑똑한 사람은 신경회로가 정보를 빠르게 전달하는 사람이라는 것이다. 아더 젠센(Arthur Jensen)이 이렇게 제안하였을 때는 신경전달 속도를 직접 측정할 수 있는 방법이 가용하지 않았다. 따라서 젠센은 주로 신경처리 속도의 대용물을 측정하는 연구를 수행하였다. 그 대용물이 **선택 반응시간**(choice reaction time), 즉 여러 대안 중에서 하나의 답을 선택하는 데 걸리는 시간이었다.

전형적인 선택 반응시간 패러다임을 보자. 참가자가 판 위에 있는 일련의 불빛 앞에 앉는다(그림 13.3). 불빛 하나가 들어오면, 그 불빛 바로 아래에 있는 버튼을 가능한 빨리 누름으로써 불빛을 끈다. 실험자는 참가자가 이 과제를 수행하는 속도를 측정한다.

지능지수가 높은 참가자가 반응시간(reaction time; RT)에서 지능지수가 낮은 참가자보다 빠르다(Jensen, 1982). 이 과제에서 RT는 불빛이 들어오고 손가락이 중앙에 있는 준비 버튼을 떠날 때까지의 시간으로 정의한다. 몇몇 연구에서는 지능지수가 높은 참가자가 빠른 움직임 시간(movement time; MT)도 나타냈다. MT는 손가락이 준비 버튼을 떠나서 불빛 아래 버튼을 누를 때까지의 시간으로 정의한다. 이 결과는 중추신

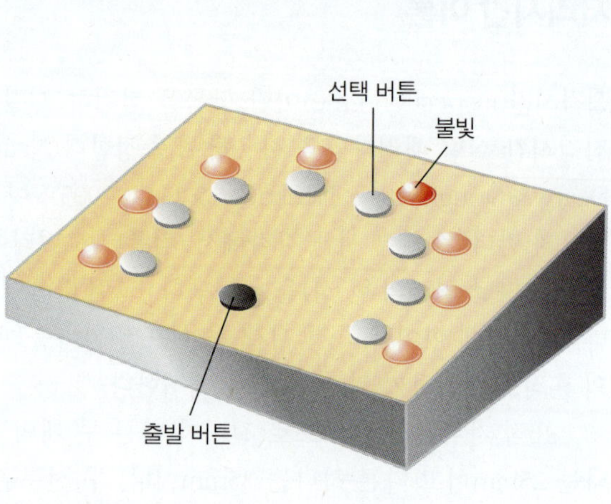

그림 13.3 선택 반응시간을 측정하기 위하여 젠센은 여기서 보는 것과 같은 실험도구를 사용하였다.

출처: Jensen, A. R. (1980). *Bias in mental testing*. Free Press.

경계의 신경전달 속도가 증가하였기 때문일 수 있지만, 현재로서는 이 제안이 사변적인 것에 머물러있다(Reed & Jensen, 1991, 1993).

연구 결과는 선택 반응시간이 반응 대안의 수 그리고 실험도구가 요구하는 시각주사 등과 같은 가외 요인들의 영향을 받을 수 있다는 사실을 지적하고 있다. 이것이 참이라면, 측정한 RT는 반응시간 속도만의 결과가 아닐 수도 있다. 특히 버튼의 수와 자극배열의 시각도 크기가 지능지수와 반응시간 간의 상관을 감소시킬 수 있다(Bors, MacLeod, & Forrin, 1993). 따라서 반응시간과 지능 간의 관계는 명확한 것이 아니다.

어휘접속 속도와 동시처리 속도

몇몇 연구자는 **어휘접속 속도**(lexical access speed), 즉 장기기억에 저장하고 있는 단어에 관한 정보를 인출하는 속도에 초점을 맞추어왔다. 이 속도는 1967년 포스너와 미첼(Posner & Mitchell)이 처음 제안한 문자 대응 반응시간 과제로 측정할 수 있다(Hunt, 1978).

참가자에게 'A A', 'A a', 또는 'A b' 등과 같은 문자 쌍을 제시한다. 각 쌍에 대해서 참가자는 문자가 이름에서 대응하는지를 판단한다(예컨대, 'A a'는 알파벳 이름에서 대응하지만 'A b'는 그렇지 않다). 참가자에게 더 간단한 과제도 제시한다. 이 과제에서는 문자 쌍이 물리적으로 대응하는지를 판단한다(예컨대, 'A A'는 물리적으로 대응하지만, 'A a'는 그렇지 않다). 관심 변인은 이름 대응을 수반하는 첫 번째 과제를 수행하는 속도와 물리적 대응을 수반하는 두 번째 과제를 수행하는 속도 간의 차이이다. 두 유형의 과제에서 반응시간 차이는 어휘접속 속도 측정치를 제공하는 것으로 알려져 있다. 이 점수는 이름 대응 시간에서 물리적 대응 시간을 뺀 값에 근거한다. 빼기는 단순한 지각처리 시간을 제어하기 위한 것이다. 언어능력이 낮은 학생은 높은 학생보다 어휘정보에 접속하는 데 시간이 더 오래 걸린다(Hunt, 1978).

지능은 주의를 분할하는 능력과도 관련이 있다(Hunt & Lansman, 1982). 예컨대, 참가자에게 소리에 주의를 기울이면서 그 소리를 듣는 순간 가능한 빨리 버튼을 누르는 동시에 수학문제를 풀도록 요구한다고 가정해보자. 참가자가 수학 문제를 효율적으로 풀면서 동시에 소리에 신속하게 반응할 것이라고 예상할 수 있다. 헌트와 랜스먼에 따르면 지능이 높은 사람이 두 과제에 시간을 보다 잘 할애하고 능률적으로 두 과제를 수행할 수 있다.

요컨대, 처리시간 이론은 다양한 형태의 정보처리를 수행하는 속도에서의 차이에 근거하여 지능 차이를 설명하고자 시도하고 있다. 점검시간, 선택 반응시간, 그리고 어휘접속 시간이 모두 지능 측정치와 상관이 있는 것으로 나타나고 있다. 이 결과는 평균적으로 높은 지능이 다양한 정보처리의 속도와 관련된다는 사실을 시사한다. 지능이 높은 사람이 정보를 작업기억에 더 신속하게 부호화하며, 장기기억 정보에 보다 신속하게 접속하고, 보다 빠르게 반응한다. 신속한 부호화, 인출, 반응이 높은 지능검사 점수와 관련되는 까닭은 무엇인가? 빠른 정보처리자가 더 많은 것을 학습하는 것인가?

연령과 관련된 정보처리 속도의 저하와 (1) 정보의 초기 부호화와 회상 그리고 (2)

장기파지 간에 어떤 연계가 존재하는가(Nettelbeck 등, 1996)? 점검시간과 지능 간의 관계는 학습과 관련이 없을지도 모르겠다. 특히 초기 회상과 실제 장기학습 간에는 차이가 있다(Nettelbeck 등, 1996). 초기 회상은 처리속도가 매개한다. 나이가 들어 정보처리 속도가 느린 참가자는 회상에서 결손을 보인다. 나이가 든 참가자가 유지하는 새로운 정보의 장기파지는 처리속도 이외의 다른 인지과정이 매개한다. 이 과정에는 되뇌기 전략이 포함된다. 따라서 정보처리 속도가 회상의 초기 수행과 점검시간 과제에는 영향을 미치지만, 장기학습과는 관련이 없다. 아마도 빠른 정보처리는 실제 학습과 지능에 기여하기보다는 지능검사 과제의 수행을 돕는 것으로 보인다. 정보처리 속도가 지능과 어떻게 관련되는 것인지를 알아내기 위해서는 더 많은 연구가 필요하겠다.

작업기억

작업기억은 지능의 핵심 성분이다. 실제로 몇몇 연구자는 지능이 작업기억에 다름 아니라고 주장해왔다(Conway 등, 2011; Kyllonen & Christal, 1990). 한 연구에서는 참가자가 일련의 글을 읽고 난 후에, 각 글의 마지막 단어를 기억해내고자 시도하였다(Daneman & Carpenter, 1983). 회상은 언어능력과 높은 상관을 나타냈다. 또 다른 연구에서는 참가자가 다양한 작업기억 과제를 수행하였다. 예컨대, 한 과제에서는 일련의 간단한 산수 문제를 보았는데, 각 문제에는 단어나 숫자가 뒤따랐다. "(3 × 5) − 6 = 7? 탁자"가 한 가지 예가 되겠다(Turner & Engle, 1989; Hambrick, Kane, & Engle, 2005). 참가자에게 2~6개의 문제 목록을 제시하고 풀게 하였다. 한 문제 목록을 푼 후에, 뒤따랐던 단어들을 회상하고자 시도하였다. 회상한 단어의 수는 측정한 지능과 높은 상관을 나타냈다.

작업기억 측정치는 일반지능(g) 검사 점수를 상당히 잘 예측할 수 있다(Colom 등, 2004; Conway 등, 2011도 참조). 다른 연구자들은 작업기억과 일반지능 간의 유의하지만 크지 않은 상관을 입증해왔다(예컨대, Ackerman, Beier, & Boyle, 2005). 따라서 작업기억에 정보를 저장하고 조작하는 능력이 지능의 중요한 측면으로 나타나고 있다. 그렇지만 이것이 지능의 모든 것은 아닌 것으로 보인다.

성분 이론과 복잡한 문제해결

정보처리를 연구하는 인지적 접근을 유비추리, 수열문제(예컨대, 숫자나 도형의 연속을 완성하는 문제), 삼단논법 등과 같이 복잡한 과제에 적용할 수 있다(Sternberg, 1977, 1983, 1984; 제12장 참조). 기본 생각은 전통적인 지능검사에서 사용하는 유형의 과제에서 지능의 성분을 분리해낸다는 것이다. **성분**(component)이란 감각 입력을 심적 표상으로 변환하거나, 개념 표상을 다른 표상으로 변환하거나, 개념 표상을 운동 출력으로 변환하는 것과 같은 과제를 수행하는 데 사용하는 심적 과정을 말한다(Sternberg, 1982). 많은 연구자들이 이러한 기본적 접근을 정교화하고 확장해왔다(Lohman, 2005; Lohman & Lakin, 2011; Wenke, Frensch, & Funke, 2005; Duggan &

Garcia-Barrera, 2015 참조).

성분 분석(componential analysis)은 이러한 과제에서 사람들이 나타내는 반응시간과 오류율을 그 과제를 구성하는 처리과정들로 분해한다. 이러한 유형의 분석은 사람들이 유추를 비롯한 과제들을 다음과 같은 여러 가지 성분 처리과정을 사용하여 해결한다는 사실을 밝혀왔다. 첫째는 문제에 포함된 용어들을 부호화하는 것이다. 둘째는 적어도 몇몇 용어들 간의 관계를 추론하는 것이다. 셋째는 추론한 관계를 유사한 관계를 나타낸다고 생각하는 다른 용어들과 대응시키는 것이다. 그리고 넷째는 앞서 추론한 관계를 새로운 상황에 적용하는 것이다.

"변호사 : 내담자 :: 의사 : (a. 환자, b. 치료)"라는 유추를 생각해보자. 이 유추문제를 해결하려면, 문제의 각 용어를 부호화할 필요가 있다. 여기에는 용어를 지각하고 기억에서 그 용어에 관한 정보를 인출하는 것이 포함된다. 그런 다음에 변호사와 내담자 간의 관계를 추론한다. 특히 전자가 후자에게 법률 서비스를 제공한다는 관계를 추론한다. 그런 후에 그 관계를 뒷부분과 대응시킨다. 여기서 여러분은 동일한 관계를 수반하는 것에 주목한다. 마지막으로 유추의 마지막 용어를 생성하는 데 추론한 관계를 적용한다. 이렇게 함으로써 "환자"라는 적절한 반응에 도달하게 된다. 그림 13.4는 성분 분석을 "A와 B의 관계는 C와 D의 관계와 같다"는 유추 문제에 어떻게 적용하는 것인지를 보여주고 있다. 정보처리의 성분에 관한 연구는 심적 속도만을 측정하는 것 이상을 드러낸다.

이러한 처리를 수행하는 속도와 전통적인 지능검사에서의 수행 간에는 유의한 상관이 존재한다. 그렇지만 보다 흥미진진한 발견은 전통적인 지능검사에서 높은 점수를 받는 참가자가 낮은 점수를 받는 사람보다 문제의 용어들을 부호화하는 데 더 많은 시간을 할애한다는 점이다. 그렇지만 과제의 나머지 성분을 수행하는 데 더 적은 시간을 할애함으로써 부호화에 할애한 여분의 시간을 벌충한다. 일반적으로 지능이 높은 사람은 **총체적 계획세우기**(global planning), 즉 문제를 부호화하고 문제를 공략하

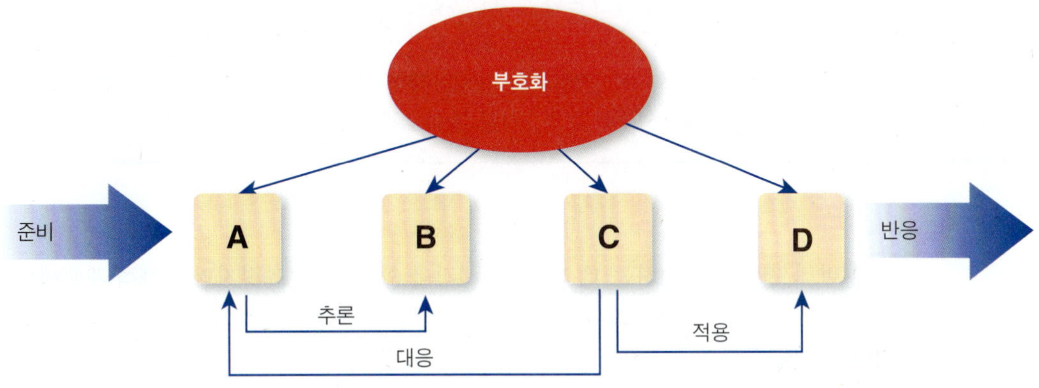

그림 13.4 유추 문제를 해결할 때, 사람들은 우선 "A와 B의 관계는 C와 D의 관계와 같다"는 문제를 부호화해야 한다. 그런 다음에 A와 B의 관계를 추론한 후, A와 B의 관계를 C와 D의 관계에 대응시켜야 한다. 마지막으로 가능한 대안 중에서 문제의 정답에 해당하는 것을 선택하는 데 그 관계를 적용해야 한다.

출처: Sternberg, R. J. (2008). *Cognitive Psychology*, 5th ed. p. 543.

이안 디어리(Ian Deary)의 실험실에서는

우리 실험실은 영국 에딘버러대학교 중앙에 위치한 조지스퀘어 가든을 마주보고 있는 건물에 있는 여러 매력적인 후기 빅토리아 시대풍의 사무실 그리고 대학병원에 있는 심리검사실로 구성되어있다. 이곳에서 나는 1921년과 1936년에 로디언에서 출생한 또래집단에 대한 연구를 관장하고 있으며, 인지적 노화 및 인지 역학 센터(CCACE)의 책임을 맡고 있다.

Courtesy of Ian Deary

이안 디어리

실험실에 속한 연구자들이 답을 내놓고자 시도하고 있는 근본 물음은 "어떤 사람의 두뇌와 사고 기술이 다른 사람의 것보다 더 성숙한 노화를 보이는 까닭은 무엇인가?"라는 것이다. 또한 "생애 초기의 인지능력이 생애 후기의 건강, 질병, 장수에 지대한 영향을 미치는 까닭은 무엇인가?"라는 부가적인 물음도 다루고 있다. 일상적 연구 작업의 핵심은 또래 집단의 구성원들을 검사하는 것이다. 1936년에 출생한 로디언 또래집단 구성원은 70대 후반에 접어들었다. 이들이 특별한 까닭은 모두 아동기에 동일한 지능검사를 받았으며, 60년이 넘도록 추적조사를 하고 있기 때문이다. 이들은 2015~2017년 사이에 심리학자들이 개별적으로 검사를 실시할 예정이다. 따라서 실험실 활동은 집중적이고 장기적으로 실시하는 상세한 인지 검사, 의학 조사, 두뇌영상, 그리고 유전자 검사 등이다. 우리 실험실은 심리학의 입장에서는 다소 이례적이다. 심리학자들뿐만 아니라 유행병학자, 유전학자, 그리고 두뇌영상 전문가들도 활동하고 있다.

우리는 모든 검사와 일상적 업무가 계획대로 진행되고 있는지를 확인하는 정례적 실험실 회의와 센터 회의를 갖고 있다. 또한 보고서를 작성하는 업무가 제대로 진행되는지를 확인하는 회의도 갖고 있다.

광범위하게 다양한 데이터를 제공하는 또래집단을 위해서는 우리 연구팀에 또 다른 전문성을 제공하는 많은 중견 공동연구자들을 확보하는 것도 중요하다. 예컨대, 우리는 유전학과 두뇌영상을 비롯하여 연구가 추구하고 있는 많은 영역들에서 지원해주는 많은 외부 전문가를 확보하고 있다.

우리 실험실은 지능 변산성의 절반 가량이 아동기에서 노년기에 이르기까지 안정되어있다는 사실을 보여주어 왔으며, 관련이 없는 사람들의 DNA 분석에 근거하여 지능의 상당한 유전성을 보고한 최초의 실험실이다. 우리는 두뇌 백질의 통합성이 노인들의 보편적 인지능력에서 나타나는 변량의 10% 가량을 설명한다는 사실을 찾아냈다. 또한 노년기 인지 저하를 막아주는 것으로 생각하는 몇몇 요인들이 실제로 아동기 지능과 혼재되어있다는 사실도 찾아냈다. 여기에는 적당한 음주, 커피, 사회문화적 활동에의 참여 등이 포함된다. 다시 말해서 적당한 음주의 효과로 보이는 것이 실제로는 아동기부터 지능이 높은 것으로 확인된 사람들이 적당량의 범위에서 술 특히 레드 와인을 조금 더 마신다는 사실에 기인할 수 있다는 것이다. 따라서 적당한 음주보다는 아동기 지능이 심층 원인인 것으로 나타나고 있다. 그렇지만 우리는 (비록 개별 요인의 효과는 작더라도) 노년기 인지 능력을 유지하는 데 실제로 도움이 될 수 있는 몇몇 요인들을 밝혀왔다. 예컨대 금연, 신체 균형, 둘 이상의 언어를 사용하는 것 등이다.

는 전반적 전략을 구성하는 데 더 많은 시간을 할애한다. 그렇지만 **국재적 계획세우기**(local planning), 즉 과제의 세부내용을 구성하고 전략을 구현하는 데는 시간을 적게 사용한다(Sternberg, 1981).

총체적 계획세우기에 더 많은 시간을 할애하는 것의 장점은 전반적 전략이 정확할 가능성을 높여준다는 점이다. 따라서 지능이 더 높은 사람들은 더 많은 시간을 할애하는 것이 유리할 때 그렇게 한다. 예컨대, 학기말 보고서를 작성하기 위하여 자료를 찾고 계획을 세우는 데 더 많은 시간을 보내지만, 실제로 보고서를 작성하는 데에는 적은 시간을 사용한다. 다른 과제들에서도 시간 할당에서의 차이를 밝혀왔다. 한 사례가 물리학 문제를 해결하는 것이다(Larkin 등, 1980; Sternberg, 1979, 1985a 참조). 즉, 지능이 높은 사람은 직면한 문제에 대한 계획을 세우고 부호화하는 데 더 많은 시간을 보내는 것으로 보인다. 그렇지만 다른 성분들을 수행하는 데는 시간을 적게 사용한다. 이것은 많은 연구자들이 지능 개념에 포함시키고 있는 메타인지 속성과 관련되어있다.

연구자들은 복잡한 문제해결 상황에 몰입하고 있는 사람들의 정보처리를 연구해왔다. 체스를 두거나 논리적 결론을 유도하는 것 등이 그 예이다(Newell & Simon, 1972; Simon, 1976; Davidson & Sternberg, 2003도 참조). 예컨대, 참가자에게 우선 숫자나 도형의 열을 보게 한 다음에, 그 열에 기저하는 규칙을 찾아내도록 요구한다. 최종적으로는 다음에 연속되는 숫자나 도형을 추측해야 한다. 보다 복잡한 과제는 제11장에서 언급한 과제를 포함하기도 한다(예컨대, 물병 문제; Estes, 1982 참조). 이러한 과제의 수행을 생물학적 수준에서 분석할 수 있겠는가?

통합적 접근

통합적 접근은 기능의 토대로서 다양한 유형의 인지 기능 모형들을 결합한다. 이러한 접근을 통해서 지능의 개인차에 대하여 다음과 같은 네 가지 출처를 찾아내었다(Ackerman, 2005). 즉, (1) 선언지식의 폭, (2) 절차기술의 폭, (3) 작업기억 용량, 그리고 (4) 처리속도. 이 접근의 장점은 지능의 개인차를 단 하나의 출처에서 유래한 것으로 국한시키는 것이 아니라 다중 출처를 수반하는 것으로 간주한다는 것이다.

지능의 생물학적 토대

인간 두뇌는 인간 지능의 생물학적 토대이다(Haier, 2011). 칼 래쉴리의 연구를 비롯한 초기 연구들은 지능을 비롯한 심적 과정의 다양한 측면들의 생물학적 지표를 찾아내기 위하여 두뇌를 연구하였다. 지대한 노력을 경주하였음에도 불구하고 이 연구들은 완전한 실패로 끝났다. 그렇지만 두뇌를 연구하는 도구가 정교해짐에 따라서, 지능의 생리적 지표를 발견할 가능성을 보기 시작하였다. 몇몇 연구자는 조만간에 임상적으로 유용한 지능의 심리생리적 지표를 갖게 될 것이라고 믿고 있다(예컨대, Matarazzo, 1992). 그렇지만 널리 적용할 수 있는 지표는 아직 요원하다. 현재 우리가 가지고 있는 생물학 연구들은 대체로 상관적인 것이다. 이 연구들은 지능의 생물학 측정치와 심리측정 측정치 간의 통계적 상관을 보여주고 있다. 그렇지만 인과관계를 정립한 것은 아니다.

한 연구 흐름은 두뇌 크기와 지능 간의 관계를 살피고 있다(Haier, 2011; Jerison, 2000; Vernon 등, 2000; Witelson, Beresh, & Kiga, 2006). 증거가 시사하는 바는 인간의 경우에 두뇌 크기와 지능 간에 크지는 않지만 유의한 통계적 상관이 존재한다는 것이다(Haier, 2011). 그렇지만 이 관계가 무엇을 의미하는 것인지를 알기는 어렵다. 큰 두뇌가 높은 지능을 야기할 수도 있고, 높은 지능이 큰 두뇌를 초래할 수도 있으며, 아니면 둘 모두가 어떤 제3요인에 달려있을 수도 있다. 이에 덧붙여서 두뇌 크기 못지않게 두뇌를 효과적으로 사용하는 것도 중요할 수 있다. 예컨대, 평균적으로 남자가 여자보다 큰 두뇌를 가지고 있다. 그렇지만 평균적으로 여자가 뇌량을 통해서 두 대뇌반구를 더 잘 연결시키고 있다. 따라서 어느 성이 더 유리한지는 명확하지 않다. 아마도 둘 모두 아닐 것이다. 두뇌 크기와 지능 간의 관계가 모든 동물종에 걸쳐서 유지되지 않는다는 사실에 주목할 필요가 있다(Hoffman, 2015; Jerison, 2000). 유기체의 평균 크기를 감안할 때 비로소 지능과 두뇌 크기 간의 관계가 유지되는 것으로 보인다.

몇몇 최근 연구는 몇 가지 흥미를 끄는 가능성을 제안하고 있다. 예컨대, 특정 자극이 촉발하는 두뇌 전기활동 패턴이 지능검사 점수와 상관이 있는 것으로 나타나고 있다(Barrett & Eysenck, 1992). 여러 연구는 처음에 신경전도 속도가 지능검사로 측정한 지능과 상관이 있을 수 있다고 제안하였다(McGarry-Roberts, Stelmack, & Campbell, 1992; Vernon & Mori, 1992). 그렇지만 후속 연구는 신경전도 속도와 지능 간에 강력한 관계를 찾는 데 실패하였다(Wickett & Vernon, 1994). 이 연구에서는 신경전도 속도를 팔에 있는 신경의 전도 속도로 측정하였으며, 지능은 다차원 적성검사로 측정하였다. 놀랍게도 신경전도 속도는 여자보다 남자의 지능검사 점수에 대한 강력한 예측자로 나타나고 있다. 따라서 성차가 데이터에서 나타나는 차이의 일부를 설명할 수 있다(Wickett & Vernon, 1994). 남성과 여성 모두에 대한 추가 연구가 필요하다.

보다 최근 연구는 신경전도 속도보다는 신경회로의 유연성이 핵심이라고 제안하고 있다(Newman & Just, 2005). 따라서 속도뿐만 아니라 신경회로도 연구할 필요가 있다. 두뇌 연구의 대안적 접근은 신경 효율성이 지능과 관련될 수 있다고 제안한다(Li 등, 2009; Neubauer & Fink, 2009). 이러한 접근은 심적 활동을 하는 동안 두뇌가 글루코스(두뇌 활동에 필수적인 당분)를 신진대사 시키는 방식에 관한 연구에 기초하고 있다. (PET를 비롯한 두뇌영상 기법에 관해서는 제2장 참조.) 높은 지능이 문제해결 과제를 수행하는 동안 글루코스 신진대사의 낮은 수준과 상관을 보인다(Haier 등, 1992; Haier & Jung, 2007). 즉, 똑똑한 두뇌는 동일한 과제를 수행하는 덜 똑똑한 두뇌보다 당분을 덜 소비하며 노력을 덜 경주한다. 이에 덧붙여서 컴퓨터 게임인 테트리스와 같이 시공간 조작을 수반하는 비교적 복잡한 과제를 학습하면 대뇌 효율성이 증가한다(Haier 등, 1992). 지능이 높은 참가자는 훈련을 함에 따라서 보다 낮은 수준의 글루코스 신진대사를 보일 뿐만 아니라 보다 국재화된 신진대사도 나타낸다. 지능이 높은 참가자는 두뇌의 거의 모든 영역에서 더 적은 글루코스 신진대사를 나타낸다. 그렇지만 수행하고 있는 과제에 중요하다고 알려진 두뇌영역에서는 높은 수준의 글루코스 신진대사를 나타낸다. 따라서 지능이 높은 참가자는 두뇌를 보다 효율적으로 사용하는 방법을 학습하는 것으로 보인다. 주어진 과제에 신중하게 초점을 맞추는 것이다.

그렇지만 다른 연구는 글루코스 신진대사와 지능 간의 관계가 훨씬 복잡하다고 제안한다(Haier 등, 1995; Larson 등, 1995). 한 연구는 지능이 낮은 참가자에게서 글루코스 신진대사가 증가한다는 초기 결과를 확증하였는데, 이 경우에 참가자는 경증 지적 지체자이었다(Haier 등, 1995). 한편 다른 연구는 초기 결과와 달리 지능이 높은 참가자가 비교집단에 비해 증가된 글루코스 신진대사를 나타낸다는 결과를 얻었다(Larson 등, 1995).

초기 연구들에는 한 가지 문제점이 있었다. 똑똑한 집단과 보통의 집단에 걸쳐서 참가자들에게 제시한 과제의 난이도 수준을 대응시키지 못하였다. 라슨 등(1995)의 연구는 똑똑한 집단과 보통 집단의 능력 수준에 대응시킨 과제를 사용하였다. 이들은 똑똑한 참가자가 더 많은 글루코스를 사용한다는 결과를 얻었다. 이에 덧붙여서, 글루코스 대사량은 어려운 과제를 수행하는 똑똑한 참가자의 우반구에서 가장 높았다. 이 결과도 선택적 두뇌 영역의 활동을 시사한다. 무엇이 글루코스 신진대사의 증가를 주도하는 것인가? 현재로서는 핵심 요인이 주관적 과제 난이도인 것으로 나타나고 있다. 초기 연구에서는 과제가 똑똑한 참가자에게 너무 쉬운 것이었다. 참가자 능력에 과제 난이도를 대응시켰을 때 똑똑한 참가자는 필요한 만큼 글루코스 신진대사를 증가시키는 것으로 보인다. 어떤 결론적인 답을 도출하기에 앞서 이 영역에서 지금까지 찾아낸 잠정적 결과들을 더욱 탐구할 필요가 있겠다.

몇몇 신경심리학 연구는 지능검사 수행이 목표를 설정하는 능력, 그 목표를 달성하기 위한 계획을 세우는 능력, 그 계획을 집행하는 능력 등, 지능의 결정적 측면들을 충분하게 드러내지 못한다고 제안한다(Dempster, 1991). 구체적으로 두뇌 전두엽에 손상이 있는 사람도 표준 지능검사에서 우수한 성과를 나타내는 경우가 많다. 지능검사는 매우 구조화된 상황에서 질문에 반응할 것을 요구한다. 그렇지만 목표를 설정하거나 계획을 세우는 방식에 대해서는 많은 것을 요구하지 않는다. 지능검사는 결정지능으로 분류할 수 있는 것들을 사용하기 십상이다. 두뇌 후측 영역의 손상은 결정지능 측정치에 부적 영향을 미치는 것으로 보인다(Gray & Thompson, 2004; Kolb & Whishaw, 1996; Piercy, 1964). 전두엽이 손상된 환자에서는 유동지능 손상이 나타난다(Duncan, Burgess, & Emslie, 1995; Gray, Chabris, & Braver, 2003; Gray & Thompson, 2004). 전두엽이 추리, 의사결정, 문제해결에 관여한다는 사실을 전제할 때(제 10장과 11장 참조), 이 결과는 전혀 놀라운 것이 아니다. 다른 연구는 일반지능 과제와 유동지능 과제의 수행에서 두정엽의 중요성을 집중조명하고 있다(Colom 등, 2009; Lee 등, 2006). 지능은 경험으로부터 학습하는 능력 그리고 주변 환경에 적응하는 능력을 수반한다(Greenwood, 2015). 따라서 목표를 설정하고 계획을 설계하며 구현하는 능력을 무시할 수 없다. 계획 설정과 계획세우기의 핵심 측면은 관련 자극에 적절히 주의를 기울이는 능력이다. 또 다른 관련 능력은 관련이 없는 자극을 무시하거나 그 가치를 절감하는 능력이다.

지적 과제 수행에서 전두엽과 두정엽의 중요성은 이 영역들의 중요성을 강조하는 통합적 지능 이론의 발달로 이끌어왔다. 두정엽-전두엽 통합 이론(P-FIT)이라고 부르는 이 이론은 지능의 개인차를 결정하는 데 있어서 상호 연결된 두뇌 영역의 중요성을 강조한다. 이 이론이 초점을 맞추고 있는 영역은 전전두피질, 내측과 상측 두정소엽, 전측 대상회, 그리고 측두엽과 후두엽 영역들이다(Jung & Haier, 2007). P-FIT는 상이한 수준의 지능을 나타내는 사람들의 두뇌활동 패턴을 기술한다. 그렇지만 어떤 사람을 지능적이게 만들어주는 것이 무엇인지 그리고 지능이 무엇인지를 설명할 수는 없다.

현실적으로 인간을 전체적으로 고려하지 않은 채 두뇌 또는 두뇌의 내용과 처리 과정을 분리해서 연구할 수는 없다. 사람이 지능적으로 행동하는 전체 환경 맥락과 그 사람 간의 상호작용을 살펴보아야만 한다. 따라서 많은 연구자와 이론가는 지능에 대한 맥락적 견해를 취할 것을 주장한다. 이에 덧붙여서, 지능에 대한 몇몇 대안적 견해는 인간의 다양한 능력을 더욱 포괄하도록 지능의 정의를 확장하고자 시도하고 있다.

지능의 대안적 접근

문화 맥락과 지능

맥락주의(contextualism)에 따르면, 지능은 실제 맥락에서 이해하여야만 한다. 지능의 맥락은 다양한 분석수준에서 조망할 수 있다. 가정이나 가족 환경과 같이 협의적인 맥락에 초점을 맞출 수도 있고, 전체 문화에 광의적으로 확장할 수도 있다. 예컨대, 지역사회 간 차이조차도 지능검사 수행에서의 차이와 상관이 있다. 그러한 맥락 관련 차이에는 도시와 농촌, 지역사회 내 십대와 성인의 높고 낮은 구성비 등이 포함된다(Barnett 등, 2011; Coon, Carey, & Fulker, 1992). 맥락주의자는 특히 지능에 대한 문화 맥락의 효과에 관심을 기울여왔다.

맥락주의자는 지능을 문화와 복잡하게 연계된 것으로 간주한다(Ang, Van Dyne, & Tan, 2011). 지능이란 한 문화에서 적응적인 수행의 본질을 정의하기 위해 그 문화가 생성한 어떤 것이다. 이러한 입장은 그 문화가 가치를 부여하는 과제에서 어떤 사람이 다른 사람보다 더 잘 수행하는 이유를 설명해준다(Sternberg, 2004). 이 모형을 받아들이는 연구자들은 지능이 그 모형을 적용하고 평가하는 세상과 어떻게 관련되는 것인지를 연구한다. 일반적으로 지능의 정의와 이론들은 그 범위를 확장함으로써 문화 다양성을 효과적으로 포괄하게 된다. 지능에 대한 몇몇 맥락 이론을 살펴보기에 앞서, 심리학자들로 하여금 지능을 정의하고 평가하는 방식에서 문화가 일익을 담당한다고 생각하게 만든 것이 무엇인지를 들여다보도록 하자.

여기서는 문화(culture)를 "한 집단의 사람들이 공유하는 태도, 가치, 신념과 행동의 집합이며, 언어 또는 다른 소통수단을 통하여 한 세대에서 다음 세대로 전달하는 것"으로 정의한다(Barnouw, 1985. Matsumoto, 1994, p. 4에서 인용). 문화와 지능을 연구하는 한 가지 이유는 둘이 불가분하게 얽혀있기 때문이다. 실제로 토마셀로(M. Tomasello, 2001)는 문화가 인간 지능과 동물 지능을 대부분 분리시키고 있는 것이라고 주장하였다(Mandalaywala, Fleener, & Maestripieri, 2015; Zentall, 2011, 2015도 참조). 그는 인간이 현재의 모습처럼 진화한 까닭은 부분적으로 문화적 적응 때문이며, 이 적응은 타인을 의도적 행위주체로 이해하는 능력으로부터 발달한 것이고, 이 능력은 생후 9개월 유아조차도 가지고 있다고 생각한다.

많은 연구 프로그램은 단일 문화 연구의 잠재적 위험성을 입증하고 있다. 예컨대, 그린필드(P. M. Greenfield, 1997)는 마야족 아동이 검사를 받는 것은 미국에서 대부분의 아동이 검사를 받는 것과는 전혀 다른 것을 의미한다는 사실을 발견하였다. 마야인들은 협력을 허용 가능한 것으로 간주하며 협력하지 않는 것을 오히려 부자연스럽게 생각한다. 이러한 결과는 마커스와 키타야마(Markus & Kitayama, 1991)의 연구와 일치하는 것으로, 이들의 연구는 개인주의 문화와 집단주의 문화에서 자기(self)를 상이하게 구성한다는 사실을 시사하고 있다. 니스벳(R. E. Nisbett, 2003)은 몇몇 문화, 특히 아시아 문화는 사고가 변증법적인 경향이 있는 반면, 유럽과 북미와 같은 다른 문화는 보다 직선적인 경향이 있다는 사실을 찾아냈다. 마찬가지로 새로운 대상에 접근할 때 아시아 문화의 사람들은 서양인과 상이한 조망을 취하는 경향이 있다(Nisbett & Masuda, 2003). 일반적으로 서구문화 사람들은 대상을 맥락과 독립적으로 처리하는 경향이 있는 반면, 많은 아시아 문화 사람들은 대상을 주변 맥락과 함께 처리한다(Nisbett, 2004; Nisbett & Miyamoto, 2005). 실제로 몇몇 증거는 문화가 지능을 포함한 많은 인지과정에 영향을 미친다는 사실을 시사한다(Lehman, Chiu, & Schaller, 2004). 따라서 상이한 문화의 사람들은 꽤나 상이한 방식으로 개념을 구성하며, 단일 문화에서 수행한 개념 형성이나 개념 확인 연구의 결과를 의심하게 만들고 있다(Atran, 1999; Coley 등, 1999; Medin & Atran, 1999). 따라서 상이한 문화의 사람들은 개념이든 검사를 받는 것이든지 간에, 피상적으로 동일한 현상인 것처럼 보이는 것을 다르게 생각할 수 있다. 일반지능에서의 차이처럼 보이는 것이 실제로는 문화 특성에서의 차이일 수 있으며, 지능검사 수행에서의 차이는 문화적 복잡성의 차이에서 유래한 것일 수 있다(Helms-Lorenz, Van de Vijver, & Poortinga, 2003). 그렇지만 문화 복잡성은 정의하기 지극히 어려우며, 한 문화의 관점에서 단순하거나 복잡해 보이는 것이 다른 문화의 관점에서는 전혀 다르게 보일 수 있다.

상이한 문화의 사람들은 똑똑하다는 것의 의미에 대해 전혀 다른 생각을 가지고 있을 수 있다. 예컨대, 마이클 코울과 그의 동료들(Cole 등, 1971)은 지능에 대한 흥미진진한 비교문화 연구를 수행하였다. 이들은 아프리카 크펠레족 성인들에게 개념을 나타내는 용어들을 분류하도록 요구하였다. 서구문화에서 성인들에게 지능검사에 들어있는 분류과제를 제시할 때 어떤 일이 일어나는지를 생각해보자. 지능이 높은 사람은 위계적으로 분류하기 십상이다. 예컨대, 여러 물고기 이름을 함께 묶고는 그 묶음에 '물고기'라는 이름을 붙인다. 그리고 '물고기'와 '새' 위에 '동물'이라는 이름을 붙이는 식이다. 지능이 낮은 사람은 기능에 따라서 분류하기 십상이다. 예컨대, '물고기'를 '먹다'와 함께 묶는다. 왜냐고? 사람들이 물고기를 먹기 때문이다. 아니면 '옷'을 '입다'와 함께 묶는다. 사람들이 옷을 입기 때문이다. 크펠레족은 대상들을 기능에 따라 묶었다. 연구자들이 크펠레족에게 위계적으로 분류하도록 무진 애를 썼음에도 그들은 여전히 기능에 따라 분류하였다.

절망에 빠진 연구자 중의 한 사람이 크펠레족의 한 사람에게 바보가 하는 방식대로 분류하도록 요구해보았다. 그러자 신속하고도 용이하게 위계적으로 분류하였다. 크펠레족은 줄곧 위계적으로 분류할 수 있었지만, 그렇게 하는 것을 바보처럼 생각하였기 때문에 그렇게 하지 않았던 것이다. 그리고 그토록 멍청한 질문을 하는 연구자를 지능이 모자란 사람으로 간주하였다.

지능에 대한 서구인의 이해에 이의를 제기하는 것이 크펠레족만은 아니다. 예컨대, 태평양의 풀루왓 문화에서는 뱃사람들이 믿을 수 없을 만큼 먼 거리를 항해한다. 이들은 테크놀로지가 발달한 국가의 뱃사람들이 한 곳에서 다른 곳으로 이동할 때 필요로 하는 항해 보조도구들을 사용하지 않는다(Gladwin, 1970). 풀루왓 뱃사람이 미국인을 위한 지능검사를 고안한다고 가정해보자. 미국인들은 그렇게 지능적이지 않은 것으로 보이게 될 것이다. 마찬가지로 매우 유능한 풀루왓 뱃사람은 미국에서 제작한 지능검사에서 좋은 성과를 보이지 못할 것이다. 이러한 관찰결과들은 꽤나 많은 이론가들로 하여금 지능을 평가할 때 문화 맥락을 고려하는 것의 중요성을 깨닫게 만들었다.

한 연구는 지능검사에 대한 문화 차이의 효과에 더욱 근접한 사례를 제공하고 있다(Sarason & Doris, 1979). 이 연구는 이민 집단인 이태리계 미국인 전집의 지능지수를 추적하였다. 20세기 전반부에 이민 온 1세대 이태리계 미국인의 자녀들은 중앙값이 87(76~100의 범위)인 지능지수를 나타냈다. 이들의 지능지수는 비언어 측정치를 사용하고 소위 주류 미국인의 태도를 고려할 때조차도 비교적 낮은 수치이었다. 그 당시 몇몇 매스컴 해설자와 지능 연구자들은 유전을 비롯한 비환경 요인을 낮은 지능지수의 근거로 지적하였다. 21세기에서조차, 어떤 해설가들은 여전히 다른 소수집단에 대해서 똑같은 짓을 하고 있다(Herrnstein & Murray, 1994).

예컨대, 당대에 선구적인 연구자이었던 헨리 고다드(Henry Goddard, 1917)는 이태리 이민자의 79%가 "정신박약"이라고 천명하였다. 또한 유태인, 헝가리인, 러시아인 이민자의 대략 80%가 유사한 무능력자라고 주장하였다(Eysenck & Kamin, 1981). 또한 고다드는 도덕적 타락이 이러한 지능 결손과 관련이 있다고 주장하였다. 그는 자신이 사용한 지능검사를 모든 이민자에게 실시해야 하며, 자신이 기준 이하라고 간주하는 모든 사람의 미국 입국을 불허할 것을 적극 내세웠다. 그렇지만 오늘날 지능검사를 받는 이태리계 미국인 후손 세대는 평균보다 약간 높은 지능지수를 나타내고 있다(Ceci, 1991). 고다드가 폄하하였던 다른 이민자 집단도 이와 유사한 놀라운 증진을 보여주었다. 아무리 격렬한 유전 신봉자라고 하더라도 이토록 놀라운 증진을 단 몇 세대에 걸친 유전 탓으로 돌릴 수는 없을 것이다. 통합적 교육을 포함한 문화 동화가 훨씬 더 개연성 있는 설명인 것으로 보인다.

앞의 진술은 모든 사람이 **문화공평**(culture-fair)한 것으로 간주할 검사, 즉 모든 문화 구성원에게 똑같이 적절하고 공정한 검사를 만드는 것이 어째서 그토록 어려운 것인지를 명확하게 보여준다. 만일 상이한 문화의 구성원들이 지능적인 것에 대해서 상이한 생각을 가지고 있다면, 한 문화에서 지능적인 것으로 간주할 수 있는 바로 그 행동을 다른 문화에서는 지능적이지 않은 것으로 간주할 수 있는 것이다. 주류 미국 문화에서는 일반적으로 재빠름을 지능과 관련시킨다. 어떤 사람이 재빠르다고 말하는 것은 그 사람이 지능적이라고 말하는 것이다. 실제로 대부분의 집단 지능검사는 엄격하게 시간을 제한한다. 개인 지능검사에서조차, 검사자는 피검자가 반응할 수 있는 시간을 제한한다. 예컨대, 일단의 연구자는 재빠름의 측정치와 GRE(미국 대학원 입학을 위한 시험) 점수 간의 정적 상관을 관찰하였다(Powers & Kaufman, 2004). 많은 정보처리 이론가들 그리고 심지어는 심리생리학 이론가들은 심적 속도의 함수로서 지능을 연구하고 있다.

그렇지만 전 세계의 많은 문화에서는 재빠름이 좋은 게 아니다. 이러한 문화에서 지능이 높은 사람은 어떤 것에 달려들지 않는다고 생각한다. 미국 문화에서조차도 만일 여러분이 급하게 서두르지 않아야 할 것에 달려들 듯이 서두른다면 어느 누구도 여러분을 똑똑하다고 생각하지 않을 것이다. 예컨대, 결혼 배우자, 직업, 살 곳 등을 20~30초 만에 결정하는 것은 일반적으로 현명한 행동이 아니다. 비록 지능검사에서는 그 정도의 시간 안에 문제를 풀어야 하겠지만 말이다.

완벽하게 문화공평한 지능검사가 존재하지 않는다면, 지능을 평가할 때 맥락을 어떻게 고려해야 하겠는가? 여러 연구자가 문화에 적합한 검사를 마련하는 것이 가능하다고 제안해왔다(예컨대, Baltes, Dittmann-Kohli, & Dixon, 1984; Jenkins, 1979; Keating, 1984). **문화 적합 검사**(culture-relevant test)는 피검자의 문화 경험과 관련된 기술과 지식을 측정한다. 예컨대, 일상생활의 실용적 측면에 대처하는 기술을 측정하는 검사를 설계해왔다(Baltes, Dittmann-Kohli, & Dixon, 1984). 문화 적합 검사를 설계하는 것은 창의성과 노력을 필요로 하지만, 불가능한 것은 아니다. 예컨대, 한 연구는 미국 문화와 모로코 문화에서 기억능력을 연구하였는데, 미국 문화에서 정의한 바에 따르면 기억능력은 지능의 한 측면이다(Wagner, 1978). 이 연구는 회상 수준이 기억해내는 내용에 달려있다는 사실을 발견하였다. 문화에 적합한 내용을 적합하지 않은 내용보다 효과적으로 기억해냈다. 예컨대, 서구인과 비교할 때, 모로코 양탄자 상인은 동양 양탄자의 흑백 사진에서 복잡한 시각 패턴을 보다 잘 회상할 수 있었다. 때로는 문화 차이의 효과를 최소화하도록 검사를 설계하지 않는다. 이러한 경우에 기억에서 문화 특수적 차이의 핵심은 기억에서의 실제 구조적 차이(예컨대, 기억폭과 망각율)보다는 지식과 메타기억 전략의 차이일 수 있다(Wagner, 1978).

연구들을 보면, 케냐 농촌지역의 초등학생들은 자연에 존재하는 약초에 대해 상당한 지식을 가지고 있다. 물론 서구 아동은 이러한 약초 어느 것도 확인해낼 능력이 없다(Sternberg 등, 2001; Sternberg & Grigorenko, 1997). 요컨대, 문화적으로 적합한 검사를 제작하는 것은 특정한 언어 장벽을 제거하는 것 이상의 것을 수반하는 것으로 나타나고 있다.

유사한 효과가 아동과 성인의 다양한 과제 수행에서 나타난다. 세 가지 유형의 맥락이 수행에 영향을 미친다(Ceci & Roazzi, 1994). 첫째는 사회 맥락이다. 과제를 남성적인 것으로 간주하는지 아니면 여성적인 것으로 간주하는지가 한 가지 사례이다. 둘째는 심리적 맥락이다. 집을 구입하려는 것인지 아니면 집에 침입하여 도둑질을 하려는 것인지를 수반하는 시공간 과제가 한 가지 사례이다. 셋째는 물리적 맥락이다. 여기서의 사례는 과제를 해변에서 제시하는지 아니면 실험실에서 제시하는지 여부이다. 예컨대, 14세 소

Andy Christiani/Alamy

모로코 양탄자 상인은 서양인보다 모로코산 양탄자의 복잡한 패턴을 보다 쉽게 기억해냈다. 서양인은 모로코 양탄자 상인에게 친숙하지 않은 정보를 보다 쉽게 기억해냈다.

년들은 컵케이크 굽는 것과 같은 과제를 배울 때 수행이 저조하였지만, 그 과제를 배터리 충전 과제처럼 틀을 만들었을 때는 수행이 우수하였다(Ceci & Bronfenbrenner, 1985). 브라질 젊은 여성들은 가상적으로 음식을 구입할 때는 비율 추리에서 어려움을 보이지 않은 반면, 가상적으로 약초를 구입할 때는 상당한 어려움을 겪었다(Schliemann & Magalhües, 1990). 가난 때문에 노점상으로 내몰린 브라질 아동들은 물건을 팔 때 복잡한 산술계산을 해내는 데 어려움을 보이지 않았지만, 교실에서 유사한 계산을 할 때는 상당한 어려움을 겪었다(Carraher, Carraher, & Schliemann, 1985). 따라서 검사 수행은 문제를 제시하는 맥락의 영향을 받는다. 수행 맥락이 지능적 행위를 학습하는 맥락과 닮은 정도가 부분적으로 그 행위를 한 상황에서 다른 상황으로 전이시키는 정도를 결정할 수 있다(Barnett & Ceci, 2005).

이러한 연구에서 연구자들이 살펴본 것은 인지와 맥락의 상호작용이었다. 여러 연구자는 지능의 많은 측면에 관한 통합 모형에서 이러한 상호작용을 명시적으로 추구하는 이론들을 제안해왔다. 그러한 이론들은 지능을 복잡한 시스템으로 간주하고 있다. 다음 두 절에서 그 이론들을 논의한다.

가드너: 다중지능

하워드 가드너(Howard Gardner, 1983, 1993b, 2006; Davis 등, 2011)은 **다중지능 이론**(theory of multiple intelligences)을 제안하였는데, 이 이론에서 지능은 단 하나의 구성체가 아니라 독립적인 다중 구성체를 포함하고 있다. 그렇지만 이 이론은 지능을 구성하는 다중 능력(예컨대, Thurstone, 1938)을 언급하는 것이 아니라, 비교적 상호간에 독립적으로 보이는 여덟 가지 차별적인 지능을 구분하고 있다(표 13.3). 각 지능은 독자적으로 기능하는 시스템이다. 물론 이 시스템들이 지능적 수행으로 간주하는 것을 내놓도록 상호작용할 수는 있다. 가드너의 지능 목록을 살펴보면서 여러분은 각 지능에서의 강점에 순위를 매겨 자신의 지능을 평가하고 싶을지도 모르겠다.

Courtesy of Dr. Howard Gardner
하워드 가드너

어떤 측면에서는 가드너 이론이 요인분석 이론과 같은 것처럼 보일 수 있다. 어떤 유형의 지능을 반영하도록 구성한 여러 능력들을 규정하고 있다. 그렇지만 가드너는 각 능력을 전체 지능의 부분으로서가 아니라 분리되어있는 지능으로 간주한다. 이에 덧붙여서, 가드너 이론과 요인분석 이론 간의 결정적 차이는 가드너가 여덟 가지 지능을 확인해내기 위해서 사용한 증거의 출처에 있다. 가드너는 수렴 조작, 즉 다양한 출처와 다양한 유형의 데이터에서 증거를 수집하는 방법을 사용하였다. 특히 가드너 이론은 차별적 지능의 존재를 탐지하는 기준으로 다음과 같은 여덟 가지 "조짐"을 사용하고 있다.

1. 두뇌 손상에 따른 분리가능성. 두뇌 특정 영역(예컨대, 실어증과 연계된 영역)의 파괴나 유지는 특정 유형의 지적 행동을 파괴하거나 유지시킬 수 있다.
2. 이례적 인물의 존재(예컨대, 음악이나 수학 천재). 이들은 특정 유형의 지적 행

표 13.3 가드너의 여덟 가지 지능

하워드 가드너의 여덟 가지 지능 중 어느 것에서 여러분은 가장 큰 능력을 나타내고 있는가? 어떤 맥락에서 여러분의 지능을 가장 효과적으로 사용할 수 있겠는가(Gardner, 1999에서 인용)?

지능 유형	이 유형의 지능을 반영하는 과제
언어 지능	책을 읽고, 논문이나 소설 또는 시 등을 쓰며, 듣는 말을 이해하는 데 사용한다.
논리-수리 지능	수학 문제를 풀고, 가계부를 정리하며, 수학 증명 문제를 해결하고, 논리적 추리를 수행하는 데 사용한다.
공간 지능	한 장소에서 다른 곳으로 이동하고, 지도를 읽으며, 자동차 트렁크라는 좁은 공간에 모두 들어가도록 여행가방을 싸는 데 사용한다.
음악 지능	노래를 부르고, 소나타를 작곡하며, 트럼펫을 연주하거나 심지어는 음악 소절의 구조를 이해하는 데 사용한다.
신체-협응 지능	춤추고, 야구를 하며, 달리거나 투창에 사용한다.
대인관계 지능	다른 사람의 행동이나 동기 또는 정서를 이해하고자 시도할 때처럼, 다른 사람과의 관계에서 사용한다.
개인이해 지능	자신을 이해하는 데 사용한다. 자신의 능력과 관심사에 관한 기존 제약을 전제할 때, 나는 누구인지, 나를 움직이게 하는 것은 무엇인지, 자신을 어떻게 변화시킬 수 있는지를 이해하는 토대가 된다.
자연 탐구 지능	자연에 존재하는 패턴을 이해하는 데 사용한다.

출처: Gardner, H. (1993). *Multiple intelligence*. Basic Books.

동에서 뛰어난 능력(또는 결손)을 나타낸다.

3. 확인 가능한 핵심 조작 또는 일련의 조작(예컨대, 악보 음 간의 관계 탐지). 이 조작이 특정 유형의 지적 행동을 수행하는 데 필수적이다.

4. 초보자에서 전문가로 이끌어가는 차별적인 발달사. 차별적인 수준의 전문가 수행(즉, 이 유형의 지능을 나타내는 정도가 다양하다)을 수반한다.

5. 차별적인 진화사. 지능의 증가는 환경 적응능력의 증진과 관련이 있다.

6. 인지심리학 연구의 지지 증거. 한 사례가 차별적 유형의 지능에 걸친 과제 특수적 수행 차이가 될 수 있다(예컨대, 시공간 과제와 언어 과제). 차별적 유형의 지능 내에서 여러 과제에 걸친 수행 유사성을 수반할 필요가 있다(예컨대, 시공간 심상의 심적 회전과 회상).

7. 차별적 지능을 나타내는 심리측정 검사의 지지 증거(예컨대, 시공간 능력 검사와 언어 능력 검사에서의 차별적 수행).

8. 상징 시스템(예컨대, 언어, 수학, 음악 표기법)이나 문화적으로 개발한 영역(예컨대, 문화적으로 개발한 신체-운동 지능의 표현으로서 춤, 운동, 연극, 공학, 외과수술 등)에서 부호화 민감성. (Gardner, 1983, pp. 63-67)

가드너는 심리측정 검사의 사용을 전적으로 배제하지 않는다. 그렇지만 가드너가 사용한 증거 기반은 다양한 심리측정 검사의 요인분석에 의존하지 않는다. 자신의 지능에 대해서 생각하면서, 여러분은 그 지능이 얼마나 통합적이라고 생각하는가? 각 유형의 지능이 다른 지능에 얼마나 의존적이라고 생각하는가?

마음에 대한 가드너의 견해는 모듈적인 것이다. 모듈성 이론가들은 가드너의 다중지능과 같은 상이한 능력들을 두뇌의 상이한 영역 또는 모듈에서 유래한 것으로서 분리해낼 수 있다고 믿는다. 따라서 지능에 관한 기존 연구와 미래 연구의 일차적 과제는 각 지능을 담당하고 있는 두뇌영역을 분리해내는 것이다. 가드너는 그런 영역들에 관하여 사색해오기는 하였지만, 이러한 개별 지능의 존재에 대한 강력한 증거는 아직 찾지 못하였다. 이에 덧붙여서 몇몇 연구자는 가드너 이론의 엄격한 모듈성에 의문을 제기하고 있다(Nettelbeck & Young, 1996). 자폐 현자에게 보존되어있는 특정 인지 기능 현상을 생각해보자. 자폐 현자란 심각한 사회적 결손과 인지적 결손을 나타내지만 좁은 영역에서 놀라운 능력을 보이는 자폐증 환자를 말한다. 자폐 현자가 보존하고 있는 그러한 능력은 모듈적 지능의 증거가 되지 못한다는 사실을 시사한다. 지극히 좁은 영역의 장기기억과 특별한 적성은 진정한 의미에서 지능적이지 않을 수 있다(Nettelbeck & Young, 1996). 따라서 융통성이 없는 모듈로서의 지능에 의문을 제기할 이유가 존재하는 것이다.

스턴버그: 삼원 이론

가드너가 다양한 측면의 지능이 분리되어있다는 것을 강조한 반면, 로버트 스턴버그는 인간 지능의 삼원 이론에서 그 지능들이 함께 작동하는 정도를 강조하는 경향이 있다(Sternberg, 1985a, 1996b, 2011). **지능의 삼원 이론**(triarchic theory of human intelligence)에 따르면, 지능은 (1) 개인의 내적 세계와의 관계에 대처하는 측면, (2) 경험과의 관계에 대처하는 측면, (3) 외부 세계와의 관계에 대처하는 측면이라는 세 가지 측면으로 구성되어있다. 그림 13.5는 이론의 구성요소들 그리고 구성요소들 간의 상호관계를 예시하고 있다.

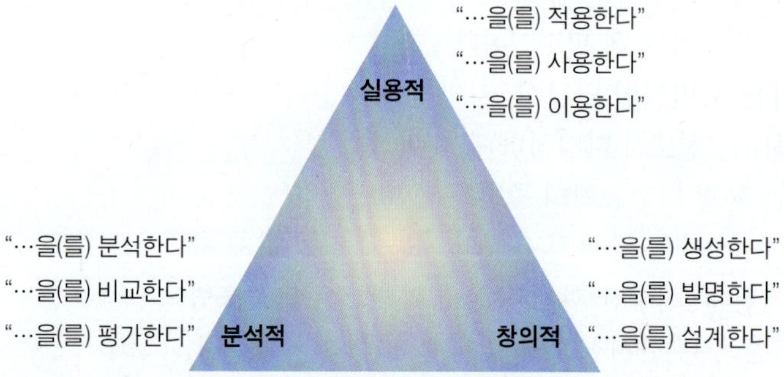

그림 13.5 로버트 스턴버그에 따르면, 지능은 분석 능력, 창의 능력, 그리고 실용 능력으로 구성되어있다. 분석적 사고를 할 때 사람들은 문제의 요소들을 조작하거나 요소들 간의 관계를 조작하는 전략을 사용함으로써 친숙한 문제를 해결하고자 시도한다. 창의적 사고를 할 때 사람들은 문제와 그 요소들을 새로운 방식으로 생각할 것을 요구하는 새로운 유형의 문제를 해결하고자 시도한다. 실용적 사고를 할 때 사람들은 이미 알고 있는 것을 일상 맥락에 적용하는 문제를 해결하고자 시도한다.

지능과 내적 세계와의 관계

이론의 내적 부분은 정보처리를 강조한다. 정보처리는 세 가지 상이한 유형의 성분에 따라서 조망할 수 있다. 첫째는 메타성분, 즉 문제해결을 계획하고 감시하며 평가하는 데 사용하는 높은 수준의 집행과정(즉, 메타인지)이다. 둘째는 수행 성분, 즉 메타성분의 명령을 구현하는 데 사용하는 낮은 수준의 처리과정이다. 셋째는 지식 획득 성분, 즉 우선 문제를 해결하는 방법을 학습하는 데 사용하는 처리과정이다. 세 성분은 상당히 상호의존적이다.

여러분에게 학기말 보고서를 작성하도록 요구하였다고 가정해보자. 여러분은 높은 수준의 결정을 위한 메타성분을 사용하고자 할 것이다. 따라서 주제를 결정하고 내용을 계획하며, 글쓰기를 감시하고, 최종 산물이 여러분의 목표를 달성하는 데 얼마나 성공적인지를 평가하는 데 그 메타성분을 사용하게 된다. 주제 선정을 위하여 개관을 하는 데 지식 획득 성분을 사용하고, 실제 글쓰기에 수행 성분을 사용할 것이다. 실제로 세 가지 유형의 성분들은 홀로 기능하는 것이 아니다. 실제로 보고서를 작성하기에 앞서, 우선 주제를 결정해야만 한다. 그런 다음에 어느 정도 개관을 해야만 한다. 마찬가지로 보고서 작성 계획은 여러분이 새로운 정보를 수집함에 따라서 변할 수 있다. 선택한 주제의 특정 측면에 관한 정보가 충분하지 않은 것으로 나타날 수 있다. 정보의 빈약함이 여러분으로 하여금 강조하는 내용을 변경하도록 만들 수 있다. 글쓰기의 특정 측면이 다른 측면보다 부드럽게 진행된다면 여러분의 계획도 변할 수 있는 것이다.

지능과 경험과의 관계

삼원 이론은 사전 경험이 세 가지 유형의 정보처리 성분과 어떻게 상호작용하는지도 고려한다. 즉, 사람들은 다양한 수준의 경험을 하였던 과제와 상황에 직면하게 된다. 그 경험 수준은 사전 경험이 전혀 없는 완전히 새로운 과제에서부터 풍부한 경험을 하였던 완전히 친숙한 과제에 이르기까지 다양하다. 과제가 점차적으로 친숙해짐에 따라서, 과제의 많은 측면들이 **자동화**된다. 다음에 어떤 단계를 취하고 어떻게 구현할 것인지를 결정하는 데 의식적 노력이 거의 들지 않는다. 새로운 과제는 자동적 절차를 발달시킨 과제를 수행할 때와는 상이한 지능을 요구하게 된다.

지능과 외부 세계와의 관계

또한 삼원 이론은 실세계 맥락에서 다음과 같은 세 가지 기능을 수행하기 위하여 경험에 다양한 지능 성분을 적용한다고 제안한다.

- 첫째는 자신을 기존 환경에 적응시키는 것이다.
- 둘째는 기존 환경을 수정하여 새로운 환경을 만들어내는 것이다.
- 셋째는 새로운 환경을 선택하는 것이다.

새로운 환경에서 요령을 터득하고 성공할 수 있는 방법을 궁리할 때 적응을 사용한다. 예컨대, 대학에 처음 입학하였을 때, 아마도 여러분은 대학생활의 명시적 규칙과 암묵적 규칙을 터득하고자 시도하였을 것이다. 그런 다음에 새로운 환경에서 성공하기 위하여 그 규칙들을 사용하고자 시도하게 된다. 여러분은 환경을 조성하기도 한다. 예컨대, 어떤 과목을 수강하고 어떤 동아리 활동을 추구할 것인지를 결정할 수 있다. 새로운 캠퍼스 조직을 시작하거나 학생회에 출마함으로써 주변 사람들의 행동을 조성하고자 시도할 수도 있다. 마지막으로 여러분 스스로 적응할 수 없거나 환경을 여러분에게 맞도록 조성할 수 없다면, 또 다른 환경의 선택을 고려할 수 있다. 예컨대, 다른 대학으로 전학갈 수도 있다.

삼원 이론에 따르면, 사람들은 다양한 유형의 문제에 자신의 지능을 적용할 수 있다. 예컨대, 어떤 사람은 추상적인 학업 문제에 직면할 때 더 지능적이고, 다른 사람은 구체적인 현실 문제에 직면할 때 더 지능적일 수 있다. 지적인 사람이 지능의 모든 측면에서 우월해야 할 필요는 없다. 오히려 지적인 사람은 자신의 장점과 단점을 알고 있다. 자신의 장점을 강조하고, 단점을 보완하거나 교정할 수 있는 방법을 찾는다. 예컨대, 심리학에는 강하지만 물리학에는 약한 사람은 물리학 적성검사를 제작하는 것을 물리학 프로젝트로 선택할 수 있다(스턴버그가 물리학 강의를 수강할 때 선택한 방법이다). 요점은 자신의 장점을 최대한 활용하고 단점을 개선시키거나 아니면 적어도 편안한 마음으로 단점을 가진 채 살아가는 방법을 찾는 것이다.

스턴버그와 동료들은 삼원 이론의 타당도를 검증하고 수행을 증진시키는 데 있어서 이 이론의 유용성을 확인하는 종합적인 연구를 수행하였다. 이들은 학생들의 교육과 평가를 그들의 능력과 대응시키는 것이 수행의 증진으로 이끌어갈 것이라고 예측하였다(Sternberg 등, 1996; Sternberg 등, 1999). 다음과 같은 다섯 가지 능력 패턴에 따라서 학생들을 선발하였다. 분석 능력만 뛰어난 학생, 창의적 능력만 뛰어난 학생, 실용적 능력만 뛰어난 학생, 세 가지 능력이 모두 뛰어난 학생, 세 가지 능력 어느 것도 뛰어나지 않은 학생. 학생들을 각각 기억 기반 학습, 분석력 학습, 창의력 학습, 또는 실용성 학습을 강조하는 네 가지 교육 집단 중의 하나에 무선 할당하였다. 그런 다음에 모든 학생의 기억 기반, 분석력, 창의력, 실용성 성취를 평가하였다. 그 결과, 능력 패턴에 따라서 각자의 장점과 대응되는 교육 조건에 배치한 학생들의 성과가 대응시키지 않은 학생들의 성과를 압도함으로써, 실험의 예측을 확증하였다. 예컨대, 매우 분석적인 학생을 분석적 사고를 강조하는 교육 조건에 배정하였을 때, 실용적 사고를 강조하는 교육 조건에 배정하였을 때보다 성과가 훨씬 우수하였다.

분석적, 창의적, 실용적 능력 모두를 사용하도록 가르치는 것이 어떤 학생들에게는 그 능력 패턴과는 무관하게 학업 성취를 증진시켰지만(Grigorenko, Jarvin, & Sternberg, 2002; Sternberg & Grigorenko, 2004; Sternberg, Torff, & Grogorenko, 1998), 모든 학생의 성취가 증가하는 것은 아니었다(Sternberg 등, 2014).

평가 범위를 확장하려는 한 가지 시도를 레이보우 프로젝트를 비롯한 관련 연구에서 찾아볼 수 있다(Sternberg, 2010). 레인보우 프로젝트에서는 학생들이 SAT와 부가적인 평가를 받았다. 부가적인 평가에서는 분석 능력뿐만 아니라 창의적 능력과 실용적 능력도 측정하였다(Sternberg & the Rainbow Project Collaborators, 2006). SAT 점수와 고등학교 성적에만 근거한 예측과 비교할 때, 이렇게 부가적인 평가를 첨가하는 것은 대학 성적을 보다 우수하게 예측하였다. 실제로 새로운 검사는 대학 신입생의 성적을 예측하는 데 있어서 SAT에만 근거할 때보다 예측력이 두 배나 우수하였다. 이에 덧붙여서 새로운 평가는 다양한 인종 집단 구성원 간의 점수 차이를 유의하게 감소시켰다.

지금까지 다양한 인간 지능 모형들을 기술하였다. 이 모형들은 교육을 통해서 지

인지심리학의 실제 적용

지능과 문화

로버트 윌리엄스(Robert L. Williams)는 자신이 BITCH(Black Intelligence test of Cultural Homogeneity)라고 부른 검사를 개발하였다. 많은 "표준" 지능검사는 주로 어휘에 크게 의존하고 있다. 윌리엄스는 고등학생일 때 지능검사에서 형편없는 점수를 받았기 때문에, 대학에 진학하지 말고 직업교육을 받으라는 권고를 받았었다. 윌리엄스는 자신이 세상 물정에 밝다는 사실을 알고 있었기 때문에 권고를 무시하고 대학에 진학하였으며, 마침내 박사학위까지 받았다. 어휘 지식이 지능의 모든 것을 포착하지 못한다는 사실을 입증하기 위하여 윌리엄스의 BITCH 검사는 사람들에게 "alley apple", "deuce-and-a-quarter", "Mother's day" 등, 그 당시 아프리카계 미국인을 나타내는 다양한 속어들을 정의해보도록 요구하였다. 놀랄 것도 없이, 대부분의 흑인이 이 검사에서 백인보다 우수한 성과를 나타냈다. 검사 문항들은 그 당시 대부분의 흑인에게 문화적으로 적합한 것이었으며(많은 용어들은 이제 더 이상 사용하지 않는다), 대부분의 백인에게는 문화적으로 적합한 것이 아니었다.

능을 가르치거나 증진시킬 수 있는지에 대해서는 언급하지 않는다. 그렇지만 수많은 연구자들이 이 논제를 다루어왔다. 교육을 통해서 지능을 실제로 개선할 수 있는가? 만일 그렇다면 어떻게 할 수 있는가? 어떤 전략이 효과적이며, 어떤 전략이 그렇지 못한 것인가? 답을 생각해보자.

지능 증진방법: 효과적이거나, 비효과적이거나 의심스러운 전략

인간 지능은 어느 정도 가소성을 가지고 있다. 다양한 유형의 개입을 통해서 조성할 수 있고 심지어는 증진시킬 수도 있다(Detterman & Sternberg, 1982; Grotzer & Perkins, 2000; Jaeggi 등, 2008; Sternberg 등, 1997). 지능 가소성은 유전에 토대를 두고 있는 것이 아니다(Sternberg, 1997). 신장과 같은 속성도 부분적으로 또는 상당 부분 유전에 토대를 두고 있지만, 여전히 환경을 통해서 변할 수 있다.

수많은 증거는 다양한 요인들이 지적 재능에 영향을 미칠 수 있다는 사실을 지적하고 있다. 한 요인은 사람들이 처한 환경이다(Ceci, Nightingale, & Baker, 1992; Reed, 1993; Sternberg & Wagner, 1994). 또 다른 요인은 동기이다(Collier, 1994; Sternberg & Ruzgis, 1994). 세 번째 요인은 훈련이다(Feuerstein, 1980; Sternberg, 1987b). 환경 요인이 중요한 것은 사실이지만(Sternberg & Grigorenko, 1999; Wahlsten & Gottlieb, 1997), 유전이 환경 못지않게 지능의 개인차에서 일익을 담당하는 것은 확실하다(Loehlin, Horn, & Willerman, 1997; Plomin, 1997; Plomin 등, 2012). 유전은 한 개인이 지능적일 수 있는 일종의 상한을 규정할 수 있다. 그렇지만 오늘날 우리는 부분적으로 유전적인 속성에 **반응 범위**(reaction range)가 존재한다는 사실을 알고 있다. 반응 범위란 한 속성이 다양한 방식으로 발현될 수 있는 가능성의 넓은 한계 범위를 말한다.

따라서 한 개인의 지능은 잠재적 지능의 넓은 범위 내에서 더욱 발달할 수 있다(Grigorenko, 2000). 사람들이 현재 지능 발달에서 상한에 도달하였다고 믿을 아무런 근거가 없다. 오히려 증거들은 사람들이 더욱 지능적이 되도록 도와주기 위해서 할 수 있는 일이 꽤나 많다는 사실을 시사하고 있다(이 논제에 후속 논의를 보려면, Mayer, 2000a; Sternberg, 1995; Neisser 등, 1996을 참조).

아동 지능 증진방법

헤드 스타트 프로그램은 학령전기 아동이 초등학교에 입학할 때 지적 능력과 수행에 도움을 주기 위하여 1960년대에 시작한 프로그램이다. 장기 후속 연구들은 청소년기에 도달하였을 때 이 프로그램에 참여한 아동이 그렇지 않은 아동보다 한 학년 정도 앞서있다는 사실을 보여주었다(Lazar & Darlington, 1982; Zigler & Berman, 1983). 프로그램에 참여한 아동은 다양한 학업 성취검사에서도 높은 점수를 나타냈다. 개선방안을 모색해야 할 필요도 적었으며, 행동 문제를 일으킬 가능성도 낮았다. 이러한 측정치가 지능을 측정한 것은 아니지만, 지능검사 점수와 강력한 정적 상관을 나타내고 있다.

외부 환경을 풍요롭게 해주는 방법의 대안은 가정환경을 풍요롭게 만드는 것이다. 특히 성공적인 프로젝트가 ABC 프로젝트(Abecedarian project; 미국의 저소득층 아동들을 대상으로 한 조기교육 개입 프로그램의 하나)이었다. 이 프로젝트는 신중하게 계획하고 집행하는 개입 프로그램을 통해서 사회경제적 지위가 낮은 아동의 인지 기술과 성취를 증진시킬 수 있다는 사실을 보여주었다(Ramey & Ramey, 2000). 예컨대, 이 프로그램에 참여한 아동은 참여하지 않은 다른 또래들보다 대학교육을 받은 햇수가 더 많았다(Campbell 등, 2002). ABC 프로그램을 받은 저체중 출산 아동을 대상으로 수행한 또 다른 연구에서 보면, 조기 개입이 산수와 읽기 과제로 측정한 인지 능력을 포함하여 수많은 인지 기술의 증진도 초래하였다(McCormick 등, 2006).

초기(학령전기) 가정환경의 여러 요인이 높은 지능검사 점수와 상관이 있는 것으로 나타났다(Bradley & Caldwell, 1984). 그 요인이란 일차 보호자의 정서 반응성과 언어 반응성 그리고 아동에게 몰입하는 정도, 제약과 처벌의 회피, 물리적 환경과 활동 스케줄의 체제화, 적절한 놀이감의 제공, 다양한 일상적 자극을 받을 기회 등이다. 이에 덧붙여서 이러한 요인들이 사회경제적 지위나 가족 구조 변인보다 지능검사 점수를 더 효과적으로 예측하였다(Bradley & Caldwell, 1984). 그렇지만 이들의 연구가 상관 연구라는 사실에 주목하여야 한다. 따라서 인과성을 나타내는 것으로 해석할 수는 없다. 더군다나 이 연구는 학령전기 아동에만 해당한다. 아동의 지능검사 점수는 4세가 되어야 비로소 성인의 지능검사 점수를 예측하기 시작한다. 그리고 7세 이전에는 검사 점수가 안정적이지 못하다(Bloom, 1964). 다른 연구는 어머니의 사회적 지원과 상호작용 행동과 같은 요인이 2~8세 사이에 지능검사 점수를 불안정하게 만드는 데 핵심적인 역할을 담당한다는 사실을 시사해왔다(Pianta & Egeland, 1994)

브래들리와 콜드웰 데이터를 인구학적 변인들이 지능검사 점수에 아무런 영향도 미치지 않는다는 사실을 나타내는 것으로 받아들여서는 안 된다. 역사적으로 보면, 문

인지심리학 연구하기

지능 훈련

수많은 훈련 프로그램들이 어느 정도의 성공을 보여주었다. 그러한 한 가지 프로그램이 레이븐 페이어스타인(Reuven Feuerstein, 1980)의 도구적 심화 프로그램이다. 이 프로그램은 다양한 추상적 추리 기술의 훈련을 수반한다. 특히 지적 장애를 가지고 있는 아동의 수행을 증진시키는 데 효과적인 것으로 보인다. 또 다른 프로그램인 오디세이 프로그램(Adams, 1986 참조)은 베네수엘라 중학생들의 지적 수행을 증진시키는 데 효과적인 것으로 나타났다. 어린이를 위한 철학 프로그램(Lipman, Sharp, & Oscanyan, 1980)도 초등학생과 중학생에 걸쳐서 논리적 사고 기술을 가르치는 데 효과적인 것으로 나타났다. 지적 기술을 가르치기 위한 지능 양상 적용하기 프로그램(Sternberg, 1986; Sternberg & Grigorenko, 2002a; Sternberg, Kaufman, & Grigorenko, 2008)도 효과적인 것으로 나타났다. 이 프로그램은 통찰 기술(Davidson & Sternberg, 1984) 그리고 새로운 어휘를 획득하는 일차적 수단(Sternberg, 1987a)이라고 할 수 있는 맥락에서 단어 의미를 학습하는 능력 모두를 증진시킬 수 있다. 실용 지능도 가르칠 수 있다(Gardner 등, 1994; Sternberg, Okagaki, & Jackson, 1990).

화에 따라서 많은 집단에게 미친한 사회계급의 구성원으로서 불가촉천민의 지위를 부여하였다. 많은 문화에 걸쳐서 이렇게 푸대접받는 집단(예컨대, 뉴질랜드 원주민인 마오리족)은 지능검사와 적성검사에서 차이를 보였다(Steele, 1990; Zeidner, 1990). 한 가지 사례가 일본에서 부라쿠민 무두장이의 경우이다. 1871년 노예 신분에서 해방되었지만 일본 사회에 완전히 동화하지 못하고 있다. 한편으로는 이들이 일본에서 형편없는 성취와 혜택 받지 못하는 지위를 보이고 있다. 다른 한편으로 미국으로 이민을 가서 다른 일본 이민자와 동일한 대접을 받는 사람들은 일본계 미국인에 상응할만한 수준의 지능검사 점수와 학업 성취를 나타내고 있다(Ogbu, 1986).

이와 유사한 긍정적인 통합 효과가 지구 다른 편에서도 나타났다. 이스라엘에서는 유럽계 유대인 자녀가 아랍계 유대인 자녀보다 지능검사에서 높은 점수를 받는다. 단 예외는 아이들을 키부츠에서 양육할 때 나타난다. 여기서는 부모와 떨어진 주거지에서 전문적으로 훈련받은 보호자가 부모의 출신에 관계없이 모든 아동을 양육한다. 이 아동들이 동일한 양육 환경을 공유할 때, 지능지수에서 부모의 출신과 관련된 차이를 나타내지 않았다(Smilansky, 1974).

한 연구는 중학생을 대상으로 지능의 본질에 관한 이들의 생각을 조사하였다(Blackwell, Trzesniewski, & Dweck, 2007). 지능은 변할 수 있다는 생각은 2년에 걸친 수학 성취의 증진을 예측하였다. 그렇지만 지능은 고정된 것이라고 믿는 학생은 동일한 시간대에 유의한 변화를 보여주지 못하였다. 두 번째 연구에서는 수학 성적이 떨어지고 있는 학생들에게 지능의 가소성을 가르쳤다. 이 훈련을 받은 학생들의 성적은 더 이상 떨어지지 않았다. 나아가서 수업시간에도 공부하려는 동기가 높아졌다. 그렇지만 이 훈련을 받지 않은 학생은 계속해서 성적이 떨어졌다. 이 결과는 지능이 가소성을 가질 뿐만 아니라 기대의 영향을 크게 받는다는 사실을 나타낸다.

성인의 지능 발달

지능은 연령이 증가함에 따라 발달한다(Anderson, 2005). 인지능력 검사 점수는 무한정 계속해서 증가하는가? 가용한 데이터는 그렇지는 않다는 사실을 시사한다(Berg, 2000). 평균적으로 결정지능은 젊은 성인보다 나이든 성인이 더 높지만, 유동지능은 나이든 성인보다 젊은 성인이 더 높다(Horn & Cattell, 1966). 대학 수준에서는 결정지능과 유동지능이 모두 증가한다. 그렇지만 삶의 후기에서는 상황이 바뀌기 십상이다.

예컨대, 많은 정보처리 과제에서 나이든 성인의 수행이 더 느리며, 특히 복잡한 과제에서 그렇다(Cerella, 1990, 1991; Hertzog, 2011; Schaie, 1989). 일반적으로 결정지능은 평생에 걸쳐 증가하는 것으로 보이는 반면, 유동지능은 20대와 30대, 때로는 40대까지 증가하다가 그 이후 서서히 감소하는 것으로 보인다. 결정지능이 유지된다는 사실은 장기기억과 지식표상의 구조와 체제화가 평생에 걸쳐 유지된다는 것을 시사한다(Salthouse, 2005, 2009). 이에 덧붙여서 많은 성인은 말년의 결손을 보완하는 방법을 찾음으로써 실제 수행은 영향을 받지 않는다. 예컨대, 나이든 타이피스트는 비록 속도는 늦어지더라도 타이핑할 내용을 더 멀리까지 내다볼 수 있게 됨으로써 처리 속도의 감소를 보상한다(Salthouse, 1996). 건망증이 발생하게 되면, 젊었을 때보다 더 자주 메모를 하게 된다.

유동지능이 감소하기 시작하는 시점에 관해서 심리측정 연구자들의 의견이 분분하지만, 많은 연구자는 결국에 감소가 일어나게 된다는 점에서는 의견의 일치를 보인다. 감소 속도와 정도는 사람에 따라서 큰 차이를 나타낸다. 어떤 상황에서 몇몇 인지능력은 감소하는 것으로 보이지만 다른 능력은 그렇지 않다. 예컨대, 몇몇 문제해결 과제의 수행은 연령에 따른 감소를 나타내지만(Denny, 1980; Hertzog, 2011), 짧은 기간의 훈련조차도 그 문제해결 과제의 점수를 증진시킨다(Rosenzweig & Bennett, 1996; Willis, 1985). 다른 연구는 지능검사 수행이 저하하는 원인으로 집행 기능의 저하가 연루되어 있다고 제안한다(Taconnat 등, 2007).

그렇지만 모든 인지능력이 저하하는 것은 아니다. 예컨대, 세렐라 등(Cerella et al., 1993)이 편집한 책은 대상과 단어의 지각, 언어이해, 문제해결 등을 포함한 다양한 인지 영역에서 지적 저하가 거의 또는 전혀 일어나지 않는다는 사실을 보여주는 연구들을 소개하는 데 20개의 장을 할애하고 있다. 몇몇 연구자는 어떤 유형의 학습능력은 증가하는 것으로 보인다는 결과를 얻었으며(예컨대, Schaie & Willis, 1986), 다른 연구자는 의미 있는 기술과 정보를 학습하고 기억해내는 능력은 저하를 거의 나타내지 않는다는 결과를 얻었다(Graf, 1990; Labouvie-Vief & Schell, 1982; Perlmutter, 1983b). 그리고 기억과 같은 단일 영역에서도, 한 가지 수행 유형의 감소가 다른 유형에서의 감소를 함축하지 않는다. 예컨대, 단기기억 수행은 감소하는 것으로 보이지만(Hertzog, 2011; Hultsch & Dixon, 1990), 장기기억(Bahrick, Bahrick, & Wittlinger, 1975) 그리고 재인기억(Schonfield & Robertson, 1966)은 상당히 우수한 채로 남아있다.

몇몇 연구자들(예컨대, Schaie, 1996, 2005, 2009)은 지적 저하에 관한 대부분의 증거에조차 의혹의 눈초리를 보내고 있다. 우선, 기억과 노화에 관한 견해는 노년기 성인에서 발생하는 병리적 장애와 혼입되어있을 수 있다. 그러한 변화는 일반적인 지적 저하가 아니라 특정한 신경생리적 질환이 초래한 것이다. 알츠하이머병과 같은 신경생리적 장애는 대부분의 노인에게서조차 흔하게 나타나지 않는다. 예방 차원에서 알츠하이머병을 선별하는 도구는 노화에 따른 노년기 성인의 능력 차이에 초점을 맞추고 있으며, 현재까지의 연구 결과는 확실하지가 않다(Mirmiran, von Someren, & Swaab, 1996). 인지 능력은 사망하기 전 10년에 걸쳐 가장 크게 저하하는 것으로 보인다. 마지막 기간 동안에 발생하는 저하의 정도는 부분적으로 삶의 초기에 얻은 지능검사 점수로 예측할 수 있다(Bourne 등, 2007).

노년기 인지 저하 결과가 가지고 있는 또 다른 자질은 횡단연구 설계를 자주 사용한다는 것인데, 횡단연구는 동일한 시점에서 상이한 집단(세대)을 검사하는 것이다. 이러한 설계는 인지능력 저하 정도를 과대평가하는 경향이 있다. 이유는 아직 알 수 없지만, 적어도 지능검사로 측정한 결과에서 보면, 과거 세대보다 최근 세대가 더 높은 인지능력을 나타낸다(Flynn, 1984, 1987, 2015). 따라서 나이가 더 많은 사람의 낮은 지능지수는 노화 효과가 아니라 세대 효과일 가능성이 있다. 실제로 오랜 기간에 걸쳐 동일한 사람들을 반복적으로 검사하는 종단연구 설계는 연령에 따른 심적 능력의 저하가 심하지 않다는 사실을 시사하고 있다. 그렇지만 이러한 연구는 선택적 탈락으로 인해서 저하 정도를 과소평가할 수 있다. 세월이 경과하면서 능력이 떨어진 참가자들이 연구에서 탈락하는 까닭은 인지검사를 받는 것에 실망하거나 심지어는 창피하게 느끼기 때문이겠다.

연령에 따른 지적 저하에 관한 논쟁은 계속되고 있지만, 입장은 어느 정도 수렴해왔다. 예컨대, 인지처리 속도의 저하는 성인기 전체에 걸쳐 일어나며, 실험 방법과 분석이 노인들 중에서 치매환자의 과도한 비율을 제거할 때조차도 속도 저하의 증거가 남는다(Salthouse, Kausler, & Saults, 1990). 연령과 관련된 인지처리 속도의 저하에 영향을 미치는 것으로 제안하였던 일반 요인 중에는 중추신경계 기능의 전반적 저하(Cerella, 1991), 작업기억 용량의 감소(Salthouse, 1993, 2009), 주의 자원의 감소(Horn & Hofer, 1992 참조), 전두엽 기능의 저하(Bugg 등, 2006) 등이 있다.

인지처리 속도의 감소는 인지 기능에서 두 가지 속도 관련 논제, 즉 제한된 시간과 동시성을 통해서 인지 결손으로 이끌어갈 수 있다(Salthouse, 1996, 2009). 느린 처리가 특정 심적 조작들의 수행을 차단할 수 있다. 그 심적 조작들은 제한된 시간 내에 수행할 필요가 있으며, 저장의 한계로 인해서 서로 중복되어야 할 필요가 있다. 예컨대, 청각 기억은 신속하게 소멸하기 때문에, 청각 신호의 신속한 범주화가 필요하다. 상위수준 처리의 속도 저하는 청각 신호의 불완전하거나 부정확한 처리를 초래할 수 있다. 시냅스 전도의 본질에 따른 대부분 인지처리의 병렬적 특성을 감안할 때, 처리속도가 중요하다는 것은 놀라운 일이 아니다. 그러한 처리는 시간 의존적이기 때문이다. 이러한 일반 요인들에 덧붙여서, 많은 인지발달심리학자는 특정 요인들도 연령과 관련된 인지처리 변화에 영향을 미친다고 제안해왔다. 특수 요인들은 다양한 인지과제에 상이한 효과를 미칠 수 있다. 예컨대, 특수 요인에는 감각-운동 처리보다는 상위수준 인지처리의 속도가 더 심각하게 저하되는 것이 포함된다(Cerella, 1985). 또한 복잡성이 높은 과제와 낮은 과제의 차별적인 속도 저하도 포함된다(Kliegl, Mayr, & Krampe, 1994). 또 다른 요인은 (다중 자극의 순서적 처리를 요구하는) 계열적 복잡성보다는 (다중 자극의 동시 처리를 요구하는) 협응적 복잡성을 요구하는 과제에서 속도 저하가 더 크다는 것이다(Mayr & Kliegel, 1993). 마지막 요인은 정보의 부호화 과정보다 인출 과정에서 연령과 관련된 저하가 더 크다는 것이다(Salthouse, 1992 참조). 이에 덧붙여서 점화 효과와 암묵기억을 요구하는 과제는 저하의 증거를 거의 보이지 않는 것으로 보인다(Mitchell & Bruss, 2003). 그렇지만 외현기억을 수반하는 과제는 연령과 관련된 저하를 나타낸다.

나이든 성인은 비교적 높은 수준의 기능성을 유지하기 위한 현실적 전략을 발달시킨다(Berg 등, 1998; Berg, Meegan, & Deviney, 1998; Hertzog, 2009; Sternberg, Grigorenko, & Oh, 2001). 또한 젊은이는 가지고 있는 않은 실용 지식에 의존할 수도 있다(Berg, 2000; Colonia-Willner, 1998; Torff & Sternberg, 2001).

인지 전략의 선택에서 연령과 관련된 차이에 관한 증거가 일관성을 나타내지는 못하고 있지만, 인지처리의 자기감시에서는 연령과 관련된 차이가 없는 것으로 나타나고 있다(Salthouse, 1992 참조). 따라서 나이든 성인은 자신의 인지 수행을 고양시킬 수 있는 방법에 관한 정보를 효율적으로 활용할 수 있는 것으로 보인다. 또한 과제 수행이 속도보다는 정확도에 근거할 때, 적어도 부분적으로는 속도 저하를 증가된 신중함과 끈기로 벌충할 수 있다(Horn & Hofer, 1992 참조). 이에 덧붙여서, 전 생애에 걸쳐서 인지능력의 상당한 **가소성**, 즉 수정가능성이 존재한다(Baltes, 1997; Baltes & Willis, 1979; Garlick, 2002; Mirmiran, von Someren, & Swaab, 1996; Rosenzweig & Bennett, 1996). 어느 누구도 특정 수준의 수행에 고착되지 않는다. 모두가 수행을 증진시킬 수 있다.

몇몇 심리학자는 성인기 지혜 발달에 특히 관심을 갖게 되었다(Sternberg, 1990; Sternberg & Jordan, 2005). 대부분의 이론가는 비록 예외가 있지만 지혜가 연령과 함께 증가한다고 주장해왔다(Meacham, 1990). 지혜에 대한 심리학자의 정의는 다양하다. 혹자(Baltes 등, 1995; Baltes & Smith, 1990; Baltes & Staudinger, 2000; Staudinger & Gleuck, 2011)는 **지혜**(wisdom)를 어려운 삶의 문제에 관한 이례적으로 훌륭한 판단과 충고 그리고 언급을 포함하여 인간 발달과 삶의 문제에 관한 이례적 통찰이라고 정의한다. 이에 덧붙여서, 인지 기제의 생리적 손상에 직면하여 문화에 기반한 인지적 실용성(인지 기술의 의미 있는 사용)의 획득을 반영하는 것으로도 간주할 수 있다(Baltes, 1993). 다른 연구는 지혜에 관한 사람들의 생각에서 6개 요인을 찾아냈다. 그 요인들이란 추리 능력, 총명성(빈틈없음), 생각과 환경으로부터의 학습, 판단, 정보의 효율적 사용, 그리고 명민성(날카로운 자각, 지각 그리고 통찰)이다(Sternberg, 1985b). 지혜에서는 모르는 것이 무엇인지를 아는 것도 중요하다(Meacham, 1983, 1990). 스턴버그(2013)는 지혜를 자신의 지식을 사용하는 것 그리고 긍정적 윤리 가치의 주입을 통해서 단기적으로뿐만 아니라 장기적으로 공동선(公同善)에 도달하는 것을 도와주는 능력을 수반하는 것으로 특징지었다. 지혜의 정의가 무엇이든지 간에, 지혜는 사람들이 환경에 적응하고 자기 자신뿐만 아니라 다른 사람들을 위해서 더 좋은 세상을 만드는 것을 도와줄 수 있는 것이 확실하다.

❁ 인공지능: 컴퓨터 시뮬레이션

컴퓨터 프로그램은 “지능적”일 수 있는가?

초기 정보처리 연구의 대부분은 문제를 해결하는 최적의 방법을 사용하는 컴퓨터 시스템뿐만 아니라 인간 지능의 컴퓨터 시뮬레이션에 기초한 연구에 초점을 맞추었다. 두 유형의 프로그램은 모두 **인공지능**(artificial intelligence; AI), 또는 컴퓨터와 같은 상징처리 시스템의 지능 사례로 분류할 수 있다(Schank & Towle, 2000 참조). 컴퓨터가 실제로 사고할 수는 없다. 사고하고 있는 것처럼 행동하도록 프로그램을 작성해야만 한다. 즉, 인지과정을 시뮬레이션 하도록 프로그램 해야만 한다. 컴퓨터는 이러한 방식으로 사람들이 인지적으로 정보를 처리하는 방식의 세부사항에 관한 통찰을 제공해준다. 본질적으로 컴퓨터는 그저 명령에 반응하는 하드웨어, 즉 물리적 장비일 뿐이다. 다른 유형의 하드웨어도 명령에 반응한다. 예컨대, 여러분이 명령하는 방법을 이해할 수 있다면, DVR(디지털 비디오 레코더)도 여러분의 명령에 반응하여 지시받은 사항을 수행하게 된다.

컴퓨터가 연구자들의 흥미를 끌게 만드는 것은 컴퓨터 프로그램 또는 보편적으로 소프트웨어라고 알려진 매우 복잡한 명령을 내릴 수 있다는 사실이다. 프로그램은 컴퓨터에게 새로운 정보에 반응하는 방법을 알려준다.

지능적 컴퓨터 프로그램을 살펴보기에 앞서, 어떤 프로그램이 “지능적”이라고 기술하도록 이끌어가는 것이 무엇인지를 심각하게 따져볼 필요가 있다.

튜링 검사

아마도 알란 튜링(Alan Turing, 1963)이야말로 1950년에 자신이 처음 제시한 아이디어에 근거하여 컴퓨터 프로그램이 지능적일 수 있는지를 판단하고자 시도한 최초의 인물이겠다. 구체적으로 튜링은 반응자의 지능을 평가할 수 있는 검사를 고안하였다(제1장 참조). 튜링 검사 이면의 기본 생각은 관찰자가 컴퓨터의 수행과 인간의 수행을 구분할 수 있는지 여부이다. 이 검사가 작동하기 위해서는 모든 사람이 적어도 어느 정도는 인간이 지능적이라는 사실에 동의하여야 한다. 튜링이 제안한 구체적 형태의 검사는 컴퓨터, 인간 반응자, 그리고 질문자를 대상으로 실시한다. 질문자는 상호작용적 컴퓨터 프로그램을 가지고 두 가지 상이한 “대화”를 한다. 질문자의 목표는 누가 컴퓨터를 통하여 소통하고 있는 사람이고 누가 컴퓨터 자체인지를 알아내는 것이다. 질문자는 두 상대방에게 어떤 질문이든 할 수 있다. 그렇지만 컴퓨터는 자신이 인간이라고 질문자가 믿도록 속이고자 시도한다. 반면에 사람은 자신이 진짜 인간이라는 사실을 질문자에게 보여주고자 시도한다. 만일 질문자가 컴퓨터와 사람을 구분할 수 없다면, 컴퓨터는 튜링 검사를 통과하게 된다.

컴퓨터 프로그램의 지능을 평가하기 위하여 컴퓨터와 인간을 구분해내는 검사를 자주 사용한다. 이 검사를 일반적으로 튜링이 기술한 방식 그대로 수행하는 것은 아니다. 예컨대, 컴퓨터가 생성한 출력을 인간의 수행과 비교하기 위하여 살펴보고 평가한다. 몇몇 경우에 문제해결 과제의 인간 데이터를 컴퓨터가 생성한 데이터와 비교한다. 그런 다음에 둘 간의 관계 정도를 평가하게 된다. 예컨대, 컴퓨터가 1, 4, 9, 16, …과 같은 수열 문제를 해결한다고 가정해보자. 컴퓨터의 반응시간과 오류 패턴을 동일한 문제를 해결한 인간 참가자의 것과 비교할 수 있다(Kotovsky & Simon, 1973; Simon & Kotovsky, 1963). 물론 컴퓨터의 반응시간이 인간의 것보다 훨씬 빠르지만, 연구자는 절대적인 반응시간보다는 반응시간의 패턴에 더 관심이 있다. 다시 말해서 중요한 것은 각 문제에서 컴퓨터가 사람보다 시간을 더 많이 사용하였거나 덜 사용하였는지가 아니다. 오히려 컴퓨터가 해결하는 데 상대적으로 더 많은 시간을 사용한 문제에 인간 참가자도 상대적으로 더 많은 시간을 사용하였는지 여부이다.

때때로 컴퓨터 모형의 목표는 인간 수행과 대응시키는 것이 아니라 인간 수행을 뛰어넘으려는 것이다. 이 경우에는 인간 지능의 시뮬레이션이 아니라 최상의 인공지능이 프로그램의 목표가 된다. 컴퓨터 수행이 인간의 것과 대응하는지 여부라는 기준은 더 이상 적절한 것이 아니다. 관심을 끄는 기준은 자신에게 부여한 과제를 컴퓨터가 얼마나 잘 수행할 수 있느냐는 것이다. 예컨대, 체스를 두는 컴퓨터 프로그램은 전형적으로 "무차별 공격"(brute force)을 강조하는 방식으로 반응한다. 프로그램은 엄청나게 많은 수의 가능한 행마를 평가한다. 많은 행마는 사람이라면 결코 따져보지도 않을 행마이다(Berliner, 1969; Bernstein, 1958). IBM 프로그램 "딥 블루"는 1997년 대국에서 무차별 공격법을 사용하여 당시 세계 챔피언이었던 개리 카스파로프를 물리쳤다. 체커를 두는 프로그램에서도 동일한 무차별 공격법을 사용한다(Samuel, 1963). 이 프로그램들은 일반적으로 상대 프로그램을 얼마나 잘 물리칠 수 있는지 또는 인간 경쟁자를 물리칠 수 있는지를 가지고 평가하게 된다(2016년에 프로바둑기사 이세돌을 물리친 알파고의 경우도 마찬가지이겠다).

인공지능의 응용

AI의 응용은 미국 국방 첨단과학기술연구소(DARPA)가 지원한 대회에서 볼 수 있다. 처음에 DARPA 그랜드 챌린지라고 불렀던 이 프로그램은 참가팀에게 자동항법 차량을 개발할 것을 요구하였다(DARPA, 2007). 이 프로젝트의 초기 버전은 어느 정도 성공을 거두었으며, 대회가 열렸던 해마다 더욱 도전적인 버전으로 이끌어갔다. 이 도전의 가장 최근 버전은 DARPA 어번 챌린지로서, 교통량이 많은 도심 환경에서 차량이 독자적으로 운행할 것을 요구하였다(DARPA, 2007). 이 챌린지는 운전자나 리모트 컨트롤을 허용하지 않았다. 따라서 차량들은 새로운 환경을 평가하고 그 환경에 반응할 수 있도록 AI를 통합해야만 한다.

또 다른 AI 응용은 화성 탐사 로봇에서 볼 수 있다. 설계자는 이 탐사 로봇에 AI를 통합하여, 임무 수행을 위한 결정을 하고 오직 자신에게만 의존할 수 있도록 만들어야 하였다(Bluck, 2004). 이 프로젝트에 AI를 적용한 것은 다양한 환경에서 복잡한 작업을 수행할 수 있는 독자적인 기계로 이끌어갔다. 이러한 응용이 AI의 초기 시도를 넘어서 상당한 진전을 보인 것이 확실하다.

지능 대 지능 출현

철학자 존 서얼(John Searle, 1980)은 컴퓨터를 정말로 지능적인 존재로 간주할 수 있다는 근본 생각에 반론을 제기해왔다. 그는 자신의 반론을 입증하기 위하여 소위 "중국어 방" 문제를 사용한다. 철학자인 서얼이 어느 방에 갇혀 있다고 상상해보자. 그에게 번역해야 할 상당한 중국어 글을 제시한다. 그는 중국어를 전혀 모른다. 중국어 글에 덧붙여서, 서얼에게는 또 다른 중국어 글자 파일이 주어진다고 가정해보자. 또한 중국어를 영어로 번역하는 일련의 규칙도 받는다. 이제 서얼에게 세 번째 파일을 제공한다. 이 파일은 서얼에게 첫 번째 중국어 글 파일에 들어있는 물음에 답하기 위한 일련의 규칙을 제공한다. 서얼은 첫 번째 파일의 글에 의미 있고 완벽한 중국어로 작성한 반응을 내놓는다. 아마도 시간이 경과하면서, 서얼은 규칙들을 적용하는 데 상당히 익숙해질 수 있을 것이다. 그의 반응은 모든 측면에서 중국어 질문을 정확하게 이해하는 중국인의 반응에 못지않게 된다. 그렇지만 서얼은 여전히 중국어를 전혀 모른다. 단지 일련의 규칙을 따를 뿐이다.

서얼에 따르면, 다양한 유형의 입력을 이해하고 지능적인 것처럼 보이는 방식으로 반응하는 것처럼 보이는 프로그램은 중국어 방의 서얼과 마찬가지이다. 컴퓨터는 서얼이 중국어를 이해하지 못하는 것과 마찬가지로 자신에게 주어지는 입력을 이해하지 못한다. 단지 사전에 프로그램 되어있는 일련의 규칙에 따라서 작동하고 있는 것이다. 서얼의 생각은 컴퓨터가 실제로 입력과 출력 간의 연계를 이해하지 못한다는 것이다. 오히려 외형상으로 지능적인 것처럼 보이는 사전에 형성해놓은 연계를 사용하는 것이다. 서얼에게 있어서 그러한 프로그램은 AI를 증명하는 것이 아니다. 단지 지능을 나타내는 것처럼 보일 뿐이다.

예상할 수 있는 바와 같이, AI 연구자들은 서얼의 주장을 앞 다투어 먼저 받아들이

인지심리학의 실제 적용

인지 스타일

여러분의 주도적인 인지 스타일은 무엇인가? 환경과 상호작용하는 데 있어서 여러분이 선호하는 방법을 정의하는 것은 학교나 직장에서의 수행을 보다 잘 해내는 것을 도와줄 수 있다. 이 책의 각 장 말미에 있는 "생각에 관한 생각" 절은 상이한 인지 스타일을 가지고 있는 독자들이 각 장의 정보를 보다 의미 있게 통합할 수 있게 도와주기 위해서 설계한 것이었다. 어떤 질문이 여러분에게 더 흥미롭거나 가장 도움을 주었는가? 분석적 질문은 아이디어를 비교하거나, 분석하거나 평가할 것을 요구한다. 창의적 질문은 무엇인가를 설계하거나 생성할 것을 요구한다. 현실적 질문은 정보를 다른 상황에 적용할 것을 요구한다. 여러분의 지식을 가장 효과적이고 융통성 있게 사용하기 위하여 세 가지 방식 모두에 적용해보고자 시도해보라.

려고 하지 않았다. 일반적으로 AI 모형을 구축하려는 시도에서의 잘못일지도 모르는 판단을 기꺼이 인정하지 않았다. 수많은 연구자들은 서얼의 주장에 대해서 컴퓨터는 그렇게 나약하게 무너질 수 있는 것이 결코 아니라는 반응을 내놓았다. 예컨대, 한 연구자는 두 번째와 세 번째 파일에서 서얼이 규칙 시스템을 사용한 것은 실제로 지능적인 것이라고 주장하였다(Abelson, 1980). 나아가서 언어를 배우는 아동도 처음에는 거의 맹목적으로 규칙을 적용한다고 주장하였다. 뒤에 가서야 비로소 규칙 그리고 그 규칙을 사용하는 방법을 이해하게 된다는 것이다. 다른 연구자들은 (서얼 자신과 일련의 명령문으로 구성된) 전체로서의 시스템이 실제로 이해를 나타낸다고 주장한다. 이에 덧붙여서, 몇몇 컴퓨터 프로그램은 적어도 어느 정도는 기술 발달과 지식 획득을 시뮬레이션 할 수 있는 능력을 보여주기도 하였다. 그렇기는 하지만, 기존 컴퓨터 프로그램은 아직 우리 자신의 지능을 증진시킬 수 있는 인간의 능력에 접근하지 못하고 있다.

핵심 주제

이 장은 제1장에서 기술한 몇 가지 주제를 다루고 있다.

선천성 대 후천성. 이 주제는 19세기 이래로 지능 연구에서 중추적 역할을 담당해왔다. 일반적으로 연구자들은 선천성이 일익을 담당한다는 데 동의한다. 지능은 부분적으로 유전되는 것이다. 실제로 유전성 추정치는 연령과 함께 증가한다. 나이가 들수록, 선천성이 더 많은 역할을 담당하며 후천성의 역할은 줄어든다. 그 이유는 점차 사라지기 시작하는 초기 양육 환경의 차별적 효과 때문일 것이다. 그렇지만 개인이 처한 환경은 유전적 잠재력을 최대로 발현시킬 수 있는 정도에 영향을 미친다. 나아가서 연구들은 환경이 생물학적 특성에 영향을 미칠 수 있다는 사실을 보여주고 있다. 두뇌는 학습 경험으로 인해서 변한다.

인과추론 타당성 대 생태 타당성. 몇몇 지능 연구는 실험실에서 수행해왔다. 다른 연구, 특히 실용 지능 연구와 지능에 대한 문화 연구는 현장에서 더 자주 수행해왔다. 예컨대, 케냐 농촌지역에서 수행한 실용 지능 연구를 철저하게 통제한 실험실 장면에서는 연구할 수 없다. 두 유형의 연구는 모두 지능에 관한 우리의 지식을 넓혀왔다. 둘은 서로를 보완하고 있다.

기초연구 대 응용연구. 20세기에 수행한 지능에 관한 대부분의 초기 연구는 응용적인 것이었다. 지능검사를 제작하고 표준화 시키며 타당화 하려는 것이었다. 그렇지만 20세기 후반부에서는 연구자들이 검사 수행에 기여하는 인지과정에 대해서 아는 것이 거의 없다는 사실을 깨닫기 시작하였다. 따라서 이러한 인지과정을 이해하고자 시도하는 기초연구들이 뒤따랐다. 연구들은 지능검사가 유용한 정보를 제공한다는 사실을 시사하였다. 그렇지만 인간 지능 그리고 지능에서의 개인차를 이해하는 데 유용한 다른 유형의 검사들도 출현하였다.

요 약

1. **지능 연구에서 핵심 논제는 무엇인가? 연구자들과 이론가들은 이 논제에 대해서 어떻게 반응하는가?** 지능 연구에서 초기 논제는 지능을 측정하는 방식에 집중하였다. 프랜시스 골

턴과 그의 추종자들은 정신물리학적 민감도를 강조하였다. 비네와 추종자들은 판단을 강조하였다. 많은 전문가가 제안한 지능의 정의를 관통하고 있는 두 가지 공통 주제는 경험으로부터 학습하는 능력과 환경에 적응하는 능력이다. 이에 덧붙여서 지능 연구자와 이론가들은 메타인지와 문화 맥락의 중요성을 점차 인식하게 되었다. 그럼에도 불구하고, 심리학자들은 지능의 결정인자로서 맥락(후천성)과 유전(선천성)의 상대적 중요성에 관하여 동의하지 않기 십상이다. 또한 연구자들은 지능 구조를 연구하는 데 초점을 맞출 것인지(예컨대, 스피어먼, 서스톤, 카텔 등) 아니면 지능의 처리과정에 초점을 맞출 것인지(예컨대, 헌트, 젠센, 사이먼 등)에 있어서 견해를 달리 하였다. 몇몇 연구자들(예컨대, 가드너, 스턴버그 등)도 지능에 대한 다양한 접근을 통합하여 종합적인 시스템 모형을 구축하는 데 초점을 맞추어왔다. 지능에 대한 한 가지 접근은 요인분석에 근거하여 지능을 이해하려는 것이다. 요인분석은 검사 수행에서 나타나는 개인차의 잠재적 출처를 확인해내려는 통계기법이다. 마음에 대한 여러 가지 대표적인 요인분석 모형들이 존재한다.

그중 하나가 스피어먼의 "g" 요인이다. 또 다른 것은 서스톤의 일차 정신능력 모형이다. 그리고 세 번째는 카텔, 버논, 캐럴 등의 위계 모형을 포괄한다.

2. **지능에 대한 정보처리 접근에는 어떤 것이 있는가?** 지능에 대한 대안적 접근은 지능을 정보처리로 이해하려는 것이다. 정보처리 이론가들은 수많은 이론적 구성체와 과제를 통해서 지능을 이해하고자 시도해왔다. 여기에는 점검시간, 선택 반응시간, 어휘접속 속도, 주의를 성공적으로 분할하는 능력, 추리와 문제해결 성분, 그리고 컴퓨터로 시뮬레이션할 수 있는 복잡한 문제해결 등이 포함된다. 이와 관련된 접근이 생물학 모형이다. 이 모형은 두뇌가 지적 행동을 수행하는 동안 두뇌를 들여다볼 수 있는 정교한 도구들을 사용한다. 아직은 예비적 수준에 머물러 있지만, 결과들은 신경전달 속도가 지능에서 일익을 담당할 수 있다는 사실을 시사하고 있다. 특히 흥미를 끄는 결과는 신경 효율성과 대뇌 기능의 전문화가 지능적 인지처리에서 영향력을 발휘할 수 있다는 사실을 시사한다.
3. **지능의 대안적 견해에는 어떤 것이 있는가?** 지능을 이해하기 위하여 (인류학 모형에 근거하는) 또 다른 주요 접근이 맥락 접근이다. 이 접근에 따르면, 지능은 전체적으로든 부분적으로든 문화 가치가 결정하는 것이다. 맥락 이론가들은 지능의 의미가 문화에 따라 차이를 보이는 정도가 얼마나 된다고 생각하느냐에 있어서 견해를 달리한다. 무엇을 지능 행동으로 간주할 것인지는 어느 정도 문화 상대적이다. 한 문화에서 지능적인 것으로 간주하는 행동이 다른 문화에서는 전혀 지능적이지 않은 것으로 간주할 수 있다. 문화 공평한 지능검사, 즉 상이한 문화 구성원들에게 똑같이 공평한 검사를 제작하는 것은 어려우며 불가능할는지도 모른다. 상이한 문화의 구성원들은 지능 행동을 구성하는 것에 대해서 상이한 생각을 가지고 있다.

   지능의 시스템 모형은 문화적 내용을 넘어서고자 시도한다. 가드너의 다중지능 이론은 지능이 단일 구성체가 아니라고 규정한다. 오히려 비교적 상호독립적인 다중 지능이 존재한다는 것이다. 스턴버그의 삼원 이론은 지능을 정보처리 성분들로 개념화한다. 그 성분들을 환경에 적응하고, 환경을 조성하며, 새로운 환경을 선택하는 기능을 담당하는 경험에 적용한다는 것이다.
4. **지능을 증진시킬 수 있는가? 만일 그렇다면 어떻게 증진시키는 것인가?** 지적 기술은 가르칠 수 있다. 따라서 지능은 고정된 것이 아니라 가소성을 가지고 있다. 대체로 연구자들은 어느 정도의 증진이 가능하다는 데 동의한다. 그렇지만 그러한 증진을 달성할 수 있는

정도 그리고 증진 수단에 있어서는 견해를 달리하고 있다.

5. **지능은 성인에 있어서 계속 발달하는 것인가**? 지능은 성인기에도 계속해서 변한다. 결정지능은 꽤나 일정하게 증가하는 것으로 나타난다. 유동지능은 때때로 감소하는데, 특히 사망하기 직전 마지막 10년 동안 그렇다. 수많은 연구자들이 지능의 확장으로 간주할 수 있는 지혜를 연구해왔다. 지혜는 삶의 실용 지식을 수반한다. 몇몇 이론가들에 따르면, 지혜로운 사람은 공동선을 추구한다.

6. **연구자들은 컴퓨터와 같은 기계를 사용하여 어떻게 지능을 시뮬레이션 하고자 시도해왔는가**? 기계로 하여금 지능을 시뮬레이션 시키는 것이 가능하고 동시에 가치 있는 일이라는 전제에 근거하여 AI 연구를 수행한다. 튜링 검사는 특정 AI 프로그램이 인간 지능을 시뮬레이션 하는 데 얼마나 성공적인지를 평가하기 위한 것이다.

   그렇지만 AI 비판자는 기계로 하여금 인간 지능을 시뮬레이션 하도록 시도하는 것의 가능성과 가치 모두에 의문을 제기한다. 때때로 시뮬레이션 지능과 진정한 이해 간의 차별성을 예증하기 위하여 "중국어 방" 문제를 사용한다. 두 조망 각각을 지지하는 주장을 내놓을 수 있다.

생각에 관한 생각: 사실적, 분석적, 창의적, 현실적 물음

1. AI 연구의 핵심 흐름들을 간략하게 요약하고 각 흐름에서 제시한 프로그램의 사례를 보여라.
2. 지능검사를 개발하고 사용하는 주요 이유는 무엇인가?
3. 다중지능 이론은 지능의 요인분석 이론들과 어떤 점에서 다른가?
4. 지능에 대한 정보처리 접근의 강점과 제한점은 무엇인가?
5. (여러분이 정의하는) 지능을 증진시키는 프로그램을 어떻게 설계하겠는가?
6. 지능에 대한 생리적 접근을 인지적 접근과 연계시키는 실험 하나를 설계해보라.
7. 지능에 대한 구조적 접근을 어떻게 현실적 응용으로 이끌어가겠는가?
8. 맥락주의자는 주어진 맥락 속에서 지능을 조망하는 것의 중요성을 강조한다. 여러분이 생각하기에 지능 표현에 중요한 사회적, 심리적, 물리적 맥락에는 어떤 것이 있는가?

핵심 용어

다중지능 이론(multiple intelligence theory)
맥락주의(contextualism)
문화 공평(culture-fair)
문화 적합 검사(culture-relevant test)
요인분석(factor analysis)
인간 지능의 삼원 이론(triarchic theory of human intelligence)
정서 지능(emotional intelligence)
지능(intelligence)
"g" 요인("g" factor)

용어 해설

가설(hypothesis). 한 이론에서 예상하는 경험적 결과에 대한 잠정적 제안.

가설 검증(hypothesis testing). 아동은 언어 획득을 위한 생득적 능력에 근거하여 언어에 관한 잠정 가설을 세우고, 환경에서 그 가설을 검증함으로써 언어를 획득한다고 주장하는 견해.

가설적 구성체(hypothetical construct). 직접 측정하거나 관찰할 수는 없지만, 심리 현상의 작동을 이해하기 위한 심성 모형으로 사용할 수 있는 개념.

가용성(availability). 장기기억에 저장한 정보의 존재.

가용성 발견법(availability heuristic). 한 현상의 적절한 사례로 지각하는 것을 얼마나 용이하게 마음에 떠올릴 수 있는지에 근거하여 판단할 때 일어나는 인지적 지름길.

각성(arousal). 기저선 상태와 비교할 때, 생리적 흥분, 반응성, 행위 준비의 정도가 높아진 상태.

간상체(rod). 주변시각 그리고 야간이나 어두울 때 대상을 볼 수 있는 능력을 제공해주는 빛에 민감한 망막 광수용기. 색채에 민감하지 않다.

간섭(interference). 경쟁하는 정보가 어떤 것의 망각을 초래할 때 발생한다.

간섭 이론(interference theory). 특정 단어의 회상이 다른 단어의 회상을 간섭함으로써 망각이 일어난다는 견해.

감각저장소(sensory store). 매우 짧은 시간 동안 비교적 제한된 양의 정보를 저장할 수 있다.

개념(concept). 세상을 이해하는 수단을 제공하는 무엇인가에 대한 생각.

결합 탐색(conjunction search). 자질들의 특정 결합을 찾는 과정.

경계(vigilance). 자극장에 오랫동안 주의를 기울일 수 있는 능력. 경계 중에는 특정 표적 자극의 출현을 탐지하고자 한다.

경두개 자기 자극법(transcranial magnetic stimulation; TMS). 머리에 전기가 흐르는 코일을 갖다 대어 전기가 두뇌로 흘러들어가게 함으로써 특정 두뇌영역의 정상적 활동을 일시적으로 와해시키는 기법. 전류가 자장을 생성하고, 그 자장은 작은 영역(일반적으로 1cm^3 이하의 크기이다)을 와해시킨다. 연구자는 특정 영역이 와해되었을 때의 인지기능을 살펴보게 된다.

경험주의자(empiricist). 경험적 증거를 통해서 지식을 획득한다고 믿는 사람.

게슈탈트심리학(Gestalt psychology). 심리 현상을 체제화되고 구조화된 전체로 조망할 때 가장 잘 이해할 수 있다고 주장하는 입장.

계열 위치 곡선(serial position curve). 목록에서 단어의 계열 위치에 따라 특정 단어의 회상 확률을 나타내는 곡선.

계열처리(serial processing). 정보를 직선적인 순서에 따라 한 번에 하나의 조작을 가하는 처리.

고정관념(stereotype). 한 사회집단의 모든 구성원이 그 집단의 소수 구성원으로부터 관찰한 특정 속성을 보일 것이라고 생각하는 믿음.

공간인지(spatial cognition). 2차원 또는 3차원에서 대상과 행위에 관한 지식의 획득, 체제화, 사용을 지칭한다.

과신(overconfidence). 자신의 기술, 지식, 판단의 과대평가.

과잉규칙화(overregularization). 언어의 일반 규칙을 예외적 사례에 적용할 때 발생한다.

광색소(photopigment). 빛을 흡수함으로써 물리적 전자기 에너지를 전기화학적 신경 충격으로 변환하는 복잡한 과정을 시작하게 만드는 화학물질. 간상체와 원추체는 상이한 유형의 광색소를 가지고 있으며, 각 유형의 광색소가 흡수하는 빛의 양은 차이가 있으며 상이한 색상을 탐지할 수 있다.

광수용기(photoreceptor). 빛 에너지를 전기화학 에너지로 전환하는 세포로, 망막 맨 뒤쪽 세 번째 층에 위치한다.

구성적 지각(constructive perception). 자극의 인지적 이해(지각)을 구성하는 과정. 감각정보를 지각 구성의 토대로 사용하지만, 다른 출처의 정보도 사용한다.

구성주의(structuralism). 마음이 지각하는 내용을 성분들로 분석함으로써 마음의 구조와 그 지각을 이해하고자 하는 입장.

구절구조 문법(phrase structure grammar). 구절의 구조에 대한 통사적 분석.

구조화 문제(well-structured problem). 해결책으로 향하는 잘 정의된 경로를 가지고 있는 문제.

관찰자 중심 표상(viewer-centered representation). 대상이 자신에게 보이는 방식의 표상.

귀납추리(inductive reasoning). 구체적인 사실이나 관찰에 근거하여 가능성이 높은 보편 결론에 이르고자 하는 추리과정.

기능 국재화(localization of function). 특정 두뇌영역이 특정 기술이나 행동을 제어한다.

기능 고착(functional fixedness). 특정 용도를 가지고 있는 것을 다른 기능을 수행하는 데도 사용할 수 있다는 사실을 깨닫지 못하는 상태.

기능 등가성 가설(functional equivalence hypothesis). 시각 심상이 시지각과 동일하지는 않더라도 기능적으로는 동일하다는 생각.

기능 자기 공명 영상(functional Magnetic resonance imaging; fMRI). 한 시점에서 다양한 두뇌영역의 활동 수준을 삼차원으로 상세하게 표상하기 위하여 자기장을 사용하는 신경영상 기법.

기능주의(functionalism). 사람들이 무엇을 하며 왜 하는지를 이해하고자 하는 입장.

기능 형태소(function morpheme). 내용 형태소의 의미에 세부사항이나 미묘한 차이를 첨가해주거나 내용 형태소가 문법 맥락에 맞아떨어지도록 도와주는 형태소

기본수준(basic level). 개념 위계에서 다른 수준보다 선호하는 수준. 자연수준이라고도 부른다.

기억(memory). 현재 또는 미래에 사용하기 위하여 과거 경험을 파지하고 그에 의존하는 과정.

기억 과잉(hypermnesia). 망각하였던 것처럼 보였던 기억을 인출해내는 과정.

기억상실증(amnesia). 외현기억의 심각한 상실.

기억술 도구(mnemonic device). 기억을 돕기 위한 특수한 기법.

기억술사(mnemonist). 일반적으로 기억 증진을 위한 특수 기법을 사용하는 것에 의존하여 이례적으로 날카로운 기억력을 보이는 사람.

기억 저장(memory storage). 부호화한 정보를 기억에 파지하는 것.

기저율(base rate). 사건이나 특성의 전집에서 한 사건이나 특성이 출현하는 정도.

깊이(depth). 표면으로부터의 거리. 깊이 지각의 측면에서 언급할 때 일반적으로 자신의 신체를 참조점으로 사용한다.

난독증(dyslexia). 글을 읽고 이해하는 데 어려움을 겪는 증상.

내성법(introspection). 의식을 관통하는 정보를 마음속에서 살펴보는 것.

내용 형태소(content morpheme). 한 언어의 의미를 전달하는 단위.

내포(connotation). 단어의 정서적 함축성, 가정 등 명시적이지 않은 의미.

뇌간(brainstem). 척수와 전뇌를 연결하는 두뇌구조.

뇌교(pons). 일종의 중간역 역할을 담당하는 후뇌 구조.

뇌량(corpus callosum). 두 대뇌반구를 연결하는 신경섬유 다발.

뇌자도(magnetoencephalography; MEG). 매우 예민한 측정 도구를 사용하여 두뇌의 전기 활동이 생성하는 자기장을 측정하는 영상 기법.

뇌전도(electroencephalogram; EEG). 살아있는 뇌의 전기활동(주파수와 강도) 기록. 전형적으로 오랜 시간에 걸쳐 측정한다.

뉴런(신경세포, neuron). 개별 신경세포

다중양상 이론(multimode theory). 주의는 융통성이 있다고 제안하는 이론. 정보처리의 여러 상이한 시점에서 여러 메시지 중의 하나를 선택하여 주의를 기울일 수 있다.

다중지능 이론(theory of multiple intelligences). 지능은 단 하나의 통합적 구성체가 아니라 여러 개의 독립적인 구성체로 구성되어있다는 생각.

단기저장소(short-term store). 어느 정도 오랫동안 정보를 저장할 수 있지만, 비교적 제한된 용량을 가지

고 있다.

단어 우월성 효과(word superiority effect). 문자를 단독으로 제시하거나 단어를 형성하지 않는 문자들과 함께 제시할 때보다 단어 속에서 제시할 때 훨씬 용이하게 읽어낼 수 있다.

단안 깊이단서(monocular depth cue). 하나의 눈으로도 깊이를 지각할 수 있게 해주는 단서.

단일언어자(monolingual). 단 하나의 언어만을 사용하는 사람.

단일 체계 가설(single-system hypothesis). 두 언어를 단지 하나의 시스템에 표상한다고 제안하는 가설.

담화(discourse). 대화, 문단, 이야기, 책의 장, 전체 문학 작품 등과 같이 문장을 넘어선 수준에서의 언어 사용을 포괄하는 용어.

대뇌반구(cerebral hemisphere). 두뇌의 절반.

대뇌피질(cerebral cortex). 나무껍질이 줄기을 둘러싸고 있듯이, 두뇌 표면을 둘러싸고 있는 1~3mm의 얇은 층.

대상 중심 표상(object-centered representation). 관찰자가 보는 모습과는 독립적인 대상의 표상.

대측(contralateral). 한 쪽에서 다른 쪽으로 연결되는 상태.

대표성(representativeness). 발견법의 하나로, 불확실한 사건의 확률을 그것을 도출한 전집의 핵심 속성과 유사한 정도 또는 그것을 생성한 과정의 주요 특징을 반영하는 정도로 판단하는 것.

독립변인(independent variable). 의도적으로 처치를 가하는 변인으로, 하나 이상의 종속변인에 영향을 미친다.

동사구(verb phrase). 적어도 하나의 동사를 포함하는 통사 구조.

동시조음(coarticulation). 음소나 다른 단위를 시간적으로 중복하여 발화하는 것.

동측(ipsilateral). 동일한 쪽.

동형(isomorphic). 형식적 구조는 동일하고, 내용만 다른 것.

되뇌기(rehearsal). 항목의 반복적인 암송.

두 귀 제시(binaural presentation). 동일한 메시지를 두 귀에 동시에 제시하는 것.

두 귀 따로 제시(dichotic presentation). 각 귀에 상이한 메시지를 제시하는 것.

두뇌(brain). 사고, 정서, 동기 등을 가장 직접적으로 제어하는 신체 기관.

두정엽(parietal lobe). 체감각 처리와 관련된 대뇌피질 영역.

랜비어 마디(node of Ranvier). 수초가 덮인 축색에서 수초 사이의 간극.

마디(node). 망의 요소.

마음갖춤새(mental set). 새로운 상황에서 기존 모형으로 문제를 표상하는 것이 부적절할 때도 기존 모형을 적용하려는 경향성.

말실수(slip of the tongue). 말할 때 본의 아니게 일어나는 실수.

망(network). 마디들 간의 관계망(예컨대, 범주 구성원 관계, 속성 등).

망막(retina). 눈의 맨 뒤쪽 표면 전반에 걸쳐있는 뉴런망. 망막에서 전자기 빛에너지를 신경 전기화학적 충격으로 변환시킨다.

망상 활성화 시스템(reticular activating system; RAS). 의식(수면, 깨어남, 각성, 심지어는 심장박동과 호흡과 같은 치명적 기능에 주의를 기울이는 것 등)의 조절에 필수적인 신경망. 망상체라고도 부른다.

맥락주의(contextualism). 지능을 실세계 맥락에서 이해하여야 한다는 생각.

맥락 효과(context effect). 지각에 대한 주변 환경의 영향.

맹시(blindsight). 보지 못하는 영역에 시지각 능력이 남아있는 현상.

메타기억(metamemory). 기억을 증진시키기 위하여 자신의 기억과정을 살펴보는 전략.

메타인지(metacognition). 인지의 이해와 제어. 자신의 사고과정과 사고를 증진시키는 방법에 관하여 생각하고 그것을 제어할 수 있는 능력.

명목범주(nominal kind). 미리 규정한 특정 조건을 만족하는 개체에 이름을 임의적으로 할당한 범주.

명사구(noun phrase). 적어도 하나 이상의 명사를 포함하고 있는 통사 구조.

명제(proposition). 참이거나 거짓일 수 있는 진술.

명제 이론(propositional theory). 지식을 심상이나 다른 상징의 형태가 아니라 기저 명제로만 표상한다고 제안하는 이론.

모듈(module). 각자 독립적으로 작동하는 시스템.

문법(grammar). 한 문장에 들어있는 단어들 간의 기능과 상호 관련성에 관한 규칙적 패턴.

문제 공간(problem space). 문제해결에 적용하는 제약을 전제로 할 때, 문제를 해결하기 위하여 적용할 수 있는 모든 가능한 행위의 전집.

문제해결(problem solving). 해결책으로 향하는 경로를 차단하고 있는 장애물을 극복하려는 노력.

문제해결 주기(problem-solving circle). 문제 확인, 문제 정의, 전략 구성, 정보 체제화, 자원 할당, 감시하기, 평가를 포함하는 주기.

문화 공평(culture fair). 모든 문화의 구성원에게 똑같이 적절하고 공평한 상태.

문화 적합 검사(culture-relevant test). 피검자의 문화 경험과 관련된 기술과 지식을 측정하는 검사.

발견법(어림법, heuristic). 때로는 효과적인 해결책으로 이끌어가고 때로는 그렇지 못한 비공식적이고 직관적이며 사변적인 전략.

방언(사투리, dialect). 어휘, 통사, 발음 등의 자질로 구분되는 지역적 언어 변형.

방해자극(distracter). 주의를 표적 자극으로부터 다른 곳으로 돌리게 만드는 비표적 자극.

범주(category). 공통 자질이나 원형과의 유사성에 근거하여 여러 개념 간의 등가적 측면을 체제화하거나 지적하는 개념.

범주 삼단논법(categorical syllogism). 두 전제에 들어있는 세 논항 간의 관계가 범주 구성원 여부를 수반하는 연역적 주장.

범주적 지각(categorical perception). 말소리의 비연속적 범주.

변연계(limbic system). 정서, 동기, 기억, 학습 등에 중요한 두뇌구조.

변형문법(transformational grammar). 기저 명제를 재배열하여 다양한 구절구조를 형성하는 방식을 주도하는 변형규칙을 내세우는 문법.

변화맹(change blindness). 보고 있는 대상이나 장면에서 변화를 탐지하지 못하는 현상.

병목 이론(bottleneck theory). 정보가 흘러가는 것을 느리게 만드는 병목을 제안하는 이론.

병렬 분산 처리 모형(연결주의 모형, parallel distributed processing, connectionist model). 두뇌의 헤아릴 수 없이 많은 영역에 분산되어있는 신경망을 통해서 한 번에 수많은 인지처리를 수행한다고 주장하는 모형.

병렬처리(parallel processing). 여러 조작을 동시에 수행하는 처리

본보기(exemplar). 한 범주의 전형적인 표상.

부적 전이(negative transfer). 앞선 문제의 해결이 나중 문제의 해결을 어렵게 만드는 것.

부주의적 맹시(inattentional blindness). 주의를 기울이지 않음으로써 명백하게 나타난 대상을 보지 못하는 현상. 시각 손상과 관련된 것이 아니라 주의의 문제이다.

부호화(encoding). 물리적이고 감각적인 입력을 기억에 저장할 수 있는 형태의 표상으로 전환하는 것.

부호화 명세성(encoding specificity). 회상하는 것은 부호화한 것에 달려있다는 생각.

부화(incubation). 문제에 대해서 의식적으로 생각하지 않은 채 잠시 옆으로 치워놓는 것.

분산 효과(spacing effect). 장기 회상은 오랜 기간에 걸쳐서 학습할 때 가장 좋다.

분산 훈련(distributed practice). 다양한 회기를 시간에 걸쳐 분산하여 학습하는 방법.

분석(analysis). 복잡한 문제를 다룰 수 있는 요소들로 분할하는 것.

분할뇌 환자(split-brain patient). 뇌량을 절단하는 수술을 받은 사람.

분할 주의(divided attention). 둘 이상의 과제 수행을 위해 가용한 주의자원을 신중하게 할당하는 것.

비구조화 문제(ill-structured problem). 해결책에 이르는 잘 정의된 경로를 결여하고 있는 문제.

사건 관련 전위(event-related potential). 내적이든 외적이든 자극에 대한 즉각적인 신경생리적 반응.

산출(production). 절차의 생성과 출력.

산출 체계(production system). 순서를 갖춘 산출 집합.

삼단논법(syllogism). 두 전제로부터 결론을 도출하는 연역 진술.

상징 표상(symbolic representation). 두 단어 간의 관계 그리고 단어가 표상하는 것은 임의적이다.

상향처리 이론(bottom-up theory). 자료 주도적(자극 주도적) 이론.

생산적 사고(productive thinking). 기존 연합의 경계를 넘어서는 통찰을 수반하는 사고.

생태 타당성(ecological validity). 한 환경 맥락에서의 특정 결과가 그 맥락을 넘어서도 적합하다고 생각할 수 있는 정도.

선언지식(declarative knowledge). 언급할 수 있는 사실의 지식.

선택적 결합 통찰(selective-combination insight). 부호화한 관련 정보를 선택적으로 취하여 새롭고 생산적인 방식으로 결합하는 것.

선택적 부호화 통찰(selective-encoding insight). 관련 정보와 무관련 정보를 구분하여 부호화하는 것.

선택적 비교 통찰(selective-comparison insight). 새로운 정보가 예전 정보와 관련되는 방식에 대한 새로운 지각.

선택 주의(selective attention). 어떤 자극에는 주의를 기울이고 다른 자극은 무시하는 것.

설단현상(tip-of-the-tongue phenomenon). 기억에 저장되어있다는 사실을 알고 있는 것을 기억해내려고 시도하지만 쉽게 인출하지 못하는 경험.

섬광기억(flashbulb memory). 너무나 강력하여 마치 필름에 영원히 각인시킨 것처럼 선명하게 기억해내는 사건의 기억.

성분 재인 이론(recognition-by-component theory; RBC). 대상의 윤곽을 관찰한 다음에 그 대상을 지온으로 분해함으로써 신속하게 재인하게 된다는 이론.

세포체(soma). 세포의 생명과 재생에 필수적인 부분인 뉴런의 몸통.

소뇌(cerebellum). 절차와 관련된 움직임을 수반하는 기억 측면뿐만 아니라 신체 협응, 균형, 근육 긴장 등을 제어하는 두뇌구조.

소멸(쇄잔, decay). 단순한 시간 경과가 망각을 초래하는 현상.

소멸 이론(decay theory). 기억 흔적의 대치가 아니라 점진적 소멸 때문에 정보를 망각한다는 이론.

소통(communication). 사고와 감정의 교환.

수렴적 사고(convergent thinking). 다양한 가능성을 단 하나의 최선인 답으로 좁혀가려는 시도.

수렴조작(converging operation). 어떤 문제를 다루기 위해서 다양한 접근과 기법을 사용하는 것.

수상돌기(dendrite). 각 뉴런의 나뭇가지 같은 구조로 다른 뉴런으로부터 신경화학 메시지를 받아들인다.

수초(myelin). 뉴런 축색을 감싸고 있는 지방질로 신경소통의 속도와 정확성을 촉진시킨다.

순행 간섭(proactive interference). 먼저 학습한 것이 나중에 학습한 것의 인출을 방해하는 현상.

스크립트(script). 특정 맥락에서 적절한 사건의 연속을 기술하는 스키마 구조.

스키마(schema). 의미 있는 체제화에서 상호 관련된 개념들을 포괄하는 지식을 표상하는 심적 틀걸이.

스트룹 효과(Stroop effect). 잉크의 색에만 주의를 선택적으로 기울이고 그 잉크색으로 쓴 단어를 무시하기 어려운 효과.

습관화(habituation). 한 자극에 익숙해져서 점차로 그 자극에 주의를 기울이지 않는 것.

시각 피질(visual cortex). 시각 정보를 처리하는 두뇌 영역.

시공간 잡기장(visuospatial sketchpad). 시각상을 잠시 유지하는 작업기억의 한 구조.

시냅스(synapse). 한 뉴런의 종말단추와 다른 뉴런의 수상돌기 간의 접촉점으로 작용하는 뉴런 간의 작은 간극.

시상(thalamus). 들어오는 감각정보를 피질의 적절한 영역으로 투사하는 일종의 중개 영역.

시상하부(hypothalamus). 싸우기, 먹기, 도망가기, 짝짓기 등 종의 생존과 관련된 행동을 조절하며, 정서와 스트레스에 대한 반응도 조절하는 두뇌중추.

시신경(optic nerve). 망막으로부터 두뇌로 정보를 전달하는 신경.

신경계(nervous system). 환경으로부터 정보를 받아들이고, 그 정보를 처리하며, 환경과 상호작용하는 뉴런들의 체제화된 망.

신경전달물질(neurotransmitter). 뉴런 간 소통에 사용하는 화학물질.

신경절세포(ganglion cell). 눈의 망막 안쪽에 위치한 뉴런의 한 유형. 양극세포와 아마크린세포를 통해서 시각정보를 광수용기로부터 받아들이고, 망막으로부터 시상이나 시상하부와 같은 두뇌 여러 영역으로 전달한다.

신호(signal). 표적 자극.

신호 탐지(signal detection). 특정 자극 출현의 탐지.

신호 탐지 이론(signal detection theory; SDT). 자극의 존재 유무와 그 자극의 탐지와 미탐지라는 네 가지 가능한 결과를 수반하는 자극을 탐지하는 방법에 관한 이론.

실어증(aphasia). 두뇌 손상이 초래하는 언어기능의 손상.

실용적 추리 스키마(pragmatic reasoning schema). 허용, 의미, 인과 등과 같은 특정 유형의 목표와 관련된 보편적 체제화 원리 또는 규칙.

실인증(agnosia). 감각정보를 지각하는 능력의 심각한 결손.

심상(imagery). 현재 감각기관이 받아들이고 있지 않은 대상에 대한 심적 표상.

심성 모형(mental model). 자신의 경험을 이해하고 설명하기 위하여 사람들이 구축한 지식구조. 표상하고 있는 것과 유추적으로 대응하는 정보 표상.

심적 회전(mental rotation). 대상의 시각 심상을 마음속에서 회전시키는 것.

심층구조(deep structure). 다양한 변형규칙을 통해서 다양한 구절구조를 연결시키는 기저 통사 구조.

아날로그 부호(analog code). 환경에서 관찰하는 물리적 자극의 주요 지각적 자질을 유지하는 지식표상 형태.

알고리즘(algorithm). 계속해서 반복할 수 있으며 이론적으로는 문제의 해결책을 보장하는 조작의 연속.

알츠하이머병(Alzheimer's disease). 점진적 기억 상실뿐만 아니라 치매를 초래하는 노인 질병.

암묵기억(implicit memory). 의식적으로 자각할 수 없지만 사람들의 행동이나 반응에 영향을 미치는 기억.

양극세포(bipolar cell). 망막의 중간층에 위치하면서 광수용기와 신경절세포를 연결해주는 뉴런의 하나.

양성자 방출 단층 촬영법(positron emission tomography; PET). 특정 유형의 정보처리를 하는 동안 활동하는 두뇌영역에서 글루코스 소비량이 증가하는 것을 측정하는 방법.

양안 깊이단서(binocular depth cue). 두 눈에 들어오는 삼차원 감각정보에 근거하여 깊이를 지각하게 해주는 단서.

어휘 접속(lexical access). 기억에서 단어 의미에 접속할 수 있게 해주는 단어의 확인.

어휘집(lexicon). 한 언어 또는 개인의 언어 저장소에 들어있는 형태소 전집.

어휘 처리(lexical process). 문자와 단어를 확인하는 데 사용하는 처리.

언어(language). 소통하기 위하여 단어를 결합하는 체제화된 수단의 사용.

언어 보편성(linguistic universal). 모든 문화의 모든 언어에 걸쳐 나타나는 특징적 패턴.

언어 상대성(linguistic relativity). 상이한 언어 사용자는 상이한 인지시스템을 가지고 있으며, 이렇게 상이한 인지시스템은 사람들이 세상에 대해 생각하는 방식에 영향을 미친다는 주장.

언어심리학(psycholinguistics). 언어가 인간의 마음과 상호작용하는 방식을 연구하는 심리학 분야.

언어 유창성(verbal fluency). 언어 출력을 내놓는 표현 능력.

언어 이해(verbal comprehension). 단어, 문장, 글 등과 같은 언어 입력을 이해하는 능력.

여과기 이론(filter theory). 정보가 흘러가는 것을 차단하는 여과기(필터)을 제안하는 이론. 따라서 전체 정보 중에서 일부분만을 다음 단계로 넘어가도록 선택한다.

역행 간섭(retroactive interference). 나중에 학습한 것이 먼저 학습한 것의 인출을 방해하는 간섭.

역행성 기억상실증(retrograde amnesia). 외상 사건이 기억 손실을 초래하기 전에 일어난 사건들을 기억해내지 못하는 증상.

연결주의 모형(connectionist model). 헤아릴 수 없이 많은 두뇌영역에 걸쳐 분산되어있는 신경망을 통해서 수많은 인지조작을 동시에 처리한다고 가정하는 모형.

연수(medulla oblongata). 심장 활동을 제어하며, 주로 호흡, 삼키기, 소화 등을 제어하는 두뇌구조.

연역적 타당성(deductive validity). 논리적 확실성.

연역추리(deductive reasoning). 알고 있는 것에 관한 하나 이상의 보편 진술로부터 논리적으로 확실한 결론에 도달하는 추리과정.

연합주의(associationism). 사건이나 아이디어들이 마음에서 어떻게 서로 연합되어 학습을 초래하는지를 다루는 입장.

엽(lobe). 대뇌반구와 피질을 깊은 굴곡에 따라서 네 엽으로 구분한다.

영상저장소(iconic store). 매우 짧은 시간 동안 정보를 유지하는 시감각 저장소.

오류(fallacy). 잘못된 추리.

외연(denotation). 단어의 엄격한 사전적 정의.

외현기억(explicit memory). 의식적으로 기억해내는 기억.

요인별 제거법(elimination by aspects). 한 번에 하나씩 각 대안의 요인들에 초점을 맞춤으로써 대안들을 제거해나가는 방법.

요인분석(factor analysis). 연구자가 검사 수행에서 개인차의 토대를 형성한다고 생각하는 여러 가지 가설적 요인이나 특질로 분리해내는 통계기법.

운동 실조증(optic ataxia). 보이는 표적에 손을 뻗는 것을 시각적으로 제어하지 못하는 증상.

원추체(cone). 눈에 있는 두 광수용기의 하나. 간상체에 비해서 수가 적고, 짧고 굵으며, 망막의 주변영역보다는 중심와 영역에 집중되어있다. 어두울 때는 거의 기능하지 않지만, 밝은 빛에서 매우 효율적이며 색채지각에 필수적이다.

원형(prototype). 대상이나 패턴 유목의 평균값으로, 그 유목에서 가장 전형적인(가장 빈번하게 관찰하는) 자질들을 모두 통합하고 있다.

원형 이론(prototype theory). 범주를 원형에 근거하여 형성한다고 제안하는 이론.

유아기 기억상실증(infantile amnesia). 매우 어렸을 때 일어났던 사건을 회상하지 못하는 증상.

은유(metaphor). 서로 다른 두 명사를 병치함으로써, 둘 간에 어떤 유사성이 존재한다는 것을 보여주되, 차이점이 있다는 것을 부정하지는 않는다.

음소(phoneme). 말소리의 가장 작은 단위. 한 언어에서 의미 있는 소리를 서로 구분할 때 사용한다.

음소 회복 효과(phonemic restoration effect). 말에서 빠진 소리를 두뇌가 끼워 넣음으로써 듣는 사람에게는 실제로 빠진 소리를 들었던 것처럼 보인다.

음운 고리(phonological loop). 언어 이해와 청각적 되뇌기를 위하여 말소리를 잠시 저장하는 작업기억의 하위구조.

응고화(consolidation). 새로운 정보를 저장된 정보와 통합하는 과정.

의미기억(semantic memory). 일반 세상지식의 기억.

의미론(semantics). 언어학에서 의미를 다루는 연구 분야.

의미망(semantic network). 의미 요소들의 상호 연결된 망.

의미의 이론기반 견해(theory-based view of meaning). 사람들이 개념을 이해하고 범주화할 때 그 개념들에 관해 가지고 있는 암묵이론이나 일반적 생각에 근거한다는 견해.

의식(consciousness). 자각의 느낌과 내용 모두를 포함하고 있는 마음의 상태.

이론(theory). 한 현상에 관한 보편적 설명 원리의 체계적 집합체.

이중 부호 이론(dual code theory). 심상과 상징 모두로 지식을 표상한다고 제안하는 이론.

이중언어자(bilingual). 두 언어를 사용할 수 있는 사람.

이해과정(comprehension process). 글을 전체적으로 이해하는 과정.

인간 지능의 삼원 이론(triarchic theory of human intelligence). 지능은 (1) 개인의 내적 세계, (2) 경험, 그리고 (3) 외부 세계와의 관계에 대처하는 세 가지 측면을 포함하다는 이론

인공지능(artificial intelligence; AI). 지능, 특히 지능적 정보처리를 나타내는 시스템을 구축하려는 시도. 컴퓨터와 같은 상징처리 시스템에서의 지능.

인과추론(causal inference). 어떤 것이 다른 것을 초래하는지에 관한 판단을 하는 과정.

인위범주(artifact category). 특정 목적이나 기능을 위해 사람이 설계하거나 만들어낸 사물의 집단.

인지과학(cognitive science). 인지심리학, 생물심리학, 인공지능, 철학, 언어학, 인류학 등의 생각과 방법을 사용하는 학제적 분야.

인지도(cognitive map). 공간 관계에 초점을 맞춘 물리적 환경의 내적 표상.

인지신경과학(cognitive neuroscience). 두뇌를 비롯한 신경계를 인지처리 그리고 궁극적으로는 행동과 연계시키는 학문 분야.

인지심리학(cognitive psychology). 사람들이 지각하고 학습하며 기억하고 사고하는 방식에 대한 연구.

인지주의(cognitivism). 대부분의 인간 행동은 사람들이 생각하는 방식에 근거하여 이해할 수 있다는 생각.

인출(retrieval). 기억에 저장된 정보에 접속하는 방식.

일차 운동 피질(primary motor cortex). 모든 근육의 움직임을 제어하는 대뇌피질 영역.

일차 체감각 피질(primary somatosensory cortex). 압각, 촉각, 온각, 통각 등에 관한 감각으로부터 정보를 받아들이는 대뇌피질 영역.

일화기억(episodic memory). 개인적으로 경험한 사건과 일화를 저장하는 기억.

일화 버퍼(episodic buffer). 부속 시스템에서 오는 정보와 장기기억에서 오는 정보를 단일한 일화 표상으로 결합할 수 있는 제한된 용량 시스템인 작업기억의 한 구조.

자기 공명 영상(magnetic resonance imaging; MRI). 신체 분자에 들어있는 에너지의 자장 변화를 계산하고 분석함으로서 살아있는 두뇌 구조에 대한 고해상도 영상을 만들어내는 기법.

자동처리(automatic process). 의식적 제어를 수반하지 않는 처리.

자동화(automatization). 절차가 매우 의식적인 상태에서 상대적으로 자동적인 상태로 변하는 과정. 절차화라고도 부른다.

자연범주(natural category). 세상에서 자연적으로 발생하는 범주.

자전기억(autobiographic memory). 개인사에 관한 기억.

자질 대응 이론(feature matching theory). 지각에서 한 패턴의 자질을 기억에 저장된 자질과 대응시키고자 시도한다는 이론.

자질 탐색(feature search). 특정 자질을 찾기 위해서 환경을 주사하는(훑어보는) 것.

자질 통합 이론(feature integration theory). 자질 탐지의 상대적 용이성과 결합 탐지의 상대적인 어려움을 설명하는 이론.

작업기억(working memory). 장기기억에서 가장 최근에 활동하고 있는 영역만을 유지하는 기억.

장기저장소(long-term store). 정보를 매우 오랫동안 심지어는 무한히 저장할 수 있는 매우 큰 용량의 정보저장소.

재구성적(reconstructive). 한 개인이 어떤 사건이나 사실에 관한 정보를 기억에 담아둘 때 나타내는 심

리적 현상. 처음에는 사건이나 사실을 그대로 저장하였다가, 인출할 때 기억하고 있는 경험을 재구성하기 위해 다양한 전략을 사용한다.

재인(recognition). 어떤 사실이나 단어 혹은 여타 항목이 기억에 들어있는지를 알아보는 기억과정.

전경-배경(figure-ground). 앞으로 튀어나온 것 대 뒤로 물러서는 것.

전두엽(frontal lobe). 운동처리 그리고 추상적 추리와 같은 고급 사고과정과 관련된 두뇌 피질영역.

전문성(expertise). 잘 발달하고 잘 체제화되어있는 지식기반을 반영하는 뛰어난 기술이나 성취.

전문용어(jargon). 전문영역이나 무역과 같은 집단에서 공통적으로 사용하는 전문 어휘.

전이(transfer). 한 문제 상황에서 다른 상황으로 지식이나 기술을 이동시키는 것.

전제(premise). 결론을 도출하기 위해 주어지는 명제.

절차지식(procedural knowledge). 구현할 수 있는 절차들의 지식.

점화(priming). 동일하거나 유사한 자극의 사전 제시가 특정 자극의 재인에 영향을 미칠 때 점화가 일어난다. 빠진 정보를 이용하는 능력의 촉진.

점화 효과(priming effect). 점화에 의해서 기억망에서 마디가 활성화되어 과제 수행에 영향을 미치는 효과.

접속가능성(accessibility). 가용한 정보에 접속할 수 있는 정도.

정서지능(emotional intelligence). 정서를 지각하고 표현하며, 정서를 사고에 동화시키고, 정서를 이해하고 추리하며, 자신과 타인의 정서를 조절하는 능력.

정의자질(defining feature). 필수적인 속성.

정적 전이(positive transfer). 앞선 문제의 해결이 새로운 문제의 해결을 용이하게 만들어주는 현상.

제한된 합리성(bounded rationality). 사람들이 합리적이기는 하지만 제한이 있다는 생각.

조건추리(conditional reasoning). '만일 — 그렇다면' 명제에 근거하여 결론을 도출하는 추리.

종말단추(terminal button). 축색 끝부분에 신경전달물질을 담고 있는 마디와 같은 구조로, 활동전위가 전달되면 신경전달물질을 방출한다.

종속변인(dependent variable). 측정하는 반응으로 하나 이상의 독립변인에 의한 효과라고 가정한다.

종합(synthesis). 다양한 요소들을 함께 묶어 유용한 것이 되도록 재배열하는 것.

주관적 확률(subjective probability). 객관적인 통계적 계산에 근거하는 것이 아니라 개인의 가능성 추정치에 근거한 확률.

주관적 효용성(subjective utility). 객관적 기준에 근거한 것이 아니라 개인이 판단한 효용성(가치) 가중치에 근거한 계산.

주제적 역할(thematic role). 어떤 항목을 소통 맥락에서 사용할 수 있는 방식.

주의(attention). 감각, 기억, 인지과정 등을 통해서 가용한 엄청난 양의 정보 중에서 제한된 양의 정보에 대한 적극적인 인지처리. 가용한 자극의 작은 부분집합에 초점을 맞춘다.

중격(septum). 분노와 공포에 관여하는 두뇌 중추.

중심와(fovea). 망막 중앙에 위치한 영역. 주로 글을 읽거나 텔레비전이나 영화를 보는 행위에서 사람들이 사용하는 예리한 중앙시각을 담당한다.

중앙집행기(central executive). 주의 활동을 조절하고 반응을 주도하는 시스템.

지각(perception). 환경자극으로부터 받아들이는 감각을 재인하고 체제화하며 이해하는 일련의 과정.

지각 항등성(perceptual constancy). 원격 대상에 대한 근접 감각이 변함에도 불구하고 대상 지각을 일정하게 유지하는 현상.

지능(intelligence). 학습을 증진시키는 메타인지 과정을 사용하여 경험으로부터 학습하는 능력 그리고 주변 환경에 적응하는 능력.

지식 표상(knowledge representation). 마음 밖에 존재하는 사물, 사상, 사건 등에 대해 사람들이 알고 있는 것의 심적 형태.

직유(simile). 유사하지 않은 두 명사를 병치하고, '처럼'이나 '같은' 등의 단어를 사용하여 둘 간의 유사성을 나타내는 방법.

직접 지각 이론(direct perception theory). 감각 맥락을 포함하여 감각수용기에 들어오는 정보의 배열이 무엇인가를 지각하기 위해서 필요한 전부라는 생각.

진행성 기억상실증(anterograde amnesia). 외상 사건 이후에 일어나는 사건을 기억해내지 못하는 증상.

집중훈련(massed practice). 많은 정보를 한꺼번에 습득하는 훈련방법. 분산훈련만큼 우수한 성과를 나타내지 못한다.

집행 주의(executive attention). 내적 과정들 간에 일어나는 갈등을 감시하고 해소하는 과정을 포함하는 주의의 하위기능.

착각 상관(illusory correlation). 사람들이 가지고 있는 성향 때문에 특정 사건이나 특정 속성과 범주가 상호 관련이 있는 것처럼 보려는 경향성에 따른 잘못된 상관.

참조물(referent). 단어가 지칭하는 실세계의 대상이나 개념.

창의성(creativity). 독창적이고 가치 있는 무엇인가를 만들어내는 과정.

처리수준 틀(levels-of-processing framework). 기억을 얼마나 깊이 있게 부호화하는지가 인출 용이성을 결정한다고 보는 이론. 처리수준이 깊을수록 인출 가능성이 높아진다.

체화 인지(embodied cognition). 유기체의 인지가 두뇌뿐만 아니라 그 신체 특성의 영향을 상당히 받는 상태. 다시 말해서 단지 두뇌뿐만 아니라 신체도 생각하고 느끼며 행동하는 방식에 영향을 미친다.

초두효과(primacy effect). 자유회상에서 목록 첫 부분에 있는 단어들을 잘 회상해내는 현상

최소 만족(satisficing). 의사결정 전략의 하나로, 모든 가능한 대안을 살펴보지 않고 가용한 대안 중에서 가장 먼저 받아들일만한 것을 선택한다.

최신효과(recency effect). 자유회상에서 목록 마지막 부분에 있는 단어들을 잘 회상해내는 현상.

추리(reasoning). 원리와 증거로부터 결론을 도출해내는 과정.

축색(axon). (활동전위를 통해서) 신경 간 전도가 일어나는 뉴런의 부분이며, 끝부분에는 신경전달물질을 방출하는 종말단추가 있다.

측두엽(temporal lobe). 청각처리와 관련이 있는 대뇌피질영역.

칵테일파티 문제(cocktail party problem). 다른 대화가 방해하는 상황에서 한 대화를 따라가는 과정.

코르사코프 증후군(Korsakoff's syndrome). 기억기능의 손상을 초래하는 증상.

탈습관화(dishabituation). 자극에 다시 주목하도록 만드는 친숙한 자극의 변화.

탐색(search). 주변 환경에서 특정 자극이나 자질을 적극적으로 찾는 것.

통계적 유의성(statistical significance). 오직 우연 요인들만이 작동할 때 특정 결과를 얻게 될 가능성.

통사(syntax). 특정 언어 사용자가 문장을 형성하기 위하여 단어들을 함께 나열하는 방법.

통제처리(controlled process). 의식적 제어에 접속 가능하고 그러한 제어를 필요로 하는 처리.

통찰(insight). 문제 또는 그 문제를 해결하는 데 도움을 주는 전략을 독특하고도 갑작스럽게 이해하는 것.

투명성(transparency). 내용 유사성으로 인해서 존재하지도 않는 유추를 볼 때 발생하는 현상.

특징적 자질(characteristic feature). 원형을 기술하지만 반드시 필요하지는 않은 자질.

판단과 의사결정(judgment and decision making). 다양한 대안을 평가하고 그 중에서 가장 적절한 대안을 선택하는 인지과정.

편도체(amygdala). 정서, 특히 분노와 공격성에서 중요한 역할을 담당하는 두뇌 영역.

표층구조(surface structure). 문장과 다양한 구절구조에서 단어들의 특정한 통사적 순서를 수반하는 통사분석 수준.

프래그난츠 법칙(좋은 형태 법칙 law of Prägnanz). 주어진 시각배열을 안정적이고 응집적인 형태로 가장 단순하게 체제화하는 방식으로 지각하려는 경향성을 나타내는 법칙.

하향처리 이론(top-down theory). 상위수준의 인지처리. 기존 지식, 사전 기대 등이 지각을 주도한다는 이론.

합리주의자(rationalist). 논리적 분석을 통하여 지식을 획득할 수 있다고 믿는 사람.

해마(hippocampus). 변연계의 한 구조로, 다양한 학습 기능에 관여한다.

핵(core). 한 범주의 사례로 간주하기 위해서 반드시 가지고 있어야만 하는 정의자질.

행동주의(behaviorism). 심리학은 관찰가능한 행동과 환경 사건이나 자극 간의 관계에만 초점을 맞추어야 한다는 입장.

협동 원리(cooperative principle). 듣는 사람이 말하는 사람의 의도를 쉽게 이해하도록 만들어주는 방식으로 소통하고자 할 때 적용하는 원리.

형태소(morpheme). 한 언어에서 의미의 최소 단위.

형판(template). 사람들이 재인할 수 있는 패턴에 대한 매우 세부적인 모형으로, 들어오는 자극을 저장하고 있는 형판에 맞추어 재인한다고 제안한다.

혼입변인(confounding variable). 연구에서 제어하지 못한 채 남아있는 무관련 변인.

화용론(pragmatics). 사람들이 언어를 사용하는 방식에 관한 연구.

화용론자(pragmatist). 지식은 그 유용성으로 입증되는 것이라고 믿는 사람.

확산적 사고(divergent thinking). 한 문제에 대해서 가능한 대안적 해결책을 다양하게 생성하고자 시도하는 사고.

확증편향(confirmation bias). 이미 생각하고 있는 것을 반증하기보다는 확증하는 증거를 찾으려는 경향성.

활성화 확산(spreading activation). 망구조 내에서 흥분(활성화)이 일련의 마디들을 따라서 퍼져나간다.

회상(recall). 기억으로부터 사실이나 단어 또는 다른 항목을 끄집어내는 것.

후견 편향(hindsight bias). 어떤 상황을 되돌아볼 때, 특정 결과로 이끌어가는 모든 징조와 시간들을 쉽게 볼 수 있다고 믿는 편향적 사고.

후두엽(occipital lobe). 시각처리와 관련된 대뇌피질 영역.

ACT(Adaptive Control of Thought). 존 앤더슨은 자신의 ACT 모형에서 계열적 정보처리 모형의 몇몇 자질 그리고 의미망 모형의 몇몇 자질을 종합하였다. ACT에서는 절차지식을 산출시스템의 형태로 표상하고, 선언지식을 명제망의 형태로 표상한다.

ACT–R(Adaptive Control of Thought–Rational). 선언지식의 망 표상과 절차지식의 산출시스템 표상을 통합한 정보처리 모형.

"g" 요인("g" factor). 일반 능력.

참고 문헌

Abel, M., & Bäuml, K. T. (2014). Sleep can reduce proactive interference. *Memory, 22*(4), 332-339.

Abelson, R. P. (1980). Searle's argument is just a set of Chinese symbols. *Behavioral and Brain Sciences, 3*, 424-425.

Abernethy, B. (1991). Visual search strategies and decision-making in sport. *International Journal of Sport Psychology, 22*, 189-210.

Abler, B., Hahlbrock, R., Unrath, A., Groen, G., & Kassubek, J. (2009). At-risk for pathological gambling: imaging neural reward processing under chronic dopamine agonists. *Brain, 132*, 2396-2402.

Abutalebi, J., & Green, D. W. (2008). Control mechanisms in bilingual language production: Neural evidence from language switching studies. *Language and Cognitive Processes, 23*(4), 557-582.

Ackerman, P. L. (1996). A theory of adult intellectual development: Process, personality, interests, and knowledge. *Intelligence, 22*, 227-257.

Ackerman, P. (2005). Ability determinants of individual differences in skilled performance. In R. J. Sternberg & J. E. Pretz (Eds.), *Cognition and intelligence* (pp. 142-159). New York, NY: Cambridge University Press.

Ackerman, P. L., Beier, M. E., & Boyle, M. O. (2005). Working memory and intelligence: The same or different constructs? *Psychological Bulletin, 131*(1), 30-60.

Ackil, J. K., & Zaragoza, M. S. (1998). Memorial consequences of forced confabulation: Age differences in susceptibility to false memories. *Developmental Psychology, 34*, 1358-1372.

Adams, M. J. (Ed.). (1986). *Odyssey: A curriculum for thinking* (Vols. 1-6). Watertown, MA: Charlesbridge Publishing.

Adams, M. J. (1990). *Beginning to read: Thinking and learning about print*. Cambridge, MA: MIT Press.

Adams, M. J. (1999). Reading. In R. A. Wilson & F. C. Keil (Eds.), *The MIT encyclopedia of the cognitive sciences* (pp. 705-707). Cambridge, MA: MIT Press.

Adolphs, R. (2003). Amygdala. In L. Nadel (Ed.), *Encyclopedia of cognitive science* (Vol. 1, pp. 98-105). London, UK: Nature Publishing Group.

Adolphs, R., Sears, L., & Piven, J. (2001). Abnormal processing of social information from faces in autism. *Journal of Cognitive Neuroscience, 13*, 232-240.

Adolphs, R., Tranel, D., Damasio, H., & Damasio, A. (1994). Impaired recognition of emotion in facial expressions following bilateral damage to the human amygdala. *Nature, 372*, 669-672.

Agirdag, O. (2014). The long-term effects of bilingualism on children of immigration: Student bilingualism and future earnings. *International Journal of Bilingual Education and Bilingualism, 17*(4), 449-464.

Agulera, A., Selgas, R., Codoceo, R., & Bajo, A. (2000). Uremic anorexia: A consequence of persistently high brain serotonin levels? The tryptophan/serotonin disorder hypothesis. *Peritoneal Dialysis, 20*(6), 810-816.

Akhtar, N., & Montague, L. (1999). Early lexical acquisition: The role of cross-situational learning. *First Language, 19*, 347-358.

Al'bertin, S. V., Mulder, A. B., & Wiener, S. I. (2003). The advantages of electrophysiological control for the localization and selective lesioning of the nucleus accumbens in rats. *Neuroscience and Behavioral Physiology, 33*(8), 805-809.

Albert, M. L., & Obler, L. (1978). *The bilingual brain: Neuropsychological and neurolinguistic aspects of bilingualism*. New York, NY: Academic Press.

Allain, P., Berrut, G., Etcharry-Bouyx, F., Barre, J., Dubas, F., & Le Gal, D. (2007). Executive functions in normal aging: An examination of script sequencing, script sorting, and script monitoring. *The Journals of Gerontology Series B: Psychological Sciences and Social Sciences, 62*, 187-190.

Albrecht, K. (2009). *Social intelligence: The new science of success*. Hoboken, NJ: Pfeiffer.

Alogna, V. K., Attaya, M. K., Aucoin, P., Bahnik, Š., Birch, S., Birt, A. R., & . . . Zwaan, R. A. (2014). Registered replication report:

Schooler and Engstler-Schooler (1990). *Perspectives on Psychological Science, 9*(5), 556-578.

Altschuler, E. L., Multari, A., Hirstein, W., & Ramachandran, V. S. (2006). Situational therapy for Wernicke's aphasia. *Medical Hypotheses, 67*(4), 713-716.

Alzheimer's Association. (2014). *Alzheimer's disease: facts and figures*. Retrieved from http://www.alz.org/downloads/Facts_Figures_2014.pdf

Amabile, T. M. (1996). *Creativity in context*. Boulder, CO: Westview.

Amabile, T. M., & Rovee-Collier, C. (1991). Contextual variation and memory retrieval at six months. *Child Development, 62*(5), 1155-1166.

Ambrose, D., & Sternberg, R. J. (Eds.). (2012). *How dogmatic beliefs harm creativity and higher level thinking.* New York, NY: Taylor & Francis.

Aminoff, E., Schacter, D. L., & Bar, M. (2008). The cortical underpinnings of context-based memory distortion. *Journal of Cognitive Neuroscience, 20*(12), 2226-2237.

Anderson, A. K., & Phelps, E. A. (2001). Lesions of the human amygdala impair enhanced perception of emotionally salient events. *Nature, 411*, 305-309.

Anderson, D. P., Harvey, A. S., Saling, M. M., Anderson, V., Kean, M., Abbott, D. F., et al. (2006). fMRI lateralization of expressive language in children with cerebral lesions. *Epilepsia, 47*(6), 998-1008.

Anderson, J. R. (1972). FRAN: A simulation model of free recall. In G. H. Bower (Ed.), *The psychology of learning and motivation* (Vol. 5, pp. 315-378). New York, NY: Academic Press.

Anderson, J. R. (1976). *Language, memory, and thought.* Hillsdale, NJ: Erlbaum.

Anderson, J. R. (1980). Concepts, propositions, and schemata: What are the cognitive units? *Nebraska Symposium on Motivation, 28*, 121-162.

Anderson, J. R. (1983). *The architecture of cognition.* Cambridge, MA: Harvard University Press.

Anderson, J. R. (1991). The adaptive nature of human categorization. *Psychological Review, 98*, 409-429.

Anderson, J. R. (1993). *Rules of the mind.* Hillsdale, NJ: Erlbaum.

Anderson, J. R. (1996). ACT: A simple theory of complex cognition. *American Psychologist, 51*, 355-365.

Anderson, J. R., Bothell, D., Byrne, M. D., Douglass, S., Lebiere, C., & Qin, Y. (2004). An integrated theory of the mind. *Psychological Review, 111*(4),1036-1060.

Anderson, J. R., & Bower, G. H. (1973). *Human associative memory*. New York, NY: Wiley.

Anderson, M. (2005). Marrying intelligence and cognition. In R. J. Sternberg & J. E. Pretz (Eds.), *Cognition and intelligence* (pp. 268-287). New York, NY: Cambridge University Press.

Anderson, R. C., & Pichert, J. W. (1978). Recall of previously unrecallable information following a shift in perspective. *Journal of Verbal Learning and Verbal Behavior, 17*, 1-12.

Anderson, S. W., Rizzo, M., Skaar, N., Stierman, L., Cavaco, S., Dawson, J., et al. (2007). Amnesia and driving. *Journal of Clinical and Experimental Neuropsychology, 29*(1), 1-12.

Andrade, J. (2010). What does doodling do? *Applied Cognitive Psychology, 24*(1), 100-106.

Andreasen, N. C., O'Leary, D. S., Cizadlo, T., Arndt, S., Rezai, K., Watkins, G. L., et al. (1995). Remembering the past: Two facets of episodic memory explored with positron emission tomography. *American Journal of Psychiatry, 152*, 1576-1585.

Andreou, G., & Karapetsas, A. (2004). Verbal abilities in low and highly proficient bilinguals. *Journal of Psycholinguistic Research, 33*(5), 357-364.

Andreou, P., Neale, B. M., Chen, W., Christiansen, H., Gabriel, I., Heise, A., et al. (2007). Reaction time performance in ADHD: improvement under fast-incentive condition and familial effects. *Psychological Medicine* (2007), *37,* 1703-1715.

Ang, S., Dyne, L. V., & Koh, C. (2006). Personality correlates of the fourfactor model of cultural intelligence. *Group & Organization Management, 31*(1), 100-123.

Ang, S., & Van Dyne, L., & Tan, M. L. (2011). Cultural intelligence. In R. J. Sternberg & S. B. Kaufman (Eds.), *Cambridge handbook of intelligence* (pp. 582-602). New York, NY: Cambridge University Press.

Anglin, J. M. (1993). Vocabulary development: A morphological analysis. *Monographs of the Society for Research in Child Development, 58*, (No. 10).

Appleton-Knapp, S. L., Bjork, R. A., & Wickens, T. D. (2005). Examining the spacing effect in advertising: Encoding variability, retrieval processes, and their interaction. *Journal of Consumer Research, 32*, 266-276.

Ardekani, B. A., Nierenberg, J., Hoptman, M., Javitt, D., & Lim, K. O. (2003). MRI study of white matter diffusion anisotropy in schizophrenia. *Brain Imaging, 14*(16), 2025-2029.

Argamon, S., Koppel, M., Fine, J., & Shimoni, A. S. (2003). Gender, genre, and writing style in formal written texts. *Text, 23*(3), 321-346.

Armstrong, S. L., Gleitman, L. R., & Gleitman, H. (1983). What some concepts might not be. *Cognition, 13*, 263-308.

Ask, K., & Granhag, A. (2005). Motivational sources of confirmation bias in criminal investigations: The need for cognitive closure. *Journal of Investigative Psychology and Offender Profiling, 2*(1), 43-63.

Atkinson, R. C., & Shiffrin, R. M. (1968). Human memory: A proposed system and its control processes. In K. W. Spence & J. T. Spence (Eds.), *The psychology of learning and motivation: Vol. 2. Advances in research and theory.* New York, NY: Academic Press.

Atkinson, R. C., & Shiffrin, R. M. (1971). The control of short-term memory. *Scientific American, 225*, 82-90.

Atran, S. (1999). Itzaj Maya folkbiological taxonomy: Cognitive universals and cultural particulars. In D. L. Medin & S. Atran (Eds.), *Folkbiology* (pp. 119-213). Cambridge, MA: MIT Press.

Atran, S. & Medin, D. L. (2008). The Native Mind and the Cultural Construction of Nature. Boston, MA.: MIT Press.

Attention deficit hyperactivity disorder. (n.d.). Retrieved June 1, 2010, from http:// www.nimh.nih.gov/ Publicat/ ADHD.cfm

Averbach, E., & Coriell, A. S. (1961). Short-term memory in vision. *Bell System Technical Journal, 40*, 309-328.

Awh, E., Jonides, J., Smith, E. E., Schumacher, E. H., Koeppe, R. A., & Katz, S. (1996). Dissociation of storage and rehearsal in verbal working memory: Evidence from positron emission tomography. *Psychological Science, 7*(1), 25-31. doi:10.1111/j.1467-9280.1996.tb00662.x

Baars, B., & Gage, N. M. (2012). *Fundamentals of cognitive neuroscience: A beginner's guide.* New York, NY: Academic Press.

Backhaus, J., Junghanns, K., Born, J., Hohaus, K., Faasch, F., & Hohagen, F. (2006). Impaired declarative memory consolidation during sleep in patients with primary insomnia: Influence of sleep architecture and nocturnal cortisol release. *Biological Psychiatry, 60*(12), 1324-1330.

Baddeley, A. D. (1966). Short-term memory for word sequences as function of acoustic, semantic, and formal similarity. *Quarterly Journal of Experimental Psychology, 18*, 362-365.

Baddeley, A. D. (1989). The psychology of remembering and forgetting. In T. Butler (Ed.), *Memory: History, culture and the mind*. London, UK: Basil Blackwell.

Baddeley, A. D. (1990a). *Human memory*. Hove, UK: Erlbaum.

Baddeley, A. D. (1990b). *Human memory: Theory and practice*. Needham Heights, MA: Allyn & Bacon.

Baddeley, A. D. (2000). Short-term and working memory. In E. Tulving & F. I. M. Craik (Eds.), *The Oxford handbook of memory* (pp. 77-92). New York, NY: Oxford University Press.

Baddeley, A. D. (2002). The psychology of memory. In A. D. Baddeley, M. D. Kopelman & B. A. Wilson (Eds.), *The handbook of memory disorders*. Chichester, UK: Wiley.

Baddeley, A. D. (2006). Working memory: An overview. In S. J. Pickering (Ed.), *Working memory and education* (pp. 3-31). Burlington, MA: Elsevier.

Baddeley, A. D. (2007). *Working memory, thought, and action*. New York, NY: Oxford University Press.

Baddeley, A. D. (2007). Working memory: Multiple models, multiple mechanisms. In H. L. Roediger, Y. Dudai, S. M. Fitzpatrick (Eds.), *Science of memory: concepts* (pp. 151-153) Oxford, UK: Oxford University Press

Baddeley, A. D., Eysenck, M., & Anderson, M. C. (2009). *Memory*. New York, NY: Psychology Press.

Baddeley, A. D., Hitch, G. J., & Allen, R. J. (2009). Working memory and binding in sentence recall. *Journal of Memory and Language, 61*, 438-456.

Baddeley, A. D., & Warrington, E. K. (1970). Amnesia and the distinction between long- and short-term memory. *Journal of Verbal Learning & Verbal Behavior, 9*(2), 176-189.

Badgaiyan, R. D., Schacter, D. L., & Alpert, N. M. (1999). Auditory priming within and across modalities: Evidence from positron emission tomography. *Journal of Cognitive Neuroscience, 11*, 337-348.

Bahrick, H. P. (1984a). Fifty years of second language attrition: Implications for programmatic research. *Modern Language Journal, 68*(2), 105-118.

Bahrick, H. P. (1984b). Semantic memory content in permastore: Fifty years of memory for Spanish learned in school. *Journal of Experimental Psychology: General, 113*(1), 1-29.

Bahrick, H. P., Bahrick, L. E., Bahrick, A. S., & Bahrick, P. E. (1993). Maintenance of foreign language vocabulary and the spacing effect. *Psychological Science, 4*(5), 316-321.

Bahrick, H. P., Bahrick, P. O., & Wittlinger, R. P. (1975). Fifty years of memory for names and faces: A cross-sectional approach. *Journal of Experimental Psychology: General, 104*, 54-75.

Bahrick, H. P., & Hall, L. K. (1991). Lifetime maintenance of high school mathematics content. *Journal of Experimental Psychology: General, 120*(1), 20-33.

Bahrick, H. P., Hall, L. K., Goggin, J. P., Bahrick, L. E., & Berger, S. A. (1994). Fifty years of language maintenance and language dominance in bilingual Hispanic immigrants. *Journal of Experimental Psychology: General, 123*(3), 264-283.

Bailenson, J. N., Blascovich, J., Beall, A. C., & Loomis, J. M. (2003). Interpersonal distance in immersive virtual environments, *Personality and Social Psychology Bulletin, 29*(7), 819-833.

Baker, S. C., Rogers, R. D., Owen, A. M., Frith, C. D., Dolan, R. J., Frackowiak, R. S. J., et al. (1996). Neural systems engaged by planning: A PET study of the Tower of London task. *Neuropsychologia, 34*, 515-526.

Bakker, D. J. (2006). Treatment of developmental dyslexia: A review. *Developmental Neurorehabilitation, 9*(1), 3-13.

Baliki, M., Katz, J., Chialvo, D. R., & Apkarian, A. V. (2005). Single subject pharmacological-MRI (phMRI) study: Modulation of brain activity of psoriatic arthritis pain by cyclooxygenase-2 inhibitor. *Molecular Pain, 1*, 1-32.

Ball, L. J., & Quayle, J. D. (2009). Phonological and visual distinctiveness effects in syllogistic reasoning: Implications for mental models theory. *Memory & Cognition, 37*(6), 759-768.

Baltes, P. B. (1993). The aging mind: Potential and limits. *Gerontologist, 33*, 580-594.

Baltes, P. B. (1997). On the incomplete architecture of human ontogeny: Selection, optimization, and compensation as foundations of developmental theory. *American Psychologist, 52*, 366-380.

Baltes, P. B., Dittmann-Kohli, F., & Dixon, R. A. (1984). New perspectives on the development of intelligence in adulthood: Toward a dual-process conception and a model of selective optimization with compensation. In P. B. Baltes & O. G. Brim, Jr. (Eds.), Life-span development and behavior (Vol. 6, pp. 33-76). New York, NY: Academic Press.

Baltes, P. B., & Smith, J. (1990). Toward a psychology of wisdom and its ontogenesis. In R. J. Sternberg (Ed.), *Wisdom: Its nature, origins, and development* (pp. 87-120). New York, NY: Cambridge University Press.

Baltes, P. B., & Staudinger, U. M. (2000). Wisdom: A metaheuristic (pragmatic) to orchestrate mind and virtue toward excellence. *American Psychologist, 55*, 122-135.

Baltes, P. B., Staudinger, U. M., Maercker, A., & Smith, J. (1995). People nominated as wise: A comparative study of wisdom-related knowledge. *Psychology & Aging, 10*, 155-166.

Baltes, P. B., & Willis, S. L. (1979). Toward psychological theories of aging and development. In J. E. Birren & K. W. Schaie (Eds.), *Handbook of the psychology of aging*. New York, NY: Van Nostrand Reinhold.

Banaji, M. R., & Crowder, R. G. (1989). The bankruptcy of everyday memory. *American Psychologist, 44*, 1185-1193.

Band, G. P. H., & Kok, A. (2000). Age effects on response monitoring in a mental-rotation task. *Biological Psychology, 51*, 201-221.

Bandura, A. (1977). *Social learning theory*. Englewood Cliffs, NJ: Prentice-Hall.

Banich, M. T., & Compton, R. J. (2010). *Cognitive neuroscience* (3rd ed.). Belmont, CA: Wadsworth.

Bar, M. (2004). Visual objects in context. *Nature Reviews: Neuroscience, 5*, 617-629.

Bar, M. (2007). The proactive brain: using analogies and associations to generate predictions. *Trends in Neurosciences, 11*(7), 280-289.

Barnett, S. M., & Ceci, S. J. (2005). The role of transferable knowledge in intelligence. In R. J. Sternberg & J. E. Pretz (Eds.), *Cognition and intelligence* (pp. 208-224). New York, NY: Cambridge University Press.

Barrett, P. T., & Eysenck, H. J. (1992). Brain evoked potentials and intelligence: The Hendrickson paradigm. *Intelligence, 16*(3,4), 361-381.

Barnett, S. M., Rindermann H., Williams, W. M., & Ceci, S. J. (2011). Society and intelligence. In R. J. Sternberg & S. B. Kaufman (Eds.), *Cambridge handbook of intelligence* (pp. 666-682). New York, NY: Cambridge University Press.

Baron, J. (1988). *Thinking and deciding*. New York, NY: Cambridge University Press.

Baron-Cohen, S., Ring, H. A., Bullmore, E. T., Wheelwright, S., Ashwin, C., & Williams, S. C. R. (2000). The amygdala theory of autism. *Neuroscience Biobehavior Review, 24*, 355-364.

Barr, R., Walker, J., Gross, J., & Hayne, H. (2014). Age-related changes in spreading activation during infancy. *Child Development, 85*(2), 549-563.

Barraclough, D. J., Conroy, M. L., & Lee, D. (2004). Prefrontal cortex and decision making in a mixed-strategy game. *Nature Neuroscience, 7*, 404-410.

Barrett, L. F., Tugade, M. M., & Engle, R. W. (2004). Individual differences in working memory capacity and dual-process theories of the mind. *Psychological Bulletin, 130*, 553-573.

Barrett, P. T., & Eysenck, H. J. (1992). Brain evoked potentials and intelligence: The Hendrickson paradigm. *Intelligence, 16*(3, 4), 361-381.

Barron, F. (1988). Putting creativity to work. In R. J. Sternberg (Ed.), *The nature of creativity* (pp. 76-98). New York, NY: Cambridge University Press.

Barsalou, L. W. (1983). Ad hoc categories. *Memory and Cognition, 11*, 211-227.

Barsalou, L. W. (2000). Concepts: Structure. In A. E. Kazdin (Ed.), *Encyclopedia of psychology* (Vol. 2, pp. 245-248). Washington, DC: American Psychological Association.

Bartlett, F. C. (1932). Remembering: *A study in experimental and social psychology*. Cambridge, UK: Cambridge University Press.

Barton, J. J. S. (2008). Structure and function in acquired prosopagnosia: Lessons from a series of 10 patients with brain damage. *Journal of Neuropsychology, 2*(1), 197-225.

Bassok, M. (2003). Analogical transfer in problem solving. In J. E. Davidson & R. J. Sternberg (Eds.), *The psychology of problem solving* (pp. 343-369). New York, NY: Cambridge University Press.

Bassok, M., & Holyoak, K. (1989). Interdomain transfer between isomorphic topics in algebra and physics. *Journal of Experimental Psychology: Learning*, 153-166.

Bassock, M., Wu, L., & Olseth, K. L. (1995). Judging a book by its cover: Interpretative effects of content on problem solving transfer. *Memory and Cognition, 23*, 354-367.

Bastian, B., & Haslam, N. (2006). Psychological essentialism and stereotype endorsement. *Journal of Experimental Social Psychology, 42*, 228-235.

Baudouin, A., Vanneste, S. Pouthas, V., & Isingrini, M. (2006). Age-related changes in duration reproduction: Involvement of working memory processes. *Brain and Cognition, 62*(1), 17-23.

Bauer, P. J. (2005). Developments in declarative memory. Decreasing susceptibility to storage failure over the second year of life. *Psychological Science 16*(1), 41-47.

Baumgartner, C. (2000). Clinical applications of magnetoencephalography. *Journal of Clinical Neurophysiology, 17*(2), 175-176.

Bavelier, D., Newport, E. L., Hall, M. L., Supalla, T., & Boutla, M. (2006). Persistent difference in short-term memory span between sign and speech: Implications for cross-linguistic comparisons. *Psychological Science, 17*(12),1090-1092.

Baxter, J. C. (1970). Interpersonal spacing in natural settings. *Sociometry, 33*(4), 444-456.

BBC. (2014). *Languages of the world—Interesting facts about languages.* Retrieved December 4, 2014, from http://www.bbc.co.uk/languages/guide/languages.shtml

Bearden, C. E., Glahn, D. C., Monkul, E. S., Barrett, J., Najt, P., Villarreal, V., et al. (2006). Patterns of memory impairment in bipolar disorder and unipolar major depression. *Psychiatry Research, 142*(2-3), 139-150.

Beauchamp, M. S., Nath, A. R., & Pasalar, S. (2010). fMRI-guided transcranial magnetic stimulation reveals that the superior temporal sulcus is a cortical locus of the McGurk effect. *Journal of Neuroscience, 30*(7), 2414-2417.

Bechtereva, N. P., Korotkov, A. D., Pakhomov, S. V., Roudas, M. S., Starchenko, M. G., & Medvedev, S. V. (2004). PET study of brain maintenance of verbal creative activity. *International Journal of Psychophysiology, 53*, 11-20.

Beck, I. L., Perfetti, C. A., & McKeown, M. G. (1982). Effects of longterm vocabulary instruction on lexical access and reading comprehension. *Journal of Educational Psychology, 74*, 506-521.

Bee, M. A., & Micheyl, C. (2008). The cocktail party problem: What is it? How can it be solved? And why should animal behaviorists study it? *Journal of Comparative Psychology, 122*(3), 235-251.

Beggs, A., & Graddy, K. (2009). Anchoring effects: Evidence from art auctions. *American Economic Review, 99*(3), 1027-1039.

Beghetto, R. A. (2010). Creativity in the classroom. In J. C. Kaufman & R. J. Sternberg (Eds.), *The Cambridge handbook of creativity* (pp. 447-463). New York, NY: Cambridge University Press.

Bellezza, F. S. (1984). The self as a mnemonic device: The role of internal cues. *Journal of Personality and Social Psychology, 47*, 506-516.

Bellezza, F. S. (1992). Recall of congruent information in the self-reference task. *Bulletin of the Psychonomic Society,*

30(4), 275-278.

Bencini, G., & Valian, V. (2008). Abstract sentence representations in 3-year-olds: Evidence from language production and comprehension. *Journal of Memory and Language, 59*(1), 97-113.

Benisz, M., Dumont, R., & Willis, J. O. (2015). From psychometric testing to clinical assessment: Personalities, ideas, and events that shaped David Wechsler's views of intelligence and its assessment. In S. Goldstein, D. Princiotta, & J. A. Naglieri (Eds.), *Handbook of intelligence* (pp. 163-180). New York, NY: Springer.

Benjamin, L. T., Jr., & Baker, D. B. (2004). Science for sale: Psychology's earliest adventures in American advertising. In J. D. Williams, W. N. Lee, & C. P. Haugtvedt (Eds.), *Diversity in advertising: Broadening the scope of research directions* (pp. 22-39). Mahwah, NJ: Erlbaum.

Benjamin, L. T., & Baker, D. (2014). *From séance to science: A history of the profession of psychology in America.* New York, NY: Wiley.

Bennis, W. M., & Pachur, T. (2006). Fast and frugal heuristics in sports. *Psychology of Sport and Exercise, 7*(6), 611-629.

Beowulf. (n.d.). Retrieved from http://www8.georgetown.edu/departments/medieval/ labyrinth/library/oe/texts/a4.1.html

Berg, C. A. (2000). Adult intellectual development. In R. J. Sternberg (Ed.), *Handbook of human intelligence.* New York, NY: Cambridge University Press.

Berg, C. A., Meegan, S. P., & Deviney, F. P. (1998). A social contextual model of coping with everyday problems across the lifespan. *International Journal of Behavioral Development, 22*, 239-261.

Bergerbest, D., Ghahremani, D. G., & Gabrieli, J. D. E. (2004). Neural correlates of auditory repetition priming: Reduced fMRI activation in the auditory cortex. *Journal of Cognitive Neuroscience, 16*, 966-977.

Berkow, R. (1992). *The Merck manual of diagnosis and therapy* (16th ed.). Rahway, NJ: Merck Research Laboratories.

Berkowitz, S. R., Laney, C., Morris, E. K., Garry, M., & Loftus, E. F. (2008). Pluto behaving badly: False beliefs and their consequences. *American Journal of Psychology, 121*(4), 643-660.

Berlin, B., & Kay, P. (1969). *Basic color terms: Their universality and evolution.* Los Angeles: University of California Press.

Berliner, H. J. (1969, August). Chess playing program. *SICART Newsletter, 19*, 19-20.

Berman, M. G., Jonides, J., & Lewis, R. L. (2009). In search of decay in verbal short-term memory. *Journal of Experimental Psychology: Learning, Memory, and Cognition, 35*(2), 317-333.

Bernstein, A. (1958, July). A chess-playing program for the IBM704. *Chess Review*, 208-209.

Bernstein, D. M., & Loftus, E. F. (2009). The consequences of false memories for food preferences and choices. *Perspectives on Psychological Science, 4*, 135-139.

Bernstein, D. M, Scoboria, A., & Arnold, R. (2015) The consequences of suggesting false childhood food events. *Acta Psychologica, 156*, 1-7.

Bernstein, M. J., Young, S. G., & Hugenberg, K. (2007). The Cross-category effect: Mere social categorization is sufficient to elicit an own-group bias in face recognition. *Psychological Science, 18*(8), 706-712.

Berry, C. J., Shanks, D. R., & Henson, R. N. A. (2008). A unitary signaldetection model of implicit and explicit memory. *Trends in Cognitive Sciences, 12*(10), 367-373.

Berry, D. (2002). Donald Broadbent. *The Psychologist, 15*(8), 402-405.

Berryhill, M. E., Phuong, L., Picasso, L., Cabeza, R., & Olson, I. R. (2007). Parietal lobe and episodic memory: bilateral damage causes impaired free recall of autobiographical memory. *Journal of Neuroscience, 27*, 14415-14423.

Bertsch, K., Böhnke, R., Kruk, M. R., & Naumann, E. (2009). Influence of aggression on information processing in the emotional Stroop task- and event-related potential study *Frontiers in Behavioral Neuroscience, 3*, 1-10.

Besnard, D., & Cacitti, L. (2005). Interface changes causing accidents. An empirical study of negative transfer. *International Journal of Human-Computer Studies, 62*(1), 105-125.

Best, J. (2003). Memory mnemonics. In L. Nadel (Ed.), *Encyclopedia of cognitive science* (Vol. 2, pp. 1081-1084). London, UK: Nature Publishing Group.

Beste, C., Heil, M., & Konrad, C. (2010). Individual differences in ERPs during mental rotation of characters: Lateralization, and performance level. *Brain and Cognition, 72*, 238-243.

Bethell-Fox, C. E., & Shepard, R. N. (1988). Mental rotation: Effects of stimulus complexity and familiarity. *Journal of Experimental Psychology: Human Perception and Performance, 14*(1), 12-23.

Beyer, J. L., Ranga, K., & Krishnan, R. (2002). Volumetric brain imaging findings mood disorders. *Bipolar Disorders, 4*(2), 89-104.

Bhatia, T. T., & Ritchie, W. C. (1999). The bilingual child: Some issues and perspectives. In W. C. Ritchie & T. K. Bhatia (Eds.), *Handbook of child language acquisition* (pp. 569-646). San Diego, CA: Academic Press.

Biais, B., & Weber, M. (2009). Hindsight bias, risk perception, and investment performance. *Management Science, 55*(6), 1018-1029. Bialystok, E. (2001). Metalinguistic aspects of bilingual processing. *Annual Review of Applied Linguistics, 21*, 169-181.

Bialystok, E., & Craik, F. I. M. (2010). Cognitive and linguistic processing in the bilingual mind. *Current Directions in Psychological Science, 19*(1), 19-23.

Bialystok, E., & Hakuta, K. (1994). *In other words: The science and psychology of second-language acquisition.* New York, NY: Basic Books.

Bialystok, E., Poarch, G., Luo, L., & Craik, F. M. (2014). Effects of bilingualism and aging on executive function and working memory. *Psychology and Aging, 29*(3), 696-705.

Bickerton, D. (1990). *Language and species.* Chicago, IL: University of Chicago Press.

Bidelman, G. M., Moreno, S., & Alain, C. (2013). Tracing the emergence of categorical speech perception in the human auditory system. *Neuroimage, 79*, 201-212.

Biederman, I. (1972). Perceiving real-world scenes. *Science, 177*(4043), 77-80.

Biederman, I. (1987). Recognition-by-components: A theory of human image understanding. *Psychological Review, 94*, 115-147.

Biederman, I. (1993a). Geon theory as an account of shape recognition in mind and brain. *Irish Journal of Psychology, 14*(3), 314-327.

Biederman, I. (1993b). Visual object recognition. In A. I. Goldman (Ed.), *Readings in philosophy and cognitive science* (pp. 9-21). Cambridge, MA: MIT Press. (Original work published 1990.)

Biederman, I. (2001). Recognizing depth-rotated objects: A review of results of research and theory. *Spatial Vision, 13*, 241-253.

Biederman, I., Glass, A. L., & Stacy, E. W. (1973). Searching for objects in real-world scenes. *Journal of Experimental Psychology, 97*(1), 22-27.

Biederman, I., Rabinowitz, J. C., Glass, A. L., & Stacy, E. W. (1974). On the information extracted from a glance at a scene. *Journal of Experimental Psychology, 103*(3), 597-600.

Biederman, J., & Faraone, S. V. (2005). Attention-deficit hyperactivity disorder. *The Lancet, 366*(9481), 237-248.

Biernat, M., & Ma, J. E. (2005). Stereotypes and the confirmability of trait concepts. *Personality and Social Psychology Bulletin, 31*(4), 483-495.

Bilalic, M., McLeod, P., & Gobet, F. (2008a). Expert and "novice" problem solving strategies in chess: Sixty years of citing de Groot (1946). *Thinking & Reasoning, 14*(4), 395-408.

Bilalic, M., McLeod, P., & Gobet, F. (2008b). Inflexibility of experts—Reality or myth? Quantifying the Einstellung effect in chess masters. *Cognitive Psychology, 56*, 73-102.

Bilda, Z., Gero, J. S., & Purcell, T. (2006). To sketch or not to sketch? That is the question. *Design Studies, 27*(5), 587-613.

Binder, J. R. (2009). fMRI of language systems. In M. Filippi (Ed.), *fMRI techniques and protocols* (pp. 323-351). New York, NY: Humana Press.

Binder, J. R., Frost, J. A., Hammeke, T. A., Bellgowan, P. S. F., Springer, J. A., Kaufman, J. N., et al. (2000). Human temporal lobe activation by speech and nonspeech sounds. *Cerebral Cortex, 10*, 512-528.

Binder, J. R., Frost, J. A., Hammeke, T. A., Rao, S. M., & Cox, R. W. (1996). Function of the left planum temporale in auditory and linguistic processing. *Brain, 119*, 1239-1247.

Binet, A., & Simon, T. (1916). *The development of intelligence in children* (E. S. Kite, Trans.). Baltimore, MD: Williams & Wilkins.

Bingman, V. P., Hough II, G. E., Kahn, M. C., & Siegel, J. J. (2003). The homing pigeon hippocampus and space: In search of adaptive specialization. *Brain, Behavior and Evolution, 62*(2), 117-127.

Birbaumer, N. (1999). Rain man's revelations. *Nature, 399*, 211-212.

Birdsong, D. (1999). Introduction: Whys and why nots of the critical period hypothesis for second language acquisition. In D. Birdsong (Ed.), *Second language acquisition and the critical period hypothesis* (pp. 1-22). Mahwah, NJ: Erlbaum.

Birdsong, D. (2009). Age and the end state of second language acquisition. In W. C. Ritchie & T. K. Bhatia (Eds.), *The new handbook of second language acquisition* (pp. 401-424). Bingley, UK: Emerald Group.

Bisiach, E., & Luzzatti, C. (1978). Unilateral neglect of representational space. *Cortex, 14*(1), 129-133.

Bjork, E. L., Bjork, R. A., & MacLeod, M. D. (2005). Types and consequences of forgetting: intended and unintended. In L.-G. Nilsson & N. Ohta (Eds.), *Memory and society: Psychological perspectives* (pp. 141-165). New York, NY: Psychology Press.

Bjorklund, D. F., Schneider, W., & Hernández Blasi, C. (2003). Memory. In L. Nadel (Ed.), *Encyclopedia of cognitive science* (Vol. 2, pp. 1059-1065). London, UK: Nature Publishing Group.

Blackwell, L. S., Trzesniewski, K. H., & Dweck, C. S. (2007). Implicit theories of intelligence predict achievement across an adolescent transition: A longitudinal study and an intervention. *Child Development, 78*(1), 246-263.

Blackwood, N. J., Howard, R. J., Fytche, D. H., Simmons, A., Bentall, R. P., Murray, R. M. (2000). Imaging attentional and attributional bias: An fMRI approach to the paranoid delusion. *Psychological Medicine, 30*, 873-883.

Blake, R. (2000). Vision and sight: Structure and function. In A. E. Kazdin (Ed.), *Encyclopedia of psychology* (pp. 177-178). Washington, DC: American Psychological Association.

Blake, W. C. A., McKenzie, K. J., & Hamm, J. P. (2002). Cerebral asymmetry for mental rotation: Effects of response hand, handedness and gender. *NeuroReport, 13*(15), 1929-1932.

Blakemore, S.-J., Smith, J., Steel, R., Johnstone, E. C., & Frith, C. D. (2000). The perception of self-produced sensory stimuli in patients with auditory hallucinations and passivity experiences: Evidence for a breakdown in self-monitoring. *Psychological Medicine, 30*, 1131-1139.

Blessing, S. B., & Ross, B. H. (1996). Content effects in problem categorization and problem solving. *Journal of Experimental Psychology: Learning, Memory, and Cognition, 22*, 792-810.

Bloom, B. S., & Broder, L. J. (1950). *Problem-solving processes of college students*. Chicago, IL: University of Chicago Press.

Bloom, B. S. (1964). *Stability and change in human characteristics*. New York, NY: Wiley.

Bluck, J. (2004). *NASA develops robust artificial intelligence for planetary rovers*. Retrieved September 5, 2007, from http://www.nasa. gov/vision/universe/roboticexplorers/robust_artificial_intelligence_jb.html

Boccia, M., Piccardi, L., Palermo, L., Nemmi, F., Sulpizio, V., Galati, G., & Galati, C. (2015). A penny for your thoughts! Patterns of fMRI activity reveal the content and the spatial topography of visual mental images. *Human Brain Mapping, 36*(3), 945-958.

Bock, K. (1990). Structure in language: Creating form in talk. *American Psychologist, 45*(11), 1221-1236.

Bock, K., Loebell, H., & Morey, R. (1992). From conceptual roles to structural relations: Bridging the syntactic cleft.

Psychological Review, 99(1), 150-171.

Boden, M. A. (1999). Computer models of creativity. In R. J. Sternberg (Ed.), *Handbook of creativity* (pp. 351-372). New York, NY: Cambridge University Press.

Bohannon, J. (1988). Flashbulb memories for the space shuttle disaster: A tale of two theories. *Cognition, 29*(2), 179-196.

Bolte, S., Hubl, D., Feineis-Matthews, S., Pruvulovic, D., Dierks, T., & Poustka, F. (2006). Facial affect recognition training in autism: Can we animate the fusiform gyrus? *Behavioral Neuroscience, 120*(1), 211-216.

Borchers, S., Müller, L., Synofzik, M., & Himmelbach, M. (2013). Guide lines and quality measures for the diagnosis of optic ataxia. *Frontiers in Human Neuroscience, 7.* doi:10.3389/fnhum.2013.00324

Boring, E. G. (1923, June 6). Intelligence as the tests test it. *New Republic*, 35-37.

Boring, E. G. (1929). *A history of experimental psychology.* New York, NY: Appleton-Century-Crofts.

Boring, E. G. (1950). *A history of experimental psychology.* (2nd ed.) New York, NY: Appleton-Century-Crofts.

Boroditsky, L., Schmidt, L. A., & Phillips, W. (2003). Sex, syntax, and semantics. In D. Gentner & S. Goldin-Meadow (Eds.), *Language in mind: Advances in the studies of language and cognition* (pp. 61-80). Cambridge, MA: MIT Press.

Borovsky, D., & Rovee-Collier, C. (1990). Contextual constraints on memory retrieval at six months. *Child Development, 61*(5), 1569-1583.

Bors, D. A., MacLeod, C. M., & Forrin, B. (1993). Eliminating the IQ-RT correlation by eliminating an experimental confound. *Intelligence, 17*(4), 475-500.

Borst, G., & Kosslyn, S. M. (2008). Visual mental imagery and visual perception: Structural equivalence revealed by scanning processes. *Memory & Cognition, 36*(4), 849-862.

Borst, G., & Kosslyn, S. M. (2010). Individual differences in spatial mental imagery. *Quarterly Journal of Experimental Psychology, 63*(10), 2031-2050.

Borst, J. P., & Anderson, J.R. (2015). Using the ACT-R Cognitive Architecture in combination with fMRI data. In B. U. Forstmann & E.-J. Wagenmakers (Eds.), *An introduction to model-based cognitive neuroscience.* New York, NY: Springer

Bosco, A., Longoni, A. M., & Vecchi, T. (2004). Gender effects in spatial orientation: Cognitive profiles and mental strategies. *Applied Cognitive Psychology, 18*(5), 519-532.

Bothwell, R. K., Brigham, J. C., & Malpass, R. S. (1989). Cross-racial identification. *Personality & Social Psychology Bulletin, 15*(1), 19-25.

Bourne, V. J., Fox, H. C., Deary, I. J., & Whalley, L. J. (2007). Does childhood intelligence predict variation in cognitive change in later life? *Personality and Individual Differences, 42*(8), 1551-1559.

Bousfield, W. A. (1953). The occurrence of clustering in the recall of randomly arranged associates. *Journal of General Psychology, 49*, 229-240.

Bower, G. H. (1983). Affect and cognition. *Philosophical Transactions of the Royal Society B, 302*, 387-402.

Bower, G. H., Black, J. B., & Turner, T. J. (1979). Scripts in memory for texts. *Cognitive Psychology, 11*, 177-220.

Bower, G. H., Clark, M. C., Lesgold, A. M., & Winzenz, D. (1969). Hierarchical retrieval schemes in recall of categorized word lists. *Journal of Verbal Learning and Verbal Behavior, 8*, 323-343.

Bower, G. H., & Gilligan, S. G. (1979). Remembering information related to one's self. *Journal of Research in Personality, 13*, 420-432.

Bower, G. H., Karlin, M. B., & Dueck, A. (1975). Comprehension and memory for pictures. *Memory & Cognition, 3*, 216-220.

Bowers, K. S., & Farvolden, P. (1996). Revisiting a century-old Freudian slip: From suggestion disavowed to the truth repressed. *Psychological Bulletin, 119*, 355-380.

Bowers, K. S., Regehr, G., Balthazard, C., & Parker, K. (1990). Intuition in the context of discovery. *Cognitive Psychology, 22*, 72-110.

Boyatzis, R. E., Gaskin, J., & Wei, H. (2015). Emotional and social intelligence and behavior. In S. Goldstein, D. Princiotta, & J. A. Naglieri (Eds.), *Handbook of intelligence* (pp. 243-262). New York, NY: Springer.

Bradley, R. H., & Caldwell, B. M. (1984). 174 Children: A study of the relationship between home environment and cognitive development during the first 5 years. In A. W. Gottfried (Ed.), *Home environment and early cognitive development: Longitudinal research.* San Diego, CA: Academic Press.

Brady, T. F., Konkle, T., Alvarez, G. A., & Oliva, A. (2008). Visual long-term memory has a massive storage capacity for object details. *Proceedings of the National Academy of Sciences, USA, 105*(38), 14325-14329.

Braine, M. D. S., & O'Brien, D. P. (1991). A theory of if: A lexical entry, reasoning program, and pragmatic principles. *Psychological Review, 98*(2), 182-203.

Brambati, S. M., Termine, C., Ruffino, M., Danna, M., Lanzi, G., Stella, G., et al. (2006). Neuropsychological deficits and neural dysfunction in familial dyslexia. *Brain Research, 1113*(1), 174-185.

Bransford, J. D., & Johnson, M. K. (1972). Contextual prerequisites for understanding: Some investigations of comprehension and recall. *Journal of Verbal Learning and Verbal Behavior, 11*, 717-726.

Bransford, J. D., & Johnson, M. K. (1973). Considerations of some problems of comprehension. In W. G. Chase (Ed.), *Visual information processing* (pp. 383-438). New York, NY: Academic Press.

Bransford, J. D., & Stein, B. S. (1993). *The ideal problem solver: A guide for improving thinking, learning, and creativity* (2nd ed.). New York, NY: W. H. Freeman.

Braun, C. M. J., Godbout, L., Desbiens, C., Daigneault, S., Lussier, F., & Hamel-Hebert, I. (2004). Mental genesis of scripts in adolescents with attention deficit/hyperactivity disorder. *Child Neuropsychology, 10*(4), 280-296.

Braun, K. A., Ellis, R., & Loftus, E. F. (2002). Make my memory: How advertising can change our memories of the past. *Psychology and Marketing, 19*, 1-23.

Braun-LaTour, K. A., LaTour, M. S., Pickrell, J., & Loftus, E. F. (2004-05). How and when advertising can influence memory for consumer experience. *Journal of Advertising,*

33, 7-25.

Brebion, G., David, A. S., Bressan, R. A., & Pilowsky, L. S. (2007). Role of processing speed and depressed mood on encoding, storage, and retrieval memory functions in patients diagnosed with schizophrenia. *Journal of the International Neuropsychological Society*, *13*, 99-107.

Breedlove, S. M., & Watson, N. V. (2013). *Biological psychology: An introduction to behavioral, cognitive, and clinical neuroscience* (7th ed.). Sunderland, MA: Sinauer.

Brefczynski-Lewis, J. A., Lutz, A., Schaefer, H. S., Levinson, D. B., & Davidson, R. J. (2007). Neural correlates of attentional expertise in long-term meditation practitioners. *Proceedings of the National Academy of Sciences, USA*, *104*(27), 11483-11488.

Bregman, A. S. (1990). *Auditory scene analysis: The perceptual organization of sound*. Cambridge, MA: MIT Press.

Brenneis, C. B. (2000). Evaluating the evidence: Can we find authenticated recovered memory? *Psychoanalytic Psychology*, *17*, 61-77.

Brennen, T., Vikan, A., & Dybdahl, R. (2007). Are tip-of-the-tongue states universal? Evidence from the speakers of an unwritten language. *Memory*, *15*(2), 167-176.

Brent, S. B., Speece, M. W., Lin, C., Dong, Q., et al. (1996). The development of the concept of death among Chinese and U.S. children 3-17 years of age: From binary to "fuzzy" concepts? *Journal of Death and Dying*, *33*(1), 67-83.

Bresnan, J. W. (Ed.). (1982). *The mental representation of grammatical relations*. Cambridge, MA: MIT Press.

Bressan, P., & Pizzighello, S. (2008). The attentional cost of in attentional blindness. *Cognition*, *106*, 370-383.

Breuning, M. (2003). The role of analogies and abstract reasoning in decision-making: Evidence from the debate over Truman's proposal for development assistance. *International Studies Quarterly*, *47*(2), 229-245.

Brewer, W. F. (2003). Mental models. In L. Nadel (Ed.), *Encyclopedia of cognitive science* (Vol. 3, pp. 1-6). London, UK: Nature Publishing Group.

Briere, J., & Conte, J. R. (1993). Self-reported amnesia for abuse in adults molested as children. *Journal of Traumatic Stress*, *6*, 21-31.

Brigham, J. C., & Malpass, R. S. (1985). The role of experience and contact in the recognition of faces of own and other-race persons. *Journal of Social Issues*, *41*(3), 139-155.

Broadbent, D. E. (1958). *Perception and communication*. Oxford, UK: Pergamon.

Brockmole, J. R., Hambrick, D. Z., Windisch, D. J., & Henderson, J. M. (2008). The role of meaning in contextual cueing: Evidence from chess expertise. *The Quarterly Journal of Experimental Psychology*, *61*(12), 1886-1896.

Brooks, L. R. (1968). Spatial and verbal components of the act of recall. *Canadian Journal of Psychology*, *22*(5), 349-368.

Brotherton, R., & French, C. C. (2014). Belief in conspiracy theories and susceptibility to the conjunction fallacy. *Applied Cognitive Psychology*, *28*(2), 238-248.

Brown, C., & Laland, K. (2001). Social learning and life skills training for hatchery reared fish. *Journal of Fish Biology*, *59*(3), 471-493.

Brown, C. M., & Hagoort, P. (Eds.). (1999). *Neurocognition of language*. Oxford, UK: Oxford University Press.

Brown, J. A. (1958). Some tests of the decay theory of immediate memory. *Quarterly Journal of Experimental Psychology*, *10*, 12-21.

Brown, P. C., Roediger, H. L., & McDaniel, M. A. (2014). *Make it stick: The science of successful learning*. Cambridge, MA: Harvard/Belknap Press.

Brown, R. (1965). *Social psychology*. New York, NY: Free Press.

Brown, R., & Kulik, J. (1977). Flashbulb memories. *Cognition*, 573-599.

Brown, R., & McNeill, D. (1966). The "tip of the tongue" phenomenon. *Journal of Verbal Learning and Verbal Behavior*, *5*, 325-337.

Brown, S. C., & Craik, F. I. M. (2000). Encoding and retrieval of information. In E. Tulving & F. I. M. Craik (Eds.), *The Oxford handbook of memory* (pp. 93-108). New York, NY: Oxford University Press.

Bruce, D. (1991). Mechanistic and functional explanations of memory. *American Psychologist*, *46*(1), 46-48.

Bruner, J. S. (1957). On perceptual readiness. *Psychological Review*, *64*, 123-152.

Bruner, J. S., Goodnow, J. J., & Austin, G. A. (1956). *A study of thinking*. New York, NY: Wiley.

Brungard, D. S., & Simpson, B. D. (2007). Cocktail party listening in a dynamic multitalker environment. *Perception & Psychophysics*, *69*(1), 79-91.

Bryan, W. L., & Harter, N. (1899). Studies on the telegraphic language: The acquisition of a hierarchy of habits. *Psychological Review*, *6*, 345-375.

Bryson, M., Bereiter, C., Scarmadalia, M., & Joram, E. (1991). Going beyond the problem as given: Problem solving in expert and novice writers. In R. J. Sternberg & P. A. Frensch (Eds.), *Complex problem solving: Principles and mechanisms* (pp. 61-84). Hillsdale, NJ: Erlbaum.

Buchsbaum, B. R., & D'Esposito, M. (2014). Working memory. In K. N. Ochsner & S. M. Kosslyn (Eds.), *Oxford handbook of cognitive neuroscience*. Oxford, UK: Oxford University Press.

Budwig, N. (1995). *A developmental-functionalist approach to child language*. Mahwah, NJ: Erlbaum.

Bugg, J. M., Zook, N. A., DeLosh, E. L., Davalos, D. B., & Davis, H. P. (2006). Age differences in fluid intelligence: Contributions of general slowing and frontal decline. *Brain and Cognition*, *62*(1), 9-16.

Bunge, S. A., Wendelken, C., Badre, D., & Wagner, A. D. (2004). Analogical reasoning and prefrontal cortex: Evidence for separable retrieval and integration mechanism. *Cerebral Cortex*, *15*(3), 239-249.

Bunting, M. (2006). Proactive interference and item similarity in working memory. *Journal of Experimental Psychology: Learning, Memory and Cognition*, *32*(2), 183-196.

Burgess, M. C. R, & Weaver, G. E. (2003). Interest and attention in facial recognition. *Perceptual and Motor Skills*, *96*(2), 467-480.

Buschke, H., Kulansky, G., Katz, M., Stewart, W. F., Sliwinski, M. J., Eckholdt, H. M., et al. (1999). Screening for dementia with the Memory Impairment Screen. *Neurology, 52*, 231-238.

Butler, J., & Rovee-Collier, C. (1989). Contextual gating of memory retrieval. *Developmental Psychobiology, 22*, 533-552.

Butterworth, B., & Howard, D. (1987). Paragrammatisms. *Cognition, 26*(1), 1-37.

Byrne, R. M. J. (1996). A model theory of imaginary thinking. In J. Oakhill & A. Garnham (Eds.), *Mental models in cognitive science* (pp. 155-174). Hove, UK: Taylor & Francis.

Cahill, L., Haier, R. J., Fallon, J., Alkire, M. T., Tang, C., Keator, D., Wu, J., & McGaugh, J. L. (1996). Amygdala activity at encoding correlated with long-term, free recall of emotional information. *Proceedings of the National Academy of Sciences, USA, 93*, 8016-8021.

Cahill, L., & McGaugh, J. L. (1996). Modulation of memory storage. *Current Opinion in Neurobiology, 6*, 237-242.

Cain, D. P., Boon, F., & Corcoran, M. E. (2006). Thalamic and hippocampal mechanisms in spatial navigation: A dissociation between brain mechanisms for learning how versus learning where to navigate. *Brain Research, 170*(2), 241-256.

Cain, K., & Oakhill, J. (2007). Reading comprehension difficulties: Correlates, causes, and consequences. In K. Cain & J. Oakhill (Eds.), *Children's comprehension problems in oral and written language: A cognitive perspective*. New York, NY: Guildford Press.

Cain, K., Oakhill, J., & Lemmon, K. (2004). Individual differences in the inference of word meanings from context: The influence of reading comprehension, vocabulary knowledge, and memory capacity. *Journal of Educational Psychology, 96*(4), 671-681.

Calvillo, D. P. (2014). Individual differences in susceptibility to misinformation effects and hindsight bias. *Journal of General Psychology, 141*(4), 393-407.

Cambridge Dictionaries Online. (n.d.). Ped-text. Retrieved December 4, 2014, from http://dictionaryblog.cambridge.org/category/new-words/

Cameron, H. A., & McKay, R.D. (2001). Adult neurogenesis produces a large pool of new granule cells in the dentate gyrus. *Journal of Comparative Neurology, 435*, 406-417.

Campbell, D. A. (1960). Blind variation and selective retention in creative thought as in other knowledge processes. *Psychological Review, 67*, 380-400.

Campbell, J. I. D., & Robert, N. D. (2008). Bidirectional associations in multiplication memory: Conditions of negative and positive transfer. *Journal of Experimental Psychology: Learning, Memory, and Cognition, 34*(3), 546-555.

Campbell, F. A., Ramey, C. T., Pungello, E., Sparling, J., & Miller-Johnson, S. (2002). Early childhood education: Young adult outcomes from the Abecedarian Project. *Applied Development Science, 6*(1), 42-57.

Campbell, L., Lee, N. H., Okura, E., Simpson, S., Ueki, K., & Van Way, J. (2013). New knowledge: findings from the Catalogue of Endangered

Languages (ELCat). Paper presented at the 3rd International Conference on Language Documentation and Conservation, February 28- March 3, University of Hawai'i at Mānoa.

Campbell, R., MacSweeney, M., Waters, D. (2008). Sign language in the brain: A review. *Journal of Deaf Studies and Deaf Education*, 13, 3-20.

Campbell, S. D., & Sharpe, S. A. (2009). Anchoring bias in consensus forecasts and its effect on market prices. *Journal of Financial and Quantitative Analysis, 44*(2), 369-390.

Campitelli, G., Gobet, F., Head, K., Buckley, M., & Parker, A. (2007). Brain localization of memory chunks in chessplayers. *International Journal of Neuroscience, 117*, 1641-1659.

Canli, T., Desmond, J. E., Zhao, Z., & Gabrieli, J. D. (2002). Sex differences in the neural basis of emotional memories. *Proceedings of the National Academy of Sciences, USA, 99*, 10789-10794.

Cant, J. S., & Goodale, M. A. (2007). Attention to form or surface properties modulates different regions of human occipito-temporal cortex. *Cerebral Cortex, 17*, 713-731.

Cant, J. S., Large, M.-E., McCall, L., & Goodale, M. A. (2008). Independent processing of form, colour, and texture in object perception. *Perception, 37*, 57-78.

Cappa, S. F., Perani, D., Grassli, F., Bressi, S., Alberoni M., Franceschi M., et al. (1997). A PET follow-up study of recovery after stroke in acute aphasics. *Brain and Language, 56*, 55-67.

Caramazza, A., & Shapiro, K. (2001). Language categories in the brain: evidence from aphasia. In L. Rizzi & A. Belletti (Eds.), *Structures and beyond*. Oxford, UK: Oxford University Press.

Carey, B. (2014). *How we learn: The surprising truth about when, where, and why it happens.* New York, NY: Random House.

Carey, S. (1994). Does learning a language require the child to reconceptualize the world? In L. Gleitman & B. Landau (Eds.), *The acquisition of the lexicon* (pp. 143-168). Cambridge, MA: Elsevier/MIT Press.

Carlson, E. R. (1995). Evaluating the credibility of sources: A missing link in the teaching of critical thinking. *Teaching of Psychology, 22*, 39-41.

Carlson, M. P., & Bloom, I. (2005). The cyclic nature of problem solving: An emergent multidimensional problem-solving frame work. *Educational Studies in Mathematics, 58*(1), 45-75.

Carlson, N. R. (2006). *Physiology of behavior* (9th ed.). Needham Heights, MA: Allyn-Bacon.

Carmichael, L., Hogan, H. P., & Walter, A. A. (1932). An experimental study of the effect of language on the reproduction of visually perceived form. *Journal of Experimental Psychology, 15*, 73-86.

Caroni, P., Chowdhury, A., & Lahr, M. (2014). Synapse rearrangements upon learning: From divergent-sparse connectivity to dedicated sub-circuits. *Trends in Neurosciences.* doi:10.1016/j.tins.2014.08.011

Carpenter, P. A., & Just, M. A. (1981). Cognitive processes in reading: Models based on readers' eye fixations. In A. M. Lesgold & C. A. Perfetti (Eds.), *Interactive processes in reading* (pp. 177-213). Hillsdale, NJ: Erlbaum.

Carraher, T. N., Carraher, D., & Schliemann, A. D. (1985).

Mathematics in the streets and in the schools. *British Journal of Developmental Psychology, 3*, 21-29.

Carroll, D. W. (1986). *Psychology of language*. Monterey, CA: Brooks/Cole.

Carroll, J. B. (1993). *Human cognitive abilities: A survey of factor-analytic studies*. New York, NY: Cambridge University Press.

Carroll, J. S., Hatakenaka, S., & Rudolph, J. W. (2006). Naturalistic decision making and organizational learning in nuclear power plants: negotiating meaning between managers and problem investigation teams. *Organization Studies, 27*(7), 1037-1057.

Carver, L. J., & Bauer, P. J. (2001). The dawning of a past: The emergence of long-term explicit memory in infancy. *Journal of Experimental Psychology: General, 130*(4), 738-745.

Cassia, V. M., Simion, F., Milani, I., & Umiltà, C. (2002). Dominance of global visual properties at birth. *Journal of Experimental Psychology: General, 131*(3), 398-411.

Castle, L., Aubert, R. E., Verbrugge, R. R., Khalid, M., & Epstein, R. S. (2007). Trends in medication treatment for ADHD. *Journal of Attention Disorders, 10*(4), 335-342.

Catroppa, C., & Anderson, V. (2006). Planning, problem-solving and organizational abilities in children following traumatic brain injury: Intervention techniques. *Developmental Neurorehabilitation, 9*(2), 89-97.

Cattell, J. M. (1886). The influence of the intensity of the stimulus on the length of the reaction time. *Brain, 9*, 512-514.

Cattell, R. B. (1971). *Abilities: Their structure, growth, and action*. Boston, MA: Houghton Mifflin.

Cave, K. R., & Wolfe, J. M. (1990). Modeling the role of parallel processing in visual search. *Cognitive Psychology, 22*(2), 225-271.

Cazalis, F., Feydy, A., Valabrègue, R., Pélégrini-Issac, M., Pierot, L., & Azouvi, P. (2006). fMRI study of problem-solving after severe traumatic brain injury. *Brain Injury, 20*(10), 1019-1028.

Ceci, S. J. (1991). How much does schooling influence general intelligence and its cognitive components? A reassessment of the evidence. *Developmental Psychology, 27*(5), 703-722.

Ceci, S. J., & Bronfenbrenner, U. (1985). Don't forget to take the cupcakes out of the oven: Strategic time-monitoring, prospective memory and context. *Child Development, 56*, 175-190.

Ceci, S. J., & Bruck, M. (1993). Suggestibility of the child witness: A historical review and synthesis. *Psychological Bulletin, 113*(3), 403-439.

Ceci, S. J., & Bruck, M. (1995). *Jeopardy in the courtroom*. Washington, DC: American Psychological Association.

Ceci, S. J., & Loftus, E. F. (1994). "Memory work": A royal road to false memories? *Applied Cognitive Psychology, 8*, 351-364.

Ceci, S. J., Nightingale, N. N., & Baker, J. G. (1992). The ecologies of intelligence: Challenges to traditional views. In D. K. Detterman (Ed.),

Current topics in human intelligence: Vol. 2. Is mind modular or unitary? (pp. 61-82). Norwood, NJ: Ablex.

Ceci, S. J., & Roazzi, A. (1994). The effects of context on cognition: Postcards from Brazil. In R. J. Sternberg & R. K. Wagner (Eds.), *Mind in context: Interactionist perspectives on human intelligence* (pp. 74101). New York, NY: Cambridge University Press.

Cepeda, N. J., Coburn, N., Rohrer, D., Wixted, J. T., Mozer, M. C., & Pashler, H. (2009). Optimizing distributed practice: Theoretical analysis and practical implications. *Experimental Psychology, 56*(4), 236-246.

Cerella, J. (1985). Information processing rates in the elderly. *Psychological Bulletin, 98*(1), 67-83.

Cerella, J. (1990). Aging and information-processing rate. In J. E. Birren & K. W. Schaie (Eds.), *Handbook of the psychology of aging* (3rd ed., pp. 201-221). San Diego, CA: Academic Press.

Cerella, J. (1991). Age effects may be global, not local: Comment on Fisk and Rogers (1991). *Journal of Experimental Psychology: General, 120*(2), 215-223.

Cerella, J., Rybash, J. M., Hoyer, W., & Commons, M. L. (1993). *Adult information processing: Limits on loss*. San Diego, CA: Academic Press.

Chambers, D., & Reisberg, D. (1985). Can mental images be ambiguous? *Journal of Experimental Psychology: Human Perception & Performance, 11*(3), 317-328.

Chambers, D., & Reisberg, D. (1992). What an image depicts depends on what an image means. *Cognitive Psychology, 24*(2), 145-174.

Chamodrakas, I., Batis, D., & Martakos, D. (2010). Supplier selection in electronic marketplaces using satisficing and fuzzy AHP. *Expert Systems with Applications, 37*, 490-498.

Chan, A. S., Cheung, M.-C., Han, Y. M. Y., Sze, S. L., Leung, W. W., Man, H. S., et al. (2009). Executive function deficits and neural discordance in children with autism spectrum disorders. *Clinical Neurophysiology, 120*, 1107-1115.

Chapman, J. P. (2006). Anxiety and defective decision making: An elaboration of the groupthink model. *Management Decision, 44*(10), 1391-1404.

Chapman, L. J., & Chapman, J. P. (1967). Genesis of popular but erroneous psychodiagnostic observations. *Journal of Abnormal Psychology, 72*(3), 193-204.

Chapman, L. J., & Chapman, J. P. (1969). Illusory correlation as an obstacle to the use of valid psychodiagnostic signs. *Journal of Abnormal Psychology, 74*, 271-280.

Chapman, L. J., & Chapman, J. P. (1975). The basis of illusory correlation. *Journal of Abnormal Psychology, 84*(5), 574-575.

Charltona, S. G. (2009). Driving while conversing: Cell phones that distract and passengers who react. *Accident Analysis and Prevention, 41*, 160-173.

Chase, W. G., & Simon, H. A. (1973). The mind's eye in chess. In W. G. Chase (Ed.), *Visual information processing* (pp. 215-281). New York, NY: Academic Press.

Chen, F., Hu, Z., Zhao, X., Wang, R., Yang, Z., Wang, X., et al. (2006). Neural correlates of serial abacus mental calculation in children: A functional MRI study. *Neuroscience Letters, 403*, 46-51.

Chen, X., Tian, B., & Wang, L. (2007). Santa Claus' towers of

Hanoi. *Graphs and Combinatorics, 23*(1), 153-167.

Chen, Y., & Sun, Y. (2003). Age differences in financial decisionmaking: Using simple heuristics. *Educational Gerontology, 29*(7), 627-635.

Chen, Z., & Daehler, M. W. (1989). Positive and negative transfer in analogical problem solving. *Cognitive Development, 4,* 327-344.

Cheng, P. W. (1997). From covariation to causation: A causal power theory. *Psychological Review, 104*, 367-405.

Cheng, P. W. (1999). Causal reasoning. In R. A. Wilson & F. C. Keil (Eds.), *The MIT encyclopedia of the cognitive sciences* (pp. 106-108). Cambridge, MA: MIT Press.

Cheng, P. W., & Holyoak, K. J. (1985). Pragmatic reasoning schemas. *Cognitive Psychology, 17*, 391-416.

Cheng, P. W., & Holyoak, K. J. (2008). Pragmatic reasoning schemas. In J. E. Adler, L. J. Rips (Eds.), *Reasoning: Studies of human inference and its foundations* (pp. 827-842). New York, NY: Cambridge University Press.

Cheng, P. W., Holyoak, K. J., Nisbett, R. E., & Oliver, L. M. (1986). Pragmatic versus syntactic approaches to training deductive reasoning. *Cognitive Psychology, 17*(3), 391-416.

Cherniss, C., Extein, M., Goleman, D., & Weissberg, R. P. (2006). Emotional intelligence: what does research really indicate? *Educational Psychologist, 41*(4), 239-245.

Cherry, E. C. (1953). Some experiments on the recognition of speech with one and two ears. *Journal of the Acoustical Society of America, 25*, 975-979.

Chi, M. T. H., Bassok, M., Lewis, M., Reimann, P., & Glaser, R. (1989). Self-explanations: How students study and use examples in learning to solve problems. *Cognitive Science, 13*, 145-182.

Chi, M. T. H., Glaser, R., & Rees, E. (1982). Expertise in problem solving. In R. J. Sternberg (Ed.), *Advances in the psychology of expertise* (Vol. 1, pp. 7-76). Hillsdale, NJ: Erlbaum.

Cho, K. (2001). Chronic "jet lag" produces temporal lobe atrophy and spatial cognitive deficits. *Nature Neuroscience, 4*(6), 567-568.

Chomsky, N. (1959). Review of the book *Verbal behavior*. *Language, 35*, 26-58.

Chomsky, N. (1965). *Aspects of the theory of syntax*. Cambridge, MA: MIT Press.

Chou, H. G., & Edge, N. (2012). 'They are happier and having better lives than I am': The impact of using Facebook on perceptions of others' lives. *Cyberpsychology, Behavior, and Social Networking, 15*(2), 117-120.

Christensen, T. C., Wood, J. V., & Barrett, L. F. (2003). Remembering everyday experience through the prism of self-esteem. *Personality and Social Psychology Bulletin, 29*(1), 51-62.

Christiaans, H., & Venselaar, K. (2007). Creativity in design engineering and the role of knowledge: Modelling the expert. *International Journal of Technology and Design Education, 15*(3), 217-236.

Christoff, K., Ream, J. M., & Gabrieli, J. D. E. (2004). Neural basis of spontaneous thought processes. *Cortex, 40*, 623-630.

Chun, M. M., & Johnson, M. K. (2011). Memory: Enduring traces of perceptual and reflective attention. *Neuron, 72,* 520-35.

Chun, M. M., & Potter, M. C. (1995). A two-stage model for multiple target detection in rapid serial visual presentation. *Journal of Experimental Psychology: Human Perception and Performance, 21*, 109-127.

Chun, M. M., & Turk-Browne, N. B. (2007). Interactions between attention and memory. *Current Opinion in Neurobiology, 17,* 177-84.

Churchland, P., & Sejnowski, T. (2004). *The computational brain*. Cambridge, MA: MIT Press.

Ciarrochi, J., Forgas, J. P., & Mayer, J. D. (Eds.). (2001). *Emotional intelligence*

in everyday life: A scientific inquiry. Philadelphia, PA: Psychology Press.

Cichy, R., Pantazis, D., & Oliva, A. (2014). Resolving human object recognition in space and time. *Nature Neuroscience, 17*(3), 455-462.

Cipolotti, L. L., Husain, M. M., Crinion, J. J., Bird, C. M., Khan, S. S., Losseff, N. N., & . . . Leff, A. P. (2008). The role of the thalamus in amnesia: A tractography, high-resolution MRI and neuropsychological study. *Neuropsychologia, 46*(11), 2745-2758.

Cisler, J. M., Bacon, A. K., & Williams, N. L. (2007). Phenomenological characteristics of attentional biases towards threat: A critical review. *Cognitive Therapy and Research, 33*(2), 221-234.

Clabaux, N., Brenac, T., Perrin, C., Magnin, J., Canu, B., & Van Elslande, P. (2012). Motorcyclists' speed and "looked-but-failed-to-see" accidents. *Accident Analysis and Prevention, 49*, 73-77.

Clark, A. (2003). Perception, philosophical issues about. In L. Nadel (Ed.), *Encyclopedia of cognitive science* (Vol. 3, pp. 512-517). London, UK: Nature Publishing Group.

Clark, A., Fox, C., & Lappin, S. (2012). *The handbook of computational linguistics and natural language processing*. Malden, MA: Blackwell.

Clark, E. V. (1993). *The lexicon in acquisition*. Cambridge, UK: Cambridge University Press.

Clark, E. V. (1995). Later lexical development and word formation. In P. Fletcher & B. MacWhinney (Eds.), *The handbook of child language* (pp. 393-412). Oxford, UK: Blackwell.

Clark, H. H., & Brennan, S. E. (1991). Grounding in communication. In L. B. Resnick, J. M. Levine, & S. P. Tansley (Eds.), *Perspectives on socially shared cognition* (pp. 127-149). Washington, DC: American Psychological Association.

Clark, H. H., & Chase, W. G. (1972). On the process of comparing sentences against pictures. *Cognitive Psychology, 3*, 472-517.

Clark, H. H., & Clark, E. V. (1977). *Psychology and language: An introduction to psycholinguistics*. New York, NY: Harcourt Brace Jovanovich.

Clark, U. S., Oscar-Berman, M., Shagrin, B., & Pencina, M. (2007). Alcoholism and judgments of affective stimuli. *Neuropsychology, 21*(3), 346-362.

Clegg, A. B., & Shepherd, A. J. (2007). Benchmarking natural-language parsers for biological applications using dependency graphs. *BMC Bioinformatics*, *8*(1), 24-41.

Clifasefi, S. L., Bernstein, D. B., Mantonakis, A., & Loftus, E. F. (2013). "Queasy does it": False alcohol beliefs and memories lead to diminished alcohol preferences. *Acta Psychologica, 143*, 14-19.

Clinton, S. M., & Meador-Woodruff, J. H. (2004). Thalamic dysfunction in schizophrenia: Neurochemical, neuropathological, and in vivo imaging abnormalities. *Schizophrenia Research*, *69*(2-3), 237-253.

Coane, J. H., McBride, D. M., Raulerson, B. A., & Jordan, J. S. (2007).

False memory in a short-term memory task. *Experimental Psychology*, *54*(1), 62-70.

Cohen, J. (1981). Can human irrationality be experimentally demonstrated? *Behavioral and Brain Sciences*, *4*, 317-331.

Cohen, J. D., Romero, R. D., Servan-Schreiber, D., & Farah, M. J. (1994). Mechanisms of spatial attention: The relation of macrostructure to microstructure in parietal neglect. *Journal of Cognitive Neuroscience*, *6*, 377-387.

Cohen, J. T., & Graham, J. D. (2003). A revised economic analysis of restrictions on the use of cell phones while driving. *Risk Analysis*, *23*(1), 5-17.

Cohen, M. S., Kosslyn, S. M., Breiter, H. C., DiGirolamo, G. J., Thompson, W. L., Anderson, A. K., et al. (1996). Changes in cortical activity during mental rotation: A mapping study using functional MRI. *Brain, 119*, 89-100.

Cole, M., Gay, J., Glick, J., & Sharp, D. W. (1971). *The cultural context of learning and thinking*. New York, NY: Basic Books.

Coleman, J. (2003). Phonology, computational. In L. Nadel (Ed.), *Encyclopedia of cognitive science* (Vol. 3, pp. 650-654). London, UK: Nature Group Press.

Coley, J. D., Medin, D. L., Proffitt, J. B., Lynch, E., & Atran, S. (1999). Inductive reasoning in folkbiological thought. In D. L. Medin & S. Atran (Eds.), *Folkbiology* (pp. 205-232). Cambridge, MA: MIT Press.

Collette, F., Majerus, S., Van Der Linden, M., Dabe, P., Degueldre, C., Delfiore, G., et al. (2001). Contribution of lexico-semantic processes to verbal short-term memory tasks: A PET activation study. *Memory*, *9*, 249-259.

Collier, G. (1994). *Social origins of mental ability.* New York, NY: Wiley.

Collier, M. (2005). Hume and cognitive science: The current status of the controversy over abstract ideas. *Phenomenology and the Cognitive Sciences*, *4*(2), 197-207.

Collins, A. M., & Loftus, E. F. (1975). A spreading-activation theory of semantic processing. *Psychological Review*, *82*, 407-429.

Collins, A. M., & Quillian, M. R. (1969). Retrieval time from semantic memory. *Journal of Verbal Learning and Verbal Behavior*, *8*, 240-248.

Collins, M. A., & Amabile, T. M. (1999). Motivation and creativity. In R. J. Sternberg (Ed.), *Handbook of creativity* (pp. 297-312). New York, NY: Cambridge University Press.

Colom, R., Haier, R. J., Head, K., Álvarez-Linera, J., Quiroga, M. Á., Shih, P. C., et al. (2009). Gray matter correlates of fluid, crystallized, and spatial intelligence: Testing the P-FIT model. *Intelligence*, *37*, 124-135.

Colom, R., Rebollo, I., Palacios, A., Juan-Espinosa, M., & Kyllonen, P. C. (2004). Working memory is (almost) perfectly predicted by *g*. *Intelligence*, *32*(3), 277-296.

Colonia-Willner, R. (1998). Practical intelligence at work: Relationship between aging and cognitive efficiency among managers in a bank environment. *Psychology and Aging, 13*, 45-57.

Committeri, G., Galati, G., Paradis, A., Pizzamiglio, L., Berthoz, A., & LeBihan, D. (2004). Reference frames for spatial cognition: Different brain areas are involved in viewer-, object-, and landmark-centered judgments about object location. *Journal of Cognitive Neuroscience*, *16*(9), 1517-1535.

Conrad, R. (1964). Acoustic confusions in immediate memory. *British Journal of Psychology*, *55*, 75-84.

Conway, A. R. A., Cowan, N., & Bunting, M. F. (2001). The cocktail party phenomenon revisited: The importance of working memory capacity. *Psychonomic Bulletin & Review*, *8*(2), 331-335.

Conway, A. R. A., Getz, S. J., Macnamara, B., & Engel de Abreu, P. M. J. (2011). Working memory and intelligence. In R. J. Sternberg & S. B. Kaufman (Eds.), *Cambridge handbook of intelligence* (pp. 394-418). New York, NY: Cambridge University Press.

Conway, M. A. (1995). *Flashbulb memories*. Hove, UK: Erlbaum.

Cook, A. E., & Gueraud, S. (2005). What have we been missing? The role of general world knowledge in discourse processing. *Discourse Processes*, *39*(2-3), 265-278.

Cookey, J., Bernier, D., & Tibbo, P. G. (2014). White matter changes in early phase schizophrenia and cannabis use: An update and systematic review of diffusion tensor imaging studies. *Schizophrenia Research, 156*(2-3), 137-142.

Coon, H., Carey, G., & Fulker, D. W. (1992). Community influences on cognitive ability. *Intelligence, 16*(2), 169-188.

Cooper, E. H., & Pantle, A. J. (1967). The total-time hypothesis in verbal learning. *Psychological Bulletin*, *68*, 221-234.

Corballis, M. C. (1989). Laterality and human evolution. *Psychological Review*, *96*(3), 49-50.

Corballis, M. C. (1997). Mental rotation and the right hemisphere. *Brain and Language*, *57*, 100-121.

Corcoran, D. W. J. (1971). *Pattern recognition*. Harmondsworth, UK: Penguin.

Corcoran, J., & Dattalo, P. (2006). Parent involvement in treatment for ADHD: A meta-analysis of the published studies. *Research on Social Work Practice*, *16*(6), 561-570.

Corradi-Dell'Acqua, C., Civai, C., Rumiati, R. I., & Fink, G. R. (2013). Disentangling self- and fairness-related neural mechanisms involved in the ultimatum game: An fMRI study. *Social Cognitive and Affective Neuroscience, 8*(4), 424-431.

Coslett, H. B. (2003). *Acquired dyslexia*. In K. M. Heilman & E. Valenstein (Eds.), *Clinical neuropsychology* (pp. 108-125). New York, NY: Oxford University Press.

Cosmides, L. (1989). The logic of social exchange: Has natural selection shaped how humans reason? Studies with the Wason selection task. *Cognition*, *31*, 187-276.

Cosmides, L., & Tooby, J. (1996). Are humans good intuitive statisticians after all? Rethinking some conclusions from the literature on judgment under uncertainty. *Cognition, 58*, 1-73.

Costello, C. G. (1967). The effects of an alien stimulus on reminiscence in pursuit rotor performance. *Psychonomic Science, 8*(8), 331-332.

Cowan, N. (2001). The magical number 4 in short-term memory: A reconsideration of mental storage capacity. *Behavioral and Brain Sciences*, 24.

Cowan, N. (2005). *Working memory capacity.* Hove, UK: Psychology Press.

Craik, F. I. M., & Brown, S. C. (2000). Memory: Coding processes. In A. E. Kazdin (Ed.), *Encyclopedia of psychology* (Vol. 5, pp. 162-166). Washington, DC: American Psychological Association.

Craik, F. I. M., & Lockhart, R. S. (1972). Levels of processing: A framework for memory research. *Journal of Verbal Learning and Verbal Behavior, 11*, 671-684.

Craik, F. I. M., & Lockhart, R. S. (2008). Levels of processing and Zinchenko's approach to memory research. *Journal of Russian and East European Psychology, 46*(6), 52-60.

Craik, F. I. M., & Tulving, E. (1975). Depth of processing and the retention of words in episodic memory. *Journal of Experimental Psychology: General, 104*, 268-294.

Craik, K. (1943). *The nature of exploration.* Cambridge, UK: Cambridge University Press.

Cronly-Dillon, J., Persaud, K. C., & Blore, R. (2000). Blind subjects construct conscious mental images of visual scenes encoded in musical form. *Philosophical Transactions of the Royal Society B, 267*, 22312238.

Crookes, K., & Robbins, R. A. (2014). No childhood development of viewpoint-invariant face recognition: Evidence from 8-year-olds and adults. *Journal of Experimental Child Psychology, 126,* 103-111.

Cropley, D. H. Cropley, A. J., Kaufman, J. C., & Runco, M. A. (Eds.). (2010). *The dark side of creativity.* New York, NY: Cambridge University Press.

Crowder, R. G. (1976). *Principles of learning and memory.* Hillsdale, NJ: Erlbaum.

Cruz, N. V., & Bahna, S. L. (2006). Do food or additives cause behavior disorders? *Psychiatric Annals, 36*(10), 724-732.

Crystal, D. (Ed.). (1987). *The Cambridge encyclopedia of language.* New York, NY: Cambridge University Press.

Csikszentmihalyi, M. (1988). Society, culture, and person: A systems view of creativity. In R. J. Sternberg (Ed.), *The nature of creativity* (pp. 325-339). New York, NY: Cambridge University Press.

Csikszentmihalyi, M. (1996). *Creativity: Flow and the psychology of discovery and invention.* New York, NY: HarperCollins.

Csikszentmihalyi, M. (1999). Creativity. In R. A. Wilson & F. C. Keil (Eds.), *The MIT encyclopedia of the cognitive sciences* (pp. 205-206). Cambridge, MA: MIT Press.

Csikszentmihalyi, M. (2000). Creativity: An overview. In A. E. Kazdin (Ed.), *Encyclopedia of psychology* (Vol. 2, p. 342). Washington, DC: American Psychological Association.

Csikszentmihalyi, M. (2013). *Creativity.* New York, NY: Harper Perennial.

Cui, X., Jeter, C. B., Yang, D., Montague, P. R., & Eagleman, D. M. (2007). Vividness of mental imagery: Individual variability can be measured objectively. *Vision Research, 47*, 474-478.

Culham, J. C. (2003). Parietal cortex. In L. Nadel (Ed.), *Encyclopedia of cognitive science* (Vol. 3, pp. 451-457). London, UK: Nature Publishing Group.

Culicover, P. W., & Jackendoff, R. (2005). *Simpler syntax.* Oxford, UK: Oxford University Press.

Cummings, A., & Ceponiene, R. (2010). Verbal and nonverbal semantic processing in children with developmental language impairment. *Neuropsychologia, 48*(1), 77-85.

Cummins, J. (1976). The influence of bilingualism on cognitive growth: A synthesis of research findings and explanatory hypothesis. *Working Papers on Bilingualism, 9*, 1-43.

Cummins, R., & Cummins, D. D. (Eds.). (2000). *Minds, brains, and computers: The foundations of cognitive science.* Singapore: Blackwell.

Cunningham, S. J., Turk, D. J., Macdonald, L. M., & Macrae, C. N. (2008). Yours or mine? Ownership and memory. *Consciousness and Cognition: An International Journal, 17*(1), 312-318.

Cutler, B. L., & Penrod, S. D. (1995). *Mistaken identification: The eyewitness, psychology, and the law.* New York, NY: Cambridge University Press.

Cutting, J., & Kozlowski, L. (1977). Recognizing friends by their walk: Gait perception without familiarity cues. *Bulletin of the Psychonomic Society, 9*(5), 353-356.

Cziko, G. A. (1998). From blind to creative: In defense of Donald Campbell's selectionist theory of human creativity. *Journal of Creative Behavior, 32*, 192-208.

D'Amico, A., & Guarnera, M. (2005). Exploring working memory in children with low arithmetical achievement. *Learning and Individual Differences, 15*(3), 189-202.

Dakin, S. C., & Hess, R. F. (1999). Contour integration and scale combination processes in visual edge detection. *Spatial Vision, 12*, 309-327. Damasio, A. R. (1985). Prosopagnosia. *Trends in Neurosciences, 8*, 132-135.

Damasio, A. R., Tranel, D., & Damasio, H. (1990). Face agnosia and the neural substrates of memory. *Annual Review of Neuroscience, 13*, 89-109.

Damoiseaux, J. S., Rombouts, S. A. R. B., Barkhof, F., Scheltens, P., Stam, C. J., Smith, S. M., et al. (2006). Consistent resting-state networks across healthy subjects. *Proceedings of the National Academy of Sciences, USA, 103*, 13848-13853.

Daneman, M., & Carpenter, P. A. (1983). Individual differences in integrating information between and within sentences. *Journal of Experimental Psychology: Learning, Memory, and Cognition, 9*, 561-583.

Daniel, M. H. (2000). Interpretation of intelligence test scores. In R. J. Sternberg (Ed.), *Handbook of intelligence* (pp. 477-491). New York, NY: Cambridge University Press.

Daniels, K., Toth, J., & Jacoby, L. (2006). The aging of executive functions. In E. Bialystok & F. I. M. Craik (Eds.), *Lifespan cognition: Mechanisms of change* (pp. 96-111). New York, NY: Oxford University Press.

Danker, J. F., Gunn, P., & Anderson, J. R. (2008). A rational account of memory predicts left prefrontal activation during controlled retrieval. *Cerebral Cortex, 18*, 2674-2685.

Darwin, C. J. (2008). Spatial hearing and perceiving sources. In W. A. Yost, R. R. Fay & A. N. Popper (Eds.), *Auditory perception of sound sources* (pp. 215-232). Berlin, Germany: Springer.

Davenport, J. L. (2007). Consistency effects between objects in scenes. *Memory and Cognition, 35*, 393-401.

Davidson, J. E., & Kemp, I. A. (2011). Contemporary models of intelligence. In R. J. Sternberg & S. B. Kaufman (Eds.), *Cambridge handbook of intelligence* (pp. 58-84). New York, NY: Cambridge University Press.

Davidson, J. E., & Sternberg, R. J. (Eds.). (2003). *The psychology of problem solving*. New York, NY: Cambridge University Press.

Davidson, J. E., & Sternberg, R. J. (1984). The role of insight in intellectual giftedness. *Gifted Child Quarterly, 28*, 58-64.

Davidson, R. J., & Hugdahl, K. (Eds.). (1995). *Cerebral asymmetry*. Cambridge, MA: MIT Press.

Davies, M., Stankov, L., & Roberts, R. D. (1998). Emotional intelligence: In search of an elusive construct. *Journal of Personality & Social Psychology, 75*, 989-1015.

Davies-Thompson, J., Gouws, A., & Andrews, T. J. (2009). An imagedependent representation of familiar and unfamiliar faces in the human ventral stream. *Neuropsychologia, 47*(6), 1627-1635.

Davis, D., & Loftus, E. F. (2007). Internal and external sources of misinformation in adult witness memory. In M. P. Toglia, J. D. Read, D. F. Ross, & R. C. L. Lindsay (Eds.), *Handbook of eyewitness psychology* (Vol. 1, pp. 195-237). Mahwah, NJ: Erlbaum.

Davis, D., Loftus, E. F., Vanous, S., & Cucciare, M. (2008). "Unconscious transference" can be an instance of "change blindness." *Applied Cognitive Psychology, 22*, 605-623.

Davis, K., Christodoulou, J., Seider, S., & Gardner, H. (2011). The theory of multiple intelligences. In R. J. Sternberg & S. B. Kaufman (Eds.), *Cambridge handbook of intelligence* (pp. 485-503). New York, NY: Cambridge University Press.

Davis, M. P., Drecier, R., Walsh, D., Lagman, R., & LeGrand, S. B. (2004). Appetite and cancer-associated anorexia: A review. *Journal of Clinical Oncology, 22*(8), 1510-1517.

Dawes, R. (2000). Tversky, Amos. In A. Kazdin (Ed.), *Encyclopedia of psychology* (Vol. 8, pp. 127-128). Washington, DC: American Psychological Association.

Dawes, R. M., Mulford, M. (1996). The false consensus effect and overconfidence: Flaws in judgment or flaws in how we study judgment? *Organizational Behavior & Human Decision Processes, 65*(3), 201-211.

Day, M. V., & Ross, M. (2014). Predicting confidence in flashbulb memories. *Memory, 22*(3), 232-242.

De Beni, R., Cornoldi, C., Larsson, M., Magnussen, S., & Ronnberg, J. (2007). Memory experts: Visual learning, wine tasting, orienteering and speech-reading. In S. Magnussen & T. Helstrup (Eds.), *Everyday memory* (pp. 201-227). New York, NY: Psychology Press.

De Groot, A. D. (1965). *Thought and choice in chess*. The Hague, Netherlands: Mouton.

de Haan, E. F., & Cowey, A. (2011). On the usefulness of "what" and "where" pathways in vision. *Trends in Cognitive Sciences, 15*(10), 460-466.

De Houwer, A. (1995). Bilingual language acquisition. In P. Fletcher & B. MacWhinney (Eds.), *The handbook of child language* (pp. 219-250). Oxford, UK: Blackwell.

de la Iglesia, J. C. F., Buceta, M. J., & Campos, A. (2005). Prose learning in children and adults with Down syndrome: The use of visual and mental image strategies to improve recall. *Journal of Intellectual & Developmental Disability, 30*(4), 199-206.

De Renzi, E., Faglioni, P., Grossi, D., & Nichelli, P. (1991). Apperceptive and associative forms of prosopagnosia. *Cortex, 27*, 213-221.

De Rosa, E., & Sullivan, E. V. (2003). Enhanced release from proactive interference in nonamnesic alcoholic individuals: Implications for impaired associative binding. *Neuropsychology, 17*(3), 469-481.

De Weerd, P. (2003a). Attention, neural basis of. In L. Nadel (Ed.), *Encyclopedia of cognitive science* (Vol. 1, pp. 238-246). London, UK: Nature Publishing Group.

De Weerd, P. (2003b). Occipital cortex. In L. Nadel (Ed.), *Encyclopedia of cognitive science* (Vol. 3, pp. 408-414). London, UK: Nature Publishing Group.

de Wit, M. M., van der Kamp, J., & Withagen, R. (2015). Visual illusions and direct perception: Elaborating on Gibson's insights. *New Ideas In Psychology, 36*, 1-9. doi:10.1016/j.newideapsych.2014.07.001

De Yoe, E. A., & Van Essen, D. C. (1988). Concurrent processing streams in monkey visual cortex. *Trends in Neurosciences, 11*, 219-226.

Dean, L. M., Willis, F. N., & Hewitt K. (1975). Initial interaction distance among individuals equal and unequal in military rank. *Journal of Personality and Social Psychology, 32*, 294-299.

Deary, I. J. (2000). Simple information processing and intelligence. In R. J. Sternberg (Ed.), *Handbook of intelligence* (pp. 267-284). New York, NY: Cambridge University Press.

Deary, I. J., Johnson, W., & Houlihan, L. M. (2009). Genetic foundations of human intelligence. *Human Genetics, 126*, 215-232.

Deary, I. J., & Stough, C. (1996). Intelligence and inspection time: Achievements, prospects, and problems. *American Psychologist, 51*, 599-608.

Dedeogle, A., Choi, J., Cormier, K., Kowall, N. W., & Jenkins, B. G. (2004). Magnetic resonance spectroscopic analysis of Alzheimer's disease mouse brain that express mutant human APP shows altered neurochemical profile. *Brain Research, 1012*(1-2), 60-65.

Deeprose, C., Andrade, J., Harrison, D., & Edwards, N. (2005). Unconscious auditory priming during surgery with propofol and nitrous oxide anaesthesia: A replication. *British Journal of Anaesthesia, 94*(1), 57-62.

Deese, J. (1959). On the prediction of occurrence of particular verbal intrusions in immediate recall. *Journal of Experimental Psychology, 58*, 17-22.

Defense Advanced Research Projects Agency. (2007). *DARPA: Urban Challenge*. Retrieved September 5, 2007, from http://www.darpa. mil/grandchallenge/index.asp

Deffenbacher, J. L., Lynch, R. S., Filetti, L. B., Dahlen, E. R., & Oetting, E. R. (2003). Anger, aggression, risky behavior, and crash-related outcomes in three groups of drivers. *Behaviour Research and Therapy, 41*(3), 333-349.

Deffenbacher, K. A., Bornstein, B. H., Penrod, S. D., & McGorty, E. K. (2004). A meta-analytic review of the effects of high stress on eyewitness memory. *Law and Human Behavior, 28*(6), 697-706.

Delaney, P. F., Verkoeijen, P. L., & Spirgel, A. (2010). Spacing and testing effects: A deeply critical, lengthy, and at times discursive review of the literature. In B. H. Ross, B. H. Ross (Eds.), *The psychology of learning and motivation: Advances in research and theory* (Vol. 53, pp. 63-147). San Diego, CA: Elsevier Academic Press.

Dell, G. S. (1986). A spreading-activation theory of retrieval in sentence production. *Psychological Review, 93*(3), 283-321.

DeMiguel, V., Garlappi, L., & Uppal, R. (2007). Optimal versus naive diversification: How inefficient is the 1/N portfolio strategy? *The Review of Financial Studies, 22*(5), 1915-1953.

Dempster, F. N. (1991). Inhibitory processes: A neglected dimension of intelligence. *Intelligence, 15*(2), 157-173.

Denis, M., Beschin, N., Logie, R. H., & Della Sala, S. (2002). Visual perception and verbal descriptions as sources for generating mental representations: Evidence from representational neglect. *Cognitive Neuropsychology, 19*(2), 97-112.

Denis, M., & Kosslyn, S. M. (1999). Scanning visual mental images: A window on the mind. *Cahiers de Psychologie Cognitive, 18*(4), 409-616.

Denny, N. W. (1980). Task demands and problem-solving strategies in middle-aged and older adults. *Journal of Gerontology, 35*, 559-564.

Derntl, B., Windischberger, C., Robinson, S., Kryspin-Exner, I., Gur, R. C., Moser, E., et al. (2009). Amygdala activity to fear and anger in healthy young males is associated with testosterone. *Psychoneuroendocrinology, 34*, 687-693.

Desai, R., Liebenthal, E., Possing, E. T., Waldron, E., & Binder, J. R. (2005). Volumetric vs. surface-based alignment for localization of auditory cortex activation. *NeuroImage, 26*, 1019-1029.

Detre, J. A. (2004). fMRI: Applications in epilepsy. *Epilepsia 45*(4), 26-31.

Detterman, D. K., & Sternberg, R. J. (Eds.). (1982). *How and how much can intelligence be increased?* Norwood, NJ: Ablex.

Detterman, D. K., & Sternberg, R. J. (Eds.). (1993). *Transfer on trial: Intelligence, cognition, and instruction*. Norwood, NJ: Ablex.

Deutsch, J. A., & Deutsch, D. (1963). Attention: Some theoretical considerations. *Psychological Review, 70*, 80-90.

DeValois, R. L., & DeValois, K. K. (1980). Spatial vision. *Annual Review of Psychology, 31*, 309-341.

Devitt, M. (2008). *Ignorance of language*. Oxford, UK: Oxford University Press/Clarendon Press.

Dew, N., Read, S., Sarasvathy, S. D., & Wiltbank, R. (2009). Effectual versus predictive logics in entrepreneurial decision-making: Differences between experts and novices. *Journal of Business Venturing, 24*, 287-309.

Dewhurst, S. A., Pursglove, R. C., & Lewis, C. (2007). Story contexts increase susceptibility to the DRM illusion in 5-year-olds. *Developmental Science, 10*(3), 374-378.

DeYoung, C. G. (2011). Intelligence and personality. In R. J. Sternberg & S. B. Kaufman (Eds.), *Cambridge handbook of intelligence* (pp. 711-737). New York, NY: Cambridge University Press.

Di Eugenio, B. (2003). Discourse processing. In L. Nadel (Ed.), *Encyclopedia of cognitive science* (Vol. 1, pp. 976-983). London, UK: Nature Publishing Group.

Diekelmann, S., & Born, J. (2010). The memory function of sleep. *Nature Reviews Neuroscience, 11*(2), 114-126.

Diesendruck, G. (2005). The principles of conventionality and contrast in word learning: An empirical examination. *Developmental Psychology, 41*(3), 451-463.

Dietrich, A. (2004). The cognitive neuroscience of creativity. *Psychonomic Bulletin & Review, 11*(6), 1011-1026.

Dijksterhuis, A., Bos, M. W., Norgdren, L. F., & Baaren, R. B. V. (2006).

On making the right choice: The deliberation-without-attention effect. *Science, 31*, 1005-1007.

Ditchburn, R. W. (1980). The function of small saccades. *Vision Research, 20*, 271-272.

Dixon, T. L., & Maddox, K. B. (2005). Skin tone, crime news, and social reality judgments: Priming the stereotype of the dark and dangerous black criminal. *Journal of Applied Social Psychology, 35*(8), 1555-1570.

Do, H.-H., & Rahm, E. (2007). Matching large schemas: Approaches and evaluation. *Information Systems, 32*, 857-885.

Dodd, M. D., & MacLeod, C. M. (2004). False recognition without intention learning. *Psychonomic Bulletin & Review, 11*(1), 137-142.

Dolan, M. (1995, February 11). When the mind's eye blinks. *Los Angeles Times*, pp. A1, A24, A25.

Dolderer, M., Mummendey, A., & Rothermund, K. (2009). And yet they move: The impact of direction of deviance on stereotype change. *Personality and Social Psychology Bulletin, 35*(10), 1368-1381.

Donders, F. C. (1868/1869). Over de snelheid van psychische processen. Onderzoekingen gedaan in het Physiologisch Laboratorium der Utrechtsche Hoogeschool. [About the velocity of psychological processes: Studies done at the Physiological Laboratory of the University of Utrecht.] *Tweede reeks, II*, 92-120.

Downing, P. E., Chan, A. W.-Y., Peelen, M. V., Dodds, C. M., & Kanwisher, N. (2006). Domain specificity in visual cortex. *Cerebral Cortex, 16*, 1453-1461.

Doyle, C. L. (2000). Psychology: Definition. In A. E. Kazdin (Ed.), *Encyclopedia of psychology* (Vol. 6, pp. 375-376). Washington, DC: American Psychological Association.

Drapier, D., Drapier, S., Sauleau, P., Derkinderen, P., Damier, P., Alain, H., et al. (2006). Pathological gambling secondary to dopaminergic therapy in Parkinson's disease. *Psychiatry Research, 144*(2-3), 241-244.

Drews, F. A., Pasupathi, M., & Strayer, D. L. (2008). Passenger and cell phone conversations in simulated driving. *Journal of Experimental Psychology: Applied, 14*(4), 392-400.

Dror, I. E., & Kosslyn, S. M. (1994). Mental imagery and aging. *Psychology and Aging, 9*(1), 90-102.

Drubach, D. (1999). *The brain explained.* Upper Saddle River, NJ: Prentice-Hall.

Druckman, J. N. (2001). On the limits of framing effects: Who can frame? *Journal of Politics, 63*(4), 1041-1066.

Drusch, K., Stroth, S., Kamp, D., Frommann, N., & Wölwer, W. (2014). Effects of training of affect recognition on the recognition and visual exploration of emotional faces in schizophrenia. *Schizophrenia Research, 159*(2-3), 485-490.

Druzgal, T. J., & D'Esposito, M. (2003). Dissecting contributions of prefrontal cortex and fusiform face area to face working memory. *Journal of Cognitive Neurosciences, 15*(6), 771-784.

Druzgal, T. J., & D'Esposito, M. (2001). Activity in fusiform face area modulated as a function of working memory load. *Cognitive Brain Research, 10*(3), 355-364.

Duffau, H., Gatignol, P., Mandonnet, E., Capelle, L., & Taillandier, L. (2008). Intraoperative subcortical stimulation mapping of language pathways in a consecutive series of 115 patients with Grade II glioma in the left dominant hemisphere. *Journal of Neurosurgery, 109*, 461-471.

Duggan, E. C., & Garcia-Barrera, M. A. (2015). Executive functioning and intelligence. In S. Goldstein, D. Princiotta, & J. A. Naglieri (Eds.), *Handbook of intelligence* (pp. 435-458). New York, NY: Springer.

Dunbar, K. (2003). Scientific thought. In L. Nadel (Ed.), *Encyclopedia of cognitive science* (Vol. 3, pp. 1006-1009). London, UK: Nature Publishing Group.

Duncan, E., & Bourg, T. (1983). An examination of the effects of encoding and decision processes on the rate of mental rotation. *Journal of Mental Imagery, 7*(2), 3-55.

Duncan, J., Burgess, P., & Emslie, H. (1995). Fluid intelligence after frontal lobe lesions. *Neuropsychologia, 33*, 261-268.

Duncan, J., & Humphreys, G. W. (1989). Visual search and stimulus similarity. *Psychological Review, 96*(3), 433-458.

Duncan, J., & Humphreys, G. W. (1992). Beyond the search surface: Visual search and attentional engagement. *Journal of Experimental Psychology: Human Perception & Performance, 18*(2), 578-588.

Duncker, K. (1945). On problem-solving. *Psychological Monographs, 58*(5, Whole No. 270).

Dupuy, J. P. (1998). Rationality and self-deception. In J. P. Dupuy (Ed.), *Self-deception and paradoxes of rationality* (pp. 113-150). Stanford, CA: CSLI Publications.

Dupuy, J. P. (1999). Rational choice theory. In R. A. Wilson & F. C. Keil (Eds.), *The MIT encyclopedia of the cognitive sciences* (pp. 699-701). Cambridge, MA: MIT Press.

Durgin, F. H. (2000). Visual adaptation. In A. E. Kazdin (Ed.), *Encyclopedia of psychology* (Vol. 8, pp. 183-187). Washington, DC: American Psychological Association.

Dux, P. E., Ivanoff, J., Asplund, C. L., & Marois, R. (2006). Isolation of a central bottleneck of information processing with time-resolved FMRI. *Neuron, 52*(6), 1109-1120.

Eales, M. J. (1993). Pragmatic impairments in adults with childhood diagnoses of autism or developmental receptive language disorder. *Journal of Autism and Developmental Disorders, 23*(4), 593-617.

Eason, R., Harter, M., & White, C. (1969). Effects of attention and arousal on visually evoked cortical potentials and reaction time in man. *Physiology and Behavior, 4*, 283-289.

Easton, N., Marshall, F., Fone, K., & Marsden, C. (2007). Atomoxetine produces changes in cortico-basal thalamic loop circuits: Assessed by phMRI BOLD contrast. *Neuropharmacology, 52*(3), 812-826.

Ebbinghaus, H. (1885). *Uber das Gedächtnis*. Leipzig, Germany: Duncker and Humblot.

Ebert, P. L., & Anderson, N. D. (2009). Proactive and retroactive interference in young adults, healthy older adults, and older adults with amnestic mild cognitive impairment. *Journal of the International Neuropsychological Society, 15*, 83-93.

Edelman, S., & Weinshall, D. (1991). A self-organizing multipleview representation of 3D objects. *Biological Cybernetics, 64*, 209-219.

Edwards, W. (1954). The theory of decision making. *Psychological Bulletin, 51*, 380-417.

Egeth, H. E. (1993). What do we not know about eyewitness identification? *American Psychologist, 48*(5), 577-580.

Ehrlich, K. (1996). Applied mental models in human-computer interaction. In J. Oakhill & A. Garnham (Eds.), *Mental models in cognitive science* (pp. 313-339). Hillsdale, NJ: Erlbaum.

Eich, E. (1980). The cue-dependent nature of state-dependent retrieval. *Memory & Cognition, 8*, 157-158.

Eich, E. (1995). Searching for mood dependent memory. *Psychological Science, 6*, 67-75.

Eichenbaum, H. (1997). Declarative memory: Insights from cognitive neurobiology. *Annual Review of Psychology, 48*, 547-572.

Eichenbaum, H. (1999). Hippocampus. In R. A. Wilson & F. C. Keil (Eds.), *The MIT encyclopedia of the cognitive sciences* (pp. 377-378). Cambridge, MA: MIT Press.

Eichenbaum, H. (2002). *The cognitive neuroscience of memory*. New York, NY: Oxford University Press.

Eichenbaum, H. (2011). *The cognitive neuroscience of memory: An introduction.* New York, NY: Oxford University Press.

Eisenberger, R., & Shanock, L. (2003). Rewards, intrinsic motivation, and creativity: A case study of conceptual and methodological isolation. *Creativity Research Journal, 15*(2-3), 121-130.

Eisenegger, C., Herwig, U., & Jäncke, L. (2007). The involvement of primary motor cortex in mental rotation revealed by transcranial magnetic stimulation. *European Journal of Neuroscience, 25*(4), 1240-1244.

Ekstrom, A. D., Kahana, M. J., Caplan, J. B., Fields, T. A., Isham, E. A., Newman, E. L., et al. (2003). Cellular networks underlying human spatial navigation. *Nature, 425*, 184-188.

Ellenbogen, J. M., Payne, J. D., & Stickgold, R. (2006). The role of sleep in declarative memory consolidation: Passive, permissive, active or none? *Current Opinion in Neurobiology, 16*(6), 716-722.

Engel, A. S., Rumelhart, D. E., Wandell, B. A., Lee, A. T., Gover, G. H., Chichilisky, E. J., et al. (1994). MRI measurement of language lateralization in Wada-tested patients. *Brain, 118*, 1411-1419.

Engel de Abreu, P. M., Abreu, N., Nikaedo, C. C., Puglisi, M. L., Tourinho, C. J., Miranda, M. C., . . . Martin, R. (2014). Executive functioning and reading achievement in school: A study of Brazilian children assessed by their teachers as poor readers. *Frontiers in Psychology, 5*, 550. doi:10.3389/fpsyg.2014.00550

Engin, E., & Treit, D. (2008). The effects of intra-cerebral drug infusions on animals' unconditioned fear reactions: A systematic review. *Progress in Neuro-Psychopharmacology & Biological Psychiatry, 32*, 1399-1419.

Erard, M. (2009). How many languages? Linguists discover new tongues in China. *Science, 324*(5925), 332-333.

Erdelyi, M., & Goldberg, B. (1979). Let's now sweep repression under the rug: Toward a cognitive psychology of repression. In J. F. Kihlstrom & F. J. Evans (Eds.), *Functional disorders of memory*. Hillsdale, NJ: Erlbaum.

Ericsson, K. A. (2003). The acquisition of expert performance as problem solving: Construction and modification of mediating mechanisms through deliberate practice. In J. E. Davidson & R. J. Sternberg (Eds.), *The psychology of problem solving* (pp. 31-83). New York, NY: Cambridge University Press.

Ericsson, K. A. (2006a). Protocol analysis and expert thought: Concurrent verbalizations of thinking during experts' performance on representative task. In K. A. Ericsson, N. Charness, P. Feltovich, and R. R. Hoffman (Eds.), *Cambridge handbook of expertise and expert performance* (pp. 223-242). Cambridge, UK: Cambridge University Press.

Ericsson, K. A. (2006b). The influence of experience and deliberate practice on the development of superior expert performance. In K. A. Ericsson, N. Charness, P. Feltovich, and R. R. Hoffman, R. R. (Eds.). *Cambridge handbook of expertise and expert performance* (pp. 685706). Cambridge, UK: Cambridge University Press.

Ericsson, K. A. (2009). Enhancing the development of professional performance: Implications from the study of deliberate practice. In K. A. Ericsson (Ed.), *The development of professional expertise: Toward measurement of expert performance and design of optimal learning environments* (pp. 405-431). New York, NY: Cambridge University Press.

Ericsson, K. A. (2013). Training history, deliberate practice and elite sports performance: An analysis in response to Tucker and Collins Review "What makes champions?" *British Journal of Sports Medicine, 47*, 533-535.

Ericsson, K. A. (2014). Why expert performance is special and cannot be extrapolated from studies of performance in the general population: A response to criticisms. *Intelligence, 45*, 81-103.

Ericsson, K. A., Chase, W. G., & Faloon, S. (1980). Acquisition of a memory skill. *Science, 208*, 1181-1182.

Ericsson, K. A., & Kintsch, W. (1995). Long-term working memory. *Psychological Reviews, 102*(2), 211-245.

Ericsson, K. A., Krampe, R. T., & Tesch-Römer, C. (1993). The role of deliberate practice in the acquisition of expert performance. *Psychological Review, 100*, 363-406.

Ericsson, K. A., & Simon, H. A. (1984). *Protocol analysis: Verbal reports as data*. Cambridge, MA: Bradford Books/MIT Press.

Ericsson, K. A., & Williams, A. M. (2007). Capturing naturally occurring superior performance in the laboratory: Translational research on expert performance. *Journal of Experimental Psychology: Applied, 13*, 115-123.

Esping. A., & Plucker, J. A. (2015). Alfred Binet and the children of Paris. In S. Goldstein, D. Princiotta, & J. A. Naglieri (Eds.), *Handbook of intelligence* (pp. 153-162). New York, NY: Springer.

Espino, O., Santamaria, C., Meseguer, E., & Carreiras, M. (2005). Early and late processes in syllogistic reasoning: Evidence from eye-movements. *Cognition, 98*(1), B1-B9.

Estes, W. K. (1982). Learning, memory, and intelligence. In R. J. Sternberg (Ed.), *Handbook of intelligence* (pp. 170-224). New York, NY: Cambridge University Press.

Estes, W. K. (1994). *Classification and cognition*. New York, NY: Oxford University Press.

Evans, J. St. B. T., Barston, J. I., & Pollard, P. (1983). On the conflict between logic and belief in syllogistic reasoning. *Memory and cognition, 11*(3), 295-306.

Evans, J. St. B. T., & Feeney, A. (2004). The role of prior belief in reasoning. In J. P. Leighton & R. J. Sternberg (Eds.), *The nature of reasoning* (pp. 78-102). New York, NY: Cambridge University Press.

Evans, J. St. B. T., & Over, D. E. (1996). Rationality in the selection task: Epistemic utility versus uncertainty reduction. *Psychological Review, 103*, 356-363.

Evans, K. M., & Federmeier, K. D. (2009). Left and right memory revisited: Electrophysiological investigations of hemispheric asymmetries at retrieval. *Neuropsychologia, 47*, 303-313.

Everett, G. E., Harsy, J. D., Hupp, S. A., & Jewell, J. D. (2014). An investigation of the Look-Ask-Pick mnemonic to improve fraction skills. *Education & Treatment of Children, 37*(3), 371-391.

Eysenck, H. J., & Kamin, L. (1981). *The intelligence controversy: H. J. Eysenck vs. Leon Kamin*. New York, NY: Wiley.

Eysenck, M., & Byrne, A. (1992). Anxiety and susceptibility to distraction. *Personality & Individual Differences, 13*(7), 793-798.

Eysenck, M., & Keane, M. T. (1990). *Cognitive psychology: A student's handbook*. Hove, UK: Erlbaum.

Eysenck, M. W., & Keane, M. T. (2010). *Cognitive psychology: A student's handbook* (6th ed.). New York, NY: Psychology Press.

Fagin, R., Haas, L. M., Hernández, M., Miller, R. J., Popa, L., & Velegrakis, Y. (2009). Clio: Schema mapping creation and data exchange In *Lecture Notes in Computer Science* (pp. 198-236). Berlin, Germany: Springer.

Fahle, M. (2003). Perceptual learning. In L. Nadel (Ed.), *Encyclopedia of cognitive science* (Vol. 3, pp. 548-552). London, UK: Nature Publishing Group.

Farah, M. J. (1988a). Is visual imagery really visual? Overlooked evidence from neuropsychology. *Psychological Review*, *95*(3), 307-317.

Farah, M. J. (1988b). The neuropsychology of mental imagery: Converging evidence from brain-damaged and normal subjects. In J. Stiles-Davis, M. Kritchevsky, & U. Bellugi (Eds.), *Spatial cognition: Brain bases and development* (pp. 33-56). Hillsdale, NJ: Erlbaum.

Farah, M. J. (1990). *Visual agnosia: Disorders of object recognition and what they tell us about normal vision*. Cambridge, MA: MIT Press.

Farah, M. J. (1992). Is an object an object an object? Cognitive and neuropsychological investigations of domain specificity in visual object recognition. *Current Directions in Psychological Science*, *1*, 164-169.

Farah, M. J. (1995). Dissociable systems for visual recognition: A cognitive neuropsychology approach. In S. M. Kosslyn & D. N. Osherson (Eds.), *Visual cognition: An invitation to cognitive science* (Vol. 2). Cambridge, MA: MIT Press.

Farah, M. J. (1999). Object recognition, human neuropsychology. In R. A. Wilson & F. C. Keil (Eds.), *The MIT encyclopedia of the cognitive sciences* (pp. 615-618). Cambridge, MA: MIT Press.

Farah, M. J. (2004). *Visual agnosia*. Cambridge, MA: MIT Press.

Farah, M. J., Hammond, K. M., Levine, D. N., & Calvanio, R. (1988). Visual and spatial mental imagery: Dissociable systems of representation. *Cognitive Psychology*, *20*(4), 439-462.

Farah, M. J., Levinson, K. L., & Klein, K. L. (1995). Face perception and within category discrimination in prosopagnosia. *Neuropsychologia*, *33*, 661-674.

Farah, M. J., Wilson, K. D., Drain, H. M., & Tanaka, J. R. (1995). The inverted face inversion effect in prosopagnosia: Evidence for mandatory, face-specific, perceptual mechanisms. *Vision Research*, *35*, 2089-2093.

Farah, M. J., Wilson, K. D., Drain, M., & Tanaka, J. (1998). What is "special" about face perception? *Psychological Review*, *105*, 482-498.

Farrell, P. (2005). *Grammatical relations*. Oxford, UK: Oxford University Press.

Farrington-Darby, T., Wilson, J. R., Norris, B. J., & Clarke, T. (2006). A naturalistic study of railway controllers. *Ergonomics*, *49*(12-13), 1370-1394.

Fausey, C. M., & Boroditsky, L. (2011). Who dunnit? Cross-linguistic differences in eye-witness memory. *Psychonomic Bulletin & Review*, *18*(1), 150-157.

Fdez-Riverola, F., Iglesias, E. L., Diaz, F., Mende, J. R., & Corchado, J. M. (2007). Applying lazy learning algorithms to tackle concept drift in spam filtering. *Expert Systems with Applications*, *33*, 36-48.

Federmeier, K. D., Kleim, J. A., & Greenough, W. T. (2002). Learninginduced multiple synapse formation in rat cerebellar cortex. *Neuroscience Letters*, *332*, 180-184.

Feinberg, T. E., Schindler, R. J., Ochoa, E., Kwan, P. C., & Farah, M. H. (1994). Associative visual agnosia and alexia without prosopagnosia. *Cortex*, *30*(3), 395-412.

Feist, G. J. (1998). A meta-analysis of personality in scientific and artistic creativity. *Personality and Social Psychology Review*, *2*, 290-309.

Feist, G. J. (1999). The influence of personality on artistic and scientific creativity. In R. J. Sternberg (Ed.), *Handbook of creativity* (pp. 273296). New York, NY: Cambridge University Press.

Feist, G. J. (2010). The function of personality in creativity: The nature and nurture of the creative personality. In J. C. Kaufman & R. J. Sternberg (Eds.), *The Cambridge handbook of creativity* (pp. 113130). New York, NY: Cambridge University Press.

Feldman, J. A., & Shastri, L. (2003). Connectionism. In L. Nadel (Ed.), *Encyclopedia of cognitive science* (Vol. 1, pp. 680-687). London, UK: Nature Publishing Group.

Feuerstein, R. (1980). *Instrumental enrichment: An intervention program for cognitive modifiability*. Baltimore, MD: University Park Press.

Fincham, J. M., Carter, C. S., Veen, V. V., Stenger, V. A., & Anderson, J. R. (2002). Neural mechanisms of planning: A computational analysis using event-related fMRI. *Proceedings of the National Academy of Sciences, USA, 99*(5), 3346-3351.

Finke, R. A. (1989). *Principles of mental imagery*. Cambridge, MA: MIT Press.

Finke, R. A. (1995). Creative insight and preinventive forms. In R. J. Sternberg & J. E. Davidson (Eds.), *The nature of insight* (pp. 255280). Cambridge, MA: MIT Press.

Finke, R. A., Pinker, S., & Farah, M. J. (1989). Reinterpreting visual patterns in mental imagery. *Cognitive Science*, *13*(3), 252-257.

Finley, S., & Badecker, W. (2009). Artificial language learning and feature-based generalization. *Journal of Memory and Language*, *61*(3), 423-437.

Fiorio, M., Tinazzi, M., & Aglioti, S. M. (2006). Selective impairment of hand mental rotation in patients with focal hand dystonia. *Brain: A Journal of Neurology*, *129*(1), 47-54.

Fiorio, M., Tinazzi, M., Ionta, S., Fiaschi, A., Moretto, G., Edwards, M. J., et al. (2007). Mental rotation of body parts and noncorporeal objects in patients with idiopathic cervical dystonia. *Neuropsychologia*, *45*(10), 2346-2354.

Fischer, S., Diekelmann, S., & Born, J. (2011). Sleep's role in the processing of unwanted memories. *Journal of Sleep Research, 20*(2), 267-274.

Fischhoff, B. (1982). For those condemned to study the past: Heuristics and biases in hindsight. In D. Kahneman, P. Slovic, & A. Tversky (Eds.), *Judgment under uncertainty: Heuristics and biases* (pp. 335351). Cambridge, UK: Cambridge University Press.

Fischhoff, B. (1988). Judgment and decision making. In R. J. Sternberg & E. E. Smith (Eds.), *The psychology of human thought* (pp. 153-187). New York, NY: Cambridge University Press.

Fischhoff, B. (1999). Judgment heuristics. In R. A. Wilson & F. C. Keil (Eds.), *The MIT encyclopedia of the cognitive sciences* (pp. 423-425). Cambridge, MA: MIT Press.

Fischhoff, B., Slovic, P., & Lichtenstein, S. (1977). Knowing with certainty: The appropriateness of extreme confidence. *Journal of Experimental Psychology: Human Perception and Performance*, *3*, 552-564.

Fischman, J. (2004, August 2). Vanishing minds: New research is helping Alzheimer's patients cope and hope. *U.S. News & World Report, 137*, 3, 74-78.

Fishbein, D. H., Eldereth, D. L., Hyde, C., Matochik, J. A., London, E. D., Contoreggi, C., et al. (2005). Risky decision making and the anterior cingulate cortex in abstinent drug abusers and nonusers. *Brain Research Cognitive Brain Research, 23*(1), 119-136.

Fisher, D. L., & Pollatsek, A. (2007). Novice driver crashes: Failure to divide attention or failure to recognize risks. In A. F. Kramer, D. A. Wiegmann & A. Kirlik (Eds.), *Attention: From theory to practice* (pp. 134-153). New York, NY: Oxford University Press.

Fisher, R. P., & Craik, F. I. M. (1977). Interaction between encoding and retrieval operations in cued recall. *Journal of Experimental Psychology: Human Learning & Memory, 3*(6), 701-711.

Fisk, A. D., & Schneider, W. (1981). Control and automatic processing during tasks requiring sustained attention: A new approach to vigilance. *Human Factors, 23*, 737-750.

Fleck, J. I. (2007). Working memory demands in insight versus analytic problem solving. *European Journal of Cognitive Psychology, 19*(2), 187-212.

Fleck, M. S., Daselaar, S. M., Dobbins, I. G., & Cabeza, R. (2006). Role of prefrontal and anterior cingulate regions in decision-making processes shared by memory and nonmemory tasks. *Cerebral Cortex 16*(11), 1623-1630.

Flege, J. (1991). The interlingual identification of Spanish and English vowels: Orthographic evidence. *Quarterly Journal of Experimental Psychology: Human Experimental Psychology, 43*, 701-731.

Fleming, P., Ball, L. J., Ormerod, T. C., & Collins, A. F. (2006). Analogue versus propositional representation in congenitally blind individuals. *Psychonomic Bulletin & Review, 13*, 1049-1055.

Flynn, J. R. (1984). The mean IQ of Americans: Massive gains 1932 to 1978. *Psychological Bulletin, 95*(1), 29-51.

Flynn, J. R. (1987). Massive IQ gains in fourteen nations: What IQ tests really measure. *Psychological Bulletin, 101*(2), 171-191.

Flynn, J. R. (2015). The march of reason: What was hidden in our genes. In S. Goldstein, D. Princiotta, & J. A. Naglieri (Eds.), *Handbook of intelligence* (pp. 471-486). New York, NY: Springer.

Fodor, J. A. (1973). *The modularity of mind*. Cambridge, MA: MIT Press.

Fodor, J. A. (1975). *The language of thought*. New York, NY: Crowell.

Fodor, J. A. (1983). *The modularity of mind*. Cambridge, MA: MIT Press.

Fodor, J. A. (1997). Do we have it in us? (Review of Elman et al., *Rethinking innateness*). *Times Literary Supplement*, May 16, pp. 3-4.

Fodor, J., & Pylyshyn, Z. (1988). Connectionism and cognitive architecture: A critical analysis. *Cognition, 28*, 3-71.

Foerde, K., Knowlton, B. J., & Poldrack, R. A. (2006). Modulation of competing memory systems by distraction. *Proceedings of the National Academy of Sciences, USA, 103*(31), 11778-11783.

Foley, M. A., Foley, H. J., Durley, J. R., & Maitner, A. T. (2006). Anticipating partners' responses: Examining item and source memory following interactive exchanges. *Memory and Cognition, 34*, 1539-1547.

Forcelli, P. A., Palchik, G., Leath, T., DesJardin, J. T., Gale, K., & Malkova, L. (2014). Memory loss in a nonnavigational spatial task after hippocampal inactivation in monkeys. *Proceedings of the National Academy of Sciences, USA, 111*(11), 4315-4320.

Forgas, J. P., Goldenberg, L., & Unkelbach, C. (2009). Can bad weather improve your memory? An unobtrusive field study of natural mood effects on real-life memory. *Journal of Experimental Social Psychology, 45*(1), 254-257.

Foster, J. K. (2008). *Memory: A very short introduction*. Oxford, UK: Oxford University Press.

Foster, J. L., Huthwaite, T., Yesberg, J. A., Garry, M., & Loftus, E. F. (2012). Repetition, not number of sources, increases both susceptibility to misinformation and confidence in the accuracy of eyewitnesses. *Acta Psychologica, 139*(2), 320-326.

Foulke, E., & Sticht, T. (1969). Review of research on the intelligibility and comprehension of accelerated speech. *Psychological Bulletin, 72*, 50-62.

Frackowiak, R. S. J., Friston, K. J., Frith, C. D., Dolan, R. J., & Mazziotta, J. C. (Eds.). (1997). *Human brain function*. San Diego, CA: Academic Press.

Franklin, N., & Tversky, B. (1990). Searching imagined environments. *Journal of Experimental Psychology: General, 119*, 63-76.

Frean, M. (2003). Connectionist architectures: Optimization. In L. Nadel (Ed.), *Encyclopedia of cognitive science* (Vol. 1, pp. 691-697). London, UK: Nature Publishing Group.

Freeman, R. D., Zinner, S. H., Mueller-Vahl, K. R., Fast, D. K., Burd, L. J., Kano, Y., et al. (2008). Coprophenomena in Tourette syndrome. *Developmental Medicine & Child Neurology, 51*(3), 218-227.

Frensch, P. A., & Sternberg, R. J. (1989). Expertise and intelligent thinking: When is it worse to know better? In R. J. Sternberg (Ed.), *Advances in the psychology of human intelligence* (Vol. 5, pp. 157-188). Hillsdale, NJ: Erlbaum.

Friedman, A., & Brown, N. R. (2000). Reasoning about geography. *Journal of Experimental Psychology: General, 129*, 193-219.

Friedman, A., Kerkman, D. D., & Brown, N. (2002). Spatial location judgments: A cross-national comparison of estimation bias in subjective North American geography. *Psychonomic Bulletin & Review, 9*, 615-623.

Friedman, A., & Montello, D. R. (2006). Global-scale location and distance estimates: Common representations and strategies in absolute and relative judgments. *Journal of Experimental Psychology: Learning, Memory, & Cognition, 32*, 333-346.

Fromkin, V. A. (1973). *Speech errors as linguistic evidence*. The Hague, Netherlands: Mouton.

Fromkin, V. A., Krashen, S., Curtiss, S., Rigler, D., & Rigler, M. (1974). The development of language in Genie: A case of language acquisition beyond the "critical period," *Brain and Language, 1*(1), 81-107.

Fromkin, V. A., & Rodman, R. (1988). *An introduction to language* (4th ed.). Fort Worth, TX: Holt, Rinehart and Winston.

Frost, N. (1972). Encoding and retrieval in visual memory tasks. *Journal of Experimental Psychology, 95*, 317-326.

Gabel, R. S., Dolan, S. L., & Cerdin, J. L. (2005). Emotional intelligence as predictor of cultural adjustment for success in global assignments. *Career Development International, 10*(5), 375-395.

Gabora, L., & Kaufman, S. B. (2010). Evolutionary approaches to creativity. In J. C. Kaufman & R. J. Sternberg (Eds.), *The Cambridge handbook of creativity* (pp. 279-300). New York, NY: Cambridge University Press.

Gabrieli, J. D. E. (2009). Dyslexia: A new synergy between education and cognitive neuroscience. *Science, 325*, 208-283.

Gabrieli, J. D. E., Desmond, J. E., Demb, J. B., Wagner, A. D., Stone, M. V., Vaidya, C. J., et al. (1996). Functional magnetic resonance imaging of semantic memory processes in the frontal lobes. *Psychological Science, 7*, 278-283.

Gagliardo, A., Ioalè, P., Savini, M., Dell'Omo, G., & Bingman, V. P. (2009). Hippocampal-dependent familiar area map supports corrective re-orientation following navigational error during pigeon homing: A GPS-tracking study. *European Journal of Neuroscience, 29*(12), 2389-2400.

Gaillard, W. D., Balsamo, L., Xu, B., McKinney, C., Papero, P. H., Weinstein, S., et al. (2004). FMRI language task panel improves determination of language dominance. *Neurology, 63*, 1403-1408.

Gaillard, W. D., Sachs, B. C., Whitnah, J. R., Ahmad, Z., Balsamo, L. M., Petrella, J. R., et al. (2003). Developmental aspects of language processing: fMRI of verbal fluency in children and adults. *Human Brain Mapping, 18*(3), 176-185.

Gais, S., & Born, J. (2004). Low acetylcholine during slow-wave sleep is critical for declarative memory consolidation. *Proceedings of the National Academy of Sciences, USA, 101*(7), 2140-2144.

Galaburda, A. M., & Rosen, G. D. (2003). Brain asymmetry. In L. Nadel (Ed.), *Encyclopedia of cognitive science* (Vol. 1, pp. 406-410). London, UK: Nature Publishing Group.

Galanter, C. A., & Patel, V. L. (2005). Medical decision making: A selective review for child psychiatrists and psychologists. *Journal of Child Psychology and Psychiatry 46*(7), 675-689.

Galdo-Alvarez, S., Lindin, M., & Diaz, F. (2009). Age-related pre-frontal over-recruitment in semantic memory retrieval: Evidence from successful face naming and the tip-of-the-tongue state. *Biological Psychology, 82*, 89-96.

Gallagher, S. (2008). Direct perception in the intersubjective context. *Consciousness and Cognition, 17*, 535-543.

Galpin, A., Underwood, G., & Crundall, D. (2009). Change blindness in driving scenes. *Transportation Research Part F, 12*, 179-185.

Galton, F. (1883). *Inquiry into human faculty and its development.* London, UK: Macmillan.

Gamble, J. (2001). Humor in apes. *Humor, 14*(2), 163-179.

Gandour, J., Tong, Y., Talavage, T., Wong, D., Dzemidzic, M., Xu, Y., et al. (2007). Neural basis of first and second language processing of sentence-level linguistic prosody. *Human Brain Mapping, 28*, 94-108.

Ganel, T., & Goodale, M. A. (2003). Visual control of action but not perception requires analytical processing of object shape. *Nature, 426*, 664-667.

Ganel, T., Valyear, K. F., Goshen-Gottstein, Y., & Goodale, M. A. (2005). The involvement of the "fusiform face area" in processing facial expression. *Neuropsychologia, 43*(11), 1645-1654.

Ganis, G, Thompson, W. L., & Kosslyn, S. M. (2004). Brain areas underlying visual mental imagery and visual perception: An fMRI study. *Cognitive Brain Research, 20*, 226-241.

Garcia, A. M., Egido, J. A., & Barquero, M. S. (2010). Mother tongue lost while second language intact: Insights into aphasia. *BMJ Case Reports.*

Gardner, H. (1983). *Frames of mind: The theory of multiple intelligences.* New York, NY: Basic Books.

Gardner, H. (1985). *The mind's new science: A history of the cognitive revolution.* New York, NY: Basic Books.

Gardner, H. (1993a). *Creating minds: An anatomy of creativity seen through the lives of Freud, Einstein, Picasso, Stravinsky, Eliot, Graham, and Gandhi.* New York, NY: HarperCollins.

Gardner, H. (1993b). *Multiple intelligences: The theory in practice.* New York, NY: Basic Books.

Gardner, H. (2006). *Multiple intelligences: New horizons.* New York, NY: Basic Books.

Gardner, H., Krechevsky, M. Sternberg, R. J., & Okagaki, L. (1994). Intelligence in context: Enhancing students' practical intelligence for school. In K. McGilly (Ed.), *Classroom lessons: Integrating cognitive theory and classroom practice* (pp. 105-127). Cambridge, MA: Bradford Books.

Garlick, D. (2002). Understanding the nature of the general factor of intelligence: The role of individual differences in neural plasticity as an explanatory mechanism. *Psychological Review, 109*(1), 116-136.

Garnham, A., & Oakhill, J. V. (1996). The mental models theory of language comprehension. In B. K. Britton & A. C. Graesser (Eds.), *Models of understanding text* (pp. 313-339). Hillsdale, NJ: Erlbaum.

Garrett, M. F. (1980). Levels of processing in sentence production. In B. Butterworth (Ed.), *Language production: Vol. 1. Speech and talk* (pp. 177-210). London, UK: Academic Press.

Garrett, M. F. (1992). Disorders of lexical selection. *Cognition, 42*(1-3), 143-180.

Garrett, M. F. (2003). Language and brain. In L. Nadel (Ed.), *Encyclopedia of cognitive science* (Vol. 2, pp. 707-717). London, UK: Nature Group Press.

Garrod, S., & Daneman, M. (2003). Reading, psychology of. In L. Nadel (Ed.), *Encyclopedia of cognitive science* (Vol. 3, pp. 848-854). London, UK: Nature Publishing Group.

Garry, M., & Loftus, E. F. (1994). Pseudomemories without hypnosis. *International Journal of Clinical and Experimental Hypnosis, 42*, 363-378.

Gauthier, I., Curran, T., Curby, K. M., & Collins, D. (2003). Perceptual interference supports a non-modular account of face processing. *Nature Neuroscience, 6*, 428-432.

Gauthier, I., Skudlarski, P., Gore, J. C., & Anderson, A. W. (2000). Expertise for cars and birds recruits brain areas involved in face recognition. *Nature Neuroscience*, *3*, 191-197.

Gauthier, I., Tarr, M. J., Anderson, A. W., Skudlarski, P., Gore, J. C. (1999). Activation of the middle fusiform "face area" increases with expertise in recognizing novel objects. *Nature Neuroscience*, *2*(6), 568-573.

Gazzaniga, M. S. (1995a). Principles of human brain organization derived from split-brain studies. *Neuron*, *14*, 217-228.

Gazzaniga, M. S. (Ed.). (1995b). *The cognitive neurosciences*. Cambridge, MA: MIT Press.

Gazzaniga, M. S. (Ed.). (2000). *The new cognitive neurosciences* (2nd ed.). Cambridge, MA: MIT Press.

Gazzaniga, M. S. (2011). *Who's in charge: Free will and the science of the brain.* New York, NY: Ecco.

Gazzaniga, M. S., & Hutsler, J. J. (1999). Hemispheric specialization. In R. A. Wilson & F. C. Keil (Eds.), *The MIT encyclopedia of the cognitive sciences* (pp. 369-372). Cambridge, MA: MIT Press.

Gazzaniga, M. S., Ivry, R. B., & Mangun, G. R. (2013). *Cognitive neuroscience. The biology of the mind.* New York, NY: Norton.

Gazzaniga, M. S., & LeDoux, J. E. (1978). *The integrated mind.* New York, NY: Plenum.

Gazzaniga, M. S., & Mangun, G. R. (2014). *The cognitive neurosciences* (5th ed.). Cambridge, MA: Bradford.

Gazzaniga, M. S., & Sperry, R. W. (1967). Language after section of the cerebral commissures. *Brain*, *90*(1), 131-148.

Ge, L., Zhang, H., Wang, Z., Quinn, P. C., Pascalis, O., Kelly, D., et al. (2009). Two faces of the other-race effect: Recognition and categorisation of Caucasian and Chinese faces. *Perception*, *38*, 1199-1210.

Gelman, S. A. (2003). *The essential child: Origins of essentialism in everyday thought*. New York, NY: Oxford University Press.

Gelman, S. A. (2004). Psychological essentialism in children. *Trends in Cognitive Sciences*, *8*, 404-409.

Gelman, S. A. (2009). Essentialist reasoning about the biological world. In *Neurobiology of "Umwelt"* (pp. 7-16). Berlin, Germany: Springer.

Gelman, S. A., & Markman, E. M. (1986). Categories and induction in young children. *Cognition*, *23*, 183-209.

Gentile, J. R. (20000). Learning, transfer of. In A. E. Kazdin (Ed.), *Encyclopedia of psychology* (Vol. 5, pp. 13-16). Washington, DC: American Psychological Association.

Gentner, D. (1983). Structure-mapping: A theoretical framework for analogy. *Cognitive Science*, *7*, 155-170.

Gentner, D. (2000). Analogy. In R. A. Wilson & F. C. Keil (Eds.), *The MIT encyclopedia of the cognitive sciences* (pp. 17-20). Cambridge, MA: MIT Press.

Gentner, D., & Gentner, D. R. (1983). Flowing waters or teeming crowds: Mental models of electricity. In D. Gentner & A. Stevens (Eds.), *Mental models*. Hillsdale, NJ: Erlbaum.

Georgopoulos, A. P., Lurito, J. T., Petrides, M., & Schwartz, A. B., Massey, J. T. (1989). Mental rotation of the neuronal population vector. *Science*, *243*(4888), 234-236.

Georgopoulos, A. P., & Pellizzer, G. (1995). The mental and the neural: Psychological and neural studies of mental rotation and memory scanning. *Neuropsychologia*, *33*, 1531-1547.

Gerlach, C., Marstrand, L., Starrfelt, R., & Gade, A. (2014). No strong evidence for lateralisation of word reading and face recognition deficits following posterior brain injury. *Journal of Cognitive Psychology*, *26*(5), 550-558.

German, T. P., & Barrett, H. C. (2005). Functional fixedness in a technologically sparse culture. *Psychological Science*, *16*(1), 1-5.

Gernsbacher, M. A., & Kaschak, M. P. (2003a). Language comprehension. In L. Nadel (Ed.), *Encyclopedia of cognitive science* (Vol. 2, pp. 723-726). London, UK: Nature Group Press.

Gernsbacher, M. A., & Kaschak, M. P. (2003b). Psycholinguistics. In L. Nadel (Ed.), *Encyclopedia of cognitive science* (Vol. 3, pp. 783-786). London, UK: Nature Group Press.

Gibson, E. J. (1991). The ecological approach: A foundation for environmental psychology. In R. M. Downs, L. S. Liben, & D. S. Palermo (Eds.), *Visions of aesthetics, the environment & development: The legacy of Joachim F. Wohlwill* (pp. 87-111). Hillsdale, NJ: Erlbaum.

Gibson, E. J. (1992). How to think about perceptual learning: Twenty- five years later. In H. L. Pick, Jr., P. W. van den Broek, & D. C. Knill (Eds.), *Cognition: Conceptual and methodological issues* (pp. 215237). Washington, DC: American Psychological Association. Gibson, J. J. (1950). *The perception of the visual world.* Boston, MA: Houghton Mifflin.

Gibson, J. J. (1966). *The senses considered as perceptual systems.* New York, NY: Houghton Mifflin.

Gibson, J. J. (1979). *The ecological approach to visual perception.* Boston, MA: Houghton Mifflin.

Gibson, J. J. (1994). The visual perception of objective motion and subjective movement. *Psychological Review*, *101*(2), 318-323. (Original work published 1954.)

Gick, M. L., & Holyoak, K. J. (1980). Analogical problem solving. *Cognitive Psychology*, *12*, 306-355.

Gick, M. L., & Holyoak, K. J. (1983). Schema induction and analogical transfer. *Cognitive Psychology*, *15*, 1-38.

Gigerenzer, G. (1996). On narrow norms and vague heuristics: A reply to Kahneman and Tversky. *Psychological Review*, *103*, 592-596.

Gigerenzer, G. (2014). *Risk savvy: How to make good decisions.* New York, NY: Viking.

Gigerenzer, G., & Brighton, H. (2009). Homo heuristicus: Why biased minds make better inferences. *Topics in Cognitive Science*, *1*, 107-143.

Gigerenzer, G., & Goldstein, D. G. (1996). Reasoning the fast and frugal way: Models of bounded rationality. *Psychological Review*, *103*, 650-669.

Gigerenzer, G., Hertwig, R., & Pachur, T. (Eds.). (2011). *Heuristics: The foundations of adaptive behavior.* New York, NY: Oxford University Press.

Gigerenzer, G., & Hoffrage, U. (1995). How to improve Bayesian reasoning without instruction: Frequency formats. *Psychological Review, 102*, 684-704.

Gigerenzer, G., Todd, P. M., & the ABC Research Group (1999). *Simple heuristics that make us smart*. New York, NY: Oxford University Press.

Gilbert, A. L., Regier, T., Kay, P., & Ivry, R. B. (2006). Whorf hypothesis is supported in the right visual field but not the left. *Proceedings of the National Academy of Sciences, USA, 103*(2), 489-494.

Gilbert, J. A. E., & Fisher, R. P. (2006). The effects of varied retrieval cues on reminiscence in eyewitness memory. *Applied Cognitive Psychology, 20*(6), 723-739.

Gilboa, A., Winocur, G., Rosenbaum, S., Poreh, A., Gao, F., Black, S., et al. (2006). Hippocampal contributions to recollection in retrograde and anterograde amnesia. *Hippocampus, 16*(11), 966-980.

Gilhooly, K. J. (2004). Working memory and reasoning. In J. P. Leighton & R. J. Sternberg (Eds.), *The nature of reasoning* (pp. 49-77). New York, NY: Cambridge University Press.

Gillam, B. (2000). Perceptual constancies. In A. E. Kazdin (Ed.), *Encyclopedia of psychology* (Vol. 6, pp. 89-93). Washington, DC: American Psychological Association.

Gilovich, T., Griffin, D., & Kahneman, D. (Eds.). (2002). *Heuristics and biases: The psychology of intuitive judgment*. New York, NY: Cambridge University Press.

Gilovich, T., Vallone, R., & Tversky, A. (1985). The hot hand in basketball: On the misperception of random sequences. *Cognitive Psychology, 17*(3), 295-314.

Ginns, P. (2006). Integrating information: A meta-analysis of the spatial contiguity and temporal contiguity effects. *Learning and Instruction, 16*, 511-525.

Girelli, L., Sandrini, M., Cappa, S., & Butterworth, B. (2001). NumberStroop performance in normal aging and Alzheimer's-type dementia. *Brain Cognition, 46*(1-2), 144-149.

Gladwell, M. (2008). *Outliers: The story of success*. New York, NY: Little, Brown and Company.

Gladwin, T. (1970). *East is a big bird*. Cambridge, MA: Harvard University Press.

Glaser, M., & Weber, M. (2007). Overconfidence and trading volume. *Geneva Risk and Insurance Review, 32*, 1-36.

Glaser, R., & Chi, M. T. H. (1988). Overview. In M. T. H. Chi, R. Glaser, & M. Farr (Eds.), *The nature of expertise* (pp. xv-xxxvi). Hillsdale, NJ: Erlbaum.

Glenberg, A. M. (1977). Influences of retrieval processes on the spacing effect in free recall. *Journal of Experimental Psychology: Human Learning & Memory, 3*(3), 282-294.

Glenberg, A. M. (1979). Component-levels theory of the effects of spacing of repetitions on recall and recognition. *Memory & Cognition, 7*(2), 95-112.

Glenberg, A. M., Meyer, M., & Lindem, K. (1987). Mental models contribute to foregrounding during text comprehension. *Journal of Memory & Language, 26*(1), 69-83.

Glickstein, M., & Berlucchi, G. (2008). Classical disconnection studies of the corpus callosum. *Cortex, 44*, 914-927.

Gloor, P. (1997). *The temporal lobe and limbic system*. New York, NY: Oxford University Press.

Gluck, M. A. (Ed.). (1996). Computational models of hippocampal function in memory. Special issue of *Hippocampus, 6*, 6.

Glucksberg, S. (1988). Language and thought. In R. J. Sternberg & E. E. Smith (Eds.), *The psychology of human thought* (pp. 214-241). New York, NY: Cambridge University Press.

Glucksberg, S., & Danks, J. H. (1975). *Experimental psycholinguistics*. Hillsdale, NJ: Erlbaum.

Gobet, F., & Jackson, S. (2002). In search of templates. *Cognitive Systems Research, 3*(1), 35-44.

Gobet, F., & Simon, H. A. (1996a). Recall of random and distorted chess positions: Implications for the theory of expertise. *Memory and Cognition, 24*, 493-503.

Gobet, F., & Simon, H. A. (1996b). Roles of recognition processes and look-ahead search in time-constrained expert problem solving: Evidence from grand-master-level chess. *Psychological Science, 7*, 52-55.

Gobet, F., & Simon, H. A. (1996c). Templates in chess memory: A mechanism for recalling several boards. *Cognitive Psychology, 31*, 1-40.

Godbout, L., Cloutier, P., Bouchard, C., Braun, C. M. J., & Gagnon, S. (2004). Script generation following frontal and parietal lesions. *Journal of Clinical and Experimental Neuropsychology, 26*(7), 857-873.

Goddard, H. H. (1917). Mental tests and immigrants. *Journal of Delinquency, 2*, 243-277.

Godden, D. R., & Baddeley, A. D. (1975). Context-dependent memory in two natural environments: On land and underwater. *British Journal of Psychology, 66*, 325-331.

Göder, R., Fritzer, G., Gottwald, B., Lippmann, B., Seeck-Hirschner, M., Serafin, I., et al. (2008). Effects of olanzapine on slow wave sleep, sleep spindles and sleep-related memory consolidation in schizophrenia. *Pharmacopsychiatry, 41*, 92-99.

Gogos, A., Gavrilescu, M., Davison, S., Searle, K., Adams, J., Rossell, S. L., et al. (2010). Greater superior than inferior parietal lobule activation with increasing rotation angle during mental rotation: An fMRI study. *Neuropsychologia, 48*, 529-535.

Goldsmith, M., Koriat, A., & Pansky, A. (2005). Strategic regulation of grain size in memory reporting over time. *Journal of Memory and Language, 52*, 505-525.

Goldstone, R. L. (2003). Perceptual organization in vision: Behavioral and neural perspectives. In R. Kimchi & M. Behrmann (Eds.), *Perceptual organization in vision: Behavioral and neural perspectives* (pp. 233-280). Mahwah, NJ: Erlbaum.

Goleman, D. (2013). *Focus: The hidden driver of attention*. New York, NY: Harper.

Goleman, D., Boyatzis, R., & McKee, A. (2013). *Primal leadership: Unleashing the power of emotional intelligence*. Boston, MA: Harvard Business School Press.

Gollan, T. H., & Brown, A. S. (2006). From tip-of-the-tongue (TOT) data to theoretical implications in two steps: When more TOTs means better retrieval. *Journal of Experimental Psychology: General, 135*(3), 462-483.

Golomb, J. D., Peelle, J. E., Addis, K. M., Kahana, M. J., & Wingfield, A. (2008). Effects of adult aging on utilization of temporal and semantic associations during free and serial recall. *Memory & Cognition, 36*(5), 947-956.

Gonzalez, R., Jacobus, J., Amatya, A. K., Quartana, P. J., Vassileva, J., & Martin, E. M. (2008). Deficits in complex motor functions, despite no evidence of procedural learning deficits, among HIV+ individuals with history of substance dependence. *Neuropsychology, 22*(6), 776-786.

Goodale, M. A. (2000a). Perception and action. In A. E. Kazdin (Ed.), *Encyclopedia of psychology* (Vol. 6, pp. 86-89). Washington, DC: American Psychological Association.

Goodale, M. A. (2000b). Perception and action in the human visual system. In M. Gazzaniga (Ed.), *The new cognitive neurosciences* (pp. 365-378). Cambridge, MA: MIT Press.

Goodale MA. (2011). Transforming vision into action. *Vision Research, 51*(14), 1567-87.

Goodale, M. A., & Milner, A. D. (2004). *Sight unseen: An exploration of conscious and unconscious vision*. New York, NY: Oxford University Press.

Goodale, M. A., & Westwood, D. A. (2004). An evolving view of duplex vision: Separate but interacting cortical pathways for perception and action. *Current Opinion in Neurobiology, 14*, 203-211.

Goodwin, C. J. (2011). *A history of modern psychology* (4th ed.). New York, NY: Wiley.

Goodwin, G. P., & Johnson-Laird, P. N. (2010). Conceptual illusions. *Cognition, 114*, 253-265.

Gopnik, A., & Choi, S. (1995). Names, relational words, and cognitive development in English and Korean speakers: Nouns are not always learned before verbs. In M. Tomasello & W. E. Merriman (Eds.), *Beyond names for things: Young children's acquisition of verbs* (pp. 83-90). Hillsdale, NJ: Erlbaum.

Gopnik, A., Choi, S., & Baumberger, T. (1996). Cross-linguistic differences in early semantic and cognitive development. *Cognitive Development, 11*, 197-227.

Gordon, P. (2004). Numerical cognition without words: Evidence from Amazonia. *Science, 306*, 496-499.

Graesser, A. C., & Kreuz, R. J. (1993). A theory of inference generation during text comprehension. *Discourse Processes, 16*, 145-160.

Graf, P. (1990). Life-span changes in implicit and explicit memory. *Bulletin of the Psychonomic Society, 28*, 353-358.

Graf, P., Mandler, G., & Haden, P. E. (1982). Simulating amnesic symptoms in normal subjects. *Science*, 218(4578), 1243-1255.

Grainger, J., Bouttevin, S., Truc, C., Bastien, M., & Ziegler, J. (2003). Word superiority, pseudoword superiority, and learning to read: A comparison of dyslexic and normal readers. *Brain and Language, 87*(3), 432-440.

Grainger, J., Rey, A., & Dufau, S. (2008). Letter perception: From pixels to pandemonium. *Trends in Cognitive Sciences, 12*(10),

Grant, E. R., & Ceci, S. J. (2000). Memory: Constructive processes. In A. E. Kazdin (Ed.), *Encyclopedia of psychology* (Vol. 5, pp. 166-169). Washington, DC: American Psychological Association.

Gray, J. A., & Wedderburn, A. A. I. (1960). Grouping strategies with simultaneous stimuli. *Quarterly Journal of Experimental Psychology, 12*, 180-184.

Gray, J. R., Chabris, C. F., & Braver, T. S. (2003). Neural mechanisms of general fluid intelligence. *Nature Neuroscience Reviews, 6*, 316-322.

Gray, J. R., & Thompson, P. M. (2004). Neurobiology of intelligence: Science and ethics. *Nature Neuroscience Reviews, 5*, 471-482.

Grayson, D., & Coventry, L. (1998). The effects of visual proxemic information in video mediated communication. *SIGCHI, 30*(3), 30-39.

Green, D. W. (1998). Mental control of the bilingual lexico-semantic system. *Bilingualism: Language and Cognition, 1*(2), 67-81.

Greenberg, R., & Underwood, B. J. (1950). Retention as a function of stage of practice. *Journal of Experimental Psychology, 40*, 452-457.

Greene, J. A., & Azevedo, R. (2007). Adolescents' use of self-regulatory processes and their relation to qualitative mental model shifts while using hypermedia. *Journal of Educational Computing Research, 36*(2), 125-148.

Greenfield, P. M. (1997). You can't take it with you: Why abilities assessments don't cross cultures. *American Psychologist, 52*, 1115-1124.

Greenfield, P. M., & Savage-Rumbaugh, S. (1990). Grammatical combination in Pan paniscus: Processes of learning and invention in the evolution and development of language. In S. Parker & K. Gibson (Eds.), *"Language" and intelligence in monkeys and apes: Comparative developmental perspectives* (pp. 540-578). New York, NY: Cambridge University Press.

Greeno, J. G. (1974). Hobbits and orcs: Acquisition of a sequential concept. *Cognitive Psychology, 6*, 270-292.

Greeno, J. G., & Simon, H. A. (1988). Problem solving and reasoning. In R. C. Atkinson, R. Herrnstein, G. Lindzey, & R. D. Luce (Eds.), *Stevens' handbook of experimental psychology* (Rev. ed., pp. 589-672). New York, NY: Wiley.

Greenwald, A. G., & Banaji, M. (1989). The self as a memory system: Powerful, but ordinary. *Journal of Personality & Social Psychology, 57*(1), 41-54.

Greenwood, J. D. (2015). Intelligence defined: Wundt, James, Cattell, Thorndike, Goddard, and Yerkes. In S. Goldstein, D. Princiotta, & J. A. Naglieri (Eds.), *Handbook of intelligence* (pp. 123-136). New York, NY: Springer.

Gregory, R. L. (1980). Perceptions as hypotheses. *Philosophical Transactions of the Royal Society B, 290*, 181-197.

Grice, H. P. (1967). William James Lectures, Harvard University, published in part as "Logic and conversation." In P. Cole & J. L. Morgan (Eds.), *Syntax and semantics: Vol. 3. Speech acts* (pp. 41-58). New York, NY: Seminar Press.

Griffey, R. T., Wittels, K., Gilboy, N., & McAfee, A. T. (2009). Use of a computerized forcing function improves performance in ordering restraints. *Annals of Emergency Medicine, 53*(4), 469-476.

Griffin, D., & Tversky, A. (1992). The weighing of evidence and the determinants of confidence. *Cognitive Psychology, 24*, 411-435.

Griggs, R. A., & Cox, J. R. (1982). The elusive thematic-materials effect in Wason's selection task. *British Journal of Psychology, 73*, 407-420.

Griggs, R. A., & Cox, J. R. (1993). Permission schemas and the selection task. *The Quarterly Journal of Experimental*

Psychology, 46A(4), 637-651.

Grigorenko, E. L. (2000). Heritability and intelligence. In R. J. Sternberg (Ed.), *Handbook of intelligence* (pp. 53-91). New York, NY: CamGrigorenko, E. L., Geissler, P. W., Prince, R., Okatcha, F., Nokes, C., Kenny, D. A., et al. (2001). The organization of Luo conceptions of intelligence: A study of implicit theories in a Kenyan village. *International Journal of Behavioral Development, 25*, 367-378.

Grigorenko, E. L., Jarvin, L., & Sternberg, R. J. (2002). Schoolbased tests of the triarchic theory of intelligence: Three settings, three samples, three syllabi. *Contemporary Educational Psychology, 27*, 167-208.

Grimes, C. E. (2010). Digging for the roots of language death in Eastern Indonesia: The cases of Kayeli and Hukumina. In M. Florey (Ed.), *Endangered languages of Austronesia* (pp. 73-89). Oxford, UK: Oxford University Press.

Grodzinsky, Y. (2003). Language disorders. In L. Nadel (Ed.), *Encyclopedia of cognitive science* (Vol. 2, pp. 740-746). London, UK: Nature Group Press.

Groppe, D. M., Choi, M., Huang, T., Schilz, J., Topkins, B., Urbach, T. P., & Kutas, M. (2010). The phonemic restoration effect reveals preN400 effect of supportive sentence context in speech perception. *Brain Research, 136*, 154-166.

Grossi, D., Marcone, R., Cinquegrana, T., & Gallucci, M. (2013). On the differential nature of induced and incidental echolalia in autism. *Journal of Intellectual Disability Research, 57*(10), 903-912.

Grossman, L., & Eagle, M. (1970). Synonymity, antonymity, and association in false recognition responses. *Journal of Experimental Psychology, 83*, 244-248.

Grosvald, M., & Corina, D. (2008, 3-4 May). *Exploring the limits of longdistance vowel-to-vowel coarticulation*. Paper presented at the 24th Northwest Linguistics Conference, Seattle, Washington.

Grosz, B. J., Pollack, M. E., & Sidner, C. L. (1989). Discourse. In M. I. Posner (Ed.), *Foundations of cognitive science* (pp. 437-468). Cambridge, MA: MIT Press.

Grotzer, T. A., & Perkins, D. N. (2000). Teaching intelligence: A performance conception. In R. J. Sternberg (Ed.), *Handbook of intelligence* (pp. 492-515). New York, NY: Cambridge University Press.

Grubb, M. D. (2009). Selling to overconfident consumers. *American Economic Review, 99*(5), 1770-1807.

Gruber, H. E. (1981). *Darwin on man: A psychological study of scientific creativity* (2nd ed.). Chicago, IL: University of Chicago Press. (Original work published 1974.)

Gruber, H. E., & Davis, S. N. (1988). Inching our way up Mount Olympus: The evolving-systems approach to creative thinking. In R. J. Sternberg (Ed.), *The nature of creativity* (pp. 243-270). New York, NY: Cambridge University Press.

Grunwald, M. (Ed.). (2008). *Human haptic perception: Basics and applications*. Basel, Switzerland: Birkhaeuser.

Gugerty, L. (2007). Cognitive components of troubleshooting strategies. *Thinking & Reasoning, 13*(2), 134-163.

Guida, A., Gobet, F., Tardieu, H., & Nicolas, S. (2012). How chunks, long-term working memory and templates offer a cognitive explanation for neuroimaging data on expertise acquisition: A two-stage framework. *Brain and Cognition, 79*(3), 221-244.

Guilford, J. P. (1950). Creativity. *American Psychologist, 5*(9), 444-454.

Gunzelmann, G., & Anderson, J. R. (2003). Problem solving: Increased planning with practice. *Cognitive System Research, 4*(1), 57-76.

Gupta, R., Duff, M. C., Denburg, N. L., Cohen, N. J., Bechara, A., & Tranela, D. (2009). Declarative memory is critical for sustained advantageous complex decision-making. *Neuropsychologia, 47*, 1686-1693.

Gutierrez-Garralda, J. M., Moreno-Briseño, P., Boll, M., Morgado-Valle, C., Campos-Romo, A., Diaz, R., & Fernandez-Ruiz, J. (2013). The effect of Parkinson's disease and Huntington's disease on human visuomotor learning. *European Journal of Neuroscience, 38*(6), 2933Haber, R. N. (1983). The impending demise of the icon: A critique of the concept of iconic storage in visual information processing. *Behavioral and Brain Sciences, 6*(1), 1-54.

Hagtvet, B. E. (2003). Listening comprehension and reading comprehension in poor decoders: Evidence for the importance of syntactic and semantic skills as well as phonological skills. *Reading and Writing: An Interdisciplinary Journal, 16*(6), 505-539.

Haier, R. J. (2011). Biological basis of intelligence. In R. J. Sternberg & S. B. Kaufman (Eds.), *Cambridge handbook of intelligence* (pp. 351368). New York, NY: Cambridge University Press.

Haier, R. J., Chueh, D., Touchette, P., Lott, I., Buchbaum, M. S., MacMillan, D., et al. (1995). Brain size and cerebral glucose metabolic rate in nonspecific mental retardation and Down syndrome. *Intelligence, 20*, 191-210.

Haier, R. J., & Jung, R. E. (2007). Beautiful minds (i.e., brains) and the neural basis of intelligence. *Behavioral and Brain Sciences, 30*(2), 174-178.

Haier, R. J., Siegel, B., Tang, C., Abel, L., & Buchsbaum, M. S. (1992). Intelligence and changes in regional cerebral glucose metabolic rate following learning. *Intelligence, 16*(3-4), 415-426.

Hall, E. T. (1966). *The hidden dimension: Man's use of space in public and private*. Garden City, NJ: Doubleday.

Hall, G. B. C., Szechtman, H., & Nahmias, C. (2003). Enhanced salience and emotion recognition in autism: A PET study. *American Journal of Psychiatry, 160*, 1439-1441.

Hallett, C., Lambert, A., & Regan, M. A. (2011). Cell phone conversing while driving in New Zealand: Prevalence, risk perception and legislation. *Accident Analysis and Prevention, 43*(3), 862-869.

Hambrick, D. Z., & Engle, R. W. (2002). Effects of domain knowledge, working memory capacity, and age on cognitive performance: An investigation of the knowledge-is-power hypothesis. *Cognitive Psychology, 44*, 339-387.

Hambrick, D. Z., & Engle, R. W. (2003). The role of working memory in problem solving. In J. E. Davidson & R. J. Sternberg (Eds.), *The psychology of problem solving* (pp. 176-206). New York, NY: Cambridge University Press.

Hambrick D. Z., Kane, M. J., & Engle, R. W. (2005). The role of working memory in higher-level cognition. In R. J. Sternberg & J. E. Pretz (Eds.), *Cognition and intelligence* (pp. 104-121). New York, NY: Cambridge University Press.

Hambrick, D. Z., Oswald, F. L., Altmann, E. M., Meinz, E. J., Gobet, F., & Campitelli, G. (2014). Deliberate practice: Is that all it takes to become an expert? *Intelligence,* 4534-4545.

Hamilton, D. L., & Lickel, B. (2000). Illusory correlation. In A. E. Kazdin (Ed.), *Encyclopedia of psychology* (Vol. 4, pp. 226-227). Washington, DC: American Psychological Association.

Hamm, A. O., Weike, A. I., Schupp, H. T., Treig, T., Dressel, A., & Kessler, C. (2003). Affective blindsight: Intact fear conditioning to a visual cue in a cortically blind patient. *Brain, 126*(2), 267-275.

Hampton, J. A. (1997). Emergent attributes of combined concepts. In T. B. Ward, S. M. Smith, & J. Vaid (Eds.), *Conceptual structures and processes: Emergence, discovery, and change* (pp. 83-110). Washington, DC: American Psychological Association.

Han, M., Ahn, J., Kang, J., Lee, E., Lee, J., Bae, J., & Chung, J. (2011). Central auditory processing impairment in patients with temporal lobe epilepsy. *Epilepsy & Behavior, 20*(2), 370-374.

Hancock, T. W., Hicks, J., Marsh, R. L., & Ritschel, L. (2003). Measuring the activation level of critical lures in the Deese-Roediger-McDermott paradigm. *American Journal of Psychology, 116*, 1-14.

Hanley, J. R., & Chapman, E. (2008). Partial knowledge in a tip-of-thetongue state about two- and three-word proper names. *Psychonomic Bulletin & Review, 15*(1), 155-160.

Hannagan, T., Ktori, M., Chanceaux, M., & Grainger, J. (2012). Deciphering CAPTCHAs: What a Turing Test reveals about human cognition. *PloS ONE, 7*(3). doi:10.1371/journal.pone.0032121

Hanslmayr, S., & Staudigl, T. (2014). How brain oscillations form memories—A processing based perspective on oscillatory subsequent memory effects. *Neuroimage, 85*(Part 2), 648-655.

Harber, K. D., & Jussim, L. (2005). Teacher expectations and self-fulfilling prophecies: Knowns and unknowns, resolved and unresolved controversies. *Personality and Social Psychological Review 9*(2), 131-155.

Harley, T. (2008). *The psychology of language: From data to theory* (3rd ed.). Hove, UK: Psychology Press.

Harm, M. W., & Seidenberg, M. S. (2004). Computing the meanings of words in reading: Cooperative division of labor between visual and phonological processes. *Psychological Review, 111*(3) 662-720.

Harris, C. L. (2003). Language and cognition. In L. Nadel (Ed.), *Encyclopedia of cognitive science* (Vol. 2, pp. 717-722). London, UK: Nature Group Press

Harris, G. J., Chabris, C. F., Clark, J., Urban, T., Aharon, I., Steele, S., et al. (2006). Brain activation during semantic processing in autism spectrum disorders via functional magnetic resonance imaging. *Brain and Cognition, 61*, 54-68

Harrison, M. A. (2011). College students' prevalence and perceptions of text messaging while driving. *Accident Analysis and Prevention, 43*(4), 1516-1520.

Hasel, L. E., & Kassin, S. M. (2009). On the presumption of evidentiary independence: Can confessions corrupt eyewitness identifications? *Psychological Science, 20*(1), 122-126.

Hasselmo, M. E. (2006). The role of acetylcholine in learning and memory. *Current Opinion in Neurobiology, 16*(6) 710-715.

Hausknecht, K. A., Acheson, A., Farrar, A. M., Kieres, A. K., Shen, R. Y., Richards, J. B., et al. (2005). Prenatal alcohol exposure causes attention deficits in male rats. *Behavioral Neuroscience, 119*(1), 302-310.

Haviland, S. E., & Clark, H. H. (1974). What's new? Acquiring new information as a process in comprehension. *Journal of Verbal Learning and Verbal Behavior, 13*, 512-521.

Haworth, C. M. A., Kovas, Y., Harlaar, N., Hayiou-Thomas, M. E., Petrill, S. A., Dale, P. S., et al. (2009). Generalist genes and learning disabilities: A multivariate genetic analysis of low performance in reading, mathematics, language and general cognitive ability in a sample of 8000 12-year-old twins. *Journal of Child Psychology and Psychiatry, 50*(10), 1318-1325.

Haxby, J. V., Gobbini, M. I., Furye, M. L., Ishai, A., Schouten, J. L., & Pietrini, P. (2001). Distributed and overlapping representations of faces and objects in ventral temporal cortex. *Science 293*, 2425-2430.

Haxby, J. V., Gobbini, M. I., & Montgomery, K. (2004). Spatial and temporal distribution of face and object representations in the human brain. In M. S. Gazzaniga (Ed.), *The cognitive neurosciences* (3rd ed., pp. 889-904). Cambridge, MA: MIT Press.

Haxby, J. V., Ungerleider, L. G., Horwitz, B., Maisog, J. M., Rappaport, S. L., & Grady, C. L. (1996). Face encoding and recognition in the human brain. *Proceedings of the National Academy of Sciences, USA, 98*, 922-927.

Haxby, J. V., Ungerleider, L. G., Horwitz, B., Rapoport, S., & Grady, C. L. (1995). Hemispheric differences in neural systems for face working memory: A PET-rCBF study. *Human Brain Mapping, 3*, 68-82.

Hayward, W. G. (2012). Whatever happened to object-centered representations? *Perception, 41*(9), 1153-1162.

Hebb, D. O. (1948). *Organization of behavior*. New York, NY: Wiley.

Hebb, D. O. (1949). *The organization of behavior: A neuropsychological theory*. New York, NY: Wiley.

Heidlmayr, K., Moutier, S., Hemforth, B., Courtin, C., Tanzmeister, R., & Isel, F. (2014). Successive bilingualism and executive functions: The effect of second language use on inhibitory control in a behavioural Stroop Colour Word task. *Bilingualism: Language and Cognition, 17*(3), 630-645.

Heilman, K. M., Coenen, A., & Kluger, B. (2008). Progressive asymmetric apraxic agraphia. *Cognitive and Behavioral Neurology 21*(1), 14-17.

Heindel, W. C., Butters, N., & Salmon, D. P. (1988). Impaired learning of a motor skill in patients with Huntington's disease *Behavioral Neuroscience, 102*(1), 141-147.

Heinrichs, M., Dawansa, B. v., & Domes, G. (2009). Oxytocin, vasopressin, and human social behavior. *Frontiers in*

Neuroendocrinology, 30(4), 548-557.

Helmes, E., & Velamoor, V. R. (2009). Long-term outcome of leucotomy on behaviour of people with schizophrenia. *International Journal of Social Psychiatry, 55*(1), 64-70.

Helms-Lorenz, M., Van de Vijver, F. J. R., & Poortinga, Y. H. (2003). Cross-cultural differences in cognitive performance and Spearman's hypothesis: g or c? *Intelligence, 31*, 9-29.

Henley, N. M. (1969). A psychological study of the semantics of animal terms. *Journal of Verbal Learning and Verbal Behavior, 8*, 176-184.

Hennessey, B. A. (2010). The creativity-motivation connection. In J C. Kaufman & R. J. Sternberg (Eds.), *The Cambridge handbook of creativity* (pp. 342-365). New York, NY: Cambridge University Press.

Henrich, J., Heine, S. J., & Norenzayan, A. (2010). The weirdest people in the world? *Behavior and Brain Sciences, 33*(2-3), 61-83.

Henry, J. D., MacLeod, M. S., Phillips, L. H., & Crawford, J. R. (2004). A meta-analytic review of prospective memory and aging. *Psychology and Aging, 19*(1), 27-39.

Henry, L. A., & Gudjonsson, G. H. (2003). Eyewitness memory, suggestibility, and repeated recall sessions in children with mild and moderate intellectual disabilities. *Law and Human Behavior, 27*(5), 481-505.

Hernandez, A. E., Dapretto, M., Mazziotta, J., & Bookheimer, S. (2001). Language switching and language representation in Spanish-English bilinguals: An fMRI study. *Neuroimage, 14*, 510-520.

Herschensohn, J. (2007). *Language development and age*. Cambridge, UK: Cambridge University Press.

Hergenhahn, B. R., & Henley, T. (2013). *An introduction to the history of psychology* (7th ed.). Belmont, CA: Wadsworth.

Herring, S. C., & Paolillo, J. C. (2006). Gender and genre variation in weblogs. *Journal of Sociolinguistics, 10*(4), 439-459

Herrnstein, R., & Murray, C. (1994). *The bell curve: Intelligence and class structure in American life.* New York, NY: Free Press.

Hertzog, C. (2009). Use it or lose it: An old hypothesis, new evidence, and an ongoing controversy. In H. Bosworth & C. Hertzog (Eds.), *Cognition and aging: Research methodologies and empirical advances* (pp. 161-179). Washington, DC: American Psychological Association.

Herttzog, C. (2011). Intelligence in adulthood. In R. J. Sternberg & S. B. Kaufman (Eds.), *Cambridge handbook of intelligence* (pp. 174-190). New York, NY: Cambridge University Press.

Herz, R. S., & Engen, T. (1996). Odor memory: Review and analysis. *Psychonomic Bulletin and Review, 3*, 300-313.

Hewig, J., Straube, T., Trippe, R. H., Kretschmer, N., Hecht, H., Coles, M. G. H., et al. (2008). Decision-making under risk: An fMRI study. *Journal of Cognitive Neuroscience, 21*(8),1642-1652.

Hill, J. H. (1978). Apes and language. *Annual Review of Anthropology, 7*, 89-112.

Hillis, A. E. (2006). Neurobiology of unilateral spatial neglect. *Neurosci*Hillis, A. E., & Caramazza, A. (2003). Aphasia. In L. Nadel (Ed.), *Encyclopedia of cognitive science* (Vol. 1, pp. 175-184). London, UK: Nature Publishing Group.

Hillis, A. E., Newhart, M., Heidler, J., Barker, P. B., Herskovits, E. H., & Degaonkar, M. (2005). Anatomy of spatial attention: Insights from perfusion imaging and hemispatial neglect in acute stroke. *Journal of Neuroscience, 25*, 3161-3167.

Hillyard, S. A., Hink, R. F., Schwent, V. L., & Picton, T. W. (1973). Electrical signs of selective attention in the human brain. *Science, 182*, 177-180.

Hinsz, V. B. (1990). Cognitive and consensus processes in group recognition memory. *Journal of Personality and Social Psychology 59*(4), 705-718.

Hinton, G. E. (1979). Some demonstrations of the effects of structural descriptions in mental imagery. *Cognitive Science, 3*, 231-251.

Hirst, W., Phelps, E. A., Buckner, R. L., Budson, A. E., Cuc, A., Gabrieli, J. D. E., et al. (2009). Long-term memory for the terrorist attack of September 11: Flashbulb memories, event memories, and the factors that influence their retention. *Journal of Experimental Psychology: General, 138*(2), 161-176.

Hirtle, S. C., & Jonides, J. (1985). Evidence of hierarchies in cognitive maps. *Memory & Cognition, 13*(3), 208-217.

Hirtle, S. C., & Mascolo, M. F. (1986). Effect of semantic clustering on the memory of spatial locations. *Journal of Experimental Psychology: Learning, Memory, & Cognition, 12*(2), 182-189.

Hochberg, J. (1978). *Perception* (2nd ed.). Englewood Cliffs, NJ: Prentice-Hall.

Hoff, E., & Naigles, L. (1999). *Fast mapping is only the beginning: Complete word learning requires multiple exposures*. Paper presented at the 8th International Congress for the Study of Child Language, July 12-16, San Sebastian, Spain.

Hoff, E., & Shatz, M. (Eds.). (2007). *Blackwell handbook of language development.* Malden, MA: Blackwell.

Hoffding, H. (1891). *Outlines of psychology*. New York, NY: Macmillan.

Hoffman, C., Lau, I., & Johnson, D. R. (1986). The linguistic relativity of person cognition: An English-Chinese comparison. *Journal of Personality and Social Psychology, 51*, 1097-1105.

Hofman, M. A. (2015). Evolution of the human brain: From matter to mind. In S. Goldstein, D. Princiotta, & J. A. Naglieri (Eds.), *Handbook of intelligence* (pp. 65-82). New York, NY: Springer.

Holmes, D. (1991). The evidence for repression: An examination of sixty years of research. In J. L. Singer (Ed.), *Repression and dissociation: Implications for personality theory, psychopathology and health* (pp. 85-102). Chicago, IL: University of Chicago Press.

Holmes, J. (2013). *An introduction to sociolinguistics.* New York, NY: Routledge.

Holyoak, K. J. (1984). Analogical thinking and human intelligence In R. J. Sternberg (Ed.), *Advances in the psychology of human intelligence* (Vol. 2, pp. 199-230). Hillsdale, NJ: Erlbaum.

Holyoak, K. J. (1990). Problem solving. In D. N. Osherson &

E. E Smith (Eds.), *An invitation to cognitive science: Vol. 3. Thinking* (pp. 116146). Cambridge, MA: MIT Press.

Holyoak, K. J., & Nisbett, R. E. (1988). Induction. In R. J. Sternberg & E. E. Smith (Eds.), *The psychology of human thought* (pp. 50-91). New York, NY: Cambridge University Press.

Holyoak, K. J., & Thagard, P. (1995). *Mental leaps*. Cambridge, MA: MIT Press.

Homa, D. (1983). An assessment of two extraordinary speed-readers *Bulletin of the Psychonomic Society, 21*, 115-118.

Honey, G., & Bullmore, E. (2004). Human pharmacological MRI. *Trends in Pharmacological Sciences, 2*(7), 366-374.

Hong, L., & Page, S. E. (2004). Groups of diverse problem solvers can outperform groups of high-ability problem solvers. *Proceedings of the National Academy of Sciences, USA, 101*(46), 16385-16389.

Hopfinger, J. B., & Mangun, G. R. (1998). Reflexive attention modulates visual processing in human extrastriate cortex. *Psychological Science, 9*, 441-447.

Hopfinger, J. B., & Mangun, G. R. (2001). Tracking the influence of reflexive attention on sensory and cognitive processing. *Cognitive, Affective, and Behavioral Neuroscience, 1*, 56-65.

Hopkins, W. D., Russell, J. L., & Cantalupo, C. (2007). Neuroanatomical correlates of handedness for tool use in chimpanzees (*pan troglodytes*). Implication for theories on the evolution of language. *Psychological Science, 18*(11), 971-977.

Horn, J. L., & Cattell, R. B. (1966). Refinement and test of the theory of fluid and crystallized ability intelligences. *Journal of Educational Psychology, 57*, 253-270.

Horn, J. L., & Hofer, S. M. (1992). Major abilities and development in the adult period. In R. J. Sternberg & C. A. Berg (Eds.), *Intellectual development* (pp. 44-99). New York, NY: Cambridge University Press.

Hornung, O. P., Regen, F., Danker-Hopfe, H., Schredl, M., & Heuser, I. (2007). The relationship between REM sleep and memory consolidation in old age and effects of cholinergic medication *Biological Psychiatry, 61*(6), 750-757.

Horwitz, B., Amunts, K., Bhattacharyya, R., Patkin, D., Jeffries, K., Zilles, K., et al. (2003). Activation of Broca's area during the production of spoken and signed language: A combined cytoarchitectonic mapping and PET analysis. *Neuropsychologia, 41*, 1868-1876.

Howard, M., Cowell, P., Boucher, P., Broks, P., Mayes, A., Farrant, A., et al. (2000). Convergent neuroanatomical and behavioural evidence of an amygdala hypothesis of autism. *NeuroReport, 11*, 2931-293.

Howland, J. G., Harrison, R. A., Hannesson, D. K., & Phillips, A. G. (2008). Ventral hippocampal involvement in temporal order, but not recognition, memory for spatial information. *Hippocampus, 18*(3), 251-257.

Hu, M., & Nation, P. (2000). Unknown vocabulary density and reading comprehension. *Reading in a Foreign Language, 13*(1), 403-430.

Hu, Y., & Ericsson, K. A. (2012). Memorization and recall of very long lists accounted for within the Long-Term Working Memory framework. *Cognitive Psychology, 64*, 236-266.

Hubbard, T. L. (1995). Environmental invariants in the representation of motion: Implied and representational momentum, gravity, friction, and centripetal force. *Psychonomic Bulletin and Review, 2*, 322-338

Hubbard, T. L., Hutchison, J. L., & Courtney, J. R. (2010). Boundary extension: Findings and theories. *Quarterly Journal of Experimental Psychology, 63*(8), 1467-1494.

Hubel, D., & Wiesel, T. (1963). Receptive fields of cells in the striate cortex of very young, visually inexperienced kittens. *Journal of Neurophysiology, 26*, 994-1002.

Hubel, D., & Wiesel, T. (1968). Receptive fields and functional architecture of the monkey striate cortex. *Journal of Physiology, 195*, 215-243.

Hubel, D. H., & Wiesel, T. N. (1979). Brain mechanisms of vision. *Scientific American, 241*, 150-162.

Hugdahl, K., Thomsen, T., & Ersland, L. (2006). Sex differences in visuospatial processing: An fMRI study of mental rotation. *Neuropsychologia, 44*, 1575-1583.

Hulme, C., Neath, I., Stuart, G., Shostak, L., Surprenant, A. M., & Brown, G. D. A. (2006). The distinctiveness of the word-length effect. *Journal of Experimental Psychology: Applied Learning, Memory, and Cognition, 32*(3), 586-594.

Hultsch, D. F., & Dixon, R. A. (1990). Learning and memory in aging. In J. E. Birren & K. W. Schaie (Eds.), *Handbook of the psychology of aging* (3rd ed., pp. 258-274). San Diego, CA: Academic Press.

Humphreys, M., Bain, J. D., & Pike, R. (1989). Different ways to cue a coherent memory system: A theory for episodic, semantic, and procedural tasks. *Psychological Review, 96*(2), 208-233.

Humphreys, M. S., Murray, K. L., & Koh, J. (2014). Reinstating higher order properties of a study list by retrieving a list item. *Memory & Cognition, 42*(4), 570-582.

Hunt, E. B. (1975). *Artificial intelligence*. New York, NY: Academic Press.

Hunt, E. B. (1978). Mechanics of verbal ability. *Psychological Review, 85*, 109-130.

Hunt, E. B. (1994). Problem solving. In R. J. Sternberg (Ed.), *Handbook of perception and cognition: Vol. 12. Thinking and problem solving* (pp. 215-232). New York, NY: Academic Press.

Hunt, E. B. (2005). Information processing and intelligence. In R. J Sternberg & J. E. Pretz (Eds.), *Cognition and intelligence* (pp. 1-25). New York, NY: Cambridge University Press.

Hunt, E. B., & Banaji, M. (1988). The Whorfian hypothesis revisited: A cognitive science view of linguistic and cultural effects on thought. In J. W. Berry, S. H. Irvine, & E. Hunt (Eds.), *Indigenous cognition: Functioning in cultural context* (pp. 57-84). Dordrecht, Netherlands: Martinus Nijhoff Publishers.

Hunt, E. B., & Lansman, M. (1982). Individual differences in attention. In R. J. Sternberg (Ed.), *Advances in the psychology of human intelligence* (Vol. 1, pp. 207-254). Hillsdale, NJ: Erlbaum.

Hunt, E. B., & Love, T. (1972). How good can memory be? In A. W. Melton & E. Martin (Eds.), *Coding processes in human memory*. Washington, DC: V. H. Winston & Sons.

Hyoenae, J., & Lindeman, J. (2008). Syntactic context effects on word recognition: A developmental study. *Scandinavian Journal of Psychology, 35*(1), 27-37. Hysenbelli, D., Rubaltelli, E., & Rumiati, R. (2013). Others' opinions count, but not all of them: Anchoring to ingroup versus outgroup members' behavior in charitable giving. *Judgment and Decision Making, 8*(6), 678-690.

Iaria, G., Lanyon, L. J., Fox, C. J., Giaschi, D., & Barton, J. J. S. (2008). Navigational skills correlate with hippocampal fractional anisotropy in humans. *Hippocampus, 18*, 335-339.

Inagaki, H., Meguro, K., Shimada, M., Ishizaki, J., Okuzumi, H., & Yamadori, A. (2002). Discrepancy between mental rotation and perspective-taking abilities in normal aging assessed by Piaget's three-mountain task. *Journal of Clinical and Experimental Neuropsychology, 24*(1), 18-25.

Inoue, S., & Matsuzawa, T. (2007). Working memory of numerals in chimpanzees. *Current Biology, 17*(23), R1004-R1005.

Intons-Peterson, M. J. (1983). Imagery paradigms: How vulnerable are they to experimenters' expectations? *Journal of Experimental Psychology: Human Perception & Performance, 9*(3), 394-412.

Intons-Peterson, M. J., Russell, W., & Dressel, S. (1992). The role of pitch in auditory imagery. *Journal of Experimental Psychology: Human Perception & Performance, 18*(1), 233-240.

Isaacowitz, D. M., Wadlinger, H. A., Goren, D., & Wilson, H. R. (2006a). Is there an age-related positivity effect in visual attention? A comparison of two methodologies. *Emotion, 6*, 511-516.

Isaacowitz, D. M, Wadlinger, H. A., Goren, D., & Wilson, H. R. (2006b). Selective preference in visual fixation away from negative images in old age? An eye-tracking study: Correction. *Psychology and Aging, 21*, 221.

Ishii, R., Shinosaki, K., Ikejiri, Y., Ukai, S., Yamashita, K., Iwase, M., et al. (2000). Theta rhythm increase in left superior temporal cortex during auditory hallucinations in schizophrenia: A case report. *NeuroReport, 28*, 11-14.

Jack, C. R., Barrio, J. R., & Kepe, V. (2013). Cerebral amyloid PET imaging in Alzheimer's disease. *Acta Neuropathologica, 126*(5), 643-657.

Jack, C. R., Dickson, D. W., Parisi, J. E., Xu, Y. C., Cha, R. H., O'Brien, P. C., et al. (2002). Antemortem MRI findings correlate with hippocampal neuropathology in typical aging and dementia. *Neurology, 58*, 750-757.

Jackendoff, R. (1991). Parts and boundaries. *Cognition, 41*(1-3), 9-45.

Jackson, S. R., Newport, R., Husain, M., Fowlie, J. E., O'Donoghue, M., & Bajaj, N. (2009). There may be more to reaching than meets the eye: Re-thinking optic ataxia. *Neuropsychologia, 47* 1397-1408.

Jacobson, R. R., Acker, C., & Lishman, W. A. (1990). Patterns of neuropsychological deficit in alcoholic Korsakoff 's syndrome. *Psychological Medicine, 20*, 321-334.

Jacoby, L. L. (1991). A process dissociation framework: Separating automatic from intentional uses of memory. *Journal of Memory and Language, 30*, 513-541.

Jaffe, E. (2006). Sight for 'Saur Eyes. *Science News, 170*, 3-4.

Jaeggi, S. M., Buschkuehl, M., Jonides, J., & Perrig, W. J. (2008). Improving fluid intelligence with training on working memory. *Proceedings of the National Academy of Sciences, USA, 105*, 6829-6833.

Jain, K., Bearden, J. N., & Filipowicz, A. (2013). Do maximizers predict better than satisficers? *Journal of Behavioral Decision Making, 26*(1), 41-50.

James, T. W., Humphrey, G. K., Gati, J. S., Servos, P., Menon, R. S., & Goodale, M. A. (2002). Haptic study of three dimensional objects activates extrastriate visual areas. *Neuropsychologia, 40*, 1706-1714.

James, W. (1970). *The principles of psychology* (Vol. 1). New York, NY: Holt. (Original work published 1890)

Jameson, K. A. (2005). Culture and cognition: What is universal about the representation of color experience? *Journal of Cognition and Culture, 5*(3), 293-347.

Jan, D., Herrera, D., Martinovski, B., Novick, D., & Traum, D. (2007). A computational model of culture-specific conversational behavior. In *Intelligent virtual agents*, LNAI, 4722, 45-56.

Jäncke, L., & Jordan, K. (2007). Functional neuroanatomy of mental rotation, performance. In F. W. Mast & L. Jäncke (Eds.), *Spatial processing in navigation imagery and perception* (pp. 183-207). New York, NY: Springer.

Janis, I. L., & Frick, F. (1943). The relationship between attitudes toward conclusions and errors in judging logical validity of syllogisms. *Journal of Experimental Psychology, 33*, 73-77.

Janiszewski, C., & Uy, D. (2008). Precision of the anchor influences the amount of adjustment. *Psychological Science, 19*(2), 121-127.

Jansen-Osmann, P., & Heil, M. (2007). Suitable stimuli to obtain (no) gender differences in the speed of cognitive processes involved in mental rotation. *Brain and Cognition, 64*, 217-227.

Jensen, A. R. (1979). *g:* Outmoded theory or unconquered frontier? *Creative Science and Technology, 2*, 16-29.

Jensen, A. R. (1982). The chronometry of intelligence. In R. J Sternberg (Ed.), *Advances in the psychology of human intelligence*. (Vol. 1, pp. 255-310). Hillsdale, NJ: Erlbaum.

Jensen, A. R. (1998). *The g factor.* Westport, CT: Praeger/Greenwood.

Jenson, J. L. (2007). Getting one's way in policy debates: Influence tactics used in group decision-making settings. *Public Administration Review, 67*(2), 216-227.

Jerde, T. E., Soechting, J. F., & Flanders, M. (2003). Coarticulation in fluent fingerspelling. *Journal of Neuroscience, 23*(6), 2383-2393.

Jerison, H. J. (2000). The evolution of intelligence. In R. J. Sternberg (Ed.), *Handbook of intelligence* (pp. 216-244). New York, NY: Cambridge University Press.

Jha, A. P., & McCarthy, G. (2000). The influence of memory load upon delay-interval activity in a working-memory task: An event-related functional MRI study. Journal of *Cognitive Neuroscience, 12* (Suppl. 2), 90-105.

Jia, G., & Aaronson, D. (1999). Age differences in second language acquisition: The dominant language switch and maintenance hypothesis. In A. Greenhill, H. Littlefield, & C. Tano (Eds.), *Proceedings of the 23rd Annual Boston University Conference on Language Development* (pp. 301-312). Somerville, MA: Cascadilla Press.

Jiang, Y., Boehler, C. N., Noennig, N., Duezel, E., Hopf, J.-M. Heinze, H.-J., et al. (2008). Binding 3-D object perception in the human visual cortex. *Journal of Cognitive Neuroscience, 20*(4), 553-562.

Joh, A. S., Jaswal, V. K., & Keen, R. (2011). Imagining a way out of the gravity bias: Preschoolers can visualize the solution to a spatial problem. *Child Development, 82*(3), 744-750.

Johnson, M. K. (1996). Fact, fantasy, and public policy. In D. J. Herrmann, C. McEvoy, C. Hertzog, P. Hertel, & M. K. Johnson (Eds.), *Basic and applied memory research: Theory in context* (Vol. 1, pp. 83104). Mahwah, NJ: Erlbaum.

Johnson, M. K. (2002). Reality monitoring: Varying levels of analysis. *APS Observer, 15*(8), 28-29.

Johnson, W., & Bouchard, T. J., Jr. (2005). The structure of human intelligence: It is verbal, perceptual, and image rotation (VPR), not fluid and crystallized. *Intelligence, 33,* 393-416.

Johnson-Laird, P. N. (1983). *Mental models*. Cambridge, MA: Harvard University Press.

Johnson-Laird, P. N. (1989). Mental models. In M. I. Posner (Ed.), *Foundations of cognitive science* (pp. 469-499). Cambridge, MA: MIT Press.

Johnson-Laird, P. N. (1999). Mental models. In R. A. Wilson & F. C. Keil (Eds.), *The MIT encyclopedia of the cognitive sciences* (pp. 525-527). Cambridge, MA: MIT Press.

Johnson-Laird, P. N. (2000). Thinking: Reasoning. In A. Kazdin (Ed.), *Encyclopedia of psychology* (Vol. 8, pp. 75-79). Washington, DC: American Psychological Association.

Johnson-Laird, P. N. (2001). Mental models and deduction. *Trends in Cognitive Sciences, 5*(10), 434-442.

Johnson-Laird, P. N. (2010). Mental models and language. In P. C. Hogan (Ed.), *Encyclopedia of language sciences*. Cambridge, MA: Cambridge University Press.

Johnson-Laird, P. N., Byrne, R. M. J., & Schaeken, W. (1992). Propositional reasoning by model. *Psychological Review, 99*(3), 418-439.

Johnson-Laird, P. N., & Goldvarg, Y. (1997). How to make the impossible seem possible. In *Proceedings of the Nineteenth Annual Conference of the Cognitive Science Society* (pp. 354-357). Hillsdale, NJ: Erlbaum.

Johnson-Laird, P. N., & Savary, F. (1999). Illusory inference: A novel class of erroneous deductions. *Cognition, 71*, 191-229.

Johnson-Laird, P. N., & Steedman, M. (1978). The psychology of syllogisms. *Cognitive Psychology, 10*, 64-99.

Johnston, J. C., & McClelland, J. L. (1973). Visual factors in word perception. *Perception & Psychophysics, 14*, 365-370.

Jolicoeur, P. (1985). The time to name disoriented natural objects. *Memory & Cognition, 13*(4), 289-303.

Jolicoeur, P., & Kosslyn, S. M. (1985a). Demand characteristics in image scanning experiments. *Journal of Mental Imagery, 9*(2), 41-49.

Jolicoeur, P., & Kosslyn, S. M. (1985b). Is time to scan visual images due to demand characteristics? *Memory & Cognition, 13*(4), 320-332.

Jolicoeur, P., Snow, D., & Murray, J. (1987). The time to identify disoriented letters: Effects of practice and font. *Canadian Journal of Psychology, 41*(3), 303-316.

Jones, G., & Ritter, F. E. (2003). Production systems and rule-based inference. In L. Nadel (Ed.), *Encyclopedia of cognitive science* (Vol. 3, pp. 741-747). London, UK: Nature Publishing Group.

Jones, P. E. (1995). Contradictions and unanswered questions in the Genie case: A fresh look at the linguistic evidence. *Language & Communication, 15*(3), 261-280.

Jonides, J., Smith, E. E., Koeppe, R. A., Awh, E., Minoshima, S., & Mintun, M. A. (1993). Spatial working memory in humans as revealed by PET. *Nature, 363*(6430), 623-625.

Jonkers, R., & Bastiaanse, R. (2007). Action naming in anomic aphasic speakers: Effects of instrumentality and name relation. *Brain and Language, 102*, 262-272.

Jordan, K., & Huntsman, L. A. (1990). Image rotation of misoriented letter strings: Effects of orientation cuing and repetition. *Perception & Psychophysics, 48*(4), 363-374.

Jordan, K., Wustenberg, T., Heinze, H. J., Peters, M., & Jänke, L. (2002). Women and men exhibit different cortical activation patterns during mental rotation tasks. *Neuropsychologia, 40*(13), 2397-2408.

Jordan, P. J., & Troth, A. C. (2004). Managing emotions during team problem solving: Emotional intelligence and conflict resolution. *Human Performance, 17*(2), 195-218.

Jung, R. E., & Haier, R. J. (2007). The parieto-frontal integration theory (P-FIT) of intelligence: Converging neuroimaging evidence. *Behavioral and Brain Sciences, 30*(2), 135-154.

Jung R. E., Mead, B. S., Carrasco, J., & Flores, R. A. (2013). The structure of creative cognition in the human brain. *Frontiers of Human Neuroscience, 7,* 330. doi:10.3389/fnhum.2013.00330

Jung, R. E., Segall, J. M., Bockholt, H. J., Flores, R. A., Smith, S. M., Chavez, R. S., et al. (2010). Neuroanatomy of creativity. *Human Brain Mapping, 31*, 398-409.

Jung-Beeman, M., Bowden, E. M., Haberman, J., Frymiare, J. L., ArambelLiu, S., Greenblatt, R., et al. (2004). Neural activity when people solve verbal problems with insight. *Public Library of Science Biology, 2*(4), e97.

Jurásová, K. I., Biela, A., & Špajdel, M. (2014). Impact of emotional valence and different source problem conditions on the resolution of analogical target problems. *Studia Psychologica, 56*(2), 99-108.

Just, M. A., & Carpenter, P. A. (1985). Cognitive coordinate systems: Accounts of mental rotation and individual differences in spatial ability. *Psychological Review, 92*(2), 137-172.

Just, M. A., Carpenter, P. A., & Masson, M. E. J. (1982). *What eye fixations tell us about speed reading and skimming* (EyeLab Tech. Rep.). Pittsburgh, PA: Carnegie-Mellon University.

Kahneman, D. (1973). *Attention and effort*. Englewood Cliffs, NJ: Prentice-Hall.

Kahneman, D. (2013). *Thinking: Fast and slow.* New York, NY: Farrar, Straus, & Giroux.

Kahneman, D., & Tversky, A. (1972). Subjective probability: A judgment of representativeness. *Cognitive Psychology, 3*, 430-454.

Kahneman, D., & Tversky, A. (1996). On the reality of cognitive illusions. *Psychological Review, 103*, 582-591.

Kail, R. V. (1991). Controlled and automatic processing during mental rotation. *Journal of Experimental Child Psychology, 51*(3), 337-347.

Kail, R. V. (1997). Processing time, imagery, and spatial memory. *Journal of Experimental Child Psychology, 64*, 67-78.

Kail, R. V., & Park, Y. S. (1990). Impact of practice on speed of mental rotation. *Journal of Experimental Child Psychology, 49*(2), 227-244.

Kaku, M. (2014). *The future of the mind.* New York, NY: Doubleday.

Kalisch, R., Salome, N., Platzer, S., Wigger, A., Czisch, M., Sommer, W., et al. (2004). High trait anxiety and hyporeactivity to stress of the dorsomedial prefrontal cortex: A combined phMRI and Fos study in rats. *Neuroimage, 23*, 382-391.

Kalla, R., Muggleton, N. G., Cowey, A., & Walsh, V. (2009). Human dorsolateral prefrontal cortex is involved in visual search for conjunctions but not features: A theta TMS study. *Cortex, 45*, 1058-1090.

Kandel, E. R. (2007). *In search of memory: The emergence of a new science of mind.* New York, NY: W. W. Norton.

Kanwisher, N., Chun, M. M., McDermott, J., & Ledden, P. J. (1996). Functional imaging of human visual recognition. *Cognitive Brain Research, 5*, 567.

Kanwisher, N., McDermott, J., & Chun, M. M. (1997a). The fusiform face area: A module in human extrastriate cortex specialized for face perception. *Journal of Neuroscience, 17*, 4302-4311.

Kanwisher, N., Woods, R., Ioacoboni, M., & Mazziotta, J. (1997b). A locus in human extrastriate cortex for visual shape analysis. *Journal of Cognitive Neuroscience, 9*, 133-142.

Kaplan, G. B., Sengor, N. S., Gurvit, H., & Guzelis, C. (2007). Modelling the Stroop effect: A connectionist approach. *Neurocomputing, 70*(7-9), 1414-1423.

Kardas, E. (2013). *History of psychology: The making of a science.* Belmont, CA: Wadsworth.

Karnath, H., Fruhmann Berger, M., Kueker, W., & Rorden, C. (2004). The anatomy of spatial neglect based on voxelwise statistical analysis: A study of 140 patients. *Cerebral Cortex, 14*, 1164-1172.

Karni, A., Tanne, D., Rubenstein, B. S., Askenasy, J. J. M., & Sagi, D. (1994). Dependence on REM sleep of overnight improvement of a perceptional skill. *Science, 265*, 679-682.

Kashino, M. (2006). Phonemic restoration: The brain creates missing speech sounds. *Acoustical Science and Technology, 27*(6), 318-321.

Kass, S. J., Ahlers, R. H., & Dugger, M. (1998). Eliminating gender differences through practice in an applied visual spatial task. *Human Performance, 11*(4), 337-349.

Katz, J. J. (1972). *Semantic theory.* New York, NY: Harper & Row.

Katz, J. J., & Fodor, J. A. (1963). The structure of a semantic theory. *Language, 39*, 170-210.

Kaufman, A. B., Kornilov, S. A., Bristol, A. S., Tan, M., & Grigorenko, E. L. (2010). The neurobiological foundation of creative cognition. In J. C. Kaufman & R. J. Sternberg (Eds.), *The Cambridge handbook of creativity* (pp. 216-232). New York, NY: Cambridge University Press.

Kaufman, A. S. (2000). Tests of intelligence. In R. J. Sternberg (Ed.), *Handbook of intelligence* (pp. 445-476). New York, NY: Cambridge University Press.

Kaufman, S. B. (2010). Intelligence and the cognitive unconscious. In R. J. Sternberg & S. B. Kaufman (Eds.), *Cambridge handbook of intelligence* (pp. 442-467). New York, NY: Cambridge University Press.

Kaufmann, L., & Nuerk, H. C. (2006). Interference effects in a numerical Stroop paradigm in 9- to 12-year-old children with ADHD-C. *Child Neuropsychology, 12*(3), 223-243.

Kavšek, M., & Granrud, C. E. (2012). Children's and adults' size estimates at near and far distances: A test of the perceptual learning theory of size constancy development. *I-Perception, 3*(7), 459-466.

Kawachi, K. (2002). Practice effects on speech production planning: Evidence from slips of the tongue in spontaneous vs. preplanning speech in Japanese. *Journal of Psycholinguistic Research, 31*(4), 363390.

Kay, P. (1975). Synchronic variability and diachronic changes in basic color terms. *Language in Society, 4*, 257-270.

Kay, P., & Regier, T. (2006). Language, thought and color: recent developments. *Trends in Cognitive Sciences, 10*(2), 51-54.

Kazama, A. M., Heuer, E., Davis, M., & Bachevalier, J. (2012). Effects of neonatal amygdala lesions on fear learning, conditioned inhibition, and extinction in adult macaques. *Behavioral Neuroscience, 126*(3), 392-403. doi:10.1037/a0028241

Keane, M. T. (1994). Propositional representations. In M. W. Eysenck (Ed.), *The Blackwell dictionary of cognitive psychology.* Cambridge, MA: Blackwell.

Keil, F. C. (1989). *Concepts, kinds, and cognitive development.* Cambridge, MA: MIT Press.

Keil, F. C., & Batterman, N. (1984). A characteristic-to-defining shift in the development of word meaning. *Journal of Verbal Learning and Verbal Behavior, 23*, 221-236.

Keller, E. (1976). Gambits. *TESL Talk, 7*(2), 18-21.

Kennerley, S. W., Walton, M. E., Behrens, T. E. J., Buckley, M. J., & Rushworth, M. F. S. (2006). Optimal decision making and the anterior cingulate cortex. *Nature Neuroscience, 9*, 940-947.

Kensinger, E. A., Brierley, B., Medford, N., Growdon, J. H., & Corkin, S. (2002). Effects of normal aging and Alzheimer's disease on emotional memory. *Emotion, 2*, 118-134.

Kensinger, E. A., & Corkin, S. (2003). Alzheimer's disease. In L. Nadel (Ed.), *Encyclopedia of cognitive science* (Vol. 1, pp. 83-89). London, UK: Nature Publishing Group.

Kentridge, R. W. (2003). Blindsight. In L. Nadel (Ed.), *Encyclopedia of cognitive science* (Vol. 1, pp. 390-397). London, UK: Nature Publishing Group.

Keppel, G., & Underwood, B. J. (1962). Proactive inhibition in shortterm retention of single items. *Journal of Verbal*

Learning and Verbal Behavior, *1*, 153-161.

Kerr, N. (1983). The role of vision in "visual imagery" experiments: Evidence from the congenitally blind. *Journal of Experimental Psychology: General*, *112*(2), 265-277.

Khader, P., Burke, M., Bien, S., Ranganath, C., & Roesler, F. (2005). Content-specific activation during associative long-term memory retrieval. *NeuroImage*, *27*(4), 805-816.

Khubchandani, L. M. (1997). Bilingual education for indigenous groups in India. In J. Cummins & D. Corson (Eds.), *Encyclopedia of language and education: Vol. 5. Bilingual education* (pp. 67-76). Dordrecht, Netherlands: Kluwer.

Kiesel, A., Kunde, W., Pohl, C., Berner, M. P., & Hoffmann, J. (2009). Playing chess unconsciously. *Journal of Experimental Psychology: Learning, Memory, and Cognition*, *35*(1), 292-298.

Kihara, K., & Yoshikawa, S. (2001). The comparison between mental image manipulation and distinctive feature scan on recognition memory of faces. *Japanese Journal of Psychology*, *72*(3), 234-239.

Kihlstrom, J. F. (1980). Posthypnotic amnesia for recently learned material: Interactions with "episodic" and "semantic" memory. *Cognitive Psychology, 12*, 227-251.

Kihlstrom, J. F. (2007). Consciousness in hypnosis. In P. D. Zelazo, M. Moscovitch, & E. Thompson (Eds.), *Cambridge handbook of consciousness* (pp. 445-479). Cambridge, UK: Cambridge University Press.

Kihlstrom, J. F. (2008). The automaticity juggernaut. In J. Baer, J. C. Kaufman, & R. F. Baumeister (Eds.), *Are We Free? Psychology and Free Will* (pp. 155-180). New York, NY: Oxford University Press. See more at: http://psychology.berkeley.edu/people/john-fkihlstrom#sthash.G3mQhYDf.dpuf

Kihlstrom, J. F., & Cantor, N. (2000). Social intelligence. In R. J. Sternberg (Ed.), *Handbook of intelligence* (pp. 359-379). New York, NY: Cambridge University Press.

Kikuchi, S. (2014). Can preschoolers transfer the structure of stories in problem solving? The development of analogical reasoning. *Japanese Journal of Developmental Psychology, 25*(2), 162-171.

Kim, K. H., Relkin, N. R., Lee, K. M., & Hirsch, J. (1997). Distinct cortical areas associated with native and second languages. *Nature*, *388*, 171-174.

Kimchi, R. (1992). Primacy of wholistic processing and global/local paradigm: A critical review. *Psychological Bulletin*, *112*(1), 24-38. Kimura, D. (1981). Neural mechanisms in manual signing. *Sign Language Studies*, *33*, 291-312.

Kimura, D. (1987). Are men's and women's brains really different? *Canadian Psychology*, *28*(2), 133-147.

King, D. B., Woody, W. D., & Viney, W. (2013). *A history of psychology: Ideas and context* (5th ed.). Upper Saddle River, NJ: Pearson.

Kintsch, W. (1990). The representation of knowledge and the use of knowledge in discourse comprehension. In C. Graumann & R. Dietrich (Eds.), *Language in the social context*. Amsterdam, Netherlands: Elsevier.

Kintsch, W. (2007). Meaning in context. In T. K. Landauer, D. McNamara, S. Dennis, & W. Kintsch (Eds.), *Handbook of latent semantic analysis* (pp. 89-105). Mahwah, NJ: Erlbaum.

Kintsch, W., Healy, A. F., Hegarty, M., Pennington, B. F., & Salthouse, T. A. (1999). Models of working memory: Eight questions and some general issues. In A. Miyake & P. Shah (Eds.), *Models of working memory: Mechanisms of active maintenance and executive control* (pp. 412-441). New York, NY: Cambridge University Press.

Kintsch, W., & Keenan, J. M. (1973). Reading rate and retention as a function of the number of propositions in the base structure of sentences. *Cognitive Psychology*, *5*, 257-274.

Kintsch, W., & van Dijk, T. A. (1978). Toward a model of text comprehension and production. *Psychological Review*, *85*(5), 363-394.

Kirby, K. N. (1994). Probabilities and utilities of fictional outcomes in Wason's selection task. *Cognition*, *51*(1), 1-28.

Kirwan, C. B., Bayley, P. J., Galvan, V. V., & Squire, L. R. (2008). Detailed recollection of remote autobiographical memory after damage to the medial temporal lobe. *Proceedings of the National Academy of Sciences, USA*, *105*(7), 2676-2680.

Kitada, R., Johnsrude, I. S., Kochiyama, T., & Lederman, S. J. (2010). Brain networks involved in haptic and visual identification of facial expressions of emotion: An fMRI study. *NeuroImage*, *49*(2), 1677-1689.

Klein, G. (1997). Developing expertise in decision making. *Thinking & Reasoning*, *3*(4), 337-352.

Klein, G. (2013). *Seeing what others don't see: The remarkable ways we gain insights*. New York, NY: PublicAffairs.

Kleinhans, N. M., Johnson, L. C., Richards, T., Mahurin, R., Greenson, J., Dawson, G., et al. (2009). Reduced neural habituation in the amygdala and social impairments in autism spectrum disorders. *American Journal of Psychiatry*, *166*, 467-475.

Kliegl, R., Mayr, U., & Krampe, R. T. (1994). Time-accuracy functions for determining process and person differences: An application to cognitive aging. *Cognitive Psychology*, *26*(2), 134-164.

Knauff, M., & May, E. (2006). Mental imagery, reasoning, and blindness. *Quarterly Journal of Experimental Psychology*, *59*, 161-177.

Koch, G., & Rothwell, J. C. (2009). TMS investigations into the task-dependent functional interplay between human posterior parietal and motor cortex. *Behavioural Brain Research*, *202*, 147-152.

Koehler, J. J. (1996). The base rate fallacy reconsidered: Descriptive, normative, and methodological challenges. *Behavioral and Brain Sciences*, *19*, 1-53.

Köhler, S., Kapur, S., Moscovitch, M., Winocur, G., & Houle, S. (1995). Dissociation of pathways for object and spatial vision in the intact human brain. *NeuroReport*, *6*, 1865-1868.

Köhler, W. (1927). *The mentality of apes*. New York, NY: Harcourt Brace.

Köhler, W. (1940). *Dynamics in psychology*. New York, NY: Liveright.

Koivisto, M., & Revonsuo, A. (2007). How meaning shapes seeing. *Psychological Science*, *18*(10), 845-849.

Kolb, B., & Whishaw, I. Q. (1985). *Fundamentals of human neuropsychology* (2nd ed.). New York, NY: Freeman.

Kolb, B., & Whishaw, I. Q. (1990). *Fundamentals of human*

neuropsychology (3rd ed.). New York, NY: Freeman.

Kolb, I., & Whishaw, B. (1996). *Fundamentals of human neuropsychology* (4th ed.). New York, NY: W. H. Freeman.

Kolodner, J. L. (1983). Reconstructive memory: A computer model. *Cognitive Science, 7*(4), 281-328.

Komatsu, L. K. (1992). Recent views on conceptual structure. *Psychological Bulletin, 112*(3), 500-526.

Kontogiannis, T., & Malakis, S. (2009). A proactive approach to human error detection and identification in aviation and air traffic control. *Safety Science, 47*, 693-706.

Kopelman, M. D., Thomson, A. D., Guerrini, I., & Marshall, E. J. (2009). The Korsakoff syndrome: clinical aspects, psychology and treatment. *Alcohol & Alcoholism, 44*(2), 148-154.

Koppel, J., & Berntsen, D. (2014). The cultural life script as cognitive schema: How the life script shapes memory for fictional life stories. *Memory, 22*(8), 949-971.

Koppel, R. H., & Storm, B. C. (2014). Escaping mental fixation: Incubation and inhibition in creative problem solving. *Memory, 22*(4), 340-348.

Kornblum, H. I., Araujo, D. M., Annala, A. J., Tatsukawa, K. J., Phelps, M. E., & Cherry, S. R. (2000). In vivo imaging of neuronal activation and plasticity in the rat brain by high resolution positron emission tomography (microPET). *Nature Biotechnology, 18*, 655-660.

Koscik, T., O'Leary, D., Moser, D. J., Andreasen, N. C., & Nopoulos, P. (2009). Sex differences in parietal lobe morphology: Relationship to mental rotation performance. *Brain and Cognition, 69*, 451-459.

Kosslyn, S. M. (1975). Information representation in visual images. *Cognitive Psychology, 7*(3), 341-370.

Kosslyn, S. M. (1976). Using imagery to retrieve semantic information: A developmental study. *Child Development, 47*(2), 434-444.

Kosslyn, S. M. (1983). *Ghosts in the mind's machine: Creating and using images in the brain*. New York, NY: Norton.

Kosslyn, S. M. (1990). Mental imagery. In D. N. Osherson, S. M. Kosslyn, & J. M. Hollerbach (Eds.), *Visual cognition and action: Vol. 2. An invitation to cognitive science* (pp. 73-97). Cambridge, MA: MIT Press.

Kosslyn, S. M. (1994). *Image and brain: The resolution of the imagery debate*. Cambridge, MA: MIT Press.

Kosslyn, S. M., Ball, T. M., & Reiser, B. J. (1978). Visual images preserve metric spatial information: Evidence from studies of image scanning. *Journal of Experimental Psychology: Human Perception and Performance, 4*, 47-60.

Kosslyn, S. M., Ganis, G., & Thompson, W. L. (2001). Neural foundations of imagery. *Nature Reviews Neuroscience, 2*, 635-642.

Kosslyn, S. M., & Koenig, O. (1992). *Wet mind: The new cognitive neuroscience*. New York, NY: Free Press.

Kosslyn, S. M., & Osherson, D. N. (Eds.). (1995). *An invitation to cognitive science: Vol. 2. Visual cognition (2nd ed.)*. Cambridge, MA: MIT Press.

Kosslyn, S. M., Pascual-Leone, A., Felician, O., Camposano, S., Keenan, J. P., Thompson, W. L., & . . . Alpert, N. M. (1999). The role of Area 17 in visual imagery: Convergent evidence from PET and rTMS. *Science, 284*(5411), 167-170.

Kosslyn, S. M., & Pomerantz, J. R. (1977). Imagery, propositions, and the form of internal representations. *Cognitive Psychology, 9*(1), 52-76.

Kosslyn, S. M., Seger, C., Pani, J. R., & Hillger, L. A. (1990). When is imagery used in everyday life? A diary study. *Journal of Mental Imagery*, 14(3-4), 131-152.

Kosslyn, S. M., Thompson, W. L., & Ganis, G. (2006). *The case for mental imagery*. New York, NY: Oxford University Press.

Kosslyn, S. M., Thompson, W. L., Kim, J. J., & Alpert, N. M. (1995). Topographical representations of mental images in primary visual cortex. *Nature, 378*, 496-498.

Kosslyn, S. M., Thompson, W. L., Wraga, M., & Alpert, N. M. (2001). Imagining rotation by endogenous versus exogenous forces: Distinct neural mechanisms. *NeuroReport, 12*(11), 2519-2525.

Kotovsky, K., Hayes, J. R., & Simon, H. A. (1985). Why are some problems hard? Evidence from the tower of Hanoi. *Cognitive Psychology, 17*, 248-294.

Kotovsky, K., & Simon, H. A. (1973). Empirical tests of a theory of human acquisition of concepts for sequential events. *Cognitive Psychology, 4*, 399-424.

Kounios, J., Fleck, J. I., Green, D. L., Payne, L., Stevenson, J. L., Bowden, E. M., et al. (2008). The origins of insight in resting-state brain activity. *Neuropsychologia, 46*, 281-291.

Kounios, J., Frymiare, J. L., Bowman, E. M., Fleck, J. I., Subramaniam, K., Parrish, T. B., et al. (2006). The prepared mind: Neural activity prior to problem presentation predicts subsequent solution by sudden insight. *Psychological Science, 17*(10), 882-890.

Koustanai, A., Boloix, E., Van Elslande, P., & Bastien, C. (2008). Statistical analysis of "looked-but-failed-to-see" accidents: Highlighting the involvement of two distinct mechanisms. *Accident Analysis and Prevention, 40*, 461-469.

Kozbelt, A., Beghetto, R. A., & Runco, M. A. (2010). Theories of creativity. In J. C. Kaufman & R. J. Sternberg (Eds.), *The Cambridge handbook of creativity* (pp. 20-47). New York, NY: Cambridge University Press.

Kraemer, D. J. M., Macrae, C. N., Green, A. E., & Kelley, W. M. (2005).

Musical imagery: Sound of silence activates auditory cortex. *Nature, 434*(7030), 158.

Kraha, A., & Boals, A. (2014). Why so negative? Positive flashbulb memories for a personal event. *Memory, 22*(4), 442-449.

Krantz, L. (1992). *What the odds are: A-to-Z odds on everything you hoped or feared could happen*. New York, NY: Harper Perennial.

Krueger, J. (1998, October). The bet on bias: A foregone conclusion? *Psychology*, 9.

Kraus, J. (2014). Is Alzheimer's disease an irreversible loss of memory function with no hope of return? *Psychology, 5*(5), 365-368.

Krieger, J. L. (2005). Shared mindfulness in cockpit crisis situations: An exploratory analysis. *Journal of Business Communication, 42*(2),135-167.

Kringelbach, M. L., Jenkinson, N., Green, A. L., Owen, S.

L. F., Hansen, P. C., Cornelissen, P. L., et al. (2007). Deep brain stimulation for chronic pain investigated with magnetoencephalography. *NeuroReport, 18*(3), 223-228.

Kruschke, J. K. (2003). Concept learning and categorization: Models. In L. Nadel (Ed.), *Encyclopedia of cognitive science* (Vol. 1, pp. 646652). London, UK: Nature Publishing Group.

Kuhl, P. K. (1991). Human adults and infants show a "perceptual magnet effect" for the prototypes of speech categories, monkeys do not. *Perception & Psycholinguistics, 50*, 93-107.

Kuhl, B. A., Bainbridge, W. A., & Chun, M. M. (2012). Neural reactivation reveals mechanisms of memory updating. *Journal of Neuroscience, 32*, 3453-3461.

Kuipers, J.R., & Thierry, G. (2013). ERP-pupil size correlations reveal how bilingualism enhances cognitive flexibility. *Science Direct, 49*, 2853-2860.

Kurby, C. A., Magliano, J. P., & Rapp, D. N. (2009). Those voices in your head: Activation of auditory images during reading. *Cognition, 112*, 457-461.

Kyllonen, P. C., & Christal, R. E. (1990). Reasoning ability is (little more than) working-memory capacity?! *Intelligence, 14*,389-433.

LaBerge, D. (1975). Acquisition of automatic processing in perceptual and associative learning. In P. M. A. Rabbit & S. Dornic (Eds.), *Attention and performance*. London, UK: Academic Press.

LaBerge, D. (1990). Attention. *Psychological Science, 1*(3), 156-162. LaBerge, D., Carter, M., & Brown, V. (1992). A network simulation of thalamic circuit operations in selective attention. *Neural Computation, 4*(3), 318-331.

Labouvie-Vief, G., & Schell, D. A. (1982). Learning and memory in later life. In B. B. Wolman (Ed.), *Handbook of developmental psychology.* Englewood Cliffs, NJ: Prentice-Hall.

Ladavas, E., del Pesce, M., Mangun, G. R., & Gazzaniga, M. S. (1994). Variations in attentional bias of the disconnected cerebral hemispheres. *Cognitive Neuropsychology, 11*(1), 57-74.

Ladefoged, P., & Maddieson, I. (1996). *The sounds of the world's languages*. Cambridge, UK: Blackwell.

Laland, K. N. (2004). Social learning strategies. *Learning & Behavior, 32*(1), 4-14.

Lander, K., & Metcalfe, S. (2007). The influence of positive and negative facial expressions on face familiarity. *Memory, 15*(1), 63-69.

Langer, E. J. (1989). *Mindfulness*. New York, NY: Addison-Wesley.

Langer, E. J. (1997). *The power of mindful learning*. Needham Heights, MA: Addison-Wesley.

Langley, P., Simon, H. A., Bradshaw, G. L., & Zytkow, J. M. (1987). *Scientific discovery: Computational explorations of the creative process*. Cambridge, MA: MIT Press.

Lanze, M., Weisstein, N., & Harris, J. R. (1982). Perceived depth versus structural relevance in the object-superiority effect. *Perception & Psychophysics, 31*(4), 376-382.

LaPointe, L. L. (2005). Feral children. *Journal of Medical Speech-Language Pathology, 13*(1), vii-ix.

Larkin, J. H., McDermott, J., Simon, D. P., & Simon, H. A. (1980). Expert and novice performance in solving physics problems. *Science, 208*, 1335-1342.

Larson, G. E., Haier, R. J., LaCasse, L., & Hazen, K. (1995). Evaluation of a "mental effort" hypothesis for correlation between cortical metabolism and intelligence. *Intelligence, 21*, 267-278.

Lashley, K. S. (1950). In search of the engram. *Symposia of the Society for Experimental Biology, 4*, 454-482.

Laszlo, S., & Plaut, D. C. (2012). A neurally plausible Parallel Distributed Processing model of event-related potential word reading data. *Brain and Language, 120*(3), 271-281.

Lawrence, E., & Peters, E. (2004). Reasoning in believers in the paranormal. *Journal of Nervous & Mental Disease, 192*(11), 727-733.

Lazar, I., & Darlington, R. (1982). Lasting effects of early education: A report from the consortium for longitudinal studies. *Monographs of the Society for Research in Child Development, 47*(2-3, Serial No. 195).

Leahey, T. H. (2003). *A history of psychology: Main currents in psychological thought*. Upper Saddle River, NJ: Prentice-Hall.

Leahey, T. (2012). *A history of psychology: From antiquity to modernity.* Upper Saddle River, NJ: Pearson.

Lederer, R. (1991). *The miracle of language*. New York, NY: Pocket Books.

Lee, D., & Chun, M. M. (2001). What are the units of visual short-term

memory, objects or spatial locations? *Perception & Psychophysics, 63*, 253-257.

Lee, K. H., Choi, Y. Y., Gray, J. R., Cho, S. H., Chae, J.-H., Lee, S., et al. (2006). Neural correlates of superior intelligence: Stronger recruitment of posterior parietal cortex. *Neuroimage, 29*(2), 578-586.

Lee, L., Rajkumar, R., & Dawe, G. (2014). Selective lesioning of nucleus incertus with corticotropin releasing factor-saporin conjugate. *Brain Research, 1543*, 179-190.

Lee, S., Kravitz, D. J., & Baker, C. I. (2012). Disentangling visual imagery and perception of real-world objects. *Neuroimage, 59*(4), 4064-4073.

Lee, Y. L., & Saunders, J. A. (2013). Symmetry facilitates shape constancy for smoothly curved 3d objects. *Journal of Experimental Psychology: Human Perception and Performance, 39*(4), 1193-1204.

Lee, J., Gosselin, F., Wynn, J. K., & Green, M. F. (2011). How do schizophrenia patients use visual information to decode facial emotion? *Schizophrenia Bulletin, 37*(Suppl. 5), 1001-1008.

Legg, S., & Hutter, M. (2007). A collection of definitions of intelligence. *Frontiers in Artificial Intelligence and Applications, 157*, 17-24.

Lehman, D. R., Chiu, C. Y. P., & Schaller, M. (2004). Psychology and culture. *Annual Review of Psychology, 55*, 689-714.

Leicht, K. L., & Overton, R. (1987). Encoding variability and spacing repetitions. *American Journal of Psychology, 100*(1), 61-68.

Leighton, J. P. (2006). Teaching and assessing deductive reasoning skills. *Journal of Experimental Education, 74*(2), 107-136.

Lennox, B. R., Park, S. B. G., Medley, I., Morris, P. G., & Jones, P.B. (2000). The functional anatomy of auditory hallucinations in schizophrenia. *Psychiatry Research: Neuroimaging, 100*(1), 13-20.

Leopold, D. A., O'Toole, A. J., Vetter, T., & Blanz, V. (2001). Prototypereferenced shape encoding revealed by high-level after effects. *Nature Neuroscience, 4*, 89-94.

Lerner, A. J., & Riley, D. (2008). Neuropsychiatric aspects of dementias associated with motor dysfunction. In S. C. Yudofsky & R. E. Hales (Eds.), *The American Psychiatric Publishing textbook of neuropsychiatry and behavioral neurosciences* (pp. 907-934). Arlington, VA: American Psychiatric Publishing.

Lesgold, A. M. (1988). Problem solving. In R. J. Sternberg & E. E. Smith (Eds.), *The psychology of human thought* (pp. 188-213). New York, NY: Cambridge University Press.

Lesgold, A. M., Rubinson, H., Feltovich, P., Glaser, R., Klopfer, D., & Wang, Y. (1988). Expertise in a complex skill: Diagnosing X-ray pictures. In M. T. H. Chi, R. Glaser, & M. Farr (Eds.),*The nature of expertise*. Hillsdale, NJ: Erlbaum.

Leung, A. K., Kim, S., Polman, E., Ong, L. S., Qiu, L., Goncalo, J. A., & Sanchez-Burks, J. (2012). Embodied metaphors and creative "acts." *Psychological Science,23*(5), 502-509.

Levin, D. T. (Ed.). (2004). *Thinking and seeing: Visual metacognition in adults and children*. Cambridge, MA: MIT Press.

Levine, B., Svoboda, E., Turner, G. R., Mandic, M., & Mackey, A. (2009). Behavioral and functional neuroanatomical correlates of anterograde autobiographical memory in isolated retrograde amnesic patient M. L. *Neuropsychologia, 47*, 2188-2196.

Levy, J. (1974). Cerebral asymmetries as manifested in split-brain man. In M. Kinsbourne & W. L. Smith (Eds.), *Hemispheric disconnection and cerebral function*. Springfield, IL: Charles C Thomas.

Levy, J. (2000). Hemispheric functions. In A. E. Kazdin (Ed.), *Encyclopedia of psychology* (Vol. 4, pp. 113-115). Washington, DC: American Psychological Association.

Lewis, S. J. G., & Barker, R. A. (2009). A pathophysiological model of freezing of gait in Parkinson's disease. *Parkinsonism and Related Disorders, 15*, 333-338.

Li, J., Yu, C., Li, Y. H., Liu, B., Liu, Y., Shu, N. et al. (2009). COMT Val158Met modulates association between brain white matter architecture and IQ. *American Journal of Medical Genetics Part B-Neuropsychiatric Genetics, 150B*(3), 375-380.

Liberman, A. M., Cooper, F. S., Shankweiler, D. P., & Studdert-Kennedy, M. (1967). Perception of the speech code. *Psychological Review, 74*, 431-461.

Liberman, A. M., Harris, K. S., Hoffman, H. S., & Griffith, B. C. (1957). The discrimination of speech sounds within and across phoneme boundaries. *Journal of Experimental Psychology, 54*, 358-368.

Linden, D. E., Bittner, R. A., Muckli, L., Waltz, J. A., Kriegeskorte, N., Goebel, R., . . . Munk, M. H. (2003). Cortical capacity constraints for visual working memory: Dissociation of fMRI load effects in a fronto-parietal network. *Neuroimage, 20*, 1518-1530.

Lindsey, D. T., & Brown, A. M. (2002). Color naming and the phototoxic effects of sunlight on the eye. *Psychological Science, 13*, 506-512.

Ling, R., Baron, N. S., Lenhart, A., & Campbell, S. W. (2014). "Girls text really weird": Gender, texting and identity among teens. *Journal of Children and Media, 8*(4), 423-439.

Linton, M. (1982). Transformations of memory in everyday life. In U. Neisser (Ed.), *Memory observed: Remembering in natural contexts* (pp. 77-91). San Francisco, CA: Freeman.

Lipman, M., Sharp, A. M., & Oscanyan, F. S. (1980). *Philosophy in the classroom.* Philadelphia, PA: Temple University Press.

Lipshitz, R., Klein, G., Orasanu, J., & Salas, E. (2001). Taking stock of naturalistic decision making. *Journal of Behavioral Decision Making, 14*(5), 331-352.

Literacy Project Foundation. (n.d.) Staggering Illiteracy Statistics. http://literacyprojectfoundation.org/community/statistics/. Accessed December 15, 2014.

Little, D. R., Lewandowsky, S., & Heit, E. (2006). Ad hoc category restructuring. *Memory & Cognition, 34*(7), 1398-1413.

Liu, J., Kanwisher, N., & Harris, A. (2010). Perception of face parts and face configuration: An fMRI study. *Journal of Cognitive Neuroscience, 22*(1), 203-211.

Liu, K. P. Y., & Chan, C. C. H. (2009). Metacognitive mental imaginary strategies for training of daily living skills for people with brain damage: The self-regulation and mental imagery program. In I. Soederback (Ed.), *International handbook of occupational therapy interventions* (pp. 475-486). New York, NY: Springer.

Llinas, R. R., & Steriade, M. (2006). Bursting of thalamic neurons and states of vigilance. *Journal of Neurophysiology, 95*, 3297-3308.

Lockhart, R. S. (2000). Methods of memory research. In E. Tulving & F. I. M. Craik (Eds.), *The Oxford handbook of memory* (pp. 45-58). New York, NY: Oxford University Press.

Lodi, R., Tonon, C., Vignatelli, L., Iotti, S., Montagna, P., Barbiroli, B., et al. (2004). In vivo evidence of neuronal loss in the hypothalamus of narcoleptic patients. *Neurology, 63*, 1513-1515.

Loehlin, J. C., Horn, J. M., & Willerman, L. (1997). Heredity, environment, and IQ in the Texas Adoption Project. In R. J. Sternberg & E. L. Grigorenko (Eds.), *Intelligence, heredity, and environment* (pp. 105-125). New York, NY: Cambridge University Press.

Loftus, E. F. (1975). Leading questions and the eyewitness report. *Cognitive Psychology, 7*, 560-572.

Loftus, E. F. (1977). Shifting human color memory. *Memory & Cognition, 5*, 696-699.

Loftus, E. F. (1993a). Psychologists in the eyewitness world. *American Psychologist, 48*(5), 550-552.

Loftus, E. F. (1993b). The reality of repressed memories. *American Psychologist, 48*(5), 518-537.

Loftus, E. F. (1996). Memory distortion and false memory creation. *Bulletin of the American Academy of Psychiatry and the Law, 24*(3), 281-295.

Loftus, E. F. (1998). Imaginary memories. In M. A. Conway, S. E. Gathercole, & C. Cornoldi (Eds.), *Theory of memory II* (pp. 135-145). Hove, UK: Psychology Press.

Loftus, E. F. (2005). A 30-year investigation of the malleability of memory. *Learning and Memory, 12*, 361-366.

Loftus, E. F., & Ketcham, K. (1991). *Witness for the defense: The accused, the eyewitness, and the expert who puts memory on trial*. New York, NY: St. Martin's Press.

Loftus, E. F., & Loftus, G. R. (1980). On the permanence of stored information in the human brain. *American Psychologist, 35*, 409420.

Loftus, E. F., Miller, D. G., & Burns, H. J. (1978). Semantic integration of verbal information into a visual memory. *Journal of Experimental Psychology: Human Learning and Memory, 4*, 19-31.

Loftus, E. F., Miller, D. G., & Burns, H. J. (1987). Semantic integration of verbal information into a visual memory. In L. S. Wrightsman, C. E. Willis, S. M. Kassin (Eds.), *On the witness stand: Vol. 2. Controversies in the courtroom* (pp. 157-177). Newbury Park, CA: Sage.

Loftus, E. F., & Palmer, J. C. (1974). Reconstruction of automobile destruction: An example of the interaction between language and memory. *Journal of Verbal Learning and Verbal Behavior, 13*, 585589.

Logan, G. (1988). Toward an instance theory of automatization. *Psychological Review, 95*(4), 492-527.

Logie, R. H. (1995). *Visuo-spatial working memory*, Hove, UK: Erlbaum.

Logie, R. H., & Della Sala, S. (2005). Disorders of visuospatial memory. In P. Shah & A. Miyaki (Eds.), *The Cambridge handbook of visuospatial thinking* (pp. 81-120). New York, NY: Cambridge University Press.

Logie, R. H., Della Sala, S., Beschin, N., & Denis, M. (2005). Dissociating mental transformations and visuospatial storage in working memory: Evidence from representational neglect. *Memory, 13*(3-4), 430-434.

Logothetis, N. K. (2004). Functional MRI in monkeys: A bridge between human and animal brain research. In M. S. Gazzaniga (Ed.), *The cognitive neurosciences*, (Vol. 3, pp. 957-969). Cambridge, MA: MIT Press.

Logothetis, N. K., Pauls, J., & Poggio, T. (1995). Shape representation in the inferior temporal cortex of monkeys. *Current Biology, 5*(5), 552-563.

Lohman, D. F. (2005). Reasoning abilities. In R. J. Sternberg & J. E. Pretz (Eds.), *Cognition and intelligence* (pp. 225-250). New York, NY: Cambridge University Press.

Lohman, D. F., & Lakin, J. M. (2011). Intelligence and reasoning. In R. J. Sternberg & S. B. Kaufman (Eds.), *Cambridge handbook of intelligence* (pp. 419-441). New York, NY: Cambridge University Press.

Lohmann, Ringelstein, & Knecht. (2006). Functional transcranial Doppler sonography. *Frontiers of Neurology and Neuroscience*, 21, 251260.

Lonner, W. J. (1989). The introductory psychology text: Beyond Ekman, Whorf, and biased IQ tests. In D. M. Keats, D. Munro, & L. Mann (Eds.), *Heterogeneity in cross-cultural psychology* (pp. 4-22). Amsterdam, Netherlands: Swets & Zeitlinger.

Loth, E., Gómez, J. C., & Happé, F. (2008). Event schemas in autism spectrum disorders: The role of theory of mind and weak central coherence. *Journal of Autism and Developmental Disorders, 38*(3), 449-463.

Lou, H. C., Henriksen, L., & Bruhn, P. (1984). Focal cerebral hypoperfusion in children with dyphasia and/or attention deficit disorder. *Archives of Neurology, 41*(8), 825-829.

Louwerse, M. M., & Zwaan, R. A. (2009). Language encodes geographical information. *Cognitive Science, 33*, 51-73.

Love, B. C. (2003). Concept learning. In L. Nadel (Ed.), *Encyclopedia of cognitive science* (Vol. 1, pp. 646-652). London, UK: Nature Publishing Group.

Lowenstein, J. A., Blank, H., & Sauer, J. D. (2010). Uniforms affect the accuracy of children's eyewitness identification decisions. *Journal of Investigative Psychology and Offender Profiling, 7*, 59-73.

Lu, Y., & Sireci, S. G. (2007). Validity issues in test speededness. *Educational Measurement: Issues and Practice, 26*(4), 29-37.

Lubart, T. I., & Mouchiroud, C. (2003). Creativity: A source of difficulty in problem solving. In J. E. Davidson & R. J. Sternberg (Eds.), *The psychology of problem solving* (pp. 127-148). New York, NY: Cambridge University Press.

Lucas, T. H., McKhann, G. M., & Ojemann, G. A. (2004). Functional separation of languages in the bilingual brain: A comparison of electrical stimulation language mapping in 25 bilingual patients and 117 monolingual control patients. *Journal of Neurosurgery, 101*, 449-457.

Luchins, A. S. (1942). Mechanization in problem solving. *Psychological Monographs, 54*(6, Whole No. 248).

Luck, S. J., Hillyard, S. A., Mangun, G. R., & Gazzaniga, M. S. (1989). Independent hemispheric attentional systems medial-visual search in split-brain patients. *Nature, 342*(6249), 543-545.

Luck, S. J., & Vogel, E. K. (1997). The capacity of visual working memory for features and conjunctions. *Nature, 390*, 279-281.

Luka, B. J., & Barsalou, L. W. (2005). Structural facilitation: Mere exposure effects for grammatical acceptability as evidence for syntactic priming in comprehension. *Journal of Memory and Language, 52*(3), 436-459.

Luo, J., & Niki, K. (2003). Function of hippocampus in "insight" of problem solving. *Hippocampus, 13*(3), 316-323.

Lupton, L. (1998). Fluency in American sign language. *Journal of Deaf Studies and Deaf Education, 3*(4), 320-328.

Luria, A. R. (1973). *The working brain*. London, UK: Penguin.

Lycan, W. (2003). Perspectival representation and the knowledge argument. In Q. Smith & A. Jokic (Eds.), *Consciousness. New philosophical perspectives*. Oxford, UK: Oxford University Press.

Lykken, D. (2005). Mental energy. *Intelligence, 33*(4), 331-335.

Ma, W., Husain, M., & Bays, P. M. (2014). Changing concepts of working memory. *Nature Neuroscience, 17*(3), 347-356.

Mace, W. M. (1986). J. J. Gibson's ecological theory of information pickup: Cognition from the ground up. In T. J. Knapp & L. C. Robertson (Eds.), *Approaches to cognition:*

Contrasts and controversies (pp. 137-157). Hillsdale, NJ: Erlbaum.

Maciej, J., Nitsch, M., & Vollrath, M. (2011). Conversing while driving: The importance of visual information for conversation modulation. *Transportation Research Part F: Traffic Psychology and Behaviour, 14*(6), 512-524.

Mack, M. L., Wong, A. C.-N., Gauthier, I., Tanaka, J. W., & Palmeri, T. J. (2009). Time course of visual object categorization: Fastest does not necessarily mean first. *Vision Research, 49*(15), 1961-1968.

MacKay, D., James, L., Taylor, J., & Marian, D. (2006). Amnesic H. M. exhibits parallel deficits and sparing in language and memory: Systems versus binding theory accounts. *Language and Cognitive Processes*, 21, 377-452.

MacKay, D. G. (2006). Aging, memory, and language in amnesic H. M. *Hippocampus, 16*(5), 491-494.

Mackintosh, N. J. (2011). *IQ and human intelligence* (2nd ed.). New York, NY: Oxford University Press.

Mackworth, N. H. (1948). The breakdown of vigilance during prolonged visual search. *Quarterly Journal of Experimental Psychology, 1*, 6-21.

MacLean, K. A., Aichele, S. R., Bridwell, D. A., Mangun, G. R., Wojciulik, E., & Saron, C. D. (2009). Interactions between endogenous and exogenous attention during vigilance. *Attention, Perception, & Psychophysics, 71*(5), 1042-1058.

MacLeod, C. (1991). Half a century of research on the Stroop effect: An integrative review. *Psychological Bulletin, 109*(2), 163-203.

MacLeod, C. M. (1996). How priming affects two-speeded implicit tests of remembering: Naming colors versus reading words. *Consciousness and Cognition: An International Journal, 5*, 73-90.

MacLeod, C. M. (2005). The Stroop task in cognitive research. In A. Wenzel & D. C. Rubin (Eds.), *Cognitive methods and their application to clinical research* (pp. 17-40). Washington, DC: American Psychological Association.

MacLin, O. H., & Malpass, R. S. (2001). Racial categorization of faces: The ambiguous-race face effect. *Psychology, Public Policy, and Law, 7*, 98-118.

MacLin, O. H., & Malpass, R. S. (2003). The ambiguous-race face illusion. *Perception, 32*, 249-252.

Madden, D. J. (2007). Aging and visual attention. *Current Directions in Psychological Science, 16*(2), 70-74.

Madden, D. J., Turkington, T. G., Provenzale, J. M., Denny, L. L., Langley, L. K., Hawk, T. C., et al. (2002). Aging and attentional guidance during visual search: Functional neuroanatomy by positron emission tomography. *Psychology and Aging, 17*(1), 24-43.

Maeda, Y., & Yoon, S. Y. (2013). A meta-analysis on gender differences in mental rotation ability measured by the Purdue Spatial Visualization Tests: *Visualization of Rotations (PSVT:R). Educational Psychology Review, 25*(1), 69-94.

Maguire, E. A., Frackowiak, S. J., & Frith, C. D. (1996). Learning to find your way: A role for the human hippocampal formation. *Proceedings: Biological Sciences, 263*(1377), 1745-1750.

Makovski, T., & Jiang, Y. V. (2008). Proactive interference from items previously stored in visual working memory. *Memory & Cognition, 36*(1), 43-52.

Malsbury, C. W. (2003). Hypothalamus. In L. Nadel (Ed.), *Encyclopedia of cognitive science* (Vol. 2, pp. 445-451). London, UK: Nature Publishing Group.

Malt, B. C., & Smith, E. E. (1984). Correlated properties in natural categories. *Journal of Verbal Learning and Verbal Behavior, 23*, 250-269.

Mandalaywala, T., Fleener, C., & Maestripieri, D. (2015). Intelligence in nonhuman primates. In S. Goldstein, D. Princiotta, & J. A. Naglieri (Eds.), *Handbook of intelligence* (pp. 27-46). New York, NY: Springer.

Mandelman, S. D., & Grigorenko E. L. (2011). Intelligence: Genes, environments, and their interactions. In R. J. Sternberg & S. B. Kaufman (Eds.), *Cambridge handbook of intelligence* (pp. 85-106). New York, NY: Cambridge University Press.

Mangun, G. R. (Ed.). (2012). *Neuroscience of attention: Attentional control and selection.* Oxford, UK: Oxford University Press.

Mani, K., & Johnson-Laird, P. N. (1982). The mental representation of spatial descriptions. *Memory & Cognition, 10*(2), 181-187.

Manns, J. R., & Eichenbaum, H. (2006). Evolution of declarative memory. *Hippocampus, 16*(9), 795-808.

Mantyla, T. (1986). Optimizing cue effectiveness: Recall of 500 and 600 incidentally learned words. *Journal of Experimental Psychology: Learning, Memory, & Cognition, 12*, 66-71.

Maras, M. L., Wimmer, M. C., Robinson, E. J., & Bowler, D. M. (2014). Mental imagery scanning in autism spectrum disorder. *Research in Autism Spectrum Disorders, 8*, 1416-1423.

Maratsos, M. P. (1998). The acquisition of grammar. In D. Kuhn & R. S. Siegler (Eds.), *Handbook of child psychology: Vol. 2: Cognition, perception, and language* (5th ed., pp. 421-466). New York, NY: Wiley.

Marcel, A. J. (1983a). Conscious and unconscious perception: An approach to the relations between phenomenal experience and perceptual processes. *Cognitive Psychology, 15*(2), 238-300.

Marcel, A. J. (1983b). Conscious and unconscious perception: Experiments on visual masking and word recognition. *Cognitive Psychology, 15*(2), 197-237.

Marcel, A. J. (1986). Consciousness and processing: Choosing and testing a null hypothesis. *Brain and Behavioral Sciences, 9*, 40-41.

Marian, V., & Fausey, C. M. (2006). Language-dependent memory in bilingual learning. *Applied Cognitive Psychology, 20*(8), 1025-1047.

Maril, A., Wagner, A. D., & Schacter, D. L. (2001). On the tip of the tongue: An event-related fMRI study of semantic retrieval failure and cognitive conflict. *Neuron, 31*(4), 653-660.

Markman, A. B. (2003). Conceptual representations in psychology. In L. Nadel (Ed.), *Encyclopedia of cognitive science* (Vol. 1, pp. 670-673). London, UK: Nature Publishing Group.

Markman, A. B., Maddox, W. T., Worthy, D. A., & Baldwin,

G. C. (2007). Using regulatory focus to explore implicit and explicit processing in concept learning. *Journal of Consciousness Studies*, *14*(9-10), 132-155.

Markman, A. B., & Ross, B. H. (2003). Category use and category learning. *Psychological Bulletin*, *129*, 592-613.

Markovits, H., Saelen, C., & Forgues, H. L. (2009). An inverse belief-bias effect: More evidence for the role of inhibitory processes in logical reasoning. *Experimental Psychology*, *56*(2), 112-120.

Markus, H. R., & Kitayama, S. (1991). Culture and the self: Implications for cognition, emotion, and motivation. *Psychological Review, 98*, 224-253.

Marois, R., Yi, D. J., & Chun, M. M. (2004). The neural fate of consciously perceived and missed events in the attentional blink. *Neuron*, *41*(3), 465-472.

Marr, D. (1982). *Vision*. San Francisco, CA: Freeman.

Marrero, M. Z., Golden, C. J., & Espe Pfeifer, P. (2002). Bilingualism, brain injury, and recovery: Implications for understanding the bilingual and for therapy. *Clinical Psychology Review*, *22*(3), 465-480.

Marsh, B., Todd, P. M., & Gigerenzer, G. (2004). Cognitive heuristics: Reasoning the fast and frugal way. In J. P. Leighton & R. J. Sternberg (Eds.), *The nature of reasoning* (pp. 273-287). New York, NY: Cambridge University Press.

Marsh, R. L., Cook, G. I., Meeks, J. T., Clark-Foos, A., & Hicks, J. L. (2007). Memory for intention-related material presented in a to-beignored channel. *Memory and Cognition*, *35*(6), 1197-1204.

Martin, R. C., & Freedman, M. L. (2001). Short-term retention of lexical-semantic representations: Implications for speech production. *Memory, 9*(4-6), 261-280.

Martinez-Conde, S., Macknik, S. L., & Hybel, D. (2004). The role fixational eye movements in visual perception. *Nature Reviews: Neuroscience*, *5*, 229-240.

Marupaka, N., Iyer, L. R., & Minai, A. A. (2012). Connectivity and thought: The influence of semantic network structure in a neurodynamical model of thinking. *Neural Networks, 32*, 147-158.

Massaro, D. W. (1987). *Speech perception by ear and eye: A paradigm for psychological inquiry*. Hillsdale, NJ: Erlbaum.

Matarazzo, J. D. (1992). Biological and physiological correlates of intelligence. *Intelligence*, *16*(3, 4), 257-258.

Mårtensson, F., Roll, M., Lindgren, M., Apt, P., & Horne, M. (2014). Sensory-specific anomic aphasia following left occipital lesions: Data from free oral descriptions of concrete word meanings. *Neurocase, 20*(2), 192-207.

Matlin, M. W., & Underhill, W. A. (1979). Selective rehearsal and selective recall. *Bulletin of the Psychonomic Society*, *14*(5), 389-392.

Matsui, M., Sumiyoshi, T., Yuuki, H., Kato, K., & Kurachi, M. (2006). Impairment of event schema in patients with schizophrenia: Examination of script for shopping at supermarket. *Psychiatry Research*, *143*(2-3), 179-187.

Matsumoto, D. (1994). *People: Psychology from a cultural perspective.* Pacific Grove, CA: Brooks Cole.

Matthews, R. J. (2003). Connectionism and systematicity. In L. Nadel (Ed.), *Encyclopedia of cognitive science* (Vol. 1, pp. 687-690). London, UK: Nature Publishing Group.

Maunsell, J. H. (1995). The brain's visual world: Representation of visual targets in cerebral cortex. *Science*, *270*, 764-769.

Maxwell, R. J. (2005). Expanding the universe of categorical syllogisms: A challenge for reasoning researchers. *Behavior Research Methods*, *37*(4), 560-580.

Mayer, J. D. (2014). *Personal intelligence; The power of personality and how it shapes our lives.* New York, NY: Scientific American/Farrar, Straus, & Giroux.

Mayer, J. D., & Salovey, P. (1997). What is emotional intelligence? In P. Salovey & D. Sluyter (Eds.), *Emotional development and emotional intelligence: Implications for educators* (pp. 3-31). New York, NY: Basic Books.

Mayer, J. D., Salovey, P., & Caruso, D. (2000). Emotional intelligence. In R. J. Sternberg (Ed.), *Handbook of intelligence* (pp. 396-420). New York, NY: Cambridge University Press.

Mayer, R. E. (2000). Concepts: Conceptual change. In A. E. Kazdin (Ed.), *Encyclopedia of psychology* (Vol. 2, pp. 253-255). Washington, DC: American Psychological Association.

Mayo, R., Alfasi, D., & Schwarz, N. (2014). Distrust and the positive test heuristic: Dispositional and situated social distrust improves performance on the Wason Rule Discovery Task. *Journal of Experimental Psychology: General, 143*(3), 985-990.

Mayr, U., & Kliegl, R. (1993). Sequential and coordinative complexity: Age-based processing in figural transformations. *Journal of Experimental Psychology: Learning, Memory, & Cognition, 19*(6), 1297-1320.

McAfoose, J., & Baune, B. T. (2009). Exploring visual-spatial working memory: A critical review of concepts and models. *Neuropsychology Review*, *19*(1), 130-142.

McArthur, T. (Ed.). (1992). *The Oxford companion to the English language*. New York, NY: Oxford University Press.

McBride, D. (2007). Methods for measuring conscious and automatic memory: A brief review. *Journal of Consciousness Studies*, *14*(1-2), 198-215.

McCarthy, G., Blamire, A. M., Puce, A., Nobe, A. C., Bloch, G., Hyder, F., et al. (1994). Functional magnetic resonance imaging of human prefrontal cortex activation during a spatial working memory task. *Proceedings of the National Academy of Sciences, USA*, *90*, 4952-4956.

McCarthy, G., Puce, A., Gore, J. C., & Allison, T. (1997). Face-specific processing in the human fusiform gyrus. *Journal of Cognitive Neuroscience*, *9*, 605-610.

McClelland, J. L., McNaughton, B. C., & O'Reilly, R. C. (1995). Why there are complementary learning systems in the hippocampus and neocortex: Insights from the successes and failures of connectionist models of learning and memory. *Psychological Review*, *102*, 419-457.

McClelland, J. L., Mirman, D., & Holt, L. L. (2009). Are there interactive processes in speech perception? *Trends in Cognitive Science*, *10*(8), 363-369.

McClelland, J. L., & Rogers, T. T. (2003). The parallel distributed processing approach to semantic cognition. *Nature Reviews: Neuroscience*, *4*, 1-14.

McClelland, J. L., & Rumelhart, D. E. (1981). An interactive activation model of context effects in letter perception: Part 1. An account of basic findings. *Psychological Review, 88*, 483-524.

McClelland, J. L., & Rumelhart, D. E., (1985). Distributed memory and the representation of general and specific information. *Journal of Experimental Psychology: General, 114*(2), 159-188.

McClelland, J. L., & Rumelhart, D. E. (1988). *Explorations in parallel distributed processing: A handbook of models, programs, and exercises*. Cambridge, MA: MIT Press.

McClelland, J. L., Rumelhart, D. E., & the PDP Research Group (1986). *Parallel distributed processing: Explorations in the microstructure of cognition: Vol. 2. Psychological and biological models*. Cambridge, MA: MIT Books.

McCormick, D. A., & Thompson, R. F. (1984). Cerebellum: Essential involvement in the classically conditioned eyelid response. *Science, 223*, 296-299.

McCormick, M. C., Brooks-Gunn, J., Buka, S. L., Goldman, J., Yu, J., Salganik, M., et al. (2006). Early intervention in low birth weight premature infants: Results at 18 years of age for the infant health and development program. *Pediatrics, 117*(3), 771-780.

McDermott, K. B. (1996). The persistence of false memories in list recall. *Journal of Memory and Language, 35*, 212-230.

McDonough, L., Choi, S., & Mandler, J. M. (2003). Understanding spatial relations: Flexible infants, lexical adults. *Cognitive Psychology, 46*, 229-259.

McDowd, J. M. (2007). An overview of attention: behavior and brain. *Journal of Neurologic Physical Therapy, 31*, 98-103.

McElree, B. (2006). Accessing recent events. In B. H. Ross (Ed.), *The psychology of learning and motivation: Advances in research and theory* (Vol. 46, pp. 155-200). San Diego, CA: Elsevier Academic Press.

McGarry-Roberts, P. A., Stelmack, R. M., & Campbell, K. B. (1992). Intelligence, reaction time, and event-related potentials. *Intelligence, 16*(3, 4), 289-313.

McGarva, A. R., Ramsey, M., & Shear, S. A. (2006). Effects of driver cell phone use on driver aggression. *Journal of Social Psychology, 146*(2), 133-146.

McGurk, H., & MacDonald, J. (1976). Hearing lips and seeing voices. *Nature, 264*, 746-748.

McKenna, J., Treadway, M., & McCloskey, M. E. (1992). Expert psychological testimony on eyewitness reliability: Selling psychology before its time. In P. Suedfeld & P. E. Tetlock (Eds.), *Psychology and social policy* (pp. 283-293). New York, NY: Hemisphere.

McKoon, G., & Ratcliff, R. (1992a). Inference during reading. *Psychological Review, 99*, 440-466.

McKoon, G., & Ratcliff, R. (1992b). Spreading activation versus compound cue accounts of priming: Mediated priming revisited. *Journal of Experimental Psychology: Learning, Memory, & Cognition, 18*(6), 1155-1172.

McKown, C., & Weinstein, R. S. (2003). The development and consequences of stereotype consciousness in middle childhood. *Child Development 74*(2), 498-515.

McMullen, P. A., & Farah, M. J. (1991). Viewer-centered and object-centered representations in the recognition of naturalistic line drawings. *Psychological Science, 2*(4), 275-277.

McNamara, D. S., Kintsch, E., Songer, N. B., & Kintsch, W. (1996). Learning from text: Effect of prior knowledge and text coherence. *Discourse Processes, 30*, 201-236.

McNamara, D. S., O'Reilly, T., Best, R. M., & Ozuru, Y. (2006). Improving adolescent students' reading comprehension with iStart. *Journal of Educational Computing Research, 34*(2), 147-171.

McNamara, T. P. (1992). Theories of priming: I. Associative distance and lag. *Journal of Experimental Psychology: Learning, Memory, & Cognition, 18*(6), 1173-1190.

McNamara, T. P., Hardy, J. K., & Hirtle, S. C. (1989). Subjective hierarchies in spatial memory. *Memory & Cognition, 17*(4), 444-453.

McNamara, T. P., Ratcliff, R., & McKoon, G. (1984). The mental representation of knowledge acquired from maps. *Journal of Experimental Psychology: Learning, Memory, & Cognition, 10*(4), 723-732.

McNeil, J. E., & Warrington, E. K. (1993). Prosopagnosia: A face specific disorder. *Quarterly Journal of Experimental Psychology: Human Experimental Psychology, 46*, 1-10.

Meacham, J. (1982). A note on remembering to execute planned actions. *Journal of Applied Developmental Psychology, 3*, 121-133.

Meacham, J. A. (1983). Wisdom and the context of knowledge: Knowing that one doesn't know. In D. Kuhn & J. A. Meacham (Eds.), *On the development of developmental psychology* (pp. 111-134). Basel, Switzerland: Karger.

Meacham, J. A. (1990). The loss of wisdom. In R. J. Sternberg (Ed.), *Wisdom: Its nature, origins, and development* (pp. 181-211). New York, NY: Cambridge University Press.

Meacham, J. A., & Singer, J. (1977). Incentive in prospective remembering. *Journal of Psychology, 97*, 191-197.

Meade, M. L., Watson, J. M., Balota, D. A., & Roediger, H. L. (2007). The roles of spreading activation and retrieval mode in producing false recognition in the DRM paradigm. *Journal of Memory and Language, 56*(3), 305-320.

Mechelli, A., Crinion, J. T., Nippeney, U., O'Doherty, J., Ash-burner, J., Frackowiak, R. S., et al. (2004). Neurolinguistics: Structural plasticity in the bilingual brain. *Nature, 431*(7010), 757.

Medin, D. L. (1989). Concepts and conceptual structure. *American Psychologist, 44*, 1469-1481.

Medin, D. L., & Atran, S. (Eds.). (1999). *Folkbiology*. Cambridge, MA: MIT Press.

Medin, D. L., Proffitt, J. B., & Schwartz, H. C. (2000). Concepts: An overview. In A. E. Kazdin (Ed.), *Encyclopedia of psychology* (Vol. 2, pp. 242-245). Washington, DC: American Psychological Association.

Meerlo, P., Mistlberger, R. E., Jacobs, B. L., Heller, H. C., & McGinty, D. (2009). New neurons in the adult brain: The role of sleep and consequences of sleep loss. *Sleep Medicine Reviews, 13*, 187-194.

Meinzer, M., Obleser, J., Flaisch, T., Eulitz, C., & Rockstroh, B. (2007). Recovery from aphasia as a function of language therapy in an early bilingual patient demonstrated by fMRI. *Neuropsychologia, 45*(6), 1247-1256.

Mejia-Arauz, R., Rogoff, B., & Paradise, R. (2005). Cultural variation in children's observation during a demonstration. *International Journal of Behavioral Development, 29*(4), 282-291.

Melnyk, L., & Bruck, M. (2004). Timing moderates the effects of repeated suggestive interviewing on children's eyewitness memory. *Applied Cognitive Psychology, 18*(5), 613-631.

Melrose, R. J., Poulin, R. M., & Stern, C. E. (2007). An fMRI investigation of the role of the basal ganglia in reasoning. *Brain Research*, 1142, 146-158.

Merriam-Webster's Collegiate Dictionary. (2003). Springfield, MA: Merriam-Webster.

Merriam-Webster's Online Dictionary. (2014). Cat. Retrieved July 22, 2015, from http://www.merriam-webster.com/dictionary/cat.

Merriam-Webster's Online Dictionary. (2014). Selfie. Retrieved December 4, 2014, from http://www.merriam-webster.com/dictionary/selfie

Mervis, C. B., Catlin, J., & Rosch, E. (1976). Relationships among goodness-of-example, category norms, and word frequency. *Bulletin of the Psychonomic Society, 7*, 268-284.

Metcalfe, J. (1986). Feeling of knowing in memory and problem solving. *Journal of Experimental Psychology: Learning, Memory, & Cognition, 12*(2), 288-294.

Metcalfe, J. (2000). Metamemory: Theory and data. In E. Tulving & F. I. M. Craik (Eds.), *The Oxford handbook of memory* (pp. 197-211). New York, NY: Oxford University Press.

Metcalfe, J., & Wiebe, D. (1987). Intuition in insight and noninsight problem solving. *Memory & Cognition, 15*(3), 238-246.

Metzger, W. (1930). Optische Untersuchungen am Ganzfeld. II: Zur Phaenomenologie des homogenen Ganzfelds. *Psychologische Forschung, 13*, 6-29.

Meyer, D. E., & Schvaneveldt, R. W. (1971). Facilitation in recognizing pairs of words: Evidence of a dependence between retrieval operations. *Journal of Experimental Psychology, 90*(2), 227-234.

Meyer, D. E., & Schvaneveldt, R. W. (1976). Meaning, memory structure, and mental processes. *Science, 192*(4234), 27-33.

Mignot, E., Taheri, S., & Nishino, S. (2002). Sleep with the hypothalamus: Emerging therapeutic targets for sleep disorders. *Nature Neuroscience, 5*, 1071-1075.

Miller, G. A. (1956). The magical number seven, plus or minus two: Some limits on our capacity for processing information. *Psychological Review, 63*, 81-97.

Miller, G. A., Galanter, E. H., & Pribram, K. H. (1960). *Plans and the structure of behavior*. New York, NY: Holt, Rinehart and Winston.

Miller, G. A., & Gildea, P. M. (1987). How children learn words. *Scientific American, 257*(3), 94-99.

Miller, G. A., & Isard, S. (1963). Some perceptual consequences of linguistic rules. *Journal of Verbal Learning and Verbal Behavior, 2*, 217-228.

Miller, J., Ulrich, R., & Rolke, B. (2009). On the optimality of serial and parallel processing in the psychological refractory period paradigm: Effects of the distribution of stimulus onset asynchronies. *Cognitive Psychology, 58*, 273-310.

Miller, M. D. (2009). What the science of cognition tells us about instructional technology. *Change, 41*(2), 16-17.

Mills, C. J. (1983). Sex-typing and self-schemata effects on memory and response latency. *Journal of Personality & Social Psychology, 45*(1), 163-172.

Milner, A. D., & Goodale, M. A. (2008). Two visual systems re-viewed. *Neuropsychologia, 46*, 774-785.

Milner, B., Corkin, S., & Teuber, H. L. (1968). Further analysis of the hippocampal amnesic syndrome: 14-year follow-up study of H. M. *Neuropsychologia, 6*, 215-234.

Mirmiran, N., von Someren, E. J. W., & Swaab, D. F. (1996). Is brain plasticity preserved during aging and in Alzheimer's disease? *Behavioral Brain Research, 78*, 43-48.

Mirochnic, S., Wolf, S., Staufenbiel, M., & Kempermann, G. (2009). Age effects on the regulation of adult hippocampal neurogenesis by physical activity and environmental enrichment in the APP23 mouse model of Alzheimer disease. *Hippocampus, 19*, 1008-1018.

Mishra, A., & Mishra, H. (2010). Border bias: The belief that state borders can protect against disasters. *Psychological Science, 21*(11), 1582-1586.

Mitchell, D. B., & Bruss, P. J. (2003). Age differences in implicit memory: Conceptual, perceptual, or methodological? *Psychology and Aging, 18*(4), 807-822.

Moar, I., & Bower, G. H. (1983). Inconsistency in spatial knowledge. *Memory & Cognition, 11*(2), 107-113.

Modafferi, P. A., Corley, M., Green, R., & Perkins, C. (2009). Eyewitness identification: Views from the trenches. *Police Chief, 76*(10), 78-87.

Modell, H. I., Michael, J. A., Adamson, T., Goldberg, J., Horwitz, B. A., Bruce, D. S., et al. (2000). Helping undergraduates repair faulty mental models in the student laboratory. *Advances in Physiological Education, 23*, 82-90.

Moettoenen, R., & Watkins, K. E. (2009). Motor representations of articulators contribute to categorical perception of speech sounds. *Journal of Neuroscience, 29*(31), 9819-9825.

Mohammed, A. K., Jonsson, G., & Archer, T. (1986). Selective lesioning of forebrain noradrenaline neurons at birth abolishes the improved maze learning performance induced by rearing in complex environment. *Brain Research, 398*(1), 6-10.

Monnier, C., & Syssau, A. (2008). Semantic contribution to verbal short-term memory: Are pleasant words easier to remember than neutral words in serial recall and serial recognition? *Memory and Cognition, 36*(1), 35-42.

Monsell, S. (1978). Recency, immediate recognition memory, and reaction time. *Cognitive Psychology, 10*(4), 465-501.

Montello, D. R., Waller, D., Hegarty, M., & Richardson, A. E. (2004). Spatial memory of real environments, virtual environments, and maps. In G. L. Allen (Ed.), *Human spatial memory: Remembering where* (pp. 251-285). Mahwah, NJ: Erlbaum.

Mooney, A. (2004). Co-operation, violations and making sense. *Journal of Pragmatics, 36*(5), 899-920.

Moore, K. S., Peterson, D. A., O'Shea, G., McIntosh, G. C., & Thaut, M. H. (2008). The effectiveness of music as a mnemonic device on recognition memory for people with multiple sclerosis. *Journal of Music Therapy*, *45*(3), 307-329.

Moran, S. (2010). The roles of creativity in society. In J. C. Kaufman & R. J. Sternberg (Eds.), *The Cambridge handbook of creativity* (pp. 7490). New York, NY: Cambridge University Press.

Morawski, J. (2000). Psychology: Early twentieth century. In A. E. Kazdin (Ed.), *Encyclopedia of psychology* (Vol. 6, pp. 403-410). Washington, DC: American Psychological Association.

Moray, N. (1959). Attention in dichotic listening: Affective cues and the influence of instructions. *Quarterly Journal of Experimental Psychology*, *11*, 56-60.

Morris, C. D., Bransford, J. D., & Franks, J. (1977). Levels of processing versus transfer appropriate processing. *Journal of Verbal Learning & Verbal Behavior*, *16*(5), 519-533.

Morton, J. (1969). Interaction of information in word recognition. *Psychological Review*, *76*, 165-178.

Morton, T. A., Hornsey, M. J., & Postmes, T. (2009). Shifting ground: The variable use of essentialism in contexts of inclusion and exclusion. *British Journal of Social Psychology*, *48*, 35-59.

Morton, T. U. (1978). Intimacy and reciprocity of exchange: A comparison of spouses and strangers. *Journal of Personality and Social Psychology*, *36*, 72-81.

Moscovitch, M. (2003). Memory consolidation. In L. Nadel (Ed.), *Encyclopedia of cognitive science* (Vol. 2, pp. 1066-1081). London, UK: Nature Publishing Group.

Moscovitch, M., & Craik, F. I. M. (1976). Depth of processing, retrieval cues, and uniqueness of encoding as factors in recall. *Journal of Verbal Learning and Verbal Behavior*, *15*, 447-458.

Moscovitch, M., Winocur, G., & Behrmann, M. (1997). What is special about face recognition? Nineteen experiments on a person with visual object agnosia and dyslexia but normal face recognition. *Journal of Cognitive Neuroscience*, *9*, 555-604.

Motter, B. (1999). Attention in the animal brain. In R. A. Wilson & F. C. Keil (Eds.), *The MIT encyclopedia of the cognitive sciences* (pp. 41-43). Cambridge, MA: MIT Press.

Moulton, S. T., & Kosslyn, S. M. (2009). Imagining predictions: mental imagery as mental emulation. *Philosophical Transactions of the Royal Society B*, *364*, 1273-1280.

Moxley, J. H., Ericsson, K. A., Charness, N., & Krampe, R. T. (2012). The role of intuition and deliberative thinking in experts' superior tactical decision making. *Cognition, 124*, 72-78.

Associated Press. (2005, January 8). Rosemary Kennedy, JFK's sister, dies at 86. *NBCNEWS.com*. Retrieved from http://www.nbcnews.com/id/6801152/#.Vckb_xNVhBc

Mufwene, S. S. (2004). Language birth and death. *Annual Review of Anthropology*, *33*, 201-222.

Müller-Oehring, E. M., Schulte, T., Rohlfing, T., Pfefferbaum, A., & Sullivan, E. V. (2013). Visual search and the aging brain: Discerning the effects of age-related brain volume shrinkage on alertness, feature binding, and attentional control. *Neuropsychology, 27*(1), 48-59.

Mulligan, N. W. (2003). Memory: Implicit versus explicit. In L. Nadel (Ed.), *Encyclopedia of cognitive science* (Vol. 2, pp. 1114-1120). London, UK: Nature Publishing Group.

Münte, T. F., Altenmüller, E., & Jäncke, L. (2002). The musician's brain as a model of neuroplasticity. *Nature Reviews: Neuroscience*, *3*, 473-478. Münte, T. F., Spring, D. K., Szycik, G. R., & Noesselt, T. (2010). Electrophysiological attention effects in a virtual cocktail-party setting. *Brain Research*, 1307, 78-88.

Murdock, B. B. (2003). Memory models. In L. Nadel (Ed.), *Encyclopedia of cognitive science* (Vol. 2, pp. 1084-1089). London, UK: Nature Publishing Group.

Murdock, B. B., Jr. (1961). Short-term retention of single paired-associates. *Psychological Reports*, 8, 280.

Murphy, K., McKone, E., & Slee, J. (2003). Dissociations between implicit and explicit memory in children: The role of strategic processing and the knowledge base. *Journal of Experimental Child Psychology*, *84*(2), 124-165.

Murray, E. A. (2003). Temporal cortex. In L. Nadel (Ed.), *Encyclopedia of cognitive science* (Vol. 4, pp. 353-360). London, UK: Nature Publishing Group.

Naglieri, J. A. (2015). Hundred years of intelligence testing: Moving from traditional IQ to second-generation intelligence tests. In S. Goldstein, D. Princiotta, & J. A. Naglieri (Eds.), *Handbook of intelligence* (pp. 295-316). New York, NY: Springer.

Nakamura, K. K., Kawashima, R. R., Sato, N. N., Nakamura, A. A., Sugiura, M. M., Kato, T. T., & . . . Zilles, K. K. (2000). Functional delineation of the human occipito-temporal areas related to face and scene processing: A PET study. *Brain: A Journal of Neurology, 123*(9), 1903-1912.

Nakayama, Y. (1978). Role of visual perception in driving. *IATSS Research*, *2*, 64-73.

Nation, P. (2001). *Learning vocabulary in another language*. Cambridge, UK: Cambridge University Press.

National Center for Injury Prevention and Control. (2009a). *Signs and symptoms* [Electronic Version]. Retrieved October 25, 2009, from http://www.cdc.gov/ncipc/tbi/Signs_and_Symptoms.htm

National Center for Injury Prevention and Control. (2009b). *What is traumatic brain injury?* [Electronic Version]. Retrieved October 25, 2009, from http://www.cdc.gov/ncipc/tbi/TBI.htm

Naus, M. J. (1974). Memory search of categorized lists: A consideration of alternative self-terminating search strategies. *Journal of Experimental Psychology*, *102*, 992-1000.

Naus, M. J., Glucksberg, S., & Ornstein, P. A. (1972). Taxonomic word categories and memory search. *Cognitive Psychology*, *3*, 643-654.

Navalpakkam, V., & Itti, L. (2007). Search goal tunes visual features optimally. *Neuron*, *53*, 605-617.

Navon, D. (1977). Forest before trees: The precedence of global features in visual perception. *Cognitive Psychology*, *9*, 353-383.

Navon, D. (1984). Resources—a theoretical soupstone? *Psychological Review*, *91*, 216-234.

Navon, D., & Gopher, D. (1979). On the economy of the human processing system. *Psychological Review*, *86*, 214-255.

Neçka, E., & Orzechowski, J. (2005). Higher-order cognition

and intelligence. In R. J. Sternberg & J. E. Pretz (Eds.), *Cognition and intelligence* (pp. 122-141). New York, NY: Cambridge University Press.

Neely, J. H. (2003). Priming. In L. Nadel (Ed.), *Encyclopedia of cognitive science* (Vol. 3, pp. 721-724). London, UK: Nature Publishing Group.

Neisser, U. (1967). *Cognitive psychology*. New York, NY: Appleton-Century-Crofts.

Neisser, U. (1999). *Memory observed* (Rev. ed.). New York, NY: Worth. Neisser, U. (2003). New directions for flashbulb memories: Comments on the ACP special issue. *Applied Cognitive Psychology*, *17*, 1149-1155.

Neisser, U., & Becklen, R. (1975). Selective looking: Attending to visually specified events. *Cognitive Psychology*, *7*(4), 480-494.

Neisser, U., & Harsch, N. (1993). Phantom flashbulbs: False recollections of hearing the news about Challenger. In E. Winograd & U. Neisser (Eds.), *Affect and accuracy in recall: Studies of "flash-bulb" memories* (pp. 9-31). New York, NY: Cambridge University Press.

Neisser, U., Boodoo, G., Bouchard, T. J., Boykin, W. A., Brody, N., Ceci, S. J., et al. (1996). Intelligence: Knowns and unknowns. *American Psychologist, 51*, 77-101.

Nelson, K. J., Laney, C., Fowler, N. B., Knowles, E. D., Davis, D., & Loftus, E. F. (2011). Change blindness can cause mistaken eyewitness identification. *Legal and Criminological Psychology, 16*(1), 62-74.

Nelson, T. O., & Rothbart, R. (1972). Acoustic savings for items forgotten from long-term memory. *Journal of Experimental Psychology*, *93*, 357-360.

Neto, F., Williams, J. E., & Widner, S. C. (1991). Portuguese children's knowledge of sex stereotypes: Effects of age, gender, and socioeconomic status. *Journal of Cross-Cultural Psychology*, *22*(3), 376-388.

Nettelbeck, T. (1987). Inspection time and intelligence. In P. A. Vernon (Ed.), *Speed of information-processing and intelligence* (pp. 295-346). Norwood, NJ: Ablex.

Nettelbeck, T. (2011). Basic processes of intelligence. In R. J. Sternberg & S. B. Kaufman (Eds.), *Cambridge handbook of intelligence* (pp. 373393). New York, NY: Cambridge University Press.

Nettlebeck, T., Rabbitt, P. M. A., Wilson, C., & Batt, R. (1996). Uncoupling learning from initial recall: The relationship between speed and memory deficits in old age. *British Journal of Psychology*, *87*, 593-607.

Nettlebeck, T., & Young, R. (1996). Intelligence and savant syndrome: Is the whole greater than the sum of the fragments? *Intelligence*, *22*, 49-67.

Neubauer, A. C., & Fink, A. (2005). Basic information processing and the psychophysiology of intelligence. In R. J. Sternberg & J. E. Pretz (Eds.), *Cognition and intelligence* (pp. 68-87). New York, NY: Cambridge University Press.

Neubauer, A. C., & Fink, A. (2009). Intelligence and neural efficiency: Measures of brain activation versus measures of functional connectivity in the brain. *Neuroscience and Biobehavioral Review, 33,* 1004-1023.

Newell, A., Shaw, J. C., & Simon, H. A. (1957). Problem solving in humans and computers. *Carnegie Technical*, *21*(4), 34-38.

Newell, A., & Simon, H. A. (1972). *Human problem solving*. Englewood Cliffs, NJ: Prentice-Hall.

Newell, B. R., & Bröder, A. (2008). Cognitive processes, models and metaphors in decision research. *Judgment and Decision Making*, *3*(3), 195-204.

Newman, A. J., Supalla, T., Hauser, P., Newport, E., & Bavelier, D. (2010). Prosodic and narrative processing in American Sign Language: An fMRI study. *NeuroImage*, *52*(2), 669-676.

Newman, M. L., Groom, C. J., Groom, L. J., & Pennebaker, J. W. (2008). Gender differences in language use: An analysis of 14,000 text samples. *Discourse Processes*, *45*, 211-236.

Newman, R. S. (2005). The cocktail party effect in infants revisited: Listening to one's name in noise. *Developmental Psychology,41*(2), 352-362.

Newman, S. D., Carpenter, P. A., Varma, S., & Just, M. A. (2003). Frontal and parietal participation in problem solving in the Tower of London: fMRI and computational modeling of planning and high-level perception. *Neuropsychologia*, *41*, 1668-1682.

Newman, S. D., & Just, M. A. (2005). The neural bases of intelligence. In R. J. Sternberg & J. E. Pretz (Eds.), *Cognition and intelligence* (pp. 88103). New York, NY: Cambridge University Press.

Nicholls, M. E. R., Searle, D. A., & Bradshaw, J. L. (2004). Read my lips. Asymmetries in the visual expression and perception of speech revealed through the McGurk effect. *Psychological Science*, *15*(2), 138-141.

Nickerson, R. S. (2004). Teaching reasoning. In J. P. Leighton & R. J. Sternberg (Eds.), *The nature of reasoning* (pp. 410-442). New York, NY: Cambridge University Press.

Nickerson, R. S. (2005). Technology and cognition amplification. In R. J. Sternberg & D. Preiss (Eds.), *Intelligence and technology: The impact of tools on the nature and development of human abilities* (pp. 3-27). Mahwah, NJ: Erlbaum.

Nigg, J. T., Knottnerus, G. M., Martel, M. M., Nikolas, M., Cavanagh, K., Karmaus, W., et al. (2008). Low blood lead levels associated with clinically diagnosed attention-deficit/hyperactivity disorder and mediated by weak cognitive control. *Biological Psychiatry*, *63*, 325-331.

NINDS stroke information. (n.d.). Retrieved June 1, 2010, from http://http://www.ninds.nih.gov/disorders/stroke/stroke.htmwww.ninds.nih.gov/disorders/stroke/stroke.html

Nisbett, R. E. (2003). *The geography of thought: Why we think the way we do*. New York, NY: Free Press.

Nisbett, R. E. (2004). *The geography of thought*. New York, NY: Free Press.

Nisbett, R. E., & Masuda, T. (2003). Culture and point of view. *Proceedings of the National Academy of Sciences, USA, 100*(19), 11163-11170.

Nisbett, R. E., & Miyamoto, Y. (2005). The influence of culture: Holistic versus analytic perception. *Trends in Cognitive Science*, *9*(10), 467-473.

Nisbett, R. E., & Ross, L. (1980). *Human inference: Strategies and shortcomings of social judgment*. Englewood Cliffs, NJ: Prentice-Hall.

Nisbett, R. E., & Wilson, T. D. (1977). Telling more than we can know: Verbal reports on mental processes. *Psychologi-*

cal Review, 84, 231-259.

Niu, W., & Brass, J. (2011). Intelligence in worldwide perspective. In R. J. Sternberg & S. B. Kaufman (Eds.), *Cambridge handbook of intelligence* (pp. 623-646). New York, NY: Cambridge University Press.

Nobre, A. C., & Kastner, S. (Eds.). (2014). *The Oxford handbook of attention.* Oxford, UK: Oxford University Press.

Nobre, A. C., & Koull, J. T. (Eds.). (2010). *Attention and time.* Oxford, UK: Oxford University Press.

Norman, D. A. (1968). Toward a theory of memory and attention. *Psychological Review, 75*, 522-536.

Norman, D. A. (1976). *Memory and attention: An introduction to human information processing* (2nd ed.). New York, NY: Wiley.

Norman, D. A. (1988). *The design of everyday things.* New York, NY: Doubleday.

Norman, D. A., & Rumelhart, D. E. (1983). Studies of typing from the LNR research group. In W. E. Cooper (Ed.), *Cognitive aspects of skilled typing* (pp. 45-65). New York, NY: Springer.

Nosofsky, R. M., & Palmeri, T. J. (1997). An exemplar-based random walk model of speeded classification. *Psychological Review, 104*, 266-300.

Nosofsky, R. M., Palmeri, T. J., & McKinley, S. C. (1994). Rule-plus-exception model of classification learning. *Psychological Review, 101*, 53-79.

Novick, L. R., & Holyoak, K. J. (1991). Mathematical problem solving by analogy. *Journal of Experimental Psychology: Learning, Memory and Cognition, 17*(3), 398-415.

Nyberg, L., Cabeza, R., & Tulving, E. (1996). PET studies of encoding and retrieval: The HERA model. *Psychonomic Bulletin and Review, 3*, 135-148.

O'Brien, D. P. (2004). Mental-logic theory: What it proposes, and reasons to take this proposal seriously. In J. P. Leighton & R. J. Sternberg (Eds.), *The nature of reasoning* (pp. 205-233). New York, NY: Cambridge University Press.

O'Craven, K. M., & Kanwisher, N. (2000). Mental imagery of faces and places activates corresponding stimulus-specific brain regions. *Journal of Cognitive Neuroscience, 12*(6), 1013-1023.

O'Kane, G., Kensinger, E. A., & Corkin, S. (2004). Evidence for semantic learning in profound amnesia: An investigation with patient H. M. *Hippocampus, 14*(4), 417-425.

O'Keefe, J. (2003). Hippocampus. In L. Nadel (Ed.), *Encyclopedia of cognitive science* (Vol. 1, pp. 336-347). London, UK: Nature Publishing Group.

O'Leary, D. S., Block, R. I., Koeppel, J. A., Schultz, S. K., Magnotta, V. A., Ponto, L. B., et al. (2007). Effects of smoking marijuana on focal attention and brain blood flow. *Human Psychopharmacology: Clinical and Experimental, 22*(3), 135-148.

O'Regan, J. K. (2003). Change blindness. In L. Nadel (Ed.), *Encyclopedia of cognitive science* (Vol. 1, pp. 486-490). London, UK: Nature Publishing Group.

O'Toole, A. J., Jiang, F., Abdi, H., & Haxby, J. V. (2005). Partially distributed representations of objects and faces in ventral temporal cortex. *Journal of Cognitive Neuroscience, 17*, 580-590.

Obel, C., Linnet, K. M., Henriksen, T. B., Rodriguez, A., Järvelin, M. R., Kotimaa, A., et al. (2009). Smoking during pregnancy and hyperactivity-inattention in the offspring—comparing results from three Nordic cohorts. *International Journal of Epidemiology, 38*(3), 698-705.

Oberauer, K. (2002). Access to information in working memory: Exploring the focus of attention. *Journal of Experimental Psychology: Learning, Memory, and Cognition, 28*(3), 411-421.

Oberauer, K. (2009). Design for a working memory. In B. H. Ross (Ed.), *The psychology of learning and motivation* (Vol. 51, pp. 45100). San Diego, CA: Elsevier Academic Press.

Ogbu, J. U. (1986). The consequences of the American caste system. In U. Neisser (Ed.), *The school achievement of minority children.* Hillsdale, NJ: Erlbaum.

Ojemann, G. A. (1982). Models of the brain organization for higher integrative functions derived with electrical stimulation techniques. *Human Neurobiology, 1*, 243-250.

Oken, B. S., Salinsky, M. C., & Elsas, S. M. (2006). Vigilance, alertness, or sustained attention: physiological basis and measurement. *Clinical Neurophysiology, 117*, 1885-1901.

Olesen, P. J., Schendan, H. E., Amick, M. M., & Cronin-Golomb, A. (2007). HIV infection affects parietal-dependent spatial cognition: Evidence from mental rotation and hierarchical pattern perception. *Behavioral Neuroscience, 121*(6), 1163-1173.

Oller, D. K., Eilers, R. E., Urbano, R., & Cobo-Lewis, A. B. (1997). Development of precursors to speech in infants exposed to two languages. *Journal of Child Language, 24*, 407-425.

Öllinger, M., Jones, G., & Knoblich, G. (2008). Investigating the effect of mental set on insight problem solving. *Experimental Psychology, 55*(4), 269-282.

Olsson, M. J., Lundgren, E. B., Soares, S. C., & Johansson, M. (2009). Odor memory performance and memory awareness: A comparison to word memory across orienting tasks and retention intervals. *Chemosensory Perception, 2*, 161-171.

Orasanu, J. (2005). Crew collaboration in space: A naturalistic decisionmaking perspective. *Aviation, Space and Environmental Medicine, 76*(Suppl. 6), B154-B163.

Orasanu, J., & Connolly, T. (1993). The reinvention of decision making. In G. E. Klein, J. Orasanu, R. Calderwood, & C. E. Zsambok (Eds.), *Decision making in action: Models and methods* (pp. 3-20). Norwood, NJ: Ablex.

Orban, G. A., Fize, D., Peuskens, H., Denys, K., Nelissen, K., Sunaert, S., et al. (2003). Similarities and differences in motion processing between the human and macaque brain: Evidence from fMRI. *Neuropsychologia, 41*, 1757-1768.

Oudiette, D., Antony, J. W., Creery, J. D., & Paller, K. A. (2013). The role of memory reactivation during wakefulness and sleep in determining which memories endure. *Journal of Neuroscience, 33*(15), 66726678.

Paap, K. R., Newsome, S. L., McDonald, J. E., & Schvaneveldt, R. W. (1982). An activation-verification model for letter and word recognition: The word-superiority effect. *Psychological Review, 89*(5), 573-594.

Paivio, A. (1969). Mental imagery in associative learning and memory. *Psychological Review*, *76*(3), 241-263.

Paivio, A. (1971). *Imagery and verbal processes*. New York, NY: Holt, Rinehart and Winston.

Palermo, R., & Rhodes, G. (2007). Are you always on my mind? A review of how face perception and attention interact. *Neuropsychologia*, 2007, 75-92.

Palmer, S. E. (1975). The effects of contextual scenes on the identification of objects. *Memory & Cognition*, *3*, 519-526.

Palmer, S. E. (1977). Hierarchical structure in perceptual representation. *Cognitive Psychology*, *9*, 441-474.

Palmer, S. E. (1992). Modern theories of Gestalt perception. In G. W. Humphreys (Ed.), *Understanding vision: An interdisciplinary perspective-readings in mind and language* (pp. 39-70). Oxford, UK: Blackwell.

Palmer, S. E. (1999a). Gestalt perception. In R. A. Wilson & F. C. Keil (Eds.), *The MIT encyclopedia of the cognitive sciences* (pp. 344-346). Cambridge, MA: MIT Press.

Palmer, S. E. (1999b). *Vision science: Photons to phenomenology*. Cambridge, MA: MIT Press.

Palmer, S. E. (2000). Perceptual organization. In A. E. Kazdin (Ed.), *Encyclopedia of psychology* (Vol. 6, pp. 93-97). Washington, DC: American Psychological Association.

Palmer, S. E., & Rock, I. (1994). Rethinking perceptual organization: The role of uniform connectedness. *Psychonomic Bulletin & Review*, *1*, 29-55.

Palmeri, T. J. (2003). Automaticity. In L. Nadel (Ed.), *Encyclopedia of cognitive science* (Vol. 1, pp. 290-301). London, UK: Nature Publishing Group.

Palmeri, T. J., Wong, A. C.-N., & Gauthier, I. (2004). Computational approaches to the development of perceptual expertise. *Trends in Cognitive Sciences*, *8*(8), 378-386.

Palmiero, M., Belardinelli, M. O., Nardo, D., Sestieri, C., Matteo, R. D., D'Ausilio, A., et al. (2009). Mental imagery generation in different modalities activates sensory-motor areas. *Cognitive Processing*, *10*(2), S268-S271.

Paracchini, S., Scerri, T., & Monaco, A. P. (2007). The genetic lexicon of dyslexia. *Annual Review of Genomics and Human Genetics*, *8*, 57-79.

Paradis, M. (1977). Bilingualism and aphasia. In H. A. Whitaker & H. Whitaker (Eds.), *Studies in neurolinguistics* (Vol. 3). New York, NY: Academic Press.

Paradis, M. (1981). Neurolinguistic organization of a bilingual's two languages. In J. E. Copeland & P. W. Davis (Eds.), *The seventh LACUS forum*. Columbia, SC: Hornbeam Press.

Park, C. R., Phillip R. Zoladz, Conrad, C. D., Fleshner, M., & Diamond, D. M. (2008). Acute predator stress impairs the consolidation and retrieval of hippocampus-dependent memory in male and female rats. *Learning and Memory*, *15*, 271-280.

Parker, A. J. (2007). Binocular depth perception and the cerebral cortex. *Nature Reviews: Neuroscience*, *8*(6), 379-391.

Parker, A. J., Cumming, B. G., & Dodd, J. V. (2000). Binocular neurons and the perception of depth. In M. Gazzaniga (Ed.), *The new cognitive neurosciences* (pp. 263-278). Cambridge, MA: MIT Press.

Parker, E. S., Cahill, L., & McGaugh, J. L. (2006). A case of unusual autobiographical remembering. *Neurocase*, *12*, 35-49.

Parker, J. D. A., Duffy, J. M., Wood, L. M., Bond, B. J., & Hogan, M. J. (2006). Academic achievement and emotional intelligence: Predicting the successful transition from high school to university. *Journal of the First-Year Experience & Students in Transition*, *17*(1), 67-78.

Parron, C., & Fagot, J. (2007). Comparison of grouping abilities in humans (*homo sapiens*) and baboons (*papio papio*) with the Ebbinghaus illusion. *Journal of Comparative Psychology*, *121*(4), 405-411.

Pascale M. J. Engel de Abreu, Neander Abreu, Carolina C. Nikaedo, Marina L. Puglisi, Carlos J. Tourinho, Mônica C. Miranda, Debora M. Befi-Lopes, Orlando F. A. Bueno, Romain Martin. (2014). Executive functioning and reading achievement in school: a study of Brazilian children assessed by their teachers as poor readers. *Frontiers in Psychology*, 5. doi: 10.3389/fpsyg.2014.00550

Pashler, H. (1994). Dual-task interference in simple tasks: Data and theory. *Psychological Bulletin*, *116*(2), 220-244.

Passafiume, D., Di Giacomo, D., & Carolei, A. (2006). Word-stem completion task to investigate semantic network in patients with Alzheimer's disease. *European Journal of Neurology*, *13*(5), 460-464.

Patel, V. L., Kaufman, D. R., & Arocha, J. F. (2002). Methodological review: Emerging paradigms of cognition in medical decision-making. *Journal of Biomedical Infomatics*, *35*, 52-75.

Patel, R. P., Lin, J., & Khaderi, S. K. (2014). Beyond gaming: The utility of video games for sports performance. *International Journal of Gaming and Computer-Mediated Simulations*, *6*(1), 47-49.

Patihis, L., Lilienfeld, S. O., Ho, L. Y., & Loftus, E. F. (2014). Unconscious repressed memory is scientifically questionable. *Psychological Science*, *25*(10), 1967-1968.

Patterson, J. C., Lilien, D. L., Takalkar, A., Kelley, R. E., & Minagar, A. (2009). Potential value of quantitative analysis of cerebral PET in early cognitive decline. *American Journal of Alzheimer's Disease & Other Dementias*, *23*(6), 586-592.

Paulesu, E., Frith, C. D., & Frackowiak, R. S. (1993). The neural correlates of the verbal component of working memory. *Nature*, *362*(6418), 342-345. doi:10.1038/362342a0

Pavlov, I. P. (1955). *Selected works*. Moscow: Foreign Languages Publishing House.

Payne, J. (1976). Task complexity and contingent processing in decision making: An information search and protocol analysis. *Organizational Behavior and Human Performance*, *16*, 366-387.

Payne, J. D., Nadel, L., Allen, J. J. B., Thomas, K. G. F., & Jacobs, W. J. (2002). The effects of experimentally induced stress on false recognition. *Memory*, *10*(1), 1-6.

Pearson, B. Z., Fernandez, S. C., Lewedeg, V., & Oller, D. K. (1997). The relation of input factors to lexical learning by bilingual infants. *Applied Psycholinguistics*, *18*, 41-58.

Pecenka, N., & Keller, P. E. (2009). Auditory pitch imagery and its relationship to musical synchronization. *Annals of the New York Academy of Sciences 1169*, 282-286.

Pedersen, P. M., Vinter, K., & Olsen, T. S. (2004). Aphasia after stroke: Type, severity and prognosis—the Copenhagen aphasia study. *Cerebrovascular Disease*, *17*(1), 35-43.

Peigneux, P., Laureys, S., Fuchs, S., Collette, F., Perrin, F. Reggers, J., et al. (2004). Are spatial memories strengthened in the human hippocampus during slow wave sleep? *Neuron, 44*(3), 535-545.

Peltola, M. S., Tamminen, H., Toivonen, H., Kujala, T., & Näätänen, R. (2012). Different kinds of bilinguals—Different kinds of brains: The neural organisation of two languages in one brain. *Brain and Language, 121*(3), 261-266.

Pepperberg, I. M. (1999). *The Alex studies: Cognitive and communicative abilities of grey parrots*. Cambridge, MA: Harvard University Press.

Pepperberg, I. M. (2007). Grey parrots do not always "parrot": The roles of imitation and phonological awareness in the creation of new labels from existing vocalizations. *Language Sciences, 29*(1), 1-13.

Pepperberg, I. M., & Gordon, J. D. (2005). Number comprehension by a grey parrot *(Psittacus erithacus)*, including a zero-like concept. *Journal of Comparative Psychology, 119*(2), 197-209.

Perfetti, C. A. (1985). *Reading ability*. New York, NY: Oxford University Press.

Perlmutter, D. (Ed.). (1983). *Studies in relational grammar* (Vol. 1). Chicago, IL: University of Chicago Press.

Peru, A., & Zapparoli, P. (1999). A new case of representational neglect. The Italian *Journal of Neurological Sciences, 20*(4), 392-461.

Pesciarelli, F., Kutas, M., Dell'Acqua, R., Peressotti, F., Job, R.,& Urbach, T. P. (2007). Semantic and repetition priming within the attentional blink: An event-related brain potential (ERP) investigation study. *Biological Psychology, 76*, 21-30.

Pesenti, M., Zago, L., Crivello, F., Mellet, E., Samson, D., Duroux, B., et al. (2001). Mental calculation in a prodigy is sustained by right prefrontal and medial temporal areas. *Nature Neuroscience, 4*, 103-107.

Peters, M., & Battista, C. (2008). Applications of mental rotation figures of the Shepard and Metzler type and description of a mental rotation stimulus library. *Brain and Cognition, 66*, 260-264.

Petersen, S. E., Fox, P. T., Posner, M. I., Mintun, M., & Raichle, M. E. (1988). Positron emission tomographic studies of the cortical anatomy of single-word processing. *Nature, 331*(6157), 585-589.

Peterson, L. R., & Peterson, M. J. (1959). Short-term retention of individual verbal items. *Journal of Experimental Psychology, 58*, 193-198.

Peterson, M. A. (1999). What's in a stage name? *Journal of Experimental Psychology: Human Perception and Performance, 25*, 276-286.

Peterson, M. A., Kihlstrom, J. F., Rose, P. M., & Glisky, M. L. (1992). Mental images can be ambiguous: Reconstruals and reference-frame reversals. *Memory & Cognition, 20*(2), 107-123.

Petitto, L. A., Berens, M. S., Kovelman, I., Dubins, M. H., Jasinska, K., & Shalinsky, M. (2012). The "Perceptual Wedge Hypothesis" as the basis for bilingual babies' phonetic processing advantage: New insights from fNIRS brain imaging. *Brain and Language, 121*(2), 130-143.

Pezdek, K. (2003). Event memory and autobiographical memory for the events of September 11, 2001. *Applied Cognitive Psychology, 17*(9), 1033-1045.

Pezdek, K. (2006). Memory for the events of September 11, 2001. In L.G. Nilsson & N. Ohta (Eds.), *Memory and society: Psychological perspectives* (pp. 73-90). New York, NY: Psychology Press.

Pezdek, K., Blandon-Gitlin, I., & Moore, C. M. (2003). Children's face recognition memory: More evidence for the cross-race effect. *Journal of Applied Psychology, 88*(4), 760-763.

Phaf, R. H., & Kan, K. J. (2007). The automaticity of emotional Stroop: A meta-analysis. *Journal of Behavior Therapy and Experimental Psychiatry, 38*(2), 184-199.

Phelps, E. A. (2004). Human emotion and memory: Interactions of the amygdala and the hippocampal complex. *Current Opinions in Neurobiology, 14*, 198-202.

Phelps, E. A. (2006). Emotion and cognition: Insights from studies of the human amygdala. *Annual Review of Psychology, 57*, 27-53.

Pianta, R. C., & Egeland, B. (1994). Predictors of instability in children's mental test performance at 24, 48, and 96 months. *Intelligence, 18*(2), 145-163.

Pickell, H., Klima, E., Love, T., Krichevsky, M., Bellugi, U., & Hickok, G. (2005). Sign language aphasia following right hemi-sphere damage in a left-hander: A case of reversed cerebral dominance in a deaf signer? *Neurocase, 11*(3), 194-203.

Picton, T. W., & Mazaheri, A. (2003). Electroencephalography. In L. Nadel (Ed.), *Encyclopedia of cognitive science* (Vol. 1, pp. 1083-1087). London, UK: Nature Publishing Group.

Pierce, K., & Courchesne, E. (2003). Austism. In L. Nadel (Ed.), *Encyclopedia of cognitive science* (Vol. 1, pp. 278-283). London, UK: Nature Publishing Group.

Piercy, M. (1964). The effects of cerebral lesions on intellectual function: A review of current research trends. *British Journal of Psychiatry 110*, 310-352.

Pillutla, M. M., & Murnighan, J. K. (1996). Unfairness, anger, and spite: Emotional rejections of ultimatum offers. *Organizational Behavior and Human Decision Processes, 68*(3), 208-224.

Pines, J. M. (2005). Profiles in patient safety: Confirmation bias in emergency medicine. *Academic Emergency Medicine, 13*(1), 90-94.

Pinker, S. (1980). Mental imagery and the third dimension. *Journal of Experimental Psychology: General, 109*(3), 354-371.

Pinker, S. (1985). Visual cognition: An introduction. In S. Pinker (Ed.), *Visual cognition* (pp. 1-63). Cambridge, MA: MIT Press.

Pinker, S. (1994). *The language instinct*. New York, NY: Morrow.

Platek, S. M., Keenan, J. P., Gallup, G. G., & Geroze, B. M. (2004). Where am I? The neurological correlates of self and other. *Cognitive Brain Research, 19*, 114-122.

Platko, J. V., Wood, F. B., Pelser, I., Meyer, M., Gericke, G. S., O'Rourke, J., et al. (2008). Association of reading disability on chromosome 6p22 in the Afrikaner population.

American Journal of Medical Genetics Part B: Neuropsychiatric Genetics, 147B(7), 1278-1287.

Platt, M. L., & Glimcher, P. W. (1999). Neural correlates of decision variables in parietal cortex. *Nature, 400*, 233-238.

Plaut, D. C., McClelland, J. L., Seidenberg, M. S., & Patterson, K. (1996). Understanding normal and impaired word reading: Computational principles in quasi-regular domains. *Psychological Review, 103*, 56115.

Plomin, R. (1997). Identifying genes for cognitive abilities and disabilities. In R. J. Sternberg & E. L. Grigorenko (Eds.), *Intelligence, heredity, and environment* (pp. 89-104). New York, NY: Cambridge University Press.

Plomin, R., DeFries, J. C., Knopik, V. S., & Neiderhiser, J. M. (2012). *Behavioral genetics* (6th ed.). New York, NY: Worth.

Plucker, J. A., & Makel, M. C. (2010). Assessment of creativity. In J. C. Kaufman & R. J. Sternberg (Eds.), *The Cambridge handbook of creativity* (pp. 47-73). New York, NY: Cambridge University Press.

Poggio, T., & Edelman, S. (1990). A network that learns to recognize three-dimensional objects. *Nature, 343*, 263-266.

Poitrenaud, S., Richard, J.-F., & Tijus, C. (2005). Properties, categories, and categorisation. *Thinking & Reasoning, 11*(2), 151-208.

Polanczyk, G., & Jensen, P. (2008). Epidemiologic considerations in attention deficit hyperactivity disorder: A review and update. *Child and Adolescent Psychiatric Clinics of North America, 17*, 245-260.

Policastro, E., & Gardner, H. (1999). From case studies to robust generalizations: An approach to the study of creativity. In R. J. Sternberg (Ed.), *Handbook of creativity* (pp. 213-225). New York, NY: Cambridge University Press.

Polk, T. A., Stallcup, M., Aguirre, G. K., Alsop, D. C., D'Esposito, M., Detre, J. A., et al. (2002). Neural specialization for letter recognition. *Journal of Cognitive Neuroscience, 14*(2), 145-159.

Pollatsek, A., & Miller, B. (2003). Reading and writing. In L. Nadel (Ed.), *Encyclopedia of cognitive science* (Vol. 3, pp. 841-847). London, UK: Nature Publishing Group.

Pollatsek, A., & Rayner, K. (1989). Reading. In M. I. Posner (Ed.), *Foundations of cognitive science* (pp. 401-436). Cambridge, MA: MIT Press.

Polman, E. (2010). Why are maximizers less happy than satisficers? Because they maximize positive and negative outcomes. *Journal of Behavioral Decision Making, 23*(2), 179-190.

Pomerantz, J. R. (1981). Perceptual organization in information processing. In M. Kubovy & J. R. Pomerantz (Eds.), *Perceptual organization* (pp. 141-180). Hillsdale, NJ: Erlbaum.

Pomerantz, J. R. (2003). Perception: Overview. In L. Nadel (Ed.), *Encyclopedia of cognitive science* (Vol. 3, pp. 527-537). London, UK: Nature Publishing Group.

Posner, M. (Ed.). (2011). *Cognitive neuroscience of attention* (2nd ed.). New York, NY: Guilford Press.

Posner, M. I. (1969). Abstraction and the process of recognition. In G. H. Bower & J. T. Spence (Eds.), *The psychology of learning and motivation: Vol. 3. Advances in learning and motivation*. New York, NY: Academic Press.

Posner, M. I., Boies, S., Eichelman, W., & Taylor, R. (1969). Retention of visual and name codes of single letters. *Journal of Experimental Psychology, 81*, 10-15.

Posner, M. I., & Dehaene, S. (1994). Attentional networks. *Trends in Neurosciences, 17*(2), 75-79.

Posner, M. I., & DiGirolamo, G. J. (1998). Conflict, target detection and cognitive control. In R. Parasuraman (Ed.), *The attentive brain*. Cambridge, MA: MIT Press.

Posner, M. I., & Keele, S. W. (1967). Decay of visual information from a single letter. *Science, 158*(3797), 137-139.

Posner, M. I., & Petersen, S. E. (1990). The attention system of the human brain. *Annual Review of Neuroscience, 13*, 25-42.

Posner, M. I., Petersen, S. E., Fox, P. T., & Raichle, M. E. (1988). Localization of cognitive operations in the human brain. *Science, 240*(4859), 1627-1631.

Posner, M. I., & Raichle, M. E. (1994). *Images of mind*. New York, NY: Freeman.

Posner, M. I., Sandson, J., Dhawan, M., & Shulman, G. L. (1989). Is word recognition automatic? A cognitive-anatomical approach. *Journal of Cognitive Neuroscience, 1*, 50-60.

Posner, M. I., & Snyder, C. R. R. (1975). Attention and cognitive control. In R. Solso (Ed.), *Information processing and cognition: The Loyola Symposium* (pp. 55-85). Hillsdale, NJ: Erlbaum.

Postle, B. R., Brush, L. N., & Nick, A. M. (2004). Prefrontal cortex and the mediation of proactive interference in working memory. *Cognitive Affective Behavioral Neuroscience, 4*(4), 600-608.

Postle, B. R., Druzgal, T. J., & D'Esposito, M. (2003). Seeking the neural substrates of visual working memory storage. *Cortex, 39*(4-5), 927 -946.

Postma, A., Wester, A. J., & Kessels, R. P. C. (2008). Spared unconscious influences of spatial memory in diencephalic amnesia. *Experimental Brain Research, 190*(2), 125-133.

Pouget, A., & Bavelier, D. (2007). Paying attention to neurons with discriminative taste. *Neuron Previews, 53*(4), 473-475.

Prabhu, V., Sutton, C., & Sauser, W. (2008). Creativity and certain personality traits: Understanding the mediating effect of intrinsic motivation. *Creativity Research Journal, 20*(1), 53-66.

Prince, S. E., Dennis, N. A., & Cabeza, R. (2009). Encoding and retrieving faces and places: Distinguishing process and stimulus-specific differences in brain activity. *Neuropsychologia, 47*, 2282-2289.

Prince, S. E., Tsukiura, R., & Cabeza, R. (2007). Distinguishing the neural correlates of episodic memory encoding and semantic memory retrieval. *Psychological Science, 18*(2), 144-151.

Prinzmetal, W. P. (1995). Visual feature integration in a world of objects. *Current Directions in Psychological Science, 4*, 90-94.

Proffitt, D. R., Stefanucci, J., Banton, T., & Epstein, W. (2003). The role of effort in perceiving distance. *Psychological Science, 14*, 106-112.

Proffitt, D. R., Stefanucci, J., Banton, T., & Epstein, W.

(2006). Reply to Hutchinson & Loomis. *Spanish Journal of Psychology*, *9*, 340-342.

Pugalee, D. K. (2004). A comparison of verbal and written descriptions of students' problem solving processes. *Educational Studies in Mathematics*, *55*(1-3), 27-47.

Purves, D., Cabeza, R., Huettel, S. A., LaBar, K. S., Platt, M. L., & Woldorff, M. G. (2012). *Principles of cognitive neuroscience* (2nd ed.). Sunderland, MA: Sinauer.

Pyers, J. E., Gollan, T. H., & Emmorey, K. (2009). Bimodal bilinguals reveal the source of tip-of-the-tongue states. *Cognition*, *112*, 323-329.

Pylyshyn, Z. (1973). What the mind's eye tells the mind's brain: A critique of mental imagery. *Psychological Bulletin*, *80*, 1-24.

Pylyshyn, Z. (1984). *Computation and cognition*. Cambridge, MA: MIT Press.

Pylyshyn, Z. W. (2006). *Seeing and visualizing: It's not what you think*. Cambridge, MA: MIT Press.

Qui, J., Li, H., Huang, X., Zhang, F., Chen, A., Luo, Y., et al. (2007). The neural basis of conditional reasoning: An event-related potential study. *Neuropsychologia*, *45*(7), 1533-1539.

Quinn, P. C., Bhatt, R. S., & Hayden, A. (2008). Young infants readily use proximity to organize visual pattern information. *Acta Psychologica*, *127*(2), 289-298.

Radvansky, G. A., & Dijkstra, K. (2007). Aging and situation model processing. *Psychonomic Bulletin & Review*, *14*(6), 1027-1042.

Ragland, J. D., Moelter, S. T., McGrath, C., Hill, S. K., Gur, R. E., Bilker, W. B., et al. (2003). Levels-of-processing effect on word recognition in schizophrenia. *Biological Psychiatry*, *54*(11), 1154-1161.

Raichle, M. E. (1998). Behind the scenes of function brain imaging: A historical and physiological perspective. *Proceedings of the National Academy of Sciences, USA, 95*, 765-772.

Raichle, M. E. (1999). Positron emission tomography. In R. A. Wilson & F. C. Keil (Eds.), *The MIT encyclopedia of the cognitive sciences* (pp. 656-659). Cambridge, MA: MIT Press.

Raine, A., & Yang, Y. (2006). Neural foundations to moral reasoning and antisocial behavior. *Social Cognitive and Affective Neuroscience*, *1*(3), 203-213.

Rajah, M. N., & McIntosh, A. R. (2005). Overlap in the functional neural systems involved in semantic and episodic memory retrieval. *Journal of Cognitive Neuroscience*, *17*(3), 470-482.

Rakoczy, H., Warneken, F., & Tomasello, M. (2009). Young children's selective learning of rule games from reliable and unreliable models. *Cognitive Development*, *24*, 61-69.

Ramachandra, P., Tymmala, R. M., Chu, H. L., Charles, L., & Truwit, W. A. H. (2003). Application of diffusion tensor imaging to magneticresonance-guided brain tumor resection. *Pediatric Neurosurgery*, *39*(1), 39-43.

Ramey, C. T., & Ramey, S. L. (2000). Intelligence and public policy. In R. J. Sternberg (Ed.), *Handbook of intelligence* (pp. 534-548). New York, NY: Cambridge University Press.

Ramírez-Esparza, N., Mehl, M. R., Álvarez-Bermúdez, J., & Pennebaker, J. W. (2009). Are Mexicans more or less sociable than Americans? Insights from a naturalistic observation study. *Journal of Research in Personality*, *43*, 1-7.

Ramus, F., Rosen, S., Dakin, S., Day, B. L., Castellote, J. M., White, S., et al. (2003). Theories of developmental dyslexia: Insights from a multiple case study of dyslexic adults. *Brain*, *126*(4), 841-865.

Ranganath, C., Cohen, M. X., Dam, C., & D'Esposito, M. (2004). Inferior temporal, prefrontal, and hippocampal contributions to visual working memory maintenance and associative memory retrieval. *Journal of Neuroscience, 24*(16), 3917-3925. doi:10.1523/JNEUROSCI.5053-03.2004

Rangel, U., & Keller, J. (2011). Essentialism goes social: Belief in social determinism as a component of psychological essentialism. *Journal of Personality and Social Psychology, 100*(6), 1056-1078.

Ratcliff, R. (1990). Connectionist models of recognition memory: Constraints imposed by learning and forgetting functions. *Psychological Review*, *97*(2), 285-308.

Ratcliff, R., & McKoon, G. (2008). Passive parallel automatic minimalist processing. In C. Engel & W. Singer (Eds.), *Better than conscious? Decision making, the human mind, and implications for institutions*. Cambridge, MA: MIT Press.

Raymond, J. E., Shapiro, K. L., & Arnell, K. M. (1992). Temporary suppression of visual processing in an RSVP task: An attentional blink? *Journal of experimental psychology. Human perception and performance*, *18*(3): 849-860.

Rayner, K., Sereno, S. C., Lesch, M. F., & Pollatsek, A. (1995). Phonological codes are automatically activated during reading: Evidence from an eye movement priming paradigm. *Psychological Science*, *6*, 26-31.

Raz, A., Moreno-Iniguez, M., Martin, L., & Zhu, H. (2007). Suggestion overrides the Stroop effect in highly hypnotizable individuals. *Consciousness and Cognition*, *16*, 331-338.

Read, J. D. (2000). *Assessing vocabulary*. Cambridge, UK: Cambridge University Press.

Read, J. D., & Connolly, D. A. (2007). The effects of delay on long-term memory for witnessed events. In M. P. Toglia, J. D. Read, D. F. Ross & R. C. L. Lindsay (Eds.), *Handbook of eyewitness psychology* (Vol. 1, pp. 117-155). Mahwah, NJ: Erlbaum.

Reason, J. (1990). *Human error*. New York, NY: Cambridge University Press.

Reber, P. J., Knowlton, B. J, & Squire, L. R. (1996). Dissociable properties of memory systems: Differences in the flexibility of declarative and nondeclarative knowledge. *Behavioral Neurosciences*, *110*, 861-871.

Reddy, L., Tsuchiya, N., & Serre, T. (2010). Reading the mind's eye: Decoding category information during mental imagery. *Neuroimage, 50*(2), 818-825. doi:10.1016/j.neuroimage.2009.11.084

Reed, L. J., Lasserson, D., Marsden, P., Stanhope, N., Stevens, T., Bello, F., et al. (2003). 18FDG-PET findings in the Wernicke-Korsakoff syndrome. *Cortex*, *39*, 1027-1045.

Reed, S. (1974). Structural descriptions and the limitations of visual images. *Memory & Cognition*, *2*(2), 329-336.

Reed, S. K. (2000). Thinking: Problem solving. In A. E. Kazdin (Ed.), *Encyclopedia of psychology* (Vol. 8, pp. 71-75). Washington, DC: American Psychological Association.

Reed, T. E. (1993). Effect of enriched (complex) environment on nerve conduction velocity: New data and review of implications for the speed of information processing. *Intelligence, 17*(4), 533-540.

Reed, T. E., & Jensen, A. R. (1991). Arm nerve conduction velocity (NCV), brain NCV, reaction time, and intelligence. *Intelligence*, *15*, 33-47.

Reed, T. E., & Jensen, A. R. (1993). Choice reaction time and visual pathway nerve conduction velocity both correlate with intelligence, but appear not to correlate with each other: Implications for information processing. *Intelligence, 17*, 191-203.

Reeder, G. D., McCormick, C. B., & Esselman, E. D. (1987). Self-referent processing and recall of prose. *Journal of Educational Psychology*, *79*, 243-248.

Rees, G. (2008). The anatomy of blindsight. *Brain*, *131*, 1414-1415.

Regier, T., Kay, P., & Cook, R. S. (2005). Focal colors are universal after all. *Proceedings of the National Academy of Sciences, USA, 102*, 8386-8391.

Reicher, G. M. (1969). Perceptual recognition as a function of meaningfulness of stimulus material. *Journal of Experimental Psychology*, *81*, 275-280.

Reinholdt-Dunne, M. L., Mogg, K., & Bradley, B. P. (2009). Effects of anxiety and attention control on processing pictorial and linguistic emotional information. *Behaviour Research and Therapy*, *47*, 410-417.

Reitman, J. S. (1971). Mechanisms of forgetting in short-term memory. *Cognitive Psychology*, *2*, 185-195.

Remez, R. E. (1994). A guide to research on the perception of speech. In M. A. Gernsbacher (Ed.), *Handbook of psycholinguistics* (pp. 145172). San Diego, CA: Academic Press.

Rescorla, R. A. (1967). Pavlovian conditioning and its proper control procedures. *Psychological Review*, *74*, 71-80.

Rescorla, R. A., & Wagner, A. R. (1972). A theory of Pavlovian conditioning: Variations in the effectiveness of reinforcement and nonreinforcement. In A. H. Black & W. F. Prokasy (Eds.), *Classical conditioning: Vol. 2. Current research and theory*. New York, NY: Appleton-Century-Crofts.

Reverberi, C., Cherubini, P., Frackowiak, R. S. J., Caltagirone, C., Paulesu, E., & Macaluso, E. (2010). Conditional and syllogistic deductive tasks dissociate functionally during premise integration. *Human Brain Mapping*, *31*(9), 1430-1445.

Rey, G. (2003). Language of thought. In L. Nadel (Ed.), *Encyclopedia of cognitive science* (Vol. 2, pp. 753-760). London, UK: Nature Group Press.

Rhodes, G., Byatt, G., Michie, P. T., & Puce, A. (2004). Is the fusiform face area specialized for faces, individuation, or expert individuation? *Journal of Cognitive Neuroscience*, *16*(2), 189-203.

Rhodes, M., Gelman, S. A., & Karuza, J. C. (2014). Preschool ontology: The role of beliefs about category boundaries in early categorization. *Journal of Cognition and Development, 15*(1), 78-93.

Richardson-Klavehn, A. R., & Bjork, R. A. (2003). Memory, long-term. In L. Nadel (Ed.), *Encyclopedia of cognitive science* (Vol. 2, pp. 10961105). London, UK: Nature Publishing Group.

Riggs, L. A., Ratliff, F., Cornsweet, J. C., & Cornsweet, T. N. (1953). The disappearance of steadily fixated visual test objects. *Journal of the Optical Society of America*, *43*, 495-501.

Rips, L. J. (1988). Deduction. In R. J. Sternberg & E. E. Smith (Eds.), *The psychology of human thought* (pp. 116-152). New York, NY: Cambridge University Press.

Rips, L. J. (1989). Similarity, typicality, and categorization. In S. Vosniadou & A. Ortony (Eds.), *Similarity and analogical reasoning* (pp. 2159). New York, NY: Cambridge University Press.

Rips, L. J. (1994). Deductive reasoning. In R. J. Sternberg (Ed.), *Handbook of perception and cognition: Thinking and problem solving* (pp. 149-178). New York, NY: Academic Press.

Rips, L. J. (1999). Deductive reasoning. In R. A. Wilson & F. C. Keil (Eds.), *The MIT Encyclopedia of the cognitive sciences* (pp. 225-226). Cambridge, MA: MIT Press.

Ro, T., & Rafal, R. (2006). Visual restoration in cortical blindness: Insights from natural and TMS-induced blindsight. *Neuropsychological Rehabilitation*, *16*(4), 377-396.

Robbins, S. E. (2009). The COST of explicit memory. *Phenomenology and the Cognitive Sciences*, *8*, 33-66.

Roberson, D., Davidoff, J., Davies, I. R. L., & Shapiro, L. R. (2005). Color categories: Evidence for the cultural relativity hypothesis. *Cognitive Psychology*, *50*(4), 378-411.

Roberson, D., Davies, I., & Davidoff, J. (2000). Color categories are not universal: replications and new evidence from a stone age culture. *Journal of Experimental Psychology: General*, *129*, 369-398.

Roberson, D., & Hanley, J. R. (2007). Color vision: Color categories vary with language after all. *Current Biology*, *17*(15), R605-R607.

Roberts, A. C., Robbins, T. W., & Weiskrantz, L. (1996). Executive and cognitive functions of the prefrontal cortex. *Philosophical Transactions of the Royal Society B, 351*, 1346.

Roberts, J. E., & Bell, M. A. (2000a). Sex differences on a computerized mental rotation task disappear with computer familiarization. *Perceptual and Motor Skills*, *91*, 1027-1034.

Roberts, J. E., & Bell, M. A. (2000b). Sex differences on a mental rotation task: Variations in electroencephalogram hemispheric activation between children and college students. *Developmental Neuropsychology*, *17*(2), 199-223.

Roberts, J. E., & Bell, M. A. (2003). Two- and three-dimensional mental rotation tasks lead to different parietal laterality for men and women. *International Journal of Psychophysiology*, *50*, 235-246.

Robinson, K. (2011). *Out of our minds: Learning to be creative*. New York, NY: Capstone.

Robinson, S. R. (2005). Conjugate limb coordination after experience with an interlimb yoke: Evidence for motor learning in the rat fetus. *Developmental Psychobiology*, *47*(4), 328-344.

Roca, I. M. (2003). Phonetics. In L. Nadel (Ed.), *Encyclopedia of cognitive science* (Vol. 4, pp. 619-625). London, UK: Nature Group Press.

Rock, I. (1983). *The logic of perception*. Cambridge, MA: MIT Press. Rockland, K. S. (2000). Brain. In A. E. Kazdin (Ed.), *Encyclopedia of psychology* (Vol. 1, pp. 447-455). Washington, DC: American Psychological Association.

Rode, G., Rossetti, Y., Perenin, M.-T., & Boisson, D. (2004). Geographic information has to be spatialised to be neglected: A representational neglect case. *Cortex, 40*(2), 391-397.

Rodrigue, K. M., Kennedy, K. M., & Raz, N. (2005). Aging and longitudinal change in perceptual-motor skill acquisition in healthy adults. *The Journals of Gerontology Series B: Psychological Sciences and Social Sciences, 60*(4), 174-181.

Rodriguez, A., & Bohlin, G. (2005) Are maternal smoking and stress during pregnancy related to ADHD symptoms in children? *Journal of Child Psychology and Psychiatry, 46*(3), 246-254.

Roediger, H. L. (1980). The effectiveness of four mnemonics in ordering recall. *Journal of Experimental Psychology: Human Learning & Memory, 6*(5), 558-567.

Roediger, H. L., Balota, D. A., & Watson, J. M. (2001). Spreading activation and arousal of false memories. In H. L. Roediger III, J. S. Nairne, I. Neath, & A. M. Surprenant (Eds.), *The nature of remembering* (pp. 95-115). Washington, DC: American Psychological Association.

Roediger, H. L., & Butler, A. C. (2011). The critical role of retrieval practice in long-term retention. *Trends in Cognitive Sciences, 15*, 20-27.

Roediger, H. L., & Karpicke, J. D. (2006). The power of testing memory: Basic research and implications for educational practice. *Perspectives on Psychological Science, 1*, 181-210.

Roediger, H. L., & McDermott, K. B. (2000). Distortions of memory. In E. Tulving & F. I. M. Craik (Eds.), *The Oxford handbook of memory* (pp. 149-162). New York, NY: Oxford University Press.

Roediger, H. L., & McDermott, K. B. (1995). Creating false memories: Remembering words not presented in lists. *Journal of Experimental Psychology: Learning, Memory, and Cognition, 21*, 803-814.

Rogers, R. D., Ramnani, N., Mackay, C., Wilson, J. L., Jezzard, P., Carter, C. S., et al. (2004). Distinct portions of anterior cingulate cortex and medial prefrontal cortex are activated by reward processing in separable phases of decision-making cognition. *Biological Psychiatry, 55*(6), 594-602.

Rogers, T. B., Kuiper, N. A., & Kirker, W. S. (1977). Self-reference and the encoding of personal information. *Journal of Personality & Social Psychology, 35*(9), 677-688.

Rogers, T. T., & McClelland, J. L. (2008). Precis of semantic cognition: A parallel distributed processing approach. *Behavioral and Brain Sciences, 31*, 689-749.

Rogers, T. T., & McClelland, J. L. (2014). Parallel distributed processing at 25: Further explorations in the microstructure of cognition. *Cognitive Science, 6,* 1024-1077.

Roid, G. H. (2003). *Stanford-Binet Intelligence Scales* (5th ed.). Technical Manual. Itasca, IL: Riverside.

Roney, C. J. R., & Trick, L. M. (2009). Sympathetic magic and perceptions of randomness: The hot hand versus the gambler's fallacy. *Thinking & Reasoning, 15*(2), 197-210.

Roozendaal, B. (2002). Stress and memory: Opposing effects of glucocorticoids on memory consolidation and memory retrieval. *Neurobiology of Learning and Memory, 78*, 578-595.

Roozendaal, B. (2003). Systems mediating acute glucocorticoid effects on memory consolidation and retrieval. *Progress in Neuro-Psychopharmacology and Biological Psychiatry, 27*(8), 1213-1223.

Roozendaal, B., Barsegyan, A., & Lee, S. (2008). Adrenal stress hormones, amygdala activation, and memory for emotionally arousing experiences. *Progress in Brain Research, 167*, 79-97.

Rosch, E. H. (1975). Cognitive representations of semantic categories. *Journal of Experimental Psychology: General, 104*, 192-233.

Rosch, E. H. (1978). Principles of categorization. In E. Rosch & B. B. Lloyd (Eds.), *Cognition and categorization*. Hillsdale, NJ: Erlbaum.

Rosch, E. H., & Mervis, C. B. (1975). Family resemblances: Studies in the internal structure of categories. *Cognitive Psychology, 7*, 573-605.

Rosch, E. H., Mervis, C. B., Gray, W. D., Johnson, D. M., & Boyes-Braem, P. (1976). Basic objects in natural categories. *Cognitive Psychology, 8*, 382-439.

Rosch Heider, K. G. (1972). Universals in color naming and memory. *Journal of Experimental Psychology, 93*(1), 10-20.

Rose, N. S., & Craik, F. M. (2012). A processing approach to the working memory/long-term memory distinction: Evidence from the levelsof-processing span task. *Journal of Experimental Psychology: Learning, Memory, and Cognition,38*(4), 1019-1029.

Rosenberg, K., Liebling, R., Avidan, G., Perry, D., Siman-Tov, T., Andelman, F., et al. (2008). Language related reorganization in adult brain with slow growing glioma: fMRI prospective case-study. *Neurocase, 14*(6), 465-473.

Rosenzweig, M. R., & Bennett, E. L. (1996). Psychobiology of plasticity: Effects of training and experience on brain and behavior. *Behavior and Brain Research, 78*, 57-65.

Rosenzweig, M. R., & Leiman, A. L. (1989). *Physiological psychology* (2nd ed.). New York, NY: Random House.

Ross, B. H. (1997). The use of categories affects classification. *Journal of Memory and Language, 37*, 165-192.

Ross, B. H. (2000). Concepts: Learning. In A. E. Kazdin (Ed.), *Encyclopedia of psychology* (Vol. 2, pp. 248-251). Washington, DC: American Psychological Association.

Ross, B. H., & Spalding, T. L. (1994). Concepts and categories. In R. J. Sternberg (Ed.), *Handbook of perception and cognition: Vol. 12. Thinking and problem solving* (pp. 119-148). New York, NY: Academic Press.

Ross, L., Greene, D., & House, P. (1977). The false consensus effect: An egocentric bias in social perception and attribution processes. *Journal of Experimental Social Psychology, 13*(3), 279-301.

Ross, M., & Sicoly, F. (1979). Egocentric biases in availability and attribution. *Journal of Personality and Social Psychology, 37*, 322-336. Rostain, A. L., & Tamsay, J. R. (2006). A combined treatment approach for adults with ADHD—results of an open study of 43 patients. *Journal of Attention Disorders, 10*(2), 150-159.

Roswarski, T. E., & Murray, M. D. (2006). Supervision of students may protect academic physicians from cognitive bias: A study of decision making and multiple treatment alternatives in medicine. *Medical Decision Making, 26*(2), 154-161.

Rouder, J. N., & Ratcliff, R. (2004). Comparing categorization models. *Journal of Experimental Psychology: General, 133*(1), 63-82.

Rouder, J. N., & Ratcliff, R. (2006). Comparing exemplar- and rulebased theories of categorization. *Current Directions in Psychological Science, 15*(1), 9-13.

Rovee-Collier, C., & DuFault, D. (1991). Multiple contexts and memory retrieval at three months. *Developmental Psychobiology, 24*(1), 39-49.

Rubin, D. C. (1982). On the retention function for autobiographical memory. *Journal of Verbal Learning and Verbal Behavior, 19*, 21-38.

Rubin, D. C. (Ed.). (1996). *Remembering our past: Studies in autobiographical memory*. New York, NY: Cambridge University Press.

Rubin, Z., Hill, C. T., Peplau, L. A., & Dunkel-Schetter, C. (1980). Selfdisclosure in dating couples: Sex roles and the ethic of openness. *Journal of Marriage and the Family, 42*, 305-317.

Rudkin, S. J., Pearson, D. G., & Logie, R. H. (2007). Executive processes in visual and spatial working memory tasks. *Quarterly Journal of Experimental Psychology, 60*(1), 79-100.

Rudner, M., Fransson, P., Ingvar, M., Nyberg, L., & Rönnberg J. (2007). Neural representation of binding lexical signs and words in the episodic buffer of working memory. *Neuropsychologia, 45*(10), 22582276.

Rumain, B., Connell, J., & Braine, M. D. S. (1983). Conversational comprehension processes are responsible for reasoning fallacies in children as well as adults: *If* is not the biconditional. *Developmental Psychology, 19*(4), 471-481.

Rumbaugh, D. M., & Beran, M. J. (2003). Language acquisition by animals. In L. Nadel (Ed.), *Encyclopedia of cognitive science* (Vol. 2, pp. 700-707). London, UK: Nature Group Press.

Rumelhart, D. E., & McClelland, J. L. (1981). Interactive processing through spreading activation. In A. M. Lesgold & C. A. Perfetti (Eds.), *Interactive processes in reading* (pp. 37-60). Hillsdale, NJ: Erlbaum.

Rumelhart, D. E., & McClelland, J. L. (1982). An interactive activation model of context effects in letter perception: Part 2. The contextual enhancement effect and some tests and extensions of the model. *Psychological Review, 89*, 60-94.

Rumelhart, D. E., & Norman, D. A. (1988). Representation in memory. In R. C. Atkinson, R. J. Herrnstein, G. Lindzey, R. D. Luce (Eds.),
Stevens' handbook of experimental psychology: Vol. 2. Learning and cognition (2nd ed., pp. 511-587). New York, NY: Wiley.

Rumelhart, D. E., & Ortony, A. (1977). The representation of knowledge in memory. In R. C. Anderson, R. J. Spiro, & W. E. Montague (Eds.), *Schooling and the acquisition of knowledge* (pp. 99-135). Hillsdale, NJ: Erlbaum.

Runco, M. A. (2010). Divergent thinking, creativity, and ideation. In J. C. Kaufman & R. J. Sternberg (Eds.), *The Cambridge handbook of creativity* (pp. 413-446). New York, NY: Cambridge University Press.

Runco, M. A. (2014). *Creativity: Theory and themes: Research, development, and practice* (2nd ed.). Maryland Heights, MO: Academic Press.

Runco, M. A., & Albert, R. S. (2010). Creativity research: A historical view. In J. C. Kaufman & R. J. Sternberg (Eds.), *The Cambridge handbook of creativity* (pp. 3-19). New York, NY: Cambridge University Press.

Russell, J. A., & Ward, L. M. (1982). Environmental psychology. *Annual Review of Psychology, 33*, 651-688.

Russell, W. R., & Nathan, P. W. (1946). Traumatic amnesia. *Brain, 69*, 280-300.

Rychkova, S. I., & Ninio, J. (2009). Paradoxical fusion of two images and depth perception with a squinting eye. *Vision Research, 49*, 530-535.

Rychlak, J. E., & Struckman, A. (2000). Psychology: Post-World War II. In A. E. Kazdin (Ed.), *Encyclopedia of psychology* (Vol. 6, pp. 410416). Washington, DC: American Psychological Association.

Ryle, G. (1949). *The concept of mind*. London, UK: Hutchinson. Saarinen, T. F. (1987). *Centering of mental maps of the world* (discussion paper). Tucson: University of Arizona, Department of Geography and Regional Development.

Sacks, H., Schegloff, E. A., & Jefferson, G. (1974). A simplest systematics for the organization of turn-taking for conversation. *Language, 50*, 696-735.

Saito, S., & Baddeley, A. D. (2004). Irrelevant sound disrupts speech production: Exploring the relationship between short-term memory and experimentally induced slips of the tongue. *Quarterly Journal of Experimental Psychology Section A: Human Experimental Psychology, 57A*(7), 1309-1340.

Saklofske, D. H., van de Vijver, F. J. R., Oakland, T., Mpofu, E., & Suzuki, L. A. (2015). Intelligence and culture: History and assessment. In S. Goldstein, D. Princiotta, & J. A. Naglieri (Eds.), *Handbook of intelligence* (pp. 341-366). New York, NY: Springer.

Salas, E., Burke, C. S., & Cannon-Bowers, J. A. (2000). Teamwork: Emerging principles. *International Journal of Management Reviews, 2*(4), 305-379.

Salat, D. H., Van der Kouwe, A. J. W., Tuch, D. S., Quinn, B. T., Fischl, B., Dale, A. M., et al. (2006). Neuroimaging H. M.: A 10-year follow-up examination. *Hippocampus, 16*(11),936-945.

Salovey, P., & Sluyter, D. J. (Eds.). (1997). *Emotional development and emotional intelligence: Implications for educators*. New York, NY: Basic Books.

Salthouse, T. A. (1984). Effects of age and skill in typing. *Journal of Experimental Psychology: General, 113*, 345-371.

Salthouse, T. A. (1992). The information-processing perspective on cognitive aging. In R. J. Sternberg & C. A. Berg (Eds.), *Intellectual development* (pp. 261-277). New York, NY: Cambridge University Press.

Salthouse, T. A. (1996). The processing-speed theory of adult age differences in cognition. *Psychological Review, 103*, 403-428.

Salthouse, T. A. (2005). From description to explanation in cognitive aging. In R. J. Sternberg & J. E. Pretz (Eds.), *Cognition and intelligence* (pp. 288-305). New York, NY: Cambridge University Press.

Salthouse, T. A. (2009). When does age-related cognitive decline begin? *Neurobiology of Aging, 30,* 507-514.

Salthouse, T. A., Kausler, D. H., & Saults, J. S. (1990). Age, selfassessed health status, and cognition. *Journal of Gerontology, 45*(4), P156P160.

Samanez-Larkin, G. R., Robertson, E. R., Mikels, J. A., Carstensen, L. L., & Gotlib, I. H. (2009). Selective attention to emotion in the aging brain. *Psychology and Aging, 24*(3), 519-529.

Samuel, A. L. (1963). Some studies in machine learning using the game of checkers. In E. A. Feigenbaum & J. Feldman(Eds.), *Computers and thought* (pp. 71-105). New York, NY: McGraw-Hill.

Sandberg, C., Sebastian, R., & Kiran, S. (2012). Typicality mediates performance during category verification in both ad-hoc and well-defined categories. *Journal of Communication Disorders, 45*(2), 69-83.

Sanfey, A. G., Rilling, J. K., Aronson, J. A., Nystrom, L. E., & Cohen, J. D. (2003). The neural basis of economic decision-making in the Ultimatum Game. *Science, 300*(5626), 1755-1758.

Sapir, E. (1964). *Culture, language and personality*. Berkeley: University of California Press. (Original work published 1941.)

Sarason, S. B., & Doris, J. (1979). *Educational handicap, public policy, and social history*. New York, NY: Free Press.

Sarter, M., Bruno, J. P., & Berntson, G. G. (2003). Reticular activating system. In L. Nadel (Ed.), *Encyclopedia of cognitive science* (Vol. 3, pp. 963-967). London, UK: Nature Publishing Group.

Sasaki, T. (2008). Working memory load in the initial learning phase facilitates relearning: A study of vocabulary learning. *Perceptual and Motor Skills, 106*(1), 317-327.

Savage-Rumbaugh, S., McDonald, K., Sevcik, R. A., Hopkins, W. D., & Rubert, E. (1986). Spontaneous symbol acquisition and communicative use by pygmy chimpanzees *(Pan paniscus). Journal of Experimental Psychology: General, 115*, 211-235.

Savage-Rumbaugh, S., Murphy, J., Sevcik, R., Brakke, K., Williams, S., & Rumbaugh, D. M. (1993). Language comprehension in ape and child. *Monographs of the Society for Research in Child Development, 58*(3-4, Serial No. 233).

Sawyer, K. (2013). *Zig zag: The surprising path to greater creativity.* San Francisco, CA: Jossey-Bass.

Scaggs, W. E., & McNaughton, B. L. (1996). Replay of neuronal firing sequences in rat hippocampus during sleep following spatial experience. *Science, 271*, 1870-1873.

Schacter, D. L. (1989). On the relation between memory and consciousness: Dissociable interactions and conscious experience. In H. L. Roediger & F. I. M. Craik (Eds.), *Varieties of memory and consciousness: Essays in honor of* Hillsdale, NJ: Erlbaum.

Schacter, D. L. (2000). Memory: Memory systems. In A. E. Kazdin (Ed.), *Encyclopedia of psychology* (Vol. 5, pp. 169-172). Washington, DC: American Psychological Association.

Schacter, D. L. (2001). *The seven sins of memory: How the mind forgets and remembers*. Boston, MA: Houghton Mifflin.

Schacter, D. L., & Curran, T. (2000). Memory without remembering and remembering without memory: Implicit and false memories. In M. S. Gazzaniga (Ed.), *The new cognitive neurosciences* (2nd ed., pp. 829-840). Cambridge, MA: MIT Press.

Schacter, D. L., Verfaellie, M., & Pradere, D. (1996). The neuropsychology of memory illusions: False recall and recognition in amnesic patients. *Journal of Memory and Language, 35*, 319-334.

Schaeken, W., Johnson-Laird, P. N., & D'Ydewalle, G. (1996). Mental models and temporal reasoning. *Cognition, 60*, 205-234.

Schaie, K. W. (1989). Perceptual speed in adulthood: Cross-sectional and longitudinal studies. *Psychology and Aging, 4*, 443-453.

Schaie, K. W. (1996). *Intellectual development in adulthood: The Seattle longitudinal study.* New York, NY: Cambridge University Press.

Schaie, K. W. (2005). *Developmental influences on adult intelligence: The Seattle Longitudinal Study.* New York, NY: Oxford University Press.

Schaie, K. W. (2009). "When does age-related cognitive decline begin?"; Salthouse again reifies the "cross-sectional fallacy." *Neurobiology of Aging, 30,* 528-529.

Schaie, K. W., & Willis, S. L. (1986). Can decline in intellectual functioning in the elderly be reversed? *Developmental Psychology, 22*, 223-232.

Schank, R. C., & Abelson, R. P. (1977). *Scripts, plans, goals, and understanding*. Hillsdale. NJ: Erlbaum.

Schank, R. C., & Towle, B. (2000). Artificial intelligence. In R. J. Sternberg (Ed.), *Handbook of intelligence* (pp. 341-356). New York, NY: Cambridge University Press.

Schienle, A., Schaefer, A., & Vaitl, D. (2008). Individual differences in disgust imagery: A functional magnetic resonance imaging study. *Brain Imaging, 19*(5), 527-530.

Schirduan, V., & Case, K. (2004). Mindful curriculum leadership for students with attention deficit hyperactivity disorder: Leading in elementary schools by using multiple intelligences theory (SUMIT). *Teachers College Record, 106*(1), 87-95.

Schliemann, A. D., & Magalhües, V. P. (1990). Proportional reasoning: From shops, to kitchens, laboratories, and, hopefully, schools. *Proceedings of the Fourteenth International Conference for the Psychology of Mathematics Education*. Oaxtepec, Mexico.

Schmidt, H. G., Peech, V. H., Paas, F., & Van Breukelen, G. J. P. (2000). Remembering the street names of one's childhood neighbourhood: A study of very long-term retention. *Memory*, *8*(1), 37-49.

Schneider, W. J., & Flanagan, D. P. (2015). The relationship between theories of intelligence and intelligence tests. In S. Goldstein, D. Princiotta, & J. A. Naglieri (Eds.), *Handbook of intelligence* (pp. 317-340). New York, NY: Springer.

Schneider, W., & Shiffrin, R. M. (1977). Controlled and automatic human information processing. *Psychological Review*, *84*, 1-66.

Schnider, A. (2008). *The confabulating mind: How the brain creates reality*. New York, NY: Oxford University Press.

Schoenfeld, A. H. (1981). *Episodes and executive decisions in mathematical problem solving*. Paper presented at the annual meeting of the American Educational Research Association, Los Angeles, CA.

Schonbein, W., & Bechtel, W. (2003). History of computational modeling and cognitive science. *Encyclopedia of Cognitive Science*. London, UK: Nature Publishing Group.

Schonfield, D., & Robertson, D. A. (1966). Memory storage and aging. *Canadian Journal of Psychology, 20*, 228-236.

Schooler, J. W. (1994). Seeking the core: The issues and evidence surrounding recovered accounts of sexual trauma. *Consciousness and Cognition*, *3*, 452-469.

Schooler, J. W., & Engstler-Schooler, T. Y. (1990). Verbal overshadowing of visual memories: Some things are better left unsaid. *Cognitive Psychology*, *22*, 36-71.

Schumacher, E. H., Lauber, E., Awh, E., Jonides, J., Smith, E. E., & Koeppe, R. A. (1996). PET evidence for an amodal verbal working memory system. *NeuroImage, 3*(2), 79-88.

Schvaneveldt, R. W., Meyer, D. E., & Becker, C. A. (1976). Lexical ambiguity, semantic context, and visual word recognition. *Journal of Experimental Psychology: Human Perception & Performance*, *2*(2), 243-256.

Schwarz, N., & Skurnik, I. (2003). Feeling and thinking: Implications for problem solving. In J. E. Davidson & R. J. Sternberg (Eds.), *The psychology of problem solving* (pp. 263-290). New York, NY: Cambridge University Press.

Scott, G. G., Sinclair, J., Short, E., & Bruce, G. (2014). It's not what you say, it's how you say it: Language use on Facebook impacts employability but not attractiveness. *Cyberpsychology, Behavior, and Social Networking, 17*(8), 562-566.

Scott, L. S., Tanaka, J. W., Sheinberg, D. L., & Curran, T. (2008). The role of category learning in the acquisition and retention of perceptual expertise: A behavioral and neurophysiological study. *Brain Research*, *1210*, 204-215.

Scoville, W. B., & Milner, B. (1957). Loss of recent memory after bilateral hippocampal lesions. *Journal of Neurology, Neurosurgery, and Psychiatry*, *20*, 11-19.

Seal, M. L., Aleman, A., & McGuire, P. K. (2004). Compelling imagery, unanticipated speech and deceptive memory: Neurocognitive models of auditory verbal hallucinations in schizophrenia. *Cognitive Neuropsychiatry*, *9*(1-2), 43-72.

Searle, J. R. (1980). Minds, brains, and programs. *Behavioral and Brain Sciences, 3*, 417-424.

Sedivy, J. (2014). *Language in mind: An introduction to psycholinguistics*. Sunderland, MA: Sinauer Associates.

Seeck-Hirschner, M., Baier, P., Sever, S., Buschbacher, A., Aldenhoff, J. B., & Göder, R. (2010). Effects of daytime naps on procedural and declarative memory in patients with schizophrenia. *Journal of Psychiatric Research, 44*(1), 42-47.

Seguino, S. (2007). *Plus ça change?* Evidence on global trends in gender norms and stereotypes. *Feminist Economics*, *13*(2), 1-28.

Sehulster, J. R. (1989). Content and temporal structure of autobiographical knowledge: Remembering twenty-five seasons at the Metropolitan Opera. *Memory and Cognition*, *17*, 290-606.

Seizova-Cajic, T. (2003). The role of perceived relative position in pointing to objects apparently shifted by depth-contrast. *Spatial Vision*, *6*(3-4), 325-346.

Sekiyama, K., Soshi, T., & Sakamoto, S. (2014). Enhanced audiovisual integration with aging in speech perception: A heightened McGurk effect in older adults. *Frontiers in Psychology, 5*. doi:10.3389/fpsyg.2014.00323

Selfridge, O. G. (1959). Pandemonium: A paradigm for learning. In D. V. Blake & A. M. Uttley (Eds.), *Proceedings of the Symposium on the Mechanization of Thought Processes* (pp. 511-529). London, UK: Her Majesty's Stationery Office.

Selfridge, O. G., & Neisser, U. (1960). Pattern recognition by machine. *Scientific American*, *203*, 60-68.

Selkoe, D. J. (2002). Alzheimer's disease is a synaptic failure. *Science*, *298*, 789-791.

Seo, D. C., & Torabi, M. R. (2004). The impact of in-vehicle cell-phone use on accidents or near-accidents among college students. *Journal of American College Health*, *53*(3), 101-107.

Sera, M. D. (1992). To be or to be: Use and acquisition of the Spanish copulas. *Journal of Memory and Language*, *31*, 408-427.

Serpell, R. (2000). Intelligence and culture. In R. J. Sternberg (Ed.), *Handbook of intelligence* (pp. 549-577). New York, NY: Cambridge University Press.

Shah, A. K., & Oppenheimer, D. M. (2008). Heuristics made easy: An effort-reduction framework. *Psychological Bulletin, 134*(2), 207222.

Shahin, A. J., Bishop, C. W., & Miller, L. M. (2009). Neural mechanisms for illusory filling-in of degraded speech. *Neuro-Image*, *44*(3), 11331143.

Shallice, T. (1979). Neuropsychological research and the fractionation of memory systems. In L. G. Nilsson (Ed.), *Perspectives on memory research*. Hillsdale, NJ: Erlbaum.

Shallice, T., & Warrington, E. (1970). Independent functioning of verbal memory stores: A neuropsychological study. *Quarterly Journal of Experimental Psychology*, *22*(2), 261-273.

Shannon, C., & Weaver, W. (1963). *The mathematical theory of communication*. Urbana: University of Illinois Press.

Shapiro, P., & Penrod, S. (1986). Meta-analysis of facial identification studies. *Psychological Bulletin*, *100*(2), 139-156.

Shapley, R., & Lennie, P. (1985). Spatial frequency analysis in the visual system. *Annual Review of Neuroscience*, *8*, 547-583.

Shappell, C. N., Frank, J. I., Husari, K., Sanchez, M., Goldenberg, F., & Ardelt, A. (2013). Practice variability in brain death determination: A call to action. *Neurology, 81*(23), 2009-2014.

Shastri, L. (2003). Spreading-activation networks. In L. Nadel (Ed.), *Encyclopedia of cognitive science* (Vol. 4, pp. 211-218). London, UK: Nature Publishing Group.

Shaywitz, S. E. (2005). *Overcoming dyslexia*. New York, NY: Knopf. Shaywitz, S. E., & Shaywitz, B. A. (2005). Dyslexia (specific reading disability). *Biological Psychiatry, 57*(11), 1301-1309.

Shelton, S. T. (2006). Jury decision making: Using group theory to improve deliberation. *Politics & Policy, 34*(4), 706-725.

Shepard, R. N. (1984). Ecological constraints on internal representation. Resonant kinematics of perceiving, imaging, thinking, and dreaming. *Psychological Review, 91*, 417-447.

Shepard, R. N., & Metzler, J. (1971). Mental rotation of three-dimensional objects. *Science, 171*(3972), 701-703.

Shepherd, G. (Ed.). (1998). *The synaptic organization of the brain*. New York, NY: Oxford University Press.

Shepherd, G. M. (2004). *The synaptic organization of the brain* (5th ed.). New York, NY: Oxford University Press.

Shiffrin, R. M. (1973). Information persistence in short-term memory. *Journal of Experimental Psychology, 100*, 39-49.

Shiffrin, R. M., & Schneider, W. (1977). Controlled and automatic human information processing: II. Perceptual learning, automatic attending, and a general theory. *Psychological Review, 84*, 127-190.

Shin, N., Jonassen, D. H., & McGee, S. (2003). Predictors of well-structured and ill-structured problem solving in astronomy simulation. *Journal of Research in Science Teaching, 40*(1), 6-33.

Shinoura, N., Suzukib, Y., Yamada, R., Tabeia, Y., Saitoa, K., & Yagib, K. (2009). Damage to the right superior longitudinal fasciculus in the inferior parietal lobe plays a role in spatial neglect. *Neuropsychologia, 47*, 2600-2603.

Shoben, E. J. (1984). Semantic and episodic memory. In R. W. Wyer, Jr., & T. K. Srull (Eds.), *Handbook of social cognition* (Vol. 2, pp. 213231). Hillsdale, NJ: Erlbaum.

Shohamy, D., Myers, C. E., Kalanithi, J., & Gluck, M. A. (2009). Basal ganglia and dopamine contributions to probabilistic category learning. *Neuroscience & Biobehavioral Reviews, 32*(2), 219-236.

Shulman, H. G. (1970). Encoding and retention of semantic and phonemic information in short-term memory. *Journal of Verbal Learning and Verbal Behavior, 9*, 499-508.

Simon, H. A. (1957). *Administrative behavior* (2nd ed.). Totowa, NJ: Littlefield, Adams.

Simon, H. A. (1976). Identifying basic abilities underlying intelligent performance of complex tasks. In L. B. Resnick (Ed.), *The nature of intelligence* (pp. 65-98). Hillsdale, NJ: Erlbaum.

Simon, H. A. (1999a). Problem solving. In R. A. Wilson & F. C. Keil (Eds.), *The MIT encyclopedia of the cognitive sciences* (pp. 674-676). Cambridge, MA: MIT Press.

Simon, H. A. (1999b). Production systems. In R. A. Wilson & F. C. Keil (Eds.), *The MIT encyclopedia of the cognitive sciences* (pp. 676-678). Cambridge, MA: MIT Press.

Simon, H. A., & Kotovsky, K. (1963). Human acquisition of concepts for sequential patterns. *Psychological Review, 70*, 534-546.

Simon, H. A., & Reed, S. K. (1976). Modeling strategy shifts in a problem-solving task. *Cognitive Psychology, 8*, 86-97.

Simons, D. J. (1996). In sight, out of mind: When object representations fail. *Psychological Science, 5*, 301-305.

Simons, D. J. (2007). Inattentional blindness [Electronic Version]. *Scholarpedia, 2*, 3244. Retrieved from www.scholarpedia.org/article/Inattentional_blindness

Simons, D. J., & Ambinder, M. S. (2005). Change blindness: Theory and consequences. *Current Directions in Psychological Science, 14*(1), 44-48.

Simons, D. J., & Rensink, R. A. (2005). Change blindness: Past, present, and future. *Trends in Cognitive Science, 9*(1), 16-20.

Simonton, D. K. (1988). Age and outstanding achievement: What do we know after a century of research? *Psychological Bulletin, 104*(2), 251-267.

Simonton, D. K. (1991). Career landmarks in science: Individual differences and interdisciplinary contrasts. *Developmental Psychology, 27*, 119-130.

Simonton, D. K. (1994). *Greatness: Who makes history and why*. New York, NY: Guilford Press.

Simonton, D. K. (1997). Creativity in personality, developmental, and social psychology: Any links with cognitive psychology? In T. B. Ward, S. M. Smith, & J. Vaid (Eds.), *Creative thought: Conceptual structures and processes* (pp. 309-324). Washington, DC: American Psychological Association.

Simonton, D. K. (1999). Creativity from a historiometric perspective. In R. J. Sternberg (Ed.), *Handbook of creativity*(pp. 116-133). New York, NY: Cambridge University Press.

Simonton, D. K. (2010). Creativity in highly eminent individuals. In J. C. Kaufman & R. J. Sternberg (Eds.), *The Cambridge handbook of creativity* (pp. 174-188). New York, NY: Cambridge University Press.

Sio, U. N., & Ormerod, T. C. (2009). Does incubation enhance problem solving? A meta-analytic review. *Psychological Bulletin, 135*(1), 94-120.

Sip, K. E., Smith, D. V., Porcelli, A. J., Kar, K., & Delgado, M. R. (2015). Social closeness and feedback modulate susceptibility to the framing effect. *Social Neuroscience, 10*(1), 35-45.

Sisti, H. M., Glass, A. L., & Shors, T. J. (2007). Neurogenesis and the spacing effect: Learning over time enhances memory and the survival of new neurons. *Learning & Memory, 14*(5), 368-375.

Skinner, B. F. (1957). *Verbal behavior*. New York, NY: Appleton-CenturyCrofts.

Skinner, B. F. (2005). *Walden two*. Cambridge, MA: Hackett.

Skotko, B. G., Kensinger, E. A., Locascio, J. J., Einstein, G., Rubin, D. C., Tupler, L. A., et al. (2004). Puzzling thoughts for H. M.: Can new semantic information be anchored to old semantic memories? *Neuropsychology, 18*(4), 756-769.

Sloboda, J. A. (1984). Experimental studies in music reading: A review. *Music Perception, 22*, 222-236.

Sloman, S. A. (1996). The empirical case for two systems of

reasoning. *Psychological Bulletin, 119*, 3-22.

Slovic, P. (1990). Choice. In D. N. Osherson & E. E. Smith (Eds.), *An invitation to cognitive science: Vol. 3. Thinking* (pp. 89-116). Cambridge, MA: MIT Press.

Smilansky, B. (1974). Paper presented at the meeting of the American Educational Research Association, Chicago.

Smith, A. D., & Cohen, G. (2008). Memory for places: Routes, maps, and object locations. In G. Cohen & M. A. Conway (Eds.), *Memory in the real world* (pp. 173-206). New York, NY: Psychology Press.

Smith, C. (1996). Sleep states, memory phases, and synaptic plasticity. *Behavior and Brain Research, 78*, 49-56.

Smith, C., Bibi, U., & Sheard, D. E. (2004). Evidence for the differential impact of time and emotion on personal and event memories for September 11, 2001. *Applied Cognitive Psychology, 17*(9), 1047-1055.

Smith, E. E. (1988). Concepts and thought. In R. J. Sternberg & E. E. Smith (Eds.), *The psychology of human thought* (pp. 19-49). New York, NY: Cambridge University Press.

Smith, E. E. (1995). Concepts and categorization. In E. E. Smith & D. N. Osherson (Eds.), *An invitation to cognitive science: Vol. 3. Thinking* (2nd ed., pp. 3-33). Cambridge, MA: MIT Press.

Smith, E. E., & Jonides, J. (1999). Storage and executive processes in the frontal lobes. *Science, 283*(5408), 1657-1661.

Smith, E. E., & Medin, D. L. (1981). *Categories and concepts*. Cambridge, MA: Harvard University Press.

Smith, E. E., Osherson, D. N., Rips, L. J., & Keane, M. (1988). Combining prototypes: A modification model. *Cognitive Science, 12*, 485-527.

Smith, E. E., Shoben, E. J., & Rips, L. J. (1974). Structure and process in semantic memory: A featural model for semantic decisions. *Psychological Review, 81*, 214-241.

Smith, F. (2004). *Understanding reading* (6th ed.). Mahwah, NJ: Erlbaum. Smith, J. D. (2005). Wanted: A new psychology of exemplars. *Canadian Journal of Experimental Psychology, 59*(1), 47-53.

Smith, J. K., & Smith, L. F. (2010). Educational creativity. In J. C. Kaufman & R. J. Sternberg (Eds.), *The Cambridge handbook of creativity* (pp. 250-264). New York, NY: Cambridge University Press.

Snow, J. C., & Mattingley, J. B. (2003). Perception, unconscious. In L. Nadel (Ed.), *Encyclopedia of cognitive science* (Vol. 3, pp. 517-526). London, UK: Nature Publishing Group.

Sohn, M. H., Ursu, S., Anderson, J. R., Stenger, V. A., & Carter, C. S. (2000). Inaugural article: The role of prefrontal cortex and posterior parietal cortex in task switching. *Proceedings of the National Academy of Sciences, USA, 97*, 13448-13453.

Solstad, T., Boccara, C. N., Kropff, E., Moser, M. B., & Moser, E. I. (2008). Representation of geometric borders in the entorhinal cortex. *Science, 322*, 1865-1868.

Sommer, I. E., Aleman, A., Somers, M., Boks, M. P., & Kahna, R. S. (2008). Sex differences in handedness, asymmetry of the Planum Temporale and functional language lateralization. *Brain Research*, 1206, 76-88.

Sommer, R. (1969). *Personal space*. Englewood Cliffs, NJ: Prentice-Hall.

Sommers, S. R. (2006). On racial diversity and group decision making: Identifying multiple effects of racial composition on jury deliberations. *Journal of Personality and Social Psychology, 90*(4), 597-612.

Sook Lee, J., & Oxelson, E. (2006). "It's not my job": K-12 teacher attitudes towards students' heritage language maintenance. *Bilingual Research Journal, 30*(2), 453-477.

Sotak, C. (2002). Diffusion tensor imaging and axonal mapping state of the art. *NRM in Biomedicine, 15*(7-8), 561-569.

Sousa, D. A. (2011). *How the brain learns* (4th ed.). Thousand Oaks, CA: Corwin.

Sparr, S. A., Jay, M., Drislane, F. W., & Venna, N. (1991). A historical case of visual agnosia revisited after 40 years. *Brain, 114*(2), 789-790.

Spear, N. E. (1979). Experimental analysis of infantile amnesia. In J. E. Kihlstrom & F. J. Evans (Eds.), *Functional disorders of memory*. Hillsdale, NJ: Erlbaum.

Spelke, E., Hirst, W., & Neisser, U. (1976). Skills of divided attention. *Cognition, 4*, 215-230.

Spellman, B. A. (1997). Crediting causality. *Journal of Experimental Psychology: General, 126*, 1-26.

Sperling, G. (1960). The information available in brief visual presentations. *Psychological Monographs: General and Applied, 74*, 1-28.

Sperry, R. W. (1964). The great cerebral commissure. *Scientific American, 210*(1), 42-52.

Squire, L. R. (1986). Mechanisms of memory. *Science, 232*(4578), 16121619.

Squire, L. R. (1987). *Memory and the brain*. New York, NY: Oxford University Press.

Squire, L. R. (1992). Memory and the hippocampus: A synthesis of findings with rats, monkeys, and humans. *Psychological Review, 99*, 195-231.

Squire, L. R. (1993). The organization of declarative and nondeclarative memory. In T. Ono, L. R. Squire, M. E. Raichle, D. I. Perrett, & M. Fukuda (Eds.), *Brain mechanisms of perception and memory: From neuron to behavior* (pp. 219-227). New York, NY: Oxford University Press.

Squire, L. R., (1999). Memory, human neuropsychology. In R. A. Wilson & F. C. Keil (Eds.), *The MIT encyclopedia of the cognitive sciences* (pp. 521-522). Cambridge, MA: MIT Press.

Squire, L. R., & Knowlton, B. J. (2000). The medial temporal lobe, the hippocampus, and the memory systems of the brain. In M. Gazzaniga (Ed.), *The new cognitive neurosciences* (2nd ed., pp. 765-780). Cambridge, MA: MIT Press.

Squire, L. R., Zola-Morgan, S., Cave, C. B., Haist, F., Musen, G., & Suzuki, W. P. (1990). Memory: Organization of brain systems and cognition. In D. E. Meyer & S. Kornblum (Eds.), *Attention and performance: Vol. 14. Synergies in experimental psychology, artificial intelligence, and cognitive neuroscience* (pp. 393-424). Cambridge, MA: MIT Press.

Standing, L., Conezio, J., & Haber, R. N. (1970). Perception and memory for pictures: Single-trial learning of 2500 visual stimuli. *Psychonomic Science, 19*, 73-74.

Stankov, L. (2005). Reductionism versus charting. In R. J. Sternberg & J. E. Pretz (Eds.), *Cognition and intelligence* (pp. 51-67). New York, NY: Cambridge University Press.

Stanovich, K. E. (2003). The fundamental computational biases of human cognition: Heuristics that (sometimes) impair decision making and problem solving. In J. E. Davidson & R. J. Sternberg (Eds.), *The psychology of problem solving* (pp. 291-342). New York, NY: Cambridge University Press.

Stanovich, K. E. (2010). *What intelligence tests miss: The psychology of rational thought*. New Haven, CT: Yale University Press.

Stanovich, K. E., & West, R. F. (1999). Individual differences in reasoning and the heuristics and biases debate. In P. L. Ackerman, P. C. Kyllonen, & R. D. Roberts (Eds.), *Learning and individual differences: Process, trait, and content determinants* (pp. 389-411). Washington, DC: American Psychological Association.

Stanovich, K. E., West, R. F., & Toplak, M. E. (2013). Myside bias, rational thinking, and intelligence.*Current Directions in Psychological Science*, *22*, 259-264.

Starr, C., Evers, C. A., & Starr, L. (2007). *Biology: concepts and applications*. Belmont, CA: Brooks/Cole.

Staudinger, U. M., & Glueck, J. (2011). Intelligence and wisdom. In R. J. Sternberg & S. B. Kaufman (Eds.), *Cambridge handbook of intelligence* (pp. 827-846). New York, NY: Cambridge University Press.

Steedman, M. (2003). Language, connectionist and symbolic representations of. In L. Nadel (Ed.), *Encyclopedia of cognitive science* (Vol. 2, pp. 765-771). London, UK: Nature Group Press.

Steele, C. (1990, May). A conversation with Claude Steele. *APS Observer*, pp. 11-17.

Steele, C. M., & Aronson, J. (2000). Stereotype threat and the intellectual test performance of African Americans. In C. Stangor (Eds.), *Stereotypes and prejudice: Essential readings* (pp. 369-389). New York, NY: Psychology Press.

Steffanaci, L. (1999). Amygdala, primate. In R. A. Wilson & F. C. Keil (Eds.), *The MIT encyclopedia of the cognitive sciences* (pp. 15-17). Cambridge, MA: MIT Press.

Steif, P. S., Fay, A. L., Kara, L. B., & Spencer, S. E. (2006). Work in progress: Improving problem solving performance in statics through body-centric talk. *ASEE/IEEE Frontiers in Education Conference*.

Stein, M., Federspiel, A., Koenig, T., Wirth, M., Lehmann, C., Wiest, R., et al. (2009). Reduced frontal activation with increasing 2nd language proficiency. *Neuropsychologia*, *47*(13), 2712-2720.

Stein, S. J., & Book, H. E. (2006). *The EQ Edge: Emotional intelligence and your success*. Mississuaga, ON: Wiley & Sons.

Stein, S. J., & Deonarine, J. M. (2015). Current concepts in the assessment of emotional intelligence. In S. Goldstein, D. Princiotta, & J. A. Naglieri (Eds.), *Handbook of intelligence* (pp. 381-402). New York, NY: Springer.

Stěpán-Buksakowska, I., Szabó, N., Hořínek, D., Tóth, E., Hort, J., Warner, J., & . . . Kincses, Z. T. (2014). Cortical and subcortical atrophy in Alzheimer disease: Parallel atrophy of thalamus and hippocampus. *Alzheimer Disease and Associated Disorders, 28*(1), 65-72.

Steriade, M., Jones, E. G., & McCormick, D. A. (1997). *Thalamus, organization and function* (Vol. 1). New York, NY: Elsevier.

Stern, W. (1912). *Psychologische methoden der intelligenz-prüfung*. Leipzig, Germany: Barth.

Sternberg, R. J. (1977). *Intelligence, information processing, and analogical reasoning: The componential analysis of human abilities*. Hillsdale, NJ: Erlbaum.

Sternberg, R. J. (1979, September). Beyond IQ: Stalking the IQ quark. *Psychology Today*, pp. 42-54.

Sternberg, R. J. (1981). Intelligence and nonentrenchment. *Journal of Educational Psychology*, *73*, 1-16.

Sternberg, R. J. (Ed.). (1982). *Handbook of human intelligence*. New York, NY: Cambridge University Press.

Sternberg, R. J. (1983). Components of human intelligence. *Cognition*, *15*, 1-48.

Sternberg, R. J. (Ed.). (1984). *Human abilities: An information-processing approach*. San Francisco, CA: Freeman.

Sternberg, R. J. (1985a). *Beyond IQ: A triarchic theory of human intelligence*. New York, NY: Cambridge University Press.

Sternberg, R. J. (1985b). Implicit theories of intelligence, creativity, and wisdom. *Journal of Personality and Social Psychology, 49*(3), 607-627.

Sternberg, R. J. (1986). *Intelligence applied: Understanding and increasing your intellectual skills*. San Diego, CA: Harcourt Brace Jovanovich.

Sternberg, R. J. (1987a). Most vocabulary is learned from context. In M. McKeown (Ed.), *The nature of vocabulary acquisition* (pp. 89-105). Hillsdale, NJ: Erlbaum.

Sternberg, R. J. (1987b). Teaching intelligence: The application of cognitive psychology to the improvement of intellectual skills. In J. B. Baron & R. J. Sternberg (Eds.), *Teaching thinking skills: Theory and practice* (pp. 182-218). New York, NY: W. H. Freeman.

Sternberg, R. J. (Ed.). (1990). *Wisdom: Its nature, origins, and development*. New York, NY: Cambridge University Press.

Sternberg, R. J. (1995). For whom the bell curve tolls: A review of The Bell Curve. *Psychological Science*, *6*, 257-261.

Sternberg, R. J. (1996a). Costs of expertise. In K. A. Ericsson (Ed.), *The road to excellence* (pp. 347-355). Mahwah, NJ: Erlbaum.

Sternberg, R. J. (1996b). Myths, countermyths, and truths about human intelligence. *Educational Researcher*, *25*(2), 11-16.

Sternberg, R. J. (1997). *Successful intelligence*. New York, NY: Simon & Schuster.

Sternberg, R. J. (1999). A dialectical basis for understanding the study of cognition. In R. J. Sternberg (Ed.), *The nature of* cognition (pp. 5178). Cambridge, MA: MIT Press.

Sternberg, R. J. (2000). Thinking: An overview. In A. Kazdin (Ed.), *Encyclopedia of psychology* (Vol. 8, pp. 68-71). Washington, DC: American Psychological Association.

Sternberg, R. J. (2004). What do we know about the nature of reasoning? In J. P. Leighton & R. J. Sternberg (Eds.), *The nature of reasoning* (pp. 443-455). New York, NY: Cambridge University Press.

Sternberg, R. J. (2010). *College admissions for the 21st centu-*

ry. Cambridge, MA: Harvard University Press.

Sternberg, R. J. (2011). The theory of successful intelligence. In R. J. Sternberg & S. B. Kaufman (Eds.), *Cambridge handbook of intelligence* (pp. 504-527). New York, NY: Cambridge University Press.

Sternberg, R. J. (2012). The assessment of creativity: An investmentbased approach. *Creativity Research Journal, 24*(1), 3-12.

Sternberg, R. J. (2013). Personal wisdom in the balance. In M. Ferrari & N. Weststrate (Eds.), *The scientific study of personal wisdom: From contemplative traditions to neuroscience* (pp. 53-74). New York, NY: Springer.

Sternberg, R. J., & Detterman, D. K. (Eds.). (1986). *What is intelligence? Contemporary viewpoints on its nature and definition.* Norwood, NJ: Ablex.

Sternberg, R. J., & Grigorenko, E. L. (1997, Fall). The cognitive costs of physical and mental ill health: Applying the psychology of the developed world to the problems of the developing world. *Eye on Psi Chi, 2*(1), 20-27.

Sternberg, R. J., & Grigorenko, E. L. (1999). *Our labeled children: What every parent and teacher needs to know about learning disabilities.* Somerville, MA: Perseus.

Sternberg, R. J., & Grigorenko, E. L. (Eds.). (2002). *Intelligence applied* (2nd ed.). New York, NY: Oxford University Press.

Sternberg, R. J., & Grigorenko, E. L. (2004). Successful intelligence in the classroom. *Theory into Practice, 43*(4), 274-280.

Sternberg, R. J., & Grigorenko, E. L. (2006). Cultural intelligence and successful intelligence. *Group & Organization Management, 31*(1), 27-39.

Sternberg, R. J., & Grigorenko, E. L. (Eds.). (2013). *The general factor of intelligence: How general is it?* New York, NY: Psychology Press.

Sternberg, R. J., Grigorenko, E. L., Ferrari, M., & Clinkenbeard, P. (1999). A triarchic analysis of an aptitude-treatment interaction. *European Journal of Psychological Assessment, 15,* 1-11.

Sternberg, R. J., Grigorenko, E. L., & Oh, S. (2001). The development of intelligence at midlife. In M. E. Lachman (Ed.), *Handbook of midlife development* (pp. 217-247). New York, NY: Wiley.

Sternberg, R. J., Jarvin, L., Birney, D., Naples, A., Stemler, S., Newman, T., Otterbach, R., Randi, J., & Grigorenko, E. L. (2014). Testing the theory of successful intelligence in teaching grade 4 language arts, mathematics, and science. *Journal of Educational Psychology, 106,* 881-899.

Sternberg, R. J., & Jordan, J. (Eds.). (2005). *Handbook of wisdom: Psychological perspectives.* New York, NY: Cambridge University Press.

Sternberg, R. J., & Kaufman, J. C. (1998). Human abilities. *Annual Review of Psychology, 49,* 479-502.

Sternberg, R. J., Kaufman, J. C., & Grigorenko, E. L. (2008). *Applied intelligence.* New York, NY: Cambridge University Press.

Sternberg, R. J., Kaufman, J. C., & Pretz, J. E. (2001). The propulsion model of creative contributions applied to the arts and letters. *Journal of Creative Behavior, 35,* 75-101.

Sternberg, R. J., Kaufman, J. C., & Pretz, J. E. (2002). *The creativity conundrum: A propulsion model of kinds of creative contributions.* New York, NY: Psychology Press.

Sternberg, R. J., & Lubart, T. I. (1991). An investment theory of creativity and its development. *Human Development, 34,* 1-31.

Sternberg, R. J., & Lubart, T. I. (1995). *Defying the crowd.* New York, NY: Free Press.

Sternberg, R. J., & Lubart, T. I. (1996). Investing in creativity. *American Psychologist, 51,* 677-688.

Sternberg, R. J., Nokes, K., Geissler, P. W., Price, R., Okatcha, F., Bundy, D. A., et al. (2001). The relationship between academic and practical intelligence: A case study in Kenya. *Intelligence, 29,* 401-418.

Sternberg, R. J., Okagaki, L., & Jackson, A. (1990). Practical intelligence for success in school. *Educational Leadership, 48,* 35-39.

Sternberg, R. J., Powell, C., McGrane, P. A., & McGregor, S. (1997). Effects of a parasitic infection on cognitive functioning. *Journal of Experimental Psychology: Applied, 3,* 67-76.

Sternberg, R. J., & Powell, J. S. (1983). Comprehending verbal comprehension. *American Psychologist, 38,* 878-893.

Sternberg, R. J., & The Rainbow Project Collaborators. (2006). The Rainbow Project: Enhancing the SAT through assessments of analytical, practical and creative skills. *Intelligence, 34*(4), 321350.

Sternberg, R. J., & Ruzgis, P. (Eds.). (1994). *Personality and intelligence.* New York, NY: Cambridge University Press.

Sternberg, R. J., & Spear-Swerling, L. (Eds.). (1999). *Perspectives on learning disabilities.* Boulder, CO: Westview.

Sternberg, R. J., Torff, B., & Grigorenko, E. L. (1998). Teaching for successful intelligence raises school achievement. *Phi Delta Kappan, 79*(9), 667-669.

Sternberg, R. J., & Wagner, R. K. (Eds.). (1994). *Mind in context: Interactionist perspectives on human intelligence.* New York, NY: Cambridge University Press.

Sternberg, S. (1966). High-speed memory scanning in human memory. *Science, 153,* 652-654.

Sternberg, S. (1969). Memory-scanning: Mental processes revealed by reaction-time experiments. *American Scientist, 4,* 421-457.

Stevens, A., & Coupe, P. (1978). Distortions in judged spatial relations. *Cognitive Psychology, 10,* 422-437.

Stevens, C., Lauinger, B., & Neville, H. (2009). Differences in the neural mechanisms of selective attention in children from different socioeconomic backgrounds: An event-related brain potential study. *Developmental Science, 12*(4), 634-646.

Stevens, K. A. (2006). Binocular vision in theropod dinosaurs. *Journal of Vertebrate Paleontology, 26*(2), 321-330.

Stevens, K. N., & Blumstein, S. E. (1981). The search for invariant acoustic correlates of phonetic features. In P. K. Eimas & J. L. Miller (Eds.), *Perspectives on the study of speech* (pp. 1-38). Hillsdale: Erlbaum.

Stickgold, R., & Walker, M. (2004). To sleep, perchance to gain creative insight? *Trends in Cognitive Science, 8*(5), 191-192.

Strayer, D. L., Drews, F. A., & Crouch, D. J. (2006). A comparison of the cell phone driver and the drunk driver. *Hu-*

man Factors, 48(2), 381-391.

Strayer, D. L., & Johnston, W. A. (2001). Driven to distraction: Dual-task studies of simulated driving and conversing on a cellular telephone. *Psychological Science, 12*, 462-466.

Stroop, J. R. (1935). Studies of interference in serial verbal reactions. *Journal of Experimental Psychology, 18*, 624-643.

Strough, J., Mehta, C. M., McFall, J. P., & Schuller, K. L. (2008). Are older adults less subject to the sunk-cost fallacy than younger adults? *Psychological Science, 19*(7), 650-652.

Structuralism [Electronic Version]. (n.d.). *Encyclopedia Britannica*. Retrieved November 7, 2009, from http://www.britannica.com/science/structuralism-linguistics

Sturt, P., Keller, F., & Dubey, A. (2010). Syntactic priming in comprehension: Parallelism effects with and without coordination. *Journal of Memory and Language, 62*, 333-351.

Stuss, D. T., & Floden, D. (2003). Frontal cortex. In L. Nadel (Ed.), *Encyclopedia of cognitive science* (Vol. 2, pp. 163-169). London, UK: Nature Publishing Group.

Stylianou, D. A., & Silver, E. A. (2004). The role of visual representations in advanced mathematical problem solving: An examination of expert-novice similarities and differences. *Mathematical Thinking and Learning, 6*(4), 353-387.

Suetens, S., & Tyran, J. (2012). The gambler's fallacy and gender. *Journal of Economic Behavior & Organization, 83*(1), 118-124.

Sugrue, K., & Hayne, H. (2006). False memories produced by children and adults in the DRM paradigm. *Applied Cognitive Psychology, 20*(5), 625-631.

Suh, S., & Trabasso, T. (1993). Inferences during reading: Converging evidence from discourse analysis, talk-aloud protocols, and recognition priming. *Journal of Memory and Language, 32*, 279-300.

Sun, R. (2003). Connectionist implementation and hybrid systems. In L. Nadel (Ed.), *Encyclopedia of cognitive science* (Vol. 1, pp. 697-703). London, UK: Nature Publishing Group.

Sundgren, P. C., Dong, Q., Gómez-Hassan, D., Mukherji, S. K., Maly, P., & Welsh, R. (2004). Diffusion tensor imaging of the brain: Review of clinical applications. *Neuroradiology, 46*(5), 339-350.

Surian, L. (1996). Are children with autism deaf to Gricean maxims? *Cognitive Neuropsychiatry, 1*(1), 55-72.

Sutton, J. (2003). Memory, philosophical issues about. In L. Nadel (Ed.), *Encyclopedia of cognitive science* (Vol. 2, pp. 1109-1113). London, UK: Nature Publishing Group.

Swanson, J. M., Volkow, N. D., Newcorn, J., Casey, B. J., Moyzis, R., Grandy, D., & Posner, M. (2003). Attention deficit hyperactivity disorder. In L. Nadel (Ed.), *Encyclopedia of cognitive science* (Vol. 1, pp. 226-231). London, UK: Nature Publishing Group.

Symons, J., & Calvo, P. (2011). *The Routledge companion to philosophy of psychology.* Abingdon, UK: Routledge.

Taatgen, N. A., & Lee, F. L. (2003). Production compilation: A simple mechanism to model complex skill acquisition. *Human Factors, 45*(1), 61-77.

Taconnat, L., Clarys, D., Vanneste, S., Bouazzaoui, B., & Isingrini, M. (2007). Aging and strategic retrieval in a cued-recall test: The role of executive functions and fluid intelligence. *Brain and Cognition, 64*(1), 1-6.

Tak, S., Westendorp, P., & van Rooij, I. (2013). Satisficing and the use of keyboard shortcuts: Being good enough is enough? *Interacting with Computers, 25*(5), 404-416.

Takano, Y., & Okubo, M. (2003). Mental rotation. In L. Nadel (Ed.), *Encyclopedia of cognitive science* (Vol. 3, pp. 7-10). London, UK: Nature Publishing Group.

Takeda, K., Shimoda, N., Sato, Y., Ogano, M., & Kato, H. (2009). Reaction time differences between left- and right handers during mental rotation of hand pictures. *Laterality, 8*, 1-11.

Talarico, J. M., & Rubin, D. C. (2003). Confidence, not consistency, characterizes flashbulb memories. *Psychological Science, 14*(5), 455-461.

Talasli, U. (1990). Simultaneous manipulation of propositional and analog codes in picture memory. *Perceptual and Motor Skills, 70*(2), 403-414.

Tanaka, J. W., & Taylor, M. (1991). Object categories and expertise: Is the basic level in the eye of the beholder? *Cognitive Psychology, 23*, 457-482.

Tanaka, K. (1993). Neural mechanisms of object recognition. *Science, 262*(5134), 685-688.

Tang, Y., Zhang, W., Chen, K., Feng, S., Ji, Y., Shen, J., et al. (2006). Arithmetic processing in the brain shaped by cultures. *Proceedings of the National Academy of Sciences, USA, 103*(28), 10775-10780.

Tannen, D. (1986). *That's not what I meant! How conversational style makes or breaks relationships*. New York, NY: Ballantine.

Tannen, D. (1990). *You just don't understand: Women and men in conversation.* New York, NY: Ballantine.

Tannen, D. (1994). *Talking from 9 to 5: How women's and men's conversational styles affect who gets heard, who gets credit, and what gets done at work*. New York, NY: Morrow.

Tannen, D. (2001). *I only say this because I love you: How the way we talk can make or break family relationships throughout our lives.* New York, NY: Random House.

Tardif, T. (1996). Nouns are not always learned before verbs: Evidence from Mandarin speakers' early vocabularies. *Developmental Psychology, 32*, 492-504.

Tardif, T., Shatz, M., & Naigles, L. (1997). Caregiver speech and children's use of nouns versus verbs: A comparison of English, Italian, and Mandarin. *Journal of Child Language, 24*, 535-565.

Tarr, M. J. (1995). Rotating objects to recognize them: A case study on the role of viewpoint dependency in the recognition of three-dimensional objects. *Psychonomic Bulletin and Review, 2*, 55-82.

Tarr, M. J. (1999). Mental rotation. In R. A. Wilson & F. C. Keil (Eds.), *The MIT encyclopedia of the cognitive sciences* (pp. 531-533). Cambridge, MA: MIT Press.

Tarr, M. J., & Bülthoff, H. H. (1998). Image-based object recognition in man, monkey, and machine. *Cognition, 67*, 1-20.

Tarr, M. J., & Cheng, Y. D. (2003). Learning to see faces and objects. *Trends in Cognitive Sciences, 7*, 23-30.

Tartaglia, E. M., Bamert, L., Mast, F. W., & Herzog, M. H. (2009). Human perceptual learning by mental imagery. *Current Biology, 19*, 2081-2085.

Taylor, H., & Tversky, B. (1992a). Descriptions and depictions of environments. *Memory & Cognition, 20*(5), 483-496.

Taylor, H., & Tversky, B. (1992b). Spatial mental models derived from survey and route descriptions. *Journal of Memory & Language, 31*(2), 261-292.

Taylor, M. J., & Baldeweg, T. (2002). Application of EEG, ERP and intracranial recordings to the investigation of cognitive functions in children. *Developmental Science, 5*(3), 318-334.

Temple, C. M., & Richardson, P. (2004). Developmental amnesia: A new pattern of dissociation with intact episodic memory. *Neuropsychologia 42*(6), 764-781.

Terman, L. M., & Merrill, M. A. (1937). *Measuring intelligence.* Boston, MA: Houghton Mifflin.

Terman, L. M., & Merrill, M. A. (1973). *Stanford-Binet Intelligence Scale: Manual for the third revision.* Boston, MA: Houghton Mifflin.

Terrace, H. (1987). *Nim.* New York, NY: Columbia University Press.

Tempel, T., & Neumann, R. (2014). Stereotype threat, test anxiety, and mathematics performance. *Social Psychology of Education, 17*(3), 491-501.

Terras, M. M., Thompson, L. C., & Minnis, H. (2009). Dyslexia and psycho-social functioning: An exploratory study of the role of selfesteem and understanding. *Dyslexia, 15*, 304-327.

Thagard, P. (2003). Conceptual change. In L. Nadel (Ed.), *Encyclopedia of cognitive science* (Vol. 1, pp. 666-670). London, UK: Nature Publishing Group.

Thibodeau, P. H., & Boroditsky, L. (2011). Metaphors we think with: The role of metaphor in reasoning. *PloS ONE, 6*(2). doi:10.1371/journal. pone.0016782

Thibodeau, P. H., & Boroditsky, L. (2013). Natural Language Metaphors Covertly Influence Reasoning. *PLoS ONE, 8*(1), e52961. doi:10.1371/journal.-pone.0052961

Thomas, J. C., Jr. (1974). An analysis of behavior in the hobbits orcs problem. *Cognitive Psychology, 6*, 257-269.

Thomas, L. E. (2013). Spatial working memory is necessary for actions to guide thought. *Journal of Experimental Psychology: Learning, Memory, and Cognition, 39*(6), 1974-1981.

Thomas, M. S. C., & McClelland, J. L. (2008). Connectionist models of cognition. In R. Sun (Ed.), *The Cambridge handbook of computational psychology* (pp. 23-58). New York, NY: Cambridge University Press.

Thomas, N. J. T. (2003). Mental imagery, philosophical issues about. In L. Nadel (Ed.), *Encyclopedia of cognitive science* (Vol. 2, pp. 11471153). London, UK: Nature Publishing Group.

Thomas, S. J., Johnstone, S. J., & Gonsalvez, C. J. (2007). Event-related potentials during an emotional Stroop task. *International Journal of Psychophysiology, 63*(3), 221-231.

Thompson, R. B. (1999). Gender differences in preschoolers' helpeliciting communication. *Journal of Genetic Psychology, 160*, 357-368.

Thompson, R. F. (2000). Memory: Brain systems. In A. E. Kazdin (Ed.), *Encyclopedia of psychology* (Vol. 5, pp. 175-178). Washington, DC: American Psychological Association.

Thompson, R. F., & Steinmetz, J. E. (2009). The role of the cerebellum in classical conditioning of discrete behavioral responses. *Neuroscience, 162*, 732-755.

Thomsen, T., Hugdahl, K., Ersland, L., Barndon, R., Lundervold, A., Smievoll, A. I., et al. (2000). Functional magnetic resonance imaging (fMRI) study of sex differences in a mental rotation task. *Medical Science Monitor, 6*(6), 1186-1196.

Thorndike, E. L. (1905). *The elements of psychology*. New York, NY: Seiler.

Thorndike, R. L., Hagen, E. P., & Sattler, J. M. (1986). *Stanford-Binet Intelligence Scale: Guide for administering and scoring the fourth edition.* Chicago, IL: Riverside.

Thorndyke, P. W. (1981). Distance estimation from cognitive maps. *Cognitive Psychology, 13*, 526-550.

Thorndyke, P. W. (1984). Applications of schema theory in cognitive research. In J. R. Anderson & S. M. Kosslyn (Eds.), *Tutorials in learning and memory* (pp. 167-192). San Francisco, CA: Freeman.

Thorndyke, P. W., & Hayes-Roth, B. (1982). Differences in spatial knowledge acquired from maps and navigation. *Cognitive Psychology, 14*, 580-589.

Thurstone, L. L. (1938). *Primary mental abilities*. Chicago, IL: University of Chicago Press.

Tiippana, K. (2014). What is the McGurk effect? *Frontiers in Psychology, 5*, 725. doi:10.3389/fpsyg.2014.00725

Titchener, E. B. (1910). *A textbook of psychology*. New York, NY: Macmillan.

Toichi, M., & Kamio, Y. (2002). Long-term memory and levels-ofprocessing in autism. *Neuropsychologia 7*(40), 964-969.

Tolman, E. C. (1932). *Purposive behavior in animals and men*. New York, NY: Appleton-Century-Crofts.

Tolman, E. C., & Honzik, C. H. (1930). "Insight" in rats. *University of California Publications in Psychology, 4*, 215-232.

Tomasello, M. (2001). *The cultural origins of human cognition* (hardback). Cambridge, MA: Harvard University Press.

Tomlinson, T. D., Huber, D. E., Rieth, C. A., & Davelaar, E. J. (2009). An interference account of cue-independent forgetting in the no-think paradigm. *Proceedings of the National Academy of Sciences, USA, 106*(37), 15588-15593.

Torff, B., & Sternberg, R. J. (2001). Intuitive conceptions among learners and teachers. In B. Torff & R. J. Sternberg (Eds.), *Understanding and teaching the intuitive mind: Student and teacher learning* (pp. 3-26). Mahwah, NJ: Erlbaum.

Toro, R., Perron, M., Pike, B., Richer, L., Veillette, S., Pausova, Z., et al. (2008). Brain size and folding of the human cerebral cortex. *Cerebral Cortex, 18*, 2352-2357.

Torrance, E. P. (1974). *The Torrance tests of creative thinking: Technical norms manual.* Bensenville, IL: Scholastic

Testing Services.

Torrance, E. P. (1984). *Torrance tests of creative thinking: Streamlined (revised) manual, Figural A and B*. Bensenville, IL: Scholastic Testing Services.

Torregrossa, M. M., Quinn, J. J., & Taylor, J. R. (2008). Impulsivity, compulsivity, and habit: The role of orbitofrontal cortex revisited. *Biological Psychiatry, 63*(3), 253-255.

Tottenham, N., Hare, T. A., & Casey, B. J. (2009). A developmental perspective on human amygdala function. In P. J. Whalen & E. A. Phelps (Eds.), *The human amygdala* (pp. 107-171). New York, NY: Guilford Press.

Townsend, J. T. (1971). A note on the identifiability of parallel and serial processes. *Perception and Psychophysics, 10*, 161-163.

Trabasso, T., & Suh, S. (1993). Understanding text: Achieving explanatory coherence through on-line inferences and mental operations in working memory. *Discourse Processes, 16*(1&2), 3-34.

Treadway, M., McCloskey, M., Gordon, B., & Cohen, N. J. (1992). Landmark life events and the organization of memory: Evidence from functional retrograde amnesia. In S. A. Christianson (Ed.), *The handbook of emotion and memory: Research and theory* (pp. 389410). Hillsdale, NJ: Erlbaum.

Treisman, A. M. (1960). Contextual cues in selective listening. *Quarterly Journal of Experimental Psychology, 12*, 242-248.

Treisman, A. M. (1964a). Monitoring and storage of irrelevant messages in selective attention. *Journal of Verbal Learning and Verbal Behavior, 3*, 449-459.

Treisman, A. M. (1964b). Selective attention in man. *British Medical Bulletin, 20*, 12-16.

Treisman, A. M. (1986). Features and objects in visual processing. *Scientific American, 255*(5), 114B-125.

Treisman, A. M. (1993). The perception of features and objects. In A. Baddeley & C. L. Weiskrantz (Eds.), *Attention: Selection, awareness, and control* (pp. 5-35). Oxford, UK: Clarenden.

Treue, S. (2003). Visual attention: The where, what, how and why of saliency. *Current Opinion in Neurobiology, 13*, 428-432.

Trezise, K., & Reeve, R. A. (2014). Cognition-emotion interactions: Patterns of change and implications for math problem solving. *Frontiers in Psychology, 5*, 840.

Triandis, H. C. (2006). Cultural intelligence in organizations. *Group & Organization Management, 31*(1), 20-26.

Troche, S. J., Houlihan, M. E., Stelmack, R. M., & Rammsayer, T. H. (2009). Mental ability, P300, and mismatch negativity: Analysis of frequency and duration discrimination. *Intelligence, 37*, 365-373.

Tronsky, L. N. (2005). Strategy use, the development of automaticity, and working memory involvement in complex multiplication. *Memory & Cognition, 33*(5), 927-940.

Tsujii, T., Masuda, S., Akiyama, T., & Watanabe, S. (2010). The role of inferior frontal cortex in belief-bias reasoning: An rTMS study. *Neuropsychologia, 48*(7), 2005-2008.

Tulving, E. (1962). Subjective organization in free recall of "unrelated" words. *Psychological Review, 69*, 344-354.

Tulving, E. (1972). Episodic and semantic memory. In E. Tulving & W. Donaldson (Eds.), *Organization of memory*. New York, NY: Academic Press.

Tulving, E. (1983). *Elements of episodic memory*. New York, NY: Oxford University Press.

Tulving, E. (1984). Precis: Elements of episodic memory. *Behavioral and Brain Sciences, 7*, 223-268.

Tulving, E. (1986). What kind of a hypothesis is the distinction between episodic and semantic memory? *Journal of Experimental Psychology: Learning, Memory, & Cognition, 12*(2), 307-311.

Tulving, E. (1989, July/August). Remembering and knowing the past. *American Scientist, 77*, 361-367.

Tulving, E. (2000a). Concepts of memory. In E. Tulving & F. I. M. Craik (Eds.), *Oxford handbook of memory* (pp. 33-44). New York, NY: Oxford University Press.

Tulving, E. (2000b). Memory: An overview. In A. E. Kazdin (Ed.), *Encyclopedia of psychology* (Vol. 5, pp. 161-162). Washington, DC: American Psychological Association.

Tulving, E., & Craik, F. I. M. (Eds.). (2000). *The Oxford handbook of memory*. New York, NY: Oxford University Press.

Tulving, E., Kapur, S., Craik, F. I. M., Moscovitch, M., & Houle, S. (1994). Hemispheric encoding/retrieval asymmetry in episodic memory: Positron emission tomography findings. *Proceedings of the National Academy of Sciences, USA, 91*, 2016-2020.

Tulving, E., & Pearlstone, Z. (1966). Availability versus accessibility of information in memory for words. *Journal of Verbal Learning and Verbal Behavior, 5*, 381-391.

Tulving, E., & Schacter, D. L. (1994). *Memory systems 1994*. Cambridge, MA: MIT Press.

Tulving, E., Schacter, D. L., & Stark, H. A. (1982). Priming effects in word-fragment completion are independent of recognition memory. *Journal of Experimental Psychology: Learning, Memory, & Cognition, 8*(4), 336-342.

Tulving, E., & Thomson, D. M. (1973). Encoding specificity and retrieval processes in episodic memory. *Psychological Review, 80*, 352-373.

Turing, A. (1950). Computing machinery and intelligence. *Mind, 59*, 433-460.

Turing, A. M. (1963). Computing machinery and intelligence. In E. A. Feigenbaum & J. Feldman (Eds.), *Computers and thought*. New York, NY: McGraw-Hill.

Turner, M. L., & Engle, R. W. (1989). Is working-memory capacity task dependent? *Journal of Memory and Language, 28*, 127-154.

Turtle, J., & Yuille, J. (1994). Lost but not forgotten details: Repeated eyewitness recall leads to reminiscence but not hyperamnesia. *Journal of Applied Psychology, 79*, 260-271.

Turvey, M. T. (2003). Perception: The ecological approach. In L. Nadel (Ed.), *Encyclopedia of cognitive science* (Vol. 3, pp. 538-541). London, UK: Nature Publishing Group.

Tversky, A. (1972a). Choice by elimination. *Journal of Mathematical Psychology, 9*(4), 341-367.

Tversky, A. (1972b). Elimination by aspects: A theory of choice. *Psychological Review, 79*, 281-299.

Tversky, A., & Kahneman, D. (1971). Belief in the law of small numbers. *Psychological Bulletin, 76*(2), 105-110.

Tversky, A., & Kahneman, D. (1973). Availability: A heuristic for judging frequency and probability. *Cognitive Psychology, 5*, 207-232.

Tversky, A., & Kahneman, D. (1974). Judgment under uncertainty: Heuristics and biases. *Science, 185*, 1124-1131.

Tversky, A., & Kahneman, D. (1981). The framing of decisions and the psychology of choice. *Science, 211*, 453-458.

Tversky, A., & Kahneman, D. (1983). Extensional versus intuitive reasoning: The conjunction fallacy in probability judgment. *Psychological Review, 90*(4), 293-315.

Tversky, B. (1981). Distortions in memory for maps. *Cognitive Psychology, 13*(3), 407-433.

Tversky, B. (1991). Distortions in memory for visual displays. In S. R. Ellis, M. Kaiser, & A. Grunewald (Eds.), *Spatial instruments and spatial displays* (pp. 61-75). Hillsdale, NJ: Erlbaum.

Tversky, B. (2000). Remembering spaces. In E. Tulving & F. I. M. Craik (Eds.), *The Oxford handbook of memory* (pp. 363-378). New York, NY: Oxford University Press.

Tversky, B. (2005). Functional significance of visuospatial representations. In P. Shah & A. Miyake (Eds.), *The Cambridge handbook of visuospatial thinking* (pp. 1-34). New York, NY: Cambridge University Press.

Tversky, B., & Hard, B. M. (2009). Embodied and disembodied cognition: Spatial perspective-taking. *Cognition, 110*(1), 124-129.

Tversky, B., & Schiano, D. J. (1989). Perceptual and conceptual factors in distortions in memory for graphs and maps. *Journal of Experimental Psychology: General, 118*, 387-398.

Tye, C. C., Asherson, P. P., Ashwood, K. L., Azadi, B. B., Bolton, P. P., & McLoughlin, G. G. (2014). Attention and inhibition in children with ASD, ADHD and co-morbid ASD + ADHD: An event-related potential study. *Psychological Medicine, 44*(5), 1101-1116.

Underwood, B. J. (1957). Interference and forgetting. *Psychological Review, 64*, 49-60.

Ungerleider, L. G., & Haxby, J. V. (1994). "What" and "where" in the human brain. *Current Opinion in Neurobiology, 4*, 157-165.

Ungerleider, L. G., & Mishkin, M. (1982). Two cortical visual systems. In D. J. Ingle, M. A. Goodale, & R. J. W. Mansfield (Eds.), *Analysis of visual behavior* (pp. 549-586). Cambridge, MA: MIT Press.

Unsworth, N., Redick, T. S., Heitz, R. P., Broadway, J. M., & Engle, R. W. (2009). Complex working memory span tasks and higher-order cognition: A latent-variable analysis of the relationship between processing and storage. *Memory, 17*(6), 635-654.

Unsworth, S., & Medin, D. L. (2010). Concept learning. In E. Baker, P. Peterson, B. McGaw (Eds.), *International Encyclopedia of Education* (3rd. ed.). Oxford, UK: Elsevier.

Unterrainer, J. M., & Owen, A. M. (2006). Planning and problem solving: From neuropsychology to functional neuroimaging. *Journal of Physiology Paris, 99*(4-6), 308-317.

Unterrainer, J. M., Rahm, B., Kaller, C. P., Ruff, C. C., Spreer, J., Krause, B. J., et al. (2004). When planning fails: Individual differences and error-related brain activity in problem solving. *Cerebral Cortex, 14*(12), 1390-1397.

Uttal, W. R. (2014). *Mind and brain: A critical appraisal of cognitive neuroscience*. Cambridge, MA: MIT Press.

Vakil, S., Sharot, T., Markowitz, M., Aberbuch, S., & Groswasser, Z. (2002). Script memory for typical and atypical actions: Controls versus patients with severe closed-head injury. *Brain Injury, 17*(10), 825-833.

Valentin, D., Chollet, S., Beal, S., & Patris, B. (2007). Expertise and memory for beers and beer olfactory compounds. *Food Quality and Preference, 18*, 776-785.

van Daalen-Kapteijns, M., & Elshout-Mohr, M. (1981). The acquisition of word meanings as a cognitive learning process. *Journal of Verbal Learning & Verbal Behavior, 20*(4), 386-399.

van der Leij, A., de Jong, P. F., & Rijswijk-Prins, H. (2001). Characteristics of dyslexia in a Dutch family. *Dyslexia, 7*(3), 105-123.

van Dijk, T. A. (2006). Discourse, context and cognition. *Discourse Studies, 8*(1), 159-177.

van Marle, H. J. F., Hermans, E. J., Qin, S., & Fernández, G. (2009). From specificity to sensitivity: How acute stress affects amygdala processing of biologically salient stimuli. *Biological Psychiatry, 66*(7), 649-655.

Van Selst, M., & Jolicoeur, P. (1994). Can mental rotation occur before the dual-task bottleneck? *Journal of Experimental Psychology: Human Perception and Performance, 20*, 905-921.

Van Voorhis, S., & Hillyard, S. A. (1977). Visual evoked potentials and selective attention to points in space. *Perception and Psychophysics, 22*(1), 54-62.

van Zoest, W., & Donk, M. (2004). Bottom-up and top-down control in visual search. *Perception, 33*, 927-937.

Vandenbulcke, M., Peeters, R., Fannes, K., & Vandenberghe, R. (2006). Knowledge of visual attributes in the right hemisphere. *Nature Neuroscience, 9*, 964-970.

VanLehn, K. (1989). Problem solving and cognitive skill acquisition. In M. I. Posner (Ed.), *Foundations of cognitive science* (pp. 526-579). Cambridge, MA: MIT Press.

VanLehn, K. (1990). *Mind bugs: The origins of procedural misconceptions*. Cambridge, MA: MIT Press.

Vanpaemel, W., & Storms, G. (2008). In search of abstraction: The varying abstraction model of categorization. *Psychonomic Bulletin & Review, 15*(4), 732-749.

VanRullen R., & Thorpe S. J. (2001). Is it a bird? Is it a plane? Ultra-rapid visual categorisation of natural and artifactual objects. *Perception 30*(6), 655-668.

Vargha-Khadem, F., Gadian, D. G., Watkins, K. E., Connelly, A., Van Paesschen, W., & Mishkin, M. (1997). Differential effects of early hippocampal pathology on episodic and semantic memory. *Science, 277*(5324), 376-380.

Verdolini-Marston, K., & Balota, D. A. (1994). Role of elaborative and perceptual integrative processes in perceptual-motor performance. *Journal of Experimental Psychology: Learning, Memory and Cognition, 20*(3), 739-749.

Vernon, P. E. (1971). *The structure of human abilities*. London, UK: Methuen.

Vernon, P. A., & Mori, M. (1992). Intelligence, reaction times, and peripheral nerve conduction velocity. *Intelligence, 16*(3-4), 273-288.

Vernon, P. A., Wickett, J. C., Bazana, P. G., & Stelmack, R.

M. (2000). The neuropsychology and psychophysiology of human intelligence. In R. J. Sternberg (Ed.), *Handbook of intelligence* (pp. 245-264). New York, NY: Cambridge University Press.

Vigil-Colet, A., & Morales-Vives, F. (2005). How impulsivity is related to intelligence and academic achievement. *Spanish Journal of Psychology, 8*(2), 199-204.

Vinson, D. P., Thompson, R. L., Skinner, R., Fox, N., & Vigliocco, G. (2010). The hands and mouth do not always slip together in British sign language: Dissociating articulatory channels in the lexicon. *Psychological Science, 21*, 1158-1167.

Visual disabilities: Color-blindness. (n.d.). Retrieved December 28, 2004, from http://www.webaim.org/techniques/visual/colorblind

Vogel, E. K., Woodman, G. F., & Luck, S. J. (2001). Storage of features, conjunctions, and objects in visual working memory. *Journal of Experimental Psychology: Human Perception and Performance, 27*, 92-114.

Vogel, J. J., Bowers, C. A., & Vogel, D. S. (2003). Cerebral lateralization of spatial abilities: A meta-analysis. *Brain Cognition, 52*(2), 197-204.

Vogels, R., Biederman, I., Bar, M., & Lorincz, A. (2001). Inferior temporal neurons show greater sensitivity to nonaccidental than to metric shape differences. *Journal of Cognitive Neuroscience, 13*(4), 444-453.

Vogels, T. P., Rajan, K., & Abbott, L. E. (2005). Neural network dynamics. *Annual Review of Neuroscience, 28*, 357-376.

Vollmeyer, R., Burns, B. D., & Holyoak, K. J. (1996). The impact of goal specificity on strategy use and the acquisition of problem structure. *Cognitive Science, 20*, 75-100.

von Bohlen und Halbach, O., & Dermietzel, R. (2006). *Neurotransmitters and neuromodulators: Handbook of receptors and biological effects*. New York, NY: Wiley.

Von Eckardt, B. (2005). *What is cognitive science?* Cambridge, MA: Bradford.

von Frisch, K. (1962). Dialects in the language of the bees. *Scientific American, 207*, 79-87.

von Frisch, K. (1967). Honeybees: Do they use direction and distance information provided by their dances? *Science, 158*, 1072-1076.

von Helmholtz, H. (1896). *Vorträge und Reden*. Braunschweig, Germany: Vieweg und Sohn.

von Helmholtz, H. L. F. (1962). *Treatise on physiological optics* (3rd ed., J. P. C. Southall, Ed. and Trans.). New York, NY: Dover. (Original work published 1909.)

Voon, V., Thomsen, T., Miyasaki, J. M., de Souza, M., Shafro, A., S. H., et al. (2007). Factors associated with dopaminergic drug-related pathological gambling in Parkinson disease. *Archives of Neurology, 64*(2), 212-216.

Voss, J. L., & Paller, K. A. (2006). Fluent conceptual processing and explicit memory for faces are electrophysiologically distinct. *Journal of Neuroscience, 26*(3), 926-933.

Vygotsky, L. S. (1986). *Thought and language*. Cambridge, MA: MIT Press.

Wackermann, J., Puetz, P., & Allefeld, C. (2008). Ganzfeld-induced hallucinatory experience, its phenomenology and cerebral electrophysiology. *Cortex, 44*, 1364-1378.

Wagenaar, W. (1986). My memory: A study of autobiographic memory over the past six years. *Cognitive Psychology, 18*, 225-252.

Wagner, A. R., & Rescorla, R. A. (1972). Inhibition in Pavlovian conditioning: Application of a theory. In R. A. Boakes & M. S. Halliday (Eds.), *Inhibition and learning*. New York, NY: Academic Press.

Wagner, D. A. (1978). Memories of Morocco: The influence of age, schooling, and environment on memory. *Cognitive Psychology, 10*, 1-28.

Wagner, M. (2006). *The geometries of visual space*. Mahwah, NH: Erlbaum.

Wagner, R. K., & Stanovich, K. E. (1996). Expertise in reading. In K. A. Ericsson (Ed.), *The road to excellence* (pp. 159-227). Mahwah, NJ: Erlbaum.

Wagner, U., Gais, S., Haider, H., Verleger, R., & Born, J. (2004). Sleep inspires insight. *Letters to Nature, 427*, 352-355.

Wahlsten, D., & Gottlieb, G. (1997). The invalid separation of effects of nature and nurture: Lessons from animal experimentation. In R. J. Sternberg & E. L. Grigorenko (Eds.), *Intelligence, heredity, and environment* (pp. 163-192). New York, NY: Cambridge University Press.

Walker, M. P., Brakefield, T., Hobson, J. A., & Stickgold, R. (2003). Dissociable stages of human memory consolidation and reconsolidation. *Nature, 425*(6958), 616-620.

Walker, P. M., & Tanaka, J. W. (2003). An encoding advantage for ownrace versus other-race faces. *Perception, 32*, 1117-1125.

Wall, D. P., Estebana, F. J., DeLuca, T. F., Huycka, M., Monaghana, T., Mendizabala, N. V. d., et al. (2009). Comparative analysis of neurological disorders focuses genome-wide search for autism genes. *Genomics, 93*(2), 120-129.

Walsh, V., & Pascual-Leone, A. (2005). *Transcranial magnetic stimulation: A neurochronometrics of mind*. Cambridge, MA: MIT Press.

Wang, C. (2009). On linguistic environment for foreign language acquisition. *Asian Culture and History, 1*(1), 58-62.

Ward, T. B., & Kolomyts, Y. (2010). Cognition and creativity. In J. C. Kaufman & R. J. Sternberg (Eds.), *The Cambridge handbook of creativity* (pp. 93-112). New York, NY: Cambridge University Press.

Warner, J. (2004). *Rubbernecking distracts more than phone*. Retrieved August 11, 2004, from http://content.health.msn.com/content/article/62/71477.html

Warren, R. M. (1970). Perceptual restoration of missing speech sounds. *Science, 167*, 392-393.

Warren, R. M., Obusek, C. J., Farmer, R. M., & Warren, R. P. (1969). Auditory sequence: Confusion of patterns other than speech or music. *Science, 164*, 586-587.

Warren, R. M., & Warren, R. P. (1970). Auditory illusions and confusions. *Scientific American, 223*, 30-36.

Warren, T., White, S. J., & Reichle, E. D. (2009). Investigating the causes of wrap-up effects: Evidence from eye movements and E-Z Reader. *Cognition, 111*, 132-137.

Warrington, E. K. (1982). The double dissociation of short- and longterm memory deficits. In L. S. Cermak (Ed.), *Human memory and amnesia*. Hillsdale, NJ: Erlbaum.

Warrington, E. K., & McCarthy, R. A. (1987). Categories of knowledge. Further fractionations and an attempted integration. *Brain, 110*, 1273-1296.

Warrington, E. K, & Shallice, T. (1972). Neuropsychological evidence of visual storage in short-term memory tasks. *Quarterly Journal of Experimental Psychology, 24*, 30-40.

Warrington, E. K., & Shallice, T. (1984). Category specific semantic impairments. *Brain, 107*, 829-853.

Warrington, E. K, & Weiskrantz, L. (1970). Amnesic syndrome: Consolidation or retrieval? *Nature, 228*(5272), 628-630.

Wason, P. C. (1968). Reasoning about a rule. *Quarterly Journal of Experimental Psychology, 20*(3), 273-281.

Wason, P. C. (1969). Regression in reasoning? *British Journal of Psychology, 60*(4), 471-480.

Wason, P. C. (1983). Realism and rationality in the selection task. In J. St. B. T. Evans (Ed.), *Thinking and reasoning: Psychological approaches* (pp. 44-75). Boston, MA: Routledge & Kegan Paul.

Wason, P. C., & Johnson-Laird, P. (1970). A conflict between selecting and evaluating information in an inferential task. *British Journal of Psychology, 61*(4), 509-515.

Wason, P. C., & Johnson-Laird, P. N. (1972). *Psychology of reasoning: Structure and content*. London, UK: B. T. Batsford.

Wasow, T. (1989). Grammatical theory. In M. I. Posner (Ed.), *Foundations of cognitive science* (pp. 208-243). Cambridge, MA: MIT Press.

Wasserman, D., Lempert, R. O., & Hastie, R. (1991). Hindsight and causality. *Personality & Social Psychology Bulletin, 17*(1), 30-35.

Waterhouse, L. (2006). Multiple intelligences, the Mozart effect, and emotional intelligence: A critical review. *Educational Psychologist, 41*(4), 207-225.

Waterman, A. H., Blades, M., & Spencer, C. (2001) Interviewing children and adults: The effect of question format on the tendency to speculate. *Applied Cognitive Psychology, 15*(5), 521-531.

Waters, H. S., & Schneider, W. (Eds.). (2010). *Metacognition, strategy use, and instruction*. New York, NY: Guilford Press.

Watkins, M. J., & Tulving, E. (1975). Episodic memory: When recognition fails. *Journal of Experimental Psychology: General, 104*, 5-29.

Watson, D. G., Maylor, E. A., Allen, G. E. J., & Bruce, L. A. M. (2007). Early visual tagging: Effects of target-distractor similarity and old age on search, subitization, and counting. *Journal of Experimental Psychology: Human Perception and Performance, 33*(3), 549-569.

Watson, O. M. (1970). *Proxemic behavior: A cross-cultural study*. The Hague, Netherlands: Mouton.

Waugh, N. C., & Norman, D. A. (1965). Primary memory. *Psychological Review, 72*, 89-104.

Weaver, C. A. (1993). Do you need a "flash" to form a flashbulb memory? *Journal of Experimental Psychology: General, 122*(1), 39-46.

Weaver, R. (2008). Parameters, predictions, and evidence in computational modeling: A statistical view informed by ACT-R. *Cognitive Science, 32*(8), 1349-1375.

Webster, M. A., Kaping, D., Mizokami, Y., & Duhamel, P. (2004). Adaptation to natural face categories. *Nature, 428*, 557-561.

Wechsler, D. (2002). *Wechsler Preschool and Primary Scale of Intelligence—third edition*. San Antonio, TX: Pearson.

Wechsler, D. (2003). *Weschsler Intelligence Scale for Children—fourth edition*. San Antonio, TX: Pearson.

Wechsler, D. (2008). *Wechsler Adult Intelligence Scale—fourth edition*. San Antonio, TX: Pearson.

Wegner, D. M. (1997a). When the antidote is the poison: Ironic mental control processes. *Psychological Science, 8*, 148-153.

Wegner, D. M. (1997b). Why the mind wanders. In J. D Cohen & J. W. Schooler (Eds.), *Scientific approaches to consciousness* (pp. 295-315). Mahwah, NJ: Erlbaum.

Wegner, D. M. (2002). *The illusion of conscious will*. Cambridge, MA: Bradford Books.

Weidner, R., & Fink, G. R. (2007). The neural mechanisms underlying the Mueller-Lyer illusion and its interaction with visuospatial judgments. *Cerebral Cortex, 17*, 878-884.

Weidner, R., & Mueller, H. J. (2009). Dimensional weighting of primary and secondary target-defining dimensions in visual search for singleton conjunction targets. *Psychological Research, 73*, 198-211.

Weinberger, D. R., Mattay, V., Callicott, J. Kotrla, K., Santha, A., van Gelderen, P., et al. (1996). fMRI applications in schizophrenia research. *Neuroimage, 4*(3), 118-126.

Weingartner, H., Rudorfer, M. V., Buchsbaum, M. S., & Linnoila, M. (1983). Effects of serotonin on memory impairments produced by ethanol. *Science, 221*, 442-473.

Weisberg, R. W. (1988). Problem solving and creativity. In R. J. Sternberg (Ed.), *The nature of creativity* (pp. 148-176). New York, NY: Cambridge University Press.

Weisberg, R. W. (2009). On "out-of-the-box" thinking in creativity. In A. B. Markman & K. L. Wood (Eds.), *Tools for innovation*. Oxford, UK: Oxford University Press.

Weiskrantz, L. (1994). Blindsight. In M. W. Eysenck (Ed.), *The Blackwell dictionary of cognitive psychology*. Cambridge, MA: Blackwell.

Weiskrantz, L. (2007). The case of blindsight. In M. Velmans & S. Schneider (Eds.), *The Blackwell companion to consciousness*. Malden, MA: Blackwell.

Weiskrantz, L. (2009). Is blindsight just degraded normal vision? *Experimental Brain Research, 192*, 413-416.

Weisstein, N., & Harris, C. S. (1974). Visual detection of line segments: An object-superiority effect. *Science, 186*, 752-755.

Welbourne, S. R., & Ralph, M. A. L. (2007). Using parallel distributed processing models to simulate phonological dyslexia: The key role of plasticity-related recovery. *Journal of Cognitive Neuro science, 19*, 1125-1139.

Wells, G. L. (1993). What do we know about eyewitness identification? *American Psychologist, 48*, 553-571.

Wells, G. L. (2006). Eyewitness identification: systemic reforms. *Wisconsin Law Review*, 615-643.

Wells, G. L. (2008). Field experiments on eyewitness identification: Towards a better understanding of pitfalls and prospects. *Law and Human Behavior, 32*(1), 6-10.

Wells, G. L., & Loftus, E. G. (1984). *Eyewitness testimony: Psychological perspectives*. New York, NY: Cambridge University Press.

Wells, G. L., Luus, C. A. E., & Windschitl, P. D. (1994). Maximizing the utility of eyewitness identification evidence. *Current Directions in Psychological Science, 6*, 194-197.

Wells, G. L., Memon, A., & Penrod, S. D. (2006). Eyewitness evidence: Improving its probative value. *Psychological Science in the Public Interest, 7*, 43-75.

Welsh, M. C., Satterlee-Cartmell, T., & Stine, M. (1999). Towers of Hanoi and London: Contribution of working memory and inhibition to performance. *Brain & Cognition, 41*, 231-242.

Wenke, D., & Frensch, P. A. (2003). Is success or failure at solving complex problems related to intellectual ability? In J. E. Davidson & R. J. Sternberg (Eds.), *The psychology of problem solving* (pp. 87-126). New York, NY: Cambridge University Press.

Werner, H., & Kaplan, E. (1952). The acquisition of word meanings: A developmental study. *Monographs of the Society for Research in Child Development*, No. 51.

Wertheimer, M. (1959). *Productive thinking* (Rev. ed.). New York, NY: Harper & Row. (Original work published 1945)

Wertheimer, M. (2011). *A brief history of psychology* (5th ed.). Hove, East Sussex, UK: Psychology Press.

What you need to know about brain tumors. (n.d.). Retrieved June 1, 2010, from http://www.cancer.gov/cancertopics/wyntk/brain

Wheeldon, L. R., Meyer, A. S., & Smith, M. (2003). Language production, incremental. In L. Nadel (Ed.), *Encyclopedia of cognitive science* (Vol. 2, pp. 760-764). London, UK: Nature Group Press.

Wheeler, D. D. (1970). Processes in word recognition. *Cognitive Psychology, 1*, 59-85.

Whitten, S., & Graesser, A. C. (2003). Comprehension of text in problem solving. In J. E. Davidson & R. J. Sternberg (Eds.), *The psychology of problem solving* (pp. 207-229). New York, NY: Cambridge University Press.

Whorf, B. L. (1956). In J. B. Carroll (Ed.), *Language, thought and reality: Selected writings of Benjamin Lee Whorf*. Cambridge, MA: MIT Press.

Wickens, D. D., Dalezman, R. E., & Eggemeier, F. T. (1976). Multiple encoding of word attributes in memory. *Memory & Cognition, 4*(3), 307-310.

Wickett, J. C., & Vernon, P. (1994). Peripheral nerve conduction velocity, reaction time, and intelligence: An attempt to replicate Vernon and Mori. *Intelligence, 18*, 127-132.

Wiedenbauer, G., Schmid, J., & Jansen-Osmann, P. (2007). Manual training of mental rotation. *European Journal of Cognitive Psychology, 19*(1), 17-36.

Wilcox, L. M., Allison, R. S., Elfassy, S., & Grelik, C. (2006). Personal space in virtual reality. *ACM Transactions on Applied Perception (TAP), 3*(4), 412-428.

Williams, M. (1970). *Brain damage and the mind*. London, UK: Penguin.

Williams, R. N. (2000). Epistemology. In A. E. Kazdin (Ed.), *Encyclopedia of psychology* (Vol. 3, pp. 225-232). Washington, DC: American Psychological Association.

Williams, W. M., & Sternberg, R. J. (1988). Group intelligence: Why some groups are better than others. *Intelligence, 12*, 351-377.

Willis, J. O., Dumont, R., & Kaufman, A. (2011). Factor-analytic models of intelligence. In R. J. Sternberg & S. B. Kaufman (Eds.), *Cambridge handbook of intelligence* (pp. 39-57). New York, NY: Cambridge University Press.

Willis, S. L. (1985). Towards an educational psychology of the older adult learner: Intellectual and cognitive bases. In J. E. Birren & K. W. Schaie (Eds.), *Handbook of the psychology of aging* (2nd ed.). New York, NY: Van Nostrand Reinhold.

Wilson, B. A. (2003). Brain damage, treatment and recovery from. In L. Nadel (Ed.), *Encyclopedia of cognitive science* (Vol. 1, pp. 410-416).

London, UK: Nature Publishing Group. Wilson, M. A., & Emmorey, K. (2006). No difference in short-term memory span between sign and speech. *Psychological Science, 17*(12), 1093-1094.

Wilson, M. A., & McNaughton, B. L. (1994). Reactivation of hippocampal ensemble memories during sleep. *Science, 265*, 676-679.

Wilson, T. D. (2002). *Strangers to ourselves: Discovering the adaptive unconscious*. Cambridge, MA: Belknap.

Wilt, J. K., Proffitt, D. R., & Epstein, W. (2004). Perceiving distance: A role of effort and intent. *Perception, 33*, 577-590.

Winawer, J., Witthoft, N., Frank, M. C., Wu, L., & Boroditsky, L. (2007). Russian blues reveal effects of language on color discrimination. *Proceedings of the National Academy of Sciences, USA, 104*, 7780-7785.

Wisco, B. E., & Nolen-Hoeksema, S. (2009). The interaction of mood and rumination in depression: effects on mood maintenance and mood-congruent autobiographical memory. *Journal of RationalEmotive & Cognitive-Behavior Therapy, 27*(3), 144-159.

Wise, R. A., Pawlenko, N. B., Safer, M. A., & Meyer, D. (2009). What U.S. prosecutors and defence attorneys know and believe about eyewitness testimony. *Applied Cognitive Psychology, 23*, 1266-1281.

Wisniewski, E. J. (1997). When concepts combine. *Psychonomic Bulletin and Review, 4*, 167-183.

Wisniewski, E. J. (2000). Concepts: Combinations. In A. E. Kazdin (Ed.), *Encyclopedia of psychology* (Vol. 2, pp. 251-253). Washington, DC: American Psychological Association.

Wissler, C. (1901). The correlation of mental and physical tests. *Psychological Review, Monograph Supplement, 3*(6), 1-62.

Witelson, S. F., Beresh, H., & Kiga, D. L. (2006). Intelligence and brain size in 100 postmortem brains: Sex, lateralization and age factors. *Brain, 129*(2), 386-398.

Witelson, S. F., Kigar, D. L., & Walter, A. (2003). Cerebral commissures. In L. Nadel (Ed.), *Encyclopedia of cognitive science* (Vol. 1, pp. 476485). London, UK: Nature Publishing Group.

Wittgenstein, L. (1953). *Philosophical investigations*. New York, NY: Macmillan.

Wittgenstein, L. (1980). *Remarks on the philosophy of psychology* (C. J. Luckhardt & M. A. E. Aue, Trans. Vol. 2).

Chicago, IL: University of Chicago Press.

Woldorff, M. G., Gallen, C. C., Hampson, S. A., Hillyard, S. A., Pantev, C., Sobel, D., et al. (1993). Modulation of early sensory processing in human auditory cortex during auditory selective attention. *Proceedings of the National Academy of Sciences, USA, 90*, 8722-8726.

Woldorff, M. G., & Hillyard, S. A. (1993). Modulation of early auditory processing during selective listening to rapidly presented tones. *Electroencephalography and Clinical Neurophysiology, 79*, 170-191.

Wolf, O. T. (2009). Stress and memory in humans: Twelve years of progress? *Brain Research, 1293*, 142-154.

Wolfe, J. M. (2005). Watching single cells pay attention. *Science, 308*, 503-504.

Wolfe, J. M. (2007). Guided Search 4.0: Current progress with a model of visual search. In W. D. Gray (Ed.), *Integrated models of cognitive systems* (pp. 99-119). New York, NY: Oxford University Press.

Wolfe, C. R., & Britt, M. A. (2008). The locus of the myside bias in written argumentation. *Thinking & Reasoning, 14*, 1-27.

Wolfe, J. M., Butcher, S. J., Lee, C., & Hyle, M. (2003). Changing your mind: On the contributions of top-down and bottom-up guidance in visual search for feature singletons. *Journal of Experimental Psychology: Human Perception and Performance, 29*(2), 483-502.

Wolfe, J. M., Kluender, K. R., & Levi, D. M. (2011). *Sensation and perception* (3rd ed.). Sunderland, MA: Sinauer.

Wolford, G., Miller, M. B., & Gazzaniga, M. (2000). The left hemisphere's role in hypothesis formation. *Journal of Neuroscience, 20*(64), 1-4.

Wood, N., & Cowan, N. (1995). The cocktail party phenomenon revisited: How frequent are attention shifts to one's name in an irrelevant auditory channel? *Journal of Experimental Psychology: Learning, Memory, and Cognition, 21*, 255-260.

Woodward, A. L., & Markman. E. M. (1998). Early word learning. In D. Kuhn & R. S. Siegler (Eds.), *Handbook of child psychology: Vol. 2. Cognition, perception, and language* (5th ed., pp. 371-420). New York, NY: Wiley.

Wright, D. B., & Skagerberg, E. M. (2007). Post-identification feedback affects real eyewitnesses. *Psychological Science, 18*, 172-178.

Xu, F., & Carey, S. (1995). Do children's first object names map onto adult-like conceptual representations? In D. MacLaughlin & S. McEwen (Eds.), *Proceedings of the 19th Annual Boston University Conference on Language Development* (pp. 679-688). Somerville, MA: Cascadilla Press.

Xu, F., & Carey, S. (1996). Infants' metaphysics: The case of numerical identity. *Cognitive Psychology, 30*, 111-153.

Xu, Y. (2005). Revisiting the role of the fusiform face area in visual expertise. *Cerebral Cortex. 15*(8), 1234-1242.

Yang, R., & Sarkar, S. (2006). Detecting coarticulation in sign language using conditional random fields. *Proceedings of the 18th International Conference on Pattern Recognition, 2*, 108-112.

Yang, S. Y., & Sternberg, R. J. (1997). Taiwanese Chinese people's conceptions of intelligence. *Intelligence, 25*, 21-36.

Yannis, G., Laiou, A., Papantoniou, P., & Christoforou, C. (2014). Impact of texting on young drivers' behavior and safety on urban and rural roads through a simulation experiment. *Journal of Safety Research*, 4925-4931.

Yantis, S. (1993). Stimulus-driven attentional capture. *Current Directions in Psychological Science, 2*(5), 156-161.

Yendrikhovskij, S. N. (2001). Computing color categories from statistics of natural images. *Journal of Imaging Science and Technology, 45*, 409-417.

Yi, D.-J., & Chun, M. M. (2005). Attentional modulation of learningrelated repetition attenuation effects in human parahippocampal cortex. *Journal of Neuroscience, 25*, 3593-3600.

Yokoyama, S., Okamoto, H., Miyamoto, T., Yoshimoto, K., Kim, J., Iwata, K., et al. (2006). Cortical activation in the processing of passive sentences in L1 and L2: An fMRI study. *NeuroImage, 30*, 570-579.

Young, A. W. (2003). Prosopagnosia. In L. Nadel (Ed.), *Encyclopedia of cognitive science* (Vol. 3, pp. 768-771). London, UK: Nature Publishing Group.

Yovel, G., & Kanwisher, N. (2004). Face perception: Domain specific, not process specific. *Neuron, 44*(5), 889-898.

Yuille, J. C. (1993). We must study forensic eyewitnesses to know about them. *American Psychologist, 48*(5), 572-573.

Zacks, J. M. (2008). Neuroimaging studies of mental rotation: A metaanalysis and review. *Journal of Cognitive Neuroscience, 20*(1), 1-19.

Zaragoza, M. S., McCloskey, M., & Jamis, M. (1987). Misleading postevent information and recall of the original event: Further evidence against the memory impairment hypothesis. *Journal of Experimental Psychology: Learning, Memory, & Cognition, 13*(1), 36-44.

Zaromb, F. M., & Roediger, H. L. (2010). The testing effect in free recall is associated with enhanced organizational processes. *Memory & Cognition, 38*, 995-1008.

Zeidner, M. (1990). Perceptions of ethnic group modal intelligence scores: Reflections of cultural stereotypes or intelligence test scores? *Journal of Cross-Cultural Psychology, 21*, 214-231.

Zentall, T. R. (2011). Animal intelligence. In R. J. Sternberg & S. B. Kaufman (Eds.), *Cambridge handbook of intelligence* (pp. 309-327). New York, NY: Cambridge University Press.

Zentall, T. R. (2015). Intelligence in nonprimates. In S. Goldstein, D. Princiotta, & J. A. Naglieri (Eds.), *Handbook of intelligence* (pp. 1126). New York, NY: Springer.

Zhang, L. F., & Sternberg, R. J. (2009). Intellectual styles and creativity. In T. Rickards, M. A. Runco & S. Moger (Eds.), *The Routledge companion to creativity* (pp. 256-266). New York, NY: Routledge.

Zhang, L. F., Sternberg, R. J., & Rayner, S. (Eds.). (2012). *Handbook of intellectual styles.* New York, NY: Springer.

Zhang, M., Weisser, V. D., Stilla, R., Prather, S. C., & Sathian, K. (2004). Multisensory cortical processing of object shape and its relation to mental imagery. *Cognitive, Affective, & Behavioral Neuroscience, 4*(2), 251-259.

Zhang, Y., Dang, Y., & Chen, H. (2013). Research note: Examining gender emotional differences in Web forum communication. *Decision Support Systems, 55*(3), 851-860.

Zhao, L., & Chubb, C. (2001). The size-tuning of the face-distortion after-effect. *Vision Research, 41*, 2979-2994.

Zhou, M. (2013). "I am really good at it" or "I am just feeling lucky": The effects of emotions on information problem-solving. *Educational Technology Research and Development, 61*(3), 505-520.

Zigler, E., & Berman, W. (1983). Discerning the future of early childhood intervention. *American Psychologist, 38*, 894-906.

Zinchenko, P. I. (1962). *Neproizvol'noe azpominanie* [Involuntary memory] (pp. 172-207). Moscow: USSR APN RSFSR.

Zinchenko, P. I. (1981). Involuntary memory and the goal-directed nature of activity. In J. V. Wertsch, *The concept of activity in Soviet psychology* (pp. 300-340). Armonk, NY: Sharpe.

Zola, S. M., & Squire, L. R. (2000). The medial temporal lobe and the hippocampus. In E. Tulving & F. I. M. Craik (Eds.), *The Oxford handbook of memory* (pp. 485-500). New York, NY: Oxford University Press.

Zola-Morgan, S. M., & Squire, L. R. (1990). The primate hippocampal formation: Evidence for a time-limited role in memory storage. *Science, 250*, 228-290.

Zoltan, B. (1996). *Vision, perception, & cognition: A manual for the evaluation and treatment of the neurologically impaired adult* (pp. 109111). Thorofare, NJ: Slack Incorporated.

Zuidema, L. A. (2005). Myth education: Rationale and strategies for teaching against linguistic prejudice: Literacy educators must work to combat prejudice by dispelling linguistic myths. *Journal of Adolescent & Adult Literacy, 48*(8), 666-675.

Zumbach, J. (2009). The role of graphical and text based argumentation tools in hypermedia learning. *Computers in Human Behavior, 25*, 811-817.

Zurowski, B., Gostomzyk, J., Gron, G., Weller, R., Schirrmeister, H., Neumeier, B., et al. (2002). Dissociating a common working memory network from different neural substrates of phonological and spatial stimulus processing. *Neuroimage, 15*, 45-57.

Zwaan, R. A., & Pecher, D. (2012). Revisiting Mental Simulation in Language Comprehension: Six Replication Attempts. *PLoS ONE, 7*(12), e51382. doi:10.1371/journal.pone.0051382

Zwaan, R. A., & Radvansky, G. A. (1998). Situation models in language comprehension and memory. *Psychological Bulletin, 123*, 62-185.

Zwaan, R. A., Stanfield, R. A., & Yaxley, R. H. (2002). Language comprehenders mentally represent the shape of objects. *Psychological Science, 13*, 168-171.

찾아보기

[ㄱ]

[ㄴ]

[ㄷ]

[ㄹ]

[ㅁ]

[ㅂ]

[ㅅ]

[ㅇ]

[ㅈ]

[ㅊ]

[기타]

역자 소개

■ **신현정(申鉉正)** hjshin@pusan.ac.kr
서울대학교 심리학과 학사
서울대학교 대학원 심리학과 석사
인디애나대학교 대학원 심리학과 Ph.D.

한국인지및생물심리학회 회장, 한국인지과학회 회장, 한국심리학회 부회장 등을 역임하였으며, 부산대학교 심리학과 교수로 재직 중이다. 현재는 '한국인의 행복심리'에 관한 연구를 진행하고 있으며, 2015년에는 부산대 교육자상을 수상하였다.

저서로는『개념과 범주화』,『인지심리학』,『언어심리학』등이,
역서로는『심리학의 오해』,『시각심리학』,『역동적 기억』,『유머심리학』『두뇌로부터 문화에 이르는 사회인지』,『인지과학: 마음과학의 이해』등 다수가 있다.

인지심리학, 제7판
Cognitive Psychology

발 행 일 | 2016년 8월 10일 초판 1쇄 발행
저 자 | Robert J. Sternberg · Karin Sternberg
역 자 | 신현정
발 행 인 | 구본하
발 행 처 | 도서출판 **박학사**
주 소 | 서울시 마포구 월드컵북로5길 33 동아빌딩 2층
전 화 | (02)3142-3764~5
팩 스 | (02)3142-3766
웹사이트 | www.pakhaksa.co.kr
등록번호 | 제10-2230호

정가 32,000원 ISBN 978-89-98521-50-9